THE
OXFORD–DUDEN
PICTORIAL
JAPANESE & ENGLISH
DICTIONARY

OXFORD
OXFORD UNIVERSITY PRESS
NEW YORK   MELBOURNE

Oxford University Press, Walton Street, Oxford OX2 6DP
Oxford New York Toronto
Delhi Bombay Calcutta Madras Karachi
Petaling Jaya Singapore Hong Kong Tokyo
Nairobi Dar es Salaam Cape Town
Melbourne Auckland
and associated companies in
Berlin Ibadan

Oxford is a trade mark of Oxford University Press

Published in the United States by
Oxford University Press, New York

Illustrations © Bibliographisches Institut, Mannheim 1979
Text © Oxford University Press 1979, 1981, 1983
First published 1983
Limp edition first published 1989

British Library Cataloguing in Publication Data

Oxford–Duden pictorial English–Japanese dictionary.
The Oxford–Duden pictorial Japanese & English dictionary.
– 1983 (1989) [printing]
1. Japanese language – Dictionaries
495.6'3

ISBN 0–19–864327–6

Library of Congress Cataloging-in-Publication Data

The Oxford-Duden pictorial Japanese & English dictionary. – Flexi ed.
p. cm.
ISBN 0–19–864327–6 (flexi : U.S.)
1. Picture dictionaries, Japanese. 2. Picture dictionaries,
English. I. Title: Oxford-Duden pictorial Japanese and English dictionary.
PL676.09 1989
495.6'31–dc19
89–3209
CIP

English text edited by John Pheby, Oxford, with the assistance of
Roland Breitsprecher, Michael Clarke, Judith Cunningham,
Derek Jordan, and Werner Scholze-Stubenrecht

Japanese text edited by Akito Miyamoto,
Oxford University Press, Tokyo, with the assistance of
Gendai Kikaku Ltd.

Illustrations by Jochen Schmidt, Mannheim

Printed in Hong Kong

Foreword

This Japanese and English pictorial dictionary is based on the *Oxford–Duden Pictorial German & English Dictionary* published in 1980. The English text was produced by the German Section of the Oxford University Press Dictionary Department in co-operation with the Dudenredaktion of the Bibliographisches Institut, Mannheim, and with the assistance of various British companies, institutions, and specialists. Numerous modifications of the text and illustrations of the original work have been carried out, especially regarding the depiction of everyday objects and situations, in order to allow greater scope for the treatment of these objects and situations in the context of English-speaking countries. The Japanese text was prepared by the English Language Teaching Department of Oxford University Press, Tokyo, with the assistance of Japanese specialists, whose names appear overleaf.

There are certain kinds of information which can be conveyed more readily and clearly by pictures than by definitions and explanations alone: an illustration will complement the simple translation by helping the reader to visualize the object denoted by the word and to form an impression of the way in which objects function in their own technical field or in the everyday life of English-speaking countries. The layout of the illustrations and the text will be particularly useful to the learner. Each double page of the dictionary contains a list of the vocabulary of a subject together with a picture illustrating this vocabulary. This arrangement, and the presence of alphabetical indexes in English and Japanese, allows the book to be used in two ways: either as a key to the vocabulary of a subject or as an alphabetical bilingual dictionary in which the reader is referred to the section or sections in which the word is illustrated. This, together with the wide range of vocabulary, including a large proportion of specialized words and technical terms, makes the *Oxford–Duden Pictorial Japanese & English Dictionary* an indispensable supplement to any English–Japanese or Japanese–English dictionary.

Japanese specialists consulted

Yasunobu Matokawa, Tokyo University (atom, universe, mathematics); Yoshio Nakamura, Tokyo Medical & Dental University (medicine); Akira Ishiyama, Bunka Women's College (clothes); Makoto Anase, Tokyo University of Agriculture & Technology (agriculture); Kuniyuki Saito, Tokyo University of Agriculture & Technology (agriculture); Shinichi Nagaoka, Tokyo University of Agriculture & Technology (agriculture); Hisashi Takeuchi, National Diet Library (commerce and industry); Tamiaki Fujita, technical translator (machines); Ryutaro Yamamoto, Japan Association of Printing Science (printing); Tsuneo Nannichi, Nippon Television Network Corp. (broadcasting); Miyako Oshige, translator (community); Yasuyuki Okochi, Osaki Metropolitan High School (sports); Chizuru Igata, Tokyo National University of Fine Arts & Music (music); Yoshio Hiramatsu, United Union of Church of Christ in Japan Jonan Church (church); Takao Matsui, Toita Women's Junior College (art); Yoshihiko Kurosawa, National Science Museum, Tokyo (zoology); Minoru Imajima, National Science Museum, Tokyo (zoology); Hiroyuki Morioka, National Science Museum, Tokyo (zoology); Shunichi Ueno, National Science Museum, Tokyo (zoology); Mizuko Yoshiyuki, National Science Museum, Tokyo (zoology); Takeo Kanai, National Science Museum, Tokyo (botany)

Abbreviations and symbols used

（米）	American usage
（口）	colloquial
（笑）	jocular
（雅）	poetic
( )	alternative form(s)—in English and Japanese text
〔 〕	optional expression(s)—in Japanese text
[ ]	additional information—in English and Japanese text
〈 〉	related term(s)—in Japanese text
,	alternative expression(s)—in English and Japanese text

はじめに

　単語の意味を理解する場合，定義や説明よりも，絵を見た方が分かりやすいことがあります。語の意味する内容が図解されていれば，その内容がより具体的に理解でき，各々の専門分野や日常生活の中でその語を適切に使っていくことができます。

　本書では，英語と日本語の 28,000 以上もの項目を 384 の場面に分類し，それらを同一ページまたは見開きページ内に図解して収録しています。巻末には，本書に現れるすべての項目をアルファベット順および 50 音順に並べた，英・日 2 つの索引があります。いずれも，中心となる名詞を探せば，「修飾語＋名詞」の項目も引き出せるように工夫してあります。

　本書の使い方は──

1.　ある分野，ある場面で使われる事物を示す英語と日本語の単語を知りたい場合は，まず目次で自分の求める分野を見つけ出し，与えられた図版番号からその分野の語いと図解を得ます。

2.　ある語がどういう分野で使われるか，それはどんな形をしているか，関連する単語にどんなものがあるか，を知りたいときは，索引でその語を探し，示された図版を見ます。

これによって，英和辞典や和英辞典では得にくい情報を，簡単に検索することができます。

　本書のもとになった独英図解辞典 The Oxford-Duden Pictorial German-English Dictionary は 1980 年に，英文のみの The Oxford-Duden Pictorial English Dictionary は 1981 年に，それぞれオックスフォード大学出版局より刊行されました。このたび，多くの皆様のご要望にお応えして，その英和版を発行することになりました。図版はビブリオグラフィシェス・インスティトゥート社が，英文と和文はオックスフォード大学出版局が担当しましたが，その際，英語圏での生活様式をより正確に反映させるため，原本の英文と挿絵には相当の修正を加えました。

　本書の編集に当たっては，英国内の多数の企業，教育機関，専門家より助言を得ました。各々の分野の日本語訳については，別記専門家の校閲を受けています。また，校正の最終段階では，福武書店編集部の参加を得ることができました。

オックスフォード大学出版局

1982 年 12 月

略語と記号

（米）　米国語法
（口）　口語
（笑）　こっけい語
（雅）　雅語，詩語

（　）　前語との選択可能を表す。
　　　　英・日共通。
〔　〕　省略可能を表す。
　　　　日本語欄のみ。
[　]　　図版の作図方式・様態，当該事物の原料・出所などを指示する。
　　　　英・日共通。
〈　〉　見出語の関連事項・別称など補足説明。
　　　　日本語のみ。
　　　　言いかえを表す。
　　　　英・日共通。

用字用語について

1．使用漢字の範囲は，常用漢字表に準拠した。表外字は，原則として仮名表記としたが，漢字表記を慣用するものについては，読み仮名を付して漢字を使用した。科学技術関係の用語については，おもに文部省「学術用語集」を参考にした。

2．動植物名と外来語は，かた仮名で表記した。
　なお，原語が，2語以上からなる連語の場合，およびハイフンが用いられる場合，語の切れ目とハイフンの個所を・（中黒）で示した。
　また，原音の f 音，v 音は原則としてファ，フィ……，ヴァ，ヴィ……で表記したが，ハ，ヒ……，バ，ビ……の表記が定着しているものについては慣用表記を採用した。例：駅のプラットホーム，ビデオ。

6

Contents

目　次

The arabic numerals are the numbers of the pictures.

アラビア数字は図版の番号を示す。

Atom, Universe, Earth

原子, 宇宙, 地球

1	Atom I
2	Atom II
3	Astronomy I
4	Astronomy II
5	Astronomy III
6	Moon Landing
7	The Atmosphere
8	Meteorology I
9	Meteorology II and Climatology
10	Meteorological Instruments
11	Physical Geography I
12	Physical Geography II
13	Physical Geography III
14	Map I
15	Map II

1	原子 I (原子物理)
2	原子 II (原子力工学)
3	天文学 I
4	天文学 II
5	天文学 III
6	月面着陸 (宇宙航空工学)
7	大気圏
8	気象学 I
9	気象学 II・気候〔風土〕学
10	気象器械
11	自然地理学 I
12	自然地理学 II
13	自然地理学 III
14	地図 I
15	地図 II

Man and his Social Environment

人間とその社会環境

16	Man I
17	Man II
18	Man III
19	Man IV
20	Man V
21	First Aid
22	Doctor I
23	Doctor II
24	Dentist
25	Hospital I
26	Hospital II
27	Hospital III
28	Infant Care and Layette
29	Children's Clothes
30	Ladies' Wear I (Winter Wear)
31	Ladies' Wear II (Summer Wear)
32	Underwear, Nightwear
33	Men's Wear
34	Hairstyles and Beards
35	Headgear
36	Jewellery ((米) Jewelry)
37	Types of Dwelling
38	Roof and Boiler Room
39	Kitchen
40	Kitchen Utensils and Appliances
41	Hall
42	Living Room (Lounge)
43	Bedroom
44	Dining Room
45	Tableware and Cutlery
46	Flat (Apartment)

16	人間 I
17	人間 II
18	人間 III
19	人間 IV
20	人間 V
21	救急処置
22	医師 (臨床医学) I
23	医師 (臨床医学) II
24	歯科医 (口腔外科)
25	病院 I (臨床医学)
26	病院 II (外科)
27	病院 III
28	乳児保育と新生児用品
29	子供服
30	婦人服 I (冬服)
31	婦人服 II (夏服)
32	下着・夜着
33	紳士服
34	髪型・ひげ
35	帽子
36	宝石類・装身具
37	住居の型
38	屋根・ボイラー室
39	台所
40	台所用品・器具
41	玄関の間
42	居間 (ラウンジ)
43	寝室
44	食堂
45	卓上食器類・刃物類
46	フラット (単層住戸・アパート)

Contents 目 次

47 Children's Room (Nursery)   47 子供部屋
48 Kindergarten (Day Nursery)   48 幼稚園 (託児所)
49 Bathroom and Toilet   49 浴室・トイレ
50 Household Appliances and Utensils   50 家庭用電気器具・用品

Nature as Environment, Agriculture and Forestry   自然環境, 農業, 林業

51 Flower Garden   51 花壇
52 Fruit and Vegetable Garden   52 果樹園・菜園
53 Indoor Plants (Houseplants)   53 室内観賞用植物
54 Propagation of Plants   54 植物の繁殖〔法〕
55 Market Garden ((米) Truck Garden, Truck Farm)   55 市場向け菜園
56 Garden Tools   56 園芸具
57 Vegetables (Vegetable Plants)   57 野菜
58 Soft Fruit and Pomes   58 漿果(しょうか)類・仁果(じんか)類
59 Drupes and Nuts   59 核果類・堅果類
60 Garden Flowers   60 庭の花
61 Weeds   61 雑草
62 Farm Buildings ((米) Farmstead)   62 農業施設・農場施設
63 Agriculture (Farming)   63 農業
64 Agricultural Machinery I   64 農業機械 I
65 Agricultural Machinery II   65 農業機械 II
66 Agricultural Implements   66 農具
67 Overhead Irrigation   67 架設散水・灌漑(かんがい)
68 Arable Crops   68 農作物
69 Fodder Plants (Forage Plants)   69 飼料作物
70 Breeds of Dog   70 犬の品種
71 Horse I   71 馬 I
72 Horse II   72 馬 II
73 Domestic Animals   73 家畜
74 Poultry Farming, Egg Production   74 養鶏 (家禽(かきん)飼育)・卵の生産
75 Rearing ((米) Raising) of Livestock   75 畜産
76 Dairy   76 乳加工施設
77 Bees and Beekeeping (Agriculture)   77 ミツバチ・養蜂(ようほう)
78 Wine Growing (Viniculture, Viticulture)   78 ブドウ栽培・ブドウ酒醸造業
79 Wine Cellar   79 ブドウ酒貯蔵室
80 Garden and Field Pests   80 庭と畑の害虫
81 House Insects, Food Pests, and Parasites   81 家の虫・食品害虫・寄生虫
82 Forest Pests   82 森林害虫
83 Pest Control   83 害虫駆除
84 Forestry I   84 林業 I
85 Forestry II   85 林業 II
86 Hunting   86 狩猟
87 Hunting Weapons, Hunting Equipment   87 猟銃・狩猟具
88 Game   88 猟鳥獣類
89 Fish Farming (Fish Culture, Pisciculture) and Angling   89 養魚・釣魚
90 Sea Fishing   90 海洋漁業

Trades, Crafts, and Industry   商売, 工芸, 工業

91 Mills   91 製粉所
92 Malting and Brewing I   92 麦芽製造・〔ビール〕醸造 I
93 Brewing II   93 〔ビール〕醸造 II
94 Slaughterhouse (Abattoir)   94 屠殺場(とさつじょう)
95 Meat Joints   95 枝肉(丸)各部

Contents

96	Butcher's Shop	96	食肉店・肉屋
97	Bakery	97	パン屋・菓子屋・ベーカリー
98	Grocer's Shop ((米) Grocery Store)	98	食料品店
99	Supermarket	99	スーパー〔マーケット〕
100	Shoemaker (Bootmaker)	100	靴屋
101	Shoes (Footwear)	101	靴 (はきもの)
102	Needlework	102	刺繍(ししゅう)
103	Dressmaker	103	ドレスメーカー
104	Tailor	104	洋服屋・テーラー
105	Ladies' Hairdresser	105	美容院
106	Men's Hairdresser (Barber)	106	理髪店・床屋
107	Tobacco and Smoking Requisites	107	タバコ・喫煙具
108	Goldsmith, Silversmith	108	金銀細工人
109	Watchmaker, Clockmaker	109	時計屋・時計師
110	Clocks and Watches	110	時計
111	Optician	111	めがね商
112	Optical Instruments I	112	光学器械 I
113	Optical Instruments II	113	光学器械 II
114	Photography I	114	写真 I
115	Photography II	115	写真 II
116	Photography III	116	写真 III
117	Cine Film	117	映画フィルム
118	Building Site (Construction Site) I	118	建築工事現場 I
119	Building Site (Construction Site) II	119	建築工事現場 II
120	Carpenter	120	大工
121	Roof, Timber Joints	121	屋根・木造継ぎ手
122	Roof and Roofer	122	屋根・かわら
123	Floor, Ceiling, Staircase Construction	123	床・天井・階段
124	Glazier	124	ガラス屋
125	Plumber	125	鉛管工
126	Plumber, Gas Fitter, Heating Engineer	126	鉛管工・ガス取付け工・暖房工
127	Electrician	127	電気工
128	Paperhanger	128	壁紙張り職人・経師屋(きょうじや)
129	Painter	129	塗装工
130	Cooper and Tank Construction Engineer	130	樽(たる)製造者・タンク建造技術者
131	Furrier	131	毛皮加工者
132	Joiner I	132	指物師(さしのものし) I
133	Joiner II	133	指物師 II
134	Do-it-yourself	134	日曜大工
135	Turner (Ivory Carver)	135	旋盤工 (象牙(ぞうげ)彫刻工)
136	Basket Maker	136	かご職人
137	Blacksmith (Smith) I	137	鍛冶屋(かじや) I
138	Blacksmith (Smith) II (Farm vehicle Engineering)	138	鍛冶屋 II (農業用運搬具技術)
139	Hammer Forging (Smith Forging) and Drop Forging	139	鍛造(たんぞう)機械
140	Metalworker	140	金属細工工・錠前屋
141	Gas Welder	141	ガス溶接工
142	Arc Welder	142	アーク溶接工
143	Sections, Bolts, and Machine Parts	143	形鋼・ボルト・機械部品
144	Coal Mine	149	炭鉱
145	Mineral Oil (Oil, Petroleum)	145	鉱油 (石油)
146	Offshore Drilling	146	沖合い掘削
147	Iron and Steel Works	147	製鉄所
148	Iron Foundry and Rolling Mill	148	鋳鉄工場・圧延工場
149	Machine Tools I	149	工作機械 I
150	Machine Tools II	150	工作機械 II
151	Drawing Office	151	製図室

Contents

目　次

152　Power Plant (Power Station) I
153　Power Plant (Power Station) II
154　Nuclear Energy
155　Modern Sources of Energy
156　Coking Plant
157　Sawmill
158　Quarry
159　Brickworks (Brickyard, Brickfield)
160　Cement Works (Cement Factory)
161　Porcelain and China Manufacture
162　Glass Production
163　Cotton Spinning I
164　Cotton Spinning II
165　Weaving I
166　Weaving II
167　Knitting
168　Finishing of Textile Fabrics
169　Synthetic (Man-made) Fibres ((米) Fibers) I
170　Synthetic (Man-made) Fibres ((米) Fibers) II
171　Weaves and Knits
172　Papermaking I
173　Papermaking II

Printing Industry

174　Composing Room (Case Room) I
175　Composing Room (Case Room) II
176　Composing Room (Case Room) III
　　　(Phototypesetting, Photocomposition,
　　　Photosetting, Filmsetting)
177　Photomechanical Reproduction
178　Electrotyping and Block Making
179　Offset Platemaking
180　Offset Printing
181　Letterpress Printing
182　Photogravure (Gravure Printing, Intaglio
　　　Printing)
183　Bookbinding I
184　Bookbinding II
185　Bookbinding III

Transport, Communications and Information Technology

186　Horse-drawn Carriages
187　Bicycle
188　Motorcycles, Bicycles, Scooters, Mopeds
189　Motorcycle
190　Internal Combustion Engines
191　Motor Car ((米) Automobile) I
192　Motor Car ((米) Automobile) II
193　Motor Car ((米) Automobile) III
194　Lorries ((米) Trucks), Vans, Buses
195　Garage ((米) Shop)
196　Service Station
197　Tram ((米) Streetcar, Trolley), Interurban
　　　Electric Train
198　Cross-section of a Street

152　発電所 I
153　発電所 II
154　核エネルギー
155　現代のエネルギー資源
156　コークス工場
157　製材場
158　採石場
159　れんが(煉瓦)工場
160　セメント工場
161　磁器・陶器の製造
162　ガラス製造
163　綿紡績 I
164　綿紡績 II
165　製織業 I
166　製織業 II
167　メリヤス地編物
168　織物の仕上げ工程
169　合成・人造繊維 I
170　合成・人造繊維 II
171　組織図・編み方
172　製紙 I
173　製紙 II

印刷業

174　植字室（組版室）　I
175　植字室（組版室）　II
176　植字室（組版室）　III
　　　（写真植字・写真組版）

177　写真製版
178　電気製版・凸版製版
179　オフセット製版
180　オフセット印刷
181　凸版印刷
182　グラビア（グラビア印刷・凹版印刷）

183　製本 I
184　製本 II
185　製本 III

運輸・通信・情報伝達技術

186　馬車
187　自転車
188　オートバイ・自転車・スクーター・モペット
189　オートバイ
190　内燃機関
191　自動車 I
192　自動車 II
193　自動車 III
194　貨物自動車（トラック）・バン・バス
195　自動車修理場
196　給油所
197　市街電車・都市連絡電車

198　街路の断面

Contents

目 次

199 Refuse Disposal ((米) Garbage Disposition), Street Cleaning
200 Road Construction (Road Building, Road Making) I
201 Road Construction (Road Building, Road Making) II
202 Railway Line ((米) Railroad Track) I
203 Railway Line ((米) Railroad Track) II (Signalling Equipment)
204 Station Hall
205 Station Platform
206 Goods Station (Freight Depot)
207 Railway Vehicles (Rolling Stock) I
208 Railway Vehicles (Rolling Stock) II
209 Railway Vehicles (Rolling Stock) III
210 Railway Vehicles (Rolling Steck) IV
211 Railway Vehicles (Rolling Stock) V
212 Railway Vehicles (Rolling Stock) VI
213 Railway Vehicles (Rolling Stock) VII
214 Mountain Railways ((米) Mountain Railroads) and Cableways
215 Bridges
216 Rivers and River Engineering
217 Waterway and Hydraulic Engineering
218 Types of Historical Ship
219 Sailing Ship I
220 Sailing Ship II
221 Types of Ship
222 Shipbuilding
223 Motor Ship
224 Navigation
225 Docks, Port, Harbour ((米) Harbor) I
226 Docks, Port, Harbour ((米) Harbor) II
227 Salvage (Salving) and Towage
228 Life Saving
229 Aircraft I
230 Aircraft II
231 Aircraft III
232 Aircraft IV
233 Airport
234 Space Flight I
235 Space Flight II
236 Post Office I
237 Post Office II (Telephones and Telegraphy)
238 Broadcasting (Radio and Television) I
239 Broadcasting (Radio and Television) II
240 Broadcasting III (Television Engineering)
241 Music Systems (Audio Systems)
242 Teaching Equipment and Information Technology
243 Audiovision (AV)
244 Computer Centre ((米) Center)

199 廃物処理・街路清掃
200 道路建設 I
201 道路建設 II
202 鉄道線路 I
203 鉄道線路 II (信号保安設備)
204 駅のホール
205 プラットホーム
206 貨物駅
207 鉄道車両 I
208 鉄道車両 II
209 鉄道車両 III
210 鉄道車両 IV
211 鉄道車両 V
212 鉄道車両 VI
213 鉄道車両 VII
214 登山鉄道・索道
215 橋梁(りょう)
216 河川・河川工事
217 水路・水力工事
218 昔の船の形式
219 帆船 I
220 帆船 II
221 船舶の種類
222 造船
223 内燃機船
224 航海
225 ドック・港湾・港 I
226 ドック・港湾・港 II
227 海難救助・曳航(えいこう)
228 人命救助
229 航空機 I
230 航空機 II
231 航空機 III
232 航空機 IV
233 空港
234 宇宙飛行 I
235 宇宙飛行 II
236 郵便局 I
237 郵便局 II (電話・電信)
238 放送 (ラジオ・テレビジョン) I
239 放送 (ラジオ・テレビジョン) II
240 放送 III (テレビジョン工学)
241 音楽装置 (オーディオ装置)
242 教具と情報科学技術
243 オーディオビジョン (AV)
244 コンピュータ・センター

Office, Bank, Stock Exchange

事務所, 銀行, 証券取引所

245 Office I
246 Office II
247 Office III

245 事務所 I
246 事務所 II
247 事務所 III

Contents

目 次

248	Office IV		248	事務所 IV
249	Office V		249	事務所 V (事務機械)
250	Bank		250	銀行
251	Stock Exchange		251	証券取引所

Community

社会

252 Money (Coins and Notes, (米) Coins and Bills) — 252 通貨 (貨幣・紙幣)
253 Flags — 253 旗
254 Heraldry, Crowns and Coronets — 254 紋章・王冠・宝冠
255 Armed Forces I (Army) — 255 軍隊 I (陸軍)
256 Armed Forces II (Air Force I) — 256 軍隊 II (空軍 I)
257 Armed Forces III (Air Force II) — 257 軍隊 III (空軍 II)
258 Warships I — 258 軍艦 I (海軍)
259 Warships II (Modern Fighting Ships) — 259 軍艦 II (現代の戦艦)
260 School I (Primary School) — 260 学校 I (小学校)
261 School II (Secondary School, High School) — 261 学校 II (中学校・高等学校)
262 University — 262 大学
263 Election — 263 選挙
264 Police — 264 警察
265 Café — 265 喫茶店
266 Restaurant — 266 レストラン
267 Hotel — 267 ホテル
268 Town (Town Centre, (米) Downtown) — 268 都市 (都心)
269 Water Supply — 269 給水・上水道
270 Fire Service ((米) Fire Department) — 270 消防隊
271 Department Store — 271 デパート (百貨店)
272 Park — 272 公園

Recreation, Games, Sport

レクリエーション, ゲーム, スポーツ

273 Children's Playground — 273 子供の遊園地
274 Spa — 274 温泉地・保養地
275 Roulette — 275 ルーレット
276 Board Games and Party Games — 276 卓上ゲーム・社交遊戯
277 Billiards — 277 ビリヤード
278 Camping and Caravanning ((米) Trailering) — 278 キャンプ・キャラバン旅行
279 Surf Riding (Surfing), Skin Diving (Underwater Swimming) — 279 サーフィン・スキンダイビング
280 Bathing Beach — 280 海水浴場
281 Swimming Bath (Leisure Centre ((米) Center)) — 281 室内プール (レジャー・センター)
282 Swimming — 282 水泳
283 Rowing and Canoeing — 283 ボート・カヌー
284 Sailing (Yachting) I — 284 ヨット I
285 Sailing (Yachting) II — 285 ヨット II
286 Motorboats (Powerboats), Water Skiing — 286 モーターボート・水上スキー
287 Gliding (Soaring) — 287 グライダー (ソアリング・滑空)
288 Aerial Sports (Airsports) — 288 空中スポーツ
289 Horsemanship, Equestrian Sport — 289 馬術・乗馬スポーツ
290 Cycle Racing and Motorsports — 290 自転車競走・モータースポーツ
291 Ball Games I (Football, Association Football, Soccer) — 291 球技 I (サッカー)
292 Ball Games II — 292 球技 II
293 Ball Games III — 293 球技 III
294 Fencing — 294 フェンシング

Contents　　　　　　　　　　　　　　　　　　　　目　次

295 Free Exercise	295 徒手体操
296 Apparatus Gymnastics I	296 器械体操 I
297 Apparatus Gymnastics II (Women's Gymnastics)	297 器械体操 II (女子体操)
298 Athletics (Track and Field Events)	298 陸上競技 (トラック競技・フィールド競技)
299 Weightlifting and Combat Sports	299 重量挙げ・格闘スポーツ
300 Mountaineering	300 登山
301 Winter Sports I (Skiing)	301 ウインター・スポーツ I (スキー)
302 Winter Sports II	302 ウインター・スポーツ II
303 Winter Sports III	303 ウインター・スポーツ III
304 Countryside in Winter	304 冬の田園
305 Various Sports	305 その他のスポーツ

Entertainment, Culture, and Art　　　娯楽, 文化, 芸術

306 Carnival	306 カーニバル (謝肉祭)
307 Circus	307 サーカス
308 Fair, Fairground	308 歳の市の盛り場
309 Flea Market	309 蚤(のみ)の市
310 Films (Motion Pictures) I	310 映画 I
311 Films (Motion Pictures) II	311 映画 II
312 Films (Motion Pictures) III	312 映画 III
313 Films (Motion Pictures) IV	313 映画 IV
314 Ballet	314 バレエ
315 Theatre ((米) Theater) I	315 劇場 I
316 Theatre ((米) Theater) II	316 劇場 II
317 Discotheque	317 ディスコ
318 Nightclub	318 ナイトクラブ
319 Bullfighting, Rodeo	319 闘牛・ロデオ
320 Musical Notation I	320 記譜法 I
321 Musical Notation II	321 記譜法 II
322 Musical Instruments I	322 楽器 I
323 Musical Instruments II	323 楽器 II
324 Musical Instruments III	324 楽器 III
325 Musical Instruments IV	325 楽器 IV
326 Musical Instruments V	326 楽器 V
327 Fabulous Creatures (Fabled Beings)	327 神話上の動物
328 Prehistory	328 先史時代
329 Chivalry	329 騎士制度
330 Church I	330 教会 I
331 Church II	331 教会 II
332 Church III	332 教会 III
333 Art I	333 美術 I
334 Art II	334 美術 II
335 Art III	335 美術 III
336 Art IV	336 美術 IV
337 Art V	337 美術 V
338 Artist's Studio	338 画家のアトリエ
339 Sculptor's Studio	339 彫刻家のアトリエ
340 Graphic Art	340 グラフィック・アート
341 Script I	341 文字 I
342 Script II	342 文字 II
343 Colour ((米) Color)	343 色彩
344 Mathematics I	344 数学 I
345 Mathematics II	345 数学 II
346 Mathematics III (Geometry I)	346 数学 III (幾何学 I)
347 Mathematics IV (Geometry II)	347 数学 IV (幾何学 II)
348 Mathematics V (Sets)	348 数学 V (集合)

Contents

349　Chemistry Laboratory I
350　Chemistry Laboratory II
351　Crystals, Crystallography
352　Ethnology I
353　Ethnology II
354　Ethnology III
355　Historical Costumes

Animals and Plants

356　Zoo (Zoological Gardens)
357　Invertebrates
358　Articulates
359　Birds I
360　Birds II (European Birds)
361　Birds III (Passerines)
362　Birds IV (Birds of Prey)
363　Birds V (Exotic Birds)
364　Fish, Amphibia, and Reptiles
365　Lepidoptera (Butterflies and Moths)
366　Mammals I
367　Mammals II
368　Mammals III
369　Deep-sea Fauna
370　General Botany
371　Deciduous Trees
372　Conifers
373　Ornamental Shrubs and Trees I
374　Ornamental Shrubs and Trees II
375　Meadow Flowers and Wayside Flowers (Wild Flowers) I
376　Meadow Flowers and Wayside Flowers (Wild Flowers) II
377　Plants of Forest, Marsh and Heathland
378　Alpine Plants, Aquatic Plants (Water Plants), and Marsh Plants
379　Poisonous Plants
380　Medicinal Plants
381　Edible Fungi (Esculent Fungi)
382　Tropical Plants used as Stimulants, Spices, and Flavourings ((米) Flavorings)
383　Plants used in Industry
384　Southern Fruits (Tropical, Subtropical, and Mediterranean Fruits)

349　化学実験室 I
350　化学実験室 II
351　結晶・結晶学
352　民族学 I
353　民族学 II
354　民族学 III
355　被服の変遷

動物・植物

356　動物園（動物公園）
357　無脊椎(むせきつい)動物
358　有関節動物
359　鳥類 I
360　鳥類 II（ヨーロッパ原産の鳥類）
361　鳥類 III（燕雀類(えんじゃくるい)）
362　鳥類 IV（猛禽類(もうきんるい)）
363　鳥類 V（外国産の鳥）
364　魚類・両生類・爬虫類(はちゅうるい)
365　鱗翅目(りんしもく)（蝶蛾類(ちょうがるい)）
366　哺乳(ほにゅう)動物 I
367　哺乳動物 II
368　哺乳動物 III
369　深海の生物
370　植物学一般
371　落葉樹
372　針葉樹
373　観賞樹 I
374　観賞樹 II
375　草原の花・路傍の花（野の花） I
376　草原の花・路傍の花（野の花） II
377　森・沼・野の植物
378　高山植物・水生植物
379　有毒植物
380　薬用植物
381　食用キノコ
382　熱帯産植物（興奮剤・香辛料・調味料用）
383　有用植物
384　南方の果物（熱帯産・亜熱帯産・地中海産果物）

THE
OXFORD–DUDEN
PICTORIAL
JAPANESE & ENGLISH
DICTIONARY

1-8 **atom models**
原子模型

1 model of the hydrogen (H) atom
水素（H）原子の模型

2 atomic nucleus
原子核〈ここでは、陽子（プロトン）
proton〉

3 electron
電子

4 electron spin
電子スピン

5 model of the helium (He) atom
ヘリウム（He）原子の模型

6 electron shell
電子殻

7 Pauli exclusion principle (exclusion principle, Pauli principle)
パウリの排他原理（排他律, パウリの原理）

8 complete electron shell of the Na atom (sodium atom)
ナトリウム原子の完全電子殻

9-14 **molecular structures** (lattice structures)
分子構造（格子構造）

9 crystal of sodium chloride (of common salt)
塩化ナトリウム（普通塩）の結晶

10 chlorine ion
塩素イオン

11 sodium ion
ナトリウム・イオン

12 crystal of cristobalite
クリストバライトの結晶

13 oxygen atom
酸素原子

14 silicon atom
珪素（けいそ）原子

15 **energy levels** (possible quantum jumps) of the hydrogen atom
水素原子の（量子飛躍可能）エネルギー準位

16 atomic nucleus
原子核〈ここでは、陽子（プロトン）
proton〉

17 electron
電子

18 ground state level
基底状態の準位

19 excited state
励起状態

20-25 **quantum jumps** (quantum transitions)
量子飛躍（量子転移）

20 Lyman series
ライマン系列

21 Balmer series
バルマー系列

22 Paschen series
パッシェン系列

23 Brackett series
ブラケット系列

24 Pfund series
プント系列

25 free electron
自由電子

26 Bohr-Sommerfeld model of the H atom
水素（H）原子のボーア・ゾンマーフェルト模型

27 energy levels of the electron
電子のエネルギー準位

28 **spontaneous decay** of radioactive material
放射性物質の自然崩壊

29 atomic nucleus
原子核

30-31 alpha particle (α, alpha radiation, helium nucleus)
アルファ粒子（α, アルファ線, ヘリウム原子核）

30 neutron
中性子, ニュートロン

31 proton
陽子, プロトン

32 beta particle (β, beta radiation, electron)
ベータ粒子（ベータ, ベータ線, 電子）

33 gamma radiation (γ)
ガンマ線（γ）〈硬X線 hard X-radiation の一種〉

34 **nuclear fission:**
核分裂

35 heavy atomic nucleus
重原子核

36 neutron bombardment
中性子衝撃

37-38 fission fragments
核分裂破片, 核分裂生成物

39 released neutron
放出中性子

40 gamma radiation (γ)
ガンマ線（γ）

41 **chain reaction**
連鎖反応

42 incident neutron
入射中性子

43 nucleus prior to fission
分裂前の原子核

44 fission fragment
核分裂破片, 核分裂生成物

45 released neutron
放出中性子

46 repeated fission
核分裂の反復

47 fission fragment
核分裂破片, 核分裂生成物

48 **controlled chain reaction in a nuclear reactor**
原子炉内の制御連鎖反応

49 atomic nucleus of a fissionable element
分裂可能元素の原子核

50 neutron bombardment
中性子衝撃

51 fission fragment (new atomic nucleus)
核分裂破片（〈核分裂の結果生じた〉新しい原子核）

52 released neutron
放出中性子

53 absorbed neutrons
吸収中性子

54 moderator
減速材〈黒鉛の減速層 retarding layer of graphite〉

55 extraction of heat (production of energy)
熱抽出, 熱導出（エネルギー発生）

56 X-radiation
X線

57 concrete and lead shield
コンクリートと鉛の遮蔽（しゃへい）

58 **bubble chamber** for showing the tracks of high-energy ionizing particles
泡箱〈高エネルギーイオンの飛跡を観測する装置〉

59 light source
光源

60 camera
カメラ

61 expansion line
膨張ライン

62 path of light rays
光線の径路

63 magnet
磁石

64 beam entry point
ビーム入口

65 reflector
反射材

66 chamber
チェンバー

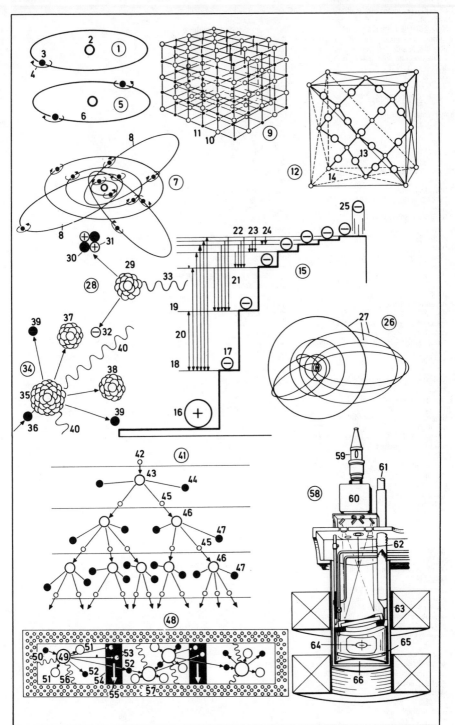

1-23 **radiation detectors** (radiation
meters)
放射線探知器（放射線計測器）
1 radiation monitor
放射線監視装置
2 ionization chamber (ion chamber)
電離箱（イオン箱）
3 central electrode
中心電極
4 measurement range selector
測定域選択器
5 instrument housing
計器容器
6 meter
読取り計器
7 zero adjustment
ゼロ点調整
8-23 dosimeter (dosemeter)
ドジメーター
8 film dosimeter
薄膜ドジメーター，フィルム・ドジメーター
9 filter
フィルター，濾過（ろか）器
10 film
薄膜，フィルム
11 film-ring dosimeter
薄膜リング・ドジメーター
12 filter
フィルター
13 film
フィルム
14 cover with filter
フィルターつきのふた
15 pocket meter (pen meter, pocket
chamber)
ポケット・メーター（ペン・メーター，ポケット
箱）
16 window
のぞき窓
17 ionization chamber (ion chamber)
電離箱
18 clip (pen clip)
クリップ（ペン・クリップ）
19 Geiger counter (Geiger-Müller
counter)
ガイガー計数管（ガイガー・ミュラー計数管）
20 counter tube casing
計数管入れ
21 counter tube
計数管
22 instrument housing
計器容器
23 measurement range selector
測定域選択器
24 Wilson cloud chamber (Wilson
chamber)
ウィルソンの霧箱（ウィルソン箱）
25 compression plate
圧縮盤
26 cloud chamber photograph
霧箱写真
27 cloud chamber track of an alpha
particle
アルファ粒子の霧箱飛跡
28 **telecobalt unit** ((□) cobalt bomb)
コバルト遠隔照射装置（コバルト・ボム）
29 pillar stand
スタンド
30 support cables
支持ケーブル
31 radiation shield (radiation shielding)
放射線遮蔽（しゃへい）
32 sliding shield
滑り遮蔽
33 bladed diaphragm
ブレード・ダイアフラム

34 light-beam positioning device
光束位置調節装置
35 pendulum device (pendulum)
振子装置（振子）
36 irradiation table
照射台
37 rail (track)
レール（軌道）
38 **manipulator with sphere unit**
(manipulator)
マニピュレーター
39 handle
ハンドル
40 safety catch (locking lever)
安全取っ手（安全てこ）
41 wrist joint
継ぎ手
42 master arm
操縦かん
43 clamping device (clamp)
締付け装置（クランプ）
44 tongs
つかみばさみ
45 slotted board
スロッテドボード〈溝を彫った板〉
46 radiation shield (protective shield,
protective shielding)
放射線遮蔽壁（保護用遮蔽物）〈鉛製の保
護壁 lead shielding wall の断面図〉
47 grasping arm of a pair of
manipulators (of a master/slave
manipulator)
２本のマニピュレーターのアーム（マジックハ
ンド）
48 dust shield
ほこりよけ
49 **cyclotron**
サイクロトロン
50 danger zone
危険区域
51 magnet
磁石
52 pumps for emptying the vacuum
chamber
真空室排気用ポンプ

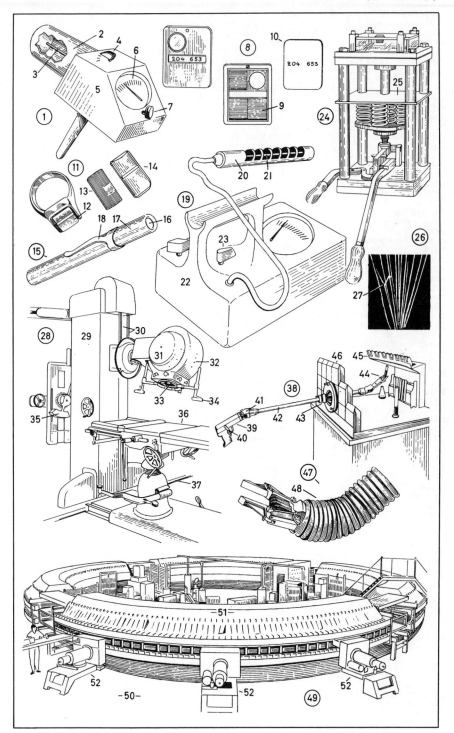

1-35 star map of the northern sky
(northern hemisphere)
北天（天球の北半球）の恒星図
1-8 divisions of the sky
天球の区分
1 celestial pole with the Pole Star
天の北極と北極星〈北極星は Polaris (ポラリス), the North Star ともいう〉
2 ecliptic (apparent annual path of the sun)
黄道（太陽の見かけの年周軌道）
3 celestial equator (equinoctial line)
天の赤道
4 tropic of Cancer
北回帰線
5 circle enclosing circumpolar stars
周極星の限界円
6-7 equinoctial points (equinoxes)
昼夜平分点，分点
6 vernal equinoctial point (first point of Aries)
春分点（白羊宮の原点）
7 autumnal equinoctial point
秋分点
8 summer solstice (solstice)
夏至点
9-48 constellations (grouping of fixed stars into figures) **and names of stars**
星座と恒星名
9 Aquila (the Eagle) with Altair the principal star
鷲(わし)座とそのアルタイル（牽牛(けんぎゅう)星）〈アルタイルは，鷲座の主星 principal star (brightest star)〉
10 Pegasus (the Winged Horse)
ペガサス座（翼のある馬）
11 Cetus (the Whale) with Mira
鯨(くじら)座とそのミラ〈ミラは，変光星 variable star の一つ〉
12 Eridamus (the Celestial River)
エリダヌス座
13 Orion (the Hunter) with Rigel, Betelgeuse and Bellatrix
オリオン座とそのリゲル星，ベテルギウス星およびベラトリックス星
14 Canis Major (the Great Dog, the Greater Dog) with Sirius (the Dog Star)
大犬座とそのシリウス（天狼(てんろう)星）〈シリウスは，一等星 star of the first magnitude の一つ〉
15 Canis Minor (the Little Dog, the Lesser Dog) with Procyon
小犬座とそのプロキオン星
16 Hydra (the Water Snake, the Sea Serpent)
海蛇座
17 Leo (the Lion)
獅子(しし)座
18 Virgo (the Virgin) with Spica
乙女座とそのスピカ星
19 Libra (the Balance, the Scales)
天秤(てんびん)座
20 Serpens (the Serpent)
蛇座
21 Hercules
ヘルクレス座，ヘラクレス座
22 Lyra (the Lyre) with Vega
琴座とそのヴェガ（織女星）
23 Cygnus (the Swan, the Northern Cross) with Deneb
白鳥座(北十字星)とそのデネブ星
24 Andromeda
アンドロメダ座

25 Taurus (the Bull) with Aldebaran
牡牛(おうし)座とそのアルデバラン星
26 The Pleiades (Pleiads, the Seven Sisters)
プレアデス星団，すばる，牡牛座〈散開星団 open cluster of stars の一つ〉
27 Auriga (the Wagoner, the Charioteer) with Capella
御者(ぎょしゃ)座とそのカペラ星
28 Gemini (the Twins) with Castor and Pollux
双子(ふたご)座とそのカストール星とポルックス星
29 Ursa Major (the Great Bear, the Greater Bear, the Plough, Charles's Wain, (米) the Big Dipper) with the double star (binary star) Mizar and Alcor
大熊(おおぐま)座とそのミザル星とアルコル星の二重星
30 Boötes (the Herdsman)
牛飼(うしかい)座
31 Corona Borealis (the Northern Crown)
北の冠座
32 Draco (the Dragon)
竜(りゅう)座
33 Cassiopeia
カシオペア座
34 Ursa Minor (the Little Bear, Lesser Bear, (米) Little Dipper) with the Pole Star (Polaris, the North Star)
小熊(こぐま)座と北極星
35 the Milky Way (the Galaxy)
天の川（銀河）
36-48 the southern sky
南天の星座
36 Capricorn (the Goat, the Sea Goat)
山羊(やぎ)座
37 Sagittarius (the Archer)
射手(いて)座
38 Scorpio (the Scorpion)
蠍(さそり)座
39 Centaurus (the Centaur)
ケンタウルス座
40 Triangulum Australe (the Southern Triangle)
南の三角座
41 Pavo (the Peacock)
孔雀(くじゃく)座
42 Grus (the Crane)
鶴座
43 Octans (the Octant)
八分儀座
44 Crux (the Southern Cross, the Cross)
南十字星座
45 Argo (the Celestial Ship)
アルゴ座〈現在は艫(とも)座・帆座・羅針盤座・竜骨座の4つの別々の星座に分けられる〉
46 Carina (the Keel)
竜骨座
47 Pictor (the Painter)
画家座
48 Reticulum (the Net)
レチクル座

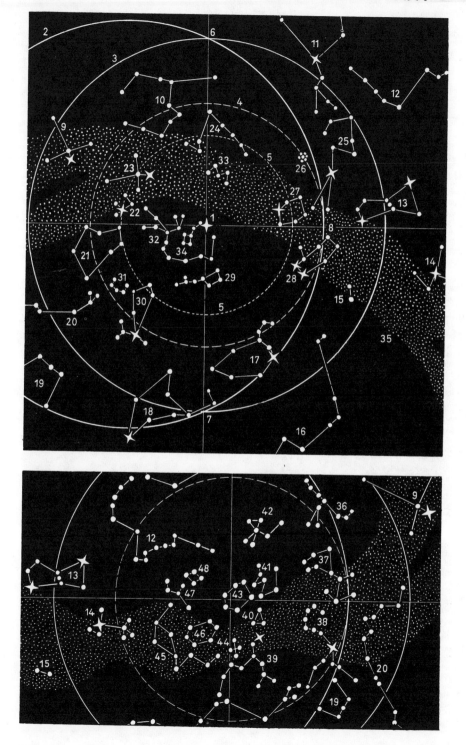

1-9 the moon
月
1 moon's path (moon's orbit round the earth)
月の軌道 (月の地球周回軌道)
2-7 lunar phases (moon's phases, lunation)
月の満ち欠け (月の位相)
2 new moon
新月
3 crescent (crescent moon, waxing moon)
三日月 (満ちてゆく月)
4 half-moon (first quarter)
半月 (上弦の月)
5 full moon
満月
6 half-moon (last quarter, third quarter)
下弦の月
7 crescent (crescent moon, waning moon)
三日月, 24日の月 (欠けてゆく月)
8 the earth (terrestrial globe)
地球
9 direction of the sun's rays
太陽光線の方向
10-21 apparent path of the sun at the beginning of the seasons
各季節の初めにおける太陽の見かけの軌道
10 celestial axis
天球軸
11 zenith
天頂
12 horizontal plane
水平面
13 nadir
天底
14 east point
東点
15 west point
西点
16 north point
北点
17 south point
南点
18 apparent path of the sun on 21 December
12月21日の太陽の見かけの軌道
19 apparent path of the sun on 21 March and 23 September
3月21日と9月23日の太陽の見かけの軌道
20 apparent path of the sun on 21 June
6月21日の太陽の見かけの軌道
21 border of the twilight area
薄明りの境界
22-28 rotary motions of the earth's axis
地軸の回転運動
22 axis of the ecliptic
黄道軸
23 celestial sphere
天球
24 path of the celestial pole (precession and nutation)
天極の軌道 (歳差運動と章動)
25 instantaneous axis of rotation
瞬間自転軸
26 celestial pole
天極
27 mean axis of rotation
平均自転軸
28 polhode
ポールホード

29-35 solar and lunar eclipse [not to scale]
日食と月食 [縮尺は正確ではない]
29 the sun
太陽
30 the eath
地球
31 the moon
月
32 solar eclipse
日食
33 area of the earth in which the eclipse appears total
皆既日食が見られる地球の地域
34-35 lunar eclipse
月食
34 penumbra (partial shadow)
半影
35 umbra (total shadow)
本影
36-41 the sun
太陽
36 solar disc (disk) (solar globe, solar sphere)
太陽面 (太陽球)
37 sunspots
太陽黒点
38 cyclones in the area of sunspots
太陽黒点付近の低圧域
39 corona (solar corona)
コロナ (太陽コロナ) 〈皆既日食 total solar eclipse の際, または 特殊 な 器械 で 観測される〉
40 prominences (solar prominences)
プロミネンス, 太陽紅炎
41 moon's limb during a total solar eclipse
皆既日食における月の影
42-52 planets (planetary system, solar system) [not to scale] and planet symbols
惑星 (太陽系) [縮尺は正確ではない] と惑星の記号
42 the sun
太陽
43 Mercury
水星
44 Venus
金星
45 Earth, with the moon (satellite)
地球とその衛星の月
46 Mars, with two moons (satellites)
火星とその2個の衛星
47 asteroids (minor planets)
小惑星群, アステロイド
48 Jupiter, with 15 moons (satellites)
木星とその15個の衛星
49 Saturn, with 15 moons (satellites)
土星とその15個の衛星
50 Uranus, with five moons (satellites)
天王星とその5個の衛星
51 Neptune, with two moons (satellites)
海王星とその2個の衛星
52 Pluto, with the moon (satellite)
冥王星とその1個の衛星
53-64 signs of the zodiac (zodiacal signs)
黄道十二宮の記号
53 Aries (the Ram)
牡羊 (おひつじ) 座
54 Taurus (the Bull)
牡牛 (おうし) 座
55 Gemini (the Twins)
双子 (ふたご) 座
56 Cancer (the Crab)
蟹 (かに) 座

57 Leo (the Lion)
獅子 (しし) 座
58 Virgo (the Virgin)
乙女座
59 Libra (the Balance, the Scales)
天秤 (てんびん) 座
60 Scorpio (the Scorpion)
蠍 (さそり) 座
61 Sagittarius (the Archer)
射手 (いて) 座
62 Capricorn (the Goat, the Sea Goat)
山羊 (やぎ) 座
63 Aquarius (the Water Carrier, the Water Bearer)
水瓶 (みずがめ) 座
64 Pisces (the Fish)
魚 (うお) 座

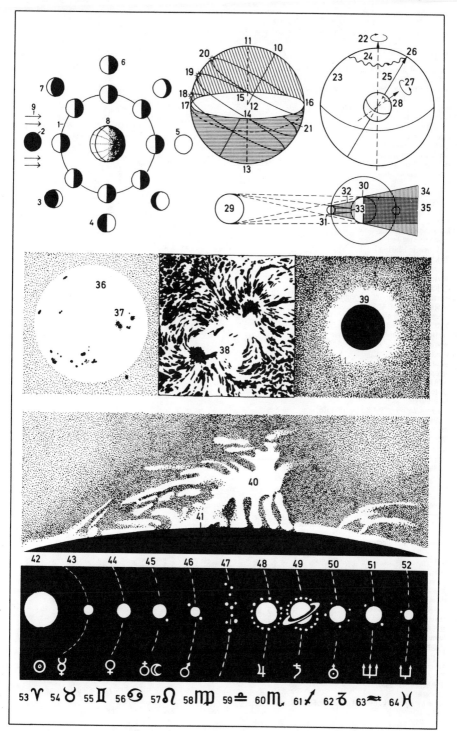

1-16 the European Southern
Observatory (ESO) on *Cerro la Silla,
Chile* [section]
チリのセロ・ラ・シラにある欧州南部天文台
〈略称ＥＳＯ〉[断面図]
1 primary mirror (main mirror) with a
diameter of 3.6 m (144 inches)
直径3.6mの主反射鏡
2 prime focus cage with mounting for
secondary mirrors
補助反射鏡つきの基本焦点保持器
3 flat mirror for the coudé ray path
クデ光線平面鏡
4 Cassegrain cage
カセグレイン式保持器
5 grating spectrograph
格子スペクトログラフ
6 spectrographic camera
分光カメラ
7 hour axis drive
時間軸駆動装置
8 hour axis
時間軸
9 horseshoe mounting
蹄鉄(ていてつ)型マウント
10 hydrostatic bearing
静水圧軸受け
11 primary and secondary focusing
devices
基本焦点および補助焦点調節装置
12 observatory dome (revolving dome)
観測ドーム(回転丸屋根)
13 observation opening
観測開閉窓
14 vertically movable dome shutter
垂直可動ドーム・シャッター
15 wind screen
風よけスクリーン
16 siderostat
太陽鏡
17-28 the *Stuttgart* Planetarium
[section]
シュトゥットガルト・プラネタリウム[断面図]
17 administration, workshop, and store
area
管理室, 工作室と保管室
18 steel scaffold
鉄骨組み
19 glass pyramid
ガラスぶきのピラミッド
20 revolving arched ladder
回転するアーチ型はしご
21 projection dome
投影ドーム
22 light stop
光線遮蔽(しゃへい)板
23 planetarium projector
プラネタリウム投影器
24 well
井戸
25 foyer
休憩室
26 theatre ((米) theater)
映画館
27 projection booth
映写室
28 foundation pile
基礎杭(くい)
29-33 the *Kitt Peak* solar observatory
near *Tucson, Ariz.* [section]
アリゾナ・トゥクソン近郊にあるキットピーク
太陽観測所[断面図]
29 heliostat
ヘリオスタット〈2枚の平面鏡によって光線
を導入する装置〉

30 sunken observation shaft
観測軸路
31 water-cooled windshield
水冷式風防ガラス
32 concave mirror
凹面反射鏡
33 observation room housing the
spectrograph
分光カメラのある観測室

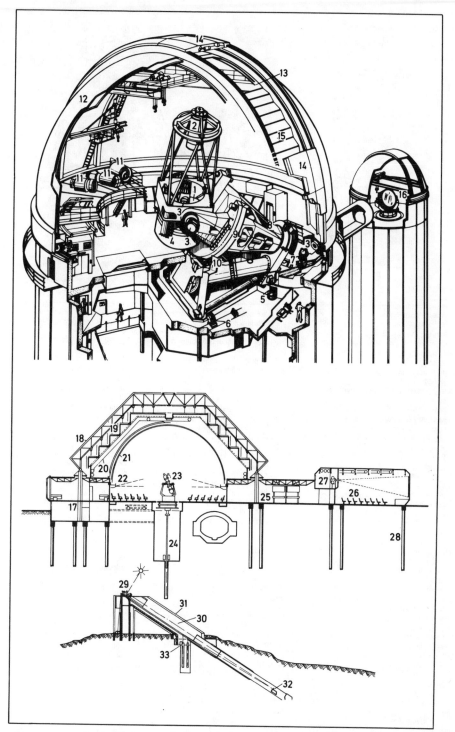

1 Apollo spacecraft
アポロ宇宙船
2 service module (SM)
サービス・モジュール〈略称ＳＭ〉
3 nozzle of the main rocket engine
主ロケット・エンジンのノズル
4 directional antenna
指向性アンテナ
5 manoeuvring ((米) maneuvering)
rockets
操縦ロケット
6 oxygen and hydrogen tanks for the
spacecraft's energy system
宇宙船エネルギー・システム用の酸素・水素
タンク
7 fuel tank
燃料タンク
8 radiators of the spacecraft's energy
system
宇宙船エネルギー・システム用のラジエーター
9 command module (Apollo space
capsule)
司令船 (アポロ宇宙カプセル)
10 entry hatch of the space capsule
宇宙カプセルの入口
11 astronaut
宇宙飛行士
12 lunar module (LM)
月着陸船〈略称ＬＭ〉
13 moon's surface (lunar surface)
月面〈砂ぼこりでおおわれた表面 dust-
covered surface〉
14 lunar dust
月面の砂ぼこり
15 piece of rock
岩石の断片
16 meteorite crater
隕石(いんせき)による穴
17 the earth
地球
18-27 space suit (extra-vehicular suit)
宇宙服 (船外服)
18 emergency oxygen apparatus
非常用酸素装置

19 sunglass pocket [with sunglasses for
use on board]
サングラス・ポケット [船内用サングラスつき]
20 life support system (life support
pack)
生命維持システム (生命維持パック)〈背
負って運ぶ装置 backpack unit〉
21 access flap
アクセス・フラップ
22 space suit helmet with sun filters
太陽フィルターつき宇宙ヘルメット
23 control box of the life support pack
生命維持パックの制御箱
24 penlight pocket
ペンライト・ポケット
25 access flap for the purge valve
清浄弁用のアクセス・フラップ
26 tube and cable connections for the
radio, ventilation, and water-cooling
systems
ラジオ, 換気装置および水冷装置の管と
ケーブル連結部
27 pocket for pens, tools, etc.
ペンおよび道具類用のポケット
28-36 descent stage
降下用装置
28 connector
コネクター, 連結装置
29 fuel tank
燃料タンク
30 engine
エンジン
31 mechanism for unfolding the legs
脚部開き機構
32 main shock absorber
主緩衝装置
33 landing pad
着陸台
34 ingress/egress platform (hatch
platform)
出入口プラットフォーム (ハッチ・プラット
フォーム)
35 ladder to platform and hatch
プラットフォームとハッチへのはしご

36 cardan mount for engine
エンジンのカルダン・マウント
37-47 ascent stage
上昇用装置
37 fuel tank
燃料タンク
38 ingress/egress hatch (entry/exit
hatch)
出入り口
39 LM manoeuvring ((米)
maneuvering) rockets
月着陸船〈略称ＬＭ〉の操縦ロケット
40 window
窓
41 crew compartment
搭乗員のコンパートメント
42 rendezvous radar antenna
ランデブー用レーダー・アンテナ
43 inertial measurement unit
慣性測定装置
44 directional antenna for ground
control
地上制御用の指向性アンテナ
45 upper hatch (docking hatch)
上部出入り口 (ドッキング・ハッチ)
46 inflight antenna
機上アンテナ
47 docking target recess
ドッキング標的の凹部(おうぶ)

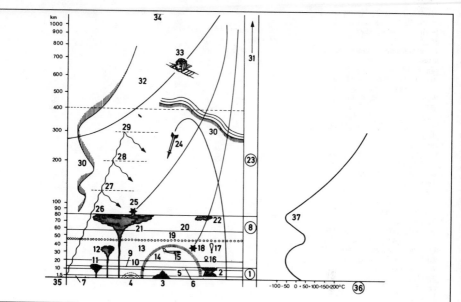

1 the troposphere
対流圏

2 thunderclouds
雷雲

3 the highest mountain, *Mount Everest* [8,882m]
最も高い山，エベレスト山 [8,882 m]

4 rainbow
虹(にじ)

5 jet stream level
ジェット気流レベル

6 zero level (inversion of vertical air movement)
ゼロ・レベル（空気の鉛直移動の反転）

7 ground layer (surface boundary layer)
地表層（表面境界層）

8 the stratosphere
成層圏

9 tropopause
圏界面

10 separating layer (layer of weaker air movement)
分離層（薄い空気移動層）

11 atomic explosion
原子爆発

12 hydrogen bomb explosion
水素爆弾の爆発

13 ozone layer
オゾン層

14 range of sound wave propagation
音波の伝播(でんぱ)限度

15 stratosphere aircraft
成層圏飛行機

16 manned balloon
有人気球

17 sounding balloon
観測用気球

18 meteor
隕石(いんせき)

19 upper limit of ozone layer
オゾン層の上部限界

20 zero level
ゼロ・レベル

21 eruption of Krakatoa
クラカタウ火山の噴火

22 luminous clouds (noctilucent clouds)
発光雲（夜光雲）

23 the ionosphere
電離圏，電離層

24 range of research rockets
研究用ロケットの領域

25 shooting star
流星

26 short wave (high frequency)
短波（高周波）

27 E-layer (Heaviside-Kennelly Layer)
E層（ヘビーサイド・ケネリー層）

28 F_1-layer
F_1層

29 F_2-layer
F_2層

30 aurora (polar light)
オーロラ（極光）

31 the exosphere
外気圏

32 atom layer
原子層

33 range of satellite sounding
衛星観測の領域

34 fringe region
外縁領域（空が暗黒になる限界）

35 altitude scale
高度目盛り

36 temperature scale (thermometric scale)
温度目盛り（温度計上の目盛り）

37 temperature graph
温度図表

白い矢印＝暖かい空気 warm air
黒い矢印＝冷たい空気 cold air

1-19 clouds and weather
雲と天気

1-4 clouds found in homogeneous air masses
均質な気団の雲

1 cumulus (woolpack cloud, cumulus humilis, fair-weather cumulus)
積雲（羊毛状の積雲，偏平積雲）〈下部が平らで鉛直に発達する雲，鉛直にも上って丸い丘のような形をした輪郭がくっきりした濃い雲 heap cloud (flat-based heap cloud)〉

2 cumulus congestus
雄大積雲〈より著しく鉛直に発達した積雲 heap cloud with more marked vertical development〉

3 stratocumulus
層積雲〈厚みのあるかたまりや層をなす雲 layer cloud (sheet cloud) arranged in heavy masses〉

4 stratus (high fog)
層雲〈平らな雲底をもつ灰色の層 thick, uniform layer cloud (sheet cloud)〉

5-12 cloud found at warm fronts
温暖前線の雲

5 warm front
温暖前線

6 cirrus
絹雲，巻雲〈高空からさらに高いところにのびる氷晶からなる白い雲，薄く形状変化に富む〉

7 cirrostratus
絹層雲，巻層雲〈氷晶からなる白っぽいベール状の雲〉

8 altostratus
高層雲〈中高度の灰色または青味がかった層状雲〉

9 altostratus praecipitans
降水高層雲〈高所からの雨を伴う層状（板状）雲〉

10 nimbostratus
乱層雲〈雨雲 rain cloud，雨や雪を降らす，とくに垂直方向に厚い層の雲〉

11 fractostratus
片層雲〈乱層雲の下に発生する断片状の雲 ragged cloud occurring beneath nimbostratus〉

12 fractocumulus
片積雲〈11に似た断片状の雲でうず巻く形をする〉

13-17 clouds at cold fronts
寒冷前線の雲

13 cold front
寒冷前線

14 cirrocumulus, mackerel sky
絹積雲，巻積雲〈陰がなくて薄くて白い羊毛状の雲〉，さば雲，うろこ雲

15 altocumulus
高積雲〈巨大な球形気団 globular masses 状の雲〉

16 altocumulus castellanus and altocumulus floccus
塔状高積雲と房状高積雲〈15の一種〉

17 cumulonimbus
積乱雲〈とくに垂直方向に厚い積雲 heap cloud，熱帯性暴風 tropical storm の場合は 1-4 の下に分類される〉

18-19 types of precipitation
降水の型

18 steady rain or snow covering a large area, precipitation of uniform intensity
広い地域にわたる定常的な降雨または降雪，一様の強さをもつ降水

19 shower, scattered precipitation
にわか雨

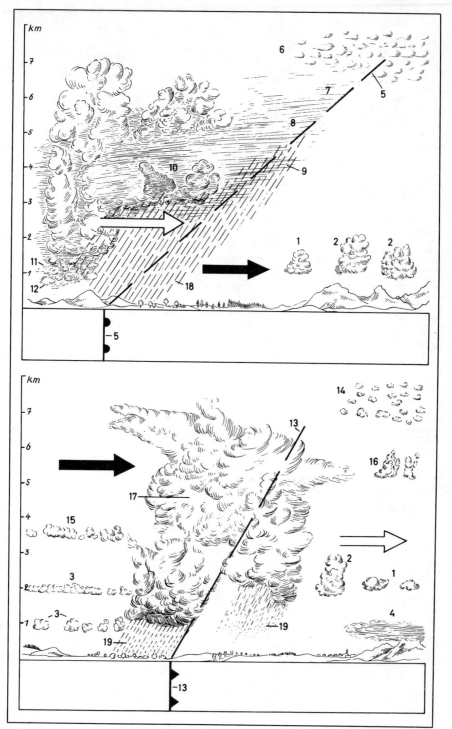

1-39 **weather chart** (weather map, surface chart, surface synoptic chart)
天気図（気象図）

1 isobar
等圧線〈平均海面での気圧が等しい線〉

2 pleiobar
プリオバー〈1,000ミリバール以上の等圧線〉

3 meiobar
ミオバー〈1,000ミリバール以下の等圧線〉

4 atmospheric (barometric) pressure given in millibars
ミリバールで表した気圧

5 low-pressure area (low, cyclone, depression)
低圧帯（低気圧）

6 high-pressure area (high, anticyclone)
高圧帯（高気圧）

7 observatory (meteorological watch office, weather station) or ocean station vessel (weather ship)
気象台または気象観測船

8 temperature
気温表示

9-19 **means of representing wind direction** (wind-direction symbols)
風向を示す方法（風向記号）

9 wind-direction shaft (wind arrow)
風向を示す矢印

10 wind-speed barb (wind-speed feather) indicating wind speed
風速を示す羽根

11 calm
無風

12 1-2 knots
1-2ノット〈1ノット＝毎時1海里（約1,852m)〉

13 3-7knots
3-7ノット

14 8-12 knots
8-12ノット

15 13-17 knots
13-17ノット

16 18-22 knots
18-22ノット

17 23-27 knots
23-27ノット

18 28-32 knots
28-32ノット

19 58-62 knots
58-62ノット

20-24 **state of the sky** (distribution of the cloud cover)
空の状態（雲量の分布）

20 clear (cloudless)
快晴、クリア〈雲量1未満〉

21 fair
晴、雲量4

22 partly cloudy
多少曇り、雲量5

23 cloudy
曇り、雲量8-10〈日本式〉、雲量7-10〈国際式〉

24 overcast (sky mostly or completely covered)
曇り、雲量9以上

25-29 **fronts and air currents**
前線と気流

25 occlusion (occluded front)
閉塞〈へいそく〉（閉塞前線）

26 warm front
温暖前線

27 cold front
寒冷前線

28 warm airstream (warm current)
暖気流

29 cold airstream (cold current)
寒気流

30-39 **meteorological phenomena**
気象現象

30 precipitation area
降水域

31 fog
霧

32 rain
雨

33 drizzle
霧雨

34 snow
雪

35 ice pellets (graupel, soft hail)
氷霰〈あられ〉

36 hail
雹〈ひょう〉

37 shower
驟雨〈しゅうう〉

38 thunderstorm
雷雨

39 lightning
雷光

40-58 **climatic map**
気候図

40 isotherm
等温線〈平均気温 mean temperature の等しい点を結んだ線〉

41 0°C (zero) isotherm
0℃等温線〈年平均気温 mean annual temperature が0℃の点を結んだ線〉

42 isocheim
等寒線〈冬季の平均気温の等しい点を結んだ線〉

43 isothere
等暑線〈夏季の平均気温の等しい点を結んだ線〉

44 isohel
等日照線〈日照時間 duration of sunshine の等しい点を結んだ線〉

45 isohyet
等降水量線〈降水量 amounts of precipitation の等しい点を結んだ線〉

46-52 **atmospheric circulation** (wind systems)
大気循環（風系）

46-47 calm belts
無風帯

46 equatorial trough (equatorial calms, doldrums)
赤道の気圧の谷（赤道無風帯）

47 subtropical high-pressure belts (horse latitudes)
亜熱帯高気圧帯（亜熱帯無風帯）

48 north-east trade winds (north-east trades, tropical easterlies)
北東貿易風（熱帯性偏東風）

49 south-east trade winds (south-east trades, tropical easterlies)
南東貿易風（熱帯性偏東風）

50 zones of the variable westerlies
偏西風帯

51 polar wind zones
極風帯

52 summer monsoon
夏の季節風

53-58 **earth's climates**
地球上の気候

53 equatorial climate: tropical zone (tropical rain zone)
赤道気候：熱帯（熱帯多雨帯）

54 the two arid zones (equatorial dry zones): desert and steppe zones
2種の乾燥帯（赤道乾燥帯）:砂漠とステップ地帯

55 the two temperate rain zones
2種の温帯多雨帯

56 boreal climate (snow forest climate)
亜寒帯気候（山岳〈さんがく〉気候）

57-58 polar climates
極地気候

57 tundra climate
ツンドラ気候

58 perpetual frost climate
永雪気候

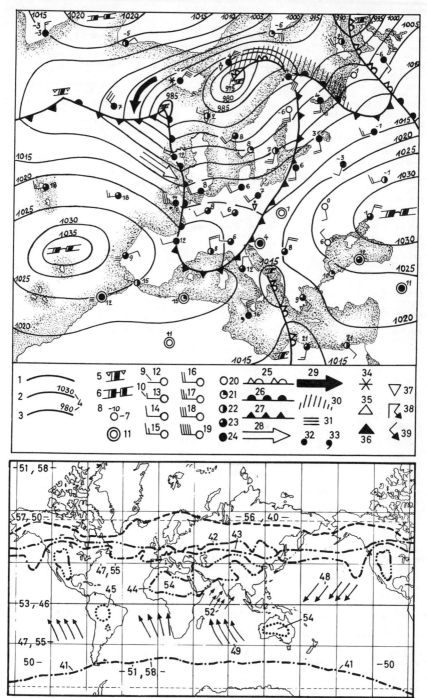

1 mercury barometer
水銀気圧計〈サイフォン気圧計 siphon
barometer, 液柱気圧計 liquid-column
barometer の一種〉

2 mercury column
水銀柱

3 millibar scale (millimetre, (米)
millimetre, scale)
ミリバール目盛り（ミリメーター目盛り）

4 barograph
自記気圧計〈自動記録装置つきアネロイド
気圧計 self-register aneroid
barometer の一種〉

5 drum (recording drum)
ドラム（記録用筒）

6 bank of aneroid capsules (aneroid
boxes)
アネロイド箱

7 recording arm
記録用アーム

8 hygrograph
自記湿度計

9 hygrometer element (hair element)
湿度計要素（毛髪部）

10 reading adjustment
読取り調節装置

11 amplitude adjustment
振幅調節装置

12 recording arm
記録用アーム

13 recording pen
記録用ペン

14 change gears for the clockwork
drive
時計仕掛け駆動用の変速装置

15 off switch for the recording arm
記録用アームのオフ・スイッチ

16 drum (recording drum)
ドラム（記録用円筒）

17 time scale
時間目盛り

18 case (housing)
ケース（容器）

19 thermograph
自記温度計

20 drum (recording drum)
ドラム（記録用円筒）

21 recording arm
記録用アーム

22 sensing element
感知部

23 silver-disc (silver-disk) pyrheliometer
銀盤日射計〈太陽の放射エネルギー
radiant energy を測る計器〉

24 silver disc (disk)
銀盤

25 thermometer
温度計

26 wooden insulating casing
木製断熱ケース

27 tube with diaphragm (diaphragmed
tube)
隔板つきの管

28 wind gauge ((米) gage)
(anemometer)
風力計（風速計）

29 wind-speed indicator (wind-speed
meter)
風速表示器

30 cross arms with hemispherical cups
風杯

31 wind-direction indicator
風向表示器

32 wind vane
風向計

33 aspiration psychrometer
通風乾湿計

34 dry bulb thermometer
乾球温度計

35 wet bulb thermometer
湿球温度計

36 solar radiation shielding
太陽放射遮蔽(しゃへい)管部

37 suction tube
通風管

38 recording rain gauge ((米) gage)
自記雨量計

39 protective housing (protective
casing)
保護容器

40 collecting vessel
集雨器

41 rain cover
ひさし

42 recording mechanism
記録装置

43 siphon tube
サイフォン管

44 precipitation gauge ((米) gage) (rain
gauge)
降水計（雨量計）

45 collecting vessel
集雨器

46 storage vessel
受水器

47 measuring glass
計量器

48 insert for measuring snowfall
計雪用十字板

49 thermometer screen (thermometer
shelter)
百葉箱（温度計保護箱）

50 hygrograph
自記湿度計

51 thermograph
自記温度計

52 psychrometer (wet and dry bulb
thermometer)
乾湿計（乾湿球温度計）

53-54 thermometers for measuring
extremes of temperature
温度の極値を測る温度計

53 maximum thermometer
最高温度計

54 minimum thermometer
最低温度計

55 radiosonde assembly
ラジオゾンデの組立て部品

56 hydrogen balloon
水素気球

57 parachute
パラシュート

58 radar reflector with spacing lines
レーダー反射板

59 instrument housing with radiosonde
and antenna
ラジオゾンデ〈小型送信器 short-wave
transmitter の一種〉とアンテナを持った計
器箱

60 transmissometer
透過率計〈大気の視程 visibility を測定
する計器〉

61 recording instrument (recorder)
記録装置（記録計）

62 transmitter
送信器

63 receiver
受信器

64 weather satellite (ITOS satellite)
気象衛星アイトス

65 temperature regulation flaps
温度調節フラップ

66 solar panel
太陽電池パネル

67 television camera
テレビ〔ジョン〕・カメラ

68 antenna
アンテナ

69 solar sensor (sun sensor)
太陽感知器（太陽センサ）

70 telemetry antenna
テレメーター・アンテナ

71 radiometer
輻射(ふくしゃ)計，ラジオメーター，放射計

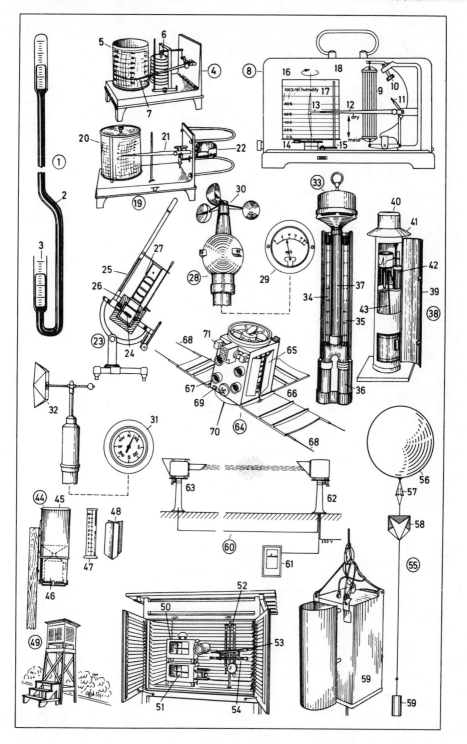

1-5 layered structure of the earth
地球の層状構造
1 earth's crust (outer crust of the earth, lithosphere, oxysphere)
地殻 (地球の外殻, 岩石圏)
2 hydrosphere
水圏
3 mantle
マントル
4 sima (intermediate layer)
シマ層 (中間層)
5 core (earth core, centrosphere, barysphere)
中心核 (地球核, 中心圏, 重圏)
6-12 hypsographic curve of the earth's surface
地表の測高測深曲線
6 peak
最高点
7 continental mass
大陸塊
8 continental shelf (continental platform, shelf)
大陸棚 (陸棚, 棚状地層)
9 continental slope
大陸斜面
10 deep-sea floor (abyssal plane)
深海底 (深海底帯)
11 sea level
海面
12 deep-sea trench
深海溝
13-28 volcanism (vulcanicity)
火山現象
13 shield volcano
盾状火山
14 lava plateau
溶岩台地
15 active volcano
活火山〈ここでは, 成層火山 (混成火山) stratovolcano (composite volcano)〉
16 volcanic crater (crater)
火口, 噴火口
17 volcanic vent
火道
18 lava stream
溶岩流
19 tuff (fragmented volcanic material)
火山灰 (火山砕屑(さいせつ)物)
20 subterranean volcano
潜在火山
21 geyser
間欠泉
22 jet of hot water and steam
熱湯と蒸気の噴出
23 sinter terraces (siliceous sinter terraces, fiorite terraces, pearl sinter terraces)
湯の華(はな)段丘, 珪華(けいか)段丘
24 cone
火山錐(すい)
25 maar (extinct volcano)
マール (死火山)
26 tuff deposit
火山灰の堆積(たいせき)
27 breccia
角礫(かくれき)岩
28 vent of extinct volcano
死火山の火道
29-31 plutonic magmatism
深所火成作用
29 batholite (massive protrusion)
バソライト (塊状突出部)
30 lacolith
ラコリス〈堆積岩の中に貫入している火成岩体 intrusion〉

31 sill
シル 〈鉱床 ore deposit の一種〉
32-38 earthquake and seismology
地震〈構造地震 tectonic quake, 火山性地震 volcanic quake などの種類がある〉と地震学
32 earthquake focus (seismic focus, hypocentre, (米) hypocenter)
震源, 震源地
33 epicentre ((米) epicenter)
震央〈震源の真上の地点 point on the earth's surface directly above the focus〉
34 depth of focus
震源の深さ
35 shock wave
衝撃波
36 surface waves (seismic waves)
表面波 (地震波)
37 isoseismal
等震線〈震度 intensity of earthquake shock の等しい地点を結んだ線〉
38 epicentral area (area of macroseismic vibration)
震央地域 (最大震度の区域)
39 horizontal seismograph (seismometer)
水平地震観測器 (地震計)
40 electromagnetic damper
電磁気ダンパー
41 adjustment knob for the period of free oscillation of the pendulum
振子の自由振動周期調整ねじ
42 spring attachment for the suspension of the pendulum
振子を支えるばね装置
43 mass
おもり
44 induction coils for recording the voltage of the galvanometer
検流計の電圧を記録するための感応コイル (誘導コイル)
45-54 effects of earthquakes
地震の影響
45 waterfall (cataract, falls)
滝, 瀑布(ばくふ)
46 landslide (rockslide, landslip, (米) rock slip)
山くずれ (盤滑り, 地滑り)
47 talus (rubble, scree)
崖錐(がいすい) (分壊層, 岩屑(がんせつ)地帯)
48 scar (scaur, scaw)
スカー〈削られて岩石質の傾斜が急になった断崖(だんがい)〉
49 sink (sinkhole, swallowhole)
陥没地 (吸い込み穴)
50 dislocation (displacement)
断層 (転位)
51 solifluction lobe (solifluction tongue)
ソリフラクション・ロープ (斜面移動による舌状地形)
52 fissure
地割れ
53 tsunami (seismic sea wave) produced by seaquake (submarine earthquake)
海震(海底地震)による津波
54 raised beach
隆起海岸台地

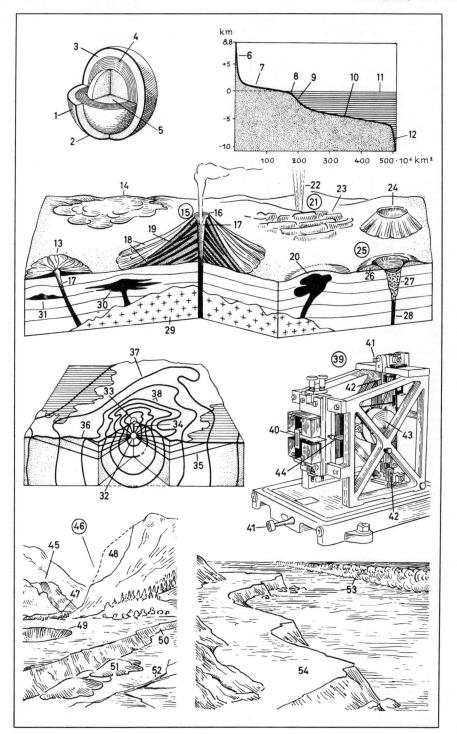

1-33 geology
地質学

1 stratification of sedimentary rock
堆積(たいせき)岩の成層

2 strike
走向

3 dip (angle of dip, true dip)
傾斜 (傾斜角)

4-20 orogeny
造山作用〈地殻の下方屈曲 orogenis や
褶曲(しゅうきょく)tectogenis, 断層 folding
and faulting による岩石の変形〉

**4-11 fault-block mountains (block
mountains)**
断層地塊(ちかい)山地

4 fault
断層

5 fault line (fault trace)
断層線

6 fault throw
断層落差

7 normal fault (gravity fault, normal
slip fault, slump fault)
正断層 (重力断層, スリップ断層, 陥没断
層)

8-11 complex faults
複合断層

8 step fault (distributive fault,
multiple fault)
階段断層 (分配断層, 多重断層)

9 tilt block
傾動地塊

10 horst
地塁, ホルスト

11 graben
地溝

**12-20 range of fold mountains (folded
mountains)**
褶曲(しゅうきょく)山地

12 symmetrical fold (normal fold)
対称褶曲 (正褶曲)

13 asymmetrical fold
非対称褶曲

14 overfold
過褶曲

15 recumbent fold (reclined fold)
横臥(おうが)褶曲

16 saddle (anticline)
背斜褶曲

17 anticlinal axis
背斜軸

18 trough (syncline)
向斜褶曲

19 trough surface (trough plane,
synclinal axis)
地溝表面 (向斜軸)

20 anticlinorium
複背斜

**21 groundwater under pressure
(artesian water)**
被圧地下水 (掘抜き地下水)

22 water-bearing stratum (aquifer,
aquafer)
帯水層 (透水層)

23 impervious rock (impermeable rock)
不透水岩層 (不透過性岩層)

24 drainage basin (catchment area)
排水地域 (集水地域)

25 artesian well
掘抜き井戸

26 rising water
わき水〈掘抜き泉 artesian spring の一種〉

27 petroleum reservoir in an anticline
背斜部の石油鉱床

28 impervious stratum (impermeable
stratum)
不透水層 (不透過層)

29 porous stratum acting as reservoir
rock
油槽岩となる多孔質層

30 natural gas
天然ガス〈ガス・キャップ gas cap の一つ〉

31 petroleum (crude oil)
石油 (原油)

32 underlying water
端水

33 derrick
油井やぐら

34 mountainous area
山岳地域

35 rounded mountain top
丸みのある山頂

36 mountain ridge (ridge)
山の背 (尾根)

37 mountain slope
山の斜面

38 hillside spring
山腹の泉

39-47 high-mountain region
高山地帯

39 mountain range
山脈〈山塊(きんかい)マッシーフ massif の
一つ〉

40 summit (peak, top of the mountain)
山頂 (頂, 山の頂上)

41 shoulder
山の肩

42 saddle
山の鞍部(あんぶ)

43 rock face (steep face)
岩壁 (絶壁)

44 gully
岩溝

45 talus (scree, detritus)
崖錐(がいすい) (がれ, 岩屑(がんせつ))

46 bridle·path
馬道

47 pass (col)
峠, 越え (コル)

48-56 glacial ice
氷河

48 firn field (firn basin, nevé)
フィルン・フィールド (万年雪, ネベ)

49 valley glacier
谷氷河

50 crevasse
クレバス

51 glacier snout
氷河の先端

52 subglacial stream
氷河下の水流

53 lateral moraine
側堆石(そくたいせき)

54 medial moraine
中堆石(ちゅうたいせき)

55 end moraine
端堆石(たんたいせき)

56 glacier table
氷河卓, 氷河テーブル

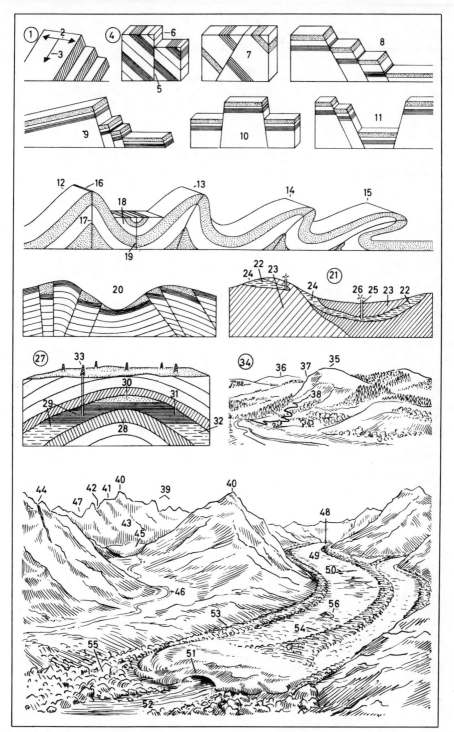

1-13 fluvial topography
河川の地形図

1 river mouth
河口〈三角州 delta の一つ〉

2 distributary (distributary channel)
分流〈支流 river branch (river arm) の一つ〉

3 lake
湖

4 bank
岸

5 peninsula (spit)
半島（砂嘴 (さし)）

6 island
島

7 bay (cove)
入江（小湾）

8 stream (brook, rivulet, creek)
小川, 細流

9 levee
堤防

10 alluvial plain
沖積平野

11 meander (river bend)
蛇行

12 meander core (rock island)
蛇行コア

13 meadow
草地

14-24 bog (marsh)
沼地, 沼沢 (しょうたく)

14 low-moor bog
低層湿原

15 layers of decayed vegetable matter
腐食した植物質の層

16 entrapped water
トラップされた水たまり

17 fen peat
沼泥 (しょうでい) 炭〈イグサ rush とスゲ sedge とからなる〉

18 alder-swamp peat
ヌマハンノキの泥炭

19 high-moor bog
高層湿原

20 layer of recent sphagnum mosses
新しいミズゴケの層

21 boundary between layers (horizons)
層の境界（層位）

22 layer of older sphagnum mosses
比較的古いミズゴケの層

23 bog pool
沼の水たまり

24 swamp
湿地

25-31 cliffline (cliffs)
急崖 (きゅうがい)

25 rock
岩壁

26 sea (ocean)
海（大洋）

27 surf
磯波 (いそなみ)

28 cliff (cliff face, steep rock face)
急崖（絶壁面, 断崖）

29 scree
がれ

30 [wave-cut] notch
〔波食〕ノッチ

31 abrasion platform (wave-cut platform)
海食台（波食台）

32 atoll (ring-shaped coral reef)
環礁（環状のサンゴ礁）〈サンゴ礁 coral reef の一つ〉

33 lagoon
潟湖 (せきこ), ラグーン

34 breach (hole)
破れ口, ブリーチ（ホール）

35-44 beach
海浜

35 high-water line (high-water mark, tidemark)
高潮線（高潮線の跡, 潮標）

36 waves breaking on the shore
海岸で砕ける波

37 groyne ((米) groin)
防波堤

38 groyne ((米) groin) head
防波堤の先端

39 wandering dune (migratory dune, travelling ((米) traveling, dune))
移動砂丘〈砂丘 dune の一種〉

40 barchan (barchane, barkhan, crescentic dune)
バルハン（三日月砂丘）

41 ripple marks
風紋

42 hummock
丘

43 wind cripple
吹きさらし

44 coastal lake
海沿いの湖

45 canyon (cañon, coulee)
峡谷（クーリー）

46 plateau (tableland)
高原

47 rock terrace
岩石段丘

48 sedimentary rock (stratified rock)
堆積 (たいせき) 岩（成層岩）

49 river terrace (bed)
河川段丘, 河岸段丘（河床）

50 joint
節理 (せつり)

51 canyon river
峡谷河川

52-56 types of valley [cross section]
谷の型〔断面図〕

52 gorge (ravine)
ゴージ, 小峡谷（雨裂）

53 V-shaped valley (V-valley)
V字形谷（V字谷）

54 widened V-shaped valley
広がったV字形谷

55 U-shaped valley (U-valley, trough valley)
U字形谷（U字谷, トラフ谷）

56 synclinal valley
向斜谷

57-70 river valley
谷間

57 scarp (escarpment)
がけ（断崖 (だんがい)）

58 slip-off slope
滑走斜面

59 mesa
メサ

60 ridge
山の背, 尾根

61 river
川

62 flood plain
氾濫原 (はんらんげん)

63 river terrace
河岸段丘, 河川段丘

64 terracette
微段丘

65 pediment
ペディメント

66 hill
丘

67 valley floor (valley bottom)
谷床, 谷底

68 riverbed
河床

69 sediment
堆積物 (たいせきぶつ)

70 bedrock
基盤

71-83 karst formation in limestone
石灰岩層のカルスト地形

71 dolina
ドリーネ〈シンク sink (sinkhole, swallowhole) の一種〉

72 polje
ポリエ

73 percolation of a river
川の透水

74 karst spring
カルスト泉

75 dry valley
干上がった谷

76 system of caverns (system of caves)
洞窟系 (どうくつけい)

77 water level (water table) in a karst formation
カルスト地形の地下水面

78 impervious rock (impermeable rock)
不透水岩

79 limestone cave (dripstone cave)
石灰洞（鍾乳 (しょうにゅう) 洞）

80-81 speleothems (cave formations)
洞窟２次生成物（洞穴地形）

80 stalactite (dripstone)
鍾乳石

81 stalagmite
石筍 (せきじゅん)

82 linked-up stalagmite and stalactite
つながった石筍と鍾乳石, 鍾乳石柱

83 subterranean river
地下を流れる川

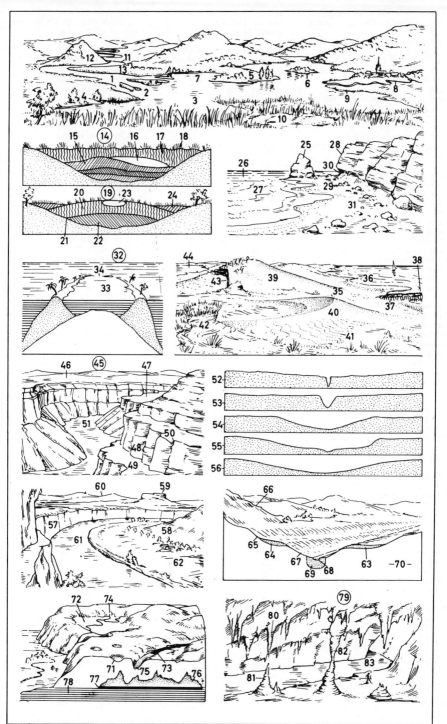

1-7 graticule of the earth (network of meridians and parallels on the earth's surface)
地球の経緯線
1 equator
赤道
2 line of latitude (parallel of latitude, parallel)
緯線
3 pole (North Pole or South Pole)
極 (北極または南極)
〈地球の極 terrestrial pole (地理学的極 geographical pole)〉
4 line of longitude (meridian of longitude, meridian, terrestrial meridian)
経線 (子午線, 地球の子午線)
5 Standard meridian (Prime meridian, Greenwich meridian, meridian of Greenwich)
標準子午線 (本初子午線, グリニッジ子午線)
6 latitude
緯度
7 longitude
経度
8-9 map projections
地図投影法
8 conical (conic) projection
円錐(えんすい)図法
9 cylindrical projection (Mercator projection, Mercator's projection)
円筒図法 (メルカートル図法)
10-45 map of the world
世界地図
10 tropics
回帰線
11 polar circles
極圏
12-18 continents
大陸
12-13 America
アメリカ
12 North America
北アメリカ
13 South America
南アメリカ
14 Africa
アフリカ
15-16 Europe and Asia
ユーラシア
15 Europe
ヨーロッパ
16 Asia
アジア
17 Australia
オーストラリア
18 Antarctica (Antarctic Continent)
南極 (南極大陸)
19-26 ocean (sea)
海洋
19 Pacific Ocean
太平洋
20 Atlantic Ocean
大西洋
21 Arctic Ocean
北極海
22 Antarctic Ocean (Southern Ocean)
南極海
23 Indian Ocean
インド洋
24 Strait of Gibraltar
ジブラルタル海峡 (海峡 sea strait の一つ)

25 Mediterranean (Mediterranean Sea, European Mediterranean)
地中海 (ヨーロッパ地中海)
26 North Sea
北海 〈沿岸海 marginal sea (内陸海 epeiric sea, 縁海 epicontinental sea) の一つ〉
27-29 key (explanation of map symbols)
記号, 凡例(はんれい)
27 cold ocean current
寒流
28 warm ocean current
暖流
29 scale
縮尺
30-45 ocean (oceanic) currents (ocean drifts)
海流
30 Gulf Stream (North Atlantic Drift)
メキシコ湾流 (北大西洋海流)
31 Kuroshio (Kuro Siwo, Japan Current)
黒潮 (日本海流)
32 North Equatorial Current
北赤道海流
33 Equatorial Countercurrent
赤道逆流
34 South Equatorial Current
南赤道海流
35 Brazil Current
ブラジル海流
36 Somali Current
ソマリ海流
37 Agulhas Current
アグルハス海流
38 East Australian Current
東オーストラリア海流
39 California Current
カリフォルニア海流
40 Labrador Current
ラブラドル海流
41 Canary Current
カナリア海流
42 Peru Current
ペルー海流
43 Benguela (Benguella) Current
ベンゲラ海流
44 West Wind Drift (Antarctic Circumpolar Drift)
西風海流
45 West Australian Current
西オーストラリア海流
46-62 surveying (land surveying, geodetic surveying, geodesy)
測量 (測地)
46 levelling ((米) leveling) (geometrical measurement of height)
高低測量
47 graduated measuring rod (levelling, (米) leveling, staff)
標尺 (水準標尺)
48 level (surveying level, surveyor's level)
レベル, 水準儀 〈測量望遠鏡 surveyor's telescope の一種〉
49 triangulation station (triangulation point)
三角点
50 supporting scaffold
足場
51 signal tower (signal mast)
測標

52-62 theodolite
経緯儀 〈角度を測る機械 instrument for measuring angles〉
52 micrometer head
マイクロメーターのヘッド
53 micrometer eyepiece
マイクロメーターの接眼レンズ
54 vertical tangent screw
高低微動ねじ
55 vertical clamp
高低締め具
56 tangent screw
微動ねじ, ウォーム
57 horizontal clamp
水平締め具
58 adjustment for the illuminating mirror
照明調節ねじ
59 illuminating mirror
反射鏡
60 telescope
望遠鏡
61 spirit level
レベル, 水準儀
62 circular adjustment
円形調節装置
63-66 photogrammetry (phototopography)
写真測量 〈航空写真による〉
63 air survey camera for producing overlapping series of pictures
航空測量カメラ
64 stereoscope
ステレオスコープ
65 pantograph
パントグラフ, 写図機, 縮図器
66 stereoplanigraph
ステレオプラニグラフ, 立体平面画機

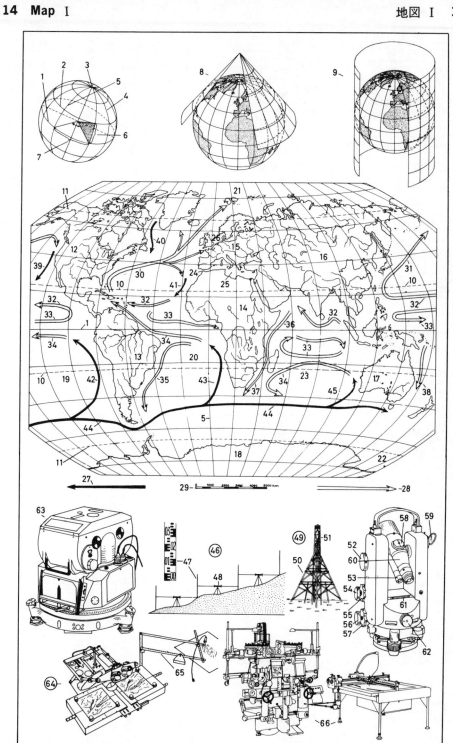

1-114 map signs (map symbols. conventional signs)
地図記号〈2万5千分の1地図用〉

1 coniferous wood (coniferous trees)
針葉樹林〈モミ, マツなど〉

2 clearing
林の中の空地, 空地

3 forestry office
林野局, 山林事務所, 営林署

4 deciduous wood (non-coniferous trees)
広葉樹林

5 heath (rough grassland, rough pasture, heath and moor, bracken)
荒れ地

6 sand (sand hills)
砂地

7 beach grass
浜辺の草地

8 lighthouse
灯台

9 mean low water
平均低潮面

10 beacon
航路標識, 航路灯火, ビーコン

11 submarine contours
海底等高線, 水深線

12 train ferry
フェリー

13 lightship
灯台船

14 mixed wood (mixed trees)
混合樹林, 針広混合林

15 brushwood
低木林

16 motorway with slip road ((米) freeway with on-ramp)
ハイウェイ(自動車道路, 高速道路)とインターチェンジ

17 trunk road
幹線道路

18 grassland
草地, 牧草地

19 marshy grassland
湿地

20 marsh
沼沢地, 低湿地, 沼地

21 main line railway ((米) trunk line)
幹線鉄道

22 road over railway
跨線〈こせん〉道

23 branch line
支線

24 signal box ((米) switch tower)
信号塔

25 local line
地方鉄道

26 level crossing
平面交差

27 halt
停車場

28 residential area
住宅地

29 water gauge ((米) gage)
水位計

30 good, metalled road
舗装されたよい道

31 windmill
風車

32 thorn house (graduation house, salina, salt-works)
製塩場

33 broadcasting station (wireless or television mast)
無線電信柱

34 mine
鉱山

35 disused mine
廃坑

36 secondary road (B road)
二級道路

37 works
工場

38 chimney
煙突

39 wire fence
鉄条柵〈さく〉

40 bridge over railway
跨線〈こせん〉橋

41 railway station ((米) railroad station)
駅

42 bridge under railway
鉄道の地下通路

43 footpath
歩道

44 bridge for footpath under railway
鉄道の地下歩道

45 navigable river
可航河川

46 pontoon bridge
舟橋, 浮き橋

47 vehicle ferry
カー・フェリー

48 mole
防波堤, 突堤

49 beacon
航路標識, 航路灯火, ビーコン

50 stone bridge
石橋

51 town (city)
市街地

52 market place (market square)
市場

53 large church
大教会

54 public building
公共建物

55 road bridge
道路橋

56 iron bridge
鉄橋

57 canal
運河

58 lock
水門, 閘門〈こうもん〉, ロック

59 jetty
桟橋, 波止場

60 foot ferry (foot passenger ferry)
渡船, フェリー

61 chapel (church) without tower or spire
尖塔〈せんとう〉のない礼拝堂

62 contours
等高線

63 monastery (convent)
修道院

64 church landmark
目標となる教会堂

65 vineyard
ブドウ畑

66 weir
堰〈せき〉

67 aerial ropeway
ケーブル・カー, 網索〈こうさく〉鉄道

68 view point
展望塔, 展望台

69 dam
堰, ダム

70 tunnel
トンネル

71 triangulation station (triangulation point)
三角点

72 remains of a building
遺跡

73 wind pump
風車

74 fortress
砦〈とりで〉, 要塞

75 ox-bow lake
三日月湖, 牛角湖

76 river
河川

77 watermill
水車場

78 footbrige
歩道橋

79 pond
池

80 stream (brook, rivulet, creek)
水瀬, 水路, 小川

81 water tower
給水塔

82 spring
泉

83 main road (A road)
幹線道路

84 cutting
切通し, 掘割り

85 cave
洞窟〈どうくつ〉, 横穴

86 lime kiln
石灰焼きがま

87 quarry
採石場, 石坑

88 clay pit
粘土坑

89 brickworks
れんが製造所

90 narrow-gauge ((米) narrow gage) railway
狭軌鉄道

91 goods depot (freight depot)
貨物駅

92 monument
記念碑

93 site of battle
古戦場

94 country estate
国有地〈領地 demesne の一つ〉

95 wall
城壁

96 stately home
宮殿, 館〈やかた〉

97 park
公園

98 hedge
生垣, 垣根

99 poor or unmetalled road
でこぼこ道

100 well
井戸

101 farm
農家

102 unfenced path (unfenced track)
林道

103 district boundary
郡界〈行政区の境界〉

104 embankment
堤防, 土手

105 village
村落

106 cemetery
墓地

107 church (chapel) with spire
尖塔〈せんとう〉のある教会堂

108 orchard
果樹園

109 milestone
里程標

110 guide post
道標

111 tree nursery
苗木園

112 ride (aisle, lane, section line)
林道

113 electricity transmission line
送電線

114 hop garden
ホップ畑

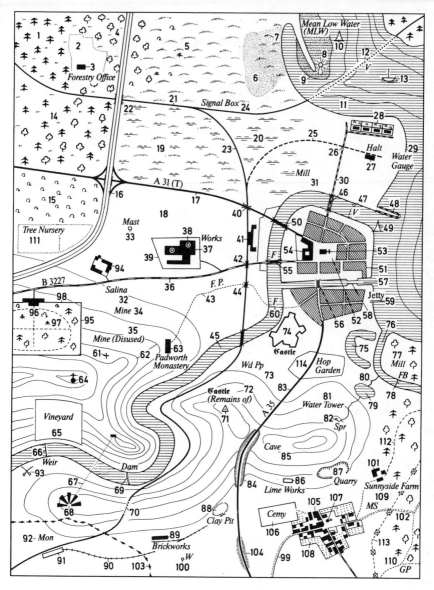

Forestry Office
Signal Box
Mean Low Water (MLW)
Water Gauge
Halt
Mill
A 31 (T)
Mast
Works
Tree Nursery
Salina
Mine
Mine (Disused)
Padworth Monastery
Jetty
Castle
Vineyard
Weir
Dam
Hop Garden
Water Tower
Spr
Cave
Quarry
Lime Works
Sunnyside Farm
Cemy
Clay Pit
Brickworks
Castle (Remains of)
Wd Pp
Mon
Mill
FB
MS
GP

1-54 the human body
人体
1-18 **head**
頭
1 vertex (crown of the head, top of the head)
頭頂部
2 occiput (back of the head)
後頭部
3 hair
頭毛, 毛髪
4-17 **face**
顔
4-5 forehead
前頭部
4 frontal eminence (frontal protuberance)
前頭結節
5 superciliary arch
眉弓 (びきゅう)
6 temple
側頭部, こめかみ
7 eye
眼 (め)
8 zygomatic bone (malar bone, jugal bone, cheekbone)
頬骨 (きょうこつ)
9 cheek
頬
10 nose
鼻
11 nasolabial fold
鼻唇溝
12 philtrum
人中 (にんちゅう)
13 mouth
口
14 angle of the mouth (labial commissure)
口角 (唇交連)
15 chin
おとがい
16 dimple (fossette) in the chin
おとがい小窩 (しょうか)
17 jaw
顎 (あご)
18 ear
耳
19-21 **neck**
頸 (くび)
19 throat
喉 (のど)
20 hollow of the throat
頸窩 (けいか) 〈のどぼとけ下のくぼみ〉
21 nape of the neck
項 (うなじ)
22-41 **trunk**
体幹
22-25 **back**
背
22 shoulder
肩
23 shoulderblade (scapula)
肩甲骨
24 loins
腰, 腰部 (ようぶ)
25 small of the back
腰のくびれた部分
26 armpit
腋窩 (えきか) 〈わきのしたのくぼみ〉
27 armpit hair
わき毛
28-30 **thorax** (chest)
胸郭 (きょうかく)
28-29 breasts (breast, mamma)
乳房
28 nipple
乳首, 乳頭
29 areola
乳輪 〈乳首の周囲の色素輪〉
30 bosom
胸骨前部
31 waist
腰
32 flank (side)
脇腹
33 hip
股 (こ) 関節部
34 navel
臍 (へそ)
35-37 **abdomen** (stomach)
腹
35 upper abdomen
上腹部
36 abdomen
中腹部, 臍部 (さいぶ)
37 lower abdomen
下腹部
38 groin
鼠径部 (そけいぶ)
39 pudenda (vulva)
外陰部 〈とくに女性の外性器, 陰門〉
40 seat (backside, [口] bottom)
臀部 (でんぶ) (おしり)
41 anal groove (anal cleft)
臀裂
42 gluteal fold (gluteal furrow)
臀溝
43-54 **limbs**
体肢 (四肢)
43-48 arm
腕, 上肢
43 upper arm
上腕
44 crook of the arm
前肘 (ぜんちゅう) 部
45 elbow
後肘部, 肘 (ひじ)
46 forearm
前腕
47 hand
手
48 fist (clenched fist, clenched hand)
こぶし, 拳 (けん)
49-54 **leg**
脚, 下肢
49 thigh
大腿 (だいたい)
50 knee
膝 (ひざ), 前膝 (ぜんしつ) 部
51 popliteal space
膝窩 (しっか), 後膝部
52 shank
下腿 (かたい)
53 calf
ふくらはぎ
54 foot
足

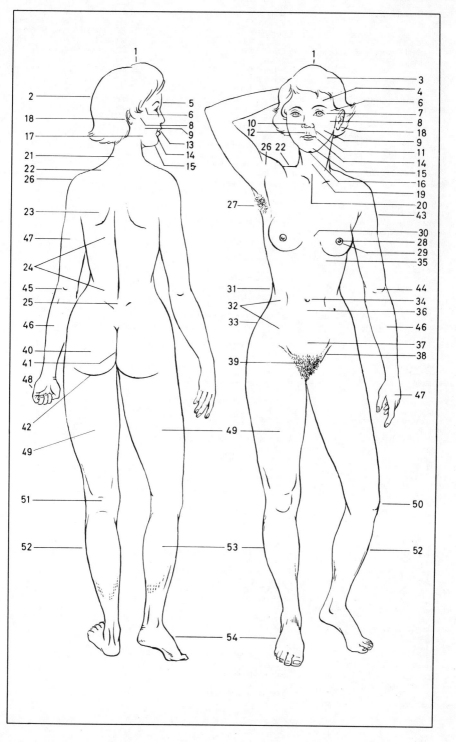

1-29 **skeleton** (bones)
骨格〈骨〉
1 skull
頭骨, 頭蓋骨(ずがいこつ)
2-5 **vertebral column** (spinal column,
spine, backbone)
脊柱(せきちゅう)
2 cervical vertebra
頸椎(けいつい)
3 dorsal vertebra (thoracic vertebra)
胸椎(きょうつい)
4 lumbar vertebra
腰椎(ようつい)
5 coccyx (coccygeal vertebra)
尾骨(びこつ)
6-7 **shoulder girdle**
上肢帯(じょうしたい)
6 collarbone (clavicle)
鎖骨(さこつ)
7 shoulderblade (scapula)
肩甲骨(けんこうこつ)
8-11 **thorax** (chest)
胸郭(きょうかく)
8 breastbone (sternum)
胸骨
9 true ribs
真肋(しんろく)
10 false ribs
仮肋(かろく)
11 costal cartilage
肋軟骨(ろくなんこつ)
12-14 **arm**
腕
12 humerus
上腕骨
13 radius
橈骨(とうこつ)
14 ulna
尺骨(しゃっこつ)
15-17 **hand**
手
15 carpus
手根骨
16 metacarpal bone (metacarpal)
中手骨
17 phalanx (phalange)
指節骨
18-21 **pelvis**
骨盤
18 ilium (hip bone)
腸骨
19 ischium
坐骨
20 pubis
恥骨
21 sacrum
仙骨〈前方〉
22-25 **leg**
脚(きゃく)
22 femur (thigh bone, thigh)
大腿骨(だいたいこつ)
23 patella (kneecap)
膝蓋(しつがい)
24 fibula (splint bone)
腓(ひ)骨
25 tibia (shinbone)
脛骨(けいこつ)
26-29 **foot**
足
26 tarsal bones (tarsus)
足根
27 calcaneum (heelbone)
踵骨(しょうこつ)
28 metatarsus
中足

29 phalanges
足の指骨
30-41 **skull**
頭骨, 頭蓋骨(ずがいこつ)
30 frontal bone
前頭骨
31 left parietal bone
左頭頂骨
32 occipital bone
後頭骨
33 temporal bone
側頭骨
34 external auditory canal
外耳道
35 lower jawbone (lower jaw, mandible)
下顎骨
36 upper jawbone (upper jaw, maxilla)
上顎骨
37 zygomatic bone (cheek bone)
頬骨(きょうこつ)
38 sphenoid bone (sphenoid)
蝶形(ちょうけい)骨
39 ethmoid bone (ethmoid)
篩骨(しこつ)
40 lachrimal (lacrimal) bone
涙骨
41 nasal bone
鼻骨
42-55 **head** [section]
頭部 [正中断面]
42 cerebrum (great brain)
大脳
43 pituitary gland (pituitary body,
hypophysis cerebri)
下垂体
44 corpus callosum
脳梁(のうりょう)
45 cerebellum (little brain)
小脳
46 pons (pons cerebri, pons cerebelli)
橋(きょう)
47 medulla oblongata (brain-stem)
延髄
48 spinal cord
脊髄
49 oesophagus (esophagus, gullet)
食道
50 trachea (windpipe)
気管
51 epiglottis
喉頭蓋
52 tongue
舌
53 nasal cavity
鼻腔
54 sphenoidal sinus
蝶形骨洞(ちょうけいこつどう)
55 frontal sinus
前頭洞
56-65 **organ of equilibrium and
hearing**
平衡聴覚器
56-58 **external ear**
外耳
56 auricle
耳介
57 ear lobe
耳垂
58 external auditory canal
外耳道
59-61 **middle ear**
中耳
59 tympanic membrane
鼓膜(こまく)
60 tympanic cavity
鼓室

61 auditory ossicles
耳小骨〈つち骨 hammer (malleus),
きぬた骨 anvil (incus), あぶみ骨 stirrup
(stapes)〉
62-64 **inner ear** (innternal ear)
内耳
62 labyrinth
迷路
63 cochlea
蝸牛(かぎゅう)
64 auditory nerve
蝸牛神経
65 eustachian tube
耳管

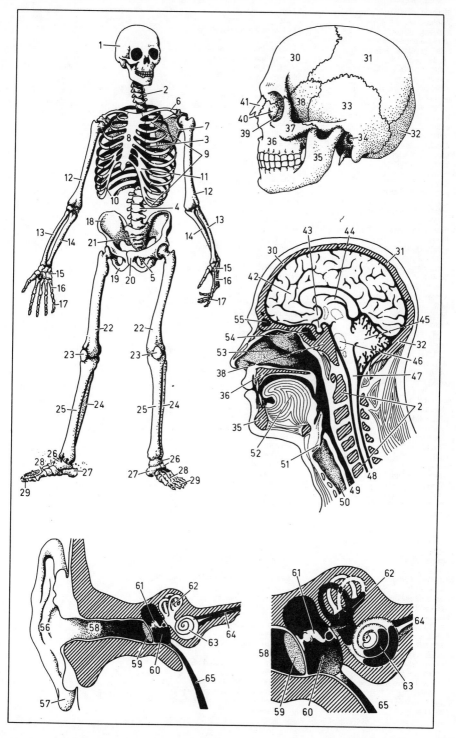

1-21 blood circulation (circulatory system)
血液循環（循環系）
1 common carotid artery
総頸（そうけい）動脈〈動脈 artery の一つ〉
2 jugular vein
内頸静脈〈静脈 vein の一つ〉
3 temporal artery
浅側頭（せんそくとう）動脈
4 temporal vein
浅側頭静脈
5 frontal artery
前頭動脈, 滑車上動脈
6 frontal vein
前頭静脈, 滑車上静脈
7 subclavian artery
鎖骨（さこつ）下動脈
8 subclavian vein
鎖骨下静脈
9 superior vena cava
上大静脈
10 arch of the aorta (aorta)
大動脈弓
11 pulmonary artery [with venous blood]
肺動脈〈血液を肺に送るため動脈というが, じつは血液は静脈と同じ血液を含む〉
12 pulmonary vein [with arterial blood]
肺静脈〈肺でガス交換した血液を心臓へ導く静脈, 血液は動脈血〉
13 lungs
肺
14 heart
心臓
15 inferior vena cava
下大静脈
16 abdominal aorta (descending portion of the aorta)
腹大動脈（下行大動脈）
17 iliac artery
総腸骨動脈
18 iliac vein
総腸骨静脈
19 femoral artery
大腿動脈
20 tibial artery
前脛（ぜんけい）骨動脈
21 radial artery
橈骨（とうこつ）動脈〈脈を測る動脈〉

22-33 nervous system
神経系
22 cerebrum (great brain)
大脳
23 cerebellum (little brain)
小脳
24 medulla oblongata (brain-stem)
延髄
25 spinal cord
脊髄
26 thoracic nerves
胸神経
27 brachial plexus
腕神経叢（そう）
28 radial nerve
橈骨神経
29 ulnar nerve
尺骨神経
30 great sciatic nerve [lying posteriorly]
坐骨神経［大腿の背中側にある］
31 femoral nerve (anterior crural nerve)
大腿神経
32 tibial nerve
脛骨神経

33 peroneal nerve
総腓骨（そうひこつ）神経

34-64 musculature (muscular system)
筋系
34 sternocleidomastoid muscle (sternomastoid muscle)
胸鎖乳突筋
35 deltoid muscle
三角筋
36 pectoralis major (greater pectoralis muscle, greater pectoralis)
大胸筋
37 biceps brachii (biceps of the arm)
上腕二頭筋
38 triceps brachii (triceps of the arm)
上腕三頭筋
39 brachioradialis
上腕橈骨筋
40 flexor carpi radialis (radial flexor of the wrist)
橈側手根屈筋
41 thenar muscle
母指球
42 serratus anterior
前鋸（ぜんきょ）筋
43 obliquus externus abdominis (external oblique)
外腹斜筋
44 rectus abdominis
腹直筋
45 sartorius
縫工筋
46 vastus lateralis and vastus medialis
外側広筋と内側広筋
47 tibialis anterior
前脛骨筋
48 tendo calcanaeus (Achilles' tendon)
アキレス腱（けん）（踵骨（しょうこつ）腱）
49 abductor hallucis (abductor of the hallux)
母指外転筋（母指の外転筋）〈足筋 foot muscle の一つ〉
50 occipitalis
後頭筋
51 splenius of the neck
頸板状筋
52 trapezius
僧帽筋
53 infraspinatus
棘下（きょくか）筋
54 teres minor (lesser teres)
小円筋
55 teres major (greater teres)
大円筋
56 extensor carpi radialis longus (long radial extensor of the wrist)
長橈側（ちょうとうそく）手根伸筋
57 extensor communis digitorum (common extensor of the digits)
総指伸筋
58 flexor carpi ulnaris (ulnar flexor of the wrist)
尺側（せきそく）手根屈筋
59 latissimus dorsi
広背筋
60 gluteus maximus
大臀筋（だいでんきん）
61 biceps femoris (biceps of the thigh)
大腿二頭筋
62 gastrocnemius, medial and lateral heads
腓腹筋（ひふくきん）〈内・外側頭〉
63 extensor communis digitorum (common extensor of the digits)
総指伸筋〈足〉

64 peroneus longus (long peroneus)
長腓骨筋

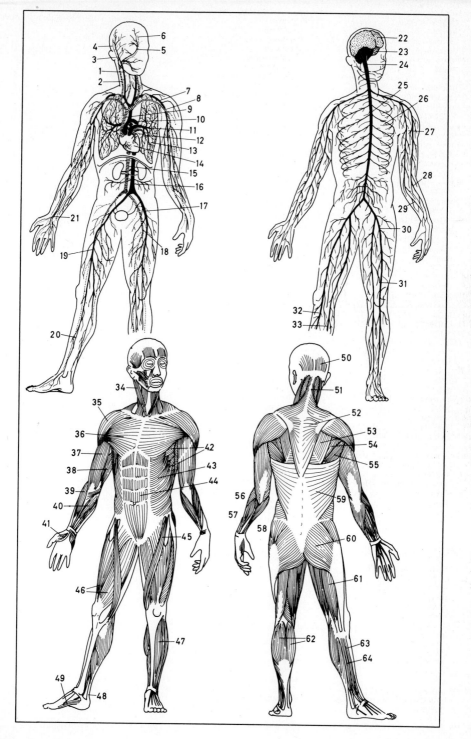

1-13 head and neck
頭頸(とうけい)部

1 sternocleidomastoid muscle
(sternomastoid muscle)
胸鎖乳突筋

2 occipitalis
後頭筋

3 temporalis (temporal, temporal
muscle)
側頭筋

4 occipito frontalis (frontalis)
前頭筋

5 orbicularis oculi
眼輪筋

6 muscles of facial expression
表情筋

7 masseter
咬筋(こうきん)

8 orbicularis oris
口輪筋

9 parotid gland
耳下腺

10 lymph node (submandibular lymph
gland)
リンパ節〔顎下(がっか)リンパ節〕

11 submandibular gland (submaxillary
gland)
顎下腺

12 muscles of the neck
頸筋〈総称〉

13 Adam's apple (laryngeal
prominence) [in men only]
喉頭(こうとう)隆起（のどぼとけ）〈甲状軟骨
の前面正中上部の隆起で男性のみ思春期
に突出する〉

14-37 mouth and throat
口と咽喉(いんこう)部

14 upper lip
上唇

15 gum
歯肉

16-18 teeth (set of teeth)
歯

16 incisors
切歯

17 canine tooth (canine)
犬歯

18 premolar (bicuspid) and molar teeth
(premolars and molars)
小臼歯(きゅうし)と大臼歯

19 angle of the mouth (labial
commissure)
口角（唇交連）

20 hard palate
硬口蓋(こうこうがい)

21 soft palate (velum palati, velum)
軟口蓋

22 uvula
口蓋垂

23 palatine tonsil (tonsil)
口蓋扁桃(へんとう)

24 pharyngeal opening (pharynx,
throat)
咽頭(いんとう)，のど

25 tongue
舌

26 lower lip
下唇(かしん)，下くちびる

27 upper jaw (maxilla)
上顎(じょうがく)，上あご

28-37 tooth
歯

28 periodontal membrane
(periodontium, pericementum)
歯根膜

29 cement (dental cementum, crusta
petrosa)
セメント質

30 enamel
エナメル質

31 dentine (dentin)
象牙質(ぞうげしつ)

32 dental pulp (tooth pulp, pulp)
歯髄

33 nerves and blood vessels
神経と血管

34 incisor
切歯

35 molar tooth (molar)
大臼歯

36 root (fang)
歯根

37 crown
歯冠

38-51 eye
眼，目

38 eyebrow (supercilium)
眉毛(まゆげ)

39 upper eyelid (upper palpebra)
上眼瞼(がんけん)，上まぶた

40 lower eyelid (lower palpebra)
下眼瞼，下まぶた

41 eyelash (cilium)
睫毛(しょうもう)，まつ毛

42 iris
虹彩(こうさい)

43 pupil
瞳孔

44 eye muscles (ocular muscles)
外眼筋

45 eyeball
眼球

46 vitreous body
硝子(しょうし)体

47 cornea
角膜

48 lens
水晶体，レンズ

49 retina
網膜

50 blind spot
盲点，視神経円板，視神経乳頭

51 optic nerve
視神経

52-63 foot
足

52 big toe (great toe, first toe, hallux,
digitus I)
〔足の〕母趾(ぼし)

53 second toe (digitus II)
〔足の〕第2趾

54 third toe (digitus III)
〔足の〕第3趾

55 fourth toe (digitus IV)
〔足の〕第4趾

56 little toe (digitus minimus, digitus
V)
〔足の〕小趾（第5趾）

57 toenail
〔足の〕趾の爪

58 ball of the foot
〔足の〕母趾球

59 lateral malleolus (external
malleolus, outer malleolus, malleolus
fibulae)
外果，外くるぶし

60 medial malleolus (internal malleolus,
inner malleolus, malleolus tibulae,
malleolus medialis)
内果，内くるぶし

61 instep (medial longitudinal arch,
dorsum of the foot, dorsum pedis)
〔足の〕甲（足背）

62 sole of the foot
足底，足の裏

63 heel
踵部(しょうぶ)，かかと

64-83 hand
手

64 thumb (pollex, digitus I)
〔手の〕母指(おやゆび)（第1指）

65 index finger (forefinger, second
finger, digitus II)
〔手の〕人差し指（示指，第2指）

66 middle finger (third finger, digitus
medius, digitus III)
〔手の〕中指(なかゆび)（第3指）

67 ring finger (fourth finger, digitus
anularis, digitus IV)
〔手の〕環指（薬指，第4指）

68 little finger (fifth finger, digitus
minimus, digitus V)
〔手の〕小指（第5指）

69 radial side of the hand
〔手の〕橈側(とうそく)〔橈骨(とうこつ)動脈（脈
を測る）が通っている〕

70 ulnar side of the hand
〔手の〕尺側(せきそく)〈小指の方〉

71 palm of the hand (palma manus)
手掌〔手のひら〕

72-74 lines of the hand
屈曲線，屈曲シワ

72 life line (line of life)
生命線

73 head line (line of the head)
頭脳線

74 heart line (line of the heart)
感情線

75 ball of the thumb (thenar eminence)
〔手の〕母指球

76 wrist (carpus)
手根関節（手首）

77 phalanx (phalange)
指節

78 finger pad
指腹

79 fingertip
指尖(しせん)，指先き

80 fingernail (nail)
指の爪

81 lunule (lunula) of the nail
半月，爪甲(そうこう)半月，こづめ

82 knuckle
〈つけ根の〉指関節

83 back of the hand (dorsum of the
hand, dorsum manus)
手背

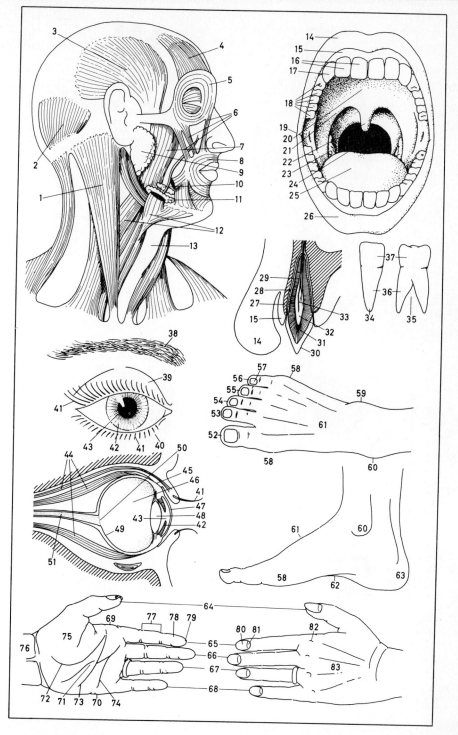

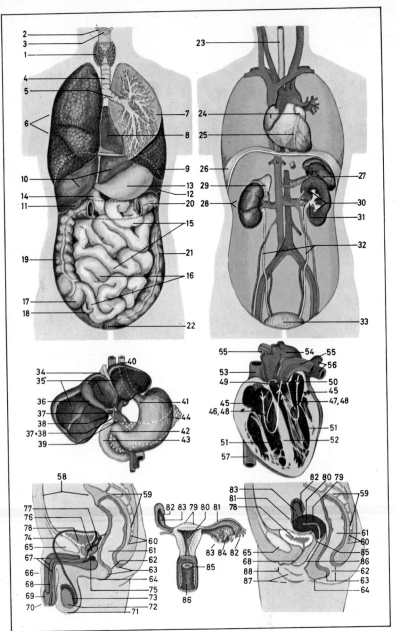

1-57 internal organs [front view]
内臓 [前面]

1 thyroid gland
甲状腺(せん)

2-3 larynx
喉頭(こうとう)

2 hyoid bone (hyoid)
舌骨

3 thyroid cartilage
甲状軟骨〈図は甲状舌骨膜〉

4 trachea (windpipe)
気管

5 bronchus
気管支

6-7 lung
肺臓, 肺

6 right lung
右肺

7 upper pulmonary lobe (upper lobe of the 1ung) [section]
上(肺)葉

8 heart
心臓

9 diaphragm
横隔膜

10 liver
肝臓, 肝(きも)

11 gall bladder
胆囊(たんのう)

12 spleen
脾臓(ひぞう), 脾

13 stomach
胃

14-22 intestines (bowel)
腸

14-16 small intestine (intestinum tenue)
小腸

14 duodenum
十二指腸

15 jejunum
空腸

16 ileum
回腸

17-22 large intestine (intestinum crassum)
大腸

17 caecum (cecum)
盲腸

18 appendix (vermiform appendix)
虫垂

19 ascending colon
上行結腸

20 transverse colon
横行結腸

21 descending colon
下行結腸

22 rectum
直腸

23 oesophagus (esophagus, gullet)
食道

24-25 heart
心臓

24 auricle
心耳

25 anterior longitudinal cardiac sulcus
前室間溝

26 diaphragm
横隔膜

27 spleen
脾臓(ひぞう), 脾

28 right kidney
右腎〈右の腎臓〉

29 suprarenal gland
副腎, 腎上体

30-31 left kidney [longitudinal section]
左腎〈左の腎臓〉[縦断面]

30 calyx (renal calyx)
腎杯

31 renal pelvis
腎盤, 腎盂(じんう)

32 ureter
尿管

33 bladder
膀胱(ぼうこう)

34-35 liver [from behind]
肝臓, 肝 [後下面]

34 falciform ligament of the liver
肝鎌状間膜(かんれんじょうかんまく), 前肝間膜

35 lobe of the liver
肝葉〈右葉と左葉〉

36 gall bladder
胆囊(たんのう)

37-38 common bile duct
総胆管〈胆汁を運ぶ管〉

37 hepatic duct (common hepatic duct)
肝管〈総肝管〉〈左右肝管の合流〉

38 cystic duct
胆囊管〈胆囊からの管〉

39 portal vein (hepatic portal vein)
門脈, 門静脈〈腹部の静脈血を集め肝臓に送る〉

40 oesophagus (esophagus, gullet)
食道

41-42 stomach
胃

41 cardiac orifice
噴門

42 pylorus
幽門(ゆうもん)

43 duodenum
十二指腸

44 pancreas
膵臓(すいぞう), 膵

45-57 heart [longitudinal section]
心臓 [縦断面]

45 atrium
心房

46-47 valves of the heart
心臓の弁

46 tricuspid valve (right atrioventricular valve)
三尖(さんせん)弁〈右房室弁〉

47 bicuspid valve (mitral valve, left atrioventricular valve)
僧帽弁〈二尖弁, 左房室弁〉

48 cusp
弁尖〈弁の一小葉〉

49 aortic valve
大動脈弁

50 pulmonary valve
肺動脈弁

51 ventricle
心室

52 ventricular septum (interventricular septum)
心室中隔

53 superior vena cava
上大静脈

54 aorta
大動脈

55 pulmonary artery
肺動脈

56 pulmonary vein
肺静脈

57 inferior vena cava
下大静脈

58 peritoneum
腹膜

59 sacrum
仙骨

60 coccyx (coccygeal vertebra)
尾骨

61 rectum
直腸

62 anus
肛門

63 anal sphincter
肛門括約筋

64 perineum
会陰(えいん)

65 pubic symphisis (symphisis pubis)
恥骨結合

66-77 male sex organs [longitudinal section]
男性生殖器 [縦断面]

66 penis
陰茎

67 corpus cavernosum and spongiosum of the penis (erectile tissue of the penis)
陰茎海綿体および尿道海綿体〈陰茎の勃起(ぼっき)性組織〉

68 urethra
尿道

69 glans penis
陰茎亀頭

70 prepuce (foreskin)
包皮

71 scrotum
陰囊

72 right testicle (testis)
右精巣, 睾丸(こうがん)

73 epididymis
精巣上体〈副睾丸〉

74 spermatic duct (vas deferens)
精管

75 Cowper's gland (bulbourethral gland)
クーパー氏腺〈尿道球腺〉

76 prostate (prostate gland)
前立腺(せん)

77 seminal vesicle
精囊

78 bladder
膀胱

79-88 female sex organs [longitudinal section]
女性生殖器 [縦断面]

79 uterus (matrix, womb)
子宮

80 cavity of the uterus
子宮腔

81 fallopian tube (uterine tube, oviduct)
卵管〈ファロピウス管〉

82 fimbria (fimbriated extremity)
卵管采(さい)

83 ovary
卵巣

84 follicle with ovum (egg)
卵子(らんし)を含む卵胞

85 os uteri externum
子宮口

86 vagina
膣(ちつ)

87 lip of the pudendum (lip of the vulva)
陰唇

88 clitoris
陰核

21   First Aid

救急処置 **21**

1-13 emergency bandages
救急包帯
1 arm bandage
腕の包帯
2 triangular cloth used as a sling (an arm sling)
支持包帯として用いる三角布(きん)〈腕の支持包帯〉
3 head bandage (capeline)
頭の包帯〈帽子状包帯〉
4 first aid kit
救急処置用品キット
5 first aid dressing
救急用包帯
6 sterile gauze dressing
無菌ガーゼ包帯
7 adhesive plaster (sticking plaster)
絆創膏(ばんそうこう)
8 wound
創傷
9 bandage
〔巻軸〕包帯
10 emergency splint for a broken limb (fractured limb)
骨折肢の救急副木
11 fractured leg (broken leg)
骨折した下肢
12 splint
副子(ふくし)〈副木〉
13 headrest
枕(まくら)
14-17 measures for stanching the blood flow (tying up of, ligature of, a blood vessel)
止血法〈血管の圧迫と結紮(けっさつ)〉
14 pressure points of the arteries
動脈の圧迫点
15 emergency tourniquet on the thigh
大腿(だいたい)の救急止血帯
16 walking stick used as a screw
固定用のステッキ
17 compression bandage
圧迫包帯
18-23 rescue and transport of an injured person
負傷者の救助と運搬
18 Rautek grip (for rescue of victim of a car accident)
ラウテク式把握法〈自動車事故による負傷者の救助〉
19 helper
救助者
20 injured person (casualty)
負傷者〈事故による〉
21 chair grip
チェア・グリップ, 手車
22 carrying grip
運搬用グリップ
23 emergency stretcher of sticks and a jacket
棒と上衣で作った救急担架
24-27 the positioning of an unconscious person and artificial respiration (resuscitation)
意識喪失者の体位と人工呼吸〈救急蘇生(そせい)法〉
24 coma position
昏睡(こんすい)状態の体位
25 unconscious person
意識不明の人
26 mouth-to-mouth resuscitation
マウス・トゥ・マウス人工蘇生法〈この他に, マウス・トゥ・ノウズ人工蘇生法 mouth-to-nose resuscitation がある〉
27 resuscitator (respiratory apparatus, resuscitation apparatus)
人工蘇生器〈呼吸装置, 蘇生装置〉〈人工呼吸器 respirator (artificial breathing device) の一つ〉
28-33 methods of rescue in ice accidents
氷上事故の場合の救助法
28 person who has fallen through the ice
氷上遭難者
29 rescuer
救助者
30 rope
ロープ
31 table
テーブル
32 ladder
はしご
33 self-rescue
自己救助法, 自力脱出法
34-38 rescue of a drowning person
おぼれている人の救助
34 method of release (release grip, release) to free rescuer from the clutch of a drowning person
おぼれている人が救助者にしがみつくのを防いで身を離すための方法
35 drowning person
おぼれている人
36 lifesaver
救助者
37 chest grip
胸をかかえる方法〈引っぱって行く方法 towing grip〉
38 tired swimmer grip (hip grip)
腰をかかえる方法

54

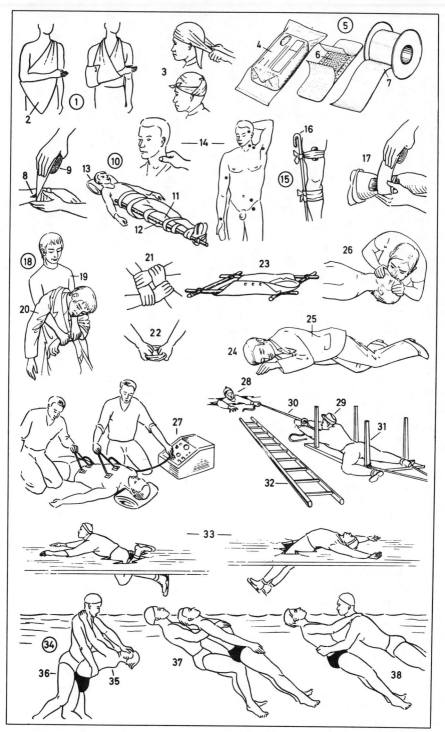

1-74 general practice ((米) physician's office)
一般診療

1 waiting room
待合室

2 patient
患者

3 patients with appointments
予約患者〈定期的健康診断 routine checkup または処方箋更新 renewal of prescription のための〉

4 magazines
〈待っている患者のため〉雑誌

5 reception
受付

6 patients file
患者ファイル

7 eliminated index cards
削除された索引カード

8 medical record (medical card)
診療記録

9 health insurance certificate
健康保険証

10 advertising calendar (publicity calendar)
広告カレンダー

11 appointments book
予約簿

12 correspondence file
通信ファイル

13 automatic telephone answering and recording set (telephone answering device)
電話の自動応答記録セット（電話応答装置）

14 radiophone
ラジオフォン，無線電話機

15 microphone
マイクロフォン

16 illustrated chart
図解の表

17 wall calendar
壁掛けカレンダー

18 telephone
電話

19 [doctor's] assistant
[医師の] 助手

20 prescription
処方箋

21 telephone index
電話番号早見帳

22 medical dictionary
医学事典

23 pharmacopoeia (list of registered medicines)
薬局方（公認の薬品の一覧表）

24 franking machine ((米) postage meter)
郵便料金秤量器（ひょうりょうき）

25 stapler
ホッチキス，ステープラー

26 diabetics file
糖尿病患者ファイル

27 dictating machine
口述録音器

28 paper punch
紙パンチ

29 doctor's stamp
医師のスタンプ

30 ink pad
スタンプ台

31 pencil holder
筆立て**

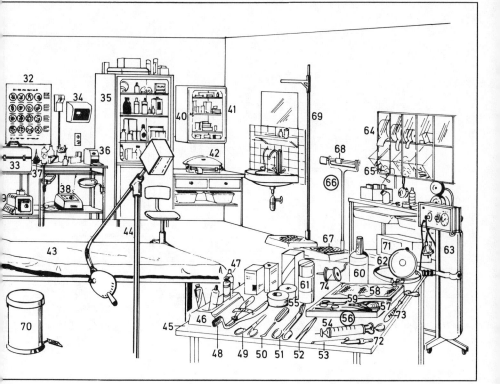

32-74 surgery
外科
32 chart of eyegrounds
眼底図譜
33 doctor's bag (doctor's case)
医師のカバン
34 intercom
インターフォン，内部通話装置
35 medicine cupboard
薬品棚
36 swab dispenser
綿棒ディスペンサー〈品物を定量に取出す
装置〉
37 inflator (Politzer bag)
ポリツァー嚢(のう)
38 electrotome
電気メス
39 steam sterilizer
蒸気滅菌器
40 cabinet
キャビネット
41 medicine samples
見本薬品
42 baby scales
小型はかり
43 examination couch
診察台
44 directional lamp
指向性ランプ
45 instrument table
器具台
46 tube holder
チューブ入れ

47 tube of ointment
軟膏(なんこう)チューブ
48-50 instruments for minor surgery
小手術用器具
48 mouth gag
開口器
49 Kocher's forceps
コッヘル鉗子(かんし)
50 scoop (curette)
キューレット
51 angled scissors
屈曲ばさみ
52 forceps
ピンセット
53 olive-pointed (bulb-headed) probe
先端が球形の消息子（球頭ブジー）
54 syringe for irrigations of the ear or
bladder
耳あるいは膀胱(ぼうこう)洗浄用シリンジ
55 adhesive plaster (sticking plaster)
絆創膏(ばんそうこう)
56 surgical suture material
縫合材料
57 curved surgical needle
曲縫合針
58 sterile gauze
無菌ガーゼ
59 needle holder
縫合針保器
60 spray for disinfecting the skin
皮膚消毒用噴霧器
61 thread container
縫合糸の容れ物

62 ophthalmoscope
検眼鏡，眼底鏡
63 freezer for cryosurgery
冷凍外科用冷凍器
64 dispenser for plasters and small
pieces of equipment
膏薬(こうやく)と小器具のディスペンサー
65 disposable hypodermic needles and
syringes
使い捨ての皮下注射針と注射筒
66 scales, sliding-weight scales
体重計
67 weighing platform
はかり台
68 sliding weight (jockey)
分銅
69 height gauge ((米) gage)
身長計
70 waste bin ((米) trash bin)
くず物入れ，汚物入れ
71 hot-air sterilizer
乾熱滅菌器
72 pipette
ピペット〈液量計の一つ〉
73 percussor
打診つち，ハンマー
74 aural speculum (auriscope, aural
syringe)
耳鏡

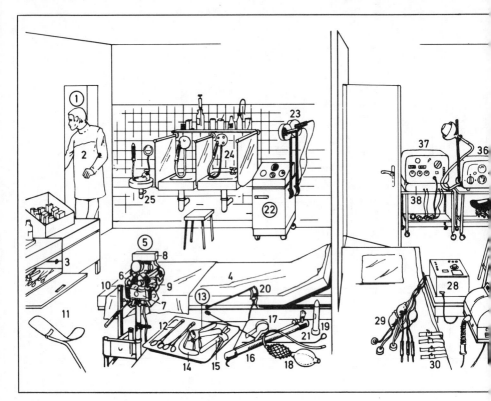

1 consulting room
　診察室
2 general practitioner
　一般診療医，開業医
**3-21 instruments for gynecological
and proctological examinations**
　婦人科学および直腸肛門（こうもん）病学用検
　査器具
3 warming the instruments up to body
　temperature
　器具を体温まで加温
4 examination couch
　診察台
5 colposcope
　膣（ちつ）鏡
6 binocular eyepiece
　双眼顕微鏡の接眼レンズ
7 miniature camera
　小型カメラ〈35ミリフィルム使用〉
8 cold light source
　冷光源〈燐光（りんこう），螢光など〉
9 cable release
　ケーブル・レリーズ〈カメラのシャッターに用い
　る〉
10 bracket for the leg support
　支脚器の腕木
11 leg support (leg holder)
　支脚器
12 holding forceps (sponge holder)
　支持鈎鉗子（しじこうかんし）
13 vaginal speculum
　膣鏡
14 lower blade of the vaginal speculum
　膣鏡の下弁

15 platinum loop
　白金環〈塗抹（とまつ）標本 smears 用〉
16 rectoscope
　直腸鏡
17 biopsy forceps used with the
　rectoscope (proctoscope)
　直腸鏡と一緒に用いるバイオプシー（生体
　組織検査）用のピンセット
18 insufflator for proctoscopy
　(rectoscopy)
　直腸鏡用空気注入器（送気球）
19 proctoscope (rectal speculum)
　直腸鏡
20 urethroscope
　尿道鏡
21 guide for inserting the proctoscope
　直腸鏡挿入のガイド
22 diathermy unit (short-wave therapy
　apparatus)
　ジアテルミー・ユニット〈高周波電流・超音
　波・マイクロ波放射による透熱療法装置〉
23 radiator
　ラジエーター，照射器
24 inhaling apparatus (inhalator)
　吸入装置
25 basin (for sputum)
　痰（たん）つぼ
26-31 ergometry
　作業測定
26 bicycle ergometer
　自転車作業計

27 monitor (visual display of the ECG
　and of pulse and respiratory rates
　when performing work)
　モニター装置〈作業中の心電図・脈搏（みゃく
　はく）・呼吸数の表示装置〉
28 ECG (electrocardiograph)
　心電計
29 suction electrodes
　吸引電極
30 strap-on electrodes for the limbs
　手足にバンドで取りつける電極
31 spirometer
　肺活量計〈呼吸機能 respiratory
　functions 測定用〉
32 measuring the blood pressure
　血圧測定
33 sphygmomanometer
　血圧計
34 inflatable cuff
　空気でふくらませる〔血圧計の〕カフ（腕帯）
35 stethoscope
　聴診器
36 microwave treatment unit
　超音波診療ユニット
37 faradization unit (application of
　low-frequency currents with
　different pulse shapes)
　感応電流療法ユニット〈いろいろなパルス波
　形の低周波電流を適用〉
38 automatic tuner
　周波数自動調整装置
39 short-wave therapy apparatus
　短波診療装置

40 timer
   タイマー，自動スイッチ
41-59 laboratory
   臨床検査室
41 medical laboratory technician
   臨床検査技師
42 capillary tube stand for blood
   sedimentation
   血液沈降速度計測用毛細管の支持台
43 measuring cylinder
   計量シリンダー
44 automatic pipette
   自動ピペット〈液量計の一つ〉
45 kidney dish
   膿盆(のうぼん)，腎形(じんけい)シャーレ
46 portable ECG machine for
   emergency use
   救急用のポータブル心電計
47 automatic pipetting device
   自動ピペット装置
48 constant temperature water bath
   恒温槽
49 tap with water jet pump
   噴出水道栓
50 staining dish
   染色皿〈血液塗抹標本，沈渣(ちんさ)，その
   他の塗抹標本の染色用〉
51 binocular research microscope
   双眼顕微鏡
52 pipette stand for photometry
   測光ピペット台

53 computer and analyser for
   photometry
   測光用コンピュータと分析器
54 photometer
   光度計，測光計
55 potentiometric recorder
   電位差記録計
56 transforming section
   変換セクション
57 laboratory apparatus (laboratory
   equipment)
   臨床検査器具
58 urine sediment chart
   尿沈渣図表
59 centrifuge
   遠心分離機

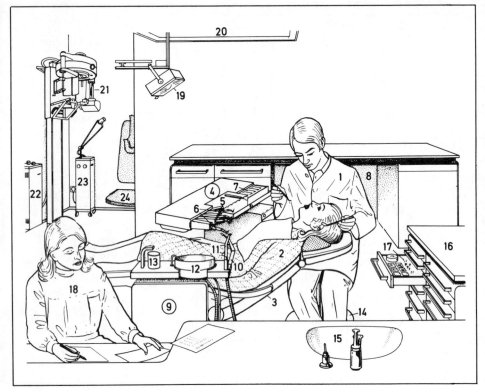

1 dentist (dental surgeon)
　歯科医
2 patient
　患者
3 dentist's chair
　歯科診療用チェア
4 dental instruments
　歯科診療用器具
5 instrument tray
　器具トレイ
6 drills with different handpieces
　種々のハンドピースつきのドリル
7 medicine case
　薬品箱
8 storage unit
　保管ユニット〈歯科診療用器具 dental
　instruments のための〉
9 assistant's unit
　歯科助手用ユニット
10 multi-purpose syringe (for cold and
　warm water, spray or air)
　汎用（はんよう）シリンジ〈冷水・温水噴霧 およ
　び空気噴射用〉
11 suction apparatus
　吸引装置，排唾（はいだ）管
12 basin
　スピットン，つば吐き
13 water glass
　水コップ〈自動注水式 filled
　automatically〉
14 stool
　腰掛け
15 washbasin
　手洗い

16 instrument cabinet
　器具用キャビネット
17 drawer for drills
　ドリル用引出し
18 dentist's assistant
　歯科助手
19 dentist's lamp
　歯科用ランプ
20 ceiling light
　室内照明灯
21 X-ray apparatus for panoramic
　pictures
　パノラマ写真用X線装置
22 X-ray generator
　X線発生機
23 microwave treatment unit
　超音波治療ユニット〈照射ユニット
　radiation unit の一つ〉
24 seat
　いす

25 denture (set of false teeth)
　義歯（人工歯のセット）
26 bridge (dental bridge)
　ブリッジ（架工義歯）
27 prepared stump of the tooth
　支台形成歯型
28 crown
　歯冠〈金冠 gold crown, ジャケット・クラウ
　ン jacket crown などの種類がある〉
29 porcelain tooth (porcelain pontic)
　陶歯（架工陶歯）
30 filling
　充填（じゅうてん）
31 post crown
　継続歯
32 facing
　前装
33 diaphragm
　保持装置
34 post
　合釘（あいくぎ）, ダウェルピン
35 carborundum disc (disk)
　カーボランダム・ディスク〈切断器〉
36 grinding wheel
　研磨用ホイール
37 burs
　バー〈兎蝕（うしょく）部分の除去, 窩洞（かどう）
　形成など, 歯の構造の削除に用いる〉
38 flame-shaped finishing bur
　仕上げ用研磨バー
39 fissure burs
　フィッシャー・バー
40 diamond point
　ダイヤモンド・ポイント
41 mouth mirror
　歯鏡, デンタル・ミラー
42 mouth lamp
　口腔灯（こうこうとう）
43 cautery
　焼灼器（しょうしゃくき）
44 platinum-iridium electrode
　プラチナ・イリジューム電極
45 tooth scalers
　スケーラー, 歯石除去器
46 probe
　探針, 消息子
47 extraction forceps
　抜歯鉗子（かんし）
48 tooth-root elevator
　歯根挺子（ていし）
49 bone chisel
　骨のみ, チゼル
50 spatula
　舌圧子（ぜつあっし）, スパチュラ
51 mixer for filling material
　充填（じゅうてん）材混合機
52 synchronous timer
　タイマー
53 hypodermic syringe for injection of
　local anaesthetic
　局所麻酔用皮下注射器
54 hypodermic needle
　皮下注射針
55 matrix holder
　マトリックス・ホルダー〈隔壁保持器〉
56 impression tray
　印象用トレイ
57 spirit lamp
　アルコール・ランプ

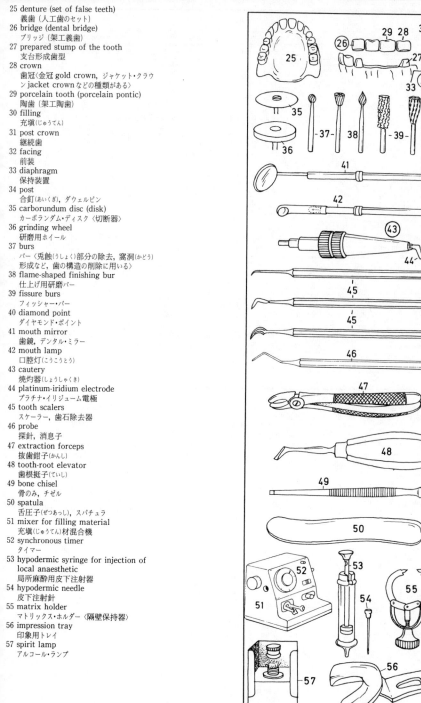

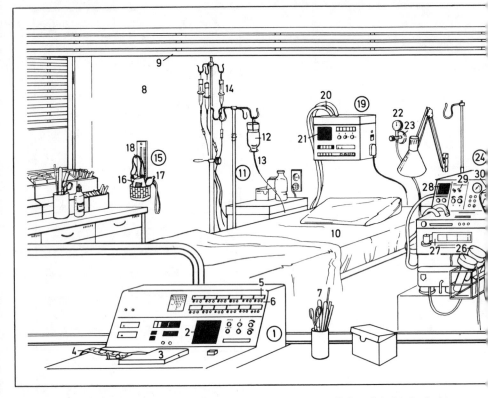

1-30 intensive care unit
〈高度監視体制による重症患者用の〉集中治療部，I C U

1-9 control room
管理室，制御室

1 central control unit for monitoring heart rhythm (cardiac rhythm) and blood pressure
心搏(しんばく)・血圧監視用中央制御ユニット

2 electrocardiogram monitor (ECG monitor)
心電図監視装置（心電図モニター）

3 recorder
記録計

4 recording paper
記録紙

5 patient's card
患者カード

6 indicator lights
指示灯〈各患者の呼出ボタンと連結している〉

7 spatula
スパチュラ，舌圧子

8 window (observation window, glass partition)
窓（観察窓，ガラス仕切り壁）

9 blind
日よけ，ブラインド

10 bed (hospital bed)
寝台，ベッド

11 stand for infusion apparatus
点滴用器具のスタンド

12 infusion bottle
点滴ビン

13 tube for intravenous drips
静脈内点滴用のチューブ

14 infusion device for water-soluble medicaments
水溶性薬物注入装置

15 sphygmomanometer
血圧計

16 cuff
〈血圧計の〉カフ，腕帯

17 inflating bulb
送気球〈カフに空気を吹込んでふくらませるためのゴム球〉

18 mercury manometer
水銀圧力計

19 bed monitor
寝台監視装置

20 connecting lead to the central control unit
中央制御ユニットへ連結する電線

21 electrocardiogram monitor (ECG monitor)
心電図監視装置（心電図モニター）

22 manometer for the oxygen supply
酸素供給の圧力計

23 wall connection for oxygen treatment
酸素治療用チューブと壁から出ている配管との結合部

24 mobile monitoring unit
移動式監視装置

25 electrode lead to the short-term pacemaker
短期ペースメーカーの電極導線

26 electrodes for shock treatment
ショック療法用電極

27 ECG recording unit
心電図記録装置

28 electrocardiogram monitor (ECG monitor)
心電図監視装置（心電図モニター）

29 control switches and knobs (controls) for adjusting the monitor
監視装置調節用の制御スイッチ

30 control buttons for the pacemaker unit
ペースメーカー装置の制御ボタン

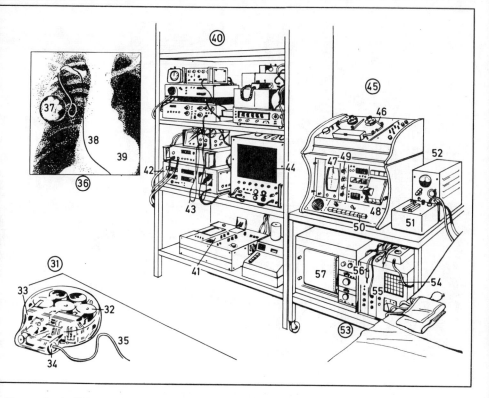

31 **pacemaker** (cardiac pacemaker)
ペースメーカー（心臓ペースメーカー）
32 mercury battery
水銀電池
33 programmed impulse generator
プログラムされたインパルス発生器
34 electrode exit point
電極の出口接点
35 electrode
電極
36 implantation of the pacemaker
ペースメーカーの植込み
37 internal cardiac pacemaker (internal
pacemaker, pacemaker)
体内心臓ペースメーカー（体内ペースメー
カー）
38 electrode inserted through the vein
静脈を経由して挿入された電極
39 cardiac silhouette on the X-ray
X線写真上の心臓の影像
40 **pacemaker control unit**
ペースメーカー制御装置
41 electrocardiograph (ECG recorder)
心電計（心電図記録器）
42 automatic impulse meter
インパルス自動計測器
43 ECG lead to the patient
〈患者に接続する〉心電図記録用導線
44 monitor unit for visual monitoring
of the pacemaker impulses
ペースメーカー・インパルスの監視装置
45 long-term ECG analyser
長期心電図分析器

46 magnetic tape for recording the
ECG impulses during analysis
分析中の心電図インパルス記録用磁気テー
プ
47 ECG monitor
心電図監視装置，心電図モニター
48 automatic analysis on paper of the
ECG rhythm
心電図リズムの記録紙上における自動分析
49 control knob for the ECG amplitude
心電図の振幅の制御つまみ（ゲイン・コント
ロール）
50 program selector switches for the
ECG analysis
心電図分析用プログラム選択スイッチ
51 charger for the pacemaker batteries
ペースメーカーの電池の充電器
52 battery tester
電池の検査器，テスター
53 pressure gauge ((米) gage) for the
right cardiac catheter
右心カテーテルのための圧力計
54 trace monitor
圧力曲線監視装置
55 pressure indicator
圧力指示器
56 connecting lead to the paper
recorder
記録計への連結導線
57 paper recorder for pressure traces
圧力曲線用記録計

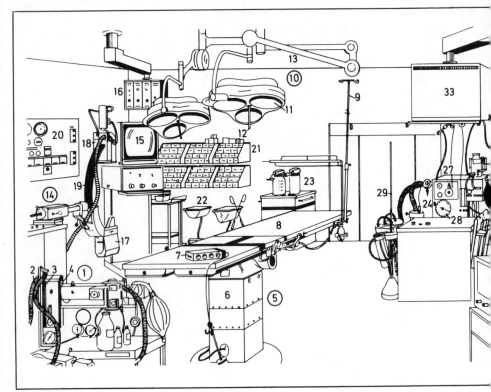

1-54 surgical unit
手術部
1-33 operating theatre ((米) theater)
手術室
1 anaesthesia and breathing apparatus
(respiratory machine)
全身麻酔器
2 inhalers (inhaling tubes)
吸入器（吸入チューブ）
3 flowmeter for nitrous oxide
笑気流量計
4 oxygen flow meter
酸素流量計
5 pedestal operating table
手術台
6 table pedestal
手術台の台座
7 control device (control unit)
制御装置
8 adjustable top of the operating table
高さ・傾斜を調整できるテーブル・トップ
9 stand for intravenous drips
静脈内点滴スタンド
10 swivel-mounted shadow-free
operating lamp
転環にとりつけた無影灯
11 individual lamp
〔個々の〕ランプ
12 handle
ハンドル，取っ手
13 swivel arm
転環の腕
14 mobile fluoroscope
移動式X線透視装置

15 monitor of the image converter
映像変換器モニター・テレビ
16 monitor [back]
モニター［後面］
17 tube
撮像管
18 image converter
映像変換器
19 C-shaped frame
C形フレーム
20 control panel for the air-
conditioning
空調制御盤
21 surgical suture material
縫合材料
22 mobile waste tray
移動式廃棄物トレー
23 containers for unsterile (unsterilized)
pads
不消毒のパッドの容器
24 anaesthesia and respiratory
apparatus
全身麻酔器
25 respirator
人工呼吸器
26 fluothane container (halothane
container)
ハロセイン（非爆発性吸入麻酔剤）の容器
27 ventilation control knob
換気調節つまみ
28 indicator with pointer for
respiratory volume
呼吸量指示計器

29 stand with inhalers (inhaling tubes)
and pressure gauges ((米) gages)
吸入器(吸入チューブ)と圧力計のスタンド
30 catheter holder
カテーテル・ホルダー
31 catheter in sterile packing
滅菌済みで包装されたカテーテル
32 sphygmograph
脈波計
33 monitor
モニター

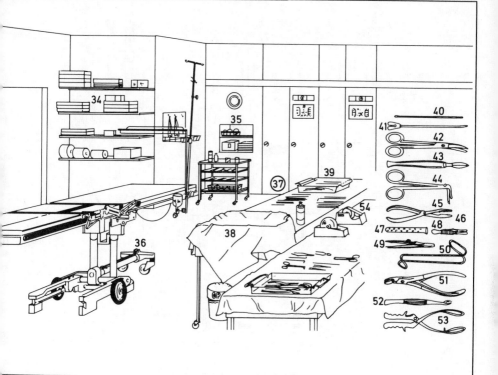

34-54 preparation and sterilization room
準備・滅菌室

34 dressing material
包帯材料

35 small sterilizer
小消毒器

36 carriage of the operating table
移動式手術台

37 mobile instrument table
移動式器具台

38 sterile cloth
消毒布

39 instrument tray
器具トレイ

40-53 surgical instruments
手術器具

40 olive-pointed (bulb-headed) probe
球頭ブジー

41 hollow probe
中空ゾンデ

42 curved scissors
湾剪刀（わんせんとう）

43 scalpel (surgical knife)
メス（外科用小刀）

44 ligature-holding forceps
支持鉤鉗子（しじこうかんし）

45 sequestrum forceps
腐骨（ふこつ）鉗子

46 jaw
はさみ口

47 drainage tube
排液管，ドレーン・チューブ

48 surgeon's tourniquet
動脈クレンメ，止血器

49 artery forceps
動脈鉗子

50 blunt hook
鈍鉤（どんこう）

51 bone nippers (bone-cutting forceps)
骨鉗子（こつかんし）

52 scoop (curette) for erasion (curettage)
搔爬（そうは）用のキュレット

53 obstetrical forceps
分娩（ぶんべん）鉗子

54 roll of plaster
巻き絆創膏（ばんそうこう）

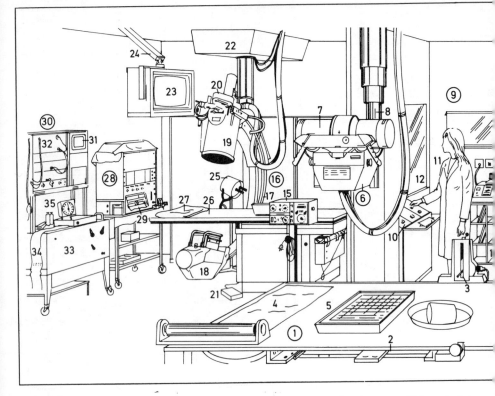

1-35 X-ray unit
X線診療部

1 X-ray examination table
X線検査テーブル

2 support for X-ray cassettes
X線フィルム・カセット支持装置

3 height adjustment of the central
beam for lateral views
側面撮影用X線ビームのセンタリングの上
下調節装置

4 compress for pyelography and
cholecystography
腎盂(じんう)撮影と胆嚢(たんのう)造影撮影用
の圧迫帯

5 instrument basin
器具皿

6 X-ray apparatus for pyelograms
腎盂撮影X線装置

7 X-ray tube
X線管

8 telescopic X-ray support
X線管の伸縮可能な支柱

9 central X-ray control unit
X線中央制御装置

10 control panel (control desk)
制御盤(制御テーブル)

11 radiographer (X-ray technician)
放射線技師

12 window to the angiography room
血管造影室との境の窓

13 oxymeter
オキシメーター〈ヘモグロビンの酸素飽和度
の測定器〉

14 pyelogram cassettes
腎盂撮影用フィルム・カセット

15 contrast medium injector
造影材注入装置

16 X-ray image intensifier
X線蛍光増倍装置, イメージ・インテンシ
ファイア

17 C-shaped frame
C形フレーム

18 X-ray head with X-ray tube
X線管つきX線ヘッド

19 image converter with converter tube
映像変換管と映像変換器

20 film camera
フィルム・カメラ

21 foot switch
足踏みスイッチ

22 mobile mounting
移動式支持装置

23 monitor
X線透視撮影モニター・テレビ

24 swivel-mounted monitor support
転環に取付けたテレビ・モニター支持装置

25 operating lamp
手術ランプ

26 angiographic examination table
血管造影検査テーブル

27 pillow
枕(まくら)

28 eight-channel recorder
8チャンネル記録器

29 recording paper
記録紙

30 catheter gauge ((米) gage) unit for
catheterization of the heart
心臓カテーテル法のカテーテル用の計測器

31 six-channel monitor for pressure
graphs and ECG
血圧グラフおよび心電図用6チャンネル監
視装置

32 slide-in units of the pressure
transducer
血圧トランスデューサーのプラグ・イン・ユニッ
ト

33 paper recorder unit with developer
for photographic recording
写真記録用現像装置つき記録計

34 recording paper
記録紙

35 timer
タイマー

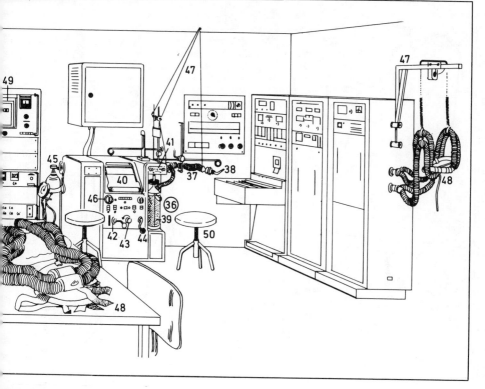

36–50 spirometry
肺活量測定

36 spirograph for pulmonary function
tests
肺機能検査用の呼吸運動記録器

37 breathing tube
呼吸チューブ

38 mouthpiece
マウスピース

39 soda-lime absorber
ソーダ石灰 (二酸化炭素, 水の吸収剤) 吸
収器

40 recording paper
記録紙

41 control knobs for gas supply
ガス供給制御つまみ

42 O_2-stabilizer
酸素スタビライザー

43 throttle valve
スロットル・レバー

44 absorber attachment
吸収器アタッチメント

45 oxygen cylinder
酸素シリンダー

46 water supply
給水

47 tube support
チューブ支持装置

48 mask
マスク

49 CO_2 consumption meter
二酸化炭素消費量計測器

50 stool for the patient
患者用腰掛け

1 collapsible cot
　折りたたみ式簡易寝台
2 bouncing cradle
　はねる揺りかご、座いす
3 baby bath
　ベビー・バス
4 changing top
　おしめ交換台
5 baby (new-born baby)
　小児（新生児）
6 mother
　母親
7 hairbrush
　ヘアブラシ
8 comb
　くし
9 hand towel
　タオル
10 toy duck
　おもちゃのアヒル
11 changing unit
　おしめ交換用具棚
12 teething ring
　おしゃぶり
13 cream jar
　クリームびん
14 box of baby powder
　缶入りのベビー・パウダー
15 dummy
　乳首のおしゃぶり
16 ball
　ボール
17 sleeping bag
　寝袋

18 layette box
　乳児用品箱
19 feeding bottle
　哺乳(ほにゅう)びん
20 teat
　乳首
21 bottle warmer
　哺乳びん保温器
22 rubber baby pants for disposable
　nappies ((米) diapers)
　乳児用ゴムパンツ〈使い捨て型おしめの上に
　はく〉
23 vest
　チョッキ
24 leggings
　乳児用靴下つきズボン（レギンス）
25 baby's jacket
　乳児用ジャケット
26 hood
　ずきん
27 baby's cup
　乳児用コップ
28 baby's plate
　子供皿〈電気保温皿 stay-warm plate の
　一種〉
29 thermometer
　温度計

30 bassinet
  ほろつき乳母車〈柳製の手押車 wicker pram の一つ〉
31 set of bassinet covers
  乳母車のおおい〔一式〕
32 canopy
  天蓋(てんがい)
33 baby's high chair
  乳児用高いす〈折りたたみいす folding chair の一つ〉
34 pram (baby-carriage) [with windows]
  乳母車〔窓つき〕
35 folding hood
  折りたたみ天蓋
36 window
  窓
37 pushchair ((米) stroller)
  折りたたみ式乳母車
38 foot-muff ((米) foot-bag)
  足おおい〈防寒用の〉
39 play pen
  プレイ・ペン, ベビー・サークル
40 floor of the play pen
  プレイ・ペンの床
41 building blocks (building bricks)
  積み木
42 small child
  小児
43 bib
  よだれ掛け
44 rattle (baby's rattle)
  がらがら

45 bootees
  乳児用毛糸靴
46 teddy bear
  クマのぬいぐるみ
47 potty (baby's pot)
  幼児用便器
48 carrycot
  携帯用寝台
49 window
  窓
50 handles
  ハンドル, 取っ手

1-12 baby clothes
乳児[用衣]服
1 pram suit
乳母車スーツ
2 hood
フード，頭巾(ずきん)
3 pram jacket (matinée coat)
乳母車ジャケット，ウールのベビー服
4 pompon (bobble)
ポンポン (玉房)
5 bootees
乳児用毛糸靴，ブーティー〈くるぶしまでの
ブーツ〉
6 sleeveless vest
ベスト，チョッキ
7 envelope-neck vest
〈首元まで包む〉ベスト
8 wrapover vest
前合せベスト
9 baby's jacket
乳児用ジャケット
10 rubber baby pants
おむつカバー〈ゴム引き布の乳児用パンツ〉
11 playsuit
遊び着
12 two-piece suit
ツーピース
13-30 infants' wear
小児服
13 child's sundress
子供用サンドレス〈ピナフォア・ドレス (エプロ
ン・ドレス) pinafore dress の一種〉
14 frilled shoulder strap
ひだ飾りつき肩吊つりひも
15 shirred top
細かくひだを寄せた胴部上着
16 sun hat
日よけ帽
17 one-piece jersey suit
ジャージーのコンビネーション
18 front zip
前ジッパー，チャック
19 catsuit (playsuit)
遊び着
20 motif (appliqué)
アップリケ
21 romper
遊び着，ロンパー・スーツ
22 playsuit (romper suit)
遊び着
23 coverall (sleeper and strampler)
カバーロール〈上下続きの服〉
24 dressing gown (bath robe)
化粧着 (浴衣(よくい))，バス・ローブ
25 children's shorts
小児用ショーツ
26 braces ((米) suspenders)
ズボンつり，サスペンダー
27 children's T-shirt
小児用Tシャツ
28 jersey dress (knitted dress)
ジャージー・ドレス
29 embroidery
刺繍(ししゅう)
30 children's ankle socks
乳児用ソックス
31-47 school children's wear
学童服
31 raincoat (loden coat)
ローデン・コート，防水コート
32 leather shorts (lederhosen)
革の半ズボン
33 staghorn button
シカの角のボタン
34 braces ((米) suspenders)
ズボンつり，サスペンダー
35 flap
フラップ〈前ぶた〉
36 girl's dirndl
女児用ダーンドル〈チロル風の女児服〉
37 cross lacing
交差ひも結び
38 snow suit (quilted suit)
スノー・スーツ，キルト・スーツ〈防寒着〉
39 quilt stitching (quilting)
キルティング
40 dungarees (bib and brace)
デニムのズボン〈胸当てとズボンつり〉
41 bib skirt (bib top pinafore)
ビブ・スカート〈胸当てつきピナフォア〉
42 tights
タイツ
43 sweater (jumper)
セーター
44 pile jacket
パイル(輪奈織(わなおり))地のジャケット
45 leggings
乳児用靴下つきズボン，レギンス
46 girl's skirt
少女用スカート
47 child's jumper
子供用ジャンパー
48-68 teenagers' clothes
ティーンエージャー服
48 girl's overblouse (overtop)
少女用オーバーブラウス
49 slacks
スラックス
50 girl's skirt suit
少女用スカート・スーツ
51 jacket
ジャケット
52 skirt
スカート
53 knee-length socks
アンダー・ニー・ソックス〈膝下(ひざした)までの
ソックス〉
54 girl's coat
少女用コート
55 tie belt
タイ・ベルト
56 girl's bag
少女用ショルダーバッグ
57 woollen ((米) woolen) hat
毛糸の帽子
58 girl's blouse
少女用ブラウス
59 culottes
キュロット・スカート
60 boy's trousers
男児用ズボン
61 boy's shirt
男児用シャツ
62 anorak
アノラック〈フードつき防寒着〉
63 inset pockets
縫込み差しポケット
64 hood drawstring (drawstring)
ひも通しつきのフード
65 knitted welt
ニットの袖口(そでぐち)
66 parka coat (parka)
パーカ〈エスキモー風防寒着〉
67 drawstring (draw cord)
通しひも
68 patch pockets
パッチ・ポケット，はりつけポケット

1 mink jacket
ミンク・ジャケット

2 cowl neck jumper
カウル・ネック・ジャンパー〈カウル・ネックは僧帽襟ともいう〉

3 cowl collar
カウル・カラー

4 knitted overtop
ニットの上っ張り

5 turndown collar
下方に折返した襟

6 turn-up (turnover) sleeve
上方に折返した袖口（そでぐち）

7 polo neck jumper
ポロ・ネックのジャンパー

8 pinafore dress
ピナフォア・ドレス，エプロン・ドレス

9 blouse with revers collar
折返し襟つきのブラウス

10 shirt-waister dress
シャツ・ブラウス〈上から下までボタン留めのドレス button-through dress〉

11 belt
ベルト

12 winter dress
冬用ドレス

13 piping
パイピング，玉縁（たまぶち）

14 cuff
カフス，袖口

15 long sleeve
長袖

16 quilted waistcoat
キルティングのチョッキ

17 quilt stitching (quilting)
キルティング

18 leather trimming
革の縁飾り

19 winter slacks
冬用スラックス

20 striped polo jumper
縞（しま）のポロ・ジャンパー

21 boiler suit (dungarees, bib and brace)
ボイラー・スーツ（つなぎ服）（デニム，胸当てとズボンつり）

22 patch pocket
はりつけポケット

23 front pocket
前のポケット

24 bib
胸当て

25 wrapover dress (wrap-around dress)
はおり着（巻きつけ服）

26 shirt
シャツ

27 peasant-style dress
農民風のドレス

28 floral braid
花模様のブレード，飾り平ひも

29 tunic (tunic top, tunic dress)
チュニック・ドレス

30 ribbed cuff
うねのある袖口（そでぐち）

31 quilted design
キルティング・デザイン

32 pleated skirt
プリーツ・スカート

33 two-piece knitted dress
ニットのツー・ピース

34 boat neck, a neckline
ボート・ネック

35 turn-up
折返し

36 kimono sleeve
着物スリーブ

37 knitted design
ニット・デザイン

38 lumber-jacket
ランバー・ジャケット

39 cable pattern
模様編み，より網編み

40 shirt-blouse
シャツ・ブラウス

41 loop fastening
ループ留め，輪留め

42 embroidery
刺繍（ししゅう）

43 stand-up collar
スタンド・カラー，立ち襟

44 cossack trousers
コサック風ズボン

45 two-piece combination (shirt top and long skirt)
ツーピースの組合せ服〈シャツ風の上着 shirt top とロング・スカート long skirt〉

46 tie (bow)
結びベルト

47 decorative facing
見返し飾り

48 cuff slit
袖口のスリット

49 side slit
わきのスリット

50 tabard
タバード〈陣羽織風（じんばおりふう）外套（とう）〉

51 inverted pleat skirt
箱ひだスカート

52 godet
まち（襠）

53 evening gown
夜会服

54 pleated bell sleeve
プリーツした鐘形袖

55 party blouse
パーティー用のブラウス

56 party skirt
パーティー用のスカート

57 trouser suit (slack suit)
パンタロン・スーツ（スラックス・スーツ）

58 suede jacket
スエード・ジャケット

59 fur trimming
毛皮の縁飾り

60 fur coat
毛皮コート〈ペルシア羊 Persian lamb，カラクル broadtail，ミンク mink，黒テン sable などの種類がある〉

61 winter coat (cloth coat)
冬用コート（ラシャのコート）

62 fur cuff (fur-trimmed cuff)
毛皮のカフス（毛皮飾りの袖口）

63 fur collar (fur-trimmed collar)
毛皮飾り襟

64 loden coat
ローデン・コート〈loden は防寒防水を施した意〉

65 cape
ケープ

66 toggle fastenings
トグル留め

67 loden skirt
ローデン・スカート

68 poncho-style coat
ポンチョ型コート

69 hood
フード，頭巾（ずきん）

31 Ladies' Wear II (Summer Wear) 婦人服 II（夏服） 31

1 skirt suit
スカート・スーツ
2 jacket
ジャケット
3 skirt
スカート
4 inset pocket
さしこみポケット
5 decorative stitching
装飾用縫い目
6 dress and jacket combination
ドレスとジャケットの組合せ服
7 piping
パイピング，玉縁(たまぶち)
8 pinafore dress
ピナフォア・ドレス
9 summer dress
夏服
10 belt
ベルト
11 two-piece dress
ツー・ピース
12 belt buckle
ベルトの留め金
13 wrapover (wrap-around) skirt
巻きスカート
14 pencil silhouett
ペンシル・シルエット
15 shoulder buttons
肩ボタン
16 batwing sleeve
バットウィング・スリーブ〈大きな袖ぐりから続く，袖口で締まった袖〉
17 overdress
上っ張り風のゆるやかなドレス
18 kimono yoke
着物ヨーク
19 tie belt
結んだベルト
20 summer coat
サマー・コート〈夏用コート〉
21 detachable hood
取り外しできるフード
22 summer blouse
サマー・ブラウス〈夏用ブラウス〉
23 lapel
ラペル〈襟の折返し〉
24 skirt
スカート
25 front pleat
前面の箱ひだ
26 dirndl (dirndl dress)
ダーンドル〈チロルの農民風ドレス〉
27 puffed sleeve
パフ袖
28 dirndl necklace
ダーンドル風の首飾り
29 dirndl blouse
ダーンドル・ブラウス
30 bodice
ボディス，胴衣
31 dirndl apron
ダーンドル・エプロン
32 lace trimming (lace), cotton lace
レースの縁飾り，木綿のレース
33 frilled apron
フリルつきのエプロン
34 frill
フリル，ひだ飾り
35 smock overall
上っ張り
36 house frock (house dress)
家庭着，ホーム・ドレス
37 poplin jacket
ポプリン地のジャケット
38 T-shirt
Tシャツ
39 ladies' shorts
婦人用のショーツ
40 trouser turn-up
ズボンの裾(すそ)の折返し
41 waistband
ウエスト・バンド
42 bomber jacket
ボンバー・ジャケット〈bomberは爆撃手の意〉
43 stretch welt
伸縮性の縁布(ふちぬの)
44 Bermuda shorts
バミューダ・ショーツ
45 saddle stitching
サドル・ステッチ〈革具の縫い目〉
46 frill collar
ひだ飾り襟
47 knot
結び目
48 culotte
キュロット・スカート
49 twin set
ツイン・セット〈カーディガンとプルオーバーの組合せ〉
50 cardigan
カーディガン
51 sweater
セーター
52 summer (lightweight) slacks
夏用スラックス
53 jumpsuit
ジャンプスーツ〈落下傘兵の降下服に似た一続きの婦人服〉
54 turn-up
折返し
55 zip
ジッパー，チャック
56 patch pocket
ファスナー張付けポケット
57 scarf (neckerchief)
スカーフ（ネッカチーフ）
58 denim suit
デニム・スーツ
59 denim waistcoat
デニム・チョッキ
60 jeans (denims)
ジーンズ（デニムズ）
61 overblouse
オーバーブラウス
62 turned-up sleeve
折返し袖
63 stretch belt
伸縮ベルト
64 halter top
ホールター・ネック〈胸当て状に首からつるしたような襟型〉の上着
65 knitted overtop
ニットの上着
66 drawstring waist
ひも通しのウエスト
67 short-sleeved jumper
短い袖のジャンパー
68 V-neck (vee-neck)
Vネック
69 turndown collar
折返し襟
70 knitted welt
ニットのへりかがり
71 shawl
ショール

1-15 ladies' underwear (ladies' underclothes, lingerie)
婦人用下着
1 brassière (bra)
ブラジャー
2 pantie-girdle
パンティ・ガードル
3 pantie-corselette
パンティ・コースレット〈ブラジャーとコルセットとパンティが一続きの下着〉
4 longline brassière (longline bra)
〈バストからウエストまで続いた〉ブラジャー
5 stretch girdle
伸縮性のガードル
6 suspender
靴下どめ
7 vest
ベスト，胴衣，スリマー
8 pantie briefs
パンティ
9 ladies' knee-high stocking
婦人用膝下丈(ひざしたたけ)のストッキング
10 long-legged (long leg) panties
パンタレッツ，五分丈パンティ
11 long pants
ロング・パンツ
12 tights (pantie-hose)
タイツ（パンティ・ホーズ）
13 slip
スリップ
14 waist slip
ウエスト・スリップ
15 bikini briefs
ビキニのブリーフ
16-21 ladies' nightwear
婦人用夜着
16 nightdress (nightgown, nightie)
ナイト・ガウン
17 pyjamas ((米) pajamas)
婦人用パジャマ，パジャマ
18 pyjama top
パジャマの上着
19 pyjama trousers
パジャマのズボン
20 housecoat
家庭用長上着(ながうわぎ)
21 vest and shorts set [for leisure wear and as nightwear]
ベストとショーツのセット〈レジャーウエア leisure wear 用と夜着 nightwear 用〉
22-29 men's underwear (men's underclothes)
紳士用下着
22 string vest
縁テープつきランニング・シャツ
23 string briefs
縁テープつきブリーフ
24 front panel
前パネル
25 sleeveless vest
袖なしアンダーシャツ
26 briefs
ブリーフ
27 trunks
パンツ
28 short-sleeved vest
半袖アンダーシャツ
29 long johns
長下着，防寒用下着
30 braces ((米) suspenders)
ズボンつり（サスペンダー）
31 braces clip
ズボンつり金具
32-34 men's socks
紳士用靴下

32 knee-length sock
膝下丈(ひざしたたけ)の靴下
33 elasticated top
伸縮性トップの靴下
34 long sock
長靴下
35-37 men's nightwear
紳士用夜着
35 dressing gown
部屋着，化粧着
36 pyjamas ((米) pajamas)
男子用パジャマ
37 nightshirt
夜着用シャツ，シャツ風寝巻
38-47 men's shirts
紳士用シャツ
38 casual shirt
カジュアル・シャツ
39 belt
ベルト
40 cravat
クラバット
41 tie
ネクタイ
42 knot
ネクタイの結び目
43 dress shirt
晴着用シャツ
44 frill (frill front)
フリル，ひだ飾り
45 cuff
カフス
46 cuff link
カフス・ボタン
47 bow-tie
蝶(ちょう)ネクタイ

1-67 men's fashion
紳士服のファッション

1 single-breasted suit
シングルのスーツ〈紳士用スーツ men's suit
の一種〉

2 jacket
ジャケット，上着

3 suit trousers
ズボン

4 waistcoat (vest)
チョッキ（ベスト）

5 lapel
ラベル〈襟(えり)の折返し〉

6 trouser leg with crease
ズボンの折り目

7 dinner dress
タキシード〈夜の略礼服 evening suit の一
つ〉

8 silk lapel
絹ラベル

9 breast pocket
胸ポケット

10 dress handkerchief
ポケットチーフ，装飾用ハンカチーフ

11 bow-tie
蝶（ちょう）ネクタイ

12 side pocket
上着のポケット

13 tailcoat (tails), evening dress
燕尾(えんび)服〈夜の盛装〉

14 coat-tail
燕尾

15 white waistcoat (vest)
白いチョッキ

16 white bow-tie
白い蝶ネクタイ

17 casual suit
カジュアル・スーツ

18 pocket flap
ポケットの雨ふた

19 front yoke
前面のヨーク，肩ヨーク〈横の切替え布〉

20 denim suit
デニムのスーツ

21 denim jacket
デニムのチョッキ

22 jeans (denims)
ジーンズ（デニムズ）

23 waistband
〈ズボンの〉ウエストバンド

24 beach suit
ビーチ・クロス・スーツ〈持久性の綿布〉

25 shorts
ショーツ，半ズボン

26 short-sleeved jacket
三分袖の上着

27 tracksuit
トラック・スーツ〈元来はトラック競技者の保
温用〉

28 tracksuit top with zip
チャックつきトラック・スーツ

29 tracksuit bottoms
トラック・スーツのパンツ（ズボン）

30 cardigan
カーディガン

31 knitted collar
ニットの襟

32 men's short-sleeved pullover (men's
short-sleeved sweater)
半袖(はんそで)のプルオーバー（半袖セー
ター）

33 short-sleeved shirt
半袖シャツ

34 shirt button
シャツのボタン

35 turn-up
折返し

36 knitted shirt
ニットのシャツ

37 casual shirt
カジュアル・シャツ

38 patch pocket
はりつけポケット

39 casual jacket
カジュアル・ジャケット

40 knee-breeches
半ズボン

41 knee strap
膝(ひざ)のストラップ〈柔軟な帯〉

42 knee-length sock
〈膝までの〉靴下

43 leather jacket
皮ジャケット

44 bib and brace overalls
胸当てとズボンつりつきの作業服，つなぎ

45 adjustable braces ((米) suspenders)
調節のきくズボンつり（サスペンダー）

46 front pocket
前面のポケット

47 trouser pocket
ズボンのポケット

48 fly
ズボンの前あきの比翼(ひよく)

49 rule pocket
物差し入れポケット

50 check shirt
チェックのシャツ

51 men's pullover
男子用のプルオーバー

52 heavy pullover
厚地のプルオーバー

53 knitted waistcoat (vest)
ニットのチョッキ

54 blazer
ブレザー〔・コート〕

55 jacket button
ジャケットのボタン

56 overall
仕事着，スモック

57 trenchcoat
トレンチ・コート

58 coat collar
コートの襟

59 coat belt
コートのベルト

60 poplin coat
ポプリン地のコート

61 coat pocket
コートのポケット

62 fly front
比翼

63 car coat
カー・コート

64 coat button
コートのボタン

65 scarf
スカーフ

66 cloth coat
ラシャ地のコート（外套(がいとう)）

67 glove
手袋

1-25 men's beards and hairstyles
(haircuts)
男性のひげと髪型
1 long hair worn loose
長髪
2 allonge periwig (full-bottomed wig)
アロンジュかつら, フルボトンド〈肩まで垂れ
ているかつら。他に, 短いボブかつらbob
wig, 房毛のあるトゥペtoupetなどがある〉
3 curls
カール, 巻き毛
4 bag wig (purse wig)
袋かつら
5 pigtail wig
弁髪かつら
6 queue (pigtail)
弁髪の毛
7 bow (ribbon)
蝶型(ちょうがた)リボン
8 handlebars (handlebar moustache
((米) mustache))
カイゼルひげ
9 centre ((米) center) parting
センター・パート〈中央分け〉
10 goatee (goatee beard), chintuft
山羊ひげ
11 closely-cropped head of hair (crew
cut)
角刈り, 角丸刈り, クルー・カット
12 whiskers
ほおひげ
13 Vandyke beard (stiletto beard,
bodkin beard)
ヴァンダイクひげ (短剣ひげ, 目打ちひげ)
〈ワックスをつけたひげwaxed moustache
((米) mustache)〉
14 side parting
横分け
15 full beard (circular beard, round
beard)
一面のひげ (円型ひげ, 丸型ひげ)
16 tile beard
タイルひげ, 角型ひげ
17 shadow
ごく短いひげの黒くなった部分
18 head of curly hair
縮れ毛頭, 巻き毛頭
19 military moustache ((米) mustache)
(English-style moustache)
口ひげ, 軍人口ひげ (イギリス風口ひげ)
20 partly bald head
はげかかった頭
21 bald patch
はげた部分
22 bald head
はげ頭
23 stubble beard (stubble, short beard
bristles)
短くこわいひげ〈短くそった, 短い剛毛ひげ〉
24 side-whiskers (sideboards, sideburns)
もみ上げ (短いほおひげ)
25 clean shave
きれいに剃(そ)ってある状態
26 Afro look (for men and women)
アフロ・ヘア, アフロ・カット〈男女用〉
27-38 ladies' hairstyles (coiffures,
women's and girls' hairstyles)
女性の髪型〈婦人と少女〉
27 ponytail
ポニーテール
28 swept-back hair (swept-up hair,
pinned-up hair)
後ろに結(ゆ)い上げた髪
29 bun (chignon)
まげ (シニヨン, 束髪(そくはつ))
30 plaits (bunches)
三つ編み, お下げ髪
31 chaplet hairstyle (Gretchen style)
花冠結い (グレートヘン型)
32 chaplet (coiled plaits)
頭の巻飾り輪 (お下げ巻き)
33 curled hair
巻き毛, カール
34 shingle (shingled hair, bobbed hair)
シングル・カット, 刈り上げたショート・ヘア
35 pageboy style
おかっぱ
36 fringe ((米) bangs)
[垂れ] 前髪
37 earphones
イヤフォン型耳隠し
38 earphone (coiled plait)
イヤフォン (コイル結び)

1-21 ladies' hats and caps
婦人帽
1 milliner making a hat
  婦人帽製造
2 hood
  フード，頭巾(ずきん)
3 block
  帽子の型台
4 decorative pieces
  飾り部品
5 sombrero
  ソンブレロ
6 mohair hat with feathers
  羽毛つきのモヘア帽
7 model hat with fancy appliqué
  変り型アップリケを施した見本帽
8 linen cap (jockey cap)
  リンネルの縁なし帽（ジョッキー・キャップ，騎手帽）
9 hat made of thick candlewick yarn
  太く柔かい綿糸で編んだ帽子
10 woollen ((米) woolen) hat (knitted hat)
  毛糸帽子（編物の帽子）
11 mohair hat
  モヘアの帽子
12 cloche with feathers
  羽根飾りつきクロシュ（鐘型帽）
13 large men's hat made of sisal with corded ribbon
  リボン飾りつきサイザル麻製の大きな紳士帽
14 trilby-style hat with fancy ribbon
  変り織リボンつきのフェルト製中折れ帽

15 soft felt hat
  柔かいフェルト帽
16 Panama hat with scarf
  スカーフつきパナマ帽
17 peaked mink cap
  まびさしのあるミンク帽
18 mink hat
  ミンク帽
19 fox hat with leather top
  山部がキツネ革の毛皮帽
20 mink cap
  ミンク帽
21 slouch hat trimmed with flowers
  花飾りのある柔かい縁のソフト帽，ラウチ・ハット

22-40 men's hats and caps
　紳士帽
22 trilby hat (trilby)
　フェルト製のソフト帽 (トリルビー)
23 loden hat (Alpine hat)
　ローデン帽 (登山用ソフト帽)
24 felt hat with tassels (Tyrolean hat,
　Tyrolese hat)
　房飾りのあるフェルト帽 (チロリアン・ハット)
25 corduroy cap
　コールテンの縁なし帽
26 woollen ((米) woolen) hat
　毛糸帽
27 beret
　ベレー帽
28 bowler hat
　山高帽
29 peaked cap (yachting cap)
　まびさしつきの縁なし帽 (船員帽)
30 sou'wester (southwester)
　防風雨帽
31 fox cap with earflaps
　耳覆いつきのキツネの毛皮帽
32 leather cap with fur flaps
　毛皮の垂れぶたつき皮の帽子
33 musquash cap
　マスクラット (ビーバー)毛皮の縁なし帽
34 astrakhan cap
　アストラカンの縁なし帽, コザック帽
35 boater
　カンカン帽, ストロー・ハット
36 (grey ((米) gray) or black) top hat
　made of silk taffeta
　〈グレイや黒の〉絹タフタ製シルク・ハット〈ク

ラシュ帽 crush hat やオペラ・ハット opera
hat, クラク帽 claque もある〉
37 sun hat (lightweight hat) made of
　cloth with small patch pocket
　日よけ帽〈はりつけポケットつき, 布製の軽
　い帽子〉
38 wide-brimmed hat
　つば広帽
39 toboggan cap (skiing cap, ski cap)
　トボガン帽 (スキー帽)
40 workman's cap
　作業用の縁なし帽

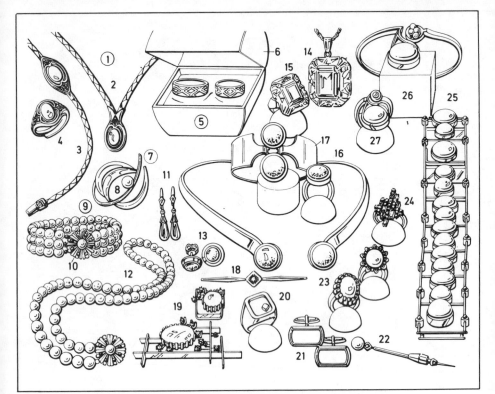

1 set of jewellery (《米》 jewelry)
　装身具一式
2 necklace
　ネックレス
3 bracelet
　ブレスレット，腕輪
4 ring
　指輪
5 wedding rings
　結婚指輪
6 wedding ring box
　結婚指輪の箱
7 brooch
　ブローチ〈ここでは，真珠のブローチ pearl brooch〉
8 pearl
　真珠
9 cultured pearl bracelet
　養殖真珠の腕輪
10 clasp
　留め金〈ここでは，ホワイト・ゴールドの留め金 white gold clasp〉
11 pendant earrings (drop earrings)
　ペンダント・イヤリング，ドロップ・イヤリング
12 cultured pearl necklace
　養殖真珠のネックレス
13 earrings
　イヤリング
14 gemstone pendant
　宝石ペンダント
15 gemstone ring
　宝石指輪
16 choker (collar, neckband)
　チョーカー（首輪，ネックバンド）

17 bangle
　バングル，飾り輪〈留め金なしの腕輪やくるぶし飾り〉
18 diamond pin
　ダイヤモンド・ピン
19 modern-style brooches
　新型のブローチ
20 man's ring
　男性用指輪
21 cuff links
　カフス・リング，カフス・ボタン
22 tiepin
　ネクタイピン
23 diamond ring with pearl
　真珠つきのダイヤモンド指輪
24 modern-style diamond ring
　新式ダイヤモンド指輪
25 gemstone bracelet
　宝石腕輪
26 asymmetrical bangle
　非対称型デザインの飾り輪
27 asymmetrical ring
　非対称型デザインの指輪
28 ivory necklace
　象牙（ぞうげ）のネックレス
29 ivory rose
　象牙のローズ・カット
30 ivory brooch
　象牙のブローチ
31 jewel box (jewel case)
　宝石箱（宝石入れ）
32 pearl necklace
　真珠のネックレス

33 bracelet watch
　腕時計
34 coral necklace
　さんごのネックレス
35 charms
　〈ネックレスなどにつける〉小さい飾り物
36 coin bracelet
　コイン・ブレスレット
37 gold coin
　金貨
38 coin setting
　コイン台
39 link
　〈鎖の〉環（かん），輪
40 signet ring
　印章指輪
41 engraving (monogram)
　彫刻（モノグラム，組合せ文字）
42-86 cuts and forms
　カットと結晶形
42-71 faceted stones
　切り子面宝石
42-43 standard round cut
　標準円形カット
44 brilliant cut
　ブリリアント・カット
45 rose cut
　ローズ・カット
46 flat table
　〈ダイヤモンドの平らな小面のある〉フラット・テーブル・カット
47 table en cabochon
　カボション風のテーブル・カット

84

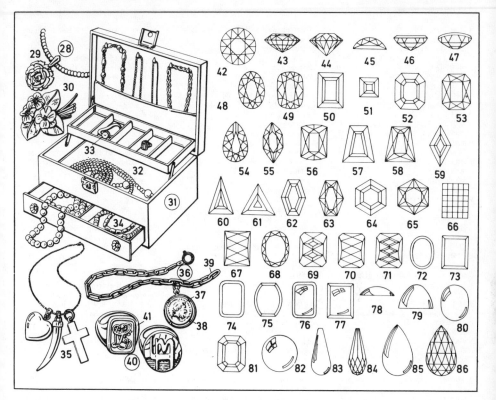

48 standard cut
標準カット
49 standard antique cut
標準アンティック・カット
50 rectangular step-cut
方形ステップ・カット〈はしご形の角型〉
51 square step-cut
正方形ステップ・カット
52 octagonal step-cut
八角形ステップ・カット
53 octagonal cross-cut
八角形クロス・カット
54 standard pear-shape (pendeloque)
標準の西洋ナシ型ペンデローク
55 marquise (navette)
マーキーズ型〈縁が舟型にカットされた宝石，
ナベット・カット〉
56 standard barrel-shape
標準のたる型
57 trapezium step-cut
はしご型のステップ・カット
58 trapezium cross-cut
はしご型のクロス・カット
59 rhombus step-cut
ロンバス・ステップ・カット，ひし型ステップ・
カット
60-61 triangular step-cut
トライアングル・カット，三角形ステップ・カッ
ト
62 hexagonal step-cut
ヘキサゴン・カット，六角形ステップ・カット
63 oval hexagonal cross-cut
卵形六角形クロス・カット

64 round hexagonal step-cut
円形六角形ステップ・カット
65 round hexagonal cross-cut
円形六角形クロス・カット
66 chequer-board cut
チェッカー盤カット
67 triangle cut
三角カット
68-71 fancy cuts
ファンシー・カット，装飾カット
72-77 ring gemstones
指輪用宝石
72 oval flat table
卵形フラット・テーブル型
73 rectangular flat table
直角フラット・テーブル型
74 octagonal flat table
八角形フラット・テーブル型
75 barrel-shape
たる型
76 antique table en cabochon
古風なカボション・テーブル型
77 rectangular table en cabochon
長四角のカボション・テーブル型
78-81 cabochons
カボション型宝石
78 round cabochon (simple cabochon)
丸いカボション型〈シンプルカボション型〉
79 high dome (high cabochon)
高ドーム〈高いカボション〉
80 oval cabochon
卵形カボション型
81 octagonal cabochon
八角形カボション型

82-86 spheres and pear-shapes
スフェアー(球)型と西洋ナシ型
82 plain sphere
無装飾球型
83 plain pear-shape
無装飾西洋ナシ型
84 faceted pear-shape
面のある西洋ナシ型
85 plain drop
無装飾ドロップ(水滴)型
86 faceted briolette
面のあるブリオレット型〈全表面が三角形の
ファセット，つまり研磨された小平面からな
る石〉

1-53 detached house
一戸建て住宅

1 basement
地階

2 ground floor ((米) first floor)
1階

3 upper floor (first floor, (米) second floor)
上階（2階）

4 loft
屋根裏部屋

5 roof
屋根〈ここでは，切妻屋根 gable roof (saddle roof, saddleback roof)〉

6 gutter
雨どい

7 ridge
大棟（おおむね）

8 verge with bargeboards
破風（はふ）板

9 eaves, rafter-supported eaves
軒蛇腹（のきじゃばら）

10 chimney
煙突

11 gutter
軒どい

12 swan's neck (swan-neck)
呼びどい

13 rainwater pipe (downpipe ((米) downspout) leader)
縦どい

14 vertical pipe
養生管〈鋳鉄製の管 cast-iron pipe〉

15 gable (gable end)
切妻（切妻壁）

16 glass wall
風よけ壁

17 base course (plinth)
基礎

18 balcony
バルコニー

19 parapet
手すり

20 flower box
花台

21 French window (French windows) opening on to the balcony
フランス窓

22 double casement window
両開き窓

23 single casement window
片開き窓

24 window breast with window sill
窓台

25 lintel (window head)
窓のまぐさ

26 reveal
窓枠

27 cellar window (basement window)
明り取り〈地下室の〉

28 rolling shutter
スライディング・シャッター

29 rolling shutter frame
ガイド・レール

30 window shutter (folding shutter)
よろい戸，ウィンドー・シャッター

31 shutter catch
あおり留め

32 garage with tool shed
道具置場つきのガレージ

33 espalier
格子垣

34 batten door (ledged door)
板戸

35 fanlight with mullion and transom
十字桟つき欄間（らんかん）

36 terrace
テラス

37 garden wall with coping stones
笠石つきの庭石塀

38 garden light
庭園灯

39 steps
階段

40 rockery (rock garden)
ロック・ガーデン，岩石庭圏

41 outside tap ((米) faucet) for the hose
散水栓

42 garden hose
散水ホース

43 lawn sprinkler
ローン・スプリンクラー

44 paddling pool
水遊び用の池

45 stepping stones
飛び石，踏み石

46 sunbathing area (lawn)
休息(日光浴)用の芝生

47 deck chair
デッキ・チェア

48 sunshade (garden parasol)
日がさ（ガーデン・パラソル）

49 garden chair
庭いす

50 garden table
庭テーブル

51 frame for beating carpets
じゅうたん叩き用さお

52 garage driveway
ガレージへの乗入れ口

53 fence
囲い垣〈木柵（もくさく）wooden fence の一つ〉

54-57 housing estate (housing development)
新興建売住宅地

54 house on a housing estate (on a housing development)
住宅地住宅

55 pent roof (penthouse roof)
差掛け屋根

56 dormer (dormer window)
屋根窓

57 garden
裏庭

58-63 terraced house [one of a row of terraced houses], **stepped**
〈段状に配置された〉梯列（ていれつ）式長屋（長屋建て）

58 front garden
前庭

59 hedge
生垣

60 pavement ((米) sidewalk, walkway)
歩道

61 street (road)
道路

62 street lamp (street light)
街灯

63 litter bin ((米) litter basket)
くず物入れ

64-68 house divided into two flats ((米) house divided into two apartments, duplex house)
2家族住宅

64 hip (hipped) roof
寄せ棟屋根

65 front door
玄関扉

66 front steps
ドア・ステップ

67 canopy
玄関ひさし

68 flower window (window for house plants)
植物または花用窓

69-71 pair of semi-detached houses divided into flour flats ((米) apartments)
4家族住宅

69 balcony
バルコニー

70 sun lounge ((米) sun parlor)
サン・ルーム

71 awning (sun blind. sunshade)
日よけ

72-76 block of flats ((米) apartment building, apartment house) with access balconies
廊下式共同住宅

72 staircase
階段室

73 balcony
廊下，通廊

74 studio flat ((米) studio apartment)
1部屋形式のアパート

75 sun roof
サン・ルーフ〈テラス sun terrace の一つ〉

76 open space
〔庭園〕緑地

77-81 multi-storey block of flats ((米) multistory apartment building, multistory apartment house)
高層式アパート〔建物〕

77 flat roof
ろく(陸)屋根

78 pent roof (shed roof, lean-to roof)
片流れ屋根

79 garage
ガレージ

80 pergola
パーゴラ，ツル棚

81 staircase window
階段室窓

82 high-rise block of flats ((米) high-rise apartment building, high rise apartment house)
高層建築物

83 penthouse
塔屋

84-86 weekend house
別荘〈ここでは，木造の家 timber house〉

84 horizontal boarding
下見板

85 natural stone base course (natural stone plinth)
自然石の基礎

86 strip windows (ribbon windows)
連窓

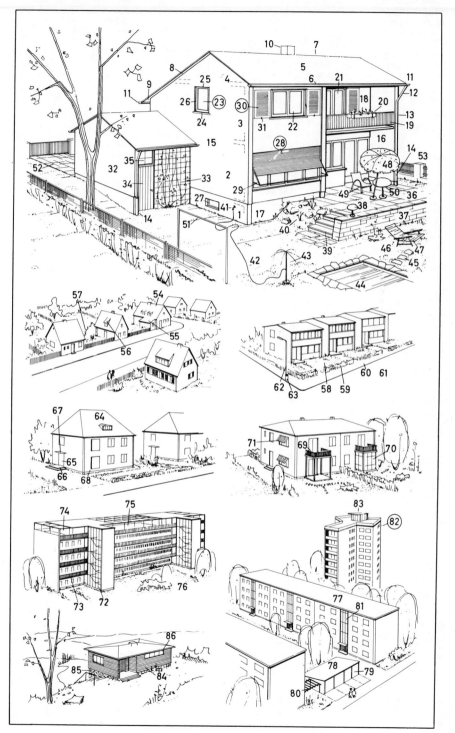

1-29 attic
屋階, 屋根裏部屋

1 roof cladding (roof covering)
屋根

2 skylight
天窓

3 gangway
歩み板

4 cat ladder (roof ladder)
屋根ばしご

5 chimney
煙突

6 roof hook
屋根かぎ, フック

7 dormer window (dormer)
屋根窓

8 snow guard (roof guard)
雪止め格子

9 gutter
軒どい

10 rainwater pipe (downpipe ((米))
downspout, leader))
縦どい

11 eaves
軒蛇腹(のきじゃばら)

12 pitched roof
屋根裏

13 trapdoor
落し戸

14 hatch
屋根窓, ハッチ

15 ladder
はしご

16 stile
横木

17 rung
踏み子

18 loft (attic)
屋根裏〔部屋〕

19 wooden partition
板壁

20 lumber room door (boxroom door)
屋階戸

21 padlock
ナンキン錠

22 hook [for washing line]
フック〔干し物用ロープの〕

23 clothes line (washing line)
干し物用ロープ

24 expansion tank for boiler
暖房用膨張タンク

25 wooden steps and balustrade
木の階段と手すり

26 string ((米)) stringer)
横梁(よこはり)

27 step
段板(だんいた)

28 handrail (guard rail)
手すりのかさ木

29 baluster
バラスター〈手すりを支える小柱〉

30 lightning conductor (lightning rod)
避雷針

31 **chimney sweep** ((米)) chimney
sweeper)
煙突掃除夫

32 brush with weight
おもりつきブラシ

33 shoulder iron
肩当て

34 sack for soot
すす袋

35 flue brush
煙突ブラシ

36 broom (besom)
掃除用ほうき

37 broomstick (broom handle)
ほうきの柄(え)

38-81 **hot-water heating system, full
central heating**
温水暖房装置, セントラル・ヒーティング

38-43 **boiler room**
ボイラー室

38 coke-fired central heating system
コークス炉(ろ)

39 ash box door ((米)) cleanout door)
灰取出し口

40 flueblock
吸気孔

41 poker
火かき

42 rake
灰出し

43 coal shovel
石炭シャベル

44-60 **oil-fired central heating system**
重油暖房装置

44 oil tank
オイル・タンク

45 manhole
マンホール

46 manhole cover
マンホール・カバー

47 tank inlet
給油孔

48 dome cover
ドム・カバー

49 tank bottom valve
フート・バルブ

50 fuel oil (heating oil)
燃料油

51 air-bleed duct
ベント・パイプ, 通気管

52 air vent cap
排気口のキャップ

53 oil level pipe
油量計パイプ

54 oil gauge ((米)) gage)
油量計

55 suction pipe
吸込み管

56 return pipe
リターン・パイプ, 帰り管

57 central heating furnace (oil heating
furnace)
セントラル・ヒーティング炉

58-60 **oil burner**
オイル・バーナー

58 fan
送風機

59 electric motor
モーター

60 covered pilot light
点火用補助バーナー

61 charging door
供給口

62 inspection window
のぞき窓

63 water gauge ((米)) gage)
水圧計

64 furnace thermometer
炉内温度計

65 bleeder
排水弁

66 furnace bed
炉台

67 control panel
制御盤

68 hot water tank (boiler)
温水タンク (温水ボイラー)

69 overflow pipe (overflow)
オーバーフロー・パイプ

70 safety valve
安全弁

71 main distribution pipe
主給湯管

72 lagging
ラギング, 断熱材

73 valve
バルブ

74 flow pipe
流れ管

75 regulating valve
調整弁

76 radiator
ラジエーター, 放熱器

77 radiator rib
ラジエーター・リブ

78 room thermostat
ルーム・サーモスタット

79 return pipe (return)
リターン・パイプ, 帰り管 [1次]

80 return pipe [in two-pipe system]
リターン・パイプ, 帰り管 [2次]

81 smoke outlet (smoke extract)
煙道

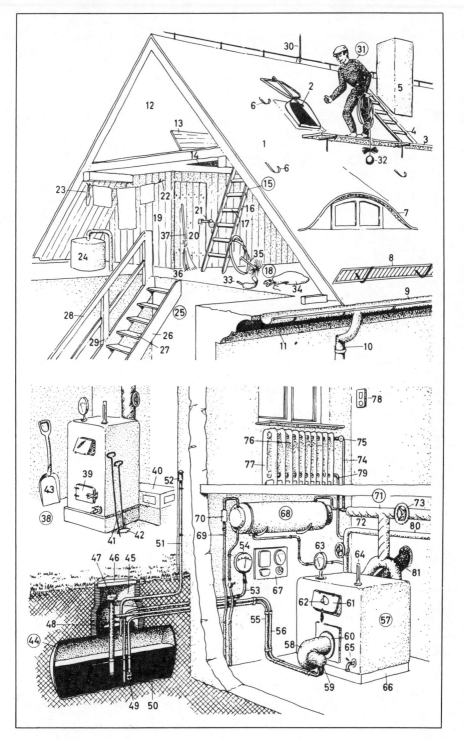

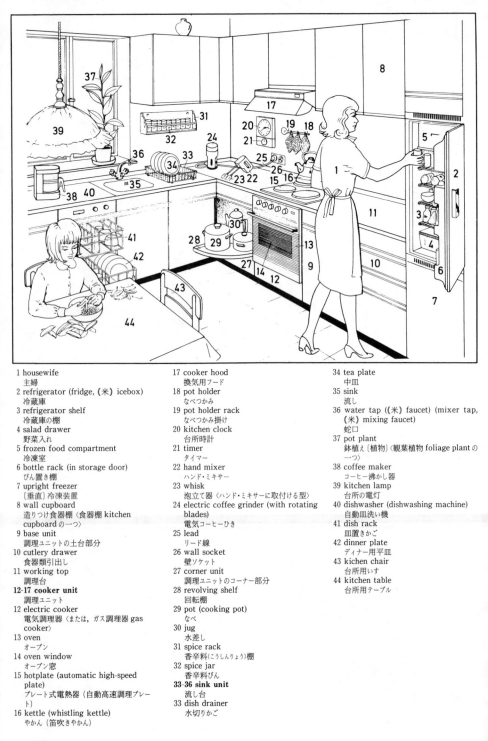

1 housewife
主婦
2 refrigerator (fridge, (米) icebox)
冷蔵庫
3 refrigerator shelf
冷蔵庫の棚
4 salad drawer
野菜入れ
5 frozen food compartment
冷凍室
6 bottle rack (in storage door)
びん置き棚
7 upright freezer
〔垂直〕冷凍装置
8 wall cupboard
造りつけ食器棚〈食器棚 kitchen
cupboard の一つ〉
9 base unit
調理ユニットの土台部分
10 cutlery drawer
食器類引出し
11 working top
調理台
12-17 cooker unit
調理ユニット
12 electric cooker
電気調理器〈または, ガス調理器 gas
cooker〉
13 oven
オーブン
14 oven window
オーブン窓
15 hotplate (automatic high-speed
plate)
プレート式電熱器〈自動高速調理プレー
ト〉
16 kettle (whistling kettle)
やかん (笛吹きやかん)

17 cooker hood
換気用フード
18 pot holder
なべつかみ
19 pot holder rack
なべつかみ掛け
20 kitchen clock
台所時計
21 timer
タイマー
22 hand mixer
ハンド・ミキサー
23 whisk
泡立て器〈ハンド・ミキサーに取付ける型〉
24 electric coffee grinder (with rotating
blades)
電気コーヒーひき
25 lead
リード線
26 wall socket
壁ソケット
27 corner unit
調理ユニットのコーナー部分
28 revolving shelf
回転棚
29 pot (cooking pot)
なべ
30 jug
水差し
31 spice rack
香辛料(こうしんりょう)棚
32 spice jar
香辛料びん
33-36 sink unit
流し台
33 dish drainer
水切りかご

34 tea plate
中皿
35 sink
流し
36 water tap ((米) faucet) (mixer tap,
(米) mixing faucet)
蛇口
37 pot plant
鉢植え〔植物〕〈観葉植物 foliage plant の
一つ〉
38 coffee maker
コーヒー沸かし器
39 kitchen lamp
台所の電灯
40 dishwasher (dishwashing machine)
自動皿洗い機
41 dish rack
皿置きかご
42 dinner plate
ディナー用平皿
43 kichen chair
台所用いす
44 kitchen table
台所用テーブル

1 general-purpose roll holder with
  kitchen roll (paper towels)
  キッチン・タオル (ペーパー・タオル) と台所用
  多目的ホルダー
2 set of wooden spoons
  木製スプーン・セット
3 mixing spoon
  ミキシング・スプーン
4 frying pan
  フライ・パン
5 thermos jug
  魔法びん
6 set of bowls
  ボールのセット
7 cheese dish with glass cover
  ガラスぶたつきのチーズ皿
8 three-compartment dish
  3つの入れのある皿
9 lemon squeezer
  レモンしぼり器
10 whistling kettle
  笛吹きやかん
11 whistle
  笛
12-16 pan set
  なべ類
12 pot (cooking pot)
  ポット, 深なべ
13 lid
  ふた
14 casserole dish
  むし焼きなべ, カセロールなべ
15 milk pot
  ミルク・ポット
16 saucepan
  シチューなべ
17 immersion heater
  電熱湯わかし〈直接水中につける〉

18 corkscrew [with levers]
  コルク栓抜き [レバーのついた]
19 juice extractor
  ジュースしぼり器
20 tube clamp (tube clip)
  チューブ締め金 (チューブ・クリップ)
21 pressure cooker
  圧力がま
22 pressure valve
  圧力弁
23 fruit preserver
  フルーツ・プリザーバー〈果物砂糖づけ器〉
24 removable rack
  盆(ぼん)
25 preserving jar
  砂糖づけ保存びん
26 rubber ring
  びん詰め用ゴム輪
27 spring form
  スプリング・クリップつきのケーキ型〈丸型〉
28 cake tin
  ケーキ型〈角型〉
29 cake tin
  ケーキ型〈丸型〉
30 toaster
  トースター
31 rack for rolls
  ロール・パン焼き台
32 rotisserie
  回転肉焼き器
33 spit
  焼きぐし
34 electric waffle iron
  電気ワッフル焼き器
35 sliding-weight scales
  スライディング式はかり
36 sliding weight
  スライディングおもり

37 scale pan
  てんびんの皿
38 food slicer
  食品スライサー
39 mincer ((米) meat chopper)
  肉ひき器
40 blades
  肉ひき器取付け刃
41 chip pan
  チップ・パン
42 basket
  かご
43 potato chipper
  フレンチフライ用ジャガイモ切り器
44 yoghurt maker
  家庭用ヨーグルト製造器
45 mixer
  自動泡立て器
46 blender
  ミキサー
47 bag sealer
  ビニール袋密封器

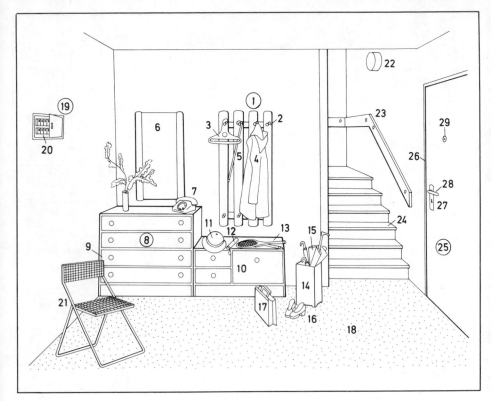

1-29 **hall** (entrance hall)
　入口の広間
1 coat rack
　コート掛け
2 coat hook
　フック
3 coat hanger
　洋服掛け
4 rain cape
　レインコート
5 walking stick
　ステッキ
6 hall mirror
　鏡
7 telehone
　電話機
8 chest of drawers for shoes, etc.
　靴などを入れる引出し
9 drawer
　引出し
10 seat
　腰掛け
11 ladies' hat
　女性の帽子
12 telescopic umbrella
　折りたたみ式かさ
13 tennis rackets (tennis racquets)
　ラケット（テニス・ラケット）
14 umbrella stand
　かさ立て
15 umbrella
　かさ
16 shoes
　靴

17 briefcase
　ブリーフケース，書類カバン
18 fitted carpet
　敷つめ式じゅうたん，カーペット
19 fuse box
　ヒューズ・ボックス
20 miniature circuit breaker
　小型遮断機
21 tubular steel chair
　スチールパイプのいす
22 stair light
　階段の電灯
23 handrail
　手すり
24 step
　踏み段
25 front door
　表ドア，正面玄関
26 door frame
　戸枠
27 door lock
　ドアの錠（じょう）
28 door handle
　ドアの取っ手
29 spyhole
　拡大透視鏡

1 wall units
　造りつけの棚ユニット
2 side wall
　側面壁
3 bookshelf
　本棚
4 row of books
　本の列
5 display cabinet unit
　飾り棚ユニット
6 cupboard base unit
　底部戸棚ユニット
7 cupboard unit ·
　戸棚ユニット ·
8 television set (TV set)
　テレビ受像機
9 stereo system (stereo equipment)
　ステレオ
10 speaker (loudspeaker)
　スピーカー
11 pipe rack
　パイプ・ラック
12 pipe
　パイプ
13 globe
　地球儀
14 brass kettle
　真鍮(しんちゅう)なべ
15 telescope
　望遠鏡
16 mantle clock
　炉前飾り時計
17 bust
　胸像

18 encyclopaedia [in several volumes]
　百科事典［数巻からなる］
19 room divider
　間仕切り家具
20 drinks cupboard
　酒類戸棚
21-26 **upholstered suite** (seating group)
　居間用いす類一式
21 armchair
　肘(ひじ)掛けいす
22 arm
　肘掛け
23 seat cushion (cushion)
　シート・クッション
24 settee
　長いす
25 back cushion
　バック・クッション
26 [round] corner section
　〔ラウンド〕コーナー・セクション
27 scatter cushion
　クッション
28 coffee table
　コーヒー・テーブル
29 ashtray
　灰皿
30 tray
　盆(ぼん)、トレイ
31 whisky (whiskey) bottle
　ウイスキーのびん
32 soda water bottle (soda bottle)
　ソーダ水のびん
33-34 **dining set**
　ダイニング・セット

33 dining table
　食卓
34 chair
　いす
35 net curtain
　網カーテン
36 indoor plants (houseplants)
　室内用鉢植えの植木

1 wardrobe ((米) clothes clost)
衣装戸棚
2 linen shelf
下着類を入れる棚
3 cane chair
籐(とう)いす
4-13 double bed
ダブル・ベッド〈同種のものに、2人用ソファ
double divan がある〉
4-6 bedstead
寝台の骨組み
4 foot of the bed
寝台の足板部分
5 bed frame
ベッド枠
6 headboard
ベッドの頭板
7 bedspread
ベッドの上掛け
8 duvet
掛けぶとん〈ここでは、綿(羽根)ぶとん
quilted duvet〉
9 sheet
敷布、シーツ〈ここでは、リンネル・シーツ
linen sheet〉
10 mattress
マットレス〈綾(あや)織り木綿カバーつきゴム
製マットレス foam mattress with drill
tick〉
11 [wedge-shaped] bolster
〔くさび形〕長枕(まくら)
12-13 pillow
枕

12 pillowcase (pillowslip)
枕カバー
13 tick
枕地
14 bookshelf [attached to the
headboard]
本棚 [頭板に取付けられた]
15 reading lamp
読書用明り
16 electric alarm clock
電気目覚し時計
17 bedside cabinet
寝台のわき戸棚
18 drawer
引出し
19 bedroom lamp
寝室用電灯
20 picture
絵画
21 picture frame
額縁
22 bedside rug
寝台のわき敷物
23 fitted carpet
敷つめ式カーペット
24 dressing stool
化粧用腰掛け
25 dressing table
化粧台
26 perfume spray
香水スプレー
27 perfume bottle
香水びん

28 powder box
粉おしろい
29 dressing-table mirror (mirror)
化粧台鏡

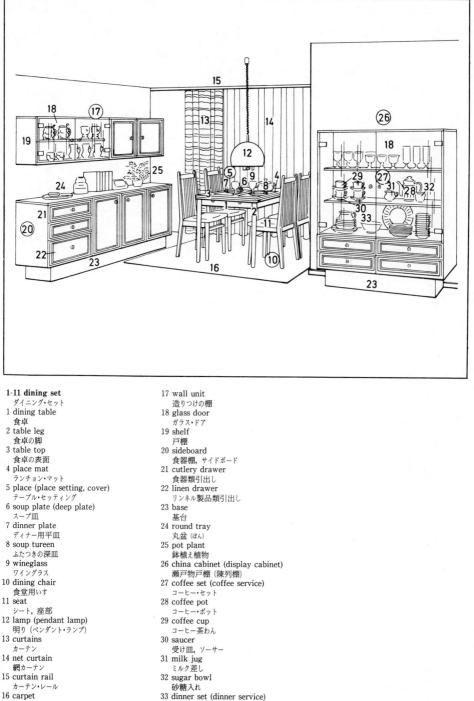

1-11 dining set
ダイニング・セット

1 dining table
食卓

2 table leg
食卓の脚

3 table top
食卓の表面

4 place mat
ランチョン・マット

5 place (place setting, cover)
テーブル・セッティング

6 soup plate (deep plate)
スープ皿

7 dinner plate
ディナー用平皿

8 soup tureen
ふたつきの深皿

9 wineglass
ワイングラス

10 dining chair
食堂用いす

11 seat
シート, 座部

12 lamp (pendant lamp)
明り (ペンダント・ランプ)

13 curtains
カーテン

14 net curtain
網カーテン

15 curtain rail
カーテン・レール

16 carpet
カーペット

17 wall unit
造りつけの棚

18 glass door
ガラス・ドア

19 shelf
戸棚

20 sideboard
食器棚, サイドボード

21 cutlery drawer
食器類引出し

22 linen drawer
リンネル製品類引出し

23 base
基台

24 round tray
丸盆 (ぼん)

25 pot plant
鉢植え植物

26 china cabinet (display cabinet)
瀬戸物戸棚 (陳列棚)

27 coffee set (coffee service)
コーヒー・セット

28 coffee pot
コーヒー・ポット

29 coffee cup
コーヒー茶わん

30 saucer
受け皿, ソーサー

31 milk jug
ミルク差し

32 sugar bowl
砂糖入れ

33 dinner set (dinner service)
ディナー・セット

1 dining table
食卓

2 tablecloth
テーブル・クロス〈ダマスク織りのクロス
damask cloth の一種〉

3-12 place (place setting, cover)
〈1人分、ひとそろいの〉食器類

3 bottom plate
受け皿、敷き皿

4 dinner plate
平皿

5 deep plate (soup plate)
スープ皿

6 dessert plate (dessert bowl)
デザート用小皿

7 knife and fork
ナイフとフォーク

8 fish knife and fork
魚用ナイフとフォーク

9 serviette (napkin, table napkin)
ナプキン

10 serviette ring (napkin ring)
ナプキン・リング

11 knife rest
ナイフ架、ナイフ置き

12 wineglasses
ワイングラス

13 place card
座席カード

14 soup ladle
スープ用取り分けさじ

15 soup tureen (tureen)
スープ鉢

16 candelabra
食卓用燭台(しょくだい)

17 sauceboat (gravy boat)
ソース入れ

18 sauce ladle (gravy ladle)
ソース・スプーン

19 table decoration
食卓用飾り

20 bread basket
パンかご

21 roll
ロール・パン

22 slice of bread
パン片

23 salad bowl
サラダ・ボール

24 salad servers
サラダ取り分け用のスプーンとフォーク

25 vegetable dish
野菜用ボール

26 meat plate ((米) meat platter)
焼肉皿

27 roast meat (roast)
焼肉(ロースト)

28 fruit bowl
コンポット(砂糖煮果実)用のボール

29 fruit dish
コンポット(砂糖煮果実)用の皿

30 fruit (stewed fruit)
コンポット、砂糖煮果実

31 potato dish
ジャガイモ用ボール

32 serving trolley
ワゴン

33 vegetable plate ((米) vegetable
platter)
野菜盛合せ

34 toast
トースト

35 cheeseboard
チーズ盛合せ

36 butter dish
バター入れ

37 open sandwich
オープン・サンドウィッチ

38 filling
〈薄切り冷肉などの〉サンドウィッチの具

39 sandwich
サンドウィッチ

40 fruit bowl
果物盛合せ

41 almonds
アーモンド〈ほかに、揚げポテト potato
crisps、ピーナッツ peanuts など〉

42 oil and vinegar bottle
酢(す)と油のびん

43 ketchup (catchup, catsup)
ケチャップ

44 sideboard
食器戸棚、サイドボード

45 electric hotplate
電気保温器

46 corkscrew
コルク抜き

47 crown cork bottle-opener (crown
cork opener)
栓抜き〈ふつうは、bottle-opener〉

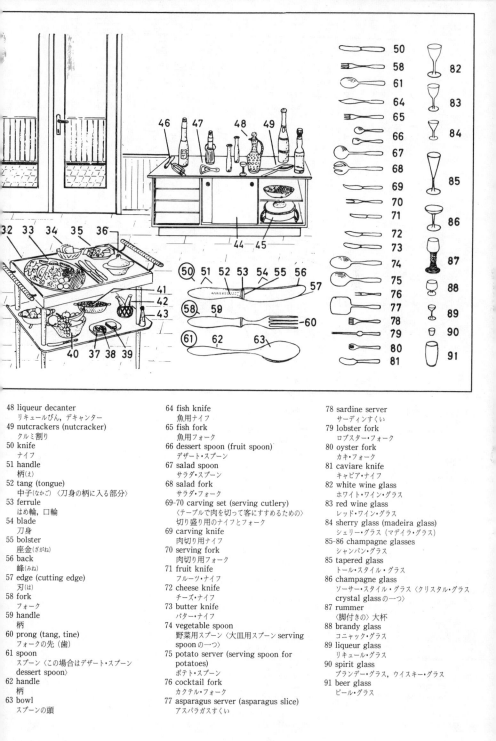

48 liqueur decanter
   リキュールびん，デキャンター
49 nutcrackers (nutcracker)
   クルミ割り
50 knife
   ナイフ
51 handle
   柄（え）
52 tang (tongue)
   中子（なかご）〈刀身の柄に入る部分〉
53 ferrule
   はめ輪，口輪
54 blade
   刀身
55 bolster
   座金（ざがね）
56 back
   峰（みね）
57 edge (cutting edge)
   刃（は）
58 fork
   フォーク
59 handle
   柄
60 prong (tang, tine)
   フォークの先（歯）
61 spoon
   スプーン〈この場合はデザート・スプーン
   dessert spoon〉
62 handle
   柄
63 bowl
   スプーンの頭

64 fish knife
   魚用ナイフ
65 fish fork
   魚用フォーク
66 dessert spoon (fruit spoon)
   デザート・スプーン
67 salad spoon
   サラダ・スプーン
68 salad fork
   サラダ・フォーク
69-70 carving set (serving cutlery)
   〈テーブルで肉を切って客にすすめるための〉
   切り盛り用のナイフとフォーク
69 carving knife
   肉切り用ナイフ
70 serving fork
   肉切り用フォーク
71 fruit knife
   フルーツ・ナイフ
72 cheese knife
   チーズ・ナイフ
73 butter knife
   バター・ナイフ
74 vegetable spoon
   野菜用スプーン〈大皿用スプーン serving
   spoon の一つ〉
75 potato server (serving spoon for
   potatoes)
   ポテト・スプーン
76 cocktail fork
   カクテル・フォーク
77 asparagus server (asparagus slice)
   アスパラガスすくい

78 sardine server
   サーディンすくい
79 lobster fork
   ロブスター・フォーク
80 oyster fork
   カキ・フォーク
81 caviare knife
   キャビア・ナイフ
82 white wine glass
   ホワイト・ワイン・グラス
83 red wine glass
   レッド・ワイン・グラス
84 sherry glass (madeira glass)
   シェリー・グラス（マデイラ・グラス）
85-86 champagne glasses
   シャンパン・グラス
85 tapered glass
   トール・スタイル・グラス
86 champagne glass
   ソーサー・スタイル・グラス〈クリスタル・グラス
   crystal glass の一つ〉
87 rummer
   〈脚付きの〉大杯
88 brandy glass
   コニャック・グラス
89 liqueur glass
   リキュール・グラス
90 spirit glass
   ブランデー・グラス，ウイスキー・グラス
91 beer glass
   ビール・グラス

1 wall units (shelf units)
　壁面の造りつけ
2 wardrobe door ((米) clothes closet
　door)
　衣装戸棚の戸
3 body
　〈衣装戸棚の〉本体
4 side wall
　側面壁
5 trim
　トリム〈縁どり〉
6 two-door cupboard unit
　食器戸棚
7 bookshelf unit (bookcase unit) [with
　glass door]
　本棚［ガラス戸のついたもの］
8 books
　本
9 display cabinet
　陳列棚
10 card index boxes
　カード索引箱
11 drawer
　引出し
12 decorative biscuit tin
　装飾用のプラスチック容器
13 soft toy animal
　おもちゃの動物
14 television set (TV set)
　テレビ受像機
15 records (discs)
　レコード
16 bed unit
　ベッド

17 scatter cushion
　クッション
18 bed unit drawer
　ベッド引出し
19 bed unit shelf
　ベッド棚
20 magazines
　雑誌
21 desk unit (writing unit)
　デスク・ユニット
22 desk
　机
23 desk mat (blotter)
　デスク・マット
24 table lamp
　卓上電気スタンド
25 wastepaper basket
　紙くずかご
26 desk drawer
　机の引出し
27 desk chair
　いす
28 arm
　肘 (ひじ) 掛け
29 kitchen unit
　キッチン, 炊事場
30 wall cupboard
　食器棚
31 cooker hood
　換気フード
32 electric cooker
　電気調理器
33 refrigerator (fridge, (米) icebox)
　冷蔵庫

34 dining table
　食卓
35 table runner
　テーブル・センター
36 oriental carpet
　オリエンタル・カーペット
37 standard lamp
　電灯

1 children's bed,
　小児用ベッド〈ここでは，2段ベッド bunk-
　bed〉
2 storage box
　保管箱
3 mattress
　マットレス
4 pillow
　枕(まくら)
5 ladder
　はしご
6 soft toy elephant
　ぬいぐるみのゾウ〈おもちゃの動物 cuddly
　toy animal〉
7 soft toy dog
　ぬいぐるみのイヌ
8 cushion
　クッション
9 fashion doll
　ファッション人形
10 doll's pram
　人形の手押し車
11 sleeping doll
　眠り人形
12 canopy
　天蓋(てんがい)形のひさし
13 blackboard
　黒板
14 counting beads
　計算ビーズ
15 toy horse for rocking and pulling
　おもちゃのウマ
16 rockers
　揺り子

17 children's book
　子供の本
18 compendium of games
　ゲーム類一式
19 ludo
　ルードー
20 chessboard
　チェス盤
21 children's cupboard
　子供の戸棚
22 linen drawer
　リンネル製品(下着類)を入れる引出し
23 drop-flap writing surface
　折りたたみ式書き物板
24 notebook (exercise book)
　ノート
25 school books
　教科書
26 pencil
　鉛筆〈または，クレヨン crayon，フェルト・
　ペン felt tip pen，ボールペン ballpoint
　pen など〉
27 toy shop
　お店ごっこ用玩具(がんぐ)
28 counter
　カウンター
29 spice rack
　香味料棚
30 display
　陳列
31 assortment of sweets ((米)) candies)
　〈各種の〉お菓子盛合せ
32 bag of sweets ((米)) candies)
　お菓子袋

33 scales
　はかり
34 cash register
　金銭登録器，レジスター
35 toy telephone
　おもちゃの電話器
36 shop shelves (goods shelves)
　店の棚
37 wooden train set
　木製の汽車セット
38 dump truck
　おもちゃのダンプ・トラック〈おもちゃのトラッ
　ク toy lorry (toy truck)の一つ〉
39 tower crane
　タワー・クレイン
40 concrete mixer
　コンクリート・ミキサー
41 large soft toy dog
　おもちゃのイヌ
42 dice cup
　ダイス・カップ

1-20 pre-school education (nursery education)
未就学児教育

1 nursery teacher
保母

2 nursery child
◆ 子供

3 handicraft
手工品

4 glue
接着剤

5 watercolour (((米)) watercolor) painting
水彩画

6 paintbox
絵の具箱

7 paintbrush
絵筆

8 glass of water
水入れグラス

9 jigsaw puzzle (puzzle)
ジグソー・パズル（切抜きはめ絵）〈パズル puzzle の一つ〉

10 jigsaw puzzle piece
ジグソー・パズル片

11 coloured (((米)) colored) pencils (wax crayons)
色鉛筆

12 modelling (((米)) modeling) clay (plasticine)
模型製作用粘土(ねんど)

13 clay figures (plasticine figures)
粘土模型

14 modelling (((米)) modeling) board
こね板〈粘土細工用の台板〉

15 chalk (blackboard chalk)
チョーク

16 blackboard
黒板

17 counting blocks
計算ブロック

18 felt pen (felt tip pen)
フェルト・ペン

19 shapes game
木型ゲーム

20 group of players
ゲームをしている子供たち

21-32 toys
おもちゃ

21 building and filling cubes
ゲーム用立方体木型

22 construction set
組立てセット

23 children's books
小児用の本

24 doll's pram
手押車〈ここでは、藤(とう)の手押車 wicker pram〉

25 baby doll
赤ちゃん人形

26 canopy
天蓋(てんがい)形のひさし

27 building bricks (building blocks)
積み木

28 wooden model building
模型の建物

29 wooden train set
おもちゃの汽車

30 rocking teddy bear
おもちゃのクマ

31 doll's pushchair
おもちゃの手押車

32 fashion doll
ファッション人形

33 child of nursery school age
子供〈小児, 未就学児童〉

34 cloakroom
クロークルーム〈訪問客のコートなどを置く部屋〉

1 bath
浴槽
2 mixer tap ((米) mixing faucet) for
hot and cold water
〈温水と冷水の〉混合蛇口
3 foam bath (bubble bath)
泡立て溶剤入りふろ
4 toy duck
おもちゃのアヒル
5 bath salts
バス・ソルト〈ふろの水を軟化したり香りをよ
くしたりするための薬剤〉
6 bath sponge (sponge)
バス・スポンジ
7 bidet
ビデ
8 towel rail
タオル掛け
9 terry towel
湯上りタオル
10 toilet roll holder ((米) bathroom
tissue holder)
トイレット・ペーパー・ホルダー
11 toilet paper ((口) loo paper, (米)
bathroom tissue)
トイレット・ペーパー〈ちりめん紙 crepe
paper の一種〉
12 toilet (lavatory, W.C., (口) loo)
便所（水洗便所）
13 toilet pan (toilet bowl)
便器
14 toilet lid with terry cover
便器のふた
15 toilet seat
腰掛け板, 便座板
16 cistern
水槽, シスタン
17 flushing lever
瀉水(しゃすい)レバー

18 pedestal mat
トイレ・マット
19 tile
タイル
20 ventilator (extraction vent)
換気口, ベンチレーター
21 soap dish
石けん入れ
22 soap
石けん
23 hand towel
タオル, 手ぬぐい
24 washbasin
洗面器, 洗面台
25 overflow
あふれ口
26 hot and cold water tap
水道栓
27 washbasin pedestal with trap (anti-
syphon trap)
防臭弁のついた洗面器足台
28 tooth glass (tooth mug)
歯磨き用コップ
29 electric tooth brush
電気歯ブラシ
30 detachable brush heads
電気歯ブラシ用替えブラシ
31 mirrored bathroom cabinet
鏡つきキャビネット
32 fluorescent lamp
螢光灯
33 mirror
鏡
34 drawer
引出し
35 powder box
パウダー入れ
36 mouthwash
うがい薬

37 electric shaver
電気かみそり
38 aftershave lotion
アフターシェーブ・ローション
39 shower cubicle
シャワー室
40 shower curtain
シャワー・カーテン
41 adjustable shower head
調節シャワー・ヘッド
42 shower nozzle
シャワー・ノズル, シャワー放出口
43 shower adjustment rail
シャワー調節レール
44 shower base
シャワー室台部
45 waste pipe (overflow)
排水管〈あふれ口〉
46 bathroom mule
浴室スリッパ
47 bathroom scales
浴室はかり
48 bath mat
バス・マット
49 medicine cabinet
薬品棚

1-20 irons
アイロン

1 electric ironing machine
電気アイロン機

2 electric foot switch
踏みスイッチ

3 roller covering
ローラー・カバー

4 ironing head
アイロン・ヘッド

5 sheet
シーツ

6 electric iron
電気ドライアイロン〈軽量アイロン
lightweight iron の一つ〉

7 sole-plate
ソール・プレート、床板

8 temperature selector
温度セレクター

9 handle (iron handle)
取っ手（アイロン取っ手）

10 pilot light
表示灯、パイロット・ライト

11 steam, spray, and dry iron
スチーム・スプレー・アイロン

12 filling inlet
水入れ口

13 spray nozzle for damping the
washing
スプレー吹出し口口

14 steam hole (steam slit)
スチーム・ホール

15 ironing table
アイロン台

16 ironing board (ironing surface)
アイロン板

17 ironing-board cover
アイロン板カバー

18 iron well
アイロン受け

19 aluminium ((米) aluminum) frame
アルミニウム製のフレーム

20 sleeve board
そで板

21 linen bin
よごれもの入れ

22 dirty linen
よごれもの

23-34 washing machines and driers
洗濯機と乾燥器

23 washing machine (automatic
washing machine)
洗濯機

24 washing drum
洗濯機のドラム

25 safety latch (safety catch)
安全かんぬき（安全つかみ）

26 program selector control
時間・水温操作スイッチ

27 front soap dispenser [with several
compartments]
石けん配分装置［区画に分かれた］

28 tumble drier
回転式乾燥器

29 drum
ドラム

30 front door with ventilation slits
換気口ドア

31 work top
ふた

32 airer
物干し台

33 clothes line (washing line)
洗濯ロープ

34 extending airer
折りたたみ式物干し台

35 stepladder (steps)
段ばしご〈ここでは、アルミ製はしご
aluminium ((米) aluminum) ladder〉

36 stile
踏み段

37 prop
支柱

38 tread (rung)
踏みづら

39-43 shoe care utensils
靴みがき用品

39 tin of shoe polish
缶入り靴クリーム

40 shoe spray
シュー・スプレー〈防水スプレー
impregnating spray の一つ〉

41 shoe brush
靴ブラシ

42 brush for applying polish
靴クリームをぬるためのブラシ

43 tube of shoe polish
チューブ入りつや出し

44 clothes brush
洋服ブラシ

45 carpet brush
カーペット・ブラシ

46 broom
デッキ・ブラシ、長い柄のついたブラシ

47 bristles
剛毛

48 broom head
デッキ・ブラシのヘッド

49 broomstick (broom handle)
ブルーム取っ手

50 screw thread
デッキ・ブラシのねじ型の柄(え)

51 washing-up brush
洗濯ブラシ

52 pan (dust pan)
ちり取り

53-86 floor and carpet cleaning
床とカーペット清掃用品

53 brush
ほうきブラシ

54 bucket (pail)
バケツ

55 floor cloth (cleaning rag)
床ぞうきん

56 scrubbing brush
こすりブラシ

57 carpet sweeper
カーペット・スウィーパー

58 upright vacuum cleaner
垂直式電気掃除機

59 changeover switch
切換えスイッチ

60 swivel head
回転装置

61 bag-full indicator
インジケーター、計器

62 dust bag container
ごみ入れ

63 handle
取っ手、ハンドル

64 tubular handle
管状ハンドル

65 flex hook
コード・ホック

66 wound-up flex
〈巻きとられた〉可撓(かとう)線

67 all-purpose nozzle
万能ノズル（吹出し口）

68 cylinder vacuum cleaner
シリンダー式電気掃除機

69 swivel coupling
回り継ぎ手

70 extension tube
筒口、連結パイプ

71 floor nozzle
床ノズル〈同種のものに、じゅうたん掃除用ノ
ズル carpet beater nozzle がある〉

72 suction control
吸引調節装置

73 bag-full indicator
インジケーター、計器

74 sliding fingertip suction control
〔指先〕吸引調節装置

75 hose (suction hose)
吸引ホース

76 combined carpet sweeper and
shampooer
カーペットの掃除・洗濯機

77 electric lead (flex)
リード線

78 plug socket
プラグ・ソケット

79 carpet beater head
じゅたん掃除用ヘッド〈同種のものに、シャン
プーイング・ヘッド shampooing head、ブラ
シ・ヘッド brush head がある〉

80 all-purpose vacuum cleaner
万能電気掃除機〈乾湿操作 dry and
wet operation 用〉

81 castor
カスター

82 motor unit
モーター

83 lid clip
ふたクリップ

84 coarse dirt hose
ごみホース

85 special accessory (special
attachment) for coarse dirt
粗ごみ用特別付属装置

86 dust container
ごみ入れ

87 shopper (shopping trolley)
ショッピング・カート

1-35 flower garden
花園
1 pergola
バーゴラ, ツル棚
2 deck-chair
デッキ・チェア
3 lawn rake (wire-tooth rake)
芝生くま手 (レーキ)
4 garden rake
庭園くま手
5 Virginia creeper (American ivy, woodbine)
アメリカヅタ〈ツル性植物 climbing plant (climber, creeper)の一種〉
6 rockery (rock garden)
岩石庭園 (ロック・ガーデン)
7 rock plants
岩生植物〈マンネングサ stonecrop (wall pepper), バンダイソウ houseleek, チョウノスケソウ dryas, ムラサキナズナ aubretia など〉
8 pampas grass
パンパスソウ, シロガネヨシ
9 garden hedge
庭園生垣
10 blue spruce
プンゲンス・トウヒ
11 hydrangeas
アジサイ
12 oak (oak tree)
オーク, カシ
13 birch (birch tree)
カバ (樺)

14 garden path
庭園の小道
15 edging
庭園のへり
16 garden pond
庭池
17 flagstone (stone slab)
敷き石
18 water lily
スイレン
19 tuberous begonias
キュウコンベゴニア
20 dahlias
ダリア
21 watering can ((米) sprinkling can)
じょうろ
22 weeding hoe
ウィーディング・ホー, 除草くわ
23 lupin
ルピナス, ウチワマメ
24 marguerites (oxeye daisies, white oxeye daisies)
マーガレット (フランスギク, ヒナギク)
25 standard rose
バラ
26 gerbera
ガーベラ, アフリカタンポポ
27 iris
アヤメ
28 gladioli
グラジオラス
29 chrysanthemums
キク

30 poppy
ケシ
31 blazing star
ブレージング・スター〈はでな花房をつける数種の植物の総称〉
32 snapdragon (antirrhinum)
キンギョソウ
33 lawn
芝生
34 dandelion
セイヨウタンポポ
35 sunflower
ヒマワリ

1-32 allotment (fruit and vegetable garden)
菜園
1, 2, 16, 17, 29 dwarf fruit trees (espaliers, espalier fruit trees)
矮性(わいせい)果樹〈垣根仕立ての果樹〉
1 quadruple cordon
4枝コルドン〈垣根仕立て wall espalier の一種〉
2 vertical cordon
垂直コルドン
3 tool shed (garden shed)
物置
4 water butt (water barrel)
天水おけ
5 climbing plant (climber, creeper, rambler)
ツル性植物
6 compost heap
堆肥(たいひ)積み
7 sunflower
ヒマワリ
8 garden ladder (ladder)
庭ばしご
9 perennial (flowering perennial)
多年生植物〈顕花多年性植物〉
10 garden fence (paling fence, paling)
庭垣, 柵
11 standard berry tree
漿果(しょうか)類の木
12 climbing rose (rambling rose) on the trellis arch
格子のツルバラ

13 bush rose (standard rose tree)
叢性(そうせい)バラ
14 summerhouse (garden house)
四阿(あずまや)
15 Chinese lantern (paper lantern)
ちょうちん
16 pyramid tree (pyramidal tree, pyramid)
ピラミッド形の木〈支持なしで仕立てる樹木 free-standing espalier の一つ〉
17 double horizontal cordon
2枝水平コルドン
18 flower bed
花壇〈ここでは, 縁どり花壇 border〉
19 berry bush (gooseberry bush, currant bush)
液果の低木〈スグリの低木, アカスグリの低木〉
20 concrete edging
コンクリートの縁どり
21 standard rose (standard rose tree)
バラの木
22 border with perennials
多年生植物の花壇
23 garden path
庭園の小道
24 allotment holder
菜園主
25 asparagus patch (asparagus bed)
アスパラガス畑
26 vegetable patch (vegetable plot)
野菜畑
27 scarecrow
かかし

28 runner bean (《米》scarlet runner)
ベニバナインゲン (サヤインゲン)〈支柱 poles (bean poles)にからんだマメ科の植物 bean plant の一種〉
29 horizontal cordon
水平コルドン
30 standard fruit tree
〈ふつうの〉果樹
31 tree stake
支え
32 hedge
生垣

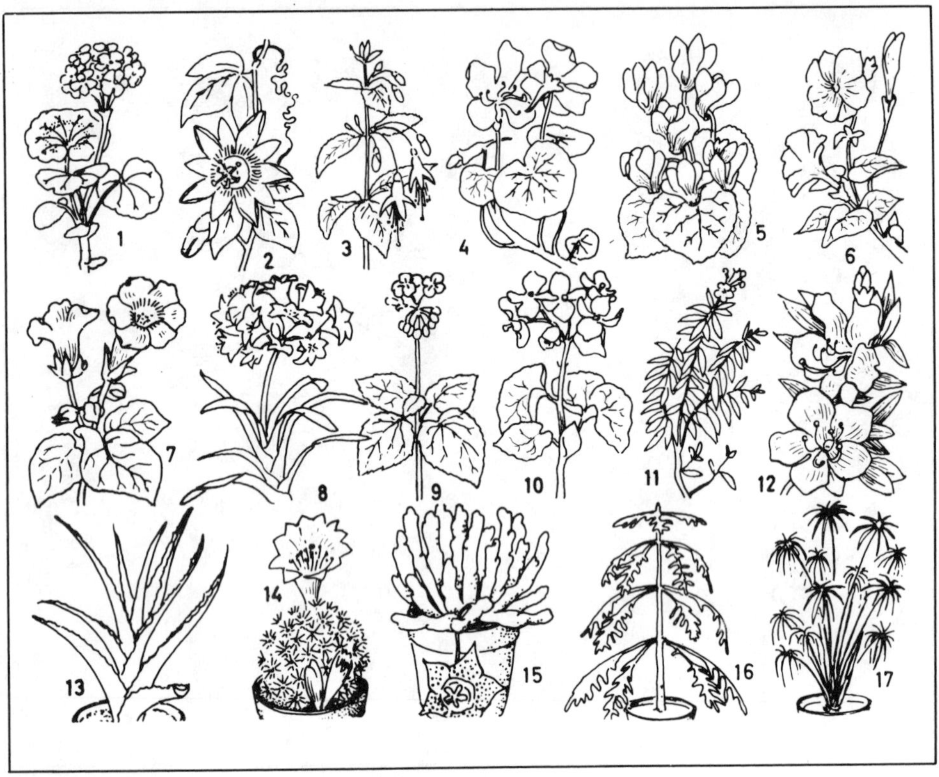

1 pelargonium (crane's bill)
テンジクアオイ (フウロソウ) 〈ゼラニウム
geranium の一種〉
2 passion flower (Passiflora)
トケイソウ 〈ツル性植物 climbing plant
(climber, creeper)の一種〉
3 fuchsia
フクシア 〈マツヨイグサ anagraceous
plant の一種〉
4 nasturtium (Indian cress,
tropaeolum)
キンレンカ
5 cyclamen
シクラメン 〈サクラソウ primulaceous
herb の一種〉
6 petunia
ペチュニア 〈ツクバネアサガオ solanaceous
herb の一種〉
7 gloxinia (Sinningia)
グロキシニア 〈イワタバコ科の観賞用多年草
gesneriaceous plant〉
8 Clivia minata
クンシラン 〈アマリリス (スイセン)
amaryllis (narcissus) の一種〉
9 African hemp (Sparmannia)
アフリカタイマ (スパルマニア) 〈シナノキ科
tiliaceous plant (linden plant)の一種〉
10 begonia
ベゴニア
11 myrtle (common myrtle, Myrtus)
ミルテ, ギンバイカ
12 azalea
アザレア 〈ツツジ科 ericaceous plant の一
種〉

13 aloe
アロエ 〈ユリ科 liliaceous plant の一種〉
14 globe thistle (Echinops)
ヒゴタイ
15 stapelia (carrion flower)
スタペリア 〈ガガイモ科 asclepiadaceous
plant の一種〉
16 Norfolk Island Pine
シマナンヨウスギ 〈ナンヨウスギ属
araucaria の一種。観賞用植物
ornamental として生育したもの〉
17 galingale
カヤツリグサ 〈カヤツリグサ科スゲ属
cyperacious plant of the sedge
family の一種〉

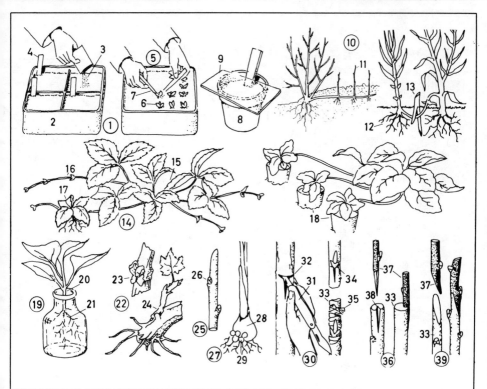

1 seed sowing (sowing)
　種まき
2 seed pan
　種まき用の箱, 苗床(なえどこ)
3 seed
　種
4 label
　名札, ラベル
5 pricking out (pricking off,
　transplanting)
　移植
6 seedling (seedling plant)
　苗
7 dibber (dibble)
　苗差し
8 flower pot (pot)
　植木鉢
9 sheet of glass
　ガラス板
10 propagation by layering
　取り木による繁殖
11 layer
　取り木
12 layer with roots
　根づいた取り木
13 forked stick used for fastening
　固定のためのフォーク状の杭(くい)
14 propagation by runners
　匍匐枝(ほふくし)による繁殖
15 parent (parent plant)
　母体
16 runner
　匍匐枝

17 small rooted leaf cluster
　根づいた小さな葉房
18 setting in pots
　鉢への取り木
19 cutting in water
　水中での挿穂 (挿木)
20 cutting (slip, set)
　挿穂
21 root
　根
22 bud cutting on vine tendril
　ブドウ巻きひげへのつぎ穂
23 scion bud
　つぎ穂した芽〈芽 bud の一種〉
24 sprouting (shooting) cutting
　発芽したつぎ穂
25 stem cutting (hardwood cutting)
　枝挿穂(えださしほ)
26 bud
　芽
27 propagation by bulbils (brood bud
　bulblets)
　むかご(珠芽, 肉芽)による増殖
28 old bulb
　古い球根
29 bulbil (brood bud bulblet)
　むかご (珠芽, 肉芽)
30-39 grafting (graftage)
　つぎ木
30 budding (shield budding)
　芽つぎ
31 budding knife
　芽つぎナイフ

32 T-cut
　T字形切込み
33 support (stock, rootstock)
　台木
34 inserted scion bud
　挿入された接芽
35 raffia layer (bast layer)
　靭皮(じんぴ)取り木
36 side grafting
　切りつぎ, 腹つぎ
37 scion (shoot)
　つぎ穂, 挿芽
38 wedge-shaped notch
　くさび形切込み
39 splice graft (splice grafting)
　合つぎ

1-51 market garden ((米) truck
garden, truck farm)
市場向け菜園
1 tool shed
道具小屋
2 water tower (water tank)
給水塔
3 market garden ((米) truck garden,
truck farm)
市場向け菜園〈苗木(なえぎ)園 tree
nursery の一種〉
4 hothouse (forcing house, warm
house)
温室
5 glass roof
ガラス屋根
6 matting
敷物〈わらマット straw matting, 葦(あし)
マット reed matting など〉
7 boiler room (boiler house)
ボイラー室
8 heating pipe (pressure pipe)
熱輸送管 (圧力管)
9 shading panel (shutter)
遮光パネル (シャッター)
10-11 ventilators (vents)
換気装置
10 ventilation window (window vent,
hinged ventilator)
換気窓
11 ridge vent
屋根の通気孔
12 potting table (potting bench)
鉢づめ用テーブル

13 riddle (sieve, garden sieve, upright
sieve)
目の粗いふるい
14 garden shovel (shovel)
菜園シャベル
15 heap of earth (composted earth,
prepared earth, garden mould, (米)
mold)
土の山 (堆肥(たいひ)土,菜園壌土)
16 hotbed (forcing bed, heated frame)
温床
17 hotbed vent (frame vent)
温床の換気窓
18 vent prop
換気窓の支え
19 sprinkler (sprinkling device)
スプリンクラー
20 gardener (nursery gardener, grower,
commercial grower)
庭師,造園家
21 cultivator (hand cultivator, grubber)
耕耘(こううん)機 (手動耕耘機,根掘り用く
わ)
22 plank
厚板
23 pricked-out seedlings (pricked-off
seedlings)
定植前に一時移植した苗
24 forced flowers [forcing]
促成栽培の花 [促成栽培]
25 potted plants (plants in pots, pot
plants)
鉢植えの植物

26 watering can ((米) sprinkling can)
じょうろ
27 handle
取っ手
28 rose
はす口
29 water tank
水タンク
30 water pipe
送水管

31 bale of peat
梱包(こんぽう)された泥炭
32 warm house (heated greenhouse)
〈加熱装置のついた〉温室
33 cold house (unheated greenhouse)
〈加熱装置のない〉低温室
34 wind generator
風力発電機
35 wind wheel
風車
36 wind vane
風向計
37 shrub bed
灌木苗床(かんぼくなえどこ)〈花苗床(はななえど
こ)flower bed の一つ〉
38 hoop edging
たが状のへり，フープ状のへり
39 vegetable plot
野菜用地
40 plastic tunnel (polythene greenhouse)
プラスチック・トンネル (ポリエチレン製の温
室)
41 ventilation flap
換気用あげぶた
42 central path
中央の道
43 vegetable crate
野菜木枠，野菜かご
44 tomato plant
トマト
45 nursery hand
菜園の従業員

46 nursery hand
菜園の従業員
47 tub plant
おけ植え植物
48 tub
おけ
49 orange tree
オレンジの木
50 wire basket
針金製かご
51 seedling box
苗箱

1 dibber (dibble)
苗差し
2 spade
すき, 踏みすき, スペード, 金すき
3 lawn rake (wire-tooth rake)
芝生レーキ, くま手
4 rake
レーキ
5 ridging hoe
あぜ立てホー (くわ)
6 trowel
移植ごて
7 combined hoe and fork
組合せのくわとフォーク
8 sickle
円形かま
9 gardener's knife (pruning knife, billhook)
園丁ナイフ, 剪枝刀(せんとう)
10 asparagus cutter (asparagus knife)
アスパラガス・カッター (アスパラガス・ナイフ)
11 tree pruner (long-handled pruner)
高所剪定(せんてい)ばさみ, 高切りばさみ
12 semi-automatic spade
踏みすき
13 three-pronged cultivator
三叉(さんさ)耕具
14 tree scraper (bark scraper)
樹皮削り, 皮はぎ器
15 lawn aerator (aerator)
芝生中耕機, ローン・アエレーター
16 pruning saw (saw for cutting branches)
剪定のこ
17 battery-operated hedge trimmer
電動刈込み機
18 motor cultivator
耕耘(こううん)機, 動力カルチ
19 electric drill
電気ドリル
20 gear
ギヤ
21 cultivator attachment
耕耘機のアタッチメント
22 fruit picker
果実つみ取り器
23 tree brush (bark brush)
樹皮ブラシ
24 sprayer for pest control
薬剤噴霧器
25 lance
噴霧ざお
26 hose reel (reel and carrying cart)
ホース・リール
27 garden hose
〈庭園用〉ホース
28 motor lawn mower (motor mower)
動力芝刈り機
29 grassbox
集草箱
30 two-stroke motor
2サイクル・エンジン
31 electric lawn mower (electric mower)
電動芝刈り機
32 electric lead (electric cable)
電気コード
33 cutting unit
刈倒し部
34 hand mower
手動草刈り機
35 cutting cylinder
シリンダー刃
36 blade
刈り刃

37 riding mower
乗車型の草刈り機
38 brake lock
ブレーキ・ロック, 固定装置
39 electric starter
セルモーター
40 brake pedal
ブレーキ・ペダル
41 cutting unit
刈倒し部
42 tip-up trailer
ダンプ・トレーラー
43 revolving sprinkler
スプリンクラー〈芝生用スプリンクラーlawn sprinkler の一つ〉
44 revolving nozzle
回転ノズル
45 hose connector
ホース連結部
46 oscillating sprinkler
旋回式スプリンクラー
47 wheelbarrow
手押車
48 grass shears
草刈りばさみ
49 hedge shears
剪枝(せんし)ばさみ
50 secateurs (pruning shears)
剪定ばさみ

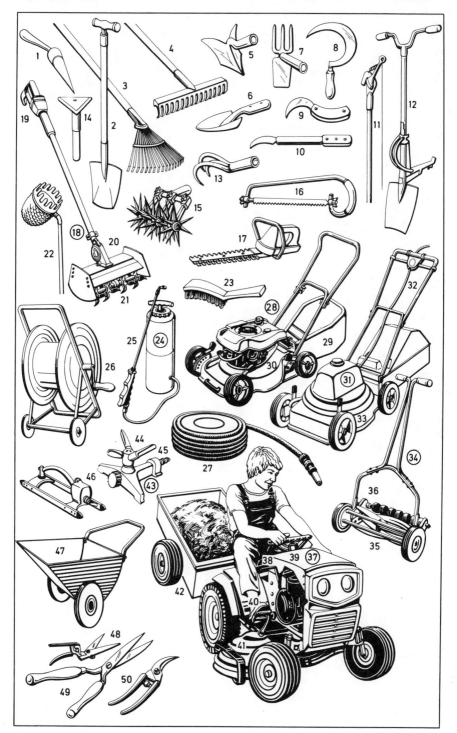

1-11 leguminous plants (Leguminosae)
マメ科類

1 pea
エンドウ〈蝶形花冠(ちょうけいかかん)植物 plant with a papilionaceous corolla の一種〉

2 pea flower
エンドウの花

3 pinnate leaf
羽状の葉

4 pea tendril
エンドウのツル〈葉巻きひげ leaf tendril の一種〉

5 stipule
托葉(たくよう)

6 legume (pod)
マメ科植物のさや〈果皮 seed vessel (pericarp, legume) の一種〉

7 pea [seed]
エンドウマメ [種子]

8 bean plant (bean)
インゲンマメ〈ツル性植物 climbing plant (climber, creeper)。ソラマメ broad bean (runner bean, (米) scarlet runner), ツルインゲン climbing bean (climber, pole bean), ベニバナインゲン scarlet runner bean など。小型のものに小豆 dwarf French bean がある〉

9 bean flower
インゲンの花

10 twining beanstalk
ツルを出しているインゲンの茎

11 bean [pod with seeds]
インゲンマメ [さやと種子]

12 tomato
トマト

13 cucumber
キュウリ

14 asparagus
アスパラガス

15 radish
ハツカダイコン

16 white radish
シロダイコン

17 carrot
ニンジン

18 stump-rooted carrot
短小ニンジン

19 parsley
パセリ

20 horse-radish
セイヨウワサビ, ワサビダイコン

21 leeks
リーキ, ニラネギ

22 chives
チャイブ, エゾネギ

23 pumpkin ((米) squash)
カボチャ〈同種のものに, メロン melon がある〉

24 onion
タマネギ

25 onion skin
タマネギの皮

26 kohlrabi
コールラビ, カブラタマナ

27 celeriac
セロリ

28-34 brassicas (leaf vegetables)
アブラナ属 (葉菜類)

28 chard (Swiss chard, seakale beet)
フダンソウ

29 spinach
ホウレンソウ

30 Brussels sprouts (sprouts)
メキャベツ, コモチカンラン

31 cauliflower
カリフラワー, ハナヤサイ

32 cabbage (round cabbage, head of cabbage)
キャベツ〈アブラナ属 brassica の一種。栽培種には, ミドリキャベツ green cabbage, ムラサキキャベツ red cabbage などがある〉

33 savoy (savoy cabbage)
チリメンキャベツ

34 kale (curly kale, kail)
ケール, ハゴロモカンラン〈常緑草 winter green の一種〉

35 scorzonera (black salsify)
キクゴボウ, キバナバラモンジン

36-40 salad plants
生菜類

36 lettuce (cabbage lettuce, head of lettuce)
レタス, チシャ

37 lettuce leaf
レタスの葉

38 corn salad (lamb's lettuce)
ノヂシャ

39 endive (endive leaves)
エンダイブ, キクヂシャ

40 chicory (succory, salad chicory)
チコリー

41 globe artichoke
アーチチョーク, チョーセンアザミ

42 sweet pepper (Spanish paprika)
アマトウガラシ

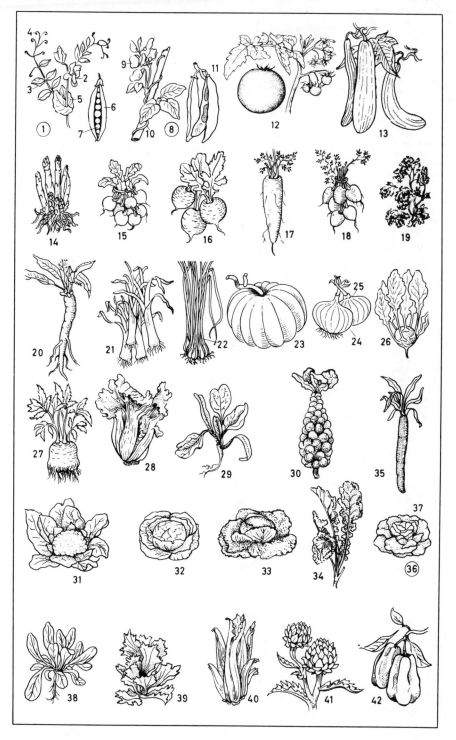

1-30 soft fruit (berry bushes)
漿果(しょうか)類

1-15 Ribes
ユキノシタ科スグリ属

1 gooseberry bush
グーズベリ, スグリ

2 flowering gooseberry cane
花の咲いているスグリの枝

3 leaf
葉

4 flower
花

5 magpie moth larva
スグリシロエダシャクの幼虫

6 gooseberry flower
スグリの花

7 epigynous ovary
子房下位の子房〈子房の上から, がく(萼),
花弁, 雄シベが出ている〉

8 calyx (sepals)
がく

9 gooseberry
グーズベリ, スグリ〈漿果 berry の一種〉

10 currant bush
フサスグリ

11 cluster of berries
果実の房

12 currant
フサスグリの果実

13 stalk
果柄(かへい)

14 flowering cane of the currant
花の咲いているフサスグリの枝

15 raceme
総状花

16 strawberry plant
イチゴ〈エゾヘビイチゴ wild strawberry
(woodland strawberry), オランダイチゴ
garden strawberry, シキナリイチゴ
alpine strawberry など〉

17 flowering and fruit-bearing plant
花と実をつけたイチゴ

18 rhizome
根茎, 地下茎〈根ではない〉

19 ternate leaf (trifoliate leaf)
三出葉

20 runner (prostrate stem)
ランナー (葡萄枝 ほふくし)〈地上をはい節か
ら根と葉を出して繁殖する茎〉

21 strawberry
イチゴ〈偽果(ぎか)pseudocarp の一種〉

22 epicalyx
がく状総包

23 achene (seed)
種子

24 flesh (pulp)
果肉

25 raspberry bush
ラズベリー, キイチゴ

26 raspberry flower
ラズベリーの花

27 flower bud (bud)
つぼみ, 花芽

28 fruit (raspberry)
果実 (キイチゴ)〈複果 aggregate fruit
(compound fruit)の一種〉

29 blackberry
ブラックベリー, クロイチゴ

30 thorny tendril
とげのある巻きひげ

31-61 pomiferous plants
仁果(じんか)類

31 pear tree
セイヨウナシ〈野生種のものは, 野生セイヨウ
ナシ wild pear tree〉

32 flowering branch of the pear tree
花の咲いているセイヨウナシの枝

33 pear [longitudinal section]
セイヨウナシ [縦断面]

34 pear stalk(stalk)
セイヨウナシの果柄(かへい)

35 flesh (pulp)
果肉

36 core (carpels)
果心

37 pear pip (seed)
セイヨウナシの種子〈果実の種子 fruit pip
の一つ〉

38 pear blossom
セイヨウナシの花

39 ovules
胚珠(はいしゅ)

40 ovary
子房

41 stigma
柱頭

42 style
花柱

43 petal
花弁

44 sepal
がく片

45 stamen (anther)
雄ずい (やく)

46 quince tree
マルメロの木

47 quince leaf
マルメロの葉

48 stipule
托葉(たくよう)

49 apple-shaped quince [longitudinal
section]
リンゴ形マルメロ [縦断面]

50 pear-shaped quince
[longitudinal section]
ナシ形マルメロ [縦断面]

51 apple tree
リンゴの木〈野生種のものは, 野生リンゴ
crab apple tree〉

52 flowering branch of the apple tree
花の咲いているリンゴの枝

53 leaf
葉

54 apple blossom
リンゴの花

55 withered flower
しぼんだ花

56 apple [longitudinal section]
リンゴ [縦断図]

57 apple skin
リンゴの皮

58 flesh (pulp)
果肉

59 core (apple core, carpels)
果心 (リンゴの果心)

60 apple pip
リンゴの種子〈果実の種子 fruit pip の一
つ〉

61 apple stalk (stalk)
リンゴの果柄(かへい)

62 codling moth (codlin moth)
コドリンガ (蛾)

63 burrow (tunnel)
虫食い跡

64 larva (grub, caterpillar) of a small
moth
小さいガの幼虫

65 wormhole
虫の穴

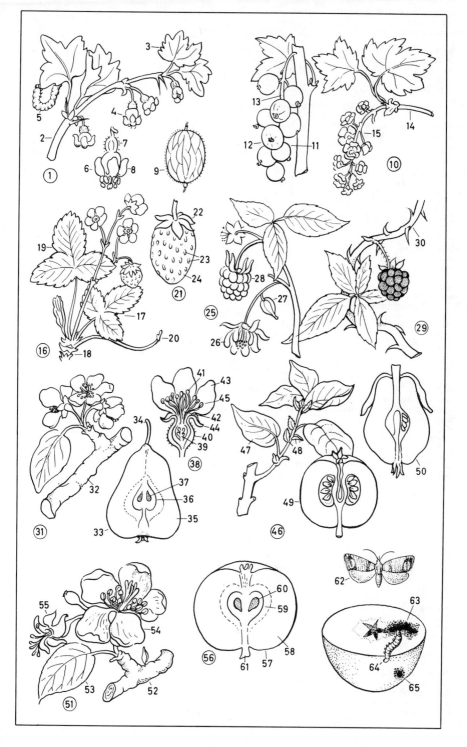

1-36 drupes (drupaceous plants)
核果類 (核果性植物)

1-18 cherry tree
オウトウ, 桜

1 flowering branch of the cherry tree
(branch of the cherry tree in
blossom)
花の咲いているオウトウの枝

2 cherry leaf
オウトウの葉

3 cherry flower (cherry blossom)
オウトウの花

4 peduncle (pedicel, flower stalk)
花柄(かへい) (小花柄, 花梗(かこう))

5 cherry
オウトウ〈サクランボは通称。スイート・チェ
リー (甘菓(あまみ)オウトウ) sweet cherry
(heart cherry), 野生オウトウ (エゾノウワ
ミズザクラ) wild cherry (bird cherry), サ
ワー・チェリー (酸果オウトウ) sour cherry,
モレロ・チェリー—morello cherry (morells)
などの種類がある〉

6-8 cherry (cherry fruit) [cross
section]
オウトウの果実, サクランボ [断面図]

6 flesh (pulp)
果肉

7 cherry stone
オウトウの果実の核

8 seed
種子

9 flower (blossom) [cross section]
花 [断面図]

10 stamen (anther)
雄ずい (やく)

11 corolla (petals)
花弁

12 sepal
がく片

13 carpel (pistil)
心皮 (雌ずい)

14 ovule enclosed in perigynous ovary
子房周囲型の子房に包まれた胚珠(はいしゅ)

15 style
花柱

16 stigma
柱頭

17 leaf
葉

18 nectary (honey gland)
蜜腺(みつせん)

19-23 plum tree
スモモ

19 fruit-bearing branch
果実を結んだ枝

20 oval, black-skinned plum
卵形の黒皮のスモモ

21 plum leaf
スモモの葉

22 bud
芽

23 plum stone
スモモの核

24 greengage
セイヨウスモモ

25 mirabelle (transparent gage)
ミラベル (透明ミラベル) 〈スモモ plum の一
種〉

26-32 peach tree
モモ (桃)

26 flowering branch (branch in
blossom)
花の咲いている枝

27 peach flower (peach blossom)
モモの花

28 flower shoot
ほう (苞)

29 young leaf (sprouting leaf)
若葉

30 fruiting branch
果実のなった枝

31 peach
モモの果実

32 peach leaf
モモの葉

33-36 apricot tree
アンズの木

33 flowering apricot branch (apricot
branch in blossom)
花をつけたアンズの枝

34 apricot flower (apricot blossom)
アンズの花

35 apricot
アンズの果実.

36 apricot leaf
アンズの葉

37-51 nuts
堅果類

37-43 walnut tree
クルミ

37 flowering branch of the walnut tree
花をつけたクルミの枝

38 female flower
雌花

39 male inflorescence (male flowers,
catkins with stamens)
雄花

40 alternate pinnate leaf
互生(ごせい)羽状葉

41 walnut
クルミ〈核果類 drupe (stone fruit) の一
種〉

42 soft shell (cupule)
果皮 (殻斗(かくと))

43 walnutt
クルミ〈核果類 drupe (stone frint) の一
種〉

44-51 hazel tree (hazel bush)
ハシバミ〈風媒(ふうばい)性の低木
anemophilous shrub (wind-
pollinating shrub)〉

44 flowering hazel branch
花をつけたハシバミの枝

45 male catkin
尾状花序, 雄性穂

46 female inflorescence
雌性花序

47 leaf bud
葉芽

48 fruit-bearing branch
果実をつけた枝

49 hazelnut (hazel, cobnut, cob)
ハシバミの果実〈核果類 drupe (stone
fruit) の一種〉

50 involucre (husk)
果皮 (殻斗)

51 hazel leaf
ハシバミの葉

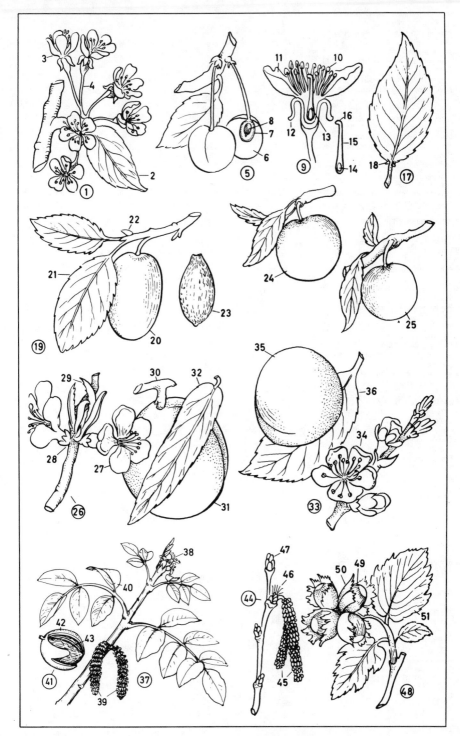

1 snowdrop (spring snowflake)
　スノードロップ, マツユキソウ
2 garden pansy (heartsease pansy)
　ビオラトリコロル 〈パンジー (サンシキスミレ)
　pansy の一種〉
3 trumpet narcissus (trumpet daffodil,
　Lent lily)
　ラッパズイセン 〈スイセン narcissus の一種〉
4 poet's narcissus (pheasant's eye,
　poet's daffodil)
　クチベニズイセン〔類〕〈同種のものに, ポリア
　ンサスズイセン polyanthus narcissus があ
　る〉
5 bleeding heart (lyre flower)
　ケマンソウ 〈フマリアソウ fumariaceous
　flower の一種〉
6 sweet william (bunch pink)
　アメリカナデシコ 〈カーネーション
　carnation の一種〉
7 gillyflower (gilliflower, clove pink,
　clove carnation)
　ナデシコ
8 yellow flag (yellow water flag,
　yellow iris)
　キショウブ 〈アヤメ iris の一種〉
9 tuberose
　チュベローズ, ゲッカコウ
10 columbine (aquilegia)
　オダマキ
11 gladiolus (sword lily)
　グラジオラス
12 Madonna lily (Annunciation lily,
　Lent lily)
　マドンナ・リリー (ニワシロユリ, トキワユリ)
　〈ユリ lily の一種〉
13 larkspur (delphinium)
　ヒエンソウ 〈キンポウゲ ranunculaceous
　plant の一種〉
14 moss pink (moss phlox)
　シバザクラ, ハナツメクサ 〈フロックス phlox
　の一種〉
15 garden rose (China rose)
　コウシンバラ
16 rosebud
　バラのつぼみ 〈花の芽 bud の一種〉
17 double rose
　八重咲きの花
18 rose thorn
　とげ
19 gaillardia
　ヤグルマテンニンギク
20 African marigold (tagetes)
　アフリカ・マリゴールド (センジュギク〔類〕)
21 love-lies-bleeding
　センニンコク, ヒモゲイトウ 〈アマランス
　amaranthine flower の一種〉
22 zinnia
　ジニア 〈とくに, ヒャクニチソウをいう〉
23 pompon dahlia
　ポンポン・ダリア 〈ダリア dahlia の一種〉

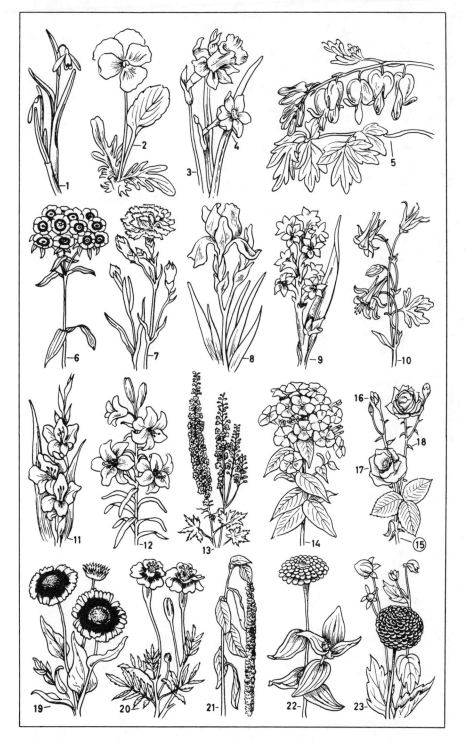

1 corn flower (bluebottle)
ヤグルマギク〈シマセンブリ属 centaury の一種〉

2 corn poppy (field poppy)
ヒナゲシ〈ケシ poppy の一種〉

3 bud
花の芽

4 poppy flower
ケシの花

5 seed capsule containing poppy seeds
ケシの実の入った朔果(さくか)

6 corn cockle (corn campion, crown-of-the-field)
ムギセンノウ，オギナデシコ

7 corn marigold (field marigold)
アラゲシュンギク，リュウキュウシュンギク，クジャクギク〈キク chrysanthemum の一種〉

8 corn camomile (field camomile, camomile, chamomile)
ローマカミルレ〈キク科の植物〉

9 shepherd's purse
ナズナ，ペンペングサ

10 flower
花

11 fruit (pouch-shaped pod)
果実（袋状のさや）

12 common groundsel
ノボロギク

13 dandelion
セイヨウタンポポ

14 flower head (capitulum)
頭花（頭状花）

15 infructescence
果実序

16 hedge mustard
カキネガラシ〈カラシ（辛味のあるアブラナ属）mustard の一種〉

17 stonecrop
ヨーロッパマンネングサ

18 wild mustard (charlock, runch)
ノハラガラシ

19 flower
花

20 fruit
果実〈さや siliqua (pod)の一種〉

21 wild radish (jointed charlock)
ハキダイコン

22 flower
花

23 fruit (siliqua, pod)
さや（莢）

24 common orache (common orach)
ハマアカザ科（ヤマホウレンソウ）

25 goosefoot
アカザ

26 field bindweed (wild morning glory)
セイヨウヒルガオ〈サンシキヒルガオ属 bindweed の一種〉

27 scarlet pimpernel (shepherd's weatherglass, poor man's weatherglass, eye-bright)
ベニバナルリハコベ

28 wild barley (wall barley)
ムギクサ

29 wild oat
カラスムギ

30 common couch grass (couch, quack grass, quick grass, quitch grass, scutch grass, twitch grass, witch-grass)
ヒメカモジグサ〈シバムギ bearded couch grass, sea couch grass と同類である〉

31 gallant soldier
ギャラント・ソルジャ

32 field eryngo (Watling Street thistle)
オオヒレアザミ〈アザミ thistle の一種〉

33 stinging nettle
イラクサ

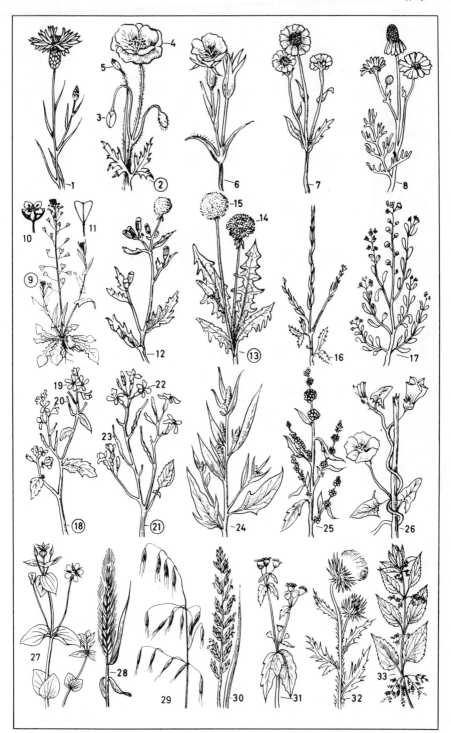

1 house
　農家
2 stable
　厩舎(きゅうしゃ)
3 house cat (cat)
　飼ネコ
4 farmer's wife
　農夫の妻，農婦，農家の主婦
5 broom
　ほうき
6 farmer
　農夫
7 cowshed
　牛舎
8 pigsty (sty, 《米》 pigpen, hogpen)
　豚舎
9 outdoor trough
　戸外飼槽(しそう)
10 pig
　ブタ
11 above-ground silo (fodder silo)
　塔形サイロ (飼料サイロ)
12 silo pipe (standpipe for filling the
　silo)
　吹上げパイプ
13 liquid manure silo
　屎尿(しにょう)槽，糞尿(ふんにょう)槽

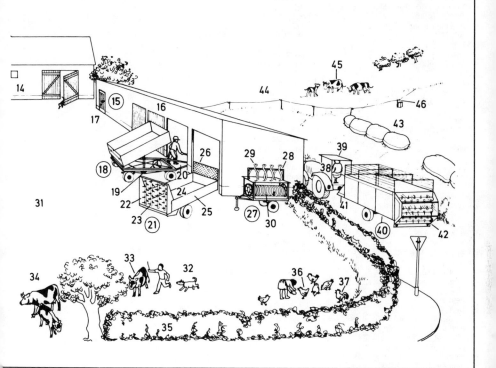

14 outhouse
　納屋
15 machinery shed
　機械庫
16 sliding door
　シャッター・ドア
17 door to the workshop
　作業場入口ドア
18 three-way tip-cart
　ダンプ・トレーラー〈輸送車 transport
　vehicle の一種〉
19 tipping cylinder
　ダンプ用油圧シリンダー
20 shafts
　シャフト
21 manure spreader (fertilizer spreader,
　manure distributor)
　堆肥(たいひ)散布機
22 spreader unit (distributor unit)
　散布装置
23 spreader cylinder (distributor
　cylinder)
　散布シリンダー
24 movable scraper floor
　スクレーパーの床
25 side planking (side board)
　側板〈サイド・ボード〉, あおり
26 wire mesh front
　金網板
27 sprinkler cart
　散水車, スプリンクラー車
28 sprinkler stand
　スプリンクラーの支え

29 sprinkler
　スプリンクラー〈ここでは, 回転式スプリンク
　ラー-revolving sprinkler〉
30 sprinkler hoses
　スプリンクラー・ホース
31 farmyard
　農家の中庭
32 watchdog
　番犬
33 calf
　子ウシ
34 dairy cow (milch-cow, milker)
　搾乳牛
35 farmyard hedge
　生垣
36 chicken (hen)
　メンドリ
37 cock (《米》 rooster)
　オンドリ
38 tractor
　トラクター
39 tractor driver
　トラクター運転手
40 all-purpose trailer
　汎用(はんよう)トレーラー
41 [folded] pickup attachment
　ピックアップ装置
42 unloading unit
　アンローダ部, 荷下ろし部
43 polythene silo
　スタック・サイロ〈飼料 サイロ fodder silo の
　一種〉

44 meadow
　永年牧草地
45 grazing cattle
　放牧牛
46 electrified fence
　電気牧柵(ぼくさく)

1-41 work in the fields
農作業, 畑作業

1 fallow (fallow field, fallow ground)
休閑地, 休耕地

2 boundary stone
境界石

3 boundary ridge
境界のあぜ〈境界のためのすき残しのうね
balk (baulk)〉

4 field
畑, 耕地

5 farmworker (agricultural worker,
farmhand, farm labourer ((米)
laborer))
農作業者

6 plough ((米) plow)
すき, 畜力用プラウ

7 clod
土塊, 土くれ

8 furrow
すき道

9 stone
畑の石〈読取り石。測量の基としたり, 近
辺の石質を知ったりするため除去しないでお
〈捨て石〉

10-12 sowing
播種(はしゅ)作業, 種まき

10 sower
種をまく人, 播種作業者

11 seedlip
播種袋, 種入れ袋

12 seed corn (seed)
種用小麦 (米, とうもろこし)

13 field guard
耕地 (田畑) の番人

14 chemical fertilizer (artificial
fertilizer)
化学肥料 (人造肥料)〈加里肥料
potash fertilizer, 燐酸(りんさん)肥料
phosphoric acid fertilizer, 石灰肥料
lime fertilizer, 窒素肥料 nitrogen
fertilizer などの種類がある〉

15 cartload of manure (farmyard
manure, dung)
堆厩肥(たいきゅうひ)

16 oxteam (team of oxen, (米) span of
oxen)
連牛〈2頭立て牛車〉

17 fields (farmland)
耕地 (田畑)

18 farm track (farm road)
農道

19-30 hay harvest (haymaking)
牧草の収穫作業, 干草作り

19 rotary mower with swather (swath
reaper)
集草機つきロータリー・モーア

20 connecting shaft (connecting rod)
連結シャフト, 連結棒

21 power take-off (power take-off
shaft)
動力取出し軸 (P.T.O.軸)

22 meadow
永年牧草地

23 swath (swathe)
牧草の刈り倒し列 (風乾列)

24 tedder (rotary tedder)
ジャイロ形テッダレーキ

25 tedded hay
転草ヘイ

26 rotary swather
ロータリー集草機〈ジャイロ形〉

27 trailer with pickup attachment
ピックアップ・ワゴン

28 fence rack (rickstand)
〈天日乾燥 drying 用の〉ヘイ・ラック, 干

草積み台

29 rickstand
天日乾燥用のヘイ・ラック

30 hay tripod
3脚ヘイ・ラック

**31-41 grain harvest and seedbed
preparation**
穀物収穫と播種(はしゅ)準備作業

31 combine harvester
コンバイン〈一般的な型〉

32 cornfield
麦畑, 米畑, トウモロコシ畑

33 stubble field
刈取りのすんだ畑

34 bale of straw
梱包(こんぽう)麦わら

35 straw baler (straw press)
ストロー・ベーラ, わら圧搾機〈ヘイベーラ
high-pressure baler の一種〉

36 swath (swathe) of straw (windrow of
straw)
麦わらの刈倒し列, 風乾列

37 hydraulic bale loader
油圧駆動のベール・ローダー

38 trailer
トレーラー

39 manure spreader
肥料散布機, マニュア・スプレダー

40 four-furrow plough ((米) plow)
4連プラウ

41 combination seed-harrow
除草ハロー, ウィダーマルチャ

1-33 combine harvester (combine)
コンバイン〈普通形〉
1 divider
ディバイダー，分割機
2 grain lifter
穀物持上げ機，グレン・リフター
3 cutter bar
カッター・バー
4 pickup reel
ピックアップ・リール〈ばね歯かん spring-
tine reel の一種〉
5 reel gearing
リール駆動装置
6 auger
フィード・オーガー，供給用オーガー
7 chain and slat elevator
チェーン・スラット・エレベーター，フィーディン
グ
8 hydraulic cylinder for adjusting the
cutting unit
刈取り部調節用油圧シリンダー
9 stone catcher (stone trap)
ストーン・トラップ
10 awner
脱芒機(だつぼうき)
11 concave
コンケーブ，受け網
12 threshing drum (drum)
こぎ胴
13 revolving beater [for freeing straw
from the drum and preparing it for
the shakers]
回転式ビーター，排出胴
14 straw shaker (strawwalker)
ストロー・シェーカー（ストローウォーカー）
15 fan for compressed-air winnowing
圧縮空気唐箕(とうみ)送風機
16 preparation level
準備レバー
17 louvred-type sieve
シーブ，ふるい
18 sieve extension
補助シーブ
19 shoe sieve (reciprocating sieve)
シュー・シーブ（振動ふるい）
20 grain auger
穀物供給胴，グレン・オーガー
21 tailings auger
2番オーガー
22 tailings outlet
2番〔排出〕口
23 grain tank
穀物タンク，グレン・タンク
24 grain tank auger
穀物タンク供給胴，グレン・タンク・オーガー
25 augers feeding to the grain tank
unloader
穀物タンク荷下ろし機への供給胴
26 grain unloader spout
穀物タンク荷下ろし機の排出口
27 observation ports for checking tank
contents
グレン・タンク点検窓
28 six-cylinder diesel engine
6気筒ディーゼル・エンジン
29 hydraulic pump with oil reservoir
油圧ポンプとオイル・タンク
30 driving axle gearing
駆動軸と駆動装置
31 driving wheel tyre ((米) tire)
駆動〔車〕輪
32 rubber-tyred ((米) rubber-tired)
wheel on the steering axle
舵(かじ)取り車輪，操舵(そうだ)輪
33 driver's position
運転席

34-39 self-propelled forage harvester
(self-propelled field chopper)
自走式まぐさ刈取り機
34 cutting drum (chopper drum)
切断ドラム，カッティング・ドラム
35 corn head
コーンヘッド
36 cab (driver's cab)
運転室
37 swivel-mounted spout (discharge
pipe)
吹上げパイプ
38 exhaust
排気管
39 rear-wheel steering system
後車輪操舵(そうだ)機構
40-45 rotary swather
ロータリー集草機〈ジャイロ形〉
40 cardan shaft
ユニバーサル・シャフト
41 running wheel
走行車輪
42 double spring tine
ばね歯かん
43 crank
クランク
44 swath rake
集草レーキ
45 three-point linkage
3点リンク装置
46-58 rotary tedder
ジャイロ形ヘイテッダレーキ
46 tractor
トラクター
47 draw bar
牽引(けん)かん
48 cardan shaft
ユニバーサル・シャフト
49 power take-off (power take-off
shaft)
動力取出し軸 (P.T.O 軸)
50 gearing (gears)
歯車装置
51 frame bar
フレーム・バー
52 rotating head
回転ヘッド
53 tine bar
タイン・バー
54 double spring tine
ばね歯かん
55 guard rail
ガード・レール
56 running wheel
走行車輪
57 height adjustment crank
高さ調節用クランク・ハンドル
58 wheel adjustment
走行車輪調節部
59-84 potato harvester
ジャガイモ収穫機，ポテト・ハーベスター
59 control levers for the lifters of the
digger and the hopper and for
adjusting the shaft
デッガーとホッパーの昇降レバーとシャフト
調節レバー
60 adjustable hitch
ヒッチ
61 drawbar
牽引かん，牽引棒
62 drawbar support
牽引かんスタンド
63 cardan shaft connection
ユニバーサル・ジョイント
64 press roller
プレス・ローラー

65 gearing (gears) for the hydraulic
system
油圧駆動装置の歯車
66 disc (disk) coulter ((米) colter)
(rolling coulter)
円板コールタ，すき刃
67 three-bladed share
掘越し刃，掘取り刃
68 disc (disk) coulter ((米) colter) drive
円板コールタ駆動装置
69 open-web elevator
開放ウェーブ・エレベーター
70 agitator
攪拌(かくはん)機，アジテーター
71 multi-step reduction gearing
減速装置
72 feeder
供給装置，フィーダー
73 haulm stripper (flail rotor)
茎葉切断装置
74 rotary elevating drum
かご形エレベーター
75 mechanical tumbling separator
振動選別機
76 haulm conveyor with flexible haulm
strippers
茎葉コンベヤ，茎葉排出
77 haulm conveyor agitator
茎葉コンベヤのアジテーター
78 haulm conveyor drive with V-belt
Vベルトによる茎葉コンベヤの駆動装置
79 studded rubber belt for sorting
vines, clods and stones
選別用打鋲(だびょう)ゴム・ベルト〈茎葉，土，
石の分離〉
80 trash conveyor
トラッシュ・コンベヤ
81 sorting table
選別テーブル
82 rubber-disc (rubber-disk) rollers for
presorting
選別用ディスク・ローラー
83 discharge conveyor
放出コンベヤ，ホッパー・コンベヤ
84 endless-floor hopper
ホッパー
85-96 beet harvester
サトウダイコン収穫機，ビート・ハーベスター
85 topper
トッパ・ホイール
86 feeler
フィーラー・ホイール
87 topping knife
タッピング・ナイフ
88 feeler support wheel with depth
adjustment
フィーラー調節用支持輪
89 beet cleaner
ビート・クリーナー
90 haulm elevator
茎葉エレベーター
91 hydraulic pump
油圧ポンプ
92 compressed-air reservoir
圧縮空気だめ
93 oil tank (oil reservoir)
オイル・タンク
94 tensioning device for the beet
elevator
ビート・エレベーター用ベルト，テンション・ド
ラム
95 beet elevator belt
エレベータ・ベルト
96 beet hopper
ビート・ホッパー

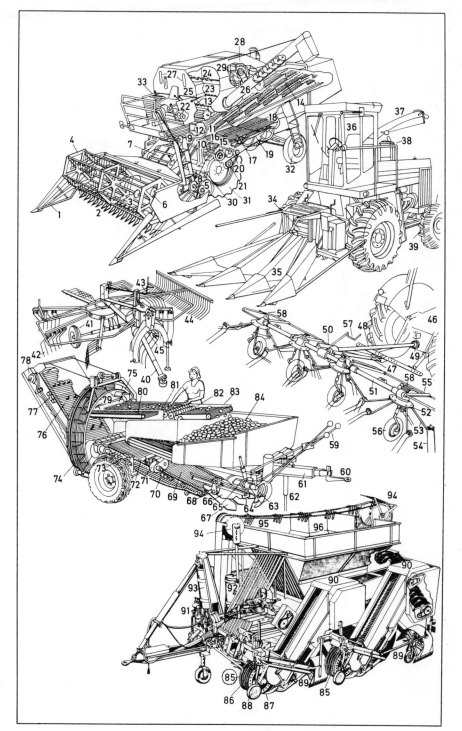

1 wheel plough ((米) plow)
装輪プラウ〈一連ボトム・プラウ single-bottom plough の一種〉

2 handle
ハンドル, 取っ手

3 plough ((米) plow) stilt (plough handle)
すきの柄(え)

4-8 plough ((米) plow) bottom
犁体(れいたい)

4 mouldboard ((米) moldboard)
撥土板(はつどばん)

5 landside
地側板

6 sole (slade)
犁床(れいしょう)

7 ploughshare (share,(米) plowshare)
刃板

8 frog (frame)
結合板

9 beam (plough beam, (米) plowbeam)
ねり木, ビーム

10 knife coulter ((米) colter)
犁刀, ナイフ・コールタ〈coulter の一種〉

11 skim coulter ((米) colter)
前犁(副犁), スキム・コールタ

12 guide-chain crossbar
調整用チェーン横棒

13 guide chain
調整用チェーン, ガイド・チェーン

14-19 forecarriage
前架部, プラウ前部

14 adjustable yoke (yoke)
調整用ヨーク

15 land wheel
丘輪

16 furrow wheel
れき(墾)輪

17 hake chain
舵棒(かじぼう)チェーン, ながえのチェーン

18 draught beam (drawbar)
牽引棒(けんいんぼう) (牽引かん)

19 hake
引かぎ

20 tractor (general-purpose tractor)
汎用(はんよう)トラクター

21 cab frame (roll bar)
安全フレーム (ロール・バー)

22 seat
いす, シート

23 power take-off gear-change (gearshift)
P.T.O.操作レバー

24-29 power lift
動力揚げ装置, 3点リンク油圧装置

24 ram piston
ラム・ピストン, 油圧ピストン

25 lifting rod adjustment
揚げ棒(リフト・ロッド)調節

26 drawbar frame
ヒッチ・フレーム, 牽引かんフレーム

27 top link
上部リンク

28 lower link
下部リンク

29 lifting rod
揚げ棒, リフト・ロッド

30 drawbar coupling
牽引ヒッチ部

31 live power take-off (live power take-off shaft, take-off shaft)
常時回転型 P.T.O.軸

32 differential gear (differential)
差動(歯車)装置

33 floating axle
浮動心棒

34 torque converter lever
トルク・コンバータ操作レバー

35 gear-change (gearshift)
変速レバー

36 multi-speed transmission
変速装置, 動力伝達装置

37 fluid clutch (fluid drive)
流体継手

38 power take-off gear
P.T.O.変速装置

39 main clutch
主クラッチ

40 power take-off gear-change (gearshift) with power take-off clutch
P.T.O.変速レバーと P.T.O.クラッチ

41 hydraulic power steering and reversing gears
水圧力操縦と後退ギヤ

42 fuel tank
燃料タンク

43 float lever
浮動レバー

44 four-cylinder diesel engine
4 気筒ディーゼル・エンジン

45 oil sump and pump for the pressure-feed lubrication system
オイル・ポンプ〈圧力潤滑用〉

46 fresh oil tank
補給用オイル・タンク

47 track rod ((米) tie rod)
タイ・ロッド, 連結棒

48 front axle pivot pin
ピボット・ピン, キング・ピン

49 front axle suspension
前輪懸架方式 (装置)

50 front coupling (front hitch)
フロント・ヒッチ部

51 radiator
ラジエーター, 放熱器

52 fan
冷却ファン

53 battery
バッテリー

54 oil bath air cleaner (oil bath air filter)
油槽式 (湿式) エア・クリーナー

55 cultivator (grubber)
カルチベーター, 耕耘(こううん)機

56 sectional frame
フレーム,台枠

57 spring tine
ばね歯かん

58 share
のみ刃〈ダイヤ形のみ刃 diamond-shaped share の一種。平形のみ刃は chisel-shaped share〉

59 depth wheel
耕深調節用尾輪

60 depth adjustment
耕深調節

61 coupling (hitch)
連結部 (ヒッチ)

62 reversible plough ((米) plow)
双用プラウ〈トラクター直装型プラウ mounted plough の一種〉

63 depth wheel
耕深調節用尾輪

64-67 plough ((米) plow) bottom
犁体(れいたい)〈汎用(はんよう)の犁体 general-purpose plough bottom の一種〉

64 mouldboard ((米) moldboard)
撥土板(はつどばん)

65 ploughshare (share, (米) plowshare)
刃板〈尖形刃(せんけいは)pointed share の一種〉

66 sole (slade)
犁床(れいしょう)

67 landside
地側板

68 skim coulter ((米) colter)
スキム・コールタ

69 disc (disk) coulter ((米) colter) (rolling coulter)
円板コールタ

70 plough ((米) plow) frame
プラウ・フレーム

71 beam (plough beam, (米) plowbeam)
プラウ・ビーム

72 three-point linkage
3 点リンク装置

73 swivel mechanism
犁体転向装置

74 drill
筋播(ま)き機, ドリル

75 seed hopper
種子ホッパー

76 drill coulter ((米) colter)
ドリル・コールタ

77 delivery tube
種子導管〈入れ子式の管 telescopic tube の一種〉

78 feed mechanism
種子繰出し装置

79 gearbox
ギヤケース, 歯車箱

80 drive wheel
駆動輪,接地輪

81 track indicator
走路(トラック)指示器, トラック・インジケーター

82 disc (disk) harrow
円板ハロー, ディスク・ハロー〈半固定型農具 semimounted implement の一種〉

83 discs (disks) in X-configuration
X形状の円板, X形 2 連ディスク

84 plain disc (disk)
完全円周円板, 手円板

85 serrated-edge disc (disk)
鋸歯(きょし)状形円板, 花形円板

86 quick hitch
クイック・ヒッチ, オート・ヒッチ

87 combination seed-harrow
除草ハロー, ウィーダマルチャ

88 three-section spike-tooth harrow
3 連ツース・ハロー

89 three-section rotary harrow
3 連ロータリー・ハロー

90 frame
フレーム, 台枠

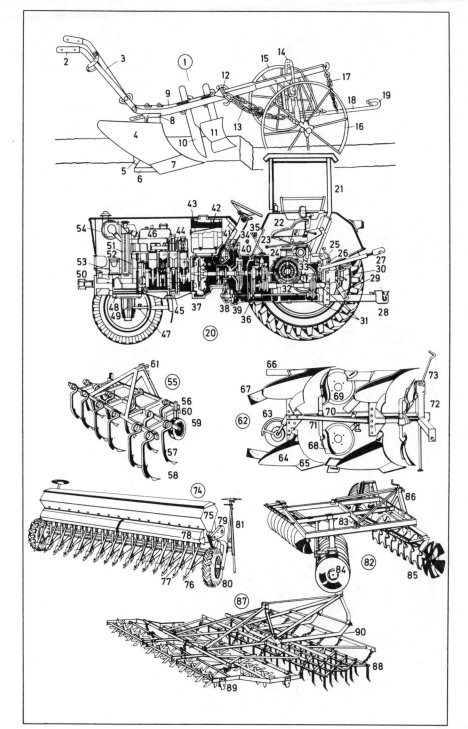

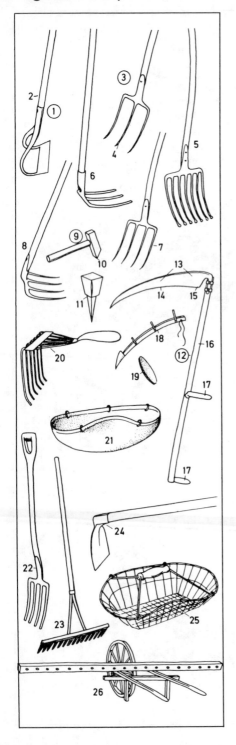

1 draw hoe (garden hoe)
　引きくわ（ホー）
2 hoe handle
　くわの柄(え)
3 three-pronged (three-tined) hay fork
　(fork)
　干草用 3 叉(さ)フォーク，ヘイ・フォーク
4 prong (tine)
　叉(また)
5 potato fork
　ジャガイモ用フォーク，ポテト・フォーク
6 potato hook
　ジャガイモ用くわ
7 four-pronged (four-tined) manure
　fork (fork)
　堆肥(たいひ)用 4 叉フォーク
8 manure hoe
　堆肥用くわ
9 whetting hammer [for scythes]
　かまとぎ用ハンマー
10 peen (pane)
　尖頭(せんとう)
11 whetting anvil [for scythes]
　かまとぎ用小金敷き
12 scythe
　西洋大かま
13 scythe blade
　西洋大かまの刃
14 cutting edge
　刃先
15 heel
　刃尻，元
16 snath (snathe, snead, sneath)
　大かまの柄(え)
17 handle
　握り，取っ手
18 scythe sheath
　さや，刃のカバー
19 whetstone (scythestone)
　砥石(といし)
20 potato rake
　ジャガイモ用くま手（レーキ）
21 potato planter
　ジャガイモ移植用かご
22 digging fork (fork)
　掘取り用フォーク
23 wooden rake (rake, hayrake)
　木製レーキ，ヘイレーキ
24 hoe (potato hoe)
　唐(とう)ぐわ
25 potato basket
　ジャガイモ収穫用かご〈金網かご wire
　basket の一種〉
26 clover broadcaster
　クローバー種子まき機

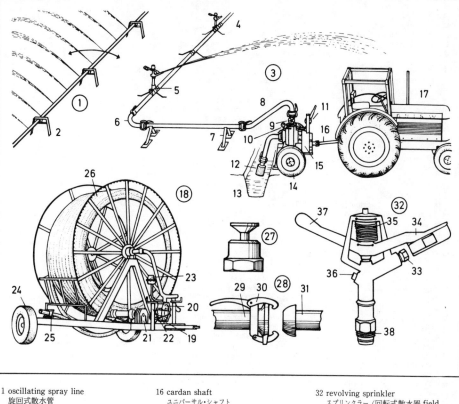

1 oscillating spray line
　旋回式散水管
2 stand (steel chair)
　散水管支持台
3 portable irrigation system
　可搬式散水灌漑(かんがい)装置
4 revolving sprinkler
　スプリンクラー，回転式散水器
5 standpipe coupler
　立上り継ぎ手
6 elbow with cardan joint (cardan coupling)
　カルダン・ジョイントつきエルボ・パイプ
7 pipe support (trestle)
　散水管架台
8 pump connection
　ポンプ連結部
9 delivery valve
　制水弁
10 pressure gauge (《米》 gage) (manometer)
　圧力計 (マノメーター)
11 centrifugal evacuating pump
　うず巻きポンプ
12 basket strainer
　バスケット・ストレーナー
13 channel
　水路
14 chassis of the p.t.o.-driven pump (power take-off-driven pump)
　P.T.O 駆動ポンプの台車
15 p.t.o.-driven (power take-off-driven) pump
　P.T.O.駆動ポンプ

16 cardan shaft
　ユニバーサル・シャフト
17 tractor
　トラクター
18 long-range irrigation unit
　長距離灌漑(かんがい)装置
19 drive connection
　駆動軸連結部
20 turbine
　タービン
21 gearing (gears)
　伝動装置
22 adjustable support
　トレーラー・スタンド
23 centrifugal evacuating pump
　うず巻きポンプ
24 wheel
　走行輪
25 pipe support
　ホース・スタンド
26 polyester pipe
　ポリエステル・ホース
27 sprinkler nozzle
　スプリンクラー・ノズル，散水ノズル
28 quick-fitting pipe connection with cardan joint
　カルダン継ぎ手つきクイック・パイプ・ジョイント
29 M-cardan
　Mカルダン，M形カルダン継ぎ手
30 clamp
　クランプ
31 V-cardan
　Vカルダン，V形カルダン継ぎ手

32 revolving sprinkler
　スプリンクラー〈回転式散水器 field sprinkler の一種〉
33 nozzle
　ノズル
34 breaker
　反動腕
35 breaker spring
　反動腕ばね
36 stopper
　栓
37 counterweight
　釣合いおもり，カウンター・ウェイト
38 thread
　ねじ部

1-47 arable crops (agricultural produce, farm produce)
農作物 (農産物)

1-37 varieties of grain (grain, cereals, farinaceous plants, bread-corn)
穀物 の 種類 (穀物, 澱粉植物, パン 用穀物)

1 rye
ライムギ 〈corn ともいう。corn は, 次のように, 各国・各地方の主食穀物をさす。北ドイツではライムギ rye, 南ドイツ・イタリアでは小麦 wheat, スウェーデンではオオムギ barley, スコットランドではオートムギ, 北アメリカではトウモロコシ maize, 中国では米 rice〉

2 ear of rye
ライムギの穂 〈穂は, 一般的に spike (head)〉

3 spikelet
小穂

4 ergot
麦角病 〈菌によって奇形になった穀粒〔菌糸体とともに示してある〕grain deformed by fungus [shown with mycelium] の一種〉

5 corn stem after tillering
株張りした後の穀類の茎

6 culm (stalk)
かん (稈)

7 node of the culm
かんの節

8 leaf (grain leaf)
葉 (穀類の葉)

9 leaf sheath (sheath)
葉鞘 (ようしょう)

10 spikelet
小穂

11 glume
護頴 (ごえい)

12 awn (beard, arista)
のぎ (芒)

13 seed (grain, kernel, farinaceous grain)
種子 (穀粒, 澱粉 (でんぷん) 穀粒)

14 embryo plant
萌芽期の植物

15 seed
種子

16 embryo
幼芽

17 root
根

18 root hair
根毛

19 grain leaf
穀類の葉

20 leaf blade (blade, lamina)
葉身

21 leaf sheath
葉鞘 (ようしょう)

22 ligule (ligula)
小舌, 舌片

23 wheat
コムギ

24 spelt
スペルトコムギ

25 seed
種子 〈未熟種子をグリーン・スペルト green spelt といい, スープ用の野菜 soup vegetable の一種〉

26 barley
大麦

27 oat panicle
オートムギの穂 〈円錐 (えんすい) 花序 panicle の一種〉

28 millet
キビ

29 rice
イネ

30 rice grain
もみ (もみ米), イネの種もみ

31 maize (Indian corn, (米) corn)
トウモロコシ 〈ポップコーン (ハジキトウモロコシ) popcorn, 馬歯種 dent corn, 硬粒種 flint corn (flint maize, (米) Yankee corn), 有浮種 pod corn ((米) cow corn, husk corn), 軟粒種 soft corn ((米) flour corn, squaw corn), 甘味種 sweet corn などの種類がある〉

32 female inflorescence
雌花

33 husk (shuck)
包被

34 style
花柱

35 male inflorescence (tassel)
雄花 (雄穂 (ゆうすい))

36 maize cob ((米) corn cob)
トウモロコシの穂軸

37 maize kernel (grain of maize)
トウモロコシの子実 (トウモロコシの穀粒)

38-45 root crops
根菜作物

38 potato plant (potato)
ジャガイモ 〈塊茎植物 tuberous plant の一種で, 円形 round, 卵形 (西洋ナシのような形) round-oval (pear-shaped), 偏卵形 flat-oval, 長形 long, 腎臓形 kidney-shaped potato などの種類があり, 色は白 white ((米) Irish), 黄 yellow, 赤 red, 紫 purple などがある〉

39 seed potato (seed tuber)
種イモ

40 potato tuber (potato, tuber)
ジャガイモの塊茎

41 potato top (potato haulm)
ジャガイモの地上部 〈葉と茎〉

42 flower
花

43 poisonous potato berry (potato apple)
有毒なジャガイモの果実

44 sugar beet
テンサイ 〈サトウダイコン beet の一種〉

45 root (beet)
テンサイの根部

46 beet top
テンサイの冠部

47 beet leaf
テンサイの葉

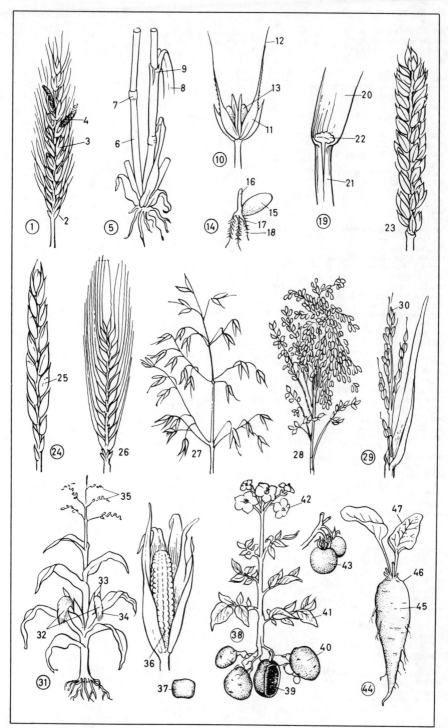

1-28 fodder plants (forage plants) for tillage
耕地栽培用飼料植物

1 red clover (purple clover)
　アカクローバー，ムラサキツメクサ

2 white clover (Dutch clover)
　シロクローバー，シロツメクサ

3 alsike clover (alsike)
　アルサイク・クローバー，タチオランダゲンゲ
　〈クローバーの一種で有用な牧草〉

4 crimson clover
　クリムソン・クローバー，バラ色クローバー（深
　紅色クローバー）

5 four-leaf (four-leaved) clover
　四つ葉のクローバー

6 kidney vetch (lady's finger, lady-finger)
　キドニイ・ベッチ〈ユーラシア産のマメ科の植
　物で，かつて腎臓病の治療に用いられた〉

7 flower
　クローバーの花

8 pod
　さや（莢）

9 lucerne (lucern, purple medick)
　アルファルファ（ルーサン），ムラサキウマゴヤ
　シ，スペインクローバー

10 sainfoin (cock's head, cockshead)
　イガマメ（スイスクローバー）

11 bird's foot (bird-foot, bird's foot trefoil)
　ミヤコグサ〈マメ科ミヤコグサ属の植物の総
　称〉

12 corn spurrey (spurrey, spurry)
　ノハラツメクサ〈ナデシコ科ノハラツメクサ属
　の一種〉

13 common comfrey
　コンフリ，ヒレハリソウ〈ムラサキ科 borage
　family (Boraginaceae)〉

14 flower (blossom)
　コンフリの花

15 field bean (broad bean, tick bean, horse bean)
　ソラマメ

16 pod
　さや（莢）

17 yellow lupin
　キハウチワマメ，キイロノボリフジ

18 common vetch
　カラスノエンドウ，コモンベッチ

19 chick-pea
　ヒヨコマメ，ヒメレンリソウ

20 sunflower
　ヒマワリ

21 mangold (mangelwurzel, mangoldwurzel, field mangel)
　トウチシャ〈サトウダイコンの一変種〉

22 false oat (oat-grass)
　エンバク（オートムギ）に似た草木の総称
　〈トールオートグラス（オオカニツリ）やカニツ
　リグサなど〉

23 spikelet
　小穂（しょうすい）

24 meadow fescue grass
　メド・フェスキュ〈トボシガラ fescue の一種〉

25 cock's foot (cocksfoot)
　オーチャードグラス，カモガヤ

26 Italian ryegrass
　イタリアン・ライグラス〈ペレニアル・ライグラ
　ス perennial ryegrass と同種〉

27 meadow foxtail
　オオスズメノテッポウ〈円錐(えんすい)花序のイ
　ネ科草木 paniculate grass の一種〉

28 greater burnet saxifrage
　オオワレモコウ

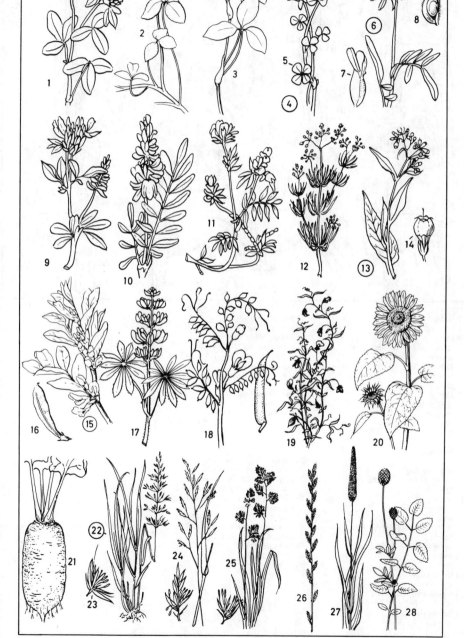

1 bulldog
ブルドッグ
2 ear
耳〈ローズ・イヤー rose-ear の一種〉
3 muzzle
鼻鏡
4 nose
鼻
5 foreleg
前脚、前肢
6 forepaw
前足
7 hind leg
後脚、後肢
8 hind paw
後足
9 pug (pug dog)
パグ（パグ・ドッグ）〈顔がブルドッグに似た小型犬〉
10 boxer
ボクサー
11 withers
鬐甲（きこう）〈両肩甲骨肉の隆起〉
12 tail
尾〈断尾された尾 docked tail〉
13 collar
首輪
14 Great Dane
グレート・デーン〈大型の犬〉
15 wire-haired fox terrier
ワイヤ・ヘッド・フォックス・テリア
16 bull terrier
ブル・テリア

17 Scottish terrier
スコティッシュ・テリア, スコッチ・テリア
18 Bedlington terrier
ベドリントン・テリア
19 Pekinese (Pekinese, Pekinese dog, Pekingese dog)
ペキニーズ, チン（狆）〈小型の愛玩犬の一種〉
20 spitz (Pomeranian)
スピッツ（ポメラニアン）
21 chow (chow-chow)
チャウ（チャウ・チャウ）〈舌が黒っぽい中国産の犬〉
22 husky
ハスキー
23 Afghan (Afghan hound)
アフガン（アフガン・ハウンド）
24 greyhound (《米》grayhound)
グレー・ハウンド〈猟犬 courser の一種〉
25 Alsatian (German sheepdog, 《米》German shepherd)
アルザス（ドイツ種セパード犬）〈警察犬 police dog, 番犬 watch dog, 盲導犬 guide dog として使われる〉
26 flews (chaps)
〈猟犬などの〉垂れ下がった上唇の両端
27 Dobermann terrier
ドーベルマン・テリア

28 dog brush
　手入れブラシ
29 dog comb
　手入れくし
30 lead (dog lead, leash)
　引きひも〈狩猟用のものは, leash〉
31 muzzle
　口籠(くちご), 口輪
32 feeding bowl (dog bowl)
　餌皿(えざら)
33 bone
　骨
34 Newfoundland dog
　ニューファンドランド・ドッグ〈カナダのニュー
　ファンドランド島原産〉
35 schnauzer
　シュナウザー・ドッグ〈ドイツ原産のテリア犬
　の一種〉
36 poodle
　プードル〈同種で, より小型のものに, ピグ
　ミー・プードル pygmy (pigmy) poodle がある〉
37 St. Bernard (St. Bernard dog)
　セント・バーナード〈アルプス地方原産の大型
　犬〉
38 cocker spaniel
　コッカ・スパニエル
39 dachshund
　ダックスフント〈テリア terrier の一種。ドイ
　ツ原産〉
40 German pointer
　ジャーマン・ポインター
41 English setter
　イングリッシュ・セッター〈英国原産〉

42 trackhound
　臭跡(しゅうせき)猟犬
43 pointer
　ポインター〈臭跡猟犬 trackhound の一
　種〉

1-6 equitation (high school riding, haute école)
馬術 (高等馬術, 修練調教)
1 piaffe
ピアッフェ〈その場で行う短縮速歩〉
2 walk
並歩(なみあし), だく足〈修練常歩〉
3 passage
パッセージ〈もっとも収縮した速歩〉
4 levade (pesade)
レヴァーデ, 後肢立ち〈馬体が地面と45度の角度で立つ〉
5 capriole
カプリオール〈後肢を蹴り出しその場で高く飛びあがる〉
6 courbette (curvet)
クルベット(騰躍(とうやく)。後肢で立ち, 前肢はつけずに後肢で前方へ数歩跳躍する〉
7-25 harness
馬具
7-13 bridle
馬勒(ばろく)
7-11 headstall (headpiece, halter)
おもがい, 頭絡
7 noseband
鼻革(はながわ)
8 cheek piece (cheek strap)
頬革(ほほがわ)
9 browband (front band)
額革(ひたいがわ)
10 crownpiece
項革(うなじがわ)
11 throatlatch (throatlash)
顎革(あごがわ)
12 curb chain
はみ鎖
13 curb bit
止めぐつわ
14 hasp (hook) of the hame ((米) drag hook)
牽鉤(けんこう), 軛(くびき)の止め金
15 pointed collar
首輪〈鞅(すながい)collarの一種〉
16 trappings (side trappings)
馬具の下げ飾り
17 saddle-pad
パッド
18 girth
腹帯
19 backband
背帯〈馬の荷鞍(にぐら)に渡した〉
20 shaft chain (pole chain)
轅(ながえ), 止め鎖
21 pole
轅
22 trace
挽(ひ)き皮, 引き綱
23 second girth (emergency girth)
補助腹帯
24 trace
挽き皮
25 reins ((米) lines)
手綱
26-36 breast harness
胸部馬具
26 blinker ((米) blinder, winker)
目隠し布, 遮眼帯
27 breast collar ring
抑止リング
28 breast collar (Dutch collar)
胸皮
29 fork
叉皮(またがわ)
30 neck strap
頸皮(くびがわ)
31 saddle-pad
パッド
32 loin strap
腰革
33 reins (rein, (米) line)
手綱
34 crupper (crupper-strap)
しりがい, 尻ばさみ
35 trace
挽(ひ)き皮
36 girth (belly-band)
腹帯
37-49 saddles
鞍
37-44 stock saddle ((米) western saddle)
西部式鞍
37 saddle seat
鞍座(あんざ)
38 pommel horn (horn)
鞍頭(くらがしら), 前橋(まえばし)
39 cantle
鞍尾, 後ろ橋
40 flap ((米) fender)
あおり革, 垂れ
41 bar
鞍褥(あんじょく)
42 stirrup leather
鐙革(あぶみがわ)
43 stirrup (stirrup iron)
鐙(あぶみ)
44 blanket
鞍敷き
45-49 English saddle (cavalry saddle)
イギリス鞍 (騎兵鞍)
45 seat
鞍座
46 cantle
後部鞍ばね
47 flap
あおり革
48 roll (knee roll)
しりがい, 尻繋(しりつなぎ)
49 pad
鞍褥(あんじょく)
50-51 spurs
拍車
50 box spur (screwed jack spur)
釘(くぎ)留め式の拍車
51 strapped jack spur
長靴用拍車
52 curb bit
止めぐつわ
53 gag bit (gag)
開口器
54 currycomb
鉄ぐし
55 horse brush (body brush, dandy brush)
ブラシ

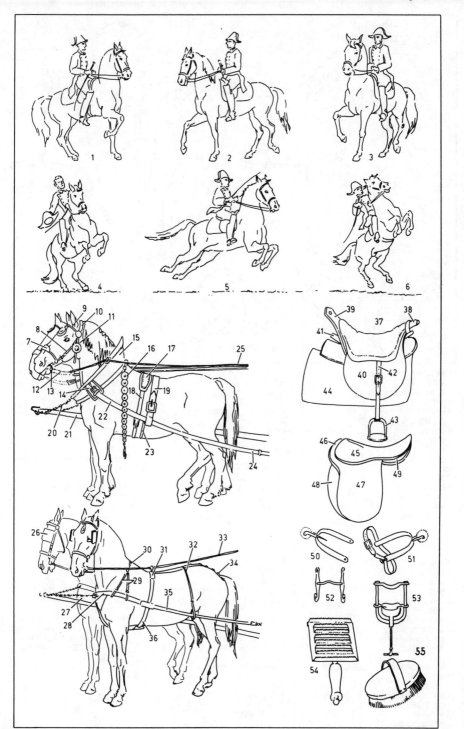

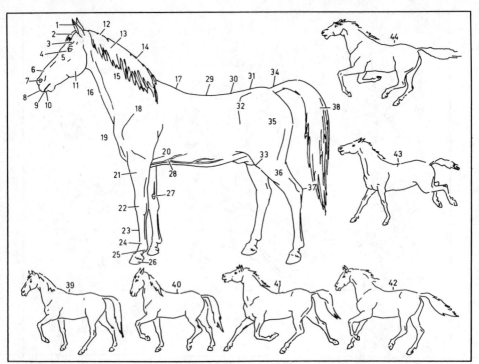

1-38 points of the horse
馬の各部名称
1-11 head(horse's head)
頭部
1 ear
　耳，耳箇(じこ)
2 forelock
　前髪
3 forehead
　額，前頭部
4 eye
　目
5 face
　顔
6 nose
　鼻，鼻梁(びりょう)
7 nostril
　鼻孔
8 upper lip
　上唇
9 mouth
　口
10 underlip (lower lip)
　下唇
11 lower jaw
　下顎
12 crest (neck)
　鬣(たてがみ)，山間(さんかん)，首筋
13 mane (horse's mane)
　鬣(たてがみ)
14 crest (horse's crest)
　鬣，公松原(こうまつばら)，首筋
15 neck
　くび (頸)
16 throat (**《米》** throatlatch, throatlash)
　のど (咽喉)
17 withers
　鬐甲(きこう)，肩

18-27 forehand
　体前部
18 shoulder
　肩
19 breast
　胸先
20 elbow
　肘(ひじ)
21 forearm
　前腕
22-26 forefoot
　前足部 (前腕部)
22 knee (carpus, wrist)
　前膝(まえひざ)
23 cannon
　管
24 fetlock
　球節
25 pastern
　繋(けい)
26 hoof
　蹄(ひづめ)
27 chestnut (castor)
　付蟬(ふぜん)〈馬の足の内側の骨頂部
　callosity〉
28 spur vein
　支筋脈，拍車筋脈
29 back
　背，馬の背，背梁(はいりょう)
30 loins (lumbar region)
　腰 (腰部)
31 croup (rump, crupper)
　尻
32 hip
　腰角(ようかく)
33-37 hind leg
　後足部，後脚部

33 stifle (stifle joint)
　後膝(あとひざ)
34 root (dock) of the tail
　尾のつけね (尾本(びほん))
35 haunch
　尻，琵琶腿(びわもも)
36 gaskin
　脛(すね)〈飛節と後膝関節との間の部分〉
37 hock
　飛節〈後脚ひざの先端〉
38 tail
　尾，馬の尾
39-44 gaits of the horse
　馬の足並み
39 walk
　並み足，常歩
40 pace
　側対歩
41 trot
　速歩
42 canter (hand gallop)
　普通の駆歩
43-44 full gallop
　大駆け，全速駆け足，襲歩
43 full gallop at the moment of descent
　on to the two forefeet
　前足が地面を離れている状態の駆け足
44 full gallop at the moment when all
　four feet are off the ground
　4足とも地面を離れている状態の駆け足
　(全速駆け足)

1-2 cattle
大型家畜
1 cow
ウシ〈反芻(はんすう)動物 ruminant の一種。
雄ウシは bull, 去勢(雄)牛は ox, 雌ウシ
は cow, 子ウシは calf〉
2 horse
ウマ〈雄ウマ(種ウマ)は stallion, 去勢ウマ
は gelding, 雌ウマは mare, 子ウマは
foal〉
3 donkey
ロバ
4 pack saddle (carrying saddle)
荷鞍(にぐら)
5 pack (load)
荷物
6 tufted tail
房状の尾
7 tuft
房
8 mule
ラバ〈雄ロバと雌馬との雑種 cross〉
9 pig
ブタ〈偶蹄(ぐうてい)動物 cloven-hoofed
animal の一種。雄ブタは boar, 雌ブタは
sow, 子ブタは piglet〉
10 pig's snout (snout)
ブタの鼻
11 pig's ear
ブタの耳
12 curly tail
巻き尾
13 sheep
ヒツジ〈雄ヒツジは ram, 去勢ヒツジは
wether, 雌ヒツジは ewe, 子ヒツジは
lamb〉
14 goat
ヤギ (山羊)

15 goat's beard
ヤギの〔あご〕ひげ
16 dog
イヌ〈レオンバーグ犬 Leonberger の一種。
雄イヌは dog, 雌イヌは bitch, 子イヌは
pup (puppy, whelp)〉
17 cat
ネコ〈アンゴラ猫 Angora cat (ペルシア猫
Persian cat) の一種。雄ネコをとくに tom
(tom cat)という〉
18-36 small domestic animals
小型家畜
18 rabbit
ウサギ, 家ウサギ〈雄ウサギは buck, 雌ウサ
ギは doe〉
19-36 poultry (domestic fowl)
家禽(かきん)類
19-26 chicken
ニワトリ (鶏)
19 hen
メンドリ
20 crop (craw)
餌袋(えぶくろ), 胃袋
21 cock ((米) rooster)
オンドリ(雄鶏)〈去勢したオンドリを capon
という〉
22 cockscomb (comb, crest)
とさか
23 lap
肉垂(にくすい), 耳たぶ
24 wattle (gill, dewlap)
肉垂, 垂れ肉
25 falcate (falcated) tail
鉤形(かぎがた)の尾
26 spur
けづめ
27 guinea fowl
ホロホロドリ

28 turkey
シチメンチョウ, ターキー〈雄を turkey
cock (gobbler), 雌を turkey hen という〉
29 fan tail
扇状の尾
30 peacock
クジャク (孔雀), ピーコック
31 peacock's feather
クジャクの羽根
32 eye (ocellus)
クジャクの羽根の玉模様
33 pigeon
ハト (鳩)〈雄バトを cock pigeon という〉
34 goose
ガチョウ (鵞鳥), グース〈雄のガチョウを
gander, 子のガチョウを gosling という〉
35 duck
アヒル〈雄のアヒルを drake, 子のアヒルを
duckling という〉
36 web (palmations) of webbed foot
(palmate foot)
水かきのついた足の水かき

74 Poultry Farming (Poultry Keeping), Egg Production

1-27 poultry farming (intensive poultry management)
養鶏（集中的養鶏管理）

1-17 straw yard (strawed yard) system
鶏舎

1 fold unit for growing stock (chick unit)
ひなどり用鶏舎, 育雛器（いくすうき）

2 chick
ひな, ひよこ

3 brooder (hover)
育雛器

4 adjustable feeding trough
調節可能な給飼樋（きゅうじひ）

5 pullet fold unit
育成舎

6 drinking trough
給水樋（ひ）

7 water pipe
給水パイプ

8 litter
敷きわら

9 pullet
中びな, メンドリ

10 ventilator
換気口

11-17 broiler rearing (rearing of broiler chickens)
ブロイラー養鶏（飼育）

11 chicken run ((米) fowl run)
平飼（がい）

12 broiler chicken (broiler)
ブロイラー鶏

13 mechanical feeder (self-feeder, feed dispenser)
円筒形飼餌器（しじき）

14 chain
〈つり下げ〉チェーン

15 feed supply pipe
飼料供給パイプ

16 mechanical drinking bowl (mechanical drinker)
給水器

17 ventilator
換気口

18 battery system (cage system)
立体飼育, バタリー飼育（ケージ飼育）

19 battery (laying battery)
バタリー, ケージの配列

20 tiered cage (battery cage, stepped cage)
ひな段式ケージ

21 feeding trough
給飼樋（きゅうじひ）

22 egg collection by conveyor
コンベヤによる集卵

23-27 mechanical feeding and dunging (manure removal, droppings removal)
給飼機と除糞機（じょふんき）

23 rapid feeding system for battery feeding (mechanical feeder)
自動給飼装置

24 feed hopper
飼料ホッパー

25 endless-chain conveyor (chain feeder)
チェーン式自動給飼機（給飼用チェーン・コンベヤ）

26 water pipe (liquid feed pipe)
給水パイプ

27 dunging chain (dunging conveyor)
チェーン式自動除糞機（除糞チェーン・コンベヤ）

28 [cabinet type] setting and hatching machine
[立体] 孵化器（ふかき）, 孵卵器

29 ventilation drum [for the setting compartment]
換気ドラム

30 hatching compartment (hatcher)
孵卵器

31 metal trolley for hatching trays
孵卵用トレイ台木

32 hatching tray
孵卵用トレイ

33 ventilation drum motor
換気ドラム駆動用モーター

34-53 egg production
採卵

34 egg collection system (egg collection)
自動集卵装置

35 multi-tier transport
多段集卵ベルト・コンベヤ

36 collection by pivoted fingers
ピボット・フィンガーによる集卵

37 drive motor
駆動用モーター

38 sorting machine
選卵機, 鶏卵選別機

39 conveyor trolley
コンベヤ・トロリー

40 fluorescent screen
蛍光スクリーン

41 suction apparatus (suction box) for transporting eggs
鶏卵吸引搬送装置

42 shelf for empty and full egg boxes
梱包（こんぽう）箱用棚

43 egg weighers
鶏卵計量器

44 grading
選別部

45 egg box
梱包用箱, 梱包用トレー

46 fully automatic egg-packing machine
自動鶏卵包装装置

47 radioscope box
放射線照射装置

48 radioscope table
放射線照射テーブル

49-51 feeder
鶏卵搬送装置

49 suction transporter
吸引搬送装置

50 vacuum line
真空パイプ

51 supply table
鶏卵供給テーブル

52 automatic counting and grading
自動計数装置と自動選別装置

53 packing box dispenser
梱包箱ディスペンサー [取出す装置]

54 leg ring
足輪

55 wing tally (identification tally)
個体識別票

56 bantam
バンタム種, チャボ

57 laying hen
産卵鶏, 成鶏

58 hen's egg (egg)
鶏卵

59 eggshell
卵殻〈卵の外被 egg integument の一つ〉

60 shell membrane
卵殻膜（まく）

61 air space
気空

62 white [of the egg] (albumen)
卵白, 白身

63 chalaza ((米) treadle)
カラザ, 卵帯

64 vitelline membrane (yolk sac)
卵黄膜

65 blastodisc (germinal disc, cock's tread, cock's treadle)
胚葉（はいよう）〈胚盤〉

66 germinal vesicle
卵核胞

67 white
白色卵黄

68 yolk
卵黄, 黄身

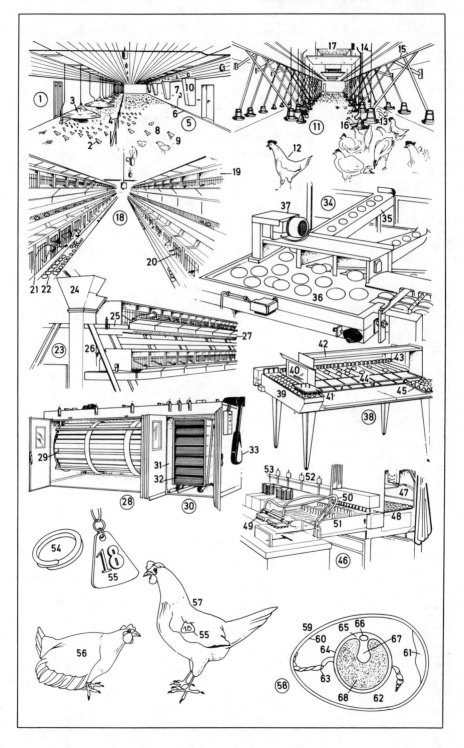

1 stable
馬〔小〕屋, 厩舎(きゅうしゃ)

2 horse stall (stall, horse box, box)
ストール, 馬房

3 feeding passage
給飼(きゅうじ)〔用〕通路

4 pony
ポニー, 小馬

5 bars
柵(さく)

6 litter
敷わら

7 bale of straw
梱包(こんぽう)麦わら

8 ceiling light
採光用天窓

9 sheep pen
羊小屋

10 mother sheep (ewe)
母ヒツジ (雌ヒツジ)

11 lamb
子ヒツジ

12 double hay rack
ヘイ・ラック

13 hay
まぐさ, 干草

14 dairy cow shed
乳牛舎

15-16 tether
繋留(けいりゅう)装置

15 chain
繋留チェーン

16 rail
横木

17 dairy cow (milch-cow, milker)
搾乳牛

18 udder
乳房

19 teat
乳頭

20 manure gutter
糞尿(ふんにょう)溝

21 manure removal by sliding bars
バーンクリーナーによる糞尿処理

22 short standing
ストール床

23 milking parlour ((米) parlor)
搾乳室〈斜列式ミルキングパーラー
herringbone parlourの一種〉

24 working passage
作業〔用〕通路

25 milker ((米) milkman)
搾乳者

26 teat cup cluster
ティート・カップ装置

27 milk pipe
送乳管, ミルク・パイプ

28 air line
空気パイプ

29 vacuum line
真空パイプ

30 teat cup
ティート・カップ

31 window
点検窓

32 pulsator
パルセーター, 脈動装置

33 release phase
吸引を解除したところ

34 squeeze phase
吸引しているところ

35 pigsty ((米) pigpen, hogpen)
豚舎

36 pen for young pigs
育成房

37 feeding trough
餌箱(えばこ)

38 partition
仕切り

39 pig
ブタ〈ここでは, 子ブタ young pig〉

40 farrowing and store pen
分娩(ぶんべん)豚房

41 sow
雌ブタ, 母ブタ

42 piglet ((米) shoat, shote) (sowpig
[for first 8 weeks])
子ブタ〔生後8週間〕

43 farrowing rails
分娩柵(さく)

44 liquid manure channel
糞尿(ふんにょう)溝

1-48 dairy (dairy plant)
乳加工設備

1 milk reception
受乳

2 milk tanker
原乳運搬車

3 raw milk pump
原乳ポンプ

4 flowmeter
流量計〈ギヤ式流量計 oval (elliptical)
gear meterの一種〉

5 raw milk storage tank
貯乳タンク

6 gauge ((米) gage)
乳量ゲージ

7 central control room
中央制御室

8 chart of the dairy
乳製品のチャート

9 flow chart (flow diagram)
工程のフロー・チャート表示

10 storage tank gauges ((米) gages)
貯乳タンク乳量ゲージ

11 control panel
制御盤

12-48 milk processing area
牛乳加工・処理機械

12 sterilizer (homogenizer)
滅菌装置〈ホモジナイザー〉

13 milk heater
ミルク・ヒーター〈類似のものに, クリーム・
ヒーター cream heaterがある〉

14 cream separator
クリーム分離機

15 fresh milk tanks
生ミルク・タンク

16 tank for sterilized milk
殺菌ミルク用タンク

17 skim milk (skimmed milk) tank
スキム・ミルク用タンク

18 buttermilk tank
バターミルク用タンク

19 cream tank
クリーム用タンク

20 fresh milk filling and packing plant
パック牛乳製造装置

21 filling machine for milk cartons
牛乳充填(じゅうてん)機〈milk tub fillerが
ある〉

22 milk carton
パック容器

23 conveyor belt (conveyor)
コンベヤ・ベルト

24 shrink-sealing machine
収縮密封機

25 pack of twelve in shrink foil
12個入りパック

26 ten-litre filling machine
10リットル充填機

27 heat-sealing machine
熱密封機

28 plastic sheets
プラスチック・シート

29 heat-sealed bag
熱密封された袋

30 crate
梱包(こんぽう)用すかし箱

31 cream maturing vat
クリーム完熟槽

32 butter shaping and packing machine
バター成形包装装置

33 butter churn
バター・チャン〈バター攪拌(かくはん)分離機
creamery butter machine for
continuous butter makingの一種〉

34 butter supply pipe
バター供給パイプ

35 shaping machine
バター成形機

36 packing machine
包装機

37 branded butter in 250 g packets
250g箱入り商標バター

38 plant for producing curd cheese
(curd cheese machine)
カード・チーズ製造機

39 curd cheese pump
カード・チーズ・ポンプ

40 cream supply pump
クリーム供給ポンプ

41 curds separator
カード分離機

42 sour milk vat
酸性乳槽

43 stirrer
攪拌(かくはん)機

44 curd cheese packing machine
カード・チーズ充填(じゅうてん)機

45 packeted curd cheese
容器詰めされたカード・チーズ

46 bottle-capping machine (capper)
打栓機

47 cheese machine
チーズ製造機

48 rennet vat
レンネット槽〈レンネット rennetは, 牛乳の
凝固剤〉

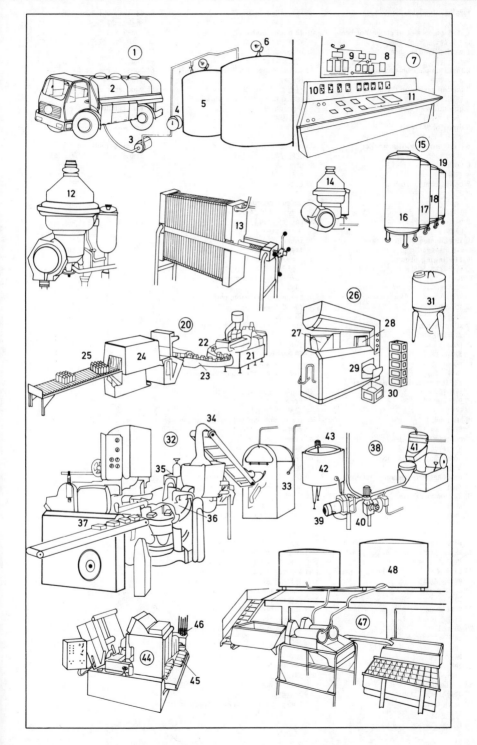

1-25 bee (honey-bee, hive-bee)
ミツバチ

1, 4, 5 castes (social classes) of bees
ミツバチの〔社会的〕階級

1 worker (worker bee)
ハタラキバチ

2 three simple eyes (ocelli)
3つの単眼

3 load of pollen on the hind leg
後脚につけた花粉の塊

4 queen (queen bee)
ジョオウバチ

5 drone (male bee)
オスバチ

6-9 left hind leg of a worker
ハタラキバチの左後脚

6 pollen basket
花粉槽

7 pollen comb (brush)
花粉ぐし

8 double claw
1 対の爪(つめ)

9 suctorial pad
吸盤

10-19 abdomen of the worker
ハタラキバチの腹部

10-14 stinging organs
毒針器官, 刺針器官

10 barb
逆釣棘(ぎゃくちょうし)〈さかさとげのついた 虫の針〉

11 sting
毒針

12 sting sheath
毒針鞘(どくしんしょう)

13 poison sac
毒嚢(どくのう)

14 poison gland
毒腺(どくせん)

15-19 stomachic-intestinal canal
胃腸管

15 intestine
腸

16 stomach
胃

17 contractile muscle
収縮筋

18 honey bag (honey sac)
蜜嚢

19 oesophagus (esophagus, gullet)
食道

20-24 compound eye
複眼

20 facet
個眼〈複眼の構成要素〉

21 crystal cone
円錐(えんすい)小体

22 light-sensitive section
感光部

23 fibre ((米) fiber) of the optic nerve
視神経繊維

24 optic nerve
視神経

25 wax scale
蠟片(ろうへん)

26-30 cell
巣室(そうしつ)（ハチの巣）

26 egg
卵

27 cell with the egg in it
卵の入っている巣室

28 young larva
若齢(じゃくれい)幼虫

29 larva (grub)
幼虫

30 chrysalis (pupa)
さなぎ(蛹)

31-43 honeycomb
蜜巣(みつそう), 蜜房

31 brood cell
幼虫のいる巣室

32 sealed (capped) cell with chrysalis (pupa)
有蓋(ゆうがい)蛹巣室(ようそうしつ)

33 sealed (capped) cell with honey (honey cell)
有蓋蜜室

34 worker cells
ハタラキバチの巣室

35 storage cells, with pollen
花粉貯蔵室

36 drone cells
オスバチ房

37 queen cell
王台

38 queen emerging from her cell
王台から羽化したジョオウバチ

39 cap (capping)
王台のふた

40 frame
巣枠

41 distance piece
自距金具

42 [artificial] honeycomb
[人工] 蜜巣

43 septum (foundation, comb foundation)
隔壁, 巣礎(そうそ)

44 queen's travelling ((米) traveling) box
ジョオウバチ移動箱

45-50 beehive
ミツバチの巣箱〈携帯巣箱 movable-frame hive (movable-comb hive)の一種〉

45 super (honey super) with honeycombs
蜜巣のある重ね箱

46 brood chamber with breeding combs
飼育巣(しいくそう)のある幼虫室

47 queen-excluder
隔王板

48 entrance
巣門

49 flight board (alighting board)
前板 (着陸板)

50 window
窓

51 old-fashioned bee shed
旧式ミツバチ小屋

52 straw hive (skep)
麦わら製巣箱〈巣箱 hiveの一種〉

53 swarm (swarm cluster) of bees
ミツバチの分封(ぶんぽう)集団

54 swarming net (bag net)
分封捕獲網

55 hooked pole
捕獲棒

56 apiary (bee house)
ミツバチ小屋

57 beekeeper (apiarist, (米) beeman)
養蜂者

58 bee veil
面布

59 bee smoker
燻煙器(くんえんき)

60 natural honeycomb
自然巣

61 honey extractor (honey separator)
ミツバチ分離器

62-63 strained honey (honey)
濾過(ろか)蜂蜜

62 honey pail
〈おけ状の〉蜂蜜容器

63 honey jar
蜂蜜びん

64 honey in the comb
巣蜜(そうみつ)

65 wax taper
蜜蠟(みつろう)灯心

66 wax candle
蜜蠟ろうそく

67 beeswax
蜜蠟

68 bee sting ointment
蜂毒用(ほうどくよう)軟膏(なんこう)

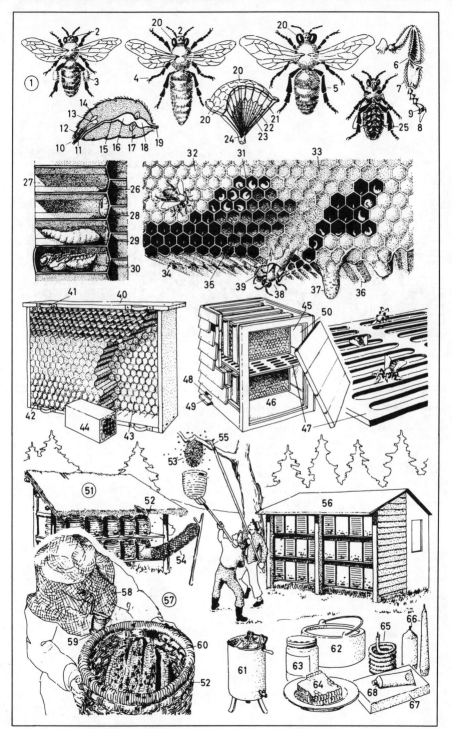

1-21 vineyard area
ブドウ園

1 vineyard using wire trellises for training vines
ブドウの誘引(整枝)に針金柵(さく)を用いているブドウ園

2-9 vine ((米) grapevine)
ブドウ

2 vine shoot
ブドウの主枝

3 long shoot
長い若枝

4 vine leaf
ブドウの葉

5 bunch of grapes (cluster of grapes)
ブドウの果房

6 vine stem
ブドウの茎

7 post (stake)
支柱

8 guy (guy wire)
支え線, 針金

9 wire trellis
針金柵

10 tub for grape gathering
ブドウ収穫用おけ

11 grape gatherer
ブドウ摘み〔をする人〕

12 secateurs for pruning vines
ブドウ剪定(せんてい)用のはさみ

13 wine grower (viniculturist, viticulturist)
ブドウ栽培師, ブドウ園主

14 dosser carrier
しょいかご運搬人

15 dosser (pannier)
しょいかご

16 crushed grape transporter
つぶしたブドウ運搬車

17 grape crusher
ブドウ破砕機

18 hopper
ホッパー〈下方から放出する貯蔵槽〉

19 three-sided flap extension
〈ブドウを破砕機にいれやすくするための〉3方の跳ね板

20 platform
乗降台

21 vineyard tractor
ブドウ園トラクター〈狭軌トラクター
narrow-track tractorの一種〉

1-22 wine cellar (wine vault)
ブドウ酒貯蔵室
1 vault
ヴォールト，丸天井
2 wine cask
ブドウ酒貯蔵樽(だる)
3 wine vat
ブドウ酒大おけ〈コンクリート製大おけ
concrete vat の一つ〉
4 stainless steel vat
ステンレス・スチール 大 おけ〈または，合成物
質製の大おけ vat made of synthetic
material〉
5 propeller-type high-speed mixer
プロペラ式高速ミキサー
6 propeller mixer
プロペラ・ミキサー
7 centrifugal pump
遠心(渦巻き)ポンプ
8 stainless steel sediment filter
ステンレス・スチール沈澱物濾過器(ろかき)
9 semi-automatic circular bottling
machine
半自動円形びん詰め機
10 semi-automatic corking machine
半自動コルク栓機
11 bottle rack
びん栅(さく)
12 cellarer's assistant
酒蔵(貯蔵室)従業員
13 bottle basket
びんかご
14 wine bottle
ブドウ酒びん

15 wine jug
ブドウ酒用ジャグ
16 wine tasting
ブドウ酒の試飲
17 head cellarman
酒蔵室取扱主任
18 cellarman
酒蔵管理係
19 wineglass
ワイングラス
20 inspection apparatus [for
spotchecking samples]
検査器具［抜取り検査試料用］
21 horizontal wine press
水平型ブドウ圧搾機(あっさくき)
22 humidifier
加湿器

1-19 fruit pests
果樹の害虫
1 gipsy (gypsy) moth
マイマイガ
2 batch (cluster) of eggs
卵塊
3 caterpillar
毛虫〈鱗翅（りんし）目の幼虫〉
4 chrysalis (pupa)
さなぎ（蛹）
5 small ermine moth
リンゴスガ〈スガ科 ermine moth の一種〉
6 larva (grub)
幼虫（うじ）
7 tent
巣網（すあみ）
8 caterpillar skeletonizing a leaf
葉を暴食している幼虫
9 fruit surface eating tortrix moth
(summer fruit tortrix moth)
果皮を食害するハマキガ（リンゴコカクマン
ハマキ）
10 appleblossom weevil
リンゴハナゾウムシ〈ゾウムシ weevil の一
種〉
11 punctured, withered flower (blossom)
孔をあけられて枯れた花
12 hole for laying eggs
産卵孔
13 lackey moth
オビカレハ
14 caterpillar
毛虫〈3と同じ〉
15 eggs
卵
16 winter moth
フユシャク〈シャクトリガ科 geometrid の
一種〉
17 caterpillar
毛虫〈3と同じ〉
18 cherry fruit fly
オウトウ（桜桃）ミバエ〈果実穿孔（せんこう）虫
borer の一種〉
19 larva (grub, maggot)
幼虫，うじ
20-27 vine pests
ブドウの病害虫
20 downy mildew
べと病〈露菌病 mildew の一種で，落葉を
起こす〉
21 grape affected with downy mildew
ブドウの実についたべと病
22 grape-berry moth
ブドウシンクイガ
23 first-generation larva of the grape-
berry moth (《米》grape worm)
ブドウシンクイガの1世代目の幼虫
24 second-generation larva of the
grape-berry moth (《米》grape worm)
ブドウシンクイガの2世代目の幼虫
25 chrysalis (pupa)
さなぎ（蛹）
26 root louse
根の寄生虫〈ここでは，ブドウアブラムシ
grape phylloxera〉
27 root gall (knotty swelling of the
root, nodosity, tuberosity)
根の虫癭（ちゅうえい）（こぶ状にふくらんだ根，
結節）
28 brown-tail moth
モンシロドクガ
29 caterpillar
毛虫〈3と同じ〉
30 batch (cluster) of eggs
卵塊

31 hibernation cocoon
越冬繭（まゆ）
32 woolly apple aphid (American
blight)
リンゴワタムシ〈アブラムシ aphid の一種〉
33 gall caused by the woolly apple
aphid
リンゴワタムシによってできた虫癭（ちゅうえい）
34 woolly apple aphid colony
リンゴワタムシの群れ
35 San-José scale
サンホセカイガラムシ〈カイガラムシ scale
insect (scale louse の一種〉
36 larvae (grubs) [*male* elongated,
female round]
幼虫［雄は長形，雌は円形］
37-55 field pests
畑の害虫
37 click beetle
コメツキムシ〈snapping beetle (《米》
snapping bug) ともいう〉
38 wireworm, larva of the click beetle
ハリガネムシ，コメツキムシの幼虫
39 flea beetle
ノミハムシ
40 Hessian fly
ヘシアンバエ〈タマバエ gall midge (gall
gnat)の一種〉
41 larva (grub)
幼虫（うじ）
42 turnip moth
カブラヤガ〈earth moth の一種〉
43 chrysalis (pupa)
さなぎ（蛹）
44 cutworm
幼虫〈ネキリムシ caterpillar の一種〉
45 beet carrion beetle
サトウダイコンシデムシ
46 larva (grub)
幼虫（うじ）
47 large cabbage white butterfly
オオモンシロチョウ
48 caterpillar of the small cabbage
white butterfly
モンシロチョウの幼虫
49 brown leaf-eating weevil
ヤサイゾウムシ〈ゾウムシ weevil の一種〉
50 feeding site
食われたところ
51 suger beet eelworm
テンサイにつく線虫〈線虫 nematode
(threadworm, hairworm)の一種〉
52 Colorado beetle (potato beetle)
コロラドハムシ
53 mature larva (grub)
老熟幼虫
54 young larva (grub)
若齢（じゃくれい）幼虫
55 eggs
卵

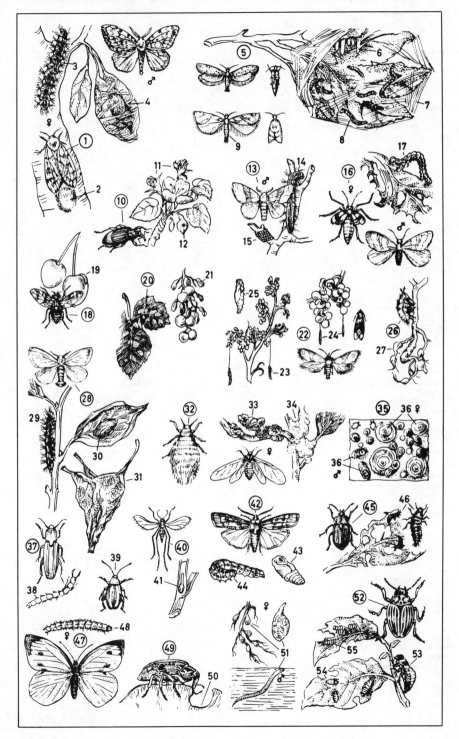

1-14 house insects
家の虫

1 lesser housefly
ヒメイエバエ

2 common housefly
イエバエ

3 chrysalis (pupa, coarctate pupa)
さなぎ (蛹) (囲いさなぎ)

4 stable fly (biting housefly)
サシバエ

5 trichotomous antenna
3 つに分かれた触角

6 wood louse (slater, (米) sow bug)
ワラジムシ

7 house cricket
イエコオロギ

8 wing with stridulating apparatus
(stridulating mechanism)
発音器をもつはね (翅)

9 house spider
イエグモ

10 spider's web
クモの巣網

11 earwig
ハサミムシ

12 caudal pincers
尾部のはさみ

13 clothes moth
コロモガ〈ガ moth の一種〉

14 silverfish ((米) slicker)
シミ〈総称は, bristletail〉

15-30 food pests (pests to stores)
食品害虫

15 cheesefly
チーズバエ

16 grain weevil (granary weevil)
グラナリアコクゾウ

17 cockroach (black beetle)
ゴキブリ

18 meal beetle (meal worm beetle, flour
beetle)
コメノゴミムシダマシ

19 spotted bruchus
ヨツモンマメゾウ

20 larva (grub)
幼虫 (うじ)

21 chrysalis (pupa)
さなぎ (蛹)

22 leather beetle (hide beetle)
ハラジロカツオブシムシ

23 yellow meal beetle
ウスイロゴミムシダマシ

24 chrysalis (pupa)
さなぎ (蛹)

25 cigarette beetle (tobacco beetle)
タバコシバンムシ

26 maize billbug (corn weevil)
ゾウムシ〔の一種〕

27 one of the Cryptolestes
ノコギリヒラタムシ属の一種〈貯穀害虫
grain pest の一種〉

28 Indian meal moth
ノシメマダラメイガ

29 Angoumois grain moth (Angoumois
moth)
バクガ

30 Angoumois grain moth caterpillar
inside a grain kernel
穀粒中のバクガ幼虫

31-42 parasites of man
人体寄生虫

31 round worm (maw worm)
回虫

32 female
雌

33 head
頭部

34 male
雄

35 tapeworm
有鉤(ゆうこう)条虫〈扁形動物 flatworm の
一種〉

36 head
頭部〈吸入器官 suctorial organ の一
種〉

37 sucker
吸盤

38 crown of hooks
鉤(かぎ)をもつ額(がく)

39 bug (bed bug, (米) chinch)
トコジラミ

40 crab louse
ケジラミ〈ヒトジラミ human louse の一
種〉

41 clothes louse (body louse)
コロモジラミ〈ヒトジラミ human louse の一
種〉

42 flea (human flea, common flea)
ノミ (ヒトノミ)

43 tsetse fly
ツェツェバエ

44 malaria mosquito
マラリアカ

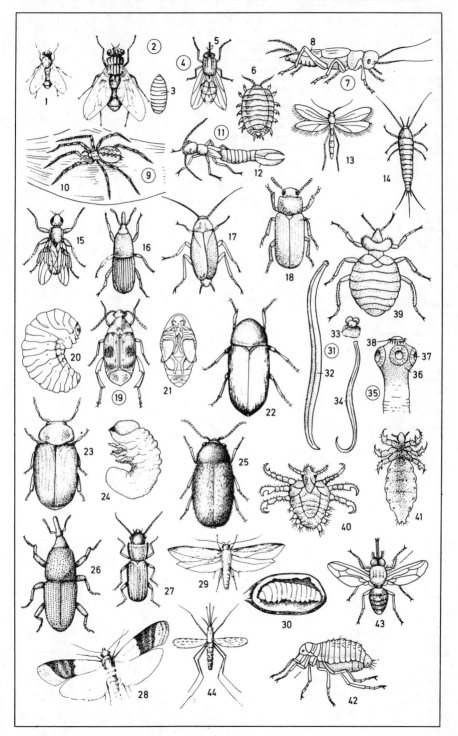

1 cockchafer (May bug)
コフキコガネ (腮角(さいかく)類のカブトムシ
lamellicorn の一種)
2 head
頭部
3 antenna (feeler)
触角
4 thoracic shield (prothorax)
前胸
5 scutellum
小楯板(しょうじゅんばん)
6-8 legs
脚部
6 front leg
前脚
7 middle leg
中脚
8 back leg
後脚
9 abdomen
腹部
10 elytron (wing case)
翅鞘(ししょう)
11 membranous wing
膜状の後翅(こうし)
12 cockchafer grub
コフキコガネの幼虫 〈幼虫は一般に larva〉
13 chrysalis (pupa)
さなぎ (蛹)
14 processionary moth
オビガ 〈夜行性のガ nocturnal moth
(night-flying moth)の一種〉
15 moth
ガ 〈成虫〉
16 caterpillars in procession
行列して移動する幼虫
17 nun moth (black arches moth)
ノンネマイマイガ
18 moth
ガ 〈成虫〉
19 eggs
卵
20 caterpillar
毛虫
21 chrysalis (pupa) in its cocoon
まゆ(繭)の中のさなぎ(蛹)
22 typographer beetle
キクイムシ 〈キクイムシ科 bark beetle の一
種〉
23-24 galleries under the bark
樹皮下の孔道(こうどう)
23 egg gallery
産卵孔道
24 gallery made by larva
幼虫によって作られた孔道
25 larva (grub)
幼虫
26 beetle
成虫
27 pine hawkmoth
マツクロスズメガ 〈スズメガ hawkmoth の
一種〉
28 pine moth
マツエダシャク 〈シャクトリガ 科 geometrid
の一種〉
29 male moth
雄のガ
30 female moth
雌のガ
31 caterpillar
幼虫
32 chrysalis (pupa)
さなぎ (蛹)
33 oak-gall wasp
ナライガフシバチ 〈タマバチ gall wasp の一
種〉

34 oak gall (oak apple)
ナラの虫瘿(ちゅうえい) 〈一般に, gall という〉
35 wasp
ハチ 〈成虫〉
36 larva (grub) in its chamber
虫瘿室の中の幼虫
37 beech gall
ブナの葉の虫瘿
38 spruce-gall aphid
トウヒアブラムシ
39 winged aphid
有翅型(ゆうしがた)のアブラムシ
40 pineapple gall
パイナップル状虫瘿
41 pine weevil
マツアナアキゾウムシ
42 beetle (weevil)
成虫
43 green oak roller moth (green oak
tortrix)
ハマキガ〔の一種〕 〈ハマキムシ leaf roller の
一種〉
44 caterpillar
幼虫
45 moth
ガ 〈成虫〉
46 pine beauty
マツキリガ
47 caterpillar
幼虫
48 moth
ガ 〈成虫〉

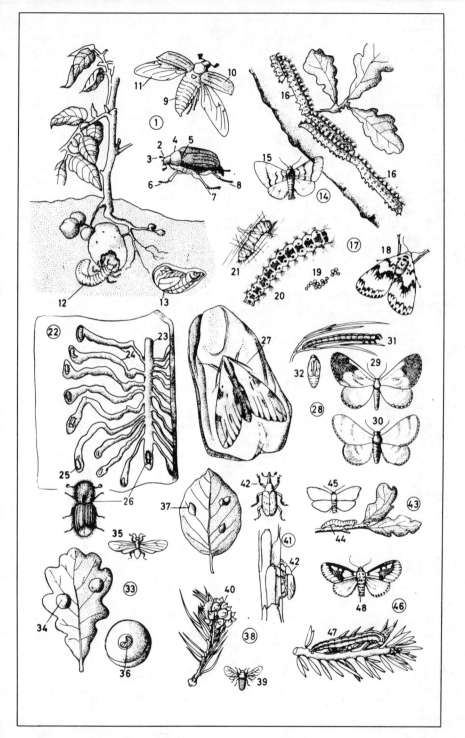

1 area spraying
広域噴霧

2 tractor-mounted sprayer
ブーム・スプレーヤー

3 spray boom
スプレー・ブーム〈張り出し支柱〉

4 fan nozzle
ノズル

5 spray fluid tank
薬液タンク

6 foam canister for blob marking
マーカー用泡容器

7 spring suspension
ばねつり具

8 spray
スプレー

9 blob marker
マーカー

10 foam feed pipe
泡供給パイプ

11 vacuum fumigator (vacuum
fumigation plant) of a tobacco
factory
タバコ工場の真空燻蒸(くんじょう)装置

12 vacuum chamber
真空室〈害虫駆除, べと病等の消毒用〉

13 bales of raw tobacco
梱包(こんぼう)された葉タバコ

14 gas pipe
ガス管

15 mobile fumigation chamber for
fumigating nursery saplings
移動式燻蒸消毒機〈苗木 vine layers, ブ
ドウの若木種子 seeds, 空袋の青酸 empty
sacks with hydrocyanic (prussic)
acid などの処理に利用〉

16 gas circulation unit
ガス循環装置

17 tray
トレイ

18 spray gun
吹付け器, スプレー・ガン

19 twist grip (control grip, handle) for
regulating the jet
噴霧調節用グリップ

20 finger guard
取っ手のガード

21 control lever (operating lever)
操作レバー

22 spray tube
スプレー・チューブ, 噴霧管

23 cone nozzle
円錐(えんすい)形ノズル

24 hand spray
手動スプレー

25 plastic container
プラスチック容器

26 hand pump
手動ポンプ・レバー

27 pendulum spray for hop growing on
slopes
振子式スプレー〈傾斜地のホップ栽培用〉

28 pistol-type nozzle
ピストル式ノズル

29 spraying tube
噴霧チューブ管

30 hose connection
ホース連結部

31 tube for laying poisoned bait
毒餌(どくじ)敷設用チューブ

32 fly swat
ハエたたき

33 soil injector (carbon disulphide, ((米))
carbon disulfide, injector) for killing
the vine root louse
土壌消毒器, ソイル・インジェクター〈ブドウ

根寄生虫殺虫用〉

34 foot lever (foot pedal, foot treadle)
フット・レバー〈深度調整板〉

35 gas tube
ガス注入管

36 mousetrap
ネズミ取り

37 vole and mole trap
ハタネズミとモグラ取り用わな

38 mobile orchard sprayer
車輪つき動力噴霧機〈手押車噴霧器
wheelbarrow sprayer (carriage
sprayer) の一種〉

39 spray tank
薬液タンク

40 screw-on cover
ねじぶた

41 direct-connected motor-driven pump
with petrol motor
ガソリン・エンジン直結ポンプ

42 pressure gauge (((米)) gage)
(manometer)
圧力計, マノメーター

43 plunger-type knapsack sprayer
プランジャー式背負いスプレーヤー

44 spray canister with pressure
chamber
往復ポンプつき薬液タンク

45 piston pump lever
ポンプ操作レバー

46 hand lance with nozzle
噴霧管とノズル

47 semi-mounted sprayer
半装着型スプレーヤー, スピード・スプレー
ヤー

48 vineyard tractor
ブドウ園用トラクター

49 fan
送風機

50 spray fluid tank
薬液タンク

51 row of vines
ブドウのうね

52 dressing machine (seed-dressing
machine) for dry-seed dressing (seed
dusting)
乾式種子消毒機

53 dedusting fan (dust removal fan)
with electric motor
モーターつき粉末分離ファン

54 bag filter
袋フィルター

55 bagging nozzle
袋詰め用排出口

56 dedusting screen (dust removal
screen)
粉末分離スクリーン

57 water canister [containing water
for spraying]
水容器

58 spray unit
噴霧装置

59 conveyor unit with mixing screw
混合用スクリュー・コンベヤ

60 container for disinfectant powder
with dosing mechanism
適量に分ける装置のついた殺虫剤粉末容器

61 castor
キャスター

62 mixing chamber
混合室

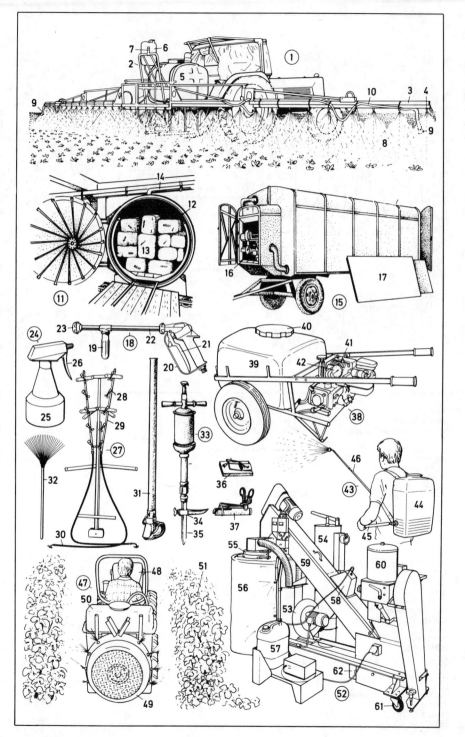

1-34 forest
森林〈樹林 wood の一つ〉

1 ride (aisle, lane, section line)
車道，杣道〈そまみち〉

2 compartment (section)
林班〈りんぱん〉

3 wood haulage way
木材運搬道路〈林道 forest track の一つ〉

4-14 clear-felling system
皆伐〈かいばつ〉作業

4 standing timber
立木

5 underwood (underbrush,
undergrowth, brushwood, (米)
brush)
下木

6 seedling nursery, a tree nursery
苗圃〈びょうほ〉

7 deer fence (fence)
防護ネット〈苗木〈なえぎ〉の防護のための金網
柵〈さく〉 wire netting fence (protective
fence for seedlings) の一つ。
同種のものに，ウサギ柵 rabbit fence があ
る〉

8 guard rail
防護柵，横木，ガードレール

9 seedlings
苗木

10-11 young trees
若木

10 tree nursery after transplanting
床替え苗圃

11 young plantation
幼齢人工林

12 young plantation after brashing
枝打ち後の幼齢人工林

13 clearing
皆伐〈かいばつ〉

14 tree stump (stump, stub)
切株

15-37 wood cutting (timber cutting, tree felling, **(米)** lumbering)
伐木(ばつぼく)

15 timber skidded to the stack (stacked timber, **(米)** yarded timber)
置場に積んだ素材

16 stack of logs, one cubic metre (**(米)** meter) of wood
榾 (はい, はえ)〈1立方メートルの木材〉

17 post (stake)
支柱, 止め

18 forest labourer (woodsman, **(米)** logger, lumberer, lumberjack, lumberman, timberjack) turning (**(米)** canting) timber
木材を転がす林業作業員

19 bole (tree trunk, trunk, stem)
樹幹

20 feller numbering the logs
丸太に番号をつけている作業員

21 steel tree calliper (caliper)
スケール製輪尺

22 power saw (motor saw) cutting a bole
樹幹を切っている動力のこ

23 safety helmet with visor and ear pieces
まびさしと耳覆いつき安全ヘルメット

24 annual rings
年輪

25 hydraulic felling wedge
油圧式くさび

26 protective clothing 〔orange top, green trousers〕
防護衣

27 felling with a power saw (motor saw)
動力のこを用いた伐木

28 undercut (notch, throat, gullet, mouth, sink, kerf, birdsmouth)
〔伐(き)り〕受け口

29 back cut
〔伐(き)り〕追い口

30 sheath holding felling wedge
くさび入れさや

31 log
丸太

32 free-cutting saw for removing underwood and weeds
刈払い機

33 circular saw (or activated blade) attachment
丸のこ

34 power unit (motor)
動力装置

35 canister of viscous oil for the saw chain
ソー・チェーン用〔粘着性〕オイルかん

36 petrol canister (**(米)** gasoline canister)
ガソリンかん

37 felling of small timber (of small-sized thinnings) (thinning)
間伐(かんばつ)

1 axe ((米) ax)
　おの
2 edge (cutting edge)
　刃先
3 handle (helve)
　柄(え)
4 felling wedge (falling wedge) with wood insert and ring
　木差し込みと輪のついた伐採(ばっさい)用くさび
5 riving hammer (cleaving hammer, splitting hammer)
　切裂きハンマー
6 lifting hook
　手鉤(てかぎ)
7 cant hook
　鉤(かぎ)てこ
8 barking iron (bark spud)
　皮はぎのみ
9 peavy
　鉤てこ〈丸太材を回転させて取扱うのに用いる〉
10 slide calliper (caliper) (calliper square)
　はさみ尺
11 billhook
　なたがま〈小枝を払うかま knife for lopping の一つ〉
12 revolving die hammer (marking hammer, marking iron, (米) marker)
　回転式番号打刻ハンマー
13 power saw (motor saw)
　動力のこ, チェーン・ソー
14 saw chain
　鎖状のこ歯
15 safety brake for the saw chain, with finger guard
　指つばつき鎖状鋸歯の安全ブレーキ
16 saw guide
　ソー・チェーン
17 accelerator lock
　スロットル・レバー・ロック
18 snedding machine (trimming machine, (米) knotting machine, limbing machine)
　枝払い機
19 feed rolls
　供給ロール
20 flexible blade
　枝払い刃
21 hydraulic arm
　油圧アーム
22 trimming blade
　枝払い刃
23 debarking (barking, bark stripping) of boles
　幹の皮はぎ機
24 feed roller
　供給ローラー
25 cylinder trimmer
　シリンダー・トリマー
26 rotary cutter
　回転切断機
27 short-haul skidder
　[林内] 集材車
28 loading crane
　積込みクレーン
29 log grips
　ログ・グリップ
30 post
　支柱
31 Ackermann steering system
　アッカーマン・ステアリング装置
32 log dump
　丸太置場

33 number (identification number)
　番号 (認識番号)
34 skidder
　スキット
35 front blade (front plate)
　前刃 (前板)
36 crush-proof safety bonnet ((米) safety hood)
　耐粉砕安全ボーネット
37 Ackermann steering system
　アッカーマン・ステアリング装置
38 cable winch
　ケーブル・ウインチ, 巻上げ機
39 cable drum
　ケーブル・ドラム
40 rear blade (rear plate)
　後板, 止め板
41 boles with butt ends held off the ground
　地上から持ち上げられた元口のある幹
42 haulage of timber by road
　木材の道路運搬
43 tractor (tractor unit)
　牽引車, トレーラー・キャブ
44 loading crane
　積込みクレーン
45 hydraulic jack
　油圧ジャッキ
46 cable winch
　ケーブル・ウインチ, 巻上げ機
47 post
　支柱
48 bolster plate
　長沈板(ちょうちんばん)
49 rear bed (rear bunk)
　後(あと)ボディ

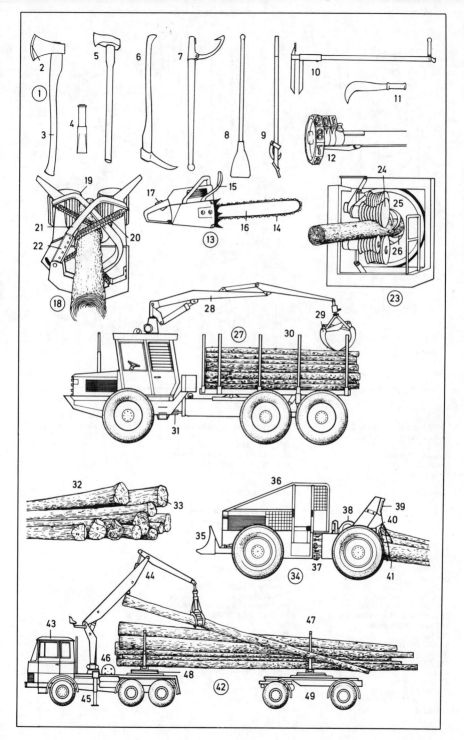

1-52 kinds of hunting
狩猟の種類

1-8 stalking (deer stalking, (米)
stillhunting) in the game preserve
捜索猟〈忍び寄ってする猟〉

1 huntsman (hunter)
狩猟家, 猟師, 狩人 (かりうど)

2 hunting clothes
狩猟服

3 knapsack
ナップザック, リュックサック

4 sporting gun (sporting rifle, hunting
rifle)
猟銃

5 huntsman's hat
猟帽

6 field glasses, binoculars
〔戸外用の〕双眼鏡

7 gun dog
猟犬

8 track (trail, hoofprints)
足跡 (臭跡 (しゅうせき), 遺風)

**9-12 hunting in the rutting season
and the pairing season**
発情期の狩猟

9 hunting screen (screen, (米) blind)
隠れ場〔遮蔽柵 (しゃへいさく)〕

10 shooting stick (shooting seat, seat
stick)
狩猟用折りたたみいす

11 blackcock, displaying
クロライチョウ〈ディスプレイ用〉

12 rutting stag
発情した雄ジカ

13 hind, grazing
餌 (えき) を食う雌ジカ

14-17 hunting from a raised hide
(raised stand)
待受け〔猟〕, 待屋

14 raised hide (raised stand, high seat)
高所の見張り場 (待受け場)

15 herd within range
射程内の獣群

16 game path (((米) runway)
獣の通路

17 roebuck, hit in the shoulder and
killed by a finishing shot
ノロの雄〈肩甲の後ろを撃たれ止めを撃って
殺された〉

18 phaeton
フェートン型オープンカー〈狩猟用車〉

19-27 types of trapping
捕獲猟の様式

19 trapping of small predators
小食肉動物の捕獲

20 box trap (trap for small predators)
わな箱〈小食肉動物捕獲用わな〉

21 bait
餌

22 marten
テン (貂)〈小食肉動物 small predator の
一つ〉

23 ferreting (hunting rabbits out of
their warrens)
シロイタチを使う猟〈ウサギを穴から追出す
ウサギ狩り〉

24 ferret
シロイタチ

25 ferreter
シロイタチを使う狩猟者

26 burrow (rabbit burrow, rabbit hole)
穴 (ウサギの穴)

27 net (rabbit net) over the burrow
opening
穴の出口に張った網

28 feeding place for game (winter feeding place)
餌場(じば)（冬の餌場）
29 poacher
密猟者
30 carbine
カービン銃〈小型ライフル銃 short rifle の一種〉
31 boar hunt
イノシシ狩り
32 wild sow (sow, wild boar)
イノシシ
33 boarhound (hound, hunting dog)
イノシシ狩り用の犬（猟犬）〈集合的には、パック pack, pack of hounds という〉
34-39 beating (driving, hare hunting)
追出し猟（追込み猟，ウサギ狩り）
34 aiming position
射撃位置
35 hare, furred game, ground game
野ウサギ，毛のある獲物，地上に住む猟獣
36 retrieving
［猟犬の］獲物の持ち帰り
37 beater
勢子(せこ)
38 bag (kill)
獲物〈大きさの順に並べる〉
39 cart for carrying game
獲物運搬車
40 waterfowling (wildfowling, duck shooting, (米) duck hunting)
水禽(すいきん)猟（カモ猟）
41 flight of wild ducks, winged game
野ガモの渡り，翼を痛めた獲物

42-46 falconry (hawking)
タカ狩り
42 falconer
鷹匠(たかじょう)，鷹遣い
43 reward
ほうび〈ここでは，肉片 a peace of meat〉
44 falcon's hood
タカの目隠し
45 jess
タカの足緒
46 falcon, a hawk, a male hawk (tiercel) swooping (stooping) on a heron
オオサギを襲うタカ
47-52 shooting from a butt
鳥屋撃ち，おとり猟，おびき猟
47 tree to which birds are lured
おびき寄せられた鳥の止まる木
48 eagle owl
ワシミミズク〈おとり decoy bird (decoy)の一つ〉
49 perch
止まり木
50 decoyed bird
おびき寄せられた鳥〈ここでは，カラス crow〉
51 butt for shooting crows or eagle owls
カラスまたはワシミミズク射撃待屋(まちや)
52 gun slit
銃穴

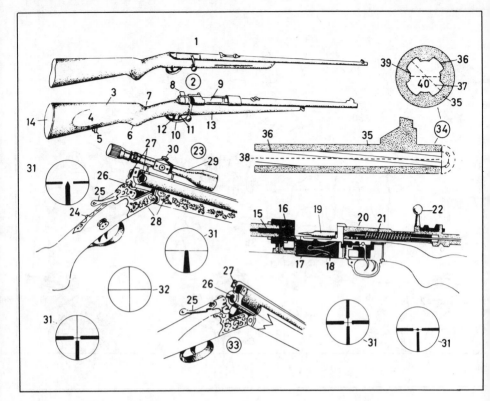

1-40 sporting guns (sporting rifles, hunting rifles)
スポーツ銃（スポーツ用ライフル，猟銃）

1 single-loader (single-loading rifle)
単発銃

2 repeating rifle
連発式ライフル〈携帯兵器 small-arm (fire-arm)，連発銃 repeater (magazine rifle, magazine repeater) の一種〉

3, 4, 6, 13 stock
銃床

3 butt
床尾

4 cheek [on the left side]
頬(ほお)当て部［左側に］

5 sling ring
負い環(わ)

6 pistol grip
ピストル・グリップ

7 small of the butt
銃把(じゅうは)

8 safety catch
安全装置

9 lock
遊底

10 trigger guard
用心鉄

11 second set trigger (firing trigger)
2段引き引き金

12 hair trigger (set trigger)
触発引き金

13 foregrip
先台

14 butt plate
床尾板

15 cartridge chamber
薬室

16 receiver
受筒

17 magazine
弾倉

18 magazine spring
弾倉ばね

19 ammunition (cartridge)
弾薬

20 chamber
薬室

21 firing pin (striker)
撃針

22 bolt handle (bolt lever)
槓桿(こうかん)

23 triple-barrelled (triple-barreled) rifle
3連銃〈自動コック式銃 self-cocking gun の一つ〉

24 reversing catch
逆動装置〈種々の銃で，安全装置 safety catch として用いられる〉

25 sliding safety catch
開閉装置

26 rifle barrel (rifled barrel)
小銃銃身

27 smooth-bore barrel
滑腔(かっこう)銃身

28 chasing
彫刻

29 telescopic sight (riflescope, telescope sight)
望遠照準器

30 graticule adjuster screws
照準器調節ねじ

31-32 graticule (sight graticule)
照準刻線

31 various graticule systems
複合照準刻線

32 cross wires (《米》cross hairs)
十字照準刻線

33 over-and-under shotgun
上下2連発銃〈2連発銃の一つ〉

34 rifled gun barrel
小銃銃身

35 barrel casing
銃身ケーシング

36 rifling
腔綫(こうせん)，旋条

37 rifling calibre (《米》caliber)
口径

38 bore axis
銃腔軸

39 land
〈旋条と旋条の間の〉隔障

40 calibre (bore diameter, 《米》caliber)
口径

41-48 hunting equipment
狩猟用具

41 double-edged hunting knife
両刃の狩猟用ナイフ

42 [single-edged] hunting
knife
[片刃] 狩猟用ナイフ

43-47 calls for luring game
(for calling game)
呼び笛

43 roe call
ノロジカ笛

44 hare call
野ウサギ笛

45 quail call
ウズラ笛

46 stag call
雄ジカ笛

47 partridge call
ライチョウ笛

48 bow trap (bow gin)
わな〈ここでは，顎形(あごがた)わな
jaw trap〉

49 small-shot cartridge
散弾薬筒

50 cardboard case
紙薬莢(かみやっきょう)

51 small-shot charge
散弾

52 felt wad
押え

53 smokeless powder
無煙火薬〈黒色火薬 black
powder も使われる〉

54 cartridge
薬包

55 full-jacketed cartridge
被甲弾

56 soft-lead core
鉛しん

57 powder charge
火薬

58 detonator cap
薬莢底部

59 percussion cap
雷管

60 hunting horn
狩猟用角笛

61-64 rifle cleaning kit
銃手入れ用具

61 cleaning rod
洗い矢

62 cleaning brush
銃腔ブラシ

63 cleaning tow
銃腔手入れ麻

64 pull-through ((米) pull-
thru)
銃身清掃網

65 sights
照準器

66 notch (sighting notch)
谷形照門

67 back sight leaf
照尺

68 sight scale division
照尺目盛

69 back sight slide
照尺遊標

70 notch [to hold the spring]
照尺溝

71 front sight (foresight)
照星

72 bead
山形照星

73 ballistics
弾道学

74 azimuth
弾道基線

75 angle of departure
射角

76 angle of elevation
発射角〈仰角〉

77 apex (zenith)
最高度（最高点）

78 angle of descent
落角

79 ballistic curve
弾道曲線

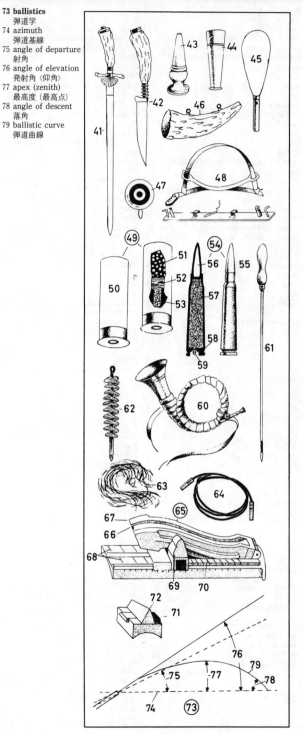

1-27 red deer
アカシカ

1 hind (red deer)
アカシカ〈ここでは，子ジカ young hind ある
いは母ジカ dami．集合的に，無角シカ
antlerless deer，その子ジカを calf という〉

2 tongue
舌

3 neck
頸(くび)

4 rutting stag
交尾期の雄のアカシカ

5-11 antlers
角(つの)，枝角(えだつの)

5 burr (rose)
枝角輪

6 brow antler (brow tine, brow point,
brow snag)
雄ジカの角の第一の枝

7 bez antler (bay antler, bay, bez tine)
第二枝

8 royal antler (royal, tray)
中間枝

9 surroyal antlers (surroyals)
〔シカの〕先端の角，上枝

10 point (tine)
先端

11 beam (main trunk)
角てこ

12 head
頭

13 mouth
口

14 larmier (tear bag)
涙嚢(るいのう)

15 eye
目

16 ear
耳

17 shoulder
肩

18 loin
腰

19 scut (tail)
尾

20 rump
臀部(でんぶ)，尻

21 leg (haunch)
脛(すね)

22 hind leg
後脚

23 dew claw
副蹄(ふくてい)

24 hoof
ひづめ（蹄）

25 foreleg
前脚

26 flank
わき腹

27 collar (rutting mane)
頸(くび)（交尾期の頸毛）

28-39 roe (roe deer)
ノロジカ

28 roebuck (buck)
雄のノロジカ

29-31 antlers (horns)
角，枝角

29 burr (rose)
枝角輪

30 beam with pearls
小隆起のある角桿(つのてこ)，角の幹

31 point (tine)
先端

32 ear
耳

33 eye
目

34 doe (female roe)
ノロの雌〈母ノロ female fawn あるいは不
妊ノロ barren doe〉

35 loin
背[中]

36 rump
臀部(でんぶ)の白斑，鏡紋(きょうもん)

37 leg (haunch)
腿〔腰部〕

38 shoulder
肩

39 fawn
ノロの子〈雄は young buck，雌は young
doe〉

40-41 fallow deer
ダマジカ

40 fallow buck
〔雄の〕ダマジカ〈掌状の角のある雄ジカ
buck with palmate (palmated)
antlersの一種。雌は doe〉

41 palm
掌状の角

42 red fox
キツネ〈雄ギツネは dog，雌ギツネは
vixen，子ギツネは cub〉

43 eyes
目

44 ear
耳

45 muzzle (mouth)
口（鼻口部）

46 pads (paws)
前肢の足

47 brush (tail)
尾

48 badger
〔雄の〕アナグマ〈雌は sow〉

49 tail
尾

50 paws
前肢の指

51 wild boar
イノシシ〈雄イノシシは boar，雌イノシシは
wild sow (sow)，子イノシシは young
boar〉

52 bristles
剛毛，怒り毛

53 snout
鼻

54 tusk
牙(きば)

55 shield
斑紋(はんもん)〈肩のとくに厚い皮〉

56 hide
厚い皮

57 dew claw
けづめ，副蹄(ふくてい)

58 tail
尾

59 hare
野ウサギ〈雄の野ウサギは buck，雌の野ウ
サギは doe〉

60 eye
目

61 ear
耳

62 scut (tail)
尾（しっぽ）

63 hind leg
後脚

64 foreleg
前脚

65 rabbit
家ウサギ

66 blackcock
クロライチョウ

67 tail
尾

68 falcate (falcated) feathers
鎌状の尾羽

69 hazel grouse (hazel hen)
エゾライチョウ

70 partridge
ヨーロッパヤマウズラ

71 horseshoe (horseshoe marking)
斑紋

72 wood grouse (capercaillie)
オオライチョウ

73 beard
のどの羽毛

74 axillary marking
わきのした斑紋

75 tail (fan)
尾羽

76 wing (pinion)
翼（飛羽(ひう)）

77 common pheasant
コウライキジ〈キジ pheasant の一種。雄を
cock pheasant (pheasant cock)，雌を
hen pheasant (pheasant hen)という〉

78 plumicorn (feathered ear, ear tuft,
ear, horn)
耳の羽毛

79 wing
翼

80 tail
尾羽

81 leg
足

82 spur
けづめ

83 snipe
ヤマシギ

84 bill (beak)
くちばし

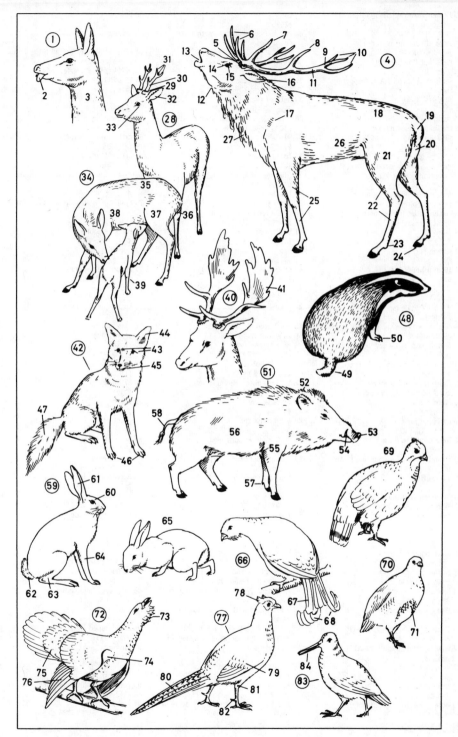

1-19 fish farming (fish culture, pisciculture)
養魚
1 cage in running water
流水の中のおり
2 hand net (landing net)
手網 (すくい網)
3 semi oval barrel for transporting fish
魚運搬用半卵形のたる
4 vat
大おけ
5 trellis in the overflow
溢油口(いつりゅうぐち)の中の格子垣 (柵)
6 trout pond
マス池〈類似のものに, コイ池 carp pond, 稚魚(ちぎょ)池 fry pond, 肥肉魚場 fattening pond, 浄化場 cleansing pond〉
7 water inlet (water supply pipe)
注水口 (給水パイプ)
8 water outlet (outlet pipe)
排水口 (出口パイプ)
9 monk
モンク
10 screen
網
11-19 hatchery
孵卵(ふらん)場
11 stripping the spawning pike (seed pike)
カワカマスの外皮むき (産卵期のカワカマスの卵抽出)
12 fish spawn (spawn, roe, fish eggs)
卵, はらご
13 female fish (spawner, seed fish)
雌魚
14 trout breeding (trout rearing)
マスの養殖
15 Californian incubator
カリフォルニア式人工孵卵器
16 trout fry
マスの幼魚
17 hatching jar for pike
カワカマス孵化びん
18 long incubation tank
長い孵化タンク
19 Brandstetter egg counting board
ブランドステテル卵計算盤
20-94 angling
釣魚
20-31 coarse fishing
雑魚(サケ以外の淡水魚)釣り
20 line shooting
釣り
21 coils
ひと巻き
22 cloth (rag) or paper
布または紙
23 rod rest
釣り竿架(つりざおか)
24 bait tin
餌(え)ばこ, 餌入れ
25 fish basket (creel)
びく
26 fishing for carp from a boat
ボートからのコイ釣り
27 rowing boat (fishing boat)
漁船, 釣り舟
28 keep net
やな
29 drop net
落下網
30 pole (punt pole, quant pole)
水棹(みさお)

31 casting net
投網(とあみ)
32 two handed side cast with fixed-spool reel
固定スプール・リールの両手横投げ
33 intial position
初めの位置
34 point of release
緩め地点 (投下)
35 path of the rod tip
竿先の通り道
36 trajectory of the baited weight
餌の重さが描いた曲線
37-94 fishing tackle
釣り道具
37 fishing pliers
釣りプライヤー
38 filleting knife
切身ナイフ
39 fish knife
釣りナイフ
40 disgorger (hook disgorger)
釣り吐出し道具
41 bait needle
餌針
42 gag
開口器
43-48 floats
浮き
43 sliding cork float
滑動コルク浮き
44 plastic float
プラスチック浮き
45 quill float
羽茎(はぐき)浮き
46 polystyrene float
ポリスチレン浮き
47 oval bubble float
卵形気泡浮き
48 lead-weighted sliding float
鉛付き滑動浮き
49-58 rods
釣竿
49 solid glass rod
グラスファイバー製釣竿
50 cork handle (cork butt)
コルク・ハンドル
51 spring-steel ring
ばね鋼製釣竿
52 top ring (end ring)
上部リング
53 telescopic rod
望遠鏡つき釣竿
54 rod section
釣竿の接合部分
55 bound handle (bound butt)
装丁した手元
56 ring
リング
57 carbon-fibre rod
カーボン・ファイバー製釣竿〈類似のものに, 中空グラス製釣竿 hollow glass rod がある〉
58 all-round ring (butt ring for long cast)
万能リング (長距離用竿尻リング)〈スチール橋状リング steel bridge ring の一種〉
59-64 reels
リール
59 multiplying reel (multiplier reel)
増速リール
60 line guide
釣糸ガイド
61 fixed-spool reel (stationary-drum reel)
固定スプール・リール

62 bale arm
ベイル・アーム
63 fishing line
釣糸
64 controlling the cast with the index finger
人差し指での釣糸の投込み調節
65-76 baits
餌(え), えさ
65 fly
毛鉤(ばり), 毛針
66 artificial nymph
ニンフ擬餌(ぎじ)
67 artificial earthworm
ミミズ擬餌
68 artificial grasshopper
バッタ擬餌
69 single-jointed plug (single-jointed wobbler)
単一連結プラグ
70 double-jointed plug (double-jointed wobbler)
2重連結プラグ
71 round wobbler
丸いプラグ
72 wiggler
ゆれ動く物
73 spoon bait (spoon)
スプーンおびき餌
74 spinner
おびき金, スピーナ
75 spinner with concealed hook
隠置(いんとく)かぎつきおびき金
76 long spinner
長いおびき金
77 swivel
回り継ぎ手
78 cast (leader)
鉤素(はりす)
79-87 hooks
釣針
79 fish hook
釣針
80 point of the hook with barb
顎(あご)付きの針
81 bend of the hook
釣針の曲がり
82 spade (eye)
スペード (目)
83 open double hook
複針
84 limerick
リメリック針
85 closed treble hook (triangle)
三重釣針
86 carp hook
コイ用釣針
87 eel hook
ウナギ用釣針
88-92 leads (lead weights)
おもり (沈み)
88 oval lead (oval sinker)
卵形おもり
89 lead shot
鉛玉
90 pear-shaped lead
西洋ナシ形おもり
91 plummet
おもり
92 sea lead
海釣り用おもり
93 fish ladder (fish pass, fish way)
魚梯(ぎょてい), 魚道
94 stake net
〈杭(くい)に掛ける〉建網(たてあみ)

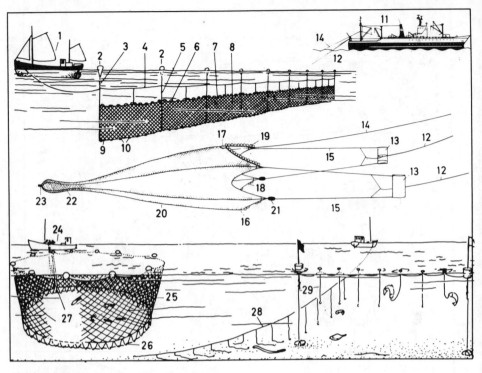

1-23 deep-sea fishing
深海漁業, 遠洋漁業
1-10 drift net fishing
流し網漁業
1 herring lugger (fishing lugger, lugger)
ニシン船，ラガー
2-10 herring drift net
ニシン流し網, 刺し網
2 buoy
浮標，ブイ
3 buoy rope
浮標索(つな)
4 float line
浮き索
5 seizing
括着索
6 wooden float
浮き材
7 headline
あばな〈浮子縄〉
8 net
網（網地，網壁）
9 footrope
いわな〈沈子縄〉
10 sinkers (weights)
いわ〈沈子〉（おもり）
11-23 trawl fishing (trawling)
トロール漁業，底引網漁業
11 factory ship, a trawler
工船〈トロール漁船 trawler の一種〉
12 warp (trawl warp)
引網（トロール引網）
13 otter boards
オッタ・ボード（網口開口板）
14 net sonar cable
ネット・ソナー〈探知装置〉のケーブル

15 wire warp
ワイヤ引網
16 wing
袖網(そであみ), ネット・ウイング
17 net sonar device
ネット・ソナー〈探知装置〉
18 footrope
フット・ロープ〈下索〉
19 spherical floats
球面浮き
20 belly
ベレー，下網
21 1,800 kg iron weight
1,800 kgの鉄のおもり
22 cod end (cod)
コッド・エンド
23 cod line for closing the cod end
コッド・ライン
24-29 inshore fishing
沿海漁業
24 fishing boat
漁船
25 ring net cast in a circle
円形きんちゃく網
26 cable for closing the ring net
きんちゃく網のくくりケーブル
27 closing gear
網締め装置
28-29 long-line fishing (long-lining)
はえなわ(延縄)漁業
28 long line
底はえなわ
29 suspended fishing tackle
浮きはえなわ

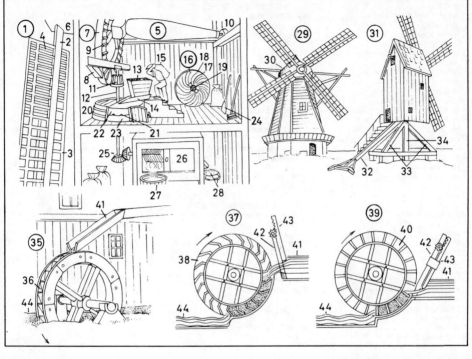

1-34 windmill
風車式製粉機, ウインドミル
1 windmill vane (windmill sail, windmill arm)
風車翼帆, 羽根車
2 stock (middling, back, radius)
翼軸, 翼帆主柱 (翼支板, 翼背板)
3 frame
フレーム, 骨組
4 shutter
シャッター
5 wind shaft (sail axle)
翼帆軸
6 sail top
翼帆頂
7 brake wheel
制動輪
8 brake
ブレーキ
9 wooden cog
木製歯車
10 pivot bearing (step bearing)
ピボット軸受け (とぼそ(枢)軸受け)
11 wallower
かさ歯車
12 mill spindle
ミル・スピンドル
13 hopper
ホッパー〈穀類投入口〉
14 shoe (trough, spout)
〔穀類の〕滑り溝, シュー
15 miller
製粉作業者
16 millstone
ひきうす, 製粉石
17 furrow (flute)
細長いひだ状の溝

18 master furrow
主溝
19 eye
ひきうすの中心部
20 hurst (millstone casing)
ひきうすの外枠 (ひきうす筒)
21 set of stones (millstones)
ひきうす〔のセット〕
22 runner (upper millstone)
上うす
23 bed stone (lower stone, bedder)
下うす
24 wooden shovel
木製シャベル
25 bevel gear (bevel gearing)
ベベル・ギア, かさ歯車
26 bolter (sifter)
ふるい分け機
27 wooden tub (wooden tun)
木製のおけ
28 flour
小麦粉
29 smock windmill (Dutch windmill)
スモック式風車, 塔形風車 (オランダ式風車)
30 rotating (revolving) windmill cap
羽根車キャップ
31 post windmill (German windmill)
ポスト式風車, 箱形風車 (ドイツ式風車)
32 tailpole (pole)
後部支柱
33 base
支柱
34 post
主柱

35-44 watermill
水車式製粉機
35 overshot mill wheel (high-breast mill wheel)
上位射水式水車 (上掛け水車)〈製粉用水車 mill wheel (waterwheel)の一種〉
36 bucket (cavity)
水受け(板)
37 middleshot mill wheel (breast mill wheel)
中位射水式水車 (胸掛け水車)
38 curved vane
湾曲水受け板, 羽根
39 undershot mill wheel
下位射水式水車, 下掛け水車
40 flat vane
平水受け板
41 headrace (discharge flume)
導水溝
42 mill weir
〔水車用〕せき (堰)
43 overfall (water overfall)
落水装置
44 millstream (millrace, (米) raceway)
導水路

1-41 preparation of malt (malting)
麦芽製造

1 malting tower (maltings)
麦芽製造塔

2 barley hopper
大麦ホッパー

3 washing floor with compressed-air washing unit
圧縮空気洗浄装置による洗浄フロアー

4 outflow condenser
流出コンデンサー

5 water-collecting tank
集水タンク

6 codenser for the steep liquor
浸し液用コンデンサー

7 coolant-collecting plant
冷却液収集装置

8 steeping floor (steeping tank, dressing floor)
浸しフロアー (浸しタンク, ドレッシング・フロアー)

9 cold water tank
冷水タンク

10 hot water tank
温水タンク

11 pump room
ポンプ室

12 pneumatic plant
空気圧装置

13 hydraulic plant
水力装置

14 ventilation shaft (air inlet and outlet)
通風路 (空気出入り口)

15 exhaust fan
換気誠

16-18 kilning floors
〔炉の〕乾燥フロアー

16 drying floor
乾燥フロアー

17 burner ventilator
バーナ通風管

18 curing floor
養生フロアー

19 outlet from the kiln
かま (窯) からの出口

20 finished malt collecting hopper
完成したモルト収集ホッパー

21 transformer station
変圧器置場

22 cooling compressors
冷却コンプレッサー

23 green malt (germinated barley)
緑麦芽 (発芽中の大麦)

24 turner (plough)
攪拌機(かくはんき)

25 central control room with flow diagram
流れ図による中央制御室

26 screw conveyor
スクリュー・コンベヤ

27 washing floor
洗浄フロアー

28 steeping floor
浸しフロアー

29 drying kiln
焙燥(ばいそう)炉

30 curing kiln
養生フロアー

31 barley silo
大麦サイロ

32 weighing apparatus
計量器

33 barley elevator
大麦エレベーター

34 three-way chute (three-way tippler)
三方自動滑走運搬装置 (三方落下装置)

35 malt elevator
モルト・エレベーター

36 cleaning machine
洗浄器

37 malt silo
モルト・サイロ

38 corn removal by suction
吸引による麦粒の分離

39 sacker
詰め器

40 dust extractor
ほこり抽出器

41 barley reception
大麦受け

42-53 mashing process in the mashhouse
ビール工場のビール製造工程

42 premasher (converter) for mixing grist and water
プリマッシャー〈水と粉砕麦芽を混合し, 麦汁もろみを作るための混合管(調整管)〉

43 mash tub (mash tun) for mashing the malt
麦芽汁槽 (もやし汁槽)

44 mash copper (mash tun, (米) mash kettle) for boiling the mash
麦芽汁 (もやし汁) 煮沸 (しゃふつ) がま

45 dome of the tun
かまのドーム

46 propeller (paddle)
プロペラ

47 sliding door
滑りドア

48 water (liquor) supply pipe
給水管

49 brewer (master brewer, masher)
ビール製造工

50 lauter tun for settling the draff (grains) and filtering off the wort
麦芽かす(粕)と麦汁とを分離する麦芽汁濾過(ろか)槽

51 lauter battery for testing the wort for quality
ウワート品質検査用麦芽汁濾過バッテリー

52 hop boiler (wort boiler) for boiling the wort
ウワート煮沸用ホップ・ボイラー

53 ladle-type thermometer (scoop thermometer)
杓子(しゃくし)型温度計

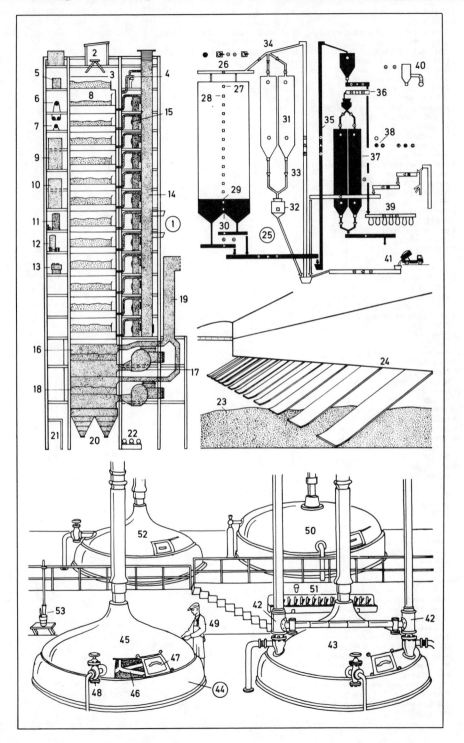

1-31 brewery (brewhouse)
ビール醸造所
**1-5 wort cooling and break removal
(trub removal)**
麦汁冷却と沈殿物除去
1 control desk (control panel)
制御デスク (制御盤)
2 whirlpool separator for removing
the hot break (hot trub)
高温沈殿物除去用渦巻き分離器
3 measuring vessel for the kieselguhr
〈多孔性の〉けい藻土計量器
4 kieselguhr filter
けい藻土濾過(ろか)器
5 wort cooler
麦芽汁冷却器
6 pure culture plant for yeast (yeast
propagation plant)
酵母純粋培養室 (酵母繁殖室)
7 fermenting cellar
発酵室
8 fermentation vessel (fermenter)
発酵槽
9 fermentation thermometer (mash
thermometer)
発酵温度計
10 mash
麦芽汁
11 refrigeration system
冷却装置
12 lager cellar
ラガー・ビール貯蔵室
13 manhole to the storage tank
貯蔵タンクへのマンホール
14 broaching tap
穴あけ栓
15 beer filter
ビール濾過器
16 barrel store
樽(たる)による貯蔵
17 beer barrel
ビール樽 〈ここでは, アルミニウム樽
aluminium (**(米)** aluminum) barrel〉
18 bottle-washing plant
洗びん室
19 bottle-washing machine (bottle
washer)
洗びん機
20 control panel
制御盤
21 cleaned bottles
きれいなびん
22 bottling
びん詰め
23 forklift truck (fork truck, forklift)
フォークリフト・トラック
24 stack of beer crates
ビール輸送用の木枠の山
25 beer can
ビール缶
26 beer bottle
ビールびん 〈ビール詰めユーロびん
Eurobottle with bottled beer の一種。
ビールには淡味ビール light beer (ラガー・
ビール lager, 苦味ビール light ale, 白色
ビール pale ale or bitter), 褐色ビール
dark beer (苦味の少ないビール brown
ale, mild), ピルゼン・ビール Pilsener
beer, ミュンヘン・ビール Munich beer, 麦
芽ビール malt beer, 強いビール strong
beer (ボック・ビール bock beer), ポータ・
ビール porter, エール ale, スタウト・ビール
stout, サルベータ・ビール Salvator beer,
小麦ビール wheat beer, 小ビール small
beer などの種類がある〉

27 crown cork (crown cork closure)
王冠, キャップ
28 disposable pack (carry-home pack)
使い捨てパック (家庭運搬用パック)
29 non-returnable bottle (single-trip
bottle)
返還できないびん, 使い捨てびん
30 beer glass
ビール・グラス
31 head
ヘッド

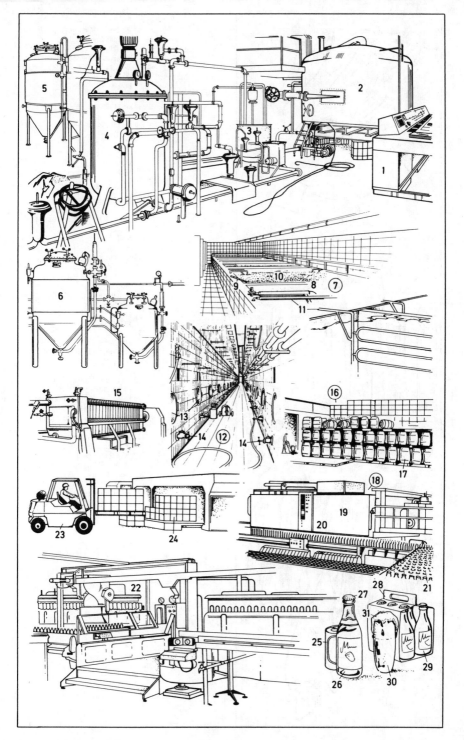

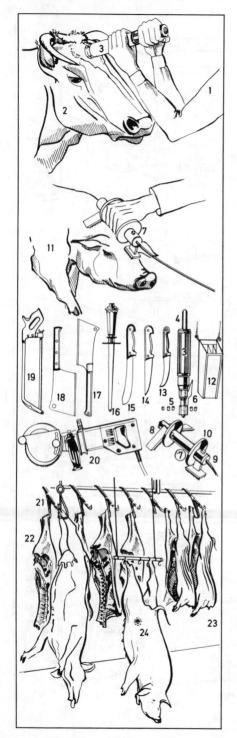

1 slaughterman (((米)) slaughterer,
  killer)
  屠殺(とさつ)業者, 屠殺作業者
2 animal for slaughter
  屠〔殺用〕牛〈雄ウシ ox など〉
3 captive-bolt pistol (pneumatic gun)
  屠牛ボルト・ピストル (空気銃)〈屠殺装置
  stunning device の一つ〉
4 bolt
  ボルト〈屠殺用大くぎ〉
5 cartridges
  弾薬筒
6 release lever (trigger)
  発射レバー (引き金)
7 electric stunner
  電気畜殺器
8 electrode
  電極
9 lead
  導線
10 hand guard (insulation)
  ハンド・ガード〈手を防護する絶縁体〉
11 pig (((米)) hog) for slaughter
  屠〔殺用〕ブタ
12 knife case
  ナイフ箱
13 flaying knife
  皮はぎナイフ
14 sticking knife (sticker)
  屠殺ナイフ
15 butcher's knife (butcher knife)
  肉切り包丁
16 steel
  鋼砥(はがねと)〈包丁をとぐ〉
17 splitter
  切裂きナイフ
18 cleaver (butcher's cleaver, meat axe
  (((米)) meat ax))
  大包丁, 大なた
19 bone saw (butcher's saw)
  骨切りのこ
20 meat saw for sawing meat into cuts
  肉切りのこ〈肉片切り用〉
21-24 **cold store** (cold room)
  冷蔵庫
21 gambrel (gambrel stick)
  馬脚状の鉄かぎ
22 quarter of beef
  肉牛の四半分
23 side of pork
  ブタの側面
24 meat inspector's stamp
  肉検査員の検印

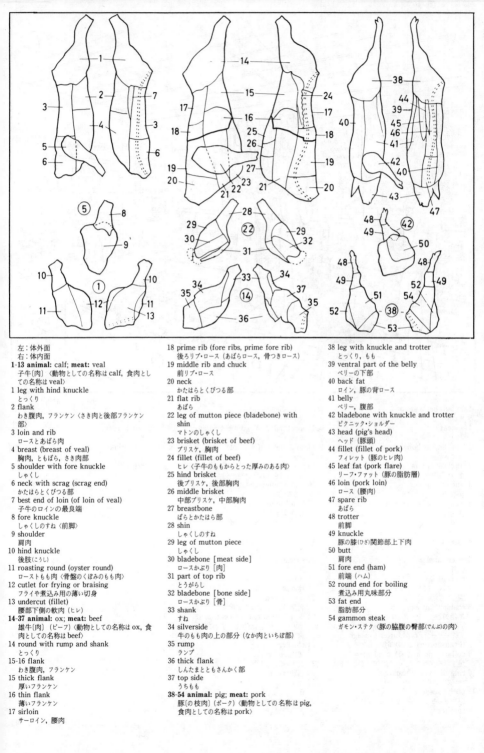

左：体外面
右：体内面

1-13 animal: calf; meat: veal
子牛[肉]〈動物としての名称は calf, 食肉としての名称は veal〉

1 leg with hind knuckle
とっくり

2 flank
わき腹肉，フランケン〈さき肉と後部フランケン部〉

3 loin and rib
ロースとあばら肉

4 breast (breast of veal)
胸肉，ともばら，さき肉部

5 shoulder with fore knuckle
しゃくし

6 neck with scrag (scrag end)
かたはらとくびつる部

7 best end of loin (of loin of veal)
子牛のロインの最良端

8 fore knuckle
しゃくしのすね〈前脚〉

9 shoulder
肩肉

10 hind knuckle
後肉(こうし)

11 roasting round (oyster round)
ローストもも肉〈骨盤のくぼみのもも肉〉

12 cutlet for frying or braising
フライや煮込み用の薄い切身

13 undercut (fillet)
腰部下側の軟肉（ヒレ）

14-37 animal: ox; meat: beef
雄牛[肉]（ビーフ）〈動物としての名称は ox, 食肉としての名称は beef〉

14 round with rump and shank
とっくり

15-16 flank
わき腹肉，フランケン

15 thick flank
厚いフランケン

16 thin flank
薄いフランケン

17 sirloin
サーロイン，腰肉

18 prime rib (fore ribs, prime fore rib)
後ろリブ・ロース（あばらロース，骨つきロース）

19 middle rib and chuck
前リブ・ロース

20 neck
かたはらとくびつる部

21 flat rib
あばら

22 leg of mutton piece (bladebone) with shin
マトンのしゃくし

23 brisket (brisket of beef)
ブリスケ，胸肉

24 fillet (fillet of beef)
ヒレ〈子牛のももからとった厚みのある肉〉

25 hind brisket
後ブリスケ，後部胸肉

26 middle brisket
中部ブリスケ，中部胸肉

27 breastbone
ばらとかたはら部

28 shin
しゃくしのすね

29 leg of mutton piece
しゃくし

30 bladebone [meat side]
ロースかぶり [肉]

31 part of top rib
とうがらし

32 bladebone [bone side]
ロースかぶり[骨]

33 shank
すね

34 silverside
牛のもも肉の上の部分（なか肉といちぼ部）

35 rump
ランプ

36 thick flank
しんたまともさんかく部

37 top side
うちもも

38-54 animal: pig; meat: pork
豚(の枝肉)（ポーク）〈動物としての名称は pig,
食肉としての名称は pork〉

38 leg with knuckle and trotter
とっくり，もも

39 ventral part of the belly
ベリーの下部

40 back fat
ロイン，豚の背ロース

41 belly
ベリー，腹部

42 bladebone with knuckle and trotter
ピクニック・ショルダー

43 head (pig's head)
ヘッド（豚頭）

44 fillet (fillet of pork)
フィレット（豚のヒレ肉）

45 leaf fat (pork flare)
リーフ・ファット（豚の脂肪層）

46 loin (pork loin)
ロース（腰肉）

47 spare rib
あばら

48 trotter
前脚

49 knuckle
豚の膝(ひざ)関節部上下肉

50 butt
肩肉

51 fore end (ham)
前端（ハム）

52 round end for boiling
煮込み用丸味部分

53 fat end
脂肪部分

54 gammon steak
ガモン・ステク〈豚の脇腹の臀部(でんぶ)の肉〉

1-30 butcher's shop
食肉店

1-4 meat
肉

1 ham on the bone
骨付きハム

2 flitch of bacon
豚のわき腹肉のベーコン

3 smoked meat
燻製肉〈くんせいにく〉

4 piece of loin (piece of sirloin)
腰肉（サーロインの一片）

5 lard
ラード〈豚の脂肉〉

6-11 sausages
ソーセージ

6 price label
値札

7 mortadella
モルタデラ〈こしょう、にんにくで味をつけ燻製したもの〉

8 scalded sausage
熱湯処理ソーセージ〈ウインナ・ソーセージ Vienna sausage (Wiener)、フランクフルト・ソーセージ Frankfurter sausage (Frankfurter) などの種類がある〉

9 collared pork ((米)) headcheese)
焼き豚肉〈煮てゼリー状に冷やし固めた肉〉

10 ring of Lyoner sausage
リング状のリヨン・ソーセージ

11 pork sausages
豚肉ソーセージ〈牛肉ソーセージは beef sausages〉

12 cold shelves
冷却棚

13 meat salad (diced meat salad)
ミート・サラダ

14 cold meats ((米) cold cuts)
冷却ミート

15 pâté
パテ〈肉を入れた小型パイ〉

16 mince (mincemeat, minced meat)
こまぎれ肉

17 knuckle of pork
豚の膝肉〈ひざにく〉

18 basket for special offers
サービス品用バスケット

19 price list for special offers
サービス品の値札

20 special offer
サービス品

21 freezer
冷凍器

22 pre-packed joints
包装済みの大きな肉の塊

23 deep-frozen ready-to-eat meal
インスタント肉〈解凍してすぐに食べられる肉〉

24 chicken
鶏肉、かしわ

25 canned food
缶詰食料品

26 can
缶

27 canned vegetables
缶詰野菜

28 canned fish
缶詰さかな

29 salad cream
サラダ・クリーム

30 soft drinks
ソフト・ドリンク〈アルコール分を含まない清涼飲料〉

31-59 manufacture of sausages
ソーセージ製造
31-37 butcher's knives
肉切り包丁
31 slicer
スライサー，薄切り器
32 knife blade
ナイフの刃
33 saw teeth
のこぎりの歯
34 knife handle
ナイフの柄(つか)
35 carver (carving knife)
大型ナイフ
36 boning knife
骨抜きナイフ〈短くて幅の狭い先のとがった
ナイフ〉
37 butcher's knife (butcher knife)
肉切り包丁
38 butcher (master butcher)
肉屋〔の主人〕
39 butcher's apron
肉屋のエプロン
40 meat-mixing trough
肉混合ばち
41 sausage meat
ソーセージ肉
42 scraper
搔(かき)道具
43 skimmer
〈液体の〉上皮をすくう道具，網じゃくし
44 sausage fork
ソーセージ・フォーク

45 scalding colander
熱湯処理水こし，濾過(ろか)器
46 waste bin ((米) trash bin)
くず入れ
47 cooker, for cooking with steam or
hot air
料理用の加熱器具〈蒸気と熱気を使って
料理する器具〉
48 smoke house
燻製所(くんせいしょ)
49 sausage filler (sausage stuffer)
ソーセージ詰め器
50 feed pipe (supply pipe)
送り管
51 containers for vegetables
野菜容器
52 mincing machine for sausage meat
ソーセージ肉ひき機
53 mincing machine (meat mincer,
mincer, (米) meat grinder)
ひき肉機
54 plates (steel plates)
食器（スチール食器）
55 meathook (butcher's hook)
肉鉤(かぎ)
56 bone saw
骨切りのこ
57 chopping board
肉切り台
58 butcher, cutting meat
肉を切っている肉屋
59 piece of meat
肉片(にくぎれ)

1-54 baker's shop
パン屋
1 shop assistant ((米) salesgirl, saleslady)
店員〔女店員〕
2 bread (loaf of bread, loaf)
パン
3 crumb
パンの中味
4 crust (bread crust)
パンの皮
5 crust ((米) heel)
パンの皮〔端の部分〕
6-12 kinds of bread (breads)
パンの種類
6 round loaf
丸パン〈小麦とライ麦の薄茶色のパン wheat and rye bread の一種〉
7 small round loaf
小さな丸パン〔の塊〕
8 long loaf (bloomer)
大型パン〈小麦とライ麦の薄茶色のパン wheat and rye bread の一種〉
9 white loaf
白パン
10 pan loaf
なべパン〈全麦ライ・パン wholemeal rye bread の一種〉
11 yeast bread ((米) stollen)
イースト・パン
12 French loaf (baguette, French stick)
フレンチ・パン〔バゲット〕
13-16 rolls
小型パン

13 brown roll
ブラウン・ロール
14 white roll
白ロール
15 finger roll
指ロール
16 rye-bread roll
ライ麦パン・ロール
17-47 cakes (confectionery)
菓子〔菓子屋〕
17 cream roll
クリーム・ロール
18 vol-au-vent
ヴォロヴァン〈パフ・ペースト(折込みパイ生地 puff pastry ((米) puff paste)) の一種〉
19 Swiss roll ((米) jelly roll)
スイス・ロール
20 tartlet
タルトレット〈果物入りパイの一種〉
21 slice of cream cake
クリーム・ケーキの一片
22-24 flans ((米) pies) and gateaux (torten)
フラン(パイ)とガトー（トルテ）
22 fruit flan
フルーツ・パイ〈イチゴパイ strawberry flan, チェリー・パイ cherry flan, グーズベリ・パイ gooseberry flan, ピーチ・パイ peach flan, ダイオウ(大黄)パイ rhubarb flan などの種類がある〉
23 cheesecake
チーズケーキ
24 cream cake ((米) cream pie)
クリーム・ケーキ〈バタークリーム・ケーキ

butter-cream cake, ブラック・ホーリスト・ガトーBlack Forest gateau などの種類がある〉
25 cake plate
パイ皿
26 meringue
メレンゲ菓子
27 cream puff
シュークリーム
28 whipped cream
泡立ったクリーム
29 doughnut ((米) bismarck)
ドーナツ
30 Danish pastry
デニッシュ・ペストリー
31 saltstick (saltzstange)
ソルト・スティック〈キャラウェイ・パン caraway roll, キャラウェイ・ステッキ caraway stick などの種類がある〉
32 croissant (crescent roll, (米) crescent)
クロワッサン〈三日月形のパン〉
33 ring cake (gugelhupf)
リング・ケーキ
34 slab cake with chocolate icing
チョコレート・アイシングをしたスラブ・ケーキ
35 streusel cakes
シュトロイゼル・ケーキ
36 marshmallow
マシュマロ
37 coconut macaroon
ココナッツ・マカロン
38 pastry whirl
ペーストリー渦巻き

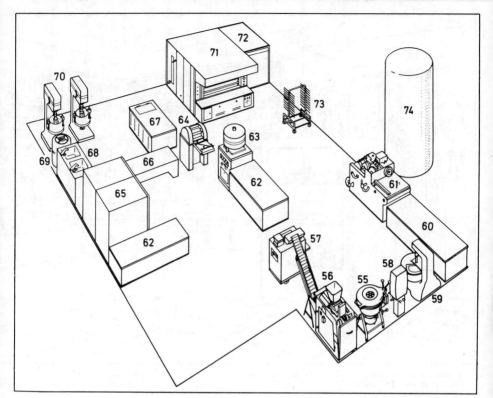

39 iced bun
　砂糖づけパン
40 sweet bread
　甘いパン
41 plaited bun (plait)
　編みパン
42 Frankfurter garland cake
　フランクフルト花輪ケーキ
43 slices
　薄切りパン〈シュトロイゼル薄切り streusel
　slices, 砂糖づけ薄切り sugared slices,
　干しブドウ薄切り plum slices などの種類が
　ある〉
44 pretzel
　プレッツェル〈棒状 または 結び目の クラッ
　カー〉
45 wafer ((米) waffle)
　ウエファース
46 tree cake (baumkuchen)
　バウムクーヘン
47 flan case
　フラン・ケース
48-50 wrapped bread
　包装したパン
48 wholemeal bread
　全麦パン〈小麦の麦芽パン wheatgerm
　bread などの種類がある〉
49 pumpernickel (wholemeal rye bread)
　プンパーニッケル（全麦ライ・パン）
50 crispbread
　玄米(げんまい)パン, クリスプパン
51 gingerbread ((米) lebkuchen)
　しょうが風味のケーキ

52 flour
　粉〈小麦粉 wheat flour, ライ麦粉 rye
　flour などの種類がある〉
53 yeast (baker's yeast)
　イースト〈パン・菓子用のイースト〉
54 rusks (French toast)
　ラスク〈薄切りパンをオーブンできつね色に焼
　いたもの〉
55-74 bakery (bakehouse)
　パン製造所
55 kneading machine (dough mixer)
　こねる器具〈練(ね)り機〉
56-57 bread unit
　製パン器具
56 divider
　ディバイダー, 分割器
57 moulder ((米) molder)
　成型機
58 premixer
　ミキサー
59 dough mixer
　練り粉器
60 workbench
　仕事台
61 roll unit
　ロールパン装置
62 workbench
　仕事台
63 divider and rounder (rounding
　machine)
　ディバイダーとラウンダー〈丸くする器具〉
64 crescent-forming machine
　三日月成型器

65 freezers
　冷凍機
66 oven [for baking with fat]
　オーブン［脂でパンを焼くかま］
67-70 confectionery unit
　製菓器具
67 cooling table
　冷却テーブル
68 sink
　流し
69 boiler
　ボイラー
70 whipping unit [with beater]
　泡立て器具〈卵・クリームなどをかき混ぜる〉
71 reel oven (oven)
　リール・オーブン
72 fermentation room
　発酵室
73 fermentation trolley
　〈発酵室用の〉手押し車
74 flour silo
　小麦粉サイロ

1-87 grocer's shop (grocer's, delicatessen shop, **(米)** grocery store, delicatessen store)
食料品店（食品店, 乾物屋）〈小売店 retail shop **((米)** retail store)の一つ〉

1 window display
ショーウインドウの陳列（展示）

2 poster (advertisement)
ポスター

3 cold shelves
冷却陳列棚

4 sausages
ソーセージ

5 cheese
チーズ

6 roasting chicken (broiler)
食用オンドリ〈去勢したオンドリ〉, 肥肉とり

7 poulard
若鶏（わかどり）〈肥肉メンドリ fattened hen の一種〉

8-11 baking ingredients
パン焼き用の原料

8 raisins
干しブドウ, レーズン〈類似のものに, スルタナ sultanas がある〉

9 currants
〔小粒の種なし〕干しブドウ

10 candied lemon peel
レモン皮砂糖漬

11 candied orange peel
オレンジ皮砂糖漬

12 computing scale
コンピュータはかり〈自動はかり rapid scale の一種〉

13 shop assistant **((米)** salesclerk)
店員

14 goods shelves (shelves)
商品棚

15-20 canned food
缶詰食料品

15 canned milk
缶入りミルク

16 canned fruit (cans of fruit)
フルーツ缶詰

17 canned vegetables
野菜缶詰

18 fruit juice
ジュース

19 sardines in oil
サージン〈魚の缶詰 can of fish の一種〉

20 canned meat (cans of meat)
肉の缶詰

21 margarine
マーガリン

22 butter
バター

23 coconut oil
やし油〈植物性油 vegetable oil の一種〉

24 oil
油〈サラダ油 salad oil, オリーブ油 olive oil, ひまわり油 sunflower oil, 小麦の麦芽油 wheatgerm oil, 落花生油 ground-nut oil などの種類がある〉

25 vinegar
酢

26 stock cube
スープの素

27 bouillon cube
固形ブイヨン

28 mustard
カラシ, マスタード

29 gherkin (pickled gherkin)
ガーキン〈ガーキンの実の酢漬〉

30 soup seasoning
スープ用調味料

31 shop assistant **((米)** salesgirl, saleslady)
店員（女店員）

32-34 pastas
麺類（めんるい）

32 spaghetti
スパゲッティ

33 macaroni
マカロニ

34 noodles
ヌードル

35-39 cereal products
穀類

35 pearl barley
〔精白〕丸麦, つき麦

36 semolina
粗びきの穀粉, 粗い小麦粉

37 rolled oats (porridge oats, oats)
押しオート麦（かゆオート）

38 rice
米

39 sago
サゴ〈ヤシの樹心から採った殿粉〉

40 salt
塩

41 grocer **((米)** groceryman)
食料品商〈小売商人 shopkeeper (tradesman, retailer, **(米)** storekeeper) の一人〉

42 capers
酢漬フウチョウソウ（風鳥草）〈薬味〉

43 customer
顧客

44 receipt (sales check)
領収書（売上げ伝票）

45 shopping bag
買物袋

46-49 wrapping material
包装材料
46 wrapping paper
包装紙
47 adhesive tape
接着テープ
48 paper bag
紙袋
49 cone-shaped paper bag
円錐(えんすい)形の紙袋
50 blancmange powder
ブラマンジェ粉
51 whole-fruit jam (preserve)
糖果類(プリザーブ)
52 jam
ジャム
53-55 sugar
砂糖
53 cube sugar
角砂糖
54 icing sugar ((米) confectioner's sugar)
精糖, 粉砂糖
55 refined sugar in crystals
グラニュー糖, 精糖
56-59 spirits
酒類
56 whisky (whiskey)
ウイスキー
57 rum
ラム
58 liqueur
リキュール
59 brandy (cognac)
ブランデー (コニャック)
60-64 wine in bottles (bottled wine)
びん詰ブドウ酒

60 white wine
白ブドウ酒
61 Chianti
キャンテイ〈イタリアのブドウ酒〉
62 vermouth
ベルモット
63 sparkling wine
スパークリング・ワイン〈発泡酒〉
64 red wine
赤ブドウ酒
65-68 tea, coffee, etc.
紅茶, コーヒーなど〈嗜好(しこう)品〉
65 coffee (pure coffee)
コーヒー (純正コーヒー)
66 cocoa
ココア
67 coffee
コーヒー
68 tea bag
ティー・バッグ
69 electric coffee grinder
電気コーヒー挽(ひ)き
70 coffee roaster
コーヒー・ロースター
71 roasting drum
ロースティング・ドラム
72 sample scoop
サンプルとりさじ
73 price list
定価表, 価格表
74 freezer
冷蔵庫
75-86 confectionery ((米) candies)
菓子類
75 sweet ((米) candy)
ボンボン, キャンデー
76 drops
ドロップ

77 toffees
キャラメル, タッフィー
78 bar of chocolate
板チョコ[レート]
79 chocolate box
チョコレートの箱
80 chocolate
チョコレート〈砂糖菓子 sweet の一つ〉
81 nougat
ヌガー
82 marzipan
マルチパン〈アンズ入りの菓子〉
83 chocolate liqueur
リキュール入りチョコレート
84 Turkish delight
トルコ菓子〈砂糖をまぶしたフルーツ・ゼリーの一種〉
85 croquant
焼きアーモンド
86 truffle
松露(しょうろ), トリュッフル〈ココアをまぶしたチョコレート〉
87 soda water
炭酸水, ソーダ水

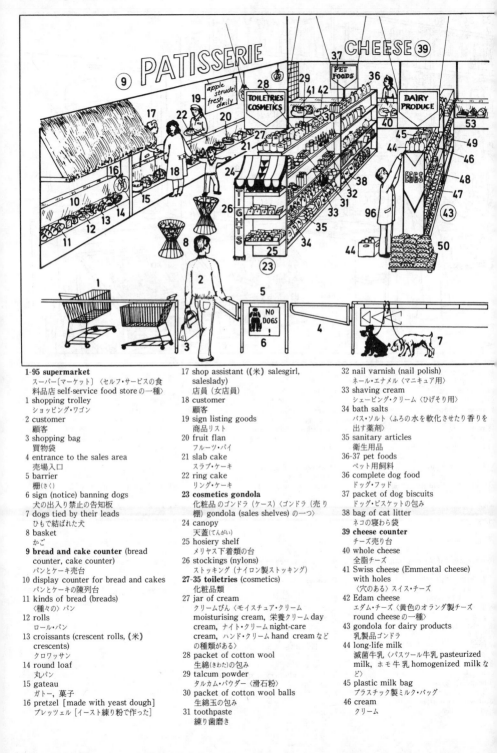

1-95 supermarket
スーパー〔マーケット〕〈セルフ・サービスの食料品店 self-service food store の一種〉

1 shopping trolley
ショッピング・ワゴン

2 customer
顧客

3 shopping bag
買物袋

4 entrance to the sales area
売場入口

5 barrier
柵(さく)

6 sign (notice) banning dogs
犬の出入り禁止の告知板

7 dogs tied by their leads
ひもで結ばれた犬

8 basket
かご

9 bread and cake counter (bread counter, cake counter)
パンとケーキ売り台

10 display counter for bread and cakes
パンとケーキの陳列台

11 kinds of bread (breads)
〈種々の〉パン

12 rolls
ロール・パン

13 croissants (crescent rolls, (米) crescents)
クロワッサン

14 round loaf
丸パン

15 gateau
ガトー, 菓子

16 pretzel [made with yeast dough]
プレッツェル [イースト練り粉で作った]

17 shop assistant ((米) salesgirl, saleslady)
店員（女店員）

18 customer
顧客

19 sign listing goods
商品リスト

20 fruit flan
フルーツ・パイ

21 slab cake
スラブ・ケーキ

22 ring cake
リング・ケーキ

23 cosmetics gondola
化粧品のゴンドラ（ケース）〈ゴンドラ（売り棚）gondola (sales shelves) の一つ〉

24 canopy
天蓋(てんがい)

25 hosiery shelf
メリヤス下着類の台

26 stockings (nylons)
ストッキング（ナイロン製ストッキング）

27-35 toiletries (cosmetics)
化粧品類

27 jar of cream
クリームびん〈モイスチュア・クリーム moisturising cream, 栄養クリーム day cream, ナイト・クリーム night-care cream, ハンド・クリーム hand cream などの種類がある〉

28 packet of cotton wool
生綿(きわた)の包み

29 talcum powder
タルカム・パウダー（滑石粉）

30 packet of cotton wool balls
生綿玉の包み

31 toothpaste
練り歯磨き

32 nail varnish (nail polish)
ネール・エナメル〈マニュキア用〉

33 shaving cream
シェービング・クリーム〈ひげそり用〉

34 bath salts
バス・ソルト〈ふろの水を軟化させたり香りを出す薬剤〉

35 sanitary articles
衛生用品

36-37 pet foods
ペット用飼料

36 complete dog food
ドッグ・フード

37 packet of dog biscuits
ドッグ・ビスケットの包み

38 bag of cat litter
ネコの寝わら袋

39 cheese counter
チーズ売り台

40 whole cheese
全脂チーズ

41 Swiss cheese (Emmental cheese) with holes
〈穴のある〉スイス・チーズ

42 Edam cheese
エダム・チーズ〈黄色のオランダ製チーズ round cheese の一種〉

43 gondola for dairy products
乳製品ゴンドラ

44 long-life milk
滅菌牛乳〈パスツール牛乳 pasteurized milk, ホモ牛乳 homogenized milk など〉

45 plastic milk bag
プラスチック製ミルク・バッグ

46 cream
クリーム

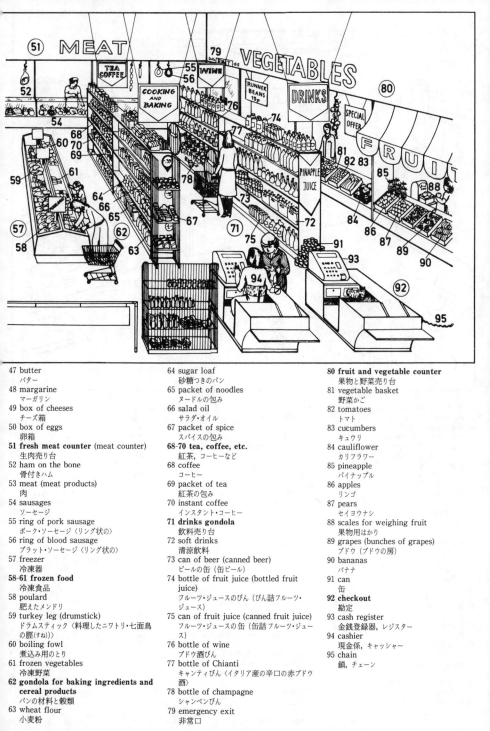

47 butter
バター

48 margarine
マーガリン

49 box of cheeses
チーズ箱

50 box of eggs
卵箱

51 **fresh meat counter** (meat counter)
生肉売り台

52 ham on the bone
骨付きハム

53 meat (meat products)
肉

54 sausages
ソーセージ

55 ring of pork sausage
ポーク・ソーセージ〈リング状の〉

56 ring of blood sausage
ブラット・ソーセージ〈リング状の〉

57 freezer
冷凍器

58-61 **frozen food**
冷凍食品

58 poulard
肥えたメンドリ

59 turkey leg (drumstick)
ドラムスティック〈料理したニワトリ・七面鳥
の脛(すね)〉

60 boiling fowl
煮込み用のとり

61 frozen vegetables
冷凍野菜

62 **gondola for baking ingredients and
cereal products**
パンの材料と穀類

63 wheat flour
小麦粉

64 sugar loaf
砂糖つきのパン

65 packet of noodles
ヌードルの包み

66 salad oil
サラダ・オイル

67 packet of spice
スパイスの包み

68-70 **tea, coffee, etc.**
紅茶, コーヒーなど

68 coffee
コーヒー

69 packet of tea
紅茶の包み

70 instant coffee
インスタント・コーヒー

71 **drinks gondola**
飲料売り台

72 soft drinks
清涼飲料

73 can of beer (canned beer)
ビールの缶 (缶ビール)

74 bottle of fruit juice (bottled fruit
juice)
フルーツ・ジュースのびん (びん詰フルーツ・
ジュース)

75 can of fruit juice (canned fruit juice)
フルーツ・ジュースの缶 (缶詰フルーツ・ジュー
ス)

76 bottle of wine
ブドウ酒びん

77 bottle of Chianti
キャンティびん〈イタリア産の辛口の赤ブドウ
酒〉

78 bottle of champagne
シャンペンびん

79 emergency exit
非常口

80 **fruit and vegetable counter**
果物と野菜売り台

81 vegetable basket
野菜かご

82 tomatoes
トマト

83 cucumbers
キュウリ

84 cauliflower
カリフラワー

85 pineapple
パイナップル

86 apples
リンゴ

87 pears
セイヨウナシ

88 scales for weighing fruit
果物用はかり

89 grapes (bunches of grapes)
ブドウ (ブドウの房)

90 bananas
バナナ

91 can
缶

92 **checkout**
勘定

93 cash register
金銭登録器, レジスター

94 cashier
現金係, キャッシャー

95 chain
鎖, チェーン

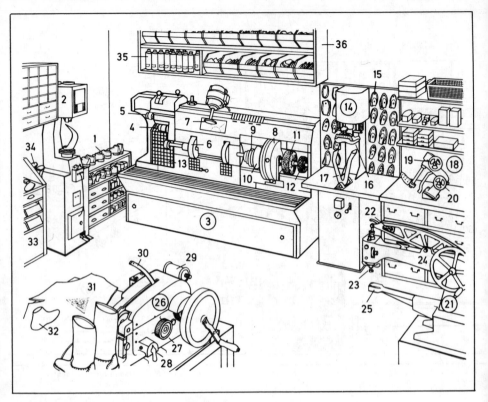

1-68 shoemaker's workshop
(bootmaker's workshop)
靴屋の仕事場 (製靴所(せいかしょ))
1 finished (repaired) shoes
完成した靴 (修繕した靴)
2 auto-soling machine
自動底張り機
3 finishing machine
仕上げ機
4 heel trimmer
かかと仕上げ機
5 sole trimmer
靴底仕上げ機
6 scouring wheel
研磨機
7 naum keag
駆
8 drive unit (drive wheel)
駆動装置
9 iron
こばごて
10 buffing wheel
とぎ車
11 polishing brush
磨きブラシ
12 horsehair brush
馬の毛ブラシ
13 extractor grid
抽出グリッド
14 automatic sole press
自動靴底プレス
15 press attachment
プレス付属品

16 pad
当て物, パッド
17 press bar
圧搾棒
18 stretching machine
伸張機
19 width adjustment
幅調整
20 length adjustment
長さ調整
21 stitching machine
縫合機
22 power regulator (power control)
動力調整器
23 foot
脚部
24 handwheel
手動ハンドル
25 arm
腕木
26 sole stitcher (sole-stitching machine)
靴底縫合機
27 foot bar lever
足棒レバー
28 feed adjustment (feed setting)
送り調整 (送り設定)
29 bobbin (cotton bobbin)
糸巻き (綿糸糸巻き)
30 thread guide (yarn guide)
糸道
31 sole leather
厚革
32 [wooden] last
[木製] の靴型

33 workbench
仕事台
34 last
靴型
35 dye spray
染色スプレー
36 shelves for materials
材料棚

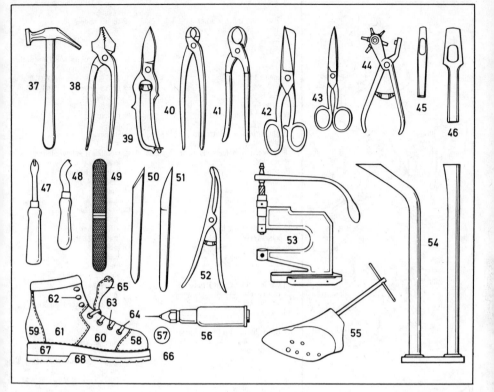

37 shoemaker's hammer
   〔製靴工の〕ハンマー
38 shoemaker's pliers (welt pincers)
   〔製靴工の〕プライヤー（細革(ほそがわ)抜き）
39 sole-leather shears
   底革剪断機(せんだんき)
40 small pincers (nippers)
   小釘(くぎ)抜き
41 large pincers (nippers)
   大釘抜き
42 upper-leather shears
   甲革剪断機
43 scissors
   はさみ
44 revolving punch (rotary punch)
   回転穿孔機(せんこうき)
45 punch
   穿孔機, パンチ
46 punch with handle
   柄(え)つき穿孔機
47 nail puller
   釘抜き
48 welt cutter
   細革裁断機
49 shoemaker's rasp
   〔製靴工の〕石目やすり
50 cobbler's knife (shoemaker's knife)
   〔製靴工の〕ナイフ
51 skiving knife (skife knife, paring
   knife)
   削りナイフ
52 toecap remover
   爪革(つまがわ)リムーバー

53 eyelet, hook, and press-stud setter
   はと目, ホック, スナップ・セッター
54 stand with iron lasts
   金型つきスタンド
55 width-setting tree
   幅調節木型
56 nail grip
   釘(くぎ)つかみ
57 boot
   長靴
58 toecap
   爪先革
59 counter
   月形芯(しん)
60 vamp
   爪革, わく革
61 quarter
   腰革
62 hook
   留め金
63 eyelet
   はと目
64 lace (shoelace, bootlace)
   締めひも（靴ひも）
65 tongue
   舌革
66 sole
   底革
67 heel
   かかと
68 shank (waist)
   ふまず芯(しん)

1 winter boot
ウインター・ブーツ

2 PVC sole (plastic sole)
PVC 靴底（プラスチック・ソール）

3 high-pile lining
高い羊毛裏つけ

4 nylon
ナイロン

5 men's boot
紳士用ブーツ

6 inside zip
内側ジッパー

7 men's high leg boot
紳士用長靴

8 platform sole (platform)
プラットフォーム・ソール

9 Western boot (cowboy boot)
ウェスタン・ブーツ（カウボーイ・ブーツ）

10 pony-skin boot
馬革ブーツ

11 cemented sole
セメント接合靴底

12 ladies' boot
婦人用ブーツ

13 men's high leg boot
紳士用長靴

14 seamless PVC waterproof
wellington boot
シームレス PVC 防水 ウェリントン・ブーツ

15 natural-colour ((米) natural-
color) sole
自然色靴底

16 toecap
爪先革（つまさきがわ）

17 tricot lining (knitwear lining)
トリコット裏つけ（ニットウェア裏つけ）

18 hiking boot
ハイキング・ブーツ

19 grip sole
グリップ・ソール

20 padded collar
詰め物をしたカラー，折返し

21 tie fastening (lace fastening)
ひも締め

22 open-toe mule
つっかけ，スリッパ

23 terry upper
テリー織りの甲革（こうかく）

24 polo outsole
ポロ表底

25 mule
ミュール〈つっかけ靴〉

26 corduroy upper
コール天の甲革

27 evening sandal (sandal court
shoe)
夜会用サンダル（サンダル宮廷靴）

28 high heel (stiletto heel)
ハイヒール

29 court shoe ((米) pump)
宮廷靴（パンプス）

30 moccasin
モカシン

31 shoe
〔短〕靴〈ひも靴 tie shoe (laced
shoe) の一種で，オックスフォード・
シューズ Oxford shoe ((米)
Oxford) ともいう〉

32 tongue
舌革，べろ

33 high-heeled shoe
ハイヒール・シューズ〈かかとを立たせた
靴 raised heel〉

34 casual
カジュアル・シューズ

35 trainer (training shoe)
運動靴

36 tennis shoe
テニス靴

37 counter (stiffening)
月型芯（しん）

38 natural-colour ((米) natural-
color) rubber sole
自然色のラバー・ソール〈ゴム靴底〉

39 heavy-duty boot ((米) stogy,
stogie)
仕事靴，どた靴

40 toecap
爪先革

41 slipper
スリッパ

42 woollen ((米) woolen) slip sock
毛織りのスリップ・ソックス

43 knit stitch (knit)
表編み，メリヤス編み（ニット）

44 clog
木底靴

45 wooden sole
木の靴底

46 soft-leather upper
柔らかい皮の甲革

47 sabot
木靴

48 toe post sandal
トゥ・ポスト・サンダル

49 ladies' sandal
婦人用サンダル

50 surgical footbed (sock)
フットベッド

51 sandal
サンダル

52 shoe buckle (buckle)
シュー・バックル

53 sling-back court shoe ((米) sling
pump)
スリング・バック，バック・ベルト婦人靴，スリ
ング・パンプス

54 fabric court shoe
布製の宮廷靴

55 wedge heel
くさび形ヒール

56 baby's first walking boot
乳児靴

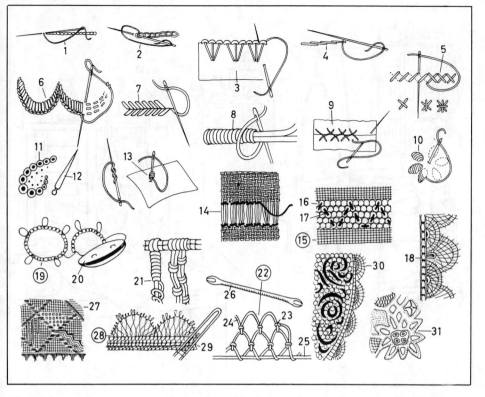

1 backstitch seam
バック・ステッチ, 返し縫い

2 chain stitch
チェーン・ステッチ, 鎖刺し

3 ornamental stitch
縁飾り縫い

4 stem stitch
ステム・ステッチ

5 cross stitch
クロス・ステッチ

6 buttonhole stitch (button stitch)
ボタンホール・ステッチ

7 fishbone stitch
フィシュボン・ステッチ

8 overcast stitch
オーバーカスト・ステッチ

9 herringbone stitch (Russian stitch,
Russian cross stitch)
ヘリング・ステッチ (ロシア・ステッチ)

10 satin stitch (flat stitch)
サテン・ステッチ

11 eyelet embroidery (broderie
anglaise)
アイレット・ワーク (イギリス刺繍(ししゅう))

12 stiletto
目打ち

13 French knot (French dot, knotted
stitch, twisted knot stitch)
フレンチ・ノット

14 hem stitch work
ヘム・ステッチ

15 tulle work (tulle lace)
チュール・ワーク (チュール・レース)

16 tulle background (net background)
チュール素地

17 darning stitch
ダーニング・ステッチ

18 pillow lace (bobbin lace, bone lace)
ビロー・レース (ボビン・レース) 〈ヴァレンシア
ンヌ Valenciennes, ブリュッセル・レース
Brussels lace などの種類がある〉

19 tatting
タッチング

20 tatting shuttle (shuttle)
タッチング・シャトル

21 knotted work (macramé)
マクラメ・レース

22 filet (netting)
フィレ・レース (ネッティング)

23 netting loop
網目の結び目

24 netting thread
網目のひも

25 mesh pin (mesh gauge)
メッシュ・ピン

26 netting needle
編み針

27 open work
オープン・ワーク

28 gimping (hairpin work)
ギムピング (ヘアピン・ワーク)

29 gimping needle (hairpin)
ヘアピン

30 needlepoint lace (point lace,
needlepoint)
手編み(針編み)レース, ニードルポイント・
レース 〈レティセラ・レース reticella lace,

ヴェネシャン・レース Venetian iace, アラン
ソン・レース Alençon lace などの種類があ
る。同種のものに, 金銀線細工〔品〕
filigree work がある〉

31 braid embroidery (braid work)
縁飾り刺繍

1-27 dressmaker's workroom
ドレスメーカーの仕事部屋

1 dressmaker
ドレスメーカー，洋裁師

2 tape measure (measuring tape)
巻き尺メジャー〈メートル〔巻き〕尺 metre
((米) meter) tape measure の一種〉

3 cutting shears
裁断ばさみ

4 cutting table
裁縫台

5 model dress
衣服の基型

6 dressmaker's model (dressmaker's dummy, dress form)
人台，スタン，マネキン

7 model coat
コートの基型

8 sewing machine
ミシン

9 drive motor
モーター

10 drive belt
ベルト

11 treadle
踏み板

12 sewing machine cotton (sewing machine thread) [on bobbin]
ミシン綿糸［糸巻きに巻かれた］

13 cutting template
裁断用型板

14 seam binding
シーム・バインディング〈ヘム始末用のテープ〉

15 button box
ボタン入れ

16 remnant
端切れ

17 movable clothes rack
可動式衣服掛け

18 hand-iron press
アイロンがけ

19 presser (ironer)
アイロンをかける人

20 steam iron
蒸気アイロン

21 water feed pipe
給水パイプ

22 water container
水の容器

23 adjustable-tilt ironing surface
傾斜調節アイロン台面

24 lift device for the iron
アイロン持上げ装置

25 steam extractor
蒸気抽出器

26 foot switch controlling steam extraction
蒸気抽出調整用の足踏みスイッチ

27 pressed non-woven woollen ((米) woollen) fabric
プレスした不織の紡(つむぎ)毛織物

1-32 tailor's workroom
洋服屋の仕事部屋

1 triple mirror
三面鏡

2 lengths of material
生地の長さ

3 suiting
服地

4 fashion journal (fashion magazine)
ファッション雑誌

5 ashtray
灰

6 fashion catalogue
ファッション・カタログ

7 workbench
仕事台

8 wall shelves (wall shelf unit)
壁面用の棚

9 cotton reel
木綿糸のリール

10 small reels of sewing silk
絹の縫糸の小リール

11 hand shears
はさみ

12 combined electric and treadle
sewing machine
電動・足踏み併用のミシン

13 treadle
踏み子

14 dress guard
ドレス・ガード〈衣服防護装置〉

15 band wheel
帯車

16 bobbin thread
糸巻き糸

17 sewing machine table
ミシン台

18 sewing machine drawer
ミシン引出し

19 seam binding
シーム・バインディング

20 pincushion
針差し

21 marking out
しるしをつける

22 tailor
裁縫師

23 shaping pad
型台

24 tailor's chalk (French chalk)
チャコ (フランス・チャコ)

25 workpiece
製作品

26 steam press (steam pressing unit)
スチーム・プレス〔用具一式〕

27 swivel arm
回転アーム

28 pressing cushion (pressing pad)
仕上げ馬

29 iron
アイロン

30 hand-ironing pad
ハンド・アイロン台

31 clothes brush
布ブラシ

32 pressing cloth
プレス用当て布

1-39 ladies' hairdressing salon and beauty salon ((米)) beauty parlor, beauty shop)
美容院 (ビューティー・サロン)

1-16 hairdresser's tools
美容道具

1 bowl containing bleach
ブリーチ(漂白剤)入れボール
2 detangling brush
調髪ブラシ
3 bleach tube
ブリーチ・チューブ
4 curler [used in dyeing]
カーラー[染髪に用いられる]
5 curling tongs (curling iron)
カールごて (ヘア・アイロン)
6 comb (back comb, side comb)
くし (すきぐし, 差しぐし)
7 haircutting scissors
調髪ばさみ
8 thinning scissors ((米)) thinning shears)
そぎばさみ
9 thinning razor
そぎかみそり
10 hairbrush
ヘアブラシ
11 hair clip
ヘア・クリップ
12 roller
ローラー
13 curl brush
カール・ブラシ

14 curl clip
カール・クリップ
15 dressing comb
仕上げぐし
16 stiff-bristle brush
剛毛ブラシ
17 adjustable hairdresser's chair
美容いす
18 footrest
足台
19 dressing table
仕上げ台
20 salon mirror (mirror)
サロン・ミラー (鏡)
21 electric clippers
電気クリッパー
22 warm-air comb
温風ぐし
23 hand mirror (hand glass)
手鏡
24 hair spray (hair-fixing spray)
ヘア・スプレー
25 drier
ドライヤー〈回転式ドライヤー–swivel-mounted drier の一種〉
26 swivel arm of the drier
ドライヤーの回転アーム
27 round base
丸い足台
28 shampoo unit
髪洗い器具
29 shampoo basin
髪洗い水盤

30 hand spray (shampoo spray)
ハンド・スプレー (シャンプー・スプレー)
31 service tray
サービス・トレー
32 shampoo bottle
シャンプー・ボトル
33 hair drier (hand hair drier, hand-held hair drier)
ヘア・ドライヤー (ハンド・ヘア・ドライヤー)
34 cape (gown)
ケープ (ガウン)
35 hairdresser
美容師
36 perfume bottle
香水びん
37 bottle of toilet water
化粧水びん
38 wig
かつら
39 wig block
かつら[型]台

1-42 men's salon (men's hairdressing salon, barber's shop, (米) barbershop)
理髪店，床屋
1 hairdresser (barber)
理髪師，床屋
2 overalls (hairdresser's overalls)
上張り (理髪師の仕事着)
3 hairstyle (haircut)
ヘアスタイル，髪型
4 cape (gown)
ケープ (ガウン)
5 paper towel
ペーパー・タオル
6 salon mirror (mirror)
サロン・ミラー (鏡)
7 hand mirror (hand glass)
手鏡
8 light
明り
9 toilet water
化粧水
10 hair tonic
ヘア・トニック
11 shampoo unit
髪洗い器具一式
12 shampoo basin
髪洗い水盤
13 hand spray (shampoo spray)
ハンド・スプレー (シャンプー・スプレー)
14 mixer tap ((米) mixing faucet)
混合給水栓 (混合蛇口)
15 sockets, e.g. for hair drier
ヘア・ドライヤーなどのソケット

16 adjustable hairdresser's chair (barber's chair)
理髪店用いす
17 height-adjuster bar (height adjuster)
高さ調節バー (高さ調節器)
18 armrest
ひじ掛け
19 footrest
足台
20 shampoo
シャンプー
21 perfume spray
香水スプレー
22 hair drier (hand hair drier, hand-held hair drier)
ヘア・ドライヤー (ハンド・ヘア・ドライヤー)
23 setting lotion in a spray can
セット・ローション・スプレー
24 hand towels for drying hair
乾髪用のタオル
25 towels for face compresses
顔タオル
26 crimping iron
カールごて
27 neck brush
ネック・ブラシ
28 dressing comb
仕上げぐし
29 warm-air comb
温風コーム
30 warm-air brush
温風ブラシ

31 curling tongs (hair curler, curling iron)
ヘア・カーラー
32 electric clippers
電気バリカン
33 thinning scissors ((米) thinning shears)
そぎばさみ
34 haircutting scissors
調髪ばさみ 〈styling scissors ともいう〉
35 scissor-blade
はさみの刃
36 pivot
旋回支軸
37 handle
取っ手
38 open razor (straight razor)
折りたたみ式かみそり，西洋かみそり
39 razor handle
かみそりの柄(え)
40 edge (cutting edge, razor's edge, razor's cutting edge)
かみそりの刃
41 thinning razor
そぎかみそり
42 diploma
資格免許状

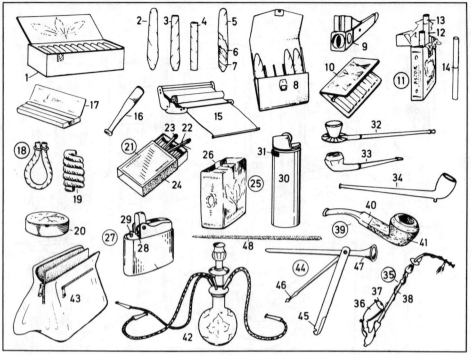

1 cigar box
  葉巻きタバコの箱
2 cigar
  シガー〈ハバナ Havana cigar (Havana),
  ブラジル Brazilian cigar, スマトラ
  Sumatra cigar などの種類がある〉
3 cigarillo
  小型葉巻きタバコ
4 cheroot
  両切り葉巻きタバコ
5 wrapper
  外巻き葉
6 binder
  中巻き葉
7 filler
  〈中身の〉タバコ
8 cigar case
  葉巻き入れ
9 cigar cutter
  口切り器
10 cigarette case
  巻きタバコ入れ
11 cigarette packet ((米) pack)
  タバコの包装箱
12 cigarette
  巻きタバコ〈フィルターつきシガレット filter-
  tipped cigarette の一つ〉
13 cigarette tip
  吸い口〈コルク口 cork tip, 金口 gold
  tip などの種類がある〉
14 Russian cigarette
  口つきロシアタバコ
15 cigarette roller
  タバコ手巻き器
16 cigarette holder
  巻きタバコ用パイプ
17 packet of cigarette papers
  巻きタバコ用紙のつづり

18 pigtail (twist of tobacco)
  よりタバコ
19 chewing tobacco
  かみタバコ〈1個分かみタバコは plug
  (quid, chew) という〉
20 snuff box, containing snuff
  かぎタバコ入れ
21 matchbox
  マッチ箱
22 match
  マッチ軸〔木〕
23 head (match head)
  マッチ軸頭
24 striking surface
  摩擦面
25 packet of tobacco
  刻みタバコの包装箱〈細刻み fine cut, 粗
  刻み shag, ネービー・カット navy plug など
  の種類がある〉
26 revenue stamp
  収入印紙
27 petrol cigarette lighter (petrol
  lighter)
  オイル・ライター
28 flint
  ライター発火石
29 wick
  心（しん）
30 gas cigarette lighter (gas lighter)
  ガス・ライター〈使い捨てライター disposable
  lighter の一種〉
31 flame regulator
  炎調節器
32 chibouk (chibouque)
  チブーク〈トルコ式長ぎせる〉
33 short pipe
  〔ショート〕パイプ

34 clay pipe (Dutch pipe)
  クレイ・パイプ, 陶製パイプ
35 long pipe
  ロング・パイプ
36 pipe bowl (bowl)
  ボール, 火皿
37 bowl lid
  ボールのふた
38 pipe stem (stem)
  パイプの柄（え）
39 briar pipe
  ブライヤー・パイプ
40 mouthpiece
  マウスピース
41 sand-blast finished or polished briar
  grain
  砂吹き仕上げのブライヤー木目
42 hookah (narghile, narghileh)
  水ぎせる〈水パイプ water pipe の一種〉
43 tobacco pouch
  タバコ入れ
44 smoker's companion
  喫煙具
45 pipe scraper
  パイプ・スクレーパー
46 pipe cleaner
  パイプ・クリーナー
47 tobacco presser
  タバコ詰め器
48 pipe cleaner
  パイプ・クリーナー

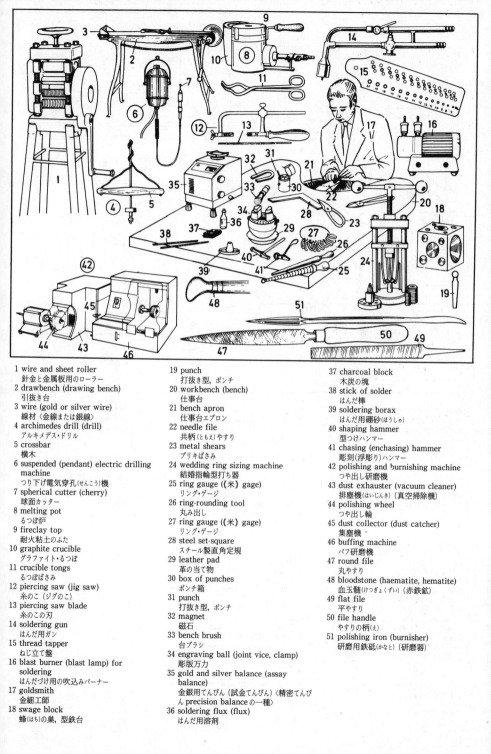

1 wire and sheet roller
　針金と金属板用のローラー
2 drawbench (drawing bench)
　引抜き台
3 wire (gold or silver wire)
　線材〈金線または銀線〉
4 archimedes drill (drill)
　アルキメデス・ドリル
5 crossbar
　横木
6 suspended (pendant) electric drilling machine
　つり下げ電気穿孔(せんこう)機
7 spherical cutter (cherry)
　球面カッター
8 melting pot
　るつぼ炉
9 fireclay top
　耐火粘土のふた
10 graphite crucible
　グラファイト・るつぼ
11 crucible tongs
　るつぼばさみ
12 piercing saw (jig saw)
　糸のこ（ジグのこ）
13 piercing saw blade
　糸のこの刃
14 soldering gun
　はんだ用ガン
15 thread tapper
　ねじ立て盤
16 blast burner (blast lamp) for soldering
　はんだづけ用の吹込みバーナー
17 goldsmith
　金細工師
18 swage block
　蜂(はち)の巣，型鉄台

19 punch
　打抜き型，ポンチ
20 workbench (bench)
　仕事台
21 bench apron
　仕事台エプロン
22 needle file
　共柄(ともえ)やすり
23 metal shears
　ブリキばさみ
24 wedding ring sizing machine
　結婚指輪型打ち器
25 ring gauge ((米) gage)
　リング・ゲージ
26 ring-rounding tool
　丸み工具
27 ring gauge ((米) gage)
　リング・ゲージ
28 steel set-square
　スチール製直角定規
29 leather pad
　革の当て物
30 box of punches
　ポンチ箱
31 punch
　打抜き型，ポンチ
32 magnet
　磁石
33 bench brush
　台ブラシ
34 engraving ball (joint vice, clamp)
　彫版万力
35 gold and silver balance (assay balance)
　金銀用てんびん（試金てんびん）〈精密てんびん precision balance の一種〉
36 soldering flux (flux)
　はんだ用溶剤

37 charcoal block
　木炭の塊
38 stick of solder
　はんだ棒
39 soldering borax
　はんだ用硼砂(ほうしゃ)
40 shaping hammer
　型つけハンマー
41 chasing (enchasing) hammer
　彫刻(浮彫り)ハンマー
42 polishing and burnishing machine
　つや出し研磨機
43 dust exhauster (vacuum cleaner)
　排塵機(はいじんき)(真空掃除機)
44 polishing wheel
　つや出し輪
45 dust collector (dust catcher)
　集塵機
46 buffing machine
　バフ研磨機
47 round file
　丸やすり
48 bloodstone (haematite, hematite)
　血玉髄(けつぎょくずい)（赤鉄鉱）
49 flat file
　平やすり
50 file handle
　やすりの柄(え)
51 polishing iron (burnisher)
　研磨用鉄砥(かなと)（研磨器）

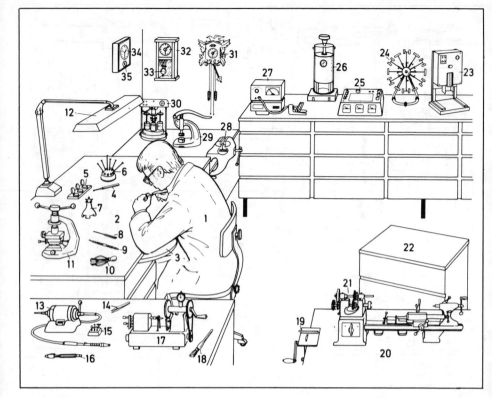

1 watchmaker
時計屋〈時計師 clockmaker ともいう〉
2 workbench
作業台
3 armrest
肘(ひじ)掛け
4 oiler
油差し
5 oil stand
油入れ
6 set of screwdrivers
ねじ回し一式
7 clockmaker's anvil
金敷(かなしき)
8 broach
ブローチ〈穴ぐり器リーマーreamer の一種〉
9 spring pin tool
スプリング・ピン用器具
10 hand-removing tool
時計針取り外し器具
11 watchglass-fitting tool
時計ガラス取付け器具
12 workbench lamp
作業台ランプ〈万能ランプ multi-purpose
lamp の一つ〉
13 multi-purpose motor
多目的モーター
14 tweezers
ピンセット
15 polishing machine attachments
研磨器の付属品
16 pin vice (pin holder)
ピン・ホールダー、ピン万力

17 burnisher
磨き器〈心軸 spindle を磨いたり、けずった
りする工具〉
18 dust brush
ちりよけ
19 cutter for metal watch straps
金属時計バンドの切断器
20 precision bench lathe (watchmaker's
lathe)
精密卓上旋盤〈時計旋盤〉
21 drive-belt gear
伝動ベルト歯車装置
22 workshop trolley for spare parts
予備部品用のワゴン
23 ultrasonic cleaner
超音波クリーナー
24 rotating watch-testing machine for
automatic watches
自動時計用の回転試験器
25 watch-timing machine for electronic
components
電子構成部分の時間計測器
26 testing device for waterproof
watches
防水時計の試験装置
27 electronic timing machine
電子時間計測器
28 vice ((米) vise)
万力
29 watchglass-fitting tool for armoured
((米) armored) glasses
防護ガラス用の時計ガラス取付け器具

30 [automatic] cleaning machine for
conventional cleaning
[自動]洗浄器〈従来のもの〉
31 cuckoo clock (Black Forest clock)
鳩時計
32 wall clock (regulator)
壁時計〈長枠時計〉
33 compensation pendulum
補正振子
34 kitchen clock
台所時計
35 timer
タイマー

1 electronic wristwatch
電子腕時計
2 digital readout
デジタル表示〈発光ダイオード読み出し
light-emitting diode (LED)
readout の一種。液体水晶読み出し
liquid crystal readout ともいう〉
3 hour and minute button
時と分のボタン
4 date and second button
日付と秒のボタン
5 strap (watch strap)
時計バンド
6 tuning fork principle (principle
of the tuning fork watch)
音叉(おんき)原理〈音叉時計の原理〉
7 power source (battery cell)
電力源（電池）
8 transformer
変圧器
9 tuning fork element (oscillating
element)
音叉要素（振動要素）
10 wheel ratchet
つめ車装置
11 wheels
車輪
12 minute hand
分針, 長針
13 hour hand
時針, 短針
14 principle of the electronic
quartz watch
電子水晶時計の原理
15 quartz
水晶, 石英
16 integrated circuit
集積回路
17 oscillation counter
振動計数器
18 decoder
復号器, デコーダー
19 calendar clock (alarm clock)
カレンダー時計（目覚し時計）
20 digital display with flip-over
numerals
反転数字板式デジタル表示装置
21 second indicator
秒指示装置
22 stop button
停止ボタン
23 forward and backward wind
knob
〈時間調節用〉ノブ
24 grandfather clock
グランドファーザー〔時計〕〈箱型大時
計〉
25 face
文字盤
26 clock case
時計ケース
27 pendulum
振子
28 striking weight
分銅〈打ち方〉
29 time weight
分銅〈時方(ときかた)〉
30 sundial
日時計
31 hourglass (egg timer)
漏計(ろうけい), 砂時計
**32-43 components of an automatic
watch** (automatic wristwatch)
自動(腕)時計の構成要素
32 weight (rotor)
回転子

33 stone (jewel, jewelled bearing)
石（宝石）〈合成ルビー–synthetic
ruby の一種〉
34 click
こはぜ
35 click wheel
角穴車
36 clockwork (clockwork
mechanism)
時計仕掛け
37 bottom train plate
底部連動プレート
38 spring barrel
香箱, ぜんまい箱
39 balance wheel
平衡輪
40 escape wheel
がんぎ車
41 crown wheel
丸穴車
42 winding crown
りゅうず
43 drive mechanism
駆動装置

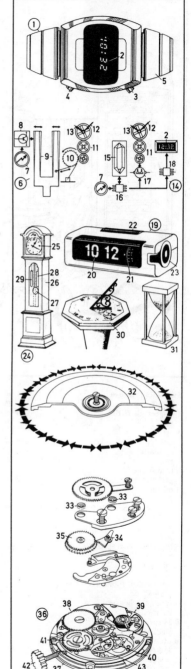

1-19 sales premises
販売店
1-4 spectacle fitting
備品
1 optician
めがね商
2 customer
顧客
3 trial frame
試験用めがね縁
4 mirror
鏡
5 stand with spectacle frames (display of frames, range of spectacles)
めがね縁の台 (枠展示台, めがねのサンプル)
6 sunglasses (sun spectacles)
サングラス
7 metal frame
金属縁
8 tortoiseshell frame (shell frame)
べっ甲縁
9 spectacles (glasses)
めがね
10-14 spectacle frame
めがねの縁
10 fitting (mount) of the frame
枠取付け
11 bridge
ブリッジ
12 pad bridge
パッド・ブリッジ
13 side
弦(つる)

14 side joint
弦の合せ目
15 spectacle lens
めがねのレンズ〈ここでは，2焦点レンズ
bifocal lens〉
16 hand mirror (hand glass)
手鏡
17 binoculars
双眼鏡
18 monocular telescope (tube)
単眼式望遠鏡
19 microscope
顕微鏡

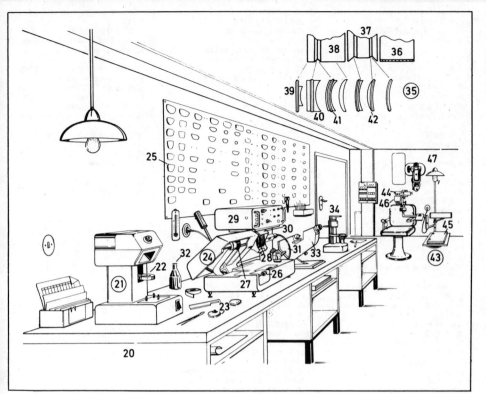

20-47 optician's workshop
めがね商の仕事場

20 workbench
作業台

21 universal centring (centering) apparatus
自在心立て器具

22 centring (centering) suction holder
心立て用吸込みホルダー

23 sucker
吸盤

24 edging machine
エッジング機

25 formers for the lens edging machine
レンズ・エッジング機用の型

26 inserted former
差込み型

27 rotating printer
回転プリンター

28 abrasive wheel combination
研磨ホイールの組合せ

29 control unit
制御装置

30 machine part
機械装置部

31 cooling water pipe
冷却水管

32 cleaning fluid
洗浄液

33 focimeter (vertex refractionometer)
焦点距離測定器 (頂点屈折計)

34 metal-blocking device
金属型押し器具

35 abrasive wheel combination and forms of edging
研磨ホイールの組合せとエッジング用の型

36 roughing wheel for preliminary surfacing
予備表面仕上げ用の粗磨きホイール

37 fining lap for positive and negative lens surfaces
正と負のレンズ表面の精密みがき具

38 fining lap for special and flat lenses
特殊レンズおよび平面レンズの精密磨き具

39 plano-concave lens with a flat surface
平面つき平凹レンズ

40 plano-concave lens with a special surface
特殊面つき平凹レンズ

41 concave and convex lens with a special surface
特殊面つき凹凸レンズ

42 convex and concave lens with a special surface
特殊面つき凸凹レンズ

43 ophthalmic test stand
視力検査台

44 phoropter with ophthalmometer and optometer (refractometer)
眼球計および視力計つきホロプター

45 trial lens case
試験レンズ容器

46 collimator
視準器

47 acuity projector
明瞭度投光器

1 laboratory and research microscope,
Leitz system
〈ライツ式〉実験・研究用顕微鏡

2 stand
スタンド

3 base
基底

4 coarse adjustment
下部調整装置

5 fine adjustment
精密調整装置

6 illumination beam path (illumination path)
照明光線路

7 illumination optics
照明光学素子

8 condenser
集光レンズ

9 microscope (microscopic, object) stage
顕微鏡の載物台

10 mechanical stage
移動載物台

11 objective turret (revolving nosepiece)
対物鏡タレット台（回転対物レンズ台）

12 binocular head
双眼顕微鏡のヘッド

13 beam-splitting prisms
分光プリズム

14 transmitted-light microscope with camera and polarizer, *Zeiss system*
〈ツァイス式〉カメラと偏光プリズムつき透光顕微鏡

15 stage base
載物台基底

16 aperture-stop slide
口径絞りスライド

17 universal stage
自在載物台

18 lens panel
レンズ・パネル

19 polarizing filter
偏光フィルター

20 camera
カメラ

21 focusing screen
焦点合せスクリーン

22 discussion tube arrangement
検討管装置

23 wide-field metallurgical microscope
広視域金属顕微鏡〈反射光顕微鏡 reflected-light microscope (microscope for reflected light) の一種〉

24 matt screen (ground glass screen, projection screen)
つや消しスクリーン

25 large-format camera
大型カメラ

26 miniature camera
小型カメラ

27 base plate
基底盤

28 lamphouse
ランプハウス

29 mechanical stage
移動載物台

30 objective turret (revolving nosepiece)
対物鏡タレット台（回転対物レンズ台）

31 surgical microscope
外科用顕微鏡

32 pillar stand
柱スタンド

33 field illumination
視界照明部

34 photomicroscope
顕微鏡写真撮影装置

35 miniature film cassette
小型フィルム・カセット

36 photomicrographic camera attachment for large-format or television camera
顕微鏡カメラ付属装置〈大判型とテレビジョン・カメラ用〉

37 surface-finish microscope
表面仕上げ顕微鏡

38 light section tube
光線部分管

39 rack and pinion
ラック・ピニオン

40 zoom stereomicroscope
ズーム立体顕微鏡

41 zoom lens
ズーム・レンズ

42 dust counter
計塵器（けいじんき）

43 measurement chamber
測定箱

44 data output
データ出力

45 analogue ((米) analog) output
アナログ出力

46 measurement range selector
測定域選択器

47 digital display (digital readout)
デジタル表示装置（計数読出し）

48 dipping refractometer for examining food
食品検査用浸漬（しんし）屈折計

49 microscopic photometer
顕微鏡の測光器

50 photometric light source
測光器の光源

51 measuring device (photomultiplier, multiplier phototube)
測定装置（光電子増倍管）

52 light source for survey illumination
測量用光源

53 remote electronics
遠隔電子回路装置

54 universal wide-field microscope
自在広視域顕微鏡

55 adapter for camera or projector attachment
カメラまたはプロジェクター付属装置用のアダプター

56 eyepiece focusing knob
接眼レンズ焦点調整ノブ

57 filter pick-up
フィルター・ピックアップ

58 handrest
腕かけ台

59 lamphouse for incident (vertical) illumination
投射(垂直)照明用のランプハウス

60 lamphouse connector for transillumination
透照用ランプハウス連結部

61 wide-field stereomicroscope
広視域立体顕微鏡

62 interchangeable lenses (objectives)
可換レンズ（対物レンズ）

63 incident (vertical) illumination (incident top lighting)
投射(垂直)照明装置

64 fully automatic microscope camera
全自動顕微鏡カメラ〈顕微鏡写真用レンズのマウント・アダプターphotomicro mount adapter がついている〉

65 film cassette
フィルム・カセット

66 universal condenser for research microscope
研究用顕微鏡の自在集光レンズ

67 universal-type measuring machine for photogrammetry (phototheodolite)
写真測量(セオドライト)用の万能測量機

68 photogrammetric camera
写真測量カメラ

69 motor-driven level
モーター・ドライブの水準器

70 electro-optical distance-measuring instrument
電気光学距離測定器, 測距儀

71 stereometric camera
体積測定カメラ

72 horizontal base
水平基準台

73 one-second theodolite
角度 1 秒精度の経緯儀

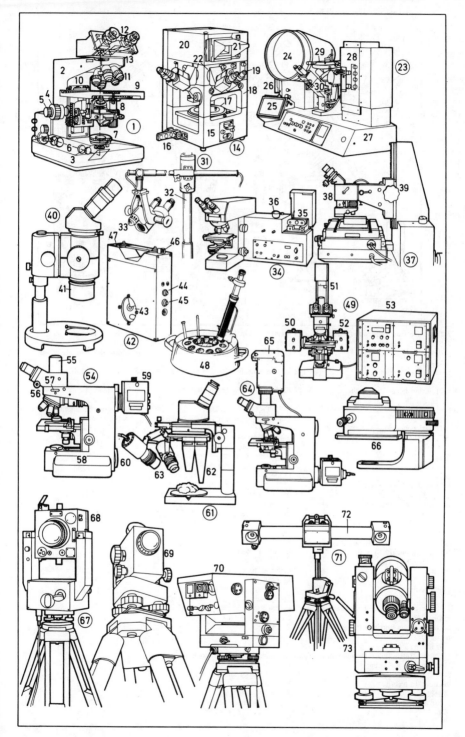

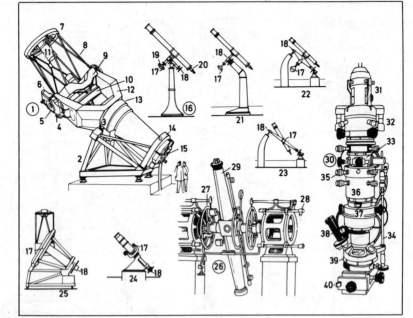

1 **2.2 m reflecting telescope** (reflector)
　2.2 m 反射望遠鏡
2 pedestal (base)
　台座（台）
3 axial-radial bearing
　軸ラジアル方向軸受け
4 declination gear
　偏差伝動装置
5 declination axis
　偏差軸
6 declination bearing
　偏差軸受け
7 front ring
　前輪
8 tube (body tube)
　鏡筒
9 tube centre ((米) center) section
　管中心部
10 primary mirror (main mirror)
　主反射鏡
11 secondary mirror (deviation mirror, corrector plate)
　補助反射鏡（偏向反射鏡，補正板）
12 fork mounting (fork)
　フォーク型マウント（架台）
13 cover
　カバー
14 guide bearing
　ガイド軸受け
15 main drive unit of the polar axis
　極軸の主駆動装置
16-25 **telescope mountings** (telescope mounts)
　望遠鏡のマウント（架台）
16 refractor (refracting telescope) on a German-type mounting
　屈折望遠鏡とドイツ式マウント（架台）
17 declination axis
　偏差軸
18 polar axis
　極軸

19 counterweight (counterpoise)
　釣合いおもり（平衡錘(すい)）
20 eyepiece
　接眼レンズ
21 knee mounting with a bent column
　ニー取付けと曲支柱
22 English-type axis mounting (axis mount)
　イギリス式軸マウント（架台）
23 English-type yoke mounting (yoke mount)
　イギリス式ヨーク・マウント（架台）
24 fork mounting (fork mount)
　フォーク型マウント（架台）
25 horseshoe mounting (horseshoe mount)
　馬蹄(ばてい)状マウント（架台）
26 meridian circle
　子午環
27 divided circle (graduated circle)
　目盛り環
28 reading microscope
　読取り顕微鏡
29 meridian telescope
　子午線望遠鏡
30 electron microscope
　電子顕微鏡
31-39 microscope tube (microscope body, body tube)
　顕微鏡本体
31 electron gun
　電子銃
32 condensers
　集光レンズ
33 specimen insertion air lock
　標本挿入エア・ロック
34 control for specimen stage adjustment
　標本台調整操縦装置
35 control for the objective apertures
　対物レンズ口径の調整装置

36 objective lens
　対物レンズ
37 intermediate image screen
　中間像スクリーン
38 telescope magnifier
　望遠鏡拡大レンズ
39 final image tube
　最終像鏡筒
40 photographic chamber for film and plate magazines
　フィルムと感光板マガジン用の箱

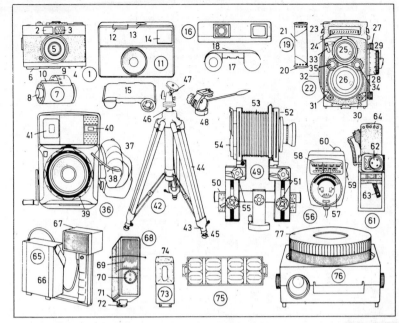

1 miniature camera (35 mm camera)
　小型カメラ (35ミリカメラ)
2 viewfinder eyepiece
　ファインダー接眼レンズ
3 meter cell
　計器電池
4 accessory shoe
　アクセサリー・シュー
5 flush lens
　レンズ
6 rewind handle (rewind, rewind crank)
　巻戻しハンドル (巻戻しクランク)
7 miniature film cassette (135 film cassette, 35 mm cassette)
　パトローネ入りフィルム (135フィルム・カセット, 35ミリ・フィルム・カセット)
8 film spool
　フィルム・スプール
9 film with leader
　リーダーつきフィルム
10 cassette slit (cassette exit slot)
　パトローネ・スリット
11 cartridge-loading camera
　カートリッジ装填カメラ
12 shutter release (shutter release button)
　シャッター・レリーズ
13 flash cube contact
　フラッシュ・キューブ接点
14 rectangular viewfinder
　方形ファインダー
15 126 cartridge (instamatic cartridge)
　126カートリッジ (インスタマティック・カートリッジ)
16 pocket camera (subminiature camera)
　ポケット・カメラ, 超小型カメラ
17 110 cartridge (subminiature cartridge)
　110カートリッジ, 超小型カートリッジ

18 film window
　フィルム窓
19 120 rollfilm
　120 ロールフィルム
20 rollfilm spool
　ロールフィルム・スプール
21 backing paper
　裏打ち紙
22 twin-lens reflex camera
　2眼レフ・カメラ
23 folding viewfinder hood (focusing hood)
　折りたたみ式ファインダー・フード (ピント・フード)
24 meter cell
　計器電池
25 viewing lens
　ファインダー・レンズ
26 object lens
　対物レンズ
27 spool knob
　スプール・ノブ
28 distance setting (focus setting)
　距離調節点 (焦点調節装置)
29 exposure meter using needle-matching system
　指針方式の露出計
30 flash contact
　フラッシュ接点
31 shutter release
　シャッター・レリーズ
32 film transport (film advance, film wind)
　フィルム巻上げ
33 flash switch
　フラッシュ・スイッチ
34 aperture-setting control
　絞り調節装置
35 shutter speed control
　シャッター速度調節装置
36 large-format hand camera (press camera)
　大型ハンド・カメラ (プレス・カメラ)
37 grip (handgrip)
　グリップ (ハンドグリップ)

38 cable release
　ケーブル・レリーズ
39 distance-setting ring (focusing ring)
　距離調節環 (焦点調節環)
40 rangefinder window
　距離計窓
41 multiple-frame viewfinder (universal viewfinder)
　複合フレーム・ファインダー (自在ファインダー)
42 tripod
　三脚
43 tripod leg
　三脚の脚
44 tubular leg
　管状脚
45 rubber foot
　ゴム製足部
46 central column
　中心円柱
47 ball and socket head
　玉継ぎ手
48 cine camera pan and tilt head
　雲台
49 large-format folding camera
　大型折りたたみ式カメラ
50 optical bench
　光学台
51 standard adjustment
　基準調節装置
52 lens standard
　レンズ基準
53 bellows
　ベローズ, 蛇腹
54 camera back
　カメラ裏ぶた
55 back standard adjustment
　背部基準調節装置
56 hand-held exposure meter (exposure meter)
　携帯露出計 (露出計)
57 calculator dial
　計算表ダイアル
58 scales (indicator scales) with indicator needle (pointer)
　指針つき表示器目盛り

59 range switch (high/low range selector)
　露出範囲選択〔器〕スイッチ
60 diffuser for incident light measurement
　入射光線測定用の散光器
61 probe exposure meter for large-format cameras
　大型カメラ用の精密露出計
62 meter
　計器
63 probe
　プローブ探針
64 dark slide
　ダーク・スライド
65 battery-portable electronic flash (battery-portable electronic flash unit)
　グリップタイプ・ストロボ〈携帯用電子フラッシュ装置〉
66 powerpack unit (battery)
　バッテリー
67 flash head
　フラッシュ
68 single-unit electronic flash (flashgun)
　グリップタイプ・ストロボ〈単一フラッシュガン〉
69 swivel-mounted reflector
　スイベルつき反射器
70 photodiode
　フォトダイオード
71 foot
　足部
72 hot-shoe contact
　ホット・シュー接点
73 flash cube unit
　撮影用光源装置
74 flash cube
　フラッシュ・キューブ
75 flash bar
　フラッシュ・バー
76 slide projector
　スライド・プロジェクター
77 rotary magazine
　回転式マガジン

1-105 system camera
システム・カメラ

1 miniature single-lens reflex camera
小型一眼レフ・カメラ

2 camera body
カメラ本体

3-8 lens
レンズ〈標準レンズ normal lens (standard lens)〉

3 lens barrel
レンズ筒

4 distance scale in metres and feet
距離目盛り

5 aperture ring (aperture-setting ring, aperture control ring)
絞り調節リング

6 front element mount with filter mount
前面エレメントとフィルターのマウント

7 front element
前面エレメント

8 focusing ring (distance-setting ring)
焦点合せリング（距離調節リング）

9 ring for the carrying strap
携帯用革ひもリング

10 battery chamber
電池箱

11 screw-in cover
ねじ込みふた

12 rewind handle (rewind, rewind crank)
巻戻しハンドル（巻戻しクランク）

13 battery switch
バッテリー・スイッチ

14 flash socket for F and X contact
F・X接点用フラッシュ・ソケット

15 self-time lever (setting lever for the self-timer, setting lever for the delayed-action release)
セルフ・タイマー・レバー（自動シャッター調節レバー）

16 single-stroke film advance lever
フィルム巻上げレバー

17 exposure counter (frame counter)
枚数カウンター（フレーム・カウンター）

18 shutter release (shutter release button)
シャッター・レリーズ

19 shutter speed setting knob (shutter speed control)
シャッター速度調節ダイヤル

20 accessory shoe
アクセサリー・シュー

21 hot-shoe flash contact
ホット・シュー・フラッシュ接点

22 viewfinder eyepiece with correcting lens
補正レンズつきファインダー接眼部

23 camera back
カメラ裏ぶた

24 pressure plate
圧板

25 take-up spool of the rapid-loading system
スプール迅速取付け

26 transport sprocket
フィルム送給スプロケット

27 rewind release button (reversing clutch)
巻戻しボタン

28 film window
フィルム窓

29 rewind cam
巻戻しカム

30 tripod socket (tripod bush)
三脚ねじ穴

31 reflex system (mirror reflex system)
反射鏡システム

32 lens
レンズ

33 reflex mirror
反射鏡

34 film window
フィルム窓

35 path of the image beam
影像ビーム通路

36 path of the sample beam
標本ビーム通路

37 meter cell
計器電池

38 auxillary mirror
補助鏡

39 focusing screen
焦点合せスクリーン

40 field lens
視野レンズ

41 pentaprism
ペンタプリズム

42 eyepiece
ファインダー接眼部

43-105 system of accessories
付属機器のシステム

43 interchangeable lenses
交換レンズ

44 fisheye lens (fisheye)
魚眼レンズ

45 wide-angle lens (short focal length lens)
広角レンズ（短焦点レンズ）

46 normal lens (standard lens)
標準レンズ

47 medium focal length lens
中間焦点距離レンズ

48 telephoto lens (long focal length lens)
望遠レンズ（長焦点レンズ）

49 long-focus lens
長焦点レンズ

50 mirror lens
ミラー・レンズ

51 viewfinder image
フォーカシング・スクリーン

52 signal to switch to manual control
手動切換え標示

53 matt collar (ground glass collar)
測距環

54 microprism collar
マイクロプリズム環

55 split-image rangefinder (focusing wedges)
スプリット・イメージ 距離計（焦点調節フィルター）

56 aperture scale
絞り目盛り

57 exposure meter needle
メーター指針

58-66 interchangeable focusing screens
交換焦点合せスクリーン

58 all-matt screen (ground glass screen) with microprism spot
マイクロプリズム・スポットつき 全面マット・スクリーン

59 all-matt screen (ground glass screen) with microprism spot and split-image rangefinder
マイクロプリズム・スポット とスプリット・イメージ 距離計つき全面マット・スクリーン

60 all-matt screen (ground glass screen) without focusing aids
焦点装置のない全面マット・スクリーン

61 matt screen (ground glass screen) with reticule
レチクルつきマット・スクリーン

62 microprism spot for lenses with a large aperture
大口径のマイクロプリズム・スポット

63 microprism spot for lenses with an aperture of f=1:3.5 or larger
焦点距離1：3.5以上の絞りつきレンズ用のマイクロプリズム・スポット

64 Fresnel lens with matt collar (ground glass collar) and split-image rangefinder
スクリーンとスプリット・イメージ 距離計つきフレネル・レンズ

65 all-matt screen (ground glass screen) with finely matted central spot and graduated markings
精密中心スポットと目盛りつき全面マット・スクリーン

66 matt screen (ground glass screen) with clear spot and double cross hairs
クリアー・スポットと2重十字線つき

67 data recording back for exposing data about shots
データ・バック

68 viewfinder hood (focusing hood)
ファインダー・フード

69 interchangeable pentaprism viewfinder
交換ペンタプリズム・ファインダー

70 pentaprism
ペンタプリズム

71 right-angle viewfinder
アングル・ファインダー

72 correction lens
視度補正レンズ

73 eyecup
アイカップ

74 focusing telescope
マグニファイヤー

75 battery unit
バッテリー装置

76 combined battery holder and control grip for the motor drive
組合せバッテリー・ホールダーとモーター・ドライブ操作グリップ

77 rapid-sequence camera
高速モーター・ドライブつきカメラ

78 attachable motor drive
取付けモーター・ドライブ

79 external (outside) power supply
外部電源

80 ten meter film back (magazine back)
長尺フィルム・チェンバー

81-98 close-up and macro equipment
接写・拡大システム

81 extension tube
エクステンション・チューブ

82 adapter ring
アダプター・リング

83 reversing ring
反転リング

84 lens in retrofocus position
逆焦点位置レンズ

85 bellows unit (extension bellows, close-up bellows attachment)
ベローズ装置（引伸しベローズ, クローズ・アップ・ベローズ装置）

86 focusing stage
焦点調節台

87 slide-copying attachment
スライド・コピー付属装置

88 slide-copying adapter
スライド・コピー・アダプター

89 micro attachment (photomicroscope adapter)
マイクロ付属装置（顕微鏡写真撮影装置）

90 copying stand (copy stand, copypod)
複写台（コピー・スタンド）

91 spider legs
三脚台

92 copying stand (copy stand)
複写台（コピー・スタンド）

93 arm of the copying stand (copy stand)
複写台のアーム

94 macrophoto stand
拡大写真機台

95 stage plates for the macrophoto stand
マクロステージ

96 insertable disc (disk)
差込み円板, 挿入ディスク

97 Lieberkühn reflector
リーバーキューン反射鏡

98 mechanical stage
機械台

99 table tripod (table-top tripod)
卓上三脚

100 rifle grip
ライフル・グリップ

101 cable release
ケーブル・レリーズ

102 double cable release
2重ケーブル・レリーズ

103 camera case (ever-ready case)
カメラ・ケース

104 lens case
レンズ・ケース

105 soft-leather lens pouch
ソフト・レザーのレンズ袋

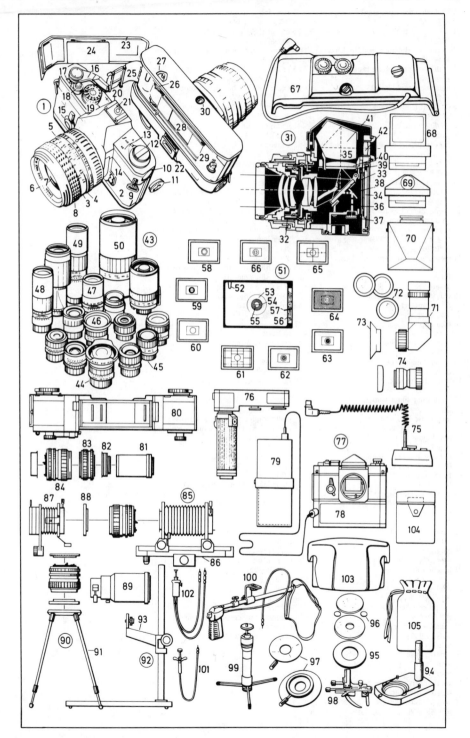

1-60 darkroom equipment
暗室設備

1 developing tank
現像タンク

2 spiral (developing spiral, tank reel)
現像スパイラル (タンク・リール)

3 multi-unit developing tank
複合現像タンク

4 multi-unit tank spiral
複合タンク・スパイラル

5 daylight-loading tank
昼光装填(そうてん)タンク

6 loading chamber
装填箱

7 film transport handle
フィルム・ハンドル

8 developing tank thermometer
現像タンク温度計

9 collapsible bottle for developing
solution
現像液用折りたたみ容器

10 chemical bottles for first developer,
stop bath, colour developer, bleach-
hardener, stabilizer
化学薬品容器 (1次現像液・停止浴・発色
現像液・漂白硬膜剤・安定剤用)

11 measuring cylinders
シリンダー

12 funnel
漏斗(ろうと)

13 tray thermometer (dish
thermometer)
トレイ温度計

14 film clip
フィルム・クリップ

15 wash tank (washer)
水洗タンク

16 water supply pipe
給水パイプ

17 water outlet pipe
排水パイプ

18 laboratory timer (timer)
現像室タイマー

19 automatic film agitator
自動フィルム攪拌器(かくはんき)

20 developing tank
現像タンク

21 darkroom lamp (safelight)
暗室ランプ (安全灯)

22 filter screen
フィルター・スクリーン

23 film drier (drying cabinet)
フィルム・ドライヤー (乾燥箱)

24 exposure timer
露光タイマー

25 developing dish (developing tray)
現像皿 (トレイ)

26 enlarger
引伸し機

27 baseboard
台板

28 angled column
角柱, 傾斜支持柱

29 lamphouse (lamp housing)
ランプ・ハウス

30 negative carrier
ネガ・キャリアー

31 bellows
ベローズ, 蛇腹

32 lens
レンズ

33 friction drive for fine adjustment
精密調節用の摩擦駆動装置

34 height adjustment (scale adjustment)
高さ調節装置 (目盛り調節装置)

35 masking frame (easel)
マスク・フレーム (イーゼル)

36 colour ((米) color) analyser
色分解器

37 colour ((米) color) analyser lamp
色分解器ランプ

38 probe lead
プローブ導線

39 exposure time balancing knob
露光時間調整ノブ

40 colour ((米) color) enlarger
カラー用引伸し機

41 enlarger head
引伸し機ヘッド

42 column
支柱

43-45 colour-mixing ((米) color-mixing)
knob
色彩調整ノブ

43 magenta filter adjustment (minus
green filter adjustment)
深紅色フィルター調節装置 (マイナス・グ
リーン・フィルター調節装置)

44 yellow filter adjustment (minus blue
filter adjustment)
黄色フィルター調節装置 (マイナス・ブルー・
フィルター調節装置)

45 cyan filter adjustment (minus red
filter adjustment)
青緑色フィルター調節装置 (マイナス・レッ
ド・フィルター調節装置)

46 red swing filter
赤色回転フィルター

47 print tongs
印画紙ばさみ

48 processing drum
現像ドラム

49 squeegee
スクイージ

50 range (assortment) of papers
印画紙のセット

51 colour ((米) color) printing paper
カラー印画紙 〈写真印画紙
photographic printing paper の一種〉

52 colour ((米) color) chemicals (colour
processing chemicals)
カラー現像用化学薬品

53 enlarging meter (enlarging
photometer)
引伸し計器 (引伸し光度計)

54 adjusting knob with paper speed
scale
印画紙速度目盛り調節ノブ

55 probe
プローブ

56 semi-automatic thermostatically
controlled developing dish
半自動サーモスタット調節現像皿

57 rapid print drier (heated print drier)
印画紙乾燥器

58 glazing sheet
つや出し薄板

59 pressure cloth
押付け布

60 automatic processor (machine
processor)
自動現像機 (機械現像機)

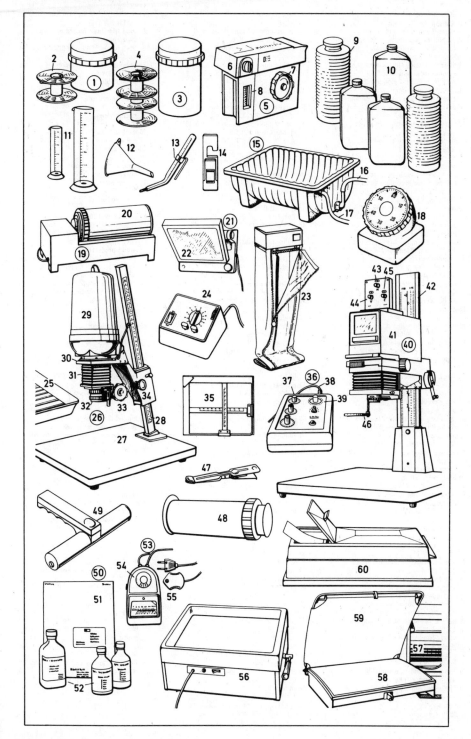

1 cine camera
映画撮影機〈スーパー 8 サウンド・カメラ
Super-8 sound camera の一種〉

2 interchangeable zoom lens (variable focus lens, varifocal lens)
交換ズーム・レンズ（可変焦点レンズ）

3 distance setting (focus setting) and manual focal length setting
距離（焦点）調節と手動焦点距離調節部

4 aperture ring (aperture-setting ring, aperture control ring) for manual aperture setting
手動絞り調節用の操作リング

5 handgrip with battery chamber
電池箱をかねたグリップ

6 shutter release with cable release socket
ケーブル・レリーズ受け口つきシャッター・レリーズ

7 pilot tone or pulse generator socket for the sound recording equipment (with the dual film-tape system)
録音装置（2 重フィルム・テープ・システム）用のパイロット・トーンまたはパルス発生器受け口

8 sound connecting cord for microphone or external sound source (in single-system recording)
マイクまたは外部音源用の録音連結コード

9 remote control socket (remote control jack)
遠隔操作装置受け口

10 headphone socket
ヘッドフォン・ソケット〈あるいはイヤフォン earphone のソケット〉

11 autofocus override switch
オートフォーカス（自動焦点装置）スイッチ

12 filming speed selector
フィルム・スピード選択器

13 sound recording selector switch for automatic or manual operation
自動または手動操作用の録音選択器スイッチ

14 eyepiece with eyecup
アイカップつき接眼レンズ

15 diopter control ring (dioptric adjustment ring)
ジオプトリー操作リング

16 recording level control (audio level control, recording sensitivity selector)
録音レベル制御部（録音感度選択器）

17 manual/automatic exposure control switch
手動または自動露光制御スイッチ

18 film speed setting
フィルム・スピード調節部

19 power zooming arrangement
屈折力調節装置，パワー・ズーム調節装置

20 automatic aperture control
自動絞り制御部

21 sound track system
サウンド・トラック・システム

22 sound camera
サウンド・カメラ

23 telescopic microphone boom
入れ子式マイク・ブーム

24 microphone
マイク

25 microphone connecting lead (microphone connecting cord)
マイク連結導線（マイク連結コード）

26 mixing console (mixing desk, mixer)
ミキシング・コンソール

27 inputs from various sound sources
各種音源入力装置

28 output to camera
カメラへの出力装置

29 Super-8 sound film cartridge
スーパー 8 サウンド・フィルム・カートリッジ

30 film gate of the cartridge
カートリッジのフィルム・ゲート

31 feed spool
送りスプール

32 take-up spool
巻取りスプール

33 recording head (sound head)
録音ヘッド（サウンド・ヘッド）

34 transport roller (capstan)
移送ローラー（キャプスタン）

35 rubber pinch roller (capstan idler)
ゴム・ピンチ・ローラー（キャプスタン・アイドラー）

36 guide step (guide notch)
誘導受け口（誘導ノッチ）

37 exposure meter control step
露光計制御受け口

38 conversion filter step (colour, **(米)** color, conversion filter step)
変換フィルター受け口（カラー変換フィルター受け口）

39 single-8 cassette
シングル 8・カセット

40 film gate opening
フィルム・ゲートの開口部

41 unexposed film
未露出フィルム

42 exposed film
露出フィルム

43 16 mm camera
16 ミリ・カメラ

44 reflex finder (through-the-lens reflex finder)
反射ファインダー

45 magazine
マガジン

46-49 lens head
レンズ・ヘッド

46 lens turret (turret head)
レンズ・ターレット（ターレット台）

47 telephoto lens
望遠レンズ

48 wide-angle lens
広角レンズ

49 normal lens (standard lens)
標準レンズ

50 winding handle
巻上げハンドル

51 compact Super-8 camera
小型スーパー 8 カメラ

52 footage counter
フィート・カウンター

53 macro zoom lens
拡大ズーム・レンズ

54 zooming lever
ズーム・レバー

55 macro lens attachment (close-up lens)
拡大レンズ付属装置（クローズ・アップ・レンズ）

56 macro frame (mount for small originals)
拡大フレーム（小型オリジナル架台）

57 underwater housing (underwater case)
水中用ケース

58 direct-vision frame finder
直視フレーム・ファインダー

59 measuring rod
計測棒

60 stabilizing wing
安定翼

61 grip (handgrip)
グリップ，ハンドグリップ

62 locking bolt
締付けボルト

63 control lever (operating lever)
操作レバー

64 porthole
機窓

65 synchronization start (sync start)
同期録音の開始

66 professional press-type camera
専門家用プレス・カメラ

67 cameraman
カメラマン

68 camera assistant (sound assistant)
カメラ助手（録音助手）

69 handclap-marking sync start
同時録音開始出手信号

70 dual film-tape recording using a tape recorder
テープ・レコーダーを用いた 2 重フィルム・テープの録音

71 pulse-generating camera
パルス発生カメラ

72 pulse cable
パルス・ケーブル

73 cassette recorder
カセット・レコーダー

74 microphone
マイク

75 dual film-tape reproduction
2 重フィルム・テープ再生装置

76 tape cassette
テープ・カセット

77 synchronization unit
同時録音装置

78 cine projector
映画映写機

79 film feed spool
フィルム送りスプール

80 take-up reel (take-up spool)
巻取りリール〈自動巻取りリール automatic take-up reel（巻取りスプール take-up spool）の一種〉

81 sound projector
サウンド・プロジェクター

82 sound film with magnetic stripe (sound track, track)
磁気テープつきサウンド・フィルム

83 automatic-threading button
自動フィルム入れボタン

84 trick button
トリック・ボタン

85 volume control
音量制御部

86 reset button
復元装置ボタン

87 fast and slow motion switch
高・低速運転スイッチ

88 forward, reverse, and still projection switch
前送り・後送り・静写映写スイッチ

89 splicer for wet splices
フィルム接合器

90 hinged clamping plate
蝶番（ちょうつがい）つき締め板

91 film viewer (animated viewer editor)
フィルム・ビューアー（動画式編集機器）

92 foldaway reel arm
折りたたみ式リール・アーム

93 rewind handle (rewinder)
巻戻しハンドル

94 viewing screen
映像スクリーン

95 film perforator (film marker)
フィルム穴あけ

96 six-turntable film and sound cutting table (editing table, cutting bench, animated sound editor)
6 ターンテーブル・映像音響編集機

97 monitor
モニター

98 control buttons (control well)
制御装置ボタン

99 film turntable
フィルム・ターンテーブル

100 first sound turntable, e.g. for live sound
1 次サウンド・ターンテーブル〈ライブ用〉

101 second sound turntable for post-sync sound
2 次サウンド・ターンテーブル，後同調録音用

102 film and tape synchronizing head
映像音響同調装置

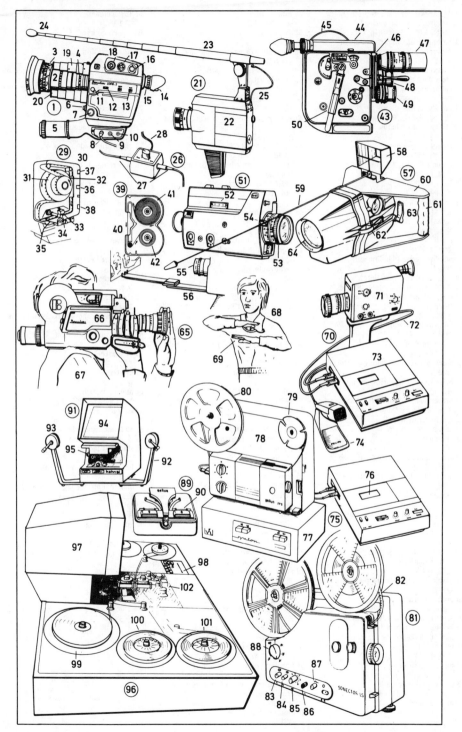

1-49 carcase (carcass, fabric) [house construction, carcassing]
骨組 [家屋建築, 骨組組立]

1 basement of tamped (rammed) concrete
突き固め(打ち固め)コンクリート造りの地階

2 concrete base course
コンクリート根回り

3 cellar window (basement window)
明り取り (地階窓)

4 outside cellar steps
地下室の外部階段

5 utility room window
ユーティリティ・ルームの窓

6 utility room door
ユーティリティ・ルームのドア

7 ground floor ((米) first floor)
主階 (1階)

8 brick wall
れんが壁

9 lintel (window head)
まぐさ(楣)〈横架材〉

10 reveal
抱き, 窓枠

11 jamb
抱き, 堅枠(たてわく)

12 window ledge (window sill)
窓台

13 reinforced concrete lintel
鉄筋コンクリートまぐさ(楣)〈横架材〉

14 upper floor (first floor, (米) second floor)
上階 (2階)

15 hollow-block wall
空洞ブロック壁

16 concrete floor
コンクリート床

17 work platform (working platform)
作業台

18 bricklayer ((米) brickmason)
れんが工

19 bricklayer's labourer ((米) laborer)
手元〈builder's labourer ともいう〉

20 mortar trough
〈モルタルの〉ふね(槽)

21 chimney
煙突

22 cover (boards) for the staircase
階段口覆い板

23 scaffold pole (scaffold standard)
足場丸太

24 platform railing
手すり

25 angle brace (angle tie) in the scaffold
筋交い (交差筋交い)

26 ledger
布丸太(ぬのまるた), 水平丸太

27 putlog (putlock)
足場用腕木

28 plank platform (board platform)
道板敷き

29 guard board
つま先板

30 scaffolding joint with chain or lashing or whip or bond
縄締め, 番線締め

31 builder's hoist
工事用ホイスト

32 mixer operator
ミキサー運転手

33 concrete mixer
コンクリート・ミキサー〈動式ミキサー gravity mixer の一つ〉

34 mixing drum
ミキシング・ドラム

35 feeder skip
投入箱

36 concrete aggregate [sand and gravel]
コンクリート骨材 [砂と砂利]

37 wheelbarrow
手押車

38 hose (hosepipe)
給水ホース

39 mortar pan (mortar trough, mortar tub)
モルタルのふね(槽)

40 stack of bricks
〈野積みされた〉れんが状ブロック

41 stacked shutter boards (lining boards)
〈野積みされた〉板材

42 ladder
はしご

43 bag of cement
セメント袋

44 side fence
囲い〈板囲い timber fence の一つ〉

45 signboard (billboard)
掲示板

46 removable gate
取り外し扉

47 contractor's name plates
建築請負人標示板

48 site hut (site office)
現場事務所

49 building site latrine
現場便所

50-57 bricklayer's ((米) brickmason's) tools
れんが工用具

50 plumb bob (plummet)
下げ振り, おもり

51 thick lead pencil
鉛筆

52 trowel
かなごて

53 bricklayer's ((米) brickmason's) hammer (brick hammer)
れんが工用ハンマー

54 mallet
つち (槌)

55 spirit level
水準器, レベル

56 laying-on trowel
かくごて

57 float
こて板, 手板

58-68 masonry bonds
〈れんがの〉組積み

58 brick (standard brick)
れんが (普通のれんが)

59 stretching bond
長手積み

60 heading bond
小口積み

61 racking (raking) back
逃げ積み

62 English bond
イギリス積み

63 stretching course
長手(ながて)層

64 heading course
小口層

65 English cross bond (Saint Andrew's cross bond)
十字積み

66 chimney bond
煙突積み

67 first course
第1層

68 second course
第2層

69-82 excavation
根切り工事

69 profile ((米) batterboard) [fixed on edge at the corner]
水貫(みずぬき), 遣形貫(やりかたぬき) [隅に取付けられる]

70 intersection of strings
水糸交点

71 plumb bob (plummet)
下げ振り, おもり

72 excavation side
のり (法)

73 upper edge board
のり肩当て板

74 lower edge board
のり下当て板

75 foundation trench
基礎根切り

76 navvy ((米) excavator)
穴を掘る人

77 conveyor belt (conveyor)
コンベヤ・ベルト

78 excavated earth
根切り土

79 plank roadway
道板

80 tree guard
防護柵(さく)

81 mechanical shovel (excavator)
掘削機

82 shovel bucket (bucket)
ショベル

83-91 plastering
左官工事

83 plasterer
左官

84 mortar trough
モルタルのふね(槽)

85 screen
ふるい

86-89 ladder scaffold
はしご足場

86 standard ladder
建地はしご

87 boards (planks, platform)
道板

88 diagonal strut (diagonal brace)
筋交い

89 railing
手すり

90 guard netting
防護網

91 rope-pulley hoist
プーリー, ものあげ

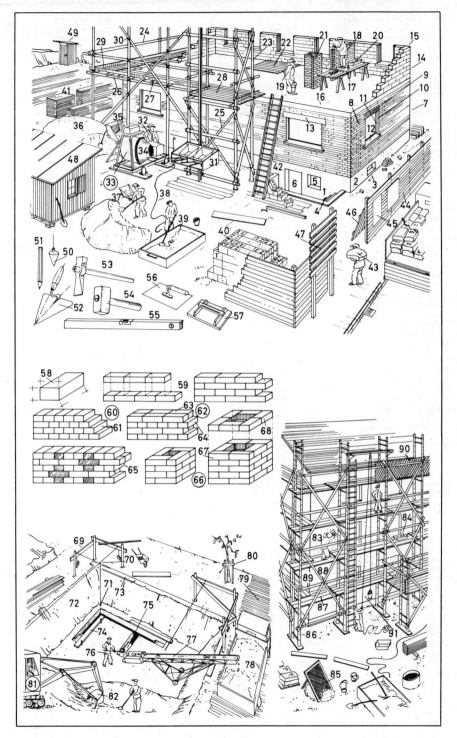

1-89 reinforced concrete (ferroconcrete) construction
鉄筋コンクリート構造

1 reinforced concrete (ferroconcrete) skeleton construction
鉄筋コンクリート骨組

2 reinforced concrete (ferroconcrete) frame
鉄筋コンクリート架構

3 inferior purlin
桁梁(けたばり)

4 concrete purlin
コンクリート母屋(もや)

5 ceiling joist
張間(はりま)梁, トランサム

6 arch (flank)
迫(せり)持ち

7 rubble concrete wall
流し込みコンクリート壁

8 reinforced concrete (ferroconcrete) floor
鉄筋コンクリート床

9 concreter (concretor), flattening out
床ならし

10 projecting reinforcement ((米) connection rebars)
つなぎ筋

11 column box
柱の型枠

12 joist shuttering
梁(はり)の型枠

13 shuttering strut
支柱

14 diagonal bracing
筋交い

15 wedge
くさび (楔)

16 board
敷板

17 sheet pile wall (sheet pile, sheet piling)
シート・パイル, 矢板

18 shutter boards (lining boards)
小幅板

19 circular saw (buzz saw)
丸のこ

20 bending table
鉄筋加工台

21 bar bender (steel bender)
鉄筋工

22 hand steel shears
鉄筋切り

23 reinforcing steel (reinforcement rods)
鉄筋

24 pumice concrete hollow block
軽量コンクリート〔空洞〕ブロック

25 partition wall
仕切り壁〈板壁 timber wall〉

26 concrete aggregate [gravel and sand of various grades]
骨材 [各種の砂利と砂]

27 crane track
クレーン軌道

28 tipping wagon (tipping truck)
可傾式ワゴン

29 concrete mixer
コンクリート・ミキサー

30 cement silo
セメント・サイロ

31 tower crane (tower slewing crane)
旋回タワー・クレーン

32 bogie ((米) truck)
ボギー車

33 counterweight
おもり

34 tower
タワー

35 crane driver's cabin (crane driver's cage)
クレーン運転室

36 jib (boom)
ジブ (ブーム)

37 bearer cable
ケーブル

38 concrete bucket
コンクリート・バケット

39 sleepers ((米) ties)
枕木(まくらぎ)

40 chock
輪止め

41 ramp
登り桟橋(さんばし)

42 wheelbarrow
手押車

43 safety rail
手すり

44 site hut
現場小屋

45 canteen
休み小屋

46 tubular steel scaffold (scaffolding)
パイプ足場, 鋼管足場

47 standard
建枠

48 ledger tube
布枠(ぬのわく)

49 tie tube
つなぎ枠

50 shoe
シュー

51 diagonal brace
筋交い

52 planking (platform)
足場板

53 coupling (coupler)
カプラー

54-76 formwork (shuttering) and reinforcement
型枠と鉄筋

54 bottom shuttering (lining)
下枠

55 side shutter of a purlin
梁(はり)の側枠(がわわく)

56 cut-in bottom
梁の下枠

57 cross beam
支持梁

58 cramp iron (cramp, dog)
かすがい (鎹)

59 upright member
支柱〈垂直材 standard の一つ〉

60 strap
当て板

61 cross piece
梁受け桟

62 stop fillet
開き止め

63 strut (brace, angle brace)
方杖(ほうづえ)

64 frame timber (yoke)
裏桟押え

65 strap
裏桟

66 reinforcement binding
締付け番線

67 cross strut (strut)
幅止め

68 reinforcement
鉄筋

69 distribution steel
配力鉄筋

70 stirrup
あばら鉄筋, スタラップ

71 projecting reinforcement ((米) connection rebars)
繋ぎ筋

72 concrete (heavy concrete)
コンクリート

73 column box
柱の型枠

74 bolted frame timber (bolted yoke)
ボルト締め梁受け桟

75 nut (thumb nut)
ナット

76 shutter board (shuttering board)
道板

77-89 tools
工具

77 bending iron
鉄筋曲げ棒

78 adjustable service girder
自在梁(はり)

79 adjusting screw
調整ねじ

80 round bar reinforcement
丸鋼鉄筋

81 distance piece (separator, spacer)
スペーサー

82 Torsteel
異形鉄筋

83 concrete tamper
コンクリート突き棒

84 mould ((米) mold) for concrete test cubes
〔円柱〕供試体の型枠

85 concreter's tongs
やっとこ

86 sheeting support
鋼管支柱

87 hand shears
鉄筋切り

88 immersion vibrator (concrete vibrator)
コンクリート・バイブレーター, 振動機

89 vibrating cylinder (vibrating head, vibrating poker)
振動棒

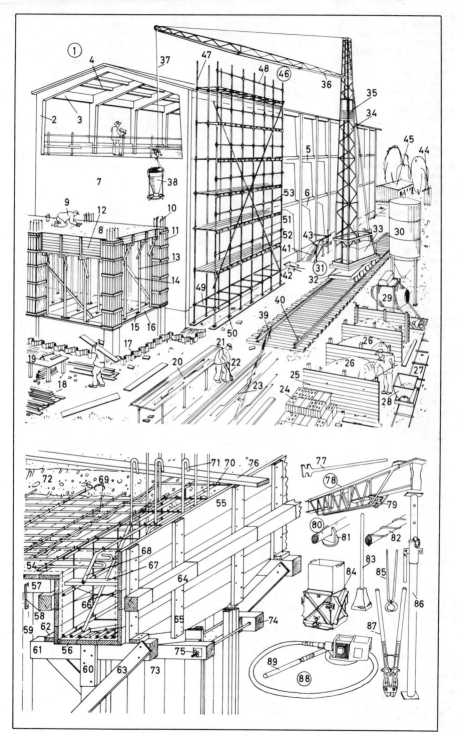

1-59 carpenter's yard
大工の仕事場

1 stack of boards (planks)
板材置場

2 long timber ((米) lumber)
長材木

3 sawing shed
のこびき小屋

4 carpenter's workshop
木工作業場

5 workshop door
作業入入口

6 handcart
荷車

7 roof truss
小屋組み

8 tree [used for topping out ceremony], with wreath
棟上げ祝いの棟飾り木

9 timber wall
板壁

10 squared timber (building timber, scantlings)
角材

11 drawing floor
墨(すみ)付け場

12 carpenter
大工

13 safety helmet
安全帽

14 cross-cut saw
横びきのこ〈鎖のこ chain saw の一つ〉

15 chain guide
鎖誘導装置

16 saw chain
のこ歯

17 mortiser (chain cutter)
ほぞ穴機

18 trestle (horse)
架台 (馬)

19 beam mounted on a trestle
架台上の梁材(はりざい)

20 set of carpenter's tools
大工道具セット

21 electric drill
電気ドリル

22 dowel hole
合せ釘穴(くぎあな)

23 mark for the dowel hole
釘穴印, 墨(すみ)掛け

24 beams
梁材

25 post (stile, stud, quarter)
柱材, 間柱

26 corner brace
隅材

27 brace (strut)
斜め材

28 base course (plinth)
根回り

29 house wall (wall)
外壁

30 window opening
窓開口部

31 reveal
外抱き

32 jamb
抱き

33 window ledge (window sill)
窓台

34 cornice
コーニス, 軒蛇腹

35 roundwood (round timber)
丸太

36 floorboards
床板

37 hoisting rope
つり上げロープ

38 ceiling joist (ceiling beam, main beam)
２階梁(はり)

39 wall joist
壁つき梁

40 wall plate
敷桁(しきげた)

41 trimmer (trimmer joist. (米) header, header joist)
つなぎ材

42 dragon beam (dragon piece)
隅小梁(すみこばり)

43 false floor (inserted floor)
挿入れ床

44 floor filling of breeze. loam. etc.
絶縁材充填(じゅうてん)床

45 fillet (cleat)
受け桟

46 stair well (well)
階段開口部

47 chimney
煙突

48 framed partition (framed wall)
軸組(じくぐみ)

49 wall plate
敷桁

50 girt
胴差し

51 window jamb
抱き柱〈わき柱 jamb の一つ〉

52 cornert stile (corner strut, corner stud)
隅材

53 principal post
間柱(まばしら)

54 brace (strut) with skew notch
ほぞ付き筋交い

55 nogging piece
胴縁(どうぶち)

56 sill rail
窓足固め

57 window lintel (window head)
窓まぐさ (楣)

58 head (head rail)
上がまち

59 filled-in panel (bay, pan)
壁詰め

60-82 carpenter's tools
大工道具

60 hand saw
手びきのこ

61 bucksaw
大枠のこ

62 saw blade
のこ刃

63 compass saw (keyhole saw)
回し挽きのこ (穴挽きのこ)

64 plane
かんな

65 auger (gimlet)
大きり

66 screw clamp (cramp, holdfast)
万力(まんりき)

67 mallet
木づち

68 two-handed saw
２人用のこ

69 try square
け(矩)引き

70 broad axe ((米) broadax)
まさかり

71 chisel
のみ

72 mortise axe (mortice axe, (米) mortise ax)
柄(ほぞ)のみ

73 axe ((米) ax)
おの

74 carpenter's hammer
釘抜き

75 claw head (nail claw)
釘抜きつめ

76 folding rule
折尺

77 carpenter's pencil
大工鉛筆

78 iron square
さしがね (指金)

79 drawknife (drawshave, drawing knife)
ドロー・ナイフ

80 shaving
かんなくず

81 bevel
斜角定規

82 mitre square ((米) miter square, miter angle)
隅留め定規

83-96 building timber
建築木材

83 undressed timber ((米) rough lumber)
原木

84 heartwood (duramen)
心材 (赤身材)

85 sapwood (sap, alburnum)
辺材 (白太材(しらたざい))

86 bark (rind)
樹皮

87 baulk (balk)
ひき角

88 halved timber
太鼓落し

89 wane (waney edge)
丸身 (耳)

90 quarter baulk (balk)
四方柾(しほうまさ)ひき角

91 plank (board)
板材

92 end-grained timber
小口

93 heartwood plank (heart plank)
心持(しんもち)板材

94 unsquared (untrimmed) plank (board)
丸身付き板

95 squared (trimmed) board
柾目板

96 slab (offcut)
背板

1-26 styles and parts of roofs
屋根の形式と部分
1 gable roof (saddle roof, saddleback roof)
切妻屋根
2 ridge
棟
3 verge
けらば, 軒先
4 eaves
軒
5 gable
切妻壁
6 dormer window (dormer)
屋根窓
7 pent roof (shed roof, lean-to roof)
片流れ屋根 (差掛け屋根)
8 skylight
天窓
9 fire gable
防火壁
10 hip (hipped) roof
寄棟(よせむね)屋根
11 hip end
妻びさし
12 hip (arris)
隅棟
13 hip (hipped) dormer window
寄棟屋根窓
14 ridge turret
やぐら
15 valley (roof valley)
谷 (屋根谷)
16 hipped-gable roof (jerkin head roof)
半切妻屋根
17 partial-hip (partial-hipped) end
半妻びさし
18 mansard roof ((米) gambrel roof)
腰折れ屋根
19 mansard dormer window
マンザード屋根窓
20 sawtooth roof
のこぎり屋根
21 north light
採光屋根
22 broach roof
方形屋根
23 eyebrow
屋根窓
24 conical broach roof
円錐(えんすい)屋根
25 imperial dome (imperial roof)
インペリアル屋根, ドーム屋根
26 weather vane
風見

27-83 roof structures of timber
小屋組み
27 rafter roof
たるき小屋組み
28 rafter
たるき
29 roof beam
陸梁(ろくりょう)
30 diagonal tie (cross tie, sprocket piece, cocking piece)
筋交い (横つなぎ材スプロケット)
31 arris fillet (tilting fillet)
広小舞い(ひろこまい)
32 outer wall
外壁
33 beam head
梁端(はりはな)
34 collar beam roof (trussed-rafter roof)
2重梁小屋組み

35 collar beam (collar)
つなぎ小梁(にばり), 継ぎ梁
36 rafter
たるき
37 strutted collar beam roof structure
筋交い(すじかい)2重梁組み
38 collar beams
つなぎ小梁
39 purlin
母屋(もや)
40 post (stile, stud)
支柱 (間柱(まばしら))
41 brace
方杖(ほうづえ), 筋交い
42 unstrutted (king pin) roof structure
真束(しんつか)小屋組み
43 ridge purlin
棟母屋(むねもや)
44 inferior purlin
軒桁(のきけた), 端母屋(はなもや)
45 rafter head (rafter end)
たるき端(はな), 化粧たるき
46 purlin roof with queen post and pointing sill
対束(ついつか)小屋組み, 抱きつき対束小屋組み
47 pointing sill
抱き
48 ridge beam (ridge board)
棟木
49 simple tie
つなぎ, 単(ひとえ)つなぎ
50 double tie
はさみつなぎ, 2重つなぎ
51 purlin
母屋
52 purlin roof structure with queen post
突っ張り母屋束小屋組み
53 tie beam
陸梁(ろくりょう)
54 joist (ceiling joist)
野縁(のぶち)
55 principal rafter
合掌
56 common rafter
たるき
57 angle brace (angle tie)
方杖(ほうづえ)
58 brace (strut)
突っ張り束(つか) (斜め束)
59 ties
はさみ梁, 合わせ梁
60 hip (hipped) roof with purlin roof structure
寄棟小屋組み
61 jack rafter
配りつけ合掌
62 hip rafter
隅(すみ)合掌
63 jack rafter
妻側(つまがわ)配りつけ合掌, 妻合掌
64 valley rafter
谷合掌(たにがっしょう)
65 queen truss
突っ張り束つき対束小屋組み(ついつかこやぐみ)
66 main beam
陸梁(ろくりょう)
67 summer (summer beam)
大梁
68 queen post (truss post)
対束(ついつか)
69 brace (strut)
突っ張り束 (斜め束)
70 collar beam (collar)
2重梁

71 trimmer ((米) header)
つなぎ材, 枠材
72 solid-web girder
固定腹板梁(ふくばんりょう)
73 lower chord
下弦材
74 upper chord
上弦材
75 boarding
板張り
76 purlin
母屋
77 supporting outer wall
支持外壁, 軀体(くたい)壁
78 roof truss
屋根桁組み (けたぐみ)
79 lower chord
下弦材
80 upper chord
上弦材
81 post
束
82 brace (strut)
突っ張り束 (斜め束)
83 support
支持体

84-98 timber joints
木造継ぎ手と仕口 (差口)
84 mortise (mortice) and tenon joint
目地(めじ)ほぞ差し
85 forked mortise (mortice) and tenon joint
隅掛け輪なぎ込み
86 halving (halved) joint
相欠き継ぎ, 段継ぎ, 相じゃくり
87 simple scarf joint
はめ継ぎ, かみ合せ継ぎ
88 oblique scarf joint
追っ掛け継ぎ
89 dovetail halving
あり掛け
90 single skew notch
一段かたぎ入れ
91 double skew notch
かしぎのこ目差し
92 wooden nail
木釘(きくぎ)
93 pin
栓
94 clout nail (clout)
鋲(びょう) (角鋲)
95 wire nail
丸釘
96 hardwood wedges
堅木(かたぎ)くさび
97 cramp iron (timber dog, dog)
締付け金具
98 bolt
ボルト

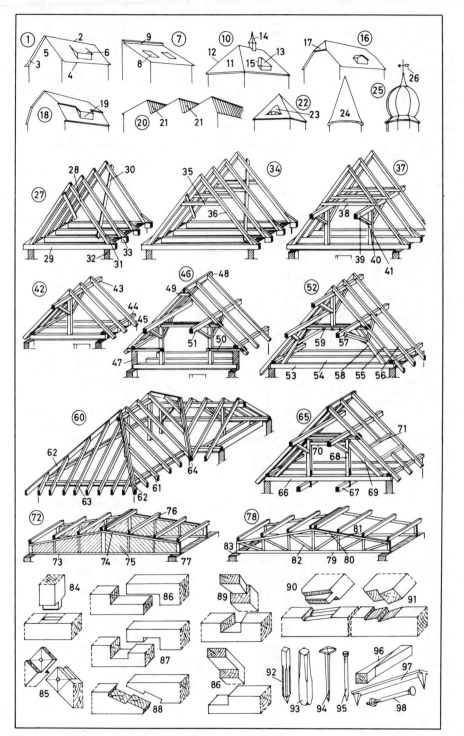

1 tiled roof
かわら屋根

2 plain-tile double-lap roofing
平かわら 2 枚重ね葺(ぶ)き

3 ridge tile
棟かわら

4 ridge course tile
棟付きかわら, 棟側かわら

5 under-ridge tile
軒がわら, 軒先がわら

6 plain (plane) tile
平がわら

7 ventilating tile
通気がわら, 換気がわら

8 ridge tile
隅(すみ)棟かわら, 降(くだ)り棟がわら

9 hip tile
寄棟かぶせ

10 hipped end
妻, 妻屋根

11 valley (roof valley)
谷どい (屋根谷)

12 skylight
天窓

13 chimney
煙突

14 chimney flashing, made of sheet zinc
亜鉛めっき鉄板製の煙突の両仕まい

15 ladder hook
はしご掛け

16 snow guard bracket
雪止め金物

17 battens (slating and tiling battens)
野地板(のじいた), かわら桟(さん)

18 batten gauge ((米) gage)
かわら桟用尺, はか棒

19 rafter
合掌, たるき

20 tile hammer
かわらづち(槌)

21 lath axe ((米) ax)
木ずりなた, ラス切りおの

22 hod
桶

23 hod hook
〈れんが箱の〉止め金具

24 opening (hatch)
開口部

25 gable (gable end)
切妻壁

26 toothed lath
歯形けらば板

27 soffit
そば軒裏

28 gutter
軒どい

29 rainwater pipe (downpipe)
縦どい

30 swan's neck (swan-neck)
呼びどい (あんこう)

31 pipe clip
でんでん〈丸つかみ金物〉

32 gutter bracket
とい受け金物

33 tile cutter
カッター〈かわら切り〉

34 scaffold
作業足場

35 safety wall
防護壁

36 eaves
軒

37 outer wall
外壁

38 exterior rendering
モルタル塗り

39 frost-resistant brickwork
防結霜(ぼうけつそう)れんが積み

40 inferior purlin
軒桁(のきけた), はな, 母屋

41 rafter head (rafter end)
たるき端, 化粧たるき

42 eaves fascia
野地板

43 double lath (tilting lath)
重ねかわら桟

44 insulating boards
断熱材

45-60 tiles and tile roofings
かわらと葺(ふ)き方

45 split-tiled roof
平葺き屋根

46 plain (plane) tile
平がわら

47 ridge course
棟付きがわら, 棟側がわら

48 slip
スリップ, 滑り

49 eaves course
軒がわら, 軒先がわら

50 plain-tiled roof
平瓦葺(ふ)き屋根〈急勾配屋根〉

51 nib
つめ

52 ridge tile
棟がわら

53 pantiled roof
パンタイル屋根

54 pantile
パンタイルがわら

55 pointing
面戸(めんど)塗り, 面戸しっくい塗り

56 Spanish-tiled roof ((米) mission-tiled roof)
スペインがわら屋根

57 under tile
雄がわら

58 over tile
雌がわら

59 interlocking tile
はめ込みがわら〈フランスがわら〉

60 flat interlocking tile
はめ込み平がわら〈S形洋がわら〉

61-89 slate roof
スレート屋根

61 roof boards (roof boarding, roof sheathing)
野地板張り

62 roofing paper (sheathing paper)
ルーフィング・ペーパー〈被覆ペーパー〉〈ルーフィング・フェルト roofing felt ((米) rag felt) ともいう〉

63 cat ladder (roof ladder)
屋根ばしご

64 coupling hook
連結金物

65 ridge hook
棟またぎ金物

66 roof trestle
屋根足台

67 trestle rope
足場ロープ

68 knot
ロープの結び目

69 ladder hook
はしご掛け

70 scaffold board
足場板

71 slater
スレート工

72 nail bag
釘袋(くぎぶくろ)

73 slate hammer
スレート・ハンマー

74 slate nail
スレート釘〈亜鉛丸釘 galvanized wire nail の一つ〉

75 slater's shoe
スレート工靴〈靭皮(じんぴ)またはヘンプ靴 bast or hemp shoe〉

76 eaves course (eaves joint)
軒スレート〈軒継ぎ目〉

77 corner bottom slate
隅スレート

78 roof course
平スレート

79 ridge course (ridge joint)
棟スレート〈棟継ぎ目〉

80 gable slate
切妻スレート

81 tail line
下縁

82 valley (roof valley)
谷 (屋根谷)

83 box gutter (trough gutter, parallel gutter)
軒どい (箱形)

84 slater's iron
スレート切断器

85 slate
スレート

86 back
背

87 head
頭〈上〉

88 front edge
胸〈前〉

89 tail
尾

90-103 asphalt-impregnated paper roofing and corrugated asbestos cement roofing
アスファルト・ルーフィング葺きと波形石綿スレート葺き

90 asphalt-impregnated paper roof
アスファルト・ルーフィング屋根

91 width [parallel to the gutter]
横張り [といに平行]

92 gutter
とい (樋)

93 ridge
棟

94 join
継ぎ目

95 width [at right angles to the gutter]
縦張り [といに直角]

96 felt nail (clout nail)
鋲釘(びょうくぎ)

97 corrugated asbestos cement roof
波形石綿スレート屋根

98 corrugated sheet
波板

99 ridge capping piece
棟冠せ

100 lap
重ね

101 wood screw
木ねじ

102 rust-proof zinc cup
防食亜鉛カップ

103 lead washer
鉛座金

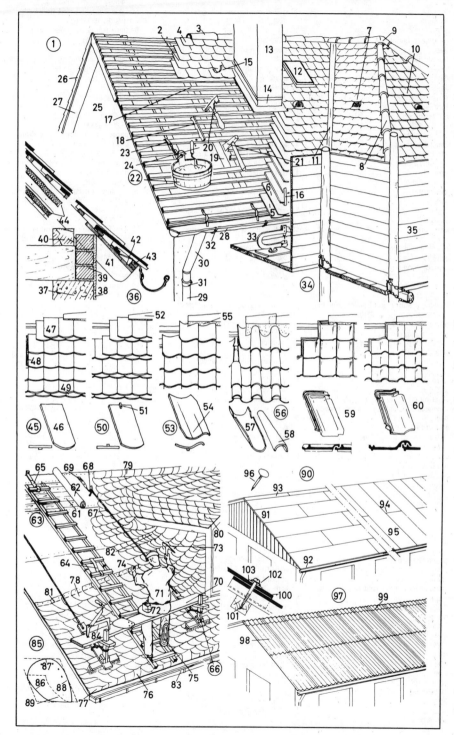

1 basement wall
地階の壁 〈コンクリート壁 concrete wall〉

2 footing (foundation)
基礎

3 foundation base
布基礎 (ぬのきそ)

4 damp course (damp-proof course)
防湿層

5 waterproofing
防水層

6 rendering coat
モルタル塗り

7 brick paving
れんが敷き, れんが床

8 sand bed
砂下地 (すなしたじ)

9 ground
地盤

10 shuttering
堰板 (せきいた)

11 peg
丸太杭 (くい)

12 hardcore
栗石 (くりいし)

13 oversite concrete
土間コンクリート

14 cement screed
セメントしっくい定規

15 brickwork base
れんが下地

16 basement stairs, solid concrete stairs
地階階段, コンクリート階段

17 block step
段

18 curtail step (bottom step)
最下段

19 top step
最上段

20 nosing
滑り止め

21 skirting (skirting board, (米) mopboard, washboard, scrub board, base)
幅木 (はばぎ)

22 balustrade of metal bars
金属手すり

23 ground-floor ((米) first-floor) landing
踏込み, 玄関踊り場

24 front door
玄関扉

25 foot scraper
泥落し

26 flagstone paving
敷石張り

27 mortar bed
モルタル下地

28 concrete ceiling
鉄筋コンクリート床板 〈reinforced concrete slab ともいう〉

29 ground-floor ((米) first-floor) brick wall
1 階れんが壁

30 ramp
傾斜床

31 wedge-shaped step
段鼻 (だんばな)コンクリート

32 tread
踏面 (ふみづら)

33 riser
蹴 (けり)上げ

34-41 landing
踊り場

34 landing beam
踊り場梁 (はり)

35 ribbed reinforced concrete floor
小梁 (こばり)つき鉄筋コンクリート床

36 rib
小梁, リブ

37 steel-bar reinforcement
鉄筋

38 subfloor (blind floor)
踊り床

39 level layer
下塗り, ならし

40 finishing layer
上塗り

41 top layer (screed)
仕上げ層

42-44 dog-legged staircase
折れ階段 〈吹抜け階段 staircase without a well の一つ〉

42 curtail step (bottom step)
最下段

43 newel post (newel)
親柱

44 outer string ((米) outer stringer)
外側桁 (けた)

45 wall string ((米) wall stringer)
内側桁

46 staircase bolt
つなぎボルト, 締付けボルト

47 tread
踏面 (ふみづら)

48 riser
蹴上げ

49 wreath piece (wreathed string)
曲り桁 (ねじれ桁)

50 balustrade
手すり, 欄干 (らんかん)

51 baluster
手すり子

52-62 intermediate landing
中間踊り場

52 wreath
曲り手すり, ねじれ手すり

53 handrail (guard rail)
手すり

54 head post
親柱

55 landing beam
踊り場梁

56 lining board
羽目板, 隠し板

57 fillet
見切り縁, フィレット

58 lightweight building board
ラス・シート, ラス・ボード

59 ceiling plaster
天井プラスター

60 wall plaster
壁プラスター

61 false ceiling
中間天井, 挿入れ天井

62 strip flooring (overlay flooring, parquet strip)
縁甲 (えんこう)板張り

63 skirting board ((米) mopboard, washboard, scrub board, base)
幅木

64 beading
玉縁

65 staircase window
階段室の窓

66 main landing beam
階段梁 (ばり)

67 fillet (cleat)
受け桟 (転び止め)

68-69 false ceiling
中間天井, 挿入れ天井

68 false floor (inserted floor)
中間床, 挿入れ床

69 floor filling (plugging, pug)
消音材の充填 (じゅうてん)

70 laths
木舞 (こまい), ラス 〈塗壁や屋根の下地にするための薄く細長い小幅板〉

71 lathing
木舞張り

72 ceiling plaster
天井プラスター

73 subfloor (blind floor)
下張り (捨張り)

74 parquet floor with tongued-and-grooved blocks
溝つきの寄木細工の床

75 quarter-newelled ((米) quarter-neweled) staircase
90 度回り階段

76 winding staircase (spiral staircase) with open newels (open-newel staircase)
つる巻き階段

77 winding staircase (spiral staircase) with solid newels (solid-newel staircase)
らせん階段

78 newel (solid newel)
軸柱, 親柱

79 handrail
手すり

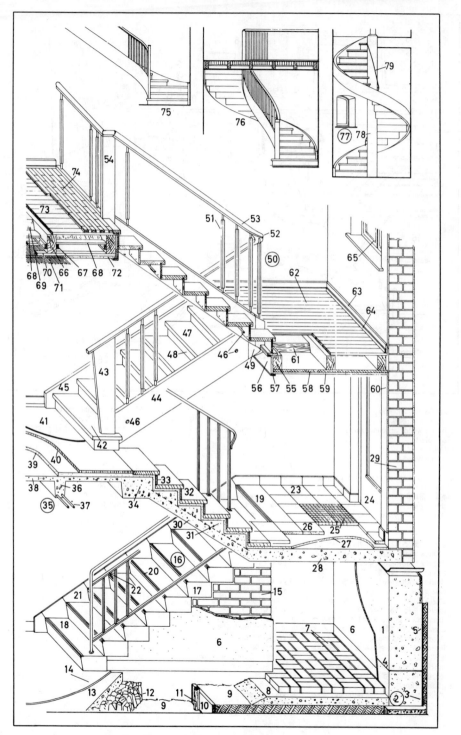

1 glazier's workshop
   ガラス屋の仕事場
2 frame wood samples (frame samples)
   枠縁のサンプル
3 frame wood
   枠縁
4 mitre joint (mitre, (米) miter joint, miter)
   留め, 留め継ぎ
5 sheet glass
   板ガラス〈窓ガラス window glass, すりガラス (つや消しガラス) frosted glass, 文様つきガラス patterned glass, クリスタル・ガラスの板 crystal plate glass, 厚板ガラス thick glass, 乳白ガラス milk glass, 合せガラス laminated glass (安全ガラス safety glass, 破砕防止ガラス shatterproof glass) などの種類がある〉
6 cast glass
   鋳込みガラス〈ステンド・ガラス stained glass, (装飾用の) 型板グラス ornamental glass, 未加工グラス raw glass, 円窓ガラス bull's-eye glass, ワイヤ入りガラス wired glass, ライン・ガラス line glass (lined glass) などの種類がある〉
7 mitring ((米) mitering) machine
   留め継ぎ横木の打抜きボール盤
8 glassworker
   ガラス工〈建築用ガラス工 building glazier, ふつうのガラス屋 glazier, 工芸用ガラス工 decorative glass worker など〉

9 glass holder
   ガラス・ホルダー
10 piece of broken glass
   ガラスの破片
11 lead hammer
   鉛のつち
12 lead knife
   鉛のナイフ
13 came (lead came)
   桟にする鉛の棒材 (鉛の桟)
14 leaded light
   鉛桟(なまりざん)の入った窓
15 workbench
   作業台
16 pane of glass
   ガラス板
17 putty
   ガラス用パテ
18 glazier's hammer
   釘(くぎ)打ち用金づち
19 glass pliers
   ガラス切りプライヤー
20 glazier's square
   ガラス切り用直角定規
21 glazier's rule
   ガラス切り用物差し
22 glazier's beam compass
   丸切り, ビーム・コンパス
23 eyelet
   はと目金, コーナー止め金具
24 glazing sprig
   はめ込みブリキ片, パテ釘(くぎ)
25-26 glass cutters
   ガラス切り

25 diamond glass cutter
   ダイヤモンド製のカッター
26 steel-wheel (steel) glass cutter
   車切り
27 putty knife
   パテ・ナイフ
28 pin wire
   無頭釘(むとうくぎ)を取る針金
29 panel pin
   無頭釘
30 mitre ((米) miter) block (mitre box) [with saw]
   [斜角の] のこぎり台
31 mitre ((米) miter) shoot (mitre board)
   かんな定規

1 metal shears (tinner's snips, (米)
   tinner's shears)
   ブリキばさみ
2 elbow snips (angle shears)
   曲りばさみ
3 gib
   くせ取り板, ジブ
4 lapping plate
   ラップ仕上げ板
5-7 propane soldering apparatus
   プロパンはんだづけ用具
5 propane soldering iron
   プロパンはんだごて〈手おのはんだごて
   hatchet iron の一種〉
6 soldering stone
   はんだ石〈塩化アンモニア・ブロック sal-
   ammoniac block〉
7 soldering fluid (flux)
   はんだフラックス（はんだ液）
8 beading iron for forming
   reinforcement beading
   鉄筋玉ぶち成形用縁曲げ金具
9 angled reamer
   角リーマー
10 workbench (bench)
   作業台
11 beam compass (trammel, (米) beam
   trammel)
   ビーム・コンパス
12 electric hand die
   電気ハンド・ダイス
13 hollow punch
   中空ポンチ

14 chamfering hammer
   面取りハンマー
15 beading swage (beading hammer)
   縁曲げハンマー
16 abrasive-wheel cutting-off machine
   回転研摩機
17 plumber
   鉛管工
18 mallet
   木づち
19 mandrel
   心棒
20 socket (tinner's socket)
   ソケット（ブリキ工のソケット）
21 block
   台木
22 anvil
   金敷(かなしき)
23 stake
   小金敷
24 circular saw (buzz saw)
   丸のこ（小円のこぎり）
25 flanging, swaging, and wiring
   machine
   つぼ出し・縁曲げ・すえ込みおよび針金加工
   機
26 sheet shears (guillotine)
   広幅シャー，断裁機
27 screw-cutting machine (thread-
   cutting machine, die stocks)
   ねじ切り機
28 pipe-bending machine (bending
   machine, pipe bender)
   パイプ曲げ機

29 welding transformer
   溶接トランス
30 bending machine (rounding machine)
   for shaping funnels
   煙突成形機

1 gas fitter and plumber
ガス工事人と配管工

2 stepladder
段ばしご

3 safety chain
安全チェーン

4 stop valve
流れ止め弁

5 gas meter
ガス計量器

6 bracket
張出し棚

7 service riser
立上り主ガス管

8 distributing pipe
分配管

9 supply pipe
供給管

10 pipe-cutting machine
パイプ切断機

11 pipe repair stand
パイプ手入れ台座

12-25 gas and water appliances
ガスと水道器具

12-13 geyser
湯沸かし器〈ここでは，瞬間湯沸かし器
instantaneous water heater〉

12 gas water heater
ガス湯沸かし器

13 electric water heater
電気湯沸かし器

14 toilet cistern
トイレ洗浄水槽

15 float
フロート

16 bell
つり鐘

17 flush pipe
排水管

18 water inlet
水注入口

19 flushing lever (lever)
排水レバー

20 radiator
放熱器

21 radiator rib
ラジエーター・リブ

22 two-pipe system
2方向パイプ・システム

23 flow pipe
供給パイプ

24 return pipe
帰りパイプ

25 gas heater
ガス暖房器

26-37 plumbing fixtures
配管衛生設備

26 trap (anti-syphon trap)
サイフォン逆止めトラップ

27 mixer tap ((米) mixing faucet) for
washbasins
洗面器用混合蛇口

28 hot tap
温水栓

29 cold tap
冷水栓

30 extendible shower attachment
シャワー装置

31 water tap (pillar tap) for washbasins
洗面器用の水栓

32 spindle top
スピンドル栓

33 shield
シールド

34 draw-off tap ((米) faucet)
〈口が下に曲がった〉水栓

35 supatap
〔翼状〕2重水栓

36 swivel tap
回転蛇口水栓

37 flushing valve
フラッシュ水栓

38-52 fittings
取付け部品

38 joint with male thread
雄ねじの継ぎ手

39 reducing socket (reducing coupler)
縮小ソケット

40 elbow screw joint (elbow coupling)
エルボ継ぎ手

41 reducing socket (reducing coupler)
with female thread
雌ねじの縮小ソケット

42 screw joint
ねじ継ぎ手

43 coupler (socket)
カプラー（ソケット）

44 T-joint (T-junction joint, tee)
T継ぎ手（T字形接合部）

45 elbow screw joint with female
thread
雌ねじのエルボ継ぎ手

46 bend
ベンド，曲り

47 T-joint (T-junction joint, tee) with
female taper thread
雌ねじのT継ぎ手

48 ceiling joint
天井継ぎ手

49 reducing elbow
縮小エルボ

50 cross
十字継ぎ手

51 elbow joint with male thread
雄ねじのエルボ継ぎ手

52 elbow joint
エルボ継ぎ手

53-57 pipe supports
パイプ支持物

53 saddle clip
サドル・クリップ

54 spacing bracket
スペーシング・ブラケット

55 plug
プラグ

56 pipe clips
パイプ・クリップ

57 two-piece spacing clip
〈2つの部分から成る〉スペーシング・クリップ

58-86 plumber's tools, gas fitter's tools
鉛管工の道具とガス工事人の道具

58 gas pliers
ガス・プライヤー

59 footprints
フィートプリント

60 combination cutting pliers
組合せペンチ

61 pipe wrench
パイプ・レンチ

62 flat-nose pliers
平先ペンチ

63 nipple key
ニップル・キィー，接管

64 round-nose pliers
円先ペンチ

65 pincers
釘（くぎ）抜き

66 adjustable S-wrench
調整Sレンチ

67 screw wrench
ねじレンチ

68 shifting spanner
寄せスパナ

69 screwdriver
ねじ回し，ドライバー

70 compass saw (keyhole saw)
ひき回しのこ

71 hacksaw frame
弓のこフレーム

72 hand saw
手のこ

73 soldering iron
はんだごて

74 blowlamp (blowtorch) [for
soldering]
トーチランプ［はんだ用］

75 sealing tape
シーリング・テープ

76 tin-lead solder
はんだ

77 club hammer
〈頭の太い〉ハンマー

78 hammer
ハンマー

79 spirit level
水平器

80 steel-leg vice ((米) vise)
鋼鉄脚万力（まんりき）

81 pipe vice ((米) vise)
パイプ用万力

82 pipe-bending machine
パイプ曲げ機

83 former (template)
成形具（型取り工具）

84 pipe cutter
パイプ・カッター

85 hand die
ハンド・ダイス

86 screw-cutting machine (thread-
cutting machine)
ねじ切り機

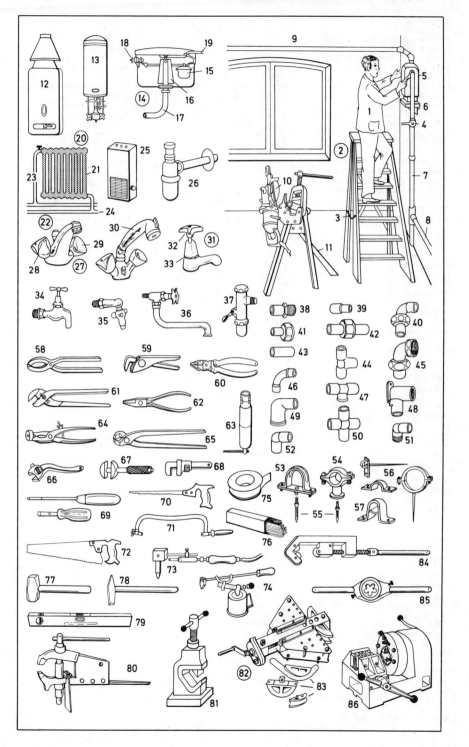

1 electrician (electrical fitter, wireman)
電気工 (配線工)

2 bell push (doorbell) for low-voltage safety current
ベルの押しボタン〈低電圧安全電流用〉

3 house telephone with call button
呼びボタンつき屋内電話

4 [flush-mounted] rocker switch
[平面に据えつけた] ロッカー・スイッチ

5 [flush-mounted] earthed socket (wall socket, plug point, (米) wall outlet, convenience outlet, outlet)
[平面に据えつけた] 接地ソケット (壁コンセント, プラグ・ポイント, 壁アウトレット, コンセント, アウトレット)

6 [surface-mounted] earthed double socket (double wall socket, double plug point, (米) double wall outlet, double convenience outlet, double outlet)
[露出] 接地ダブル・ソケット (ダブル壁コンセント, ダブル壁アウトレット, ダブル・コンセント, ダブル・アウトレット)

7 switched socket (switch and socket)
スイッチつきソケット

8 four-socket (four-way) adapter
4 ソケット・アダプター

9 earthed plug
接地プラグ

10 extension lead ((米) extension cord)
延長コード

11 extension plug
延長プラグ

12 extension socket
延長ソケット

13 surface-mounted three-pole earthed socket [for three-phase circuit] with neutral conductor
中性線つき 3 極の露出型接地ソケット [三相電流用]

14 three-phase plug
三相のプラグ

15 electric bell (electric buzzer)
ベル (ブザー)

16 pull-switch (cord-operated wall switch)
プル・スイッチ (ひもで作動する壁スイッチ)

17 dimmer switch [for smooth adjustment of lamp brightness]
調光器スイッチ [電灯の明るさを連続的に調節する]

18 drill-cast rotary switch
鋳鉄箱ロータリー・スイッチ

19 miniature circuit breaker (screw-in circuit breaker, fuse)
ミニ電流遮断器 (ねじで取りつける遮断器, ヒューズ)

20 resetting button
リセット・ボタン

21 set screw [for fuses and miniature circuit breakers]
据付けねじ [ヒューズやミニ電流遮断器の]

22 underfloor mounting (underfloor sockets)
床下ソケット

23 hinged floor socket for power lines and communication lines
蝶番(ちょうつがい)のついた動力線と通信線の床ソケット

24 sunken floor socket with hinged lid (snap lid)
蝶番つき床下ソケット

25 surface-mounted socket outlet (plug point) box
露出ソケット・アウトレット箱 (プラグ・ポイント箱)

26 pocket torch
懐中電灯〈torch ((米) flashlight)ともいう〉

27 dry cell battery
乾電池

28 contact spring
接触ばね

29 strip of thermoplastic connectors
熱可塑性(ねつかそせい)接合具のストリップ

30 steel draw-in wire (draw wire) with threading key, and ring attached
電線引込み用鋼製ワイヤ

31 electricity meter cupboard
電気メーター棚

32 electricity meter
電気メーター

33 miniature circuit breakers (miniature circuit breaker consumer unit)
ミニ電流遮断器 (消費者用ミニ電流遮断器装置)

34 insulating tape ((米) friction tape)
絶縁テープ

35 fuse holder
ヒューズ・ホルダー

36 circuit breaker (fuse)
電流遮断器 (ヒューズ)〈可融合金を用いたヒューズ・カートリッジ fuse cartridge with fusible element の一つ〉

37 colour ((米) color) indicator [showing current rating]
カラー表示 [電流定格を示す]

38-39 contact maker
接触子

40 cable clip
電線クリップ

41 universal test meter (multiple meter for measuring current and voltage)
万能テスター (電流と電圧を計る複合メーター)

42 thermoplastic moisture-proof cable
熱可塑性防湿ケーブル

43 copper conductor
銅心線

44 three-core cable
3 心ケーブル

45 electric soldering iron
電気はんだごて

46 screwdriver
ねじ回し

47 pipe wrench
パイプ・レンチ

48 shock-resisting safety helmet
耐衝撃安全ヘルメット

49 tool case
道具箱

50 round-nose pliers
円先ペンチ

51 cutting pliers
切断ペンチ

52 junior hacksaw
小型の弓のこ

53 combination cutting pliers
組合せペンチ

54 insulated handle
絶縁握り

55 continuity tester
導通テスター

56 electric light bulb (general service lamp, filament lamp)
白熱電球 (一般用電灯, フィラメント電灯)

57 glass bulb (bulb)
ガラス球

58 coiled-coil filament
2 重コイル・フィラメント

59 screw base
ねじこみベース

60 lampholder
ランプホルダー

61 fluorescent tube
蛍光灯管

62 bracket for fluorescent tubes
蛍光灯管用ブラケット

63 electrician's knife
配線工用ナイフ

64 wire strippers
ワイヤ・ストリッパー〈電線はぎ取りペンチ〉

65 bayonet fitting
バヨネット式差込み

66 three-pin socket with switch
スイッチつき 3 足ソケット

67 three-pin plug
3 足プラグ

68 fuse carrier with fuse wire
ヒューズ線とヒューズ・キャリヤ

69 light bulb with bayonet fitting
バヨネット式電球

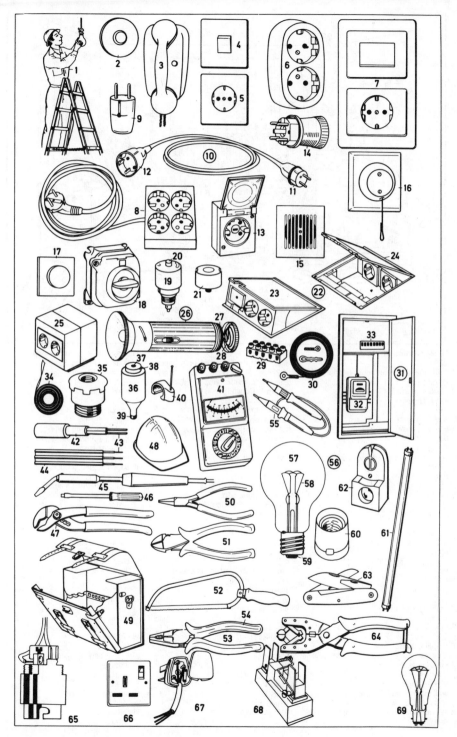

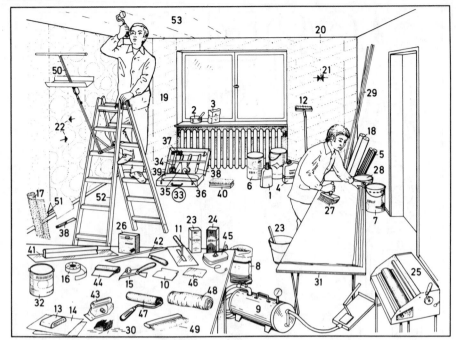

1-17 preparation of surfaces
表面準備

1 wallpaper-stripping liquid (stripper)
壁紙はがし液 (ストリッパー)

2 plaster (plaster of Paris)
焼き石膏(せっこう)

3 filler
充填(じゅうてん)材

4 glue size (size)
陶砂(とうき) (サイズ)

5 lining paper
裏打ち紙〈バッキング・ペーパー backing paper の一つ〉

6 primer
プライマー，下塗り剤

7 fluate
フルアット

8 shredded lining paper
〈寸断された〉裏打ち紙

9 wallpaper-stripping machine (stripper)
壁紙はがし機 (ストリッパー)

10 scraper
スクレーパー〈削り道具〉

11 smoother
ならし板

12 perforator
目打ち器

13 sandpaper block
サンドペーパー台木

14 sandpaper
サンドペーパー

15 stripping knife
はぎナイフ

16 masking tape
マスキング・テープ

17 strip of sheet metal [on which wallpaper is laid for cutting]
細長い金属板〔壁紙を置いて切断する〕

18-53 wallpapering (paper hanging)
壁紙張り

18 wallpaper
壁紙〈木材パイプ紙 wood pulp paper, 木材チップ紙 wood chip paper, 織地壁掛け fabric wallhangings, 合成繊維壁紙 synthetic wallpaper, メタリック・ペーパー—metallic paper, 天然紙 natural paper (木材紙 wood paperやコルク紙 cork paperなど), タペストリ壁紙 tapestry wallpaper などの種類がある〉

19 length of wallpaper
壁紙の長さ

20 butted paper edges
紙端の接合部

21 matching edge
〈絵柄が〉マッチングした紙端

22 non-matching edge
〈絵柄が〉マッチングしない紙端

23 wallpaper paste
壁紙用ののり

24 heavy-duty paste
強力のり

25 pasting machine
のりづけ機

26 paste [for the pasting machine]
のり〔のりづけ機用〕

27 paste brush
のりブラシ

28 emulsion paste
エマルジョンのり

29 picture rail
額長押(なげし)

30 beading pins
ビーズ・ピン

31 pasteboard (paperhanger's bench)
のりづけ板 (壁紙工の仕事台)

32 gloss finish
つや出し

33 paperhanging kit
壁紙張り道具箱

34 shears (bull-nosed scissors)
大ばさみ (円先はさみ)

35 filling knife
充填(じゅうてん)ナイフ

36 seam roller
継ぎ目ローラー

37 hacking knife
ハッキング・ナイフ

38 knife (trimming knife)
ナイフ (手入れナイフ)

39 straightedge
直定規

40 paperhanging brush
壁紙張りブラシ

41 wallpaper-cutting board
壁紙切断板

42 cutter
カッター

43 trimmer
トリマー

44 plastic spatula
プラスチック製のこて

45 chalked string
チョークを塗った糸

46 spreader
のり引き

47 paper roller
ペーパー・ローラー

48 flannel cloth
フランネル布

49 dry brush
乾いたブラシ

50 ceiling paperhanger
天井の紙張り器

51 overlap angle
オーバラップ・アングル

52 paperhanger's trestles
経師屋(きょうじや)のトレッスル (構脚)

53 ceiling paper
天井紙

1 painting
塗装

2 painter
塗装工

3 paintbrush
塗料はけ

4 emulsion paint (emulsion)
乳状液塗料

5 stepladder
脚立(きゃたつ)

6 can (tin) of paint
塗料缶

7-8 cans (tins) of paint
塗料缶

7 can (tin) with fixed handle
握りつき缶

8 paint kettle
塗料入れ

9 drum of paint
塗料ドラム缶

10 paint bucket
ペンキ・バケツ

11 paint roller
ペンキ・ローラー

12 grill [for removing excess paint from the roller]
上鉄板 [ローラー上の余分な塗料を取り除く]

13 stippling roller
点描ローラー

14 varnishing
ワニス塗り

15 oil-painted dado
油ペイント塗りの腰羽目(こしばめ)

16 canister for thinner
シンナー缶

17 flat brush for larger surfaces (flat wall brush)
平ブラシ〈広い壁面用〉

18 stippler
点描つけ

19 fitch
絵筆

20 cutting-in brush
削り角ブラシ

21 radiator brush (flay brush)
ラジエーター・ブラシ

22 paint scraper
ペンキくず削り

23 scraper
スクレイパー，くず削り

24 putty knife
パテ・ナイフ

25 sandpaper
サンドペーパー

26 sandpaper block
サンドペーパー台木

27 floor brush
フロア・ブラシ

28 sanding and spraying
研磨とスプレイング

29 grinder
研磨機

30 sander
サンダー，研磨器

31 pressure pot
加圧ポット

32 spray gun
スプレー・ガン

33 compressor (air compressor)
コンプレッサー

34 flow coating machine for flow coating radiators, etc.
ラジエーター・コーティング用上塗り機

35 hand spray
ハンド・スプレー

36 airless spray unit
無気スプレー装置

37 airless spray gun
無気スプレー・ガン

38 efflux viscometer
流出粘度計

39 seconds timer
秒タイマー

40 lettering and gilding
レタリングと金めっき

41 lettering brush (signwriting brush, pencil)
レタリング用ブラシ

42 tracing wheel
トレーサー

43 stencil knife
ステンシル・ナイフ

44 oil gold size
オイル・ゴールド・サイズ〈箔下地(はくしたじ)塗料〉

45 gold leaf
金箔(きんぱく)

46 outline drawing
輪郭描き

47 mahlstick
腕づえ

48 pouncing
色粉振りかけ

49 pounce bag
色粉袋

50 gilder's cushion
箔(はく)置きクッション

51 gilder's knife
箔置きナイフ

52 sizing gold leaf
金箔陶砂(とうさ)塗り

53 filling in the letters with stipple paint
点描による文字入れ

54 gilder's mop
箔置きモップ

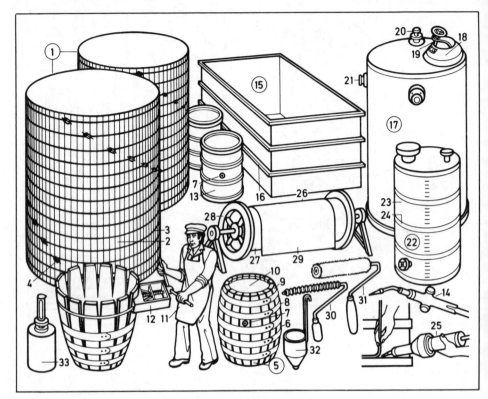

1-33 cooper's and tank construction engineer's workshops
樽(たる)製造者とタンク建造技術者の仕事場

1 tank
タンク

2 circumference made of staves (staved circumference)
樽板製(たるいたせい)の円周

3 iron rod
鉄製の連桿(れんかん)

4 turnbuckle
引締めねじ

5 barrel (cask)
樽

6 body of barrel (of cask)
樽の釧体

7 bunghole
注ぎ口

8 band (hoop) of barrel
樽の帯 (樽のたが)

9 barrel stave
樽板

10 barrelhead (heading)
樽の上部の板 (鏡板(かがみいた))

11 cooper
樽製造者

12 trusser
トラサー〈側板を縛り上げる〉

13 drum
ドラム

14 gas welding torch
ガス溶接トーチ

15 staining vat, made of thermoplastics
染色大おけ〈熱可塑性(ねつかそせい)プラスチック製のもの〉

16 iron reinforcing bands
鉄の補強たが

17 storage container, made of glass fibre ((米) glass fiber) reinforced polyester resin
貯蔵コンテナ〈ガラス繊維で補強されたポリエステル樹脂製のもの〉

18 manhole
マンホール

19 manhole cover with handwheel
〈手動ハンドルつき〉マンホール・カバー

20 flange mount
フランジの山

21 flange-type stopcock
フランジ型コックの栓

22 measuring tank
目盛りつき計量タンク

23 shell (circumference)
外殻 (周囲)

24 shrink ring
収縮リング

25 hot-air gun
熱空気ガン

26 roller made of glass fibre ((米) glass fiber) reinforced synthetic resin
ガラス繊維で補強された合成樹脂製のローラー

27 cylinder
シリンダー，円筒

28 flange
フランジ

29 glass cloth
ガラス布

30 grooved roller
溝つきのローラー

31 lambskin roller
羊皮ローラー

32 ladle for testing viscosity
粘性試験用とりべ (取瓶)

33 measuring vessel for hardener
硬化剤用計量器

1-25 furrier's workroom
毛皮加工者の仕事場
1 furrier
毛皮調製者
2 steam spray gun
スチーム・スプレー・ガン
3 steam iron
スチーム・アイロン
4 beating machine
打ちたたき機
5 cutting machine for letting out
furskins
レット・アウト毛皮用切断機
6 uncut furskin
未切断の毛皮
7 let-out strips (let-out sections)
レット・アウトされた切片
8 fur worker
毛皮職工
9 fur-sewing machine
毛皮ミシン
10 blower for letting out
レット・アウト用ブロワー
11-21 furskins
毛皮
11 mink skin
ミンク皮
12 fur side
毛皮面
13 leather side
皮革面
14 cut furskin
切断された毛皮

15 lynx skin before letting out
レット・アウト前のオオヤマネコ皮
16 let-out lynx skin
レット・アウトしたオオヤマネコ皮
17 fur side
毛皮面
18 leather side
皮革面
19 let-out mink skin
レット・アウトしたミンク皮
20 lynx fur, sewn together (sewn)
オオヤマネコの毛皮〈縫い合わせたもの〉
21 broadtail
ブロードテール
22 fur marker
毛皮マーカー〈印をつけるもの〉
23 fur worker
毛皮職工
24 mink coat
ミンク・コート
25 ocelot coat
オセロット・コート

1-73 joiner's workshop
指物師 (さしものし) の仕事場

1-28 joiner's tools
指物師の道具

1 wood rasp
木工用石目やすり

2 wood file
木材やすり

3 compass saw (keyhole saw)
ひき回しのこ (かぎ穴用のこ)

4 saw handle
のこの取っ手

5 [square-headed] mallet
[角型の] つち (槌)

6 try square
直角定規

7-11 chisels
のみ

7 bevelled-edge chisel (chisel)
鋭角のみ

8 mortise (mortice) chisel
柄 (ほぞ) 穴を造るのみ

9 gouge
丸のみ

10 handle
取っ手

11 framing chisel (cant chisel)
むころまちのみ 〈荒削り用の大型叩きのみ〉
(斜角のみ)

12 glue pot in water bath
にかわ用湯煎 (ゆせん) なべ

13 glue pot (glue well)
〈湯煎なべに挿入する〉にかわなべ

14 handscrew
手動ねじ

15-28 planes
かんな

15 smoothing plane
仕上げかんな

16 jack plane
粗かんな

17 toothing plane
のこぎり歯かんな

18 handle (toat)
取っ手 (つの)

19 wedge
くさび

20 plane iron (cutter)
かんなの刃

21 mouth
かんなの口

22 sole
かんなの裏

23 side
かんなの側面

24 stock (body)
かんなの台

25 rebate (rabbet) plane
しゃくりかんな

26 router plane (old woman's tooth)
えぐりかんな

27 spokeshave
ナンキンかんな

28 compass plane
そり台かんな

29-37 woodworker's bench
指物師の作業台

29 foot
台足

30 front vice ((米) vise)
前部万力

31 vice ((米) vise) handle
万力のハンドル

32 vice ((米) vise) screw
万力のねじ

33 jaw
あご

34 bench top
工作台上部

35 well
くぼみ

36 bench stop (bench holdfast)
台留め (取付け金具)

37 tail vice ((米) vise)
後部万力

38 cabinet maker (joiner)
指物師

39 trying plane
長かんな

40 shavings
かんなくず

41 wood screw
木ねじ

42 saw set
あさり出し具

43 mitre ((米) miter) box
留め継ぎ箱

44 tenon saw
柄 (ほぞ) びきのこ

45 thicknesser (thicknessing machine)
シックネサー 〈同じ厚さに仕上げる機械〉

46 thicknessing table with rollers
ローラーつきかんな盤

47 kick-back guard
キックバック・ガード 〈板押え〉

48 chip-extractor opening
削りくず取出し口

49 chain mortising machine (chain
mortiser)
鎖型削盤 〈ほぞ穴造り機〉

50 endless mortising chain
掘込みチェーン

51 clamp (work clamp)
クランプ 〈締め具〉

52 knot hole moulding ((米) molding)
machine
節穴 (ふしあな) 充填機 (じゅうてんき)

53 knot hole cutter
節穴カッター

54 quick-action chuck
速く作動するチャック

55 hand lever
ハンド・レバー

56 change-gear handle
変速装置ハンドル

57 sizing and edging machine
サイジングとエッジング機

58 main switch
主開閉器

59 circular-saw (buzz saw) blade
丸のこの刃

60 height (rise and fall) adjustment
wheel
高さ調節輪

61 V-way
V ウェイ

62 framing table
フレーミング・テーブル

63 extension arm (arm)
伸ばしアーム

64 trimming table
トリミング・テーブル

65 fence
フェンス

66 fence adjustment handle
フェンス調整ハンドル

67 clamp lever
クランプ (締め金) レバー

68 board-sawing machine
平板びき

69 swivel motor
回転モーター

70 board support
支柱

71 saw carriage
のこ運び台

72 pedal for raising the transport
rollers
運搬ローラーを上げるためのペダル

73 block board
積層材心合板

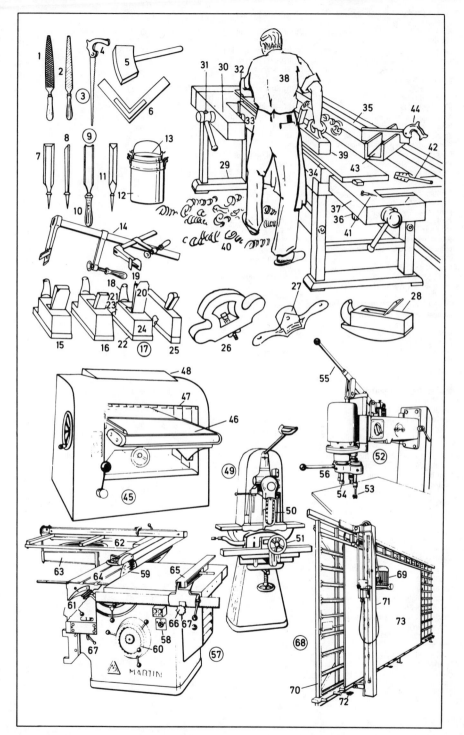

1 veneer-peeling machine (peeling
   machine, peeler)
   ベニヤ旋盤
2 veneer
   ベニヤ板
3 veneer-splicing machine
   ベニヤ・スプライシング機
4 nylon-thread cop
   ナイロン糸巻
5 sewing mechanism
   縫合せ機械装置
6 dowel hole boring machine (dowel
   hole borer)
   合せ釘(くぎ)穴ぐり盤 (穿孔機(せんこうき))
7 boring motor with hollow-shaft
   boring bit
   中空心中ぐり刃先つき穿孔モーター
8 clamp handle
   クランプ・ハンドル
9 clamp
   クランプ〈締め具〉
10 clamping shoe
   締付けシュー
11 stop bar
   ストップ・バー
12 edge sander (edge-sanding machine)
   エッジ・サンダー
13 tension roller with extension arm
   伸ばし腕つき引張りローラー
14 sanding belt regulator (regulating
   handle)
   サンディング・ベルト調整器 (調整ハンドル)
15 endless sanding belt (sand belt)
   サンディング・ベルト
16 belt-tensioning lever
   ベルト引張りレバー
17 canting table (tilting table)
   方向転換台 (ティルティング・テーブル)
18 belt roller
   ベルト・ローラー
19 angling fence for mitres ((米)
   miters)
   留め継ぎ用曲げ案内
20 opening dust hood
   ごみ出し口
21 rise adjustment of the table
   テーブル調節装置
22 rise adjustment wheel for the table
   テーブル調節輪
23 clamping screw for the table rise
   adjustment
   テーブル調節装置用締付けねじ
24 console
   コンソール, 中間箱形台
25 foot of the machine
   機械の基部
26 edge-veneering machine
   ベニヤへりつけ機
27 sanding wheel
   サンディング・ホイール
28 sanding dust extractor
   ごみ抽出器
29 splicing head
   スプライシング・ヘッド
30 single-belt sanding machine (single-
   belt sander)
   単帯やすり盤 (シングル・ベルト・サンダー)
31 belt guard
   ベルト・ガード
32 bandwheel cover
   ベルト車カバー
33 extractor fan (exhaust fan)
   抽出器ファン (換気扇)
34 frame-sanding pad
   フレーム・サンディング・パッド

35 sanding table
   サンディング・テーブル
36 fine adjustment
   微調節装置
37 fine cutter and jointer
   細刻み長かんな機
38 saw carriage
   のこ運び台
39 trailing cable hanger (trailing cable
   support)
   引き綱つり手
40 air extractor pipe
   換気管
41 rail
   レール
42 frame-cramping (frame-clamping)
   machine
   フレーム・クランピング機 (枠締付け機)
43 frame stand
   フレーム・スタンド
44 workpiece
   加工品〈ここでは, 窓枠 window frame〉
45 compressed-air line
   圧縮空気管
46 pressure cylinder
   加圧シリンダー
47 pressure foot
   加圧足部
48 frame-mounting device
   枠据付け装置
49 rapid-veneer press
   急速ベニヤ圧着機
50 bed
   ベッド
51 press
   プレス
52 pressure piston
   圧力ピストン

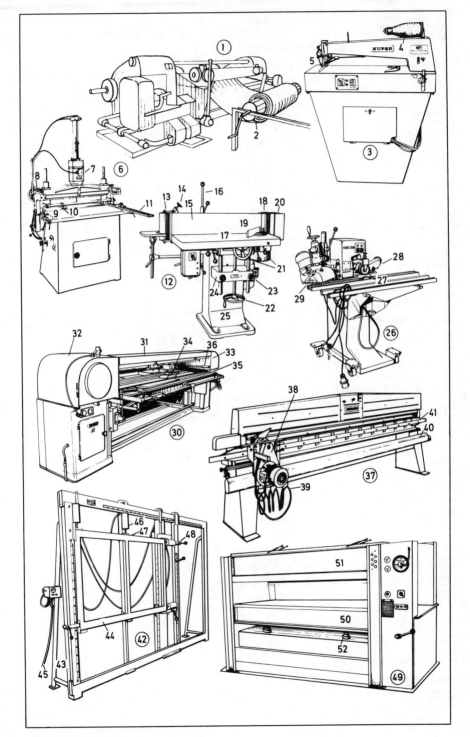

1-34 tool cupboard (tool cabinet) for
do-it-yourself work
日曜大工仕事の道具棚

1 smoothing plane
仕上げかんな

2 set of fork spanners (fork wrenches,
open-end wrenches)
フォーク状のスパナ・セット（フォーク状レン
チ, 開放型レンチ）

3 hacksaw
弓のこ

4 screwdriver
ねじ回し

5 cross-point screwdriver
プラスねじ回し

6 saw rasp
のこ用石目やすり

7 hammer
ハンマー

8 wood rasp
木材用やすり

9 roughing file
粗目やすり

10 small vice ((米) vise)
小型万力

11 pipe wrench
パイプ・レンチ

12 multiple pliers
複式プライヤー

13 pincers
釘(くぎ)抜き

14 all-purpose wrench
万能レンチ

15 wire stripper and cutter
ワイヤ・カッター

16 electric drill
電気ドリル

17 hacksaw
弓のこ

18 plaster cup
プラスター・カップ, 石膏(せっこう)容器

19 soldering iron
はんだごて

20 tin-lead solder wire
錫鉛(すずなまり)はんだ線

21 lamb's wool polishing bonnet
つや出し羊毛ボンネット

22 rubber backing disc (disk)
ゴム裏張り平円盤

23 grinding wheel
研削ホイール

24 wire wheel brush
回転式ワイヤ・ブラシ

25 sanding discs (disks)
研磨平円盤(ひらえんばん)

26 try square
直角定規

27 hand saw
手のこ

28 universal cutter
万能カッター

29 spirit level
水平器

30 firmer chisel
薄刃のみ

31 centre ((米) center) punch
心立てポンチ

32 nail punch
釘(くぎ)ポンチ

33 folding rule (rule)
折り尺

34 storage box for small parts
小部品保管箱

35 tool box
道具箱

36 woodworking adhesive
木工用接着剤

37 stripping knife
はがしナイフ

38 adhesive tape
接着テープ

39 storage box with compartments for
nails, screws, and plugs
区画に分けられた釘(くぎ), ねじ, プラグなど
の保管箱

40 machinist's hammer
工作機械工のハンマー

41 collapsible workbench (collapsible
bench)
組立て仕事台

42 jig
ジグ

43 electric percussion drill (electric
hammer drill)
電気ハンマー・ドリル

44 pistol grip
ピストル型の握り

45 side grip
サイド・グリップ, 横握り

46 gearshift switch
ギヤ転換スイッチ

47 handle with depth gauge ((米) gage)
深度ゲージつきハンドル

48 chuck
チャック, つかみ

49 twist bit (twist drill)
ねじれドリル

50-55 attachments for an electric drill
電気ドリル用アタッチメント

50 combined circular saw (buzz saw)
and bandsaw
丸のこと帯のこの組合せ

51 wood-turning lathe
木工旋盤

52 circular saw attachment
丸のこアタッチメント

53 orbital sanding attachment (orbital
sander)
オービタル・サンディング用品（オービタル・サ
ンダー）

54 drill stand
ドリル・スタンド

55 hedge-trimming attachment (hedge
trimmer)
ヘッジ・トリマー

56 soldering gun
はんだづけガン

57 soldering iron
はんだごて

58 high-speed soldering iron
高速はんだごて

59 upholstery, upholstering an armchair
いす張り〔職人〕〈肘(ひじ)掛けいすに布張り
しているところ〉

60 fabric (material) for upholstery
布張り用織地

61 do-it-yourself enthusiast
日曜大工マニア

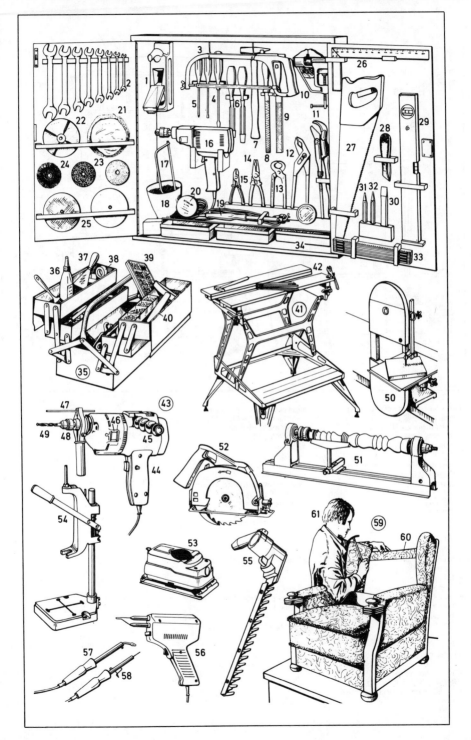

1-26 turnery (turner's workshop)
　旋盤工場（旋盤工の仕事場）
1 wood-turning lathe (lathe)
　木工旋盤（旋盤）
2 lathe bed
　旋盤ベッド
3 starting resistance (starting resistor)
　始動用抵抗器
4 gearbox
　ギヤボックス
5 tool rest
　刃物置台
6 chuck
　チャック〈工作物つかみ装置〉
7 tailstock
　心押し台
8 centre ((米) center)
　センター，心押し軸
9 driving plate with pin
　ピンつき回し板
10 two-jaw chuck
　2枚づめチャック
11 live centre ((米) center)
　三叉（みつまた）センター
12 fretsaw
　糸のこ
13 fretsaw blade
　糸のこの刃
14, 15, 24 turning tools
　旋盤用工具類
14 thread chaser, for cutting threads in
　wood
　木材用ねじ切り

15 gouge, for rough turning
　穴たがね〈荒旋回用の〉
16 spoon bit (shell bit)
　さじ形きり（錐）（シェル・ビット）
17 hollowing tool
　中ぐりバイト
18 outside calliper (caliper)
　外径カリパス
19 turned work (turned wood)
　ろくろ仕上げの製品
20 master turner (turner)
　旋盤工
21 [piece of] rough wood
　未加工の木材
22 drill
　きり（錐）
23 inside calliper (caliper)
　内径カリパス
24 parting tool
　溝切り
25 glass paper (sandpaper, emery
　paper)
　ガラス・ペーパー（サンド・ペーパー，紙やすり）
26 shavings
　削りくず

1-40 basket making (basketry, basketwork)
かご細工
1-4 weaves (strokes)
編み方
1 randing
縁編み
2 rib randing
うね編み
3 oblique randing
斜め編み
4 randing
敷物〈ここでは，ヤナギ細工 piece of wickerwork (screen work)〉
5 weaver
横材
6 stake
縦材
7 workboard
作業台〈lapboard ともいう〉
8 screw block
横桟(よこさん)
9 hole for holding the block
横桟固定孔(あな)
10 stand
スタンド，台座
11 chip basket (spale basket)
経木(きょうぎ)編みかご
12 chip (spale)
経木
13 soaking tub
浸しおけ
14 willow stakes (osier stakes)
コリヤナギの細枝

15 willow rods (osier rods)
コリヤナギの小枝
16 basket
かご〈ここでは，ヤナギ細工 piece of wickerwork (basketwork)〉
17 border
縁
18 woven side
編まれた側面
19 round base
円形の底部
20 woven base
編まれた底部
21 slath
十文字底
22-24 covering a frame
枠の外被作業
22 frame
枠
23 end
巻き終ったひごの端
24 rib
筋交い
25 upsett
枠組
26 grass
草〈アフリカハネガヤ esparto grass, ムラサキウマゴヤシ alfalfa grass などの種類が用いられる〉
27 rush (bulrush, reed mace)
トウシンソウ（イグサ）
28 reed
アシ（葦）

29 raffia (bast)
ラフィア（靱皮(じんぴ)繊維）
30 straw
麦わら
31 bamboo cane
竹
32 rattan (ratan) chair cane
藤(とう)
33 basket maker
かご職人
34 bending tool
曲げバイト
35 cutting point (bodkin)
線引き
36 rapping iron
打ち金
37 pincers
やっとこ
38 picking knife
ピッキング・ナイフ
39 shave
削り器
40 hacksaw
弓のこ

1-8 hearth (forge) with blacksmith's fire
鍛冶屋(かじや)の炉床(ろどこ)
1 hearth (forge)
鍛冶場の炉
2 shovel (slice)
シャベル
3 swab
掃除具
4 rake
火かき, レーキ
5 poker
火突き棒
6 blast pipe (tue iron)
送風管
7 chimney (cowl, hood)
煙突（換気フード）
8 water trough (quenching trough, bosh)
水槽
9 power hammer
動力ハンマー
10 ram (tup)
ラム〈ハンマーの打面〉

11-16 anvil
金床(かなとこ)
11 anvil
金敷(かなしき)
12 flat beak (beck, bick)
金敷のくちばし
13 round beak (beck, bick)
金敷の丸いくちばし
14 auxiliary table
補助台

15 foot
足部
16 upsetting block
据付け台盤
17 swage block
〈鍛冶仕事に用いる〉蜂(はち)の巣
18 tool-grinding machine (tool grinder)
道具研摩機
19 grinding wheel
研削ホイール
20 block and tackle
滑車ブロック
21 workbench (bench)
作業台

22-39 blacksmith's tools
鍛冶屋の道具
22 sledge hammer
大ハンマー, げんのう
23 blacksmith's hand hammer
鍛冶屋の手ハンマー
24 flat tongs
平ばさみ
25 round tongs
丸ばさみ
26 parts of the hammer
ハンマーの部品
27 peen (pane, pein)
金づちのとがった端
28 face
使用面
29 eye
穴
30 haft
柄(つか)

31 cotter punch
コッター・ポンチ
32 hardy (hardie)
広刃(ひろば)のみ
33 set hammer
あてハンマー
34 sett (set, sate)
幅広のみ
35 flat-face hammer (flatter)
ならしつち（槌）
36 round punch
丸ポンチ
37 angle tongs
アングルばさみ
38 blacksmith's chisel (scaling hammer, chipping hammer)
のみ（削りハンマー）
39 moving iron (bending iron)
可動鉄片

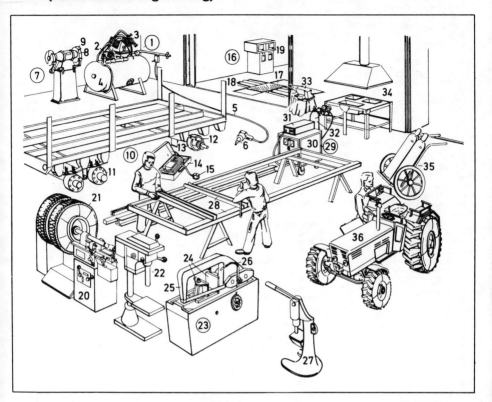

1 compressed-air system
　圧縮空気システム
2 electric motor
　電気モーター
3 compressor
　圧縮機
4 compressed-air tank
　圧縮空気タンク
5 compressed-air line
　圧縮空気ライン
6 percussion screwdriver
　打動ドライバー
7 pedestal grinding machine (floor
　grinding machine)
　ペデスタル研磨機
8 grinding wheel
　研削ホイール
9 guard
　防護物
10 trailer
　トレーラー
11 brake drum
　ブレーキ・ドラム
12 brake shoe
　ブレーキ・シュー
13 brake lining
　ブレーキ・ライニング
14 testing kit
　試験道具
15 pressure gauge ((米) gage)
　圧力計

16 brake-testing equipment
　ブレーキ試験設備〈ローリング・ロード
　rolling road を用いる〉
17 pit
　ピット
18 braking roller
　ブレーキング・ローラー
19 meter (recording meter)
　計器, メーター（記録計）
20 precision lathe for brake drums
　ブレーキ・ドラム用精密旋盤
21 lorry wheel
　ローリー・ホイール
22 boring mill
　中ぐり機
23 power saw
　動力のこ〈ここでは, 弓のこ hacksaw（ある
　いは, 動力弓のこ power hacksaw）〉
24 vice ((米) vise)
　万力（まんりき）
25 saw frame
　のこぎりわく
26 coolant supply pipe
　冷却液供給管
27 riveting machine
　リベット打ち機
28 trailer frame (chassis) under
　construction
　建造中のトレーラー枠
29 inert-gas welding equipment
　不活性ガス溶接装備

30 rectifier
　整流器
31 control unit
　制御装置
32 CO$_2$ cylinder
　炭酸ガス・シリンダー
33 anvil
　金敷（かなしき）
34 hearth (forge) with blacksmith's fire
　鍛冶屋（かじや）の炉
35 trolley for gas cylinders
　ガス・ボンベ運搬用手押車
36 vehicle under repair
　修理中の車両〈ここでは, トラクター
　tractor〉

139 Hammer Forging (Smith Forging) and Drop Forging

1 continuous furnace with grid hearth
  for annealing of round stock
  連続焼きなまし炉〈グリッド炉床のもの〉
2 discharge opening (discharge door)
  取出し口
3 gas burners
  ガス・バーナー
4 charging door
  装入口
5 counterblow hammer
  相打ちハンマー，カウンターブロー・ハンマー
6 upper ram
  アッパー・ラム
7 lower ram
  ロワー・ラム
8 ram guide
  ラム・ガイド
9 hydraulic drive
  油圧駆動装置
10 column
  柱，コラム
11 short-stroke drop hammer
  短ストローク・ドロップ・ハンマー
12 ram (tup)
  ラム（打ち金）
13 upper die block
  上部ダイス型
14 lower die block
  下部ダイス型
15 hydraulic drive
  油圧駆動装置
16 frame
  フレーム
17 anvil
  金床（かなとこ）
18 forging and sizing press
  鍛造（たんぞう）プレス
19 standard
  支柱
20 table
  台
21 disc (disk) clutch
  ディスク・クラッチ
22 compressed-air pipe
  圧縮空気管
23 solenoid valve
  ソレノイド・バルブ
24 air-lift gravity hammer (air-lift drop
  hammer)
  圧縮空気動力式ハンマー
25 drive motor
  ドライブ・モーター
26 hammer (tup)
  ハンマー（ハンマーの打面）
27 foot control (foot pedal)
  足踏み操縦装置（踏み子）
28 preshaped (blocked) workpiece
  予備成型された製作品
29 hammer guide
  ハンマー・ガイド
30 hammer cylinder
  ハンマー・シリンダー
31 anvil
  金床
32 mechanical manipulator to move the
  workpiece in hammer forging
  製作品を鍛造（たんぞう）ハンマーに送り出す
  マニピュレーター
33 dogs
  回し金
34 counterweight
  平衡おもり，カウンターウェイト
35 hydraulic forging press
  油圧鍛造プレス
36 crown
  丹頂（たんちょう）

37 cross head
  クロス・ヘッド
38 upper die block
  上部ダイス型
39 lower die block
  下部ダイス型
40 anvil
  金床
41 hydraulic piston
  油圧ピストン
42 pillar guide
  柱ガイド
43 rollover device
  転倒装置
44 burden chain (chain sling)
  つり鎖（チェーン・スリング）
45 crane hook
  クレーン・フック
46 workpiece
  加工品
47 gas furnace (gas-fired furnace)
  ガス加熱炉
48 gas burner
  ガス・バーナー
49 charging opening
  装入口
50 chain curtain
  チェーン・カーテン
51 vertical-lift door
  巻上げ扉
52 hot-air duct
  熱風ダクト
53 air preheater
  空気予熱器
54 gas pipe
  ガス管
55 electric door-lifting mechanism
  電動扉巻上げ装置
56 air blast
  空気ブラスト

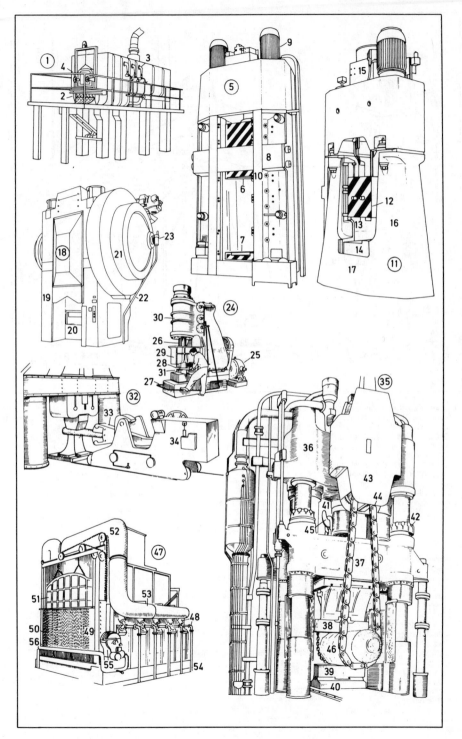

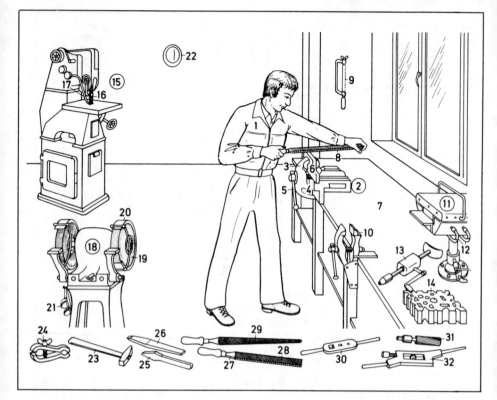

1-22 metalwork shop (mechanic's
workshop, fitter's workshop,
locksmith's workshop)
金属細工仕事場 (錠前屋 (じょうまえや)の仕
事場)
1 metalworker
金属細工工 〈機械修理工 mechanic, 組
立工 fitter, 錠前屋 locksmith. また,
鋳鉄工芸家 wrought-iron craftsman
を含める場合もある〉
2 parallel-jaw vice ((米) vise)
平行あご万力
3 jaw
あご
4 screw
ねじ
5 handle
取っ手
6 workpiece
工作品
7 workbench (bench)
作業台
8 files
やすり 〈粗目やすり rough file, 細目やすり
smooth file, 仕上げやすり precision
file などの種類がある〉
9 hacksaw
弓のこ
10 leg vice ((米) vise)
足つき万力 〈スプリング万力 spring vice
の一つ〉
11 muffle furnace
マッフル炉 〈ガス炉 gas-fired furnace の一
つ〉

12 gas pipe
ガス管
13 hand brace (hand drill)
手回しブレース (ハンド・ドリル)
14 swage block
蜂(はち)の巣, 金敷き
15 filing machine
やすり盤
16 file
やすり
17 compressed-air pipe
圧縮空気管
18 grinding machine (grinder)
研磨機
19 grinding wheel
研磨ホィール
20 guard
ガード
21 goggles (safety glasses)
保護めがね
22 safety helmet
安全ヘルメット
23 machinist's hammer
ハンマー
24 hand vice ((米) vise)
手万力
25 cape chisel (cross-cut chisel)
えぼしたがね
26 flat chisel
平たがね
27 flat file
平やすり
28 file cut (cut)
やすり目

29 round file
丸やすり 〈または半円形やすり half-round
file という〉
30 tap wrench
タップ回し
31 reamer
リーマー
32 die (die and stock)
ダイス回し
33-35 key
かぎ
33 stem (shank)
心棒 (柄(え))
34 bow
弓形
35 bit
歯, かかり

36-43 door lock
戸口の錠〈ここでは，箱錠 mortise
(mortice) lock〉
36 back plate
裏地板
37 spring bolt (latch bolt)
ばねかんぬき
38 tumbler
タンブラー，てこ（槓杆）
39 bolt
固定かんぬき，舌
40 keyhole
かぎ穴
41 bolt guide pin
固定かんぬき用案内ピン
42 tumbler spring
タンブラーばね
43 follower, with square hole
従動節
44 cylinder lock (safety lock)
シリンダー錠（安全錠）
45 cylinder (plug)
シリンダー（プラグ）
46 spring
ばね
47 pin
ピン
48 safety key
安全かぎ〈平キーflat keyの一種〉
49 lift-off hinge
蝶形蝶番（ちょうがたちょうつがい）
50 hook-and-ride band
曲り蝶番
51 strap hinge
帯蝶番
52 vernier calliper (caliper) gauge ((米)
gage)
ノギス，副尺(そえじゃく)つきカリパス
53 feeler gauge ((米) gage)
すきまゲージ
54 vernier depth gauge ((米) gage)
副尺つき深さゲージ
55 vernier
副尺，バーニア
56 straightedge
直定規
57 square
直角定規
58 breast drill
胸当てぎり
59 twist bit (twist drill)
ドリル
60 screw tap (tap)
ねじタップ
61 halves of a screw die
ねじダイス
62 screwdriver
ねじ回し
63 scraper
きさげ〈または細先三角スクレーパー
pointed triangle scraper という〉
64 centre ((米) center) punch
センター・ポンチ
65 round punch
丸ポンチ
66 flat-nose pliers
平ペンチ
67 detachable-jaw cut nippers
ジョーを取り外せるニッパー
68 gas pliers
ガス・プライヤー
69 pincers
釘(くぎ)抜き

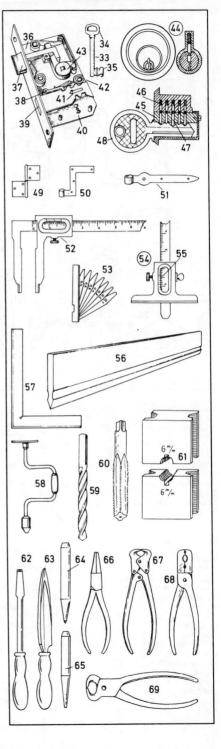

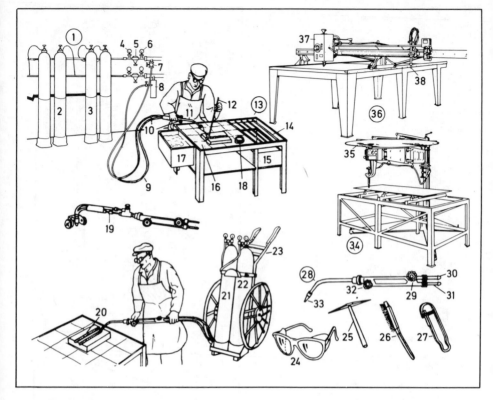

1 gas cylinder manifold
　ガス・ボンベ・マニホルド〈マニホルドは，各ボン
　べに吸入または排出させるための管取付けの
　こと〉
2 acetylene cylinder
　アセチレン・ボンベ
3 oxygen cylinder
　酸素ボンベ
4 high-pressure manometer
　高圧計
5 pressure-reducing valve (reducing
　valve)
　減圧弁〈圧力調整弁 pressure regulator
　ともいう〉
6 low-pressure manometer
　低圧計
7 stop valve
　止め弁
8 hydraulic back-pressure valve for
　low-pressure installations
　低圧装置用水力背圧弁
9 gas hose
　ガス・ホース
10 oxygen hose
　酸素ホース
11 welding torch (blowpipe)
　溶接トーチ，吹管
12 welding rod (filler rod)
　溶接棒
13 welding bench
　溶接作業台
14 grating
　鉄格子

15 scrap box
　くず鉄箱
16 bench covering of chamotte slabs
　シャモット・スラブの作業台被覆
17 water tank
　水タンク
18 welding paste (flux)
　溶接ペースト（フラックス）
19 welding torch (blowpipe) with
　cutting attachment and guide
　tractor
　切断用火口と案内牽引物を取付けた溶接
　トーチ
20 workpiece
　工作品
21 oxygen cylinder
　酸素ボンベ
22 acetylene cylinder
　アセチレン・ボンベ
23 cylinder trolley
　ボンベ・トロリー
24 welding goggles
　溶接用保護めがね
25 chipping hammer
　チッピング・ハンマー
26 wire brush
　ワイヤ・ブラシ
27 torch lighter (blowpipe lighter)
　吹管ライター，点火器
28 welding torch (blowpipe)
　溶接トーチ，吹管
29 oxygen control
　酸素制御弁

30 oxygen connection
　酸素接続口
31 gas connection (acetylene
　connection)
　ガス接続口
32 gas control (acetylene control)
　ガス制御弁
33 welding nozzle
　吹き口
34 cutting machine
　切断機
35 circular template
　円形型板
36 universal cutting machine
　万能切断機
37 tracing head
　トレーシング・ヘッド
38 cutting nozzle
　カッティング・ノズル

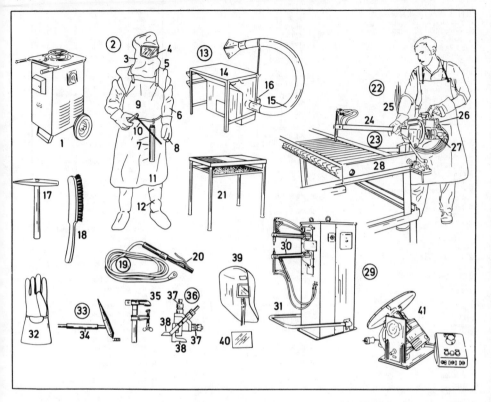

1 welding transformer
溶接用変圧器
2 arc welder
アーク溶接工
3 arc welding helmet
アーク溶接ヘルメット
4 flip-up window
〈はね上げ式の〉保護めがね
5 shoulder guard
肩当て
6 protective sleeve
保護そで
7 electrode case
溶接棒ケース
8 three-fingered welding glove
三つ指溶接手袋
9 electrode holder
溶接棒ホルダー
10 electrode
溶接棒
11 leather apron
革製エプロン
12 shin guard
すね当て
13 welding table with fume extraction
equipment
ガス抽出装置つき溶接台
14 table top
溶接台の上面
15 movable extractor duct
可動性の抽出装置導管
16 extractor support
抽出装置の支柱

17 chipping hammer
チッピング・ハンマー
18 wire brush
ワイヤ・ブラシ
19 welding lead
溶接導線
20 electrode holder
溶接棒ホルダー
21 welding bench
溶接作業台
22 spot welding
点溶接
23 spot welding electrode holder
点溶接の溶接棒ホルダー
24 electrode arm
溶接棒
25 power supply (lead)
電力供給線
26 electrode-pressure cylinder
電極圧シリンダー
27 welding transformer
溶接変圧器
28 workpiece
工作品
29 foot-operated spot welder
足で動かす点溶接機
30 welder electrode arms
溶接機の溶接棒
31 foot pedal for welding pressure
adjustment
溶接圧力調節ペダル
32 five-fingered welding glove
5つ指溶接手袋

33 inert-gas torch for inert-gas welding
(gas-shielded arc welding)
不活性ガス溶接用ガス・トーチ（ガス・シール
ド・アーク溶接）
34 inert-gas (shielding-gas) supply
不活性ガス供給管
35 work clamp (earthing clamp)
作業クランプ（接地クランプ）
36 fillet gauge ((米)) gage) (weld gauge)
[for measuring throat thickness]
すみ肉ゲージ（溶接ゲージ）［のどの厚さを
計るためのもの］
37 micrometer
マイクロメーター
38 measuring arm
計量アーム
39 arc welding helmet
アーク溶接ヘルメット
40 filter lens
フィルター・レンズ
41 small turntable
小回転盤

[材料として鋼 steel, 黄銅 brass, アルミニウム
aluminium ((米) aluminum), プラスチック
plastics などがあるが以下に鋼の例を示す]
1 angle iron (angle)
　アングル鉄, 山形鋼
2 leg (flange)
　脚 (フランジ)
3-7 steel girders
　スチール・ガーダー
3 T-iron (tee-iron)
　T形鋼
4 vertical leg
　垂直脚
5 flange
　フランジ
6 H-girder (H-beam)
　H形ガーダー (H形鋼)
7 E-channel (channel iron)
　E形鋼 (溝形鋼)
8 round bar
　丸棒
9 square iron ((米) square stock)
　角鋼
10 flat bar
　平棒
11 strip steel
　帯鋼
12 iron wire
　鉄線
13-50 screws and bolts
　ねじとボルト
13 hexagonal-head bolt
　六角ボルト
14 head
　頭
15 shank
　軸
16 thread
　ねじ
17 washer
　座金
18 hexagonal nut
　六角ナット
19 split pin
　割ピン
20 rounded end
　丸先
21 width of head (of flats)
　頭(フラット)の幅
22 stud
　植込みボルト
23 point (end)
　先
24 castle nut (castellated nut)
　溝つきナット
25 hole for the split pin
　割ピン穴
26 cross head screw
　十字頭ねじ〈薄板金ねじ sheet metal screw,
　セルフ・タッピングねじ (self tapping screw) の
　一つ〉
27 hexagonal socket head screw
　六角受け口頭ねじ
28 countersunk-head bolt
　さら頭ボルト
29 catch
　キャッチ
30 locknut (locking nut)
　止めナット
31 bolt (pin)
　ボルト (ピン)
32 collar head bolt
　つばつきボルト
33 set collar (integral collar)
　一体つば
34 spring washer (washer)
　ばね座金
35 round nut
　丸ナット〈調整ナット adjusting nut
　の一つ〉
36 cheese head screw
　平頭ねじ〈スロットねじ slotted screw の一つ〉
37 tapered pin
　テーパー・ピン

38 screw slot (screw slit, screw groove)
　ねじ溝
39 square head bolt
　四角ねじ
40 grooved pin
　溝つきピン〈円筒ピン cylindrical pin の一つ〉
41 T-head bolt
　Tボルト
42 wing nut (fly nut, butterfly nut)
　ちょうナット
43 rag bolt
　鬼ボルト
44 barb
　とげ
45 wood screw
　木ねじ
46 countersunk head
　さら頭
47 wood screw thread
　木ねじのねじ
48 grub screw
　止めねじ
49 pin slot (pin slit, pin groove)
　ピン溝
50 round end
　丸先
51 nail (wire nail)
　くぎ (丸くぎ)
52 head
　頭
53 shank
　軸
54 point
　先
55 roofing nail
　屋根葺(ふき)き釘(くぎ)
56 riveting (lap riveting)
　リベット締め
57-60 rivet
　リベット
57 set head (swage head, die head)
　丸頭〈リベット頭 rivet head の一つ〉
58 rivet shank
　リベット軸
59 closing head
　リベット先
60 pitch of rivets
　リベットのピッチ
61 shaft
　軸, シャフト
62 chamfer (bevel)
　面取り
63 journal
　ジャーナル
64 neck
　ネック, 頸部(けいぶ)
65 seat
　座
66 keyway
　キー溝
67 conical seat (cone)
　円錐座(えんすいざ)
68 thread
　ねじ
69 ball bearing
　玉軸受〈ボール・ベアリング antifriction
　bearing の一つ〉
70 steel ball (ball)
　鋼球 (球)
71 outer race
　外レース
72 inner race
　内レース
73-74 keys
　キー
73 sunk key (feather)
　沈みキー (フェザー)
74 gib (gib-headed key)
　ジブ (頭つきキー)
75-76 needle roller bearing
　ニードルころ軸受け
75 needle cage
　ニードル保持器
76 needle
　ニードル

77 castle nut (castellated nut)
　溝つきナット
78 split pin
　割ピン
79 casing
　ケーシング
80 casing cover
　ケーシング・カバー
81 grease nipple (lubricating nipple)
　グリース・ニップル
82-96 gear wheels, cog wheels
　歯車
82 stepped gear wheel
　段つき歯車
83 cog (tooth)
　はめ歯
84 space between teeth
　歯の間隔
85 keyway (key seat, key slot)
　キー溝
86 bore
　内径
87 herringbone gear wheel
　ヘリングボーン歯車, やまば平歯車
88 spokes (arms)
　スポーク (腕金(うでがね))
89 helical gearing (helical spur wheel)
　はすば平歯車
90 sprocket
　スプロケット
91 bevel gear wheel (bevel wheel)
　かさ歯車
92-93 spiral toothing
　はすばかさ歯車
92 pinion
　ピニオン, 小歯車
93 crown wheel
　クラウン歯車
94 epicyclic gear (planetary gear)
　遊星歯車装置
95 internal toothing
　内歯
96 external toothing
　外歯
97-107 absorption dynamometer
　吸収動力計
97 shoe brake (check brake, block brake)
　シュー・ブレーキ (チェック・ブレーキ, ブロック・ブ
　レーキ)
98 brake pulley
　ブレーキ滑車
99 brake shaft (brake axle)
　ブレーキ軸
100 brake block (brake shoe)
　ブレーキ・ブロック (ブレーキ・シュー)
101 pull rod
　引っ張り棒
102 brake magnet
　ブレーキ磁石
103 brake weight
　ブレーキ分銅
104 band brake
　帯ブレーキ
105 brake band
　ブレーキ帯
106 brake lining
　ブレーキ・ライニング
107 adjusting screw, for even application of
　the brake
　ブレーキの当りを均一にするための調整ねじ

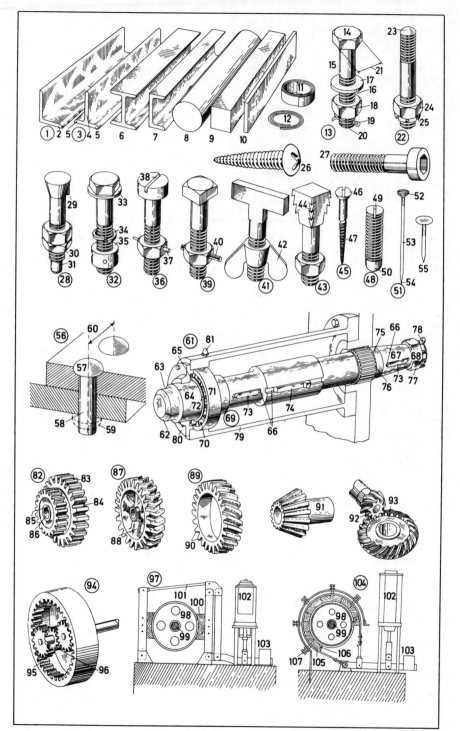

1-51 coal mine (colliery, pit)
炭鉱

1 pithead gear (headgear)
立坑(たてこう)坑口伝導装置 (巻上げ櫓(ろ))

2 winding engine house
巻上げエンジン・ハウス

3 pithead frame (head frame)
坑口建造物 (立坑櫓(ろ))

4 pithead building
坑口建物

5 processing plant
処理工場

6 sawmill
製材所

7-11 coking plant
コークス工場

7 battery of coke ovens
コークス製造がま

8 larry car (larry, charging car)
注入車, チャージング・カー

9 coking coal tower
コークス用石炭タワー

10 coke-quenching tower
コークス冷却塔

11 coke-quenching car
コークス冷却車両

12 gasometer
ガス貯蔵器

13 power plant (power station)
発電所

14 water tower
給水塔

15 cooling tower
冷却塔

16 mine fan
鉱坑換気装置

17 depot
貯蔵所

18 administration building (office building, offices)
管理所 (事務所)

19 tip heap (spoil heap)
掘り出した不要の土置場

20 cleaning plant
クリーニング・プラント

21-51 underground workings (underground mining)
地下作業 (地下採掘)

21 ventilation shaft
換気坑道

22 fan drift
通気路

23 cage-winding system with cages
ケージ巻上げ装置

24 main shaft
主立坑(しゅたてこう)

25 skip-winding system
スキップ巻上げ装置

26 winding inset
巻上げインセット

27 staple shaft
めくら立坑

28 spiral chute
スパイラル・シュート〈らせん状の案内路〉

29 gallery along seam
炭層坑道

30 lateral
支線坑道

31 cross-cut
立入(たていれ)

32 tunnelling ((米) tunneling) machine
トンネル掘削機

33-37 longwall faces
長壁法の切羽

33 horizontal ploughed longwall face
水平プラウ長壁切羽

34 horizontal cut longwall face
水平カット長壁切羽

35 vertical pneumatic pick longwall face
垂直空気圧ピック長壁切羽

36 diagonal ram longwall face
斜行ラム長壁切羽

37 goaf (god, waste)
充填(じゅうてん)材料

38 air lock
エア・ロック, 空気止め通路

39 transportation of men by cars
車による鉱夫輸送

40 belt conveying
ベルト運搬

41 raw coal bunker
未加工石炭容器

42 charging conveyor
チャージング・コンベア

43 transportation of supplies by monorail car
単軌車による供給品輸送

44 transportation of men by monorail car
単軌車による鉱夫輸送

45 transportation of supplies by mine car
鉱坑車による供給品輸送

46 drainage
排水路

47 sump (sink)
坑内水だめ

48 capping
表土

49 [layer of] coal-bearing rock
石炭を産する岩石(の地層)

50 coal seam
炭層

51 fault
断層

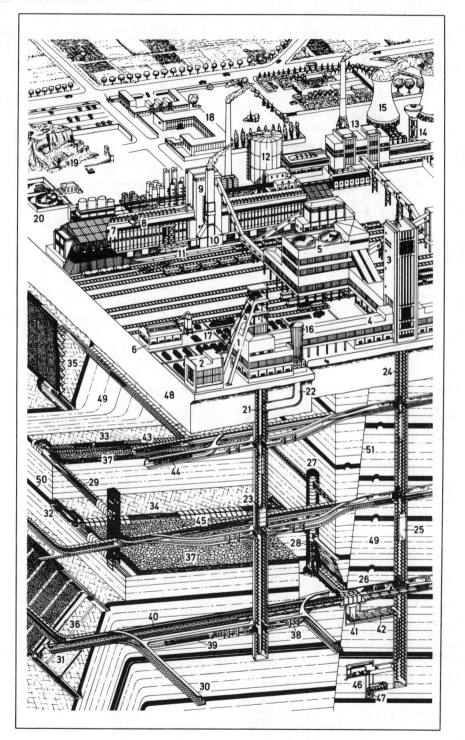

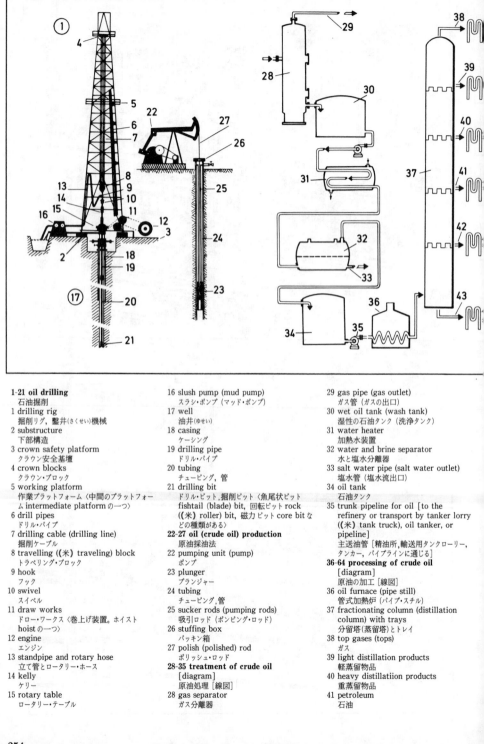

1-21 oil drilling
石油掘削
1 drilling rig
掘削リグ, 鑿井(さくせい)機械
2 substructure
下部構造
3 crown safety platform
クラウン安全基壇
4 crown blocks
クラウン・ブロック
5 working platform
作業プラットフォーム〈中間のプラットフォーム intermediate platform の一つ〉
6 drill pipes
ドリル・パイプ
7 drilling cable (drilling line)
掘削ケーブル
8 travelling ((米) traveling) block
トラベリング・ブロック
9 hook
フック
10 swivel
スイベル
11 draw works
ドロー・ワークス〈巻上げ装置。ホイスト hoist の一つ〉
12 engine
エンジン
13 standpipe and rotary hose
立て管とロータリー・ホース
14 kelly
ケリー
15 rotary table
ロータリー・テーブル

16 slush pump (mud pump)
スラシ・ポンプ (マッド・ポンプ)
17 well
油井(ゆせい)
18 casing
ケーシング
19 drilling pipe
ドリル・パイプ
20 tubing
チュービング, 管
21 drilling bit
ドリル・ビット,掘削ビット〈魚尾状ビット fishtail (blade) bit, 回転ビット rock ((米) roller) bit, 磁力ビット core bit などの種類がある〉
22-27 oil (crude oil) production
原油採油法
22 pumping unit (pump)
ポンプ
23 plunger
プランジャー
24 tubing
チュービング,管
25 sucker rods (pumping rods)
吸引ロッド (ポンピング・ロッド)
26 stuffing box
パッキン箱
27 polish (polished) rod
ポリッシュ・ロッド
28-35 treatment of crude oil
[diagram]
原油処理 [線図]
28 gas separator
ガス分離器

29 gas pipe (gas outlet)
ガス管 (ガスの出口)
30 wet oil tank (wash tank)
湿性の石油タンク (洗浄タンク)
31 water heater
加熱水装置
32 water and brine separator
水と塩水分離器
33 salt water pipe (salt water outlet)
塩水管 (塩水流出口)
34 oil tank
石油タンク
35 trunk pipeline for oil [to the refinery or transport by tanker lorry ((米) tank truck), oil tanker, or pipeline]
主送油管 [精油所,輸送用タンクローリー, タンカー, パイプラインに通じる]
36-64 processing of crude oil
[diagram]
原油の加工 [線図]
36 oil furnace (pipe still)
管式加熱炉 (パイプ・スチル)
37 fractionating column (distillation column) with trays
分留塔(蒸留塔)とトレイ
38 top gases (tops)
ガス
39 light distillation products
軽蒸留物品
40 heavy distillatiion products
重蒸留物品
41 petroleum
石油

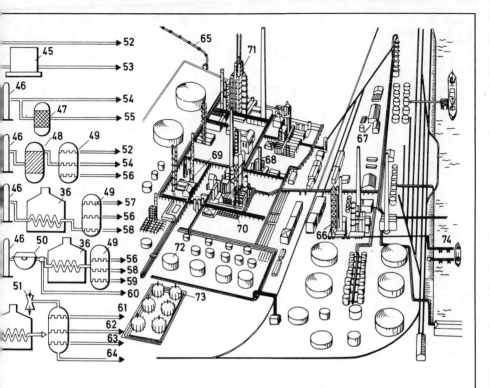

42 gas oil component
　ガス油成分
43 residue
　残留物
44 condenser (cooler)
　コンデンサー，凝縮器（冷却器）
45 compressor
　コンプレッサー，圧縮機
46 desulphurizing (desulphurization,
　(米) desulfurizing, desulfurization)
　plant
　脱硫工場
47 reformer (hydroformer, platformer)
　改質装置（ハイドロフォーマー，プラット
　フォーマー）
48 catalytic cracker (cat cracker)
　接触分解装置
49 distillation column
　分留塔，蒸留塔
50 de-waxing (wax separation)
　脱ろう（ワックス分離）
51 vacuum equipment
　真空装置
52-64 oil products
　石油製品
52 fuel gas
　燃料ガス
53 liquefied petroleum gas (liquid gas)
　液化石油ガス
54 regular grade petrol ((米) gasoline)
　標準ガソリン
55 super grade petrol ((米) gasoline)
　高廉ガソリン

56 diesel oil
　軽油，ディーゼル油
57 aviation fuel
　航空機燃料
58 light fuel oil
　軽燃料油
59 heavy fuel oil
　重燃料油
60 paraffin (paraffin oil, kerosene)
　パラフィン（鉱ろう油，灯油）
61 spindle oil
　スピンドル油
62 lubricating oil
　潤滑（じゅんかつ）油
63 cylinder oil
　シリンダー油
64 bitumen
　ビチューメン，瀝青(れきせい)
65-74 oil refinery
　精油所
65 pipeline (oil pipeline)
　送油管
66 distillation plants
　蒸留工場
67 lubricating oil refinery
　潤滑油精製所
68 desulphurizing (desulphurization, (米)
　desulfurizing, desulfurization) plant
　脱硫工場
69 gas-separating plant
　ガス分離工場
70 catalytic cracking plant
　接触分解工場

71 catalytic reformer
　接触改質装置
72 storage tank
　貯油タンク
73 spherical tank
　球形タンク
74 tanker terminal
　タンカー・ターミナル

255

1-39 drilling rig (oil rig)
掘削リグ
1-37 drilling platform
掘削プラットフォーム
1 power station
発電所
2 generator exhausts
発電機排気装置
3 revolving crane (pedestal crane)
回転起重機 (ペデスタル・クレーン)
4 piperack
パイプ掛け
5 turbine exhausts
タービン排気装置
6 materials store
資材倉庫
7 helicopter deck (heliport deck, heliport)
ヘリコプター発着場 (ヘリポート)
8 elevator
エレベーター, 昇降機
9 production oil and gas separator
石油とガスの分離器
10 test oil and gas separators (test separators)
石油とガスの試験分離器 (試験分離器)
11 emergency flare stack
非常フレア・スタック
12 derrick
デリック起重機
13 diesel tank
ディーゼル・タンク
14 office building
事務所 (の建物)
15 cement storage tanks
セメント貯蔵タンク
16 drinking water tank
飲料水タンク
17 salt water tank
塩水タンク
18 jet fuel tanks
ジェット燃料タンク
19 lifeboats
救命ボート
20 elevator shaft
エレベーター路
21 compressed-air reservoir
圧縮空気貯蔵タンク
22 pumping station
ポンピング・ステーション
23 air compressor
空気圧縮機
24 air lock
エアロック, 空気止め通路
25 seawater desalination plant
海水脱塩プラント
26 inlet filters for diesel fuel
ディーゼル燃料用注入口濾過(ろか)器
27 gas cooler
ガス冷却器
28 control panel for the separators
分離器用制御盤
29 toilets (lavatories)
トイレ
30 workshop
作業場
31 pig trap
ピグ・トラップ 〈ピグ pig は, 送油管 oil pipeline の清掃に用いられる〉
32 control room
制御室
33 accommodation modules (accommodation)
宿泊設備
34 high-pressure cementing pumps
高圧セメンティング・ポンプ

35 lower deck
下甲板
36 middle deck
中甲板
37 top deck (main deck)
上甲板 (主甲板)
38 substructure
下部構造
39 mean sea level
平均海面

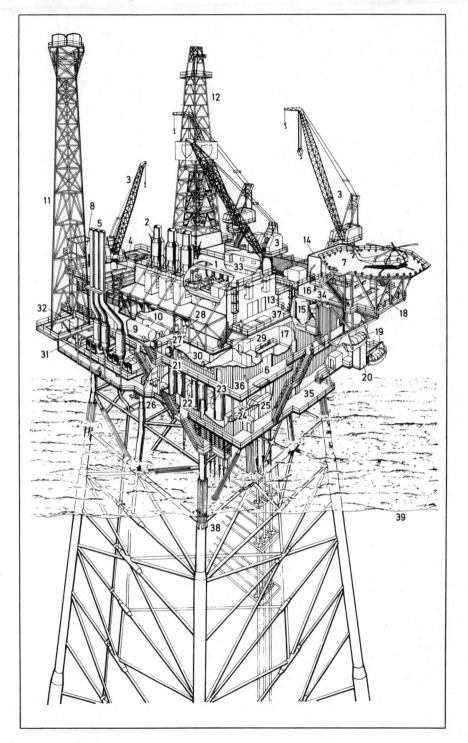

1-20 blast furnace plant
溶鉱炉プラント

1 blast furnace
溶鉱炉〈高炉 shaft furnace の一つ〉

2 furnace incline (lift) for ore and flux or coke
〈鉱石・フラックス・コークスの〉装入炉への傾斜巻上げ装置

3 skip hoist
スキップ・ホイスト

4 charging platform
装入台

5 receiving hopper
受入れホッパー

6 bell
装入鐘

7 blast furnace shaft
溶鉱炉のシャフト

8 smelting section
精錬部

9 slag escape
鉱滓(こうさい)排出口

10 slag ladle
鉱滓とりべ (取瓶)

11 pig iron (crude iron, iron) runout
銑鉄(せんてつ)出し口

12 pig iron (crude iron, iron) ladle
銑鉄とりべ

13 downtake
下向き送気管

14 dust catcher
ダスト・キャッチャー〈集塵機(しゅうじんき) dust-collecting machine の一つ〉

15 hot-blast stove
熱風炉

16 external combustion chamber
外燃室

17 blast main
送風本管

18 gas pipe
ガス管

19 hot-blast pipe
熱風管

20 tuyère
羽口

21-69 steelworks
製鋼

21-30 Siemens-Martin open-hearth furnace
ジーメンス平炉

21 pig iron (crude iron, iron) ladle
銑鉄(せんてつ)とりべ

22 feed runner
供給口

23 stationary furnace
固定炉

24 hearth
炉床

25 charging machine
装入機

26 scrap iron charging box
くず鉄装入箱

27 gas pipe
ガス管

28 gas regenerator chamber
ガス蓄熱室

29 air feed pipe
空気供給管

30 air regenerator chamber
空気蓄熱室

31 [bottom-pouring] steel-casting ladle with stopper
固定ストッパーつき鋳鋼とりべ [底部に注ぎ口がある]

32 ingot mould ((米) mold)
鋳塊鋳型

33 steel ingot
鋼鉄インゴット

34-44 pig-casting machine
鋳銑機(ちゅうせんき)

34 pouring end
注入槽

35 metal runner
湯道

36 series (strand) of moulds ((米) molds)
鋳型の列

37 mould ((米) mold)
鋳型

38 catwalk
通路

39 discharging chute
出口シュート

40 pig
なまこ鉄

41 travelling ((米) traveling) crane
走行クレーン

42 top-pouring pig iron (crude iron, iron) ladle
〈上部に注ぎ口のある〉銑鉄とりべ

43 pouring ladle lip
とりべの注ぎ口

44 tilting device (tipping device, (米) dumping device)
傾斜装置〈ダンプ装置〉

45-50 oxygen-blowing converter (L-D converter, Linz-Donawitz converter)
酸素吹込み転炉（ＬＤ転炉）

45 conical converter top
円錐形(えんすいがた)転炉トップ

46 mantle
外壁

47 solid converter bottom
堅固な転炉底

48 fireproof lining (refractory lining)
耐熱内張り

49 oxygen lance
酸素ランス

50 tapping hole (tap hole)
出銑口(しゅっせんこう)

51-54 Siemens electric low-shaft furnace
ジーメンス低シャフト電気炉

51 feed
装入口

52 electrodes [arranged in a circle]
電極 [円形に配電した]

53 bustle pipe
環状パイプ

54 runout
湯出し口溝

55-69 Thomas converter (basic Bessemer converter)
トーマス転炉（塩基性製鋼法によるベッセマー転炉）

55 charging position for molten pig iron
銑鉄(せんてつ)装入位置

56 charging position for lime
石灰装入位置

57 blow position
送風位置

58 discharging position
吐出し位置

59 tilting devide (tipping device, (米) dumping device)
傾斜装置〈ダンプ装置〉

60 crane-operated ladle
クレーン操作とりべ

61 auxiliary crane hoist
補助クレーン・ホイスト

62 lime bunker
石灰バンカー

63 downpipe
下降管

64 tipping car ((米) dump truck)
ダンプ・カー〈くず鉄運搬用〉

65 scrap iron feed
くず鉄装入口

66 control desk
制御卓

67 converter chimney
転炉の煙突

68 blast main
送風本管

69 wind box
ウインド・ボックス

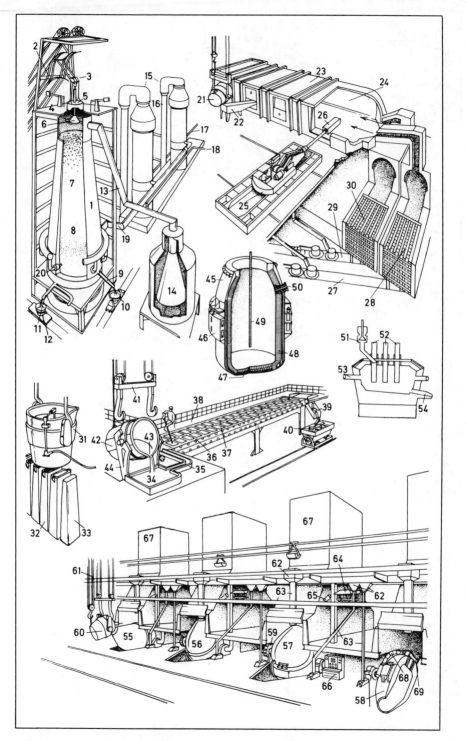

1-45 iron foundry
鋳鉄工場

1-12 melting plant
溶解作業

1 cupola furnace (cupola)
   キューポラ〈溶銑炉(ようせんろ) melting
   furnace の一種〉

2 blast main (blast inlet, blast pipe)
   送風本管

3 tapping spout
   湯出しとい (樋)

4 spyhole
   のぞき穴

5 tilting-type hot-metal receiver
   傾斜型高温鋳鉄受け

6 mobile drum-type ladle
   可動ドラム型とりべ (取瓶)

7 melter
   溶解工

8 founder (caster)
   鋳造工

9 tap bar (tapping bar)
   湯出し棒

10 bott stick ((米) bot stick)
   湯止め棒

11 molten iron
   溶解鋳鉄(せんてつ)

12 slag spout
   鉱滓(こうさい)噴出口

13 casting team
   鋳造工のチーム

14 hand shank
   湯汲(く)み

15 double handle (crutch)
   2重取っ手 (クラッチ)

16 carrying bar
   運搬棒

17 skimmer rod
   浮きかす取り棒

18 closed moulding ((米) molding) box
   密閉鋳型

19 upper frame (cope)
   上枠, 上型

20 lower frame (drag)
   下枠, 下型

21 runner (runner gate, down-gate)
   湯溝(ゆみぞ), 湯道(ゆみち)

22 riser (riser gate)
   押し湯

23 hand ladle
   手持ちとりべ

24-29 continuous casting
連続鋳造法

24 sinking pouring floor
   から引き加工湯溜(ゆだまり)層

25 solidifying pig
   凝固鋳塊

26 solid stage
   固体層

27 liquid stage
   液体層

28 water-cooling system
   水冷システム

29 mould ((米) mold) wall
   鋳型壁

30-37 moulding ((米) molding)
   department (moulding shop)
   造型場

30 moulder ((米) molder)
   鋳型工

31 pneumatic rammer
   空気ランマー

32 hand rammer
   手ランマー

33 open moulding ((米) molding) box
   開放鋳型枠

34 pattern
   原型

35 moulding ((米) molding) sand
   鋳物砂

36 core
   心型(しんがた), 中子(なかご)

37 core print
   中子受け幅木

38-45 cleaning shop (fettling shop)
掃除場 (鋳肌(ちゅうき)掃除場)

38 steel grit or sand delivery pipe
   鋼グリットまたは砂供給管

39 rotary-table shot-blasting machine
   回転台型ショット・ブラスティング機

40 grit guard
   グリット・ガード

41 revolving table
   回転台

42 casting
   鋳物

43 fettler
   鋳肌(ちゅうき)掃除工

44 pneumatic grinder
   空気研削機

45 pneumatic chisel
   空気たがね

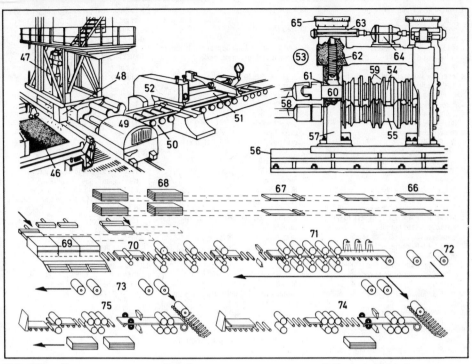

46-75 rolling mill
　圧延工場
46 soaking pit
　均熱炉
47 soaking pit crane
　均熱炉クレーン
48 ingot
　鋳塊
49 ingot tipper
　鋳塊放下車
50 blooming train (roller path)
　分塊圧延機の列 (圧延機行路)
51 workpiece
　〈製造中の〉製品
52 bloom shears
　分塊シャー
53 two-high mill
　2段圧延機
54-55 set of rolls (set of rollers)
　1組のロール (1組のローラー)
54 upper roll (upper roller)
　上ロール (上ローラー)
55 lower roll (lower roller)
　下ロール (下ローラー)
56-60 roll stand
　ロール・スタンド
56 base plate
　台板
57 housing (frame)
　架構 (フレーム)
58 coupling spindle
　連結軸
59 groove
　グルーブ
60 roll bearing
　ロール軸受け
61-65 adjusting equipment
　調整装置

61 chock
　チョック
62 main screw
　主ねじ
63 gear
　歯車
64 motor
　電動機
65 indicator for rough and fine
　adjustment
　粗調整・微調整用指示器
**66-75 continuous rolling mill train for
the manufacture of strip** [diagram]
　帯鋼製造のための連続圧延工場の連続工
　程 [図解]
66-68 processing of semi-finished
　product
　半仕上げ製品の加工
66 semi-finished product
　半仕上げ製品
67 gas cutting installation
　ガス切断設備
68 stack of finished steel sheets
　完成鋼板の積重ね
69 continuous reheating furnaces
　連続再熱炉
70 blooming train
　分塊圧延工程
71 finishing train
　仕上げ工程
72 coiler
　コイル工程
73 collar bearing for marketing
　販売のためのつば軸受け
74 5 mm shearing train
　5ミリメートル剪断(せんだん)工程

75 10 mm shearing train
　10ミリメートル剪断工程

1 centre ((米) center) lathe
旋盤, センタ・レース

2 headstock with gear control (geared headstock)
ギヤ・コントロールつき主軸台

3 reduction drive lever
減速作動レバー

4 lever for normal and coarse threads
正規ねじ・粗ねじ用レバー

5 speed change lever
変速レバー

6 leadscrew reverse-gear lever
親ねじ逆転レバー

7 change-gear box
換え歯車箱

8 feed gearbox (Norton tumbler gear)
送り歯車箱 (ノートン式回転ギヤ)

9 levers for changing the feed and thread pitch
送り・ねじ切り変換レバー

10 feed gear lever (tumbler lever)
送りギヤ・レバー (タンブラー・レバー)

11 switch lever for right or left hand action of main spindle
主軸の右回転・左回転切換えレバー

12 lathe foot (footpiece)
旋盤足部

13 leadscrew handwheel for traversing of saddle (longitudinal movement of saddle)
サドル送り親ねじハンドル車 (サドルの縦運転)

14 tumbler reverse lever
タンブラー逆転レバー

15 feed screw
送りねじ

16 apron (saddle apron, carriage apron)
エプロン (サドル・エプロン, 運び台エプロン)

17 lever for longitudinal and transverse motion
縦横(たてよこ)移動レバー

18 drop (dropping) worm (feed trip, feed tripping device) for engaging feed mechanisms
送りかけはずしのドロップ・ウォーム (送りかけはずし装置)

19 lever for engaging half nut of leadscrew (lever for clasp nut engagement)
親ねじの半割れナット用レバー (留め金ナット用レバー)

20 lathe spindle
旋盤主軸

21 tool post
刃物台

22 top slide (tool slide, tool rest)
上送り台 (刃物送り台)

23 cross slide
横送り台

24 bed slide
縦送り台

25 coolant supply pipe
冷却液供給管

26 tailstock centre ((米) center)
心押し台センター

27 barrel (tailstock barrel)
胴部 (心押し台の胴部)

28 tailstock barrel clamp lever
心押し台胴部締め具レバー

29 tailstock
心押し台

30 tailstock barrel adjusting handwheel
心押し台胴部調整手動ハンドル

31 lathe bed
旋盤床

32 leadscrew
親ねじ

33 feed shaft
送り軸

34 reverse shaft for right and left hand motion and engaging and disengaging
左右回転逆転軸

35 four-jaw chuck (four-jaw independent chuck)
四つ爪(づめ)チャック (四つ爪単独チャック)

36 gripping jaw
グリッピング・ジョー

37 three-jaw chuck (three-jaw self-centring, self-centering, chuck)
三つ爪チャック (三つ爪固定チャック)

38 turret lathe
タレット旋盤

39 cross slide
横送り台

40 turret
タレット台

41 combination toolholder (multiple turning head)
両用バイトホルダー (複合ターニング・ヘッド)

42 top slide
上送り台

43 star wheel
星形車

44 coolant tray for collecting coolant and swarf
冷却液と切れ端を集める箱

45-53 lathe tools
旋盤工具

45 tool bit holder (clamp tip tool) for adjustable cutting tips
切断チップ用刃物ビット・ホルダー〈先端刃物締め金〉

46 adjustable cutting tip (clamp tip) of cemented carbide or oxide ceramic
焼結炭化物または酸化物炻器(せっき)を調整する切断チップ

47 shapes of adjustable oxide ceramic tips
酸化物炻器チップの形

48 lathe tool with cemented carbide cutting edge
焼結炭化物チップつきバイト

49 tool shank
工具のシャンク

50 brazed cemented carbide cutting tip (cutting edge)
ろう接した焼結炭化物チップ

51 internal facing tool (boring tool) for corner work
角作業用内部表面削り工具 (穿孔(せんこう)バイト)

52 general-purpose lathe tool
汎用(はんよう)バイト

53 parting (parting-off) tool
突切りバイト

54 lathe carrier
旋盤キャリア

55 driving (driver) plate
回し板

56-72 measuring instruments
測定器具

56 plug gauge ((米) gage)
プラグ・ゲージ

57 'GO' gauging ((米) gaging) member (end)
通りゲージ部分 (端)

58 'NOT GO' gauging ((米) gaging) member (end)
止りゲージ部分 (端)

59 calliper (caliper, snap) gauge ((米) gage)
はさみ尺

60 'GO' side
通り側

61 'NOT GO' side
止り側

62 micrometer
マイクロメーター

63 measuring scale
測定目盛り

64 graduated thimble
目盛りシンブル, はめ輪

65 frame
フレーム

66 spindle (screwed spindle)
心棒 (ねじで締める心棒)

67 vernier calliper (caliper) gauge ((米) gage)
副尺(そえじゃく)つきカリパス, ノギス

68 depth gauge ((米) gage) attachment rule
測深器つき定規

69 vernier scale
副尺

70 outside jaws
外側爪

71 inside jaws
内側爪

72 vernier depth gauge ((米) gage)
副尺つき測深器

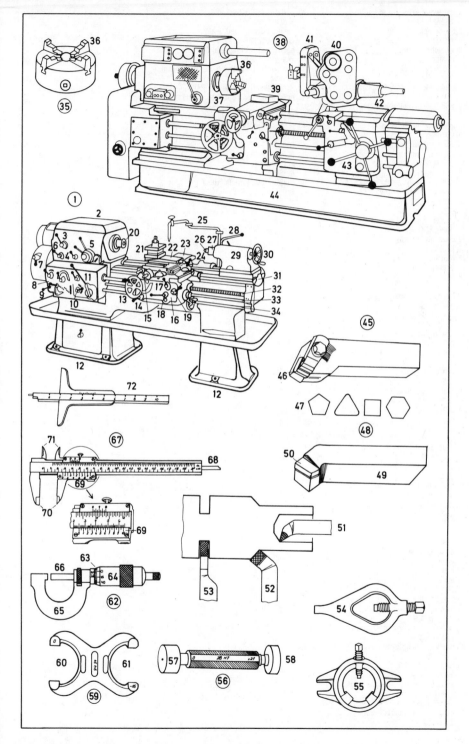

1 universal grinding machine
　万能研削機
2 headstock
　主軸台
3 wheelhead slide
　輪軸送り台
4 grinding wheel
　研削ホイール
5 tailstock
　心押し台
6 grinding machine bed
　研削機床
7 grinding machine table
　研削機台
8 two-column planing machine (two-
　column planer)
　2 支柱平削り盤
9 drive motor
　駆動モーター〈ここでは，直流モーター
　direct current motor〉
10 column
　支柱
11 planer table
　平削り盤台
12 cross slide (rail)
　横送り台
13 tool box
　工具箱
14 hacksaw
　弓のこ
15 clamping device
　締め具装置
16 saw blade
　のこぎりの歯
17 saw frame
　のこぎりのフレーム
18 radial (radial-arm) drilling machine
　ラジアル・ボール盤
19 bed (base plate)
　足板 (底板)
20 block for workpiece
　工作品を載せる台盤
21 pillar
　台脚
22 lifting motor
　つり上げモーター
23 drill spindle
　ドリル支軸
24 arm
　腕
25 horizontal boring and milling
　machine
　水平中ぐりと平削り盤
26 movable headstock
　可動主軸台
27 spindle
　支軸
28 auxiliary table
　補助台
29 bed
　床(とこ)
30 fixed steady
　固定振れ止め
31 boring mill column
　中ぐり機支柱
32 universal milling machine
　万能平削り盤
33 milling machine table
　平削り盤台
34 table feed drive
　台送り駆動装置
35 switch lever for spindle rotation
　speed
　支軸回転速度スイッチ・レバー
36 control box (control unit)
　制御装置
37 vertical milling spindle
　垂直平削り支軸
38 vertical drive head
　垂直駆動上部
39 horizontal milling spindle
　水平平削り支軸
40 end support for steadying horizontal
　spindle
　水平支軸振れ止めの端(はし)支柱
41 machining centre ((米) center)
　マシンニング・センター〈回転テーブル工作機
　械 rotary-table machine の一つ〉
42 rotary (circular) indexing table
　回転割出し台
43 end mill
　底(そこ)フライス，エンド・ミル
44 machine tap
　機械タップ
45 shaping machine (shaper)
　形削り機

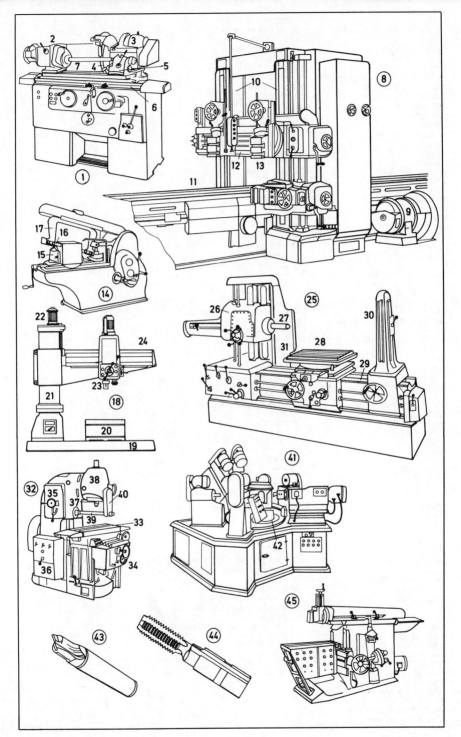

1 drawing board
製図板

2 drafting machine with parallel motion
平行運動つき製図機

3 adjustable knob
調整ノブ

4 drawing head (adjustable set square)
製図ヘッド（調節直角定規）

5 drawing board adjustment
製図板調節装置

6 drawing table
製図台

7 set square (triangle)
三角定規

8 triangle
三角定規

9 T-square (tee-square)
T定規

10 rolled drawing
巻かれた図面

11 diagram
図表

12 time schedule
作業予定表

13 paper stand
ペーパー・スタンド

14 roll of paper
〈紙の〉ロール，巻取り紙

15 cutter
カッター，切断器

16 technical drawing (drawing, design)
製図

17 front view (front elevation)
正面図

18 side view (side elevation)
側面図

19 plan
平面図

20 surface not to be machined
機械加工をしない表面

21 surface to be machined
機械加工をする表面

22 surface to be superfinished
超仕上げをする表面

23 visible edge
可視端

24 hidden edge
不可視端

25 dimension line
寸法線

26 arrow head
矢印

27 section line
断面線

28 section A-B
断面図

29 hatched surface
斜線の面

30 centre ((米) center) line
中心線

31 title panel (title block)
タイトル・パネル

32 technical data
データ

33 ruler (rule)
定規

34 triangular scale
三角スケール

35 erasing shield
字消し板

36 drawing ink cartridge
製図インキ・カートリッジ

37 holders for tubular drawing pens
管状の製図ペン・ホルダー

38 set of tubular drawing pens
管状の製図ペンのセット

39 hygrometer
湿度計

40 cap with indication of nib size
ペンの先端サイズ表示つきキャップ

41 pencil-type eraser
鉛筆型消しゴム

42 eraser
消しゴム

43 erasing knife
消しナイフ

44 erasing knife blade
消しナイフの刃

45 clutch-type pencil
クラッチ型鉛筆

46 pencil lead (refill lead, refill, spare lead)
鉛筆しん（替えしん）

47 glass eraser
ガラス製消し具

48 glass fibres ((米) fibers)
ガラス繊維

49 ruling pen
からす口

50 cross joint
十字形継ぎ手

51 index plate
指標板

52 compass with interchangeable attachments
可換アタッチメントつきコンパス

53 compass head
コンパス・ヘッド

54 needle point attachment
針先アタッチメント

55 pencil point attachment
鉛筆アタッチメント

56 needle
針

57 lengthening arm (extension bar)
延長アーム（伸ばしレバー）

58 ruling pen attachment
からす口アタッチメント

59 pump compass (drop compass)
ポンプ・コンパス（ドロップ・コンパス）

60 piston
ピストン

61 ruling pen attachment
からす口アタッチメント

62 pencil attachment
鉛筆アタッチメント

63 drawing ink container
製図インク容器

64 spring bow (rapid adjustment, ratchet-type) compass
スプリング・コンパス

65 spring ring hinge
スプリング環蝶番(ちょうつがい)

66 spring-loaded fine adjustment for arcs
円弧を描くためのスプリングつき微調整装置

67 right-angle needle
直角針

68 tubular ink unit
管状のインキ入れ装置

69 stencil lettering guide (lettering stencil)
ステンシル・レタリング・ガイド（レタリング・ステンシル）

70 circle template
円テンプレート

71 ellipse template
楕円(だえん)テンプレート

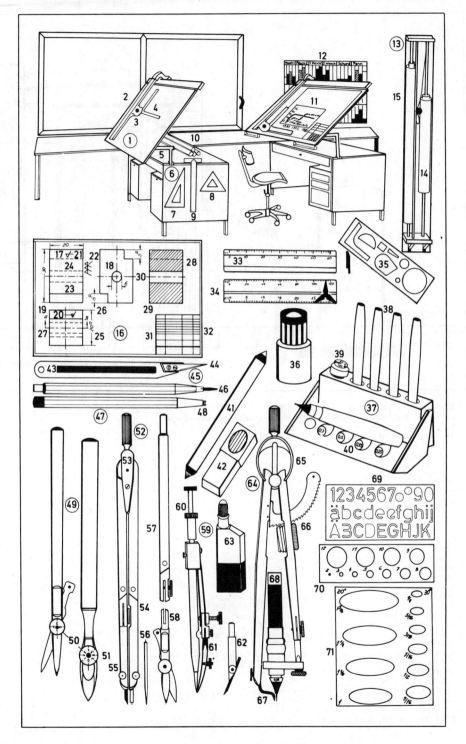

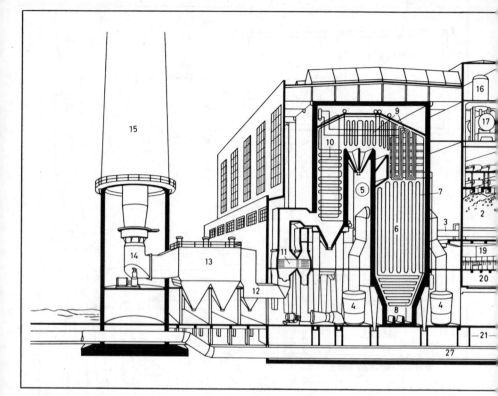

1-28 steam-generating station
汽力発電所〈発電所 electric power
plant の一種〉

1-21 boiler house
ボイラー室

1 coal conveyor
石炭コンベヤ

2 coal bunker
石炭槽, 石炭庫

3 travelling-grate ((米) traveling-
grate) stoker
移床ストーカー〈給炭装置〉

4 coal mill
石炭粉砕機

5 steam boiler
蒸気ボイラー〈水管ボイラー water-tube
boiler〈放射型ボイラー radiant-type
boiler〉の一種〉

6 burners
燃焼室

7 water pipes
水管

8 ash pit (clinker pit)
灰だめ

9 superheater
過熱器

10 water preheater
水予熱器

11 air preheater
空気予熱器

12 gas flue
煙道

13 electrostatic precipitator
電気集塵(しゅうじん)装置, コットレル集塵

装置

14 induced-draught ((米) induced-draft)
fan
吹出し送風機

15 chimney (smokestack)
煙突

16 de-aerator
空気分離器

17 feedwater tank
給水タンク

18 boiler feed pump
ボイラー給水ポンプ

19 control room
配電盤室

20 cable tunnel
ケーブル・トンネル

21 cable vault
ケーブル地下室

22 turbine house
タービン室

23 steam turbine with alternator
蒸気タービンと交流発電機

24 surface condenser
表面復水器

25 low-pressure preheater
低圧予熱器

26 high-pressure preheater (economizer)
高圧予熱器 (節炭器)

27 cooling water pipe
冷却水管

28 control room
配電盤室

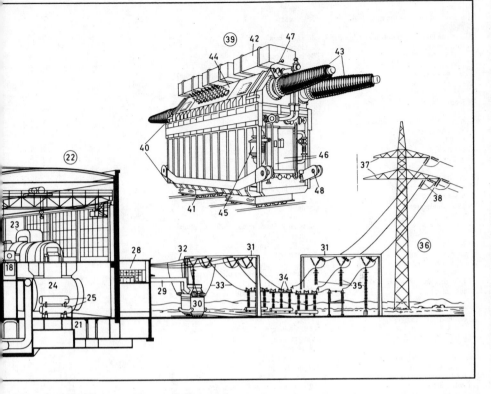

29-35 outdoor substation
屋外変電所〈変電所 substation の一種〉
29 busbars
母線
30 power transformer
電力変圧器〈ここでは，移動式変圧器
mobile (transportable) transformer〉
31 stay poles (guy poles)
支線柱
32 high-voltage transmission line
高圧送電線
33 higt-voltage conductor
高圧導線
34 air-blast circuit breaker (circuit
breaker)
空気遮断器
35 surge diverter ((米) lightning
arrester, arrester)
サージ分流調節器
36 overhead line support
架空送電線鉄塔〈ここでは，格子型鉄塔
lattice steel tower〉
37 cross arm (traverse)
腕金(うでがね)
38 strain insulator
耐張碍子(がいし)
39 mobile (transportable) transformer
(power transformer, transformer)
移動式変圧器 (電力変圧器，変圧器)
40 transformer tank
変圧器タンク
41 bogie ((米) truck)
輸送ボギー (トラック)

42 oil conservator
オイル・コンサベーター
43 primary voltage terminal (primary
voltage pushing)
高圧端子 (高圧ブッシング)
44 low-voltage terminals (low-voltage
bushings)
低圧端子 (低圧ブッシング)
45 oil-circulating pump
油循環ポンプ
46 oil cooler
油冷却器
47 arcing horn
アーク・ホーン
48 transport lug
輸送ラグ

1-8 control room
制御室

1-6 control console (control desk)
制御卓

1 control board (control panel) for the alternators
交流発電機制御盤

2 master switch
マスター・スイッチ

3 signal light
信号灯

4 feeder panel
給電盤

5 monitoring controls for the switching systems
開閉系統監視制御装置

6 controls
制御装置

7 revertive signal panel
復帰信号盤

8 matrix mimic board
マトリクス模擬盤

9-18 transformer
変圧器

9 oil conservator
オイル・コンサベーター

10 breather
空気抜き

11 oil gauge ((米) gage)
油面計

12 feed-through terminal (feed-through insulator)
フィード・スルー端子 (フィード・スルー碍子(が
いし))

13 on-load tap changer
負荷時タップ切換え器

14 yoke
ヨーク

15 primary winding (primary)
1次巻線, 高圧巻線

16 secondary winding (secondary, low-voltage winding)
2次巻線, 低圧巻線

17 core
鉄心

18 tap (tapping)
タップ

19 transformer connection
変圧器結線

20 star connection (star network, Y-connection)
星形結線, Y結線

21 delta connection (mesh connection)
三角結線 (環状結線, 輪形結線)

22 neutral point
中性点

23-30 steam turbine
蒸気タービン〈発電機駆動用タービン
turbogenerator unit の一つ〉

23 high-pressure cylinder
高圧タービン

24 medium-pressure cylinder
中圧タービン

25 low-pressure cylinder
低圧タービン

26 three-phase generator (generator)
三相発電機

27 hydrogen cooler
水素ガス冷却器

28 leakage steam path
漏れ蒸気道

29 jet nozzle
ジェット・ノズル

30 turbine monitoring panel with measuring instruments
タービン計測監視盤

31 automatic voltage regulator
自動電圧調整器

32 synchro
シンクロ

33 cable box
終端箱

34 conductor
ケーブル心線

35 feed-through terminal (feed-through insulator)
フィード・スルー端子 (フィード・スルー碍子(が
いし))

36 core
軸心

37 casing
ケーシング

38 filling compound (filler)
充填(じゅうてん)用コンパウンド

39 lead sheath
鉛被

40 lead-in tube
鉛工パッキン押え

41 cable
ケーブル

42 high voltage cable, for three-phase current
三相交流用高圧ケーブル

43 conductor
導体

44 metallic paper (metallized paper)
メタリック紙

45 tracer (tracer element)
トレーサー

46 varnished-cambric tape
ワニス・カンブリック・テープ

47 lead sheath
鉛被

48 asphalted paper
アスファルト紙

49 jute serving
ジュート被覆材

50 steel tape or steel wire armour ((米) armor)
鋼帯外装あるいは鋼線外装

51-62 air-blast circuit breaker
空気遮断器〈遮断器 circuit breaker の
一種〉

51 compressed-air tank
空気だめ

52 control valve (main operating valve)
制御弁 (主操作弁)

53 compressed-air inlet
空気入口

54 support insulater
支持碍管(がいかん)〈ここでは, 中空支持
磁気碍管 hollow porcelain supporting
insulator〉

55 interrupter
断続器

56 resistor
抵抗体

57 auxiliary contacts
補助接点

58 current transformer
変流器

59 voltage transformer (potential transformer)
計器用変圧器

60 operating mechanism housing
動作機構のハウジング (外被)

61 arcing horn
アーク・ホーン

62 spark gap
火花ギャップ

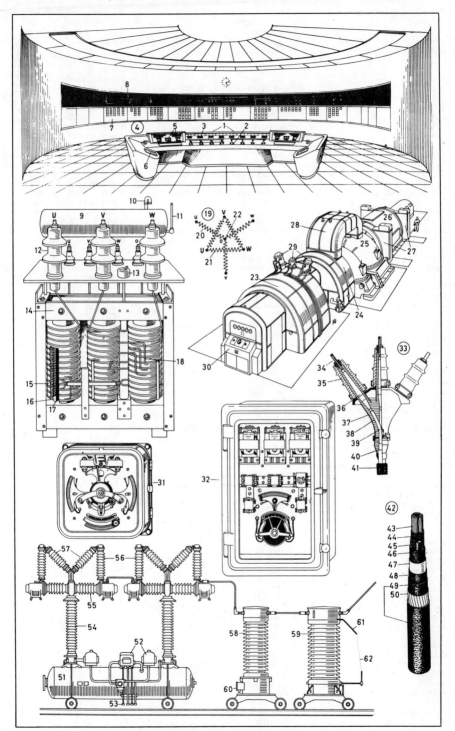

1 fast-breeder reactor (fast breeder)
[diagram]
高速増殖炉［図解］
2 primary circuit (primary loop,
primary sodium system)
1次回路 (1次ループ, 第1ナトリウム系
統)
3 reactor
原子炉
4 fuel rods (fuel pins)
燃料棒
5 primary sodium pump
1次ナトリウム・ポンプ
6 heat exchanger
熱交換器
7 secondary circuit (secondary loop,
secondary sodium system)
2次回路 (2次ループ, 第2ナトリウム系
統)
8 secondary sodium pump
2次ナトリウム・ポンプ
9 steam generator
蒸気発生器
10 cooling water flow circuit
冷却水流動回路
11 steam line
蒸気線
12 feedwater line
給水線
13 feed pump
給水ポンプ
14 steam turbine
蒸気タービン
15 generator
発電器
16 transmission line
送電線
17 condenser
復水器
18 cooling water
冷却水
19 nuclear reactor
原子炉〈ここでは, 加圧水型原子炉
pressurized-water reactor (原子力発電
所 nuclear power plant, atomic
power plant)〉
20 concrete shield (reactor building)
コンクリート遮蔽(しゃへい)
21 steel containment (steel shell) with
air extraction vent
空気引抜き口つき金属シェル
22 reactor pressure vessel
原子炉圧力容器
23 control rod drive
制御棒駆動
24 control rods
制御棒
25 primary coolant pump
1次冷却材ポンプ
26 steam generator
蒸気発生器
27 fuel-handling hoists
燃料取扱いホイスト
28 fuel storage
燃料貯蔵器
29 coolant flow passage
冷却材流動路
30 feedwater line
給水線
31 prime steam line
主要蒸気線
32 manway
人員専用路
33 turbogenerator set
タービン発電機一式

34 turbogenerator
タービン発電機
35 condenser
復水器
36 service building
サービス・ビル(ディング)
37 exhaust gas stack
排出ガス煙突
38 polar crane
ポラ・クレーン
39 cooling tower
冷却塔〈ここでは, 乾式冷却塔 dry
cooling tower〉
40 pressurized-water system
加圧水系統
41 reactor
原子炉
42 primary circuit (primary loop)
1次回路
43 circulation pump (recirculation
pump)
循環ポンプ
44 heat exchanger (steam generator)
熱交換器 (蒸気発生器)
45 secondary circuit (secondary loop,
feedwater steam circuit)
2次回路 (2次ループ, 給水蒸気回路)
46 steam turbine
蒸気タービン
47 generator
発電機
48 cooling system
冷却系統
49 boiling water system [diagram]
沸騰水系統［図解］
50 reactor
原子炉
51 steam and recirculation water flow
paths
蒸気・循環水流路
52 steam turbine
蒸気タービン
53 generator
発電機
54 circulation pump (recirculation
pump)
循環ポンプ
55 coolant system (cooling with water
from river)
冷却材系統 (河川水による冷却)
**56 radioactive waste storage in salt
mine**
放射性廃棄物の岩塩坑内貯蔵
57-68 geological structure of abandoned
salt mine converted for disposal of
radioactive waste (nuclear waste)
放射性廃棄物処理用に転換した廃岩塩坑
の地質学的構造
57 Lower Keuper
初期コイパー層
58 Upper Muschelkalk
後期ムシェルカルク層
59 Middle Muschelkalk
中期ムシェルカルク層
60 Lower Muschelkalk
初期ムシェルカルク層
61 Bunter downthrow
ブンター落差
62 residue of leached (lixiviated)
Zechstein (Upper Permian)
浸出されたチェヒシュタイン(アッパー・パーミ
アン)の残留物
63 Aller rock salt
アルラー岩塩
64 Leine rock salt
ライネ岩塩

65 Stassfurt seam (potash salt seam,
potash salt bed)
シュタスフルト薄層
66 Stassfurt salt
シュタスフルト塩
67 grenzanhydrite
限界無水物
68 Zechstein shale
チェヒシュタイン・シェール
69 shaft
立坑
70 minehead buildings
坑口建物
71 storage chamber
貯蔵室
72 storage of medium-active waste in
salt mine
中放射性廃棄物の岩塩坑内貯蔵
73 511m level
〈511 mの〉水平坑道
74 protective screen (anti-radiation
screen)
保護壁, 放射線遮断壁
75 lead glass window
鉛ガラス窓
76 storage chamber
貯蔵室
77 drum containing radioactive waste
放射性廃棄物収容ドラム
78 television camera
テレビ・カメラ
79 charging chamber
充填室(じゅうてんしつ)
80 control desk (control panel)
制御卓
81 upward ventilator
上向き通風装置
82 shielded container
遮蔽(しゃへい)容器
83 490 m level
〈490 mの〉水平坑道

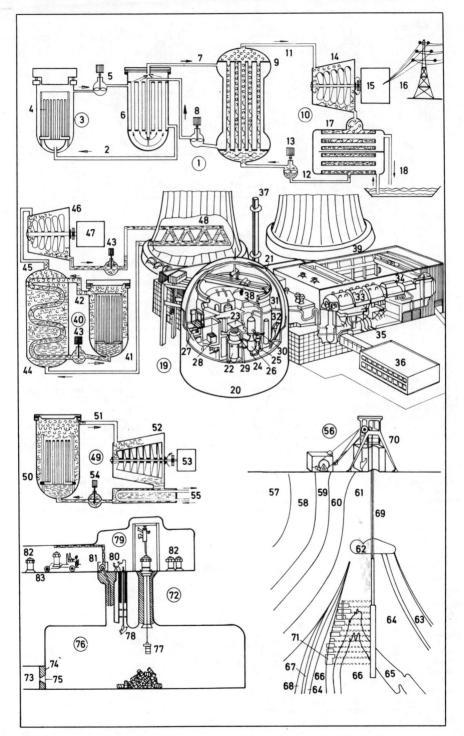

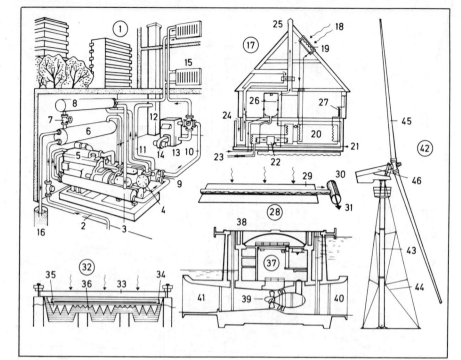

1 heat pump system
熱ポンプ系統

2 source water inlet
源水注入口

3 cooling water heat exchanger
冷却水熱交換装置

4 compressor
圧縮器

5 natural-gas or diesel engine
天然ガス・エンジンまたはディーゼル・エンジン

6 evaporator
蒸化器

7 pressure release valve
圧力放出弁

8 condenser
復水器

9 waste-gas heat exchanger
廃熱交換器

10 flow pipe
流入管

11 vent pipe
排出管

12 chimney
煙突

13 boiler
ボイラー

14 fan
ファン

15 radiator
ラジエーター

16 sink
汚水溝

17-36 utilization of solar energy
太陽エネルギーの利用

17 solar (solar-heated) house
ソーラー・ハウス, 太陽熱住宅

18 solar radiation (sunlight, insolation)
太陽放射熱

19 collector
集熱器

20 hot reservoir (heat reservoir)
熱貯蔵器

21 power supply
給電装置

22 heat pump
熱ポンプ

23 water outlet
排水口

24 air supply
給気装置

25 flue
熱気送管

26 hot water supply
給熱水装置

27 radiator heating
ラジエーター暖房

28 flat plate solar collector
平面太陽集熱装置

29 blackened receiver surface with asphalted aluminium ((米) aluminum) foil
アスファルト・アルミニウム箔(はく)で黒くした受熱板

30 steel tube
金属管

31 heat transfer fluid
熱移転流体

32 flat plate solar collector, containing solar cell
太陽電池つき平面太陽集熱装置

33 glass cover
ガラス覆い

34 solar cell
太陽電池

35 air ducts
空気路

36 insulation
絶縁材

37 tidal power plant [section]
潮力発電所［断面図］

38 dam
ダム

39 reversible turbine
可逆タービン

40 turbine inlet for water from the sea
海水用タービン入口

41 turbine inlet for water from the basin
湾水用タービン入口

42 wind power plant (wind generator, aerogenerator)
風力発電機

43 truss tower
トラス塔

44 guy wire
ガイ・ワイヤ

45 rotor blades (propeller)
プロペラ

46 generator with variable pitch for power regulation
動力調整用可変ピッチつき発電機

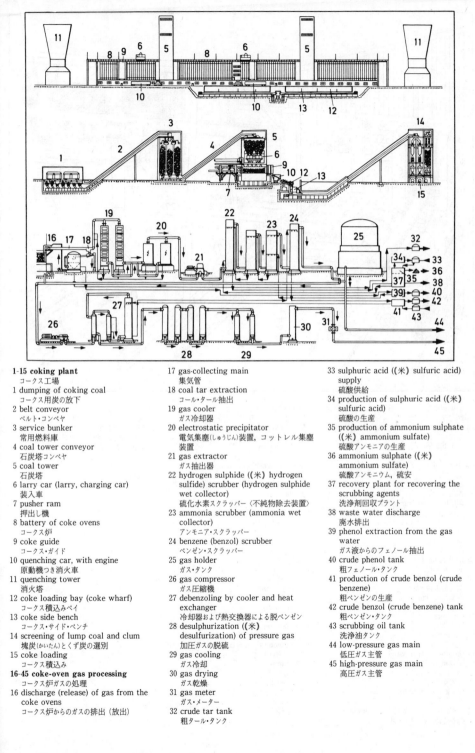

1-15 coking plant
コークス工場
1 dumping of coking coal
　コークス用炭の放下
2 belt conveyor
　ベルト・コンベヤ
3 service bunker
　常用燃料庫
4 coal tower conveyor
　石炭塔コンベヤ
5 coal tower
　石炭塔
6 larry car (larry, charging car)
　装入車
7 pusher ram
　押出し機
8 battery of coke ovens
　コークス炉
9 coke guide
　コークス・ガイド
10 quenching car, with engine
　原動機つき消火車
11 quenching tower
　消火塔
12 coke loading bay (coke wharf)
　コークス積込みベイ
13 coke side bench
　コークス・サイド・ベンチ
14 screening of lump coal and clum
　塊炭(かいたん)ととくず炭の選別
15 coke loading
　コークス積込み
16-45 coke-oven gas processing
コークス炉ガスの処理
16 discharge (release) of gas from the coke ovens
　コークス炉からのガスの排出（放出）

17 gas-collecting main
　集気管
18 coal tar extraction
　コール・タール抽出
19 gas cooler
　ガス冷却器
20 electrostatic precipitator
　電気集塵(しゅうじん)装置, コットレル集塵装置
21 gas extractor
　ガス抽出器
22 hydrogen sulphide ((米) hydrogen sulfide) scrubber (hydrogen sulphide wet collector)
　硫化水素スクラッパー〈不純物除去装置〉
23 ammonia scrubber (ammonia wet collector)
　アンモニア・スクラッパー
24 benzene (benzol) scrubber
　ベンゼン・スクラッパー
25 gas holder
　ガス・タンク
26 gas compressor
　ガス圧縮機
27 debenzoling by cooler and heat exchanger
　冷却器および熱交換器による脱ベンゼン
28 desulphurization ((米) desulfurization) of pressure gas
　加圧ガスの脱硫
29 gas cooling
　ガス冷却
30 gas drying
　ガス乾燥
31 gas meter
　ガス・メーター
32 crude tar tank
　粗タール・タンク

33 sulphuric acid ((米) sulfuric acid) supply
　硫酸供給
34 production of sulphuric acid ((米) sulfuric acid)
　硫酸の生産
35 production of ammonium sulphate ((米) ammonium sulfate)
　硫酸アンモニアの生産
36 ammonium sulphate ((米) ammonium sulfate)
　硫酸アンモニウム, 硫安
37 recovery plant for recovering the scrubbing agents
　洗浄剤回収プラント
38 waste water discharge
　廃水排出
39 phenol extraction from the gas water
　ガス液からのフェノール抽出
40 crude phenol tank
　粗フェノール・タンク
41 production of crude benzol (crude benzene)
　粗ベンゼンの生産
42 crude benzol (crude benzene) tank
　粗ベンゼン・タンク
43 scrubbing oil tank
　洗浄油タンク
44 low-pressure gas main
　低圧ガス主管
45 high-pressure gas main
　高圧ガス主管

1 sawmill
　製材場
2 vertical frame saw ((米) gang mill)
　たてのこ
3 saw blades
　のこ刃
4 feed roller
　送りローラー
5 guide roller
　案内ローラー
6 fluting (grooving, grooves)
　溝彫り
7 oil pressure gauge ((米) gage)
　油圧計
8 saw frame
　のこぎりわく
9 feed indicator
　送り表示器
10 log capacity scale
　丸太最大値はかり
11 auxiliary carriage
　補助運搬車
12 carriage
　運搬車
13 log grips
　丸太つかみ
14 remote control panel
　遠隔操作盤
15 carriage motor
　運搬車モーター
16 truck for splinters (splints)
　こっぱ用トロッコ
17 endless log chain ((米) jack chain)
　継ぎ目なし丸太チェーン

18 stop plate
　止め板
19 log-kicker arms
　丸太跳ね返し腕木
20 cross conveyor
　交差コンベヤ
21 washer (washing machine)
　洗浄機
22 cross chain conveyor for sawn
　timber
　のこ引きした木材用交差チェーン・コンベヤ
23 roller table
　ローラー・テーブル
24 undercut swing saw
　根元を切り取る振りのこ
25 piling
　積み上げ
26 roller trestles
　ローラー架台
27 gantry crane
　ガントリー・クレーン
28 crane motor
　クレーン・モーター
29 pivoted log grips
　旋回支軸のある丸太つかみ
30 roundwood (round timber)
　丸太（丸い木材）
31 log dump
　丸太おろし場
32 squared timber store
　四角にひいた木材の貯蔵
33 sawn logs
　ひいた木材

34 planks
　板
35 boards (planks)
　〈薄く細長い〉板
36 squared timber
　四角にひいた木材
37 stack bearer
　堆積(たいせき)まくら

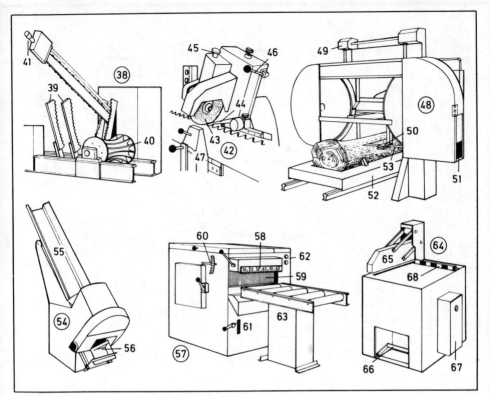

38 automatic cross-cut chain saw
   自動横びきのこぎり
39 log grips
   丸太つかみ
40 feed roller
   送りローラー
41 chain-tensioning device
   チェーン引張り装置
42 saw-sharpening machine
   のこぎりとぎ器
43 grinding wheel (teeth grinder)
   砥石(といし)車 (歯とぎ器具)
44 feed pawl
   送りつめ〈逆回転を防ぐためのもの〉
45 depth adjustment for the teeth
   grinder
   歯グラインダーの深度調整器
46 lifter (lever) for the grinder chuck
   グラインダー・チャック用リフター (レバー)
47 holding device for the saw blade
   のこ刃把持(はじ)装置
48 horizontal bandsaw for sawing logs
   丸太ひき用水平帯のこ
49 height adjustment
   高さ調整
50 chip remover
   切れ端除去器
51 chip extractor
   切れ端抽出器
52 carriage
   運搬車
53 bandsaw blade
   帯のこ刃

54 automatic blocking saw
   自動丸太のこ
55 feed channel
   送り溝
56 discharge opening
   放出通路
57 twin edger (double edger)
   双ふち取りのこぎり (2重ふち取りのこぎり)
58 breadth scale (width scale)
   幅寸法目盛
59 kick-back guard
   跳ね返りガード
60 height scale
   高さ寸法目盛
61 in-feed scale
   送り寸法目盛
62 indicator lamps
   表示ランプ
63 feed table
   送りテーブル
64 undercut swing saw
   根元切り振りのこ
65 automatic hold-down with protective
   hood
   保護覆いつき自動止め金
66 foot switch
   踏みスイッチ
67 distribution board (panelboard)
   配電盤
68 length stop
   長さ調整装置

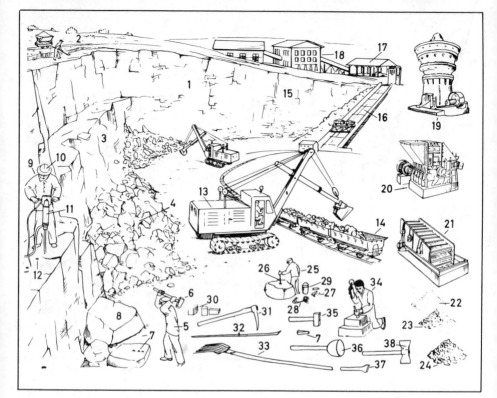

1 quarry
採石場〈露天作業 open-cast working の一つ〉

2 overburden
表土〈鉱床をおおう不要の土砂や岩石〉

3 working face
切羽〈鉱石や石炭を採掘している場所〉

4 loose rock pile (blasted rock)
切崩した岩石

5 quarryman (quarrier)
採石工〈採石場労働者 quarry worker の一人〉

6 sledge hammer
大ハンマー

7 wedge
くさび, せつ (楔)

8 block of stone
岩石の塊

9 driller
ドリル工

10 safety helmet
安全ヘルメット

11 hammer drill (hard-rock drill)
ハンマー・ドリル (硬岩ドリル)

12 borehole
穿孔(せんこう)

13 universal excavator
万能掘削機

14 large-capacity truck
大型トロッコ

15 rock face
岩石面

16 inclined hoist
傾斜ホイスト

17 primary crusher
1次クラッシャー

18 stone-crushing plant
砕石工場

19 coarse rotary (gyratory) crusher
回転粗砕機, ジャイレートリー・クラッシャー〈同種のものに, 回転精砕機 fine rotary (gyratory) crusher がある〉

20 hammer crusher (impact crusher)
ハンマー・クラッシャー (衝撃砕石機)

21 vibrating screen
振動ふるい

22 screenings (fine dust)
粉末砕くず (鉱石の細粒粉末)

23 stone chippings
切くず石

24 crushed stone
砕石

25 shot firer
〈発破の〉点火係

26 measuring rod
計測棒

27 blasting cartridge
発破の薬包

28 fuse (blasting fuse)
導火線 (発破導火線)

29 plugging sand (stemming sand) bucket
込め砂バケツ (ふさぎ砂バケツ)

30 dressed stone
化粧石

31 pick
つるはし

32 crowbar (pinch bar)
金てこ (こじり棒)

33 fork
フォーク

34 stonemason
石工

35-38 stonemason's tools
石工の道具

35 stonemason's hammer
石工ハンマー

36 mallet
石工つち

37 drove chisel (drove, boaster, broad chisel)
荒削り用たがね

38 dressing axe ((米) ax)
仕上げおの

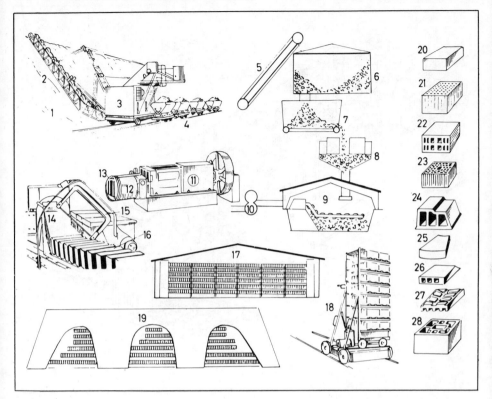

1 clay pit
　粘土採り場
2 loam
　ローム〈不純粘土 impure clay（生(なま)）粘土 raw clay）の一種〉
3 overburden excavator
　表土掘削機〈大型掘削機 large-scale excavator の一種〉
4 narrow-gauge （(米) narrow-gage) track system
　狭軌鉄道
5 inclined hoist
　傾斜ホイスト
6 souring chambers
　酸化室
7 box feeder (feeder)
　箱送り装置
8 edge runner mill (edge mill, pan grinding mill)
　エッジ・ランナー・ミル〈原料を粉砕する機械〉
9 rolling plant
　ローリング・プラント
10 double-shaft trough mixer (mixer)
　２輪ミキサー
11 extrusion press (brick-pressing machine)
　押出しプレス（れんがプレス機）
12 vacuum chamber
　真空室
13 die
　ダイス型
14 clay column
　粘土柱

15 cutter (brick cutter)
　カッター
16 unfired brick (green brick)
　生れんが
17 drying shed
　乾燥庫
18 mechanical finger car (stacker truck)
　機械操作スタッカー台車（スタッカー・トロッコ）
19 circular kiln (brick kiln)
　円形炉（れんが炉）
20 solid brick (building brick)
　中実(ちゅうじつ)れんが（建築れんが）
21-22 perforated bricks and hollow blocks
　孔あきれんがと中空ブロック
21 perforated brick with vertical perforations
　垂直孔あきれんが
22 hollow clay block with horizontal perforations
　水平孔あき中空粘土ブロック
23 hollow clay block with vertical perforations
　垂直孔あき中空粘土ブロック
24 floor brick
　床れんが
25 compass brick (radial brick, radiating brick)
　曲線れんが（放射状れんが）
26 hollow flooring block
　中空床れんが

27 paving brick
　舗装れんが
28 cellular brick [for fireplaces] (chimney brick)
　蜂(はち)の巣れんが［炉壁用］（煙突れんが）

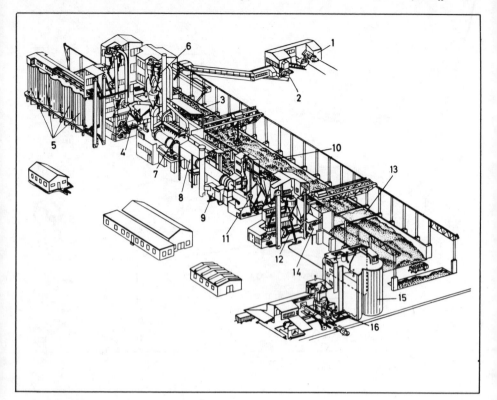

1 raw materials (limestone, clay, and marl)
原料 (石灰石, 粘土, 泥炭)
2 hammer crusher (hammer mill)
ハンマー・クラッシャー (ハンマー砕石機)
3 raw material store
原料貯蔵庫
4 raw mill for simultaneously grinding and drying the raw materials with exhaust gas from the heat exchanger
熱交換器からの排出ガスで原料を同時に粉砕・乾燥する原料粉砕ミル
5 raw meal silos
原料粉サイロ
6 heat exchanger (cyclone heat exchanger)
熱交換器 (サイクロン熱交換器)
7 dust collector (an electrostatic precipitator) for the heat exchanger exhaust from the raw mill
原料ミルからの熱交換器排出用集塵(しゅうじん)器 (静電式集塵器)
8 rotary kiln
回転炉
9 clinker cooler
クリンカー冷却器
10 clinker store
クリンカー貯蔵庫
11 primary air blower
1次送風機
12 cement-grinding mill
セメント粉砕ミル

13 gypsum store
石膏(せっこう)貯蔵庫
14 gypsum crusher
石膏粉砕機
15 cement silo
セメント・サイロ
16 cement-packing plant
セメント荷造り装置

1 grinding cylinder (ball mill) for the preparation of the raw material in water
〈水と混合した〉原料製造用粉砕シリンダー（ボール・ミル）

2 sample sagger (saggar, seggar), with aperture for observing the firing process
焼成過程観察孔つき試料さや

3 bottle kiln (beehive kiln) [diagram]
びん形かま（窯）（蜂(はち)の巣型炉）［線図］

4 firing mould ((米) mold)
焼成型

5 tunnel kiln
トンネル式かま

6 Seger cone (pyrometric cone, (米) Orton cone) for measuring high temperatures
高温度測定用セーゲル・コーン

7 de-airing pug mill (de-airing pug press)
真空バグ・ミル〈押出しプレス extrusion press の一種〉

8 clay column
粘土柱

9 thrower throwing a ball (bat) of clay
粘土の塊を成形中の成形工

10 slug of clay
粘土の塊

11 turntable
回転台，ターンテーブル〈ろくろ potter's wheel ともいう〉

12 filter press
フィルター・プレス

13 filter cake
フィルター・ケーキ

14 jiggering, with a profiling tool
型板で回転中の粘土を成形するためのジグ〈類似のものに機械ろくろ jollying がある〉

15 plaster mould ((米) mold) for slip casting
石膏(せっこう)鋳型

16 turntable glazing machine
ターンテーブル式施ゆう機〈うわぐすりをかける機械〉

17 porcelain painter (china painter)
磁器彩色工

18 hand-painted vase
手描き花びん

19 repairer
修理工

20 pallet (modelling, (米) modeling, tool)
へら

21 shards (sherds, potsherds)
破片，かけら

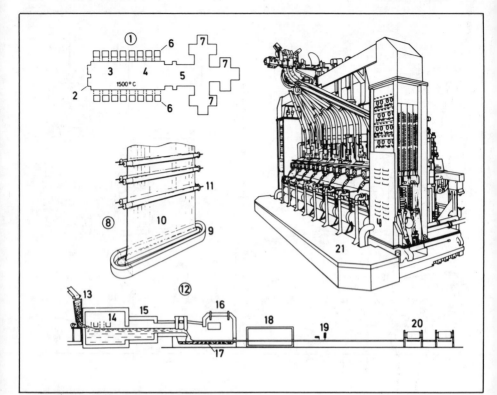

1-20 sheet glass production (flat glass
     production)
     板ガラス製造
1 glass furnace (tank furnace) for the
  Fourcault process [diagram]
  フルコール式ガラス炉［線図］
2 filling end, for feeding in the batch
  (frit)
  充填端(じゅうてんたん)〈バッチでの混合材料
  供給用〉
3 melting bath
  融解槽
4 refining bath (fining bath)
  精製槽
5 working baths (working area)
  作業槽
6 burners
  バーナー
7 drawing machines
  引延し機
8 Fourcault glass-drawing machine
  フルコール式ガラス引延し機
9 slot
  細孔
10 glass ribbon (ribbon of glass, sheet
   of glass) being drawn upwards
   上方に引延したガラス帯板
11 rollers (drawing rolls)
   ローラー（引延しローラー）
12 float glass process
   フロート式板ガラス製造工程
13 batch (frit) feeder (funnel)
   バッチ（フリット）供給装置

14 melting bath
   融解槽
15 cooling tank
   冷却タンク
16 float bath in a protective inert-gas
   atmosphere
   保護不活性性ガス内の浮槽
17 molten tin
   溶解したすず（錫）
18 annealing lehr
   焼戻しがま
19 automatic cutter
   自動切断器
20 stacking machines
   堆積機(たいせきき)
21 IS (individual-section) machine
   IS機〈びん製造機 bottle-making
   machine の一種〉

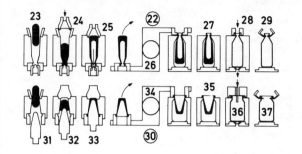

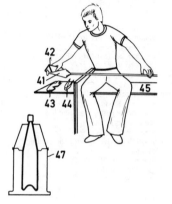

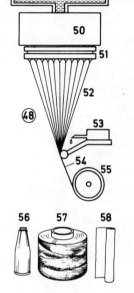

22-37 blowing processes
吹込み成形工程
22 blow-and-blow process
ブロー・アンド・ブロー工程
23 introduction of the gob of molten glass
溶解ガラスたね取入れ
24 first blowing
1次吹込み成形
25 suction
吸引
26 transfer from the parison mould ((米) mold) to the blow mould ((米) mold)
パリソン型から吹込み型への移動
27 reheating
再加熱
28 blowing (suction, final shaping)
吹込み (吸引, 最後の成形)
29 delivery of the completed vessel
完成された容器の取出し
30 press-and-blow process
圧縮吹込み工程
31 introduction of the gob of molten glass
溶解ガラスたね取入れ
32 plunger
プランジャー
33 pressing
圧搾
34 transfer from the press mould ((米) mold) to the blow mould ((米) mold)
圧搾型から吹込み型へ移動

35 reheating
再加熱
36 blowing (suction, final shaping)
吹込み (吸引, 最後の成形)
37 delivery of the completed vessel
完成された容器の取出し
38-47 glassmaking (glassblowing, glassblowing by hand, glass forming)
ガラス製造 (ガラス吹き, 手動ガラス吹き, ガラス成形)
38 glassmaker (glassblower)
ガラス〔器〕製造人
39 blowing iron
吹管
40 gob
たね〈熱いガラスの塊〉
41 hand-blown goblet
手吹きゴブレット (高脚つきのグラス)
42 clappers for shaping the base (foot) of the goblet
ゴブレット台成形用クラッパー
43 trimming tool
手入れ道具
44 tongs
はさみ
45 glassmaker's chair (gaffer's chair)
ガラス工の作業いす
46 covered glasshouse pot
ふたつきガラス溶解つぼ, ガラス製造溶液つぼ
47 mould ((米) mold), into which the parison is blown
型〈その中にパリソンを吹き込む〉

48-55 production of glass fibre ((米) glass fiber)
グラス・ファイバー製造
48 continuous filament process
連続的フィラメント製造
49 glass furnace
ガラスがま (窯)
50 bushing containing molten glass
溶解ガラスの入っているブッシング (套管 (とうかん))
51 bushing tips
ブッシング端
52 glass filaments
ガラス・フィラメント
53 sizing
サイズ〈陶砂(とうさ)を塗ること〉
54 strand (thread)
ガラス繊維
55 spool
スプール
56-58 glass fibre ((米) glass fiber) products
グラス・ファイバー製品
56 glass yarn (glass thread)
ガラス糸
57 sleeved glass yarn (glass thread)
巻取ったガラス糸
58 glass wool
ガラス綿, ガラス・ウール

1-13 supply of cotton
綿花の供給

1 ripe cotton boll
熟した綿花のさや

2 full cop (cop wound with weft yarn)
満管糸

3 compressed cotton bale
圧縮した原綿の梱包(こんぽう)

4 jute wrapping
ジュート包装

5 steel band
スチール・バンド

6 identification mark of the bale
俵(たわら)の認識番号

7 bale opener (bale breaker)
開俵機(かいひょうき)

8 cotton-feeding brattice
原綿供給仕切り

9 cotton feed
原綿供給

10 dust extraction fan
ごみ吸引ファン

11 duct to the dust-collecting chamber
塵室(じんしつ)へのダクト

12 drive motor
〈駆動用〉モーター

13 conveyor brattice
コンベヤ仕切り

14 double scutcher (machine with two scutchers)
ダブル・スカッチャー（打綿機）

15 lap cradle
ラップ受け台

16 rack head
ラック・ヘッド

17 starting handle
始動ハンドル

18 handwheel, for raising and lowering the rack head
〈ラック・ヘッド上下操作用〉手動ハンドル

19 movable lap-turner
ラップ・ターナー

20 calender rollers
カレンダー・ローラー

21 cover for the perforated cylinders
穴のあいたシリンダーのカバー

22 dust escape flue (dust discharge flue)
ほこり排出路

23 drive motors (beater drive motors)
〈駆動用〉モーター

24 beater driving shaft
ビーター駆動シャフト

25 three-blade beater (Kirschner beater)
3 刃(さんば)ビーター

26 grid [for impurities to drop]
[不純物除去のための] グリッド, 鉄格子

27 pedal roller (pedal cylinder)
ペダル・ローラー

28 control lever for the pedal roller
ペダル・ローラー用制御レバー〈ペダル・レバーの一種〉
pedal lever

29 variable change-speed gear
無段変速機

30 cone drum box
コーン・ドラム・ボックス

31 stop and start levers for the hopper
ホッパー用開閉レバー

32 wooden hopper delivery roller
木製ホッパー放出ローラー

33 hopper feeder
ホッパー給綿機

34 carding machine (card, carding engine)
梳綿機(そめんき)（カード）

35 card can (carding can)
梳綿缶〈コイル状のスライバー–coiled

sliver 受け用〉

36 can holder
缶支柱（コイラピーラー）

37 calender rollers
カレンダー・ローラー

38 carded sliver (card sliver)
梳綿機ですいたスライバー

39 vibrating doffer comb
振動ドッファーぐし（櫛）

40 start-stop lever
ダンディ・レバー，駆動・停止レバー

41 grinding-roller bearing
研磨用ローラー・ベアリング

42 doffer
ドッファー

43 cylinder
シリンダー

44 flat clearer
偏平ブラシ

45 flats
フラット，平判

46 supporting pulleys for the flats
フラット支えプーリ

47 scutcher lap (carded lap)
打綿機むしろ綿，ラップ

48 scutcher lap holder
フィドル・バック

49 drive motor with flat belt
平(ひら)ベルト駆動用モーター

50 main drive pulley (fast-and-loose drive pulley)
ドライビング・プーリ

51 principle of the card (of the carding engine)
梳綿機(そめんき)の作動原理

52 fluted feed roller
溝つき給綿ローラー

53 licker-in (taker-in, licker-in roller)
テーカイン・ローラー

54 licker-in undercasing
テーカイン・アンダーケーシング

55 cylinder undercasing
シリンダー・アンダーケーシング

56 combing machine (comber)
精梳綿機

57 drive gearbox (driving gear)
駆動ギヤボックス

58 laps ready for combing
精梳(せいそ)仕度の整ったラップ

59 calender rollers
カレンダー・ローラー

60 comber draw box
梳綿機ドロー・ボックス

61 counter
カウンター

62 coiler top
コイラー・トップ

63 principle of the comber
精梳綿機の作動原理

64 lap
ラップ

65 bottom nipper
底ニッパー

66 top nipper
上ニッパー

67 top comb
上コーム

68 combing cylinder
梳綿シリンダー

69 plain part of the cylinder
シリンダーの平らな部分

70 needled part of the cylinder
シリンダーの針のある部分

71 detaching rollers
分離ローラー

72 carded and combed sliver
くしけずられたスライバー

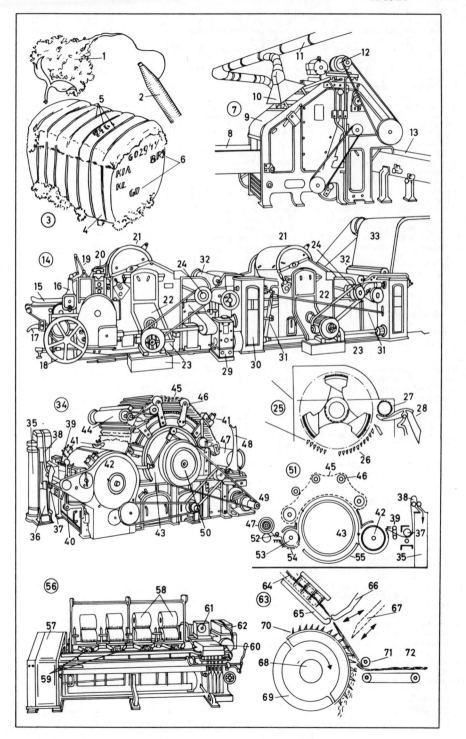

1 **draw frame**
　練条機(れんじょうき)
2 gearbox with built-in motor
　モーターを組込んだギヤボックス
3 sliver cans
　スライバーかん
4 broken thread detector roller
　切れ糸探知器ローラー
5 doubling of the slivers
　スライバー折重ね
6 stopping handle
　停止レバー
7 draw frame cover
　練条機カバー
8 indicator lamps (signal lights)
　指示ランプ
9 simple four-roller draw frame
　[diagram]
　簡単な4線式ローラー練条機 [線図]
10 bottom rollers (lower rollers), fluted
　steel rollers
　底ローラー，溝つきスチール・ローラー
11 top rollers (upper rollers) covered
　with synthetic rubber
　合成ゴムで保護された上ローラー
12 doubled slivers before drafting
　引かれる前の折重ねたスライバー
13 thin sliver after drafting
　引かれた後の薄いスライバー
14 high-draft system (high-draft draw
　frame) [diagram]
　ハイ・ドラフト方式 [線図]
15 feeding-in of the sliver
　スライバーの給送
16 leather apron (composition apron)
　皮エプロン (合成エプロン)
17 guide bar
　案内棒
18 light top roller (guide roller)
　軽い上ローラー (案内ローラー)
19 high-draft speed frame (fly frame,
　slubbing frame)
　始紡機 (粗紡機)
20 sliver cans
　スライバーかん
21 feeding of the slivers to the drafting
　rollers
　引張りローラーへのスライバーの給送
22 drafting rollers with top clearers
　上部クリアラーつき引張りローラー
23 roving bobbins
　粗紡糸巻き
24 fly frame operator (operative)
　粗紡台持ち工
25 flyer
　フライヤー
26 frame end plate
　アウト・エンド・パネル
27 intermediate yarn-forming frame
　間紡機
28 bobbin creel (creel)
　ボビン・クリール，クリール，糸巻軸架
29 roving emerging from the drafting
　rollers
　引張りローラーから出て来る粗紡糸
30 lifter rail (separating rail)
　ボビン・レール
31 spindle drive
　スピンドル・レール
32 stopping handle
　停止レバー
33 gearbox with built-on motor
　モーターを組込んだギヤボックス
34 **ring frame** (ring spinning frame)
　リング精紡機

35 three-phase motor
　三相モーター
36 motor base plate (bedplate)
　モーター台板
37 lifting bolt [for motor removal]
　つりボルト
38 control gear for spindle speed
　紡績機速度制御ギア
39 gearbox
　ギヤボックス
40 change wheels for varying the
　spindle speed [to change the yarn
　count]
　糸番手(いとばんて)変更用ギヤ
41 full creel
　クリール，糸巻軸架
42 shafts and levers for raising and
　lowering the ring rail
　リング・レール昇降レバーとシャフト
43 spindles with separators
　分離器つきスピンドル
44 suction box connected to the front
　roller underclearers
　切れた糸はしを吸込むニューマ・ボックス
45 **standard ring spindle**
　標準的な精紡スピンドル
46 spindle shaft
　スピンドル・シャフト
47 roller bearing
　ローラー・ベアリング
48 wharve (pulley)
　スピンドル・ワーブ (滑車)
49 spindle catch
　スピンドル・ケッチ
50 spindle rail
　スピンドル・レール
51 ring and traveller ((米) traveler)
　リングとトラベラー
52 top of the ring tube (of the bobbin)
　精紡木管の上部
53 yarn (thread)
　糸
54 ring fitted into the ring rail
　リング・レールにはまったリング
55 traveller ((米) traveler)
　トラベラー 〈糸によりをかけるクリップ〉
56 yarn wound onto the bobbin
　木管に差取られた糸
57 **doubling frame**
　撚糸機(ねんしき)
58 creel with cross-wound cheeses
　クロス巻きしたチーズを仕掛けたクリール
　(糸巻軸架)
59 delivery rollers
　放出ローラー
60 bobbins of doubled yarn
　撚糸管〔糸〕

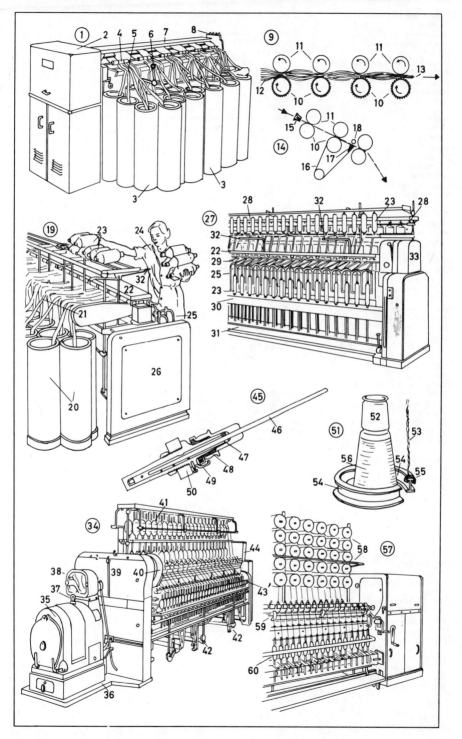

1-57 processes preparatory to weaving
織布(おりぬの)準備工程

1 cone-winding frame
コーン・ワインダー

2 travelling ((米) traveling) blower
移動送風機

3 guide rail, for the travelling ((米) traveling) blower
案内レール〈移動送風機用〉

4 blowing assembly
送風機一式

5 blower aperture
吹出し口

6 superstructure for the blower rail
送風機レール用支柱

7 full-cone indicator
満管指示器

8 cross-wound cone
綾(あや)巻きコーン

9 cone creel
コーン軸架

10 grooved cylinder
溝つきシリンダー

11 guiding slot for cross-winding the threads
綾巻き糸用案内細孔, ドラム溝

12 side frame, housing the motor
サイド・フレーム, モーター覆い

13 tension and slub-catching device
テンションと始紡糸取り装置

14 off-end framing with filter
オフ・エンド・フレーム

15 yarn package
紡績糸パッケージ〈リング管 ring tube, ミュール糸巻き mule cop (円筒状) の一つ〉

16 yarn package container
紡績糸束コンテーナ

17 starting and stopping lever
起動停止レバー

18 self-threading guide
自動糸通し用ガイド

19 broken thread stop motion
糸切れ停止レバー

20 thread clearer
スラブ・キャッチャー

21 weighting disc (disk) for tensioning the thread
糸伸張用ウェイト・ディスク

22 warping machine
整経機

23 fan
扇風機, ファン

24 cross-wound cone
綾(あや)巻きコーン

25 creel
クリール, 糸巻軸架

26 adjustable comb
エキスパンディング・コーム

27 warping machine frame
整経機フレーム

28 yarn length recorder
糸の長さの記録器

29 warp beam
たて糸ビーム

30 beam flange
ビーム・フランジ

31 guard rail
ガード・レール〈欄干(らんかん)〉

32 driving drum (driving cylinder)
駆動ドラム (駆動シリンダー)

33 belt drive
駆動ベルト

34 motor
モーター

35 release for starting the driving drum
フット・レバー

36 screw for adjusting the comb setting
コームの広さを変えるためのスクリュー

37 drop pins, for stopping the machine when a thread breaks
ドロップ・ピン〈糸切れ時機械停止用〉

38 guide bar
ガイド・バー

39 drop pin rollers
ドロップ・ピン・ローラー

40 indigo dying and sizing machine
インジゴ染色・のりつけ機

41 take-off stand
伝動装置台

42 warp beam
たて糸ビーム

43 warp
たて糸

44 wetting trough
湿潤とい

45 immersion roller
浸入ローラー

46 squeeze roller (mangle)
圧搾ローラー

47 dye liquor padding trough
染液パッド槽

48 air oxidation passage
空気酵化(じゅんか)通路

49 washing trough
洗濯槽

50 drying cylinders for pre-drying
前乾燥用乾燥シリンダー

51 tension compensator (tension equalizer)
伸縮調正器 (伸縮平衡装置)

52 sizing machine
たて糸糊(のり)付け機

53 drying cylinders
乾燥シリンダー

54 stenter, tenter
幅出し機〈木綿用は stenter, 羊毛用は tenter という〉

55 beaming machine
ビーム巻返し機

56 sized warp beam
のりづけしたたて糸ビーム

57 rollers
ローラー

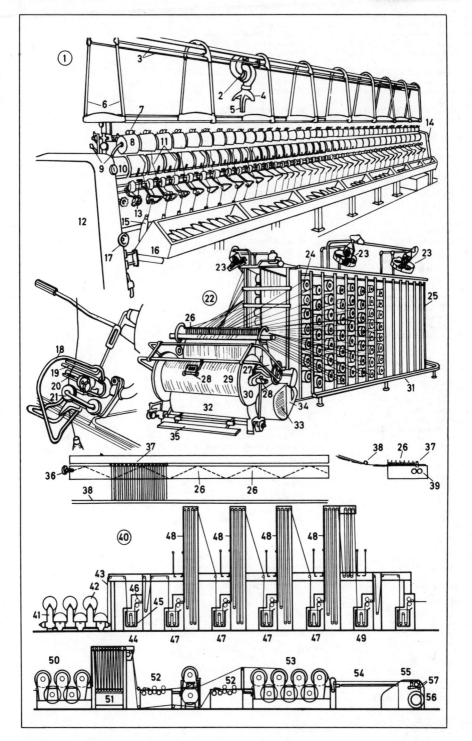

1 **weaving machine** (automatic loom)
紡織機（自動織機）
2 pick counter (tachometer)
ピック・カウンター（回転速度計）
3 shaft (heald shaft, heald frame)
guide
綜絖枠(そうこうわく)用 ガイド（ヘルド・シャフ
ト，ヘルド・フレーム）
4 shafts (heald shafts, heald frames)
綜絖枠（ヘルド・シャフト，ヘルド・フレーム）
5 rotary battery for weft
replenishment
よこ糸補充用回転バッテリ
6 sley (slay) cap
スレー・キャップ，おさかまち
7 weft pirn
よこ糸木管
8 starting and stopping handle
起動・停止ハンドル
9 shuttle box, with shuttles
シャトル入りのシャトル箱〈シャトルは，ひ
（杼）のこと〉
10 reed
おさ（筬）
11 selvedge (selvage)
生機(きばた)のみみ
12 cloth (woven fabric)
生機（織地）
13 temple (cloth temple)
テンプル，布用伸子(しんし)
14 electric weft feeler
電気式よこ糸触手（フィーラー）
15 flywheel
はずみ車
16 breast beam board
ブレスト・ビーム・ボード〈織機の最前部のは
り板〉
17 picking stick (pick stick)
ピッキング・ステッキ
18 electric motor
電気モーター
19 cloth take-up motion
巻取り用チェンジ・ギヤ
20 cloth roller (fabric roller)
生機(きばた)ローラー（織物ローラー）
21 can for empty pirns
空木管(からもっかん)用缶
22 lug strap, for moving the picking
stick
ピッキング・ステッキ駆動用ストラップ
23 fuse box
ヒューズ・ボックス
24 loom framing
織機枠かまち
25 metal shuttle tip
金属製のシャトルの先端
26 shuttle
シャトル，ひ（杼）
27 heald (heddle, wire heald, wire
heddle)
ヘルド（綜絖(そうこう)，ワイヤ綜絖）
28 eye (eyelet, heald eyelet, heddle
eyelet)
めど（綜絖のめど）
29 eye (shuttle eye)
めど（シャトルのめど）
30 pirn
よこ糸木管
31 metal contact sleeve for the weft
feeler
ウェフト・フィーラー用金属スリーブ
32 slot for the feeler
フィーラー用細孔
33 spring-clip pirn holder
よこ糸と木管保持用スプリング・クリップ
34 drop wire
ドロップ・ワイヤ

35 weaving machine (automatic loom)
[side elevation]
織機（自動織機）［側面図］
36 heald shaft guiding wheels
ヘルド・シャフト案内車
37 backrest
バックレスト，間丁(けんちょう)〈織機の後部で
たて糸を支えるもの〉
38 lease rods
あやたけ，あや棒
39 warp (warp thread)
たて糸
40 shed
杼道(ひみち)，杼口(ひぐち)
41 sley (slay)
スレー，おさかまち
42 race board
レース・ボード〈ひ（杼）の走る道〉
43 stop rod blade for the stop motion
たて糸保護用ストップ・ロッド・ブレード
44 bumper steel
バンパー・スチール
45 bumper steel stop rod
バンパー・スチール停止棒
46 breast beam
ブレストビーム〈織機の最前部のはり〉
47 cloth take-up roller
布地縮充ローラー
48 warp beam
たて糸巻き
49 beam flange
糸巻きフランジ（継ぎ手）
50 crankshaft
クランク
51 crankshaft wheel
クランク軸車
52 connector
継ぎ手
53 sley (slay)
スレー，おさかまち
54 lam rods
ラム・アイアン
55 camshaft wheel
カム軸車
56 camshaft (tappet shaft)
カム軸（凸子(とっし)軸）
57 tappet (shedding tappet)
タペット，凸子
58 treadle lever
踏み子レバー
59 let-off motion
送り出し動作
60 beam motion control
糸巻き動作制御
61 rope of the warp let-off motion
たて糸送り出し動作用のロープ
62 let-off weight lever
送り出しウエイト・レバー
63 control weight [for the treadle]
制御ウエイト［踏み子用］
64 picker with leather or bakelite pad
革製または合成樹脂製ピッカー
65 picking stick buffer
ピッキング・ステッキ・バッファー
66 picking cam
ピッキング・カム
67 picking bowl
ピッキング・ボール
68 picking stick return spring
ピッキング・ステッキ戻し用ばね

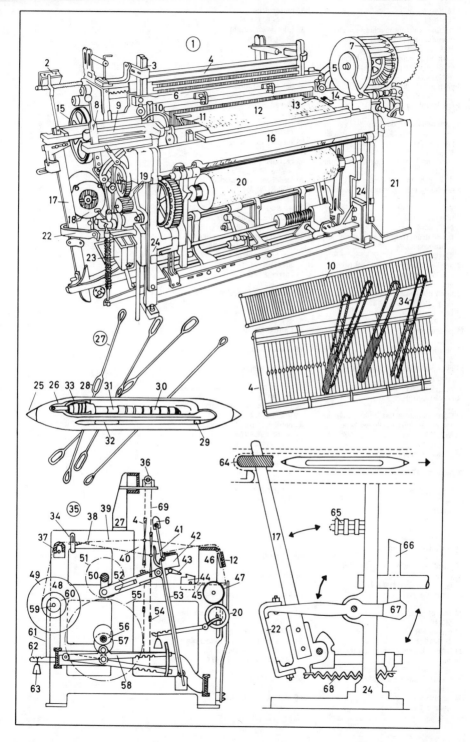

1-66 hosiery mill
靴下工場

1 circular knitting machine for the manufacture of tubular fabric
筒状の編地を製造する丸編機

2 yarn guide support post (thread guide support post)
糸案内支柱

3 yarn guide (thread guide)
ヤーン・ガイド (糸道)

4 bottle bobbin
びん状糸巻き

5 yarn-tensioning device
糸テンション(伸縮)装置, テンション装置

6 yarn feeder
給糸口

7 handwheel for rotating the machine by hand
手回し機械回転用手動ハンドル

8 needle cylinder (cylindrical needle holder)
針筒

9 tubular fabric
筒状の編地

10 fabric drum (fabric box, fabric container)
編地巻取り筒

11 needle cylinder (cylindrical needle holder) [section]
針筒 [断面図]

12 latch needles arranged in a circle
円周上に配置されたべら針

13 cam housing
カム覆い

14 needle cams
針カム

15 needle trick
針溝

16 cylinder diameter (diameter of tubular fabric)
シリンダーの直径 (筒状編地の幅)

17 thread (yarn)
糸

18 Cotton's patent flat kniting machine for ladies' fully-fashioned hose
婦人用フルファッション・ストッキング用コットン式編機

19 pattern control chain
パタン・カード

20 side frame
サイド・フレーム

21 knitting head
編成部

22 starting rod
起動ハンドル

23 Raschel warp-knitting machine
ラッセルたて編機

24 warp (warp beam)
たて糸

25 yarn-distributing (yarn-dividing) beam
配糸ビーム, 部分整経ビーム

26 beam flange
ビーム・フランジ

27 row of needles
針の列

28 needle bar
針竿(はりざお)

29 fabric (Raschel fabric) on the fabric roll
巻取り編地 (ラッセル編地) 〈カーテン・レース curtain lace や網状編地 net fabrics〉

30 handwheel
手動ハンドル

31 motor drive gear
モーター駆動ギヤ

32 take-down weight
編下し用おもり

33 frame
フレーム

34 base plate
底板

35 hand flat (flat-bed) knitting machine
手動平台編機 (横編機)

36 thread (yarn)
糸

37 return spring
戻しばね

38 support for springs
ばね支え

39 carriage
キャリッジかさ, 運び台

40 feeder-selecting device
糸口選択装置

41 carriage handles
キャリッジ・ハンドル

42 scale for regulating size of stitches
度目(どもく)調整用目盛

43 course counter (tachometer)
コース・カウンター (回転速度計)

44 machine control lever
編機制御レバー

45 carriage rail
キャリッジ・レール

46 back row of needles
後列針

47 front row of needles
前列針

48 knitted fabric
編上り生地

49 tension bar
テンション・バー

50 tension weight
テンション・ウェイト

51 needle bed showing knitting action
編成動作を示す針床

52 teeth of knock-over bit
フック越しの歯先

53 needles in parallel rows
平行に配置された針

54 yarn guide (thread guide)
ヤーン・ガイド (糸道)

55 needle bed
針床

56 retaining plate for latch needles
べら針用維持板

57 guard cam
ガード・カム

58 sinker
シンカー

59 needle-raising cam
上げカム

60 needle butt
針胴部

61 latch needle
べら針

62 loop
ループ, 輪奈(わな)

63 pushing the needle through the fabric
編目を通して針を突き上げる

64 yarn guide (thread guide) placing yarn in the needle hook
糸を針鉤(はりかぎ)の中に置くヤーン・ガイド (糸道)

65 loop formation
ループ形成

66 casting off of loop
ループを脱出

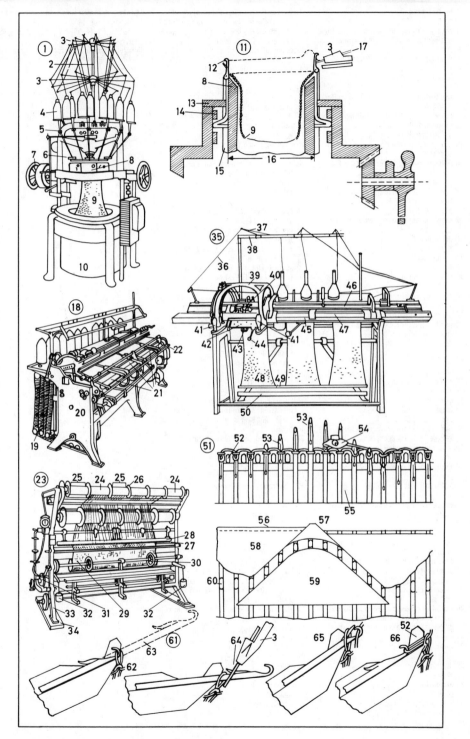

1-65 finishing
加工

1 rotary milling (fulling) machine for felting the woollen ((米) woolen) fabric
ウール織物をフェルトにする縮絨機(しゅくじゅうき)

2 pressure weights
圧力おもし

3 top milling roller (top fulling roller)
上部縮絨ローラー

4 drive wheel of bottom milling roller (bottom fulling roller)
下部縮絨ローラーの駆動輪

5 fabric guide roller
織物案内ローラー，ガイド・ローラー

6 bottom milling roller (bottom fulling roller)
下部縮絨ローラー

8 open-width scouring machine for finer fabrics
拡布式精練機

9 fabric being drawn off the machine
加工される布

10 drive gearbox
駆動ギヤボックス

11 water inlet pipe
給水管

12 drawing-in roller
引張りローラー

13 scroll-opening roller
スイベル・テンション・ローラー

14 pendulum-type hydro-extractor (centrifuge), for extracting liquors from the fabric
振子式脱水機〈織物から水溶液を抽出する〉

15 machine base
ベッド

16 casing over suspension
ハンガー・コラム

17 outer casing containing rotating cage (rotating basket)
回転かごの外胴

18 hydro-extractor (centrifuge) lid
脱水機(遠心分離機)のふた

19 stop-motion device (stopping device)
停止動作装置，安全装置

20 automatic starting and braking device
起動および自動ブレーキ装置

21 stenter (tenter)
幅出し機〈木綿用は stenter, 羊毛用は tenter という〉

22 air-dry fabric
空気乾燥した織物

23 operator's (operative's) platform
作業台

24 feeding of fabric by guides onto stenter (tenter) pins or clips
幅出し機の耳送り装置

25 electric control panel
操作盤

26 initial overfeed to produce shrink-resistant fabric when dried
乾燥時に防縮加工を施す初期オーバー・フィード

27 thermometer
温度計

28 drying section
乾燥室

29 air outlet
排気口

30 plaiter (fabric-plaiting device)
ひだ取り (織物ひだ取り装置)

31 wire-roller fabric-raising machine for producing raised or nap surface
起毛機〈針布を取りつけたローラーで布の表面に毛羽を立たせる機械〉

32 drive gearbox
駆動用ギヤ・ボックス

33 unraised cloth
未処理布

34 wire-covered rollers
ワイヤ・ローラー

35 plaiter (cuttling device)
振落し装置〈表を中心にたたむ装置〉

36 raised fabric
起毛済みの布

37 plaiting-down platform
振落し受け台

38 rotary press (calendering machine), for press finishing
布につやを出すためのロータリー・プレス

39 fabric
布

40 control buttons and control wheels
制御ボタンと制御ホイール

41 heated press bowl
加熱したプレス・ボール

42 rotary cloth-shearing machine
回転布切断機

43 suction slot, for removing loose fibres ((米) fibers)
〈剪断(せんだん)した繊維を分離するための〉吸入細孔

44 doctor blade (cutting cylinder)
ドクター・ブレンド (切断シリンダー)

45 protective guard
安全カバー

46 rotating brush
回転ブラシ

47 curved scray entry
Jスクレイ入口

48 treadle control
踏み子制御

49 [non-shrinking] decatizing (decating) fabric-finishing machine
〔非縮〕布の風合(ふうあい)を良くするための蒸絨機(じょうじゅうき) (デカタイザー)

50 perforated decatizing (decating) cylinder
有孔デカタイジング・シリンダー

51 piece of fabric
布

52 cranked control handle
クランクで連結した制御ハンドル

53 ten-colour ((米) ten-color) roller printing machine
十色ローラー・プリント機

54 base of the machine
サイド・フレーム

55 drive motor
駆動モーター

56 blanket [of rubber or felt]
ブランケット [ゴムまたはフェルトの]

57 fabric after printing (printed fabric)
プリントされた布

58 electric control panel (control unit)
操作盤 (制御装置)

59 screen printing
スクリーン・プリント

60 mobile screen frame
可動スクリーン・フレーム

61 squeegee
スキージ〈スクリーン上で染料を広げる〉

62 pattern stencil
模様型紙

63 screen table
なっ染用テーブル

64 fabric gummed down on table ready for printing
テーブル上に糊(のり)で張りつけられたなっ染前の布

65 screen printing operator (operative)
スクリーン印刷工

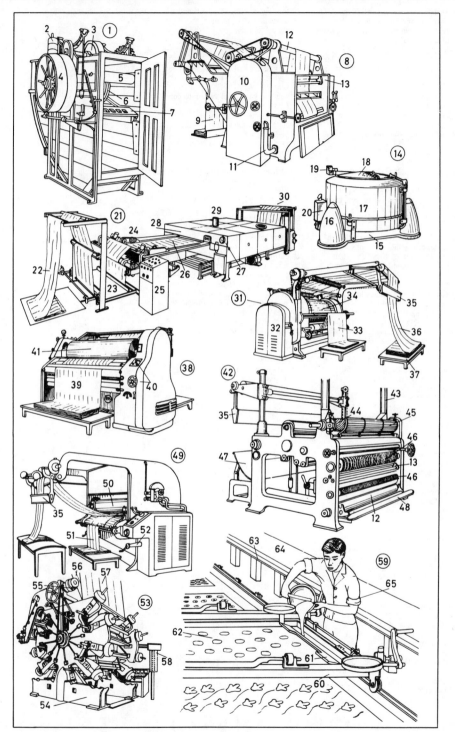

1-34 manufacture of **continuous filament and staple fibre ((米) fiber) viscose rayon yarns** by means of the viscose process
ビスコース法による連続フィラメントとステープル・ファイバー・ビスコース・レーヨン糸製造

1-12 from raw material to viscose rayon
原料からビスコース・レーヨンまで

1 basic material [beech and spruce cellulose in form of sheets]
原料［シート状のブナとモミのセルロース（繊維素）］

2 mixing cellulose sheets
セルロース・シートの混合

3 caustic soda
苛性(かせい)ソーダ

4 steeping cellulose sheets in caustic soda
苛性ソーダにセルロース・シートを浸す

5 pressing out excess caustic soda
過剰苛性ソーダの圧搾

6 shredding the cellulose sheets
セルロース・シートの粉砕

7 maturing (controlled oxidation) of the alkali-cellulose crumbs
アルカリ・セルロース小片の調製（酸化）

8 carbon disulphide ((米) carbon disulfide)
二硫化炭素

9 conversion of alkali-cellulose into cellulose xanthate
アルカリ・セルロースをセルロース・キサントゲン酸塩に変換する

10 dissolving the xanthate in caustic soda for the preparation of the viscose spinning solution
ビスコース紡糸液にするためキサントゲン酸塩を苛性ソーダに溶解する

11 vacuum ripening tanks
真空老成タンク

12 filter press
フィルター・プレス

13-27 from viscose to viscose rayon thread
ビスコースからビスコース・レーヨン糸まで

13 metering pump
液体計量ポンプ

14 multi-holed spinneret (spinning jet)
多孔紡糸口金（紡績射出）

15 coagulating (spinning) bath for converting (coagulating) viscose (viscous solution) into solid filaments
ビスコース液を固いフィラメントに変換するための凝固槽（紡績槽）

16 Godet wheel
ゴデット輪〈ガラス・プーレ glass pulley の一種〉

17 Topham centrifugal pot (box) for twisting the filaments into yarn
フィラメントを紡績糸に撚(より)り巻くトーファム式遠心紡糸槽

18 viscose rayon cake
ビスコース・レーヨン

19-27 processing of the cake
ケークの工程

19 washing
洗浄

20 desulphurizing (desulphurization, (米) desulfurizing, desulfurization)
脱硫

21 bleaching
漂白

22 treating of cake to give filaments softness and suppleness
フィラメントに柔軟性と柔順性をあたえるためのケークの処理

23 hydro-extraction to remove surplus moisture
〈過剰湿気除去のための〉脱出

24 drying in heated room
乾燥室での乾燥

25 winding yarn from cake into cone form
ケークからコーンへの巻返し

26 cone-winding machine
コーン・ワインダー

27 viscose rayon yarn on cone ready for use
コーン巻きしたビスコース・レーヨン糸

28-34 from viscose spinning solution to viscose rayon staple fibre ((米) fiber)
ビスコース紡糸液からビスコース・レーヨン・ステープル・ファイバーまで

28 filament tow
フィラメント・トウ〈短い繊維〉

29 overhead spray washing plant
高架スプレー洗浄器

30 cutting machine for cutting filament tow to desired length
フィラメント・トウをあらかじめ決めた長さに切断するための切断器

31 multiple drying machine for cut-up staple fibre ((米) fiber) layer (lap)
切断されたステープル・ファイバー・ラップを乾燥する多段乾燥機

32 conveyor belt (conveyor)
コンベヤ・ベルト（コンベヤ）

33 baling press
荷造り機

34 bale of viscose rayon ready for dispatch (despatch)
出荷前のビスコース・レーヨンの梱(こり)

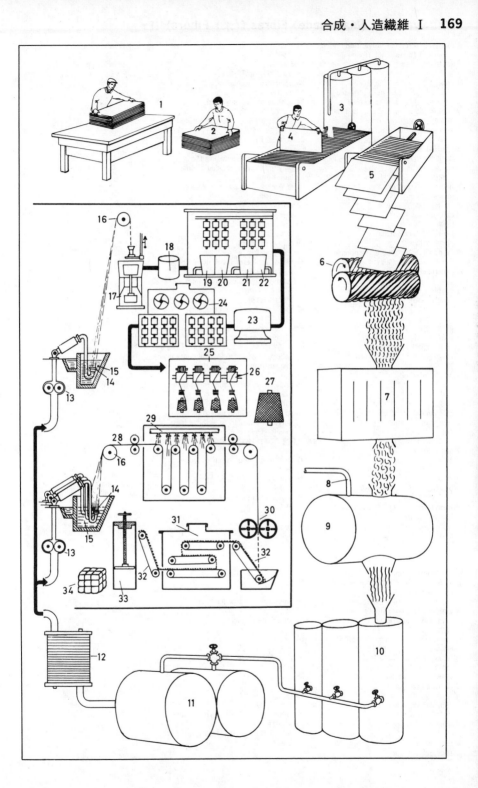

1-62 manufacture of **polyamide** (nylon 6, perlon) **fibres** (《米》fibers)
ポリアミド（ナイロン６，パーロン）ファイバー製造
1 coal
石炭〈ポリアミド（ナイロン６，パーロン）ファイバーの原料 raw material〉
2 coking plant for dry coal distillation
石炭乾留用のコークス炉
3 extraction of coal tar and phenol
コール・タールとフェノールの抽出
4 gradual distillation of tar
タールの多段蒸留
5 condenser
凝縮機
6 benzene extraction and dispatch (despatch)
ベンゼンの抽出と送液
7 chlorine
塩素
8 benzene chlorination
ベンゼンの塩素化
9 monochlorobenzene (chlorobenzene)
モノクロロベンゼン（クロロベンゼン）
10 caustic soda solution
苛性(かせい)ソーダ液
11 evaporation of chlorobenzene and caustic soda
クロロベンゼンと苛性ソーダの蒸発
12 autoclave
耐(加)圧器，オートクレーブ
13 sodium chloride (common salt)
食塩（塩化ナトリウム）〈ポリアミド・ファイバー製造過程の副産物 by-product の一種〉
14 phenol (carbolic acid)
フェノール（石炭酸）
15 hydrogen inlet
水素入口
16 hydrogenation of phenol to produce raw cyclohexanol
〈粗シクロヘキサノール製造のための〉フェノールへの水素添加
17 distillation
蒸留
18 pure cyclohexanol
精製シクロヘキサノール
19 oxidation (dehydrogenation)
酸化（脱水素）
20 formation of cyclohexanone (pimehinketone)
シクロヘキサノンの生成
21 hydroxylamine inlet
ヒドロキシルアミン挿入
22 formation of cyclohexanoxime
シクロヘキサノンオキシムの生成
23 addition of sulphuric acid (《米》sulfuric acid) to effect molecular rearrangement
効果的分子再配列のための硫酸添加
24 ammonia to neutralize sulphuric acid (《米》sulfuric acid)
硫酸中和用アンモニア
25 formation of caprolactam oil
カプロラクタム・オイルの生成
26 ammonium sulphate (《米》ammonium sulfate) solution
硫酸アンモニウム溶液
27 cooling cylinder
冷却シリンダー
28 caprolactam
カプロラクタム
29 weighing apparatus
はかり
30 melting pot
溶融缶

31 pump
ポンプ
32 filter
フィルター，濾過器(ろかき)
33 polymerization in the autoclave
オートクレーブ中での重合
34 cooling of the polyamide
ポリアミドの冷却
35 solidification of the polyamide
ポリアミドの凝固
36 vertical lift (《米》elevator)
エレベーター
37 extractor for separating the polyamide from the remaining lactam oil
残留ラクタム・オイルからポリアミド分離のための抽出機
38 drier
乾燥機
39 dry polyamide chips
乾燥ポリアミド・チップ
40 chip container
チップ・コンテナ
41 top of spinneret for melting the polyamide and forcing it through spinneret holes (spinning jets)
ポリアミドを溶融しノズルから紡糸するための溶融紡糸装置
42 spinneret holes (spinning jets)
紡糸ノズル
43 solidification of the polyamide filaments in the cooling tower
冷却塔中でのポリアミド・フィラメントの凝固
44 collection of extruded filaments into thread form
抽出フィラメントの巻取り
45 preliminary stretching (preliminary drawing)
前撚(より)
46 stretching (cold-drawing) of the polyamide thread to achieve high tensile strength
ポリアミド糸に強度と伸度を与えるための延伸
47 final stretching (final drawing)
後撚り
48 washing of yarn packages
糸パッケージ水洗
49 drying chamber
乾燥室
50 rewinding
巻返し
51 polyamide cone
ポリアミド・コーン
52 polyamide cone ready for dispatch (despatch)
出荷前のポリアミド・コーン
53 mixer
ミキサー
54 polymerization under vacua
減圧重合
55 stretching (drawing)
延伸
56 washing
水洗
57 finishing of tow for spinning
紡績のためのトウの仕上げ
58 drying of tow
トウの乾燥
59 crimping of tow
トウのけん縮
60 cutting of tow into normal staple lengths
トウを正常のステープル（短繊維）の長さに切断する

61 polyamide staple
ポリアミド・ステープル
62 bale of polyamide staple
ポリアミド・ステープルの梱包(こんぽう)

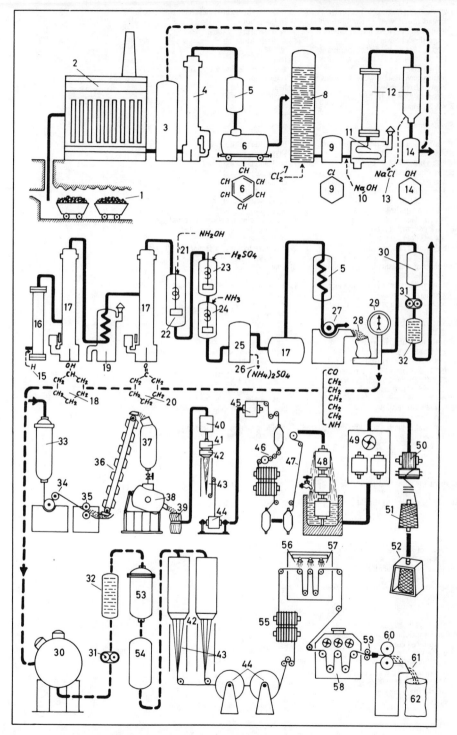

171 Weaves and Knits

1-29 weaves [black squares: warp thread raised, weft thread lowered; white squares: weft thread raised, warp thread lowered]
組織図 [黒ます: たて糸がよこ糸の上に浮いている部分; 白ます: よこ糸がたて糸に浮いている部分]

1 plain weave (tabby weave) [weave viewed from above]
平織り (波紋織り) [織物平面図]

2 warp thread
たて糸

3 weft thread
よこ糸

4 draft (point paper design) for plain weave
平織り用織り方図

5 threading draft
糸の通し方

6 denting draft (reed-threading draft)
おさ(筬)通し図

7 raised warp thread
浮いたて糸

8 lowered warp thread
沈んだたて糸

9 tie-up of shafts in pairs
2つずつ組んだ枠の結び方

10 treadling diagram
トレードルの線図

11 draft for basket weave (hopsack weave, matt weave)
バスケット織り織り方図 (ホップ・サック織り, マット織り)

12 pattern repeat
循環

13 draft for warp rib weave
たてうね織りの織り方図

14 section of warp rib fabric
たてうね織りの断面図 〈たて糸を通して見た断面図 section through the warp〉

15 lowered weft thread
沈んだよこ糸

16 raised weft thread
浮いたよこ糸

17 first and second warp threads [raised]
1・2番目のたて糸 [浮いている]

18 third and fourth warp threads [lowered]
3・4番目のたて糸 [沈んでいる]

19 draft for combined rib weave
重ねうね織り織り方図

20 selvedge (selvage) thread draft (additional shafts for the selvedge)
耳糸の通し方図 (付加の耳用枠)

21 draft for the fabric shafts
布柄図

22 tie-up of selvedge (selvage) shafts
耳糸枠の結び方

23 tie-up of fabric shafts
地糸枠の結び方

24 selvedge (selvage) in plain weave
平織りの耳

25 section through combination rib weave
重ねうね織りの断面図

26 thread interlacing of reversible warp-faced cord
両面たてトリコ織りの糸交錯図

27 draft (point paper design) for reversible warp-faced cord
両面たてトリコ織りの織り方図

28 interlacing points
織り交ぜポイント

29 weaving draft for honeycomb weave in the fabric
蜂(はち)の巣織りの組織図

30-48 basic knits
基本編み方

30 loop
輪奈(わな), ループ 〈ここでは, 開きループ open loop〉

31 head
頭

32 side
横

33 neck
首

34 head interlocking point
頭連結点

35 neck interlocking point
首連結点

36 closed loop
閉じループ

37 mesh [with inlaid yarn]
編目 [はめ込んだ糸のある]

38 diagonal floating yarn (diagonal floating thread)
対角の浮糸

39 loop interlocking at the head
頭で交織しているループ

40 float
浮糸

41 loose floating yarn (loose floating thread)
結んでいない浮糸

42 course
針路

43 inlaid yarn
はり込んだ糸

44 tuck and miss stitch
タック編とはずれ針

45 pulled-up tuck stitch
引張ったタック編

46 staggered tuck stitch
千鳥タック編

47 2 × 2 tuck and miss stitch
2×2タック編とはずれ針

48 double pulled-up tuck stitch
2重引張りタック編

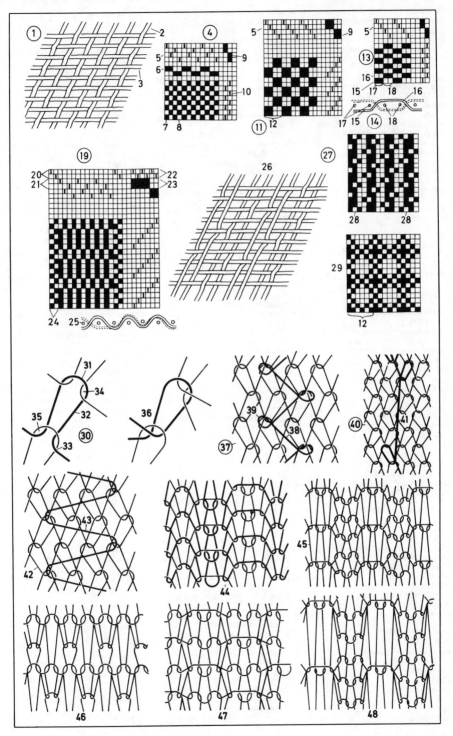

1-52 sulphate ((米) sulfate) pulp mill
(kraft pulp mill) [in diagram form]
硫酸パルプ工場 (クラフト・パルプ工場) [線図]

1 chippers with dust extractor
ごみ抽出器つきチッパー

2 rotary screen (riffler)
回転スクリーン (波形やすり)

3 chip packer (chip distributor)
チップ収集車 (チップ分配器)

4 blower
送風機

5 disintegrator (crusher, chip crusher)
打解機 (破砕機, チップ破砕機)

6 dust-settling chamber
ごみ沈殿室

7 digester
蒸解がま

8 liquor preheater
溶液予熱器

9 control tap
制御栓

10 swing pipe
振り管

11 blow tank (diffuser)
ブロー・タンク (拡散器)

12 blow valve
ブロー弁

13 blow pit (diffuser)
ブロー・ピット (拡散器)

14 turpentine separator
テルペンチン分離機

15 centralized separator
集中分離機

16 jet condenser (injection condenser)
ジェット・コンデンサー (噴射復水器)

17 storage tank for condensate
貯蔵タンク

18 hot water tank
熱湯タンク

19 heat exchanger
熱交換器

20 filter
濾過器 (ろかき)

21 presorter
前選別器

22 centrifugal screen
遠心スクリーン

23 rotary sorter (rotary strainer)
回転選別機 (回転濾過器 (ろかき))

24 concentrator (thickener, decker)
パルプ濃縮器 (ウェット・マシン)

25 vat (chest)
バット (漉 (す)きおけ, 大おけ)

26 collecting tank for backwater (low box)
逆水集合タンク

27 conical refiner (cone refiner, Jordan, Jordan refiner)
円錐 (えんすい) 形精砕機

28 black liquor filter
黒液濾過器

29 black liquor storage tank
黒液貯蔵タンク

30 condenser
コンデンサー

31 separators
分離器

32 heater (heating element)
ヒーター (発熱体)

33 liquor pump
溶液ポンプ

34 heavy liquor pump
重溶液ポンプ

35 mixing tank
混合タンク

36 salt cake storage tank (sodium sulphate storage tank)
粗製硫酸ソーダ貯蔵タンク

37 dissolving tank (dissolver)
溶解タンク

38 steam heater
スチーム・ヒーター

39 electrostatic precipitator
静電器

40 air pump
空気ポンプ

41 storage tank for the uncleared green liquor
〈除去できない緑液用〉貯蔵タンク

42 concentrator (thickener, decker)
パルプ濃縮器

43 green liquor preheater
緑液予熱器

44 concentrator (thickener, decker) for the weak wash liquor (wash water)
弱洗浄液用パルプ濃縮器

45 storage tank for the weak liquor
弱液貯蔵タンク

46 storage tank for the cooking liquor
調理液貯蔵タンク

47 agitator (stirrer)
攪拌器 (かくはんき)

48 concentrator (thickener, decker)
パルプ濃縮器

49 causticizing agitators (causticizing stirrers)
苛性化 (かせいか) 攪拌器

50 classifier
選別器

51 lime slaker
石灰消和装置

52 reconverted lime
再変換石灰

53-65 groundwood mill (mechanical pulp mill) [diagram]
砕木機 [線図]

53 continuous grinder (continuous chain grinder)
連続粉砕機 (連続チェーン粉砕機)

54 strainer (knotter)
ストレーナー

55 pulp water pump
パルプ水ポンプ

56 centrifugal screen
遠心スクリーン

57 screen (sorter)
スクリーン (選別機)

58 secondary screen (secondary sorter)
2次スクリーン (2次選別機)

59 rejects chest
廃棄物箱

60 conical refiner (cone refiner, Jordan, Jordan refiner)
円錐形 (えんすいけい) 精砕機 (ヨルダン精砕機)

61 pulp-drylng machine (pulp machine)
パルプ乾燥機

62 concentrator (thickener, decker)
パルプ濃縮器

63 waste water pump (white water pump, pulp water pump)
廃水ポンプ (白泡水ポンプ, パルプ水ポンプ)

64 steam pipe
スチーム・パイプ

65 water pipe
送水管

66 continuous grinder (continuous chain grinder)
連続粉砕機

67 feed chain
給送チェーン

68 groundwood
砕木

69 reduction gear for the feed chain drive
給送チェーン駆動減速ギヤ

70 stone-dressing device
砥石 (といし) 目立て装置

71 grinding stone (grindstone. pulpstone)
砥石

72 spray pipe
スプレー・パイプ

73 conical refiner (cone refiner, Jordan, Jordan refiner)
円錐形精砕機

74 handwheel for adjusting the clearance between the knives (blades)
刃間 (じんかん) 遊隙 (ゆうげき) 調節用ハンドル

75 rotating bladed cone (rotating bladed plug)
回転刃コーン (回転刃のある栓)

76 stationary bladed shell
刃つき固定シェル

77 inlet for unrefined cellulose (chemical wood pulp, chemical pulp) or groundwood pulp (mechanical pulp)
粗セルロース (化学木パルプ, 化学パルプ) または砕木パルプの入口

78 outlet for refined cellulose (chemical wood pulp, chemical pulp) or groundwood pulp (mechanical pulp)
精製セルロース (化学木パルプ, 化学パルプ) または砕木パルプの出口

79-86 stuff (stock) preparation plant [diagram]
原料調整機 [線図]

79 conveyor belt (conveyor) for loading cellulose (chemical wood pulp, chemical pulp) or groundwood pulp (mechanical pulp)
セルロース (化学木パルプ, 化学パルプ) または砕木パルプ積みコンベヤ・ベルト

80 pulper
パルパー〈パルプ・シートなどを離解させる装置〉

81 dump chest
放下大箱

82 cone breaker
円錐形 (えんすいけい) 破砕機

83 conical refiner (cone refiner, Jordan, Jordan refiner)
円錐形精砕機

84 refiner
精砕機

85 stuff chest (stock chest)
スタッフ・チェスト (原料貯槽)

86 machine chest (stuff chest)
原料貯槽 (スタッフ・チェスト)

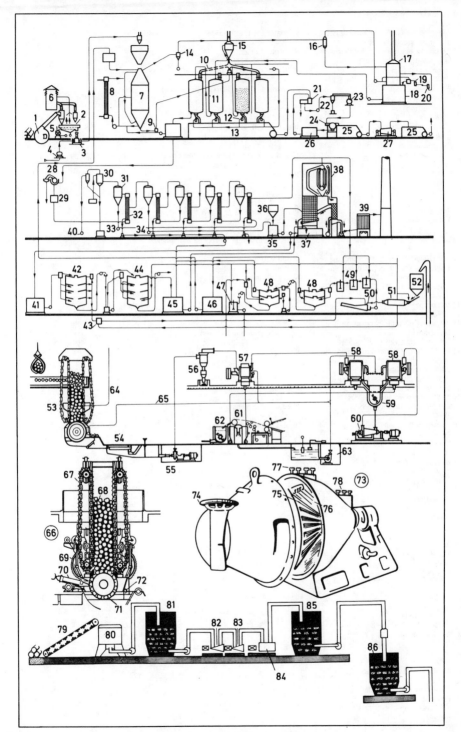

1 stuff chest (stock chest, machine chest)
原料貯槽〈原料の配合槽 mixing chest for stuff (stock) の一種〉

2-10 laboratory apparatus (laboratory equipment) for analysing stuff (stock) and paper
〈原料と紙を分析するための〉実験室器具

2 Erlenmeyer flask
エルレンマイヤー・フラスコ，三角フラスコ

3 volumetric flask
容積測定フラスコ

4 measuring cylinder
計量シリンダー

5 Bunsen burner
ブンゼン・バーナー

6 tripod
三脚器

7 petri dish
ペトリ皿，シャーレ

8 test tube rack
試験管架

9 balance for measuring basis weight
連量(紙1連，1000枚分)測定はかり

10 micrometer
マイクロメーター

11 centrifugal cleaners ahead of the breastbox (headbox, stuff box) of a paper machine
抄紙機(しょうしき)のブレスト・ボックス前の遠心式除塵機(じょじんき)

12 standpipe
給水塔

13-28 paper machine (production line) [diagram]
抄紙機 (生産工程ライン)〔線図〕

13 feed-in from the machine chest (stuff chest) with sand table (sand trap, riffler) and knotter
沈砂器と除塵器つき原料箱からの供給口

14 wire (machine wire)
ワイヤー (機械ワイヤー)

15 vacuum box (suction box)
真空箱

16 suction roll
吸引ロール

17 first wet felt
1番フェルト

18 second wet felt
2番フェルト

19 first press
1番プレス・ロール

20 second press
2番プレス・ロール

21 offset press
オフセット・プレス・ロール

22 drying cylinder (drier)
乾燥シリンダー

23 dry felt (drier felt)
乾燥フェルト

24 size press
サイズ・プレス・ロール〈サイズ剤を入れる工程〉

25 cooling roll
冷却ロール

26 calender rolls
カレンダー(光沢機)・ロール

27 machine hood
機械覆い

28 delivery reel
巻取り枠

29-35 blade coating machine (blade coater)
ブレード(刃)・コーティング機

29 raw paper (body paper)
原紙 (厚紙)〈コーティングなどの加工前の紙の総称〉

30 web
巻取り紙

31 coater for the top side
上側コーティング機

32 infrared drier
赤外線乾燥機

33 heated drying cylinder
暖められた乾燥シリンダー

34 coater for the underside (wire side)
下側コーティング機

35 reel of coated paper
光沢紙巻き枠

36 calender (Super-calender)
カレンダー (スーパー・カレンダー)〈紙に強い光沢をつけるロール〉

37 hydraulic system for the press rolls
プレス・ロール用水圧装置

38 calender roll
カレンダー・ロール

39 unwind station
〈巻いたものを〉ほどく場所

40 lift platform
リフト用プラットフォーム

41 rewind station (rewinder, re-reeler, reeling machine, re-reeling machine)
巻戻し機

42 roll cutter
ロール・カッター

43 control panel
制御盤

44 cutter
カッター，切断機

45 web
巻取り紙

46-51 papermaking by hand
手抄(す)き紙の製造

46 vatman
手抄き人

47 vat
バット，抄き箱

48 mould ((米) mold)
金網とその枠

49 coucher (couchman)
クーチャー〈抄き上った紙をクーチに移す人〉

50 post ready for pressing
加圧搾水のために積み重ねた紙の山

51 felt
フェルト

1 **hand-setting room** (hand-composing room)
手組み室（手組み版室）
2 composing frame
植字台
3 case (typecase)
ケース（活字ケース）
4 case cabinet (case rack)
ケースだんす（ケース棚）
5 hand compositor (compositor, typesetter, maker-up)
組版工，植字工
6 manuscript (typescript)
原稿（活字原稿）
7 sorts, types (type characters, characters)
ソート〈ある型の活字一揃いの中の1字〉（活字，文字）
8 rack (case) for furniture (spacing material)
込め物棚（ケース），スペース棚（ケース）
9 standing type rack (standing matter rack)
組置き活字棚，組置き材料棚
10 storage shelf (shelf for storing formes ((米) forms))
組置き版用棚
11 standing type (standing matter)
組置き版（組置き材料）
12 galley
ゲラ
13 composing stick (setting stick)
植字用ステッキ（組版ステッキ）
14 composing rule (setting rule)
セッテン
15 type (type matter, matter)
活字（活版，活版材料）
16 page cord
結束糸
17 bodkin
きり
18 tweezers
ピンセット
19 **Linotype line-composing (line-casting, slug-composing, slug-casting) machine**
ライノタイプ行鋳植（ちゅうしょく）機〈多母型機 multi-magazine machineの一つ〉
20 distributing mechanism (distributor)
母型返還機構（ディストリビューター）
21 type magazines with matrices (matrixes)
字母入り活字母型庫
22 elevator carrier for distributing the matrices (matrixes)
母型返還用エレベーター・キャリアー
23 assembler
アセンブラー〈母型とスペースバンドを集積する場所〉
24 spacebands
スペースバンド
25 casting mechanism
鋳造機構
26 metal feeder
地金供給装置
27 machine-set matter (cast lines, slugs)
機械植字組版（鋳造行，スラッグ）
28 matrices (matrixes) for hand-setting (sorts)
手植字用母型
29 Linotype matrix
ライノタイプ母型
30 teeth for the distributing mechanism (distributor)
返還機構用歯（ディストリビューター用歯）

31 face (type face, matrix)
母型字面部（タイプフェイス，母型）
32-45 **monotype single-unit composing** (typesetting) **and casting machine** (monotype single-unit composition caster)
モノタイプ（単字）鋳植機とモノタイプ単字鋳造組版機
32 monotype standard composing (typesetting) machine (keyboard)
モノタイプ標準型植字機（穿孔機（せんこうき），キーボード）
33 paper tower
ペーパー・タワー
34 paper ribbon
ペーパー・リボン，穿孔紙
35 justifying scale
調整目盛り
36 unit indicator
単位指示器
37 keyboard
キーボード
38 compressed-air hose
エア・パイプ
39 monotype casting machine (monotype caster)
モノタイプ・キャスター，活字鋳造機
40 automatic metal feeder
自動地金供給機
41 pump compression spring (pump perssure spring)
鋳込みポンプ圧縮スプリング
42 matrix case (die case)
母型ケース
43 paper tower
ペーパー・タワー
44 galley with types (letters, characters, cast single types, cast single letters)
〈活字の詰まった〉ゲラ（鋳込まれた単活字，単文字）
45 electric heater (electric heating unit)
電気ヒーター
46 matrix case (die case)
母型ケース
47 type matrices (matrixes) (letter matrices)
母型
48 guide block for engaging with the cross-slide guide
横送り台ガイドとかみ合わせるガイド・ブロック

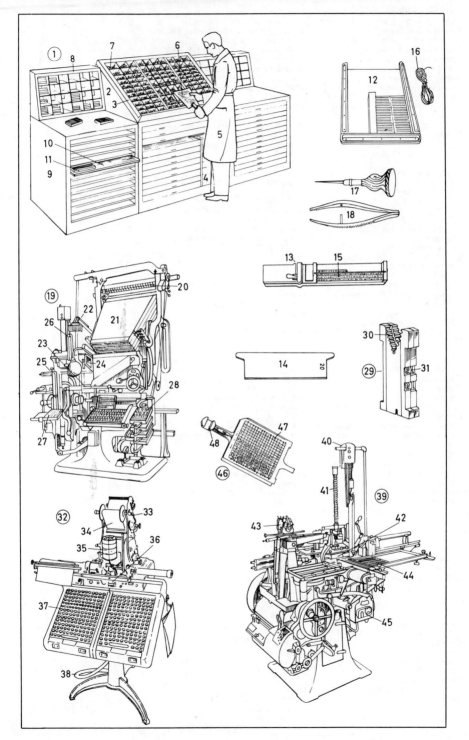

1-17 composition (type matter, type)
組版（活版材料，活字）
1 initial (initial letter)
大文字，イニシャル活字
2 bold type (bold, boldfaced type, heavy type, boldface)
ボールド体（ボールド，ボールド書体，ヘビイ書体，ボールド・フェイス）
3 semibold type (semibold)
セミボールド体〈ライト・フェースとボールド・フェースの中間〉
4 line
ライン，並び線
5 space
行間
6 ligature (double letter)
合字
7 italic type (italics)
イタリック体
8 light face type (light face)
ライト・フェース体
9 extra bold type (extra bold)
極太（ごくぶと）文字，エキストラ・ボールド体
10 bold condensed type (bold condensed)
ボールド・コンデンス体
11 majuscule (capital letter, capital, upper case letter)
大文字（頭（かしら）文字，キャピタル，アッパー・ケースの大文字）
12 minuscule (small letter, lower case letter)
小文字（ロワー・ケース入りの小文字）
13 letter spacing (interspacing)
字間，レター・スペース〈行末を揃えるため，字間をわずかに開けたもの〉
14 small capitals
スモール・キャピタル，スモール・キャップ
15 break
あき，段落
16 indention
字下がり，インデンション
17 space
〔語間の〕あき，スペース
18 type sizes [one typographic point= 0.376 mm (Didot system), 0.351 mm (Pica system)]
活字の大きさ〔1 ポイント=0.376 ㎜（ディド・システム），0.351 ㎜（パイカ・システム）〕
19 six-to-pica (2 points)
6 分の 1 パイカ（2 ポイント）
20 half nonpareil (four-to-pica) (3 points)
ノンパレルの 2 分の 1（4 分の 1 パイカ）（3 ポイント）
21 brilliant (4 points)
ブリリアント（4 ポイント）〈類似のものに，ダイヤモンド diamond（4¹/₂ポイント）がある〉
22 pearl (5 points)
パール（5 ポイント）〈類似のものに，ルビ ruby（米）agate（5¹/₂ポイント）がある〉
23 nonpareil (6 points)
ノンパレル（6 ポイント）〈類似のものに，ミニオンネット minionette（6¹/₂ポイント）がある〉
24 minion (7 points)
ミニオン（7 ポイント）
25 brevier (8 points)
ブレビア（8 ポイント）
26 bourgeois (9 points)
ブルジョア（9 ポイント）
27 long primer (10 points)
ロング・プリマ（10 ポイント）
28 pica (12 points)
パイカ（12 ポイント）

29 english (14 points)
イングリッシュ（14 ポイント）
30 great primer (tow-line brevier, (米) Columbian) (16 points)
グレート・プリマ（ブレビアの 2 行，（米）コロンビアン）（16 ポイント）
31 paragon (tow-line primer) (20 points)
パラゴン（プリマの 2 行）（20 ポイント）
32-37 typefounding (type casting)
活字鋳造
32 punch cutter
パンチ（父型）彫刻師
33 graver (burin, cutter)
彫刻刀
34 magnifying glass (magnifier)
拡大鏡
35 punch blank (die blank)
父型材料
36 finished steel punch (finished steel die)
仕上がったスチール・パンチ（父型）
37 punched matrix (stamped matrix, strike, drive)
打込まれた母型，打込み母型
38 type (type character, character)
活字（活字の文字）
39 head
〈字づらの〉天，上
40 shoulder
肩
41 counter
谷〈活字面のくぼんだ部分〉
42 face (type face)
字づら
43 type line (bodyline)
ボディライン
44 height to paper (type height)
〔活字の〕高さ〈英米では 0.918 inch，JIS では 23.45 ㎜〉
45 height of shank (height of shoulder)
〔活字の〕ボディの高さ，軸高
46 body size (type size, point size)
〔活字の〕ボディのサイズ（活字の大きさ，ポイント・サイズ）
47 nick
ネッキ〈指頭で活字の向きや書体を確かめるための溝〉
48 set (width)
〔活字の〕幅セット
49 matrix-boring machine (matrix-engraving machine)
母型彫刻機〈特殊穿孔（せんこう）機 special-purpose boring machine の一つ〉
50 stand
スタンド
51 cutter (cutting head)
カッター
52 cutting table
彫刻テーブル
53 pantograph carriage
パントグラフ移動台
54 V-way
V ウェイ
55 pattern
パターン
56 pattern table
パターン・テーブル
57 follower
フォロワー
58 pantograph
パントグラフ
59 matrix clamp
母型固定具，母型チャック
60 cutter spindle
カッター主軸

61 drive motor
駆動モーター

Alfred **John Dodsley,** essayist and journalist, was born in Wenlock on the 5th August 1841 and died on the 4th October 1920 in Birmingham. His father was a journeyman thatcher and as a boy Dodsley was sent to work in the fields as a bird-scarer. Having taught himself to read and write fluently – for many years the only books he possessed were a Bible and a volume of Tillotson's sermons – he went to Shrewsbury to study. Living in extreme poverty he began to write for the EAST HEREFORDSHIRE GAZETTE and a collection of his essays together with some poems on country life was published in 1868 under the title *"Rural Thoughts"*. Among his most popular works were *"The Diary of a Derbyshire Shepherd"* (1872), *"Rural Verses"* (1879), *"Leaves from a Country-man's Notebook"* (1893) and *"Memoirs of Nine-teenth Century Shropshire"*, published posthum-ously. Dodsley also contributed many articles on country life to London papers and championed the cause of the agricultural worker during the depression of the 1880's. The latter years of his life were embittered by controversy raised by his protests against the unemployment caused by mechanised farming.

He was for many years president of the **Society for the Protection of the Liberties of the Farm-worker.**

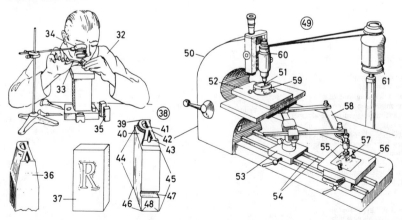

1 keyboard console (keyboard unit) for phototypesetting
写真植字用操作卓(キーボード部)

2 keyboard
キーボード

3 manuscript (copy)
原稿

4 keyboard operator
キーボード操作者，オペレーター

5 tape punch (perforator)
テープ・パンチ，穿孔(せんこう)器

6 punched tape (punch tape)
穿孔テープ

7 filmsetter
写真植字機，写植機

8 punched tape (punch tape)
穿孔テープ

9 exposure control device
露出制御装置

10 typesetting computer
組版コンピュータ

11 memory unit (storage unit)
記憶装置

12 punched tape (punch tape)
穿孔テープ

13 punched tape (punch tape) reader
穿孔テープ読取り装置

14 photo-unit (photographic unit) for computer-controlled typesetting (composition)
コンピュータ組版用写真装置

15 punched tape (punch tape) reader
穿孔テープ読取り装置

16 type matrices (matrixes) (letter matrices)
文字母型 (文字盤)

17 matrix case (film matrix case)
母型ケース (フィルム母型ケース)

18 guide block
ガイド・ブロック (横送り台とかみ合せる)

19 synchronous motor
同期電動機

20 type disc (disk) (matrix disc)
文字ディスク (文字盤)

21 mirror assembly
反射鏡組立て

22 optical wedge
光学くさび

23 lens
レンズ

24 mirror system
反射鏡方式

25 film
フィルム

26 flash tubes
閃光(せんこう)放電管

27 matrix drum
母型ドラム

28 automatic film copier
自動フィルム複写機

29 central processing unit of a photocomposition system (photosetting system) for newspaper typesetting
新聞組版用写真植字機の中央処理装置

30 punched tape (punch tape) input (input unit)
穿孔テープ入力 (入力装置)

31 keyboard send-receive teleprinter (Teletype)
キーボード送受信テレプリンター (テレタイプ)

32 on-line disc (disk) storage unit
オン・ライン・ディスク貯蔵装置

33 alphanumeric (alphameric) disc (disk) store (alphanumeric disc file)
欧文数字ディスク貯蔵 (ファイル)

34 disc (disk) stack (disc pack)
ディスク架 (ディスク・パック)

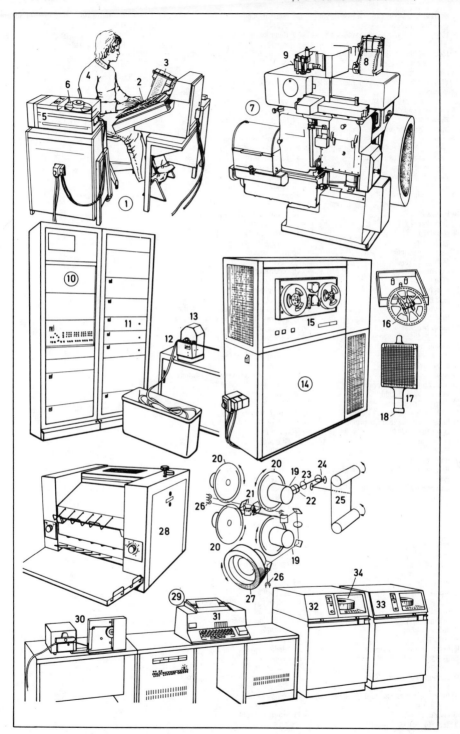

1 overhead process camera (overhead
copying camera)
頭上式プロセス・カメラ〈懸垂式複写カメ
ラ〉
2 focusing screen (ground glass screen)
ピント・ガラス，焦点ガラス・スクリーン
3 hinged screen holder
蝶番(ちょうつがい)のついたスクリーン・ホルダー
4 graticule
グラティキュール，十字線
5 control ocnsole
制御操作台
6 hinged bracket-mounted control
panel
〈蝶番つき持送りへ据えつけた〉制御盤
7 percentage focusing charts
パーセント焦点合せ用チャート
8 vacuum film holder
真空フィルム・ホルダー
9 screen magazine
スクリーン・マガジン〈フィルム巻取り枠〉
10 bellows
蛇腹，ベローズ
11 standard
垂直の支柱
12 register device
見当(けんとう)装置
13 overhead gantry
高架
14 copyboard
原図板
15 copyholder
原図入れ
16 lamp bracket
ランプ受け
17 xenon lamp
キセノン・ランプ
18 copy (original)
原稿
19 retouching and stripping desk
修正とストリッピング用デスク
20 illuminated screen
照明されたスクリーン
21 height and angle adjustment
高さと角度調整装置
22 copyboard
原図板
23 linen tester
虫めがね〈拡大鏡 magnifying glass の一
種〉
24 universal process and reproduction
camera
万能製版用複写カメラ
25 camera body
カメラ・ボディ
26 bellows
蛇腹，ベローズ
27 lens carrier
レンズ移送台
28 angled mirror
斜めのミラー
29 stand
台，スタンド
30 copyboard
原図板
31 halogen lamp
ハロゲン・ランプ
32 vertical process camera
垂直製版カメラ〈コンパクト・カメラ
compact camera の一つ〉
33 camera body
カメラ・ボディ
34 focusing screen (ground glass screen)
焦点合わせスクリーン
35 vacuum back
真空バック

36 control panel
制御盤
37 flash lamp
フラッシュ・ランプ
38 mirror for right-reading images
映像正読用ミラー
39 scanner (colour ((米) color)
correction unit)
スキャナー〈色分解機による色修正版名〉
40 base frame
台枠
41 lamp compartment
ランプ仕切り
42 xenon lamp housing
キセノン・ランプ覆い
43 feed motors
フィード・モーター
44 transparency arm
透明スライド・アーム
45 scanning drum
スキャニング・ドラム
46 scanning head
スキャニング・ヘッド
47 mask-scanning head
マスク・スキャニング・ヘッド
48 mask drum
マスク・ドラム
49 recording space
記録スペース
50 daylight cassette
昼光取り枠
51 colour ((米) color) computer with
control unit and selective colour
correction
制御装置と選択色修正つきカラー・コン
ピュータ
52 engraving machine
彫刻機
53 seamless engraving adjustment
継ぎ目のない彫刻調整器
54 drive clutch
駆動クラッチ
55 clutch flange
クラッチ・フランジ
56 drive unit
駆動装置
57 machine bed
機械台
58 equipment carrier
装具移送台
59 bed slide
台滑動部
60 control panel
制御盤
61 bearing block
ベアリング・ブロック
62 tailstock
心押し台
63 scanning head
スキャニング・ヘッド
64 copy cylinder
原図シリンダー
65 centre ((米) center) bearing
中央ベアリング
66 engraving system
彫刻装置
67 printing cylinder
印刷シリンダー
68 cylinder arm
シリンダー腕木
69 electronics (electronic) cabinet
電子キャビネット
70 computers
コンピュータ
71 program input
プログラム入力

72 automatic film processor for scanner
films
スキャナー・フィルム用自動フィルム処理機
(自動フィルム現像機)

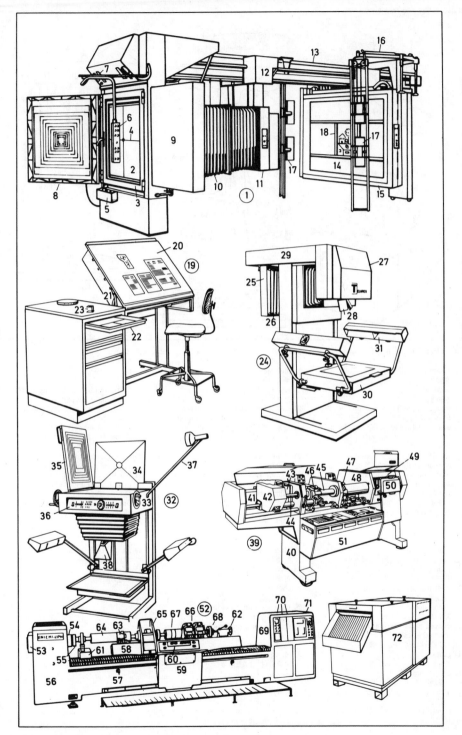

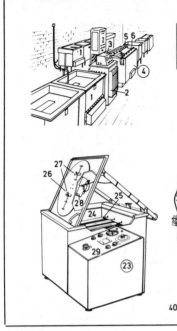

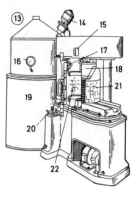

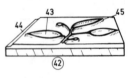

1-6 **electrotyping plant**
電気製版装置
1 cleaning tank
洗浄槽
2 rectifier
整流器
3 measuring and control unit
計量・制御装置
4 electroplating tank (electroplating
bath, electroplating vat)
電気めっき槽
5 anode rod (copper anodes)
陽極棒 (陽極銅)
6 plate rod (cathode)
版をかける棒 (陰極棒)
7 **hydraulic moulding ((米) molding)
press**
油圧型取り機, 油圧プレス
8 pressure gauge ((米) gage)
(manometer)
圧力計
9 apron
エプロン〈危険防止用の金属カバー〉
10 round base
円形ベース
11 hydraulic pressure pump
水圧ポンプ
12 drive motor
駆動モーター
13 **curved plate casting machine**
(curved electrotype casting machine)
丸鉛版(輪転版)鋳込み機
14 motor
モーター
15 control knobs
制御用ノブ
16 pyrometer
温度計
17 mouth piece
湯口

18 core
中心部分
19 melting furnace
地金溶解がま
20 starting lever
始動レバー
21 cast curved plate (cast curved
electrotype) for rotary printing
輪転印刷用に鋳造された丸版
22 fixed mould ((米) mold)
鋳型
23 **etching machine**
腐食機
24 etching tank with etching solution
(etchant, mordant) and filming agent
(film former)
腐食液入りの腐食槽と成膜薬剤
25 paddles
羽根〈攪拌(かくはん)用〉
26 turntable
ターンテーブル
27 plate clamp
版締め具
28 drive motor
駆動モーター
29 control unit
制御装置
30 **twin etching machine**
2面腐食機
31 etching tank (etching bath) [in
section]
腐食槽 [断面図]
32 photoprinted zinc plate
写真焼付けされた亜鉛板
33 paddle
羽根
34 outlet cock (drain cock, (米) faucet)
出口栓 (排水栓)
35 plate rack
版棚, 版台

36 control switches
制御スイッチ
37 lid
ふた
38 **halftone photoengraving** (halftone
block, halftone plate)
網目写真凸版, 網版〈凸版 block
(plate, printing plate) の一つ〉
39 dot (halftone dot)
点 (網点)〈印刷要素 printng element の
一つ〉
40 etched zinc plate
腐食された亜鉛版
41 block mount (block mounting, plate
mount, plate mounting)
凸版台, 版台
42 **line block** (line engraving, line
etching, line plate, line cut)
線画凸版 (線画腐食)
43 non-printing, deep-etched areas
非画線部, 腐食部分
44 flange (bevel edge)
フランジ (みみ)
45 sidewall
版端の傾斜部

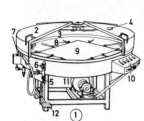
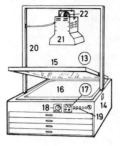
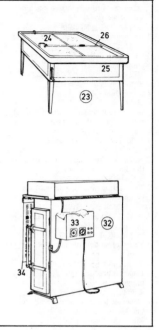
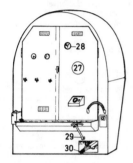
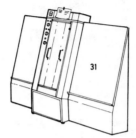

1 plate whirler (whirler, plate-coating machine) for coating offset plates
ホワラー〈版材に塗布した感光液を乾燥する回転式乾燥機〉

2 sliding lid
滑動式のふた

3 electric heater
電気ヒーター

4 temperature gauge ((米) gage)
温度計, 温度ゲージ

5 water connection for the spray unit
スプレー装置への給水継ぎ手

6 spray unit
スプレー装置

7 hand spray
手動スプレー

8 plate clamps
版締め具

9 zinc plate
亜鉛板〈その他, マグネシウム板 magnesium plate, 銅板 copper plate など〉

10 control panel
制御盤

11 drive motor
駆動モーター

12 brake pedal
ブレーキ・ペダル

13 vacuum printing frame (vacuum frame, printing-down frame)
真空焼き枠

14 base of the vacuum printing frame (vacuum frame, printing-down frame)
真空焼き枠のベース

15 plate glass frame
板ガラス枠

16 coated offset plate
感光液を塗布したオフセット版

17 control panel
制御盤

18 exposure timer
露光時間計

19 vacuum pump switch
真空ポンプ・スイッチ

20 support
支柱

21 point light exposure lamp
点光源露光用ランプ〈石英ハロゲン・ランプ quartz-halogen lamp の一つ〉

22 fan blower
ファン, 送風機

23 stripping table (make-up table) for stripping films
膜(まく)はがしフィルム用のストリッピング・テーブル (割付けテーブル)

24 crystal glass screen
クリスタル・ガラス・スクリーン

25 light box
ライト・ボックス〈光度が一様でフィルムなどの検査に用いる〉

26 straightedge rules
直定規物差し

27 vertical plate-drying cabinet
垂直版乾燥箱

28 hygrometer
湿度計

29 speed control
速度調整器

30 brake pedal
ブレーキ・ペダル

31 processing machine for presensitized plates
PS 版製版機〈前もって感光剤を塗布した〉

32 burning-in oven for glue-enamel plates (diazo plates)
グルー・エナメル化板 (ジアゾニウム板) 用のバーニング・オーブン

33 control box (control unit)
調整箱 (制御装置)

34 diazo plate
ジアゾニウム版

1 four-colour ((米) four-color) rotary offset press (rotary offset machine, web-offset press)
4色オフセット輪転印刷機

2 roll of unprinted paper (blank paper)
印刷されていない巻き取り紙

3 reel stand (carrier for the roll of unprinted paper)
巻取り紙台〈印刷されていない巻き取り紙運搬器〉

4 forwarding rolls
前進ロール

5 side margin control (margin control, side control, side lay control)
サイド・マージン(側面へり)調整

6-13 inking units (inker units)
インキ装置

6, 8, 10, 12 inking units (inker units) in the upper printing unit
上部印刷装置のインキ装置

6-7 perfecting unit (double unit) for yellow
両面印刷ユニット〈黄印刷用〉

7, 9, 11, 13 inking units (inker units) in the lower printing unit
下部印刷装置のインキ装置

8-9 perfecting unit (double unit) for cyan
両面印刷ユニット〈シアン印刷用〉

10-11 perfecting unit (double unit) for magenta
両面印刷ユニット〈マゼンタ印刷用〉

12-13 perfecting unit (double unit) for black
両面印刷ユニット〈黒印刷用〉

14 drier
乾燥器

15 folder (folder unit)
折り部〈紙折り機〉

16 control desk
制御盤

17 sheet
枚葉紙

18 four-colour ((米) four-color) rotary offset press (rotary offset machine, web-offset press) [diagram]
4色オフセット輪転印刷機 [線図]

19 reel stand
巻取り紙台

20 side margin control (margin control, side control, side lay control)
サイド・マージン(側面へり)調整

21 inking rollers (ink rollers, inkers)
インキ・ローラー、着肉ローラー

22 ink duct (ink fountain)
インキ壺(つぼ)

23 damping rollers (dampening rollers, dampers, dampeners)
水棒〈しめし装置〉

24 blanket cylinder
ブランケット・シリンダー〈ゴム胴〉

25 plate cylinder
版胴

26 route of the paper (of the web)
巻取り紙の通路

27 drier
乾燥箱

28 chilling rolls (cooling rollers, chill rollers)
冷却ローラー

29 folder (folder unit)
折り部〈紙折り機〉

30 four-colour ((米) four-color) sheet-fed offset machine (offset press) [diagram]
4色枚葉オフセット印刷機 [線図]

31 sheet feeder (feeder)
枚葉紙給紙機

32 feed table (feed board)
紙差し板

33 route of the sheets through swing-grippers to the feed drum
スィング・グリッパーから給紙胴を通る枚葉紙の通路

34 feed drum
給紙胴

35 impression cylinder
圧胴

36 transfer drums (transfer cylinders)
移送胴

37 blanket cylinder
ブランケット胴

38 plate cylinder
版胴

39 damping unit (dampening unit)
水棒を含む湿水装置

40 inking units (inker units)
インキ装置、着肉装置

41 printing unit
印刷装置

42 delivery cylinder
排紙胴

43 chain delivery
チェーン排紙

44 delivery pile
排紙された紙の山

45 delivery unit (delivery mechanism)
排紙装置

46 single-colour ((米) single-color) offset press (offset machine)
1色〈単色〉オフセット印刷機

47 pile of paper (sheets, printing paper)
積み上げられた紙、積み紙

48 sheet feeder (feeder)
給紙機〈ここでは、自動給紙機
automatic pile feeder〉

49 feed table (feed board)
紙差し板

50 inking rollers (ink rollers, inkers)
インキ・ローラー、着肉ローラー

51 inking units (inker units)
インキ装置〈着肉装置〉

52 damping rollers (dampening rollers, dampers, dampeners)
水棒、湿し水ローラー

53 plate cylinder
版胴〈亜鉛板 zinc plate の一つ〉

54 blanket cylinder
ブランケット胴〈ゴム・ブランケットを巻きつけた鉄製のシリンダー steel cylinder with rubber blanket の一つ〉

55 pile delivery unit for the printed sheets
印刷済み紙の積重ね排紙装置

56 gripper bar
くわえ爪棒、バー〈ここでは、チェーン・グリッパー chain gripper〉

57 pile of printed paper (printed sheets)
積み上げられた印刷済みの紙

58 guard for the V-belt (vee-belt) drive
Vベルト駆動安全おおい

59 single-colour ((米) single-color) offset press (offset machine) [diagram]
1色〈単色〉オフセット印刷機 [線図]

60 inking unit (inker unit) with inking rollers (ink rollers, inkers)
インキ・ローラーつきインキ装置、着肉装置

61 damping unit (dampening unit) with damping rollers (dampening rollers, dampers, dampeners)
水棒つき湿し水装置

62 plate cylinder
版胴

63 blanket cylinder
ブランケット胴

64 impression cylinder
圧胴

65 delivery cylinders with grippers
くわえつめつき排紙胴

66 drive wheel
原動ギア、プーリー

67 feed table (feed board)
紙差し板

68 sheet feeder (feeder)
給紙機

69 pile of unprinted paper (blank paper, unprinted sheets, blank sheets)
印刷前の積上げられた紙

70 small sheet-fed offset press
小型枚葉オフセット印刷機

71 inking unit (inker unit)
インキ装置

72 suction feeder
吸着方式の給紙装置、サクション・フィーダー

73 pile feeder
パイル給紙機

74 instrument panel (control panel) with counter, pressure gauge ((米) gage), air regulator, and control switch for the sheet feeder (feeder)
カウンター、圧力計、空気調節器、給紙機用のスィッチつき計器盤（制御盤）

75 flat-bed offset press (offset machine) ('Mailänder' proofing press, proof press)
平台オフセット印刷機（マイレンダー校正機、校正機）

76 inking unit (inker unit)
インキ装置

77 inking rollers (ink rollers, inkers)
インキ・ローラー

78 bed (press bed, type bed, forme bed, (米) form bed)
版盤（プレス盤、活字盤）

79 cylinder with rubber blanket
ゴム・ブランケット胴

80 starting and stopping lever for the printing unit
印刷装置運転レバー

81 impression-setting wheel (impression-adjusting wheel)
印圧調節輪

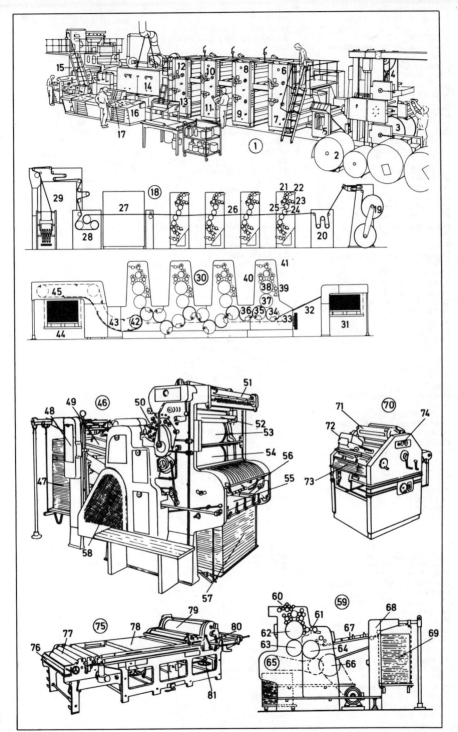

1-65 presses (machines) for letterpress printing (letterpress printing machines)
活版印刷機

1 two-revolution flat-bed cylinder press
2回転平台印刷機

2 impression cylinder
圧胴

3 lever for raising or lowering the cylinder
圧胴着脱レバー

4 feed table (feed board)
紙差しテーブル（紙差し板）

5 automatic sheet feeder (feeder) [operated by vacuum and air blasts]
自動給紙機［真空および空気流操作］

6 air pump for the feeder and delivery
給排紙用空気ポンプ

7 inking unit (inker unit) with distributing rollers (distributor rollers, distributors) and forme rollers ((米) form rollers)
インキ練りローラーとインキ・ローラーつきインキ装置

8 ink slab (ink plate) inking unit (inker unit)
インキ練り盤着肉装置

9 delivery pile for printed paper
印刷済みの排紙パイル

10 sprayer (anti set-off apparatus, anti set-off spray) for dusting the printed sheets
印刷済みの紙に粉末を振りかけるスプレー〈裏移り防止用〉

11 interleaving device
間紙（あいだがみ）挿入装置

12 foot pedal for starting and stopping the press
始動・停止踏みペダル

13 platen press (platen machine, platen) [in section]
プラテン印刷機［断面図］

14 paper feed and delivery (paper feeding and delivery unit)
給紙・排紙装置

15 platen
プラテン，圧盤

16 toggle action (toggle-joint action)
トグル〔ジョイント〕作動

17 bed (type bed, press bed, forme bed, (米) form bed)
版盤，活字盤

18 forme rollers ((米) form rollers) (forme-inking ((米) form-inking) rollers)
インキ・ローラー〈つけローラー〉

19 inking unit (inker unit) for distributing the ink (printing ink)
インキ練りつきインキ装置

20 stop-cylinder press (stop-cylinder machine)
ストップ・シリンダー式凸版印刷機

21 feed table (feed board)
紙差しテーブル（紙差し板）

22 feeder mechanism (feeding apparatus, feeder)
給紙機構（給紙装置）

23 pile of unprinted paper (blank paper, unprinted sheets, blank sheets)
印刷前の積み紙

24 guard for the sheet feeder (feeder)
給紙ガード

25 pile of printed paper (printed sheets)
印刷済みの積み紙

26 control mechanism
制御機構

27 forme rollers ((米) form rollers) (forme-inking ((米) form-inking) rollers)
インキ・ローラー〈つけローラー〉

28 inking unit (inker unit)
インキ装置

29 [Heidelberg] platen press (platen machine, platen)
［ハイデルベルグ］平圧式凸版印刷機

30 feed table (feed board) with pile of unprinted paper (blank paper, unprinted sheets, blank sheets)
印刷用紙が積んである給紙台

31 delivery table
排紙テーブル

32 starting and stopping lever
始動・停止レバー

33 delivery blower
排紙ブロワー

34 spray gun (sprayer)
スプレー・ガン

35 air pump for vacuum and air blasts
真空および吹付け用空気ポンプ

36 locked-up forme ((米) form)
組み付けされた組版

37 type (type matter, matter)
活字（活版，活字材料）

38 chase
チェース〈版を組みつけるための鉄枠〉

39 quoin
くさび〈版面を締める〉

40 length of furniture
フォルマートの長さ〈木(金属)製の込め物〉

41 rotary letterpress press (rotary letterpress machine, web-fed letterpress machine) for newspapers of up to 16 pages
16ページ以上の新聞印刷用輪転凸版印刷機，巻取り紙使用凸版印刷機

42 slitters for dividing the width of the web
巻取り紙の幅を分割切断するスリッター

43 web
印刷用巻取り紙

44 impression cylinder
圧胴

45 jockey roller (compensating roller, compensating roller, tension roller)
操作ローラー（補正ローラー，テンション・ローラー）

46 roll of paper
巻取り紙

47 automatic brake
自動ブレーキ

48 first printing unit
第1印刷装置

49 perfecting unit
両面印刷装置

50 inking unit (inker unit)
インキ装置

51 plate cylinder
版胴

52 second printing unit
第2印刷装置

53 former
フォーマー，三角板〈折り部への排紙〉

54 tachometer with sheet counter
枚葉紙カウンターつき速度計

55 folder (folder unit)
折り部（紙折り装置）

56 folded newspaper
折られた新聞

57 inking unit (inker unit) for the rotary press (web-fed press) [in section]
輪転印刷機のインキ装置［断面図］

58 web
巻取り紙

59 impression cylinder
圧胴

60 plate cylinder
版胴

61 forme rollers ((米) form rollers) (forme-inking ((米) form-inking) rollers)
着肉ローラー〈つけローラー〉

62 distributing rollers (distributor rollers, distributors)
インキ練りローラー

63 lifter roller (ductor, ductor roller)
インキ移しローラー

64 duct roller (fountain roller, ink fountain roller)
インキ出しローラー

65 ink duct (ink fountain)
インキつぼ（インキ溝）

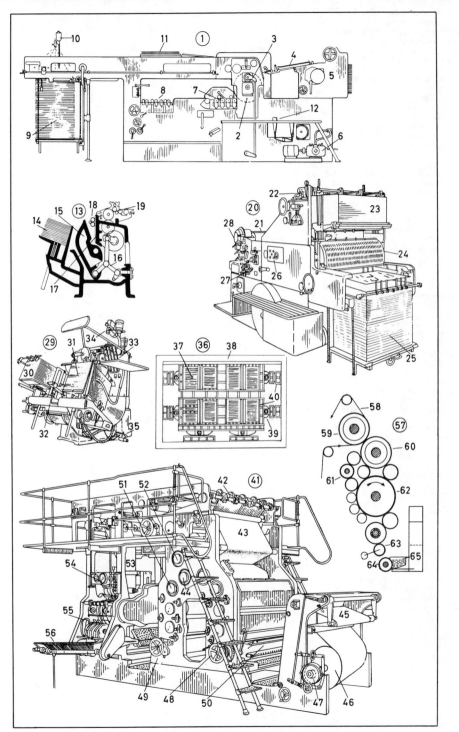

182 Photogravure (Gravure Printing, Intaglio Printing)

1 exposure of the carbon tissue
  (pigment paper)
  カーボン・ティッシュ(顔料紙)の露出
2 vacuum frame
  真空フレーム
3 exposing lamp
  露出ランプ〈石英ハロゲン・ランプ quartz-
  halogen lamps の貯蔵室 bank〉
4 point source lamp
  点光源ランプ
5 heat extractor
  熱抽出器
6 carbon tissue transfer machine
  (laydown machine, laying machine)
  カーボン・ティッシュ転写機
7 polished copper cylinder
  みがかれた銅シリンダー
8 rubber roller for pressing on the
  printed carbon tissue (pigment
  paper)
  焼付け後のカーボン・ティッシュを〈銅シリン
  ダー上に〉プレスするためのゴム・ローラー
9 cylinder-processing machine
  シリンダー製版機
10 gravure cylinder coated with carbon
  tissue (pigment paper)
  カーボン・ティッシュをつけたグラビア・シリン
  ダー
11 developing tank
  現像タンク
12 staging
  腐食止め
13 developed cylinder
  現像されたシリンダー
14 retoucher painting out (stopping out)
  写真修正つぶし〈腐食止めをかける〉
15 etching machine
  腐食機
16 etching tank with etching solution
  (etchant, mordant)
  腐食液入りの腐食槽
17 printed gravure cylinder
  画像をのせたグラビア・シリンダー
18 gravure etcher
  グラビア腐食製作者
19 calculator dial
  計算器ダイアル
20 timer
  タイマー
21 revising (correcting) the cylinder
  シリンダー修正
22 etched gravure cylinder
  腐食されたグラビア・シリンダー
23 ledge
  棚
24 multicolour ((米) multicolor)
  rotogravure press
  多色グラビア輪転機
25 exhaust pipe for solvent fumes
  溶剤ガスの排気管
26 reversible printing unit
  可逆印刷装置
27 folder (folder unit)
  折り部（紙折り装置）
28 control desk
  制御卓
29 newspaper delivery unit
  新聞排紙装置
30 conveyor belt (conveyor)
  コンベヤ・ベルト
31 bundled stack of newspapers
  積み上げた新聞の束

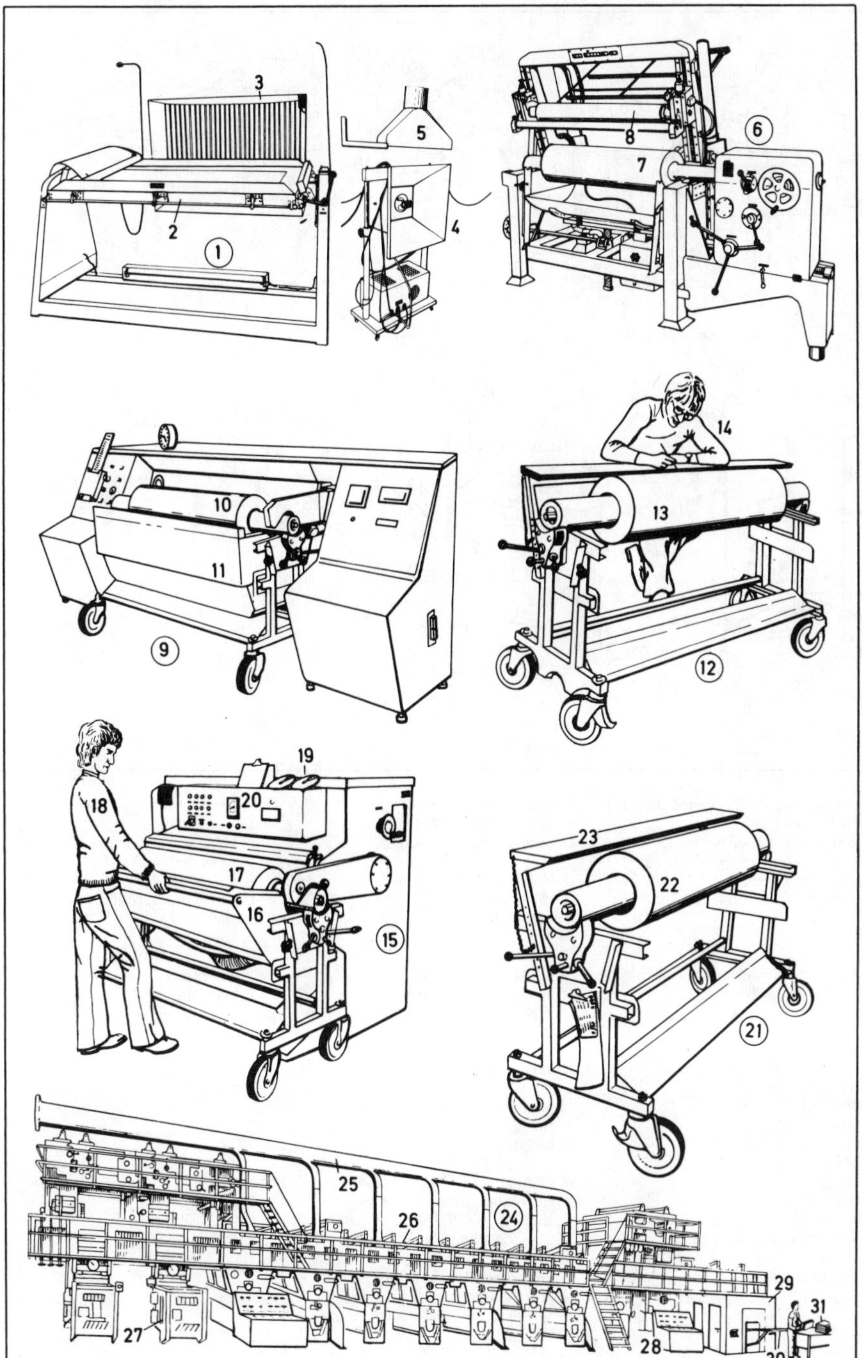
1
2
3
4
5
6
7
8
9
10
11
12
13
14
15
16
17
18
19
20
21
22
23
24
25
26
27
28
29
30
31

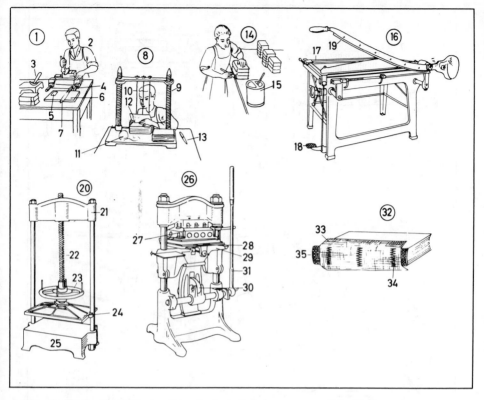

1-35 hand bookbindery (hand bindery)
手作業による製本所
1 gilding the spine of the book
背の箔(はく)押し，金付け
2 gold finisher (gilder)
金箔押し師〈製本工 bookbinder の一人〉
3 fillet
筋車
4 holding press (finishing press)
手締め器（仕上げ器）
5 gold leaf
金箔
6 gold cushion
金箔切断用下敷
7 gold knife
金箔切断用ナイフ
8 sewing (stitching)
手かがり作業
9 sewing frame
かがり器のフレーム
10 sewing cord
かがり用の糸
11 ball of thread (sewing thread)
糸玉
12 section (signature)
折り丁
13 bookbinder's knife
製本用ナイフ
14 gluing the spine
背固め〈にかわを塗る〉
15 glue pot
にかわポット

16 board cutter (guillotine)
ボール紙切断機（断裁機）
17 back gauge ((米) gage)
バック・ゲージ〈背の寸法を計る〉
18 clamp with foot pedal
踏みペダルつき締め具
19 cutting blade
断裁刃
20 standing press
締め機〈加圧機 nipping press の一つ〉
21 head piece (head beam)
用枠
22 spindle
軸
23 handwheel
ハンドル〈加圧用〉
24 platen
加圧盤
25 bed (base)
ベッド（定盤）
26 gilding (gold blocking) and embossing press
箔(はく)押し（金箔）・浮出し用プレス〈ハンド・レバープレス hand-lever press の一つ。類似のものに，トグル継ぎ手プレス toggle-joint press (toggle-lever press) がある〉
27 heating box
加熱箱
28 sliding plate
滑動〈前後に〉式定盤
29 embossing platen
〔空押し〕定盤
30 toggle action (toggle-joint action)
トグル装置〈トグル継ぎ手作動〉

31 hand lever
ハンド・レバー
32 book sewn on gauze (mull, scrim) (unbound book)
ガーゼの上に縫った本（未製本の本）
33 gauze (mull, scrim)
寒冷紗(しゃ)〈モスリン，綿あるいは麻の織物〉
34 sewing (stitching)
かがり，糸とじ
35 headband
ヘドバン，花ぎれ

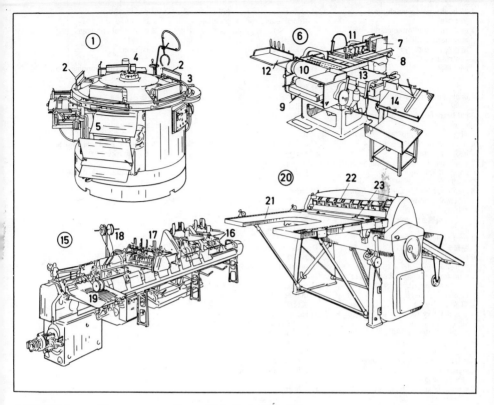

1-23 bookbinding machines
製本機械

1 adhesive binder (perfect binder) for short runs
小部数用接着とじ機（無線とじ機）

2 manual feed station
手動給紙部

3 cutoff knife and roughing station
切断ナイフと荒引き部

4 gluing mechanism
のりづけ機構

5 delivery (book delivery)
排出部（本排出）

6 case maker (case-making machine)
ケース・メーカー（表紙製造機）

7 board feed hopper
ボール紙給紙部

8 pickup sucker
ピックアップ・サッカー〈ボール紙吸いつけ板〉

9 glue tank
にかわ槽

10 cover cylinder
表紙シリンダー〈表紙にのりづけする〉

11 picker head
吸付けヘッド

12 feed table for covering materials [linen, paper, leather]
表紙材料［リンネル，紙，皮など］を繰出すテーブル

13 pressing mechanism
加圧機構

14 delivery table
排出テーブル

15 gang stitcher (gathering and wire-stitching machine, gatherer and wire stitcher)
針金とじ機（丁合いと針金とじ機，ギャザラー）

16 sheet feeder (sheet-feeding station)
給紙部

17 folder-feeding station
折り・給紙部

18 stitching wire feed mechanism
とじ針金供給機

19 delivery table
排出テーブル

20 rotary board cutter (rotary board-cutting machine)
回転式ボール紙切断機

21 feed table with cut-out section
切込み式供給テーブル

22 rotary cutter
回転式カッター

23 feed guide
給紙ガイド

1-35 bookbinding machines
製本機械
1 guillotine (guillotine cutter, automatic guillotine cutter)
断裁機（自動断裁機）
2 control panel
制御盤
3 clamp
クランプ
4 back gauge ((米) gage)
バック・ゲージ
5 calibrated pressure adjustment [to clamp]
目盛りをつけた圧力調整器［クランプへ］
6 illuminated cutting scale
照明された切断目盛り
7 single-hand control for the back gauge ((米) gage)
バック・ゲージ片手調整器
8 combined buckle and knife folding machine (combined buckle and knife folder)
バックル機構をもったナイフ折り方式の折り機
9 feed table (feed board)
給紙テーブル（給紙板）
10 fold plates
折り板
11 stop for making the buckle fold
バックル折りのための停止装置
12 cross fold knives
直角折り用ナイフ
13 belt delivery for parallel-folded signatures
平行折り丁用のベルト排出
14 third cross fold unit
第3直角折り装置
15 delivery tray for cross-folded signatures
直角折り用排出受け部
16 sewing machine (book-sewing machine)
糸かがり機（糸とじ機）
17 spool holder
糸巻きホルダー
18 thread cop (thread spool)
円錐(えんすい)状に巻いた糸巻き
19 gauze roll holder (mull roll holder, scrim roll holder)
寒冷紗(しゃ)・ロール・ホルダー（モスリン・ロール・ホルダー，綿〔あるいは麻〕・ロール・ホルダー）
20 gauze (mull, scrim)
寒冷紗（綿あるいは麻）
21 needle cylinder with sewing needles
縫針つき針胴
22 sewn book
糸かがり〈糸とじ〉された本
23 delivery
排出部
24 reciprocating saddle
往復くらかけ部
25 sheet feeder (feeder)
枚葉紙給紙
26 feed hopper
給紙ホッパー
27 casing-in machine
くるみ機械
28 joint and side pasting attachment
接着部と側面のりづけ付属装置
29 blade
刃
30 preheater unit
予熱装置

31 gluing machine for whole-surface, stencil, edge, and strip gluing
〈全面，ステンシル，小口と細片ののりづけ用〉のりづけ機械
32 glue tank
にかわ槽
33 glue roller
にかわローラー
34 feed table
給紙テーブル
35 delivery
排出部
36 book
本
37 dust jacket (dust cover, bookjacket, wrapper)
ジャケット，本のカバー
38 jacket flap
ジャケットの折返し
39 blurb
宣伝文
40-42 binding
製本
40 cover (book cover, case)
表紙
41 spine (backbone, back)
本の背
42 tailband (footband)
テイル・バンド，花ぎれ
43-47 preliminary matter (prelims, front matter)
前付け
43 half-title
ハーフ・タイトル
44 half-title (bastard title, fly title)
ハーフ・タイトル（略書名，前扉）
45 title page
タイトル・ページ，とびら
46 full title (main title)
フル・タイトル，本扉（メイン・タイトル）
47 subtitle
サブ・タイトル，副題
48 publisher's imprint (imprint)
出版社の表示〈発行所，刊行年など〉
49 fly leaf (endpaper, endleaf)
遊び紙（見返しの遊び紙）
50 handwritten dedication
肉筆で書かれた献辞
51 bookplate (ex libris)
蔵書票〈図書館などでの〉
52 open book
開いた本
53 page
ページ
54 fold
折り
55-58 margin
余白，白マージン
55 back margin (inside margin, gutter)
のどのあき
56 head margin (upper margin)
天のあき
57 fore edge margin (outside margin, fore edge)
小口(こぐち)のあき
58 tail margin (foot margin, tail, foot)
地のあき
59 type area
印刷面，版面
60 chapter heading
柱〈章名〉
61 asterisk
アステリスク〈注用の記号〉
62 footnote
脚注，.ノート

63 page number
ページづけ，ノンブル
64 double-column page
2段組みのページ
65 column
段組み
66 running title (running head)
ランニング・タイトル〈柱〉
67 caption
見出し，キャプション
68 marginal note (side note)
サイド・ノート，傍注
69 signature (signature code)
折り丁の表示
70 attached bookmark (attached bookmarker)
リボン
71 loose bookmark (loose bookmarker)
〈本についている〉しおり

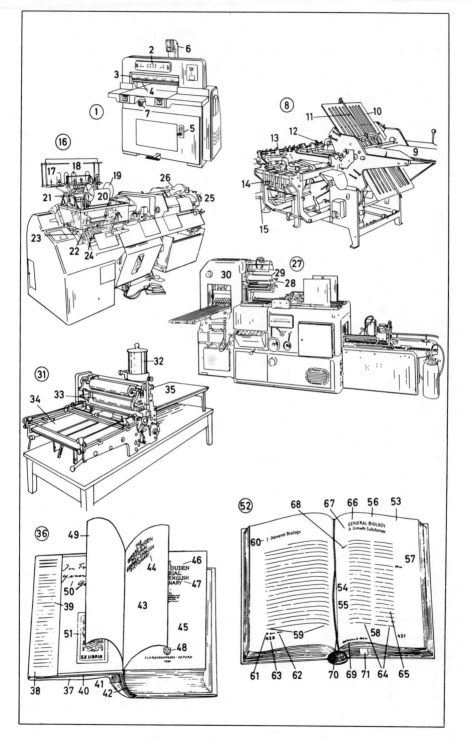

1-54 carriages (vehicles, conveyances,
　　　horse-drawn vehicles)
　　　馬車
1-3, 26-39, 45, 51-54 carriages and
　　　coaches (coach wagons)
　　　4 輪大型馬車
1 berlin
　ベルリン型馬車
2 waggonette
　軽 4 輪馬車〈大型のものは，brake,
　break という〉
3 coupé
　クーペ型馬車〈同種のものに，ブルーム型馬
　車 brougham がある〉
4 front wheel
　前車輪
5 coach body
　車体
6 dashboard (splashboard)
　泥よけ
7 footboard
　足台
8 coach box (box, coachman's seat,
　driver's seat)
　御者台（ぎょしゃだい）
9 lamp (lantern)
　ランプ
10 window
　窓
11 door (coach door)
　ドア，扉
12 door handle (handle)
　扉ハンドル
13 footboard (carriage step, coach step,
　step, footpiece)
　踏み台
14 fixed top
　固定屋根
15 spring
　ばね
16 brake (brake block)
　ブレーキ
17 back wheel (rear wheel)
　後車輪
18 dogcart
　ドッグカート〈1 頭立て 2 輪馬車 one-
　horse carriage の一種〉
19 shafts (thills, poles)
　　（ながえ）
20 lackey (lacquey, footman)
　従者
21 livery
　仕着せ
22 braided (gallooned) collar
　金筋入りカラー
23 braided (gallooned) coat
　金筋入りコート
24 braided (gallooned) sleeve
　金筋入りのそで
25 top hat
　シルク・ハット
26 hackney carriage (hackney coach,
　cab, growler, (米) hack)
　ハックニー貸馬車
27 stableman (groom)
　馬丁（ばてい）
28 coach horse (carriage horse, cab
　horse, thill horse, thiller)
　挽馬（ひきうま）
29 hansom cab (hansom)
　ハンサム馬車〈1 頭立てほろつき 2 輪馬車
　one-horse chaise (one-horse carriage)
　で，折りたたみ式ほろ馬車 cabriolet の一
　種〉
30 shafts (thills, poles)
　轅（ながえ）

31 reins (rein, (米) line)
　手綱
32 coachman (driver) with inverness
　インバネスを着用した御者
33 covered char-a-banc (brake, break)
　屋根つきシャラバン〈大型遊覧馬車
　pleasure vehicle の一種〉
34 gig (chaise)
　ギグ馬車〈1 頭立て 2 輪馬車〉
35 barouche
　バルーシュ型馬車
36 landau
　ランドー型馬車〈landaulet, landaulette
　ともいう。2 頭立て 4 輪馬車 two-horse
　carriage の一種〉
37 omnibus (horse-drawn omnibus)
　オムニバス，乗合馬車
38 phaeton
　フェートン型馬車
39 Continental stagecoach (mailcoach,
　diligence)
　駅馬車(郵便馬車)〈road coach ともい
　う〉
40 mailcoach driver
　騎手頭(がしら)
41 posthorn
　角笛
42 hood
　ほろ
43 post horses (relay horses, relays)
　駅馬
44 tilbury
　ティルバリー型馬車
45 troika (Russian three-horse carriage)
　トロイカ〈ロシア式 3 頭立て馬車〉
46 leader
　先導馬
47 wheeler (wheelhorse, pole horse)
　挽馬(ひきうま)
48 English buggy
　イングリッシュ・バギー〈1 頭立て 2 輪馬車〉
49 American buggy
　アメリカン・バギー〈1 頭立て 4 輪馬車〉
50 tandem
　タンデム〈縦並び 2 頭引き馬車〉
51 vis-à-vis
　ビーザビー〈座席が向かい合っている馬車〉
52 collapsible hood (collapsible top)
　折りたたみほろ
53 mailcoach (English stagecoach)
　郵便馬車〈イングリッシュ駅馬車〉
54 covered (closed) chaise
　屋根つきチェイス

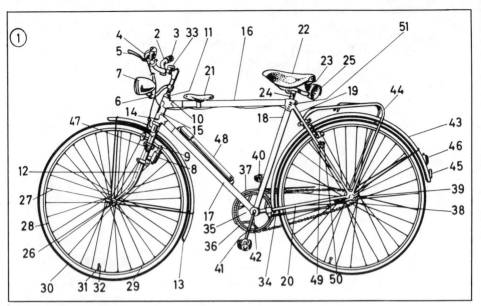

1 bicycle (cycle, (□) bike, (米)
wheel)
自転車〈紳士用自転車 gent's bicycle,
ツーリング・サイクル touring bicycle
(touring cycle, roadster)などの種類があ
る〉
2 handlebar (handlebars)
ハンドル〈ここでは，ツアー・ハンドル touring
cycle handlebar〉
3 handlebar grip (handgrip, grip)
ハンドル握り，グリップ
4 bicycle bell
ベル
5 hand brake (front brake)
ハンド・ブレーキ〈ここでは，前輪ブレーキ
rim brake〉
6 lamp bracket
ランプ掛け
7 headlamp (bicycle lamp)
ヘッドランプ
8 dynamo
発電器
9 pulley
回転子輪
10-12 front forks
前輪フォーク
10 handlebar stem
ハンドル軸
11 steering head
前止め輪
12 fork blades (fork ends)
フォーク・ブレード
13 front mudguard ((米) front fender)
前輪泥よけ
14-20 bicycle frame
フレーム
14 steering tube (fork column)
前管
15 head badge
前章
16 crossbar (top tube)
横材, 上パイプ
17 down tube
下管, 下パイプ

18 seat tube
座席管, 立パイプ
19 seat stays
座席ステイ
20 chain stays
チェーン・ステイ
21 child's seat (child carrier seat)
子供座席
22 bicycle saddle
サドル
23 saddle springs
サドル・スプリング
24 seat pillar
シート・ピラー
25 saddle bag (tool bag)
工具袋
26-32 wheel (front wheel)
車輪 (前車輪)
26 hub
ハブ
27 spoke
スポーク
28 rim (wheel rim)
リム
29 spoke nipple (spoke flange, spoke
end)
スポーク・ニップル
30 tyres ((米) tires) (tyre, pneumatic
tyre, high-pressure tyre)
タイヤ (空気タイヤ, 高圧タイヤ)〈内側は，
チューブ tube (inner tube), 外側は, タイ
ヤ tyre (outer case, cover)〉
31 valve
弁〈虫ゴムつき空気弁 tube valve with
valve tube, 玉入り特許弁 patent
valve with ball などがある〉
32 valve sealing cap
弁密封キャップ
33 bicycle speedometer with kilometer
速度計 [キロメートル]
34 kick stand (prop stand)
キック・スタンド
35-42 bicycle drive (chain drive)
自転車駆動 (チェーン駆動)

35-39 chain transmission
チェーン伝動
35 chain wheel
チェーン歯車
36 chain
チェーン〈ローラー・チェーン roller
chain の一種〉
37 chain guard
チェーン・カバー
38 sprocket wheel (sprocket)
後輪スプロケット
39 wing nut (fly nut, butterfly nut)
蝶ナット
40 pedal
ペダル
41 crank
クランク
42 bottom bracket bearing
下ブラケット軸受け
43 rear mudguard ((米) rear fender)
後輪泥よけ
44 luggage carrier (carrier)
荷物台
45 reflector
反射鏡
46 rear light (rear lamp)
リヤ・ライト (リヤ・ランプ)
47 footrest
足掛け
48 bicycle pump
空気入れ, ポンプ
49 bicycle lock
錠〈回転錠 wheel lock の一つ〉
50 patent key
特許キー
51 cycle serial number (factory number,
frame number)
一連番号 (製造番号, フレーム番号)

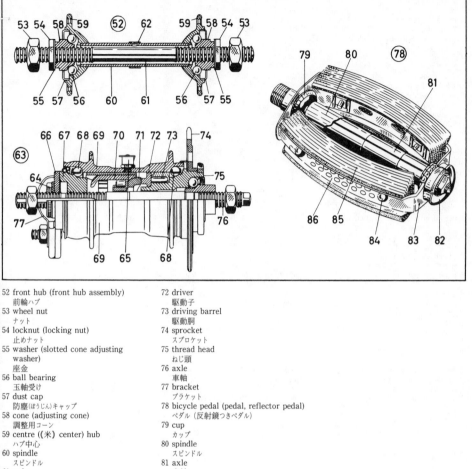

52 front hub (front hub assembly)
　前輪ハブ
53 wheel nut
　ナット
54 locknut (locking nut)
　止めナット
55 washer (slotted cone adjusting
　washer)
　座金
56 ball bearing
　玉軸受け
57 dust cap
　防塵(ぼうじん)キャップ
58 cone (adjusting cone)
　調整用コーン
59 centre (《米》center) hub
　ハブ中心
60 spindle
　スピンドル
61 axle
　車軸
62 clip covering lubrication hole
　(lubricator)
　クリップつき注油口
63 free-wheel hub with back-pedal
　brake (with coaster brake)
　逆転ブレーキつき自由輪ハブ
64 safety nut
　安全ナット
65 lubricator
　注油器
66 brake arm
　ブレーキ・アーム
67 brake arm cone
　ブレーキ・アーム・コーン
68 bearing cup with ball bearings in
　ball race
　玉軸受けコップ
69 hub shell (hub body, hub barrel)
　ハブ胴
70 brake casing
　ブレーキ・ケーシング
71 brake cone
　ブレーキ円錐

72 driver
　駆動子
73 driving barrel
　駆動胴
74 sprocket
　スプロケット
75 thread head
　ねじ頭
76 axle
　車軸
77 bracket
　ブラケット
78 bicycle pedal (pedal, reflector pedal)
　ペダル (反射鏡つきペダル)
79 cup
　カップ
80 spindle
　スピンドル
81 axle
　車軸
82 dust cap
　防塵(ぼうじん)キャップ
83 pedal frame
　ペダル・フレーム
84 rubber stud
　ゴム・スタッド
85 rubber block (rubber tread)
　ゴム・ブロック (ゴム踏み面)
86 glass reflector
　ガラス反射鏡

1 folding bicycle
折りたたみ式自転車

2 hinge
蝶番(ちょうつがい)〈ロック・レバーlocking lever ともいう〉

3 adjustable handlebar (handlebars)
調節できるハンドル

4 adjustable saddle
調節できるサドル

5 stabilizers
スタビライザー

6 motor-assisted bicycle
モーターつき自転車

7 air-cooled two-stroke engine
空冷式2サイクル・エンジン

8 telescopic forks
入れ子式フォーク

9 tubular frame
管状フレーム

10 fuel tank (petrol tank, (米) gasoline tank)
燃料タンク（ガソリン・タンク）

11 semi-rise handlebars
半垂直ハンドル

12 two-speed gear-change (gearshift)
2段ギヤ転換装置（変速機）

13 high-back polo saddle
ハイ・バック・ポロしきサドル

14 swinging-arm rear fork
振動アーム式リヤ・フォーク

15 upswept exhaust
なで上げ排気筒

16 heat shield
熱シールド

17 drive chain
駆動チェーン

18 crash bar (roll bar)
防護バー（ロール・バー）

19 speedometer ((口) speedo)
速度計

20 battery-powered moped
電池動力式モペット〈電気動力型自転車 electrically-powered vehicle の一種〉

21 swivel saddle
回転サドル

22 battery compartment
バッテリー箱

23 wire basket
ワイヤ・バスケット

24 touring moped (moped)
ツーリング・モペット

25 pedal crank (pedal drive, starter pedal)
ペダル・クランク（ペダル駆動，スターター・ペダル）

26 single-cylinder two-stroke engine
1気筒・2サイクル・エンジン

27 spark-plug cap
スパーク・プラグ・キャップ

28 fuel tank (petrol tank, (米) gasoline tank)
燃料タンク

29 moped headlamp (front lamp)
モペットのヘッドランプ

30-35 handlebar fittings
ハンドル取付け部品

30 twist grip throttle control (throttle twist grip)
ねじりグリップ・スロットル制御器（スロットル・ねじりグリップ）

31 twist grip (gear-change, gearshift)
ねじりグリップ（変速機）

32 clutch lever
クラッチ・レバー

33 hand brake lever
ハンド・ブレーキ・レバー

34 speedometer ((口) speedo)
速度計

35 rear-view mirror (mirror)
バックミラー

36 front wheel drum brake (drum brake)
前輪ドラム・ブレーキ

37 Bowden cables (brake cables)
ボーデン索（ブレーキ索）

38 stop and tail light unit
停止尾灯部

39 light motorcycle with kickstarter
キックスターターつき軽オートバイ

40 housing for instruments with speedometer and electronic rev counter (revolution counter)
速度計・電気回転計などの装置ケース

41 telescopic shock absorber
入れ子式緩衝器

42 twin seat
2人乗り座席

43 kickstarter
足蹴り始動機

44 pillion footrest
後部座席足台〈足台 footrest の一つ〉

45 handlebar (handlebars)
ハンドル

46 chain guard
チェーン・カバー

47 motor scooter (scooter)
モーター・スクーター

48 removable side panel
可動サイド・パネル

49 tubular frame
管状フレーム

50 matal fairings
金属風防板

51 prop stand (stand)
スタンド

52 foot brake
足踏みブレーキ

53 horn (hooter)
ホーン

54 hook for handbag or briefcase
ハンドバッグ掛けかぎ（鉤）

55 foot gear-change contral (foot gearshift control)
足踏み式変速ギヤ

56 high-riser
ミニサイクル〈同種のものに，チョッパー Chopper がある〉

57 high-rise handlebar (handlebars)
ハンドル

58 imitation motorcycle fork
模造オートバイ・フォーク

59 banana saddle
バナナ・サドル

60 chrome bracket
クローム・ブラケット

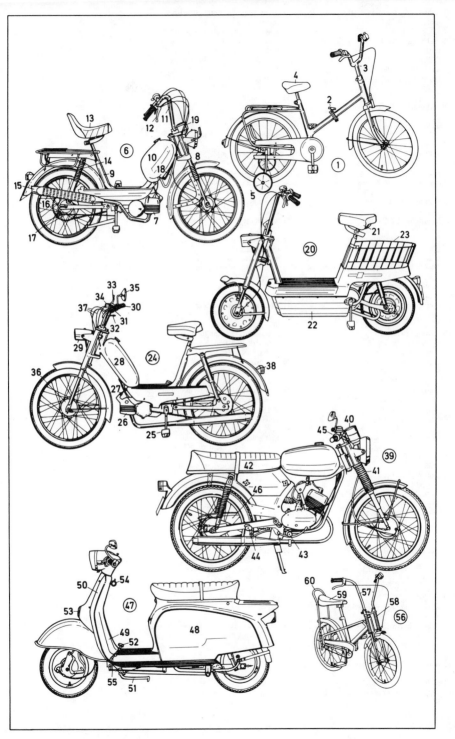

1 lightweight motorcycle (light motorcycle) [50 cc]
軽[量]オートバイ [50 cc]

2 fuel tank (petrol tank, (米) gasoline tank)
燃料タンク (ガソリン・タンク)

3 air-cooled single-cylinder four-stroke engine (with overhead camshaft)
空冷式1気筒4サイクル・エンジン (オーバーヘッド・カムシャフト)

4 carburettor ((米) carburetor)
気化器

5 intake pipe
吸気パイプ

6 five-speed gearbox
変速装置

7 swinging-arm rear fork
振動アーム式リヤ・フォーク

8 number plate ((米) license plate)
ナンバー・プレート (免許板)

9 stop and tail light (rear light)
停止尾灯

10 headlight (headlamp)
ヘッドライト

11 front drum brake
前輪ドラム・ブレーキ

12 brake cable (brake line)
ブレーキ索〈ボーデン索 Bowden cable の一種〉

13 rear drum brake
後輪ドラム・ブレーキ

14 racing-style twin seat
レーシング・カー型2人乗り座席 (ツイン・シート)

15 upswept exhaust
なで上げ排気筒

16 scrambling motorcycle (cross-country motorcycle) [125 cc]
スクランブル・オートバイ (クロス・カントリー・オートバイ) [125 cc]〈軽オートバイ light motorcycle の一種〉

17 lightweight cradle frame
軽量クレードル・フレーム

18 number disc (disk)
ナンバー・ディスク

19 solo seat
1人乗り座席, ソロ・シート

20 cooling ribs
冷却リブ

21 motorcycle stand
オートバイ・スタンド

22 motorcycle chain
オートバイ・チェーン

23 telescopic shock absorber
入れ子式緩衝器

24 spokes
スポーク

25 rim (wheel rim)
リム

26 motorcycle tyre ((米) tire)
タイヤ

27 tyre ((米) tire) tread
タイヤ・トレッド

28 gear-change lever (gearshift lever)
変速機レバー

29 twist grip throttle control (throttle twist grip)
ねじりグリップ・スロットル制御器 (スロットル・ねじりグリップ)

30 rear-view mirror (mirror)
バックミラー

31-58 heavy (heavyweight, large-capacity) motorcycles
重[量]オートバイ

31 heavyweight motorcycle with water-cooled engine
水冷式エンジンつき重[量]オートバイ

32 front disc (disk) brake
前輪ディスク・ブレーキ

33 disc (disk) brake calliper (caliper)
ディスク・ブレーキ・キャリパー

34 floating axle
浮動軸

35 water cooler
水冷器

36 oil tank
オイル・タンク

37 indicator (indicator light, turn indicator light)
方向指示器 (方向指示灯)

38 kickstarter
キックスターター

39 water-cooled engine
水冷式エンジン

40 speedometer
速度計

41 rev counter (revolution counter)
回転計

42 rear indicator (indicator light)
後尾方向指示器

43 heavy (heavyweight, high-performance) machine with fairing [1000 cc]
〈フェアリング (流線形の覆い) のついた〉重[重量, 高性能]オートバイ [1000 cc]

44 integrated streamlining
一体型流線形〈一体型フェアリング integrated fairing の一種〉

45 indicator (indicator light, turn indicator light)
方向指示器 (方向指示灯)

46 anti-mist windscreen ((米) windshield)
風よけ

47 horizontally-opposed twin engine with cardan transmission
水平対向型ツイン・エンジン〈カルダン伝動装置つき〉

48 light alloy wheel
軽合金車輪

49 four-cylinder machine [400 cc]
4気筒オートバイ [400 cc]

50 air-cooled four-cylinder four-stroke engine
空冷式4気筒4サイクル・エンジン

51 four-pipe megaphone exhaust pipe
4パイプ・メガホン排気筒

52 electric starter button
電気始動ボタン

53 sidecar machine
サイドカー

54 sidecar body
サイドカーの車体

55 sidecar crash bar
サイドカーの安全バー

56 sidelight ((米) sidemarker lamp)
側灯, サイドライト

57 sidecar wheel
サイドカーの車輪

58 sidecar windscreen ((米) windshield)
サイドカーの風防ガラス, フロントガラス

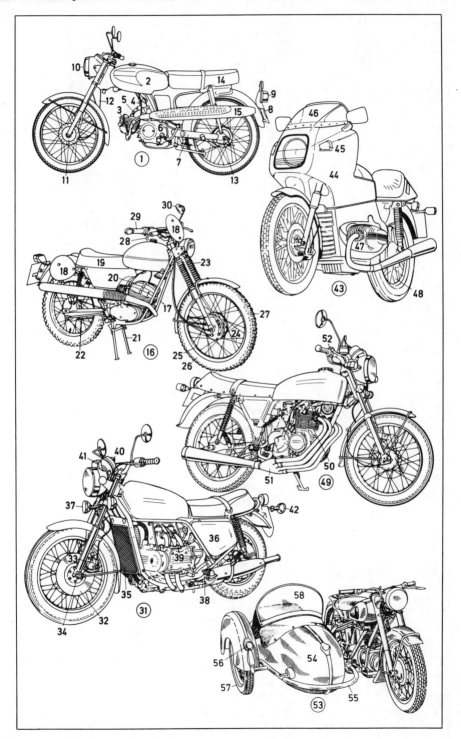

1 eight-cylinder V (vee) fuel-injection spark-ignition engine (Otto-cycle engine)
8 気筒 V 形燃料噴射火花点火エンジン（オットー・サイクル・エンジン）

2 cross-section of spark-ignition engine (Otto-cycle internal combustion engine)
火花点火エンジン（オットー・サイクル内燃機関）の断面図

3 sectional view of five-cylinder in-line diesel engine
5 気筒直形ディーゼル・エンジンの断面図

4 cross-section of diesel engine
ディーゼル・エンジンの断面図

5 two-rotor Wankel engine (rotary engine)
ツー・ローター・バンケル・エンジン（ロータリー・エンジン）

6 single-cylinder two-stroke internal combustion engine
単気筒 2 サイクル内燃機関

7 fan
ファン

8 fan clutch for viscous drive
粘性駆動用ファン・クラッチ

9 ignition distributor (distributor) with vacuum timing control
真空点火制御式配電器

10 double roller chain
2 重ローラー・チェーン

11 camshaft bearing
カム軸受け

12 air-bleed duct
エア・ブリード・ダクト

13 oil pipe for camshaft lubrication
カム軸潤滑油管

14 camshaft
カム軸〈ここでは，頭上カム軸 overhead camshaft〉

15 venturi throat
ベンチュリ管

16 intake silencer (absorption silencer, ((米)) absorption muffler)
吸気消音器（吸込消音器）

17 fuel pressure regulator
油圧調整器

18 inlet manifold
吸気マニホルド

19 cylinder crankcase
シリンダー・ブロック

20 flywheel
はずみ車

21 connecting rod (piston rod)
連接棒（ピストン棒）

22 cover of crankshaft bearing
クランク軸受けカバー

23 crankshaft
クランク軸

24 oil bleeder screw (oil drain plug)
油抜きプラグ（排油栓）

25 roller chain of oil pump drive
油ポンプ駆動ローラー・チェーン

26 vibration damper
振動ダンパー

27 distributor shaft for the ignition distributor (distributor)
配電器軸

28 oil filler neck
油注ぎ口

29 diaphragm spring
ダイヤフラム・スプリング

30 control linkage
制御リンク機構

31 fuel supply pipe (((米)) fuel line)
燃料パイプ

32 fuel injector (injection nozzle)
燃料噴射器（噴射ノズル）

33 rocker arm
揺れ腕，ロッカー・アーム

34 rocker arm mounting
揺れ腕台

35 spark plug (sparking plug) with suppressor
雑音防止器つき点火プラグ

36 exhaust manifold
排気マニホルド

37 piston with piston rings and oil scraper ring
ピストン・リングと油かきリングつきピストン

38 engine mounting
エンジン取付け

39 dog flange (dog)
つかみ金具

40 crankcase
クランク室

41 oil sump (sump)
油受け

42 oil pump
油ポンプ

43 oil filter
油フィルター

44 starter motor (starting motor)
始動モーター

45 cylinder head
シリンダー・ヘッド

46 exhaust valve
排気弁

47 dipstick
油面ゲージ

48 cylinder head gasket
シリンダーヘッド・ガスケット

49 double bushing chain
2 重ブッシュ・チェーン

50 warm-up regulator
暖機調整器，予熱調節器

51 tapered needle for idling adjustment
無負荷調整用のテーパー針

52 fuel pressure pipe (fuel pressure line)
燃料噴射パイプ

53 fuel leak line (drip fuel line)
燃料リーク・パイプ

54 injection nozzle (spray nozzle)
噴射ノズル

55 heater plug
予熱プラグ

56 thrust washer
スラスト座金

57 intermediate gear shaft for the injection pump drive
噴射ポンプ駆動用の中間歯車軸

58 injection timer unit
噴射時期調整装置

59 vacuum pump (low-pressure regulator)
真空ポンプ（低圧調整器）

60 cam for vacuum pump
真空ポンプのカム

61 water pump (coolant pump)
水ポンプ（冷却液ポンプ）

62 cooling water thermostat
冷却水サーモスタット

63 thermo time switch
サーモ・タイム・スイッチ

64 fuel hand pump
燃料ハンド・ポンプ

65 injection pump
噴射ポンプ

66 glow plug
グロー・プラグ

67 oil pressure limiting valve
油圧制限弁

68 rotor
ローター

69 seal
シール

70 torque converter
流体変速機

71 single-plate clutch
単板クラッチ

72 multi-speed gearing (multi-step gearing)
多速(多段)伝動装置

73 port liners in the exhaust manifold for emission control
排気浄化用排気マニホルドのポート・ライナー

74 disc (disk) brake
ディスク・ブレーキ

75 differential gear (differential)
差動歯車（差動装置）

76 generator
発電機

77 foot gear-change control (foot gearshift control)
足踏み変速操作装置

78 dry multi-plate clutch
乾式多板クラッチ

79 cross-draught (((米)) cross-draft) carburettor (((米)) carburetor)
交差通気式気化器

80 cooling ribs
冷却フィン

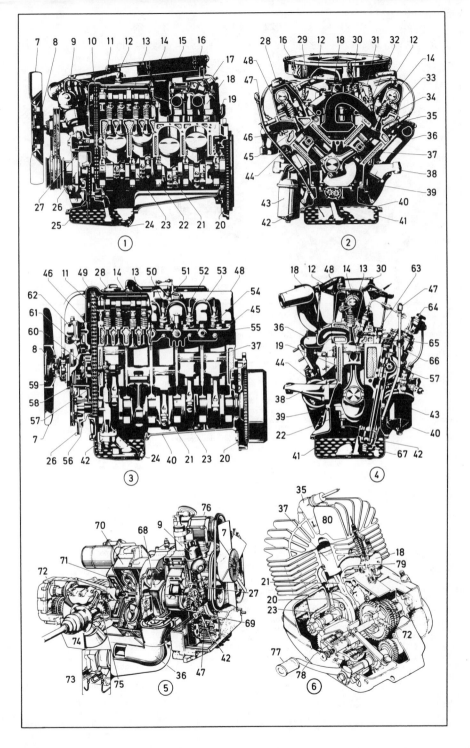

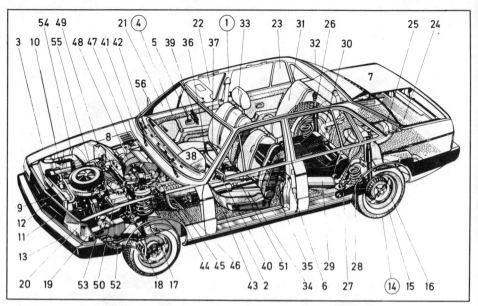

1-56 motor car (car, (米) automobile, auto)
自動車〈ここでは，乗用車 passenger vehicle〉
1 monocoque body (unitary body)
モノコック車体（単一車体）
2 chassis, the understructure of the body
車台，車体の下部構造
3 front wing ((米) front fender)
前泥よけ，フロント・フェンダー
4 car door
ドア，扉
5 door handle
ドア・ハンドル
6 door lock
ドア・ロック
7 boot lid ((米) trunk lid)
トランクのふた
8 bonnet ((米) hood)
ボンネット
9 radiator
ラジエーター，放熱器
10 cooling water pipe
冷却水パイプ
11 radiator grill
放熱器グリル
12 badging
バッジ
13 rubber-covered front bumper ((米) front fender)
ゴムつきフロント・バンパー
14 car wheel
車輪〈ディスク・ホイール disc (disk) wheel の一種〉
15 car tyre ((米) automobile tire)
タイヤ，自動車タイヤ
16 rim (wheel rim)
車輪リム
17-18 disc (disk) brake
ディスク・ブレーキ
17 brake disc (disk) (braking disc)
ブレーキ・ディスク

18 calliper (caliper)
キャリパー
19 front indicator light (front turn indicator light)
前部標示灯
20 headlight (headlamp)
ヘッドライト〈主灯を main beam (high beam)，下部につくものを dipped beam (low beam)，サイドライト(側灯)を sidelight (side lamp, (米) sidemarker lamp)という〉
21 windscreen ((米) windshield)
風防ガラス，フロントガラス〈ここでは，パノラマ式風防 panoramic windscreen〉
22 crank-operated car window
クランク操作の車窓
23 quarter light (quarter vent)
三角窓
24 boot ((米) trunk)
トランク
25 spare wheel
スペア・タイヤ
26 damper (shock absorber)
緩衝器，ショック・アブソーバー
27 trailing arm
トレーリング・アーム
28 coil spring
コイル・スプリング
29 silencer ((米) muffler)
マフラー，消音器
30 automatic ventilation system
自動通風装置
31 rear seats
リヤ・シート，後部座席
32 rear window
リヤ・ウィンドウ，後部窓
33 adjustable headrest (head restraint)
頭受け
34 driver's seat
運転席〈ここでは，リクライニング・シート reclining seat〉
35 reclining backrest
リクライニング・バックレスト

36 passenger seat
乗客座席
37 steering wheel
ハンドル
38 centre ((米) center) console
センター・コンソール〈速度計 speedometer ((口) speedo)，回転計 revolution counter (rev counter, tachometer)，燃料計 fuel gauge ((米) gage)，水温計 water temperatue gauge，油温計 oil temperature gauge や時計を取りつけたもの〉
39 inside rear-view mirror
車内用バック・ミラー
40 left-hand wing mirror
左サイド・ミラー
41 windscreen wiper ((米) windshield wiper)
ワイパー
42 defroster vents
デフロスター・ベント
43 carpeting
敷物
44 clutch pedal ((口) clutch)
クラッチ・ペダル
45 brake pedal ((口) brake)
ブレーキ・ペダル
46 accelerator pedal ((口) accelerator)
アクセル・ペダル
47 inlet vent
吸込み口
48 blower fan
送風ファン
49 brake fluid reservoir
ブレーキ液だめ
50 battery
蓄電池，バッテリー
51 exhaust pipe
排気管
52 front running gear with front wheel drive
前輪駆動車と前輪走行装置
53 engine mounting
エンジン取付け

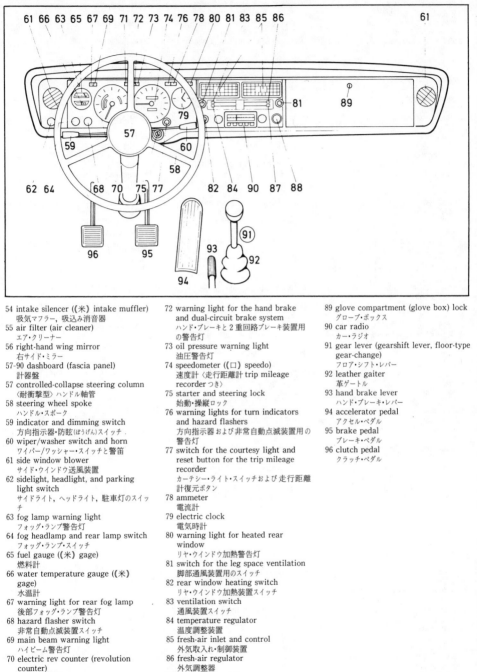

54 intake silencer ((米) intake muffler)
   吸気マフラー，吸込み消音器
55 air filter (air cleaner)
   エア・クリーナー
56 right-hand wing mirror
   右サイド・ミラー
57-90 dashboard (fascia panel)
   計器盤
57 controlled-collapse steering column
   〈耐衝撃型〉ハンドル軸管
58 steering wheel spoke
   ハンドル・スポーク
59 indicator and dimming switch
   方向指示器・防眩(ぼうげん)スイッチ
60 wiper/washer switch and horn
   ワイパー/ワッシャー・スイッチと警笛
61 side window blower
   サイド・ウインドウ送風装置
62 sidelight, headlight, and parking
   light switch
   サイドライト，ヘッドライト，駐車灯のスイッ
   チ
63 fog lamp warning light
   フォッグ・ランプ警告灯
64 fog headlamp and rear lamp switch
   フォッグ・ランプ・スイッチ
65 fuel gauge ((米) gage)
   燃料計
66 water temperature gauge ((米)
   gage)
   水温計
67 warning light for rear fog lamp
   後部フォッグ・ランプ警告灯
68 hazard flasher switch
   非常自動点滅装置スイッチ
69 main beam warning light
   ハイビーム警告灯
70 electric rev counter (revolution
   counter)
   電気式回転計
71 fuel warning light
   油量警告灯

72 warning light for the hand brake
   and dual-circuit brake system
   ハンド・ブレーキと2重回路ブレーキ装置用
   の警告灯
73 oil pressure warning light
   油圧警告灯
74 speedometer ((口) speedo)
   速度計〈走行距離計 trip mileage
   recorder つき〉
75 starter and steering lock
   始動・操縦ロック
76 warning lights for turn indicators
   and hazard flashers
   方向指示器および非常自動点滅装置用の
   警告灯
77 switch for the courtesy light and
   reset button for the trip mileage
   recorder
   カーテシー・ライト・スイッチおよび走行距離
   計復元ボタン
78 ammeter
   電流計
79 electric clock
   電気時計
80 warning light for heated rear
   window
   リヤ・ウインドウ加熱警告灯
81 switch for the leg space ventilation
   脚部通風装置用のスイッチ
82 rear window heating switch
   リヤ・ウインドウ加熱装置スイッチ
83 ventilation switch
   通風装置スイッチ
84 temperature regulator
   温度調整装置
85 fresh-air inlet and control
   外気取入れ・制御装置
86 fresh-air regulator
   外気調整器
87 warm-air regulator
   温気調整器
88 cigar lighter
   ライター

89 glove compartment (glove box) lock
   グローブ・ボックス
90 car radio
   カー・ラジオ
91 gear lever (gearshift lever, floor-type
   gear-change)
   フロア・シフト・レバー
92 leather gaiter
   革ゲートル
93 hand brake lever
   ハンド・ブレーキ・レバー
94 accelerator pedal
   アクセル・ペダル
95 brake pedal
   ブレーキ・ペダル
96 clutch pedal
   クラッチ・ペダル

1-15 **carburettor** (((米)) carburetor)
気化器〈下方通風式気化器 down-
draught (((米)) downdraft)
carburettor の一種〉

1 idling jet (slow-running jet)
アイドリング・ジェット

2 idling air jet (idle air bleed)
アイドリング・エア・ジェット

3 air correction jet
エア修正ジェット

4 compensating airstream
補償ジェット

5 main airstream
主ジェット

6 choke flap
チョーク弁

7 plunger
プランジャー

8 venturi
ベンチュリ管

9 throttle valve (butterfly valve)
絞り弁〈蝶弁(ちょうべん)〉

10 emulsion tube
乳濁管

11 idle mixture adjustment screw
アイドリング混合調整ねじ

12 main jet
主ジェット

13 fuel inlet (((米)) gasoline inlet) (inlet
manifold)
燃料入口

14 float chamber
フロート室

15 float
フロート

16-27 **pressure-feed lubricating system**
圧力送り潤滑装置

16 oil pump
油ポンプ

17 oil sump
油受け

18 sump filter
油受けフィルター

19 oil cooler
油冷却器

20 oil filter
油フィルター

21 main oil gallery (drilled gallery)
主油穴

22 crankshaft drilling (crankshaft
tributary, crankshaft bleed)
クランク軸油穴

23 crankshaft bearing (main bearing)
クランク軸受け（主軸受け）

24 camshaft bearing
カム軸受け

25 connecting-rod bearing
連結棒軸受け

26 gudgeon pin (piston pin)
ピストン・ピン

27 bleed
エアブリータ

28-47 **four-speed synchromesh gearbox**
4 速周期かみ合い式変速機

28 clutch pedal
クラッチ・ペダル

29 crankshaft
クランク軸

30 drive shaft (propeller shaft)
駆動軸（推進軸）

31 starting gear ring
始動機歯車リング

32 sliding sleeve for 3rd and 4th gear
サード・トップ連動ギヤ用すべりスリーブ

33 synchronizing cone
シンクロナイジング・コーン

34 helical gear wheel for 3rd gear
サード・ギヤ用はすば大歯車

35 sliding sleeve for 1st and 2nd gear
ロー・セコンド・ギヤ用滑りスリーブ

36 helical gear wheel for 1st gear
ロー・ギヤ用はすば大歯車

37 lay shaft
副軸(そえじく)

38 speedometer drive
速度計駆動軸

39 helical gear wheel for speedometer
drive
速度計駆動軸用はすば大歯車

40 main shaft
主軸

41 gearshift rods
変速てこ棒

42 selector fork for 1st and 2nd gear
ロー・セコンド・ギヤ用セレクト・フォーク

43 helical gear wheel for 2nd gear
セコンド・ギヤ用はすば大歯車

44 selector head with reverse gear
逆転ギヤとセレクター・ヘッド

45 selector fork for 3rd and 4th gear
サード・トップ・ギヤ用セレクト・フォーク

46 gear lever (gearshift lever)
ギヤ・レバー

47 gear-change pattern (gearshift
pattern, shift pattern)
ギャ・シフト・パターン

48-55 **disc (disk) brake** [assembly]
ディスク・ブレーキ［組立て］

48 brake disc (disk) (braking disc)
ブレーキ・ディスク

49 calliper (caliper)
キャリパー〈ここでは，摩擦パッド friction
pads つき固定キャリパー fixed calliper〉

50 servo cylinder (servo unit)
サーボ・シリンダー

51 brake shoes
ブレーキ・シュー

52 brake lining
ブレーキ・ライニング

53 outlet to brake line
ブレーキ管への出口

54 wheel cylinder
シリンダー車輪

55 return spring
戻しばね

56-59 **steering gear** (worm-and-nut
steering gear)
舵(かじ)取り歯車（複合型舵取り歯車）

56 steering column
ハンドル軸管

57 worm gear sector
ウォーム・ギヤ・セクター

58 steering drop arm
舵取り腕

59 worm
ウォーム

60-64 **water-controlled heater**
温水式暖房装置

60 air intake
空気入口

61 heat exchanger (heater box)
熱交換器

62 blower fan
送風ファン

63 flap valve
フラップ・バルブ

64 defroster vent
デフロスター・ベント

65-71 **live axle** (rigid axle)
活軸(かつじく)（回転車軸）

65 propeller shaft
推進軸

66 trailing arm
トレーリング・アーム

67 rubber bush
ゴム・ブシュ

68 coil spring
コイルばね

69 damper (shock absorber)
緩衝器（ショック・アブソーバー）

70 Panhard rod
パナール・ロッド

71 stabilizer bar
揺れ止め

72-84 **MacPherson strut unit**
マックファーソン型懸架装置

72 body-fixing plate
車体固定板

73 upper bearing
上部軸受け

74 suspension spring
懸架ばね

75 piston rod
ピストン棒

76 suspension damper
車台受け緩衝装置

77 rim (wheel rim)
リム（ホイール・リム）

78 stub axle
短軸

79 steering arm
舵取り腕

80 track-rod ball-joint
タイ・ロッド・エンド

81 trailing link arm
従軸アーム

82 bump rubber (rubber bonding)
緩衝ゴム

83 lower bearing
下部軸受け

84 lower suspension arm
下部懸架腕

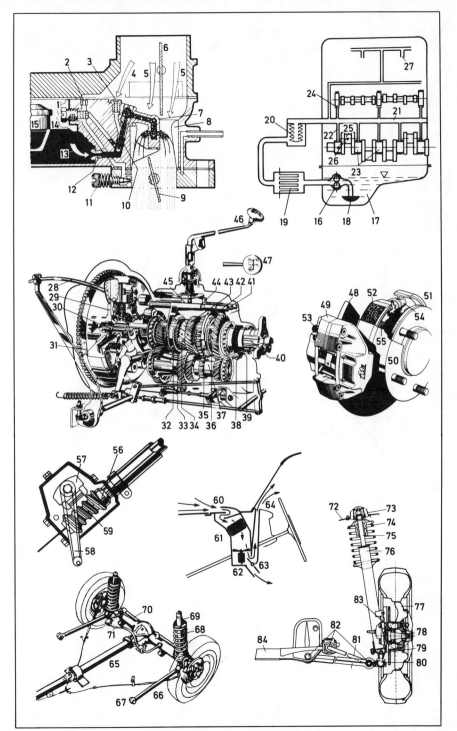

1-36 car models ((米) automobile models)
自動車の型式

1 eight-cylinder limousine with three rows of three-abreast seating
8 気筒リムジン〈3人乗り3列式〉

2 driver's door
運転席ドア

3 rear door
リヤ・ドア, 後部ドア

4 four-door saloon car ((米) four-door sedan)
4ドア・セダン

5 front door
フロント・ドア, 前部ドア

6 rear door
リヤ・ドア, 後部ドア

7 front seat headrest (front seat head restraint)
前部座席頭受け

8 rear seat headrest (rear seat head restraint)
後部座席頭受け

9 convertible
コンバーティブル

10 convertible (collapsible) hood (top)
折りたたみ式のほろ

11 bucket seat
バケット・シート

12 buggy (dune buggy)
バギー〈砂浜用自動車〉

13 roll bar
ロール・バー

14 fibre glass body
ファイバー・グラス製車体

15 estate car (shooting brake, estate, ((米) station wagon)
ステーション・ワゴン

16 tailgate
テール・ゲート

17 boot space (luggage compartment)
荷物室

18 three-door hatchback
3ドア・ハッチバック車

19 small three-door car
小型3ドア車

20 rear door (tailgate)
リヤ・ドア (テール・ゲート)

21 sill
シル

22 folding back seat
折返し式シート

23 boot (luggage compartment, ((米) trunk)
荷物入れ (トランク)

24 sliding roof (sunroof, steel sunroof)
引き戸式屋根 (サンルーフ)

25 two-door saloon car ((米) two-door sedan)
ツー・ドア・セダン

26 roadster (hard-top)
ロードスター (ハード・トップ)〈2人乗り two-seater〉

27 hard top
ハード・トップ

28 sporting coupé
スポーツ用クーペ〈後部座席が取りはずしできる2人乗り自動車 two-plus-two coupé (two-seater with removable back seats)〉

29 fastback (liftback)
リフトバック車

30 spoiler rim
スポイラー・リム

31 integral headrest (integral head restraint)
一体型頭受け

32 GT car (gran turismo car)
GTカー (グランド・ツーリング・カー)

33 integral bumper ((米) integral fender)
一体型バンパー (一体型フェンダー)

34 rear spoiler
リア・スポイラー

35 back
背部

36 front spoiler
フロント・スポイラー

194 Lorries ((米) Trucks), Vans, Buses

1 light cross-country lorry (light truck, pickup truck) with all-wheel drive (four-wheel drive)
全輪駆動 (4 輪駆動) 軽トラック

2 cab (driver's cab)
運転台

3 loading platform (body)
荷台

4 spare tyre ((米) spare tire)
予備タイヤ, スペア・タイヤ 〈クロス・カント リー・タイヤ cross-country tyre の一つ〉

5 light lorry (light truck, pickup truck)
軽トラック 〈商品集配用小型トラック〉

6 platform truck
平荷台トラック

7 medium van
中型ヴァン

8 sliding side door [for loading and unloading]
滑り側面ドア [荷積み・荷下ろし用]

9 minibus
ミニバス

10 folding top (sliding roof)
折りたたみ式屋根 (引き戸式屋根)

11 rear door
後ドア

12 hinged side door
蝶番 (ちょうつがい) つき側面ドア

13 luggage compartment
荷物室

14 passenger seat
乗客席

15 cab (driver's cab)
運転台

16 air inlet
空気吸入口

17 motor coach (coach, bus)
長距離バス

18 luggage locker
荷物保管室

19 hand luggage (suitcase, case)
手荷物 (スーツケース)

20 heavy lorry (heavy truck, heavy motor truck)
重量トラック

21 tractive unit (tractor, towing vehicle)
牽引車 (けんいんしゃ)

22 trailer (drawbar trailer)
トレーラー

23 swop platform (body)
交換荷台

24 three-way tipper (three-way dump truck)
3 方ダンプ・トラック

25 tipping body (dump body)
ダンプ車体

26 hydraulic cylinder
油圧シリンダー

27 supported container platform
コンテナ積載台

28 articulated vehicle
連結車 〈ここでは, タンク車 vehicle tanker〉

29 tractive unit (tractor, towing vehicle)
牽引車 (けんいんしゃ) (トラクター)

30-33 semi-trailer (skeletal)
セミ・トレーラー

30 tank
タンク

31 turntable
回転テーブル

32 undercarriage
車台

33 spare wheel
予備車輪, スペア・タイヤ

34 midi bus [for short-route town operations]
ミディ・バス [短距離市内運転用]

35 outward-opening doors
外開きドア

36 double-deck bus (double-decker bus)
2 階つきバス

37 lower deck (lower saloon)
1 階客室

38 upper deck (upper saloon)
2 階客室

39 boarding platform
乗車台

40 trolley bus
トロリー・バス

41 current collector
集電環

42 trolley (trolley shoe)
トロリー (トロリー・シュー)

43 overhead wires
架空電線, 架線

44 trolley bus trailer
トロリー・バス・トレーラー

45 pneumatically sprung rubber connection
空気ばね式ゴム連結部

1-55 **agent's garage** (distributor's
garage, ((米)) specialty shop)
メーカーの修理代理店 (メーカーの修理工
場)

1-23 diagnostic test bay
診断検査場

1 computer
コンピュータ

2 main computer plug
主コンピュータ・プラグ

3 computer harness (computer cable)
コンピュータ配線 (コンピュータ・ケーブル)

4 switch from automatic to manual
自動から手動へのスイッチ

5 slot for program cards
プログラム・カードの投入口

6 print-out machine (printer)
プリンター

7 condition report (data print-out)
コンディション・リポート (データ・プリント・ア
ウト)

8 master selector (hand control)
マスター・セレクター (手操作)

9 light readout [green : OK ; red : not
OK]
光読出し [緑：ＯＫ；赤：非ＯＫ]

10 rack for program cards
プログラム・カード台

11 mains button
メイン・ボタン

12 switch for fast readout
早読出し用スイッチ

13 firing sequence insert
ファイヤリング・シーケンス差込み

14 shelf for used cards
使用ずみカード棚

15 cable boom
ケーブル・ブーム

16 oil temperature sensor
油温感知器

17 test equipment for wheel and
steering alignment
車輪とステアリング・アライメント用の検査装
備

18 right-hand optic plate
〔右側〕光学素子板

19 actuating transistors
作動トランジスター

20 projector switch
プロジェクター・スイッチ

21 check light for wheel alignment
車輪心合せ用チェック・ライト〈光電管並列
row of photocellsの一種〉

22 check light for steering alignment
ステアリング心合せ用チェック・ライト〈光電
管並列 row of photocellsの一種〉

23 power screwdriver
動力ねじ回し

24 beam setter
ビーム・セッター

25 hydraulic lift
油圧リフト

26 adjustable arm of hydraulic lift
油圧リフトの可調整アーム

27 hydraulic lift pad
油圧リフト台

28 excavation
切通し

29 pressure gauge (((米)) gage)
圧力計

30 grease gun
グリース注入器

31 odds-and-ends box
小間物収容箱

32 wall chart [of spare parts]
部品チャート [予備部品用]

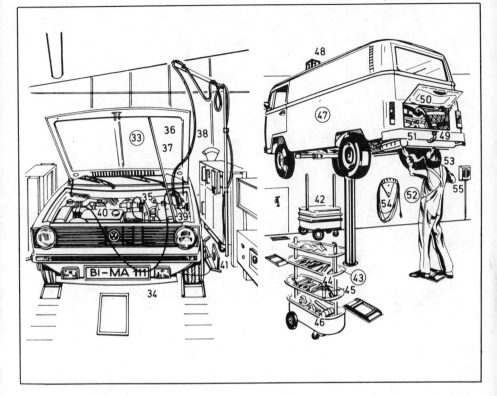

33 automatic computer test
   自動コンピュータ検査
34 motor car (car, ((米)) automobile, auto)
   自動車〈ここでは，乗用車 passenger vehicle〉
35 engine compartment
   エンジン・コンパートメント
36 bonnet (((米)) hood)
   ボンネット
37 bonnet support (((米)) hood support)
   ボンネット支柱
38 computer harness (computer cable)
   コンピュータ配線 (コンピュータ・ケーブル)
39 main computer socket
   主コンピュータ・ソケット〈multi-outlet socket ともいう〉
40 oil temperature sensor
   油温度感知器
41 wheel mirror for visual wheel and steering alignment
   車輪およびステアリング心合せの直視検査用の車輪鏡
42 tool trolley
   工具用手押車
43 tools
   工具
44 impact wrench
   インパクト・レンチ
45 torque wrench
   トルク・レンチ
46 body hammer (roughing-out hammer)
   車体ハンマー

47 vehicle under repair
   修理中の車〈ここでは，ミニバス minibus〉
48 car location number
   車の位置番号
49 rear engine
   リヤ・エンジン
50 tailgate
   テールゲート
51 exhaust system
   排気装置
52 exhaust repair
   排気修理
53 motor car mechanic (motor vehicle mechanic, ((米)) automotive mechanic)
   自動車修理工
54 air hose
   空気ホース
55 intercom
   インターコム

1-29 service station (petrol station, filling station, (米) gasoline station, gas station)
給油所 (ガソリン・スタンド)〈ここでは、セルフサービスの給油所 self-service station〉

1 petrol ((米) gasoline) pump (blending pump) for regular and premium grade petrol ((米) gasoline)
普通のガソリンおよび高級ガソリン用のガソリン・ポンプ (混合ポンプ)〈類似のものに、ディーゼル用燃料油 derv 用がある〉

2 hose (petrol pump ((米) gasoline pump) hose)
ホース (ガソリン・ポンプ・ホース)

3 nozzle
ノズル

4 cash readout
現金表示器

5 volume readout
流量表示器

6 price display
価格表示器

7 indicator light
指示灯

8 driver using self-service petrol pump ((米) gasoline pump)
セルフサービス・ガソリン・ポンプを使用中の運転手

9 fire extinguisher
消火器

10 paper-towel dispenser
ペーパー・タオル・ディスペンサー

11 paper towel
紙タオル

12 litter receptacle
くず物入れ

13 two-stroke blending pump
ツー・ストローク式混合ポンプ

14 meter
計量器

15 engine oil
エンジン・オイル

16 oil can
オイル缶

17 tyre pressure gauge ((米) tire pressure gage)
タイヤ圧力計

18 air hose
空気ホース

19 static air tank
静止空気タンク

20 pressure gauge ((米) gage) (manometer)
圧力計 (マノメーター)

21 air filler neck
空気充填器 (じゅうてんき) ネック

22 repair bay (repair shop)
修理場

23 car-wash hose
洗車ホース〈ホース hose (hosepipe) の一つ〉

24 accessoy shop
付属品(アクセサリー)売場

25 petrol can ((米) gasoline can)
ガソリン缶

26 rain cape
レイン・ケイプ, 雨衣

27 car tyres ((米) automobile tires)
自動車タイヤ

28 car accessories
自動車付属品

29 cash desk (console)
現金出納係

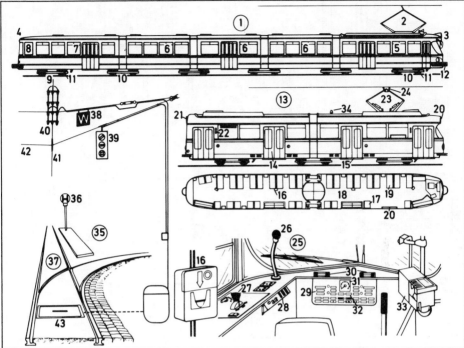

1 twelve-axle articulated railcar
  12軸連結型気動車〈都市連絡鉄道
  interurban rail service 用〉
2 current collector
  集電装置
3 head of the railcar
  気動車の頭部
4 rear of the railcar
  気動車の後尾
5 carriage A
  客車A〈原動機 motor つき〉
6 carriage B
  客車B〈同様に, 客車 carriages C, D をもい
  う〉
7 carriage E
  客車E〈原動機 motor つき〉
8 rear controller
  後尾制御部
9 bogie
  転向台車
10 carrying bogie
  輸送転向台車
11 wheel guard
  車輪遮蔽部(しゃへいぶ)
12 bumper ((米) fender)
  バンパー, 緩衝器
13 six-axle articulated railcar ('Mannheim'
  type) for tram ((米) streetcar, trolley)
  and urban rail services
  市街電車と都市鉄道用6軸連結型気動車〈マ
  ンハイム型気動車〉
14 entrance and exit door
  昇降扉〈2重折りたたみ式ドア double folding
  door の一つ〉
15 step
  昇降段
16 ticket-cancelling machine
  切符パンチ機
17 single seat
  1人用座席

18 standing room portion
  立席の余地
19 double seat
  2人用座席
20 route (number) and destination sign
  路線番号と方向指示板
21 route sign (number sign)
  路線指示板
22 indicator (indicator light)
  指示灯
23 pantograph (current collector)
  パントグラフ〈集電器〉
24 carbon or aluminium ((米) aluminum)
  alloy trolley shoes
  炭素棒またはアルミニウム合金のトロリー・シュー
25 driver's position
  運転室
26 microphone
  マイク
27 controller
  制御器
28 radio equipment (radio communication
  set)
  ラジオ装備〈ラジオ通信装置〉
29 dashboard
  計器盤
30 dashboard lighting
  計器盤照明灯
31 speedometer
  速度計
32 buttons controlling doors, windscreen
  wipers, internal and external lighting
  〈ドア, 風防 ガラス・ワイパー, 内外照明灯 の〉操
  作ボタン
33 ticket counter with change machine
  切符計算器と硬貨両替機
34 radio antenna
  ラジオ・アンテナ

35 tram stop ((米) streetcar stop, trolley
  stop)
  電車停留所
36 tram stop sign ((米) streetcar stop sign,
  trolley stop sign)
  停車信号
37 electric change points
  電気転轍機(てんつき)
38 points signal (switch signal)
  転轍信号
39 points change indicator
  転轍表示器
40 trolley wire contact point
  トロリー線轍叉点(てっさてん)
41 trolley wire (overhead contact wire)
  トロリー線〈頭上轍叉線〉
42 overhead cross wire
  架空十字線
43 electric points mechanism
  電気転轍装置〈また, 電気油圧式
  electrohydraulic, 電気機械式
  electromechanical 転轍装置などがある〉

1-5 road layers
路層
1 anti-frost layer
　不凍層
2 bituminous sub-base course
　瀝青質(れきせいしつ)の補助基層
3 base course
　基層
4 binder course
　結合層
5 bituminous surface
　瀝青質の路面
6 kerb (curb)
　縁石
7 kerbstone (curbstone)
　縁石
8 paving (pavement)
　舗装
9 pavement (《米》sidewalk, walkway)
　舗道 (歩道, 人道)
10 gutter
　溝
11 pedestrian crossing (zebra crossing,
　《米》crosswalk)
　横断歩道
12 street corner
　街角
13 street
　街路
14 electricity cables
　電気ケーブル
15 telephone cables
　電話ケーブル
16 telephone cable pipeline
　電話ケーブル・パイプライン

17 cable manhole with cover (with
　manhole cover)
　ふたつきケーブル・マンホール
18 lamp post with lamp
　街灯柱と街灯
19 electricity cables for technical
　installations
　技術設備用の電気ケーブル
20 subscribers' (《米》customers')
　telephone lines
　電話加入者用の電話線
21 gas main
　ガス本管
22 water main
　水道本管
23 drain
　下水溝
24 drain cover
　下水溝ふた
25 drain pipe
　下水管
26 waste pipe
　排水管
27 combined sewer
　組合せ下水道
28 district heating main
　地域暖房本管
29 underground tunnel
　地下トンネル

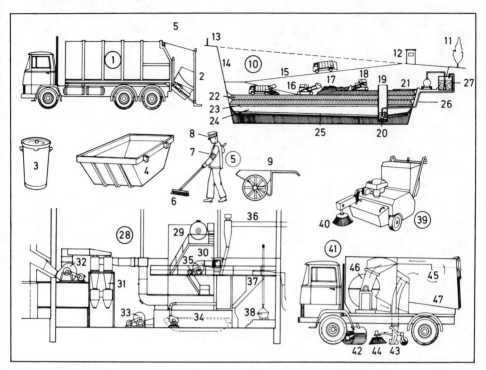

1 refuse collection vehicle ((米) garbage
　truck)
　ごみ収集車（ごみ運搬トラック）
2 dustbin-tipping device ((米) garbage can
　dumping device)
　ごみ箱傾斜装置〈ごみ捨て装置 dust-free
　emptying system の一つ〉
3 dustbin ((米) garbage can, trash can)
　ごみ入れ
4 refuse container ((米) garbage
　container)
　ごみ容器
5 road sweeper ((米) street sweeper)
　道路清掃夫
6 broom
　ほうき
7 fluorescent armband
　螢光腕章
8 cap with fluorescent band
　螢光バンドつき帽子
9 road sweeper's ((米) street sweeper's)
　barrow
　道路清掃夫の手押車
10 controlled tip ((米) sanitray landfill,
　sanitary fill)
　ごみ捨て場（埋立てごみ処理場）
11 screen
　防護物
12 weigh office
　計量所
13 fence
　囲い
14 embankment
　堤防
15 access ramp
　出入り傾斜路
16 bulldozer
　ブルドーザー
17 refuse ((米) garbage)
　ごみ, 廃物

18 bulldozer for dumping and compacting
　放出・圧縮用のブルドーザー
19 pump shaft
　ポンプ立坑
20 waste water pump
　下水ポンプ
21 porous cover
　通気性覆い
22 compacted and decomposed refuse
　圧縮され分解されたごみ
23 gravel filter layer
　砂利のフィルター層
24 morainic filter layer
　氷堆石(ひょうたいせき)のフィルター層
25 drainage layer
　排水層
26 drain pipe
　排水管
27 water tank
　水タンク
28 refuse ((米) garbage) incineration unit
　ごみ焼却装置
29 furnace
　焼却炉
30 oil-firing system
　油燃焼装置
31 separation plant
　分離用設備
32 extraction fan
　排気ファン
33 low-pressure fan for the grate
　火床用(ひどこよう)の低圧ファン
34 continuous feed grate
　連続的送り火床
35 fan for the oil-firing system
　油燃装置用のファン
36 conveyor for separately incinerated
　material
　分離焼却物用のコンベヤ

37 coal feed conveyor
　石炭送込みコンベヤ
38 truck for carrying fuller's earth
　酸性白土運搬用のトラック
39 mechanical sweeper
　動力掃除機
40 circular broom
　回転ほうき
41 road-sweeping lorry (street-cleaning
　lorry, street cleaner)
　道路清掃車
42 cylinder broom
　円柱型ほうき
43 suction port
　吸上げ口
44 feeder broom
　送込みほうき
45 air flow
　空気流
46 fan
　ファン
47 dust collector
　集塵器(しゅうじんき)

1-54 road-building machinery
道路建設機械

1 shovel (power shovel, excavator)
シャベル（動力シャベル，掘削機）

2 machine housing
機械室

3 caterpillar mounting ((米)
caterpillar tractor)
キャタピラー，無限軌道式トラクター

4 digging bucket arm (dipper stick)
バケット・アーム

5 digging bucket (bucket)
採掘バケット

6 digging bucket (bucket) teeth
バケット歯

7 tipper (dump truck)
ダンプ・トラック〈重量トラック heavy
lorry ((米) truck) の一つ〉

8 tipping body ((米) dump body)
傾斜荷台

9 reinforcing rib
補強リブ

10 extended front
キャブ・カード

11 cab (driver's cab)
運転室

12 bulk material
積載物〈土砂〉

13 concrete scraper
コンクリート・スクレーパー〈掻(か)き機具
aggregate scraper の一種〉

14 skip hoist
スキップ巻上げ

15 mixing drum (mixer drum)
混合ドラム〈混合装置 mixing machine
の一種〉

16 caterpillar hauling scraper
無限軌道式スクレーパー

17 scraper blade
スクレーパー・ブレード

18 levelling ((米) leveling) blade
(smoothing blade)
ならしブレード

19 grader (motor grader)
グレーダー

20 scarifier (ripper, road ripper, rooter)
スカリファイヤー（道路リッパー，道路ルー
ター）

21 grader levelling ((米) leveling) blade
(grader ploughshare, (米) plowshare)
グレーダー・ブレード（すきベラ）

22 blade-slewing gear (slew turntable)
ブレード旋回装置

23 light railway (narrow-gauge ((米)
narrow-gage) railway)
軽便(けいべん)鉄道（狭軌鉄道）

24 light railway (narrow-gauge, (米)
narrow-gage) diesel locomotive
軽便ディーゼル機関車（狭軌機関車）

25 trailer wagon (wagon truck, skip)
貨車

26 tamper (rammer)
タンパー（ランマー）〈より大型のものは，フ
ロッグ・ランマー frog〉

27 guide rods
操作棒

28 bulldozer
ブルドーザー

29 bulldozer blade
ブルドーザー・ブレード

30 pushing frame
押しフレーム

31 road-metal spreading machine
(macadam spreader, stone spreader)
道路砕石散布機（マカダム・スプレッダー，ス
トーン・スプレッダー）

32 tamping beam
つき固めビーム

33 sole-plate
基礎板

34 side stop
側面止め

35 side of storage bin
貯蔵箱の側面

36 three-wheeled roller
3輪ロード・ローラー〈ロード・ローラー road
roller の一種〉

37 roller
ローラー

38 all-weather roof
全天候屋根

39 mobile diesel-powered air compressor
移動式ディーゼル空気圧縮機

40 oxygen cylinder
酸素ボンベ

41 self-propelled gritter
自力推進式スプレッダー

42 spreading flap
散布フラップ

43 surface finisher
路面仕上げ機

44 side stop
側面止め

45 bin
アスファルトだめ

46 tar-spraying machine (bituminous
distributor) with tar and bitumen
heater
タールと瀝青(れきせい)加熱器つきタール噴霧
機

47 tar storage tank
タール貯蔵タンク

48 fully automatic asphalt drying and
mixing plant
全自動アスファルト・プラント

49 bucket elevator (elevating conveyor)
バケット・エレベーター（送りコンベヤ）

50 asphalt-mixing drum (asphalt mixer
drum)
アスファルト混合ドラム

51 filler hoist
充填材(じゅうてんざい)ホイスト

52 filler opening
充填材投入口

53 binder injector
結合材インジェクター

54 mixed asphalt outlet
混合アスファルト出口

55 typical cross-section of a bituminous
road
アスファルト道路の典型的断面構造

56 grass verge
端部

57 crossfall
横断勾配(こうばい)

58 asphalt surface (bituminous layer,
bituminous coating)
アスファルト舗装面

59 base (base course)
舗装基層

60 gravel sub-base course (hardcore
sub-base course, Telford base)
砕石補助基層〈不凍層 anti-frost layer
の一種〉

61 sub-drainage
下層排水

62 perforated cement pipe
穿孔(せんこう)セメント管

63 drainage ditch
排水溝

64 soil covering
土地被覆

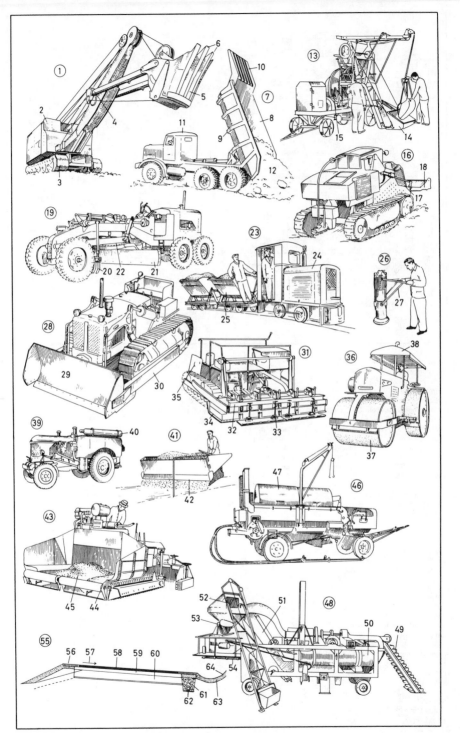

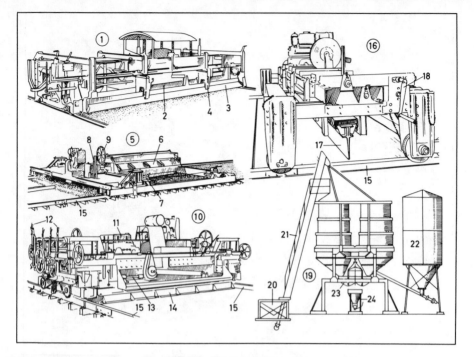

1-24 concrete road construction
(highway construction)
コンクリート道路建設（高速道路建設）
1 subgrade grader
下層グレーダ
2 tamping beam (consolidating beam)
タンピング・ビーム（突き固めビーム）
3 levelling ((米) leveling) beam
ならしビーム
4 roller guides for the levelling ((米)
leveling)beam
ならしビームの案内ローラー
5 concrete spreader
コンクリート・スプレッダー
6 concrete spreader box
コンクリート散布箱
7 cable guides
案内ケーブル
8 control levers
制御レバー
9 handwheel for emptying the boxes
箱を空けるためのハンドル車
10 concrete-vibrating compactor
コンクリート振動突固め機（コンパクター）
11 gearing (gears)
歯車装置
12 control levers (operating levers)
運転レバー
13 axle drive shaft to vibrators
(tampers) of vibrating beam
振動ビームの〔振動装置の〕駆動軸
14 screeding board (screeding beam)
仕上げスクリード
15 road form
道路の型枠
16 joint cutter
横継ぎ目カッター
17 joint-cutting blade
継ぎ目切断刃

18 crank for propelling machine
推進機のクランク
19 concrete-mixing plant
コンクリート混合プラント〈定置集中混合
装置 stationary central mixing plant,
自動バッチミキサー automatic batching
and mixing plant などの種類がある〉
20 collecting bin
集材貯蔵箱
21 bucket elevator
バケット・エレベーター
22 cement store
セメント貯蔵装置
23 concrete mixer
コンクリート・ミキサー
24 concrete pump hopper
コンクリート・ホッパー

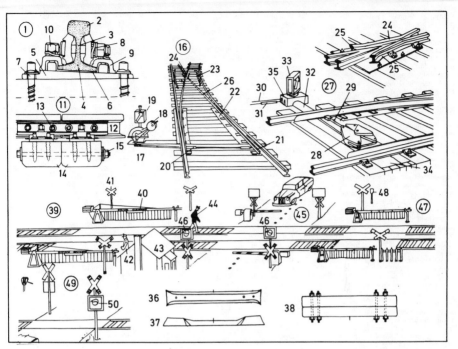

1-38 line (track)
線路（軌道）
1 rail
　レール，軌条
2 rail head
　レール頭部
3 web (rail web)
　レール腹部（レール・ウェブ）
4 rail foot (rail bottom)
　レール底部
5 sole plate (base plate)
　ベッドプレート
6 cushion
　座金
7 coach screw (coach bolt)
　ねじ釘(くぎ)，スクリュー・スパイキ
8 lock washers (spring washers)
　スプリング・ワッシャー，ばね座金
9 rail clip (clip)
　レール・クリップ
10 T-head bolt
　フック・ボルト
11 rail joint (joint)
　レール継ぎ目
12 fishplate
　継ぎ目板
13 fishbolt
　継ぎ目ボルト
14 coupled sleeper ((米) coupled tie,
　coupled crosstie)
　２重枕木(まくらぎ)，連結枕木
15 coupling bolt
　継ぎ手ボルト
16 manually-operated points (switch)
　手動転轍器(てんてつき)，手動ポイント
17 switch stand
　転換器
18 weight
　転換器のおもり

19 points signal (switch signal, points
　signal lamp, switch signal lamp)
　転換器標識（転換器標識灯）
20 pull rod
　転轍棒(てんてつぼう)
21 switch blade (switch tongue)
　先端
22 slide chair
　滑り座鉄
23 check rail (guard rail)
　保護レール
24 frog
　轍叉(てっさ)
25 wing rail
　翼レール
26 closure rail
　リード・レール
27 remote-controlled points (switch)
　遠隔操作転轍器，遠操ポイント
28 point lock (switch lock)
　ポイント・ロック
29 stretcher bar
　転轍棒
30 point wire
　転轍ワイヤ
31 turnbuckle
　ターンバックル
32 channel
　鉄管
33 electrically illuminated points signal
　(switch signal)
　色灯式転換器標識
34 trough
　トラフ
35 points motor with protective casing
　保護箱つき転轍器(てんてつき)駆動装置
36 steel sleeper ((米) steel tie, steel
　crosstie)
　鉄枕木(まくらぎ)

37 concrete sleeper ((米) concrete tie,
　concrete crosstie)
　コンクリート枕木
38 coupled sleeper ((米) coupled tie,
　coupled crosstie)
　２重枕木，連結枕木
39-50 level crossings ((米) grade
　crossings)
　踏切
39 protected level crossing ((米)
　protected grade crossing)
　遮断機設置・警手配置踏切
40 barrier (gate)
　踏切遮断機
41 warning cross ((米) crossbuck)
　踏切標識
42 crossing keeper ((米) gateman)
　踏切警手
43 crossing keeper's box ((米)
　gateman's box)
　踏切番小屋，警手詰所
44 linesman ((米) trackwalker)
　線路工手，保線作業員，線路巡回員
45 half-barrier crossing
　片側腕木式遮断機の設置された踏切
46 warning light
　閃光(せんこう)警報灯
47 intercom-controlled crossing
　インターコム(相互通信)方式踏切〈同種の
　ものに，電話通信方式踏切 telephone-
　controlled crossing がある〉
48 intercom system
　インターコム・システム相互通信システム
49 unprotected level crossing ((米)
　unprotected grade crossing)
　〈遮断機非設置・警手無配置の〉無人踏切
50 warning light
　閃光(せんこう)警報機

203 Railway Line (《米》 Railroad Track) II (Signalling Equipment)

1-6 stop signals (main signals)
停止信号を現示する主信号機

1 stop signal (main signal), a semaphore signal in 'stop' position
アームが停止信号を現示中の主信号機

2 signal arm (semaphore arm)
シグナル・アーム, 腕木

3 electric stop signal (colour light 《米》 color light) signal at 'stop'
停止信号を現示中の電気灯列式信号機

4 signal position: 'proceed at low speed'
減速信号の現示

5 signal position: 'proceed'
進行信号の現示

6 substitute signal
代用信号

7-24 distant signals
遠方信号機

7 semaphore signal at 'be prepared to stop at next signal'
注意信号を現示中のアーム式信号機

8 supplementary semaphore arm
補助アーム, 補助腕木

9 colour light 《米》 color light) distant signal at 'be prepared to stop at next signal'
注意信号を現示中の電気灯列式遠間信号機

10 signal position: 'be prepared to proceed at low speed'
徐行信号の現示

11 signal position: 'proceed main signal ahead'
進行信号の現示

12 semaphore signal with indicator plate showing a reduction in braking distance of more than 5%
制動距離を5％以上減少するよう指示する標識をもったアーム式信号機

13 triangle (triangle sign)
三角信号

14 colour light 《米》 color light) distant signal with indicator light for showing reduced braking distance
制動距離減少を指示する表示灯をもった電気灯列式遠方信号

15 supplementary white light
補助白灯

16 distant signal indicating 'be prepared to stop at next signal' (yellow light)
注意信号を現示中の遠方信号機（黄色灯）

17 second distant signal (distant signal with supplementary light, without indicator plate)
補助灯つき・標識なし第2遠方信号機

18 distant signal with speed indicator
速度制限標識つき遠方信号機

19 distant speed indicator
遠方速度制限標

20 distant signal with route indicator
遠方進路表示機

21 route indicator
進路表示装置

22 distant signal without supplementary arm in position: 'be prepared to stop at next signal'
注意信号を現示中の補助アームなし遠方信号機

23 distant signal without supplementary arm in 'be prepared to proceed' position
進行信号を現示中の補助アームなし遠方信号機

24 distant signal identification plate
遠方信号機確認板

25-44 supplementary signals
補助信号

25 stop board for indicating the stopping point at a control point
〈制御地点にある〉停止地点指示の停止標識板

26-29 approach signs
接近標識

26 approach sign 100m from distant signal
〈遠方信号機より〉接近100 mの標識

27 approach sign 175 m from distant signal
〈遠方信号機より〉接近175 mの標識

28 approach sign 250 m from distant signal
〈遠方信号機より〉接近250 mの標識

29 approach sign at a distance of 5% less than the braking distance on the section
〈制動距離より5％短い距離の地点に設置される〉接近標識

30 chequered sign indicating stop signals (main signals) not positioned immediately to the right of or over the line (track)
停止信号を現示中の主信号機を表示する標識〈線路(軌道)のすぐ右側あるいはそのすぐ上方には位置しない〉

31-32 stop boards to indicate the stopping point of the front of the train
列車前方の停車位置を表示する停止標識板

33 stop board (be prepared to stop)
停車標識板〈次の信号に現示されている停止信号に備えさせる〉

34-35 snow plough 《米》 snowplow) signs
除雪プラウ標識

34 'raise snow-plough 《米》 snowplow)' sign
「除雪プラウ引上げ」標識

35 'lower snow-plough 《米》 snowplow)' sign
「除雪プラウ引下げ」標識

36-44 speed restriction signs
速度制限標識

36-38 speed restriction sign
[maximum speed $3 \times 10 = 30$ kph]
速度制限標識 [最高速度 $3 \times 10=30$ キロ/時]

36 sign for day running
昼間走行標識

37 speed code number
速度コード番号

38 illuminated sign for night running
夜間走行用の照明標識

39 commencement of temporary speed restriction
一時速度制限の始まり

40 termination of temporary speed restriction
一時速度制限の終わり

41 speed restriction sign for a section with a permanent speed restriction [maximum speed $5 \times 10 = 50$ kph]
常時速度制限区間の速度制限標識 [最高速度 $5 \times 10=50$ キロ/時]

42 commencement of permanent speed restriction
常時速度制限の始まり

43 speed restriction warning sign [only on main lines]
速度制限警戒標識 [本線路のみ]

44 speed restriction sign [only on main lines]
速度制限標識 [本線路のみ]

45-52 points signals (switch signals)
転轍器(てんてつ)標識

45-48 single points (single switches)
単一転轍器

45 route straight ahead (main line)
直進 (本線路)

46 [right] branch
[右] 分岐線

47 [left] branch
[左] 分岐線

48 branch [seen from the frog]
分岐線 [轍叉(てっさ)から見た]

49-52 double crossover
交叉(こうさ)渡り線

49 route straight ahead from left to right
左から右へ直進

50 route straight ahead from right to left
右から左へ直進

51 turnout to the left from the left
左から左へ分岐

52 turnout to the right from the right
右から右へ分岐

53 manually-operated signal box
(《米》 signal tower, switch tower)
操作式信号操作室

54 lever mechanism
レバー機構

55 points lever (switch lever) [blue]
転轍(てんてつ)レバー [青色] 〈ロック・レバー lock lever の一つ〉

56 signal lever [red]
信号レバー [赤色]

57 catch
ラチォット歯止め

58 route lever
路線レバー

59 block instruments
閉塞器

60 block section panel
閉塞区間盤

61 electrically-operated signal box
(《米》 signal tower, switch tower)
電動式信号操作室

62 points (switch) and signal knobs
転轍器(てんてつ)ノブと信号機ノブ

63 lock indicator panel
鎖錠表示盤

64 track and signal indicator
軌道・信号表示器

65 track diagram control layout
照明軌道盤操作レイアウト

66 track diagram control panel (domino panel)
照明軌道盤 (ドミノ盤)

67 push buttons
押しボタン

68 routes
路線

69 intercom system
相互通信システム

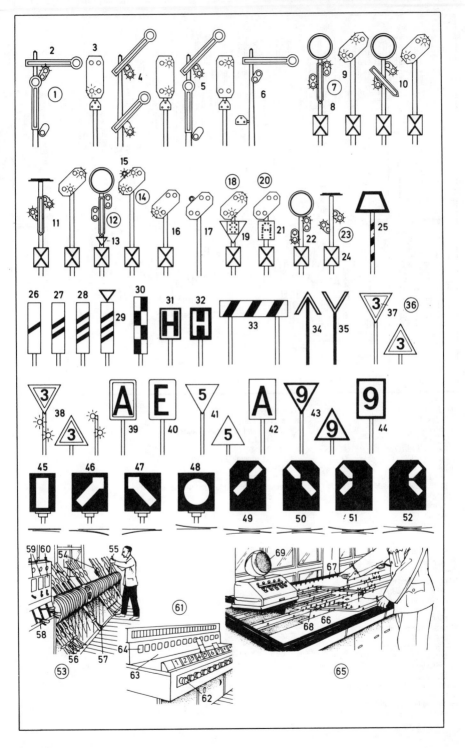

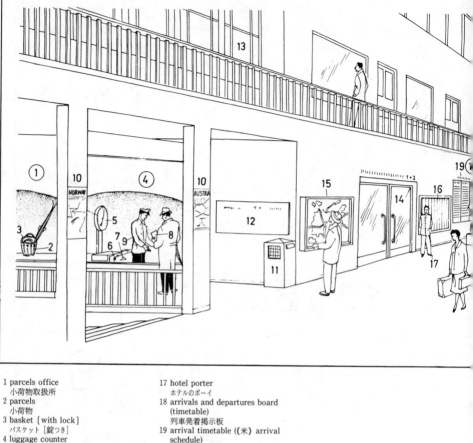

1 parcels office
　小荷物取扱所
2 parcels
　小荷物
3 basket [with lock]
　バスケット［錠つき］
4 luggage counter
　手荷物取扱所
5 platform scale with dial
　目盛盤つき台ばかり
6 suitcase (case)
　スーツケース
7 luggage sticker
　荷札
8 luggage receipt
　手荷物預り証
9 luggage clerk
　手荷物係
10 poster (advertisement)
　ポスター（広告ビラ）
11 station post box ((米) station
　mailbox)
　（駅の）ポスト
12 notice board indicating train delays
　延着案内板
13 station restaurant
　駅の構内食堂, ステーション・レストラン
14 waiting room
　待合室
15 map of the town (street map)
　市内地図
16 timetable ((米) schedule)
　時刻表, 発着表

17 hotel porter
　ホテルのボーイ
18 arrivals and departures board
　(timetable)
　列車発着掲示板
19 arrival timetable ((米) arrival
　schedule)
　列車到着時刻表
20 departure timetable ((米) departure
　schedule)
　列車出発時刻表

TO THE TRAINS

TICKETS

21 left luggage lockers
コイン・ロッカー
22 change machine
自動両替機
23 tunnel to the platforms
ホーム連絡地下道
24 passengers
乗客
25 steps to the platforms
ホーム連絡階段
26 station bookstall ((米) station
bookstand)
駅の売店，スタンド
27 left luggage office (left luggage)
手荷物一時預り所
28 travel centre ((米) center)
旅行案内センター，トラベル・センター〈旅館
案内所 accommodation bureau を兼ね
る〉
29 information office ((米) information
bureau)
〔駅の〕案内所
30 station clock
駅の時計
31 bank branch with foreign exchange
counter
外国為替を取扱う銀行支店
32 indicator board showing exchange
rates
外国為替レート掲示板
33 railway map ((米) railroad map)
鉄道路線図
34 ticket office
出札所

35 ticket counter
切符売場
36 ticket (railway ticket, (米) railroad
ticket)
乗車券
37 revolving tray
トレイ
38 grill
格子窓
39 ticket clerk ((米) ticket agent)
出札係
40 ticket-printing machine (ticket-
stamping machine)
乗車券〔日付〕印刷機
41 hand-operated ticket printer
手動乗車券〔日付〕印刷機
42 pocket timetable ((米) pocket train
schedule)
小型時刻表
43 luggage rest
手荷物置き
44 first aid station
救急手当所
45 Travellers' ((米) Travelers') Aid
旅行者相談室
46 telephone box (telephone booth,
telephone kiosk, call box)
〔公衆〕電話ボックス
47 cigarettes and tobacco kiosk
タバコ売場
48 flower stand
花屋
49 railway information clerk
駅の案内係

50 official timetable (official railway
guide, (米) train schedule)
官製時刻表

357

1 platform
プラットホーム
2 steps to the platform
プラットホームの連絡階段
3 bridge to the platforms
プラットホームの連絡橋
4 platform number
プラットホームの番号
5 platform roofing
プラットホームの屋根
6 passengers
乗客
7-12 luggage
旅行荷物
7 suitcase (case)
スーツケース
8 luggage label
荷札
9 hotel sticker
ホテルのステッカー
10 travelling ((米) traveling) bag
旅行用カバン
11 hat box
帽子入れ
12 umbrella
雨傘〈ステッキ雨傘walking-stick umbrella〉
13 main building
駅の本館〈駅務室 offices を含む〉
14 platform
プラットホーム
15 crossing
踏切
16 news trolley
移動式新聞売場

17 news vendor ((米) news dealer)
新聞売り子
18 reading matter for the journey
旅行用読物
19 edge of the platform
ホームの縁
20 railway policeman ((米) railroad policeman)
鉄道公安員
21 destination board
行先告知板
22 destination indicator
行先標識
23 departure time indicator
発車時間標識
24 delay indicator
延着標識
25 suburban train
郊外線列車〈ここでは，気動車 railcar〉
26 special compartment
特別仕切客室，スペシャル・コンパートメント
27 platform loudspeaker
ホーム用拡声器
28 station sign
駅名標示
29 electric trolley (electric truck)
〔ホーム用〕電気トラック
30 loading foreman
荷物係長
31 porter ((米) redcap)
ポーター，赤帽
32 barrow
手押車，2輪手車

33 drinking fountain
水飲み器
34 electric Trans-Europe Express
ヨーロッパ横断急行列車〈都市間列車 Intercity train の一つ〉
35 electric locomotive
電気機関車〈高速機関車 express locomotive の一つ〉
36 collector bow (sliding bow)
パンタグラフの弓形集電器
37 secretarial compartment
乗務員室
38 destination board
行先告知板
39 wheel tapper
車輪検査員
40 wheel-tapping hammer
車輪検査用ハンマー
41 station foreman
ホーム監督
42 signal
信号円板
43 red cap
〈駅職員の〉赤い帽子，赤帽
44 inspector
検車係
45 pocket timetable ((米) pocket train schedule)
小型時刻表
46 platform clock
ホームの時計
47 starting signal
出発信号

48 platform lighting
　ホーム照明灯
49 refreshment kiosk
　飲食物を扱うホーム売店
50 beer bottle
　ビールびん
51 newspaper
　新聞
52 parting kiss
　別れのキス
53 embrace
　抱擁
54 platform seat
　ホーム・ベンチ
55 litter bin (《米》 litter basket)
　くず物入れ
56 platform post box (《米》 platform
　mailbox)
　ホームのポスト
57 platform telephone
　ホームの公衆電話
58 trolley wire (overhead contact wire)
　架空電車線
59-61 track
　軌道
59 rail
　レール，軌条
60 sleeper (《米》 tie, crosstie)
　枕木(まくらぎ)
61 ballast (bed)
　道床

1 ramp (vehicle ramp)
ランプ〈貨物積みおろしのための傾斜路〉〈類似のものに家畜車両用ランプ livestock ramp がある〉

2 electric truck
電気トラック

3 trailer
トレーラー

4 part loads ((米) package freight)
個品貨物〈貨車1両分の貨物より少ない。一般の運輸においては，混合託送中のふつうの貨物〉

5 crate
クレート〈木枠であるが最近はプラスチックも使用している〉

6 goods van ((米) freight car)
有蓋(ゆうがい)貨車

7 goods shed ((米) freight house)
貨物上屋(じょうおく)

8 loading strip
積荷場

9 loading dock
積荷置場

10 bale of peat
ピートの梱(こり)

11 bale of linen (of linen cloth)
亜麻布の梱包(こんぽう)

12 fastening (cord)
ひも掛け

13 wicker bottle (wickered bottle, demijohn)
かご入り大ガラスびん

14 trolley
手押車，1輪手車

15 goods lorry ((米) freight truck)
トラック，貨物自動車

16 forklift truck (fork truck, forklift)
フォーク・リフト・トラック

17 loading siding
積みおろし線

18 bulky goods
かさばった貨物

19 small railway-owned ((米) railroad-owned) container
小型コンテナ

20 showman's caravan
地方巡業用キャラバン〈同種のものに，サーカス・キャラバン circus caravan がある〉

21 flat wagon ((米) flat freight car)
長物(ながもの)車

22 loading gauge ((米) gage)
貨物積載定規

23 bale of straw
わらの梱(こり)

24 flat wagon ((米) flatcar) with side stakes
柵柱(さくちゅう)つき長物車

25 fleet of lorries ((米) trucks)
貨物自動車隊

26-39 goods shed ((米) freight house)
貨物集散場

26 goods office (forwarding office, (米) freight office)
貨物取扱所

27 part-load goods ((米) package freight)
個品貨物

28 forwarding agent ((米) freight agent, shipper)
運送業者，荷送り人

29 loading foreman
荷物係長

30 consignment note (waybill)
貨物運送状

31 weighing machine
貨物計量器

32 pallet
パレット

33 porter
貨物係員

34 electric cart (electric truck)
電動運搬車（電気トラック）

35 trailer
トレーラー

36 loading supervisor
貨物取扱業務監督

37 goods shed door ((米) freight house door)
貨物集散場の引き戸

38 rail (slide rail)
ローラー・レール

39 roller
ローラー

40 weighbridge office
計量台の事務所

41 weighbridge
計量台

42 marshalling yard ((米) classification yard, switch yard)
操車場

43 shunting engine (shunting locomotive, shunter, (米) switch engine, switcher)
入換え機関車

44 marshalling yard signal box ((米) classification yard switch tower)
操車信号室

45 yardmaster
操車場係長

46 hump
ハンプ

47 sorting siding (classification siding, classification track)
仕分け線

48 rail brake (retarder)
カー・リターダ

49 slipper brake (slipper)
ヘム・シュー

50 storage siding (siding)
貨車引込み線

51 buffer (buffers, (米) bumper)
車止め

52 wagon load ((米) carload)
貨車1両分の貨物

53 warehouse
倉庫

54 container station
コンテナ・フレート・ステーション

55 gantry crane
ガントリー・クレーン

56 lifting gear (hoisting gear)
ホイスト，巻上げ機

57 container
コンテナ

58 container wagon ((米) container car)
コンテナ積載用貨物車

59 semi-trailer
セミ・トレーラー

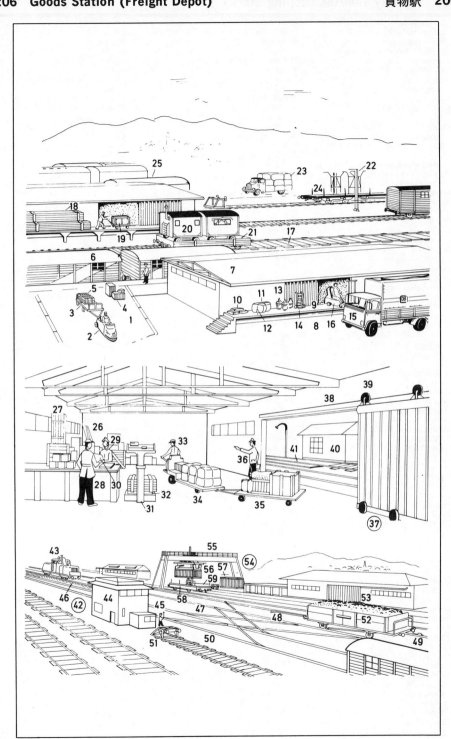

1-21 express train coach (express train carriage, express train car, corridor compartment coach)
急行列車の客車〈旅客運搬用車両
passenger coach の一つ〉
1 side elevation (side view)
側面図
2 coach body
車体
3 underframe (frame)
台枠〈フレーム〉
4 bogie (truck) with steel and rubber suspension and shock absorbers
鋼鉄とゴムの台車受けおよび緩衝装置つきボギー
5 battery containers (battery boxes)
電池箱, バッテリー・ボックス
6 steam and electric heat exchanger for the heating system
暖房装置用の蒸気および電気熱交換器
7 sliding window
引き窓
8 rubber connecting seal
ゴム製連絡シール
9 ventilator
通風機, ベンチレーター
10-21 plan
平面図
10 second-class section
二等客室の区画
11 corridor
通廊
12 folding seat (tip-up seat)
折りたたみ座席（上げ起こし座席）
13 passenger compartment (compartment)
コンパートメント, 仕切客室
14 compartment door
コンパートメントのドア
15 washroom
洗面所
16 toilet (lavatory, WC)
便所
17 first-class section
一等客室の区画
18 swing door
自在戸
19 sliding connecting door
連絡引き戸
20 door
ドア
21 vestibule
乗降口, デッキ
22-32 dining car (restaurant car, diner)
食堂車
22-25 side elevation (side view)
側面図
22 door
ドア
23 loading door
荷積み用ドア
24 current collector for supplying power during stops
停車時給電用集電装置
25 battery boxes (battery containers)
電池箱, バッテリー・ボックス
26-32 plan
平面図
26 staff washroom
乗務員洗面所
27 storage cupboard
食器保管棚
28 washing-up area
食器洗い場
29 kitchen
台所, キッチン

30 electric oven with eight hotplates
8つのホットプレートのついた電気オーブン
31 counter
カウンター
32 dining compartment
食事室
33 dining car kitchen
食堂車の台所
34 chef (head cook)
コック長
35 kitchen cabinet
台所キャビネット
36 sleeping car (sleeper)
寝台車
37 side elevation (side view)
側面図
38-42 plan
平面図
38 two-seat twin-berth compartment (two-seat two-berth compartment, (米) bedroom)
2座席・2寝台コンパートメント
39 folding doors
折り戸
40 washstand
洗面台
41 office
乗務員室
42 toilet (lavatory, WC)
便所
43 express train compartment
急行列車のコンパートメント
44 upholstered reclining seat
布張りリクライニング・シート
45 armrest
肘（ひじ）掛け
46 ashtray in the armrest
肘掛け灰皿
47 adjustable headrest
調節式頭ささえ
48 antimacassar
背覆い
49 mirror
鏡
50 coat hook
洋服掛け
51 luggage rack
手荷物棚
52 compartment window
コンパートメントの窓
53 fold-away table (pull-down table)
折りたたみテーブル
54 heating regulator
暖房調整器
55 litter receptacle
ごみ入れ
56 curtain
カーテン
57 footrest
足掛け台
58 corner seat
隅の座席
59 open car
中央通路式客車
60 side elevation (side view)
側面図
61-72 plan
平面図
61 open carriage
中央通路式客車
62 row of single seats
単座席の列
63 row of double seats
複座席の列
64 reclining seat
リクライニング・シート

65 seat upholstery
座席の布張り
66 backrest
背もたれ
67 headrest
頭ささえ
68 down-filled headrest cushion with nylon cover
ナイロン・カバーつき頭ささえクッション
69 armrest with ashtray
灰皿つきひじ掛け
70 cloakroom
携帯品一時預り室
71 luggage compartment
手荷物室
72 toilet (lavatory, WC)
トイレット（洗面所, 便所）
73 buffet car (quick-service buffet car)
ビュッフェ車〈セルフ・サービス式レストラン車 self-service restaurant car〉
74 side elevation (side view)
側面図
75 current collector for supplying power
給電用集電装置
76 plan
平面図
77 dining compartment
食事室
78-79 buffet (buffet compartment)
ビュッフェ
78 customer area
利用者の場所
79 serving area
飲食物を提供する場所
80 kitchen
台所, キッチン
81 staff compartment
乗務員室
82 staff toilet (staff lavatory, staff WC)
乗務員専用トイレット（乗務員用洗面所, 乗務員用便所）
83 food compartments
飲食物保管室
84 plates
食器類
85 cutlery
刃物類
86 till (cash register)
レジ, レジスター

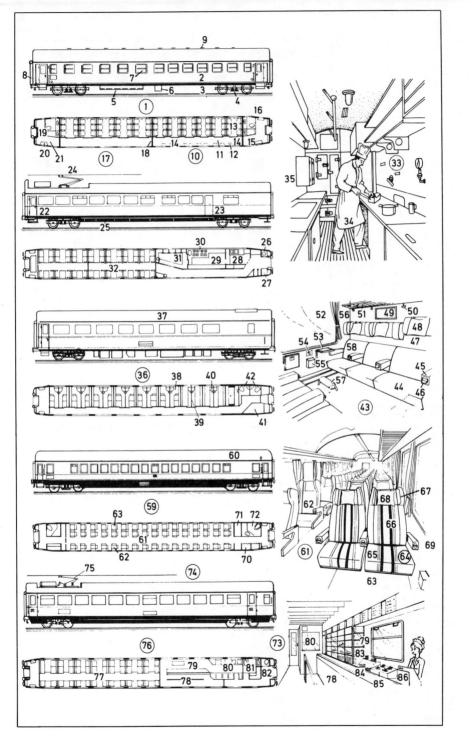

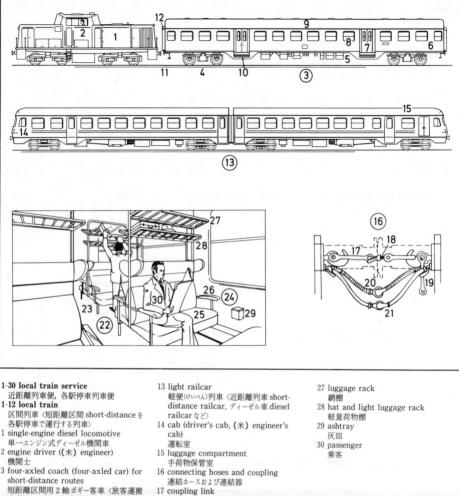

1-30 **local train service**
近距離列車便，各駅停車列車便
1-12 **local train**
区間列車〈短距離区間 short-distance を
各駅停車で運行する列車〉
1 single-engine diesel locomotive
単一エンジン式ディーゼル機関車
2 engine driver ((米) engineer)
機関士
3 four-axled coach (four-axled car) for
short-distance routes
短距離区間用2軸ボギー客車〈旅客運搬
車両passenger coach (passenger
car) の一つ〉
4 bogie (truck) [with disc (disk)
brakes]
ボギー［ディスク・ブレーキつき］
5 underframe (frame)
台枠（フレーム）
6 coach body with metal panelling
((米) paneling)
金属羽目板張りの車体
7 double folding doors
2重折り戸
8 compartment window
コンパートメントの窓
9 open carriage
中央通路式客車
10 entrance
入口
11 connecting corridor
連絡通廊
12 rubber connecting seal
ゴム製連絡シール

13 light railcar
軽便(けいべん)列車〈近距離区間 short-
distance railcar, ディーゼル車 diesel
railcar など〉
14 cab (driver's cab, (米) engineer's
cab)
運転室
15 luggage compartment
手荷物保管室
16 connecting hoses and coupling
連結ホースおよび連結器
17 coupling link
連結リンク
18 tensioning device (coupling screw
with tensioning lever)
ねじ締め装置（連結ねじとねじ締めレバー）
19 unlinked coupling
開放状態の連結器
20 heating coupling hose (steam
coupling hose)
暖房用ホース
21 coupling hose (connecting hose) for
the compressed-air braking system
圧縮空気式カー・リターダ用制動管ホース
22 second-class section
二等客室の区画
23 central gangway
中央通路
24 compartment
仕切客室，コンパートメント
25 upholstered seat
布張りシート
26 armrest
肘(ひじ)掛け

27 luggage rack
網棚
28 hat and light luggage rack
軽量荷物棚
29 ashtray
灰皿
30 passenger
乗客

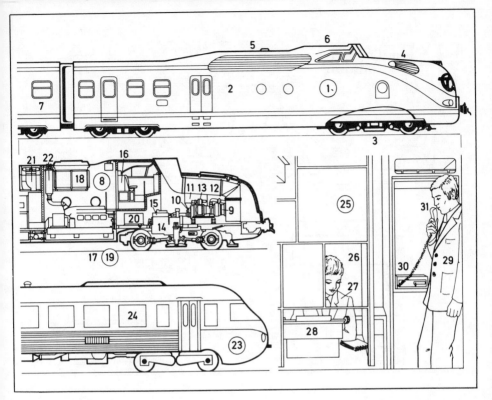

1-22 Trans-Europe Express
ヨーロッパ横断急行列車

1 German Federal Railway trainset,
ドイツ連邦共和国(西ドイツ)国有鉄道の機
関車〈ディーゼル機関車 diesel trainset,
あるいはガス・タービン機関車 gas turbin
trainset〉

2 driving unit
駆動部

3 drive wheel unit
動輪ユニット

4 main engine
主エンジン

5 diesel generator unit
ディーゼル発電機部

6 cab (driver's cab, (米) engineer's
cab)
運転室

7 second coach
二等客車

8 gas turbine driving unit [diagram]
ガス・タービン駆動部 [図解]

9 gas turbine
ガス・タービン

10 turbine transmission
タービン伝動装置

11 air intake
空気取入れ口

12 exhaust with silencers ((米)
mufflers)
消音器つき排気管

13 dynastarter
電気始動機

14 Voith transmission
ボイス伝動装置

15 heat exchanger for the transmission
oil
トランスミッション・オイル用熱交換器

16 gas turbine controller
ガス・タービン制御装置

17 gas turbine fuel tank
ガス・タービン燃料タンク

18 oil-to-air cooling unit for
transmission and turbine
伝動装置およびタービン用のオイル空気冷
却装置

19 auxiliary diesel engine
補助ディーゼル・エンジン

20 fuel tank
燃料タンク

21 cooling unit
冷却装置

22 exhaust with silencers ((米)
mufflers)
消音器つき排気管

**23 Société Nationale des Chemins de
Fer Français** (SNCF) experimental
trainset with six-cylinder underfloor
diesel engine and twin-shaft gas
turbine
フランス国有鉄道(SNCF)の実験機関車
〈6気筒床下ディーゼル・エンジンおよび双軸
タービン式〉

24 turbine unit with silencers ((米)
mufflers)
消音器つきタービン・ユニット

25 secretarial compartment
乗務員室

26 typing compartment
タイピスト室

27 secretary
乗務事務員

28 typewriter
タイプライター

29 travelling ((米) traveling) salesman
外交員

30 dictating machine
口述録音機

31 microphone
マイク

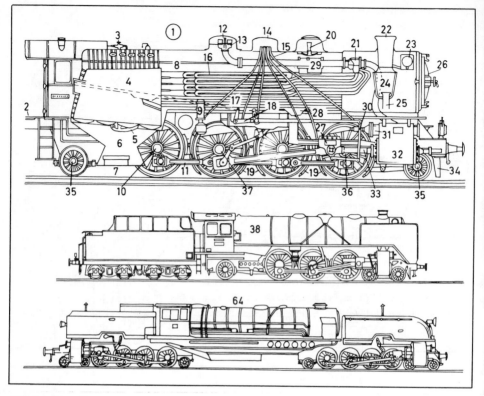

1-69 steam locomotives
蒸気機関車

2-37 locomotive boiler and driving gear
機関車ボイラーと駆動装置

2 tender platform with coupling
連結器つき炭水車落し板

3 safety valve for excess boiler pressure
蒸気過圧防止用ボイラー安全弁

4 firebox
火室

5 drop grate
落し火格子

6 ashpan with damper doors
ダンパー・ドアつき灰受け

7 bottom door of the ashpan
灰受け落し底

8 smoke tubes (flue tubes)
煙管(キセル)

9 feed pump
給水ポンプ

10 axle bearing
車軸軸受け

11 connecting rod
連接棒

12 steam dome
蒸気ドーム, 蒸気だめ

13 regulator valve (regulator main valve)
蒸気調整弁 (加減弁, 加減主弁)

14 sand dome
砂ドーム, 砂箱

15 sand pipes (sand tubes)
砂管

16 boiler (boiler barrel)
ボイラー (ボイラー胴)

17 fire tubes or steam tubes
蒸気管

18 reversing gear (steam reversing gear)
蒸気逆転装置

19 sand pipes
空気式砂まき装置

20 feed valve
給水弁

21 steam collector
蒸気集合装置

22 chimney (smokestack, smoke outlet and waste steam exhaust)
煙突

23 feedwater preheater (feedwater heater, economizer)
給水加熱器

24 spark arrester
火の粉止め, スパーク・アレスター

25 blast pipe
送風管

26 smokebox door
煙室の扉

27 cross head
クロス・ヘッド

28 mud drum
泥だめ

29 top feedwater tray
給水浄化器の濾(こ)し板

30 combination lever
組合せレバー

31 steam chest
蒸気室

32 cylinder
シリンダー

33 piston rod with stuffing box (packing box)
パッキン箱とピストン棒

34 guard iron (rail guard, (米) pilot, cowcatcher)
排障器

35 carrying axle (running axle, dead axle)
従輪軸

36 coupled axle
連結輪軸

37 driving axle
動輪軸

38 express locomotive with tender
急行列車用のテンダー機関車

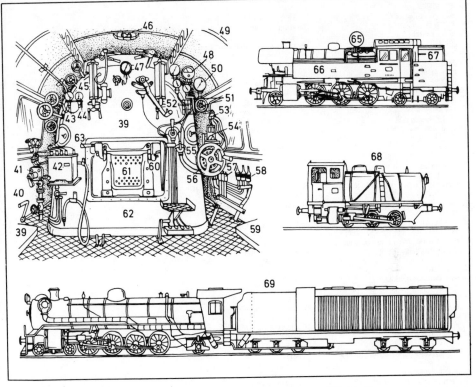

39–63 cab (driver's cab, (米) engineer's
  cab)
  機関車の運転室
39 fireman's seat
  火夫席(かふせき)，機関助士席
40 drop grate lever
  落し火格子レバー
41 line steam injector
  生蒸気噴射器
42 automatic lubricant pump
  (automatic lubricator)
  自動潤滑油ポンプ
43 preheater pressure gauge ((米) gage)
  給水加熱器圧力計
44 carriage heating pressure gauge
  ((米) gage)
  暖房装置圧力計
45 water gauge ((米) gage)
  水面計
46 light
  灯火
47 boiler pressure gauge ((米) gage)
  ボイラー圧力計
48 distant-reading temperature gauge
  ((米) gage)
  遠隔指示温度計
49 cab (driver's cab, (米) engineer's
  cab)
  機関車の運転室
50 brake pressure gauge ((米) gage)
  ブレーキ圧力計
51 whistle valve handle
  汽笛弁ハンドル

52 driver's timetable ((米) engineer's
  schedule)
  機関士時刻表
53 driver's brake valve ((米) engineer's
  brake valve)
  機関士ブレーキ
54 speed recorder (tachograph)
  記録回転計
55 sanding valve
  砂まき弁
56 reversing wheel
  逆転ハンドル，レバーシング・ハンドル
57 emergency brake valve
  非常ブレーキ弁
58 release valve
  放出弁
59 driver's seat ((米) engineer's seat)
  機関士席
60 firehole shield
  火室シールド
61 firehole door
  火室扉
62 vertical boiler
  たてボイラー
63 firedoor handle handgrip
  火室扉の取っ手
64 articulated locomotive (Garratt
  locomotive)
  連節式機関車
65 tank locomotive
  タンク機関車
66 water tank
  水タンク

67 fuel tender
  燃料テンダー
68 steam storage locomotive (fireless
  locomotive)
  蒸気貯圧機関車 (無火室機関車)
69 condensing locomotive (locomotive
  with condensing tender)
  復水器つき機関車 (復水テンダー機関車)

1 **electric locomotive**
電気機関車
2 current collector
集電装置, パンタグラフ
3 main switch
主開閉器, 主スイッチ
4 high-tension transformer
高圧用変圧器
5 roof cable
屋根ケーブル
6 traction motor
主電動機
7 inductive train control system
誘導列車制御装置
8 main air reservoir
主空気だめ
9 whistle
汽笛
10-18 plan of locomotive
機関車の平面図
10 transformer with tap changer
タップ切換器つき変圧器
11 oil cooler with blower
送風機つき油冷却器
12 oil-circulating pump
油循環ポンプ
13 tap changer driving mechanism
タップ切換器駆動装置
14 air compressor
空気圧縮機
15 traction motor blower
主電動機用コンデンサー
16 terminal box
端子箱
17 capacitors for auxiliary motors
補助電動機用コンデンサー
18 commutator cover
整流子カバー
19 cab (driver's cab, ((米)) engineer's cab)
機関車の運転室
20 controller handwheel
制御器ハンドル
21 dead man's handle
デッドマン装置〈安全ハンドル〉
22 driver's brake valve (((米)) engineer's brake valve)
車掌弁
23 ancillary brake valve (auxiliary brake valve)
補助ブレーキ弁
24 pressure gauge (((米)) gage)
圧力計
25 bypass switch for the dead man's handle
デッドマン装置用バイパス・スイッチ
26 tractive effort indicator
牽引力(けんいんりょく)指示器
27 train heating voltage indicator
暖房装置電圧指示器
28 contact wire voltage indicator (overhead wire voltage indicator)
架空線電圧指示器
29 high-tension voltage indicator
高電圧指示器
30 on/off switch for the current collector
集電装置用開閉スイッチ
31 main switch
主スイッチ
32 sander switch (sander control)
砂まきスイッチ
33 anti-skid brake switch
滑り止めブレーキ・スイッチ

34 visual display for the ancillary systems
補助系統用の可視表示装置
35 speedometer
速度計
36 running step indicator
走行段指示器
37 clock
時計
38 controls for the inductive train control system
誘導列車制御装置用の制御器
39 cab heating switch
運転室暖房スイッチ
40 whistle lever
汽笛レバー
41 **contact wire maintenance vehicle** (overhead wire maintenance vehicle)
架空線用車両〈ディーゼル動車 diesel railcar の一つ〉
42 work platform (working platform)
作業台
43 ladder
はしご
44-54 **mechanical equipment of the contact wire maintenance vehicle**
架空線用車両の機械装備
44 air compressor
空気圧縮機
45 blower oil pump
送風機油ポンプ
46 generator
発電機
47 diesel engine
ディーゼル機関
48 injection pump
噴射ポンプ
49 silencer (((米)) muffler)
消音器
50 change-speed gear
変速装置
51 cardan shaft
カルダン軸
52 wheel flange lubricator
車輪フランジ注油器
53 reversing gear
逆動装置
54 torque converter bearing
トルコ・コンバーター軸受け
55 **accumulator railcar** (battery railcar)
蓄電池動車, バッテリー動車
56 battery box (battery container)
蓄電池箱, バッテリー・ボックス
57 cab (driver's cab, ((米)) engineer's cab)
運転室
58 second-class seating arrangement
二等座席配置
59 toilet (lavatory, WC)
トイレット(洗面所, 便所)
60 **fast electric multiple-unit train**
総括制御編成急行電車
61 front railcar
先頭気動車
62 driving trailer car
制御車

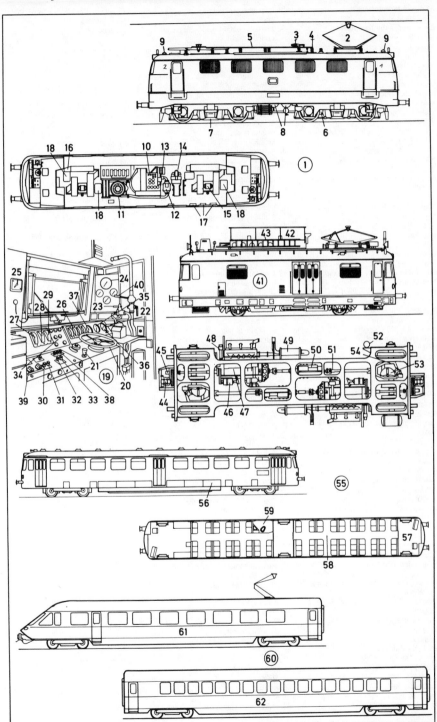

1-84 diesel locomotives
ディーゼル機関車

1 diesel-hydraulic locomotive
液体式ディーゼル機関車〈ここでは，旅客本
線および貨物本線における本線運輸用機関
車 mainline locomotive (diesel
locomotive)〉

2 bogie (truck)
ボギー（台車）

3 wheel and axle set
輪軸

4 main fuel tank
主燃料タンク

5 cab (driver's cab, ((米)) engineer's
cab) of a diesel locomotive
ディーゼル機関車の運転室

6 main air pressure gauge ((米)) gage)
主空気圧力計

7 brake cylinder pressure gauge ((米))
gage)
ブレーキ・シリンダー圧力計

8 main air reservoir pressure gauge
((米)) gage)
主空気だめ圧力計

9 speedometer
速度計

10 auxiliary brake
補助ブレーキ

11 driver's brake valve ((米)) engineer's
brake valve)
機関士ブレーキ弁

12 controller handwheel
制御器ハンドル

13 dead man's handle
デッドマン装置〈安全ハンドル〉

14 inductive train control system
誘導列車制御装置

15 signal lights
信号灯

16 clock
時計

17 voltage meter for the train heating
system
暖房装置の電圧計

18 current meter for the train heating
system
暖房装置の電流計

19 engine oil temperature gauge ((米))
gage)
エンジン油温計

20 transmission oil temperature gauge
((米)) gage)
変速機油温計

21 cooling water temperature gauge
((米)) gage)
冷却水温度計

22 revolution counter (rev counter,
tachometer)
回転速度計

23 radio telephone
無線電話器

24 diesel-hydraulic locomotive [plan
and elevation]
液体式ディーゼル機関車［平面図と側面図］

25 diesel engine
ディーゼル機関，ディーゼル・エンジン

26 cooling unit
冷却装置

27 fluid transmission
流体変速機

28 wheel and axle drive
車輪軸駆動装置

29 cardan shaft
カルダン軸

30 starter motor
始動電動機

31 instrument panel
計器盤

32 driver's control desk ((米)) engineer's
control desk)
運転台

33 hand brake
手ブレーキ

34 air compressor with electric motor
電動機つき空気圧縮機

35 equipment locker
装備戸棚

36 heat exchanger for transmission oil
変速機用熱交換器

37 engine room ventilator
機関室の換気装置

38 magnet for the inductive train
control system
誘導列車制御装置用磁石

39 train heating generator
列車暖房用発電機

40 casing of the train heating system
transformer
列車暖房装置変圧機のケーシング

41 preheater
予熱器

42 exhaust silencer ((米)) exhaust
muffler)
排気消音器

43 auxiliary heat exchanger for the
transmission oil
変速機油用補助熱交換器

44 hydraulic brake
油圧ブレーキ

45 tool box
道具箱

46 starter battery
始動用蓄電池

47 diesel-hydraulic locomotive for light
and medium shunting service
小規模および中規模入れ換え専用液体式
ディーゼル機関車

48 exhaust silencer ((米)) exhaust
muffler)
排気消音器

49 bell and whistle
ベルと汽笛

50 yard radio
操車場無線通信機

51-67 elevation of locomotive
機関車の立面図

51 diesel engine with supercharged
turbine
過給タービンつきディーゼル機関

52 fluid transmission
液体変速機

53 output gear box
出力歯車箱

54 radiator
放熱器

55 heat exchanger for the engine
lubricating oil
エンジン油用熱交換器

56 fuel tank
熱料タンク

57 main air reservoir
主空気だめ

58 air compressor
空気圧縮機

59 sand boxes
砂箱

60 reserve fuel tank
予備燃料タンク

61 auxiliary air reservoir
補助空気だめ

62 hydrostatic fan drive
静液圧ファン駆動装置

63 seat with clothes compartment
衣服棚つき座席

64 hand brake wheel
ハンド・ブレーキ輪

65 cooling water
冷却水

66 ballast
バラスト

67 engine and transmission control
wheel
エンジン・伝動装置制御輪

68 small diesel locomotive for shunting
service
入換え専用小型ディーゼル機関車

69 exhaust casing
排気ケーシング

70 horn
警笛

71 main air reservoir
主空気だめ

72 air compressor
空気圧縮機

73 eight-cylinder diesel engine
8 気筒ディーゼル機関

74 Voith transmission with reversing
gear
逆転装置つきボイス式動力伝達装置

75 heating oil tank (fuel oil tank)
燃料油タンク

76 sand box
砂箱

77 cooling unit
冷却装置

78 header tank for the cooling water
冷却水用ヘッダー・タンク

79 oil bath air cleaner (oil bath air
filter)
油槽式空気清浄器

80 hand brake wheel
ハンド・ブレーキ輪

81 control wheel
制御輪

82 coupling
継ぎ手

83 cardan shaft
カルダン軸

84 louvred shutter
ルーバー式シャッター

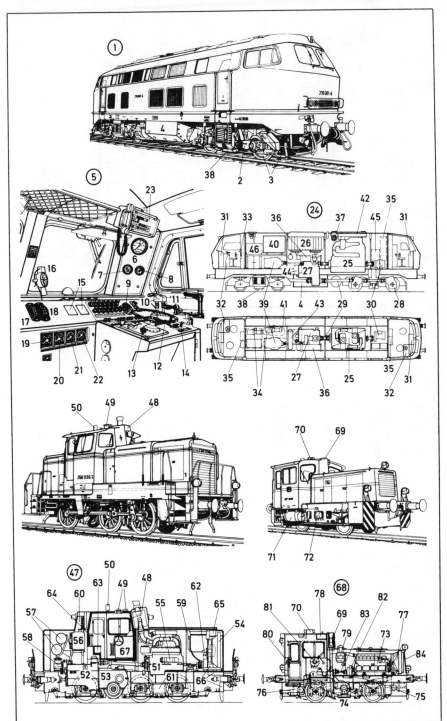

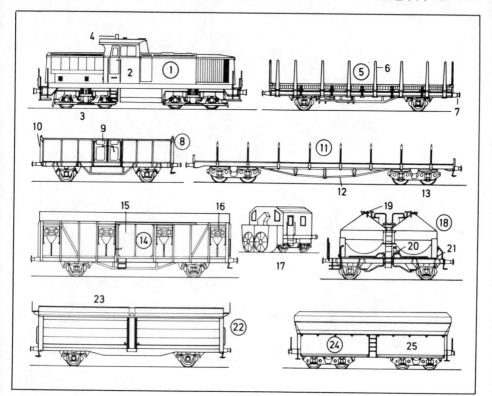

1 diesel-hydraulic locomotive
　液体式ディーゼル機関車
2 cab (driver's cab, (米) engineer's
　cab)
　運転室
3 wheel and axle set
　輪軸
4 aerial for the yard radio
　操車場無線通信機用アンテナ
5 standard flat wagon ((米) standard
　flatcar)
　標準長物車(ながものしゃ)
6 hinged steel stanchion (stanchion)
　蝶番(ちょうつがい)式鋼製棚柱(さくちゅう)
7 buffers
　緩衝器
8 standard open goods wagon ((米)
　standard open freight car)
　標準無蓋(むがい)貨車
9 revolving side doors
　側開き戸
10 hinged front
　蝶番式前面部
11 standard flat wagon ((米) standard
　flatcar) with bogies
　ボギー式標準長物車
12 sole bar reinforcement
　側(がわ)ばり補強材
13 bogie (truck)
　ボギー (台車)
14 covered goods van (covered goods
　wagon, (米) boxcar)
　有蓋(ゆうかい)貨車

15 sliding door
　引き戸
16 ventilation flap
　換気用フラップ
17 snow blower (rotary snow plough,
　(米) snowplow)
　ロータリー除雪車〈軌道排雪車 track-
　clearing vehicle の一つ〉
18 wagon ((米) car) with pneumatic
　discharge
　空気圧荷おろし装置つき貨車
19 filler hole
　充填孔(じゅうてんこう)
20 compressed-air supply
　圧縮空気供給装置
21 discharge connection valve
　連結吐出し弁
22 goods van ((米) boxcar) with sliding
　roof
　引き戸式屋根つき有蓋(ゆうかい)貨車
23 roof opening
　屋根開口部
24 bogie open self-discharge wagon
　((米) bogie open self-discharge
　freight car)
　無蓋自動荷おろしボギー貨車
25 discharge flap (discharge door)
　荷おろしフラップ (荷おろし戸)

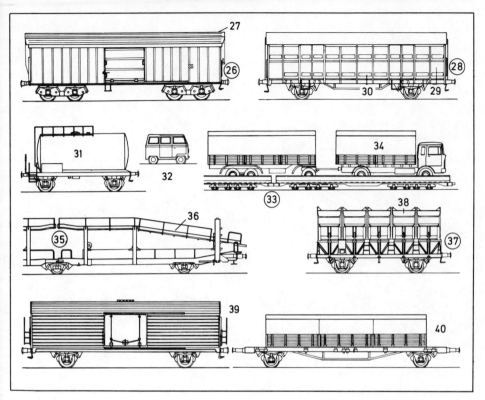

26 bogie wagon with swivelling ((米)
   swiveling) roof
   施回屋根つきボギー貨車
27 swivelling ((米) swiveling) roof
   施回屋根
28 large-capacity wagon ((米) large-
   capacity car) for small livestock
   小家畜を運ぶ大型貨車
29 sidewall with ventilation flaps
   (slatted wall)
   換気用フラップつき側壁（スラット開き）
30 ventilation flap
   換気用フラップ
31 tank wagon ((米) tank car)
   タンク車
32 track inspection railcar
   軌道検査車
33 open special wagons ((米) open
   special freight cars)
   特殊無蓋貨車
34 lorry ((米) truck) with trailer
   トレーラーつきトラック
35 two-tier car carrier (double-deck car
   carrier)
   自動車輸送用2段積み貨車
36 hinged upper deck
   蝶番(ちょうつがい)式上段覆い
37 tipper wagon ((米) dump car) with
   skips
   スキップつきダンプカー
38 skip
   スキップ

39 general-purpose refrigerator wagon
   (refrigerator van, (米) refrigerator
   car)
   多目的冷蔵車
40 interchangeable bodies for flat
   wagons ((米) flatcars)
   長物車(ながものしゃ)用互換式車体

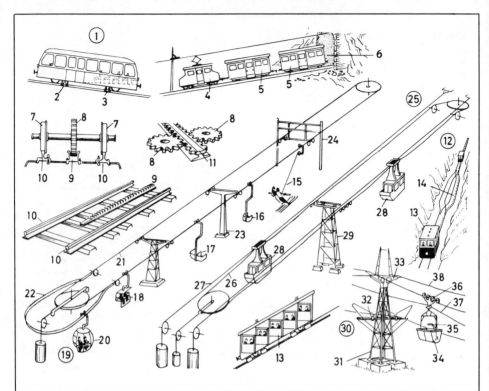

1-14 mountain railways ((米)
mountain railroads)
登山鉄道
1 adhesion railcar
粘着気動車
2 drive
駆動装置
3 emergency brake
非常ブレーキ
4-5 rack mountain railway (rack-and-pinion railway)
ラック登山鉄道 (ラック・ピニオン鉄道)〈歯車式鉄道 (アプト式鉄道) cog railway, (米) cog railroad, rack railroad ともいう〉
4 electric rack railway locomotive ((米) electric rack railroad locomotive)
ラック鉄道電気機関車
5 rack railway coach (rack railway trailer, (米) rack railroad car)
ラック鉄道客車
6 tunnel
トンネル
7-11 rack railways (rack-and-pinion railways, (米) rack railroads) [systems]
ラック鉄道 (ラック・ピニオン鉄道)〔仕組み〕
7 running wheel (carrying wheel)
走行車輪
8 driving pinion
駆動ピニオン

9 rack [with teeth machined on top edge]
ラック〔歯形軌条〕
10 rail
レール
11 rack [with teeth on both outer edges]
ラック〔複列歯形軌条〕
12 funicular railway (funicular, cable railway)
登山鋼索 (こうさく) 鉄道，ケーブル・カー
13 funicular railway car
ケーブル・カー客車
14 haulage cable
牽引 (けんいん) ケーブル
15-38 cableways (ropeways, cable suspension lines)
索道 (架空索道)
15-24 single-cable ropeways (single-cable suspension lines), endless ropeways
単索ロープウェイ，連続ロープウェイ
15 drag lift
ドラグ・リフト
16-18 chair lift
チェア・リフト
16 lift chair
リフト・チェア〈ここでは，1人乗りチェア single chair〉
17 double lift chair
2人乗りリフト・チェア〈2座席のリフト・チェア two-seater chair〉

18 double chair (two-seater chair) with coupling
2人乗りチェア
19 gondola cableways
ゴンドラ索道〈連続索道 endless cableway の一つ〉
20 gondola (cabin)
ゴンドラ (キャビン)
21 endless cable, a suspension (supporting) and haulage cable
連続ケーブル，支持運搬索
22 U-rail
U型レール，入換えレール
23 single-pylon support
単柱支持装置
24 gantry support
門形支持装置
25 double-cable ropeway (double-cable suspension line)
複索ロープウェイ〈ここでは，平衡キャビン式架空ロープウェイ suspension line with balancing cabins〉
26 haulage cable
運搬索
27 suspension cable (supporting cable)
支持索
28 cabin
キャビン
29 intermediate support
中間支持装置
30 cableway (ropeway, suspension line)
索道〈複索架空ロープウェイ double-cable ropeway (double-cable suspension line) の一つ〉

31 pylon
支持鉄塔
32 haulage cable roller
運搬索滑車
33 cable guide rail (suspension cable bearing)
ケーブル誘導レール (支持索ベアリング)
34 skip
スキップ〈落しバケット(ダンプ・バケット) tipping bucket ((米) dumping bucket) の一つ〉
35 stop
落し止め
36 pulley cradle
滑車クレードル
37 haulage cable
運搬索
38 suspension cable (supporting cable)
支持索
39 valley station (lower station)
谷側停車場 (下部停車場)
40 tension weight shaft
引張り分銅立坑(たてこう)
41 tension weight for the suspension cable (supporting cable)
支持索用引張り分銅
42 tension weight for the haulage cable
運搬索用引張り分銅
43 tension cable pulley
緊張索滑車
44 suspension cable (supporting cable)
支持索
45 haulage cable
運搬索
46 balance cable (lower cable)
平衡索 (下部索)
47 auxiliary cable (emergency cable)
補助索 (非常索)
48 auxiliary-cable tensioning mechanism (emergency-cable tensioning mechanism)
補助索引張り装置 (非常索引張り装置)
49 haulage cable rollers
運搬索滑車
50 spring buffer ((米) spring bumper)
ばね緩衝器
51 valley station platform (lower station platform)
谷側停車場プラットフォーム
52 cabin (cableway gondola, ropeway gondola, suspension line gondola)
キャビン (索道ゴンドラ, 架空線ゴンドラ)〈ここでは, 大型キャビン large-capacity cabin〉
53 pulley cradle
滑車クレードル
54 suspension gear
懸架装置
55 stabilizer
安定装置
56 guide rail
誘導レール
57 top station (upper station)
山側停車場 (上部停車場)
58 suspension cable guide (supporting cable guide)
支持索誘導装置

59 suspension cable anchorage (supporting cable anchorage)
支持索取付け部
60 haulage cable rollers
運搬索ローラー
61 haulage cable guide wheel
運搬索誘導輪
62 haulage cable driving pulley
運搬索駆動滑車
63 main drive
主駆動装置
64 standby drive
待機駆動装置
65 control room
制御室
66 cabin pulley cradle
キャビン滑車クレードル
67 main pulley cradle
主滑車受け台
68 double cradle
複式クレードル
69 two-wheel cradle
2輪クレードル
70 running wheels
走行車輪
71 suspension cable brake (supporting cable brake)
支持索ブレーキ〈運搬索機能停止 haulage cable failure の時の非常ブレーキ emergency brake〉
72 suspension gear bolt
懸架装置ボルト
73 haulage cable sleeve
運搬索スリーブ
74 balance cable sleeve (lower cable sleeve)
平衡索スリーブ (下部索スリーブ)
75 derailment guard
脱線防止ガード
76 cable supports (ropeway supports, suspension line supports, intermediate supports)
ケーブル支持装置 (中間支持装置)
77 pylon
鉄塔〈ここでは, 格子支柱 framework support〉
78 tubular steel pylon
鋼管塔〈ここでは, 鋼管支柱 tubular steel support〉
79 suspension cable guide rail (supporting cable guide rail, support guide rail)
支持索誘導レール
80 support truss
支持トラス〈索上作業用のフレーム frame の一つ〉
81 base of the support
支柱の基部

1 cross-section of a bridge
橋の断面
2 orthotropic roadway (orthotropic deck)
直交異方性の道路 (直交異方性の地面)
3 truss (bracing)
トラス, 桁(けた)構え (支柱)
4 diagonal brace (diagonal strut)
対角方杖(ほうづえ)(対角支柱)
5 hollow tubular section
管状形鋼, 主構
6 deck slab
デッキ・スラブ
7 solid-web girder bridge (beam bridge)
プレート・ガーダー橋 (橋梁(きょうりょう))
8 road surface
道路面
9 top flange
上部フランジ, 上部継ぎ手
10 bottom flange
底部フランジ, 底部継ぎ手
11 fixed bearing
固定支点
12 movable bearing
可動支点
13 clear span
内法(うちのり)スパン
14 span
張間
15 rope bridge (primitive suspension bridge)
ロープ橋 (原始的つり橋)
16 carrying rope
支持ロープ
17 suspension rope
つりロープ
18 woven deck (woven decking)
編陸(へんろく)屋根
19 stone arch bridge
石アーチ橋〈立体橋 solid bridge の一つ〉
20 arch
アーチ
21 pier
橋脚
22 statue
彫像
23 trussed arch bridge
トラス・アーチ橋
24 truss element
トラス要素
25 trussed arch
トラス構造アーチ
26 arch span
アーチ・スパン
27 abutment (end pier)
迫台(せりだい) (末端橋脚)
28 spandrel-braced arch bridge
スパンドレル・ブレースト・アーチ橋
29 abutment (abutment pier)
迫台 (末端橋脚)
30 bridge strut
橋方杖(ほうづえ)
31 crown
橋冠, アーチ・クラウン
32 covered bridge of the Middle Ages
中世紀の有蓋橋(ゆうがいきょう)〈図は, フローレンスのヴェッキオ橋 the Ponte Vecchio〉
33 goldsmiths' shops
金細工店
34 steel lattice bridge
スチール・ラチス橋〈鉄製の格子形骨組で支えた橋〉
35 counterbrace (crossbrace, diagonal member)
対材, 添控え

36 vertical member
垂直構成材
37 truss joint
トラス接合[部]
38 portal frame
橋門フレーム
39 suspension bridge
つり橋
40 suspension cable
つりケーブル
41 suspender (hanger)
サスペンダー (ハンガー)
42 tower
塔
43 suspension cable anchorage
つりケーブル定着
44 tied beam [with roadway]
結合ビーム [道路との]
45 abutment
迫台(せりだい) (末端橋脚)
46 cable-stayed bridge
ケーブル支柱橋
47 inclined tension cable
傾斜張力ケーブル
48 inclined cable anchorage
傾斜ケーブル定着
49 reinforced concrete bridge
鉄筋コンクリート橋
50 reinforced concrete arch
鉄筋コンクリート・アーチ
51 inclined cable system (multiple cable system)
傾斜ケーブル方式 (並列ケーブル方式)
52 flat bridge
平橋(ひらばし)〈プレート・ガーダー橋 plate girder bridge の一種〉
53 stiffener
補強材
54 pier
橋脚
55 bridge bearing
橋支点
56 cutwater
〈橋脚の〉水よけ
57 straits bridge
狭橋〈プレキャスト (既製) の構造物 precast element で建てた橋の一つ〉
58 precast construction unit
プレキャスト(既製) の架設一式
59 viaduct
陸橋, 高架橋
60 valley bottom
谷底
61 reinforced concrete pier
鉄筋コンクリート橋脚
62 scaffolding
足場, 足場材料
63 lattice swing bridge
ラチス旋回橋
64 turntable
回転盤
65 pivot pier
ピボット橋脚, 旋回橋脚
66 pivoting half (pivoting section, pivoting span, movable half) of bridge
橋の半旋回 (旋回接合部分, 旋回スパン, 可動の半分)
67 flat swing bridge
平旋回橋
68 middle section
中間接合部分
69 pivot
ピボット, 旋回支軸
70 parapet (handrailing)
欄干(らんかん)(手すり)

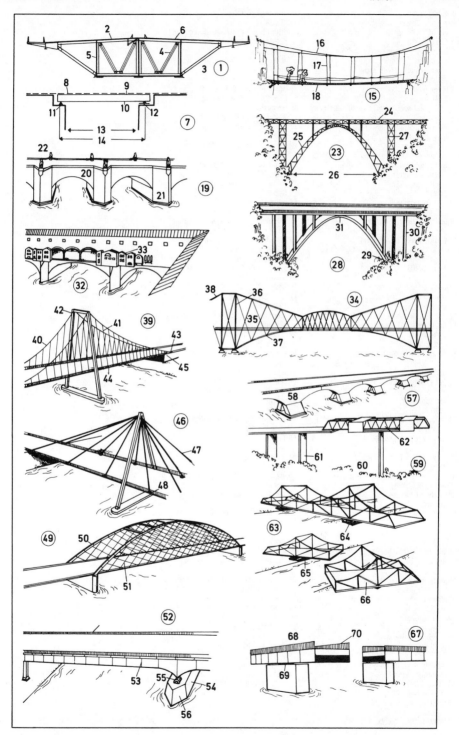

1 cable ferry
ケーブル・フェリー〈または、チェーン・フェリー
chain ferry, 旅客フェリー passenger
ferry の一種〉

2 ferry rope (ferry cable)
フェリー・ロープ（フェリー・ケーブル）

3 river branch (river arm)
河川支流

4 river island (river islet)
川中の小島

5 collapsed section of riverbank, flood
damage
河岸の崩壊した部分、洪水(こうずい)による
損傷（洗い掘り）

6 motor ferry
モーター・フェリー

7 ferry landing stage (motorboat
landing stage)
フェリー上陸用桟橋（モーターボート上陸用
桟橋）

8 pile foundations
杭(くい)打ち基礎

9 current (flow, course)
流れ

10 flying ferry (river ferry)
高速フェリー（河川フェリー）〈カー・フェリー
car ferry の一つ〉

11 ferry boat
フェリー・ボート

12 buoy (float)
ブイ（フロート）

13 anchorage
アンカー、錨(いかり)

14 harbour ((米) harbor) for laying up
river craft
川船船着場

15 ferry boat (punt)
フェリー・ボート（パント〔船〕）［平底で両端
が方形］

16 pole (punt pole, quant pole)
船竿(はたざお)（パント竿、輪ぷち竿）

17 ferryman
渡船夫

18 blind river branch (blind river arm)
行止り支流

19 groyne ((米) groin)
突堤

20 groyne ((米) groin) head
突堤頭

21 fairway (navigable part of river)
航路（航行水路）

22 train of barges
はしけの列（バージ）

23 river tug
河川タグ、引き船

24 tow rope (tow line, towing hawser)
引き網

25 barge (freight barge, cargo barge,
lighter)
はしけ、バージ（ライター）

26 bargeman (bargee, lighterman)
はしけ船頭

27 towing (hauling, haulage)
曳航(えいこう)

28 towing mast
曳航マスト

29 towing engine
曳航機関車

30 towing track
曳航軌道〈以前は、船引き道 tow path
(towing path) といった〉

31 river after river training
河流処理後の河川

32 dike (dyke, main dike, flood wall,
winter dike)
堤防（本堤、洪水壁、冬期堤防）

33 drainage ditch
排水溝

34 dike (dyke) drainage sluice
堤防排水門

35 wing wall
袖壁(そでかべ)

36 outfall
流れ口

37 drain (infiltration drain)
排水渠(きょ)（疎水(そすい)暗渠）

38 berm (berme)
崖径(がいけい)〈道路沿いの細道〉

39 top of dike (dyke)
堤防の頂上

40 dike (dyke) batter (dike slope)
堤防斜面

41 flood bed (inundation area)
洪水河床（洪水域）

42 flood containment area
洪水抑制地域

43 current meter
流速計

44 kilometre ((米) kilometer) sign
キロメーター・サイン〈距離標〉

45 dikereeve's (dykereeve's) house
(dikereeve's cottage)
堤防管理人の小屋〈または、渡船夫の住居
ferryman's house (cottage)〉

46 dikereeve (dykereeve)
治水管理官、堤防管理人

47 dike (dyke) ramp
堤防傾斜路

48 summer dike (dyke)
夏期堤防

49 levee (embankment)
自然堤防（土手）

50 sandbags
砂袋

51-55 bank protection (bank
stabilization, revetment)
堤防保護（堤防安定、護岸）

51 riprap
捨石基礎

52 alluvial deposit (sand deposit)
運積土（運積砂(しゃ)）

53 fascine (bundle of wooden sticks)
束柴(そくさい)（木材の束）

54 wicker fences
枝編み防護棚

55 stone pitching
捨石

56 floating dredging machine
(dredger)
〔浮動〕浚渫(しゅんせつ)機（船）〈バケツはしご
式浚渫機 multi-bucket ladder dredge
の一つ〉

57 bucket elevator chain
バケツ・エレベーター・チェーン

58 dredging bucket
浚渫バケツ

59 suction dredger (hydraulic dredger)
with trailing suction pipe or barge
sucker
吸引パイプまたはバージ・サッカーつき吸引浚
渫船

60 centrifugal pump
遠心〔渦巻〕ポンプ

61 back scouring valve
バック・スコアリング弁、後部洗浄弁

62 suction pump
吸引ポンプ〈ここでは、洗浄口つき噴射式ポ
ンプ jet pump with scouring nozzles〉

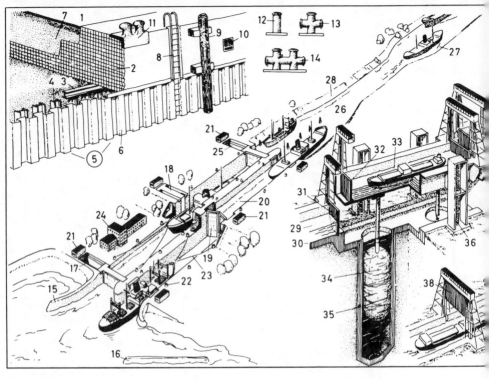

1-14 quay wall
岸壁
1 road surface
路面
2 body of wall
壁体
3 steel sleeper
鋼(はがね)大引き
4 steel pile
鋼杭(はがねぐい)
5 sheet pile wall (sheet pile bulkhead, sheetpiling)
矢板壁 (矢板隔壁, 矢板)
6 box pile
箱枠基礎杭(くい), 矢板
7 backfilling (filling)
裏込め
8 ladder
はしご
9 fender (fender pile)
防舷材(ぼうげんざい) (防舷杭)
10 recessed bollard
凹所(おうしょ)のある係船柱
11 double bollard
双係船柱
12 bollard
係船柱
13 cross-shaped bollard (cross-shaped mooring bitt)
十字形係船柱
14 double cross-shaped bollard (double cross-shaped mooring bitt)
双十字形係船柱
15-28 canal
運河

15-16 canal entrance
運河入口
15 mole
突堤
16 breakwater
防波堤
17-25 staircase of locks
階段ロック
17 lower level
ロワー・レベル, 下流端
18 lock gate
ロック・ゲート 〈引込みゲート sliding gate の一つ〉
19 mitre ((米) miter) gate
マイター・ゲート 〈斜接扉〉
20 lock (lock chamber)
閘門(こうもん) (ロック室)
21 power house
動力室
22 warping capstan (hauling capstan)
牽引(けんいん)キャプスタン 〈巻上げ機 capstan の一つ〉
23 warp
引き索(なわ)
24 offices
事務所 〈運河管理事務所 canal administration, 河川警察 river police, 税関 customs など〉
25 upper level (head)
アッパー・レベル, 上流端
26 lock approach
閘門(こうもん)進入
27 lay-by
通過待避場所
28 bank slope
河岸斜面

29-38 boat lift ((米) boat elevator)
ボート・リフト
29 lower pound (lower reach)
下流区間 〈運河の水門と水門の間〉
30 canal bed
運河底
31 pound lock gate
区間ロック・ゲート 〈垂直昇降門 vertical gate の一つ〉
32 lock gate
閘門, ロック・ゲート
33 boat tank (caisson)
船水槽
34 float
フロート, 浮子(ふし)
35 float shaft
フロート・シャフト
36 lifting spindle
巻上げスピンドル, 巻上げねじ
37 upper pound (upper reach)
上流区間 〈上流リーチ〉
38 vertical gate
垂直昇降門

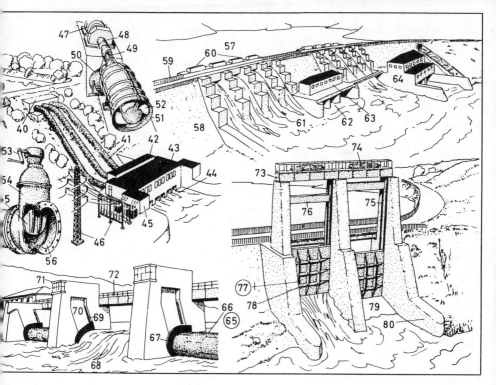

39-46 pumping plant and reservoir
揚水式発電所と貯水池
39 forebay
　取水庭
40 surge tank
　取水室, 水室
41 pressure pipeline
　圧力管路
42 valve house (valve control house)
　弁室 (弁制御室)
43 turbine house (pumping station)
　タービン室 (ポンプ室)
44 discharge structure (outlet structure)
　吐出し構造 (出口構造)
45 control station
　制御室
46 transformer station
　変圧器ステーション
47-52 axial-flow pump (propeller pump)
軸流ポンプ (プロペラ・ポンプ)
47 drive motor
　駆動モーター
48 gear
　歯車装置
49 drive shaft
　駆動軸
50 pressure pipe
　圧力管
51 suction head
　吸込み筒
52 impeller wheel
　羽根車
53-56 sluice valve (sluice gate)
水門弁 (水門ゲート)
53 crank drive
　クランク駆動装置

54 valve housing
　弁外被
55 sliding valve (sliding gate)
　滑動弁 (スライド・ゲート)
56 discharge opening
　吐出し口
57-64 dam (barrage)
ダム
57 reservoir (storage reservoir,
　impounding reservoir, impounded
　reservoir)
　貯水池
58 masonry dam
　石工ダム
59 crest of dam
　堤頂
60 spillway (overflow spillway)
　余水路 (流出余水路)
61 stilling basin (stilling box, stilling
　pool)
　減勢池 (減勢プール)
62 scouring tunnel (outlet tunnel, waste
　water outlet)
　底吐出しトンネル (廃水出口)
63 valve house (valve control house)
　弁室 (弁制御室)
64 power station
　発電所
65-72 rolling dam (weir)
ローリング・ダム (ローラー堰(せき))〈堰
barrage の一つ。他の方式に，シャッター堰
shutter weir がある〉
65 roller
　ローラー〈柵(さく)barrier の一つ〉
66 roller top
　ローラーの上部

67 flange
　側板, フランジ
68 submersible roller
　水没しているローラー
69 rack track
　ラック・トラック
70 recess
　壁面くぼみ
71 hoisting gear cabin
　巻上げ装置室
72 service bridge (walkway)
　〔堰(せき)〕業務用通路 (人員専用通路)
73-80 sluice dam
水門ダム
73 hoisting gear bridge
　巻上げ装置橋
74 hoisting gear (winding gear)
　巻上げ装置 (巻きギヤ)
75 guide groove
　案内溝
76 counterweight (counterpoise)
　釣合いおもり (平衡錘(すい))
77 sluice gate (floodgate)
　水門 (洪水ゲート)
78 reinforcing rib
　補強リブ
79 dam sill (weir sill)
　ダム土台 (堰土台)
80 wing wall
　側壁

1- 6 **Germanic rowing boat** the
Nydam boat
ゲルマンの漕船(そうせん)〈西暦約 400 年
前〉，ニダム・ボート
1 stern post
船尾材
2 steersman
舵子(かじこ)
3 oarsman
漕手
4 stem post (stem)
船首材
5 oar, for rowing
櫂(かい)
6 rudder (steering oar), for steering
舵(かじ) (舵取りオール)〈舵取り用の側面
舵 side rudder〉
7 **dugout**
丸木舟〈1 本の幹をえぐって作るくり舟
hollowed-out tree trunk〉
8 paddle
櫂
9-12 **trireme**
トライリーム（3 段オールのガレー船）〈ロー
マの軍艦 Roman warship〉
9 ram
衝角(しょうかく)
10 forecastle (fo'c'sle)
フォックスル，船首楼
11 grapple (grapnel, grappling iron)
敵船を捉える鉤(かぎ)〈敵船を横づけに結ぶ
ための〉
12 three banks (tiers) of oars
3 段櫂(かい)
13-17 **Viking ship** (longship, dragon
ship) [Norse]
バイキング船 [古代スカンジナビアの]
13 helm (tiller)
舵柄(だへい) (ティラー)
14 awning crutch with carved horses'
heads
馬の首の彫刻がついた天幕支え
15 awning
天幕
16 dragon figurehead
竜の形をした船首
17 shield
盾
18-26 **cog** (Hansa cog, Hansa ship)
コグ (ハンザ・コグ，ハンザ船)
18 anchor cable (anchor rope, anchor
hawser)
アンカー・ケーブル
19 forecastle (fo'c'sle)
フォックスル，船首楼
20 bowsprit
やりだし
21 furled (brailed-up) square sail
帆桁(ほげた)に引上げた横帆
22 town banner (city banner)
市旗
23 aftercastle (sterncastle)
船尾楼
24 rudder
舵(かじ)〈船尾舵 stem rudder〉
25 elliptical stern (round stern)
円形船尾
26 wooden fender
木製フェンダー
27-43 **caravel** (carvel)
カラベル〈1492 年のサンタ・マリア号
'Santa Maria'〉
27 admiral's cabin
提督室
28 spanker boom
スパンカー・ブーム，後斜桁(けた)

29 mizzen (mizen, mutton spanker,
lateen spanker)
ミズン・マスト，後檣(こうしょう)〈大三角帆
lateen sail の一つ〉
30 lateen yard
大三角帆桁(ほげた)
31 mizzen (mizen) mast
ミズン・マスト〈三檣船(さんしょうせん)の後檣〉
32 lashing
ラッシング，係索
33 mainsail (main course)
メインスル (主帆)〈横帆 square sail の一
つ〉
34 bonnet
ボンネット〈取外し可能のカンバス片 strip
of canvas の一つ〉
35 bowline
バウライン，はらみ索
36 bunt line (martinet)
バント・ライン，絞帆索 (マーチネット)
37 main yard
メイン・ヤード〈主帆桁〉
38 main topsail
メイン・トップスル〈中マスト帆〉
39 main topsail yard
メイン・トップスル・ヤード〈中マスト帆桁〉
40 mainmast
メインマスト〈主マスト〉
41 foresail (fore course)
フォースル〈前マスト帆〉
42 foremast
フォアマスト〈前マスト〉
43 spritsail
スプリットスル〈斜桁(しゃこう)帆〉
44-50 **galley** [15th to 18th century]
ガレー船〈15-18 世紀。奴隷船 slave
galley の一つ〉
44 lantern
ランタン，角灯
45 cabin
船室，キャビン
46 central gangway
中央ガングウェー，舷門(げんもん)
47 slave driver with whip
むちを持った奴隷監督
48 galley slaves
ガレー船を漕ぐ奴隷
49 covered platform in the forepart of
the ship
船首の屋根つき台
50 gun
砲
51-60 **ship of the line** (line-of-battle
ship) [18th to 19th century]
戦艦〈18 世紀-19 世紀。3 層甲板船
three-decker の一つ〉
51 jib boom
ジブ・ブーム，第 2 斜檣(しゃしょう)
52 fore topgallant sail
フォア・トゲルン・スル〈前上マスト帆〉
53 main topgallant sail
メイン・トゲルン・スル〈中上マスト帆〉
54 mizzen (mizen) topgallant sail
ミズン・トゲルン・スル〈後上マスト帆〉
55-57 gilded stern
金装飾船尾
55 upper stern
上船尾
56 stern gallery
船尾観望台
57 quarter gallery
クォーター観望台 (船側尾観望台)〈装飾
用舷窓(げんそう) ornamental portholes つ
き 突出 バルコニー projecting balcony の
一つ〉

58 lower stern
下船尾
59 gunports for broadside fire
舷側砲火用砲門
60 gunport shutter
砲門シャッター

1-72 rigging (rig, tackle) and sails of a bark (barque)
バーク（3本マストの帆船）のリギング（綱具（つなぐ）装置）と帆
1-9 masts
マスト
1 bowsprit with jib boom
第2斜檣（しょう）つきやりだし
2-4 foremast
フォアマスト〈前マスト〉
2 lower foremast
下部前マスト
3 fore topmast
前中檣（しょう）
4 fore topgallant mast
前上檣
5-7 mainmast
メインマスト〈主マスト〉
5 lower mainmast
ロワー・メインマスト
6 main topmast
メイン・トップマスト
7 main topgallant mast
メイン・トゲルン・マスト
8-9 mizzen (mizen) mast
ミズン・マスト
8 lower mizzen (lower mizen)
ロワー・ミズン・マスト
9 mizzen (mizen) topmast
ミズン・トップマスト
10-19 standing rigging
静索
10 stay
ステー，支索
11 topmast stay
トップマスト・ステー
12 topgallant stay
トゲルン・ステー
13 royal stay
ロイヤルの支索
14 jib stay
ジブ・ステー
15 bobstay
ボブステー
16 shrouds
シュラウド
17 fore topmast rigging (main topmast rigging, mizzen (mizen) topmast rigging)
前トップマスト・リギング
18 fore topgallant rigging (main topgallant rigging)
前トゲルン・リギング
19 backstays
バックステー
20-31 fore-and-aft sails
前帆と後帆
20 fore topmast staysail
前トップマスト・ステースル
21 inner jib
インナー・ジブ
22 outer jib
アウター・ジブ
23 flying jib
フライング・ジブ
24 main topmast staysail
メイン・トップマスト・ステースル
25 main topgallant staysail
メイン・トゲルン・ステースル
26 main royal staysail
メイン・ロイヤル・ステースル
27 mizzen (mizen) staysail
ミズン・ステースル
28 mizzen (mizen) topmast staysail
ミズン・トップマスト・ステースル

29 mizzen (mizen) topgallant staysail
ミズン・トゲルン・ステースル
30 mizzen (mizen, spanker, driver)
ミズン
31 gaff topsail
ガフ・トップスル
32-45 spars
円材
32 foreyard
フォアヤード
33 lower fore topsail yard
ロワー・フォア・トップスル・ヤード
34 upper fore topsail yard
アッパー・フォア・トップスル・ヤード
35 lower fore topgallant yard
ロワー・フォア・トゲルン・ヤード
36 upper fore topgallant yard
アッパー・フォア・トゲルン・ヤード
37 fore royal yard
フォア・ロイヤル・ヤード
38 main yard
メインヤード
39 lower main topsail yard
ロワー・メイン・トップスル・ヤード
40 upper main topsail yard
アッパー・メイン・トップスル・ヤード
41 lower main topgallant yard
ロワー・メイン・トゲルン・ヤード
42 upper main topgallant yard
アッパー・メイン・トゲルン・ヤード
43 main royal yard
メイン・ロイヤル・ヤード
44 spanker boom
スパンカー・ブーム
45 spanker gaff
スパンカー・ガフ
46 footrope
フットロープ
47 lifts
リフト
48 spanker boom topping lift
スパンカー・ブーム・トッピング・リフト
49 spanker peak halyard
スパンカー・ピーク・ハリヤード
50 foretop
フォアトップ
51 fore topmast crosstrees
フォア・トップマスト・クロスツリー
52 maintop
メイントップ
53 main topmast crosstrees
メイン・トップマスト・クロスツリー
54 mizzen (mizen) top
ミズン・トップ
55-66 square sails
横帆
55 foresail (fore course)
フォースル
56 lower fore topsail
ロワー・フォア・トップスル
57 upper fore topsail
アッパー・フォア・トップスル
58 lower fore topgallant sail
ロワー・フォア・トゲルン・スル
59 upper fore topgallant sail
アッパー・フォア・トゲルン・スル
60 fore royal
フォア・ロイヤル
61 mainsail (main course)
メインスル〈主コース〉
62 lower main topsail
ロワー・メイン・トップスル
63 upper main topsail
アッパー・メイン・トップスル
64 lower main topgallant sail
ロワー・メイン・トゲルン・スル

65 upper main topgallant sail
アッパー・メイン・トゲルン・スル
66 main royal sail
メイン・ロイヤル・スル
67-71 running rigging
動索
67 braces
ブレース
68 sheets
シート
69 spanker sheet
スパンカー・シート
70 spanker vangs
スパンカー・バング
71 bunt line
バント・ライン，絞帆索
72 reef
リーフ，縮帆部

1-5 sail shapes
帆の形状
1 gaffsail
ガフスル〈小型の帆は，トライスル trysail,
スペンサー spencer〉
2 jib
ジブ，船首三角帆
3 lateen sail
ラテン・セイル，大三角帆
4 lugsail
ラグスル
5 spritsail
スプリットスル，第 1 斜檣（しょう）帆
6-8 single-masted sailing boats ((米)
sailboats)
1 本マスト帆船
6 tjalk
ジャーク帆船
7 leeboard
リーボード〈せかせ〉
8 cutter
カッター
9-10 mizzen (mizen) masted sailing
boats ((米) sailboats)
ミズン・マスト帆船
9 ketch-rigged sailing barge
ケッチ・リッグド・セイリング・バージ
10 yawl
ヨール
11-17 two-masted sailing boats ((米)
sailboats)
2 本マスト帆船
11-13 topsail schooner
トップスル・スクーナ
11 mainsail
メーンスル
12 boom foresail
ブーム・フォースル
13 square foresail
スクエア・フォースル
14 brigantine
ブリガンチン
15 half-rigged mast with fore-and-aft
sails
縦帆つきハーフ・リッグド・マスト
16 full-rigged mast with square sails
スクエア・スルつきフル・リッグド・マスト
17 brig
ブリッグ
18-27 three-masted sailing vessels
(three-masters)
3 本マスト帆船
18 three-masted schooner
3 本マスト・スクーナ
19 three-masted topsail schooner
3 本マスト・トップスル・スクーナ
20 bark (barque)schooner
バーク・スクーナ
21-23 bark (barque)
バーク〈219 図のリグ rigging および帆
sails 参照〉
21 foremast
フォアマスト
22 mainmast
メーンマスト
23 mizzen (mizen) mast
ミズン・マスト
24-27 full-rigged ship
フル・リッグド船
24 mizzen (mizen) mast
ミズン・マスト
25 crossjack yard (crojack yard)
クロジャッキ・ヤード
26 crossjack (crojack)
クロジャッキ

27 ports
舷窓（げんそう）の列
28-31 four-masted sailing ships (four-
masters)
4 本マスト船
28 four-masted schooner
4 本マスト・スクーナ
29 four-masted bark (barque)
4 本マスト・バーク
30 mizzen (mizen) mast
ミズン・マスト
31 four-masted full-rigged ship
4 本マスト・フル・リッグド船
32-34 five-masted bark (barque)
5 本マスト・バーク
32 skysail
スカイスル
33 middle mast
ミドル・マスト〈中檣（ちゅうしょう）〉
34 mizzen (mizen) mast
ミズン・マスト
35-37 development of sailing ships
over 400 years
400 年間の帆船の発達
35 five-masted full-rigged ship
'Preussen'
5 本マスト・フル・リッグド船プロイセン
(Preussen) 号〈1902-10 年〉
36 English clipper ship 'Spindrift'
英国クリッパー船スピンドリフト (Spidrift)
号〈1867 年〉
37 caravel (carvel) 'Santa Maria'
カラベル船サンタ・マリア (Santa Maria) 号
〈1492 年〉

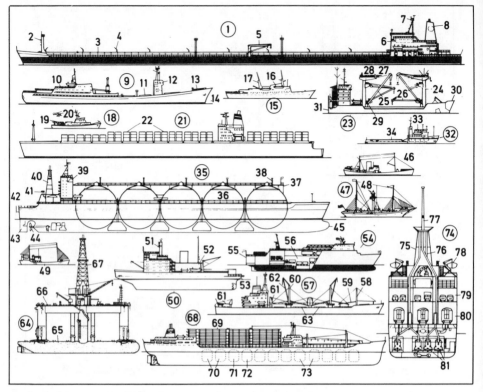

1 **ULCC** (ultra large crude carrier)
of the 'all-aft' type
オール・アフト式超大型原油輸送船
2 **foremast**
フォアマスト〈前檣〉
3 **catwalk with the pipes**
パイプつきキャットウォーク
4 **fire gun** (fire nozzle)
消火口
5 **deck crane**
甲板クレーン、デッキ・クレーン
6 **deckhouse with the bridge**
船橋のある甲板室
7 **aft signal** (signalling) and radar
mast
船尾信号とレーダー・マスト
8 **funnel**
煙突
9 **nuclear research ship** 'Otto
Hahn'
原子力調査（研究）船オットー・ハーン
号〈ばら積み貨物船 bulk carrier の
一つ〉
10 **aft superstructure** (engine room)
船尾上部構造（物）（機関室）
11 **cargo hatchway for bulk goods**
(bulk cargoes)
ばら積み貨物用積み荷昇降口、ハッチ
12 **bridge**
ブリッジ〈船長・艦長の指揮する場所〉
13 **forecastle** (fo'c'sle)
フォクスル、船首楼
14 **stem**
船首
15 **seaside pleasure boat**
沿岸遊覧船
16 **dummy funnel**
擬装（ぎそう）煙突
17 **exhaust mast**
換気マスト

18 **rescue cruiser**
救助巡洋艦
19 **helicopter platform** (working
deck)
ヘリコプター甲板（作業甲板）
20 **rescue helicopter**
救助ヘリコプター
21 **all-container ship**
コンテナ船
22 **containers stowed on deck**
甲板上に積載したコンテナ
23 **cargo ship**
貨物船
24-29 **cargo gear** (cargo-handling
gear)
貨物積載用索具（さくぐ）や滑車（かっしゃ）
の一式（貨物取扱い装置）
24 **bipod mast**
2脚架マスト
25 **jumbo derrick boom** (heavy-lift
derrick boom)
超大型デリック起重機ブーム
26 **derrick boom** (cargo boom)
デリック起重機ブーム（貨物ブーム）
27 **tackle**
複滑車
28 **block**
滑車
29 **thrust bearing**
スラスト軸受け
30 **bow doors**
船首ドア
31 **stern loading door**
船尾荷積みドア
32 **offshore drilling rig supply
vessel**
沖合い掘削のための艤装（ぎそう）供給船
33 **compact superstructure**
かさばらない上部構造
34 **loading deck** (working deck)
載貨甲板（かんぱん）（作業甲板）

35 **liquefied-gas tanker**
液体ガス・タンカー、油槽船
36 **spherical tank**
球面タンク
37 **navigational television receiver
mast**
航海テレビジョン受像マスト
38 **vent mast**
通風マスト
39 **deckhouse**
甲板室
40 **funnel**
煙突
41 **ventilator**
換気装置
42 **transom stern** (transom)
船尾梁（りょう）（艫（とも））
43 **rudder blade** (rudder)
舵（かじ）
44 **ship's propeller** (ship's screw)
船のプロペラ
45 **bulbous bow**
球状船首
46 **steam trawler**
スチーム・トロール船
47 **lightship** (light vessel)
灯船
48 **lantern** (characteristic light)
ランタン、角灯
49 **smack**
スマック、小型帆船
50 **ice breaker**
砕氷船
51 **steaming light mast**
航海マスト
52 **helicopter hangar**
ヘリコプターつり手
53 **stern towing point, for gripping
the bow of ships in tow**
船尾曳航（えいこう）点〈曳船の船首をつ
かむための）

54 **roll-on-roll-off (ro-ro) trailer
ferry**
ロール・オン・ロール・オフ（ローロー）・ト
レーラー・フェリー〈貨物を積んだトラッ
ク、トレーラーなどを運ぶフェリー式貨
物船〉
55 **stern port** (stern opening) with
ramp
傾斜台つき船尾載貨門
56 **heavy vehicle lifts** (（米）heavy
vehicle elevators)
重車両エレベーター
57 **multi-purpose freighter**
多目的貨物船
58 **ventilator-type samson
(sampson) post** (ventilator-type
king post)
通風器式鳥居型デリック支柱
59 **derrick boom** (cargo boom,
cargo gear, cargo-handling
gear)
デリック・ブーム（貨物ブーム）、貨物ギ
ヤ、貨物取扱ギヤ）
60 **derrick mast**
デリック・マスト
61 **deck crane**
甲板クレーン
62 **jumbo derrick boom** (heavy-lift
derrick boom)
大型デリック起重機（重起重デリック・
ブーム）
63 **cargo hatchway**
貨物昇降口
64 **semisubmersible drilling vessel**
半潜水掘削船
65 **floating vessel with machinery**
機械積載の浮き船
66 **drilling platform**
掘削作業甲板
67 **derrick**
デリック起重機

68 cattleship (cattle vessel)
家畜輸送船
69 superstructure for transporting livestock
家畜輸送用上部構造
70 fresh water tanks
淡水タンク
71 fuel tank
燃料タンク
72 dung tank
糞尿(ふんにょう)タンク
73 fodder tanks
飼料タンク
74 train ferry [cross section]
列車航送船 [断面図]
75 funnel
煙突
76 exhaust pipes
排気管
77 mast
マスト
78 ship's lifeboat hanging at the davit
ダビット(鉤柱(かぎばしら))にかかった 救命ボート
79 car deck
車両甲板
80 main deck (train deck)
正甲板
81 main engines
主エンジン
82 passenger liner (liner, ocean liner)
定期客船
83 stem
船首
84 funnel with lattice casing
ラチス囲い壁のある煙突
85 flag dressing (rainbow dressing)
旗布〈処女航海 maiden voyage 時 などにマストの先に張り渡す旗の列〉

86 trawler
トロール船〈工船 factory ship の一つ〉
87 gallows
トロール船用[アーチ型の]滑車架台
88 stern ramp
船尾傾斜台台
89 container ship
コンテナ船
90 loading bridge (loading platform)
積荷橋 (積荷甲板)
91 sea ladder (jacob's ladder, rope ladder)
船腹のはしご (ヤコブのはしご、縄ばしご)
92 barge and push tug assembly
はしけ・引き船アセンブリー
93 push tug
押し引き船〈他船を押したり引いたりする船〉
94 tug-pushed dump barge (tug-pushed lighter)
引き・押しで動く自走力のないはしけ〈発動機も帆装ももたない〉
95 pilot boat
水先案内船
96 combined cargo and passenger liner
貨客定期船
97 passengers disembarking by boat
ボートによる船客の上陸
98 accommodation ladder
舷梯(げんてい)、タラップ
99 coaster (coasting vessel)
沿岸貿易船
100 customs or police launch
税関船または警察機動艇(てい)(ランチ)

101-128 excursion steamer (pleasure steamer)
回遊船 (遊覧船)
101-106 lifeboat launching gear
救命艇進水装置
101 davit
ダビット、鉤柱(かぎばしら)
102 wire rope span
ワイヤ・ロープ・スパン
103 lifeline
救命索
104 tackle
テークル〈船の索具〉
105 block
ブロック
106 fall
引き網
107 ship's lifeboat (ship's boat) covered with tarpaulin
防水帆布で覆われた船の救命艇(てい)
108 stem
船首
109 passenger
船客
110 steward
スチュワード
111 deck-chair
デッキ・チェア、甲板いす
112 deck hand
甲板員、水夫
113 deck bucket
甲板バケツ
114 boatswain (bo's'n, bo'sun, bosun)
甲板長、水夫長
115 tunic
テュニック〈ジャケツ、短上着〉
116 awning
天幕
117 stanchion
〈甲板の〉支柱
118 ridge rope (jackstay)
リッジ・ロープ〈船の手すりと並行する

119 lashing
ひも、鎖(くさり)
120 bulwark
ブルワーク、舷墻(げんしょう)
121 guard rail
手すり
122 handrail (top rail)
手すり
123 companion ladder (companionway)
甲板昇降口の階段
124 lifebelt (lifebuoy)
安全ベルト (救命ブイ)
125 lifebuoy light (lifebelt light, signal light)
救命 ブイ・ランプ (安全 ベルト・ランプ、信号灯)
126 officer of the watch (watchkeeper)
当直員
127 reefer (《米》 pea jacket)
縮帆係
128 binoculars
双眼望遠鏡

索〉

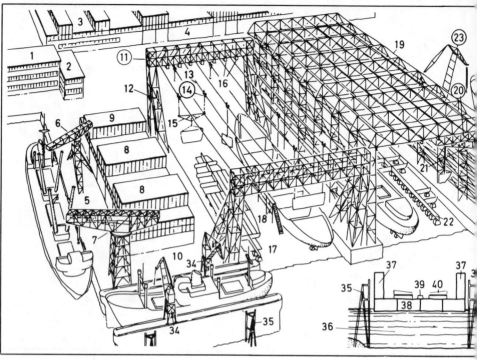

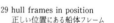

1-43 shipyard (shipbuilding yard, dockyard, (米) navy yard)
造船所

1 administrative offices
管理事務所

2 ship-drawing office
船舶製図室

3-4 shipbuilding sheds
造船工場

3 mould ((米) mold) loft
現図場(げんずば)

4 erection shop
組立工場

5-9 fitting-out quay
艤装(ぎそう)岸壁

5 quay
岸壁

6 tripod crane
三脚クレーン

7 hammer-headed crane
つち形クレーン

8 engineering workshop
機関工場

9 boiler shop
ボイラー工場

10 repair quay
修理岸壁

11-26 slipways (slips)
造船台 (スリップ)〈船台 building berth (building slip) stock ともいう〉

11-18 cable crane berth
ケーブル・クレーン船台〈造船台 slipway (building berth) の一つ〉

11 slipway portal
船台門

12 bridge support
橋支え

13 crane cable
クレーン・ケーブル

14 crab (jenny)
台車 (はえなわ導車)

15 cross piece
横材

16 crane driver's cabin (crane driver's cage)
クレーン運転室

17 slipway floor
船台の床

18 staging
足場〈スカフォード scaffold の一種〉

19-21 frame slipway
フレーム船台

19 slipway frame
船台フレーム

20 overhead travelling ((米) traveling) crane (gantry crane)
天井クレーン (ガントリー・クレーン)

21 slewing crab
回転台車

22 keel in position
正しい位置にあるキール (竜骨(りゅうこつ))

23 luffing jib crane
水平寄せジブ・クレーン〈船台クレーン slipway crane の一つ〉

24 crane rails (crane track)
クレーン軌道

25 gantry crane
ガントリー・クレーン

26 gantry (bridge)
ガントリー (ブリッジ)

27 trestles (supports)
橋脚 (支柱)

28 crab (jenny)
台車 (はえなわ導車)

29 hull frames in position
正しい位置にある船体フレーム

30 ship under construction
建造中の船

31-33 dry dock
乾ドック

31 dock floor (dock bottom)
ドック床

32 dock gates (caisson)
ドック・ゲート

33 pumping station (power house)
ポンプ室 (動力室)

34-43 floating dock (pontoon dock)
浮きドック (舟橋(しゅうきょう)ドック)

34 dock crane (dockside crane)
ドック・クレーン〈ジブ・クレーン jib crane の一つ〉

35 fender pile
防舷杭(ぼうげんくい)

36-43 working of docks
ドックの作業

36 dock basin
船だまり

37-38 dock structure
ドック構造物

37 side tank (side wall)
側タンク (側壁)

38 bottom tank (bottom pontoon)
床タンク

39 keel block
キール盤木(ばんぎ)

40 bilge block (bilge shore, side support)
腹盤木(はらばんぎ)

41-43 docking a ship
ドック入り

41 flooded floating dock
注水した浮きドック

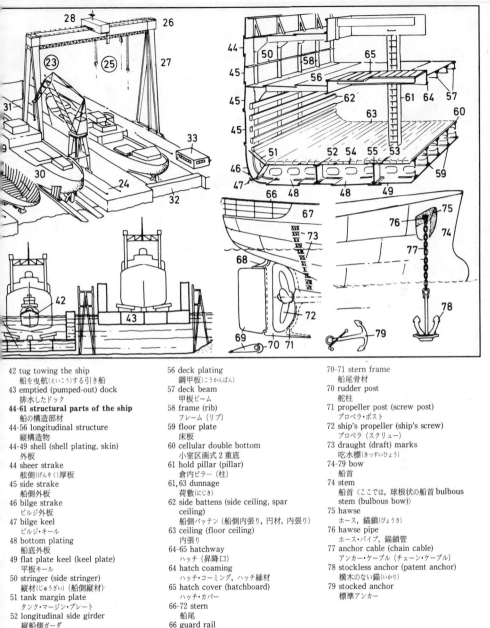

42 tug towing the ship
　船を曳航(えいこう)する引き船
43 emptied (pumped-out) dock
　排水したドック
44-61 structural parts of the ship
　船の構造部材
44-56 longitudinal structure
　縦構造物
44-49 shell (shell plating, skin)
　外板
44 sheer strake
　舷側(げんそく)厚板
45 side strake
　船側外板
46 bilge strake
　ビルジ外板
47 bilge keel
　ビルジ・キール
48 bottom plating
　船底外板
49 flat plate keel (keel plate)
　平板キール
50 stringer (side stringer)
　縦材(じゅうざい)(船側縦材)
51 tank margin plate
　タンク・マージン・プレート
52 longitudinal side girder
　縦船側ガーダ
53 centre ((米)) center) plate girder
　(centre girder, kelson, keelson,
　vertical keel)
　中心板ガーダ(中心ガーダ,内竜骨,垂直
　竜骨)
54 tank top plating (tank top, inner
　bottom plating)
　タンク頂板(タンク頂,内部船底板)
55 centre ((米)) center) strake
　中心線内底板

56 deck plating
　鋼甲板(こうかんぱん)
57 deck beam
　甲板ビーム
58 frame (rib)
　フレーム(リブ)
59 floor plate
　床板
60 cellular double bottom
　小室区画式2重底
61 hold pillar (pillar)
　倉内ピラー(柱)
61, 63 dunnage
　荷敷(にじき)
62 side battens (side ceiling, spar
　ceiling)
　船側バッテン(船側内張り,円材,内張り)
63 ceiling (floor ceiling)
　内張り
64-65 hatchway
　ハッチ(昇降口)
64 hatch coaming
　ハッチ・コーミング,ハッチ縁材
65 hatch cover (hatchboard)
　ハッチ・カバー
66-72 stern
　船尾
66 guard rail
　手すり
67 bulwark
　ブルワーク(手すり板)
68 rudder stock
　ラダー・ストック,舵幹(だかん)
69-70 Oertz rudder
　エルツ舵
69 rudder blade (rudder)
　舵板(かじいた)

70-71 stern frame
　船尾骨材
70 rudder post
　舵柱
71 propeller post (screw post)
　プロペラ・ポスト
72 ship's propeller (ship's screw)
　プロペラ(スクリュー)
73 draught (draft) marks
　吃水標(きっすいひょう)
74-79 bow
　船首
74 stem
　船首〈ここでは,球根状の船首 bulbous
　stem (bulbous bow)〉
75 hawse
　ホース,錨鎖(びょうさ)
76 hawse pipe
　ホース・パイプ,錨鎖管
77 anchor cable (chain cable)
　アンカー・ケーブル(チェーン・ケーブル)
78 stockless anchor (patent anchor)
　横木のない錨(いかり)
79 stocked anchor
　標準アンカー

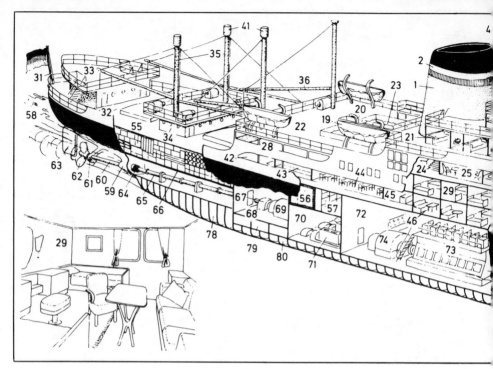

1-71 combined cargo and passenger ship [of the older type]
貨客船 [旧式の]
1 funnel
煙突
2 funnel marking
煙突マーク
3 siren (fog horn)
サイレン (濃霧警笛)
4-11 compass platform (compass bridge, compass flat, monkey bridge)
羅針盤(らしんばん)甲板 (最上船橋)
4 antenna lead-in (antenna down-lead)
アンテナ引込み
5 radio direction finder (RDF) antenna (direction finder antenna, rotatable loop antenna, aural null loop antenna)
ラジオ方向測定アンテナ (RDF) (方向測定アンテナ, 回転枠型アンテナ, 聴覚受信できない枠型アンテナ)
6 magnetic compass (mariner's compass)
磁気コンパス (羅針儀)
7 morse lamp (signalling ((米) signaling) lamp)
モールス信号灯
8 radar antenna (radar scanner)
レーダー・アンテナ (レーダー走査板)
9 code flag signal
信号旗信号
10 code flag halyards
信号旗揚げ綱, ハリヤード
11 triatic stay (signal stay)
トライアチック・ステー, 信号ステー

12-18 bridge deck (bridge)
船橋楼(せんきょうろう)甲板
12 radio room
無線室
13 captain's cabin
船長室
14 navigating bridge
航海楼甲板
15 starboard sidelight [green; port sidelight red]
右舷灯(うげんとう) [緑；左舷灯は赤]
16 wing of bridge
船橋の舷翼(げんよく)
17 shelter (weather cloth, dodger)
避難所 (雨覆い, しぶきよけ隔障)
18 wheelhouse
風よけ幕
19-21 boat deck
ボート甲板
19 ship's lifeboat
〈船の〉救命ボート
20 davit
ダビット, 鉤柱(かぎばしら)
21 officer's cabin
高級船員室
22-27 promenade deck
遊歩甲板
22 sun deck (lido deck)
日向(ひなた)甲板 (海水浴場甲板)
23 swimming pool
プール (水泳場)
24 companion ladder (companionway)
昇降口はしご 〈甲板昇降口の階段〉
25 library (ship's library)
図書室 (船内図書室)
26 lounge
ラウンジ

27 promenade
遊歩甲板
28-30 A-deck
A甲板
28 semi-enclosed deck space
半囲甲板部
29 double-berth cabin
2人用船室 〈船室 cabin の一つ〉
30 de luxe cabin
豪華船室
31 ensign staff
船尾旗竿(はたざお)
32-42 B-deck (main deck)
B甲板 (主甲板)
32 after deck
船尾甲板
33 poop
船尾楼
34 deckhouse
甲板室
35 samson (sampson) post (king post)
サムソン・ポスト 〈鳥居型デリック支柱〉
36 derrick boom (cargo boom)
デリック・ブーム (貨物ブーム)
37 crosstrees (spreader)
橋頭(しょうとう)横材 (横木)
38 crow's nest
橋頭見張り座
39 topmast
トップマスト, 中檣(ちゅうしょう)
40 forward steaming light
前部マスト・ヘッドライト, 船首航海灯
41 ventilator lead
通風筒引込み
42 galley (caboose, cookroom, ship's kitchen)
調理室

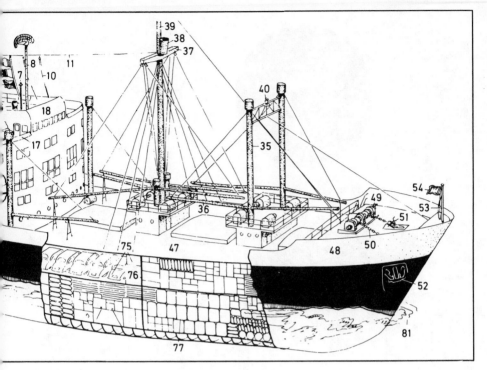

43 ship's pantry
　船内配膳室(はいぜんしつ)
44 dining room
　食堂
45 purser's office
　事務長室
46 single-berth cabin
　1人用船室
47 foredeck
　船首甲板
48 forecastle (fo'c'sle)
　船首楼
49-51 ground tackle
　停泊用具
49 windlass
　揚錨機(ようびょうき)
50 anchor cable (chain cable)
　アンカー・ケーブル (チェーン・ケーブル)
51 compressor (chain compressor)
　コンプレッサー (チェーン・コンプレッサー)
52 anchor
　アンカー，錨(いかり)
53 jackstaff
　船首旗竿(はたざお)
54 jack
　ジャッキ
55 after holds
　後部船倉
56 cold storage room (insulated hold)
　冷蔵庫 (防熱庫)
57 store room
　倉庫
58 wake
　航跡
59 shell bossing (shaft bossing)
　外板ボシング

60 tail shaft (tail end shaft)
　軸路
61 shaft strut (strut, spectacle frame, propeller strut, propeller bracket)
　軸支柱 (めがね状フレーム，プロペラ支柱)
62 three-blade ship's propeller (ship's screw)
　〈船の〉 3 刃プロペラ (船のスクリュー)
63 rudder blade (rudder)
　舵(かじ)の水かき (舵)
64 stuffing box
　パッキン箱
65 propeller shaft
　プロペラ軸
66 shaft alley (shaft tunnel)
　軸路 (軸トンネル)
67 thrust block
　スラスト軸受け
68-74 diesel-electric drive
　ディーゼル電気駆動装置
68 electric engine room
　電動機室
69 electric motor
　電動機
70 auxiliary engine room
　補助機関室
71 auxiliary engines
　補助機関
72 main engine room
　主機関室
73 main engine
　主機関 〈ディーゼル 機関 diesel engine の一つ〉
74 generator
　発電機
75 forward holds
　前部船倉

76 tween deck
　中甲板
77 cargo
　貨物
78 ballast tank (deep tank) for water ballast
　水バラスト用バラスト・タンク (深いタンク)
79 fresh water tank
　淡水タンク
80 fuel tank
　燃料油タンク
81 bow wave
　船首波

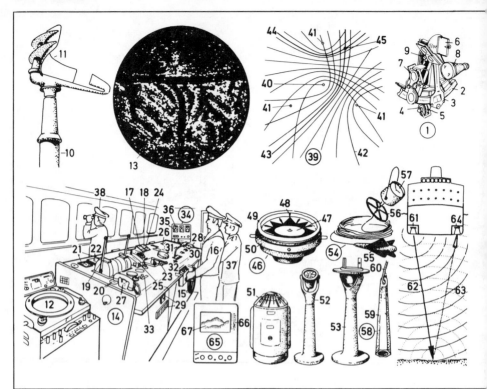

1 sextant
六分儀

2 graduated arc
目盛りつき円弧(えんこ)アーム

3 index bar (index arm)
指示棒〈指示アーム〉

4 decimal micrometer
十進法マイクロメーター

5 vernier
バーニヤ, 副尺(ふくしゃく)

6 index mirror
指示鏡

7 horizon glass (horizon mirror)
水平ガラス〈水平鏡〉

8 telescope
望遠鏡

9 grip (handgrip)
握り, 柄(え)

10-13 radar equipment (radar apparatus)
レーダー装置

10 radar pedestal
レーダー柱脚

11 revolving radar reflector
回転レーダー反射鏡

12 radar display unit (radar screen)
レーダー表示装置

13 radar image (radar picture)
レーダー影像

14-38 wheelhouse
舵(かじ)取り室

14 steering and control position
舵取り・制御室

15 ship's wheel for controlling the rudder mechanism
舵操作制御用車

16 helmsman (《米》 wheelsman)
舵取り手

17 rudder angle indicator
舵角(だかく)表示器

18 automatic pilot (autopilot)
自動操縦装置

19 control lever for the variable-pitch propeller (reversible propeller, feathering propeller, feathering screw)
可変性ピッチ・プロペラの制御レバー

20 propeller pitch indicator
プロペラ・ピッチ表示器

21 main engine revolution indicator
主機関回転表示器

22 ship's speedometer (log)
船速度計〈測程器〉

23 control switch for bow thruster (bow-manoeuvring (《米》 bow-maneuvering) propeller)
船首操縦制御スイッチ

24 echo recorder (depth recorder, echograph)
エコー記録器〈自記測深器〉

25 engine telegraph (engine order telegraph)
機関電信装置〈機関命令電信装置〉

26 controls for the antirolling system (for the stabilizers)
反ローリング制御装置

27 local battery telephone
区局バッテリー電話

28 shipping-traffic radio telephone
航海交通無線電話器

29 navigation light indicator panel (running light indicator panel)
航灯灯表示盤

30 microphone for ship's address system
船のアドレス・システム用マイクロフォン

31 gyro compass (gyroscopic compass)
ジャイロ・コンパス〈転輪羅針儀〉〈コンパス・リピーター compass repeater の一種〉

32 control button for the ship's siren (ship's fog horn)
サイレン〈濃霧警報〉用制御ボタン

33 main engine overload indicator
主機関過負荷表示器

34 detector indicator unit for fixing the ship's position
船位位置固定用探知機表示装置

35 rough focusing indicator
概略焦点表示器

36 fine focusing indicator
微調整焦点表示器

37 navigating officer
航海士

38 captain
船長

39 Decca navigation system
デッカ航法〈電波を利用して行う長距離航法〉

40 master station
親局, 主局

41 slave station
従局〈発射電波が主局によって制御される局〉>

42 null hyperbola
受信できない双曲線

43 hyperbolic position line 1
双曲線の位置線 1

44 hyperbolic position line 2
双曲線の位置線 2

45 position (fix, ship fix)
位置〈決定位置〉

46-53 compasses
コンパス

46 liquid compass (fluid compass, spirit compass, wet compass)
液体コンパス〈磁気コンパス magnetic compass の一つ〉

47 compass card
コンパス・カード

48 lubber's line (lubber's mark, lubber's point)
ラバー・ライン〈方位基線〉

49 compass bowl
コンパス・バウル, 羅盆(らぼん)

50 gimbal ring
ジンバル・リング, 遊動環

51-53 gyro compass (gyroscopic compass, gyro compass unit)
ジャイロ・コンパス, 転輪羅針盤(らしんばん)

51 master compass (master gyro compass)
マスター・コンパス, 主コンパス

52 compass repeater (gyro repeater)
コンパス・リピーター〈主コンパスの示度を伝える従コンパス〉

53 compass repeater with pelorus
方位盤つきコンパス・リピーター

54 patent log (screw log, mechanical log, towing log, taffrail log, speedometer)
測程器〈スクリュー測程器, 機械測程器, 曳航測程器, 船尾手すり測程器, 速度計〉

55 rotator
回転子

56 governor
ガバナ, 調速器

57 log clock
測程時計

58-67 leads
測鉛, 測深

58 hand lead
手用測鉛, 下げ振り

59 lead (lead sinker)
測鉛〈沈下おもり〉

60 leadline
測鉛線

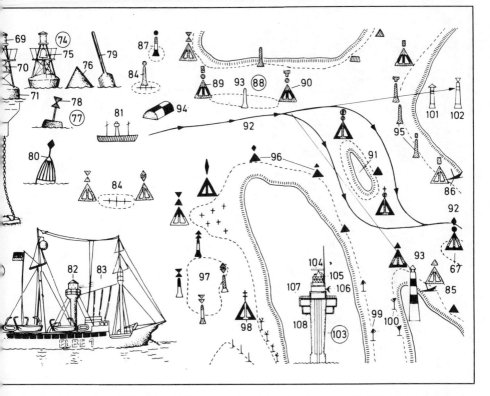

1-67 echo sounder (echo sounding
   machine)
   音響測深機
1 sound transmitter
   音響送信機
2 sound wave (sound impulse)
   音響電波
3 echo (sound echo, echo signal)
   反響
4 echo receiver (hydrophone)
   反響受信機
5 echograph (echo sounding
   machine recorder)
   自記音響測深機
6 depth scale
   測深尺
7 echogram (depth recording,
   depth reading)
   音響測深記録図

68-108 **sea marks** (floating
   navigational marks) **for
   buoyage and lighting systems**
   浮標·灯標による航海標
68-83 fairway marks (channel
   marks)
   航路標識
68 light and whistle buoy
   ライトと笛浮標
69 light (warning light)
   ライト〔警戒灯〕
70 whistle
   ホイッスル,警笛
71 buoy
   ブイ,浮き
72 mooring chain
   係船チェーン
73 sinker (mooring sinker)
   シンカー,おもり
74 light and bell buoy
   ライトとベル·ブイ
75 bell
   ベル,号鐘(ごうしょう)
76 conical buoy
   コニカル·ブイ
77 can buoy
   カン·ブイ
78 topmark
   頭標
79 spar buoy
   円柱ブイ
80 topmark buoy
   頭標ブイ
81 lightship (light vessel)
   灯船
82 lantern mast (lantern tower)
   灯塔
83 beam of light
   光線
84-102 fairway markings (channel
   markings)
   航路筋(すじ)標識

84 wreck [green buoys]
   沈船〔緑色ブイ〕
85 wreck to starboard
   右舷(うげん)沈船標識
86 wreck to port
   左舷沈船標識
87 shoals (shallows, shallow water,
   (米) flats)
   浅瀬(浅水)
88 middle ground to port
   左舷中央礁(しょう)標識
89 division (bifurcation) [beginning
   of the middle ground; topmark:
   red cylinder above red ball]
   分岐標識〔「中央礁の起こり」=頭
   標:赤色ポールの上に赤色筒〕
90 convergence (confluence) [end
   of the middle ground; topmark:
   red St. Antony's cross above red
   ball]
   集合標識(合流標識)〔「中央礁の終わ
   り」=頭標:赤色ポールの上に赤色型
   アントニウス十字(T形の一字形)〕
91 middle ground
   中央礁
92 main fairway (main navigable
   channel)
   主航路
93 secondary fairway (secondary
   navigable channel)
   補助航路
94 can buoy
   カン·ブイ
95 port hand buoys (port hand
   marks) [red]
   左舷側(さげんそくブイ〔赤色〕
96 starboard hand buoys (starboard
   hand marks) [black]
   右舷側ブイ〔黒色〕
97 shoals (shallows, shallow water,
   (米) flats) outside the fairway
   浅瀬(浅水)〈航路の外側の〉

98 middle of the fairway (mid-
   channel)
   航路中央標識
99 starboard markers [inverted
   broom]
   右舷標識〔逆さにしたほうき〕
100 port markers [upwardpointing
   broom]
   左舷標識〔上向きほうき〕
101-102 range lights (leading lights)
   導灯〔前後標識〕
101 lower range light (lower leading
   light)
   下部導灯
102 higher range light (higher
   leading light)
   高所導灯
103 lighthouse
   舷灯塔(とうだい)
104 radar antenna (radar scanner)
   レーダー·アンテナ
105 lantern (characteristic light)
   ランタン〈特色の灯〉
106 radio direction finder (RDF)
   antenna
   無線方向探知機
107 machinery and observation
   platform (machinery and
   observation deck)
   機械·監視甲板
108 living quarters
   宿所

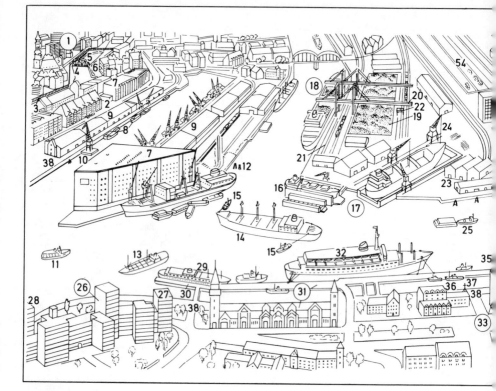

1 dock area
ドック区域

2 free port (foreign trade zone)
自由港

3 free zone frontier (free zone enclosure)
自由地帯構内

4 customs barrier
税関柵(さく)

5 customs entrance
税関入口

6 port custom house
港湾税関

7 entrepôt
倉庫

8 barge (dumb barge, lighter)
はしけ〈自走力のないはしけ〉

9 break-bulk cargo transit shed (general cargo transit shed, package cargo transit shed)
小口分けした貨物の通過置場

10 floating crane
起重機船

11 harbour ((米) harbor) ferry (ferryboat)
港内渡船

12 fender (dolphin)
防舷材(ぼうげんざい)（ドルフィン）

13 bunkering boat
燃料積込みボート

14 break-bulk carrier (general cargo ship)
一般貨物船

15 tug
引き船

16 floating dock (pontoon dock)
浮きドック

17 dry dock
乾ドック

18 coal wharf
石炭埠頭(ふとう)

19 coal bunker
石炭箱

20 transporter loading bridge
運送者積荷橋

21 quayside railway
波止場鉄道

22 weighing bunker
計量箱

23 warehouse
倉庫

24 quayside crane
波止場クレーン

25 launch and lighter
ランチと運貨船

26 port hospital
臨港病院

27 quarantine wing
検疫所

28 Institute of Tropical Medicine
熱帯医学研究所

29 excursion steamer (pleasure steamer)
遊覧気船

30 jetty
桟橋

31 passenger terminal
船客ターミナル

32 liner (passenger liner, ocean liner)
定期船

33 meteorological office
気象台〈測候所 weather station の一つ〉

34 signal mast (signalling mast)
信号マスト

35 storm signal
暴風標識

36 port administration offices
港湾管理事務所

37 tide level indicator
潮水水平面表示器

38 quayside road (quayside roadway)
波止場道路

39 roll-on roll-off (ro-ro)system (roll-on roll-off operation)
ロール・オン・ロール・オフ・システム（ローロー方式）〈貨物を積んだトラック・トレーラーなどを運ぶフェリー式載貨方式〉

40 gantry
ガントリー・クレーン

41 truck-to-truck system (truck-to-truck operation)
トラック・ツー・トラック方式（トラック・ツー・トラック操作）

42 foil-wrapped unit loads
ホイル包装の装置積荷

43 pallets
パレット〈運搬用の木製または金属の台〉

44 forklift truck (fork truck, forklift)
フォークリフト・トラック

45 container ship
コンテナ船

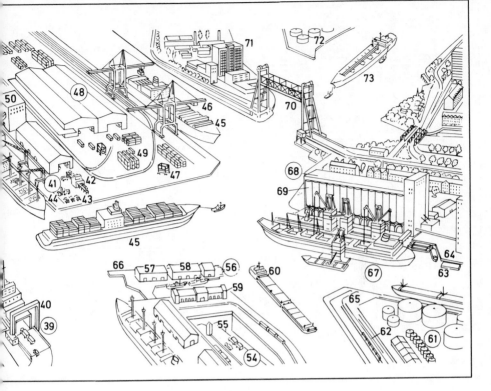

transporter container-loading bridge
運搬コンテナ積荷橋

container carrier truck
コンテナ運送トラック

container terminal (container berth)
コンテナ・ターミナル

unit load
単位荷積(かせき)

cold store
冷蔵庫

conveyor belt (conveyor)
コンベヤ・ベルト (コンベヤ)

fruit storage shed (fruit warehouse)
果物貯蔵倉庫 (果物倉庫)

office building
事務所の建物

urban motorway ((米) freeway)
都市自動車道路

harbour ((米) harbor) tunnels
港トンネル

fish dock
魚ドック

fish market
魚市場

auction room
競売室

fish-canning factory
魚かん詰工場

push tow
押しひき船

tank farm
石油タンク集合地域

railway siding
鉄道待避線

63 landing pontoon (landing stage)
陸揚げ浮きドック (陸揚げ場)

64 quay
波止場

65 breakwater (mole)
防波堤 (半島堤)

66 pier (jetty)
埠頭(ふとう)〈波止場の延長 quay
extension〉

67 bulk carrier
ばら積み貨物運搬船

68 silo
サイロ

69 silo cylinder
サイロ筒

70 lift bridge
昇開橋

71 industrial plant
生産工場

72 storage tanks
貯蔵タンク

73 tanker
タンカー, 油槽船(ゆそうせん)

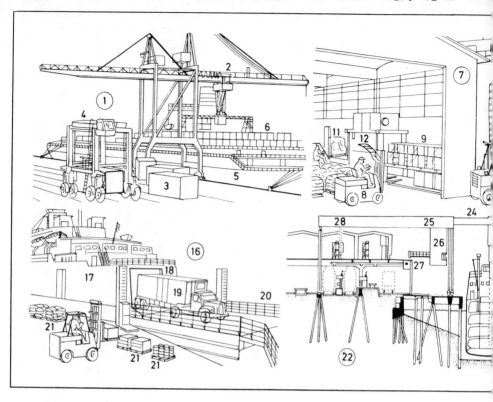

1 container terminal (container berth)
コンテナ・ターミナル〈新式貨物積載設備
modern cargo-handling berth〉
2 transporter container-loading bridge
(loading bridge)
運搬コンテナ荷積橋〈類似のものに、トラン
ステイナー・クレーン transtainer crane
(transtainer) がある〉
3 container
コンテナ
4 truck (carrier)
トラック (運搬車)
5 all-container ship
オール・コンテナ船
6 containers stowed on deck
甲板に積載したコンテナ
7 truck-to-truck handling (horizontal
cargo handling with pallets)
トラック・ツー・トラック処理 (パレットによる
水平貨物処理)
8 forklift truck (fork truck, forklift)
フォークリフト・トラック.(フォークリフト)
9 unitized foil-wrapped load (unit
load)
単位化ホイル包装積荷
10 flat pallet
平らなパレット〈標準パレット standard
pallet の一つ〉
11 unitized break-bulk cargo
単位別に小口分けした貨物
12 heat sealing machine
熱密閉機

13 break-bulk carrier (general cargo
ship)
小口分けした貨物運搬車
14 cargo hatchway
貨物昇降口
15 receiving truck on board ship
船上荷受けトラック
16 multi-purpose terminal
多目的ターミナル
17 roll-on roll-off ship (ro-ro-ship)
ロールオン・ロールオフ船 (ローロー船)
18 stern port (stern opening)
船尾の窓 (船尾載貨門)
19 driven load
運ばれた貨物〈トラック lorry (《米》
truck)の一つ〉
20 ro-ro depot
ローロー貨物置場
21 unitized load (unitized package)
単位化された貨物
22 banana-handling terminal [section]
バナナ運搬ターミナル [断面図]
23 seaward tumbler
海面向けタンブラー
24 jib
ジブ
25 elevator bridge
昇降橋
26 chain sling
チェーンつり索(なわ)
27 lighting station
点灯台

28 shore-side tumbler for loading trains
and lorries (《米》 trucks)
列車・トラック積載用海岸タンブラー

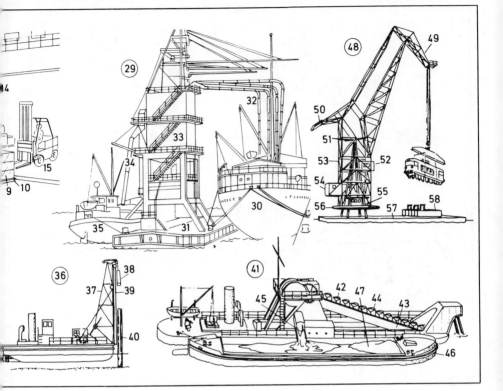

29 bulk cargo handling
ばら積み貨物運搬
30 bulk carrier
ばら積み貨物運搬船
31 floating bulk-cargo elevator
ばら積み荷物浮きエレベーター
32 suction pipes
吸込み管
33 receiver
荷受け
34 delivery pipe
排出管
35 bulk transporter barge
ばら積み荷物運送はしけ
36 floating pile driver
浮動杭(くい)打ち船
37 pile driver frame
杭打ちフレーム
38 pile hammer
杭打ちハンマー
39 driving guide rail
操縦ガイド・レール
40 pile
杭
41 bucket dredger
バケット浚渫機(しゅんせつき)〈浚渫機
dredger の一つ〉
42 bucket chain
バケット・チェーン
43 bucket ladder
バケットはしご
44 dredger bucket
浚渫バケット

45 chute
自動滑走運搬装置
46 hopper barge
底開き船
47 spoil
掘り出された土砂
48 floating crane
起重機船
49 jib (boom)
ジブ (ブーム)
50 counterweight (counterpoise)
平衡錘(へいこうすい)
51 adjusting spindle
調整スピンドル
52 crane driver's cabin (crane driver's
cage)
クレーン運転手室
53 crane framework
クレーン・フレーム
54 winch house
ウィンチ台
55 control platform
制御台
56 turntable
回転盤
57 pontoon
ポンツーン〈平底船 pram の一つ〉
58 engine superstructure (engine
mounting)
機関船楼

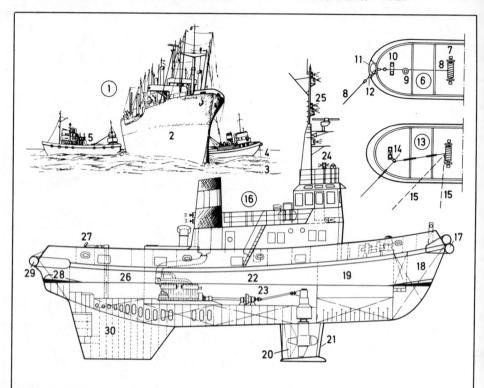

1 salvaging (salving) of a ship run
  aground
  座礁船（ざしょうせん）の救助
2 ship run aground (damaged vessel)
  座礁船（難破船）
3 sandbank
  砂洲（さす）〈または浮砂 quicksand〉
4 open sea
  外洋
5 tug (salvage tug)
  引き船（救助船）
6-15 towing gear
  船（えいせん）装置
6 towing gear for towing at sea
  海上での曳船装置
7 towing winch (towing machine,
  towing engine)
  船ウィンチ
8 tow rope (tow line, towing hawser)
  曳船ロープ
9 tow rope guide
  曳船ロープ案内
10 cross-shaped bollard
  十字形係柱
11 hawse hole
  錨鎖孔（びょうさこう）
12 anchor cable (chain cable)
  アンカー・チェーン（チェーン・ケーブル）
13 towing gear for work in harbours
  ((米) harbors)
  港内作業用曳船（えいせん）装置
14 guest rope
  ゲス・ロープ〈つかまり綱〉

15 position of the tow rope (tow line,
  towing hawser)
  曳船ロープの位置（曳船大索（だいさく））
16 tug (salvage tug) [vertical
  elevation]
  引き船（救助船）［垂直持ち上げ式］
17 bow fender (pudding fender)
  船首フェンダー
18 forepeak
  船首艙（せんしゅそう）
19 living quarters
  宿所
20 Schottel propeller
  ショッテル・プロペラ
21 Kort vent
  コールト通気孔
22 engine and propeller room
  機関・プロペラ室
23 clutch coupling
  クラッチ継ぎ手
24 compass platform (compass bridge,
  compass flat, monkey bridge)
  コンパス甲板（最上船橋）
25 fire-fighting equipment
  消防装具
26 stowage
  積込み場
27 tow hook
  曳船鉤（えいせんこう）
28 afterpeak
  船尾艙
29 stern fender
  船尾フェンダー

30 main manoeuvring ((米)
  maneuvering) keel
  主操船竜骨（りゅうこつ）

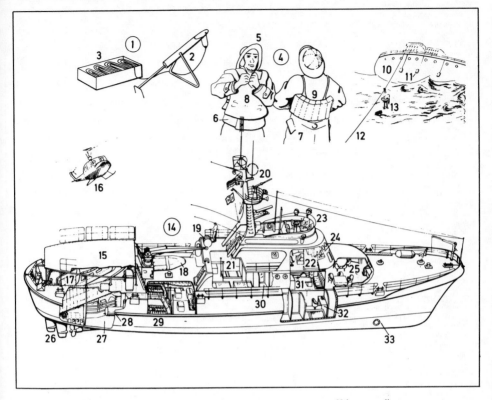

1 rocket apparatus (rocket gun, line-
throwing gun)
ロケット装置（ロケット・ガン，救命索を発射
する砲）
2 life rocket (rocket)
〈救命索を引いて飛ぶ〉救命ロケット
3 rocket line (whip line)
ロケット・ライン
4 oilskins
油布製衣服
5 sou'wester (southwester)
暴風雨帽
6 oilskin jacket
油布ジャケット
7 oilskin coat
油布コート
8 inflatable life jacket
〈ふくらまして使う〉救命胴衣
9 cork life jacket (cork life preserver)
コルク救命胴衣
10 stranded ship (damaged vessel)
座礁船〈ざしょうせん〉〈難破船〉
11 oil bag
〈水面に油をまくための〉オイル・バッグ
12 lifeline
救命索，救命ロープ
13 breeches buoy
二叉〈ふたまた〉ブイ
14 rescue cruiser
救助巡洋艦
15 helicopter landing deck
ヘリコプター着陸甲板
16 rescue helicopter
救助ヘリコプター

17 daughter boat
子ボート
18 inflatable boat (inflatable dinghy)
〈ふくらまして使う〉ボート
19 life raft
救命いかだ
20 fire-fighting equipment for fires at
sea
海上火災用消防装置
21 hospital unit with operating cabin
and exposure bath
手術室・日光浴室つき病院設備一式
22 navigating bridge
航海楼甲板
23 upper tier of navigating bridge
航海甲板の上層
24 lower tier of navigating bridge
航海甲板の下層
25 messroom
メスルーム〈船の食堂〉
26 rudders and propeller (screw)
舵〈かじ〉とプロペラ
27 stowage
積込み場
28 foam can
泡カン
29 side engines
船側機関
30 shower
シャワー
31 coxswain's cabin
艦長室
32 crew member's single-berth cabin
船員用個室

33 bow propeller
船首プロペラ

1-14 wing cofigurations
翼(つばさ)の配置

1 high-wing monoplane (high-wing plane)
高翼単葉機 (高翼機)

2 span (wing span)
翼幅(よくふく), スパン (翼スパン)

3 shoulder-wing monoplane (shoulder-wing plane)
肩翼単葉機

4 midwing monoplane (midwing plane)
中翼単葉機

5 low-wing monoplane (low-wing plane)
低翼単葉機

6 triplane
三葉機, 三葉飛行機

7 upper wing
上翼

8 middle wing (central wing)
中翼 (中央翼)

9 lower wing
低翼

10 biplane
複葉機

11 strut
支柱, ストラット

12 cross bracing wires
十字形ブレース・ワイヤ

13 sesquiplane
一葉半機 〈一方の翼の面積が他方の半分以下の複葉機〉

14 low-wing monoplane (low-wing plane) with cranked wings (inverted gull wings)
クランク翼つき低翼単葉機

15-22 wing shapes
翼形

15 elliptical wing
楕円形(だえんけい)翼

16 rectangular wing
矩形(くけい)翼

17 tapered wing
テーパ翼

18 crescent wing
三日月翼

19 delta wing
三角翼

20 swept-back wing with semi-positive sweepback
半正後退角つき後退翼

21 swept-back wing with positive sweepback
正後退角つき後退翼

22 ogival wing (ogee wing)
オージー翼 (反曲線翼)

23-36 tail shapes (tail unit shapes, empennage shapes)
尾翼の形

23 normal tail (normal tail unit)
通常の尾部

24-25 vertical tail (vertical stabilizer and rudder)
垂直尾翼 (垂直安定板と方向舵(だ))

24 vertical stabilizer (vertical fin, tail fin)
垂直安定板 (垂直尾翼, 尾翼)

25 rudder
方向舵

26-27 horizontal tail
水平尾翼

26 tailplane (horizontal stabilizer)
尾翼面, 水平安定板

27 elevator
昇降舵

28 cruciform tail (cruciform tail unit)
十字形尾翼

29 T-tail (T-tail unit)
T形尾翼

30 lobe
ローブ

31 V-tail (vee-tail, butterfly tail)
V形尾翼 (蝶形尾翼)

32 double tail unit (twin tail unit)
二重尾部装置

33 end plate
エンド・プレート

34 double tail unit (twin tail unit) of a twin-boom aircraft
双ブーム航空機の2重尾翼装置

35 raised horizontal tail with double booms
双ブームつき高翼水平尾部

36 triple tail unit
三葉尾部装置

37 system of flaps
フラップ・システム

38 extensible slat
増弦スラット, 張出しスラット

39 spoiler
スポイラー

40 double-slotted Fowler flap
2重溝ファウラー・フラップ, 下げ翼

41 outer aileron (low-speed aileron)
外部補助翼, 外部エルロン (低速補助翼)

42 inner spoiler (landing flap, lift dump)
内部スポイラー (着陸フラップ)

43 inner aileron (all-speed aileron)
内部補助翼, 内部エルロン (全速度補助翼)

44 brake flap (air brake)
ブレーキ・フラップ (空気ブレーキ)

45 basic profile
基本翼形

46-48 plain flaps (simple flaps)
簡単なフラップ (単純フラップ)

46 normal flap
通常のフラップ

47 slotted flap
隙間(すきま)フラップ

48 double-slotted flap
2重隙間フラップ

49-50 split flaps
開きフラップ

49 plain split flap (simple split flap)
簡単な開きフラップ (単純開きフラップ)

50 zap flap
ザップ・フラップ

51 extending flap
増弦フラップ, 張出しフラップ

52 Fowler flap
ファウラー・フラップ

53 slat
スラット

54 profiled leading-edge flap (droop flap)
翼形前縁フラップ (ドループ・フラップ)

55 Krüger flap
クルーガー・フラップ

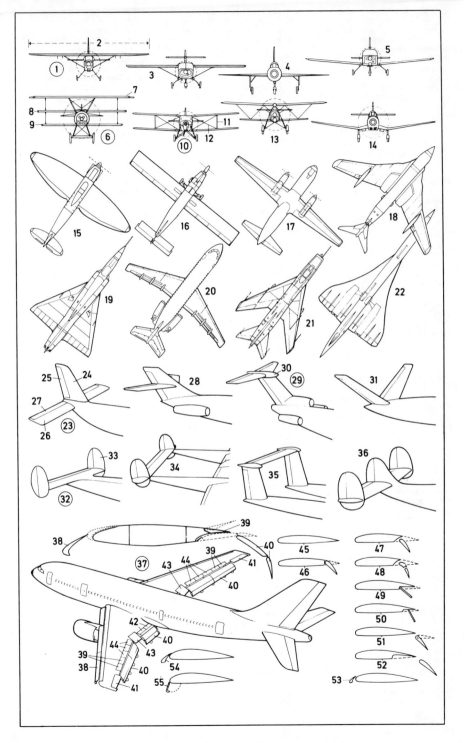

1-31 cockpit of a single-engine (single-engined) racing and passenger aircraft (racing and passenger plane)
単発レース・旅客機の操縦室

1 instrument panel
計器盤

2 air-speed ((米) airspeed) indicator
対気速度計

3 artificial horizon (gyro horizon)
人工水平 (人工水平儀)

4 altimeter
高度計

5 radio compass (automatic direction finder)
ラジオ・コンパス (自動方位探知機)

6 magnetic compass
磁気コンパス

7 boost gauge ((米) gage)
ブースト計器

8 tachometer (rev counter, revolution counter)
タコメーター (回転速度計)

9 cylinder temperature gauge ((米) gage)
シリンダー温度計

10 accelerometer
加速度計

11 chronometer
クロノメーター, 高精度時計

12 turn indicator with ball
ボールつき旋回計

13 directional gyro
定針儀, ダイレクショナル・ジャイロ

14 vertical speed indicator (rate-of-climb indicator, variometer)
垂直速度計 (昇降計)

15 VOR radio direction finder [*VOR: very high frequency omnidirectional range*]
VOR 無線方位探知機 [VOR＝超短周波全方向式無線方位探知機]

16 left tank fuel gauge ((米) gage)
左タンク燃料計

17 right tank fuel gauge ((米) gage)
右タンク燃料計

18 ammeter
電流計, アンメーター

19 fuel pressure gauge ((米) gage)
燃料圧力計

20 oil pressure gauge ((米) gage)
油圧計

21 oil temperature gauge ((米) gage)
滑油温度計

22 radio and radio navigation equipment
無線と無線航法装置

23 map light
地図灯

24 wheel (control column, control stick) for operating the ailerons and elevators
補助翼と昇降舵(だ)操縦桿(かん)

25 co-pilot's wheel
副操縦士用操縦桿

26 switches
スイッチ

27 rudder pedals
方向舵ペダル

28 co-pilot's rudder pedals
副操縦士用方向舵ペダル

29 microphone for the radio
マイク

30 throttle lever (throttle control)
絞り弁レバー (絞り弁制御)

31 mixture control
混合比制御

32-66 single-engine (single-engined) racing and passenger aircraft (racing and passenger plane)
単発レース・旅客機

32 propeller (airscrew)
プロペラ

33 spinner
スピナー

34 flat four engine
平四発(へいしはつ)機関

35 cockpit
操縦室

36 pilot's seat
操縦席

37 co-pilot's seat
副操縦席

38 passenger seats
旅客席

39 hood (canopy, cockpit hood, cockpit canopy)
円蓋(えんがい), キャノピー

40 steerable nose wheel
操縦できる前軸

41 main undercarriage unit (main landing gear unit)
主降着装置 (主着陸装置)

42 step
階段

43 wing
翼, 主翼

44 right navigation light (right position light)
右航空灯

45 spar
翼桁(よくこう), スパー, 桁(こう)

46 rib
小骨, リブ

47 stringer (longitudinal reinforcing member)
縦通材, ストリンガー

48 fuel tank
燃料タンク

49 landing light
着陸灯

50 left navigation light (left position light)
左航空灯

51 electrostatic conductor
静電避雷針

52 aileron
補助翼, エルロン

53 landing flap
着陸フラップ

54 fuselage (body)
胴体

55 frame (former)
フレーム

56 chord
翼弦, コード

57 stringer (longitudinal reinforcing member)
縦通材, ストリンガー

58 vertical tail (vertical stabilizer and rudder)
垂直尾翼 (垂直安定板と方向舵(だ))

59 vertical stabilizer (vertical fin, tail fin)
垂直安定板

60 rudder
方向舵

61 horizontal tail
水平尾翼

62 tailplane (horizontal stabilizer)
尾翼面 (水平安定板)

63 elevator
昇降舵(だ)

64 warning light (anticollision light)
警報灯 (衝突防止灯)

65 dipole antenna
ダイポール・アンテナ, 双極子アンテナ

66 long-wire antenna (long-conductor antenna)
長ワイヤ・アンテナ (長避雷針アンテナ)

67-72 principal manoeuvres ((米) maneuvers) of the aircraft (aeroplane, plane, (米) airplane)
航空機の運動性

67 pitching
ピッチング〈航空機の縦揺れ〉

68 lateral axis
横軸

69 yawing
偏(かた)揺れ

70 vertical axis (normal axis)
垂直軸 (軸)

71 rolling
ローリング, 横揺れ

72 longitudinal axis
機軸

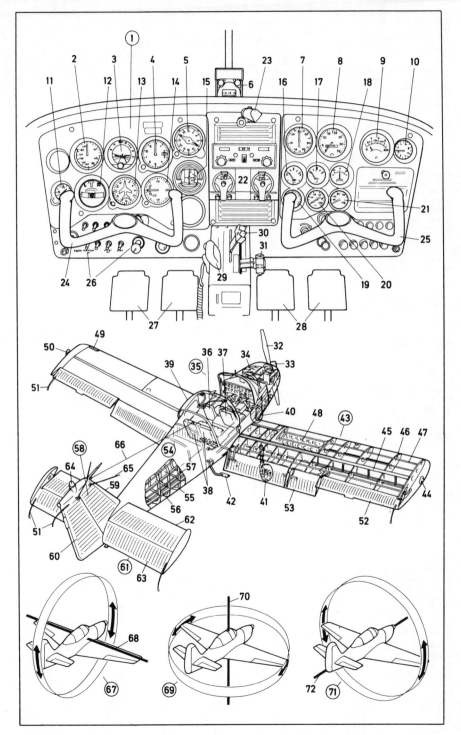

1-33 types of aircraft (aeroplanes, planes, (米) airplanes)
航空機のいろいろ
1-6 propeller-driven aircraft
(aeroplanes, planes, (米) airplanes)
プロペラ機
1 single-engine (single-engined) racing and passenger aircraft (racing and passenger plane)
単発レース・旅客機〈低翼単発機 low-wing monoplane (low-wing plane) の一種〉
2 single-engine (single-engined) passenger aircraft
単発旅客機〈高翼単発機 high-wing monoplane (high-wing plane) の一種〉
3 twin-engine (twin-engined) business and passenger aircraft (business and passenger plane)
双発商用・旅客機
4 short/medium haul airliner (turbopropeller plane, propeller-turbine plane)
短・中距離定期輸送機〈ターボプロップ機 turboprop plane の一種〉
5 turboprop engine (turbopropeller engine)
ターボプロップ・エンジン
6 vertical stabilizer (vertical fin, tail fin)
垂直安定板
7-33 jet planes (jet aeroplanes, jets, (米) jet airplanes)
ジェット機
7 twin-jet business and passenger aircraft (business and passenger plane)
双発ジェット商用・旅客機
8 fence
フェンス
9 wing-tip tank (tip tank)
翼端タンク (チップ・タンク)
10 rear engine
リヤ・エンジン, 後部エンジン
11 twin-jet short/medium haul airliner
双発ジェット短・中距離定期輸送機
12 tri-jet medium haul air liner
3発ジェット中距離定期輸送機
13 four-jet long haul airliner
4発ジェット長距離定期輸送機
14 wide-body long haul airliner (jumbo jet)
広胴長距離定期輸送機 (ジャンボ・ジェット機)
15 supersonic airliner [*Concorde*]
超音速定期航空機 [コンコルド]
16 droop nose
ドループ・ノーズ〈下方に曲げることのできる機首〉
17 twin-jet wide-boby airliner for short/medium haul routes (airbus)
短・中距離航路用双発ジェット広胴定期航空機 (エアバス)
18 radar nose (radome, radar dome) with weather radar antenna
気象レーダー・アンテナつきレーダ・ノーズ| (レードーム, レーダ・ドーム)
19 cockpit
操縦室
20 galley
厨房(ちゅうぼう), 調理室
21 cargo hold (hold, underfloor hold)
貨物室
22 passenger cabin with passenger seats
客席

23 retractable nose undercarriage unit (retractable nose landing gear unit)
格納式前脚
24 nose undercarriage flap (nose gear flap)
前脚フラップ
25 centre ((米) center) passenger door
中央乗客ドア
26 engine pod with engine (turbojet engine, jet turbine engine, jet engine, jet turbine)
ターボジェット・エンジン
27 electrostatic conductors
静電避雷針
28 retractable main undercarriage unit (retractable main landing gear unit)
格納式主脚
29 side window
側窓
30 rear passenger door
後部乗客ドア
31 toilet (lavatory, WC)
トイレット (洗面所, 便所)
32 pressure bulkhead
圧力隔壁
33 auxiliary engine (auxiliary gas turbine) for the generator unit
発電機用補助エンジン

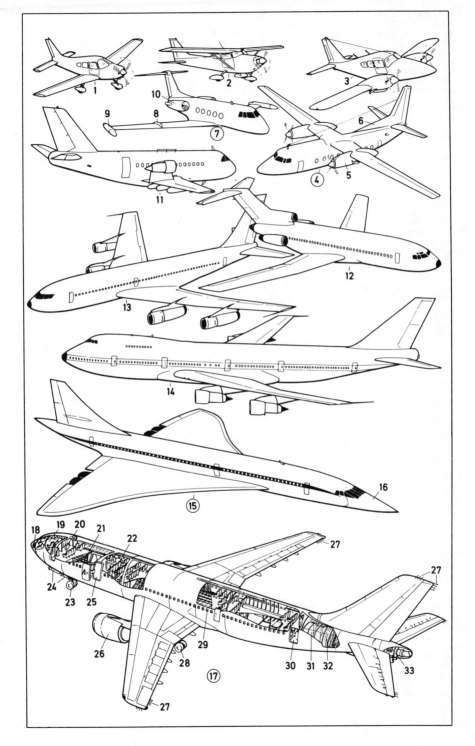

1 flying boat
飛行艇(てい)〈水上機 seaplane の一種〉
2 hull
艇体
3 stub wing (sea wing)
短翼
4 tail bracing wires
尾部ブレース・ワイヤ
5 floatplane (float seaplane)
フロートつきの水上機〈水上機 seaplane の一種〉
6 float
フロート
7 vertical stabilizer (vertical fin, tail fin)
垂直安定板
8 amphibian (amphibian flying boat)
水陸両用飛行機
9 hull
艇体(ていたい)
10 retractable undercarriage (retractable landing gear)
格納式降着装置
11-25 helicopters
ヘリコプター
11 light multirole helicopter
万能軽ヘリコプター
12-13 main rotor
主回転翼, 主ローター
12 rotary wing (rotor blade)
回転翼〈回転翼羽根〉
13 rotor head
回転翼ヘッド
14 tail rotor (anti-torque rotor)
尾部回転翼, 尾部ローター
15 landing skids
着陸そり
16 flying crane
クレーン・ヘリコプター
17 turbine engines
タービン・エンジン, ターボ・エンジン
18 lifting undercarriage
リフト用降着装置
19 lifting platform
リフト用プラットフォーム
20 reserve tank
貯蔵タンク
21 transport helicopter
輸送ヘリコプター
22 rotors in tandem
縦列回転翼
23 rotor pylon
回転翼パイロン
24 turbine engine
タービン・エンジン, ターボ・エンジン
25 tail loading gate
尾部積荷ゲート
26-32 V/STOL aircraft (vertical/short take-off and landing aircraft)
V/STOL 航空機〈垂直/短距離・離着陸航空機〉
26 tilt-wing aircraft (vertical take-off and landing aircraft)
傾斜翼航空機〈垂直離着陸航空機 (VTOL aircraft)の一種〉
27 tilt wing in vertical position
垂直位置の傾斜翼
28 contrarotating tail propellers
2重反転尾部プロペラ
29 gyrodyne
ジャイロダイン〈オートジャイロとヘリコプターを組合せた機構のもの〉
30 turboprop engine (turbopropeller engine)
ターボプロップ・エンジン (ターボプロペラ・エンジン)

31 convertiplane
転換式飛行機
32 tilting rotor in vertical position
垂直位置の傾斜回転翼
33-60 aircraft engines (aero engines)
航空機エンジン (航空エンジン)
33-50 jet engines (turbojet engines, jet turbine engines, jet turbines)
ジェット・エンジン (ターボジェット・エンジン, ジェット・タービン・エンジン, ジェット・タービン)
33 front fan-jet
前ファン・ジェット
34 fan
ファン
35 low-pressure compressor
低圧コンプレッサー
36 high-pressure compressor
高圧コンプレッサー
37 combustion chamber
燃焼室
38 fan-jet turbine
ファン・ジェット・タービン
39 nozzle (propelling nozzle, propulsion nozzle)
ノズル
40 turbines
タービン
41 bypass duct
側管, ダクト
42 aft fan-jet
後ファン・ジェット
43 fan
ファン
44 bypass duct
側管
45 nozzle (propelling nozzle, propulsion nozzle)
ノズル
46 bypass engine
バイパス・エンジン
47 turbines
タービン
48 mixer
ミキサー
49 nozzle (propelling nozzle, propulsion nozzle)
ノズル
50 secondary air flow (bypass air flow)
2次気流〈バイパス気流〉
51 turboprop engine (turbopropeller engine)
ターボプロップ・エンジン〈双軸エンジン twin-shaft engine の一つ〉
52 annular air intake
環状空気取入れ口
53 high-pressure turbine
高圧タービン
54 low-pressure turbine
低圧タービン
55 nozzle (propelling nozzle, propulsion nozzle)
ノズル
56 shaft
シャフト, 軸
57 intermediate shaft
中間シャフト
58 gear shaft
ギヤ・シャフト
59 reduction gear
減速ギヤ
60 propeller shaft
プロペラ・シャフト

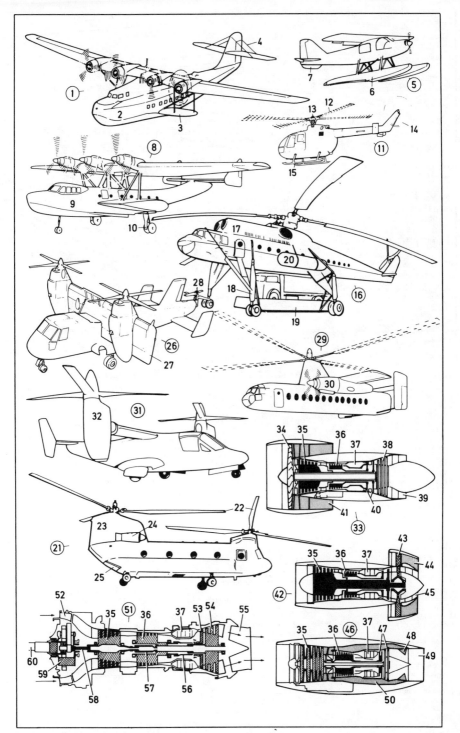

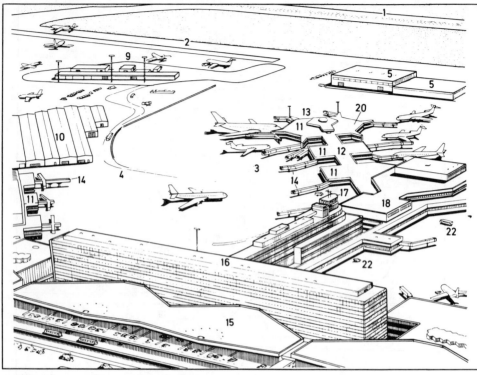

1 runway
滑走路
2 taxiway
誘導路
3 apron
エプロン〈空港で乗客・貨物の積みおろしをする広場〉
4 apron taxiway
エプロン誘導路
5 baggage terminal
荷物ターミナル
6 tunnel entrance to the baggage terminal
荷物ターミナルへのトンネル入口
7 airport fire service
空港消防隊
8 fire appliance building
消防器具建物
9 mail and cargo terminal
郵便物と貨物のターミナル
10 cargo warehouse
貨物倉庫
11 assembly point
アセンブリ・ポイント
12 pier
桟橋、ピア
13 pierhead
桟橋の先端
14 passenger loading bridge
乗客 ローディング・ブリッジ〈蛇腹(じゃばら)状のブリッジ〉
15 departure building (terminal)
出発建物 (ターミナル)
16 administration building
管理事務所(の建物)
17 control tower (tower)
制御塔、コントロール・タワー
18 waiting room (lounge)
待合室 (ラウンジ)
19 airport restaurant
空港レストラン

20 spectators' terrace
観覧客テラス
21 aircraft in loading position (nosed in)
積載位置についた航空機
22 service vehicles
サービス運搬具〈手荷物車 baggage loaders,
水タンカー water tankers, 調理車 galley
loaders, トイレット洗浄車 toilet-cleaning
vehicles, 地上電源装置 ground power
units, タンカー tankers など〉
23 aircraft tractor (aircraft tug)
航空機牽引車(けんいんしゃ)
24-53 airport information symbols
(pictographs)
空港標識
24 'airport'
「空港」
25 'departures'
「出発」
26 'arrivals'
「到着」
27 'transit passengers'
「通過旅客」
28 'waiting room' ('lounge')
「待合室」(「ラウンジ」)
29 'assembly point' ('meeting point',
'rendezvous point')
「アセンブリ・ポイント」(「会合所」、「面会所」)
30 'spectators' terrace'
「観覧客テラス」
31 'information'
「案内所」
32 'taxis'
「タクシー乗り場」
33 'car hire'
「ハイヤー乗り場」
34 'trains'
「列車乗り場」
35 'buses'
「バス乗り場」

36 'entrance'
「入口」
37 'exit'
「出口」
38 'baggage retrieval'
「荷物返却場」
39 'luggage lockers'
「手荷物ロッカー」
40 'telephone – emergency calls only'
「電話・緊急電話専用」
41 'emergency exit'
「非常出口」
42 'passport check'
「旅券点検」
43 'press facilities'
「アイロン設備」
44 'doctor'
「医者」
45 'chemist' (《米》 'druggist')
「薬局」
46 'showers'
「シャワー」
47 'gentlemen's toilet' ('gentlemen')
「紳士用トイレット」
48 'ladies toilet' (ladies)
「婦人用トイレット」
49 'chapel'
「教会」
50 'restaurant'
「レストラン」
51 'change'
「両替」
52 'duty free shop'
「免税店」
53 'hairdresser'
「理髪店」

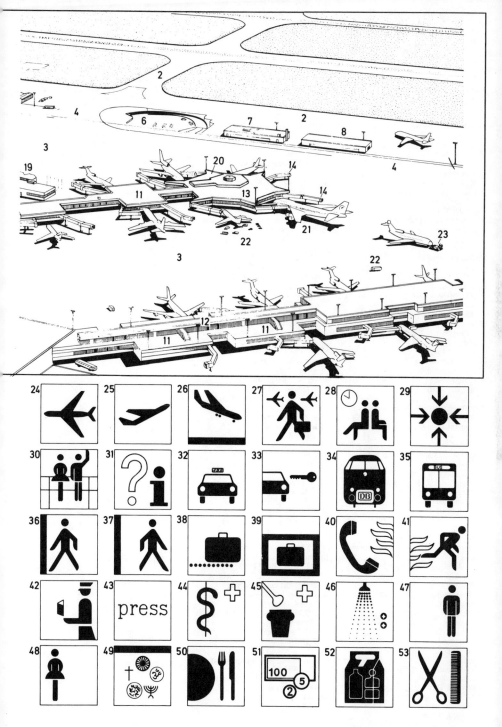

1 Saturn V 'Apollo' booster (booster rocket) [overall view]
サターンV 'アポロ' 打上げ用ロケット [全体図]

2 Saturn V 'Apollo' booster (booster rocket) [overall sectional view]
サターンV 'アポロ' 打上げ用ロケット [全体断面図]

3 first rocket stage (S-IC)
第1段ロケット (S-IC)

4 F-1 engines
F-1 エンジン

5 heat shield (thermal protection shield)
熱遮蔽(しゃへい) (熱保護シールド)

6 aerodynamic engine fairings
空気力学的エンジン・フェアリング

7 aerodynamic stabilizing fins
空力安定板

8 stage separation retro-rockets
段間分離逆推進ロケット〈8本のロケットが4対に配列されている〉

9 kerosene (RP-1) tank [capacity: 811, 000 litres]
ケロシン (RP-1) タンク [容量：811,000 リットル]

10 liquid oxygen (LOX, LO₂) supply lines
液体酸素(LOX, LO₂)供給管

11 anti-vortex system (device for preventing the formation of vortices in the fuel)
渦防止装置〈燃料中の渦の防止装置〉

12 liquid oxygen (LOX, LO₂) tank [capacity: 1, 315, 000 litres]
液体酸素(LOX, LO₂)タンク [容量：1,315,000 リットル]

13 anti-slosh baffles
スロッシング防止装置

14 compressed-helium bottles (helium pressure bottles)
圧縮ヘリウムびん

15 diffuser for gaseous oxygen
気体酸素のディフューザー

16 inter-tank connector (inter-tank section)
タンク間コネクター

17 instruments and system-monitoring devices
計器とシステム・モニター用機器

18 second rocket stage (S-II)
第2段ロケット (S-II)

19 J-2 engines
J-2 エンジン

20 heat shield (thermal protection shield)
熱遮蔽(しゃへい) (熱保護シールド)

21 engine mounts and thrust structure
エンジン・マウントと推力架

22 acceleration rockets for fuel acquisition
燃料調整用加速ロケット

23 liquid hydrogen (LH₂) suction line
液体水素(LH₂)吸引管

24 liquid oxygen (LOX, LO₂) tank [capacity: 1, 315, 000 litres]
液体酸素(LOX, LO₂)タンク [容量：1,315,000 リットル]

25 standpipe
給水管

26 liquid hydrogen (LH₂) tank[capacity: 1, 020, 000 litres]
液体水素 (LH₂) タンク [容量：1,020,000 リットル]

27 fuel level sensor
燃料残量感知器

28 work platform (working platform)
作業台

29 cable duct
ケーブル・ダクト

30 manhole
マンホール

31 S-IC/S-II inter-stage connector (inter-stage section)
S-IC/S-II段間コネクター (段間接手部)

32 compressed-gas container (gas pressure vessel)
圧縮ガス容器

33 third rocket stage (S-IVB)
第3段ロケット (S-IVB)

34 J-2 engine
J-2 エンジン

35 nozzle (thrust nozzle)
ノズル

36 S-II/S-IVB inter-stage connector (inter-stage section)
S-II/S-IVB段間コネクター (段間接手部)

37 four second-stage (S-II) separation retro-rockets
第2段分離用逆推進ロケット〈4基ある〉

38 attitude control rockets
姿勢制御ロケット

39 liquid oxygen (LOX, LO₂) tank [capacity: 77, 200 litres]
液体酸素(LOX, LO₂)タンク [容量：77,200 リットル]

40 fuel line duct
燃料管ダクト

41 liquid hydrogen (LH₂) tank [capacity: 253, 000 litres]
液体水素 (LH₂) タンク [容量：253,000 リットル]

42 measuring probes
計測用プローブ

43 compressed-helium tanks (helium pressure vessels)
圧縮ヘリウム・タンク (ヘリウム圧縮容器)

44 tank vent
タンク穴 (タンク口)

45 forward frame section
前部接手

46 work platform (working platform)
作業台

47 cable duct
ケーブル・ダクト

48 acceleration rockets for fuel acquisition
燃料調整用加速ロケット

49 aft frame section
後部接手

50 compressed-helium tanks (helium pressure vessels)
圧縮ヘリウム・タンク

51 liquid hydrogen (LH₂) line
液体水素(LH₂)供給管

52 liquid oxygen (LOX, LO₂) line
液体酸素(LOX, LO₂)供給管

53 24-panel instrument unit
24 枚のパネル計器

54 LM hangar (lunar module hangar)
月着陸船つり手

55 LM (lunar module)
月着陸船

56 Apollo SM (service module), containing supplies and equipment
アポロ機械船

57 SM (service module) main engine
機械船主エンジン

58 fuel tank
燃料タンク

59 nitrogen tetroxide tank
四酸化二窒素 (N₂O₄) タンク

60 pressurized gas delivery system
加圧ガス供給装置

61 oxygen tanks
酸素タンク

62 fuel cells
燃料電池

63 manoeuvring ((米) maneuvering) rocket assembly
操縦ロケット・アセンブリ

64 directional antenna assembly
指向性アンテナ・アセンブリ

65 space capsule (command section)
宇宙カプセル (宇宙指令部)

66 launch phase escape tower
発射時緊急脱出塔

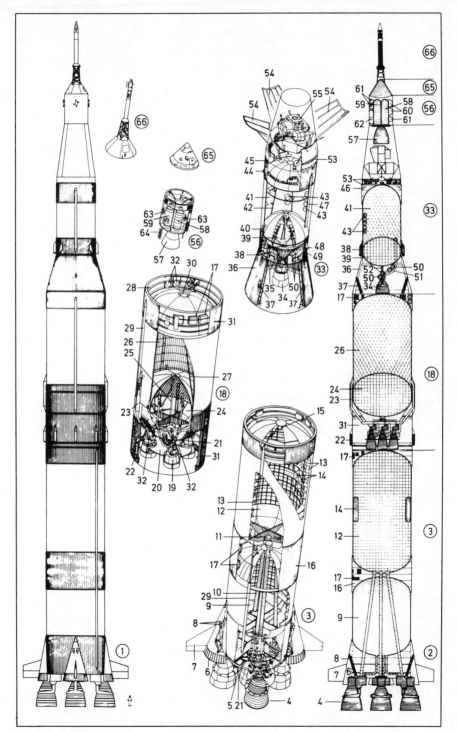

1-45 Space Shuttle-Orbiter
スペース・シャトル・オービター

1 twin-spar (two-spar, double-spar) vertical fin
双翼桁 (2翼桁(よくこう), 2重翼桁) の垂直安定板

2 engine compartment structure
エンジン区画部材

3 fin post
垂直安定板支柱

4 fuselage attachment
胴体アタッチメント〈ペイロード・ベイ・ドア payload bay doors の〉

5 upper thrust mount
上部推進マウント

6 lower thrust mount
下部推進マウント

7 keel
竜骨

8 heat shield
熱遮蔽(しゃへい)

9 waist longeron
腰部(ようぶ)縦通材

10 integrally machined (integrally milled) main rib
メイン・リブ, 主小骨

11 integrally stiffened light alloy skin
軽合金外板

12 lattice girder
短フレーム

13 payload bay insulation
ペイロード・ベイ遮蔽(しゃへい)

14 payload bay door
ペイロード・ベイ・ドア

15 low-temperature surface insulation
低温表面絶縁体

16 flight deck (crew compartment)
フライト・デッキ (乗員室)

17 captain's seat (commander's seat)
船長席 (司令官席)

18 pilot's seat (co-pilot's seat)
操縦士席

19 forward pressure bulkhearad
前部圧力隔壁

20 carbon fibre reinforced nose cone
カーボン・ファイバー強化材ノーズ・コーン

21 forward fuel tanks
前部燃料タンク

22 avionics consoles
アビオニクス・コンソール

23 automatic flight control panel
自動飛行管制盤

24 upward observation windows
上部観測窓

25 forward observation windows
前部観測窓

26 entry hatch to payload bay
ペイロード・ベイ入口

27 air lock
気閘(こう), エア・ロック

28 ladder to lower deck
下部デッキへのはしご

29 payload manipulator arm
ペイロード・マニピュレーターのアーム

30 hydraulically steerable nose wheel
油圧操作前輪

31 hydraulically operated main landing gear
油圧操作主着陸装置

32 removable (reusable) carbon fibre reinforced leading edge
〈翼 wing の〉再使用型カーボン・ファイバー強化材前縁

33 movable elevon sections
可動エレボン部

34 heat-resistant elevon structure
耐熱エレボン構造

35 main liquid hydrogen (LH$_2$) supply
主エンジン用液体水素 (LH$_2$)供給器

36 main liquid-fuelled rocket engine
液体燃料主ロケット・エンジン

37 nozzle (thrust nozzle)
ノズル

38 coolant feed line
冷却剤供給管

39 engine control system
エンジン制御装置

40 heat shield
熱遮蔽(しゃへい), 熱保護シールド

41 high-pressure liquid hydrogen (LH$_2$) pump
高圧液体水素 (LH$_2$) ポンプ

42 high-pressure liquid oxygen (LOX, LO$_2$) pump
高圧液体酸素(LOX, LO$_2$)ポンプ

43 thrust vector control system
推力方向制御装置, TVC

44 electromechanically controlled orbital manoeuvring ((米) maneuvering) main engine
電気機械的制御の軌道操縦主エンジン

45 nozzle fuel tanks (thrust nozzle fuel tanks)
ノズル燃料タンク

46 **jettisonable liquid hydrogen and liquid oxygen tank** (fuel tank)
使い捨て型液体水素と液体酸素タンク (燃料タンク)

47 integrally stiffened annular rib (annular frame)
環状小骨 (環状フレーム)

48 hemispherical end rib (end frame)
半球形エンド・リブ (エンド・フレーム)

49 aft attachment to Orbiter
オービターへの接手

50 liquid hydrogen (LH$_2$) line
液体水素(LH$_2$)供給管

51 liquid oxygen (LOX, LO$_2$) line
液体酸素(LOX, LO$_2$)供給管

52 manhole
マンホール

53 surge baffle system (slosh baffle system)
スロッシング防止装置

54 pressure line to liquid hydrogen tank
液体水素タンクへの圧力管

55 electrical system bus
電気装置バス

56 liquid oxygen (LOX, LO$_2$) line
液体酸素(LOX, LO$_2$)供給管

57 pressure line to liquid oxygen tank
液体酸素タンクへの圧力管

58 **recoverable solid-fuel rocket** (solid rocket booster)
回収型固体燃料ロケット

59 auxiliary parachute bay
補助パラシュート・ベイ

60 compartment housing the recovery parachutes and the forward separation rocket motors
回収用パラシュートおよび前部分離ロケット・モーターを収容するコンパートメント

61 cable dudt
ケーブル・ダクト

62 aft separation rocket motors
後部分離ロケット・モーター

63 aft skirt
後部スカート

64 swivel nozzle (swivelling ((米) swiveling) nozzle)
可動ノズル

65 **Spacelab** (space laboratory, space station)
スペースラブ, 宇宙実験室

66 multi-purpose laboratory (orbital workshop)
多目的実験室 (軌道実験室)

67 astronaut
宇宙飛行士

68 gimbal-mounted telescope
ジンバルつき望遠鏡

69 measuring instrument platform
計器プラットフォーム

70 spaceflight module
宇宙飛行モジュール

71 crew entry tunnel
乗員入口トンネル

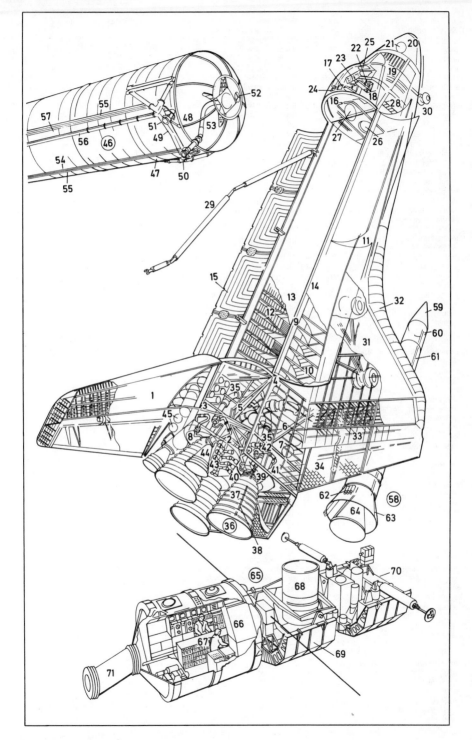

1-30 main hall
メイン・ホール

1 parcels counter
小包差出し口

2 parcels scales
小包はかり

3 parcel
小包

4 stick-on address label with parcel
registration slip
小包書留スリップつき住所ラベル

5 glue pot
にかわ入れ

6 small parcel
小包

7 franking machine ((米) postage
meter) for parcel registration cards
小包書留カード用郵便料金計器

8 telephone box (telephone booth,
telephone kiosk, call box)
電話ボックス

9 coin-box telephone (pay phone,
public telephone)
料金箱つき電話

10 telephone directory rack
電話番号簿棚

11 directory holder
住所氏名録ホルダー

12 telephone directory (telephone book)
電話番号簿

13 post office boxes
私書箱設備

14 post office box
私書箱

15 stamp counter
切手カウンター

16 counter clerk (counter officer)
窓口の局員

17 company messenger
会社のメッセンジャー

18 record of posting book
郵送記録簿

19 counter stamp machine
切手販売機

20 stamp book
切手アルバム

21 sheet of stamps
切手シート

22 security drawer
安全引出し

23 change rack
交換棚

24 letter scales
郵便はかり

25 paying-in ((米) deposit), post office
savings, and pensions counter
預金, 郵便貯金と年金窓口

26 accounting machine
記帳式会計機

27 franking machine for money orders
and paying-in slips ((米) deposit
slips)
為替(かわせ)と預金伝票用郵便料金計器

28 change machine ((米) changemaker)
硬貨〔自動〕両替機

29 receipt stamp
領収スタンプ

30 hatch
ハッチ

31-44 letter-sorting installation
郵便区分け装置

31 letter feed
郵便給送

32 stacked letter containers
〈積み重ねた〉郵便物容器

33 feed conveyor
給送コンベヤ

34 intermediate stacker
中間積み重ね器

35 coding station
コーディング部署

36 pre-distributor channel
粗分配チャンネル

37 process control computer
工程制御コンピュータ

38 distributing machine
分配機

39 video coding station
ビデオ・コーディング部署

40 screen
スクリーン

41 address display
住所ディスプレイ装置

42 address
住所

43 post code (postal code)
郵便番号〈米国では, ジップ・コード zip
code という〉

44 keyboard
キーボード

45 handstamp
ハンド・スタンプ

46 roller stamp
ローラー・スタンプ

47 franking machine
郵便料金計器〈切手の代りに, 印字によっ
て料金を表示する〉

48 feed mechanism
給送装置

49 delivery mechanism
排出装置

50-55 postal collection and delivery
郵便集配

50 postbox ((米) mailbox)
郵便箱

51 collection bag
郵便袋

52 post office van (mail van)
有蓋(ゆうがい)郵便車

53 postman ((米) mail carrier, letter
carrier, mailman)
配達人

54 delivery pouch (postman's bag,
mailbag)
郵便カバン

55 letter-rate item
郵便料金細目

56-60 postmarks
消印

56 postmark advertisement
消印広告

57 date stamp postmark
日付消印

58 charge postmark
料金消印

59 special postmark
特別消印

60 roller postmark
ローラー消印

61 stamp (postage stamp)
切手

62 perforations
ミシン目

237 Post Office II (Telephones and Telegraphy)

1 telephone box (telephone booth, telephone kiosk, call box)
電話ボックス〈公衆電話 public telephone の一つ〉

2 telephone user
電話使用者〈個人電話の所有者の意では, telephone subscriber, 電話局の側からは, telephone customer という〉

3 coin-box telephone (pay phone, public telephone) for local and long-distance calls (trunk calls)
地方および長距離呼出し用料金箱つき電話

4 emergency telephone
非常電話

5 telephone directory (telephone book)
電話番号簿

6-26 telephone instruments (telephones)
電話器 (電話)

6 standard table telephone
〈ふつうの〉卓上電話器

7 telephone receiver (handset)
受話器 (送受話器)

8 earpiece
イヤフォン (受話器)

9 mouthpiece (microphone)
送話器 (マイクロフォン)

10 dial (push-button keyboard)
ダイヤル (押しボタン・キーボード)

11 finger plate (dial finger plate, dial wind-up plate)
指板 (ダイヤル指板)

12 finger stop (dial finger stop)
指止め (ダイヤル指止め)

13 cradle (handset cradle, cradle switch)
受け台 (送受話器受け台, 受け台スイッチ)

14 receiver cord (handset cord)
受話器コード

15 telephne casing (telephone cover)
電話機のケーシング

16 subscriber's (customer's) private meter
加入者(顧客)個人メーター

17 switchboard (exchange) for a system of extensions
内線電話用交換台

18 push button for connecting main exchange lines
主交換線連結用押しボタン

19 push buttons for calling extensions
内線呼出し用押しボタン

20 push-button telephone
押しボタン電話

21 earthing button for the extensions
内線用接地ボタン

22-26 switchboard with extensions
内線つき交換台

22 exchange
交換

23 switchboard operator's set
交換手のセット

24 main exchange line
主交換ライン

25 switching box (automatic switching system, automatic connecting system, switching centre, (米) switching center)
スイッチング・ボックス (自動スイッチング装置, 自動連結装置, スイッチング・センター)

26 extension
内線, 連接線

27-41 telephone exchange
電話交換

27 fault repair service
故障修理サービス

28 maintenance technician
補修専門技術者

29 testing board (testing desk)
実験台

30 telegraphy
電信

31 teleprinter (teletypewriter)
電信タイプライター

32 paper tape
紙テープ

33 directory enquiries
電話(による)問合せ

34 information position (operator's position)
案内係の部署 (交換手の部署)

35 operator
オペレーター

36 microfilm reader
マイクロフィルム読取り装置

37 microfilm file
マイクロフィルム・ファイル

38 microfilm card with telephone numbers
電話番号つきマイクロフィルム・カード

39 date indicator display
日付表示器装置

40 testing and control station
試験・制御部署

41 stwitching centre ((米) center) for telephone, telex, and data transmission services
電話・テレックスおよびデータ送信サービス用交換センター

42 selector
選択器〈ここでは, 貴金属製モーター単一選択器 motor uniselector made of noble metals；類似のものに電子選択器 electronic selector がある〉

43 contact arc (bank)
交信アーク (バンク)

44 contact arm (wiper)
交信アーム (ワイパー)

45 contact field
交信界磁

46 contact arm tag
交信アーム・タッグ

47 electromagnet
電磁石

48 selector motor
選択器モーター

49 restoring spring (resetting spring)
復元スプリング

50 communication links
通信リンク

51-52 satellite radio link
人工衛星ラジオ・リンク

51 earth station with directional antenna
指向性アンテナつき地上ステーション

52 communications satellite with directional antenna
指向性アンテナつき通信衛星

53 coastal station
沿岸ステーション

54-55 intercontinental radio link
大陸間ラジオ・リンク

54 short-wave station
短波ステーション

55 ionosphere
イオン圏, 電離圏

56 submarine cable (deep-sea cable)
海底ケーブル (深海ケーブル)

57 underwater amplifier
水中増幅器

58 data transmission (data services)
データ送信 (データ・サービス)

59 input/output device for data carriers
データ搬送用入力・出力装置

60 data processor
データ処理装置

61 teleprinter
電信タイプライター

62-64 data carriers
データ搬送波

62 punched tape (punch tape)
穿孔(せんこう)テープ (パンチ・テープ)

63 magnetic tape
磁気テープ

64 punched card (punch card)
穿孔カード

65 telex link
テレックス・リンク

66 teleprinter (page printer)
電信タイプライター (ページ・プリンター)

67 dialling ((米) dialing) unit
局番装置

68 telex tape (punched tape, punch tape) for transmitting the text at maximum speed
最高速度原文送信用テレックス・テープ

69 telex message
テレックス通信

70 keyboard
キーボード

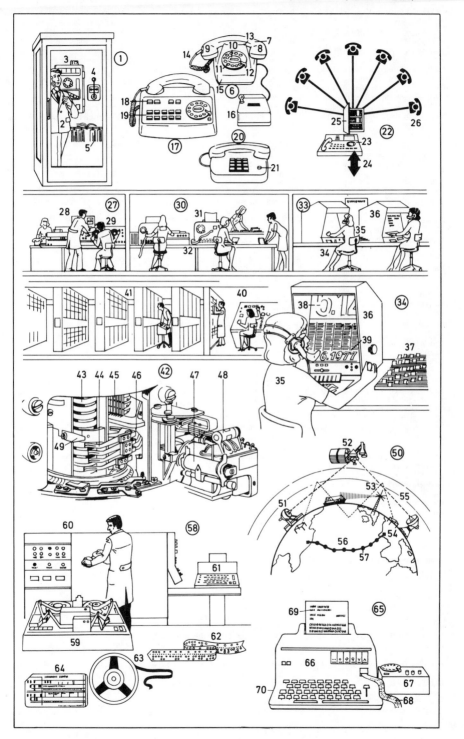

1- 6 **central recording channel of a**
radio station
ラジオ放送局の中央録音室〈録音された番
組の再生・送出をする〉
1 monitoring and control panel
モニターおよび調整パネル
2 data display terminal (video data
terminal, video monitor) for visual
display of computer-controlled
programmes ((米) programs)
ビデオ・データ・ターミナル〈番組送り出しを
制御しているコンピュータのデータ表示装
置〉
3 amplifier and mains power unit
増幅器と電源
4 magnetic sound recording and
playback deck for 1/4 magnetic
tape
1/4インチ磁気テープの録音再生
5 magnetic tape
磁気テープ〈1/4インチ・テープの一つ〉
6 film spool holder
フィルム・スプール・ホルダー
7-15 **radio switching centre ((米)**
center) control room
ラジオ・スイッチング・センター調整室，信号
分配室
7 monitoring and control panel
モニターおよび調整パネル
8 talkback speaker
トークバック・スピーカー，インターフォン
9 local-battery telephone
局部電池電話，電源自蔵式電話
10 talkback microphone
トークバック・マイク，インターフォン
11 data display terminal (video data
terminal)
ビデオ・データ・ターミナル〈2と同じ〉
12 teleprinter
テレタイプ
13 input keyboard for computer data
コンピュータ・データ入力キーボード
14 telephone switchboard panel
電話回線切換え盤
15 monitoring speaker (control speaker)
モニター・スピーカー
16-26 **broadcasting centre ((米) center)**
放送センター，主調整室
16 recording room
録音室
17 production control room (control
room)
製作調整室〈調整室〉
18 studio
スタジオ
19 sound engineer (sound control
engineer)
音声技師，ミキサー
20 sound control desk (sound control
console)
音声調整卓，ミキシング・コンソール
21 newsreader (newscaster)
ニュースキャスター，ニュース・アナウンサー
22 duty presentation officer
担当ディレクター
23 telephone for phoned reports
レポート用電話機
24 record turntable
レコードのターンテーブル
25 recording room mixing console
(mixing desk, mixer)
録音用ミキサー卓
26 sound technician (sound mixer,
sound recordist)
音声技師，ミキサー

27-53 **television post-sync studio**
テレビジョン後処理スタジオ，ポスト・プロダ
クション・スタジオ
27 sound production control room
(sound control room)
音声調整室
28 dubbing studio (dubbing theatre, (米)
theater)
ダビング・スタジオ〈台詞・音楽・効果音など
の録音スタジオ〉
29 studio table
スタジオ・テーブル
30 visual signal
サイン表示盤
31 electronic stopclock
電子ストップ・ウォッチ
32 projection screen
映写スクリーン
33 monitor
映像モニター
34 studio microphone
スタジオ・マイク
35 sound effects box
音響効果装置
36 microphone socket panel
マイク・コネクター盤
37 recording speaker (recording
loudspeaker)
スピーカー
38 control room window (studio
window)
調整室の窓〈スタジオの窓〉
39 producer's talkback microphone
ディレクター・トークバック・マイク
40 local-battery telephone
局部電池電話，電源自蔵式電話
41 sound control desk (sound control
console)
音声調整卓
42 group selector switch
グループ選択スイッチ
43 visual display
表示盤
44 limiter display (clipper display)
リミッター動作表示器
45 control modules
コントロール・モジュール
46 pre-listening buttons
オーディション・ボタン
47 slide control
スライド・コントロール
48 universal equalizer (universal
corrector)
ユニバーサル・イコライザ〈特性調整器〉
49 input selector switch
セレクター・スイッチ
50 pre-listening speaker
オーディション・スピーカー
51 tone generator
音調発電機
52 talkback speaker
トークバック・スピーカー
53 talkback microphone
トークバック・マイク
54-59 **pre-mixing room for**
transferring and mixing 16 mm, 17.
5 mm, 35 mm perforated magnetic
film
シネテープのための音処理室〈フィルムと同
時再生するための16㎜，17.5㎜，35㎜磁
気テープを使用する〉
54 sound control desk (sound control
console)
音声調整卓

55 compact magnetic tape recording
and playback equipment
磁気テープ録音・再生装置
56 single playback deck
再生専用機
57 central drive unit
中央駆動装置
58 single recording and playback deck
録音・再生デッキ
59 rewind bench
巻戻し台
60-65 **final picture quality checking**
room
映像調整室
60 preview monitor
プレビュー・モニター
61 programme ((米) program) monitor
番組モニター
62 stopclock
卓上型ストップ・ウォッチ
63 vision mixer (vision-mixing console,
vision-mixing desk)
映像スイッチャー卓
64 talkback system (talkback
equipment)
トーク・バック装置，インターフォン
65 camera monitor (picture monitor)
カメラ・モニター

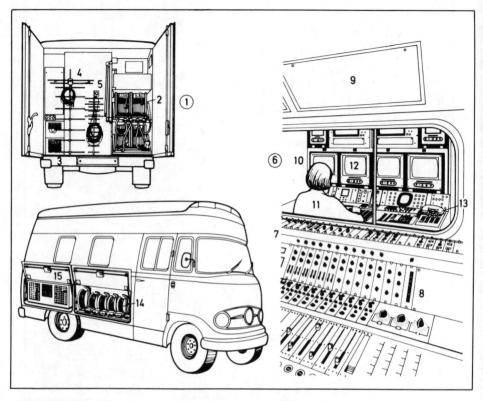

1-15 outside broadcast (OB) vehicle
放送中継車 〈テレビ用は television OB van, 音声用は sound OB van, ラジオ用は radio OB van〉

1 rear equipment section of the OB vehicle
中継車後部機材置場

2 camera cable
カメラ・ケーブル

3 cable connection panel
ケーブル

4 television (TV) reception aerial (receiving aerial) for Channel I
チャンネル I 用テレビ受信アンテナ

5 television (TV) reception aerial (receiving aerial) for Channel II
チャンネル II 用テレビ受信アンテナ

6 interior equipment (on-board equipment) of the OB vehicle
中継車の内部機材

7 sound production control room (sound control room)
音声調整室

8 sound control desk (sound control console)
音声調整卓

9 monitoring loudspeaker
モニター・スピーカー

10 vision control room (video control room)
映像調整室

11 video controller (vision controller)
映像技術者

12 camera monitor (picture monitor)
カメラ・モニター

13 on-board telephone (intercommunication telephone)
連絡用電話

14 microphone cable
マイク・ケーブル

15 air-conditioning equipment
空調装置

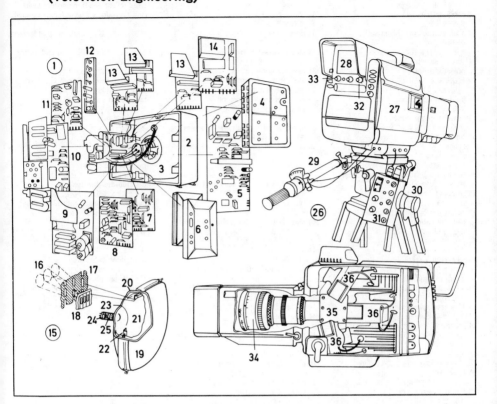

1 colour ((米) color) television (TV) receiver (colour television set) of modular design
ユニット化されたカラー・テレビ受像機
2 television cabinet
キャビネット
3 television tube (picture tube)
受像管, ブラウン管
4 IF (intermediate frequency) amplifier module
中間周波数増幅器モジュール
5 colour ((米) color) decoder module
カラー・デコーダー (色復調)・モジュール
6 VHF and UHF tuner
VHF (超短波) と UHF (極超短波) 用チューナー
7 horizontal synchronizing module
水平同期モジュール
8 vertical deflection module
垂直偏向モジュール
9 horizontal linearity control module
水平直線性モジュール
10 horizontal deflection module
水平偏向モジュール
11 control module
制御モジュール
12 convergence module
コンバージェンス・モジュール〈色ずれ補正〉
13 colour ((米) color) output stage module
カラー出力段モジュール

14 sound module
音声モジュール
15 colour ((米) color) picture tube
カラー受像管
16 electron beams
電子ビーム
17 shadow mask with elongated holes
細長い穴のあいたシャドー・マスク
18 strip of fluorescent (luminescent, phosphorescent) **material**
細い帯状の蛍光物質
19 coating (film) of fluorescent material
蛍光物質のコーティング
20 inner magnetic screen (screening)
内部磁気スクリーン
21 vacuum
真空
22 temperature-compensated shadow mask mount
温度補正シャドー・マスク・マウント
23 centring (centering) ring for the deflection system
偏向システムのためのセンタリング・マグネット
24 electron gun assembly
電子銃アセンブリ
25 rapid heat-up cathode
急速加熱陰極
26 television (TV) camera
テレビ (TV) カメラ

27 camera head
カメラ・ヘッド
28 camera monitor
カメラ・モニター
29 control arm (control lever)
パン棒
30 focusing adjustment
焦点調節
31 control panel
調整パネル
32 contrast control
コントラスト調節
33 brightness control
輝度調節
34 zoom lens
ズーム・レンズ
35 beam-splitting prism (beam splitter)
〔3色〕分解プリズム
36 pick up unit (colour ((米) color) **pick up tube**
カラー撮像管

1 radio cassette recorder
ラジオ・カセット録音機
2 carrying handle
携帯取っ手
3 push buttons for the cassette
recorder unit
カセット録音装置の押しボタン
4 station selector buttons (station
preset buttons)
放送局選択ボタン〈前もって決められた放
送局のボタン〉
5 built-in microphone
内蔵マイクロフォン
6 cassette compartment
カセット・コンパートメント
7 tuning dial
同調ダイヤル
8 slide control [for volume or tone]
スライド制御［音量または音調の］
9 tuning knob (tuning control, tuner)
同調つまみ，チューナー
10 compact cassette
コンパクト・カセット
11 cassette box (cassette holder,
cassette cabinet)
カセット・ボックス
12 cassette tape
カセット・テープ
13-48 stereo system
ステレオ装置〈また，四角音声装置
quadraphonic system, 各種のハイファ
イ・コンポーネント Hi-Fi components から
できている〉
13-14 stereo speakers
ステレオ・スピーカー
14 speaker (loudspeaker) three-way
speaker with crossover (crossover
network)
スピーカー（拡声機）〈ここでは，クロスオー
バー・ネットワークつき3方スピーカー〉
15 tweeter
ツィーター〈高音用小スピーカー〉
16 mid-range speaker
中距離スピーカー
17 woofer
ウーファー〈低音専用スピーカー〉
18 record player (automatic record
changer, auto changer)
レコード・プレーヤー（自動レコード交換器）
19 record player housing (record player
base)
レコード・プレーヤー・ケース
20 turntable
ターンテーブル〈レコード・プレーヤーの回転
盤〉
21 tone arm
トーン・アーム〈レコード・プレーヤーの〉
22 counterbalance (counterweight)
平衡錐（すい）
23 gimbal suspension
ジンバル・サスペンション
24 stylus pressure control (stylus force
control)
針圧制御
25 anti-skate control
滑り止め制御
26 magnetic cartridge with (conical or
elliptical) stylus
〈円錐形または楕円（だえん）形の，ダイヤモンド
diamond 製〉針つき磁気カートリッジ
27 tone arm lock
トーン・アーム止め
28 tone arm lift
トーン・アーム・リフト
29 speed selector (speed changer)
速度選択器（速度変換器）

30 starter switch
スターター・スイッチ
31 treble control
高音域調整
32 dust cover
ほこりよけカバー
33 stereo cassette deck
ステレオ・カセット・デッキ
34 cassette compartment
カセット・コンパートメント
35-36 recording level meters (volume
unit meters, VU meters)
録音レベル・メーター（音量メーター，VU
メーター）
35 left-channel recording level meter
左チャンネル録音レベル・メーター
36 right-channel recording level meter
右チャンネル録音レベル・メーター
37 tuner
チューナー
38 VHF (FM) station selector buttons
VHF (FM) 放送局選択ボタン
39 tuning meter
チューニング・メーター
40 amplifier: receiver (control unit)
アンプ〈チューナーとアンプが結合した型〉:総
合アンプ（制御装置）
41 volume control
音量制御
42 four-channel balance control (level
control)
4 チャンネル・バランス調整（レベル調整）
43 treble and bass tuning
高音域・低音チューニング
44 input selector
入力選択器
45 four-channel demodulator for CD4
records
CD4 レコード用4チャンネル復調器
46 quadra/stereo converter
クォドラ・ステレオ変換器
47 cassette box (cassette holder,
cassette cabinet)
カセット・ボックス
48 record storage slots (record storage
compartments)
レコード保管場所
49 microphone
マイクロフォン
50 microphone screen
マイクロフォン・スクリーン
51 microphone base (microphone stand)
マイクロフォン台（マイクロフォン・スタンド）
**52 three-in-one stereo component
system** (automatic record changer,
cassette deck, and stereo receiver)
スリー・イン・ワン・ステレオ・コンポーネント・シ
ステム（自動レコード交換器，カセット・デッ
キ，ステレオ受信器）
53 tone arm balance
トーン・アームの釣合いおもり
54 tuning meters
チューニング・メーター
55 indicator light for automatic FeO/
CrO₂ tape switch-over
自動 FeO/CrO₂テープ切換え用表示器灯
56 open-reel-type recorder
オープン・リール式録音機〈2または4トラッ
ク装置two or four-truck unitの一つ〉
57 tape reel (open tape reel)
テープ・リール（オープン・テープ・リール）
58 open-reel tape (recording tape, 1/4″
tape)
オープン・リール・テープ（録音テープ，1/4″
テープ）

59 sound head housing with erasing
head (erase head), recording head,
and reproducing head (or: combined
head)
消去ヘッド，録音ヘッド，および再生ヘッド
つき発生器ケース
60 tape deflector roller and end switch
(limit switch)
テープ転向装置ローラーと制御スイッチ
61 recording level meter (VU meter)
録音レベル計器（VU 計器）
62 tape speed selector
テープ速度選択器
63 on/off switch
オン/オフ・スイッチ
64 tape counter
テープ・カウンター
65 stereo microphone sockets (stereo
microphone jacks)
ステレオ・マイクロフォン・ソケット
66 headphones (headset)
ヘッドフォン〈頭につける受信器〉
67 padded headband (padded headpiece)
詰め物を入れたヘッドバンド
68 membrane
膜（まく）
69 earcups (earphones)
イヤフォン
70 headphone cable plug
ヘッドフォン・ケーブル・プラグ〈標準多針プラ
グ multi-pin plug の一つ〉
71 headphone cable (headphone cord)
ヘッドフォン・ケーブル（ヘッドフォン・コード）

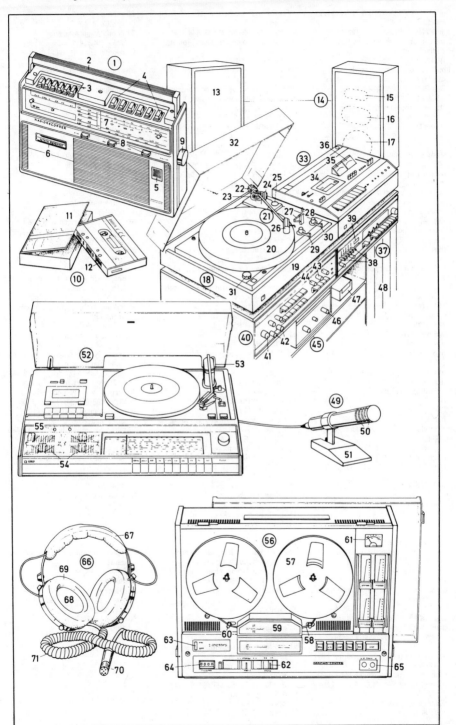

1 group instruction using a **teaching machine**
教育機器を利用したグループ教育

2 instructor's desk with central control unit
中央制御装置と教師の机

3 master control panel with individual displays and cross total counters
個人用ディスプレイ装置と交差トータル・カウンターつき主制御盤

4 student input device (student response device) in the hand of a student
学生用入力装置 (学生応答装置) 〈学生が手にしている〉

5 study step counter (progress counter)
学習進度カウンター

6 overhead projector
オーバーヘッド・プロジェクター

7 apparatus for producing audio-visual learning programmes ((米) programs)
視聴覚学習プログラム作成用器具

8-10 frame coding device
フレーム・コーディング装置

8 film viewer
フィルム・ビューアー

9 memory unit (storage unit)
記憶装置

10 film perforator
フィルム鑽孔機 (さんこうき)

11-14 audio coding equipment (sound coding equipment)
音声装置

11 coding keyboard
コーディング・キーボード

12 two-track tape recorder
2トラック・テープ・レコーダー

13 four-track tape recorder
4トラック・テープ・レコーダー

14 recording level meter
録音状態レベル・メーター

15 PIP system
PIP装置 〈PIP=programmed individual presentation プログラム化された個人用説明〉

16 AV (audio-visual) projector for programmed instruction
〈プログラム化された教育用〉視聴覚プロジェクター

17 audio cassette
オーディオ・カセット

18 video cassette
ビデオ・カセット

19 data terminal
データ・ターミナル

20 telephone connection with the central data collection station
中央データ収集部との電話連結

21 **video telephone**
ビデオ電話

22 conference circuit (conference hook-up, coference connection)
会議回路

23 camera tube switch (switch for transmitting speaker's picture)
撮像管スイッチ (話者の撮像送信用スイッチ)

24 talk button (talk key, speaking key)
トーク・ボタン

25 touch-tone buttons (touch-tone pad)
タッチ・トーン・ボタン 〈押しボタン方式のボタン〉

26 video telephone screen
ビデオ電話スクリーン

27 infrared transmission of television sound
テレビジョン音声の赤外線送信

28 television receiver (television set, TV set)
テレビジョン受像機

29 infrared sound transmitter
赤外線音声送信機

30 cordless battery-powered infrared sound headphones (headset)
〈コードの必要がない〉バッテリー式赤外線音声ヘッドフォン

31 **microfilming system** [diagram]
マイクロフィルム装置 [断面図]

32 magnetic tape station (data storage unit)
磁気テープ置場 (データ保管装置)

33 buffer storage
バッファ記憶装置

34 adapter unit
アダプタ装置

35 digital control
デジタル制御

36 camera control
カメラ制御

37 character storage
文字保管

38 analogue ((米) analog) control
アナログ制御

39 correction (adjustment) of picture tube geometry
受像機形状の修正

40 cathode ray tube (CRT)
ブラウン管 (CRT)

41 optical system
光学装置

42 slide (transparency) of a form for mixing-in images of forms
形状のミキシング・イン・イメージ用型スライド

43 flash lamp
フラッシュ・ランプ

44 universal film cassettes
万能フィルム・カセット

45-84 **demonstration and teaching equipment**
公開実験と教育装置

45 demonstration model of a four-stroke engine
4行程エンジンの公開実験モデル

46 piston
ピストン

47 cylinder head
シリンダー・ヘッド

48 spark plug (sparking plug)
点火プラグ

49 contact breaker
接触遮断器

50 crankshaft with balance weights (counterbalance weights) (counterbalanced crankshaft)
釣合いおもりつきクランク軸

51 crankcase
クランク室

52 inlet valve
入口弁

53 exhaust valve
排気弁

54 coolant bores (cooling water bores)
冷却穴 (冷却水穴)

55 demonstration model of a two-stroke engine
2行程エンジンの公開実験モデル

56 deflector piston
変流器ピストン

57 transfer port
移送出入口

58 exhaust port
排出口

59 crankcase scavenging
クランク室の掃気

60 cooling ribs
冷却リブ

61-67 models of molecules
分子のモデル

61 ethylene molecule
エチレン分子

62 hydrogen atom
水素原子

63 carbon atom
炭素原子

64 formaldehyde atom
ホルムアルデヒド (CH$_2$O) 原子

65 oxygen molecule
酸素分子

66 benzene ring
ベンゼン環

67 water molecule
水の分子

68-72 electronic circuits made up of modular elements
モジュール式の電子サーキット

68 logic element (logic module)
論理分子 (論理モジュール) 〈集積回路 integrated circuit の一つ〉

69 plugboard for electronic elements (electronic modules)
電子素子 (電子モジュール) 用プラグ盤

70 linking (link-up, joining, connection) of modules
モジュールの連結

71 magnetic contact
磁気交信

72 assembly (construction) of a circuit, using magnetic modules
〈磁気モジュールを使用した〉回路の組立

73 multiple meter for measuring current, voltage and resistance
電流・電圧・抵抗測定用複合計器

74 measurement range selector
測定距離選択機

75 measurement scale (measurement dial)
測定目盛り (測定ダイヤル)

76 indicator needle (pointer)
表示器針

77 current/voltage meter
電流・電圧メーター

78 adjusting screw
調整ねじ

79 optical bench
光学台

80 triangular rail
三角形のレール

81 laser (teaching laser, instruction laser)
レーザー (教育レーザー)

82 diaphragm
振動板

83 lens system
レンズ装置

84 target (screen)
スクリーン

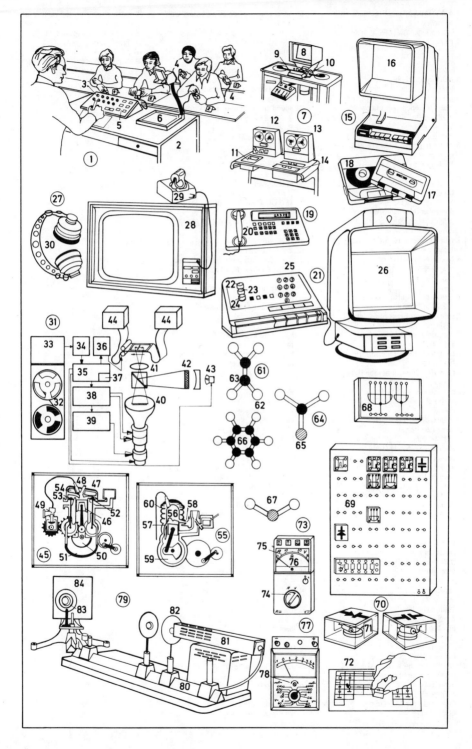

1-4 AV (audio-visual) camera with recorder
レコーダーつき AV(視聴覚)カメラ

1 camera
カメラ

2 lens
レンズ

3 built-in microphone
内蔵マイク

4 portable video (videotape) recorder (for 1/4″ open-reel magnetic tape)
携帯用 ビデオ・レコーダー （1/4 インチオープンリール磁気テープ）〈通常は 1/2 インチビデオ・カセットを使用している〉

5-36 VCR (video cassette recorder) system
VCR（ビデオ・カセット・レコーダー）システム

5 VCR cassette (for 1/2″ magnetic tape)
VCR カセット（1/2 磁気テープ）

6 domestic television receiver
家庭用テレビ受像機〈または、モニター monitor〉

7 video cassette recorder
ビデオ・カセット・レコーダー

8 cassette compartment
カセット格納部

9 tape counter
テープ・カウンター

10 centring (centering) control
トラッキング調節

11 sound (audio) recording level control
録音レベル調節

12 recording level indicator
録像・録音レベル表示器

13 control buttons (operating keys)
操作ボタン

14 tape threading indicator light
テープ・ローディング表示灯

15 changeover switch for selecting audio or video recording level display
録像・録音レベル表示切換えスイッチ

16 on/off switch
電源スイッチ

17 station selector buttons (station preset buttons)
選局ボタン

18 built-in timer switch
内蔵タイマー・スイッチ

19 VCR (video cassette recorder) head drum
VCR（ビデオ・カセット・レコーダー）ヘッド・ドラム

20 erasing head (erase head)
消去ヘッド

21 stationary guide (guide pin)
傾斜ガイド（ガイド・ピン）

22 tape guide
テープ・ガイド

23 capstan
キャプスタン

24 audio sync head
オーディオおよびコントロール信号ヘッド

25 pinch roller
ピンチ・ローラー

26 video head
ビデオ・ヘッド

27 grooves in the wall of the head drum to promote air cushion formation
エア・クッション形成用ヘッド・ドラムの溝〈テープのはりつき防止のためのドラムの表面処理〉

28 VCR (video cassette recorder) track format
ヴイシーアール（ビデオ・カセット・レコーダー）テープ・フォーマット

29 tape feed
テープ走行方向

30 direction of video head movement
ビデオ・ヘッド回転方向

31 video track, a slant track
ビデオ・トラック，傾斜トラック

32 sound track (audio track)
オーディオ・トラック

33 sync track
コントロール・トラック

34 sync head
コントロール信号，ヘッド

35 sound head (audio head)
オーディオ・ヘッド

36 video head
ビデオ・ヘッド

37-45 TED (television disc) system
ＴＥＤ（テレビ・ディスク）システム〈テレフンケン社が 1970 年に開発した圧電方式ビデオ・ディスク〉

37 video disc player
ビデオ・ディスク・プレーヤー

38 disc slot with inserted video disc
ビデオ・ディスクが挿入されたディスク・スロット

39 programme ((米) program) selector
プログラム・セレクター

40 programme ((米) program) scale (programme dial)
プログラム表示スケール

41 operating key ('play')
再生ボタン

42 key for repeating a scene (scene-repeat key, 'select')
リピート・ボタン

43 stop key
停止ボタン

44 video disc
ビデオ・ディスク

45 video disc jacket
ビデオ・ディスク・ジャケット

46-60 VLP (video long play) video disc system
VLP（ビデオ・ロング・プレー）ビデオ・ディスクシステム〈フィリップスが 1972 年に開発した光学方式ビデオ・ディスク〉

46 video disc player
ビデオ・ディスク・プレーヤー

47 cover projection
カバー・アーム〈その下は走査帯 scanning zone という〉

48 operating keys
操作ボタン

49 slow motion control
スローモーション調節

50 optical system [diagram]
光学システム ［図解］

51 VLP video disc
VLP ビデオ・ディスク

52 lens
レンズ

53 laser beam
レーザー光線

54 rotating mirror
回転鏡

55 semi-reflecting mirror
半反射鏡，ハーフミラー

56 photodiode
光ダイオード，光電変換素子

57 helium-neon laser
ヘリウム・ネオン・レーザー

58 video signals on the surface of the video disc
ビデオ・ディスク表面のビデオ信号

59 signal track
信号トラック

60 individual signal element ('pit')
記録の最小単位（ビット）

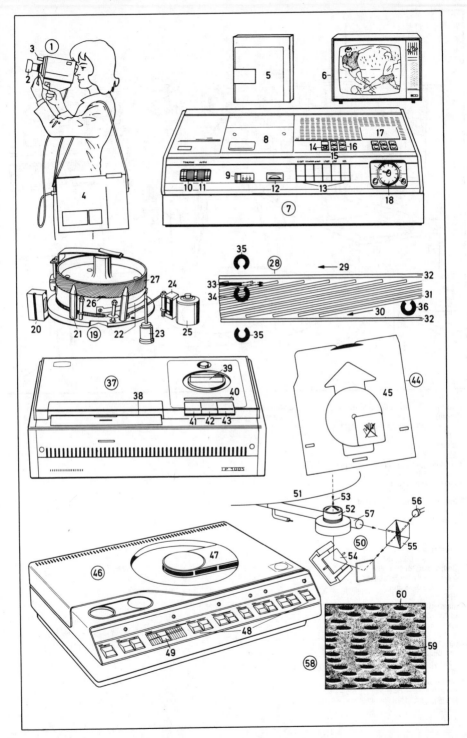

1 disc (disk) store (magnetic disc store)
   ディスク記憶装置 (磁気ディスク記憶装置)
2 magnetic tape
   磁気テープ
3 console operator (chief operator)
   コンソール・オペレーター
4 console typewriter
   コンソール・タイプライター
5 intercom (intercom system)
   インターフォン
6 central processor with main memory and arithmetic unit
   主記憶・演算部をもつ中央処理装置
7 operation and error indicators
   オペレーションおよびエラー表示部
8 floppy disc (disk) reader
   フロッピー・ディスク読取り装置
9 magnetic tape unit
   磁気テープ装置
10 magnetic tape reel
   磁気テープ・リール
11 operating indicators
   オペレーション表示部
12 punched card (punch card) reader and punch
   パンチ・カード読取り装置と穿孔 (せんこう) 装置
13 card stacker
   カード・スタッカー〈操作を終了したカードを積み重ねておく場所〉
14 operator
   オペレーター

15 operating instructions
   使用説明書, 操作手引書, 操作マニュアル

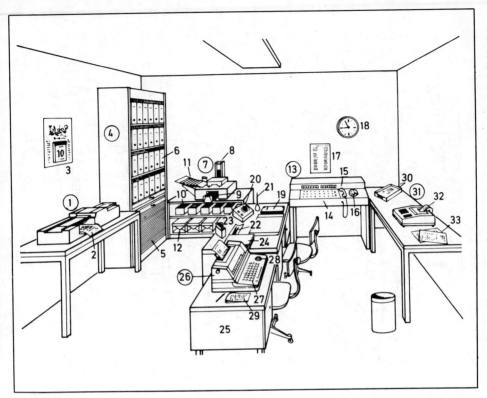

1-33 receptionist's office (secretary's office)
受付事務所（秘書室）
1 facsimile telegraph
　ファクシミリ装置，模写電送装置
2 transmitted copy (received copy)
　送達されたコピー（受信コピー）
3 wall calendar
　カレンダー
4 filing cabinet
　ファイリング・キャビネット
5 tambour door (roll-up door)
　シャッター・ドア（巻上げ式ドア）
6 file (document file)
　ファイル（文書ファイル）
7 transfer-type addressing machine
　転写式宛名（あてな）印刷機〈印刷原版
　stencil を使う〉
8 vertical stencil magazine
　垂直ステンシル・マガジン
9 stencil ejection
　ステンシル放出機
10 stencil storage drawer
　ステンシル保管引出し
11 paper feed
　給紙
12 stock of notepaper
　便箋（びんせん）の在庫品
13 switchboard (internal telephone
　exchange)
　交換台（内線電話交換）
14 push-button keyboard for internal
　connections
　内線連結用押しボタン・キーボード

15 handset
　送受話器
16 dial
　ダイヤル
17 internal telephone list
　内線電話一覧表
18 master clock (main clock)
　親時計
19 folder containing documents,
　correspondence, etc. for signing (to
　be signed)
　〈署名を必要とする〉文書・通信・などが入っ
　ている書類ばさみ
20 intercom (office intercom)
　インターフォン
21 pen
　ペン
22 pen and pencil tray
　ペンと鉛筆皿
23 card index
　カード索引
24 stack (set) of forms
　書式セット
25 typing desk
　タイプ机
26 memory typewriter
　記憶式タイプライター
27 keyboard
　キーボード
28 rotary switch for the main memory
　and the magnetic tape loop
　主記憶装置と磁気テープ・ループの回転ス
　イッチ

29 shorthand pad ((米) steno pad)
　速記パッド
30 letter tray
　書類箱, 書類入れ
31 office calculator
　事務所用計算器
32 printer
　プリンター
33 business letter
　商業通信文

1-36 executive's office
重役室

1 swivel chair
回転椅子

2 desk
事務机

3 writing surface (desk top)
机の表面

4 desk drawer
机の引出し

5 cupboard (storage area) with door
ドアつき棚

6 desk mat (blotter)
デスク・マット

7 business letter
商業通信文

8 appointments diary
来客予定表

9 desk set
デスク・セット

10 intercom (office intercom)
インターフォン

11 desk lamp
デスク・ランプ

12 pocket calculator (electronic calculator)
ポケット計算器 (電算器)

13 telephone
内線電話〈重役と秘書との連絡装置 executive-secretary system〉

14 dial
ダイヤル〈または押しボタン・キーボード push-button keyboard〉

15 call buttons
呼出しボタン

16 receiver (telephone receiver)
受話機 (電話受話機)

17 dictating machine
口述録音機

18 position indicator
位置表示器

19 control buttons (operating keys)
制御ボタン (操作キー)

20 cabinet
キャビネット

21 visitor's chair
来客用いす

22 safe
金庫

23 bolts (locking mechanism)
さし錠 (施錠装置)

24 armour ((米) armor) plating
装甲板

25 confidential documents
機密文書

26 patent
特許証

27 petty cash
小口現金

28 picture
絵

29 bar (drinks cabinet)
バー (飲料キャビネット)

30 bar set
バー・セット

31-36 conference grouping
会議用設備

31 conference table
会議テーブル

32 pocket-sized dictating machine (micro cassette recorder)
小型口述録音機 (マイクロ・カセット録音機)

33 ashtray
灰皿

34 corner table
コーナー・テーブル

35 table lamp
テーブル・ランプ

36 two-seater sofa
2人用ソファ

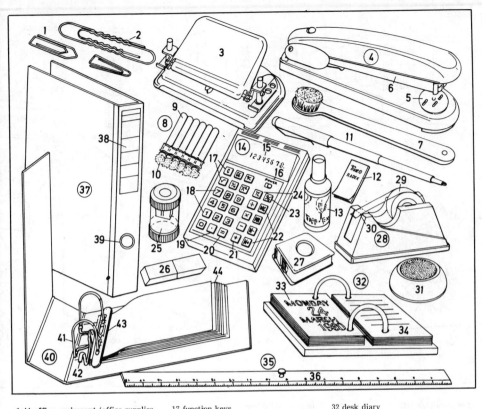

1-44 office equipment (office supplies, office materials)
事務器, 事務用品

1, 2 paper clips
クリップ

3 punch
パンチ

4 stapler (stapling machine)
ホッチキス

5 anvil
鉄敷(かなしき)

6 spring-loaded magazine
ばね式マガジン

7 type-cleaning brush for typewriters
〈タイプライター用〉活字掃除ブラシ

8 type cleaner (type-cleaning kit)
タイプ掃除器

9 fluid container (fluid reservoir)
液体容器

10 cleaning brush
掃除ブラシ

11 felt tip pen
フェルト・ペン

12 correcting paper [for typing errors]
訂正用紙 [タイプ・ミス用]

13 correcting fluid [for typing errors]
訂正液 [タイプ・ミス用]

14 electronic pocket calculator
ポケット電子計算器

15 eight-digit fluorescent display
8桁蛍光表示装置

16 on/off switch
オン/オフ・スイッチ

17 function keys
ファンクション・キー

18 number keys
数字キー

19 decimal key
小数キー

20 'equals' key
等号キー

21 instruction keys (command keys)
命令キー

22 memory keys
記憶キー

23 percent key (percentage key)
パーセント・キー（百分率キー）

24 π-key (pi-key) for mensuration of circles
円測定用パイ・キー

25 pencil sharpener
鉛筆削り〔器〕

26 typewriter rubber
タイプライター用消しゴム

27 adhesive tape dispenser
接着テープ・ディスペンサー

28 adhesive tape holder (roller-type adhesive tape dispenser)
接着テープ・ホルダー（ローラー式接着テープ・ディスペンサー）

29 roll of adhesive tape
接着テープ

30 tear-off edge
切取り刃

31 moistener
加湿装置

32 desk diary
デスク・ダイアリー

33 date sheet (calendar sheet)
日付の紙(カレンダーの紙)

34 memo sheet
メモ用紙

35 ruler
物差し

36 centimetre and millimetre ((米) centimeter and millimeter) graduations
センチメートルとミリメートル目盛り

37 file (document file)
ファイル（書類ファイル）

38 spine label (spine tag)
背ラベル

39 finger hole
指穴

40 arch board file
アーチ形ファイル

41 arch unit
アーチ装置

42 release lever (locking lever, release/lock lever)
釘(くぎ)締めレバー（留め金）

43 compressor
押え金具

44 bank statement (statement of account)
銀行の定期的資産状況報告書

1-48 open plan office
オープン・プラン事務所〈間仕切りを最小限
にとどめた事務所〉
1 partition wall (partition screen)
仕切り壁
2 filing drawer with suspenion file
system
ファイルつり装置つきファイル引出し
3 suspension file
つりファイル
4 file tab
ファイル見出し用ラベル
5 file (document file)
ファイル（書類ファイル）
6 filing clerk
ファイリング事務員, 書類整理職員
7 clerical assistant
事務員
8 note for the files
ファイルすべきメモ
9 telephone
電話
10 filing shelves
ファイル棚
11 clerical assistant's desk
事務員の机
12 office cupboard
事務所戸棚
13 plant stand (planter)
植物箱（植物鉢）
14 indoor plants (houseplants)
観葉植物〈室内に置かれる鉢植えの草花〉
15 programmer
プログラマー

16 data display terminal (visual display
unit)
データ表示端末（ディスプレイ装置）
17 customer service representative
顧客サービス係
18 customer
顧客
19 computer-generated design
(computer-generated art)
コンピュータが描いた図案
20 sound-absorbing partition
吸音装置つき間仕切り
21 typist
タイピスト
22 typewriter
タイプライター
23 filing drawer
ファイル引出し
24 customer card index
顧客カード索引
25 office chair
事務いす〈ここでは, 回転いす swivel
chair〉
26 typing desk
タイプ机

27 card index box
　カード索引箱
28 multi-purpose shelving
　万能棚
29 proprietor
　経営者
30 business letter
　商業通信文
31 proprietor's secretary
　経営者の秘書
32 shorthand pad ((米) steno pad)
　速記用箋(せん)
33 audio typist
　音声タイピスト
34 dictating machine
　口述録音機
35 earphone
　イヤフォン
36 statistics chart
　統計表
37 pedestal containing a cupboard or
　drawers
　戸棚または引出しのある両袖(りょうそで)机
38 sliding-door cupboard
　引き戸つき戸棚
39 office furniture arranged in an
　angular configuration
　角型に配置された事務所備品
40 wall-mounted shelf
　壁に据付けた棚
41 letter tray
　書類箱
42 wall calendar
　カレンダー

43 data centre ((米) center)
　資料センター
44 calling up information on the data
　display terminal (visual display unit)
　資料表示端末装置による資料読取り作業
45 waste paper basket
　紙くずかご
46 sales statistics
　売上げ統計
47 EDP print-out
　EDP 出力情報指示テープ〈連続的 カーボ
　ン複写用シート continuous fan-fold
　sheet〉
48 connecting element
　連結部

1 electric typewriter
電動タイプライター〈ここでは、ゴルフ・ボール・タイプライター golf ball typewriter〉

2-6 keyboard
キーボード

2 space bar
スペース・バー

3 shift key
シフト・キー

4 line space and carrier return key
改行キー

5 shift lock
シフト・ロック

6 margin release key
マージン・レリース・キー，マージン取消しキー

7 tabulator key
タビュレータ・キー，位取り装置キー

8 tabulator clear key
タビュレータ・クリア・キー，位取り取消しキー

9 on/off switch
オン/オフ・スイッチ

10 striking force control (impression control)
打力制御装置

11 ribbon selector
リボン選択ボタン

12 margin scale
マージン目盛り

13 left margin stop
左マージン・ストップ

14 right margin stop
右マージン・ストップ

15 golf ball (spherical typing element) bearing the types
ゴルフ・ボール型活字板〈球式タイプライターの部品の一つ〉

16 ribbon cassette
リボン・カセット

17 paper bail with rollers
ゴムつき紙枠

18 platen
ローラー

19 typing opening (typing window)
タイプ穴 (タイプ窓)

20 paper release lever
ペーパー・レリース・レバー

21 carrier return lever
キャリア戻しレバー

22 platen knob
ローラー回転ノブ

23 line space adjuster
行間調整装置

24 variable platen action lever
可変ローラー操作レバー

25 push-in platen variable
押込み式ローラー調整装置

26 erasing table
字消し用台

27 transparent cover
透明カバー

28 exchange golf ball (exchange typing element)
替え活字板

29 type
活字

30 golf ball cap (cap of typing element)
活字版キャップ

31 teeth
歯

32 web-fed automatic copier
巻取り式自動複写機

33 magazine for paper roll
巻取り紙用マガジン

34 paper size selection (format selection)
用紙寸法選択盤，体裁選択盤

35 print quantity selection
印刷枚数選択ボタン

36 contrast control
コントラスト選択〈印刷の濃淡選択ボタン〉

37 main switch (on/off switch)
メーン・スイッチ (オン/オフ・スイッチ)

38 start print button
印刷始動ボタン

39 document glass
ガラス製原版置き

40 transfer blanket
印刷用紙移送ベルト

41 toner roll
トナー・ローラー

42 exposure system
露光装置

43 print delivery (copy delivery)
印刷物送出し部，コピー受け

44 letter-folding machine
書状折り機

45 paper feed
給紙装置

46 folding mechanism
折り装置

47 receiving tray
受け台

48 small offset press
小型オフセット印刷機

49 paper feed
給紙装置

50 lever for inking the plate cylinder
版筒インキつけレバー

51-52 inking unit (inker unit)
インキつけ装置

51 distributing roller (distributor)
インキ供給ローラー

52 ink roller (inking roller, fountain roller)
インキ塗りローラー

53 pressure adjustment
印圧調整

54 sheet delivery (receiving table)
用紙送出し (用紙受け台)

55 printing speed adjustment
印刷速度調整

56 jogger for aligning the piles of sheets
用紙そろえ用のジョガー

57 pile of paper (pile of sheets)
積み重ねた用紙

58 folding machine
折り機

59 gathering machine (collating machine, assembling machine) for short runs
小部数の丁合(ちょうあい)機

60 gathering station (collating station, assembling station)
丁合場

61 adhesive binder (perfect binder) for hot adhesives
熱接着剤使用接着製本 (無線とじ)

62 magnetic tape dictating machine
磁気テープ口述録音機

63 headphones (headset, earphones)
ヘッドフォン (ヘッドセット，イヤフォン)

64 on/off switch
オン/オフ・スイッチ

65 microphone cradle
マイクロフォン受け台

66 foot control socket
足踏み制御ソケット

67 telephone adapter socket
電話アダプター・ソケット

68 headphone socket (earphone socket, headset socket)
ヘッドフォン・ソケット (イヤフォン・ソケット，ヘッドセット・ソケット)

69 microphone socket
マイクロフォン・ソケット

70 built-in loudspeaker
内臓拡声器

71 indicator lamp (indicator light)
表示灯

72 cassette compartment
カセット・コンパートメント

73 forward wind, rewind, and stop buttons
早送り・巻き戻し・停止ボタン

74 time scale with indexing marks
指針マークつき時間目盛り

75 time scale stop
時間目盛りボタン

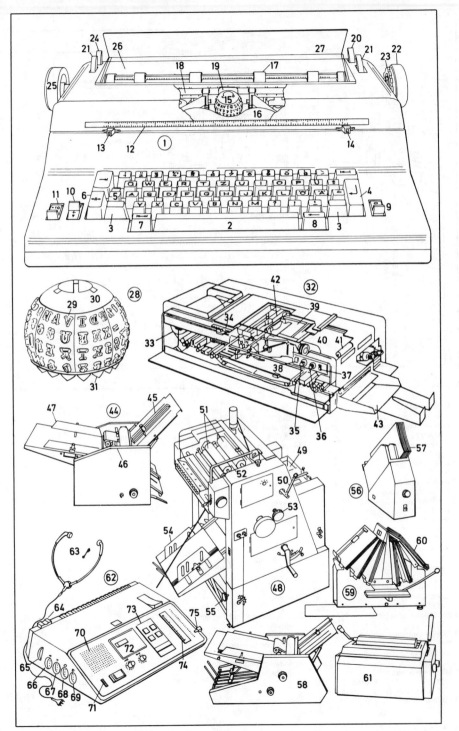

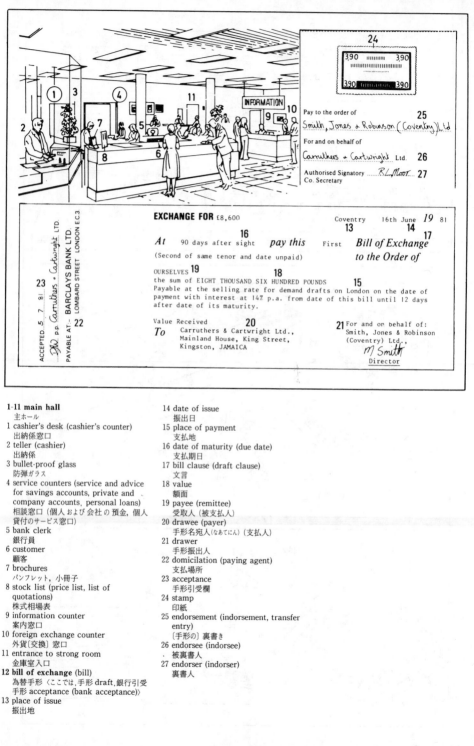

Pay to the order of   25
Smith, Jones & Robinson (Coventry) Ltd

For and on behalf of
Carruthers & Cartwright Ltd.   26

Authorised Signatory ..... R.L.Moor ...   27
Co. Secretary

EXCHANGE FOR £8,600   Coventry   16th June 19 81
                                                    13   14
                        16   17
At   90 days after sight   pay this   First   Bill of Exchange
(Second of same tenor and date unpaid)   to the Order of
OURSELVES 19   18
the sum of EIGHT THOUSAND SIX HUNDRED POUNDS   15
Payable at the selling rate for demand drafts on London on the date of
payment with interest at 14% p.a. from date of this bill until 12 days
after date of its maturity.

Value Received   20   21 For and on behalf of:
To   Carruthers & Cartwright Ltd.,   Smith, Jones & Robinson
      Mainland House, King Street,   (Coventry) Ltd.,
      Kingston, JAMAICA   M Smith
                                               Director

1-11 main hall
主ホール
1 cashier's desk (cashier's counter)
出納係窓口
2 teller (cashier)
出納係
3 bullet-proof glass
防弾ガラス
4 service counters (service and advice
for savings accounts, private and
company accounts, personal loans)
相談窓口 (個人および会社の預金、個人
貸付のサービス窓口)
5 bank clerk
銀行員
6 customer
顧客
7 brochures
パンフレット、小冊子
8 stock list (price list, list of
quotations)
株式相場表
9 information counter
案内窓口
10 foreign exchange counter
外貨〔交換〕窓口
11 entrance to strong room
金庫室入口
12 bill of exchange (bill)
為替手形〈ここでは、手形 draft, 銀行引受
手形 acceptance (bank acceptance)〉
13 place of issue
振出地

14 date of issue
振出日
15 place of payment
支払地
16 date of maturity (due date)
支払期日
17 bill clause (draft clause)
文言
18 value
額面
19 payee (remittee)
受取人 (被支払人)
20 drawee (payer)
手形名宛人 (なあてにん) (支払人)
21 drawer
手形振出人
22 domicilation (paying agent)
支払場所
23 acceptance
手形引受欄
24 stamp
印紙
25 endorsement (indorsement, transfer
entry)
〔手形の〕裏書き
26 endorsee (indorsee)
被裏書人
27 endorser (indorser)
裏書人

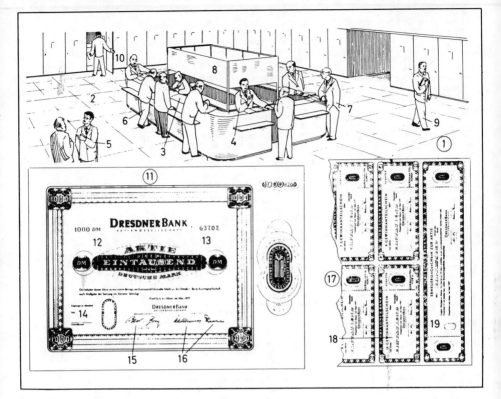

1-10 stock exchange (exchange for the sale of securities, stocks, and bonds)
証券取引所 (有価証券・債券の売買)

1 exchange hall (exchange floor)
証券取引場

2 market for securities
証券取引市場

3 broker's post
証券ブローカーの部署

4 sworn stockbroker (exchange broker, stockbroke, (米) specialist)
証券取引所仲買人 〈ここでは、内部ブローカー inside broker〉

5 kerbstone broker (kerbstoner, curbstone broker, curbstoner, outside broker)
場外取引仲買人 〈ここでは、非上場証券 unlisted securities を扱う商業ブローカー commercial broker〉

6 member of the stock exchange (stockjobber, (米) floor trader, room trader)
証券取引市場会員

7 stock exchange agent (boarman)
証券取引代理人 〈銀行従業員 bank employee の一人〉

8 quotation board
相場板, 相場表

9 stock exchange attendant (waiter)
証券取引従業員

10 telephone box (telephone booth, telephone kiosk, call box)
電話ボックス

11-19 securities
有価証券 〈株券 share ((米) stock), 定期収入証券 fixed-income security, 年金証書 annuity, 債券 bond, 社債 debenture bond, 市債 municipal bond (corporation stock), 産業債券 industrial bond, 転換社債 convertible bond などの種類がある〉

11 share certificate ((米) stock certificate)
株券 (有価証券) 〈ここでは、無記名株式 bearer share (share warrant)〉

12 par (par value, nominal par, face par) of the share
額面

13 serial number
通し番号, 通しナンバー

14 page number of entry in bank's share register (bank's stock ledger)
銀行の株式帳簿記入ページ・ナンバー

15 signature of the chairman of the board of governors
代表取締役社長のサイン

16 signature of the chairman of the board of directors
筆頭監査役のサイン

17 sheet of coupons (coupon sheet, dividend coupon sheet)
利札つづり

18 dividend warrant (dividend coupon)
配当証書

19 talon
更改証書

1-28 coins (coin, coinage, metal money, specie, (米) hard money)
貨幣(硬貨)〈金貨 goldcoins, 銀貨 silver ~, ニッケル貨 nickel ~, 銅貨 copper ~, アルミ貨 aluminium((米) alminum) ~などの種類がある〉

1 Athens : nugget-shaped tetradrachm (tetradrachmon, tetradrachma)
金塊形の4ドラクマ〈古代アテネの銀貨〉

2 the owl (emblem of the city of Athens)
フクロウ(アテネ市の象徴)

3 aureus of Constantine the Great
コンスタンチヌス大帝の肖像入りのアウレウス〈古代ローマの金貨。貨幣単位としても使われた〉

4 bracteate of Emperor Frederick I Barbarossa
赤ひげ王フリードリヒ一世の肖像入りのブラクテアート〈ドイツ中世の金(銀)貨〉

5 Louis XIV louis-d'or
ルイ十四世の肖像入りのルイ金貨〈1640-1795のフランスの金貨〉

6 Prussia : 1 reichstaler (speciestaler) of Frederick the Great
〈プロシアの〉フリードリヒ大帝時代の1ライヒスターレル

7 Federal Republic of Germany : 5 Deutschmarks (DM)
5ドイツ・マルク〈ドイツ連邦共和国の貨幣。1マルク=100ペニヒ pfennigs〉

8 obverse
7の表面

9 reverse (subordinate side)
7の裏面

10 mint mark (mintage, exergue)
造幣局印

11 legend (inscription on the edge of a coin)
題銘(貨幣の縁の銘刻)

12 device (type)
象徴的図案〈ここでは、ある地方の紋章 coat of arms をかたどったもの〉

13 Austria : 25 schillings
25シリング〈オーストリアの貨幣。1シリング=100グロッシェン groschen〉

14 provincial coats of arms
州の紋章

15 Switzerland : 5 francs
5フラン〈スイスの貨幣。1フラン=100サンチーム centimes〉

16 France : 1 franc
1フラン〈フランスの貨幣。1フラン=100サンチーム centimes〉

17 Belgium : 100 francs
100フラン〈ベルギーの貨幣〉

18 Luxembourg (Luxemburg) : 1 franc
1フラン〈ルクセンブルクの貨幣〉

19 Netherlands : 2¹/₂ guilders
2¹/₂ギルダー〈オランダの貨幣。1ギルダー(フローリン florin, グルデン gulden)=100セント cents〉

20 Italy : 10 lire
10リラ〈イタリアの貨幣。単数は、lira〉

21 Vatican City : 10 lire
10リラ〈バチカンの貨幣。単数は、lira〉

22 Spain : 1 peseta
1ペセタ〈スペインの貨幣。1ペセタ=100センチモス centimos〉

23 Portugal : 1 escudo
1エスクド〈ポルトガルの貨幣。1エスクド=100センタボ centavos〉

24 Denmark : 1 krone
1クローネ〈デンマークの貨幣。1クローネ=100エーレ öre〉

25 Sweden : 1 krona
1クローナ〈スウェーデンの貨幣。1クローナ=100エーレ öre〉

26 Norway : 1 krone
1クローネ〈ノルウェーの貨幣。1クローネ=100エーレ öre〉

27 Czechoslovakia : 1 koruna
1コルナ〈チェコスロバキアの貨幣。1コルナ=100ハレル heller〉

28 Yugoslavia : 1 dinar
1デナール〈ユーゴスラビアの貨幣。1デナール=100パラ paras〉

29-39 banknotes ((米) bills) (paper money, notes, treasury notes)
銀行券, 銀行紙幣(紙幣, 札, 財務省証券)

29 Federal Republic of Germany : 20 DM
20ドイツ・マルク〈ドイツ連邦共和国の紙幣〉

30 bank of issue (bank of circulation)
発券銀行

31 watermark [a portrait]
すかし[肖像]

32 denomination
貨幣の単位

33 USA : 1 dollar ($1)
1ドル($)〈アメリカ合衆国の紙幣。1ドル=100セント cents〉

34 facsimile signatures
署名の複写

35 impressed stamp
刻印されたスタンプ

36 serial number
紙幣番号

37 United Kingdom of Great Britain and Northern Ireland : 1 pound sterling (£1)
1ポンド・スタリング(£)〈イギリスの貨幣。1ポンド・スタリング=100新ペンス new pence (100p.とも書く)。単数は、new penny (new p.)〉

38 guilloched pattern
縄紋(じょうもん)飾り

39 Greece : 1, 000 drachmas (drachmae)
1000ドラクマ〈ギリシアの紙幣。1ドラクマ=100レプタ lepta (単数は lepton)〉

40-44 striking of coins (coinage, mintage)
造幣(貨幣鋳造)

40-41 coining dies (minting dies)
刻印プレス

40 upper die
上方ダイス型

41 lower die
下方ダイス型

42 collar
刻印リング

43 coin disc (disk) (flan, planchet, blank)
未加工貨幣

44 coining press (minting press)
造貨プレス(造幣プレス)

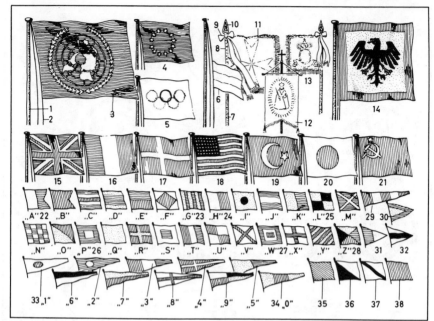

1-3 flag of the United Nations
国連旗
1 flagpole (flagstaff) with truck
木冠つき旗竿(はたざお)
2 halyard (halliard, haulyard)
揚索(ようさく)
3 bunting
旗布
4 flag of the Council of Europe
ヨーロッパ旗, 欧州会議旗
5 Olympic flag
五輪旗, オリンピック旗
6 flag at half-mast ((米) at half-staff)
[as a token of mourning]
半旗[弔意を表す]
7-11 flag
旗
7 flagpole (flagstaff)
旗竿
8 ornamental stud
飾り鋲(びょう)
9 streamer
飾りリボン
10 pointed tip of the flagpole
竿の先端
11 bunting
旗布
12 banner (gonfalon)
旗印(紋章を掲げた旗)
13 cavalry standard (flag of the
cavalry)
騎兵旗(騎兵の軍旗)
14 standard of the German Federal
President [ensign of head of state]
ドイツ連邦共和国大統領旗[国家元首の標
章]
15-21 national flags
国旗
15 the Union Jack (Great Britain)
ユニオン・ジャック旗〈大英帝国〉

16 the Tricolour ((米) Tricolor)
(France)
三色旗〈フランス〉
17 the Danebrog (Dannebrog)
(Denmark)
ダンネブロー旗〈デンマーク〉
18 the Stars and Stripes (Star-Spangled
Banner) (USA)
星条旗〈アメリカ合衆国〉
19 the Crescent (Turkey)
三日月旗〈トルコ〉
20 the Rising Sun (Japan)
日章旗〈日本〉
21 the Hammer and Sickle (USSR)
鎚(つち)と鎌(かま)の旗〈ソ連〉
22-34 signal flags
信号旗〈信号用に掲げる一連の旗 hoist；
国際信号旗として世界共通に用いられる〉
22-28 letter flags
文字旗〈アルファベット旗〉
22 letter A
A〈燕尾(えんび)旗 burgee (swallow-
tailed flag)の一つ。「試運転中」〉
23 G, pilot flag
G, パイロット旗〈水先案内要求〉
24 H ('pilot on board')
H〈パイロット在船〉
25 L ('you should stop, I have
something important to
communicate')
L〈停止, 主要通信事項あり〉
26 P, the Blue Peter ('about to set sail')
P, ブルー・ピーター旗〈出帆〉
27 W('I require medical assistance')
W〈医薬救援要求〉
28 Z
Z〈方形旗 oblong pennant (oblong
pendant)の一つ。「陸上信号所よりの連
絡を待つ」〉
29 code pennant (code pendant), used in
the International Signals Code
回答旗〈国際信号旗システムの一つ〉

30-32 substitute flags (repeaters),
triangular flags (pennants, pendants)
補助旗(代表旗)，三角旗〈国際信号旗シ
ステムの一つ〉
33-34 numeral pennants (numeral
pendants)
数字旗〈国際信号旗システムの一つ〉
33 number 1
数字の1
34 number 0
数字の0
35-38 customs flags
税関旗
35 customs boat pennant (customs boat
pendant)
税関船の税関旗
36 'ship cleared through customs'
「本船通関済み」
37 customs signal flag
税関吏要求の旗
38 powder flag ['inflammable
(flammable) cargo']
火薬旗[「引火危険物積載」]

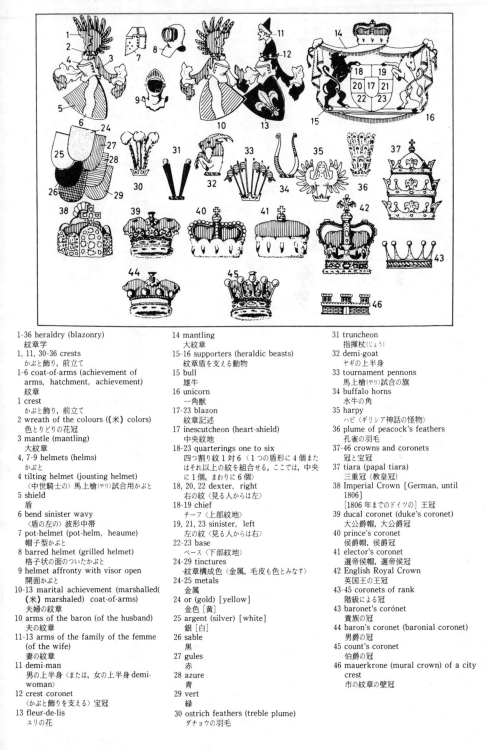

1-36 heraldry (blazonry)
　紋章学
1, 11, 30-36 crests
　かぶと飾り，前立て
1-6 coat-of-arms (achievement of
　arms, hatchment, achievement)
　紋章
1 crest
　かぶと飾り，前立て
2 wreath of the colours ((米) colors)
　色とりどりの花冠
3 mantle (mantling)
　大紋章
4, 7-9 helmets (helms)
　かぶと
4 tilting helmet (jousting helmet)
　〈中世騎士の〉馬上槍(やり)試合用かぶと
5 shield
　盾
6 bend sinister wavy
　〈盾の左の〉波形中帯
7 pot-helmet (pot-helm, heaume)
　帽子型かぶと
8 barred helmet (grilled helmet)
　格子状の面のついたかぶと
9 helmet affronty with visor open
　開面かぶと
10-13 marital achievement (marshalled(
　(米) marshaled) coat-of-arms)
　夫婦の紋章
10 arms of the baron (of the husband)
　夫の紋章
11-13 arms of the family of the femme
　(of the wife)
　妻の紋章
11 demi-man
　男の上半身〈または，女の上半身demi-
　woman〉
12 crest coronet
　〈かぶと飾りを支える〉宝冠
13 fleur-de-lis
　ユリの花

14 mantling
　大紋章
15-16 supporters (heraldic beasts)
　紋章盾を支える動物
15 bull
　雄牛
16 unicorn
　一角獣
17-23 blazon
　紋章記述
17 inescutcheon (heart-shield)
　中央紋地
18-23 quarterings one to six
　四つ割り紋 1 対 6〈1つの盾形に4個また
　はそれ以上の紋を組合せる。ここでは，中央
　に1個，まわりに6個〉
18, 20, 22 dexter, right
　右の紋〈見る人からは左〉
18-19 chief
　チーフ〈上部紋地〉
19, 21, 23 sinister, left
　左の紋〈見る人からは右〉
22-23 base
　ベース〈下部紋地〉
24-29 tinctures
　-紋章構成色〈金属，毛皮も色とみなす〉
24-25 metals
　金属
24 or (gold) [yellow]
　金色 [黄]
25 argent (silver) [white]
　銀 [白]
26 sable
　黒
27 gules
　赤
28 azure
　青
29 vert
　緑
30 ostrich feathers (treble plume)
　ダチョウの羽毛

31 truncheon
　指揮杖(じょう)
32 demi-goat
　ヤギの上半身
33 tournament pennons
　馬上槍(やり)試合の旗
34 buffalo horns
　水牛の角
35 harpy
　ハピ〈ギリシア神話の怪物〉
36 plume of peacock's feathers
　孔雀の羽毛
37-46 crowns and coronets
　冠と宝冠
37 tiara (papal tiara)
　三重冠 (教皇冠)
38 Imperial Crown [German, until
　1806]
　[1806年までのドイツの] 王冠
39 ducal coronet (duke's coronet)
　大公爵帽，大公爵冠
40 prince's coronet
　侯爵帽，侯爵冠
41 elector's coronet
　選帝侯帽，選帝侯冠
42 English Royal Crown
　英国王の王冠
43-45 coronets of rank
　階級による冠
43 baronet's coronet
　貴族の冠
44 baron's coronet (baronial coronet)
　男爵の冠
45 count's coronet
　伯爵の冠
46 mauerkrone (mural crown) of a city
　crest
　市の紋章の壁冠

1-98 army weaponry
陸軍の武器

1-39 hand weapons
手で扱う武器

1 P1 pistol
P1 ピストル

2 barrel
銃身

3 front sight (foresight)
照星

4 hammer
撃鉄

5 trigger
引き金

6 pistol grip
ピストル・グリップ

7 magazine holder
弾倉容器，マガジン・ホルダー

8 MP2 machine gun
MP2 機関銃

9 shoulder rest (butt)
床尾（しょうび）

10 casing (mechanism casing)
ケーシング，装填（そうてん）

11 barrel clamp (barrel-clamping nut)
銃身締め具

12 cocking lever (cocking handle)
打ち金レバー

13 palm rest
掌台部（しょうぶだい）

14 safety catch
安全装置

15 magazine
弾倉，マガジン

16 G3-A3 self-loading rifle
自動装填小銃

17 barrel
銃身

18 flash hider (flash eliminator)
閃光（せんこう）排除器

19 palm rest
掌部台

20 trigger mechanism
引き金装置

21 magazine
弾倉

22 notch (sighting notch, rearsight)
V字形の刻み目

23 front sight block (foresight block)
with front sight (foresight)
照星と照星台盤

24 rifle butt (butt)
小銃床尾

25 44 mm anti-tank rocket launcher
44 mm対戦車ロケット発射筒

26 rocket (projectile)
ロケット（弾丸）

27 buffer
緩衝装置

28 telescopic sight (telescope sight)
望遠照尺

29 firing mechanism
発射装置

30 cheek rest
頬（ほお）当て

31 shoulder rest (butt)
床尾

32 MG3 machine gun (Spandau)
MG3 機関銃

33 barrel casing
銃身ケーシング

34 gas regulator
ガス調整装置

35 belt-changing flap
ベルト交換フラップ

36 rearsight
照門

37 front sight block (foresight block)
with front sight (foresight)
照星と照星台盤

38 pistol grip
ピストル・グリップ

39 shoulder rest (butt)
床尾（しょうび）

40-95 heavy weapons
重武器

40 120 mm AM 50 mortar
120 ㎜AM 50 迫撃砲（はくげきほう）

41 barrel
銃身

42 bipod
二脚架

43 gun carriage
砲架

44 buffer (buffer ring)
緩衝装置

45 sight (sighting mechanism)
照準具

46 base plate
台盤

47 striker pad
撃鉄パッド

48 traversing handle
旋回ハンドル

**49-74 artillery weapons mounted on
self-propelled gun carriages**
自動推進砲架台上の砲器

49 175 mm SFM 107 cannon
175 ㎜SFM 107 大砲

50 drive wheel
駆動車

51 elevating piston
高低ピストン

52 buffer (buffer recuperator)
緩衝装置（緩衝復座機）

53 hydraulic system
油圧装置

54 breech ring
砲尾環

55 spade
砲車のスペード，駐鋤（ちゅうじょ）

56 spade piston
スペード・ピストン

57 155 mm M 109 G self-propelled gun
155 ㎜M109G 自動推進砲

58 muzzle
砲口

59 fume extractor
煙霧排出装置

60 barrel cradle
砲身揺架

61 barrel recuperator
砲身復座機

62 barrel clamp
砲身締め具

63 light anti-aircraft (AA) machine gun
対空（AA）軽機関銃

64 Honest John M 386 rocket launcher
オネスト・ジョンM 386 ロケット発射台

65 rocket with warhead
弾頭ロケット

66 launching ramp
発射斜面

67 elevating gear
高低ギヤ

68 jack
ジャッキ

69 cable winch
ケーブル・ウインチ

70 110 SF rocket launcher
110 SFロケット発射装置

71 disposable rocket tubes
使捨て式ロケット・チューブ

72 tube bins
チューブ箱

73 turntable
回転盤

74 fire control system
射撃統制装置

75 2.5 tonne construction vehicle
2.5トン建設車

76 lifting arms (lifting device)
つり上げ装置

77 shovel
シャベル

78 counterweight (counterpoise)
平衡錘（へいこうすい），釣合いおもり

**79-95 armoured ((米) armored)
vehicles**
装甲車

79 M 113 armoured ((米) armored)
ambulance
M 113 装甲救急車

80 Leopard 1 A 3 tank
レオパルド 1A3 タンク

81 protection device
防護装置

82 infrared laser rangefinder
赤外線レーザー距離計

83 smoke canisters (smoke dispensers)
煙散弾（煙ディスペンサー）

84 armoured ((米) armored) turret
装甲砲塔

85 skirt
スカート〈鉄板のおおい〉

86 road wheel
道路輪

87 track
トラック

88 anti-tank tank
対戦車タンク

89 fume extractor
煙排出装置

90 protection device
防護装置

91 armoured ((米) armored) personnel
carrier
装甲武装兵輸送車

92 cannon
大砲

93 armoured ((米) armored) recovery
vehicle
装甲回復車

94 levelling ((米) leveling) and support
shovel
地ならし用・防護用支えシャベル

95 jib
ジブ

96 25 tonne all-purpose vehicle
25トン多目的車

97 drop windscreen ((米) drop
windshield)
落し窓式の風防ガラス

98 canvas cover
キャンバス・カバー

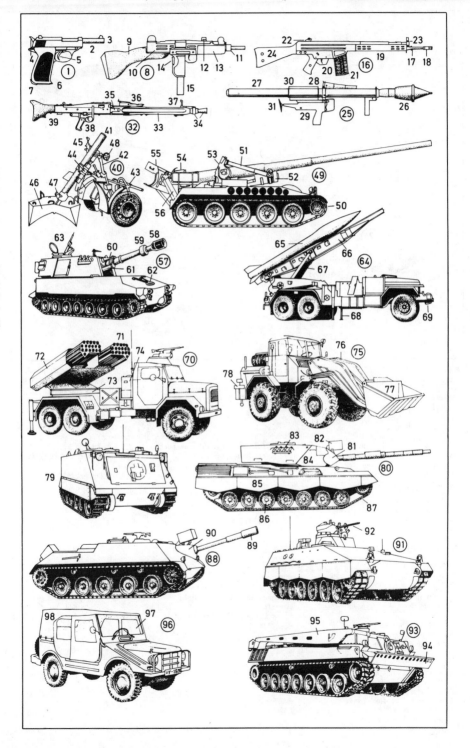

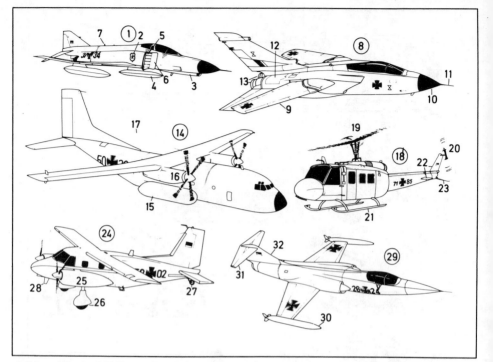

1 *McDonnell-Douglas F-4F Phantom II*
   interceptor and fighter-bomber
   マクドネル・ダグラスF-4Fファントム II 迎
   撃(げいげき)戦闘爆撃機
2 squadron marking
   飛行大隊のマーク
3 aircraft cannon
   機関砲
4 wing tank (underwing tank)
   翼タンク（翼下タンク）
5 air intake
   空気取入れ口
6 boundary layer control flap
   境界（限界）層制御フラップ
7 in-flight refuelling ((米) refueling)
   probe (flight refuelling probe, air
   refuelling probe)
   空中給油プローブ（空中受油パイプ）
8 *Panavia 2000 Tornado* **multirole**
   combat aircraft (MRCA)
   パナビア2000トルネード万能戦闘機
   (MRCA)
9 swing wing
   可変後退〔角〕翼
10 radar nose (radome, radar dome)
   レーダー突出部（レードーム、レーダー・アンテ
   ナの覆い）
11 pitot-static tube (pitot tube)
   ピトー静圧管（ピトー tube）
12 brake flap (air brake)
   ブレーキ・フラップ（エア・ブレーキ，空気制動
   機）
13 afterburner exhaust nozzles of the
   engines
   機関の再燃焼装置排出口
14 *C160 Transall* **medium-range**
   transport aircraft
   C160トランサル中距離輸送機

15 undercarriage housing (landing gear
   housing)
   降着装置ケース（着陸ギヤ装置ケース）
16 propeller-turbine engine (turboprop
   engine)
   ターボプロップ・エンジン
17 antenna
   アンテナ
18 *Bell UH-ID Iroquois* **light transport**
   and rescue helicopter
   ベル UH-ID イロコイ 軽輸送・救助ヘリコプ
   ター
19 main rotor
   主回転翼
20 tail rotor
   尾部回転翼
21 landing skids
   着陸そり
22 stabilizing fins (stabilizing surfaces,
   stabilizers)
   安定板
23 tail skid
   尾部そり
24 *Dornier DO 28 D-2 Skyservant*
   transport and communications
   aircraft
   ドルニエ DO 28 D-2 スカイサーバント輸
   送・通信機
25 engine pod
   エンジン・ポッド〈流線型の容器〉
26 main undercarriage unit (main
   landing gear unit)
   主降着装置（主着陸ギヤ装置）
27 tail wheel
   尾輪
28 sword antenna
   刀状アンテナ

29 *F-104 G Starfighter* **fighter-bomber**
   F-104G スターファイター戦闘爆撃機
30 wing-tip tank (tip tank)
   翼端タンク
31-32 T-tail (T-tail unit)
   T尾翼（T尾翼装置）
31 tailplane (horizontal stabilizer,
   stabilizer)
   水平尾翼（水平安定板）
32 vertical stabilizer (vertical fin, tail
   fin)
   垂直安定板（垂直尾翼）

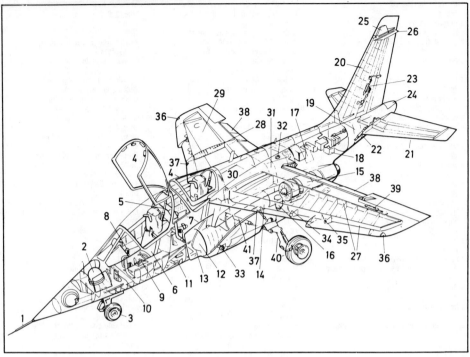

1-41 *Dornier-Dassault-Breguet Alpha Jet* Franco-German jet trainer
ドルニエ・ダサウルト・ベルグエット・アルファ・ジェット仏・独ジェット練習機

1 pitot-static tube (pitot tube)
ピトー静圧管

2 oxygen tank
酸素タンク

3 forward-retracting nose wheel
前進・後退前輪

4 cockpit canopy (cockpit hood)
操縦室円蓋(えんがい)

5 canopy jack
円蓋ジャッキ

6 pilot's seat (student pilot's seat)
操縦士席（練習生席）〈射出座席 ejector seat (ejection seat)（危険の際、操縦士ごと機外に放出されるようになっている座席）の一つ〉

7 observer's seat (instructor's seat)
監督者席（教官席）〈射出座席 ejector seat (ejection seat) の一つ〉

8 control column (control stick)
操縦輪（操縦桿(かん)）

9 thrust lever
推力レバー

10 rudder pedals with brakes
ブレーキつき方向舵(だ)ペダル

11 front avionics bay
前部航空電子工学装置隔室、前部ベイ

12 air intake to the engine
エンジンへの空気取入れ口

13 boundary layer control flap
境界（限界）層制御フラップ

14 air intake duct
空気取入れ口管

15 turbine engine
タービン・エンジン

16 reservoir for the hydraulic system
油圧装置用貯蔵器

17 battery housing
砲台ハウジング

18 rear avionics bay
後部航空電子工学装置隔室、後部ベイ

19 baggage compartment
手荷物隔室

20 triple-spar tail construction
３重翼桁(よくこう)尾部構造

21 horizontal tail
水平尾翼

22 servo-actuating mechanism for the elevator
サーボ機構で作動するエレベーター装置

23 servo-actuating mechanism for the rudder
サーボ機構で作動する方向舵(だ)装置

24 brake chute housing (drag chute housing)
制動落下傘覆い（抗力落下傘覆い）

25 VHF (very high frequency) antenna (UHF antenna)
VHF (超短波)アンテナ (UHF アンテナ)

26 VOR (very high frequency omnidirectional range) antenna
VOR（超短波全方向式無線標識アンテナ）

27 twin-spar wing construction
双翼桁翼構造

28 former with integral spars
完全翼桁つき成形部材

29 integral wing tanks
インテグラル・ウィング・タンク

30 centre-section ((米) center-section) fuel tank
中央部門燃料タンク

31 fuselage tanks
胴体タンク

32 gravity fuelling ((米) fueling) point
重力燃料補給先端

33 pressure fuelling ((米) fueling) point
圧力燃料補給先端

34 inner wing suspension
内部ウィング・サスペンション

35 outer wing suspension
外部ウィング・サスペンション

36 navigation lights (position lights)
航空灯

37 landing lights
着陸灯

38 landing flap
着陸フラップ

39 aileron actuator
補助翼作動装置

40 forward-retracting main undercarriage unit (main landing gear unit)
前進・後退主降着装置（主上陸ギヤ装置）

41 undercarriage hydraulic cylinder (landing gear hydraulic cylinder)
降着装置油圧シリンダー（着陸ギヤ油圧装置）

1-63 **light battleships**
軽戦艦

1 **destroyer**
駆逐艦(くちくかん)

2 hull of flush-deck vessel
平甲板船の船体

3 bow (stem)
船首

4 flagstaff (jackstaff)
旗竿(はたざお)

5 anchor
錨(いかり)〈ここでは、横木のない錨
stockless anchor (patent anchor)〉

6 anchor capstan (windlass)
錨絞盤(びょうこうばん)

7 breakwater ((米) manger board)
波よけ

8 chine strake
チャイン外板の条列

9 main deck
主甲板

10-28 superstructures
上部構造

10 superstructure deck
船楼甲板

11 life rafts
救命いかだ

12 cutter (ship's boad)
カッター〈軍艦付属のオールを備えた雑役艇
(てい)〉

13 davit (boat-launching crane)
鈎(かぎ)柱

14 bridge (bridge superstructure)
艦橋

15 side navigation light (side running
light)
側航海灯

16 antenna
アンテナ

17 radio direction finder (RDF) frame
無線方向探知機フレーム

18 lattice mast
ラチス・マスト

19 forward funnel
船首の煙突

20 aft funnel
船尾の煙突

21 cowl
煙突帽

22 aft superstructure (poop)
船尾上部構造

23 capstan
絞盤

24 companion ladder (companionway,
companion hatch)
昇降口階段

25 ensign staff
〔国旗用の〕船尾旗竿(はたざお)

26 stern
船尾〈ここでは、船尾肋骨(ろっこつ)
transom stern〉

27 waterline
水線、喫水線

28 searchlight
サーチライト

29-37 armament
装備

29 100 mm gun turret
100 mm 砲塔

30 four-barrel anti-submarine rocket
launcher (missile launcher)
4砲身対潜水艦ロケット発射装置

31 40 mm twin anti-aircraft (AA) gun
40 mm 双高射砲（AA）

32 MM 38 anti-aircraft (AA) rocket
launcher (missile launcher) in
launching container
発射コンテナの中にあるMM 38 対空ロケッ
ト発射装置（ミサイル発射装置）

33 anti-submarine torpedo tube
対潜水艦魚雷発射管

34 depth-charge thrower
爆雷発射装置

35 weapon system radar
武器システム・レーダー

36 radar antenna (radar scanner)
レーダー・アンテナ

37 optical rangefinder
光学測距儀

38 **destroyer**
駆逐艦(くちくかん)

39 bower anchor
船首錨(せんしゅびょう)

40 propeller guard
プロペラ・ガード

41 tripod lattice mast
3脚台ラチス・マスト

42 pole mast
棒マスト

43 ventilator openings (ventilator grill)
換気口

44 exhaust pipe
排出管

45 ship's boat
救命ボート

46 antenna
アンテナ

47 radar-controlled 127 mm all-purpose
gun in turret
砲塔にあるレーダー制御 127 mm 多目的砲

48 127 mm all-purpose gun
127 mm 多目的砲

49 launcher for Tartar missiles
タルタル・ミサイル発射装置

50 anti-submarine rocket (ASROC)
launcher (missile launcher)
対潜水艦ロケット（ASROC）発射装置

51 fire control radar antennas
射撃統制レーダー・アンテナ

52 radome (radar dome)
レードーム（レーダー・ドーム）

53 **frigate**
護衛艦、小型駆逐艦

54 hawse pipe
ホース・パイプ、錨鎖管(びょうさかん)

55 steaming light
スティーミング灯

56 navigation light (running light)
航海灯

57 air extractor duct
空気抽出管

58 funnel
煙突

59 cowl
煙突帽

60 whip antenna (fishpole antenna)
ホイップ・アンテナ（釣竿(つりざお)アンテナ）

61 cutter
カッター〈軍艦付属のオールを備えた雑役艇
(てい)〉

62 stern light
船尾灯

63 propeller guard boss
プロペラ・ガード軸孔

64-91 **fighting ships**
戦闘艦

64 **submarine**
潜水艦

65 flooded foredeck
水浸した前部甲板

66 pressure hull
耐圧船殻

67 turret
砲塔

68 retractable instruments
格納式器械

69 E-boat (torpedo boat)
Eボート（魚雷艇(てい)）

70 76 mm all-purpose gun with turret
砲塔つき 76 mm 多目的砲

71 missile-launching housing
ミサイル発射装置ハウジング

72 deckhouse
甲板室

73 40 mm anti-aircraft (AA) gun
40 mm 高射砲（AA）

74 propeller guard moulding ((米)
molding)
プロペラ・ガード・モールディング

75 143 class E-boat (143 class torpedo
boat)
143 級Eボート（143 級魚雷艇）

76 breakwater ((米) manger board)
波よけ

77 radome (radar dome)
レードーム（レーダー・ドーム）

78 torpedo tube
魚雷発射管

79 exhaust escape flue
排気排出管

80 **mine hunter**
機雷捜索艇(てい)

81 reinforced rubbing strake
補強研磨外板の条列

82 inflatable boat (inflatable dinghy)
ふくらませて使うボート

83 davit
鈎柱(かぎばしら)

84 **minesweeper**
掃海艇

85 cable winch
ケーブル・ウィンチ

86 towing winch (towing machine,
towing engine)
曳船(えいせん)ウィンチ

87 mine-sweeping gear (paravanes)
機雷掃海装置（防具）

88 crane (davit)
クレーン（鈎柱）

89 **landing craft**
上陸用舟艇(しゅうてい)

90 bow ramp
船首斜面（ランプ）

91 stern ramp
船尾斜面（ランプ）

92-97 **auxiliaries**
補助艦艇

92 tender
給仕船

93 servicing craft
サービス艦艇

94 minelayer
機雷敷設艦

95 training ship
練習艦

96 deep-sea salvage tug
深海救難引き船

97 fuel tanker (replenishing ship)
燃料タンカー（補給船）

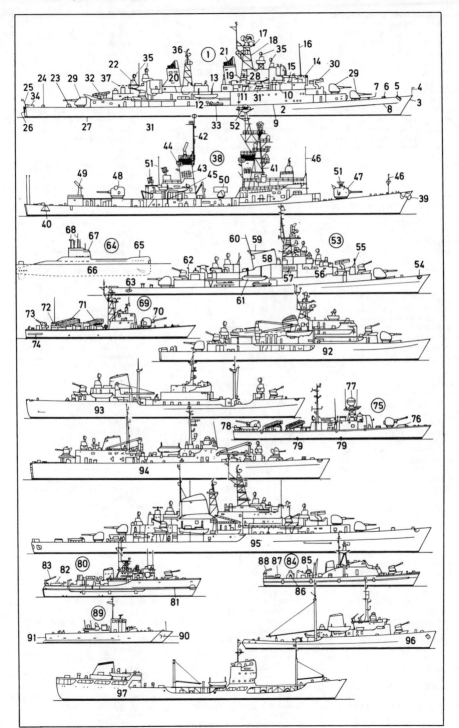

1 **nuclear-powered aircraft carrier**
'Nimitz ICVN68' (USA)
原子力航空母艦 ニミッツ ICVN68（アメリ
カ合衆国）

2-11 body plan
正面線図

2 flight deck
飛行甲板，フライト・デッキ

3 island (bridge)
司令塔

4 aircraft lift ((米) aircraft elevator)
航空機昇降機

5 eight-barrel anti-aircraft (AA)
rocket launcher (missile launcher)
8 砲身対空ロケット発射装置（ミサイル発
射装置）

6 pole mast (antenna mast)
1 本棒マスト（アンテナ・マスト）

7 antenna
アンテナ

8 radar antenna (radar scanner)
レーダー・アンテナ（レーダー・スキャナー）

9 fully enclosed bow
完全閉鎖船首

10 deck crane
甲板クレーン，デッキ・クレーン

11 transom stern
船尾肋骨（ろっこつ）

12-20 deck plan
甲板線図

12 angle deck (flight deck)
斜走甲板（飛行甲板）

13 aircraft lift ((米) aircraft elevator)
航空機昇降機

14 twin launching catapult
双飛行機射出機

15 hinged (movable) baffle board
蝶番（ちょうつがい）式（可動）バッフル板

16 arrester wire
拘束索，引留め索

17 emergency crash barrier
非常拘束装置

18 safety net
安全網

19 caisson (cofferdam)
浮き箱（コッファダム）

20 eight-barrel anti-aircraft (AA)
rocket launcher (missile launcher)
8 砲身対空ロケット発射装置（ミサイル発
射装置）

21 'Kara' class **rocket cruiser** (missile
cruiser) (USSR)
カラ級ロケット巡洋艦（ソ連）

22 hull of flush-deck vessel
平甲板船の船体

23 sheer
舷弧（げんこ）

24 twelve-barrel underwater salvo
rocket launcher (missile launcher)
12 砲身水中ロケット一斉発射装置

25 twin anti-aircraft (AA) rocket
launcher (missile launcher)
双〔発〕対空ロケット発射装置（ミサイル発
射装置）

26 launching housing for 4 short-range
rockets (missiles)
4 短距離ロケット用発射装置ハウジング

27 baffle board
バッフル板

28 bridge
艦橋

29 radar antenna (radar scanner)
レーダー・アンテナ

30 twin 76mm anti-aircraft (AA) gun
turret
双発 76 mm 高射砲塔

31 turret
砲塔

32 funnel
煙突

33 twin anti-aircraft (AA) rocket
launcher (missile launcher)
双〔発〕対空ロケット発射装置（ミサイル発
射装置）

34 automatic anti-aircraft (AA) gun
自動高射砲

35 ship's boat
救命ボート

36 underwater 5-torpedo housing
水中 5 機雷のハウジング

37 underwater 6-salvo rocket launcher
(missile launcher)
水中 6 砲弾ロケット

38 helicopter hangar
ヘリコプター格納庫

39 helicopter landing platform
ヘリコプター着陸場

40 variabl depth sonar (VDS)
可変ソーナー（ＶＤＳ）〈測深機〉

41 'California' class **rocket cruiser**
(missile cruiser) (USA)
カリフォルニア級ロケット巡洋艦（ミサイル
巡洋艦）（アメリカ合衆国）

42 hull
船体

43 forward turret
前方砲塔

44 aft turret
後方砲塔

45 forward superstructure
前方上部構造

46 landing craft
上陸用舟艇（しゅうてい）

47 antenna
アンテナ

48 radar antenna (radar scanner)
レーダー・アンテナ

49 radome (radar dome)
レードーム（レーダー・ドーム）

50 surface-to-air rocket launcher
(missile launcher)
艦対空ロケット発射装置（ミサイル発射装
置）

51 underwater rocket launcher (missile
launcher)
水中ロケット発射装
置（ミサイル発射装置）

52 127 mm gun with turret
砲塔上の 127 mm砲

53 helicopter landing platform
ヘリコプター着陸場

54 **nuclear-powered fleet submarine**
原子力艦隊潜水艦

54-74 middle section [diagram]
中間部分〔線図〕

55 pressure hull
耐圧船殻

56 auxiliary engine room
補助機関室

57 rotary turbine pump
回転タービン・ポンプ

58 steam turbine generator
スチーム・タービン発電機

59 propeller shaft
プロペラ軸

60 thrust block
スラスト・ブロック

61 reduction gear
減速ギヤ

62 high and low pressure turbine
高低圧タービン

63 high-pressure steam pipe for the

secondary water circuit (auxiliary
water circuit)
2 次水回路用高圧 スチーム・パイプ（補助
水回路）

64 condenser
コンデンサー

65 primary water circuit
1 次水回路

66 heat exchanger
熱交換器

67 nuclear reactor casing (atomic pile
casing)
原子炉ケーシング

68 reactor core
原子炉炉心

69 control rods
制御棒（原子炉の出力制御に使用する）

70 lead screen
鉛遮蔽（しゃへい）

71 turret
砲塔

72 snorkel (schnorkel)
シュノーケル〈換気に用いる〉

73 air inlet
空気取入れ口

74 retractable instruments
格納式器械

75 **patrol submarine** with conventional
(diesel-electric) drive
在来型（ディーゼル電気）駆動つき哨戒（しょ
うかい）潜水艦

76 pressure hull
耐圧船殻

77 flooded foredeck
水浸した前部甲板

78 outer flap (outer doors) [for
torpedoes]
外部フラップ〔魚雷用の〕

79 torpedo tube
魚雷発射管

80 bow bilge
船着ビルジ〈湾曲部（わんきょくぶ）〉

81 anchor
錨（いかり）

82 anchor winch
錨ウインチ

83 battery
砲台

84 living quarters with folding bunks
折りたたみ式寝台のある船室

85 commanding officer's cabin
艦隊指揮官船室

86 main hatchway
主昇降口

87 flagstaff
旗竿（はたざお）

88-91 retractable instruments
格納式器械

88 attack periscope
攻撃潜望鏡

89 antenna
アンテナ

90 snorkel (schnorkel)
シュノーケル

91 radar antenna (radar scanner)
レーダー・アンテナ

92 exhaust outlet
排気出口

93 heat space (hot-pipe space)
熱空間（熱管空間）

94 diesel generators
ディーゼル発電機

95 aft diving plane and vertical rudder
後部水平舵（だ）と垂直舵

96 forward vertical rudder
前部垂直舵

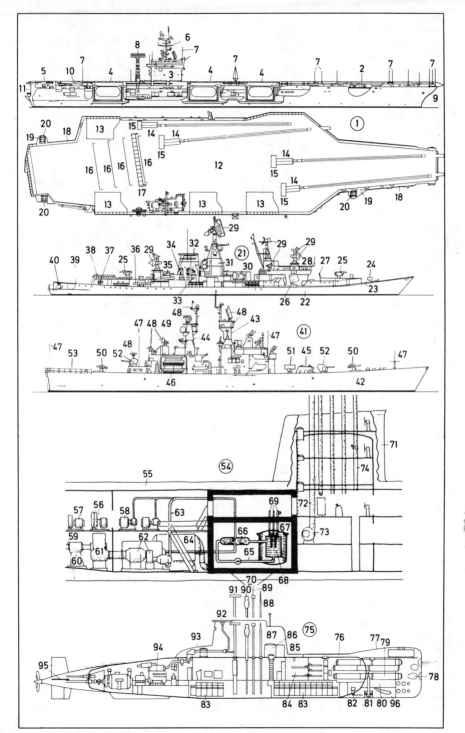

1-85 primary school
小学校

1-45 classroom
教室

1 arrangement of desks in a horseshoe
馬蹄形(ばていけい)の机の配置

2 double desk
2重机

3 pupils (children) in a group (sitting in a group)
一群の生徒（児童）

4 exercise book
練習帳

5 pencil
鉛筆

6 wax crayon
クレヨン

7 school bag
通学カバン

8 handle
取っ手

9 school satchel (satchel)
ランドセル

10 front pocket
前ポケット

11 strap (shoulder strap)
肩つりひも

12 pen and pencil case
ペンと鉛筆入れ

13 zip
ジッパー，チャック

14 fountain pen (pen)
万年筆（ペン）

15 loose-leaf file (ring file)
ルーズ・リーフ式ファイル

16 reader
読本，リーダー

17 spelling book
綴(つづ)り字教本

18 notebook (exercise book)
筆記帳（練習帳）

19 felt tip pen
フェルト・ペン

20 pupil raising her hand
手を上げている生徒

21 teacher
先生，教師

22 teacher's desk
先生の机

23 register
出席簿

24 pen and pencil tray
ペンと鉛筆皿（ペン皿）

25 desk mat (blotter)
机のマット

26 window painting with finger paints (finger painting)
指絵（指でかかれた絵）の描かれた窓

27 pupils' (children's) paintings (watercolours, (米) watercolors)
生徒の絵（水彩画）

28 cross
十字架

29 three-part blackboard
3枚に分かれた黒板

30 bracket for holding charts
チャート(掛図)用ブラケット

31 chalk ledge
白墨(はくぼく)置き

32 chalk
白墨，チョーク

33 blackboard drawing
黒板に描かれた図

34 diagram
図解

35 reversible side blackboard
両面仕立ての黒板

36 projection screen
映写幕

37 triangle
三角定規

38 protractor
分度器

39 divisions
目盛り

40 blackboard compass
黒板用コンパス

41 sponge tray
黒板消し受け

42 blackboard sponge (sponge)
黒板消し

43 classroom cupboard
教室の戸棚

44 map (wall map)
地図（壁地図）

45 brick wall
れんが壁

46-85 craft room
工作室

46 workbench
工作台

47 vice ((米) vise)
万力

48 vice ((米) vise) bar
万力棒

49 scissors
はさみ

50-52 working with glue (sticking paper, cardboard, etc.)
接着剤での工作〈紙やボール紙を貼(は)る作業〉

50 surface to be glued
接着剤で塗られる表面〈のりしろ〉

51 tube of glue
チューブ入り接着剤

52 tube cap
チューブのふた

53 fretsaw
糸のこ

54 fretsaw blade (saw blade)
糸のこの刃

55 wood rasp (rasp)
やすり

56 piece of wood held in the vice ((米) vise)
万力にかけられた木片

57 glue pot
接着剤容器

58 stool
腰掛け

59 brush
ブラシ

60 pan (dust pan)
ちり取り

61 broken china
こわれた陶器

62 enamelling ((米) enameling)
エナメル細工

63 electric enamelling ((米) enameling) stove
電気エナメル細工用のかま（窯）

64 unworked copper
加工してない銅器

65 enamel powder
エナメル粉

66 hair sieve
目の細かいふるい

67-80 pupils' (children's) work
生徒(児童)の作品

67 clay models (models)
粘土模型

68 window decoration of coloured ((米) colored) glass
色ガラスの窓飾り

69 glass mosaic picture (glass mosaic)
ガラス・モザイク画

70 mobile
モビール細工

71 paper kite (kite)
紙たこ

72 wooden construction
木製の立体構成〈木によるコンストラクション〉

73 polyhedron
多面体

74 hand puppets
指人形

75 clay masks
粘土製の仮面

76 cast candles (wax candles)
鋳造ろうそく

77 wood carving
木彫物

78 clay jug
粘土製の水差し

79 geometrical shapes made of clay
粘土製の幾何学的模型

80 wooden toys
木製玩具

81 materials
材料

82 stock of wood
予備の材木

83 inks for wood cuts
木版画用インク

84 paintbrushes
絵筆

85 bag of plaster of Paris
焼き石膏(せっこう)袋

1-45 grammar school
中等学校〈または，総合中等学校
comprehensive school 《(米)
alternative school》の上級組 upper
band〉

1-13 chemistry
化学
1 chemistry lab (chemistry laboratory)
with tiered rows of seats
階段式座席配列の化学室
2 chemistry teacher
化学教師
3 demonstration bench (teacher's
bench)
公開実験台
4 water pipe
水道管
5 tiled working surface
タイル張り作業台
6 sink
流し台
7 television monitor
テレビ・モニター〈教育プログラム用スクリー
ン screen for educational
programmes 《(米) programs》の一つ〉
8 overhead projector
オーバーヘッド・プロジェクター
9 projector top for skins
映写用シートを置くためのプロジェクター上
部
10 projection lens with right-angle
mirror
直角の鏡つき映写レンズ
11 pupil's 《(米) students'》 bench with
experimental apparatus
実験装置つき生徒用机
12 electrical point (socket)
電気接点〈ソケット〉
13 projection table
映写テーブル

14-34 biology preparation room
(biology prep room)
生物学準備室
14 skeleton
骸骨〈がいこつ〉
15 casts of skulls
頭蓋骨
16 calvarium of Pithecanthropus
Erectus
直立猿人の頭蓋冠
17 skull of Steinheim man
シュタインハイム人の頭蓋骨
18 calvarium of Peking man (of
Sinanthropus)
北京原人の頭蓋冠
19 skull of Neanderthal man
ネアンデルタール人の頭蓋骨〈原
始人の頭蓋骨 skull of primitive man の
一つ〉
20 Australopithecine skull (skull of
Australopithecus)
アウストラロピテクスの頭蓋骨
21 skull of present-day man
現代人の頭蓋骨
22 dissecting bench
解剖台
23 chemical bottles
化学薬品びん
24 gas tap
ガス栓
25 petri dish
ペトリ皿
26 measuring cylinder
計量円筒，計量シリンダー
27 work folder (teaching material)
ワーク・フォルダー〈教材〉

28 textbook
教科書
29 bacteriological cultures
細菌学上の培養菌
30 incubator
定温器，細菌培養器
31 test tube rack
試験管棚
32 washing bottle
洗びん
33 water tank
水槽
34 sink
流し
35 language laboratory
外国語教室
36 blackboard
黒板
37 console
操作卓
38 headphones (headset)
ヘッドフォン〈ヘッドセット〉
39 microphone
マイクロフォン
40 earcups
耳覆いのついたカップ，イヤカップ
41 padded headband (padded headpiece)
パッド〈当て物〉のついたヘッドバンド
42 programme 《(米) program》 recorder
プログラム・レコーダー〈ここでは，カセット・レ
コーダー cassette recorder〉
43 pupil's 《(米) student's》 volume
control
生徒用の音量調節器
44 master volume control
マスター音量調節器
45 control buttons (operating keys)
コントロール・ボタン〈オペレーティング・キー〉

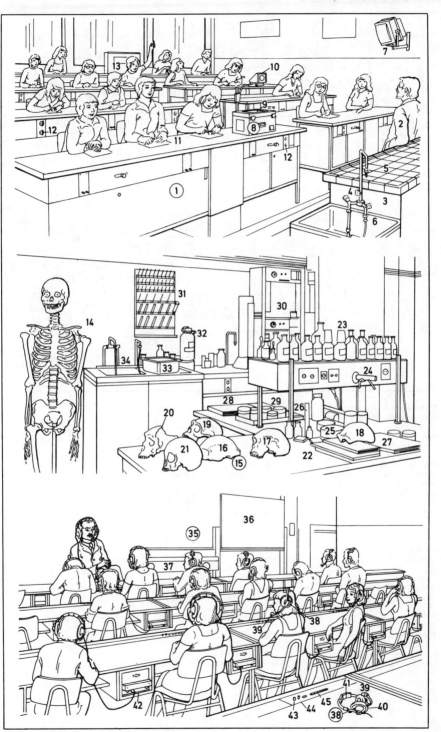

1-25 university (college)
大学，総合大学（単科大学）

1 lecture
講義

2 lecture room (lecture theatre ((米) theater))
教室（講義室，講堂）

3 university lecturer (lecturer, (米) assistant professor)
大学の教師（助教授，講師）

4 lectern
講壇，書見台

5 lecture notes
講義ノート

6 demonstrator
実地授業の助手

7 assistant
助手

8 diagram
講義用掛図

9 student
〈男子〉学生

10 student
〈女子〉学生

11-25 university library
大学図書館

11 stack (book stack) with the stock of books
書庫と蔵書

12 bookshelf
書架〈ここでは，スチール書架 steel shelf〉

13 reading room
閲覧室

14 member of the reading room staff
閲覧室の職員〈司書 librarian〉

15 periodicals rack with periodicals
定期刊行物棚

16 newspaper shelf
新聞棚

17 reference library with reference books (handbooks, encyclopedias, dictionaries)
〈参考書類（便覧，百科事典，辞書）を具備した〉閲覧室備付け図書棚

18 lending library and catalogue ((米) catalog) room
書籍貸出口と索引室

19 librarian
司書

20 issue desk
貸出口

21 main catalogue ((米) catalog)
主要索引

22 card catalogue ((米) catalog)
目録カード

23 card catalogue ((米) catalog) drawer
目録カード箱

24 library user
図書館利用者

25 borrower's ticket (library ticket)
借出票

1-15 election meeting
選挙演説会〈市民集会 public meeting
の一つ〉
1- 2 committee
実行委員
1 chairman
議長, 司会者
2 committee member
委員
3 committee table
委員席
4 bell
ベル
5 election speaker (speaker)
立会演説者
6 rostrum
演壇
7 microphone
マイクロフォン
8 meeting (audience)
会衆（聴衆）
9 man distributing leaflets
ビラ配布人
10 stewards
会場整理員
11 armband (armlet)
腕章
12 banner
〈選挙宣伝用の〉横幕
13 placard
プラカード
14 proclamation
宣言書

15 heckler
やじる人
16-30 election
選挙
16 polling station (polling place)
選挙場（投票場）
17 election officer
選挙管理委員会事務員
18 electoral register
選挙人名簿
19 polling card with registration
number (polling number)
ナンバー入り選挙人カード
20 ballot paper with the names of the
parties and candidates
党名・候補者名の入った投票用紙
21 ballot envelope
投票用紙入れ
22 voter
選挙人
23 polling booth
投票用紙記入所
24 elector (qualified voter)
選挙有権者
25 election regulations
選挙規則
26 clerk
事務員, 記録係
27 clerk with the duplicate list
対照用の複写したリストを持った事務員
28 election supervisor
投票監督官
29 ballot box
投票箱

30 slot
投票用紙投入口

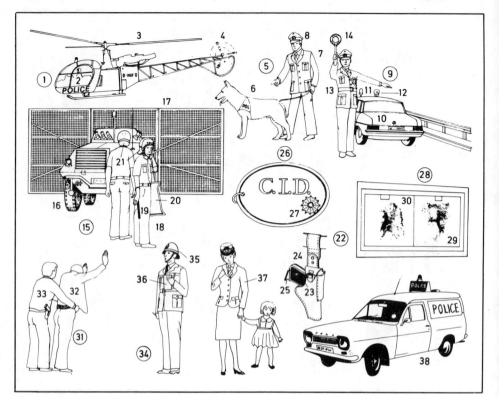

1-33 police duties
警察任務
1 police helicopter (traffic helicopter) for controlling ((米) controling) traffic from the air
交通整理のための警察ヘリコプター (交通整理ヘリコプター)
2 cockpit
操縦席
3 rotor (main rotor)
回転翼 (主ローター)
4 tail rotor
尾部ローター
5 police dog and handler
警察犬と調教師
6 police dog
警察犬
7 uniform
制服
8 uniform cap
制帽〈花形帽章つきの尖頂形帽(せんちょうけいぼう) peaked cap with cockade の一つ〉
9 traffic control by a mobile traffic patrol
移動交通巡察隊による交通整理
10 patrol car
警察巡回自動車
11 blue light
青信号灯
12 loud hailer (loudspeaker)
拡声器
13 patrolman (police patrolman)
巡察隊員

14 police signalling ((米) signaling) disc (disk)
警察信号用ディスク
15 riot duty
暴動鎮圧業務
16 special armoured ((米) armored) car
特別装甲車
17 barricade
バリケード
18 policeman (police officer) in riot gear
乱闘服で身をかためた警察官
19 truncheon (baton)
警棒
20 riot shield
暴動鎮圧用の盾
21 protective helmet (helmet)
保護ヘルメット
22 service pistol
警察用ピストル
23 pistol grip
ピストル・グリップ
24 quick-draw holster
速射用ホルスター
25 magazine
弾倉
26 police identification disc (disk)
警察身分証明ディスク
27 police badge
警察バッジ
28 fingerprint identification (dactyloscopy)
指紋証明 (指紋鑑定)

29 fingerprint
指紋
30 illuminated screen
照明つき透視スクリーン
31 search
捜索
32 suspect
容疑者
33 detective (plainclothes policeman)
刑事 (私服警官)
34 English policeman
英国の警察官
35 helmet
ヘルメット
36 pocket book
手帳
37 policewoman
婦人警官
38 police van
警察用運搬車

1-26 café
喫茶店〈類似のものに，コーヒー・ショップ
espresso bar，ティー・ルーム tea room が
ある〉
1 counter (cake counter)
　カウンター
2 coffee urn
　コーヒー沸し器
3 tray for the money
　釣銭皿
4 gateau
　ケーキ
5 meringue with whipped cream
　泡立てた生クリームつきのメレンゲ菓子〈泡
　立てた卵白と砂糖を混ぜて焼いたもの〉
6 trainee pastry cook
　菓子造りの見習い
7 counter assistant
　カウンター係
8 newspaper shelves (newspaper rack)
　新聞雑誌棚
9 wall lamp
　壁に取付けた電灯
10 corner seat
　コーナー席〈ここでは，布張りのいす up-
　holstered seat〉
11 café table
　テーブル
12 marble top
　大理石板
13 waitress
　ウエイトレス
14 tray
　トレイ，サービス盆

15 bottle of lemonade
　びん入りレモネード
16 lemonade glass
　レモネード・グラス
17 chess players playing a game of
　chess
　チェスをしている人
18 coffee set
　コーヒー・セット
19 cup of coffee
　コーヒー
20 small sugar bowl
　砂糖入れ
21 cream jug ((米) creamer)
　クリーム入れ
22-24 café customers
　喫茶店の顧客
22 gentleman
　紳士
23 lady
　淑女(しゅくじょ)
24 man reading a newspaper
　新聞を読んでいる男
25 newspaper
　新聞
26 newspaper holder
　新聞ばさみ

1-29 restaurant
レストラン，食堂
1-11 bar (counter)
バー（カウンター）
1 beer pump (beerpull)
ビール・ポンプ
2 drip tray
受け盆
3 beer glass
ビヤ・グラス
4 froth (head)
ビールの泡
5 spherical ashtray for cigarette and cigar ash
球形灰皿
6 beer glass (beer mug)
ビヤ・グラス（ビールのジョッキ）
7 beer warmer
ビール加温器〈冷たいビールが飲めない病人のため〉
8 bartender (barman, (米) barkeeper, barkeep)
バーテン〔ダー〕
9 shelf for glasses
グラス棚
10 shelf for bottles
ボトル棚
11 stack of plates
重ねた皿
12 coat stand
コート・スタンド
13 hat peg
帽子掛け

14 coat hook
コート掛け
15 wall ventilator
換気装置
16 bottle
酒びん
17 complete meal
コース料理
18 waitress
ウエイトレス
19 tray
トレイ，サービス盆
20 lottery ticket seller
宝くじ売り
21 menu (menu card)
メニュー，献立表
22 cruet stand
薬味台
23 toothpick holder
ようじ入れ
24 matchbox holder
マッチ立て.
25 customer
顧客
26 beer mat
ビール・マット
27 meal of the day
日替り料理
28 flower seller (flower girl)
花売り娘
29 flower basket
花かご

30-44 wine restaurant (wine bar)
ワイン・レストラン（ワイン・バー）
30 wine waiter
ウエイター〈ウエイター頭(がしら)は head waiter〉
31 wine list
ワイン・リスト
32 wine carafe
ワイン・カラフ，水差し
33 wineglass
ワイングラス
34 tiled stove
タイル張りのストーブ
35 stove tile
ストーブのタイル
36 stove bench
ストーブ・ベンチ
37 wooden panelling ((米) paneling)
木製の羽目板
38 corner seat
コーナー・シート
39 corner table
コーナー・テーブル
40 regular customer
常客
41 cutlery chest
刃物類戸棚
42 wine cooler
ワインの冷しおけ
43 bottle of wine
ワイン
44 ice cubes (ice, lumps of ice)
かき氷

45-78 **self-service restaurant**
セルフ・サービスのレストラン
45 stack of trays
盆の積み重ね
46 drinking straws (straws)
ストロー
47 serviettes (napkins)
ナプキン
48 cutlery holders
刃物類容器
49 cool shelf
冷蔵ケース
50 slice of honeydew melon
ハネデュー薄片
51 plate of salad
サラダ
52 plate of cheeses
チーズ盛合せ
53 fish dish
魚料理
54 filled roll
フィルド・ロール, 巻肉
55 meat dish with trimmings
付合せを添えた肉料理
56 half chicken
鶏半身を使った料理
57 basket of fruit
果物かご
58 fruit juice
フルーツ・ジュース, 果汁
59 drinks shelf
飲料棚
60 bottle of milk
びん入り牛乳

61 bottle of mineral water
びん入りミネラル・ウォーター
62 vegetarian meal (diet meal)
菜食料理（ダイエット・ミール）
63 tray
盆
64 tray counter
トレイ・カウンター
65 food price list
食物価格表, 料金表
66 serving hatch
食物出し口
67 hot meal
熱くした料理
68 beer pump (beerpull)
ビール・ポンプ
69 cash desk
会計場
70 cashier
キャッシュ・デスク, 帳場
71 proprietor
経営者
72 rail
仕切りレール
73 dining area
食堂部
74 table
食卓
75 open sandwich
オープン・サンドイッチ
76 ice-cream sundae
アイスクリーム・サンデー
77 salt cellar and pepper pot
塩入れとペッパー入れ

78 table decoration (flower arrangement)
テーブル飾り（活け花）

1-26 **vestibule** (foyer, reception hall)
玄関 (ロビー, 入口のホール)
1 doorman (commissionaire)
ドアマン, ドアボーイ
2 letter rack with pigeon holes
仕切りつき宿泊客用郵便物棚
3 key rack
鍵掛け
4 globe lamp
球形照明灯, グローブ・ランプ〈ここでは, 曇りガラスの球形照明灯 frosted glass globe〉
5 indicator board (drop board)
番号表示器箱
6 indicator light
呼出しライト
7 chief receptionist
受付係主任
8 register (hotel register)
宿帳 (宿泊人名簿)
9 room key
客室用のかぎ
10 number tag (number tab) showing room number
客室番号札
11 hotel bill
ホテルの請求書 (勘定書)
12 block of registration forms
宿泊人記入票
13 passport
旅券, パスポート
14 hotel guest
客, 宿泊客

15 lightweight suitcase
小型スーツケース〈ここでは, 航空カバン light suitcase for air travel〉
16 wall desk
壁に取付けた書き物台
17 porter ((米) baggage man)
ポーター, 荷物係
18-26 lobby (hotel lobby)
ホテルのロビー
18 page (pageboy, (米) bell boy)
ボーイ
19 hotel manager
ホテルの支配人 (マネージャー)
20 dining room (hotel restaurant)
食堂 (ホテルのレストラン)
21 chandelier
シャンデリア
22 fireside
暖炉のあるコーナー
23 fireplace
暖炉
24 mantelpiece (mantelshelf)
マントルピース (炉棚)
25 fire (open fire)
裸火
26 armchair
肘(ひじ)掛けいす

27-38 hotel room
ホテルの客室〈ここでは，バスつきダブル
double room with bath〉
27 double door
2 重扉
28 service bell panel
呼び鈴
29 wardrobe trunk
衣装トランク
30 clothes compartment
洋服入れ
31 linen compartment
タオルなどリンネル製品入れ
32 double washbasin
2 槽洗面台
33 room waiter
ルーム・ウエイター
34 room telephone
電話
35 velour (velours) carpet
ベロアのじゅうたん
36 flower stand
花びん台
37 flower arrangement
活け花
38 double bed
ダブル・ベッド
39 banquet room
社交室
40-43 private party
貸切室のパーティー
40 speaker proposing a toast
乾杯のときに式辞を述べる人

41 42's neighbour ((米) neighbor)
42 の隣席者
42 43's partner
43 の男性パートナー
43 42's partner
42 の女性パートナー
**44-46 thé dansant (tea dance) in the
foyer**
ラウンジでの 5 時の茶会
44 bar trio
バーのトリオ
45 violinist
ヴァイオリニスト
46 couple dancing (dancing couple)
ダンス中のカップル
47 waiter
ウエイター
48 napkin
ナプキン
49 cigar and cigarette boy
葉巻き・タバコ売り
50 cigarette tray
〈売り子の〉タバコ入れ
51 hotel bar
ホテルのバー
52 foot rail
足掛け
53 bar stool
バーの腰掛け
54 bar
バー
55 bar customer
バーの客

56 cocktail glass ((米) highball glass)
カクテル・グラス
57 whisky (whiskey) glass
ウイスキー・グラス
58 champagne cork
シャンペンのコルク栓
59 champagne bucket (champagne
cooler)
シャンペン・バケット（シャンペンを冷やすお
け）
60 measuring beaker (measure)
計量グラス
61 cocktail shaker
シェーカー
62 bartender (barman, (米) barkeeper,
barkeep)
バーテン〔ダー〕
63 barmaid
バーのウエイトレス
64 shelf for bottles
ボトル棚
65 shelf for glasses
グラス棚
66 mirrored panel
鏡壁
67 ice bucket
アイス・バケット，氷入れ

1 parking meter
　パーキング・メーター
2 map of the town (street map)
　市街案内図
3 illuminated board
　照明案内板
4 key
　鍵(かぎ)
5 litter bin (《米》 litter basket)
　くず物入れ
6 street lamp (street light)
　街灯
7 street sign showing the name of the street
　街路名を示す街路標識
8 drain
　排水渠(きょ)
9 clothes shop (fashion house)
　衣類店（高級洋装店）
10 shop window
　店の窓, ウインドー
11 window display (shop window display)
　陳列品
12 window decoration (shop window decoration)
　窓の装飾
13 entrance
　入口
14 window
　窓
15 window box
　窓台に置く植木箱

16 neon sign
　ネオン・サイン
17 tailor's workroom
　洋服屋の仕事部屋
18 pedestrian
　徒歩通行人
19 shopping bag
　ショッピング・バッグ
20 road sweeper (《米》 street sweeper)
　道路清掃夫
21 broom
　ほうき
22 rubbish (litter)
　くず
23 tramlines (《米》 streetcar tracks)
　路面電車軌道
24 pedestrian crossing (zebra crossing, 《米》 crosswalk)
　横断歩道
25 tram stop (《米》 streetcar stop, trolley stop)
　電車停留所
26 tram stop sign (《米》 streetcar stop sign, trolley stop sign)
　電車停留所標識
27 tram timetable (《米》 streetcar schedule)
　電車発着時刻表
28 ticket machine
　乗車券自動販売機
29 'pedestrian crossing' sign
　横断歩道標識

30 traffic policeman on traffic duty (point duty)
　交通整理中の交通巡査
31 traffic control cuff
　交通整理そでカバー
32 white cap
　白帽
33 hand signal
　手信号
34 motorcyclist
　オートバイに乗る人
35 motorcycle
　オートバイ
36 pillion passenger (pillion rider)
　オートバイ同乗者
37 bookshop
　書店
38 hat shop (hatter's shop)
　帽子店〈とくに婦人用の店は, milliner's shop という〉
39 shop sign
　商店の標識
40 insurance company office
　保険会社事務所

464

41 department store
　百貨店, デパート
42 shop front
　店の前面
43 advertisement
　宣伝広告
44 flags
　旗
45 illuminated letters
　イルミネーションを施した文字
46 tram ((米) streetcar, trolley)
　路面電車
47 furniture lorry ((米) furniture truck)
　家具運搬車
48 flyover
　歩道橋
49 suspended street lamp
　つるした街灯
50 stop line
　停止線
51 pedestrian crossing ((米) crosswalk)
　異層式道路
52 traffic lights
　交通信号灯
53 traffic light post
　交通信号灯の柱
54 set of lights
　信号灯セット
55 pedestrian lights
　歩行者用信号灯
56 telephone box (telephone booth,
　telephone kiosk, call box)
　〔公衆〕電話ボックス

57 cinema advertisement (film poster)
　映画広告
58 pedestrian precinct (paved zone)
　歩行区域
59 street café
　街路喫茶店
60 group seated (sitting) at a table
　テーブルに座っている人々
61 sunshade
　日除けよけ
62 steps to the public lavatories (public
　conveniences)
　公衆便所に降りる階段
63 taxi rank (taxi stand)
　タクシー乗り場
64 taxi (taxicab, cab)
　タクシー
65 taxi sign
　タクシー標識
66 traffic sign showing 'taxi rank'
　('taxi stand')
　「タクシー乗り場」を示す交通標識
67 taxi telephone
　タクシー呼出し電話
68 post office
　郵便局
69 cigarette machine
　タバコ販売機
70 advertising pillar
　広告柱
71 poster (advertisement)
　ポスター（広告）
72 white line
　白線

73 lane arrow for turning left
　左折の矢印
74 lane arrow for going straight ahead
　直進の矢印
75 news vendor ((米) news dealer)
　新聞売り

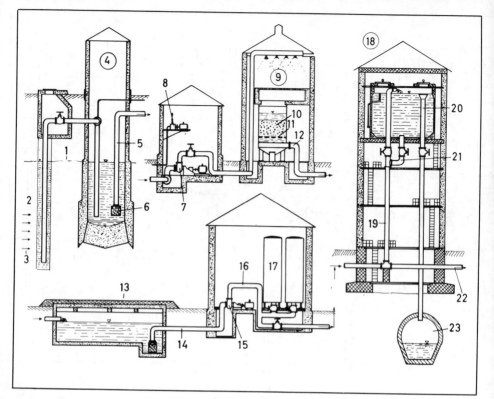

1-66 drinking water supply
飲料水給水

1 water table (groundwater level)
地下水面

2 water-bearing stratum (aquifer, aquafer)
含水層

3 groundwater stream (underground stream)
地下水流

4 collector well for raw water
生水(なまみず)原水用集合井戸

5 suction pipe
吸上げパイプ

6 pump strainer (with foot valve)
ポンプ濾過器(ろかき)〈底弁つき〉

7 bucket pump with motor
モーターつき吸上げポンプ

8 vacuum pump with motor
モーターつき真空ポンプ

9 rapid-filter plant
急速濾過装置

10 filter gravel (filter bed)
濾過砂利(砂礫(されき),バラス)

11 filter bottom
濾床(ろしょう),スクリーン板〈格子 grid の一種〉

12 filtered water outlet
濾過水流出パイプ

13 purified water tank
浄水池,浄水槽

14 suction pipe with pump strainer and foot valve
水濾(こ)しと底弁つき吸上げパイプ

15 main pump with motor
モーターつきメイン・ポンプ

16 delivery pipe
高圧水管

17 compressed-air vessel (air vessel, air receiver)
〈ポンプの〉圧縮空気室

18 water tower
貯水塔

19 riser pipe (riser)
吸上げパイプ

20 overflow pipe
あふれ管

21 outlet
流出パイプ

22 distribution main
配水本管

23 excess water conduit
廃水渠(はいすいきょ)

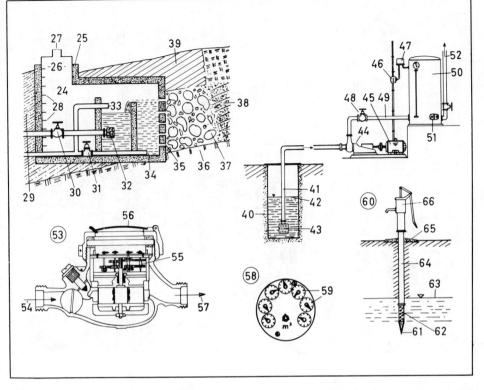

24-39 tapping a spring
水源の導水
24 chamber
溜室(りゅうしつ)
25 chamber wall
〈溜室の〉室壁
26 manhole
マンホール, 点検孔
27 ventilator
通気口
28 step irons
昇降用足場
29 filling (backing)
〈保護用〉充塡物(じゅうてんぶつ)
30 outlet control valve
逆流防止弁, 仕切り弁
31 outlet valve
排水弁
32 strainer
濾過器(ろかき)
33 overflow pipe (overflow)
あふれ管
34 bottom outlet
排砂門(はいしゃもん)
35 earthenware pipes
土管
36 impervious stratum (impermeable stratum)
不浸透層
37 rough rubble
荒石層
38 water-bearing stratum (aquifer, aquafer)
含水層

39 loam seal (clay seal)
充塡(じゅうてん)粘土
40-52 individual water supply
自家給水
40 well
井戸
41 suction pipe
吸上げパイプ
42 water table (groundwater level)
地下水面
43 pump strainer with foot valve
底弁つき水濾(こ)し
44 centrifugal pump
渦巻きポンプ
45 motor
モーター
46 motor safety switch
モーター安全装置
47 manostat
圧力定流量装置〈開閉装置 switching device の一つ〉
48 stop valve
停止弁, 仕切り弁
49 delivery pipe
圧力管
50 compressed-air vessel (air vessel, air receiver)
圧縮空気室
51 manhole
マンホール, 点検孔
52 delivery pipe
給水管

53 water meter
水量計〈回転式計量器 rotary meter の一種〉
54 water inlet
流入口
55 counter gear assembly
計数装置
56 cover with glass lid
ガラスぶたのカバー
57 water outlet
流出口
58 water-meter dial
水量計のダイヤル (指針盤)
59 counters
計数器
60 driven well (tube well, drive well)
手押し吸上げ井戸
61 pile shoe
杭(くい)の先端
62 filter
水濾し
63 water table (groundwater level)
地下水面
64 well casing
井戸管
65 well head
井戸べり
66 hand pump
手押しポンプ

1-46 fire service drill (extinguishing, climbing, ladder, and rescue work)
消防演習 (消火, 登攀(とうはん), はしご, 救出訓練)
1-3 fire station
消防署
1 engine and appliance room
消防車と器具置場
2 firemen's quarters
消防員詰所
3 drill tower
演習塔
4 fire alarm (fire alarm siren, fire siren)
火災警報サイレン
5 fire engine
消防自動車
6 blue light (warning light)
青色灯 (警報灯) 〈明滅灯 (フラッシュ・ライト) flashing light ((米) flashlight) の一つ〉
7 horn (hooter)
警笛
8 motor pump
モーター・ポンプ〈遠心ポンプ centrifugal pump の一つ〉
9 motor turntable ladder ((米) aerial ladder)
自動回転はしご
10 ladder
梯子〈鋼鉄製はしご (機械はしご) steel ladder (automatic extending ladder) の一つ〉

11 ladder mechanism
はしご用ギヤ
12 jack
ジャッキ
13 ladder operator
はしごオペレーター
14 extension ladder
繰出しばしご
15 ceiling hook ((米) preventer)
とびぐち (鳶口)
16 hook ladder ((米) pompier ladder)
かぎ(鉤)つきはしご
17 holding squad
ジャンピング・シーツ担当班
18 jumping sheet (sheet)
ジャンピング・シーツ, 救助布
19 ambulance car (ambulance)
救急車
20 resuscitator (resuscitation equipment), oxygen apparatus
人工呼吸器, 酸素吸入器
21 ambulance attendant (ambulance man)
救護班
22 armband (armlet, brassard)
腕章
23 stretcher
担架(たんか)
24 unconscious man
人事不省(じんじふせい)の人
25 pit hydrant
地下消火栓
26 standpipe (riser, vertical pipe)
立て管

27 hydrant key
消火栓スパナー
28 hose reel ((米) hose cart, hose wagon, hose truck, hose carriage)
移動ホース・リール, ホース巻き枠
29 hose coupling
ホース継ぎ手
30 soft suction hose
吸上げホース
31 delivery hose
高圧水管
32 dividing breeching
分岐継ぎ手
33 branch
筒先
34 branchmen
放出(筒先)担当の消防員
35 surface hydrant (fire plug)
〔街頭〕消火栓
36 officer in charge
消防司令, 消火班長
37 fireman ((米) firefighter)
消防士
38 helmet (fireman's helmet, (米) fire hat) with neck guard (neck flap)
〈垂れつきの〉消防ヘルメット
39 breathing apparatus
呼吸保護器
40 face mask
ガス・マスク
41 walkie-talkie set
携帯無線器
42 hand lamp
携帯照明灯

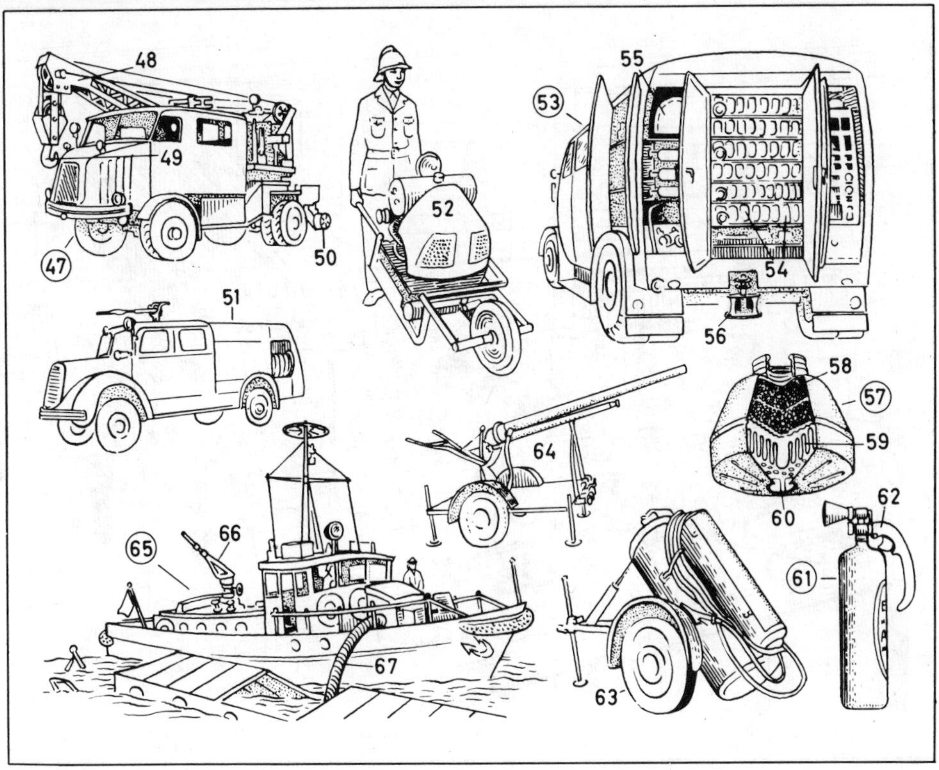

43 small axe ((米) ax, pompier
　hatchet)
　消火用おの
44 hook belt
　かぎ(鉤)ベルト
45 beltline
　救出ロープ
46 protective clothing of asbestos
　(asbestos suit) or of metallic fabric
　石綿服または金属繊維製の耐熱(防火)服
47 breakdown lorry ((米) crane truck,
　wrecking crane)
　起重機車, 応急作業車
48 lifting crane
　救出クレーン
49 load hook (draw hook, (米) drag
　hook)
　クレーン・フック
50 support roll
　支え枕(まくら), サポート・ロール
51 water tender
　タンクつき消防車
52 portable pump
　手押し消火ポンプ
53 hose layer
　ホース器具運搬車
54 flaked lengths of hose
　巻上げホース
55 cable drum
　ケーブル・ドラム
56 winch
　巻取り機, ウィンチ
57 face mask filter
　ガス・マスクのフィルター

58 active carbon (activated carbon,
　activated charcoal)
　活性炭
59 dust filter
　ダスト・フィルター, 塵芥(じんかい)フィルター
60 air inlet
　空気流入口
61 portable fire extinguisher
　携帯消火器
62 trigger valve
　引き金式弁
63 large mobile extinguisher (wheeled
　fire extinguisher)
　可動式大型消火器
64 foam-making branch ((米) foam
　gun)
　泡沫(ほうまつ)噴射器
65 fireboat
　消防艇(てい)
66 monitor (water cannon)
　ポンプの回転筒先
67 suction hose
　吸水ホース

1 cashier
　出納係
2 electric cash register (till)
　自動金銭登録器, 売上げレジスター
3 number keys
　ナンバー・キー, 金額ボタン
4 cancellation button
　消去ボタン
5 cash drawer (till)
　現金引出し
6 compartments (money
　compartments) for coins and notes
　((米) bills)
　〈硬貨・紙幣の〉引出しの区分け
7 receipt (sales check)
　領収証
8 cash total
　領収額
9 adding mechanism
　加算器
10 goods
　商品, 売上品
11 glass-roofed well
　ガラスで覆われた吹抜け
12 men's wear department
　紳士服売場
13 showcase (dispaly case, indoor
　display window)
　陳列窓戸棚
14 wrapping counter
　包装台
15 tray for purchases
　買上品入れ

16 customer
　顧客
17 hosiery department
　靴下売場
18 shop assistant ((米) salesgirl,
　saleslady)
　売り子（女店員）
19 price card
　価格表
20 glove stand
　手袋試着台
21 duffle coat
　〈膝(ひざ)までの外套(がいとう) three-quarter
　length coat の一つ〉ダッフル・コート
22 escalator
　エスカレーター
23 fluorescent light (fluorescent lamp)
　螢光灯
24 office
　事務室〈顧客控室 customer accounts
　office, 旅行案内所 travel agency, 支配
　人室 manager's office など〉
25 poster (advertisement)
　宣伝ポスター（広告ポスター）
26 theatre ((米) theater) and concert
　booking office (advance booking
　office)
　劇場または音楽会予約室
27 shelves
　棚
28 ladies' wear department
　婦人服売場

29 ready-made dress (ready-to-wear
　dress, (□) off-the-peg dress)
　既製服
30 dust cover
　洋服カバー
31 clothes rack
　洋服掛け台
32 changing booth (fitting booth)
　試着室
33 shop walker ((米) floorwalker, floor
　manager)
　売場監督
34 dummy
　マネキン
35 seat (chair)
　いす
36 fashion journal (fashion magazine)
　ファッション誌, モード誌
37 tailor marking a hemline
　丈直しのための印をつけている裁縫師
38 measuring tape (tape measure)
　メジャー
39 tailor's chalk (French chalk)
　チャコ〈裾線(すそせん)をマークする〉
40 hemline marker
　ヘム・マーカー
41 loose-fitting coat
　ゆるやかなコート
42 sales counter
　売場カウンター
43 warm-air curtain
　保温エア・カーテン

44 doorman (commissionaire)
   ドアマン，ドアボーイ
45 lift (《米》 elevator)
   昇降機，エレベーター
46 lift cage (lift car, 《米》 elevator car)
   昇降機ケージ
47 lift operator (《米》 elevator operator)
   昇降機係
48 controls (lift controls, 《米》 elevator controls)
   運転装置，操縦板
49 floor indicator
   運行指示板
50 sliding door
   自動扉
51 lift shaft (《米》 elevator shaft)
   昇降機シャフト
52 bearer cable
   昇降索
53 control cable
   制御索
54 guide rail
   ガイド・レール
55 customer
   顧客
56 hosiery
   メリヤス製品〈洋品・肌着類〉
57 linen goods (table linen and bed linen)
   リンネル製品（テーブル掛け，敷布）
58 fabric department
   服地棚

59 roll of fabric (roll of material, roll of cloth)
   布地（服地）ロール
60 head of department (department manager)
   部長，売場主任
61 sales counter
   売場カウンター
62 jewellery (《米》 jewelry) department
   貴金属部，宝石売場
63 assistant (《米》 salesgirl, saleslady), selling new lines (new products)
   新製品（新発売品）売り子
64 special counter (extra counter)
   お買得品（おつとめ品）売場
65 placard advertising special offers
   お買得品表示札
66 curtain department
   カーテン売場
67 display on top of the shelves
   棚の上の商品陳列

1-40 formal garden (French Baroque garden), palace gardens
整形式公園, 幾何模様式庭園 (フランス式バロック公園), 宮殿付属公園|
1 grotto (cavern)
   岩屋, 洞窟 (どうくつ)
2 stone statue
   石像 〈図は，水の精 river nymph を模したもの〉
3 orangery (orangerie)
   オレンジの温室
4 boscage (boskage)
   やぶ (植込み)
5 maze (labyrinth of paths and hedges)
   迷路 (生垣の迷宮)
6 open-air theatre ((米) theater)
   野外劇場
7 Baroque palace
   バロック式宮殿
8 fountains
   噴水
9 cascade (broken artificial waterfall, artificial falls)
   小滝 (断続的な人工滝，人工滝)
10 statue
   立像, 彫像 〈記念碑 monument の一つ〉
11 pedestal (base of statue)
   立像台座
12 globe-shaped tree
   球形刈込みの木
13 conical tree
   円錐形(えんすいけい)刈込みの木

14 ornamental shrub
   装飾用低木
15 wall fountain
   壁泉
16 park bench
   公園のベンチ
17 pergola (bower, arbour, (米) arbor)
   パーゴラ (木陰, 木陰道)
18 gravel path (gravel walk)
   砂利道
19 pyramid tree (pyramidal tree)
   ピラミッド状刈込みの木
20 cupid (cherub, amoretto, amorino)
   キューピッド
21 fountain
   噴水
22 fountain
   噴水柱
23 overflow basin
   あふれ水盤
24 basin
   水盤, 噴水池
25 kerb (curb)
   縁石
26 man out for a walk
   遊歩者
27 tourist guide
   観光ガイド
28 group of tourists
   観光客の群
29 park by-laws (bye-laws)
   入園者心得, 公園規定
30 park keeper
   公園管理人

31 garden gates, wrought iron gates
   公園の門, 格子門
32 park entrance
   公園入口
33 park railings
   公園の格子垣
34 railing (bar)
   格子の桟
35 stone vase
   石造の水がめ
36 lawn
   芝生
37 border
   庭園の縁どり 〈ここでは，刈込み植込み (生垣) trimmed (clipped) hedge〉
38 park path
   散歩道
39 parterre
   花壇, パールテーア
40 birch (birch tree)
   白樺(しらかば)

41-72 landscaped park (jardin anglais)
　風景式公園（イギリス式庭園）
41 flower bed
　花壇
42 park bench (garden seat)
　公園のベンチ（庭園のベンチ）
43 litter bin (**(米)** litter basket)
　くず物入れ
44 play area
　遊び場
45 stream
　流れ
46 jetty
　水切り
47 bridge
　橋
48 park chair
　公園いす
49 animal enclosure
　動物の囲い
50 pond
　池
51-54 waterfowl
　水鳥
51 wild duck with young
　子をつれた野ガモ
52 goose
　ガチョウ
53 flamingo
　フラミンゴ，ベニヅル
54 swan
　ハクチョウ
55 island
　島

56 water lily
　スイレン
57 open-air café
　野外喫茶店
58 sunshade
　日よけ
59 tree
　樹木
60 treetop (crown)
　木の頂
61 group of trees
　樹木の群
62 fountain
　噴水
63 weeping willow
　シダレヤナギ
64 modern sculpture
　現代彫刻作品
65 hothouse
　温室
66 park gardener
　公園の庭師
67 broom
　ほうき
68 minigolf course
　ミニゴルフのコース
69 minigolf player
　ミニゴルフのプレイヤー
70 minigolf hole
　ミニゴルフのホール
71 mother with pram (baby carriage)
　乳母車を押す母親
72 courting couple (young couple)
　若い男女

1 table tennis
　卓球
2 table
　卓球台
3 table tennis net
　卓球ネット
4 table tennis racket (raquet) (table tennis bat)
　卓球ラケット
5 table tennis ball
　卓球ボール
6 badminton game (shuttlecock game)
　バドミントン・ゲーム
7 shuttlecock
　シャトルコック，羽根
8 maypole swing
　メイポール・ブランコ
9 child's bicycle
　子供の自転車
10 football (soccer)
　サッカー
11 goal (goalposts)
　ゴール（ゴールポスト）
12 football
　サッカー・ボール
13 goal scorer
　得点者
14 goalkeeper
　ゴールキーパー
15 skipping ((米) jumping rope)
　縄跳び
16 skipping rope ((米) skip rope, jump rope, jumping rope)
　縄跳びの縄

17 climbing tower
　やぐら登り
18 rubber tyre ((米) tire) swing
　ゴム・タイヤ・ブランコ
19 lorry tyre ((米) truck tire)
　トラック・タイヤ
20 bouncing ball
　バウンシング・ボール
21 adventure playground
　冒険ごっこ場
22 log ladder
　丸太ばしご
23 lookout platform
　眺望台
24 slide
　滑り台
25 litter bin ((米) litter basket)
　くず物入れ
26 teddy bear
　ぬいぐるみのクマ
27 wooden train set
　木製汽車セット
28 paddling pool
　水遊び場
29 sailing boat (yacht, (米) sailboat)
　帆船
30 toy duck
　おもちゃのアヒル
31 pram (baby carriage)
　乳母車
32 high bar (bar)
　鉄棒
33 go-cart (soap box)
　ゴー・カート

34 starter's flag
　スターター(出発合図員)の旗
35 seesaw
　シーソー〔台〕
36 robot
　ロボット

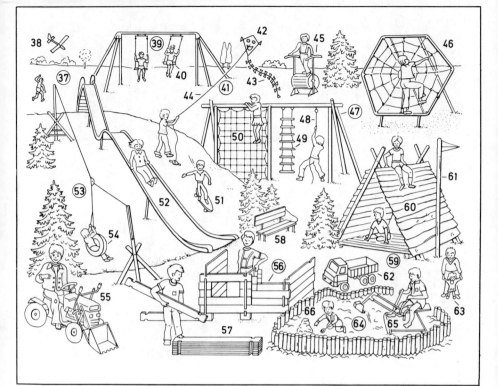

37 flying model aeroplanes ((米)
　airplanes)
　飛行中の模型飛行機
38 model aeroplane ((米) airplane)
　模型飛行機
39 double swing
　2人用ブランコ
40 swing seat
　ブランコ席
41 flying kites
　たこ揚げ
42 kite
　たこ
43 tail of the kite
　たこの尾
44 kite string
　たこ糸
45 revolving drum
　回転ドラム
46 spider's web
　クモの巣
47 climbing frame
　ジャングル・ジム〔の一種〕
48 climbing rope
　ロープ登り
49 rope ladder
　ロープはしご
50 climbing net
　網登り
51 skateboard
　スケートボード
52 up-and-down slide
　上がったり下がったりする滑り台

53 rubber tyre ((米) tire) cable car
　ゴム・タイヤ・ケーブル・カー
54 rubber tyre ((米) tire)
　ゴム・タイヤ
55 tractor
　トラクター〈ペダル・カー—pedal car の一種〉
56 den
　おり（檻）
57 presawn boards
　のこぎりでひいた板
58 seat (bench)
　ベンチ
59 Indian hut
　インディアン小屋
60 climbing roof
　屋根登り
61 flagpole (flagstaff)
　旗竿(はたざお)
62 toy lorry ((米) toy truck)
　おもちゃのトラック
63 walking doll
　歩く人形
64 sandpit ((米) sandbox)
　砂場
65 toy excavator (toy digger)
　おもちゃの浚渫機(しゅんせつき)
66 sandhill
　砂丘

1-21 spa gardens
温泉場遊園
1-7 salina (salt works)
製塩所
1 thorn house (graduation house)
枝条架(しじょうか)（架条法製塩装置）
2 thorns (brushwood)
そだ（粗朶）（折った小枝）
3 brine channels
塩水配分溝
4 brine pipe from the pumping station
ポンプからひいた塩水パイプ
5 salt works attendant
製塩所監視人
6-7 inhalational therapy
吸入療法
6 open-air inhalatorium (outdoor
inhalatorium)
屋外吸入所
7 patient inhaling (taking an
inhalation)
吸入治療中の患者
8 hydropathic (pump room) with
kursaal (casino)
〔水〕治療設備(娯楽施設)つきの療養客用
ホテル
9 colonnade
柱廊
10 spa promenade
温泉場のプロムナード（散歩道）
11 avenue leading to the mineral spring
鉱泉へ通じる大通り
12-14 rest cure
〈神経障害の〉休息療法

12 sunbathing area (lawn)
日光浴療法場（芝生）
13 deck-chair
デッキ・チェア
14 sun canopy
日よけ
15 pump room
鉱泉飲用所
16 rack for glasses
コップ棚
17 tap
鉱泉の蛇口
18 patient taking the waters
鉱水飲用中の患者
19 bandstand
野外音楽堂
20 spa orchestra giving a concert
演奏中のオーケストラ
21 conductor
指揮者

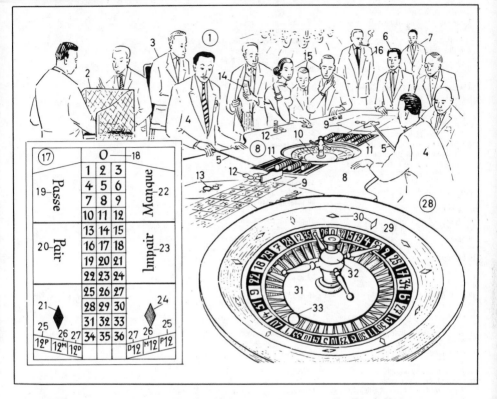

1-33 roulette
ルーレット〈賭(かけ)事 game of chance
(gambling game) の一つ〉
1 gaming room in a casino (gambling
casino)
カジノの賭博場(とばくじょう)〈カジノ賭博〉
2 cash desk
キャッシュ・デスク，勘定台
3 tourneur (dealer)
親元〈胴元〉
4 croupier
賭博台取締人，クルピエ
5 rake
賭け金集めの熊手
6 head croupier
賭け元，ヘッド・クルピエ
7 hall manager
カジノ・マネジャー
8 roulette table (gaming table,
gambling table)
ルーレット台（賭博台）
9 roulette layout
ルーレット・レイアウト，賭け盤
10 roulette wheel
ルーレット・ホイール，ルーレット装置
11 bank
場銭
12 chip (check, plaque)
チップ，数取り札
13 stake
賭け金
14 membership card
会員券

15 roulette player
ルーレットをしている人
16 private detective (house detective)
私立探偵(たんてい)
17 roulette layout
ルーレット・レイアウト，賭け盤
18 zero (nought, 0)
ゼロ，零
19 passe (high) [numbers 19 to 36]
パース（大）[19から36までの数]
20 pair [even numbers]
ペール[偶数]
21 noir (black)
ノアール（黒）
22 manque (low) [numbers 1 to 18]
マンク（小）[1から18までの数]
23 impair [odd numbers]
アンペール[奇数]
24 rouge (red)
ルージュ（赤）
25 douze premier (first dozen)[numbers
1 to 12]
ドゥーズ・プレミエ（第1ダース）[1から12
までの数]
26 douze milieu (second dozen)
[numbers 13 to 24]
ドゥーズ・ミリュー（第2ダース）[13から24
までの数]
27 douze dernier (third dozen)[numbers
25 to 36]
ドゥーズ・デルニエ（第3ダース）[25から36
までの数]
28 roulette wheel (roulette)
ルーレット・ホイール（ルーレット装置）

29 roulette bowl
ルーレット盤
30 fret (separator)
フレット（分離板）
31 revolving disc (disk)
回転盤〈0から36まで数字がある〉
32 spin
スピン
33 roulette ball
ルーレット・ボール

1-16 chess
チェス, 西洋将棋
1 chessboard (board) with the men (chessmen) in position
チェス盤と定位置についた駒(こま)
2 white square (chessboard square)
白目
3 black square
黒目
4 white chessmen (white pieces) [white=W]
白駒(白)〔略称, 白=W〕
5 black chessmen (black pieces) [black=B]
黒駒(黒)〔略称, 黒=B〕
6 letters and numbers for designating chess squares in the notation of chess moves and chess problems
文字と数字〈駒の動きや詰め将棋の表記で, 目の指示用の〉
7 individual chessmen (individual pieces)
個々の駒(こま)
8 king
キング
9 queen
クイーン
10 bishop
ビショップ
11 knight
ナイト
12 rook (castle)
ルーク
13 pawn
ポーン
14 moves of the individual pieces
駒の動き方
15 mate (checkmate)
チェック王手〈ここでは, ナイトによるチェック王手 mate by knight〉
16 chess clock
チェス用時計〈チェスの〔選手権〕試合用のダブル時計 double clock for chess matches (chess championships)
((米)) checkers)
17-19 draughts
チェッカー
17 draughtboard ((米) checkerboard)
チェッカー盤
18 white draughtsman ((米) checker, checkerman)
チェッカーの白駒(しろこま)〈バックギャモン(西洋すごろく) backgammon, ミューレ(西洋連珠) nine men's morris の石と同じ〉
19 black draughtsman ((米) checker, checkerman)
チェッカーの黒駒
20 salta
ザルタ〈ドイツのゲーム〉
21 salta piece
ザルタの石
22 backgammon board
バックギャモン用の遊技盤
23-25 nine men's morris
ミューレ
23 nine men's morris board
ミューレ盤
24 mill
ミューレ〈横に3つ並んだ場合〉
25 double mill
ダブル・ミューレ〈中央の石を動かすことによって同時に3並びができること〉
26-28 halma
ハルマ〈盤上飛び将棋〉

26 halma board
ハルマ盤
27 yard (camp, corner)
陣地〈盤の四隅にある〉
28 halma pieces (halma men) of various colours ((米) colors)
ハルマの駒(こま)〈4色ある〉
29 dice (dicing)
ダイス〈さいころ遊び〉
30 dice cup
ダイス・カップ
31 dice
さいころ, ダイス
32 spots (pips)
目
33 dominoes
ドミノ
34 domino (tile)
ドミノ牌(ぱい)
35 double
ダブル
36 playing cards
トランプ
37 playing card (card)
トランプ〔カード〕
38-45 suits
組札
38 clubs
クラブ
39 spades
スペード
40 hearts
ハート
41 diamonds
ダイヤ
42-45 German suits
ドイツ式トランプの組札
42 acorns
アイヘル, クラブ
43 leaves
グリューン, スペード
44 hearts
ロート, ハート
45 bells (hawkbells)
シェレン, ダイヤ

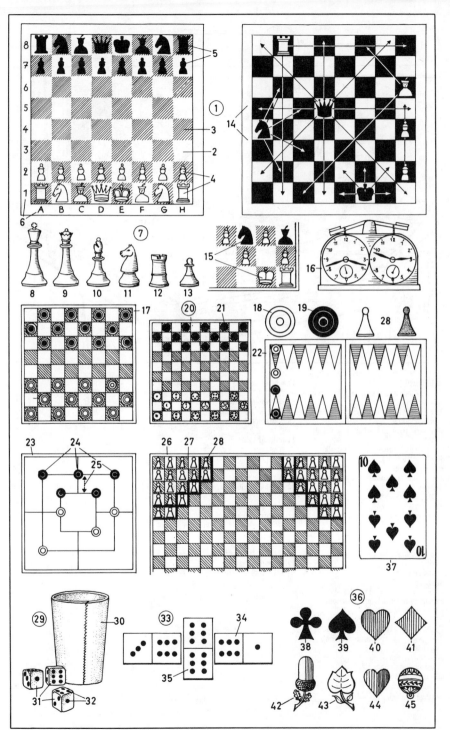

1-19 billiards
　ビリヤード, 撞球(どうきゅう), 玉突き
1 billiard ball
　玉突きの球〈象牙 ivory またはプラスチッ
　ク plastic の球〉
2-6 billiard strokes (forms of striking)
　球の突き方
2 plain stroke (hitting the cue ball
　dead centre ((米) center))
　棒突き, 殺し球
3 top stroke [promotes extra forward
　rotation]
　上突き, トップ・ストローク, 押し球[トップ・
　スピンになる]
4 screw-back [imparts a direct recoil
　or backward motion]
　下突き, スクリュー・ストローク, 引き球[バッ
　ク・スピンになる]
5 side (running side, (米) English)
　ひねり
6 check side
　逆ひねり
7-19 billiard room ((米) billiard
　parlor, billiard saloon, poolroom)
　ビリヤード場, 撞球場, 玉突き場
7 billiards (English billiards)
　四つ球(イギリス式撞球)〈同種のものに,
　プール pool, キャノン carom (carrom)
　billiards がある〉
8 billiard player
　玉突き競技者
9 billiard cue (cue)
　キュー
10 leather cue tip
　チップ, タップ

11 white cue ball
　白球, 手球
12 red object ball
　赤球, 第1的球(まとだま)
13 white spot ball (white dot ball)
　白球, 第2的球
14 billiard table
　玉突き台
15 table bed with green cloth (billiard
　cloth, green baize covering)
　緑のラシャを張った玉突き台の床
16 cushions (rubber cushions, cushioned
　ledge)
　クッション(ゴム・クッション)
17 billiard clock
　玉突きメーター〈料金計算用のタイマー
　timer〉
18 billiard marker
　黒板, 点数記入板
19 cue rack
　キュー置場

1-59 camp site (camping site, **(米)** campground)
野営地、キャンプ場
1 reception (office)
受付 (事務所)
2 camp site attendant
キャンプ場案内係
3 folding trailer (collapsible caravan, collapsible trailer)
組立て式トレーラー
4 hammock
ハンモック
5-6 washing and toilet facilities
浴室と便所施設
5 toilets and washrooms **((米)** lavatories)
便所と洗面所
6 washbasins and sinks
洗面台と流し台
7 bungalow (chalet)
バンガロー (シャレー)
8-11 scout camp
スカウト・キャンプ
8 bell tent
円錐形(えんすいがた)テント
9 pennon
三角旗、ペナント
10 camp fire
キャンプ・ファイヤー
11 boy scout (scout)
ボーイ・スカウト
12 sailing boat (yacht, **(米)** sailboat)
帆船、ヨット
13 landing stage (jetty)
桟橋
14 inflatable boat (inflatable dinghy)
[ふくらませて使う]エア] ボート
15 outboard motor (outboard)
船外モーター
16 trimaran
三胴船

17 thwart (oarsman's bench)
腰掛けの横木
18 rowlock (oarlock)
櫂(かい)受け、オール受け
19 oar
オール、櫂(かい)
20 boat trailer (boat carriage)
ボート・トレーラー
21 ridge tent
屋根型テント
22 flysheet
フライ・シート 〈上覆い〉
23 guy line (guy)
張り綱
24 tent peg (peg)
ペグ
25 mallet
木づち
26 groundsheet ring
グラウンドシート(防水敷布)のリング
27 bell end
ベル・エンド 〈鐘状をした、テントの一部。荷物置場に使う〉
28 erected awning
〈立てられた〉日よけ
29 storm lantern
ランタン、灯油ランプ 〈ここでは、携帯用のパラフィン・ランプ paraffin lamp〉
30 sleeping bag
寝袋、シラフ
31 air mattress (inflatable air-bed)
エア・マットレス 〈[ふくらませて使う]エア・ベッド〉
32 water carrier (drinking water carrier)
水筒
33 double- burner gas cooker
ダブル・バーナー・ガス台〈プロパン・ガスpropane gas、またはブタン・ガスbutane gas用〉
34 propane or butane gas bottle
プロパン・ガスまたはブタン・ガスびん

35 pressure cooker
圧力がま
36 frame tent
フレーム・テント
37 awning
雨覆い、ひさし
38 tent pole
テント・ポール
39 wheelarch doorway
出入口
40 mesh ventilator
通気口
41 transparent window
日窓
42 pitch number
番号札
43 folding camp chair
折りたたみ式キャンプ用いす
44 folding camp table
折りたたみ式キャンプ用テーブル
45 camping tableware
キャンプ用食卓器具
46 camper
キャンパー
47 charcoal grill (barbecue)
携帯用野外炊事炉 (バーベキュー)
48 charcoal
木炭
49 bellows
ふいご
50 roof rack
ルーフ・ラック〈屋根上の荷台〉
51 roof lashing
屋根鎖
52 caravan ((米) trailer)
キャラバン (トレーラー)
53 box for gas bottle
ガスびんの箱
54 jockey wheel
支持車輪
55 drawbar coupling
連結装置

56 roof ventilator
屋根通気口
57 caravan awning
キャラバンの日よけ
58 inflatable igloo tent
〈ふくらませて使う〉ドーム型テント
59 camp bed ((米) camp cot)
キャンプ用寝台

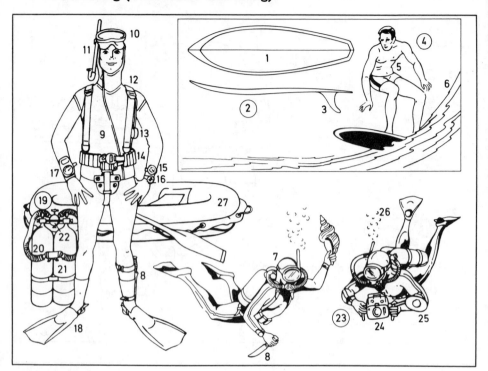

1-6 surf riding (surfing)
　サーフィン，波乗り
1 plan view of surfboard
　サーフボードの平面図
2 section of surfboard
　波乗り板の断面図
3 skeg (stabilizing fin)
　フィン〈安定用のひれ〉
4 big wave riding
　大波乗り
5 surfboarder (surfer)
　サーファー
6 breaker
　砕け波
7-27 skin diving (underwater
　swimming)
　スキン・ダイビング〈一般に，シュノーケルを装
　着したのみで行う。ボンベを用いるものは，ス
　キューバ・ダイビング scuba diving という〉
7 skin diver (underwater swimmer)
　スキン・ダイバー
8-22 underwater swimming set
　スキン・ダイビング・セット
8 knife
　ナイフ
9 neoprene wetsuit
　ネオプレン・ウェットスーツ〈合成ゴム服〉
10 diving mask (face mask, mask)
　潜水マスク〈圧力均等マスク pressure-
　equalizing mask の一つ〉
11 snorkel (schnorkel)
　シュノーケル〈通気管〉
12 harness of diving apparatus
　ボンベ装着用ベルト

13 compressed-air pressure gauge
　((米) gage)
　圧縮空気圧力計
14 weight belt
　ウエイト・ベルト〈浮力調整のためのおもり〉
15 depth gauge ((米) gage)
　深さゲージ，測深器
16 waterproof watch for checking
　duration of dive
　ダイバーズ・ウォッチ〈潜水持続確認用防水
　時計〉
17 decometer for measuring stages of
　ascent
　上昇時期測定用デコメーター
18 fin (flipper)
　ひれ（水かき）
19 diving apparatus, with two cylinders
　(bottles)
　〈2つのボンベをもつ〉水中ボンベ〈アクアラン
　グ（水中肺）aqualung, スキューバ scuba
　ともいう〉
20 two-tube demand regulator
　2管の水圧調整器
21 compressed-air cylinder (compressed-
　air bottle)
　ボンベ〈圧縮空気筒〉
22 on/off valve
　オン/オフのバルブ，開閉栓
23 underwater photography
　水中写真撮影
24 underwater camera
　水中用カメラ
25 underwater flashlight
　水中用フラッシュライト

26 exhaust bubbles
　排出気泡
27 inflatable boat (inflatable dinghy)
　〈ふくらませて使う〉救命ボート（救命いか
　だ）

1 lifesaver (lifeguard)
　人命救助者（水難監視人）
2 lifeline
　命綱（いのちづな）
3 lifebelt (lifebuoy)
　救命帯（救命浮き輪）
4 storm signal
　暴風信号
5 time ball
　時報球
6 warning sign
　警告標識
7 tide table
　潮汐表（ちょうせきひょう）〈干潮時間と満潮時間 times of low tide and high tide を示す掲示板 notice board〉
8 board showing water and air temperature
　水温・気温告示板
9 bathing platform
　プラットフォーム
10 pennon staff
　旗竿（はたざお）
11 pennon
　三角旗，ペナント
12 paddle boat (peddle boat)
　パドル・ボート
13 surf riding (surfing) behind motorboat
　モーターボートの後ろでの波乗り
14 surfboarder (surfer)
　サーファー
15 surfboard
　サーフボード
16 water ski
　水上スキー
17 inflatable beach mattress
　〈ふくらませて使う〉ビーチ・マットレス

18 beach ball
　ビーチ・ボール
19-23 beachwear
　ビーチウェア，海浜着
19 beach suit
　ビーチ・スーツ
20 beach hat
　ビーチ・ハット
21 beach jacket
　ビーチ・ジャケット
22 beach trousers
　ビーチ・ズボン
23 beach shoe (bathing shoe)
　ビーチ・シューズ
24 beach bag
　ビーチ・バッグ
25 bathing gown (bathing wrap)
　ビーチ・ガウン，海浜着
26 bikini (ladies' two-piece bathing suit)
　ビキニ
27 bikini bottom
　ビキニ・ボトム
28 bikini top
　ビキニ・トップ
29 bathing cap (swimming cap)
　水泳帽
30 bather
　海水浴客
31 deck tennis (quoits)
　デッキ・テニス（輪投げ）
32 rubber ring (quoit)
　ゴム輪
33 inflatable rubber animal
　ゴム製の動物浮き輪
34 beach attendant
　海水浴場案内係
35 sandcastle
　砂の城

36 roofed wicker beach chair
　ビーチ・チェアー〈覆いのある柳製の海浜いす〉
37 underwater swimmer
　スキン・ダイバー
38 diving goggles
　水中めがね
39 snorkel (schnorkel)
　シュノーケル〈通気管〉
40 hand harpoon (fish spear, fish lance)
　手もり（やす）
41 fin (flipper) for diving (for underwater swimming)
　ひれ（水かき）〈水泳やスキン・ダイビングに使う〉
42 bathing suit (swimsuit)
　水着
43 bathing trunks (swimming trunks)
　水泳パンツ（水泳トランクス）
44 bathing cap (swimming cap)
　水泳帽
45 beach tent
　ビーチ・テント〈ここでは，屋根型テント ridge tent〉
46 lifeguard station
　水難監視人詰所

1-9 swimming pool with artificial
    waves
    人工波施設つきプール〈屋内プール indoor
    pool の一つ〉
1 artificial waves
    人工波
2 beach area
    水泳場
3 edge of the pool
    プールの端
4 swimming pool attendant (pool
    attendant, swimming bath
    attendant)
    室内プールの案内係
5 sun bed
    日光浴ベッド
6 lifebelt
    浮き輪
7 water wings
    翼型浮き袋
8 bathing cap
    水泳帽
9 channel to outdoor mineral bath
    屋外鉱泉への水路
10 solarium
    日光浴室
11 sunbathing area
    日光浴場
12 sun bather
    日光浴をする人
13 sun ray lamp
    太陽光線灯
14 bathing towel
    バス・タオル
15 nudist sunbathing area
    ヌーディストの日光浴場
16 nudist (naturist)
    ヌーディスト，裸体主義者
17 screen (fence)
    仕切り（囲い）
18 sauna (mixed sauna)
    サウナ（混浴サウナ）
19 wood panelling ((米) paneling)
    羽目板
20 tiered benches
    段ベンチ
21 sauna stove
    サウナ・ストーブ
22 stones
    サウナ石
23 hygrometer
    湿度計
24 thermometer
    温度計
25 towel
    タオル
26 water tub for moistening the stones
    in the stove
    ストーブ内の石を湿らせるための水おけ
27 birch rods (birches)
    カンバの枝むち〈入浴後皮膚を軽く打つ〉
28 cooling room for cooling off
    (cooling down) after the sauna
    サウナ(風呂)後の冷水シャワー・ルーム
29 lukewarm shower
    微温のシャワー
30 cold bath
    冷浴
31 hot whirlpool (underwater massage
    bath)
    温水渦巻き風呂（水中マッサージ浴）
32 step into the bath
    浴槽階段
33 massage bath
    マッサージ浴

34 jet blower
    噴出装置
35 hot whirlpool [diagram]
    温水渦巻き風呂 [図解]
36 section of the bath
    浴槽の断面図
37 step
    階段
38 circular seat
    円型シート
39 water extractor
    抽水装置
40 water jet pipe
    噴水管
41 air jet pipe
    空気噴射管

1-32 swimming pool
水泳プール〈屋外プール open-air swimming pool の一つ〉
1 changing cubicle
脱衣場
2 shower (shower bath)
シャワー
3 changing room
更衣室
4 sunbathing area
日光浴場
5-10 diving boards (diving apparatus)
飛込み台（飛込み施設）
5 diver (highboard diver)
飛込み選手
6 diving platform
飛込み台
7 ten-metre ((米) ten-meter) platform
10 メートル飛込み固定台
8 five-metre ((米) five-meter) platform
5 メートル飛込み固定台
9 three-metre ((米) three-meter) springboard (diving board)
3 メートル飛び板
10 one-metre ((米) one-meter) springboad
1 メートル飛び板
11 diving pool
飛込み用プール
12 straight header
頭からの入水
13 feet-first jump
足からの入水
14 tuck jump (haunch jump)
かかえ込み入水
15 swimming pool attendant (pool attendant, swimming bath attendant)
プール監視員
16-20 swimming instruction
水泳指導
16 swimming instructor (swimming teacher)
水泳指導者
17 learner-swimmer
水泳受講者
18 float
浮き袋〈類似のものに，翼型浮き袋 water wings がある〉
19 swimming belt (cork jacket)
救命ベルト
20 land drill
陸上遊泳練習
21 non-swimmers' pool
浅水プール〈子供用〉
22 footbath
足洗い場
23 swimmers'pool
水泳プール
24-32 freestyle relay race
自由型リレー競泳
24 timekeeper (lane timekeeper)
計時員
25 placing judge
着順審判員
26 turning judge
折返し審判員
27 starting block (starting place)
スタート台
28 competitor touching the finishing line
タッチ
29 starting drive (racing dive)
スタートの飛込み
30 starter
スターター，出発合図員

31 swimming lane
レース・コース
32 rope with cork floats
コース・ロープ
33-39 swimming strokes
泳法
33 breaststroke
平泳ぎ泳法
34 butterfly stroke
バタフライ泳法
35 dolphin butterfly stroke
ドルフィン泳法
36 side stroke
横泳ぎ
37 crawl stroke (crawl)
クロール泳法〈同種のものに，トラジェン泳法 trudgen stroke (trudgen, double overarm stroke) がある〉
38 underwater swimming
潜水泳法
39 treading water
立ち泳ぎ
40-45 diving (acrobatic diving, fancy diving, competitive diving, highboard diving)
飛込み（高飛込み）
40 standing take-off pike dive
前飛びえび型
41 one-half twist isander (reverse dive)
前飛び伸び型
42 backward somersault (double backward somersault)
後飛びかかえ型
43 running take-off twist dive
前飛び一回ひねり
44 screw dive
前飛びえび型 2 分の 1 ひねり
45 armstand dive (handstand dive)
逆立ち飛び伸び型
46-50 water polo
水球
46 goal
ゴール
47 goalkeeper
ゴール・キーパー
48 water polo ball
水球用ボール
49 back
後衛
50 forward
前衛

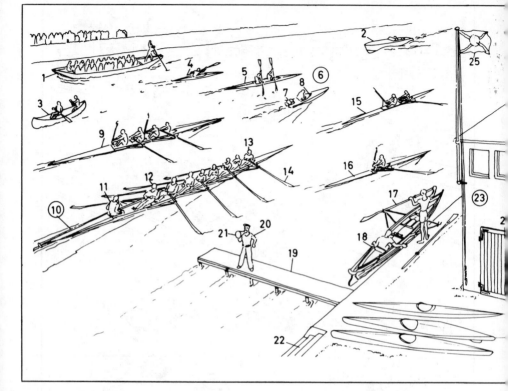

1-18 taking up positions for the
regatta
競艇(きょうてい)の定員とポジション
1 punt
パント，船〈遊覧船 pleasure boat の一
種〉
2 motorboat
モーターボート
3 Canadian canoe
カナダ式カヌー
4 kayak (Alaskan canoe, slalom
canoe)
カヤック（アラスカ式カヌー，スラローム・カ
ヌー）〈カヌー canoe の一種〉
5 tandem kayak
２人乗りカヌー
6 outboard motorboat (outboard
speedboat, outboard)
船外モーターボート（高速モーターボート）
7 outboard motor (outboard)
船外モーター
8 cockpit
操縦席
9-16 racing boats (sportsboats)
競漕用(きょうそうよう)ボート
9-15 shells (rowing boats, **(米)**
rowboats)
シェルボート
9 coxless four
舵手(だしゅ)なしフォア〈平張り carvel-
built のボート〉
10 eight (eight-oared racing shell)
エイト

11 cox
コックス，舵手
12 stroke
ストローク，整調手〈漕手(そうしゅ)
oarsman の一人〉
13 bow ('number one')
舳手(じくしゅ)，バウ，船首の漕手
14 oar
オール
15 coxless pair
舵手(だしゅ)なしペア
16 single sculler (single skuller, racing
sculler, racing skuller, skiff)
シングル・スカル
17 scull (skull)
スカル
18 coxed single
舵手つき１人乗りボート〈よろい張り
clinker built の１人乗りボート〉
19 jetty (landing stage, mooring)
上陸桟橋
20 rowing coach
コーチ
21 megaphone
メガフォン
22 quayside steps
波止場階段
23 clubhouse (club)
クラブハウス
24 boathouse
艇庫(ていこ)
25 club's flag
クラブ旗

26-33 four-oared gig
４人漕ぎボート〈周遊ボート touring boat
の一つ〉
26 oar
オール
27 cox's seat
舵手席
28 thwart (seat)
漕手席
29 rowlock (oarlock)
オール受け
30 gunwale (gunnel)
船べり（ガンネリ）
31 rising
舷側(げんそく)の内張り
32 keel
キール，竜骨
33 skin (shell, outer skin)
[clinker-built]
外板［よろい張りの］
34 single-bladed paddle (paddle)
〈１本漕ぎの〉かい(櫂)
35-38 oar (scull, skull)
オール，かい(櫂)
35 grip
柄(え)
36 leather sheath
革さや
37 shaft (neck)
オール首
38 blade
水かき

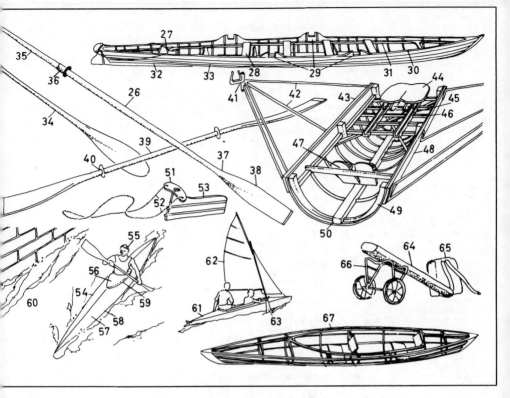

39 double-bladed paddle (double-ended
   paddle)
   2つの水かきのあるかい(櫂)
40 drip ring
   水よけ環
41-50 sliding seat
   スライディング・シート
41 rowlock (oarlock)
   オール受け
42 outrigger
   アウトリガー〈舷外(げんがい)浮材〉
43 saxboard
   波よけ板
44 sliding seat
   滑り席
45 runner
   レール
46 strut
   支え板
47 stretcher
   足掛け
48 skin (shell, outer skin)
   外板
49 frame (rib)
   肋材(ろくざい)
50 kelson (keelson)
   キール，内竜骨
51-53 rudder (steering rudder)
   舵(かじ)
51 yoke
   舵の横柄(よこえ)
52 lines (steering lines)
   細綱（手綱）

53 blade (rudder blade, rudder)
   舵面(だめん)
54-66 folding boats (foldboats, canoes)
   折りたたみ式ボート（カヌー）
54 one-man kayak
   1人乗りカヤック
55 canoeist
   カヌー漕手(そうしゅ)
56 spraydeck
   水しぶきよけ
57 deck
   デッキ
58 rubber-covered canvas hull
   デッキゴムびきカンバス皮
59 cockpit coaming (coaming)
   座席のまわりの縁
60 channel for rafts alongside weir
   流木落し
61 two-seater folding kayak
   2人乗り折りたたみ式カヤック〈周遊用カ
   ヤック touring kayak の1つ〉
62 sail of folding kayak
   折りたたみ式カヤックの帆
63 leeboard
   リーボード
64 bag for the rods
   棒状材バッグ
65 rucksack
   〈船体入れ〉リュックサック
66 boat trailer (boat carriage)
   ボート運搬車
67 frame of folding kayak
   折りたたみ式カヤックの骨組

68-70 kayaks
   カヤック
68 Eskimo kayak
   エスキモー・カヤック
69 wild-water racing kayak
   急流競技用カヤック
70 touring kayak
   周遊用カヤック

1-9 windsurfing
ウインドサーフィン
1 windsurfer
波乗りをする人，ウインドサーファー
2 sail
帆
3 transparent window (window)
すかしウインドウ
4 mast
マスト，帆柱
5 surfboard
サーフ・ボード
6 universal joint (movable bearing) for adjusting the angle of the mast and for steering
帆柱の角度調節用および操縦用の自在継ぎ手
7 boom
ブーム
8 retractable centreboard ((米) centerboard)
引込み式センターボード
9 rudder
ラダー，舵(かじ)
10-48 yacht (sailing boat, (米) sailboat)
ヨット，帆船
10 foredeck
前部甲板
11 mast
マスト，帆柱
12 trapeze
命綱(いのちづな)
13 crosstrees (spreader)
張出し，横支柱，マスト上部の横木
14 hound
ハウンド〈マストの肩〉
15 forestay
フォアステー〈前檣(ぜんしょう)前支索〉
16 jib (Genoa jib)
ジブ，船首三角帆
17 jib downhaul
ジブ・ダウンホール〈おろし索〉
18 side stay (shroud)
サイド・ステー（シュラウド）〈マストまたはバウスプリットの先端から船の両側に張った支索〉
19 lanyard (bottlescrew)
ラニヤード，締め索
20 foot of the mast
マスト・ステップ
21 kicking strap (vang)
張り綱バング〈斜桁(しゃこう)支索〉
22 jam cleat
ジャム・クリート
23 foresheet (jib sheet)
フォアシート〈前帆の下隅(すみ)索〉
24 centreboard ((米) centerboard) case
センターボード・ケース
25 bitt
ビット，係柱
26 centreboard ((米) centerboard)
センターボード，垂下竜骨
27 traveller ((米) traveler)
トラベラー，滑り環
28 mainsheet
メインシート〈メンスルの帆脚索(ほあしづな)〉
29 fairlead
フェアリーダー〈索道器〉
30 toestraps (hiking straps)
ハイキング・ストラップ
31 tiller extension (hiking stick)
ティラー・エクステンション〈舵柄(だへい)の継足し部〉
32 tiller
ティラー，舵柄

33 rudderhead (rudder stock)
ラダー・ヘッド，舵頭(だとう)
34 rudder blade (rudder)
舵面(だめん)
35 transom
トランサム，船尾梁(りょう)
36 drain plug
ドレイン・プラグ，排水栓
37 gooseneck
グースネック，雁首(がんくび)
38 window
ウインドウ，窓
39 boom
ブーム〈帆のすそを張る円材〉
40 foot
フット〈帆の下縁〉
41 clew
クリュー〈横帆の下隅〉
42 luff (leading edge)
ラフ〈縦帆の前縁〉
43 leech pocket (batten cleat, batten pocket)
バッテン通し
44 batten
当て木，バッテン
45 leech (trailing edge)
リーチ，縦ふち
46 mainsail
メインスル，主帆
47 headboard
ヘッドボード，頭板
48 racing flag (burgee)
レーシング・フラッグ，競走旗
49-65 yacht classes
ヨットの船級
49 Flying Dutchman
フライング・ダッチマン級，FD級
50 O-Joller
オージョラー級
51 Finn dinghy (Finn)
フィン級
52 pirate
パイレイト級
53 12.00 m² sharpie
12 m² シャービー級
54 tempest
テンペスト級
55 star
スター級
56 soling
ソリング級
57 dragon
ドラゴン級
58 5.5-metre ((米) 5.5-meter) class
5.5 メートル船級
59 6-metre ((米) 6-meter) R-class
6 メートル R 船級
60 30.00 m² cruising yacht (coastal cruiser)
30 m²クルーザー
61 30.00 m² dinghy cruiser
30 m²ディンギー・クルーザー
62 25.00 m² one-design keelboat
25 m² モノタイプ型キールボート
63 KR-class
KR 船級
64 catamaran
カタマラン船〈双胴艇(てい)〉
65 twin hull
双胴体

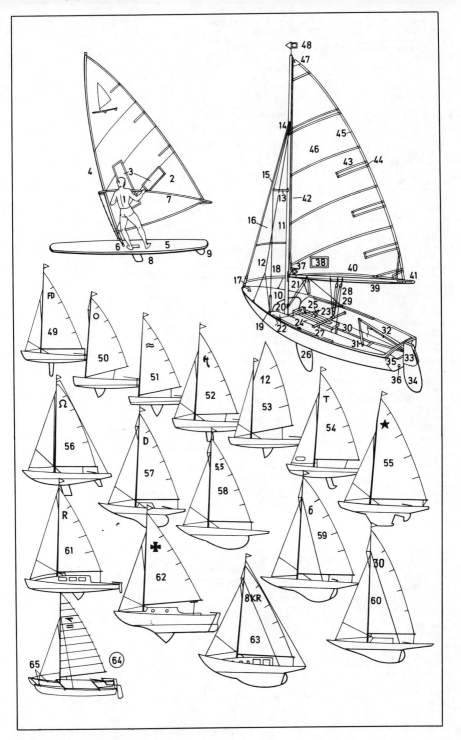

1-13 points of sailing and wind directions
帆走方位と風向
1 sailing downwind
風下に帆走すること
2 mainsail
メインスル，主帆
3 jib
ジブ，船首三角帆
4 ballooning sails
ふくらんだ帆
5 centre ((米) center) line
中心線
6 wind direction
風向
7 yacht tacking
タッキング〈船首を風上に向けながら，風を
うける舷(げん)をかえること〉
8 sail, shivering
〈風が帆の表と裏に当たるようにして〉帆を
震わせること
9 luffing
ラフィング，ラフ〈ヨットの方向を風上に向
けること〉
10 sailing close-hauled
詰め開きの帆走，クローズ・ホールド〈ヨット
をできるだけ風上に進めようとしている状態〉
11 sailing with wind abeam
真横の風を受けた帆走
12 sailing with free wind
〈詰め開きでない〉順帆走
13 quartering wind (quarter wind)
斜め後方の風
14-24 regatta course
競艇(きょうてい)コース
14 starting and finishing buoy
出発点と決勝点の浮標 (ブイ)
15 committee boat
競艇委員会のボート
16 triangular course (regatta course)
三角コース (レガッタ・コース)
17 buoy (mark) to be rounded
回転標識のブイ
18 buoy to be passed
通過標識のブイ
19 first leg
第1区間
20 second leg
第2区間
21 third leg
第3区間
22 windward leg
風上区間
23 downwind leg
風下区間
24 reaching leg
一間(ひとま)切りの区間
25-28 tacking
タッキング
25 tack
タック〈詰め開きの場合の船首方向〉
26 gybing (jibing)
ジャイビング，風下回し〈艇尾(ていび)を風上
に向けながら，風をうける舷(げん)をかえるこ
と〉
27 going about
針路転換
28 loss of distance during the gybe (jibe)
ジャイビング中に生ずる距離の損失
29-41 types of yacht hull
ヨットの胴体の型
29-34 cruiser keelboat
巡航用キールボート
29 stern
スターン，船尾

30 spoon bow
スプーン・バウ，さじ形船首
31 waterline
ウォーターライン，喫水線
32 keel (ballast keel)
キール，竜骨 (バラスト・キール)
33 ballast
バラスト
34 rudder
ラダー，舵(かじ)
35 racing keelboat
競漕用(きょうそうよう)キールボート
36 lead keel
リード・キール〈鉛製のキール〉
37-41 keel-centreboard ((米) centerboard) yawl
小型帆船
37 retractable rudder
引込み式ラダー
38 cockpit
コックピット，操縦席
39 cabin superstructure (cabin)
船室の上部構造
40 straight stem
垂直船首
41 retractable centreboard ((米) centerboard)
引込み式センターボード
42-49 types of yacht stern
ヨットの船尾の型
42 yacht stern
ヨットの船尾
43 square stern
方形の船尾
44 canoe stern
カヌー船尾
45 cruiser stern
クルーザー船尾
46 name plate
船名プレート
47 deadwood
船尾の力材
48 transom stern
トランサム船尾
49 transom
トランサム，船尾梁(りょう)
50-57 timber planking
船体外板(そといた)
50-52 clinker planking (clench planking)
よろい張り
50 outside strake
外張り板
51 frame (rib)
肋材(ろくざい)
52 clenched nail (riveted nail)
締め釘(くぎ)
53 carvel planking
平張り
54 close-seamed construction
継ぎ目肋材(ろくざい)構造
55 stringer
梁(はり)受け縦材
56 diagonal carvel planking
斜め平張り
57 inner planking
内部板張り

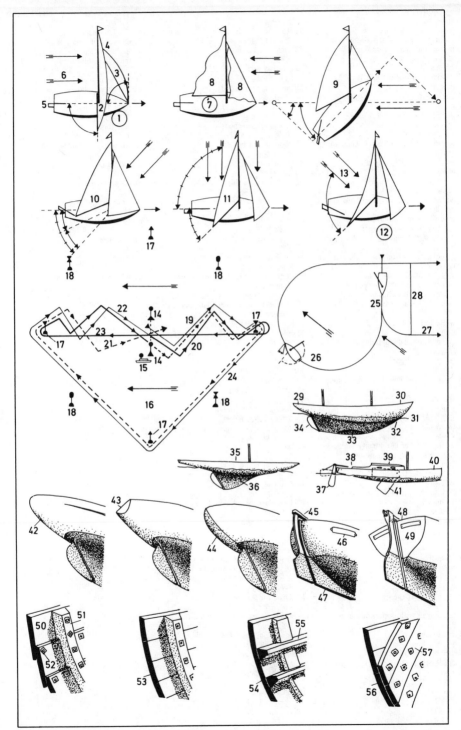

1-5 motorboats (powerboats,
sportsboats)
モーターボート (動力船, スポーツボート)
1 inflatable sportsboat with outboard
motor (outboard inflatable)
船外モーターのついたゴム製スポーツボート
〈空気を入れてふくらませる〉
2 Z-drive motorboat (outdrive
motorboat)
Z形駆動モーターボート
3 cabin cruiser
キャビン・クルーザー〈行楽用モーターボート〉
4 motor cruiser
モーター・クルーザー
5 30-metre ((米) 30-meter) ocean-going
cruiser
30メートル外洋航行クルーザー
6 association flag
クラブ旗
7 name of craft
船名〈または, 登録番号 registration
number〉
8 club membership and port of
registry ((米) home port)
クラブ会員標識と母港標識〔を掲示する場
所〕
9 association flag on the starboard
crosstrees
右舷(うげん)檣頭(しょうとう)横材上のクラブ旗
10-14 navigation lights of sportsboats
in coastal and inshore waters
沿岸と近海水域でのスポーツボートの航行
灯
10 white top light
白色トップ・ライト
11 green starboard sidelight
緑色右舷側灯
12 red port sidelight
赤色左舷側灯
13 green and red bow light (combined
lantern)
緑と赤の船首灯
14 white stern light
白色船尾灯
15-18 anchors
錨(いかり)
15 stocked anchor (Admiralty anchor)
横木つき錨〈主錨(しゅびょう)bower
anchor〉
16-18 lightweight anchor
軽量錨
16 CQR anchor (plough ((米) plow)
anchor)
CQR錨(すき(鋤)状錨)
17 stockless anchor (patent anchor)
無笄錨(むけいびょう)〈横木 stock のない錨〉
18 Danforth anchor
ダンフォース錨
19 life raft
救命いかだ
20 life jacket
救命ジャケット
21-44 powerboat racing
モーターボート競走
21 catamaran with outboard motor
船外モーターつきカタマラン船
22 hydroplane
水上滑走艇(てい)
23 racing outboard motor
競走用船外モーター
24 tiller
ティラー, 舵柄(だへい)
25 fuel pipe
燃料管
26 transom
トランサム, 船尾梁(りょう)

27 buoyancy tube
浮力チューブ
28 start and finish
出発点と決勝点
29 start
出発点
30 starting and finishing line
出発線と決勝線
31 buoy to be rounded
回転標識のブイ
32-37 displacement boats
置換えボート
32-34 round-bilge boat
〈船底の丸い〉ビルジ・ボート
32 view of hull bottom
船体の底部図
33 section of fore ship
船首部の断面図
34 section of aft ship
船尾部の断面図
35-37 V-bottom boat (vee-bottom boat)
V型底部式ボート
35 view of hull bottom
船体の底部図
36 section of fore ship
船首部の断面図
37 section of aft ship
船尾部の断面図
38-44 planing boats (surface skimmers,
skimmers)
プレーニング・ボート (スキマー)
38-41 stepped hydroplane (stepped
skimmer)
段のある水上滑走艇(てい)
38 side view
側面図
39 view of hull bottom
船体の底部図
40 section of fore ship
船首部の断面図
41 section of aft ship
船尾部の断面図
42 three-point hydroplane
3ポイント水上滑走艇
43 fin
フィン, 水平舵(だ)
44 float
フロート
45-62 water skiing
水上スキー
45 water skier
水上スキーヤー
46 deep-water start
水中出発
47 tow line (towing line)
引き縄
48 handle
取っ手
49-55 water-ski signalling (code of hand
signals from skier to boat driver)
水上スキー信号 (スキーヤーからボート操縦
者への手信号法)
49 signal for 'faster'
「もっと早く」のサイン
50 signal for 'slower' ('slow down')
「減速」サイン
51 signal for 'speed OK'
「速度OK」サイン
52 signal for 'turn'
「回転」サイン
53 signal for 'stop'
「停止」サイン
54 signal for 'cut motor'
「モーター止め」のサイン

55 signal for 'return to jetty' ('back to
dock')
「ドックへ戻れ」のサイン
56-62 types of water ski
水上スキーの型
56 trick ski (figure ski)
フィギュア・スキー, トリック・ライディング〈モ
ノスキー monoski の一つ〉
57-58 rubber binding
ゴム・バインディング
57 front foot binding
前足バインディング
58 heel flap
かかと垂れ
59 strap support for second foot
後足用の革帯製のサポート
60 slalom ski
スラローム・スキー
61 skeg (fixed fin, fin)
固定フィン
62 jump ski
ジャンプ・スキー
63 hovercraft (air-cushion vehicle)
ホバークラフト (エア・クッション・ビークル)
64 propeller
プロペラ
65 rudder
ラダー, 舵(かじ)
66 skirt enclosing air cushion
へり囲いエア・クッション

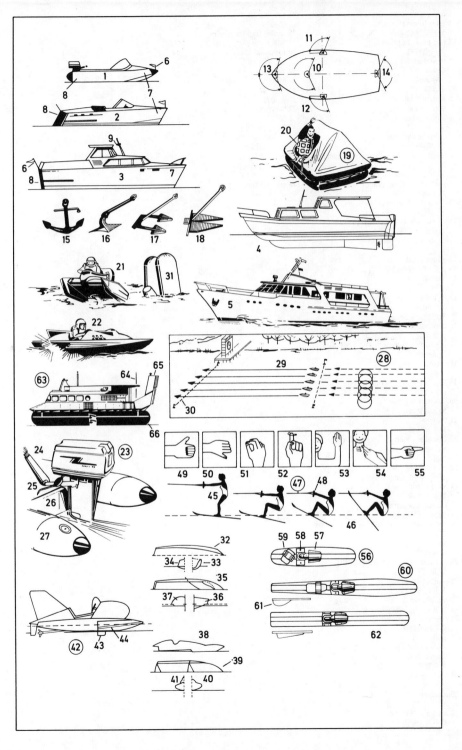

1 aeroplane ((米) airplane) tow launch (aerotowing)
飛行機曳航(えいこう)
2 tug (towing plane)
曳航飛行機
3 towed glider (towed sailplane)
引かれるグライダー（セールプレーン）
4 tow rope
引き索
5 winched launch
ウインチ曳航
6 motor winch
モーター・ウインチ
7 cable parachute
ケーブル・パラシュート
8 motorized glider (powered glider)
動力グライダー
9 high-performance glider (high-performance sailplane)
高性能グライダー
10 T-tail (T-tail unit)
T型尾部
11 wind sock (wind cone)
風見用円錐筒(えんすいとう)
12 control tower (tower)
管制塔
13 glider field
グライダー飛行場
14 hangar
格納庫
15 runway for aeroplanes ((米) airplanes)
飛行機滑走路
16 wave soaring
波状滑空
17 lee waves (waves, wave system)
山岳波
18 rotor
ローター
19 lenticular clouds (lenticulars)
レンズ雲
20 thermal soaring
熱上昇気流による滑空
21 thermal
熱上昇気流
22 cumulus cloud (heap cloud, cumulus, woolpack cloud)
積雲
23 storm-front soaring
暴風雨前線気流による滑空
24 storm front
暴風雨前線
25 frontal upcurrent
前線の上昇気流
26 cumulonimbus cloud (cumulonimbus)
積乱雲
27 slope soaring
傾斜滑空
28 hill upcurrent (orographic lift)
斜面上昇気流
29 multispar wing
多翼桁翼(たよくこうよく)
30 main spar
主翼桁〈箱形翼行 box spar の一つ〉
31 connector fitting
連結部取付け
32 anchor rib
アンカー・リブ〈翼桁を固定するための小骨〉
33 diagonal spar
対角翼桁
34 leading edge
前縁
35 main rib
メイン・リブ, 主小骨
36 nose rib (false rib)
鼻小骨（仮肋(かろく)）

37 trailing edge
後縁
38 brake flap (spoiler)
制動フラップ（スポイラー）
39 torsional clamp
ねじり締め具
40 covering (skin)
外板(そといた)（外被）
41 aileron
補助翼
42 wing tip
翼端
43 hang gliding
ハング・グライディング
44 hang glider
ハング・グライダー
45 hang glider pilot
ハング・グライダー操縦者
46 control frame
コントロール・フレーム

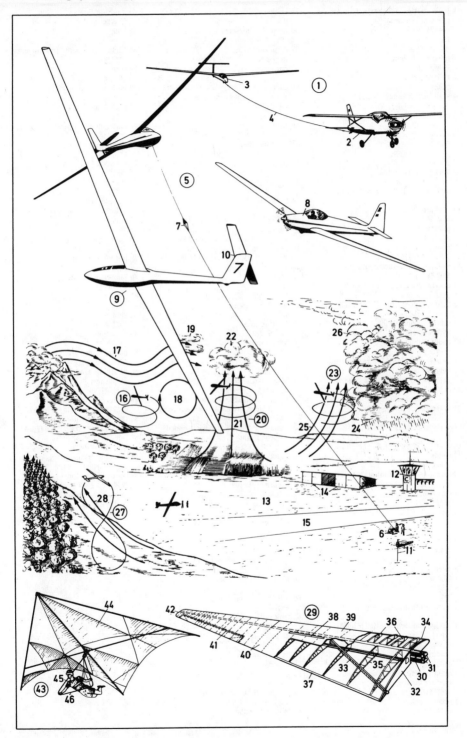

1-9 aerobatics, aerobatic manoeuvres ((米) maneuvers)
曲技飛行〔術〕
1 loop
ループ, 宙返り
2 horizontal eight
水平エイト
3 rolling circle
回転円
4 stall turn (hammer head)
ストール・ターン (ハンマー・ヘッド)
5 tail slide (whip stall)
テール・スライド
6 vertical flick spin
垂直ロール
7 spin
スピン
8 horizontal slow roll
水平スロー・ロール
9 inverted flight (negative flight)
転回飛行
10 cockpit
操縦室
11 instrument panel
計器盤
12 compass
コンパス, 羅針盤(らしんばん)
13 radio and navigation equipment
無線飛行装置
14 control column (control stick)
操縦桿(かん)
15 throttle lever (throttle control)
スロットル・レバー
16 mixture control
結合操縦装置
17 radio equipment
無線装置
18 two-seater plane for racing and aerobatics
競技用および曲芸用2人乗り飛行機
19 cabin
キャビン
20 antenna
アンテナ
21 vertical stabilizer (vertical fin, tail fin)
垂直安定板 (垂直尾翼)
22 rudder
方向舵(だ)
23 tailplane (horizontal stabilizer)
水平尾翼 (水平安定板)
24 elevator
昇降舵
25 trim tab (trimming tab)
トリム・タブ
26 fuselage (body)
胴体
27 wing
翼
28 aileron
補助翼
29 landing flap
着陸用フラップ
30 trim tab (trimming tab)
トリム・タブ
31 navigation light (position light) [red]
航空灯 [赤色]
32 landing light
着陸灯
33 main undercarriage unit (main landing gear unit)
主着陸装置
34 nose wheel
前輪

35 engine
エンジン
36 propeller (airscrew)
プロペラ
37-62 parachuting
落下傘降下
37 parachute
パラシュート
38 canopy
キャノピー, 傘体(さんたい)
39 pilot chute
補助落下傘
40 suspension lines
サスペンション・ライン, 吊索(ちょうさく)
41 steering line
ステアリング・ライン, 操縦索
42 riser
ライザー
43 harness
ハーネス
44 pack
パック
45 system of slots of the sports parachute
スポーツ・パラシュートのスロットの構造
46 turn slots
ターン・スロット〈旋回のための隙間(すきま)〉
47 apex
頂点
48 skirt
スカート〈傘の縁〉
49 stabilizing panel
安定パネル
50-51 style jump
降下様式
50 back loop
背面宙返り
51 spiral
らせん降下
52-54 ground signals
地上信号
52 signal for 'permission to jump' ('conditions are safe') (target cross)
「降下OK」の信号 (十字標的)
53 signal for 'parachuting suspended -repeat flight'
「降下禁止・飛行継続」の信号
54 signal for 'parachuting suspended -aircraft must land'
「降下禁止・飛行機着陸」の信号
55 accuracy jump
的確なジャンプ
56 target cross
十字標的
57 inner circle [radius 25 m]
内圏円 [半径25メートル]
58 middle circle [radius 50 m]
中間円 [半径50メートル]
59 outer circle [radius 100 m]
圏外円 [半径100メートル]
60-62 free-fall positions
自由落下姿勢
60 full spread position
全展開姿勢
61 frog position
カエル姿勢
62 T position
T型姿勢
63-84 ballooning
気球操縦
63 gas balloon
ガス気球
64 gondola (balloon basket)
ゴンドラ (気球つりかご)
65 ballast (sandbags)
バラスト (砂袋)

66 mooring line
繋留線(けいりゅうせん)
67 hoop
輪
68 flight instruments (instruments)
飛行器具
69 trail rope
誘導索
70 mouth (neck)
口 (首)
71 neck line
頸線(けいせん)
72 emergency rip panel
非常引裂きパネル
73 emergency ripping line
非常引裂き索
74 network (net)
網
75 rip panel
引裂きパネル, イクエイター
76 ripping line
引裂き索
77 valve
弁
78 valve line
弁索
79 hot-air balloon
熱気球
80 burner platform
燃焼器台, バーナー台
81 mouth
口
82 vent
操縦口, 冷却口
83 rip panel
引裂きパネル, イクエイター
84 balloon take-off
気球の離陸
85-91 flying model aeroplanes ((米) airplanes)
模型飛行機
85 radio-controlled model flight
無線操縦による模型飛行機の飛行
86 remote-controlled free flight model
リモート・コントロールによる自由飛行
87 remote control radio
遠隔操縦ラジオ
88 antenna (transmitting antenna)
アンテナ (送信アンテナ)
89 control line model
操縦ライン模型
90 mono-line control system
単線操縦装置
91 flying kennel
フライング・ケネル〈犬小屋型の模型飛行機。K9型モデル K9-class model〉

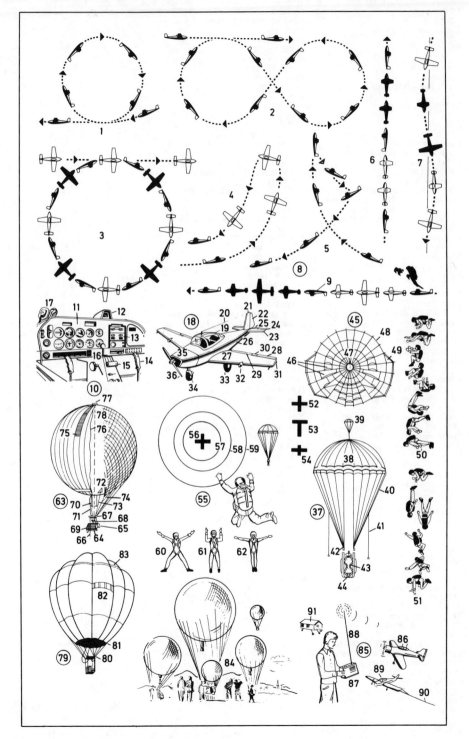

1-7 dressage
調教
1 arena (dressage arena)
馬場
2 rail
仕切り柵(さく)
3 school horse
調教された馬
4 dark coat (black coat)
黒服
5 white breeches
白ズボン
6 top hat
シルクハット
7 gait (school figure)
歩様(ほよう)〈調教中の歩様〉

8-14 show jumping
障害飛越し競技
8 obstacle (fence)
障害物 (垣)〈概固定障害 almost-fixed
obstacle の一つ。障害には、ゲート gate、
ゲートと横木 gate and rails、柵
palisade、牛囲い oxer、土手堤 mound、
障壁 wall などがある〉
9 jumper
跳躍中の障害馬
10 jumping saddle
飛越し鞍(くら)
11 girth
腹帯
12 snaffle
馬勒(ばろく)
13 red coat (hunting pink, pink)
赤服 (深紅色の上着)〈ダーク・コート
dark coat の一種〉
14 hunting cap (riding cap)
狩猟帽 (騎手帽)
15 bandage
包帯

16-19 three-day event
3 日競技〈第 1 日に馬場馬術、第 2 日に
野外の耐久競技、第 3 日に平地の障害飛
越しが行われる〉
16 endurance competition
耐久競技
17 cross-country
クロス・カントリー
18 helmet
ヘルメット〈hard hat, hard hunting cap
ともいう〉
19 course markings
コース標識

20-22 steeplechase
障害物競馬
20 water jump
水濠(すいごう)〈固定障害 fixed obstacle
の一つ〉
21 jump
ジャンプ
22 riding switch
むち

23-40 harness racing (harness horse
racing)
ハーネス・レース、繋駕(けいが)速歩競馬
23 harness racing track (track)
ハーネス・レースの競走路 (トラック)
24 sulky
サルキー〈1 人乗り 1 頭立て 2 輪馬車〉
25 spoke wheel (spoked wheel) with
plastic wheel disc (disk)
円板つきプラスチック輪車輪
26 driver in trotting silks
競技用騎手服を着た騎手
27 rein
手綱

28 trotter
トロット(だく足)で駆ける馬〈ハーネス・レー
ス用の馬〉
29 piebald horse
白黒まだら馬
30 shadow roll
毛鼻革(けはながわ)
31 elbow boot
肘(ひじ)覆い
32 rubber boot
ゴム製馬靴
33 number
番号
34 glass-covered grandstand with
totalizator windows (tote windows)
inside
トータリゼーター (競馬賭(か)け率計算器)
の窓口のあるガラス張り正面観覧席
35 totalizator (tote)
トータリゼーター、競馬賭け率計算器
36 number
番号
37 odds (price, starting price, price
offered)
賭け率 (最終賭け率)
38 winners' table
勝ち馬一覧表
39 winner's price
勝ち馬の賭け率
40 time indicator
時刻表示器

41-49 hunt
狩り〈擬臭跡(ぎしゅうせき)を使用する遊猟
drag hunt。類似のものに、キツネ狩り fox
hunt、紙まき鬼ごっこ paper chase
(paper hunt, hare-and-hounds) がある〉
41 field
全参加者
42 hunting pink
深紅色の上着
43 whipper-in (whip)
猟犬指揮係
44 hunting horn
猟笛
45 Master (Master of foxhounds, MFH)
親方 (猟の指導者)
46 pack of hounds (pack)
猟犬隊
47 staghound
シカ狩り用の猟犬
48 drag
擬臭跡
49 scented trail (artificial scent)
臭跡

50 horse racing (racing)
競馬
51 field (racehorses)
全出走馬
52 favourite ((米) favorite)
人気馬
53 outsider
穴馬

1-23 cycle racing
自転車競走
1 cycling track (cycle track)
自転車競走路〈ここでは，室内トラック
indoor track〉
2-7 six-day race
6日間レース
2 six-day racer
6日間レースの選手〈ここでは，トラック上の
選手 track racer (track rider) on the
track〉
3 crash hat
防護用ハット
4 stewards
執行幹事，世話役
5 judge
審判員
6 lap scorer
ラップ・スコアラー，周回採点員
7 rider's box (racer's box)
選手席
8-10 road race
ロード・レース
8 road racer
ロード・レース選手〈レース競走者 racing
cyclist の一人〉
9 racing jersey
選手のジャージー
10 water bottle
水筒
11-15 motor-paced racing (long-distance
racing)
モーター先導競走（長距離競走）
11 pacer
先導者〈オートバイ運転者 motorcyclist
の一人〉
12 pacer's motorcycle
先導オートバイ
13 roller
ローラー〈安全装置 safety device の一つ〉
14 stayer (motor-paced track rider)
長距離競走者
15 motor-paced cycle
先導車〈競走用自転車 racing cycle の一
つ〉
16 racing cycle (racing bicycle) for
road racing (road race bicycle)
ロード・レース用自転車
17 racing saddle
競走用自転車のサドル〈ここでは，弾性の
ないサドル unsprung saddle〉
18 racing handlebars (racing handlebar)
競走用自転車のハンドル
19 tubular tyre ((米) tire) (racing tyre)
管状タイヤ
20 chain
チェーン
21 toe clip (racing toe clip)
レース用自転車の爪先革(つまさきがわ)
22 strap
ストラップ，グリップ・バンド
23 spare tubular tyre ((米) tire)
予備タイヤ
24-38 motorsports
モータースポーツ
24-28 motorcycle racing
オートバイ競走〈競技種目には，草地レース
grasstrack racing, ロード・レース road
racing, サンド・トラックレース sand track
racing, 舗装路レース cement track
racing, スピードウェイ・レース speedway,
山地レース mountain racing, 氷上レース
ice racing (ice speedway), スクランブル・
レース scramble racing, トライアル
trial, モト・クロス moto cross がある〉

24 sand track
サンド・トラック〈非舗装競走路〉
25 racing motorcyclist (rider)
オートバイ・レースの選手
26 leather overalls (leathers)
革製オーバーオール
27 racing motorcycle
競走用オートバイ〈1人乗り solo
machine〉
28 number (number plate)
ナンバー・プレート，番号板
29 sidecar combination on the bend
サイドカー・コンビネーション
30 sidecar
サイドカー
31 streamlined racing motorcycle
[500cc.]
流線型競走用オートバイ [500 cc.]
32 gymkhana
ジムカーナ〈操縦技術 skill を競う。ここでは
ジャンプをしている〉
33 cross-country race
クロス・カントリー・レース〈性能
performance をテストする〉
34-38 racing cars
競走用自動車，レーシング・カー
34 Formula One racing car (a mono
posto)
フォーミュラ・ワン（モノ・ポスト）
35 rear spoiler (aerofoil, (米) airfoil)
スポイラー，翼型
36 Formula Two racing car
フォーミュラ・ツー
37 Super-Vee racing car
スーパー・ブイ
38 prototype
試作モデル

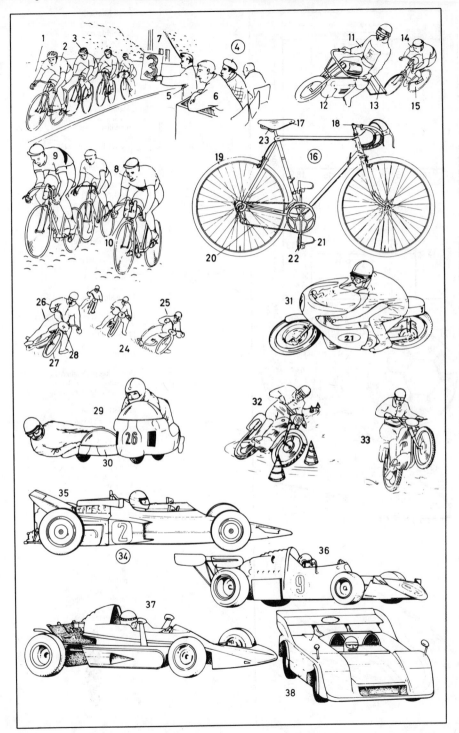

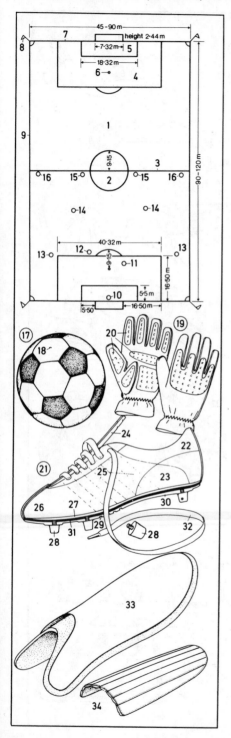

1-16 football pitch
　サッカー場, 蹴球(しゅうきゅう)場
1 field (park)
　競技場
2 centre ((米) center) circle
　センター・サークル
3 half-way line
　ハーフ・ウェイ・ライン
4 penalty area
　ペナルティ・エリア
5 goal area
　ゴール・エリア
6 penalty spot
　ペナルティ・スポット
7 goal line (by-line)
　ゴール・ライン
8 corner flag
　コーナー・フラッグ
9 touch line
　タッチ・ライン
10 goalkeeper
　ゴールキーパー
11 spare man
　スイーパー
12 inside defender
　フルバック（インサイド）
13 outside defender
　フルバック（アウトサイド）
14 midfield players
　ハーフ・バック
15 inside forward (striker)
　インナー
16 outside forward (winger)
　ウイング
17 football
　サッカー・ボール
18 valve
　バルブ
19 goalkeeper's gloves
　ゴールキーパーのグローブ
20 foam rubber padding
　フォーム・ラバーの詰め物
21 football boot
　サッカー・シューズ
22 leather lining
　革の裏地
23 counter
　カウンター
24 foam rubber tongue
　フォーム・ラバーの舌革
25 bands
　バンド
26 shaft
　シャフト
27 insole
　靴の中底
28 screw-in stud
　ねじ入りびょう
29 groove
　溝
30 nylon sole
　ナイロン靴底
31 inner sole
　内部靴底
32 lace (bootlace)
　靴ひも
33 football pad with ankle guard
　足首ガードつきすね当て
34 shin guard
　すね当て

35 goal
   ゴール
36 crossbar
   クロスバー
37 post (goalpost)
   ゴールポスト
38 goal kick
   ゴール・キック
39 save with the fists
   こぶしでパンチしてゴールを防ぐ
40 penalty (penalty kick)
   ペナルティ・キック
41 corner (corner kick)
   コーナー・キック
42 offside
   オフサイド
43 free kick
   フリー・キック
44 wall
   壁
45 bicycle kick (overhead bicycle kick)
   オーバーヘッド・キック
46 header
   ヘディング〔をしている選手〕
47 pass (passing the ball)
   パス
48 receiving the ball (taking a pass)
   レシーブ（ボールを受ける）
49 short pass (one-two)
   短いパス（ワン・ツー・パス）
50 foul (infringement)
   ファウル，反則
51 obstruction
   オブストラクション，妨害

52 dribble
   ドリブル
53 throw-in
   スロー・イン
54 substitute
   交代要員
55 coach
   コーチ
56 shirt (jersey)
   シャツ（ジャージー）
57 shorts
   ショートパンツ
58 sock (football sock)
   ソックス
59 linesman
   ラインズマン，線審
60 linesman's flag
   ラインズマンの旗
61 sending-off
   退場
62 referee
   レフェリー，主審
63 red card
   レッド・カード〈退場処分のとき。警告処分の
   場合はイエロー・カード yellow card が用い
   られる〉
64 centre ((米) center) flag
   センター・フラグ

1 **handball** (indoor handball)
ハンドボール（室内ハンドボール）
2 handball player
ハンドボールの選手〈フィールド・プレーヤー
field player の一人〉
3 attacker
攻撃者〈ジャンプ・スロー jump throw をしている〉
4 defender
守備者
5 penalty line
ペナルティ・ライン
6 **hockey**
ホッケー
7 goal
ゴール
8 goalkeeper
ゴールキーパー
9 pad (shin pad, knee pad)
パッド（すね当て，膝(ひざ)当て）
10 kicker
キッカー
11 face guard
フェース・ガード
12 glove
グローブ
13 hockey stick
ホッケー・スティック
14 hockey ball
ホッケー・ボール
15 hockey player
ホッケー・プレーヤー
16 striking circle
ストライキング・サークル
17 sideline
サイドライン
18 corner
コーナー
19 **rugby** (rugby football)
ラグビー（ラグビー・フットボール）
20 scrum (scrummage)
スクラム
21 rugby ball
ラグビー・ボール
22 **American football** ((米) football)
アメリカン・フットボール
23 football player (player) carrying the
ball
ボールを持っているフットボール・プレーヤー
24 helmet
ヘルメット
25 face guard
フェース・ガード
26 padded jersey
詰め物を入れたジャージー
27 ball (pigskin)
ボール
28 **basketball**
バスケットボール
29 basketball
バスケットボール用のボール
30 backboard
バックボード
31 basket posts
バスケット・ポスト
32 basket
バスケット
33 basket ring
バスケット・リング
34 target rectangle
標的矩形(くけい)
35 basketball player shooting
シュート中のバスケット・プレーヤー
36 end line
エンド・ライン

37 restricted area
制限区域
38 free-throw line
フリー・スロー・ライン
39 substitute
交代要員
40-69 **baseball**
野球，ベースボール
40-58 field (park)
野球場
40 spectator barrier
観客席
41 outfielder
外野手
42 short stop
ショート［ストップ］，遊撃手
43 second base
二塁
44 baseman
塁手〈ここでは，一塁手〉
45 runner
ランナー
46 first base
一塁
47 third base
三塁
48 foul line (base line)
ファウル・ライン（ベース・ライン）
49 pitcher's mound
ピッチャー・マウンド
50 pitcher
ピッチャー，投手
51 batter's position
バッター（打者）の位置
52 batter
バッター，打者
53 home base (home plate)
ホーム・ベース（ホーム・プレート）
54 catcher
キャッチャー，捕手
55 umpire
アンパイヤー，主審
56 coach's box
コーチャーズ・ボックス
57 coach
コーチ
58 batting order
バッティング・オーダー，打順
59-60 baseball gloves (baseball mitts)
野球グローブ
59 fielder's glove (fielder's mitt)
野手のグローブ
60 catcher's glove (catcher's mitt)
キャッチャー・ミット
61 baseball
野球ボール
62 bat
バット
63 batter at bat
バッター，打者
64 catcher
キャッチャー，捕手
65 umpire
アンパイヤー，主審
66 runner
ランナー，走者
67 base plate
ベース・プレート
68 pitcher
ピッチャー，投手
69 pitcher's mound
ピッチャー・マウンド
70-76 **cricket**
クリケット
70 wicket with bails
ウィケット，三柱門

71 back crease (bowling crease)
ボーリング・クリーズ，投手線
72 crease (batting crease)
クリーズ，打者の限界線
73 wicket keeper of the fielding side
ウィケット・キーパー（守備側の捕手）
74 batsman
打者，バットマン
75 bat (cricket bat)
バット
76 fielder (bowler)
野手
77-82 **croquet**
クロッケー
77 winning peg
ペッグ，杭(くい)
78 hoop
フープ，柱門
79 corner peg
コーナー・ペッグ
80 croquet player
クロッケー選手
81 croquet mallet
クロッケー・マレット，打球つち
82 croquet ball
クロッケー用のボール

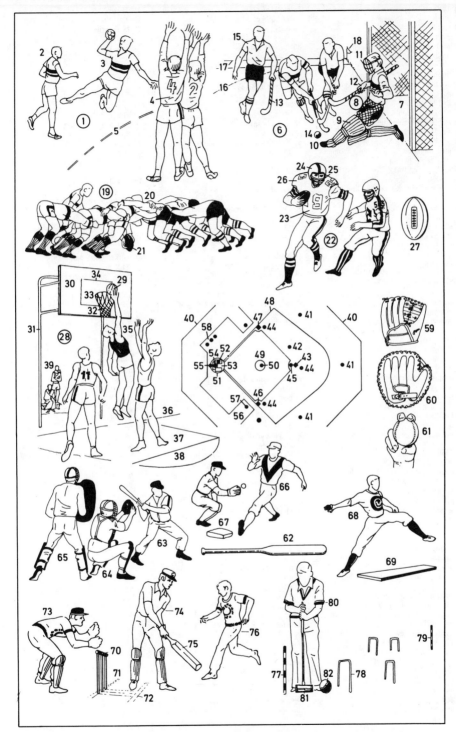

1-42 tennis
テニス

1 tennis court
テニス・コート

2 *to* 3 doubles sideline (sideline for doubles matches)
ダブルス用サイドライン〈男子ダブルス men's doubles, 女子ダブルス women's doubles, 混合ダブルス mixed doubles がある〉

3 *to* 10 base line
ベース・ライン

4 *to* 5 singles sideline (sideline for singles matches)
シングルス用サイドライン〈男子シングルス men's singles, 女子シングルス women's singles がある〉

6 *to* 7 service line
サービス・ライン

8 *to* 9 centre ((米) center) line
センター・ライン

11 centre ((米) center) mark
センター・マーク

12 service court
サービス・コート

13 net (tennis net)
ネット

14 net strap
ネット・ストラップ

15 net post
ネット・ポスト

16 tennis player
テニス選手

17 smash
スマッシュ

18 opponent
相手選手

19 umpire
アンパイヤー，主審

20 umpire's chair
審判台

21 umpire's microphone
アンパイヤー用マイクロフォン

22 ball boy
ボール・ボーイ

23 net-cord judge
ネット・アンパイヤ

24 foot-fault judge
フット・フォールト審判

25 centre ((米) center) line judge
センター・ライン審判

26 base line judge
ベース・ライン審判

27 service line judge
サービス・ライン審判

28 tennis ball
テニス・ボール

29 tennis racket (tennis racquet, racket, racquet)
テニス・ラケット

30 racket handle (racquet handle)
グリップ

31 strings (striking surface)
〔ラケットの〕ガット（打撃面）

32 press (racket press, racquet press)
ラケット・プレス

33 tightening screw
締め金

34 scoreboard
スコアボード，得点掲示板

35 results of sets
セットの成績

36 player's name
選手の名前

37 number of sets
セットの数

38 state of play
試合の得点

39 backhand stroke
バックハンド・ストローク

40 forehand stroke
フォアハンド・ストローク

41 volley (forehand volley at normal height)
ボレー（正常の高さでのフォアハンド・ボレー）

42 service
サービス

43-44 badminton
バドミントン

43 badminton racket (badminton racquet)
バドミントンのラケット

44 shuttle (shuttlecock)
シャトル（シャトルコック）

45-55 table tennis
卓球

45 table tennis racket (racquet) (table tennis bat)
卓球のラケット

46 racket (racquet) handle (bat handle)
ラケットの柄(え)

47 blade covering
ラバー

48 table tennis ball
卓球のボール

49 table tennis players
卓球選手〈ここでは，混合ダブルス mixed doubles〉

50 receiver
レシーバー

51 server
サーバー

52 table tennis table
卓球台

53 table tennis net
卓球ネット

54 centre ((米) center) line
サービス・ライン

55 sideline
サイドライン

56-71 volleyball
バレーボール，排球

56-57 correct placing of the hands
両手の正しい構え

58 volleyball
バレーボール用のボール

59 serving the volleyball
サーブ

60 blocker
ブロッカー

61 service area
サービス・エリア

62 server
サーバー

63 front-line player
前衛

64 attack area
アタック・エリア

65 attack line
アタック・ライン

66 defence ((米) defense) area
ディフェンス・エリア

67 referee
レフェリー，主審

68 umpire
アンパイヤー，副審

69 linesman
ラインズマン，線審

70 scoreboard
スコアボード，得点掲示板

71 scorer
スコアラー

72-78 faustball
ファウストボール

72 base line
ベース（サーブ）ライン

73 tape
テープ

74 faust ball
ファウストボール用のボール

75 forward
前衛

76 centre ((米) center)
センター

77 back
後衛

78 hammer blow
ハンマー打ち

79-93 golf
ゴルフ

79-82 course (golf course, holes)
コース（ゴルフ・コース）

79 teeing ground
ティー・グラウンド

80 rough
ラフ

81 bunker ((米) sand trap)
バンカー

82 green (putting green)
グリーン

83 golfer, driving
〈ドライブで打つ〉ゴルファー

84 follow-through
フォロー・スルー

85 golf trolley
ゴルフ・カート

86 putting (holing out)
パッティング

87 hole
ホール

88 flagstick
フラッグ

89 golf ball
ゴルフ・ボール

90 tee
ティー

91 wood
ウッド〈ドライバー driver の一つ。類似のものに，ブラッシー brassie (brassy, brassey) がある〉

92 iron
アイアン

93 putter
パター

SCORES SETS GAMES

6·3	BORG	2	4
4·6			
2·6	ASHE	2	1
7·5			

1-33 **fencing** (modern fencing)
フェンシング（近代フェンシング）
1-18 foil
フルーレ
1 fencing master (fencing instructor)
フェンシングの教師
2 piste
ピスト〈競技場〉
3 on guard line
構えの線
4 centre ((米) center) line
センター・ライン
5-6 fencers (foil fencers, foilsmen,
foilists) in a bout
試合中の剣士同士
5 attacker (attacking fencer) in
lunging position (lunging)
突きの姿勢をとる攻撃者
6 defender (defending fencer)
防御者〈ほこ先きをそらしている
parrying〉
7 straight thrust
正面の突き〈フェンシングの動きの一つ〉
8 parry of the tierce
第3のかわしの構え，ティエルス
9 line of fencing
フェンシングのライン
10 the three fencing measures [short,
medium, and long measure]
フェンシングの3単位［短，中間，長単位］
11 foil
先留めのついた練習用の剣〈攻撃武器
thrust weaponの一つ〉
12 fencing glove
フェンシングのグローブ（籠手(こて)）
13 fencing mask (foil mask)
マスク，面
14 neck flap (neck guard) on the
fencing mask
マスクの首フラップ（首ガード）
15 metallic jacket
金属ジャケット
16 fencing jacket
フェンシング着
17 heelless fencing shoes
かかとのないフェンシング靴
18 first position for fencer's salute
(initial position, on guard position)
試合前の挨拶(あいさつ)の基本姿勢
19-24 sabre ((米) saber) fencing
サーブル競技
19 sabreurs (sabre fencers, (米) saber
fencers)
サーブル競技者
20 (light) sabre ((米) saber)
〔軽い〕サーブル
21 sabre ((米) saber) glove (sabre
gauntlet)
サーブル用手袋
22 sabre ((米) saber) mask
サーブル用マスク
23 cut at head
頭打ち
24 parry of the fifth (quinte)
第5の構え（キント）
25-33 épée, with electrical scoring
equipment
エペ〈電気審判器つきの〉
25 épéeist
エペ競技者
26 electric épée
電気エペ〈電気フルーレ electric foilともい
う〉
27 épée point
エペのポイント

28 scoring lights
得点灯
29 spring-loaded wire spool
ばねを利用したワイヤー・スプール
30 indicator light
表示灯
31 wire
ワイヤー
32 electronic scoring equipment
電気審判器
33 on guard position
防御の構え
34-45 **fencing weapons**
フェンシング用の剣
34 light sabre ((米) saber)
軽いサーブル〈切突き両用の武器 cut and
thrust weaponの一つ〉
35 guard
ガード，柄(つか)
36 épée
エペ〈攻撃武器 thrust weaponの一つ〉
37 Frence foil
〈先留めのついた〉フランス式剣
38 guard (coquille)
〈さかずき状のつばのついた〉剣の護拳
39 Italian foil
〈先留めのついた〉イタリア式刀
40 foil pommel
柄頭(つかがしら)
41 handle
剣の柄
42 cross piece (quillons)
十字つば
43 guard (coquille)
剣のつば
44 blade
刃(やいば)
45 button
ボタン，先留め
46 engagements
アンガージマン〈剣の交差〉
47 quarte (carte) engagement
カルト〈第4の交差〉
48 tierce engagement
ティエルス〈第3の交差。第6の交差は，シ
クスト sixte engagementという〉
49 circling engagement
サークル・アンガージマン
50 seconde engagement
セコンド〈第2の交差。第8の交差は，オク
ターブ octave engagementという〉
51-53 target areas
標的部分
51 the whole body in épée fencing
(men)
〔男子〕エペ・フェンシングにおいての全身
52 head and upper body down to the
groin in sabre ((米) saber) fencing
(men)
〔男子〕サーブル・フェンシングにおいての頭部
と上半身から腰まで
53 trunk from the neck to the groin in
foil fencing (ladies and men)
フルーレ・フェンシングにおいての首から腰まで
の躯幹(くかん)

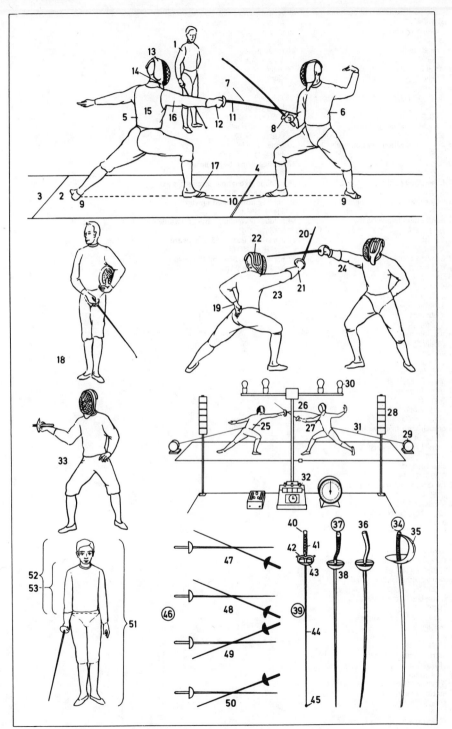

1 basic position (starting position)
基本姿勢
2 running posture
走る姿勢
3 side straddle
前後開脚
4 straddle (forward straddle)
開脚姿勢
5 toe stand
爪先(つまさき)立ち
6 crouch
全屈膝(くっしつ)
7 upright kneeling position
膝(ひざ)つき姿勢
8 kneeling position, seat on heels
正座
9 squat
膝立て姿勢
10 L seat (long sitting)
長座
11 tailor seat (sitting tailor-style)
安座
12 hurdle (hurdle position)
ハードル姿勢
13 V-seat
V字姿勢
14 forward split
前後開脚座
15 side split
全開脚座
16 L-support
L字型腕支持
17 V-support
V字型腕支持
18 straddle seat
開脚浮腰(ふよう)
19 bridge
ブリッジ
20 kneeling front support
ブリッジ (腕立て膝(ひざ)立て)
21 front support
腕立て伏せ
22 back support
腕立て仰臥(ぎょうが)
23 crouch with front support
蹲踞(そんきょ)姿勢
24 arched front support
逆V字姿勢
25 side support
側方支持姿勢
26 forearm stand (forearm balance)
前腕倒立
27 handstand
倒立, 腕立て倒立
28 headstand
三点倒立, 頭支持倒立
29 shoulder stand (shoulder balance)
肩倒立 (背面支持倒立)
30 forward horizontal stand (arabesque)
片脚後挙, 体前倒
31 rearward horizontal stand
片脚側挙, 体側倒
32 trunk-bending sideways
体側屈
33 trunk-bending forwards
体前倒
34 arch
体後屈
35 astride jump (butterfly)
伸身開脚跳び
36 tuck jump
閉脚抱込み跳び
37 astride jump
伸身開脚跳び
38 pike
屈身伸脚跳び

39 scissor jump
はさみとび
40 stag jump (stag leap)
雄ジカ跳び
41 running step
ランニング・ステップ
42 lunge
前脚出し
43 forward pace
爪先歩行
44 lying on back
仰臥(ぎょうが)姿勢
45 prone position
伏臥(ふくが)姿勢
46 lying on side
側臥姿勢
47 holding arms downwards
両腕体側
48 holding (extending) arms sideways
両腕体側水平挙げ
49 holding arms raised upward
両腕上方挙げ
50 holding (extending) arms forward
両腕前水平挙げ
51 arms held (extended) backward
両腕後水平挙げ
52 hands clasped behind the head
後頭部での両手組合せ

1-11 gymnastics apparatus in men's Olympic gymnastics
男子オリンピック体操の体操用〔器〕具
1 long horse (horse, vaulting horse)
跳馬
2 parallel bars
平行棒
3 bar
横木, バー
4 rings (stationary rings)
つり輪
5 pommel horse (side horse)
鞍馬(あんば)
6 pommel
〈鞍馬の〉取っ手
7 horizontal bar (high bar)
鉄棒
8 bar
棒, バー
9 upright
直立柱
10 stay wires
支えワイヤ
11 floor
床〈床面積 floor area は 12 m×12 m〉

12-21 auxiliary apparatus and apparatus for school and club gymnastics
補助器械と学校体操およびクラブ体操用器具
12 springboard (Reuther board)
踏切り板
13 landing mat
着地マット
14 bench
ベンチ
15 box
跳び箱
16 small box
小箱
17 buck
バック
18 mattress
マットレス
19 climbing rope (rope)
つり縄
20 wall bars
肋木(ろくぼく)
21 window ladder
窓ばしご

22-39 positions in relation to the apparatus
器具に対する位置
22 side, facing
横中向き
23 side, facing away
横外向き
24 end, facing
縦中向き
25 end, facing away
縦外向き
26 outside, facing
外側横向き
27 inside, facing
内側縦向き
28 front support
正面腕支持
29 back support
背面腕支持
30 straddle position
開脚姿勢
31 seated position outside
棒上横向き座位
32 riding seat outside
棒上縦向き片脚掛け

33 hang
懸垂
34 reverse hang
逆懸垂
35 hang with elbows bent
肘(ひじ)曲げ懸垂
36 piked reverse hang
えび型逆懸垂, 屈身逆懸垂
37 straight inverted hang
伸身逆懸垂
38 straight hang
直立懸垂, 腕支持
39 bent hang
肘曲げ懸垂, 屈腕での支持

40-46 grasps (kinds of grasp)
握り
40 overgrasp on the horizontal bar
順手
41 undergrasp on the horizontal bar
逆手
42 combined grasp on the horizontal bar
片逆手
43 cross grasp on the horizontal bar
交差
44 rotated grasp on the horizontal bar
大逆手
45 outside grip on the parallel bars
内手
46 rotated grasp on the parallel bars
外手
47 leather handstrap
プロテクター

48-60 exercises
体操
48 long-fly on the horse
跳馬の伸身跳越し
49 rise to straddle on the parallel bars
平行棒のカットオフ
50 crucifix on the rings
つり輪十字懸垂
51 scissors (scissors movement) on the pommel horse
鞍馬(あんば)の交差
52 legs raising into a handstand on the floor
閉脚伸腕屈身倒立
53 squat vault on the horse
跳馬のしゃがみ跳越し
54 double leg circle on the pommel horse
鞍馬上の両足旋回
55 hip circle backwards on the rings
つり輪の懸垂後振り
56 lever hang on the rings
つり輪の正面水平懸垂
57 rearward swing on the parallel bars
平行棒の腕支持後振り
58 forward kip into upper arm hang on the parallel bars
平行棒の懸垂振り出し
59 backward underswing on the horizontal bar
鉄棒の振り跳び
60 backward grand circle on the horizontal bar
鉄棒の後方車輪

61-63 gymnastics kit
体操服
61 singlet (vest, (米) undershirt)
アンダーシャツ
62 gym trousers
体操ズボン
63 gym shoes
体操靴

64 wristband
バンド, 手首バンド

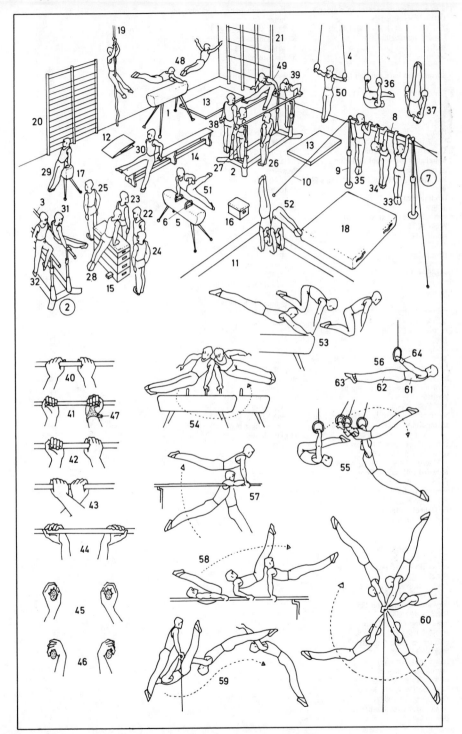

1-6 gymnastics apparatus in women's Olympic gymnastics
女子オリンピック体操の体操用〔器〕具

1 horse (vaulting horse)
跳馬

2 beam
平均台

3 asymmetric bars (uneven bars)
段違い平行棒

4 bar
横木, バー

5 stay wires
支えワイヤ

6 floor
床〈床面積 floor area は 12 m×12 m〉

7-14 auxiliary apparatus and apparatus for school and club gymnastics
補助器械と学校体操およびクラブ体操用器具

7 landing mat
着地マット

8 springboard (Reuther board)
踏切り板

9 small box
小箱

10 trampoline
トランポリン

11 sheet (web)
シーツ

12 frame
フレーム

13 rubber springs
ゴム・スプリング

14 springboard trampoline
踏切り板トランポリン, ミニトランポリン

15-32 apparatus exercises
器械体操

15 backward somersault
後方かかえ込み宙返り

16 spotting position (standing-in position)
補助位置

17 vertical backward somersault on the trampoline
トランポリン上の後方伸身宙返り

18 forward somersault on the springboard trampoline
トランポリン上の前方かかえ込み宙返り

19 forward roll on the floor
床の前方回転

20 long-fly to forward roll on the floor
床の跳込み前転

21 cartwheel on the beam
平均台の側方転回

22 handspring on the horse
跳馬の伸身腕立前方転回

23 backward walkover
後方ブリッジ

24 back flip (flik-flak) on the floor
床の後方倒立回転

25 free walkover forward on the floor
床の伸身前方宙返り

26 forward walkover on the floor
床の前方倒立回転

27 headspring on the floor
床の頭跳ね起き

28 upstart on the asymmetric bars
段違い平行棒の蹴(け)上り

29 free backward circle on the asymmetric bars
段違い平行棒の後方転回倒立

30 face vault over the horse
跳馬の正面向き横跳び

31 flank vault over the horse
跳馬の横跳び

32 back vault (rear vault) over the horse
跳馬の仰向(あおむき)跳び

33-50 gymnastics with hand apparatus
新体操, 手具体操

33 hand-to-hand throw
手から手へ投げる

34 gymnastic ball
体操ボール

35 high toss
ハイ・トス

36 bounce
バウンド

37 hand circling with two clubs
棍棒(こんぼう)の手回し

38 gymnastic club
体操用棍棒

39 swing
振り

40 tuck jump
タック・ジャンプ

41 bar
棒

42 skip
縄跳び

43 rope (skipping rope)
縄

44 criss-cross skip
交差跳び

45 skip through the hoop
輪跳び

46 gymnastic hoop
体操用の輪

47 hand circle
手円描き

48 serpent
蛇形状(じゃけいじょう)

49 gymnastic ribbon
体操用の布

50 spiral
渦巻曲線

51-52 gymnastics kit
体操用の服装

51 leotard
レオタード〈体操着〉

52 gym shoes
体操靴

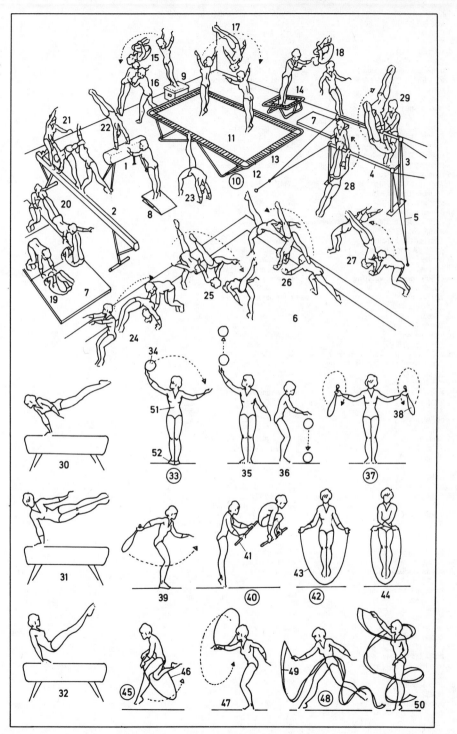

1-8 running
競走競技
1-6 start
スタート
1 starting block
スターティング・ブロック
2 adjustable block (pedal)
調整可能のブロック（ペダル）
3 start
スタート
4 crouch start
クラウチング・スタート
5 runner
ランナー〈図は，短距離選手 sprinter。他に，中距離選手 middle-distance
runner，長距離選手 long-distance
runner などがある〉
6 running track (track)
トラック〈細かい石炭殻を敷きつめたトラック cinder track，または人造トラック
synthetic track〉
7-8 hurdles (hurdle racing)
ハードル競走〈類似のものに，障害物競走
steeplechase がある〉
7 clearing the hurdle
クリア〈障害物を通過すること〉
8 hurdle
ハードル
9-41 jumping and vaulting
跳躍競技
9-27 high jump
走り高跳び
9 Fosbury flop (Fosbury, flop)
背面跳び
10 high jumper
走り高跳びの選手
11 body rotation (rotation on the body's
longitudinal and latitudinal axes)
体の回転
12 shoulder landing
肩着地
13 upright
スタンド，直立柱
14 bar (crossbar)
バー，横木
15 Eastern roll
イースタン・ロール
16 Western roll
ウェスタン・ロール
17 roll
はさみ跳び
18 rotation
回転
19 landing
着地
20 height scale
高度計
21 Eastern cut-off
イースタン・カット・オフ
22 scissors (scissor jump)
はさみ跳び
23 straddle (straddle jump)
ベリーロール
24 turn
巻込み回転
25 vertical free leg
垂直方向への振り上げ足
26 take-off
跳躍の踏切り
27 free leg
振り上げ足
28-36 pole vault
棒高跳び
28 pole (vaulting pole)
ポール

29 pole vaulter (vaulter) in the pull-up
phase
急上昇位置の棒高跳び選手
30 swing
振り上げ
31 crossing the bar
バーを越える
32 high jump apparatus (high jump
equipment)
走り高跳び用具
33 upright
スタンド，直立柱
34 bar (crossbar)
バー，横木
35 box
ボックス
36 landing area (landing pad)
着地エリア（着地マット）
37-41 long jump
幅跳び
37 take-off
踏切り
38 take-off board
踏切り板
39 landing area
着地エリア，砂場
40 hitch-kick
はさみ跳び
41 hang
そり跳び
42-47 hammer throw
ハンマー投げ
42 hammer
ハンマー
43 hammer head
ハンマーの頭
44 handle
ハンマーの柄(え)
45 grip
握り
46 holding the grip
握りをつかむ
47 glove
グローブ
48 shot put
砲丸投げ
49 shot (weight)
砲丸
50 O'Brien technique
オーブリエン投法
51-53 javelin throw
槍(やり)投げ
51 grip with thumb and index finger
親指と人指し指を使った握り
52 grip with thumb and middle finger
親指と中指を使った握り
53 horseshoe grip
馬蹄形(ばていけい)握り
54 binding
ビンディング

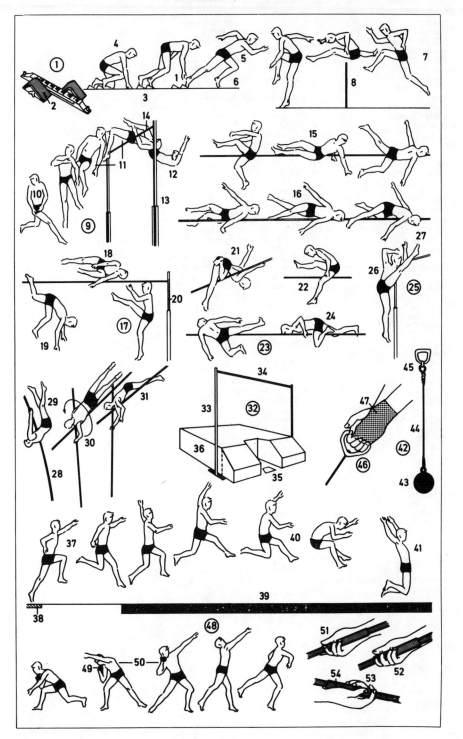

1-5 weightlifting
重量挙げ

1 squat-style snatch
蹲踞式(そんきょしき)スナッチ

2 weightlifter
重量挙げ選手

3 disc (disk) barbell
円形のバーベル

4 jerk with split
開脚ジャーク

5 maintained lift
重量持ち上げ持続

6-12 wrestling
レスリング

6-9 Greco-Roman wrestling
グレコ・ローマン・スタイル・レスリング

6 standing wrestling (wrestling in standing position)
立ち技

7 wrestler
レスラー, レスリング選手

8 on-the-ground wrestling
寝技〈このまま技がかけられない場合レフェリーのジャッジ the referee's position がくだされ, 立ち技にもどる〉

9 bridge
ブリッジ

10-12 freestyle wrestling
フリースタイル・レスリング

10 bar arm (arm bar) with grapevine
グレープバイン(ブドウのツル)状の棒腕

11 double leg lock
ダブル足固め

12 wrestling mat (mat)
レスリング用マット

13-17 judo
柔道〈同種のものに, 柔術 ju-jitsu, jiu jitsu, ju-jutsu〉

13 drawing the opponent off balance to the right and forward
崩し〈相手を右前方へバランスを崩しながら引く姿勢〉

14 judoka (judoist)
柔道家

15 coloured ((米) colored) belt
色帯〈段・級のしるし symbol of Dan grade として〉

16 referee
審判

17 judo throw
柔道の投げ

18-19 karate
空手

18 karateka
空手家

19 side thrust kick
横突き蹴(け)り〈蹴り技 kicking technique の一つ〉

20-50 boxing (boxing match)
ボクシング, 拳闘(けんとう)(拳闘試合)

20-24 training apparatus (training equipment)
練習用具

20 spring-supported punch ball
スプリングつきパンチ・ボール

21 punch bag ((米) punching bag)
パンチ・バッグ

22 speed ball
スピード・ボール

23 suspended punch ball
つりパンチ・ボール

24 punch ball
パンチ・ボール

25 boxer
ボクサー, 拳闘選手〈アマチュア・ボクサー amateur boxer (boxes in a singlet, vest, (米) undershirt), またはプロ・ボクサー professional boxer (boxes without singlet) をいう〉

26 boxing glove
拳闘用グローブ

27 sparring partner
スパーリング・パートナー, 練習相手

28 straight punch (straight blow)
ストレート・パンチ (ストレート・ブロー)

29 ducking and sidestepping
ダッキング〈上体を前にかがめ, から打ちさせる〉とサイドステッピング

30 headguard
ヘッドガード

31 infighting
インファイト〈相手の内側にくぐり込んでたたかう。ここでは, クリンチ clinch〉

32 uppercut
アッパーカット

33 hook to the head
頭へのフック〈ここでは, 右フック right hook〉

34 punch below the belt
ロー・ブロー〈ベルトより下への打撃。反則パンチ foul punch (illegal punch, foul) の一つ〉

35-50 boxing match (boxing contest)
拳闘試合〈選手権試合は title fight (title bout)という〉

35 boxing ring (ring)
ボクシング・リング, 拳闘リング

36 ropes
ロープ

37 stay wire (stay rope)
支えワイヤ

38 neutral corner
ニュートラル・コーナー

39 winner
勝者

40 loser by a knockout
ノックアウトされた敗者

41 referee
レフェリー, 主審

42 counting out
カウント・アウト

43 judge
ジャッジ, 審判員

44 second
セコンド〈介添人(かいぞえにん)〉

45 manager
マネージャー

46 gong
ゴング

47 timekeeper
タイムキーパー (計時員)

48 record keeper
記録係

49 press photographer
報道カメラマン

50 sports reporter (reporter)
スポーツ記者

1-57 mountaineering (mountain climbing, Alpinism)
登山 (山登り, アルピニズム)
1 hut (Alpine Club hut, mountain hut, base)
小屋, ヒュッテ (登山クラブの小屋, 山小屋, 基地)
2-13 climbing (rock climbing) [rock climbing technique]
登攀(とうはん)(岩登り) [岩登り技術]
2 rock face (rock wall)
岩場 (岩壁, フェス)
3 fissure (vertical, horizontal, or diagonal fissure)
裂け目 (垂直, 水平, または対角の裂け目)
4 ledge (rock ledge, grass ledge, scree ledge, snow ledge, ice ledge)
棚 (岩棚, 草棚, がれ[場]棚, 雪棚, 氷棚)
5 mountaineer (climber, mountain climber, Alpinist)
登山家 (登攀者, 登山者, アルピニスト)
6 anorak (high-altitude anorak, snowshirt, padded jacket)
アノラック
7 breeches (climbing breeches)
半ズボン (登攀用半ズボン)
8 chimney
チムニー〈岩壁にできた縦の裂け目〉
9 belay (spike, rock spike)
ビレー, 確保地点 (岩の突起, 岩角)
10 belay
ビレー, ザイルの確保
11 rope sling (sling)
ロープ・スリング (捨て索(なわ))
12 rope
ロープ, ザイル
13 spur
靴釘(くつくぎ)
14-21 snow and ice climbing [snow and ice climbing technique]
氷雪登攀 [氷雪登攀技術]
14 ice slope (firn slope)
氷斜面 (氷雪斜面)
15 snow and ice climber
氷雪登攀者
16 ice axe ((米) ax)
ピッケル
17 step (ice step)
足場切り (氷斜面の足場切り)
18 snow goggles
ゴーグル
19 hood (anorak hood)
フード, 頭巾(ずきん) (アノラックのフード)
20 cornice (snow cornice)
雪庇(せっぴ)
21 ridge (ice ridge)
山稜(さんりょう) (氷の山稜)
22-27 rope (roped party)
ロープ (ロープで結び合ったパーティー)
22 glacier
氷河
23 crevasse
クレバス, 裂け目
24 snow bridge
スノー・ブリッジ
25 leader
リーダー
26 second man (belayer)
2番目の人 (ザイルを確保する人)
27 third man (non-belayer)
3番目の人 (ザイルを確保していない人)
28-30 roping down (abseiling, rapelling)
ロープを用いた懸垂下降
28 abseil sling
アブザイレン・スリング

29 sling seat
スリング・シート
30 Dülfer seat
ドルフェル・シート
31-57 mountaineering equipment
(climbing equipment, snow and ice climbing equipment)
登山用具, 登攀用具
31 ice axe ((米) ax)
ピッケル
32 wrist sling
[リスト] バンド
33 pick
ピック
34 adze ((米) adz)
手おの
35 karabiner hole
カラビナ, ばねリング穴
36 short-shafted ice axe ((米) ax)
短柄(たんぺい)ピッケル
37 hammer axe ((米) ax)
ハンマーおの
38 general-purpose piton
多目的ハーケン (ピトン)
39 abseil piton (ringed piton)
アブザイレン・ハーケン
40 ice piton (semi-tubular screw ice piton, corkscrew piton)
アイス・ハーケン (氷釘(ひょうてい))
41 drive-in ice piton
ドライブ・イン式アイス・ハーケン (氷釘)
42 mountaineering boot
登山靴
43 corrugated sole
波形靴底
44 climbing boot
登攀靴
45 roughened stiff rubber upper
ざらざらした堅いゴム甲革(こうかく)
46 karabiner
カラビナ, ばねリング
47 screwgate
スクリューゲイト
48 crampons (lightweight crampons, twelve-point crampons, ten-point crampons)
アイゼン (軽アイゼン, 12ポイント・アイゼン, 10ポイント・アイゼン)
49 front points
前端金
50 point guards
ポイント・ガード
51 crampon strap
アイゼン・バンド
52 crampon cable fastener
アイゼン・ケーブル締め具
53 safety helmet (protective helmet)
安全ヘルメット
54 helmet lamp
ヘルメット灯
55 snow gaiters
雪ゲートル
56 climbing harness
登攀ハーネス, 背負い革
57 sit harness
着席ハーネス

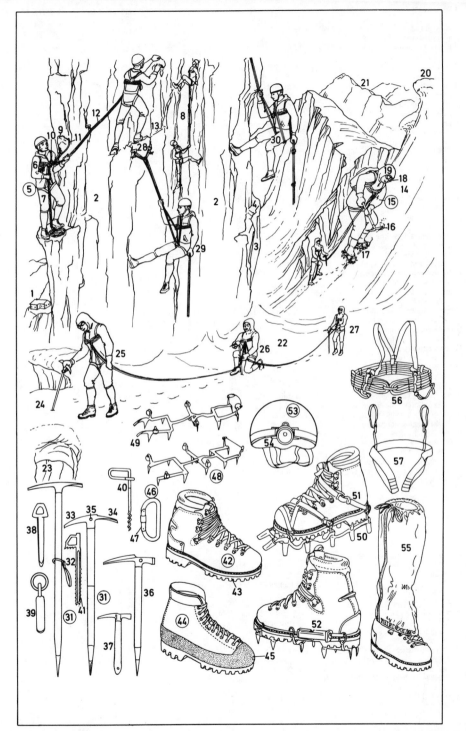

1-72 skiing
スキー
1 compact ski
〈一般向きのコンパクトな〉スキー
2 safety binding (release binding)
ビンディング
3 strap
流れ止め
4 steel edge
エッジ
5 ski stick (ski pole)
ストック
6 grip
グリップ
7 loop
手革
8 basket
〈ストックの〉リング
9 ladies' one-piece ski suit
婦人用ワンピース・スキー・スーツ
10 skiing cap (ski cap)
スキー帽
11 skiing goggles
ゴーグル
12 cemented sole skiing boot
セメント靴底スキー靴
13 crash helmet
〈事故防止用〉ヘルメット
14-20 cross-country equipment
クロス・カントリー(距離競技)装備
14 cross-country ski
クロス・カントリー・スキー
15 cross-country rat trap binding
クロス・カントリー・ビンディング
16 cross-country boot
クロス・カントリー用の靴
17 cross-country gear
クロス・カントリー用の服
18 peaked cap
ひさしのある帽子
19 sunglasses
サングラス〈日よけ(色)めがね〉
20 cross-country poles made of bamboo
クロス・カントリー用の竹製のストック
21-24 ski-waxing equipment
スキー・ワックス用具
21 ski wax
スキー用ワックス
22 waxing iron (blowlamp, blowtorch)
ワックス用アイロン（小型発炎装置）
23 waxing cork
ワックス・コルク
24 wax scraper
ワックス・スクレーパー，ワックス落し
25 downhill racing pole
滑降競技用ストック
26 herringbone, for climbing a slope
開脚登行〈斜面登行のため〉
27 sidestep, for climbing a slope
段階登行〈斜面登行のため〉
28 ski bag
スキー・バッグ
29 slalom
スラローム，回転競技
30 gate pole
旗門
31 racing suit
スキー競技用スーツ
32 downhill racing
滑降競技
33 'egg' position
卵形姿勢〈理想的な滑降競走 downhill racing 姿勢〉
34 downhill ski
滑降用スキー

35 ski jumping
ジャンプ競技
36 lean forward
前傾姿勢
37 number
ナンバー
38 ski jumping ski
ジャンプ用スキー
39 grooves
溝〈溝は 3-5 本ある〉
40 cable binding
ケーブル・ビンディング
41 ski jumping boots
ジャンプ用スキー靴
42 cross-country
クロス・カントリー競技，距離競技
43 cross-country stretch-suit
クロス・カントリー競技用ストレッチ・スーツ
44 course
コース
45 course-marking flag
コース標識旗
46 layers of a modern ski
現代スキーの構造
47 special core
特殊心棒
48 laminates
積層物
49 stabilizing layer (stabilizer)
安定板
50 steel edge
〔スティール〕エッジ
51 aluminium ((米) aluminum) upper edge
アルミニウム製の上層エッジ
52 synthetic bottom (artificial bottom)
合成底（人造底）
53 safety jet
安全筒
54-56 parts of the binding
ビンディングの部品
54 automatic heel unit
自動かかと装置
55 toe unit
前金具(かなぐ)装置
56 ski stop
ストッパー〈スキー停止装置〉
57-63 ski lift
スキー・リフト
57 double chair lift
2 人乗りリフト
58 safety bar with footrest
足台つき安全棒
59 ski lift
スキー・リフト，T バー・リフト
60 track
わだち，トラック
61 hook
T バー
62 automatic cable pulley
自動ケーブル滑車
63 haulage cable
引張りケーブル
64 slalom
スラローム競技，回転競技
65 open gate
オープン・ゲート
66 closed vertical gate
クローズド・ゲート
67 open vertical gate
垂直オープン・ゲート
68 transversal chicane
トランスバーサル
69 hairpin
ヘアピン

70 elbow
エルボウ
71 corridor
コリドール
72 Allais chicane
アライス

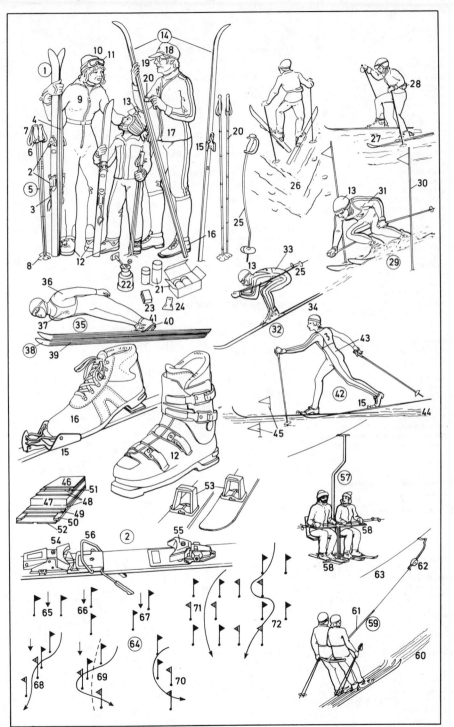

1-26 ice skating
アイス・スケート
1 ice skater
アイス・スケーター〈ここでは，ソロ・スケーター
solo skater〉
2 tracing leg
滑走している足
3 free leg
自由な足，浮き足
4 pair skaters
ペア・スケーター
5 death spiral
デス・スパイラル
6 pivot
ピボット
7 stag jump (stag leap)
雄ジカ跳び
8 jump-sit-spin
ジャンプ・シット・スピン
9 upright spin
スピン〈直立回転〉
10 holding the foot
足つかみ
11-19 compulsory figures
コンパルソリー
11 curve eight
サークル・エイト
12 change
チェンジ
13 three
スリー，3字型
14 double-three
ダブル・スリー，3字複合型
15 loop
ループ
16 change-loop
チェンジ・ループ
17 bracket
ブラケット
18 counter
カウンター
19 rocker
ロッカー
20-25 ice skates
アイス・スケート
20 speed skating set (speed skate)
スピード・スケート・セット (スピード用スケー
ト)
21 edge
エッジ
22 hollow grinding (hollow ridge,
concave ridge)
底に凹線のあるスケート靴
23 ice hockey set (ice hockey skate)
アイス・ホッケー・セット (アイス・ホッケー用ス
ケート)
24 ice skating boot
アイス・スケート靴
25 skate guard
スケート・ガード
26 speed skater
スピード・スケート選手
27-28 skate sailing
氷上ヨット
27 skate sailor
スケート・セーラー
28 hand sail
手で操作する氷上ヨット
29-37 ice hockey
アイス・ホッケー
29 ice hockey player
アイス・ホッケー競技者
30 ice hockey stick
アイス・ホッケーのスティック
31 stick handle
スティックの柄(え)

32 stick blade
スティックのブレード〈球を打つ面〉
33 shin pad
すね当て
34 headgear (protective helmet)
ヘッドギヤ (保護ヘルメット)
35 puck
パック〈硫化ゴム製平円板 vulcanized
rubber disc (disk) の一つ〉
36 goalkeeper
ゴール・キーパー
37 goal
ゴール
38-40 ice-stick shooting (Bavarian
curling)
アイス・スティック・シューティング (バイエル
ン・カーリング)
38 ice-stick shooter (Bavarian curler)
アイス・スティック・シューティングをする人
39 ice stick
アイス・スティック
40 block
ブロック
41-43 curling
カーリング
41 curler
カーリングをする人
42 curling stone (granite)
カーリング用の石
43 curling brush (curling broom, besom)
カーリング・ブラシ
44-46 ice yachting (iceboating, ice
sailing)
氷上ヨット遊び
44 ice yacht (iceboat)
氷上ヨット (アイスボート)
45 steering runner
氷上ヨットの滑り木
46 outrigged runner
アウトリガー滑り木

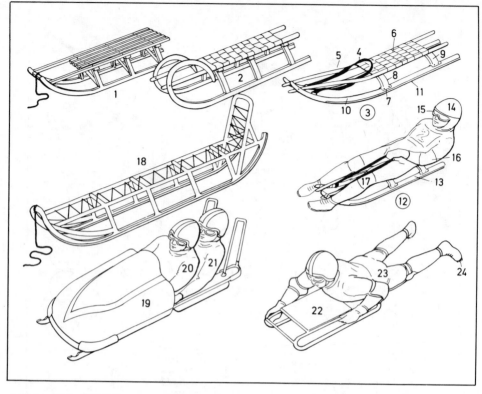

1 toboggan (sledge, (米) sled)
　リュージュ (トボガン) 〈平底のそり〉
2 toboggan (sledge, (米) sled) with
　seat of plaid straps
　革ひもが格子状になった座席のあるリュー
　ジュ (トボガン)
3 junior luge toboggan (junior luge,
　junior toboggan)
　年少者用リュージュ (年少者用トボガン)
4 rein
　手綱(たづな)
5 bar (strut)
　横木
6 seat
　座席
7 bracket
　腕木, ブラケット
8 front prop
　前部支柱
9 rear prop
　後部支柱
10 movable runner
　可動滑り木
11 metal face
　金属面
12 luge tobogganer
　リュージュ滑走者
13 luge toboggan (luge, toboggan)
　リュージュ
14 crash helmet
　ヘルメット
15 goggles
　ゴーグル

16 elbow pad
　肘(ひじ)当て
17 knee pad
　膝(ひざ)当て
18 Nansen sledge
　ナンセン型のそり〈極地そり polar sledge
　の一つ〉
19-21 bobsleigh (bobsledding)
　ボブスレー
19 bobsleigh (bobsled)
　ボブスレー〈2人用ボブスレー two-man
　bobsleigh (boblet) の一つ〉
20 steersman
　操縦者
21 brakeman
　制動手
22-24 skeleton tobogganing (Cresta
　tobogganing)
　スケレトン (クレスタ・トボガン)
22 skeleton (skeleton toboggan)
　スケレトン〈低い競技用そり〉
23 skeleton rider
　スケレトン滑走者
24 rake
　レーキ〈制動 braking と操縦 steering の
　ために使う〉

1 avalanche (snow avalanche, (米)
   snowslide)
   なだれ (雪崩) 〈風なだれ wind
   avalanche, 表層なだれ ground
   avalanche などがある〉
2 avalanche wall
   なだれの防壁 〈偏向防壁 deflecting wall
   (diverting wall) の一つ。類似のものに, な
   だれくさび avalanche wedge がある〉
3 avalanche gallery
   なだれよけの通路
4 snowfall
   吹雪
5 snowdrift
   雪の吹きだまり
6 snow fence
   防雪垣
7 avalanche forest [planted as
   protection against avalanches]
   なだれ山林 [なだれ防止のために植えた]
8 street-cleaning lorry (street cleaner)
   道路清掃車
9 snow plough ((米) snowplow)
   attachment
   除雪装置
10 snow chain (skid chain, tyre chain,
   (米) tire chain)
   スノー・チェーン, 滑り止めのチェーン
11 radiator bonnet ((米) radiator hood)
   冷却器のボンネット
12 radiator shutter and shutter opening
   (louvre shutter)
   冷却器のシャッター

13 snowman
   雪だるま
14 snowball fight
   雪合戦
15 snowball
   雪の玉, 雪つぶて
16 ski bob
   スキー・ボブ
17 slide
   滑走路
18 boy, sliding
   スケートをする少年
19 icy surface (icy ground)
   氷で滑る地面
20 snow-covered roof
   雪に覆われた屋根
21 icicle
   つらら (氷柱)
22 man clearing snow
   除雪をする人
23 snow push (snow shovel)
   除雪シャベル
24 heap of snow
   雪の堆積(たいせき)
25 horse-drawn sleigh (horse sleigh)
   馬そり
26 sleigh bells (bells, set of bells)
   そりの鈴
27 foot muff ((米) foot bag)
   保温用の足覆い
28 earmuff
   耳覆い

29 handsledge (tread sledge)
   いすぞり 〈類似のものに, 手押しぞり push
   sledge がある〉
30 slush
   雪解け道

1-13 skittles
九柱戯〈木製の球・円盤で9本のピンを倒すゲーム〉

1-11 skittle frame
ピンの並べ方

1 front pin (front)
前面ピン

2 left front second pin (left front second)
左前面2番ピン

3 running three [left]
ランニング3［左］

4 right front second pin (right front second)
右前面2番ピン

5 running three [right]
ランニング3［右］

6 left corner pin (left corner)
左隅ピン〈隅ピン corner (copper) の一つ〉

7 landlord
中央ピン

8 right corner pin (right corner)
右隅ピン〈隅ピン corner (copper) の一つ〉

9 back left second pin (back left second)
後面左2番ピン

10 back right second pin (back right second)
後面右2番ピン

11 back pin (back)
後面ピン

12 pin
ピン

13 landlord
中央ピン

14-20 tenpin bowling
テンピン・ボーリング

14 frame
フレーム

15 bowling ball (ball with finger holes)
ボウリング・ボール

16 finger hole
指穴

17-20 deliveries
ボールの投げ方，投球法

17 straight ball
ストレート・ボール

18 hook ball (hook)
フック・ボール

19 curve
カーブ

20 back-up ball (back-up)
バック・アップ・ボール

21 boules
ブール遊び〈類似のものに，イタリアのボッキア boccie，グリーン・ボール green bowls (bowls) がある〉

22 boules player
ブール遊びをする人

23 jack (target jack)
標的の小球

24 grooved boule
溝のついたボール

25 group of players
競技者たち

26 rifle shooting
ライフル射撃

27-29 shooting positions
射撃姿勢

27 standing position
立射

28 kneeling position
膝射 (しっしゃ)

29 prone position
伏射 (ふくしゃ)

30-33 targets
標的

30 target for 50 m events (50 m target)
50 m試合用標的 (50 m標的)

31 circle
円

32 target for 100 m events (100 m target)
100 m試合用標的

33 bobbing target (turning target, running-boar target)
動く標的 (回転標的，疾走しているイノシシ標的)

34-39 ammunition
弾薬

34 air rifle cartridge
空気銃の薬包

35 rimfire cartridge for zimmerstutzen (indoor target rifle)
周縁起爆式弾薬筒〈小口径ドイツ式単発ライフル smallbore German single-shot rifle など，室内射撃ライフル用〉

36 case head
ケース・ヘッド

37 caseless round
ケースレス・ラウンド

38 .22 long rifle cartridge
.22 長銃弾薬筒

39 .222 Remington cartridge
.222 レミントン弾薬筒

40-49 sporting rifles
スポーツ用ライフル銃

40 air rifle
エア・ライフル

41 optical sight
照準器

42 front sight (foresight)
照星

43 smallbore standard rifle
標準型小口径ライフル

44 international smallbore free rifle
小口径フリー・ライフル

45 palm rest for standing position
立ち姿勢の掌部支え

46 butt plate with hook
ホックつき床尾板 (しょうびばん)

47 butt with thumb hole
親指ホールのある床尾

48 smallbore rifle for bobbing target (turning target)
動く標的用スモールボア・ライフル

49 telescopic sight (riflescope, telescope sight)
望遠照尺

50 optical ring sight
光学環照準具

51 optical ring and bead sight
光学環と照星照準具

52-66 archery (target archery)
アーチェリー

52 shot
発射

53 archer
射手

54 competition bow
試合用弓

55 riser
ライザー

56 point-of-aim mark
照準マーク

57 grip (handle)
柄 (え)

58 stabilizer
安定器，スタビライザー

59 bow string (string)
弦

60 arrow
矢

61 pile (point) of the arrow
矢先

62 fletching
矢羽根

63 nock
矢筈 (やはず)

64 shaft
矢柄 (やがら)

65 cresting
装飾冠

66 target
標的

67 Basque game of pelota (jai alai)
ペロタ〈バスク人のゲーム〉

68 pelota player
ペロタをする人

69 wicker basket (cesta)
セスタ

70-78 skeet (skeet shooting)
スキート射撃〈クレー射撃 clay pigeon shooting の一種〉

70 skeet over-and-under shotgun
スキート射撃用2連銃

71 muzzle with skeet choke
絞りつき銃口

72 ready position on call
待機姿勢

73 firing position
射撃姿勢

74 shooting range
射撃場

75 high house
ハイ・ハウス

76 low house
ロー・ハウス

77 target's path
標的の進路

78 shooting station (shooting box)
射台

79 aero wheel
フープ

80 handle
取っ手

81 footrest
足掛け

82 go-karting (karting)
ゴー・カート競走

83 go-kart (kart)
ゴー・カート

84 number plate (number)
ナンバー・プレート

85 pedals
ペダル

86 pneumatic tyre ((米) tire)
空気入りタイヤ

87 petrol tank ((米) gasoline tank)
ガソリン・タンク

88 frame
車枠

89 steering wheel
ハンドル

90 bucket seat
バケット・シート

91 protective bulkhead
保護隔壁

92 two-stroke engine
ツー・ストローク・エンジン

93 silencer ((米) muffler)
消音器，サイレンサー

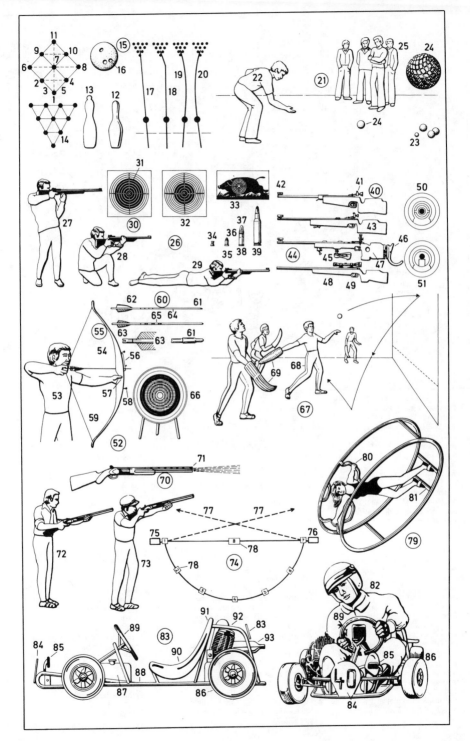

1-48 **masked ball** (masquerade, fancy-dress ball)
仮装舞踏会
1 ballroom
舞踏場
2 dance band
楽団
3 dance band musician
バンドの楽士
4 paper lantern
ちょうちん
5 festoon (string of decorations)
花綵（はなづな）
6-48 disguise (fancy dress) at the masquerade
仮装舞踏会の仮装
6 witch
魔女
7 mask
仮面
8 fur trapper (trapper)
わなをかける猟師
9 Apache girl
アパッチ族の女
10 net stocking
網目の靴下
11 first prize in the tombola (raffle)
トンボラ（福引き）の特賞〈賞品の詰めかご
hamper〉
12 pierette
女ピエロ
13 half mask (domino)
半仮面（ドミノ仮面）

14 devil
悪魔
15 domino
ドミノ仮装衣
16 hula-hula girl (Hawaii girl)
ハワイの娘
17 garland
レイ
18 grass skirt (hula skirt)
腰みの（フラ・スカート）
19 pierrot
ピエロ
20 ruff
ひだ襟
21 midinette
パリのお針子
22 Biedermeier dress
ビーダーマイヤー風のドレス
23 poke bonnet
ポーク・ボンネット
24 décolletage with beauty spot
デコルタージュのドレスとつけぼくろ
25 bayadère (Hindu dancing girl)
インドの舞姫
26 grandee
スペインの大公
27 Columbine
コロンビーナ〈イタリア喜劇の半仮面の女〉
28 maharaja (maharajah)
インドの大君
29 mandarin
官僚〈中国の役人 Chinese dignitary〉
30 exotic girl (exotic)
異国の女

31 cowboy
カウボーイ〈類似のものに、南米のガウチョ
gaucho (vaquero) がある〉
32 vamp, in fancy dress
〈とっぴな仮装の〉男たらし
33 dandy (fop)
しゃれ者
34 rosette
ローゼット、バラ形装飾
35 harlequin
ハーレキン〈道化役〉
36 gipsy (gypsy) girl
ジプシー女
37 cocotte
売春婦〈同種の表現に、淫売婦（いんばいふ）
demi-monde, demi-mondaine, いかがわ
しい女 demi-rep という〉
38 owl-glass
〈フクロウの仮装をした〉道化者〈道化師は、
fool (jester, buffoon)〉
39 foolscap (jester's cap and bells)
道化帽（鈴つき帽）
40 rattle
〈おもちゃの〉がらがら
41 odalisque, Eastern female slave in
Sultan's seraglio
オダリスク〈サルタンの後宮にはべる近東の
女奴隷〉
42 chalwar (pantaloons)
パンタロン
43 pirate (buccaneer)
海賊（かいぞく）
44 tattoo
入れ墨

45 paper hat
　紙帽子
46 false nose
　つけ鼻
47 clapper (rattle)
　鳴子（がらがら）
48 slapstick
　〈道化の〉打ちべら
49-54 fireworks
　花火類
49 percussion cap
　かんしゃく玉
50 cracker
　爆竹
51 banger
　かんしゃく玉
52 jumping jack
　とびはね花火
53 cannon cracker (maroon, marroon)
　大型の爆竹
54 rocket
　ロケット花火
55 paper ball
　紙玉
56 jack-in-the-box
　びっくり箱
57-70 carnival procession
　カーニバルの行列
57 carnival float (carnival truck)
　カーニバルの山車
58 King Carnival
　カーニバルの王者
59 bauble (fool's sceptre, 《米》 scepter)
　権標(けんぴょう)（道化師のもつ棒）

60 fool's badge
　道化師のバッジ
61 Queen Carnival
　カーニバルの女王
62 confetti
　紙ふぶき
63 giant
　大男
64 beauty queen
　美の女王
65 fairy-tale figure
　童話の人物
66 paper streamer
　紙テープ
67 majorette
　バトンガール
68 king's guard
　王のガード
69 buffoon
　道化師 〈道化役者 clown の一人〉
70 lansquenet's drum
　傭兵(ようへい)の太鼓

1-63 travelling (《米》traveling) circus
巡業サーカス
1 circus tent (big top)
サーカスの天幕〈ここでは，4本マストのテント four-pole tent〉
2 tent pole
天幕のマスト
3 spotlight
スポットライト
4 lighting technician
照明係
5 trapeze platform
トラペーズの足場
6 trapeze
トラペーツ，ブランコ
7 trapeze artist
空中曲芸師
8 rope ladder
縄ばしご
9 bandstand
バンドボックス
10 circus band
サーカス・バンド
11 ring entrance (arena entrance)
リング入口 (アリーナ入口)
12 wings
騎乗場
13 tent prop (prop)
支柱
14 safety net
安全網
15 seats for the spectators
観客席

16 circus box
ボックス，桟敷席(さじきせき)
17 circus manager
サーカス団長
18 agent
芸能エージェント
19 entrance and exit
出入口
20 steps
階段入口
21 ring (arena)
リング (アリーナ)
22 ring fence
リングの囲い
23 musical clown (clown)
道化楽士
24 clown
道化師，クラウン
25 comic turn (clown act)
喜劇風の演(だ)し物〈サーカスの演し物 circus act の一つ〉
26 circus riders (bareback riders)
曲馬師
27 ring attendant
演技場員〈道具方 circus attendant の一人〉
28 pyramid
ピラミッド
29 support
支え役
30-31 performance by liberty horses
馬の調教

30 circus horse, performing the levade (pesade)
レバーデをしている馬
31 ringmaster
調教師
32 vaulter
巻乗り曲馬師
33 emergency exit
非常口
34 caravan (circus caravan, 《米》 trailer)
キャラバン (サーカス・キャラバン，トレーラー)
35 springboard acrobat (springboard artist)
跳ね板曲芸師
36 springboard
跳ね板
37 knife thrower
ナイフ曲投げ師
38 circus marksman
曲射手師
39 assistant
助手
40 tightrope dancer
女綱渡り師
41 tightrope
ワイヤ・ロープ
42 balancing pole
バランス・ポール
43 throwing act
投げ合い番組

534

44 balancing act
バランス曲芸, 軽業
45 support
支え役
46 pole (bamboo pole)
ポール (竹竿(たけざお))
47 acrobat
曲芸師, 軽業師
48 equilibrist (balancer)
バランス曲芸師
49 wild animal cage
猛獣のおり〈ここでは, 円形のおり round
cage〉
50 bars of the cage
猛獣のおりの格子
51 passage (barred passage, passage for
the wild animals)
猛獣の通路 (柵(さく)囲い通路)
52 tamer (wild animal tamer)
猛獣遣い
53 whip
むち
54 fork
防御フォーク
55 pedestal
台座
56 wild animal (tiger, lion)
猛獣 (トラ, ライオン)
57 stand
台
58 hoop (jumping hoop)
スプリング・フープ
59 seesaw
シーソー

60 ball
玉乗りの玉
61 camp
〈サーカスの〉テント村
62 cage caravan
動物用おり車
63 menagerie
動物の見世物

1-69 fair (annual fair)
歳(とし)の市
1 fairground
市の広場
2 children's merry-go-round (whirligig)
子供用メリー・ゴー・ラウンド〈回転木馬
roundabout ((米) carousel) の一種〉
3 refreshment stall (drinks stall)
喫茶軽食売店
4 chairoplane
飛行いす
5 up-and-down roundabout
〈上下に動く〉回転木馬
6 show booth (booth)
見世物小屋
7 box (box office)
入場券売場
8 barker
客引き
9 medium
霊媒
10 showman
見世物師
11 try-your-strength machine
力試し
12 hawker
呼売り商人
13 balloon
風船
14 paper serpent
紙ヘビ
15 windmill
風車

16 pickpocket (thief)
すり
17 vendor
売り手
18 Turkish delight
トルコ蜂蜜(はちみつ)
19 freak show
奇形人間の見世物
20 giant
大男
21 fat lady
大女
22 dwarfs (midgets)
小人（一寸法師(いっすんぼうし)）
23 beer marquee
大テント張りビアホール
24 sideshow
余興小屋
25-28 travelling ((米) traveling) artistes
(travelling show people)
巡業芸人
25 fire eater
火食い術師
26 sword swallower
剣をのむ奇術師
27 strong man
怪力男
28 escapologist
縄抜け奇術師
29 spectators
見物人
30 ice-cream vendor (ice-cream man)
アイス・クリーム屋

31 ice-cream cornet
アイス・クリーム入れ
32 hot-dog stand
ホット・ドッグ・スタンド
33 grill ((米) broiler)
焼き網
34 hot dog
ホット・ドッグ
35 sausage tongs
ソーセージばさみ
36 fortune teller
占い師
37 big wheel (Ferris wheel)
大観覧車
38 orchestrion (automatic organ)
オーケストリオン（自動オルガン）

39 scenic railway (switchback)
　ジェット・コースター
40 toboggan slide (chute)
　大滑り台
41 swing boats
　ブランコ・ボート
42 swing boat, turning full circle
　1 回転するブランコ・ボート
43 full circle
　1 回転
44 lottery booth (tombola booth)
　富くじ場
45 wheel of fortune
　回転式抽選器
46 devil's wheel (typhoon wheel)
　ローター
47 throwing ring (quoit)
　輪投げ
48 prizes
　賞品
49 sandwich man on stilts
　竹馬乗りサンドイッチ・マン
50 sandwich board (placard)
　広告プラカード
51 cigarette seller
　タバコ売り〈呼売り商人 itinerant trader (hawker)〉
52 tray
　〈釣銭用の〉トレイ
53 fruit stall
　果物売店
54 wall-of-death rider
　オートバイ曲乗り師

55 hall of mirrors
　鏡小屋
56 concave mirror
　凹面鏡
57 convex mirror
　凸面鏡
58 shooting gallery
　射的場
59 hippodrome
　曲馬場
60 junk stalls (second-hand stalls)
　がらくた市
61 first aid tent (first aid post)
　救護所
62 dodgems (bumper cars)
　自動車館
63 dodgem car (bumper car)
　バンパー・カー
64-66 pottery stand
　陶磁器売り場
64 barker
　客引き
65 market woman
　市に立つ婦人
66 pottery
　陶磁器類
67 visitors to the fair
　歳の市の客
68 waxworks
　ろう製模型陳列館
69 wax figure
　ろう人形

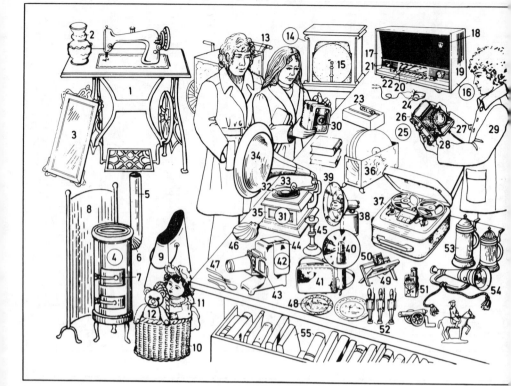

1 treadle sewing machine
踏み子で動くミシン
2 flower vase
花びん
3 wall mirror
壁面鏡
4 cylindrical stove
円筒形ストーブ
5 stovepipe
ストーブの煙突
6 stovepipe elbow
肘形(ひじがた)煙突
7 stove door
ストーブの扉
8 stove screen
ストーブのつい立て
9 coal scuttle
石炭入れ
10 firewood basket
まき入れかご
11 doll
人形
12 teddy bear
ぬいぐるみのクマ
13 barrel organ
手回しオルガン
14 orchestrion
オーケストリオン
15 metal disc (disk)
金属製音盤
16 radio (radio set)
ラジオ〈この型のものは, steam radio ともよ
ばれる。受信装置 superheterodyne
(superhet) の一つ〉

17 baffle board
バッフル板
18 'magic eye'
マジック・アイ〈同調指示管 tuning
indicator valve の一つ〉
19 'loudspeaker aperture
拡声器の開き口
20 station selector buttons (station
preset buttons)
ステーション・セレクター・ボタン, 放送局選
択ボタン
21 tuning knob
同調ノブ
22 frequency bands
周波数帯
23 crystal detector (crystal set)
鉱石検波器
24 headphones (headset)
ヘッドフォン
25 folding camera
折りたたみ式カメラ
26 bellows
蛇腹
27 hinged cover
蝶番(ちょうつがい)式カバー
28 spring extension
スプリング式蛇腹
29 salesman
販売係
30 box camera
ボックス・カメラ
31 gramophone
蓄音機

32 record (gramophone record)
円盤
33 needle head with gramophone needle
蓄音機の針と持針器
34 horn
蓄音機のらっぱ
35 gramophone box
蓄音機箱
36 record rack
レコード・ラック
37 portable tape recorder
携帯用テープ・レコーダー
38 flashgun
フラッシュガン
39 flash bulb
閃光球(せんこうきゅう)
40-41 electronic flash (electronic
flashgun)
電子フラッシュ・ガン
40 flash head
フラッシュ・ヘッド
41 accumulator
蓄電池
42 slide projector
スライド・プロジェクター
43 slide holder
スライド・ホルダー
44 lamphouse
ランプハウス
45 candlestick
燭台(しょくだい)
46 scallop shell
貝殻皿

47 cutlery
　刃物類
48 souvenir plate
　記念品食器
49 drying rack for photographic plates
　感光板用の乾燥台
50 photographic plate
　写真板
51 delayed-action release
　時限装置つきレリース
52 tin soldiers
　おもちゃの兵隊〈錫(すず)製。鉛製のものは，
　鉛の兵隊 lead soldiers〉
53 beer mug (stein)
　ビール・マグ, ジョッキ
54 bugle
　らっぱ
55 second-hand books
　古本
56 grandfather clock
　グランドファーザー時計
57 clock case
　時計箱
58 pendulum
　振子
59 time weight
　時間分銅
60 striking weight
　打ち方分銅
61 rocking chair
　揺り椅子
62 sailor suit
　水兵服

63 sailor's hat
　水兵帽
64 washing set
　洗濯器具類
65 washing basin
　洗面器
66 water jug
　水差し
67 washstand
　洗面台
68 dolly
　洗濯棒
69 washtub
　洗濯たらい
70 washboard
　洗濯板
71 humming top
　〈おもちゃの〉鳴りごま
72 slate
　石板
73 pencil box
　鉛筆箱
74 adding machine
　加算器
75 paper roll
　巻取り紙
76 number keys
　数字キー
77 abacus
　そろばん
78 inkwell, with lid
　インキ壺(つぼ)〈ふたつきの〉

79 typewriter
　タイプライター
80 [hand-operated] calculating
　machine (calculator)
　［手動］計算器
81 operating handle
　操作ハンドル
82 result register (product register)
　計算記録装置
83 rotary counting mechanism (rotary
　counter)
　回転式計算装置
84 kitchen scales
　家庭用はかり
85 waist slip (underskirt)
　肌着
86 wooden handcart
　木製手車
87 wall clock
　柱時計
88 bed warmer
　寝床保温器
89 milk churn
　牛乳缶

1-13 **film studios** (studio complex, (米)
movie studios)
映画撮影所
1 lot (studio lot)
映画撮影場
2 processing laboratories (film
laboratories, motion picture
laboratories)
現像所
3 cutting rooms
フィルム編集室
4 administration building (office
building, offices)
撮影所事務所
5 film (motion picture) storage vault
(film library, motion picture library)
フィルム・ライブラリー
6 workshop
美術製作所
7 film set ((米) movie set)
野外セット
8 power house
電源室
9 technical and research laboratories
技術研究室
10 groups of stages
撮影スタジオ
11 concrete tank for marine sequences
特殊撮影用プール
12 cyclorama
円形野外ホリゾント
13 hill
オープンセット用の丘

14-60 **shooting** (filming)
撮影
14 music recording studio (music
recording theatre ((米) theater))
音楽録音スタジオ
15 'acoustic' wall lining
音響壁板〈適度の吸音と反射をさせるため
のもの〉
16 screen (projection screen)
映写スクリーン
17 film orchestra
映画用オーケストラ
18 exterior shooting (outdoor shooting,
exterior filming, outdoor filming)
屋外撮影
19 camera with crystal-controlled drive
クオーツ制御の同時録音用カメラ
20 cameraman
カメラマン
21 assistant director
助監督
22 boom operator (boom swinger)
ブーム操作係
23 recording engineer (sound recordist)
録音技師
24 portable sound recorder with
crystal-controlled drive
クオーツ制御の携帯用同時録音機
25 microphone boom
マイク・ブーム

26-60 shooting (filming) in the studio
(on the sound stage, on the stage, in
the filming hall)
屋内セット撮影
26 production manager
製作プロデューサー
27 leading lady (film actress, film star,
star)
主演女優 (映画女優, 映画スター, スター)
28 leading man (film actor, film star,
star)
主演男優 (映画俳優, 映画スター, スター)
29 film extra (extra)
わき役, エキストラ
30 arrangement of microphones for
stereo and sounund recording
camera (optical sound d effects
ステレオと音響効果のためのマイク配置
31 studio microphone
スタジオ用録音マイク
32 microphone cable
マイク・ケーブル
33 side flats and background
書割り
34 clapper boy
かちんこ係
35 clapper board (clapper) with slates
(boards)
かちんこ〈タイトル film title, シーン・ナン
バー scene number, 撮影ナンバー shot
number, テイク・ナンバー take number を
記入する板〉
36 make-up artist (hairstylist)
メーク係

37 lighting electrician (studio
   electrician, lighting man, (米)
   gaffer)
   照明係
38 diffusing screen
   散光スクリーン
39 continuity girl (script girl)
   記録係，スクリプター
40 film director (director)
   映画監督
41 cameraman (first cameraman)
   カメラマン（ファースト・カメラマン）
42 camera operator
   カメラ操作係〈アシスタント・カメラマン
   assistant cameraman (camera
   assistant) の一人〉
43 set designer (art director)
   美術監督
44 director of photography
   撮影監督
45 filmscript (script, shooting script, (米)
   movie script)
   〔映画の〕脚本，台本
46 assistant director
   助監督
47 soundproof film camera (soundproof
   motion picture camera)
   防音装置つき同時録音用カメラ〈ワイド・ス
   クリーン・カメラ wide screen camera
   (cinemascope camera) の一つ〉
48 soundproof housing (soundproof
   cover, blimp)
   防音カバー

49 camera crane (dolly)
   カメラ・クレーン
50 hydraulic stand
   油圧式カメラ台
51 mask (screen) for protection from
   spill light (gobo, nigger)
   ハレーション防止用遮光板
52 tripod spotlight (fill-in light, filler
   light, fill light, filler)
   スポット・ライト
53 spotlight catwalk
   照明用キャットウォーク
54 recording room
   録音室
55 recording engineer (sound recordist)
   録音技師
56 mixing console (mixing desk)
   ミキシング・コンソール（音声調整卓）
57 sound assistant (assistant sound
   engineer)
   録音助手
58 magnetic sound recording equipment
   (magnetic sound recorder)
   磁気録音機
59 amplifier and special effects
   equipment, e.g. for echo and sound
   effects
   アンプと特殊効果装置〈エコー echo や音
   響効果 sound effect のための〉
60 sound recording camera (optical
   sound recorder)
   光学録音機

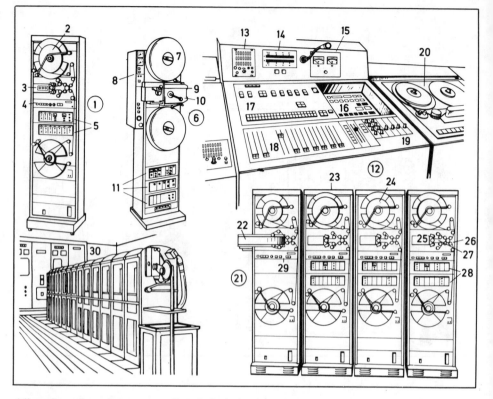

1-46 sound recording and re-recording (dubbing)
録音と再録音 (ダビング)
1 magnetic sound recording equipment (magnetic sound recorder)
磁気録音機
2 magnetic film spool
磁気フィルム巻取り器 (スプール)
3 magnetic head support assembly
磁気ヘッド
4 control panel
制御盤
5 magnetic sound recording and playback amplifier
磁気録音と再生のアンプ
6 optical sound recorder (sound recording camera, optical sound recording equipment)
光学録音機
7 daylight film magazine
遮光用フィルム・マガジン
8 control and monitoring panel
制御・モニター・パネル
9 eyepiece for visual control of optical sound recording
光学録音装置の有視制御用の接眼レンズ
10 deck
デッキ
11 recording amplifier and mains power unit
録音アンプと電源
12 control desk (control console)
制御卓, 調整卓

13 monitoring loudspeaker (control loudspeaker)
モニター・スピーカー
14 recording level indicators
録音レベル表示器
15 monitoring instruments
モニター装置
16 jack panel
ジャック・パネル
17 control panel
制御盤
18 sliding control
レベル調節フェーダー
19 equalizer
イコライザー
20 magnetic sound deck
磁気サウンド・デッキ
21 mixer for magnetic film
磁気フィルム用ミキサー
22 film projector
フィルム・プロジェクター
23 recording and playback equipment
録音・再生装置
24 film reel (film spool)
フィルム・リール
25 head support assembly for the recording head, playback head, and erasing head (erase head)
〈録音ヘッド recording head, 再生ヘッド playback head, 消去ヘッド erasing head (erase head) のための〉ヘッド支持アセンブリー
26 film transport mechanism
フィルム送り装置

27 synchronizing filter
同期用フィルター
28 magnetic sound amplifier
磁気サウンド・アンプ
29 control panel
制御盤
30 film-processing machines (film-developing machines) in the processing laboratory (film laboratory, motion picture laboratory)
フィルム現像所の現像機器

31 echo chamber
　エコー・ルーム
32 echo chamber loudspeaker
　エコー用スピーカー
33 echo chamber microphone
　エコー用マイク
34-36 sound mixing (sound dubbing,
　mixing of several sound tracks)
　ダビング〈映画の音づけ作業〉
34 mixing room (dubbing room)
　ダビング・ルーム
35 mixing console (mixing desk) for
　mono or stereo sound
　モノまたはステレオ用ミキサー卓
36 dubbing mixers (recording engineers,
　sound recordists) dubbing (mixing)
　ダビング技師
37-41 synchronization (syncing,
　dubbing, post-synchronization, post-
　syncing)
　音合せ
37 dubbing studio (dubbing theatre
　((米) theater))
　ダビング・スタジオ
38 dubbing director
　ダビング・ディレクター
39 dubbing speaker (dubbing actress)
　声優
40 boom microphone
　ブーム・マイク
41 microphone cable
　マイク・ケーブル
42-46 cutting (editing)
　フィルム編集

42 cutting table (editing table, cutting
　bench)
　編集テーブル
43 film editor (cutter)
　フィルム編集者
44 film turntable, for picture and sound
　tracks
　フィルム・ターンテーブル
45 projection of the picture
　映像
46 loudspeaker
　スピーカー

1-23 film projection (motion picture projection)
映写

1 cinema (picture house, (米) movie theater, movie house)
映画館

2 cinema box office ((米) movie theater box office)
切符売場

3 cinema ticket ((米) movie theater ticket)
映画の切符 (観覧券)

4 usherette
案内嬢

5 cinemagoers (filmgoers, cinema audience, (米) moviegoers, movie audience)
観客

6 safety lighting (emergency lighting)
非常口灯

7 emergency exit
非常口

8 stage
舞台

9 rows of seats (rows)
座席の列

10 stage curtain (screen curtain)
スクリーン・カーテン

11 screen (projection screen)
スクリーン (映写幕)

12 projection room (projection booth)
映写室

13 lefthand projector
左側映写機

14 righthand projector
右側映写機

15 projection room window with projection window and observation port
映写窓と監視窓のある映写室

16 reel drum (spool box)
リール・ドラム

17 house light dimmers (auditorium lighting control)
客席照明調節器

18 rectifier
整流器 〈映写ランプ用のセレン整流器 selenium vapour rectifier あるいは 水銀 整流器 mercury vapour rectifier〉

19 amplifier
アンプ, 増幅器

20 projectionist
映写技師

21 rewind bench for rewinding the film
フィルム巻取り台

22 film cement (splicing cement)
フィルム接着剤, フィルム・セメント

23 slide projector for advertisements
広告用スライド映写機

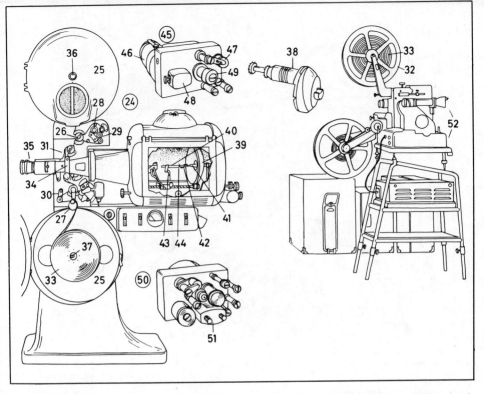

24-52 film projectors
映写機
24 sound projector (film projector,
cinema projector, theatre projector,
(米) movie projector)
トーキー映写機
25-38 projector mechanism
映写機構
25 fireproof reel drums (spool boxes)
with circulating oil cooling system
油冷式安全フィルム巻取り器
26 feed sprocket (supply sprocket)
給送スプロケット
27 take-up sprocket
巻取りスプロケット
28 magnetic head cluster
磁気ヘッド
29 guide roller (guiding roller) with
framing control
ガイド・ローラーとフレーム調節
30 loop former for smoothing out the
intermittent movement
フィルムの間欠運動を円滑にするテンショ
ン・ローラー〈または，フィルム破断検出装置
film break detector ともいう〉
31 film path
フィルム押え
32 film reel (film spool)
フィルム・リール
33 reel of film
リールに巻かれたフィルム
34 film gate (picture gate, projector
gate) with cooling fan
冷却送風装置つきフィルム・ゲート

35 projection lens (projector lens)
映写レンズ
36 feed spindle
リール巻軸
37 take-up spindle with friction drive
巻取り軸
38 maltese cross mechanism (maltese
cross movement, Geneva movement)
フィルム間欠送り装置
39-44 lamphouse
ランプ・ハウス
39 mirror arc lamp
反射鏡式アーク灯〈非球面凹面鏡
aspherical (non-spherical) concave
mirror およびアーク安定用マグネット装置
blowout magnet for stabilizing the
arc のついたもの。また，高圧クセノン・ランプ
high-pressure xenon arc lamp の場合も
ある〉
40 positive carbon (positive carbon rod)
陽極カーボン
41 negative carbon (negative carbon
rod)
陰極カーボン
42 arc
アーク
43 carbon rod holder
カーボン・ホルダー
44 crater (carbon crater)
カーボンの発火部，火孔〈陽極カーボンにで
きる穴〉
45 optical sound unit
光学式音声装置〈多チャンネル・ステレオ
multi-channel optical stereophonic

sound およびプッシュ・プル式トラック push-
pull sound tracks 用〉
46 sound optics
サウンド用光学装置
47 sound head
サウンド・ヘッド
48 exciter lamp in housing
エキサイター・ランプ・ケース
49 photocell in hollow drum
光電管〈中空ドラム〉
50 attachable four-track magnetic
sound unit (penthouse head,
magnetic sound head)
4 トラック磁気サウンド・ヘッド
51 four-track magnetic head
4 トラック磁気ヘッド
52 narrow-gauge ((米) narrow-gage)
cinema projector for mobile cinema
携帯用小型映写機

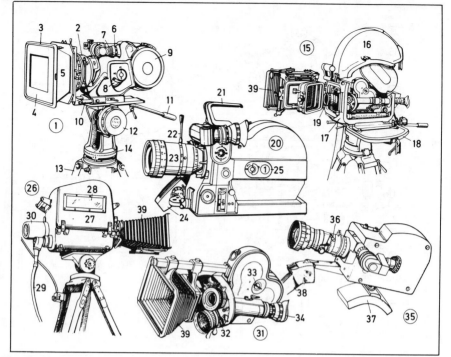

1-39 motion picture cameras (film cameras)
映画撮影機

1 standard-gauge ((米) standard-gage) motion picture camera (standard-gauge ((米) standard-gage) 35 mm camera)
標準型映画撮影カメラ (35 ミリ・カメラ)

2 lens (object lens, taking lens)
レンズ (対物レンズ)

3 lens hood (sunshade) with matte box
マスク・ボックスとレンズ・フード

4 matte (mask)
マスク

5 lens hood barrel
レンズ・フード

6 viewfinder eyepiece
ビューファインダー

7 eyepiece control ring
アイピース調節装置

8 opening control for the segment disc (disk) shutter
シャッター開角度調節装置

9 magazine housing
マガジン・ケース

10 slide bar for the lens hood
レンズ・フード支持棒

11 control arm (control lever)
パン棒

12 pan and tilt head
雲台

13 wooden tripod
木製三脚

14 degree scale
度の目盛り

15 soundproof (blimped) motion picture camera (film camera)
防音装置つき撮影カメラ

16-18 soundproof housing (blimp)
防音カバー

16 upper section of the soundproof housing
防音カバーの上部

17 lower section of the soundproof housing
防音カバーの下部

18 open sidewall of the soundproof housing
防音カバーの側面部

19 camera lens
カメラ・レンズ

20 lightweight professional motion picture camera
軽量撮影カメラ

21 grip (handgrip)
グリップ

22 zooming lever
ズーム・レバー

23 zoom lens (variable focus lens, varifocal lens) with infinitely variable forcus
ズーム・レンズ

24 handgrip with shutter release
シャッター・ボタンつきグリップ

25 camera door
カメラ・ドア

26 sound camera (newsreel camera) for recording sound and picture
同時録音カメラ (ニュース映画カメラ)

27 soundproof housing (blimp)
防音カバー

28 window for the frame counters and indicator scales
各種計器監視窓

29 pilot tone cable (sync pulse cable)
同期信号用ケーブル

30 pilot tone generator (signal generator, pulse generator)
同期信号発生器

31 professional narrow-gauge ((米) narrow-gage) motion picture camera, a 16 mm camera
16 ミリ携帯用撮影カメラ

32 lens turret (turret head)
レンズ・ターレット

33 housing lock
カバー・ロック

34 eyecup
撮影用ルーペ

35 high-speed camera
高速[度]カメラ〈特殊小型カメラ special narrow-gauge ((米) narrow-gage) camera の一種〉

36 zooming lever
ズーム・レバー

37 rifle grip
撮影用ショルダー

38 handgrip with shutter release
シャッター・ボタンつきグリップ

39 lens hood bellows
レンズ・フード蛇腹 (ベローズ)

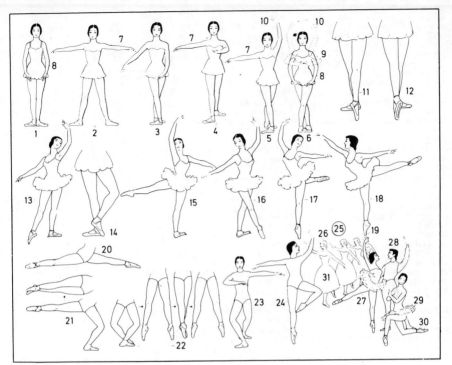

1-6 the five positions (ballet positions)
　バレエ・ポジション
1 first position
　第1ポジション
2 second position
　第2ポジション
3 third position
　第3ポジション
4 fourth position [open]
　第4ポジション［オープン］
5 fourth position
　第4ポジション〈第5ポジションの型を交差
　させる〉
6 fifth position
　第5ポジション
7-10 ports de bras (arm positions)
　腕のポジション
7 port de bras à coté
　ポル・ド・ブラ・ア・コテ
8 port de bras en bas
　ポル・ド・ブラ・アン・バ
9 port de bras en avant
　ポル・ド・ブラ・アン・ナバン
10 port de bras en haut
　ポル・ド・ブラ・アン・オ
11 dégagé à la quatrième devant
　デガジェ・ア・ラ・カトリエム・ドバン
12 dégagé à la quatrième derrière
　デガジェ・ア・ラ・カトリエム・デリエル
13 effacé
　エファセ
14 sur le cou-de-pied
　ス・ル・クドピエ
15 écarté
　エカルテ
16 croisé
　クロワゼ

17 attitude
　アチチュード
18 arabesque
　アラベスク
19 à pointe (on full point)
　ア・プアント
20 splits
　スプリッツ
21 cabriole (capriole)
　カブリオル
22 entrechat (entrechat quatre)
　アントルシャ（アントルシャ・カトル）
23 préparation [e.g. for a pirouette]
　プレパラション［例えば，ピルエットに入る前
　の］
24 pirouette
　ピルエット
25 corps de ballet
　コール・ド・バレエ，群舞
26 ballet dancer (ballerina)
　バレエ・ダンサー（バレリーナ）
27-28 pas de trois
　パ・ド・トロワ〈3人の踊り〉
27 prima ballerina
　プリマ・バレリーナ
28 principal male dancer (leading
　soloist)
　男性第1舞踊手
29 tutu
　チュチュ
30 point shoe
　トゥ・シューズ〈バレエ・シューズ ballet shoe
　(bellet slipper)の一種〉
31 ballet skirt
　バレエ・スカート

1-4 types of curtain operation
幕操作の型式
1 draw curtain (side parting)
引き幕〈真中から左右に引く〉
2 tableau curtain (bunching up sideways)
引き幕〈中央で会うように舞台の左右から引き寄せて上げる〉
3 fly curtain (vertical ascent)
下げ幕〈垂直に上がる〉
4 combined fly and draw curtain
下げ幕と引き幕の結合型
5-11 cloakroom hall ((米) checkroom hall)
携帯品預り所
5 cloakroom ((米) checkroom)
携帯品預り所, クローク
6 cloakroom attendant ((米) checkroom attendant)
携帯品預り係, クローク係
7 cloakroom ticket ((米) check)
携帯品預り札
8 playgoer (theatregoer, (米) theatergoer)
観〔劇〕客
9 opera glass (opera glasses)
オペラ・グラス
10 commissionaire
表方(おもてかた)主任
11 theatre ((米) theater) ticket
観劇券〈入場券 admission ticket の一つ〉
12-13 foyer (lobby, crush room)
ホワイエ (ロビー, 休憩室)
12 usher
案内人〈以前は, box attendant といった〉
13 programme ((米) program)
プログラム
14-27 auditorium and stage
観客席と舞台
14 stage
舞台
15 proscenium
プロセニアム, 舞台額縁
16-20 auditorium
観客席
16 gallery (balcony)
最上階の桟敷(さじき) (天井桟敷)
17 upper circle
3 階桟敷
18 dress circle ((米) balcony, mezzanine)
2 階正面桟敷
19 front stalls
舞台前方の空間, 平土間
20 seat (theatre seat, (米) theater seat)
座席
21-27 rehearsal (stage rehearsal)
舞台稽古(げいこ), リハーサル
21 chorus
合唱団
22 singer
歌手, 男性声楽家
23 singer
歌手, 女性声楽家
24 orchestra pit
オーケストラ・ボックス, オーケストラ・ピット
25 orchestra
管弦楽団, オーケストラ
26 conductor
指揮者
27 baton (conductor's baton)
指揮棒
28-42 paint room
背景画室〈工作場 workshop の一つ〉

28 stagehand (scene shifter)
舞台係 (裏方)
29 catwalk (bridge)
製作用ブリッジ
30 set piece
書割り
31 reinforcing struts
張り物
32 built piece (built unit)
丸物, 置き道具
33 backcloth (backdrop)
背景幕
34 portable box for paint containers
携帯用絵の具箱
35 scene painter
背景画家
36 paint trolley
絵の具車
37 stage designer (set designer)
舞台美術家
38 costume designer
衣装デザイナー
39 design for a costume
衣装デザイン
40 sketch for a costume
衣装スケッチ
41 model stage
舞台模型
42 model of the set
舞台模型セット
43-52 dressing room
楽屋
43 dressing room mirror
化粧鏡, 化粧台
44 make-up gown
化粧ガウン
45 make-up table
化粧テーブル (机)
46 greasepaint stick
化粧筆
47 chief make-up artist (chief make-up man)
化粧師
48 make-up artist (hairstylist)
床山(とこやま) (かつら師)
49 wig
かつら
50 props (properties)
持ち道具
51 theatrical costume
舞台衣装
52 call light
シグナル・ランプ

1-60 stagehouse with machinery
(machinery in the flies and below
stage)
舞台設備と機構 (舞台天井と舞台前方の
機構)

1 control room
照明操作室

2 control console (lighting console,
lighting control console) with preset
control for presetting lighting
effects
調整卓〈照明操作卓と照明効果前調整の
操作台つき〉

3 lighting plot (light plot)
照明プラン

4 grid (gridiron)
舞台天井の梁(はり)構え、簀(す)の子

5 fly floor (fly gallery)
フライ・ギャラリー、大道具操作台

6 sprinkler system for fire prevention
(for fire protection)
防火用スプリンクラー設備

7 fly man
フライ・マン、大道具方

8 fly lines (lines)
つりワイヤ

9 cyclorama
サイクロラマ、円形ホリゾント〈舞台最後部
の背景用の曲面の壁〉

10 backcloth (backdrop, background)
垂れ幕、背景幕

11 arch
アーチ〈掛け幕 drop cloth の一種〉

12 border
つり物、一文字

13 compartment (compartment-type,
compartmentalized) batten (《米》
border light)
ボーダー・ライト

14 stage lighting units (stage lights)
ステージ・ライト

15 horizon lights (backdrop lights)
ホリゾント・ライト

16 adjustable acting area lights (acting
area spotlights)
エリア・ライト

17 scenery projectors (projectors)
投影器、プロジェクター

18 monitor (water cannon)
放水モニター (放水ガン)〈安全装置
safety equipment の一つ〉

19 travelling (《米》 traveling) lighting
bridge (travelling lighting gallery)
可動照明ブリッジ

20 lighting operator (lighting man)
照明係

21 portal spotlight (tower spotlight)
ポータル・スポットライト

22 adjustable proscenium
可動プロセニアム〈舞台の前部〉

23 curtain (theatrical curtain)
幕、引き幕

24 iron curtain (safety curtain, fire
curtain)
防火幕

25 forestage (apron)
前舞台

26 footlight (footlights, floats)
フットライト、脚光

27 prompt box
プロンプター・ボックス

28 prompter
プロンプター

29 stage manager's desk
舞台監督用デスク

30 stage director (stage manager)
舞台監督

31 revolving stage
回り舞台

32 trap opening
迫(せ)り穴

33 lift (《米》 elevator)
迫り

34 bridge (《米》 elevator)
二重迫り〈移動壇 rostrum の一つ〉

35 pieces of scenery
道具

36 scene
舞台装置

37 actor
俳優

38 actress
女優

39 extras (supers, supernumeraries)
端役

40 director (producer)
演出家

41 prompt book (prompt script)
演出台本

42 director's table (producer's table)
演出家用テーブル

43 assistant director (assistant
producer)
演出助手

44 director's script (producer's script)
台本

45 stage carpenter
大道具方

46 stagehand (scene shifter)
道具方

47 set piece
道具、切出し

48 mirror spot (mirror spotlight)
スポット・ライト

49 automatic filter change (with colour
filters, colour mediums, gelatines)
自動フィルター・チェンジ

50 hydraulic plant room
〈舞台下の〉液圧装置室

51 water tank
貯液槽

52 suction pipe
導液管

53 hydraulic pump
コンプレッサー

54 pressure pipe
圧液管

55 pressure tank (accumulator)
圧力タンク

56 pressure gauge (《米》 gage)
圧力計

57 level indicator (liquid level
indicator)
水位計

58 control lever
操作レバー

59 operator
操作係

60 rams
ラム

1 bar
バー，酒場
2 barmaid
バーのホステス
3 bar stool
バーのとまり木
4 shelf for bottles
ボトル棚
5 shelf for glasses
グラス棚
6 beer glass
ビール・グラス
7 wine and liqueur glasses
ワインとリキュールのグラス
8 beer tap (tap)
ビール栓
9 bar
バー
10 refrigerator (fridge, (米) icebox)
冷蔵庫
11 bar lamps
ランプ
12 indirect lighting
間接照明
13 colour ((米) color) organ (clavilux)
彩光装置
14 dance floor lighting
ダンス・ホール照明灯
15 speaker (loudspeaker)
スピーカー
16 dance floor
舞踏場
17-18 dancing couple
ダンス中のカップル

17 dancer
〈女性の〉踊り手，ダンサー
18 dancer
〈男性の〉踊り手，ダンサー
19 record player
レコード・プレーヤー
20 microphone
マイク
21 tape recorder
テープ・レコーダー
22-23 stereo system (stereo equipment)
ステレオ装置
22 tuner
チューナー
23 amplifier
アンプ
24 records (discs)
レコード
25 disc jockey
ディスク・ジョッキー
26 mixing console (mixing desk, mixer)
ミキシング卓
27 tambourine
タンバリン
28 mirrored wall
鏡張りの壁
29 ceiling tiles
天井タイル
30 ventilators
換気装置
31 toilets (lavatories, WC)
トイレット
32 long drink
ロング・ドリンク

33 cocktail ((米) highball)
カクテル

1-33 **nightclub** (night spot)
ナイトクラブ (ナイト・スポット)
1 cloakroom ((米) checkroom)
携帯品預り所, クローク
2 cloakroom attendant ((米)
checkroom attendant)
クローク係
3 band
楽団, バンド
4 clarinet
クラリネット
5 clarinettist ((米) clarinetist)
クラリネット奏者
6 trumpet
トランペット
7 trumpeter
トランペット奏者, トランペッター
8 guitar
ギター
9 guitarist (guitar player)
ギター奏者, ギタリスト
10 drums
ドラム
11 drummer
ドラム奏者, ドラマー
12 speaker (loudspeaker)
スピーカー
13 bar
バー
14 barmaid
バーのホステス
15 bar
バー

16 bar stool
バーのとまり木
17 tape recorder
テープ・レコーダー
18 receiver
レシーバー
19 spirits
蒸留酒
20 cine projector for porno films (sex
films, blue movies)
ポルノ映画映写機
21 box containing screen
映写幕が入っている箱
22 stage
舞台
23 stage lighting
舞台照明
24 spotlight
スポットライト
25 festoon lighting
フェストーンの照明
26 festoon lamp (lamp, light bulb)
フェストーン・ランプ
27-32 striptease act (striptease number)
ストリップ・ショー
27 striptease artist (stripper)
ストリッパー
28 suspender ((米) garter)
靴下留め
29 brassière (bra)
ブラジャー
30 fur stole
肩掛け

31 gloves
手袋
32 stocking
ストッキング
33 hostess
ホステス

1-33 bullfight (corrida, corrida de toros)
闘牛
1 mock bullfight
模擬闘牛
2 novillero
見習い闘牛士
3 mock bull (dummy bull)
牛のダミー
4 novice banderillero (apprentice banderillero)
見習いバンデリリェロ
5 bullring (plaza de toros) [diagram]
闘牛場 [図形]
6 main entrance
入口
7 boxes
ボックス席
8 stands
観覧席
9 arena (ring)
闘技場
10 bullfighters' entrance
闘牛士の入口
11 torril door
トリル・ドア
12 exit gate for killed bulls
殺された牛の出口
13 slaughterhouse
屠殺(とさつ)場
14 bull pens (corrals)
牛の囲い場
15 paddock
パドック
16 lancer on horseback (picador)
ピカドール〈副闘牛士。馬に乗って，牛をじらして怒らせ，また槍(やり)で肩を突いて弱らせる役〉
17 lance (pike pole, javelin)
投げ槍(やり)
18 armoured ((米) armored) horse
装甲された馬
19 leg armour ((米) armor)
具足
20 picador's round hat
ピカドールの丸帽子
21 banderillero
バンデリリェロ〈闘牛士 torero のうち，牛を刺す役目の人〉
22 banderillas (barbed darts)
バンデリリャ (有刺投げ槍)
23 shirtwaist
シャツウエスト
24 bullfight
闘牛
25 matador (swordsman)
マタドール〈闘牛士 torero の一人〉
26 queue
弁髪〈マタドールの特徴的髪型〉
27 red cloak (capa)
赤いマント (カパ)
28 fighting bull
激昂(げっこう)した牛
29 montera [hat made of tiny black silk chenille balls]
〈シェニール織りの黒い小さな絹糸の玉で作られた〉モンテラ帽
30 killing the bull (kill)
牛を仕止めること
31 matador in charity performances [without professional uniform]
〈いつくしみを示しながら牛にせまる〉マタドール [制服を着ていない]
32 estoque (sword)
剣

33 muleta
ムレタ
34 rodeo
ロデオ
35 young bull
若牛
36 cowboy
カウボーイ
37 stetson (stetson hat)
ステットソン帽
38 scarf (necktie)
スカーフ
39 rodeo rider
ロデオの乗り手
40 lasso
投げ縄

1-2 medieval (mediaeval) notes
中世の音符
1 plainsong notation (neumes, neums, pneumes, square notation)
単旋律聖歌記譜法 (ネウマ, 方形譜法)
2 mensural notation
定量記譜法
3-7 musical note (note)
音符
3 note head
符頭
4 note stem (note tail)
符尾, 棒
5 hook
符鉤(ふこう), 旗
6 stroke
連鉤(れんこう), けた
7 dot indicating augmentation of note's value
付点
8-11 clefs
音部記号
8 treble clef (G-clef, violin clef)
高音部記号 (ト音記号, ヴァイオリン記号)
9 bass clef (F-clef)
バス記号, 低音部記号 (ヘ音記号)
10 alto clef (C-clef)
アルト記号, 中音部記号 (ハ音記号)
11 tenor clef
テノール記号
12-19 note values
音価
12 breve (brevis, (米) double-whole note)
二全音符
13 semibreve ((米) whole note)
全音符
14 minim ((米) half note)
二分音符
15 crotchet ((米) quarter note)
四分音符
16 quaver ((米) eighth note)
八分音符
17 semiquaver ((米) sixteenth note)
十六分音符
18 demisemiquaver ((米) thirty-second note)
三十二分音符
19 hemidemisemiquaver ((米) sixty-fourth note)
六十四分音符
20-27 rests
休止符
20 breve rest
二全休符
21 semibreve rest ((米) whole rest)
全休符
22 minim rest ((米) half rest)
二分休符
23 crotchet rest ((米) quarter rest)
四分休符
24 quaver rest ((米) eighth rest)
八分休符
25 semiquaver rest ((米) sixteenth rest)
十六分休符
26 demisemiquaver rest ((米) thirty-second rest)
三十二分休符
27 hemidemisemiquaver rest ((米) sixty-fourth rest)
六十四分休符
28-42 time (time signatures, measure, (米) meter)
拍子
28 two-eight time
8分の2拍子
29 two-four time
4分の2拍子
30 two-two time
2分の2拍子
31 four-eight time
8分の4拍子
32 four-four time (common time)
4分の4拍子
33 four-two time
2分の4拍子
34 six-eight time
8分の6拍子
35 six-four time
4分の6拍子
36 three-eight time
8分の3拍子
37 three-four time
4分の3拍子
38 three-two time
2分の3拍子
39 nine-eight time
8分の9拍子
40 nine-four time
4分の9拍子
41 five-four time
4分の5拍子
42 bar (bar line, measure line)
縦線, 小節線
43-44 staff (stave)
譜表
43 line of the staff
線
44 space
間(かん)
45-49 scales
音階
45 C major scale naturals: c, d, e, f, g, a, b, c
ハ長調の幹音〈ハ, ニ, ホ, ヘ, ト, イ, ロ, ハ〉
46 A minor scale [natural] naturals: a, b, c, d, e, f, g, a
イ短調 [自然的短音階] の幹音〈イ, ロ, ハ, ニ, ホ, ヘ, ト, イ〉
47 A minor scale [harmonic]
イ短調 [和声的短音階]
48 A minor scale [melodic]
イ短調 [旋律的短音階]
49 chromatic scale
半音階
50-54 accidentals (inflections, key signatures)
変化記号 (臨時記号, 調号)
50-51 signs indicating the raising of a note
音を高くする記号
50 sharp (raising the note a semitone or half-step)
嬰(えい)記号〈幹音を半音高くする〉
51 double sharp (raising the note a tone or full-step)
重嬰記号〈幹音を全音高くする〉
52-53 signs indicating the lowering of a note
音を低くする記号
52 flat (lowering the note a semitone or half-step)
変記号〈幹音を半音低くする〉
53 double flat (lowering the note a tone of full-step)
重変記号〈幹音を全音低める〉
54 natural
本位記号
55-68 keys (major keys and the related minor keys having the same signature)
調〈同じ調号をもつ, 長調と平行短調〉

55 C major (A minor)
ハ長調 (イ短調)
56 G major (E minor)
ト長調 (ホ短調)
57 D major (B minor)
ニ長調 (ロ短調)
58 A major (F sharp minor)
イ長調 (嬰(えい)ヘ短調)
59 E major (C sharp minor)
ホ長調 (嬰ハ短調)
60 B major (G sharp minor)
ロ長調 (嬰ト短調)
61 F sharp major (D sharp minor)
嬰ヘ長調 (嬰ニ短調)
62 C major (A minor)
ハ長調 (イ短調)
63 F major (D minor)
ヘ長調 (ニ短調)
64 B flat major (G minor)
変ロ長調 (ト短調)
65 E flat major (C minor)
変ホ長調 (ハ短調)
66 A flat major (F minor)
変イ長調 (ヘ短調)
67 D flat major (B flat minor)
変ニ長調 (変ロ短調)
68 G flat major (E flat minor)
変ト長調 (変ホ短調)

1-5 chord
和音
1-4 triad
三和音
1 major triad
長三和音
2 minor triad
短三和音
3 diminished triad
減三和音
4 augmented triad
増三和音
5 chord of four notes
四和音〈7の和音 chord of the seventh
(seventh chord, dominant seventh
chord)ともいう〉
6-13 intervals
音程
6 unison (unison interval)
同度
7 major second
長2度
8 major third
長3度
9 perfect fourth
完全4度
10 perfect fifth
完全5度
11 major sixth
長6度
12 major seventh
長7度
13 perfect octave
完全8度
14-22 ornaments (graces, grace notes)
装飾音
14 long appoggiatura
長前打音
15 acciaccatura (short appoggiatura)
短前打音
16 slide
複倚音(いおん)
17 trill (shake) without turn
トリル
18 trill (shake) with turn
ターンつきトリル
19 upper mordent (inverted mordent,
pralltriller)
上方モルデント（転回モルデント，プラルトリ
ラー）
20 lower mordent (mordent)
モルデント
21 turn
ターン，回音
22 arpeggio
アルペッジョ
23-26 other signs in musical notation
その他の記号
23 triplet
三連符〈同様に，二連符 duplet
(couplet), 四連符 quadruplet, 五連符
quintuplet, 六連符 sextolet
(sextuplet), 七連符 septolet
(septuplet, septimole)〉
24 tie (bind)
タイ
25 pause (pause sign)
フェルマータ
26 repeat mark
反復記号
27-41 expression marks (signs of
relative intensity)
発想記号（強弱記号）
27 marcato (marcando, markiert,
attack, strong accent)
マルカート〈はっきりと強調して〉

28 presto (quick, fast)
プレスト〈速く〉
29 portato (lourer, mezzo staccato,
carried)
ポルタート〈柔らかく音を切って〉
30 tenuto (held)
テヌート〈音を保って〉
31 crescendo (increasing gradually in
power)
クレッシェンド〈しだいに強く〉
32 decrescendo (diminuendo, decreasing
or diminishing gradually in power)
デクレッシェンド（ディミヌエンド）〈しだいに
弱く〉
33 legato (bound)
レガート〈音をつなげて〉
34 staccato (detached)
スタッカート〈音と音との間を切って〉
35 piano (soft)
ピアノ〈弱く〉
36 pianissimo (very soft)
ピアニッシモ〈たいへん弱く〉
37 pianissimo piano (as soft as possible)
ピアニッシモ・ピアノ〈できるだけ弱く〉
38 forte (loud)
フォルテ〈強く〉
39 fortissimo (very loud)
フォルティッシモ〈たいへん強く〉
40 forte fortissimo (double fortissimo,
as loud as possible)
フォルテ・フォルティッシモ〈できるだけ強く〉
41 forte piano (loud and immediately
soft again)
フォルテ・ピアノ〈強くそして直ちに弱く〉
42-50 divisions of the compass
音域の区分
42 subcontra octave (double contra
octave)
下2点音
43 contra octave
下1点音
44 great octave
ひらがな音
45 small octave
かたかな音
46 one-line octave
1点音
47 two-line octave
2点音
48 three-line octave
3点音
49 four-line octave
4点音
50 five-line octave
5点音

$A_2\ Bb_2B_2C_1$ etc.

$B_1\ C\ B\ c\ b\ c'\ b'c''b''c'''b'''c''''b''''c''''$

1 lur
ルール〈青銅製吹奏楽器 bronze
trumpet の一種〉
2 panpipes (Pandean pipes, syrinx)
パンの笛
3 aulos
アウロス〈複簧(ふくこう)木管楽器ショーム
shawm の一種〉
4 aulos pipe
アウロス管
5 phorbeia (peristomion, capistrum,
mouth band)
フォルベイア（マウス・バンド）
6 crumhorn (crummhorn, cromorne,
krumbhorn, krummhorn)
クルムホルン
7 recorder (fipple flute)
レコーダー
8 bagpipe
バッグパイプ〈類似のものに，ミュゼット
musette がある〉
9 bag
風袋
10 chanter (melody pipe)
チャンター（旋律管）
11 drone (drone pipe)
ドローン，保続音管
12 curved cornett (zink)
曲がったコルネット（ツィンク）
13 serpent
セルパン
14 shawm (schalmeyes)
ショーム〈大型のものに，ボンバルド
bombard (bombarde)，ポンメル
pommer がある〉
15 cythara (cithara)
キタラ〈小型のものを，リラ lyre という〉
16 arm
アーム，腕木
17 bridge
駒(こま)
18 sound box (resonating chamber,
resonator)
共鳴箱
19 plectrum
プレクトラム〈撥奏用(はっそうよう)のつめ
plucking device〉
20 kit (pochette)
ポシェット〈小型擦弦楽器 miniature
violin の一つ〉
21 cittern (cithern, cither, cister, citole)
チターン〈撥弦楽器 plucked instrument
の一つ。類似のものに，バンドーラ pandora
(bandora, bandore) がある〉
22 sound hole
響孔
23 viol (descant viol, treble viol)
ヴィオル属（ディスカント・ヴィオル，テナー・
ヴィオル）〈ヴィオラ・ダ・ガンバ viola da
gamba の一種。大型のものに，テノール・
ヴィオル tenor viol，バス・ヴィオル bass
viol（ヴィオラ・ダ・ガンバ viola da
gamba，ガンバ gamba），ヴィオローネ
violone（ダブル・バス・ヴィオル double
bass viol）がある〉
24 viol bow
弓
25 hurdy-gurdy (vielle à roue,
symphonia, armonie, organistrum)
ハーディ・ガーディー（ヴィエュ・ア・ル，シン
フォニア，アルモニー，オルガニストルム）
26 friction wheel
車，ローラー
27 wheel cover (wheel guard)
ふた，ローラー・カバー

28 keyboard (keys)
鍵盤(けんばん)
29 resonating body (resonator, sound
box)
共鳴胴
30 melody strings
旋律弦
31 drone strings (drones, bourdons)
共鳴弦
32 dulcimer
ダルシマー
33 rib (resonator wall)
横板（響板）
34 beater for the Valasian dulcimer
ヴァレイジアン・ダルシマーの打器
35 hammer (stick) for the Appenzell
dulcimer
アペンツェル・ダルシマーのハンマー
36 clavichord
クラヴィコード〈フレットのある fretted もの
と、ない unfretted ものがある〉
37 clavichord mechanism
クラヴィコードの構造
38 key (key lever)
鍵(けん)
39 balance rail
レール〈平衡を保つためのもの〉
40 guiding blade
ガイド・ピン
41 guiding slot
ガイド溝
42 resting rail
台
43 tangent
タンジェント
44 string
弦
45 harpsichord (clavicembalo, cembalo)
ハープシコード（クラヴィチェンバロ，チェンバ
ロ）〈グランド型の鍵盤つき撥弦(はつげん)楽
器 wing-shaped stringed keyboard
instrument の一つ。類似のものに，スピネッ
ト spinet，ヴァージナル virginal がある〉
46 upper keyboard (upper manual)
上鍵盤(けんばん)
47 lower keyboard (lower manual)
下鍵盤
48 harpsichord mechanism
ハープシコードの構造
49 key (key lever)
鍵(けん)
50 jack
ジャック，木栓
51 slide (register)
ジャック・スライド（レジスター装置）
52 tongue
舌
53 quill plectrum
プレクトラム，羽軸
54 damper
ダンパー〈断音装置〉
55 string
弦
56 portative organ
携帯用小オルガン〈携帯用オルガン
portable organ の一つ。大型のものは，ポ
ジティヴ・オルガン positive organ
(positive)という〉
57 pipe (flue pipe)
フル—・パイプ（無簧管(むこうかん)）
58 bellows
送風器

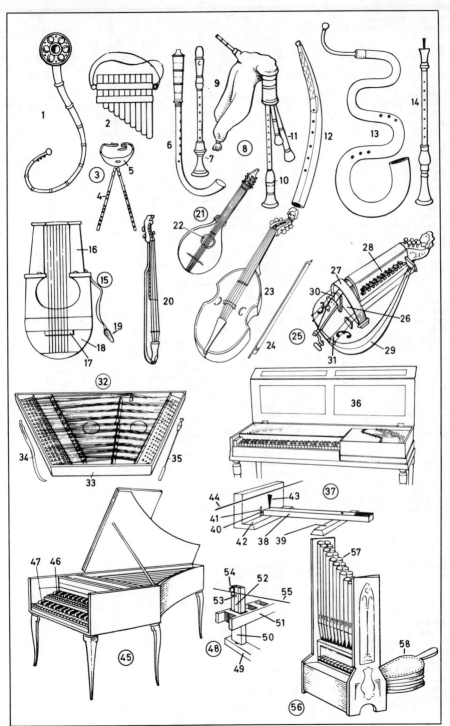

1-62 orchestral instruments
管弦楽用の楽器

1-27 stringed instruments, bowed instruments
弦楽器

1 violin
ヴァイオリン

2 neck of the violin
棹(さお), ネック

3 resonating body (violin body, sound box of the violin)
共鳴胴

4 rib (side wall)
リブ, 横板

5 violin bridge
駒(こま)

6 F-hole
F字孔〈響孔 sound hole の一種〉

7 tailpiece
緒(お)止め板

8 chin rest
顎(あご)当て

9 strings (violin strings, fiddle strings): G-string, D-string, A-string, E-string
弦：ゲー線, デー線, アー線, エー線

10 mute (sordino)
ミュート, 弱音器

11 resin (rosin, colophony)
松脂(まつやに)

12 violin bow (bow)
ヴァイオリンの弓

13 nut (frog)
毛留め箱

14 stick (bow stick)
弓身

15 hair of the violin bow (horsehair)
毛 (馬の毛)

16 violoncello (cello)
チェロ〈ダ・ガンバ・ヴィオリン属 the da gamba violin family に属する〉

17 scroll
渦巻

18 tuning peg (peg)
糸巻

19 pegbox
糸倉

20 nut
糸受け

21 fingerboard
指板

22 spike (tailpin)
ピン, 脚棒

23 double bass (contrabass, violone, double bass viol, (米) bass)
コントラバス

24 belly (top, soundboard)
共鳴表板

25 rib (side wall)
リブ, 横板

26 purfling (inlay)
縁どり

27 viola
ヴィオラ

28-38 woodwind instruments (woodwinds)
木管楽器

28 bassoon
バスーン, ファゴット〈大型のものは, コントラ バスーン double bassoon (contrabassoon)〉

29 tube with double reed
複簧(ふくこう)つき吹口管

30 piccolo (small flute, piccolo flute, flauto piccolo)
ピッコロ

31 flute (German flute)
フルート〈横笛 cross flute (transverse flute, side-blown flute) の一種〉

32 key
鍵(けん)

33 fingerhole
指孔

34 clarinet
クラリネット〈大型のものは, バス・クラリネッ ト bass clarinet という〉

35 key (brille)
鍵

36 mouthpiece
歌口(うたぐち)

37 bell
朝顔

38 oboe (hautboy)
オーボエ〈オーボエ・ダモーレ oboe d'amore, テノール・オーボエ tenor oboe, オーボエ・ダ・カッチャ oboe da caccia, イン グリッシュ・ホルン cor anglais, ヘッケルフォ ン heckelphone (バリトン・オーボエ baritone oboe) などの種類がある〉

39-48 brass instruments (brass)
金管楽器

39 tenor horn
テノール・ホルン

40 valve
弁

41 French horn (horn, waldhorn)
フレンチ・ホルン〈弁つきホルン valve horn の一つ〉

42 bell
朝顔

43 trumpet
〈ロータリー式〉トランペット〈大型のものに, バス・トランペット Bb cornet; 小型のもの にコルネット cornet がある〉

44 bass tuba (tuba, bombardon)
バス・テューバ (テューバ, 中バス)〈類似のも のに, ヘリコン helicon (pellitone), コント ラバス・テューバ contrabass tuba がある〉

45 thumb hold
指掛け

46 trombone
トロンボーン〈アルト・トロンボーン alto trombone, テナー・トロンボーン tenor trombone, バス・トロンボーン bass trombone などの種類がある〉

47 trombone slide (slide)
スライド管

48 bell
朝顔

49-59 percussion instruments
打楽器

49 triangle
トライアングル

50 cymbals
シンバル

51-59 membranophones
膜鳴(まくめい)楽器

51 side drum (snare drum)
小太鼓

52 drum head (head, upper head, batter head, vellum)
表皮

53 tensioning screw
調節ねじ, 締めねじ

54 drumstick
ばち

55 bass drum (Turkish drum)
大太鼓

56 stick (padded stick)
ばち

57 kettledrum (timpano)
ティンパニー〈ねじつき太鼓 screw tensioned drum の一種。類似のものに, マ シーン・ドラム machine drum (機械的に皮 の張力をかえる太鼓) がある〉

58 kettledrum skin (kettledrum vellum)
ティンパニーの張り皮

59 tuning screw
調律用のねじ

60 harp
ハープ〈図は, ペダル・ハープ pedal harp〉

61 strings
弦

62 pedal
ペダル

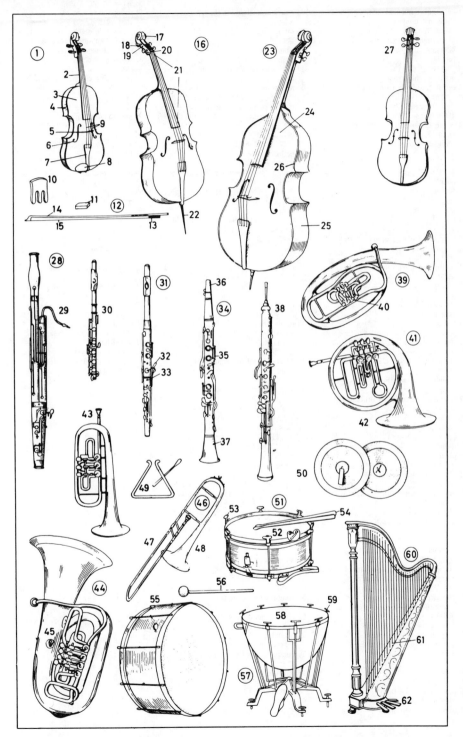

1-46 popular musical instruments
(folk instruments)
軽音楽用の楽器
1-31 stringed instruments
弦楽器
1 lute
リュート〈大型のものに，テオルバ theorbo,
キタローネ chitarrone がある〉
2 resonating body (resonator)
共鳴胴
3 soundboard (belly, table)
響板
4 string fastener (string holder)
緒(お)止め板
5 sound hole (rose)
響孔
6 string
弦〈ガット弦 gut (catgut) string の一種〉
7 neck
棹(さお)，ネック
8 fingerboard
指板
9 fret
フレット
10 head (bent-back pegbox, swan-head
pegbox, pegbox)
糸倉
11 tuning peg (peg, lute pin)
糸巻
12 guitar
ギター
13 string holder
緒(お)止め板
14 string
弦〈ガット弦 gut (catgut) またはナイロン
弦 nylon string〉
15 resonating body (resonating
chamber, resonator, sound box)
共鳴胴
16 mandolin (mandoline)
マンドリン
17 sleeve protector (cuff protector)
腕あて
18 neck
棹(さお)，ネック
19 pegdisc
糸巻き板
20 plectrum
プレクトラム
21 zither (plucked zither)
ツィター (撥弦式(はつげんしき)ツィター)
22 pin block (wrest pin block, wrest
plank)
調弦ねじ用台
23 tuning pin (wrest pin)
調弦ねじ
24 melody strings (fretted strings,
stopped strings)
旋律弦 (フレットのついた弦)
25 accompaniment strings (bass strings,
unfretted strings, open strings)
伴奏弦 (バス弦，フレットのない弦)
26 semicircular projection of the
resonating sound box (resonating
body)
共鳴箱の半円形突出部 (共鳴胴)
27 ring plectrum
リング状のプレクトラム (爪(つめ))
28 balalaika
バラライカ
29 banjo
バンジョー
30 tambourine-like body
タンバリン形胴
31 parchment membrane
羊皮

32 ocarina, a globular flute
オカリーナ
33 mouthpiece
歌口
34 fingerhole
指孔
35 mouth organ (harmonica)
ハーモニカ
36 accordion
アコーディオン〈類似のものに，ピアノ・アコー
ディオン piano accordion，コンサーティー
ナ concertina，バンドネオン bandoneon
がある〉
37 bellows
蛇腹(じゃばら)送風器
38 bellows strap
蛇腹止め皮
39 melody side (keyboard side, melody
keys)
高音部 (旋律用鍵盤(けんばん))
40 keyboard (keys)
鍵盤
41 treble stop (treble coupler, treble
register)
高音用音栓
42 stop lever
音栓レバー
43 bass side (accompaniment side, bass
studs, bass press-studs, bass buttons)
低音部 (伴奏用ボタン)
44 bass stop (bass coupler, bass
register)
低音用音栓
45 tambourine
タンバリン
46 castanets
カスタネット
47-78 jazz band instruments (dance
band instruments)
ジャズ楽器
47-58 percussion instruments
打楽器
47-54 drum kit (drum set, drums)
ドラム・セット
47 bass drum
大太鼓
48 small tom-tom
小トムトム
49 large tom-tom
大トムトム
50 high-hat cymbals (choke cymbals,
Charleston cymbals, cup cymbals)
ハイ・ハット・シンバル (チョーク・シンバル，
チャールストン・シンバル，カップ・シンバル)
51 cymbal
シンバル
52 cymbal stand (cymbal holder)
シンバル立て
53 wire brush
ワイヤ・ブラシ
54 pedal mechanism
ペダル
55 conga drum (conga)
コンガ
56 tension hoop
張りたが
57 timbales
ケテルドラム
58 bongo drums (bongos)
ボンゴ
59 maracas
マラカス〈類似のものに，シェーカー
shakers がある〉
60 guiro
ギロー

61 xylophone
木琴〈前身は，ストロー・ヴァイオリン
straw fiddle. 類似のものに，マリンバ
marimbaphone (steel marimba), テュー
バフォン tubaphone がある〉
62 wooden slab
木製ばち
63 resonating chamber (sound box)
共鳴箱
64 beater
ばちの頭
65 jazz trumpet
ジャズ・トランペット，ピストン式トランペット
66 valve
バルブ，ピストン
67 finger hook
フィンガー・フック，指掛け
68 mute (sordino)
ミュート，弱音器
69 saxophone
サクソフォーン
70 bell
朝顔
71 crook
替管
72 mouthpiece
歌口
73 struck guitar (jazz guitar)
ジャズ・ギター
74 hollow to facilitate fingering
フィンガリングを容易にするためのくぼみ
75 vibraphone ((米) vibraharp)
ヴィブラフォーン
76 metal frame
メタル・フレーム〈金属製枠〉
77 metal bar
メタル・バー〈金属製音板〉
78 tubular metal resonator
金属製共鳴管

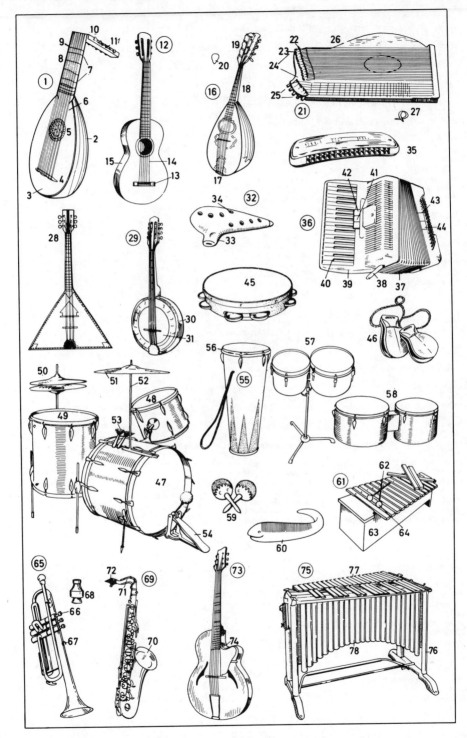

1 piano
ピアノ〈ふつうのたて型のもの。pianoforte,
upright piano, upright, vertical
piano ともいう。やや小型のスピネット・ピアノ
spinet piano, コンソール・ピアノ console
piano もある。鍵盤(けんばん)楽器
keyboard instrument (keyed
instrument) の一つ。小型のものに, コテー
ジ・ピアノ cottage piano, ピアニーノ
pianino がある。前身は, パンタレオン
pantaleon, チェレスタ celesta (いずれも弦
ではなく鋼鉄線を用いたもの)〉
2-18 piano action (piano mechanism)
ピアノの機構
2 iron frame
鉄骨
3 hammer
ハンマー〈総称は, ハンマー装置 striking
mechanism〉
4-5 keyboard (piano keys)
鍵盤
4 white key (ivory key)
白鍵 (象牙鍵(ぞうげけん))
5 black key (ebony key)
黒鍵 (黒檀鍵(こくだんけん))
6 piano case
外箱
7 strings (piano strings)
弦
8-9 piano pedals
ペダル
8 right pedal
右ペダル〈ダンパー・ペダル damper pedal
(sustaining pedal) とも。一般に, 強音ペ
ダル forte pedal (loud pedal) という。ダ
ンパー damper を上げて弦から離す〉
9 left pedal
左ペダル〈ソフト・ペダル soft pedal とも。
一般に, 弱音ペダル piano pedal という。
ハンマーと弦との打弦距離を縮める〉
10 treble strings
高音弦
11 treble bridge (treble belly bridge)
高音弦駒(こま)
12 bass strings
低音弦
13 bass bridge (bass belly bridge)
低音弦駒
14 hitch pin
ヒッチ・ピン
15 hammer rail
ハンマー
16 brace
締め金
17 tuning pin (wrest pin, tuning peg)
チューニング・ピン (調弦ピン)
18 pin block (wrest pin block, wrest plank)
ピン板
19 metronome
メトロノーム
20 tuning hammer (tuning key, wrest)
調律用ハンマー
21 tuning wedge
調律用くさび
22-39 key action (key mechanism)
打鍵機構
22 beam
メイン・レール
23 damper-lifting lever
ダンパー・レバー
24 felt-covered hammer head
フェルトで覆われたハンマー・ヘッド
25 hammer shank
ハンマー・シャンク

26 hammer rail
ハンマー・レール
27 check (back check)
チェック (バック・チェック)
28 check felt (back check felt)
チェック・フェルト
29 wire stem of the check (wire stem of the back check)
チェック・ワイヤ
30 sticker (hopper, hammer jack, hammer lever)
スティッカー, ハンマー・ジャック
31 button
バック・ストップ
32 action lever
アクション・レバー
33 pilot
キャブスタン
34 pilot wire
キャブスタン・ワイヤ
35 tape wire
ブライドル・ワイヤ
36 tape
ブライドル・テープ
37 damper (damper block)
ダンパー (ダンパー・ブロック)
38 damper lifter
ダンパー・リフター
39 damper rest rail
ダンパー・レール
40 grand piano
グランド・ピアノ〈コンサート用グランド・ピア
ノ。horizontal piano, grand, concert
grand ともいう。小型のものに, セミ・グラン
ド・ピアノ baby grand piano, ブードゥア・
ピアノ boudoir piano がある。類似のもの
に, スクエア・ピアノ square piano, テーブ
ル・ピアノ table piano〉
41 grand piano pedals
ペダル〈右側のペダルはダンパーをあげるダン
パー・ペダルで, 左側のペダルは弱音ペダル。
鍵盤とアクション全体を左右に動かし1本
の弦だけを打弦するウナ・コルダ una corda
奏法がある〉
42 pedal bracket
ペダル腕木
43 harmonium (reed organ, melodium)
ハルモニウム (リード・オルガン)
44 draw stop (stop, stop knob)
音栓 (ストップ用ノブ)
45 knee lever (knee swell, swell)
増音用レバー
46 pedal (bellows pedal)
ペダル (送風ペダル)
47 harmonium case
外箱
48 harmonium keyboard (manual)
手鍵盤(てけんばん)

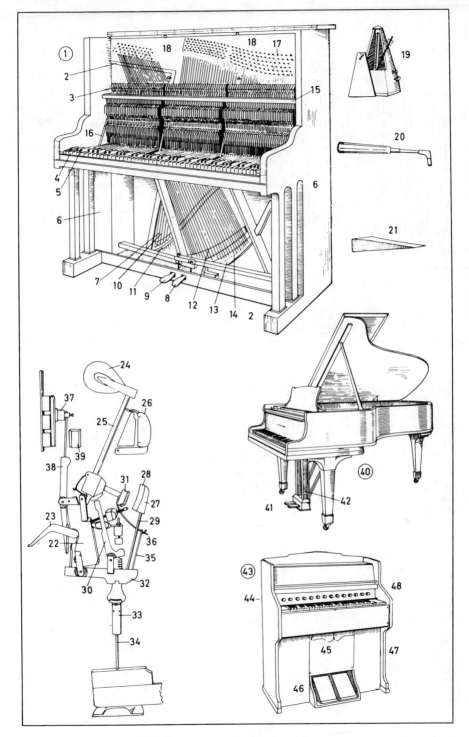

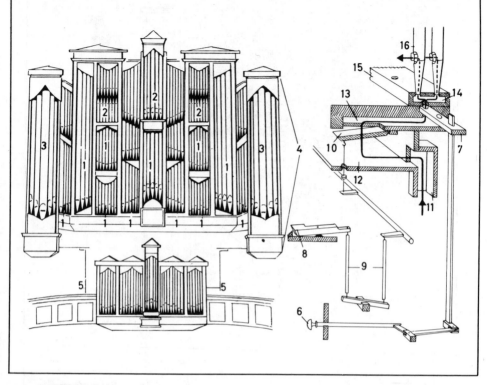

1-52 organ (church organ)
オルガン (教会オルガン)
1-5 front view of organ (organ case)
オルガンの前面図 (オルガン・ケース) 〈古典
的様式のもの〉
1-3 display pipes (face pipes)
音管
1 Hauptwerk
主音管
2 Oberwerk
上部音管
3 pedal pipes
ペダル音管
4 pedal tower
ペダル音管用塔
5 Rückpositiv
リュックポジティフ, クワイア・オルガン
6-16 tracker action (mechanical action)
トラッカー・アクション (オルガンの機構) 〈他
のシステムに, 空気アクション pneumatic
action, 電気アクション electric action が
ある〉
6 draw stop (stop, stop knob)
音栓 (ストップ・ノブ)
7 slider (slide)
スライダー
8 key (key lever)
鍵盤
9 sticker
スティッカー
10 pallet
弁, パレット

11 wind trunk
送風筒
12-14 wind chest
風函 (ふうかん) 〈図 は, スライダー slider つき
風函。他の型に, スライダーのない風函
sliderless wind chest (unit wind
chest), スプリング函 spring chest, 円錐
函 (えんすいかん) kegellade chest (cone
chest), 膜函 diaphragm chest がある〉
12 wind chest (wind chest box)
風函下部
13 groove
グルーブ, 風路
14 upper board groove
〈音管用上板の〉グルーブ, 風路
15 upper board
音管用上板
16 pipe of a particular stop
1 音栓の音管

17-35 organ pipes (pipes)
音管
17-22 metal reed pipe
リード管 〈金属製のリードを発音源とするス
トップ。ポザウネ・ストップ posaune stop の
一つ〉
17 boot
ブーツ
18 shallot
シャロット, 喉 (のど)
19 tongue
リード, 舌
20 block
ブロック, 鉛頭
21 tuning wire (tuning crook)
調律管
22 tube
共鳴管
23-30 open metal flue pipe
フルー管 〈金属製の開管。笛声 (てきせい) 音
管 salicional の一つ〉
23 foot
足
24 flue pipe windway (flue pipe duct)
無簧管 (むこうかん) の風道
25 mouth (cutup)
歌口
26 lower lip
下唇
27 upper lip
上唇
28 languid
核

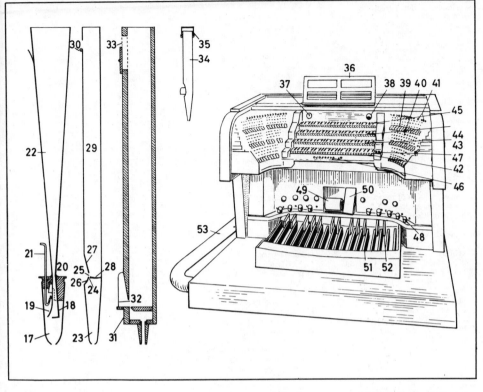

29 body of the pipe (pipe)
　管体
30 tuning flap (tuning tongue)
　調律弁〈調律装置 tuning device の一つ〉
31-33 open wooden flue pipe (open
　wood), principal (diapason)
　フルー・ストップ〈木製の開管〉, プリンツィパ
　ル (ダイアパースン)
31 cap
　ふた
32 ear
　耳
33 tuning hole (tuning slot), with slide
　弁つき調律孔
34 stopped flue pipe
　フルー管〈閉管〉
35 stopper
　ふた
36-52 organ console (console) of an
　electric action organ
　〈電動式オルガンの〉演奏台
36 music rest (music stand)
　譜面台
37 crescendo roller indicator
　増音ローラー指示器
38 voltmeter
　電圧計
39 stop tab (rocker)
　音栓キー
40 free combination stud (free
　combination knob)
　〈音色の〉フリー・コンビネーション・ノブ

41 cancel buttons for reeds, couplers
　etc.
　〈リード・ストップやカプラーなどの〉キャンセ
　ル・ボタン
42 manual I, for the Rückpositiv
　第1手鍵盤(けんばん)〈リュックポジティブ
　用〉
43 manual II, for the Hauptwerk
　第2手鍵盤〈主音管用〉
44 manual III, for the Oberwerk
　第3手鍵盤〈上部音管用〉
45 manual IV, for the Schwellwerk
　第4手鍵盤〈スエル音管用〉
46 thumb pistons controlling the
　manual stops (free or fixed
　combinations) and buttons for
　setting the combinations
　〈手鍵盤のための〉親指用ピストン〈フリーあ
　るいは固定した組合せ用〉とボタン
47 switches for current to blower and
　action
　送風と電動のためのスイッチ
48 toe piston, for the coupler
　カプラー用ピストン〈足指で操作する〉
49 crescendo roller (general crescendo
　roller)
　増音ローラー
50 balanced swell pedal
　増音ペダル
51 pedal key [natural]
　足鍵盤〔幹音用〕

52 pedal key [sharp or flat]
　足鍵盤〔変化音用〕
53 cable (transmission cable)
　ケーブル, 電送線

327 Fabulous Creatures (Fabled Beings)

1-61 fabulous creatures (fabulous animals), mythical creatures
神話上の動物
1 dragon
竜
2 serpent's body
ヘビの胴体
3 claws (claw)
鉤爪(かぎづめ)
4 bat's wing
コウモリの翼
5 fork-tongued mouth
舌が二叉(ふたまた)に分れた口
6 forked tongue
二叉に分れた舌
7 unicorn [symbol of virginity]
一角獣 [純潔の象徴]
8 spirally twisted horn
らせん状の巻き角
9 Phoenix
不死鳥
10 flames or ashes of resurrection
よみがえりの炎または灰
11 griffin (griffon, gryphon)
グリフィン, グリフォン
12 eagle's head
ワシの頭
13 griffin's claws
グリフィンの爪(つめ)
14 lion's body
ライオンの胴体
15 wing
翼
16 chimera (chimaera)
キマイラ, キメラ〈怪獣 monster の一種〉
17 lion's head
ライオンの頭
18 goat's head
ヤギの頭
19 dragon's body
竜の胴体
20 sphinx
スフィンクス〈象徴的な像 symbolic figure の一種〉
21 human head
人間の頭
22 lion's body
ライオンの胴体
23 mermaid (nix, nixie, water nixie, sea maid, sea maiden, naiad, water nymph, water elf, ocean nymph, sea nymph, river nymph)
人魚 (水の精)〈女性。類似のものに、ネーレーデス (海の精) Nereids, オケアニス Oceanids (sea divinities, sea deities, sea goddesses)がある。男性の人魚 (水の精) は nix (merman, seaman)という〉
24 woman's trunk
女性の胴体
25 fish's tail (dolphin's tail)
魚の尾 (イルカの尾)
26 Pegasus (favourite ((米) favorite) steed of the Muses, winged horse)
ペガソス (ミューズの馬, 翼のある馬)〈類似のものにヒポグリフ hippogryph がある〉
27 horse's body
馬の胴体
28 wings
翼
29 Cerberus (hellhound)
ケルベロス (地獄の番犬)
30 three-headed dog's body
3 つの頭をもった犬の胴体
31 serpent's tail
ヘビの尾

32 Lernaean (Lernean) Hydra
レルナのヒュドラ
33 nine-headed serpent's body
9 頭の蛇の胴体
34 basilisk (cockatrice)
バジリスク
35 cock's head
オンドリの頭
36 dragon's body
竜の胴体
37 giant (titan)
巨人 (ティタン)
38 rock
岩
39 serpent's foot
ヘビ状の足
40 triton
トリトン〈海の怪神 merman (demigod of the sea) の一人〉
41 conch shell trumpet
ほら貝のらっぱ
42 horse's hoof
馬のひずめ
43 fish's tail
魚の尾
44 hippocampus
ヒッポカムポス, 海馬
45 horse's trunk
ウマの胴体
46 fish's tail
魚の尾
47 sea ox
海牛〈海の怪物 sea monster の一種〉
48 monster's body
海牛の胴体
49 fish's tail
魚の尾
50 seven-headed dragon of St. John's Revelation (Revelations, Apocalypse)
ヨハネ黙示録の 7 頭の竜
51 wing
翼
52 centaur (hippocentaur)
ケンタウロス〈半人半獣 half man and half beast〉
53 man's body with bow and arrow
弓矢を持った人間の半身
54 horse's body
馬の胴体
55 harpy
ハルピュイア〈翼をもった怪物 winged monster の一種〉
56 woman's head
女性の頭
57 bird's body
鳥の胴体
58 siren
セイレン〈魔女 daemon の一人〉
59 woman's body
女人の胴体
60 wing
翼
61 bird's claw
鳥の爪(つめ)

1-40 prehistoric finds
先史時代の発掘物

1-9 Old Stone Age (Palaeolithic, Paleolithic, period) and **Mesolithic period**
旧石器時代と中石器時代

1 hand axe ((米) ax) (fist hatchet)
おの (握りおの)〈石器 stone tool の一種〉

2 head of throwing spear, made of bone
骨製投げ槍(やり)の先

3 bone harpoon
骨製もり先

4 head
矢・おのなどの頭、やじり(鏃)

5 harpoon thrower, made of reindeer antler
トナカイの角製投げもり

6 painted pebble
彩礫(さいれき), 彩色した石

7 head of a wild horse
馬の頭〈彫刻 carving の一種〉

8 Stone Age idol
石器時代の母神像〈象牙(ぞうげ)彫りの一つ〉

9 bison [cave art, cave painting]
野牛〈洞窟(どうくつ)壁画 cave painting (岩壁画 rock painting) の一つ〉

10-20 New Stone Age (Neolithic period)
新石器時代

10 amphora [corded ware]
アンフォラ [縄文土器]

11 bowl [menhir group]
彩文深鉢 [メンヒル・グループ]

12 collared flask [Funnel-Beaker culture]
襟つき長頸壺(ながくびつぼ) [フンネル・ビーカー文化]

13 vessel with spiral pattern [spiral design pottery]
渦曲線文深鉢(かきょくせんもんふかばち) [帯文土器]

14 bell beaker [beaker pottery]
鐘形杯(さかずき) [ビーカー族の土器]

15 pile dwelling (lake dwelling, lacustrine dwelling)
水上住宅, 湖上住居

16 dolmen (cromlech)
ドルメン, 支石墳〈巨石墳 megalithic tomb ((口) giant's tomb) の一つ。ほかに羨道墳(せんどうふん) passage grave, ガレリー墳 gallery grave (long cist), 土を盛り上げたものに墳丘 tumulus (円墳 barrow, mound) などがある〉

17 stone cist
石棺墓〈屈葬墓 contracted burial の一種〉

18 menhir (standing stone)
メンヒル〈1本石碑像 monolith の一種〉

19 boat axe ((米) ax)
舟形おの〈石の闘斧(とうふ) stone battle axe〉

20 clay figurine (an idol)
土偶 (神像)

21-40 Bronze Age and **Iron Age**
青銅器時代と鉄器時代〈ヨーロッパでは、ハルシュタット期 Hallstatt period からラ・テーヌ期 La Téne period)〉

21 bronze spear head
青銅の槍(やり)の穂

22 hafted bronze dagger
柄(つか)つき青銅製短剣

23 socketed axe ((米) ax) with haft fastened to rings
闘斧(とうふ)〈青銅斧 bronze axe の一つ〉

24 girdle clasp
帯飾りクラスプ

25 necklace (lunula)
首輪飾り (半月状ネックレス)

26 gold neck ring
金の首輪

27 violin-bow fibula (safety pin)
弓形ピン (留めピン)

28 serpentine fibula
ヘビ形留めピン〈他に舟形留めピン boat fibula, 弓形留めピン arc fibula などの種類がある〉

29 bulb-head pin
玉ピン〈青銅のピン bronze pin の一種〉

30 two-piece spiral fibula
2重渦巻形留めピン〈類似のものに円板留めピン disc (disk) fibula がある〉

31 hafted bronze knife
柄(つか)つき青銅製ナイフ

32 iron key
鉄製鍵(かぎ)

33 ploughshare ((米) plowshare)
すきべら

34 sheet-bronze situla
青銅の延べ板で作った手おけ〈埋葬用器 funerary vessel の一種〉

35 pitcher [chip-carved pottery]
水差し [鋸歯文(きょしもん)土器]

36 miniature ritual cart (miniature ritual chariot)
儀式用馬車の模型

37 Celtic silver coin
ケルト族の銀貨

38 face urn
顔面土器〈骨壺 cinerary urn の一種。他に家形壺 domestic urn, 浮出し模様の壺 embossed urn などの種類がある〉

39 urn grave in stone chamber
石室内の骨壺埋葬

40 urn with cylindrical neck
円錐形(えんすいけい)頸つき壺

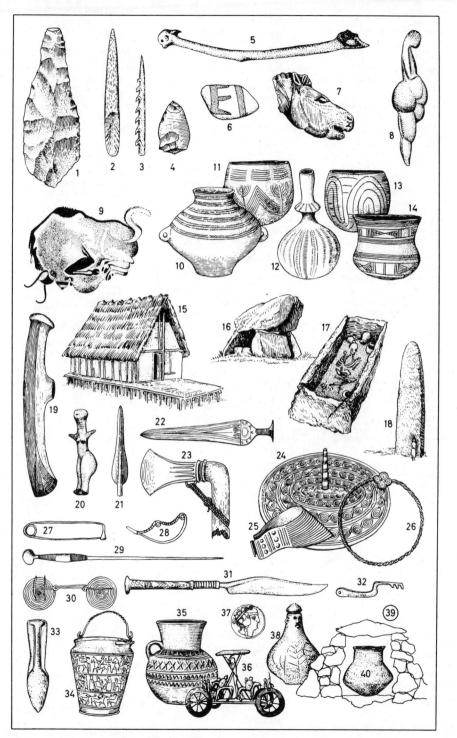

1 **knight's castle** (castle)
騎士の城

2 inner ward (inner bailey)
城庭, 中庭

3 draw well
つるべ井戸

4 keep (donjon)
望楼〈天主閣〉

5 dungeon
地下牢(ろう)

6 battlements (crenellation)
塔上狭間(はざま)胸壁

7 merlon
銃眼間の凸壁

8 tower platform
塔頂の回廊

9 watchman
見張人

10 ladies' apartments (bowers)
婦人の居間〈婦人の私室〉

11 dormer window (dormer)
屋根窓

12 balcony
バルコニー

13 storehouse (magazine)
倉庫

14 angle tower
角櫓(すみやぐら)

15 curtain wall (curtains, enclosure
wall)
外壁〈囲壁〉

16 bastion
稜堡(りょうほ)

17 angle tower
角櫓

18 crenel (embrasure)
銃眼〈狭間(はざま)〉

19 inner wall
内壁

20 battlemented parapet
狭間のある胸壁

21 parapet (breastwork)
胸壁

22 gatehouse
門楼

23 machicolation (machicoulis)
突き出し狭間

24 portcullis
落し門

25 drawbridge
跳ね橋

26 buttress
扶壁

27 offices and service rooms
管理室と詰所

28 turret
小塔

29 chapel
礼拝堂

30 great hall
居館

31 outer ward (outer bailey)
城庭〈外壁との中間地〉

32 castle gate
城門

33 moat (ditch)
外堀

34 approach
登城道路

35 watchtower (turret)
望楼

36 palisade (pallisade, palisading)
柵(さく)

37 moat (ditch, fosse)
内堀

38-65 **knight's armour** ((米) armor)
騎士の具足

38 suit of armour ((米) armor)
甲冑(かっちゅう)

39-42 helmet
兜(かぶと)

39 skull
兜鉢(かぶとばち)

40 visor (vizor)
面頬(めんぼお)

41 beaver
顎(あご)当て

42 throat piece
喉(のど)当て

43 gorget
頸甲(けいこう)

44 epaulière
肩当ての突出し

45 pallette (pauldron, besageur)
肩鎧(かたよろい)

46 breastplate (cuirass)
鳩胸胴甲(はとむねどうこう)

47 brassard (rear brace and vambrace)
腕鎧

48 cubitière (coudière, couter)
肘金(ひじがね)

49 tasse (tasset)
草摺(くさずり)

50 gauntlet
手甲〈かたびら・板金でできた籠手(こて)〉

51 habergeon (haubergeon)
鎖かたびら

52 cuisse (cuish, cuissard, cuissart)
腿甲(たいこう)

53 knee cap (knee piece, genouillère,
poleyn)
膝(ひざ)当て

54 jambeau (greave)
脛(すね)当て

55 solleret (sabaton, sabbaton)
鉄靴

56 pavis (pavise, pavais)
大盾

57 buckler (round shield)
円盾

58 boss (umbo)
盾ほし

59 iron hat
鉄兜(てつかぶと)

60 morion
モリオン〈歩兵の鉄兜〉

61 light casque
カスク〈軽装兜〉

62 types of mail and armour ((米)
armor)
鎖かたびら(さね)の型と兵士

63 mail (chain mail, chain armour
((米) armour))
鎖子鎧(くさりよろい)

64 scale armour ((米) armor)
小札(こざね)鎧

65 plate armour ((米) armor)
板金鎧

66 **accolade** (dubbing, knighting)
騎士叙任式

67 liege lord
君主〈騎士 knight の一人〉

68 esquire
従士

69 cup bearer
献酌侍従(けんしゃくじじゅう)

70 minstrel (minnesinger, troubadour)
楽人, 吟遊詩人(ぎんゆうしじん)

71 **tournament** (tourney, joust, just,
tilt)
馬上武術試合

72 crusader
十字軍従軍騎士

73 Knight Templar
テンプル騎士

74 caparison (trappings)
飾り馬衣

75 herald (marshal at tournament)
先導官〈儀式係〉

76 tilting armour ((米) armor)
馬上試合の装備

77 tilting helmet (jousting helmet)
馬上試合用兜

78 panache (plume of feathers)
羽毛飾り

79 tilting target (tilting shield)
馬上試合標的〈盾〉

80 lance rest
槍(やり)の鐺(こじり)受け

81 tilting lance (lance)
馬上試合用の槍

82 vamplate
円鍔(つば)

83-88 horse armour ((米) armor)
馬具

83 neck guard (neck piece)
首当て

84 chamfron (chaffron, chafron,
chamfrain, chanfron)
馬頭甲(うまかぶと)

85 poitrel
鎧鞅(よろいむながい)

86 flanchard (flancard)
わき腹当て

87 tournament saddle
馬上試合用の鞍(くら)

88 rump piece (quarter piece)
尻当て

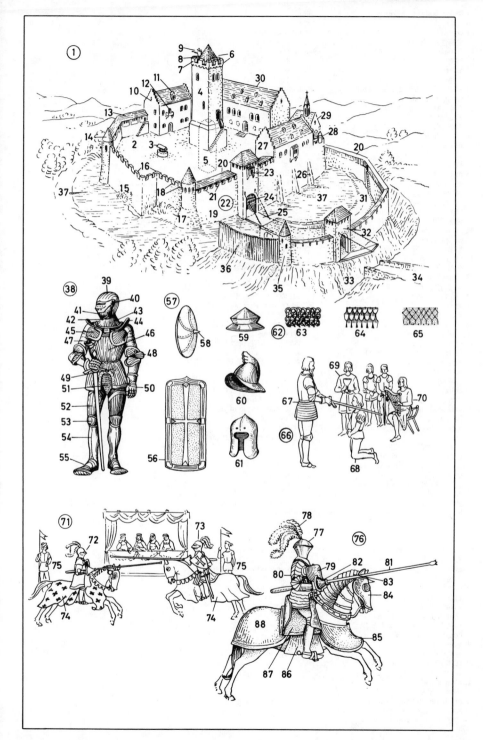

1-30 Protestant church
プロテスタント教会
1 chancel
　礼拝堂の内陣，聖壇
2 lectern
　聖書〔朗読〕台，アンボ
3 altar carpet
　内陣の敷物
4 altar (communion table, Lord's
　table, holy table)
　聖卓（聖餐(せいさん)台，祭壇）
5 altar steps
　内陣への階段
6 altar cloth
　聖卓掛け
7 altar candle
　聖卓のろうそく
8 pyx (pix)
　聖体容器
9 paten (patin, patine)
　パテナ，聖餐式用パン皿
10 chalice (communion cup)
　聖餐式用ブドウ酒杯，聖杯，カリス
11 Bible (Holy Bible, Scriptures, Holy
　Scripture)
　聖書
12 altar crucifix
　祭壇の十字架像
13 altarpiece
　祭壇背後の壁飾り〈絵画，彫刻など〉
14 church window
　窓
15 stained glass
　ステンド・グラス
16 wall candelabrum
　壁の枝状燭台(しょくだい)
17 vestry door (sacristy door)
　典礼準備室のドア
18 pulpit steps
　説教壇への階段
19 pulpit
　説教壇，説教台，講壇
20 antependium
　説教壇前部の装飾〈掛布，パネル〉
21 canopy (soundboard, sounding
　board)
　天蓋(てんがい)〈反響板〉
22 preacher (pastor, vicar, clergyman,
　rector) in his robes (vestments,
　canonicals)
　式服を着た説教者（牧師）
23 pulpit balustrade
　説教壇の手すり
24 hymn board showing hymn numbers
　賛美歌の番号表示板
25 gallery
　2階席
26 verger (sexton, sacristan)
　教会堂管理人（堂守り）
27 aisle
　中央通路
28 pew
　信者席〈総称して，会衆席 pews
　(seating) という〉
29 churchgoer (worshipper)
　信者（礼拝出席者）〈総称して，会衆
　congregation という〉
30 hymn book
　賛美歌集
31-62 Roman Catholic church
　ローマ・カトリック教会
31 altar steps
　内陣への階段
32 presbytery (choir, chancel,
　sacrarium, sanctuary)
　聖堂の内陣，司祭席

33 altar
　祭壇
34 altar candles
　祭壇のろうそく
35 altar cross
　祭壇の十字架
36 altar cloth
　祭壇布
37 lectern
　聖書朗読台
38 missal (mass book)
　ミサ典礼書
39 priest
　司祭
40 server
　典礼奉仕者，侍者(じしゃ)〈典礼において司
　祭と助祭の補助をする信者，子供，青年〉
41 sedilia
　司祭席
42 tabernacle
　聖櫃(せいひつ)
43 stele (stela)
　聖櫃を置く台〈石柱など〉
44 paschal candle (Easter candle)
　復活祭用のろうそく
45 paschal candlestick (Easter
　candlestick)
　復活祭用の燭台(しょくだい)
46 sanctus bell
　祭鈴〈典礼の重要な部分において会衆の注
　意を喚起するために用いる〉
47 processional cross
　行列用の十字架
48 altar decoration (foliage, flower
　arrangement)
　内陣の装飾（花，観葉植物）
49 sanctuary lamp
　常明灯，聖体ランプ〈聖体の存在を示すラ
　ンプ〉
50 altarpiece
　祭壇背後の装飾〈ここではキリストの画像
　picture of Christ〉
51 Madonna, statue of the Virgin Mary
　聖母マリア像
52 pricket
　燭台〈信者から献納されたろうそくを立てる
　[複数]〉
53 votive candles
　灯明〈献納のろうそく〉
54 station of the Cross
　十字架の道行の留(りゅう)〈キリストが十字
　架にかけられ，復活するまでの過程を15の
　絵または浮彫りによって表す〉
55 offertory box
　献金箱
56 literature stand
　文書棚
57 literature (pamphlets, tracts)
　〈教会関係の〉文書
58 verger (sexton, sacristan)
　典礼奉仕者（侍者(じしゃ)）
59 offertory bag
　献金袋
60 offering
　奉献
61 man praying
　祈る人
62 prayer book
　祈禱書(きとうしょ)

1 church
教会
2 steeple
尖塔(せんとう)
3 weathercock
風見鶏(かざみどり)
4 weather vane (wind vane)
風見の矢
5 apex
尖頂
6 church spire (spire)
尖頂屋根
7 church clock (tower clock)
時計
8 belfry window
鐘楼の窓
9 electrically operated bell
電動の鐘
10 ridge cross
屋根の十字架
11 church roof
屋根
12 memorial chapel
記念礼拝堂
13 vestry (sacristy)
祭具室 (典礼準備室, 香部屋) 〈教会付属室 annexe (annex)の一つ〉
14 memorial tablet (memorial plate, wall memorial, wall stone)
記念銘板
15 side entrance
側面の入口
16 church door (main door, portal)
正面の入口
17 churchgoer
教会に通う人, 信者
18 graveyard wall (churchyard wall)
塀
19 graveyard gate (churchyard gate, lichgate, lychgate)
門
20 vicarage (parsonage, rectory)
司祭館 (牧師館)
21-41 graveyard (churchyard, God's acre, (米) burying ground)
墓地
21 mortuary
遺体仮安置所
22 grave digger
墓掘り
23 grave (tomb)
墓
24 grave mound
墓の盛土
25 cross
十字架
26 gravestone (headstone, tombstone)
墓石
27 family grave (family tomb)
家族の墓
28 graveyard chapel
墓地の礼拝堂
29 child's grave
子供の墓
30 urn grave
墓所, 納骨所
31 urn
骨壺(こつつぼ)
32 soldier's grave
兵士の墓
33-41 funeral (burial)
葬儀 (埋葬式)
33 mourners
会葬者
34 grave
墓

35 coffin ((米) casket)
柩(ひつぎ)
36 spade
洋すき 〈シャベル状のすき〉
37 clergyman
聖職者
38 the bereaved
遺族
39 widow's veil
未亡人のベール 〈喪中のベール mourning veil〉
40 pallbearers
棺側付添人
41 bier
棺を運ぶ台
42-50 procession (religious procession)
行列 (宗教的行列)
42 processional crucifix
行列用の十字架
43 cross bearer (crucifer)
十字架の奉持者
44 processional banner
行列用の旗 〈教会旗 church banner の一つ〉
45 acolyte
典礼奉仕者, 侍者(じしゃ)
46 canopy bearer
天蓋(てんがい)を持つ人
47 priest
司祭
48 monstrance with the Blessed Sacrament (consecrated Host)
聖体顕示台
49 canopy (baldachin, baldaquin)
行列用天蓋 (バルダ)
50 nuns
修道女
51 participants in the procession
行列の参加者
52-58 monastery
修道院
52 cloister
回廊 〈教会, 修道院などの中庭の周囲をめぐる歩廊〉
53 monastery garden
修道院の庭園
54 monk
修道士 〈ここでは, ベネディクト会の修道士 Benedictine monk〉
55 habit (monk's habit)
修道服
56 cowl (hood)
修道服の頭巾(ずきん)
57 tonsure
剃髪(ていはつ) (トンスラ) の部分 〈頭髪を円くそり落した跡〉
58 breviary
聖務日課書
59 catacomb
カタコンベ 〈古代キリスト教徒の地下墓所 underground burial place〉
60 niche (tomb recess, arcosolium)
ニッチ 〈石棺, または骨壺を安置する壁の穴〉
61 stone slab
石の平板, ニッチのふた

1 Christian baptism (christening)
キリスト教の洗礼（洗礼式）
2 baptistery (baptistry)
洗礼室
3 Protestant clergyman
新教の牧師
4 robes (vestments, canonicals)
式服（祭服，法服）
5 bands
聖職者用襟布（えりぬの）〈襟から腕に垂らす
2条の白い布〉
6 collar
カラー
7 child to be baptized (christened)
洗礼を受ける幼児
8 christening robe (christening dress)
受洗用衣服
9 christening shawl
受洗の時に用いるショール
10 font
洗礼台
11 font basin
洗礼盤
12 baptismal water
洗礼水
13 godparents
代父母，教保〈洗礼式に立ち会い，受洗
者の信仰生活を見守る〉
14 church wedding (wedding ceremony,
marriage ceremony)
教会での結婚式，聖婚式
15-16 bridal couple
新郎新婦
15 bride
花嫁
16 bridegroom (groom)
花婿
17 ring (wedding ring)
結婚指輪
18 bride's bouquet (bridal bouquet)
花嫁の持つ花束
19 bridal wreath
花嫁の花冠
20 veil (bridal veil)
花嫁のベール
21 buttonhole
襟のボタン穴に飾る花
22 clergyman
牧師
23 witnesses [to the marriage]
結婚の保証人
24 bridesmaid
花嫁の付添人
25 kneeler
膝（ひざ）まづき台，膝当て，聖餐（せいさん）台
26 Holy Communion
聖体拝領，聖餐式〈キリストの体と血を表
すパンとブドウ酒，あるいはパンのみを受ける
儀式〉
27 communicants
聖体拝領者，陪餐者（ばいさんしゃ）
28 Host (wafer)
ホスチア，聖体〈聖別されたパン，パン種が
入っていない円形ウェファー状のもの〉
29 communion cup
カリス，聖杯〈聖別されたブドウ酒を入れる
杯（さかずき）〉
30 rosary
ロザリオ〈祈りの回数を数える数珠（じゅず）〉
31 paternoster
主の祈りの珠（たま）
32 Ave Maria
アヴェ・マリアの珠〈聖母マリアに捧げる祈り
の回数を数える。10個1組 set of 10:
decade〉

33 crucifix
十字架
34-54 liturgical vessels (ecclesiastical
vessels)
典礼用具
34 monstrance
顕示台〈キリストを象徴する太陽を模し，
中央に聖体を納める〉
35 Host (consecrated Host, Blessed
Sacrament)
聖体（顕示用聖体，聖別されたパン）
36 lunula (lunule)
ルネッタ，聖体圏〈三日月形の止め金。聖
体をはめる〉
37 rays
太陽の光線をかたどった飾り
38 censer (thurible), for offering incense
(for incensing)
香炉
39 thurible chain
香炉の鎖
40 thurible cover
香炉のふた
41 thurible bowl
香炉の底
42 incense boat
香入れ
43 incense spoon
香をすくうスプーン
44 cruet set
祭びん一式
45 water cruet
水入れ
46 wine cruet
ブドウ酒入れ
47 holy water basin
聖水入れ
48 ciborium containing the sacred
wafers
聖体容器，チボリウム
49 chalice
カリス，聖杯
50 dish for communion wafers
聖体用パン皿〈パテナの一種〉
51 paten (patin, patine)
パテナ，聖体用パン皿
52 altar bells
祭鈴
53 pyx (pix)
聖体容器
54 aspergillum
灌水器（かんすいき）〈聖水をまくために用いる〉
55-72 forms of Christian crosses
キリスト教の十字架の型式
55 Latin cross (cross of the Passion)
ラテン型十字架（受難の十字架）
56 Greek cross
ギリシア型十字架
57 Russian cross
ロシア型十字架
58 St. Peter's cross
聖ペトロ型十字架
59 St. Anthony's cross (tau cross)
聖アントニオ型十字架〈修道士のつえの形
に似ている〉（T字型十字架〈ギリシア文字
のT（タウ）から〉）
60 St. Andrew's cross (saltire cross)
聖アンドレア型十字架〈X形十字架〈使徒
アンデレの殉教の故事による〉〉
61 Y-cross
Y形十字架
62 cross of Lorraine
ロレーヌ型十字架
63 ansate cross
輪頭十字架〈日の出とヘビをかたどり，魔よ
けに用いられる〉

64 patriarchal cross
総主教用十字架〈総主教と大主教が用い
る〉
65 cardinal's cross
枢機卿（すうききょう）用十字架
66 Papal cross
教皇用十字架
67 Constantinian cross (CHR)
コンスタンチヌス型十字架〈キリストを表す
ギリシア語の組合せ文字 monogram of
Christ〉
68 crosslet
小十字型つき十字架
69 cross moline
碇爪（いかりづめ）型十字架〈腕木が同じ長さ
で各先端が碇づめの形をしている〉
70 cross of Jerusalem
エルサレム型十字架
71 cross botonnée (cross treflée)
クローバー型十字架〈各先端がクローバーの
葉の形をしている〉
72 fivefold cross (quintuple cross)
エルサレム型十字架，聖地型十字架〈十字
軍の紋章〉

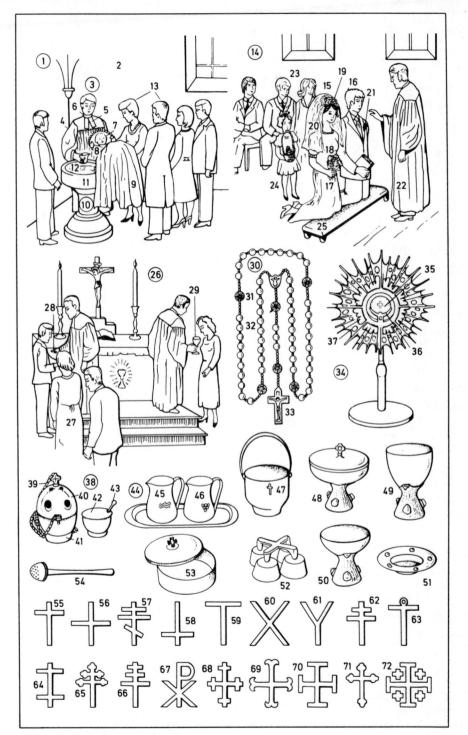

1-18 Egyptian art
エジプトの美術
1 pyramid
　ピラミッド〈王の墳墓 royal tomb の一つ〉
2 king's chamber
　王の墓室
3 queen's chamber
　王妃の墓室
4 air passage
　空気路
5 coffin chamber
　玄室
6 pyramid site
　ピラミッドの遺跡
7 funerary temple
　葬祭殿
8 valley temple
　河岸神殿
9 pylon
　ピュロン, 塔門〈記念建造物として建てられ
　た関門 monumental gateway〉
10 obelisks
　オベリスク
11 Egyptian sphinx
　エジプトのスフィンクス
12 winged sun disc (sun disk)
　有翼陽円
13 lotus column
　ロータス柱
14 knob-leaf capital (bud-shaped
　capital)
　つぼみ形柱頭 (未開花柱頭)
15 papyrus column
　パピルス柱
16 bell-shaped capital
　鐘形柱頭 (開花柱頭)
17 palm column
　棕櫚(しゅろ)柱
18 ornamented column
　彫刻円柱
19-20 Babylonian art
バビロニアの美術
19 Babylonian frieze
　バビロニア式フリーズ
20 glazed relief tile
　彩釉(さいゆう)れんが浮彫り
21-28 art of the Persians
ペルシアの美術
21 tower tomb
　塔形墳墓
22 stepped pyramid
　階段式ピラミッド
23 double bull column
　双牛円柱
24 projecting leaves
　懸葉, 返り花形
25 palm capital
　請け花形柱頭
26 volute (scroll)
　渦巻
27 shaft
　柱身
28 double bull capital
　双牛の柱頭
29-36 art of the Assyrians
アッシリアの美術
29 Sargon's Palace, palace buildings
　サルゴン宮殿, 宮殿建築
30 city wall
　市の外壁
31 castle wall
　城壁
32 temple tower (ziggurat)
　聖塔 (ジッグラト)〈階段式神殿 (stepped
　(terraced) tower の一つ〉

33 outside staircase
　正面外階段
34 main portal
　大玄関
35 portal relief
　門壁装飾
36 portal figure
　門壁彫像
37 art of Asia Minor
小アジアの美術
38 rock tomb
　岩窟(がんくつ)墳墓

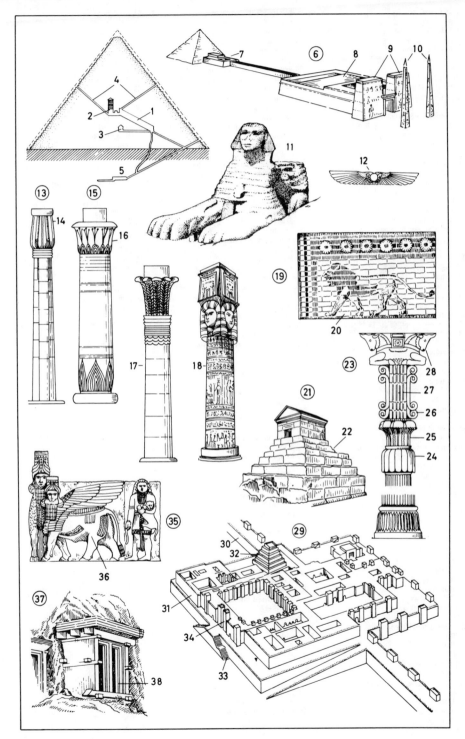

1-48 Greek art
ギリシアの美術
1-7 the Acropolis
アクロポリス
1 the Parthenon
パルテノン〈ドリス式神殿 Doric temple の一つ〉
2 peristyle
柱列, 列柱廊
3 pediment
ペディメント〈三角形の切妻壁〉
4 crepidoma (stereobate)
クレピス (ステュロバテス)〈基檀の周囲についている通常 3 段の石段〉
5 statue
立像
6 temple wall
神殿外壁
7 propylaea
門, 神殿入口, プロピュライオン
8 Doric column
ドリス式円柱
9 Ionic column
イオニア式円柱
10 Corinthian column
コリント式円柱
11-14 cornice
コーニス〈広義の軒蛇腹〉
11 cyma
シーマ, 反曲〈コーニス上の雨どい〉
12 corona
コロナ〈狭義の軒蛇腹〉
13 mutule
ミュチュール〈軒蛇腹下の飾り板〉
14 dentils
歯飾り
15 triglyph
トリグリフ〈三条竪筋絵様(みすじたてすじえよう)〉
16 metope
メトープ〈フリーズ装飾 frieze decoration の一種〉
17 regula
レギュラ〈小縁〉
18 epistyle (architrave)
アーキトレーブ, 台輪
19 cyma (cymatium, kymation)
シーマ (キュマチウム, 蛇腹の上部の反曲彫形(くりがた)装飾)
20-25 capital
柱頭
20 abacus
アバクス, 冠板
21 echinus
エキヌス
22 hypotrachelium (gorgerin)
首飾り
23 volute (scroll)
渦巻
24 volute cushion
渦形方円柱頭
25 acanthus
アカンサス葉飾り
26 column shaft
柱身
27 flutes (grooves, channels)
溝彫り
28-31 base
基台
28 [upper] torus
〈上部〉大玉縁
29 trochilus (concave moulding ((米) molding))
大刳り
30 [lower] torus
〈下部〉大玉縁

31 plinth
台座, プリントス
32 stylobate
ステュロバテス
33 stele (stela)
石柱
34 acroterion (acroterium, acroter)
アクロテリオン〈破風(はふ)および両隅上の装飾〉
35 herm (herma, hermes)
ヘルメ柱像
36 caryatid
カリアティード〈女性柱〉〈男性柱はアトラス Atlas〉
37 Greek vase
ギリシアの壺(つぼ)
38-43 Greek ornamentation (Greek decoration, Greek decorative designs)
ギリシア式模様
38 bead-and-dart moulding ((米) molding)
真珠と矢じりの刳形(くりがた)〈帯飾り ornamental band の一種〉
39 running dog (Vitruvian scroll)
連続渦巻
40 leaf ornament
葉飾り
41 palmette
パルメット〈棕櫚(しゅろ)の葉状の模様〉
42 egg and dart (egg and tongue, egg and anchor) cyma
卵鏃(らんぞく)模様
43 meander
メアンダー, 雷文
44 Greek theatre ((米) theater)
ギリシアの劇場
45 scene
スケーネ〈舞台建造物〉
46 proscenium
プロスケニオン (舞台前部)
47 orchestra
オルケストラ, 踊り場
48 thymele (altar)
祭壇
49-52 Etruscan art
エトルリアの美術
49 Etruscan temple
エトルリアの神殿
50 portico
玄関廊, ポルティコ
51 cella
ケラ, 神室
52 entablature
エンタブラチュア
53-60 Roman art
ローマの美術
53 aqueduct
水道橋
54 conduit (water channel)
水路
55 centrally-planned building (centralized building)
集中式建築
56 portico
玄関廊
57 reglet
平条(ひらすじ)
58 cupola
円蓋(えんがい)
59 triumphal arch
凱旋門(がいせんもん)
60 attic
アッティカ〈エンタブラチャー上の層〉
61-71 Early Christian art
初期キリスト教美術

61 basilica
バジリカ会堂
62 nave
身廊
63 aisle
側廊
64 apse
アプス, 後陣
65 campanile
カンパニーレ, 鐘塔
66 atrium
アトリウム, 前庭
67 colonnade
柱廊, 周廊
68 fountain
噴泉
69 altar
祭壇
70 clerestory (clearstory)
クリアストーリー, 明り層
71 triumphal arch
凱旋門
72-75 Byzantine art
ビザンチン美術
72-73 dome system
円蓋(えんがい)架構
72 main dome
中央円蓋
73 semidome
半円蓋
74 pendentive
ペンデンティヴ〈穹隅(きゅうぐう)〉
75 eye
明り孔〈一般には lighting aperture〉

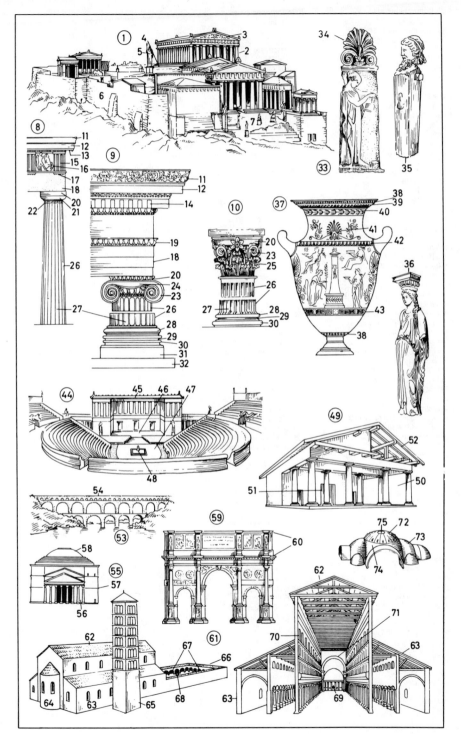

1-21 **Romanesque art**
ロマネスク美術
1-13 Romanesque church
ロマネスク式教会〈大聖堂 cathedral の一つ〉
1 nave
身廊
2 aisle
側廊
3 transept
袖廊(しゅうろう), 翼廊
4 choir (chancel)
内陣, クワイヤ
5 apse
後陣
6 central tower ((米) center tower)
交差部採光塔
7 pyramidal tower roof
方形塔の屋根
8 arcading
アーチ列
9 frieze of round arcading
半円アーチのフリーズ
10 blind arcade (blind arcading)
めくらアーチ列
11 lesene
つけ柱のストリップ〈突出の少ない扶壁柱 pilaster strip の一種〉
12 circular window
円窓(まるまど)
13 side entrance
わき扉口
14-16 Romanesque ornamentation (Romanesque decoration, Romanesque decorative designs)
ロマネスク式文様
14 chequered ((米) checkered) pattern (chequered design)
市松文
15 imbrication (imbricated design)
鱗状文(りんじょうもん)
16 chevron design
鋸歯文(きょしもん)
17 Romanesque system of vaulting
ロマネスク式ヴォールト架構
18 transverse arch
横断アーチ
19 barrel vault (tunnel vault)
半円筒穹窿(きゅうりゅう)
20 pillar
柱
21 cushion capital
方円柱頭
22-41 **Gothic art**
ゴシック美術
22 Gothic church [westwork, west end, west façade]
ゴシック式教会 [西正面]〈大聖堂 cathedral の一つ〉
23 rose window
ばら窓
24 church door (main door, portal), a recessed portal
大扉口〈ここでは, 奥まった入口 recessed portal〉
25 archivolt
飾り迫縁(せりぶち)
26 tympanum
タンパン, 三角小間
27-35 Gothic structural system
ゴシック式建築構造
27-28 buttresses
扶壁
27 buttress
扶壁

28 flying buttress
飛梁(とびはり)
29 pinnacle
小尖塔(せんとう)
30 gargoyle
樋嘴(ひはし)
31-32 cross vault (groin vault)
交差(十字)ヴォールト
31 ribs (cross ribs)
リブ, 稜肋(りょうろく)
32 boss (pendant)
ボス, 辻飾り
33 triforium
トリフォリウム〈身廊1階の大アーケードと2階のクリアストーリとの間の部分〉
34 clustered pier (compound pier)
束ね柱
35 respond (engaged pillar)
つけ柱
36 pediment
ペディメント〈飾り破風(はふ)〉
37 finial
十字花飾り, 頂華
38 crocket
クロケット〈花形縁飾り〉
39-41 tracery window
トレーサリー式窓〈尖塔窓(せんとうまど) lancet window の一つ〉
39-40 tracery
狭間飾り
39 quatrefoil
四葉飾り
40 cinquefoil
五葉飾り
41 mullions
間柱(まばしら), 中方立(なかほうだて)
42-54 **Renaissance art**
ルネッサンス美術
42 Renaissance church
ルネッサンス期の教会
43 projection
前面突出部
44 drum
ドラム, 鼓胴
45 lantern
ランタン, 頂塔
46 pilaster (engaged pillar)
片蓋柱(かたふたばしら), つけ柱
47 Renaissance palace
ルネッサンス期の館邸
48 cornice
軒蛇腹
49 pedimental window
破風窓
50 pedimental window with round gable
円形破風窓
51 rustication (rustic work)
ルスティカ仕上げ
52 string course
蛇腹層
53 sarcophagus
石棺
54 festoon (garland)
懸華装飾 (花綵(はなづな))

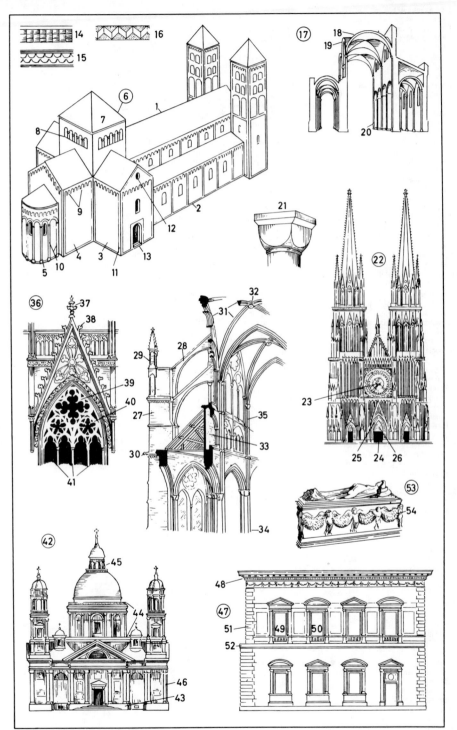

1-8 Baroque art
バロック美術
1 Baroque church
バロック式教会
2 bull's eye
円窓
3 bulbous cupola
頂塔の小円屋根
4 dormer window (dormer)
屋根窓
5 curved gable
湾曲切妻
6 twin columns
対柱 (ついばしら)
7 cartouche
カルトゥーシュ〈装飾鏡板〉
8 scrollwork
巻軸装飾
9-13 Rococo art
ロココ美術
9 Rococo wall
ロココ式壁面
10 coving
弓形折上げ天井〈凹面刳形 (くりがた)
hollow moulding ((米) molding) の一
種〉
11 framing
縁どり装飾
12 ornamental moulding ((米) molding)
飾り刳形
13 rocaille
ロカイユ〈ロココ式装飾 Rococo
ornament の一種〉
14 table in Louis Seize style (Louis
Seize table)
ルイ十六世様式のテーブル
15 neoclassical building (building in
neoclassical style)
新古典主義様式の建造物〈市門
gateway の一種〉
16 Empire table (table in the Empire
style)
アンピール風のテーブル
17 Biedermeier sofa (sofa in the
Biedermeier style)
ビーダーマイヤー式ソファー
18 Art Nouveau easy chair (easy chair
in the Art Nouveau style)
アール・ヌーボー式安楽いす
19-37 types of arch
アーチの型
19 arch
アーチ
20 abutment
迫 (せり) り台
21 impost
迫り元
22 springer
起拱 (ききょう) 石〈迫り石 voussoir (wedge
stone)の一種〉
23 keystone
要石 (かなめいし)
24 face
アーチの正面
25 pier
角柱
26 extrados
アーチ外弧面, 外迫 (そとぜり)
27 round arch
半円アーチ
28 segmental arch (basket handle)
分円アーチ (バスケット・アーチ)
29 parabolic arch
放物線形アーチ
30 horseshoe arch
馬蹄形 (ばていけい) アーチ

31 lancet arch
尖頭 (せんとう) アーチ
32 trefoil arch
三葉形アーチ
33 shouldered arch
肩つきアーチ
34 convex arch
凸状アーチ
35 tented arch
幕形アーチ
36 ogee arch (keel arch)
葱花 (そうか) アーチ (竜骨状アーチ)
37 Tudor arch
チューダー式アーチ
38-50 types of vault
ヴォールト (穹窿 (きゅうりゅう)) の諸形式
38 barrel vault (tunnel vault)
筒形ヴォールト
39 crown
迫頭
40 side
中腹部
41 cloister vault (cloistered vault)
僧院式ヴォールト
42 groin vault (groined vault)
交差ヴォールト
43 rib vault (ribbed vault)
リブ・ヴォールト, 肋骨穹窿 (ろっこつきゅうりゅ
う)
44 stellar vault
星形ヴォールト
45 net vault
網形ヴォールト
46 fan vault
扇形ヴォールト
47 trough vault
槽形 (ふながた) ヴォールト
48 trough
槽 (ふね)
49 cavetto vault
中空刳形 (くりがた) ヴォールト
50 cavetto
カベット〈小えぐり〉

1-6 Chinese art
中国の美術
1 pagoda (multi-storey, multistory, pagoda)
　パゴダ, 仏塔, 層塔〈寺塔 temple tower の一つ〉
2 storey (story) roof (roof of storey)
　重ね葺(ぶ)き屋根
3 pailou (pailoo)
　牌楼(はいろう)〈記念門 memorial archway の一つ〉
4 archway
　拱道(きょうどう)
5 porcelain vase
　磁器の花びん
6 incised lacquered work
　堆朱(ついしゅ)
7-11 Japanese art
日本の美術
7 temple
　仏殿
8 bell tower
　鐘楼
9 supporting structure
　架構
10 bodhisattva (boddhisattva)
　菩薩像(ぼさつぞう)〈仏聖 Buddhist saint の一人〉
11 torii
　鳥居〈関門 gateway の一種〉
12-18 Islamic art
回教美術
12 mosque
　回教寺院, モスク
13 minaret
　ミナレット〈祈りの塔 prayer tower の一種〉
14 mihrab
　ミヒラブ〈メッカに向って設置された壁龕(へきがん)〉
15 minbar (mimbar, pulpit)
　ミンバール〈寺院の説教壇〉
16 mausoleum
　霊廟(れいびょう)〈墓所 tomb の一つ〉
17 stalactite vault (stalactitic vault)
　鐘乳石状ヴォールト
18 Arabian capital
　アラビア式柱頭
19-28 Indian art
インドの美術
19 dancing Siva (Shiva)
　踊るシヴァ神〈インドの神 Indian god の一人〉
20 statue of Buddha
　釈迦像(しゃかぞう)
21 stupa (Indian pagoda)
　ストゥーパ (インドのパゴダ)〈ドーム mound (dome), 仏教聖殿 Buddhist shrine の一つ〉
22 umbrella
　傘蓋(さんがい)
23 stone wall ((米) stone fence)
　欄楯(らんじゅん)
24 gate
　塔門, トラーナ
25 temple buildings
　寺院建築物
26 shikara (sikar, sikhara, temple tower)
　シカラ, 寺塔
27 chaitya hall
　チャイトヤ堂〈インドの石窟寺院の一様式〉
28 chaitya
　チャイトヤ〈小ストゥーパ small stupa の一つ〉

1-43 studio
画室、アトリエ
1 studio skylight
アトリエの天窓
2 painter
画家〈芸術家 artist〉
3 studio easel
室内画架
4 chalk sketch
チョークによるスケッチ〈ラフ・スケッチ
rough draft の一種〉
5 crayon (piece of chalk)
コンテ
6-19 painting materials
絵画用具
6 flat brush
平筆
7 camel hair brush
らくだ毛画筆
8 round brush
丸筆
9 priming brush
下塗り筆
10 box of paints (paintbox)
絵の具箱
11 tube of oil paint
油絵の具のチューブ
12 varnish
画用ワニス〈溶き油, 艶(つや)出し油〉
13 thinner
シンナー〈筆洗い用〉
14 palette knife
パレット・ナイフ

15 spatula
スパチュラ, へら
16 charcoal pencil (charcoal, piece of
charcoal)
木炭筆
17 tempera (gouache)
テンペラ (グワッシュ) 絵の具〈不透明絵の
具〉
18 watercolour ((米) watercolor)
水彩絵の具
19 pastel crayon
パステル・クレヨン
20 wedged stretcher (canvas stretcher)
木枠 (カンバス枠)
21 canvas
カンバス, 画布
22 piece of hardboard, with painting
surface
〈油彩用〉板紙, ボール紙
23 wooden board
画板
24 fibreboard ((米) fiberboard)
布張りボール
25 painting table
画卓
26 folding easel
野外用イーゼル
27 still life group
静物〈モチーフ motif の一例〉
28 palette
パレット
29 palette dipper
油つぼ

30 platform
モデル台
31 lay figure (mannequin, manikin)
モデル人形
32 nude model (model, nude)
ヌード・モデル
33 drapery
掛け布
34 drawing easel
デッサン用イーゼル
35 sketch pad
スケッチ・ブック
36 study in oils
油彩習作
37 mosaic (tessellation)
モザイク
38 mosaic figure
モザイクによる人物像
39 tesserae
テセラエ〈切りばめ細工用のはめ石〉
40 fresco (mural)
フレスコ, 壁画
41 sgraffito
スグラッフィート
42 plaster
ストゥッコ, 化粧漆喰(しっくい)
43 cartoon
カルトーン〈実物大の下絵〉

1 sculptor
彫刻家
2 proportional dividers
比例コンパス, ディバイダー
3 calliper (caliper)
カリパス
4 plaster model
石膏(せっこう)のモデル像〈一般に, 石膏像
plaster cast という〉
5 block of stone (stone block)
石塊, 原石
6 modeller ((米) modeler)
模型製作者, 造型家
7 clay figure
粘土像〈ここでは, トルソー torso〉
8 roll of clay
粘土練り棒〈像を作る材料 modelling
((米) modeling) substance〉
9 modelling ((米) modeling) stand
塑造台
10 wooden modelling ((米) modeling)
tool
木製べら
11 wire modelling ((米) modeling) tool
鋼製かき取りべら
12 beating wood
たたきべら
13 claw chisel (toothed chisel, tooth
chisel)
鋸歯状(きょしじょう)削りのみ
14 flat chisel
平たがね, 平のみ
15 point (punch)
ポンチ

16 iron-headed hammer
金づち
17 gouge (hollow chisel)
丸のみ
18 spoon chisel
丸曲りのみ
19 wood chisel, a bevelled-edge chisel
木彫用のみ〈ここでは, 平のみ bevelled-
edge chisel〉
20 V-shaped gouge
三角のみ
21 mallet
木づち
22 framework
塑造骨組
23 baseboard
塑造板
24 armature support (metal rod)
心棒
25 armature
心(しん), 蝶々〈頭部〉
26 wax model
ろうのモデル像
27 block of wood
木材
28 wood carver (wood sculptor)
木彫家
29 sack of gypsum powder (gypsum)
石膏袋(せっこうぶくろ)
30 clay box
粘土箱
31 modelling ((米) modeling) clay
(clay)
粘土

32 statue
像〈ここでは, 彫像 sculpture〉
33 low relief (bas-relief)
低肉〔薄〕浮彫り
34 modelling ((米) modeling) board
台板
35 wire frame, wire netting
金網
36 circular medallion (tondo)
メダイオン, 円形浮彫り
37 mask
マスク
38 plaque
飾り板, 彫額, プラケット

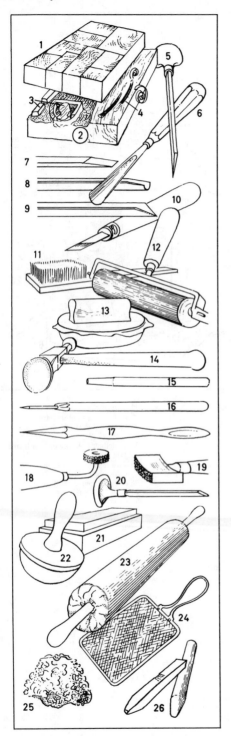

1-13 **wood engraving** (xylography)
木版 (木版印刷)〈凸版印刷法 relief
printing method (letterpress printing
method) の一種〉
1 end-grain block for wood engravings
木口(こぐち)版木〈木板 wooden block の
一種〉
2 wooden plank for woodcutting
板目版木〈浮彫り板 relief image
carrier の一種〉
3 positive cut
凸彫
4 plank cut
凹彫
5 burin (graver)
ビュラン (彫刻刀)
6 U-shaped gouge
丸のみ
7 scorper (scauper, scalper)
平刀(ひらとう)，見当のみ
8 scoop
丸刀(がんとう)，丸彫
9 V-shaped gouge
三角刀
10 contour knife
版木刀，切出し
11 brush
刷毛
12 roller (brayer)
ローラー
13 pad (wiper)
ばれん
14-24 **copperplate engraving**
(chalcography)
銅版彫刻〈陰刻 (凹刻) intaglio
process の一種〉〈エッチング etching，メゾ
ティント mezzotint，アクアティント
aquatint，クレヨン法 crayon engraving
などの種類がある〉
14 hammer
金づち
15 burin
ビュラン
16 etching needle (engraver)
エッチング・ニードル
17 scraper and burnisher
スクレーパーつきバニッシャー
18 roulette
ルーレット
19 rocking tool (rocker)
ロッカー
20 round-headed graver
彫刻刀〈ビュラン graver (burin) の一種〉
21 oilstone
オイルストーン，油砥石(といし)
22 dabber (inking ball, ink ball)
ダバー
23 leather roller
皮ローラー
24 sieve
ぼかし網
25-26 **lithography** (stone lithography)
リトグラフ，石版印刷〈平版印刷法
planographic printing method の一種〉
25 sponge for moistening the
lithographic stone
石版石を湿らせるためのスポンジ
26 lithographic crayons (greasy chalk)
リト・クレヨン

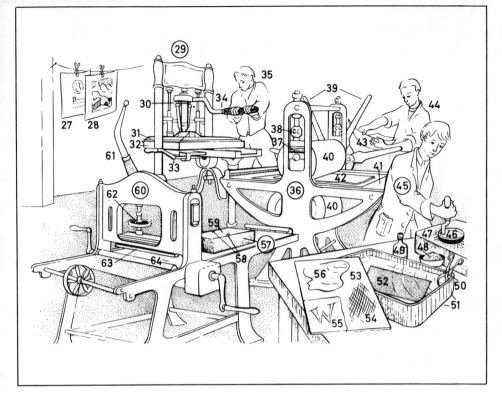

27-64 graphic art studio
グラフィック・アート・スタジオ〈印刷室
printing office ((米) printery) の一つ〉
27 broadside (broadsheet, single sheet)
片面刷り
28 full-colour ((米) full-color) print
(colour print, chromolithograph)
多色刷り (クロモ石版画)
29 platen press
凸版印刷機〈ここでは，手動印刷機 hand
press〉
30 toggle
トグル装置
31 platen
加圧盤
32 type forme ((米) form)
版木，組版
33 feed mechanism
送込み装置
34 bar (devil's tail)
バー，加圧ハンドル
35 pressman
印刷工
36 copperplate press
銅版印刷機
37 tympan
チンパン
38 pressure regulator
圧力調整機
39 star wheel
ハンドル
40 cylinder
ロール

41 bed
銅版台
42 felt cloth
フェルト
43 proof (pull)
校正刷り
44 copperplate engraver
彫版紙
45 lithographer (litho artist), grinding
the stone
〈砥石をかけている〉リトグラファー，石版師
46 grinding disc (disk)
研磨用砥石車
47 grain (granular texture)
砂目立て
48 pulverized glass
ガラス粉
49 rubber solution
ゴム液
50 tongs
やっとこ，トング
51 etching bath for etching
腐食用パット
52 zinc plate
ジンク板
53 polished copperplate
研磨済み銅版
54 cross hatch
全面直彫(じかぼり)
55 etching ground
エッチング・グラウンド
56 non-printing area
印刷されない部分

57 lithographic stone
石版石
58 register marks
とんぼ
59 printing surface (printing image
carrier)
版面(はんづら)
60 lithographic press
石版印刷機
61 lever
レバー
62 scraper adjustment
スクレーパー調整ハンドル，圧調節ネジ
63 scraper
スクレーパー
64 bed
版台

1-20 scripts of various peoples
各民族の文字
1 ancient Egyptian hieroglyphics
古代エジプトの象形文字 (ヒエログリフ)〈絵
文字 pictorial system of writingの一
つ〉
2 Arabic
アラビア文字
3 Armenian
アルメニア文字
4 Georgian
グルジア文字
5 Chinese
漢字
6 Japanese
日本文字
7 Hebrew (Hebraic)
ヘブライ文字
8 cuneiform script
楔形文字(くさびがたもじ, せっけいもじ)
9 Devanagari, script employed in
Sanskrit
サンスクリット文字
10 Siamese
シャム文字
11 Tamil
タミール文字
12 Tibetan
チベット文字
13 Sinaitic script
シナイ文字
14 Phoenician
フェニキア文字
15 Greek
ギリシア文字
16 Roman capitals
ローマ文字の大文字
17 uncial (uncials, uncial script)
アンシャル体文字
18 Carolingian (Carlovingian, Caroline)
minuscule
カロリンガ小文字
19 runes
ルーン文字
20 Russian
ロシア文字
21-26 ancient writing implements
古代の筆記具
21 Indian steel stylus for writing on
palm leaves
〈シュロの葉に書く〉インディアンの鋼針(はが
ねばり)
22 ancient Egyptian reed pen
古代エジプトのリード・ペン〈よしの茎で作ら
れた〉
23 writing cane
竹ペン
24 brush
毛筆
25 Roman metal pen (stylus)
ローマの金属ペン
26 quill (quill pen)
鵞(が)ペン
27 Korean
朝鮮文字, ハングル

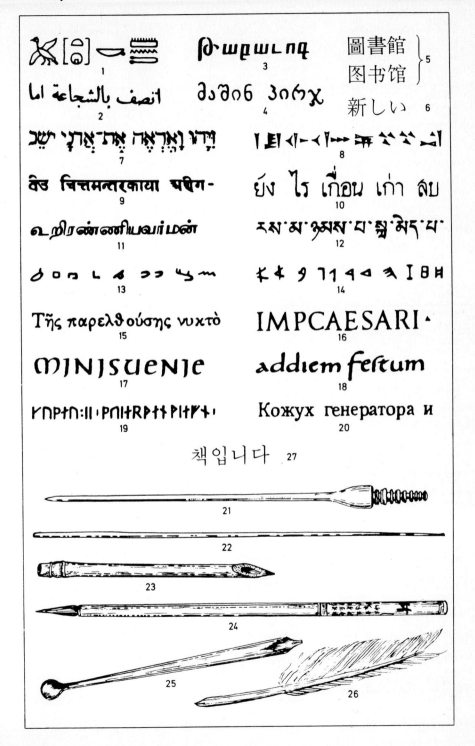

1-15 types (type faces)
活字書体
1 Gothic type (German black-letter type)
ゴシック体
2 Schwabacher type (German black-letter type)
シュヴァーバッハ・タイプ
3 Fraktur (German black-letter type)
ドイツ文字
4 Humanist (Mediaeval)
ユマニスト体 (中世の)
5 Transitional
トランジショナル(過渡期的)書体
6 Didone
ディドー体
7 Sanserif (Sanserif type, Grotesque)
サンセリフ体
8 Egyptian
エジプシャン体
9 typescript (typewriting)
タイプライター書体
10 English hand (English handwriting, English writing)
スクリプト〈英語の手書き書体〉
11 German hand (German handwriting, German writing)
ジャーマン・スクリプト〈ドイツ語の手書き書体〉
12 Latin script
ラテン・スクリプト
13 shorthand (shorthand writing, stenography)
速記体
14 phonetics (phonetic transcription)
音標文字
15 Braille
〈ブレール式〉点字
16-29 punctuation marks (stops)
句読点
16 full stop (period, full point)
終止符, ピリオド
17 colon
コロン
18 comma
コンマ
19 semicolon
セミコロン
20 question mark (interrogation point, interrogation mark)
疑問符
21 exclamation mark ((米) exclamation point)
感嘆符
22 apostrophe
省略符, アポストロフ
23 dash (em rule)
ダッシュ
24 parentheses (round brackets)
かっこ, パーレン
25 square brackets
角かっこ, ブラケット
26 quotation mark (double quotation marks, paired quotation marks, inverted commas)
引用符 (ダブル・クォーテーション・マーク)
27 guillemet (French quotation mark)
ギュメ (フレンチ・クォーテーション)
28 hyphen
ハイフン, 連字符
29 marks of omission (ellipsis)
省略記号
30-35 accents and diacritical marks (diacritics)
強勢(アクセント)記号と分音符号

30 acute accent (acute)
揚音符, 揚音アクセント〔記号〕
31 grave accent (grave)
抑音符, 抑音アクセント〔記号〕
32 circumflex accent (circumflex)
抑揚音符, 抑揚アクセント〔記号〕
33 cedilla [under c]
セディーユ, セディル〔cの下〕
34 diaeresis ((米) dieresis) [over e]
分音符〔eの上〕
35 tilde [over n]
鼻音符, ティルデ〔nの上〕
36 section mark
節章標
37-70 newspaper
新聞〈日刊新聞 national daily newspaper〉
37 newspaper page
新聞紙面
38 front page
第1面
39 newspaper heading
新聞名, 紙名
40 contents
記事内容
41 price
新聞代
42 date of publication
発行日
43 place of publication
発行地
44 headline
見出し
45 column
縦の欄
46 column heading
小見出し
47 column rule
縦罫線(たてけいせん)
48 leading article (leader, editorial)
論説 (社説)
49 reference to related article
関連記事の参照事項
50 brief news item
短い記事, 短信
51 political section
政治面
52 page heading
ページの見出し
53 cartoon
時事漫画
54 report by newspaper's own correspondent
特派員からの報告記事
55 news agency's sign
通信社のサイン
56 advertisement ((口) ad)
広告
57 sports section
スポーツ面
58 press photo
新聞写真, 報道写真
59 caption
キャプション
60 sports report
スポーツ欄
61 sports news item
スポーツ記事
62 home and overseas news section
国内記事面と海外記事面
63 news in brief (miscellaneous news)
短信欄
64 television programmes ((米) programs)
テレビ・プログラム, テレビ番組欄

65 weather report
気象通報
66 weather chart (weather map)
天気図
67 arts section (feuilleton)
文芸面, 文芸欄
68 death notice
死亡通知
69 advertisements (classified advertising)
広告欄
70 job advertisement
求人広告欄〈余白 vacancy (situation offered) の一種〉

Oxford
1

Oxford
2

Oxford
3

Oxford
4

Oxford
5

Oxford
6

Oxford
7

Oxford
8

Oxford
9

Oxford
10

Oxford
11

Oxford
12

13

/'ɒksfəd/
14

15

16   17   18   19   20   21   22   23   24   25   26

?   !   '   —   ()   []   " "

»«   -   ...   é   è   ê   ç   ë   ñ   §

27   28   29   30   31   32   33   34   35   36

37   69

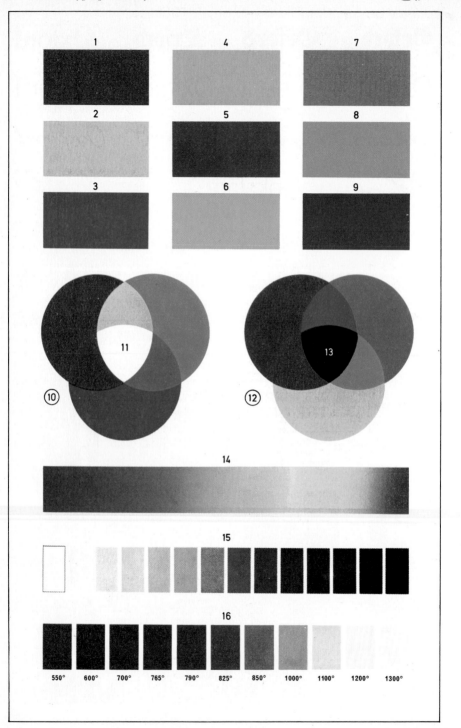

1 red
　赤
2 yellow
　黄
3 blue
　青
4 pink
　ピンク
5 brown
　茶
6 azure (sky blue)
　空色 (スカイ・ブルー)
7 orange
　橙(だいだい)
8 green
　緑
9 violet
　〔青〕紫
10 additive mixture of colours ((米)
　colors)
　加法混色
11 white
　白
12 subtractive mixture of colours
　((米) colors)
　減法混色
13 black
　黒
14 solar spectrum (colours ((米) colors)
　of the rainbow)
　太陽スペクトル
15 grey ((米) gray) scale
　グレーのスケール
16 heat colours ((米) colors)
　白熱色

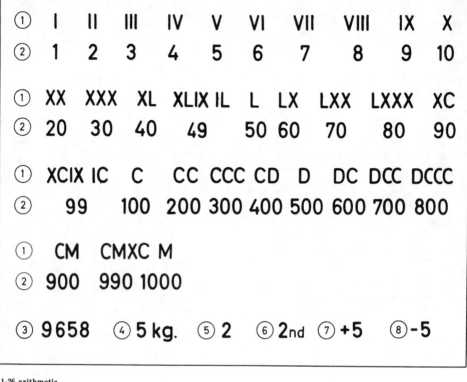

1-26 arithmetic
算数
1-22 numbers
数
1 Roman numerals
ローマ数字
2 Arabic numerals
アラビア数字
3 abstract number [8: units; 5: tens; 6: hundreds; 9: thousands]
無名数〈ここでは，4 けたの数 four-figure number〉[8: 一位; 5: 十位; 6: 百位; 9: 千位]
4 concrete number
名数
5 cardinal number (cardinal)
基数
6 ordinal number (ordinal)
〔順〕序数
7 positive number [with plus sign]
正数
8 negative number [with minus sign]
負数

⑨ a, b, c ... ⑩ $3\frac{1}{3}$ ⑪ 2, 4, 6, 8 ⑫ 1, 3, 5, 7

⑬ 3, 5, 7, 11 ⑭ $3 + 2\sqrt{-1}$ ⑮ $\frac{2}{3}$ ⑯ $\frac{3}{2}$

⑰ $\dfrac{\frac{5}{6}}{\frac{3}{4}}$ ⑱ $\frac{12}{4}$ ⑲ $\frac{4}{5} + \frac{2}{7} = \frac{38}{35}$ ⑳ 0·357

㉑ $0·6666.... = 0·\overline{6}$ ㉒ ㉓ $3 + 2 = 5$

㉔ $3 - 2 = 1$ ㉕ $3 · 2 = 6$ ㉖ $6 \div 2 = 3$
$3 \times 2 = 6$

9 algebraic symbols
代数記号
10 mixed number [3: whole number (integer); 1/3: fraction]
帯分数 [3: 整数部分; 1/3: 分数部分]
11 even numbers
偶数
12 odd numbers
奇数
13 prime numbers
素数
14 complex number [3: real part; $2\sqrt{-1}$: imaginary part]
複素数 [3: 実数部分; $2\sqrt{-1}$: 虚数部分]
15-16 vulgar fractions
常分数
15 proper fraction [2: numerator, horizontal line; 3: denominator]
真分数 [2: 分子; 横線: 分数記号; 3: 分母]
16 improper fraction
仮分数〈この場合 2/3 の逆数 reciprocal〉
17 compound fraction (complex fraction)
繁分数, 複分数
18 improper fraction
可約分数〈約分 cancell down すると整数 whole number になる〉
19 fractions of different denominations [35: common denominator]
分母の異なる分数 [35: 公分母 (共通分母)]

20 proper decimal fraction with decimal point and decimal places[3: tenths; 5: hundredths; 7: thousandths]
〔有限〕小数と小数点, 小数位 [3: 小数第 1 位; 5: 小数第 2 位; 7: 小数第 3 位]
21 recurring decimal
循環小数
22 recurring decimal
循環節〈日本式には $0.\overset{\cdot}{6}$〉
23-26 fundamental arithmetical operations
四則演算, 四則計算
23 addition (adding) [3 and 2: the terms of the sum; +: plus sign; =: equals sign; 5: the sum]
足し算 (加法) [3 と 2: 被加数; +: 加法記号; =: 等号; 5: 和]
24 subtraction (sabtracting); [3: the minuend; −: minus sign; 2: the subtrahend; 1: the remainder (difference)]
引き算, 減法 [3: 被減数; −: 減法記号; 2: 減数; 1: 差]
25 multiplication (multiplying); [3: the multiplicand; ×: multiplication sign; 2: the multiplier; 2 and 3: factors; 6: the product]
掛け算, 乗法 [3: 被乗数; ×: 乗法記号; 2: 乗数; 2 と 3: 因子, 6: 積]

26 division (dividing); [6: the dividend; ÷: division sigh; 2: the divisor; 3: the quotient]
割り算, 除法 [6: 被除数; ÷:除法記号; 2: 除数; 3: 商]

$$① \quad 3^2 = 9 \qquad ② \quad \sqrt[3]{8} = 2 \qquad ③ \quad \sqrt{4} = 2$$

$$④ \quad 3x + 2 = 12$$

$$⑤ \quad 4a + 6ab - 2ac = 2a(2 + 3b - c) \qquad ⑥ \quad \log_{10} 3 = 0\cdot4771$$

$$⑦ \quad \frac{P[\pounds 1000] \times R[5\%] \times T[2\,\text{years}]}{100} = I[\pounds 100]$$

1-24 arithmetic
算数
1-10 advanced arithmetical operations
より進んだ演算
1 raising to a power [three squared (3^2): the power; 3: the base; 2: the exponent (index); 9: value of the power]
累乗(るいじょう)、べき (冪) [3の2乗 (3^2); 3: 底(てい); 2: 指数; 9: 累乗の値]
2 evolution (extracting a root); [cube-root of 8: cube root; 8: the radical; 3: the index (degree) of the root; $\sqrt{\ }$: radical sign; 2: value of the root]
開方 [8の3乗根: 立方根; 8: 被開方数; 3: 根指数; $\sqrt{\ }$: 根号; 2: 根(こん)]
3 square root
平方根
4-5 algebra
代数学
4 simple equation [3, 2: the coefficients; x: the unknown quantity]
方程式 [3, 2: 係数; x: 未知数]
5 identical equation; [a, b, c: algebraic symbols]
恒等式 [a, b, c: 代数記号]

6 logarithmic calculation (taking the logarithm, log); [log: logarithm sign; 3: number whose logarithm is required; 10: the base; 0: the characteristic; 4771: the mantissa; 0.4771: the logarithm]
対数計算 [log: 対数記号; 3: 真数; 10: 底(てい); 0: 指標; 4771: 仮数; 0.4771: 対数]
7 simple interest formula; [P: the principal; R: rate of interest; T: time; I: interest (profit); %: percentage sign]
単利計算の公式 [P: 元金; R: 利率; T: 期間; I: 利息(利益); %: 百分率の記号]

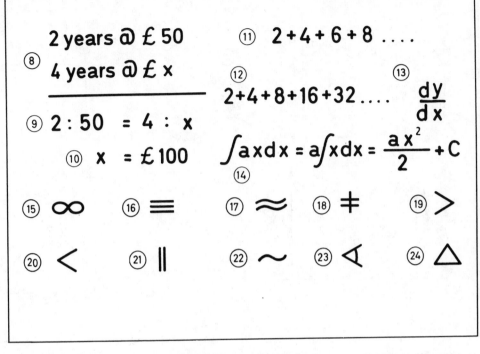

8-10 rule of three (rule-of -three sum,
simple proportion)
比例算, 3率法
8 statement with the unknown
quantity x
未知数 x をもつ式
9 equation (conditional equation)
比例式
10 solution
解(かい)
11-14 higher mathematics
高等数学
11 arithmetical series
算術級数, 等差級数〈この場合の 2, 4, 6,
8 を項 element という〉
12 geometrical series
幾何級数, 等比級数
13-14 infinitesimal calculus
微積分学
13 derivative [dx, dy: the differentials;
d: differential sign]
微分係数, 導関数 [dx, dy: 微分; d: 微分
記号]
14 integral (integration); [x: the
variable; C: constant of integration;
S: the integral sign; dx: the
differential]
積分 [x: 変数(被積分関数); C: 積分定
数; S: 積分記号; dx: 微分]
15-24 mathematical symbols
数学の記号
15 infinity
無限

16 identically equal to (the sign of
identity)
恒等的に等しい (恒等記号)
17 approximately equal to
近似的に等しい
18 unequal to
不等, 不等記号
19 greater than
より大
20 less than
より小
21-24 geometrical symbols
幾何学の記号
21 parallel (sign of parallelism)
平行 (平行記号)
22 similar to (sign of similarity)
相似 (相似記号)
23 angle symbol
角記号
24 triangle symbol
三角形記号

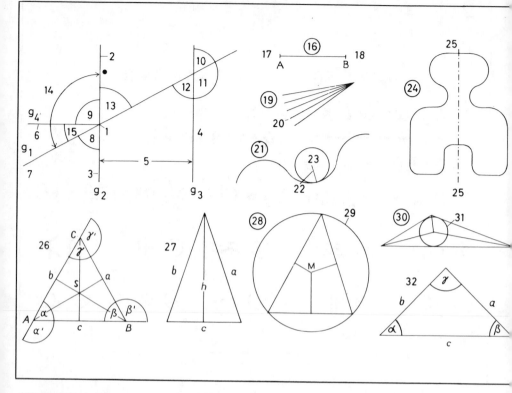

1-58 plane geometry (elementary geometry, Euclidian geometry)
平面幾何学（初等幾何学，ユークリッド幾何学）

1-23 point, line, angle
点，線，角

1 point [point of intersection of g_1 and g_2]
点 [g_1とg_2の交点]〈8の頂点 angular point〉

2, 3 straight line g_2
直線 g_2

4 the parallel to g_2
g_2に対する平行線

5 distance between the straight lines g_2 and g_3
直線 g_2とg_3の距離

6 perpendicular (g_4) on g_2
g_2に対する垂線（g_4）

7, 3 the arms of 8
8 の辺（へん）

8, 13 vertically opposite angles
対頂角

8 angle
角

9 right angle [90˚]
直角 [90˚]

10, 11, 12 reflex angle
優角

10 acute angle, also the alternate angle to 8
鋭角

11 obtuse angle
鈍角

12 corresponding angle to 8
8 の同位角

13, 9, 15 straight angle [180˚]
平角 [180˚]

14 adjacent angle
隣接角〈ここでは，13の補角 supplementary angle でもある〉

15 complementary angle to 8
8 の余角

16 straight line AB
線分AB

17 end A
端点A

18 end B
端点B

19 pencil of rays
直線束

20 ray
半直線

21 curved line
曲線

22 radius of curvature
曲率半径

23 centre ((米) center) of curvature
曲率中心

24-58 plane surfaces
平面図形

24 symmetrical figure
対称図形

25 axis of symmetry
対称軸

26-32 plane triangles
三角形

26 equilateral triangle; [A, B, C: the vertices; a, b, c: the sides; α (alpha), β (beta), γ (gamma): the interior angles; α', β', γ': the exterior angles; S: the centre ((米) center)]
正三角形 [A，B，C：頂点；a，b，c：辺（へん）；α，β，γ：内角；α'，β'，γ'：外角；S：重心]

27 isoceles triangle [a, b: the sides (legs); c: the base; h: the perpendicular, an altitude]
二等辺三角形 [a，b：等辺；c：底辺；h：軸，高さ]

28 acute-angled triangle with perpendicular bisectors of the sides
辺の垂直二等分線と鋭角三角形

29 circumcircle (circumscribed circle)
外接円

30 obtuse-angled triangle with bisectors of the angles
角の二等分線と鈍角三角形

31 inscribed circle
内接円

32 right-angled triangle and the trigonometrical functions of angles; [a, b: the catheti; c: the hypotenuse; γ: the right angle; a/c=sin α (sine); b/c=cos α (cosine); a/b=tan α (tangent); b/a=cot α (cotangent)]
直角三角形と三角関数 [a，b：直角をはさむ2辺；c：斜辺；γ：直角；a/c=sin α（正弦）；b/c=cos γ（余弦）；a/b=tan α（正接）；b/a=cot α（余接）]

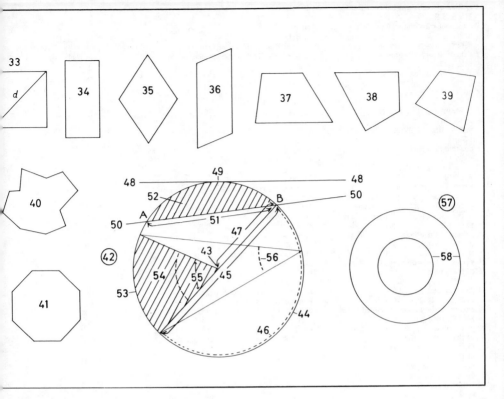

33-39 quadrilaterals
　多角形
33-36 parallelograms
　平行四辺形
33 square [d: a diagonal]
　正方形［d: 対角線］
34 rectangle
　長方形, 矩形（くけい）
35 rhombus (rhomb, lozenge)
　菱形（ひしがた）
36 rhomboid
　平行四辺形
37 trapezium
　台形
38 deltoid (kite)
　デルトイド（たこ形）
39 irregular quadrilateral
　不規則四角形, 不定四角形
40 polygon
　多角形
41 regular polygon
　正多角形
42 circle
　円
43 centre ((米) center)
　中心
44 circumference (periphery)
　円周
45 diameter
　直径
46 semicircle
　半円
47 radius (r)
　半径（r）

48 tangent
　接線
49 point of contact (P)
　接点（P）
50 secant
　割線（かっせん）
51 the chord AB
　弦 A B
52 segment
　弓形
53 arc
　弧
54 sector
　扇形
55 angle subtended by the arc at the centre ((米) center) (centre ((米) center) angle)
　中心角
56 circumferential angle
　円周角
57 ring (annulus)
　環（かん）
58 concentric circles
　同心円

1 system of right-angled coordinates
直交座標系
2-3 axes of coordinates (coordinate axes)
座標軸
2 axis of abscissae (x-axis)
横軸（x軸）
3 axis of ordinates (y-axis)
縦軸（y軸）
4 origin of ordinates
座標原点
5 quadrant [I-IV: 1st to 4th quadrant]
象限(しょうげん) [I-IV: 第 1 象限から第 4 象限]
6 positive direction
正の方向
7 negative direction
負の方向
8 points [P_1 and P_2] in the system of coordinates; x_1 and y_1 [and x_2 and y_2 respectively] their coordinates
座標系における点 [P_1とP_2] とその点の座標 [x_1とy_1, およびx_2とy_2]
9 values of the abscissae [x_1 and x_2] (the abscissae)
横座標 [x_1とx_2]
10 values of the ordinates [y_1 and y_2] (the ordinates)
縦座標 [y_1とy_2]
11-29 conic sections
円錐(えんすい)曲線
11 curves in the system of coordinates
座標系における曲線
12 plane curves [a: the gradient (slope) of the curve; b: the ordinates' intersection of the curve; c: the root of the curve]
直線, 1 次曲線 [a：直線の勾配(こうばい); b：縦軸との交点; c：零点]
13 inflected curves
曲線
14 parabola
放物線〈2 次曲線 curve of the second degree の一つ〉
15 branches of the parabola
放物線の分枝
16 vertex of the parabola
放物線の頂点
17 axis of the parabola
放物線の軸
18 a curve of the third degree
3 次曲線
19 maximum of the curve
極大点
20 minimum of the curve
極小点
21 point of inflexion (of inflection)
変曲点
22 ellipse
長円, 楕円(だえん)
23 transverse axis (major axis)
長軸
24 conjugate axis (minor axis)
短軸
25 foci of the ellipse [F_1 and F_2]
楕円の焦点 [F_1とF_2]
26 hyperbola
双曲線
27 foci [F_1 and F_2]
双曲線の焦点 [F_1とF_2]
28 vertices [S_1 and S_2]
双曲線の頂点 [S_1とS_2]
29 asymptotes [a and b]
漸近線 [aとb]

30-46 solids
立体
30 cube
立方体
31 square, a plane (plane surface)
正方形〈正方形の面 plane surface〉
32 edge
辺
33 corner
頂点
34 quadratic prism
直方体, 正四角柱
35 base
底面
36 parallelepiped
平行六面体
37 triangular prism
正三角柱
38 cylinder
円柱〈直円柱 right cylinder の一つ〉
39 base
底面〈円で囲まれた面 circular plane〉
40 curved surface
側面
41 sphere
球
42 ellipsoid of revolution
回転楕円(だえん)面
43 cone
円錐(えんすい)
44 height of the cone (cone height)
円錐の高さ
45 truncated cone (frustum of a cone)
円錐台
46 quadrilateral pyramid
正四角錐

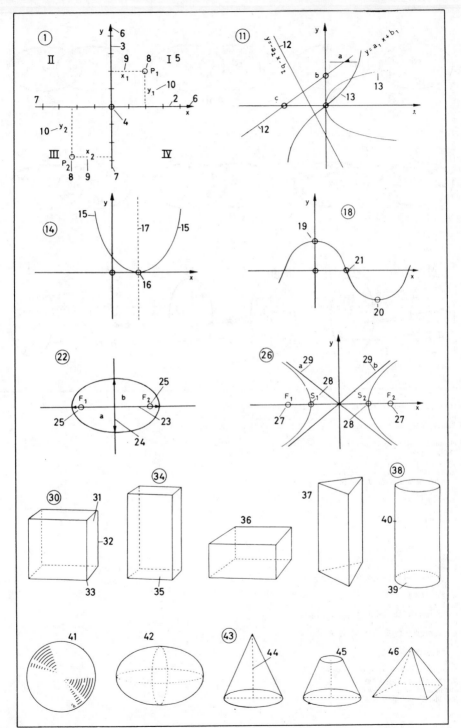

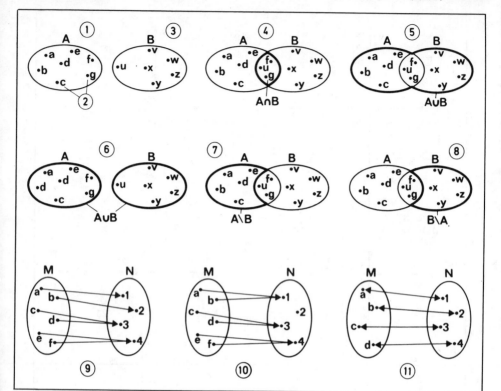

1 the set A, the set {a, b, c, d, e, f, g}
  集合A, 集合 {a, b, c, d, e, f, g}
2 elements (members) of the set A
  集合Aの要素, 元(げん)
3 the set B, the set {u, v, w, x, y, z}
  集合B, 集合 {u, v, w, x, y, z}
4 intersection of the sets A and B, A ∩ B = {f, g, u}
  集合AとBの交わり(交差) A∩B = {f, g, u}
5-6 union of the sets A and B, A ∪ B = {a, b, c, d, e, f, g, u, v, w, x, y, z}
  集合AとBの和集合 A∪B = {a, b, c, d, e, f, g, u, v, w, x, y, z}
7 complement of the set B, B' = {a, b, c, d, e}
  集合Bの補集合 (余集合) B' = {a, b, c, d, e}
8 complement of the set A, A' = {v, w, x, y, z}
  集合Aの補集合 (余集合) A' = {v, w, x, y, z}
9-11 mappings
  写像
9 mapping of the set M *onto* the set N
  集合Mの集合Nの上への写像
10 mapping of the set M *into* the set N
  集合Mの集合Nの中への写像

11 one-to-one mapping of the set M onto the set N
  集合Mの集合Nの上への1対1の写像

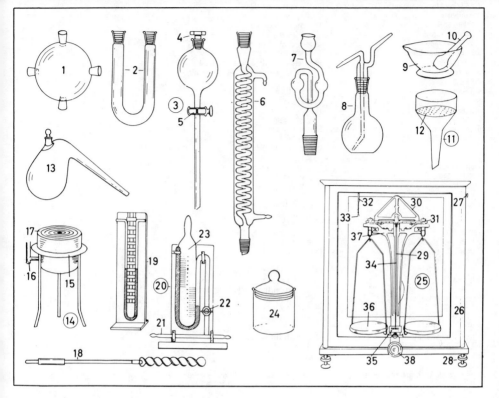

equipment)
実験室器具
1 Scheidt globe
シャイト球
2 U-tube
U字管
3 separating funnel
分液ろうと
4 octagonal ground-glass stopper
八角形のすりガラス栓
5 tap ((米) faucet)
コック
6 coiled condenser
蛇管冷却器
7 air lock
エア・ロック
8 wash-bottle
洗浄びん
9 mortar
乳鉢
10 pestle
乳棒
11 filter funnel (Büchner funnel)
濾過器(ろかき) (ビュヒナーろうと)
12 filter (filter plate)
濾過板, フィルター
13 retort
レトルト
14 water bath
水浴
15 tripod
三脚

16 water gauge ((米) gage)
水面計
17 insertion rings
差込みリング
18 stirrer
攪拌棒(かくはんぼう)
19 manometer for measuring positive
and negative pressures
マノメーター (U字形圧力計)
20 mirror manometer for measuring
small pressures
低圧測定用ミラー・マノメーター
21 inlet
吸引管
22 tap ((米) faucet)
コック
23 sliding scale
可動目盛板
24 weighing bottle
秤量(ひょうりょう)びん
25 analytical balance
分析用化学天秤(てんびん)
26 case
ケース
27 sliding front panel
スライド・パネル
28 three-point support
三点脚 〈レベル調節ねじつき〉
29 column (balance column)
支柱
30 balance beam (beam)
秤桿(ひょうかん)
31 rider bar
乗り子目盛り桿

32 rider holder
ライダー・ホルダー
33 rider
ライダー, 乗り子
34 pointer
指針
35 scale
目盛り板
36 scale pan
はかり皿
37 stop
腕止め
38 stop knob
ストップ・ノブ

1-63 **laboratory apparatus** (laboratory
equipment)
実験室器具
1 Bunsen burner
ブンゼン・バーナー
2 gas inlet (gas inlet pipe)
ガス流入管
3 air regulator
空気流量調節器
4 Teclu burner
テクル・バーナー
5 pipe union
連結管
6 gas regulator
ガス流量調節器
7 stem
筒
8 air regulator
空気流量調節器
9 bench torch
吹管
10 casing
ケーシング
11 oxygen inlet
酸素流入口
12 hydrogen inlet
水素流入口
13 oxygen jet
酸素ジェット
14 tripod
三脚
15 ring (retort ring)
リング
16 funnel
ろうと
17 pipe clay triangle
三角架〈焼成粘土管つき〉
18 wire gauze
金網
19 wire gauze with asbestos centre
((米) center)
アスベストつき金網
20 beaker
ビーカー
21 burette
ビュレット〈液量 volume of liquids 計測
用〉
22 burette stand
ビュレット・スタンド
23 burette clamp
ビュレットばさみ
24 graduated pipette
メス・ピペット，目盛りつきピペット
25 pipette
ホール・ピペット
26 measuring cylinder (measuring glass)
メス・シリンダー〈測容目盛つき〉
27 measuring flask
共栓メス・フラスコ
28 volumetric flask
容積測定フラスコ
29 evaporating dish (evaporating basin),
made of porcelain
磁製の蒸発皿
30 tube clamp (tube clip, pinchcock)
・スクリュー・コック
31 clay crucible with lid
るつぼ〈耐火粘土製，ふたつき〉
32 crucible tongs
るつぼばさみ
33 clamp
クランプ
34 test tube
試験管
35 test tube rack
試験管立て

36 flat-bottomed flask
平底フラスコ
37 ground glass neck
すり合せのネック
38 long-necked round-bottomed flask
長首丸底フラスコ
39 Erlenmeyer flask (conical flask)
エルンマイヤー・フラスコ（円錐(えんすい)フラス
コ）
40 filter flask
濾過(ろか)びん，フィルター・フラスコ
41 fluted filter
ひだつき濾紙(ろし)
42 one-way tap
一方タップ
43 calcium chloride tube
塩化カルシウム管
44 stopper with tap
タップつき栓
45 cylinder
シリンダー
46 distillation apparatus (distilling
apparatus)
蒸留装置
47 distillation flask (distilling flask)
蒸留フラスコ
48 condenser
冷却器
49 return tap
〈二方 two-way〉タップ
50 distillation flask (distilling flask,
Claisen flask)
蒸留フラスコ（クライゼン・フラスコ）
51 desiccator
デシケーター，乾燥器
52 lid with fitted tube
管つきふた
53 tap
コック
54 desiccator insert made of porcelain
磁製円板〈デシケーターの中に入れ，物を置
く板〉
55 three-necked flask
三つ口フラスコ
56 connecting piece (Y-tube)
連結管（Y字管）
57 three-necked bottle
三つ口びん
58 gas-washing bottle
洗気びん
59 gas generator (Kipp's apparatus, (米)
Kipp generator)
ガス発生器（キップの装置）
60 overflow container
溢水(いっすい)止めの容器
61 container for the solid
固形物質を入れる容器
62 acid container
酸を入れる容器
63 gas outlet
ガス流出口

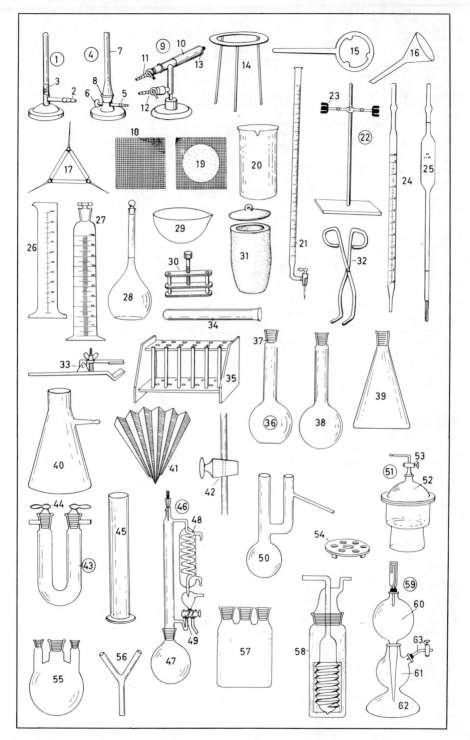

1-26 **basic crystal forms and crystal
combinations** (structure of crystals)
基本結晶形と結晶の組合せ
1-17 **regular** (cubic, tesseral,
isometric) crystal system
等軸晶系（立方晶系）
1 tetrahedron (four-faced polyhedron)
[tetrahedrite, fahlerz, fahl ore]
正四面体〈4つの面を持つ多面体〉[4面
銅鉱, 黝(ゆう)銅鉱]
2 hexahedron (cube, six-faced
polyhedron) [rock salt]
六面体（立方体）〈完面像体 holohedron
の一つ〉
3 centre ((米) center) of symmetry
(crystal centre)
対称心（結晶の中心）
4 axis of symmetry (rotation axis)
対称軸
5 plane of symmetry
対称面
6 octahedron (eight-faced polyhedron)
[gold]
八面体 [金]
7 rhombic dodecahedron [garnet]
斜方十二面体 [ざくろ石, ガーネット]
8 pentagonal dodecahedron [pyrite,
iron pyrites]
五角十二面体 [黄鉄鉱]
9 pentagon (five-sided polygon)
五角形
10 triakis-octahedron [diamond]
三八(さんはち)面体〈24の面をもつ多面体〉
[ダイヤモンド]
11 icosahedron (twenty-faced
polyhedron)
二十面体〈正多面体 regular
polyhedron の一つ〉
12 icositetrahedron (twenty-four-faced
polyhedron) [leucite]
偏菱(へんりょう)形二十四面体 [白榴石(はく
りゅうせき)]
13 hexakis-octahedron (hexoctahedron,
forty-eight-faced polyhedron)
[diamond]
六八(ろくはち)面体〈48の面をもつ多面体〉
[ダイヤモンド]
14 octahedron with cube [galena]
立方体で変形された八面体 [方鉛鉱]
15 hexagon (six-sided polygon)
六角形
16 cube with octahedron [fluorite,
fluorspar]
八面体で変形された立方体 [ほたる石]
17 octagon (eight-sided polygon)
八角形（8つの面をもつ多面体）
18-19 **tetragonal crystal system**
正方晶系
18 tetragonal dipyramid (tetragonal
bipyramid)
正方両錐体(りょうすいたい)
19 protoprism with protopyramid
[zircon]
正方錐をもつ正方柱 [ジルコニア]
20-22 **hexagonal crystal system**
六方晶系
20 protoprism with protopyramid,
deutero-pyramid and basal pinacoid
[apatite]
第1と第2六方錐と底卓面をもつ第1六
方柱 [りん灰石]
21 hexagonal prism
六方柱
22 hexagonal (ditrigonal) biprism with
rhombohedron [calcite]
菱面体(りょうめんたい)をもつ六方柱（複三角

柱）[方解石]
23 orthorhombic pyramid (rhombic
crystal system) [sulphur, (米)
sulfur]
斜方錐(斜方晶系) [硫黄(いおう)]
24-25 **monoclinic crystal system**
単斜晶系
24 monoclinic prism with
clinoprinacoid and hemipyramid
(hemihedron) [gypsum]
斜軸面と半錐体をもつ単斜柱（半面像）
[石膏(せっこう)]
25 orthopinacoid (swallow-tail twin
crystal) [gypsum]
正軸卓面（燕尾(えんび)双晶）[石膏]
26 triclinic pinacoids (triclinic crystal
system) [copper sulphate, (米)
copper sulfate]
3斜卓面(3斜晶系) [硫酸銅]
27-33 **apparatus for measuring
crystals** (for crystallometry)
結晶測定器
27 contact goniometer
接触測角器
28 reflecting goniometer
反射測角器
29 crystal
結晶
30 collimator
コリメーター, 視準儀
31 observation telescope
観測望遠鏡
32 divided circle (graduated circle)
目盛つき円板
33 lens for reading the angle of
rotation
回転角を読むためのレンズ

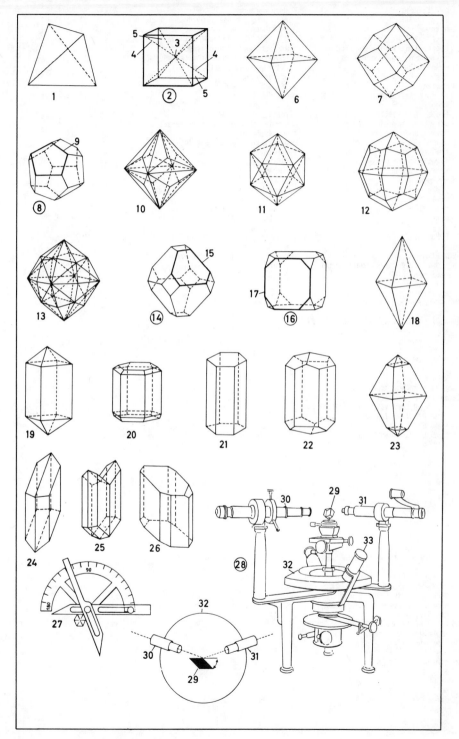

1 totem pole
トーテム・ポール
2 totem
トーテム〈彫刻彩色した具象的・象徴的表現 carved and painted pictorial or symbolic representation の一種〉
3 plains Indian
草原のインディアン
4 mustang
マスタング〈野生馬 prairie horse の一種〉
5 lasso
投げ縄〈引結びの輪のついた生皮の長い投げロープ long throwing-rope with running noose の一種〉
6 pipe of peace
和平の煙管(きせる)
7 wigwam (tepee, teepee)
インディアンの円錐(えんすい)天幕 (ティピー)
8 tent pole
天幕ポール
9 smoke flap
煙出し窓
10 squaw
インディアンの女
11 Indian chief
インディアンの酋長(しゅうちょう)
12 headdress
頭飾り〈羽根飾り ornamental feather headdress の一種〉
13 war paint
戦いの化粧
14 necklace of bear claws
クマの爪(つめ)の首飾り
15 scalp (cut from enemy's head)
髪の毛のついた頭皮 [敵の頭からはぎ取る]〈戦利品 trophy の一つ〉
16 tomahawk
まさかり〈闘斧(とうふ) battle axe (**米**) ax) の一つ〉
17 leggings
脛(すね)当て〈獣皮の脚絆(きゃはん)〉
18 moccasin
モカシン〈生皮または靹皮(じんぴ)製のかかとのない 半靴 shoe of leather and bast の一種〉
19 canoe of the forest Indians
森林インディアンのカヌー
20 Maya temple
マヤ〔族〕のピラミッド〈階段状ピラミッド stepped pyramid の一種〉
21 mummy
ミイラ
22 quipa (knotted threads, knotted code of the Incas)
インカの結縄(けつじょう)文字
23 Indio (Indian of Central and South America)
インディオ (中南米のインディアン)〈ここでは高原のインディアン highland Indian をいう〉
24 poncho
ポンチョ〈首を出す裂け目のある 1 枚のつり鐘形マント blanket with a head opening used as an armless cloak-like wrap の一種〉
25 Indian of the tropical forest
熱帯森林地方のインディアン
26 blowpipe
吹き矢の筒
27 quiver
矢筒、えびら
28 dart
矢
29 dart point
矢ぐり

30 shrunken head
小さくしなびた首〈戦利品 trophy の一つ〉
31 bola (bolas)
ボラ〈鉄球(石球)つき投げ縄 throwing and entangling device の一種〉
32 leather-covered stone or metal ball
革で包んだ石球または鉄球
33 pile dwelling
湖上住居、水上住居
34 duk-duk dancer
ジュクジュク・ダンサー〈ニューブリテン島原住民などの男性秘密結社のメンバー member of a duk-duk (men's secret society)の一人〉
35 outrigger canoe (canoe with outrigger)
張出しつきカヌー（アウトリガー・ボート）
36 outrigger
張出し、アウトリガー
37 Australian aborigine
オーストラリア土人
38 loincloth of human hair
人毛製の下帯〈腰布、ふんどし〉
39 boomerang
ブーメラン〈木片の飛び道具 wooden missile の一種〉
40 throwing stick (spear thrower)with spears
投げ槍(やり)を手にした投げ手

1 Eskimo
エスキモー
2 sledge dog (sled dog)
そりイヌ〈北極犬 husky をいう〉
3 dog sledge (dog sled)
犬ぞり
4 igloo
イグルー〈丸屋根の住居 dome-shaped
snow hut をいう〉
5 block of snow
雪ブロック
6 entrance tunnel
入口のトンネル
7 blubber-oil lamp
鯨油灯
8 wooden missile
投げ板
9 lance
もり(銛)(槍(やり))
10 harpoon
もり
11 skin float
革製浮き球
12 kayak
カヤック〈1人乗りの小舟 light one-man
canoe をいう〉
13 skin-covered wooden or bone frame
革で覆った木または骨製の骨組
14 paddle
パドル, 櫂(かい)
15 reindeer harness
トナカイのそり
16 reindeer
トナカイ
17 Ostyak (Ostiak)
オストヤーケ人〈西シベリアの民族〉
18 passenger sledge
いすぞり〈人員用そり〉
19 yurt (yurta)
ユルト〈西アジア・中央アジアの遊牧民の天
幕住居 dwelling tent をいう〉
20 felt covering
フェルト・カバー
21 smoke outlet
煙出し
22 Kirghiz
キルギス人〈中央アジア西部の住民〉
23 sheepskin cap
羊皮帽
24 shaman
シャーマン教の道士
25 decorative fringe
房飾り
26 frame drum
枠に張った太鼓
27 Tibetan
チベット人
28 flintlock wih bayonets
銃剣つき火打ち石銃
29 prayer wheel
祈禱輪(きとうりん)
30 felt boot
フェルトの長靴
31 houseboat (sampan)
屋根船 (サンパン)
32 junk
ジャンク
33 mat sail
マットの帆
34 rickshaw (ricksha)
人力車
35 rickshaw coolie (cooly)
車夫
36 Chinese lantern
ちょうちん

37 samurai
さむらい
38 padded armour ((米) armor)
詰め物をした鎧(よろい)
39 geisha
芸者
40 kimono
着物
41 obi
帯
42 fan
うちわ
43 coolie (cooly)
クーリー (苦力)
44 kris (creese, crease)
クリース〈マライ人の短剣 Malayan
dagger の一つ〉
45 snake charmer
ヘビ使い
46 turban
ターバン
47 flute
笛
48 dancing snake
踊るヘビ

1 camel caravan
　ラクダの隊商, キャラバン
2 riding animal
　乗用の動物〈ここでは, ラクダ〉
3 pack animal
　荷物を運ぶ動物〈ここでは, ラクダ〉
4 oasis
　オアシス
5 grove of palm trees
　シュロ(ヤシ)の林
6 bedouin (beduin)
　ベドウィン族
7 burnous
　ブルヌス〈頭巾(ずきん)つき外套(がいとう)〉
8 Masai warrior
　マサイ族の戦士
9 headdress (hairdress)
　髪飾り
10 shield
　盾
11 painted ox hide
　彩色毛皮
12 long-bladed spear
　刃の長い槍(やり)
13 negro
　ニグロ, 黒人
14 dance drum
　舞踏太鼓
15 throwing knife
　投げ短剣
16 wooden mask
　木製の面
17 figure of an ancestor
　祖先像
18 slit gong
　ロドラ〈信号に用いる〉
19 drumstick
　ばち
20 dugout
　丸木舟〈木の幹をえぐった舟 boat
　hollowed out of a tree trunk をいう〉
21 negro hut
　ニグロの小屋
22 negress
　ニグロの女性
23 lip plug (labret)
　唇板(くちびるいた)
24 grinding stone
　挽(ひ)き石
25 Herero woman
　ヘレロ族の女性
26 leather cap
　革帽子
27 calabash (gourd)
　カラバシュ (ヒョウタンの容器)
28 beehive-shaped hut
　蜂房形(ほうぼうけい)の小屋
29 bushman
　ブッシュマン〔族〕
30 earplug
　耳釘(みみくぎ)
31 loincloth
　腰布〈ふんどし〉
32 bow
　弓
33 knobkerry (knobkerrie)
　投げ棒〈先端に円頭のついた棍棒(こんぼう)
　club with round, knobbed end の一つ〉
34 bushman woman making a fire by
　twirling a stick
　摩擦棒で火を起こしているブッシュマンの女
　性
35 windbreak
　風よけ
36 Zulu in dance costume
　舞踏装身具をつけたズールー族の男性

37 dancing stick
　舞踏棒
38 bangle
　足輪
39 ivory war horn
　象牙(ぞうげ)の戦闘らっぱ
40 string of amulets and bones
　お守りとさいころのひも
41 pigmy
　ピグミー族
42 magic pipe for exorcising evil spirits
　魔よけの魔笛
43 fetish
　物神

1 Greek woman
古代ギリシアの女性
2 peplos
ペプロス
3 Greek
古代ギリシアの男性
4 petasus (Thessalonian hat)
ペタソス（テッサリア帽）
5 chiton
キトン（カイトン）〈一般的な上衣 basic
garment として着るリンネルの衣服 linen
gown の一種〉
6 himation
ヒマティオン〈毛織の外衣 woollen ((米)
woolen) cloak〉
7 Roman woman
古代ローマの女性
8 toupee wig (partial wig)
トゥペー（前髪）かつら（部分かつら，かもじ）
9 stola
ストラ
10 palla
パルラ〈色布の掛け衣 coloured ((米)
colored) wrap の一つ〉
11 Roman
古代ローマの男性
12 tunica (tunic)
トゥニカ（チュニック）
13 toga
トーガ
14 purple border (purple band)
深紅のへり飾り
15 Byzantine empress
ビザンチンの女帝

16 pearl diadem
真珠の王冠
17 jewels
宝石〔の飾り〕
18 purple cloak
深紅のマント
19 long tunic
丈長のチュニック
20 German princess [13th cent.]
ドイツの王妃［13 世紀］
21 crown (diadem)
王冠
22 chinband
頬帯（ほおおび）
23 tassel
房飾り
24 cloak cord
マントの留紐（とめひも）
25 girt-up gown (girt-up surcoat, girt-up
tunic)
ベルトを締めたゆるいワンピース（ベルトを締
めたサーコート，チュニック）
26 cloak
マント
27 German dressed in the Spanish style
[ca. 1575]
スペイン風の衣服を着たドイツ人［1575 年
頃］
28 wide-brimmed cap
つば広のキャップ
29 short cloak (Spanish cloak, short
cape)
短いマント（スペイン風のケープ）

30 padded doublet (stuffed doublet,
peasecod)
詰め物入りのダブリット（胴着）
31 stuffed trunk-hose
詰め物入りのトランク・ホーズ〈短いズボン〉
32 lansquenet (German mercenary
soldier) [ca. 1530]
ランスクネ（ドイツの傭兵（ようへい）［1530 年
頃］
33 slashed doublet (paned doublet)
切込み装飾のあるダブリット（上着）
34 Pluderhose (loose breeches, paned
trunk-hose, slops)
プルーダーホーゼ（トランク・ホーズ）〈だぶだぶ
のズボン〉
35 woman of Basle [ca. 1525]
バーゼルの女性［1525 年頃］
36 overgown (gown)
ガウン（上着）
37 undergown (petticoat)
ペチコート
38 woman of Nuremberg [ca. 1500]
ニュルンベルクの女性［1500 年頃］
39 shoulder cape
ケープ，肩衣
40 Burgundian [15th cent.]
ブルグントの男性［15 世紀］
41 short doublet
短いダブリット（上着）
42 piked shoes, peaked shoes, copped
shoes (crackowes, poulaines)
とんがり靴（クラコー，プレーヌ）
43 pattens (clogs)
パタン（木靴）

44 young nobleman [ca. 1400]
　　若い貴族 [1400 年頃]
45 short, padded doublet (short, quilted
　　doublet, jerkin)
　　短い詰め物上着 (キルティングをした短い上
　　着，ジャーキン)
46 dagged sleeves (petal-scalloped
　　sleeves)
　　切込み装飾の袖(そで) (花びら形切込み装
　　飾の袖)
47 hose
　　ホーズ
48 Augsburg patrician lady [ca. 1575]
　　アウグスブルクの都市貴族の女性 [1575 年
　　頃]
49 puffed sleeve
　　パフ・スリーブ〈ふくらんだ袖〉
50 overgown (open gown, open gown,
　　sleeveless gown)
　　ガウン〈袖なしの長上着〉
51 French lady [ca. 1600]
　　フランスの貴婦人 [1600 年頃]
52 millstone ruff (cartwheel ruff, ruff)
　　ラフ (ひだ襟，車輪形ラフ)
53 corseted waist (wasp waist)
　　コルセットをしたウエスト (蜂腰(ほうよう))
54 gentleman [ca. 1650]
　　ジェントルマン [1650 年頃]
55 wide-brimmed felt hat (cavalier hat)
　　つば広のフェルト帽 (騎士帽)
56 falling collar (wide-falling collar) of
　　linen
　　リンネルの幅広襟

57 white lining
　　白リンネルの裏
58 jack boots (bucket-top boots)
　　ジャック・ブーツ (折返しつきの長靴)
59 lady [ca. 1650]
　　貴婦人 [1650 年頃]
60 full puffed sleeves (puffed sleeves)
　　パフ・スリーブ〈ふくらんだ袖〉
61 gentleman [ca. 1700]
　　ジェントルマン [1700 年頃]
62 three-cornered hat
　　三角帽
63 dress sword
　　正装用長剣
64 lady [ca. 1700]
　　貴婦人 [1700 年頃]
65 lace fontange (high headdress of
　　lace)
　　レースのフォンタンジュ
66 lace-trimmed loose-hanging gown
　　(loose-fitting housecoat, robe de
　　chambre, negligée, contouche)
　　レース飾りのあるゆったりしたガウン (ゆったり
　　した室内着，部屋着，ネグリジェ)
67 band of embroidery
　　刺繍(ししゅう)した裾(すそ)飾り
68 lady [ca. 1880]
　　貴婦人 [1880 年頃]
69 bustle
　　バスル
70 lady [ca. 1858]
　　貴婦人 [1858 年頃]
71 poke bonnet
　　ボンネット (頭巾形(ずきんがた)帽子)

72 crinoline
　　クリノリン
73 gentleman of the Biedermeier period
　　ビーダーマイヤー期の紳士 [1845 年頃]
74 high collar (choker collar)
　　ハイ・カラー
75 embroidered waistcoat (vest)
　　刺繍(ししゅう)したチョッキ
76 frock coat
　　フロック・コート
77 pigtail wig
　　結髪(ゆいがみ)かつら
78 ribbon (bow)
　　リボン
79 ladies in court dress [ca. 1780]
　　宮廷衣装の貴婦人 [1780 年頃]
80 train
　　引き裾
81 upswept Rococo coiffure
　　ロココ風の髪型
82 hair decoration
　　髪飾り
83 panniered overskirt
　　パニエ・スカート

1 outdoor enclosure (enclosure)
　放飼場
2 rocks
　凝岩 (ぎょうがん)
3 moat
　堀
4 enclosing wall
　擁壁 (ようへき)
5 animals on show
　展示されている動物〈ここでは，ライオン
　lion〉
6 visitor to the zoo
　観客
7 notice
　制札
8 aviary
　禽舎 (きんしゃ)
9 elephant enclosure
　ゾウの囲い
10 animal house
　動物舎〈肉食獣舎 carnivore house，キリ
　ン舎 giraffe house，ゾウ舎 elephant
　house，猿舎 monkey house など〉
11 outside cage, animals' summer
　quarters
　屋外放飼場，夏期の動物舎
12 reptile enclosure
　爬虫類 (はちゅうるい) 動物の囲い
13 Nile crocodile
　ナイルワニ
14 terrarium and aquarium
　陸生動物飼育場と水族館
15 glass case
　ガラス・ケース

16 fresh-air inlet
　清浄空気取入れ口
17 ventilator
　排気装置
18 underfloor heating
　床暖房
19 aquarium
　水族館
20 information plate
　説明板
21 flora in artificially maintained
　climate
　植物生態展示

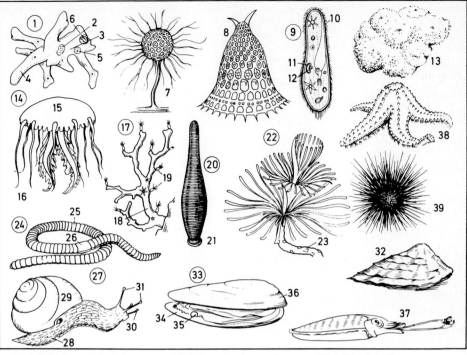

1-12 unicellular (one-celled, single-celled) animals (protozoans)
単細胞動物〔原生動物〕
1 amoeba
アメーバ〈原生動物 rhizopod の一種〉
2 cell nucleus
核
3 protoplasm
原形質
4 pseudopod
仮足
5 excretory vacuole
排泄胞〈収縮胞 contractile vacuole ともいい, 細胞器官 organelle の一つ〉
6 food vacuole
食胞
7 Actinophrys
タイヨウチュウ〈太陽虫目 heliozoan の一種〉
8 radiolarian
放散虫〈ここでは, 珪質(けいしつ)の骨格 siliceous skeleton〉
9 slipper animalcule
繊毛虫〈ゾウリムシ Paramecium の一種〉
10 cilium
繊毛
11 macronucleus (meganucleus)
大核
12 micronucleus
小核
13-39 multicellular animals (metazoans)
多細胞動物〔メタゾーア〕
13 bath sponge
浴用海綿〈海綿動物 porifer(sponge) から〉
14 medusa
クラゲ〈腔腸(こうちょう)動物 discomedusa

(jellyfish), coelenterate の一種〉
15 umbrella
傘
16 tentacle
触手
17 red coral (precious coral)
赤サンゴ〈花虫綱 coral animal (anthozoan, reef-building animal) の一種〉
18 coral colony
サンゴ群集, サンゴ礁(しょう)
19 coral polyp
ポリプ
20-26 worms (Vermes)
蠕虫類(ぜんちゅうるい)〔扁形動物〕
20 leech
ヒル類〈環形動物 annelid の一種〉
21 sucker
吸盤
22 Spirographis
ケヤリ〔科の一種〕〈ゴカイ bristle worm の一種〉
23 tube
棲管(せいかん)
24 earthworm
ミミズ
25 segment
体節
26 clitellum [accessory reproductive organ]
環帯〔生殖に関係する器官〕
27-36 molluscs (《米》mollusks)
軟体動物〈また, 甲殻類 testaceans, crustaceans ともいう〉
27 edible snail
食用カタツムリ〈巻貝 snail の一種〉
28 creeping foot
腹足

29 shell (snail shell)
貝殻〔巻貝〕
30 stalked eye
目
31 tentacle (horn, feeler)
触角
32 oyster
カキ
33 freshwater pearl mussel
淡水真珠貝
34 mother-of-pearl (nacre)
真珠層
35 pearl
真珠
36 mussel shell
二枚貝
37 cuttlefish
コウイカ〈頭足類 cephalopod〉
38-39 echinoderms
棘皮(きょくひ)動物
38 starfish (sea star)
ヒトデ
39 sea urchin (sea hedgehog)
ウニ

1-23 arthropods
節足動物
1-2 **crustaceans**
甲殻類
1 mitten crab
コブシガニ〈カニ crab の一種〉
2 water slater
ミズムシ
3-23 **insects**
昆虫
3 dragonfly (water nymph)
トンボ〈蜻蛉目(かげろうもく)odonatan の一種〉
4 water scorpion (water bug)
タイコウチ〈半翅目(はんしもく)
rhynchophore の一種〉
5 raptorial leg
捕獲肢
6 mayfly (dayfly, ephemerid)
カゲロウ
7 compound eye
複眼
8 green grasshopper (green locust, meadow grasshopper)
バッタ〈直翅目 orthopteran の一種〉
9 larva (grub)
幼虫
10 adult insect
成虫〈成体 imago の一種〉
11 leaping hind leg
跳躍肢
12 caddis fly (spring fly, water moth)
トゲヒラ〈毛翅目 trichopteran の一種〉
13 aphid (greenfly)
アブラムシ〈アリマキ plant louse の一種〉
14 wingless aphid
アブラムシの無翅型
15 winged aphid
アブラムシの有翅型
16-20 **dipterous insects** (dipterans)
2枚翅の昆虫（双翅目）
16 gnat (mosquito, midge)
カ（蚊）〈カ科の総称は、culicid〉
17 proboscis (sucking organ)
口吻(こうふん)（吸う吻(くち)）
18 bluebottle (blowfly)
クロバエ〈ハエ fly の一種〉
19 maggot (larva)
うじ(蛆)（幼虫）
20 chrysalis (pupa)
さなぎ
21-23 **Hymenoptera**
膜翅目(まくしもく)
21-22 ant
アリ
21 winged female
雌の羽アリ
22 worker
働きアリ
23 bumblebee (humblebee)
マルハナバチ
24-39 **beetles** (Coleoptera)
甲虫（鞘翅目(しょうしもく)）
24 stag beetle
クワガタムシ〈腮角類(さいかくるい)
lamellicorn beetle の一種〉
25 mandibles
大顎(おおあご)
26 trophi
口器
27 antenna (feeler)
触角
28 head
頭部
29-30 thorax
胸部

29 thoracic shield (prothorax)
前胸板
30 scutellum
小楯板(しょうじゅんばん)
31 tergites
背板
32 stigma
気門
33 wing (hind wing)
後翅
34 nervure
翅脈
35 point at which the wing folds
翅(はね)をたたむ時の折れ目
36 elytron (forewing)
翅鞘(ししょう)（上翅）
37 ladybird (ladybug)
テントウムシ〈テントウムシ科 coccinellid の一種〉
38 Ergates faber
カミキリムシ〈カミキリムシ科は、一般に
longicorn beetle (longicorn)〉
39 dung beetle
糞虫〈腮角類(さいかくるい)lamellicorn
beetle の一種〉
40-47 **arachnids**
クモ型類
40 Euscorpius flavicandus, a scorpion
サソリの一種
41 cheliped with chelicer
はさみ，鋏角(きょうかく)
42 maxillary antenna (maxillary feeler)
小顎鬚(しょうあごひげ)
43 tail sting
毒針
44-46 **spiders**
クモ類
44 wood tick (dog tick)
イヌダニ〈マダニ tick の一種〉
45 cross spider (garden spider), an orb spinner
ジョロウグモ
46 spinneret
紡績突起
47 spider's web (web)
クモの巣
48-56 **Lepidoptera** (butterflies and moths)
鱗翅類(りんしるい)（チョウ・ガ類）
48 mulberry-feeding moth (silk moth)
カイコガ〔の一種〕〈総称は、bombycid moth〉
49 eggs
卵
50 silkworm
カイコ
51 cocoon
繭(まゆ)
52 swallowtail
アゲハチョウ〈チョウ butterfly の一種〉
53 antenna (feeler)
触角
54 eyespot
眼状紋
55 privet hawkmoth
スズメガ〈スズメガ科 hawkmoth
(sphinx) の一種〉
56 proboscis
口吻(こうふん)

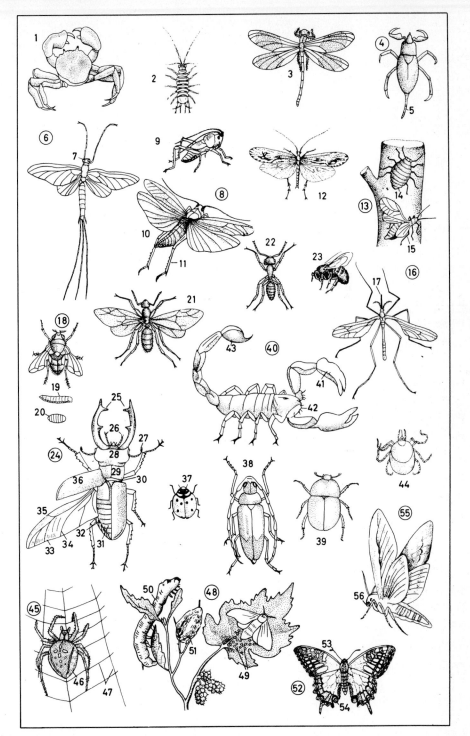

1-3 **flightless birds**
飛べない鳥

1 cassowary
ヒクイドリ〈同種のものに, エミュー—emu があ
る〉

2 ostrich
ダチョウ

3 clutch of ostrich eggs [12-14 eggs]
ダチョウの一回の産卵［12-14 個］

4 king penguin
キング・ペンギン〈ペンギン penguin の一種
で, 飛べない鳥 flightless bird〉

5-10 **web-footed birds**
水かきのある鳥

5 white pelican
アメリカ・シロペリカン〈ペリカン pelican の
一種〉

6 webfoot (webbed foot)
水かきのついた足

7 web (palmations) of webbed foot
(palmate foot)
水かき

8 lower mandible with gular pouch
袋をもった下嘴(かし)

9 northern gannet (gannet, solan
goose)
シロカツオドリ〈カツオドリ gannet の一種〉

10 green cormorant (shag)
ヨーロッパ・ヒメウ〈ここでは, 翼を広げて誇
示しているヒメウ cormorant displaying
with spread wings〉

11-14 **long-winged birds (seabirds)**
長い翼の鳥（海鳥）

11 common sea swallow, diving for
food
〈餌(えき)に向って飛込む〉アジサシ〈総称は,
sea swallow(tern)〉

12 fulmar
フルマ・カモメ

13 guillemot
ウミガラス〈ウミスズメ auk の一種〉

14 black-headed gull (mire crow)
ユリカモメ〈カモメ gull の一種〉

15-17 **Anseres**
ガンカモ類

15 goosander (common merganser)
カワアイサ〈ガンカモ科 sawbill の一種〉

16 mute swan
コブハクチョウ〈ハクチョウ swan の一種〉

17 knob on the bill
〈くちばしの瘤状(りゅうじょう)突起

18 common heron
アオサギ〈サギ heron 科の一種〉

19-21 **plovers**
チドリ類

19 stilt (stilt bird, stilt plover)
セイタカシギ

20 coot
オオバシ〈クイナ rail の一種〉

21 lapwing (green plover, peewit, pewit)
タゲリ

22 quail
ウズラ〈キジ gallinaceous bird 科の一種〉

23 turtle dove
キジバト〈ハト pigeon の一種〉

24 swift
アマツバメ

25 hoopoe
ヤツガシラ〈ブッポウソウ roller 目の一種〉

26 erectile crest
立てることのできる羽冠

27 spotted woodpecker
キツツキ〈アリスイ wryneck も同類〉

28 entrance to the nest
巣の入口

29 nesting cavity
巣穴, 樹洞などの巣

30 cuckoo
カッコウ

1, 3, 4, 5, 7, 9, 10 songbirds
鳴禽類(めいきんるい)
1 goldfinch
ゴシキヒワ〈ヒワ finch の一種〉
2 bee eater
ハチクイ
3 redstart (star finch)
シロビタイ, ジョウビタキ〈ツグミ thrush の
一種〉
4 bluetit
アオガラ〈留鳥 resident bird (non-
migratory bird), シジュウカラ tit
(titmouse) の一種〉
5 bullfinch
ウソ
6 common roller (roller)
ブッポウソウ
7 golden oriole
コウライウグイス〈渡り鳥 migratory bird
の一種〉
8 kingfisher
カワセミ
9 white wagtail
ハクセキレイ〈セキレイ wagtail の一種〉
10 chaffinch
ズアオアトリ

1-20 songbirds
鳴禽類〈めいきんるい〉
1-3 Corvidae (corvine birds, crows)
カラス科
1 jay (nutcracker)
カケス〔の一種〕（ホシガラス）
2 rook
ミヤマガラス〈カラス crow の一種〉
3 magpie
カササギ
4 starling (pastor, shepherd bird)
ホシムクドリ
5 house sparrow
イエスズメ
6-8 finches
フィンチ類
6-7 buntings
ホオジロ科
6 yellowhammer (yellow bunting)
キアオジ
7 ortolan (ortolan bunting)
ズアオホオジロ
8 siskin (aberdevine)
マヒワ
9 great titmouse (great tit, ox eye)
〔オオ〕シジュウカラ〈シジュウカラ titmouse
(tit) の一種〉
10 golden-crested wren (goldcrest)
キクイタダキ〈ヨーロッパ産のものは，
firecrest という。総称，Regulidae〉
11 nuthatch
ゴジュウカラ
12 wren
ミソサザイ

13-17 thrushes
ツグミ科
13 blackbird
クロウタドリ
14 nightingale((雅) philomel,
philomela)
ナイチンゲール
15 robin (redbreast, robin redbreast)
ロビン
16 song thrush (throstle, mavis)
ウタツグミ
17 thrush nightingale
ヨナキツグミ〈ナイチンゲールとは違う種類〉
18-19 larks
ヒバリ科
18 woodlark
モリヒバリ
19 crested lark (tufted lark)
カンムリヒバリ
20 common swallow (barn swallow,
chimney swallow)
ツバメ

1-13 diurnal birds of prey
昼行性の猛禽（もうきん）類，ワシタカ類
1-4 falcons
ハヤブサ類
1 merlin
チョウゲンボウ
2 peregrine falcon
ハヤブサ
3 leg feathers
足の羽毛
4 tarsus
足首
5-9 eagles
ワシ類
5 white-tailed sea eagle (white-tailed eagle, grey sea eagle, erne)
オジロワシ
6 hooked beak
鉤（かぎ）状のくちばし
7 claw (talon)
爪（つめ）
8 tail
尾
9 common buzzard
ノスリ
10-13 accipiters
タカ類
10 goshawk
オオタカ
11 common European kite (glede, kite)
ヨーロッパの普通のトビ
12 sparrow hawk (spar-hawk)
ハイタカ

13 marsh harrier (moor buzzard, moor harrier, moor hawk)
チュウヒ
14-19 owls (nocturnal birds of prey)
フクロウ類（夜行性の猛禽（もうきん））
14 long-eared owl (horned owl)
トラフズク
15 eagle-owl (great horned owl)
ワシミミズク
16 plumicorn (feathered ear, ear tuft, ear, horn)
耳状羽冠（耳羽），耳状の羽角
17 barn owl (white owl, silver owl, yellow owl, church owl, screech owl)
ナカフクロウ
18 facial disc (disk)
面状羽毛
19 little owl (sparrow owl)
コキンメフクロウ

1 sulphur-crested cockatoo
  キバタン〈オウム parrot の一種〉
2 blue-and-yellow macaw
  ルリコンゴウインコ
3 blue bird of paradise
  アオフウチョウ
4 sappho
  ハチドリ〔の一種〕
5 cardinal (cardinal bird)
  ショウジョウコウカンチョウ
6 toucan (red-billed toucan)
  オオハシ〈キツツキ類 Piciformes の一種〉

1-18 fishes
魚類

1 man-eater (blue shark, requin)
アオザメ (人喰(く)いザメ) 〈サメ shark の一種〉

2 nose (snout)
鼻孔

3 gill slit (gill cleft)
鰓孔(さいこう)

4 mirror carp
カガミゴイ 〈コイ carp の一種〉

5 gill cover (operculum)
鰓(えら)ぶた

6 dorsal fin
背びれ

7 pectoral fin
胸びれ

8 pelvic fin (abdominal fin, ventral fin)
腹びれ

9 anal fin
臀(しり)びれ

10 caudal fin (tail fin)
尾びれ

11 scale
うろこ

12 catfish (sheatfish, sheathfish, wels)
ナマズ

13 barbel
触鬚、ひげ

14 herring
ニシン

15 brown trout
ブラウン・トラウト 〈マス trout の一種〉

16 pike (northern pike)
パイク

17 freshwater eel (eel)
淡水域のウナギ (ウナギ)

18 sea horse (Hippocampus, horsefish)
タツノオトシゴ

19 tufted gills
房状の鰓(えら)

20-26 Amphibia (amphibians)
両生類

20-22 salamanders
有尾両生類

20 greater water newt (crested newt)
クシイモリ 〈イモリ water newt の一種〉

21 dorsal crest
背中のくし[状付属物]

22 fire salamander
マダラサンショウウオ 〈サンショウウオ salamander の一種〉

23-26 salientians (anurans, batrachians)
無尾両生類

23 European toad
[ヨーロッパ]ヒキガエル 〈ヒキガエル toad の一種〉

24 tree frog (tree toad)
アマガエル

25 vocal sac (vocal pouch, croaking sac)
鳴き袋

26 adhesive disc (disk)
指先の吸盤

27-41 reptiles
爬虫類(はちゅうるい)

27, 30-37 lizards
トカゲ類

27 sand lizard
ニワカナヘビ

28 hawksbill turtle (hawksbill)
タイマイ

29 carapace (shell)
甲

30 basilisk
バジリスク

31 desert monitor
オオトカゲ 〈総称して, monitor lizard (monitor)という〉

32 common iguana
イグアナ

33 chameleon
カメレオン 〈カメレオン科 Chamaeleontidae (Rhiptoglossa) 〉

34 prehensile foot
物をつかむことのできる肢(あし)

35 prehensile tail
物に巻きつける尾

36 wall gecko
カベヤモリ 〈ヤモリ gecko の一種〉

37 slowworm (blindworm)
アシナシトカゲ 〈裂舌類 Anguidae の一種〉

38-41 snakes
ヘビ類

38 ringed snake (ring snake, water snake, grass snake)
ヨーロッパヤマカガシ 〈ヘビ科 colubrid の一種〉

39 collar
首輪状の模様

40-41 vipers (adders)
クサリヘビ類

40 common viper
ヨーロッパクサリヘビ 〈毒ヘビ poisonous (venomous) snake の一種〉

41 asp (asp viper)
アスプクサリヘビ

365 Lepidoptera (Butterflies and Moths)

1-6 butterflies
チョウ（蝶）
1 red admiral
アカタテハ，ヨーロッパアカタテハ
2 peacock butterfly
クジャクチョウ
3 orange tip (orange tip butterfly)
クモマツマキチョウ
4 brimstone (brimstone butterfly)
ヤマキチョウ
5 Camberwell beauty (mourning cloak, mourning cloak butterfly)
キベリタテハ
6 blue (lycaenid butterfly, lycaenid)
ヒメシジミ類（シジミチョウ）
7-11 moths (Heterocera)
ガ（蛾）
7 garden tiger
ヒトリガ
8 red underwing
ベニシタバ〈ヤガの一種〉
9 death's-head moth (death's-head hawkmoth)
メンガタスズメ，ヨーロッパメンガタスズメ〈スズメガ hawkmoth (sphinx) の一種〉
10 caterpillar
幼虫
11 chrysalis (pupa)
さなぎ（蛹）

1 platypus (duck-bill, duck-mole)
カモノハシ〈単孔類動物 monotreme（卵
生哺乳動物 oviparous mammal）の一
種〉
2-3 marsupial mammals (marsupials)
有袋類(ゆうたいるい)
2 New World opossum, a didelphid
キタオポッサム
3 red kangaroo (red flyer)
アカカンガルー〈カンガルー kangaroo の一
種〉
4-7 insectivores (insect-eating
mammals)
食虫類
4 mole
モグラ
5 hedgehog
ハリネズミ
6 spine
とげ
7 shrew (shrew mouse)
トガリネズミ〈トガリネズミ科 Soricidae の
一種〉
8 nine-banded armadillo (peba)
ココノツオビアルマジロ
9 long-eared bat (flitter-mouse)
ウサギコウモリ〈翼手類動物 flying
mammal (chiropter, chiropteran) の一
種〉
10 pangolin (scaly ant-eater)
センザンコウ〈うろこをもつ動物を総称して
scaly mammal という〉
11 two-toed sloth (unau)
フタツユビナマケモノ
12-19 rodents
齧歯類(げっしるい)
12 guinea pig (cavy)
モルモット
13 porcupine
ヤマアラシ
14 beaver
ビーバー
15 jerboa
トビネズミ
16 hamster
ハムスター
17 water vole
ミズハタネズミ
18 marmot
マーモット
19 squirrel
リス
20 African elephant
アフリカゾウ〈長鼻目(ちょうびもく)の動物
proboscidean (proboscidian) の一種〉
21 trunk (proboscis)
長い鼻
22 tusk
きば
23 manatee (manati, lamantin)
マナティー〈海牛類動物 sirenian の一種〉
24 South African dassie (das, coney,
hyrax)
ケープイワダヌキ〈ハイラックス科 procaviid
の一種〉
25-31 ungulates
有蹄類(ゆうているい)
25-27 odd-toed ungulates
奇蹄目(きているい)
25 African black rhino
アフリカクロサイ〈サイ科の動物
rhinoceros (nasicorn) の一種〉
26 Brazilian tapir
ブラジルバク〈バク tapir の一種〉
27 zebra
シマウマ

28-31 even-toed ungulates
偶蹄目(ぐうているい)
28-30 ruminants
反芻(はんすう)動物
28 llama
ラマ
29 Bactrian camel (tow-humped camel)
フタコブラクダ
30 guanaco
グアナコ
31 hippopotamus
カバ

1-10 ungulates, ruminants
　有蹄類(ゆうているい), 反芻(はんすう)動物
1 elk (moose)
　ヘラジカ
2 wapiti ((米) elk)
　アカシ (ワピチ)
3 chamois
　シャモア
4 giraffe
　キリン
5 black buck
　ブラックバック 〈レイヨウ antelope の一種〉
6 mouflon (moufflon)
　ムフロン
7 ibex (rock goat, bouquetin,
　steinbock)
　アイベックス (野生のヤギ)
8 water buffalo (Indian buffalo, water
　ox)
　スイギュウ
9 bison
　バイソン
10 musk ox
　ジャコウウシ
11-22 carnivores (beasts of prey)
　肉食動物
11-13 Canidae
　イヌ科
11 black-backed jackal (jackal)
　セグロジャッカル
12 red fox
　キツネ
13 wolf
　オオカミ
14-17 martens
　テン科
14 stone marten (beach marten)
　イシテン
15 sable
　クロテン
16 weasel
　イタチ
17 sea otter
　ラッコ
18-22 seals (pinnipeds)
　海獣類
18 fur seal (sea bear, ursine seal)
　オットセイ
19 common seal (sea calf, sea dog)
　アザラシ
20 walrus (morse)
　セイウチ
21 whiskers
　ひげ
22 tusk
　きば
23-29 whales
　クジラ類
23 bottle-nosed dolphin (bottlenose
　dolphin)
　バンドウイルカ
24 common dolphin
　マイルカ
25 sperm whale (cachalot)
　マッコウクジラ
26 blowhole (spout hole)
　噴気孔
27 dorsal fin
　背びれ
28 flipper
　胸びれ
29 tail flukes (tail)
　尾びれ

1-11 carnivores (beasts of prey)
肉食動物
1 striped hyena
シマハイエナ〈ハイエナ hyena の一種〉
2-8 felines (cats)
ネコ科
2 lion
ライオン
3 mane (lion's mane)
たてがみ
4 paw
足
5 tiger
トラ
6 leopard
ヒョウ
7 cheetah (hunting leopard)
チーター
8 lynx
オオヤマネコ
9-11 bears
クマ
9 raccoon (racoon, (米) coon)
アライグマ
10 brown bear
ヒグマ
11 polar bear (white bear)
ホッキョクグマ (シロクマ)
12-16 primates
霊長類
12-13 monkeys
サル
12 rhesus monkey (rhesus, rhesus
macaque)
アカゲザル
13 baboon
ヒヒ
14-16 anthropoids (anthropoid apes,
great apes)
類人猿
14 chimpanzee
チンパンジー
15 orang-utan (orang-outan)
オランウータン
16 gorilla
ゴリラ

1 Gigantocypris agassizi
　ギガントキプリス（深海オオウミボタル）

2 Macropharynx longicaudatus
　(pelican eel)
　マクロファリンクス（ペリカン・イール）

3 Pentacrinus (feather star)
　ペンタクリヌス（ウミシダ）〈ウミユリ sea
　lily, 棘皮(きょくひ)動物 echinoderm の一
　種〉

4 Thaumatolampas diadema
　タウマトランパス〈イカ cuttlefish［光を発
　する luminescent］の一種〉

5 Atolla
　アトーラ〈深海 クラゲ deep-sea medusa,
　腔腸動物 coelenterate の一種〉

6 Melanocetes
　メラノセテス〈チョウチンアンコウ
　pediculate［光を発する luminescent］の
　一種〉

7 Lophocalyx philippensis
　ロホカリクス〈グラス 海綿類 glass sponge
　の一種〉

8 Mopsea ［colony］
　ウミウチワ［群体］〈ヤギ目 sea fan の一
　種〉

9 Hydrallmania
　ヒドラルマニア〈ヒドロ虫類［群体］を
　hydroid polyp, coelenterate
　［colony］という〉

10 Malacosteus indicus
　マラコステウス〈ワニトカゲギス stomiatid
　［光を発する luminescent］の一種〉

11 Brisinga endecacnemos
　ブリシンガ〈クモヒトデ sand star (brittle
　star), 棘皮(きょくひ)動物 echinoderm［刺
　激を与えると光を発する luminescent
　only when stimulated］の一種〉

12 Pasiphaea
　パシファエア〈深海エビ shrimp,
　crustacean の一種〉

13 Echiostoma
　エキオストーマ〈ワニトカゲギス stomiatid
　［光を発する luminescent］の一種〉

14 Umbellula encrinus
　アンベルーラ〈ウミエラ sea pen (sea
　feather), 腔腸(こうちょう)動物
　coelenterate［群体 colony で光を発する
　luminescent］の一種〉

15 Polycheles
　ポリケレス〈甲殻綱 crustacean の深海エビ
　の一種〉

16 Lithodes
　リトーデス〈甲殻綱 crustacean の深海タラ
　バガニの一種。カニなどの甲殻類の総称は
　crab〉

17 Archaster
　深海ヒトデ〔の一種〕〈ヒトデ starfish (sea
　star), 棘皮(きょくひ)動物 echinoderm の
　一種〉

18 Oneirophanta
　オネイロファンタ〈深海ナマコ sea
　cucumber, 棘皮動物 echinoderm の一
　種〉

19 Palaeopneustes niasicus
　パレオプネウステス〈深海ウニ sea urchin
　(sea hedgehog), 棘皮動物 echinoderm
　の一種〉

20 Chitonactis
　キトナクティス〈深海イソギンチャク sea
　anemone (actinia), 腔腸(こうちょう)動物
　coelenterate の一種〉

1 tree
樹木

2 bole (tree trunk, trunk, stem)
幹, 樹幹

3 crown of tree (crown)
樹冠

4 top of tree (treetop)
こずえ

5 bough (limb, branch)
枝

6 twig (branch)
小枝

7 bole (tree trunk) [cross section]
幹, 樹幹 [横断面]

8 bark (rind)
樹皮, 節部

9 phloem (bast sieve tissue, inner fibrous bark)
皮層

10 cambium (cambium ring)
形成層

11 medullary rays (vascular rays, pith rays)
放射組織

12 sapwood (sap, alburnum)
辺材

13 heartwood (duramen)
心材

14 pith
髄

15 plant
植物

16-18 root
根

16 primary root
主根

17 secondary root
側根

18 root hair
ひげ根〈一般に, 根毛をさす〉

19-25 shoot (sprout)
苗条(びょうじょう)〈一般には, 新芽, 若枝をいう〉

19 leaf
葉

20 stalk
茎

21 side shoot (offshoot)
側枝

22 terminal bud
頂芽

23 flower
花

24 flower bud
つぼみ

25 leaf axil with axillary bud
葉腋(ようえき)と腋芽

26 leaf
葉

27 leaf stalk (petiole)
葉柄(ようへい)

28 leaf blade (blade, lamina)
葉身

29 venation (veins, nervures, ribs)
葉脈

30 midrib (nerve)
主脈, 中脈

31-38 leaf shapes
葉の形のいろいろ

31 linear
線形

32 lanceolate
皮針形

33 orbicular (orbiculate)
円形

34 acerose (acerous, acerate, acicular, needle-shaped)
針形, 針状

35 cordate
心形

36 ovate
卵形

37 sagittate
やじり形

38 reniform
腎形(じんけい)

39-42 compound leaves
複葉のいろいろ

39 digitate (digitated, palmate, quinquefoliolate)
掌状

40 pinnatifid
羽状

41 abruptly pinnate
偶数羽状

42 odd-pinnate
奇数羽状

43-50 leaf margin shapes
葉縁のいろいろ

43 entire
全縁

44 serrate (serrulate, saw-toothed)
鋸歯(きょし)

45 doubly toothed
重鋸歯

46 crenate
円鋸歯

47 dentate
歯状

48 sinuate
波状

49 ciliate (ciliated)
毛縁

50 cilium
繊毛

51 flower
花

52 flower stalk (flower stem, scape)
花柄(かへい), 花梗(かきょう)

53 receptacle (floral axis, thalamus, torus)
花床

54-56 pistil
雌ずい, 雌しべ

54 ovary
子房

55 style
花柱

56 stigma
柱頭

57 stamen
雄ずい, 雄しべ

58 sepal
がく片

59 petal
花弁

60 ovary and stamen [section]
子房と雄ずい [縦断面]

61 ovary wall
心皮

62 ovary cavity
子房室

63 ovule
胚珠(はいしゅ)

64 embryo sac
胚のう

65 pollen
花粉

66 pollen tube
花粉管

67-77 inflorescences
花序のいろいろ

67 spike (racemose spike)
穂状花序

68 raceme (simple raceme)
総状花序

69 panicle
円錐(えんすい)花序

70 cyme
集散花序

71 spadix (fleshy spike)
肉穂状花序

72 umbel (simple umbel)
散形花序

73 capitulum
頭状花序

74 composite head (discoid flower head)
円盤状頭花

75 hollow flower head
中空花序

76 bostryx (helicoid cyme)
カタツムリ形花序, 巻散花序

77 cincinnus (scorpioid cyme, curled cyme)
サソリ形花序

78-82 roots
根(ね)のいろいろ

78 adventitious roots
不定根

79 tuber (tuberous root, swollen taproot)
塊茎

80 adventitious roots (aerial roots)
気根

81 root thorns
根刺

82 pneumatophores
排気組織

83-85 blade of grass
イネ科植物の葉

83 leaf sheath
葉鞘(ようしょう)

84 ligule (ligula)
小舌

85 leaf blade (lamina)
葉身

86 embryo (seed, germ)
胚と種子

87 cotyledon (seed leaf, seed lobe)
子葉

88 radicle
幼根

89 hypocotyl
胚軸

90 plumule (leaf bud)
幼芽

91-102 fruits
果実のいろいろ

91-96 dehiscent fruits
裂果, 裂開果

91 follicle
袋果

92 legume (pod)
豆果

93 siliqua (pod)
長角果

94 schizocarp
分離果

95 pyxidium (circumscissile seed vessel)
蓋果(がいか), 横裂果

96 poricidal capsule (porose capsule)
孔裂花〈朔果(さくか)の一種〉

97-102 indehiscent fruits
不裂花

97 berry
漿果(しょうか)

98 nut
堅果

99 drupe (stone fruit) (cherry)
石果

100 aggregate fruit (compound fruit) (rose hip)
集合果 (バラの実)

101 aggregate fruit (compound fruit) (raspberry)
集合果 (キイチゴの実)

102 pome (apple)
ナシ状果

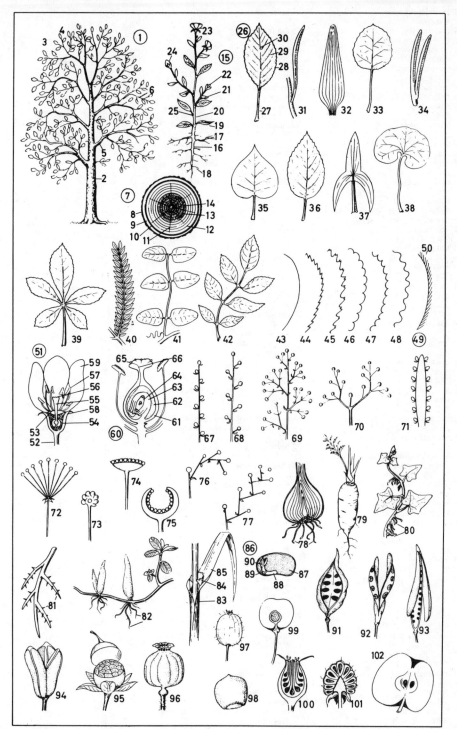

1-73 deciduous trees
落葉樹のいろいろ
1 oak (oak tree)
オーク〈カシワの仲間〉
2 flowering branch
花のついている枝
3 fruiting branch
果実のついている枝
4 fruit (acorn)
果実（どんぐり）〈殻斗果(かくとか)の一種〉
5 cupule (cup)
殻斗
6 female flower
雌花
7 bract
包葉
8 male inflorescence
雄花序
9 birch (birch tree)
カバノキ
10 branch with catkins
尾状花序をつけた枝〈花のついている枝
flowering branchの一種〉
11 fruiting branch
果実のついている枝
12 scale (catkin scale)
鱗片(りんぺん)，包鱗
13 female flower
雌花
14 male flower
雄花
15 poplar
ポプラ
16 flowering branch
花のついている枝
17 flower
花
18 fruiting branch
果実のついている枝
19 fruit
果実
20 seed
種子
21 leaf of the aspen (trembling poplar)
ハコヤナギの葉
22 infructescence
果序
23 leaf of the white poplar (silver
poplar, silverleaf)
ウラジロハコヤナギの葉
24 sallow (goat willow)
ネコヤナギ
25 branch with flower buds
花芽をつけている枝
26 catkin with single flower
尾状花序と一個の花
27 branch with leaves
葉のある枝
28 fruit
果実
29 osier branch with leaves
キヌヤナギの葉をつけた枝
30 alder
ハンノキ
31 fruiting branch
果実のついている枝
32 branch with previous year's cone
前年の果実のある枝
33 beech (beech tree)
ブナノキ
34 flowering branch
花のついている枝
35 flower
花
36 fruiting branch
果実のついている枝

37 beech nut
堅果
38 ash (ash tree)
トネリコ
39 flowering branch
花のついている枝
40 flower
花
41 fruiting branch
果実のついている枝
42 mountain ash (rowan, quickbeam)
ナナカマド
43 inflorescence
花序
44 infructescence
果序
45 fruit [longitudinal section]
果実［縦断面］
46 lime (lime tree, linden, linden tree)
ボダイジュ
47 fruiting branch
果実のついている枝
48 inflorescence
花序
49 elm (elm tree)
ニレ
50 fruiting branch
果実のある枝
51 flowering branch
花のある枝
52 flower
花
53 maple (maple tree)
カエデ
54 flowering branch
花のついている枝
55 flower
花
56 fruiting branch
果実のついている枝
57 maple seed with wings (winged
maple seed)
カエデの翼果
58 horse chestnut (horse chestnut tree,
chestnut, chestnut tree, buckeye)
トチノキ
59 branch with young fruits
若い果実をつけた枝
60 chestnut (horse chestnut)
トチノキの堅果
61 mature (ripe) fruit
成熟した果実
62 flower [longitudinal section]
花［縦断面］
63 hornbeam (yoke elm)
シデ
64 fruiting branch
果実のついている枝
65 seed
種子
66 flowering branch
花のついている枝
67 plane (plane tree)
プラタナス，スズカケ
68 leaf
葉
69 infructescence and fruit
果序と果実
70 false acacia (locust tree)
ハリエンジュ
71 flowering branch
花のついている枝
72 part of the infructescence
果序の一部
73 base of the leaf stalk with stipules
葉柄(ようへい)の基部と托葉(たくよう)

1-71 coniferous trees (conifers)
　針葉樹
1 silver fir (European silver fir,
　common silver fir)
　モミ
2 fir cone
　毬果(きゅうか)〈果実 fruit cone の一種〉
3 cone axis
　果軸
4 female flower cone
　雌毬花
5 bract scale (bract)
　包鱗(ほうりん)
6 male flower shoot
　雄花序をつけた枝
7 stamen
　雄ずい, 雄しべ
8 cone scale
　種鱗(しゅりん)
9 seed with wing (winged seed)
　翼果
10 seed [longitudinal section]
　種子[縦断面]
11 fir needle (needle)
　針葉
12 spruce (spruce fir)
　トウヒ
13 spruce cone
　毬果
14 cone scale
　種鱗
15 seed
　種子
16 female flower cone
　雌毬花(しきゅうか)
17 male inflorescence
　雄花序
18 stamen
　雄ずい, 雄しべ
19 spruce needle
　針葉
20 pine (Scots pine)
　マツ
21 dwarf pine
　ハイマツ
22 female flower cone
　雌毬花
23 short shoot with bundle of two
　leaves
　２葉を束生した短枝
24 male inflorescences
　雄花序
25 annual growth
　今年の枝
26 pine cone
　毬果(きゅうか)
27 cone scale
　種鱗(しゅりん)
28 seed
　種子
29 fruit cone of the arolla pine (Swiss
　stone pine)
　ヨーロッパハイマツの毬果
30 fruit cone of the Weymouth pine
　(white pine)
　ストロブマツの毬果
31 short shoot [cross section]
　短枝[横断面]
32 larch
　カラマツ
33 flowering branch
　花のついている枝
34 scale of the female flower cone
　雌花の包鱗
35 anther
　葯(やく)

36 branch with larch cones (fruit cones)
　毬果のついた枝
37 seed
　種子
38 cone scale
　種鱗
39 arbor vitae (tree of life, thuja)
　ニオイヒバ
40 fruiting branch
　果実のついている枝
41 fruit cone
　毬果
42 scale
　種鱗
43 branch with male and female
　flowers
　雄花と雌花のついている枝
44 male shoot
　雄花序
45 scale with pollen sacs
　葯(やく)(花粉袋)と種鱗
46 female shoot
　雌花序
47 juniper (juniper tree)
　ネズミサシ
48 female shoot [longitudinal section]
　雌花序[縦断面]
49 male shoot
　雄花序
50 scale with pollen sacs
　葯(やく)(花粉袋)と種鱗
51 fruiting branch
　果実のついている枝
52 juniper berry
　杜松実(としょうじつ), ネズミサシの果実
53 fruit [cross section]
　果実[横断面]
54 seed
　種子
55 stone pine
　マツ, イタリアカラマツ
56 male shoot
　雄花序
57 fruit cone with seeds [longitudinal
　section]
　種子のついた毬果[縦断面]
58 cypress
　イトスギ
59 fruiting branch
　果実のついている枝
60 seed
　種子
61 yew (yew tree)
　イチイ
62 male flower shoot and female
　flower cone
　雄花序と雌花の包鱗(ほうりん)
63 fruiting branch
　果実のついている枝
64 fruit
　果実
65 cedar (cedar tree)
　スギ
66 fruiting branch
　果実のついている枝
67 fruit scale
　種子の翅(はね)〈一般に, 種鱗(しゅりん)をさ
　す〉
68 male flower shoot and female
　flower cone
　雄花序と雌花序
69 mammoth tree (Wellingtonia,
　sequoia)
　セコイア(北米産)
70 fruiting branch
　果実のついている枝

71 seed
　種子

1 forsythia
レンギョウ
2 ovary and stamen
子房と雄ずい
3 leaf
葉
4 yellow-flowered jasmine (jasmin, jessamine)
キソケイ（ジャスミン）
5 flower [longitudinal section]
花［縦断面］〈花柱 styles, 子房 ovaries, 雄ずい（雄しべ）stamens を示す〉
6 privet (common privet)
イボタ
7 flower
花
8 infructescence
果序
9 mock orange (sweet syringa)
バイカウツギ
10 snowball (snowball bush, guelder rose)
カンボク
11 flower
花
12 fruits
果実
13 oleander (rosebay, rose laurel)
キョウチクトウ
14 flower [longitudinal section]
花［縦断面］
15 red magnolia
モクレン
16 leaf
葉
17 japonica (japanese quince)
ボケ
18 fruit
果実
19 common box (box, box tree)
ツゲ
20 female flower
雌花
21 male flower
雄花
22 fruit [longitudinal section]
果実［縦断面］
23 weigela (weigelia)
タニウツギ
24 yucca [part of the inflorescence]
ユッカ［花序の一部］
25 leaf
葉
26 dog rose (briar rose, wild briar)
ノバラ（ブライヤー）
27 fruit
果実
28 kerria
ヤマブキ
29 fruit
果実
30 cornelian cherry
セイヨウサンシュユ
31 flower
花
32 fruit (cornelian cherry)
果実
33 sweet gale (gale)
ヤチヤナギ

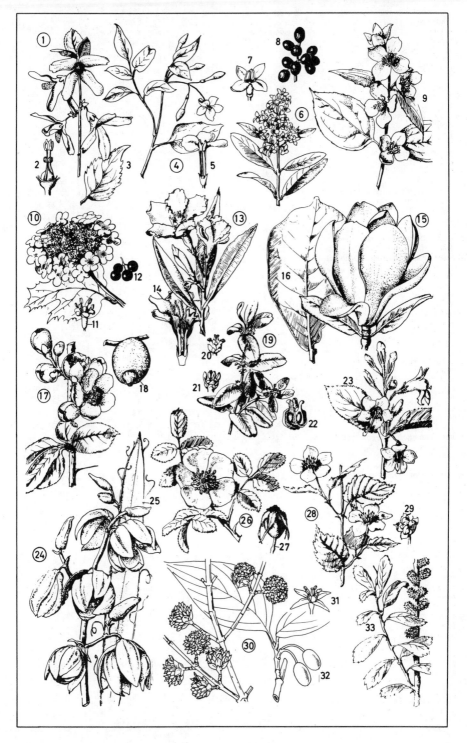

1 tulip tree (tulip poplar, saddle tree, whitewood)
ユリノキ
2 carpels
心皮群
3 stamen
雄ずい, 雄しべ
4 fruit
果実
5 hyssop
ヒソップ
6 flower [front view]
花 [前面図]
7 flower
花
8 calyx with fruit
果実とがく (萼)
9 holly
ヒイラギ
10 androgynous (hermaphroditic, hermaphrodite) flower
両性花
11 male flower
雄花
12 fruit with stones exposed
果実の一部を切って種子を示す
13 honeysuckle (woodbine, woodbind)
ツキヌキニンドウ
14 flower buds
つぼみ
15 flower [cut open]
花 [のつぼみ] [縦断面]
16 Virginia creeper (American ivy, woodbine)
アメリカヅタ
17 open flower
開花した花
18 infructescence
果序
19 fruit [longitudinal section]
果実 [縦断面]
20 broom
エニシダ
21 flower with the petals removed
花弁を除いた花
22 immature (unripe) legume (pod)
未熟の果実
23 spiraea
コデマリ
24 flower [longitudinal section]
花 [縦断面]
25 fruit
果実
26 carpel
心皮
27 blackthorn (sloe)
スモモの一種
28 leaves
葉
29 fruits
果実
30 single-pistilled hawthorn (thorn, may)
サンザシ
31 fruit
果実
32 laburnum (golden chain, golden rain)
キングサリ
33 raceme
総状花序
34 fruits
果実
35 black elder (elder)
ニワトコ

36 elder flowers (cymes)
花
37 elderberries
果実

1 rotundifoliate (rotundifolious)
saxifrage (rotundifoliate breakstone)
ユキノシタ
2 leaf
葉
3 flower
花
4 fruit
果実
5 anemone (windflower)
アネモネ
6 flower [longitudinal section]
花 [縦断面]
7 fruit
果実
8 buttercup (meadow buttercup,
butterflower, goldcup, king cup,
crowfoot)
キンポウゲ
9 basal leaf
根生葉
10 fruit
果実
11 lady's smock (ladysmock, cuckoo
flower)
タネツケバナ
12 basal leaf
根生葉
13 fruit
果実
14 harebell (hairbell, bluebell)
イトシャジン
15 basal leaf
根生葉
16 flower [longitudinal section]
花 [縦断面]
17 fruit
果実
18 ground ivy (ale hoof)
カキドオシ
19 flower [longitudinal section]
花 [縦断面]
20 flower [front view]
花 [前面]
21 stonecrop
コモチマンネングサ
22 speedwell
ルリトラノオ
23 flower
花
24 fruit
果実
25 seed
種子
26 moneywort
ヨウシュコナスビ
27 dehisced fruit
裂開した果実
28 seed
種子
29 small scabious
マツムシソウ
30 basal leaf
根生葉
31 flower of outer series
周辺部の花
32 flower of inner series
中心部の花
33 involucral calyx with pappus bristles
剛毛のあるがく片
34 ovary with pappus
冠毛のある子房
35 fruit
果実
36 lesser celandine
フィカリア

37 fruit
果実
38 leaf axil with bulbil
むかごをつけている葉腋 (ようえき)
39 annual meadow grass
イチゴツナギ
40 flower
花
41 spikelet [side view]
小穂 [側面図]
42 spikelet [front view]
小穂 [前面図]
43 caryopsis (indehiscent fruit)
穎果 (えいか)
44 tuft of grass (clump of grass)
カモガヤ
45 comfrey
コンフリ
46 flower [longitudinal section]
花 [縦断面]
47 fruit
果実

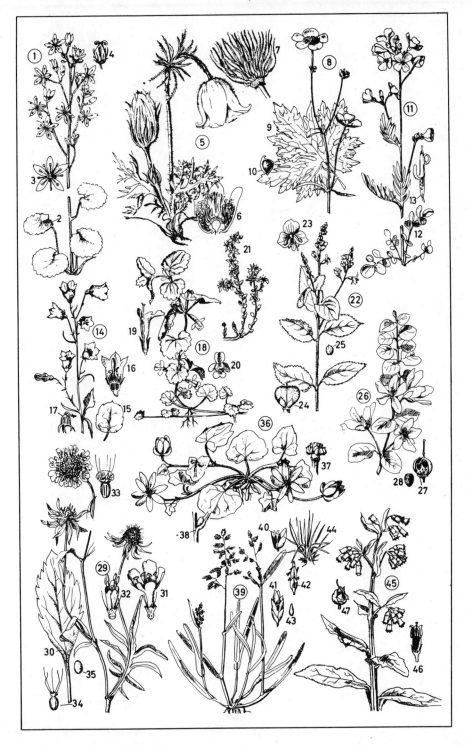

376 Meadow Flowers and Wayside Flowers (Wild Flowers) II

1 daisy (《米》 English daisy)
ヒナギク
2 flower
花
3 fruit
果実
4 oxeye daisy (white oxeye daisy, marguerite)
マーガレット
5 flower
花
6 fruit
果実
7 masterwort
セリ
8 cowslip
セイヨウサクラソウ
9 great mullein (Aaron's rod, shepherd's club)
モウズイカ
10 bistort (snakeweed)
イブキトラノオ
11 flower
花
12 knapweed
ヤグルマギク
13 common mallow
ゼニアオイ
14 fruit
果実
15 yarrow
セイヨウノコギリソウ
16 self-heal
ウツボグサ
17 bird's foot trefoil (bird's foot clover)
レンゲ
18 horsetail (equisetum) [a shoot]
スギナ［1本の枝］
19 flower (strobile)
胞子嚢穂(のうすい)（ツクシ）
20 campion (catchfly)
マンテマ
21 ragged robin (cuckoo flower)
センノウ
22 birth-wort
ウマノスズクサ
23 flower
花
24 crane's bill
フウロソウ
25 wild chicory (witloof, succory, wild endive)
キクジサ
26 common toadflax (butter-and-eggs)
ウンラン
27 lady's slipper (Venus's slipper, 《米》 moccasin flower)
アツモリソウの一種
28 orchis (wild orchid)
陸生ラン〈ラン orchid の一種〉

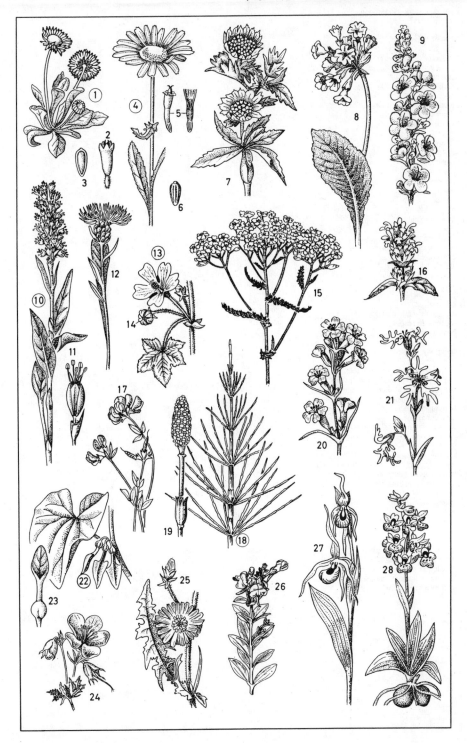

1 wood anemone (anemone,
  windflower)
  イチリンソウ〔の一種〕
2 lily of the valley
  スズラン
3 cat's foot (milkwort)
  ハハコグサ〈類似のものに sandflower
  (everlasting) がある〉
4 turk's cap (turk's cap lily)
  ユリ
5 goatsbeard (goat's beard)
  ヤマブキショウマ
6 ramson
  ギョウジャニンニク
7 lungwort
  ヒメムラサキ
8 corydalis
  キケマン
9 orpine (livelong)
  ベンケイソウ
10 daphne
  ジンチョウゲ
11 touch-me-not
  キツリフネ
12 staghorn (stag horn moss, stag's
  horn, stag's horn moss, coral
  evergreen)
  ヒカゲノカズラ
13 butterwort
  ムシトリスミレ〈食虫植物 insectivorous
  plant の一種〉
14 sundew
  モウセンゴケ〈類似のものに, ハエジゴク
  Venus's flytrap がある〉
15 bearberry
  コケモモ
16 polypody (polypod)
  ミヤマウラボシ〈シダ fern の一種。類似のも
  のに, オシダ male fern, 大きなシダ類
  brake (bracken, eagle fern, ゼンマイ
  royal fern (royal osmund, king's
  fern, ditch fern) がある〉
17 haircap moss (hair moss, golden
  maidenhair)
  スギゴケ〈コケ moss の一種〉
18 cotton grass (cotton rush)
  ワタスゲ
19 heather (heath, ling)
  ヒース〈類似のものに, エリカ bell heather
  (cross-leaved heather) がある〉
20 rock rose (sun rose)
  ゴジアオイ
21 marsh tea
  イソツツジ
22 sweet flag (sweet calamus, sweet
  sedge)
  ショウブ
23 bilberry (whortleberry)
  セイヨウヒメスノキ〈類似のものに,
  huckleberry (blueberry), cowberry
  (red whortleberry), bog bilberry (bog
  whortleberry), crowberry がある〉

1-13 alpine plants
高山植物
1 alpine rose (alpine rhododendron)
シャクナゲ
2 flowering shoot
花のついている枝
3 alpine soldanella (soldanella)
イワカガミ
4 corolla opened out
花冠の展開図
5 seed vessel with the style
蒴(さく)と花桂(かけい)
6 alpine wormwood
ニガヨモギ
7 inflorescence
頭花
8 auricula
クリンソウ
9 edelweiss
エーデルワイス, ウスユキソウ
10 flower shapes
花
11 fruit with pappus tuft
痩果(そうか)と冠毛
12 part of flower head (of capitulum)
頭花の一部
13 stemless alpine gentian
リンドウの一種
14-57 aquatic plants (water plants) and
marsh plants
水生植物および湿生植物
14 white water lily
スイレン
15 leaf
葉
16 flower
花
17 Queen Victoria water lily (Victoria
regia water lily, royal water lily,
Amazon water lily)
オオオニバス
18 leaf
葉
19 underside of the leaf
葉の下面
20 flower
花
21 reed mace bulrush (cattail, cat's tail,
cattail flag, club rush)
ガマ
22 male part of the spadix
花穂の雄花部
23 male flower
雄花
24 female part
雌花部
25 female flower
雌花
26 forget-me-not
ワスレナグサ
27 flowering shoot
花のついている枝
28 flower [section]
花 [縦断面]
29 frog's bit
トチカガミ
30 watercress
ミズタガラシ
31 stalk with flowers and immature
(unripe) fruits
花と未熟果がついているイモ
32 flower
花
33 siliqua (pod) with seeds
果実

34 two seeds
種子
35 duckweed (duck's meat)
ウキクサ
36 plant in flower
花をつけたウキクサ
37 flower
花
38 fruit
果実
39 flowering rush
ハナイ
40 flower umbel
散形花
41 leaves
葉
42 fruit
果実
43 green alga
緑藻
44 water plantain
サジオモダカ
45 leaf
葉
46 panicle
円錐花序
47 flower
花
48 honey wrack
褐藻〈総称して brown alga ともいう〉
49 thallus (plant body, frond)
葉状体
50 holdfast
付着器官
51 arrow head
オモダカ
52 leaf shapes
葉型
53 inflorescence with male flowers
[above] and female flowers
[below]
雄花序 [上] と雌花序 [下]
54 sea grass
アマモ
55 inflorescence
花序
56 Canadian waterweed (Canadian
pondweed)
カナダモ
57 flower
花

1 aconite (monkshood, wolfsbane, helmet flower)
トリカブト
2 foxglove (Digitalis)
ジキタリス
3 meadow saffron (naked lady, naked boys)
イヌサフラン
4 hemlock (Conium)
ドクニンジン
5 black nightshade (common nightshade, petty morel)
イヌホウズキ
6 henbane
ヒヨス
7 deadly nightshade (belladonna, banewort, dwale)
ベラドンナ〈ナス科 solanaceous の一種〉
8 thorn apple (stramonium, stramony, (米) jimson weed, jimpson weed, Jamestown weed, stinkweed)
チョウセンアサガオ
9 cuckoo pint (lords-and-ladies, wild arum, wake-robin)
アラム
10-13 poisonous fungi (poisonous mushrooms, toadstools)
有毒キノコ類
10 fly agaric (fly amanita, fly fungus)
ベニテングタケ〈ハラタケ科 agaric の一種〉
11 amanita
タマゴテングダケ
12 Satan's mushroom
イグチ〔の一種〕
13 woolly milk cap
ケシロハツ

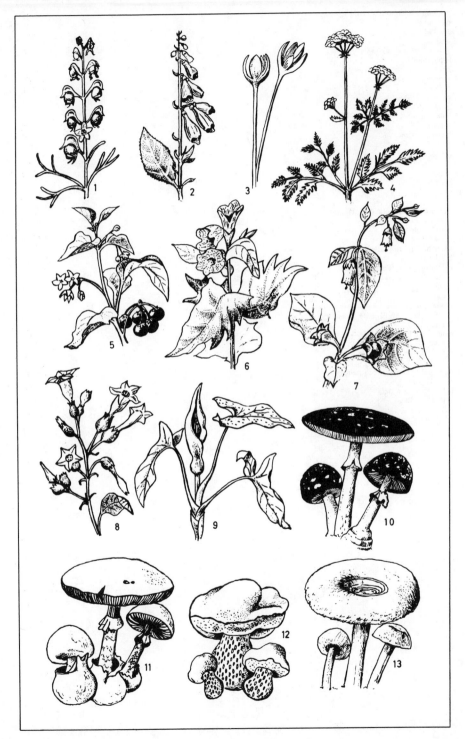

1 camomile (chamomile, wild
   camomile)
   カミツレ
2 arnica
   アルニカ〈ウサギギクの一種〉
3 peppermint
   ハッカ
4 wormwood (absinth)
   ニガヨモギ
5 valerian (allheal)
   オミナエシ
6 fennel
   ウイキョウ
7 lavender
   ラベンダー
8 coltsfoot
   フキタンポポ
9 tansy
   ノコギリソウ
10 centaury
   シマセンブリ
11 ribwort (ribwort plantain, ribgrass)
   ヘラオオバコ
12 marshmallow
   ウスベニアオイ
13 alder buckthorn (alder dogwood)
   ウワミズザクラ
14 castor-oil plant (Palma Christi)
   トウゴマ
15 opium poppy
   シロケシ
16 senna (cassia)
   カシア〈乾燥したものを, センナ葉 senna
   leaves という〉
17 cinchona (chinchona)
   キナノキ
18 camphor tree (camphor laurel)
   クスノキ
19 betel palm (areca, areca palm)
   ビンロウ, キンマノキ
20 betel nut (areca nut)
   果実

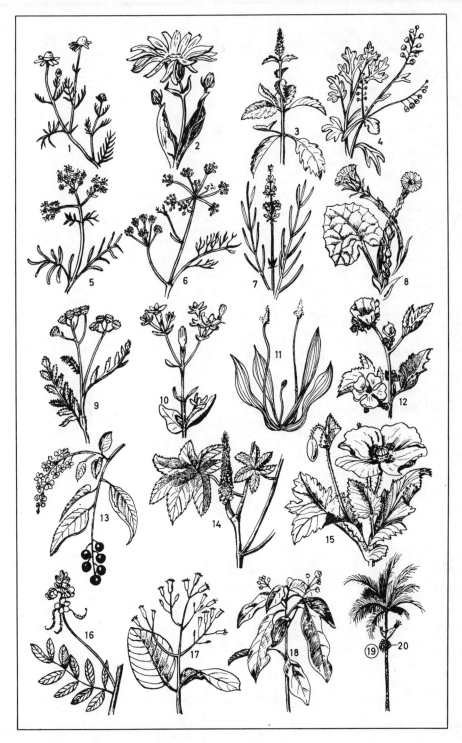

1 meadow mushroom (field mushroom)
マッシュルーム，ハラタケ
2 mycelial threads (hyphae, mycelium)
with fruiting bodies (mushrooms)
子実体に連なる菌糸と菌糸体
3 mushroom [longitudinal section]
子実体［縦断面］
4 cap (pileus) with gills
かさとひだ
5 veil (velum)
つば
6 gill [section]
ひだ［断面図］
7 basidia [on the gill with
basidiospores]
ひだ上の担子器と担子胞子
8 germinating basidiospores (spores)
発芽した担子
9 truffle
セイヨウショウロ
10 truffle [external view]
セイヨウショウロ［外観］
11 truffle [section]
セイヨウショウロ［断面図］
12 interior showing asci [section]
子嚢(しのう)とその中の子嚢胞子［断面図］
13 two asci with the ascospores
(spores)
2個の子嚢と子嚢胞子
14 chanterelle (chantarelle)
アンズタケ
15 Chestnut Boletus
クロイロイグチ
16 cep (cepe, squirrel's bread, Boletus
edulis)
ヤマドリタケ
17 layer of tubes (hymenium)
管孔部
18 stem (stipe)
柄(え)，茎
19 puffball (Bovista nigrescens)
キツネノチャブクロ
20 devil's tobacco pouch (common
puffball)
ホコリダケ
21 Brown Ring Boletus (Boletus luteus)
ヌメリイグチ
22 Birch Boletus (Boletus scaber)
ヤマイグチ
23 Russula vesca
チギレハツタケ
24 scaled prickle fungus
ハリタケ
25 slender funnel fungus
マイタケ
26 morel (Morchella esculenta)
アミガサダケ
27 morel (Morchella conica)
トガリアミガサダケ
28 honey fungus
ナラタケ
29 saffron milk cap
キチチタケ〔の仲間〕
30 parasol mushroom
カラカサタケ
31 hedgehog fungus (yellow prickle
fungus)
カノシタ〔の仲間〕
32 yellow coral fungus (goatsbeard,
goat's beard, coral Clavaria)
コガネホウキタケ〔の仲間〕
33 little cluster fungus
スギタケ〔の仲間〕

1 coffee tree (coffee plant)
コーヒーの木
2 fruiting branch
果実のついている枝
3 flowering branch
花のついている枝
4 flower
花
5 fruit with two beans [longitudinal section]
果実 [縦断面]
6 coffee bean
コーヒー豆 〈加工したものを, コーヒー coffee という〉
7 tea plant (tea tree)
チャ (茶)
8 flowering branch
花のついている枝
9 tea leaf
葉 〈加工したものを茶の葉 tea という〉
10 fruit
果実
11 maté shrub (maté, yerba maté, Paraguay tea)
マテチャの木
12 flowering branch with androgynous (hermaphroditic, hermaphrodite) flowers
花のついている枝
13 male flower
雄花
14 androgynous (hermaphroditic, hermaphrodite) flower
両性花
15 fruit
果実
16 cacao tree (cacao)
カカオ
17 branch with flowers and fruits
花と果実のついている枝
18 flower [longitudinal section]
花 [縦断面]
19 cacao beans (cocoa beans)
カカオ豆 〈加工したものを, ココア cocoa, コ コア末 cocoa powder という〉
20 seed [longitudinal section]
種子 [縦断面]
21 embryo
胚(はい)
22 cinnamon tree (cinnamon)
ニッケイ(肉桂)(シナモン)
23 flowering branch
花のついている枝
24 fruit
果実
25 cinnamon bark
桂皮(けいひ) 〈砕いたものを桂皮末 cinnamon という〉
26 clove tree
チョウジ (丁字) の木
27 flowering branch
花のついている枝
28 flower bud
花芽 〈乾燥したものを丁字(ちょうじ) clove という〉
29 flower
花
30 nutmeg tree
ナツメグ, ニクズク
31 flowering branch
花のついている枝

32 female flower [longitudinal section]
雌花 [縦断面]
33 mature (ripe) fruit
熟した果実
34 nutmeg with mace
ナツメグとメース 〈種子とせん裂する種衣 seed with laciniate aril〉
35 seed [cross section]
種子 [横断面] 〈乾燥したものをナツメグ nutmeg という〉
36 pepper plant
コショウ
37 fruiting branch
果実のついている枝
38 inflorescence
花序
39 fruit [longitudinal section] with seed (peppercorn)
果実 [縦断図] 〈ひいたものをコショウ末 pepper という〉
40 Virginia tobacco plant
タバコ
41 flowering shoot
花茎
42 flower
花
43 tobacco leaf
タバコの葉 〈干しものをタバコ tobacco と いう〉
44 mature (ripe) fruit capsule
熟した蒴果(さくか)
45 seed
種子
46 vanilla plant
バニラ
47 flowering shoot
花茎
48 vanilla pod
バニラの果実 〈干して香料として用いられる ものを, バニラ[エッセンス] stick of vanilla という〉
49 pistachio tree
ピスタショ
50 flowering branch with female flowers
雌花のある枝
51 drupe (pistachio, pistachio nut)
果実
52 sugar cane
サトウキビ
53 plant in bloom
花をつけたサトウキビ
54 panicle
円錐(えんすい)花序
55 flower
花

1 rape (cole, coleseed)
　ナタネ (菜種)
2 basal leaf
　根生葉
3 flower [longitudinal section]
　花 [縦断面]
4 mature (ripe) siliqua (pod)
　長角 [果]
5 oleiferous seed
　種子 〈油をとる〉
6 flax
　アマ
7 peduncle (pedicel, flower stalk)
　花茎
8 seed vessel (boll)
　蒴果 (さくか)
9 hemp
　アサ (麻)
10 fruiting female (pistillate) plant
　雌株
11 female inflorescence
　雌花序
12 flower
　花
13 male inflorescence
　雄花序
14 fruit
　果実
15 seed
　種子
16 cotton
　綿
17 flower
　花
18 fruit
　果実
19 lint [cotton wool]
　生綿 (きわた) [コットン]
20 silk-cotton tree (kapok tree, capoc tree, ceiba tree)
　カポックの木
21 fruit
　果実
22 flowering branch
　花のついている枝
23 seed
　種子
24 seed [longitudinal section]
　種子 [縦断面]
25 jute
　ジュート
26 flowering branch
　花のついている枝
27 flower
　花
28 fruit
　果実
29 olive tree (olive)
　オリーブ
30 flowering branch
　花のついている枝
31 flower
　花
32 fruit
　果実
33 rubber tree (rubber plant)
　ゴムの木
34 fruiting branch
　果実のついている枝
35 fig
　イチジク状花序
36 flower
　花
37 gutta-percha tree
　グッタペルカの木

38 flowering branch
　花のついている枝
39 flower
　花
40 fruit
　果実
41 peanut (ground nut, monkey nut)
　ピーナッツ
42 flowering shoot
　花のついている枝
43 root with fruits
　根と果実
44 nut (kernel) [longitudinal section]
　果実 [縦断面]
45 sesame plant (simsim, benniseed)
　ゴマ
46 flowers and fruiting branch
　花と果実のついている枝
47 flower [longitudinal section]
　花 [縦断面]
48 coconut palm (coconut tree, coco palm, cocoa palm)
　ココヤシ
49 inflorescence
　花序
50 female flower
　雌花
51 male flower [longitudinal section]
　雄花 [縦断面]
52 fruit [longitudinal section]
　果実 [縦断面]
53 coconut (cokernut)
　ココナッツ
54 oil palm
　アブラヤシ
55 male spadix
　雄花穂
56 infructescence with fruit
　果序
57 seed with micropyles (foramina) (foraminate seed)
　珠孔 (しゅこう) のある種子
58 sago palm
　サゴヤシ
59 fruit
　果実
60 bamboo stem (bamboo culm)
　タケ (竹)
61 branch with leaves
　葉と枝
62 spike
　穂状花序
63 part of bamboo stem with joints
　節のある竹幹
64 papyrus plant (paper reed, paper rush)
　パピルス
65 umbel
　散形花序
66 spike
　穂状花序

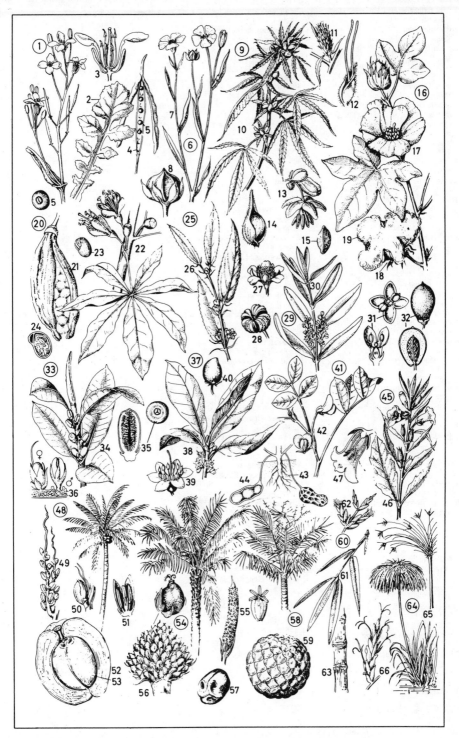

1 date palm (date)
ナツメヤシ
2 fruiting palm
果実のついているナツメヤシ
3 palm frond
葉
4 male spadix
雄花穂
5 male flower
雄花
6 female spadix
雌花穂
7 female flower
雌花
8 stand of fruit
果穂
9 date
果実
10 date kernel (seed)
種子
11 fig
イチジク
12 branch with pseudocarps
擬果のついている枝
13 fig with flowers [longitudinal
section]
花 [縦断面]
14 female flower
雌花
15 male flower
雄花
16 pomegranate
ザクロ
17 flowering branch
花のついている枝
18 flower [longitudinal section, corolla
removed]
花 [縦断面, 花冠を除いてある]
19 fruit
果実
20 seed [longitudinal section]
種子 [縦断面]
21 seed [cross section]
種子 [横断面]
22 embryo
胚(はい)
23 lemon
レモン〈類似のものにミカン tangerine
(mandarin), オレンジ orange, グレープフ
ルーツ grapefruit がある〉
24 flowering branch
花のついている枝
25 orange flower [longitudinal
section]
オレンジの花 [縦断面]
26 fruit
果実
27 orange [cross section]
果実 [横断面]
28 banana plant (banana tree)
バナナ
29 crown
樹冠
30 herbaceous stalk with overlapping
leaf sheaths
草質の擬茎と葉鞘(ようしょう)
31 inflorescence with young fruits
若い果実をつけた花序
32 infructescence (bunch of fruit)
果序 (果実の房)
33 banana
果実, バナナ
34 banana flower
花
35 banana leaf [diagram]
葉 [略図]

36 almond
アーモンド
37 flowering branch
花のついている枝
38 fruiting branch
果実のついている枝
39 fruit
果実
40 drupe containing seed [almond]
種子を含んだ核果
41 carob
イナゴマメ
42 branch with female flowers
雌花をもった枝
43 female flower
雌花
44 male flower
雄花
45 fruit
果実
46 siliqua (pod) [cross section]
豆果 [横断面]
47 seed
種子
48 sweet chestnut (Spanish chestnut)
クリ
49 flowering branch
花のついている枝
50 female inflorescence
雌花序
51 male flower
雄花
52 cupule containing seeds (nuts,
chestnuts)
殻斗と種子
53 Brazil nut
ブラジルナットの木
54 flowering branch
花のついている枝
55 leaf
葉
56 flower [from above]
花 [上方より見た図]
57 flower [longitudinal section]
花 [縦断面]
58 opened capsule, containing seeds
(nuts)
果皮に包まれた種子
59 Brazil nut [cross section]
ブラジルナット [横断面]
60 nut [longitudinal section]
ブラジルナット [縦断面]
61 pineapple plant (pineapple)
パイナップル
62 pseudocarp with crown of leaves
擬果と葉
63 syncarp
多花果
64 pineapple flower
花
65 flower [longitudinal section]
花 [縦断面]

Index

Ordering
In this index the entries are ordered as follows:
1. Entries consisting of single words, e.g.: 'hair'.
2. Entries consisting of noun + adjective. Within this category the adjectives are entered alphabetically, e.g. 'hair, bobbed' is followed by 'hair, closely-cropped'.
Where adjective and noun are regarded as elements of a single lexical item, they are not inverted, e.g.: 'blue spruce', not 'spruce, blue'.
3. Entries consisting of other phrases, e.g. 'hair curler', 'ham on the bone', are alphabetized as headwords.
Where a whole phrase makes the meaning or use of a headword highly specific, the whole phrase is entered alphabetically. For example 'ham on the bone' follows 'hammock'.

References
The numbers in bold type refer to the sections in which the word may be found, and those in normal type refer to the items named in the pictures. Homonyms, and in some cases uses of the same word in different fields, are distinguished by section headings (in italics), some of which are abbreviated, to help to identify at a glance the field required. In most cases the full form referred to by the abbreviations will be obvious. Those which are not are explained in the following list:

Agr.	Agriculture/Agricultural	*Hydr. Eng.*	Hydraulic Engineering
Alp. Plants	Alpine Plants	*Impl.*	Implements
Art. Studio	Artist's Studio	*Inf. Tech.*	Information Technology
Bldg.	Building	*Intern. Combust. Eng.*	Internal Combustion Engine
Carp.	Carpenter	*Moon L.*	Moon Landing
Cement Wks.	Cement Works	*Music Not.*	Musical Notation
Cost.	Costumes	*Overh. Irrign.*	Overhead Irrigation
Cyc.	Cycle	*Platem.*	Platemaking
Decid.	Deciduous	*Plant Propagn.*	Propagation of Plants
D.I.Y.	Do-it-yourself	*Rm.*	Room
Dom. Anim.	Domestic Animals	*Sp.*	Sports
Equest.	Equestrian Sport	*Text.*	Textile[s]
Gdn.	Garden	*Veg.*	Vegetable[s]

A

Aaron's rod **376** 9
abacus **309** 77
abacus *Art* **334** 20
abattoir **94**
abdomen *Man* **16** 35-37, 36
abdomen *Bees* **77** 10-19
abdomen *Forest Pests* **82** 9
abdomen, lower ~ **16** 37
abdomen, upper ~ **16** 35
abductor hallucis **18** 49
abductor of the hallux **18** 49
aberdevine **361** 8
aborigine, Australian ~ **352** 37
abrasion platform **13** 31
abrasive wheel combination **111** 28, 35
abscissa **347** 9
abseiling **300** 28-30
abseil piton **300** 39
abseil sling **300** 28
absinth **380** 4
absorber attachment **27** 44
absorption dynamometer **143** 97-107
absorption muffler **190** 16
absorption silencer **190** 16
abutment *Bridges* **215** 27, 29, 45
abutment *Art* **336** 20
abutment pier **215** 29
acanthus **334** 25
acceleration lane **15** 16
acceleration rocket **234** 22, 48
accelerator **191** 46
accelerator lock **85** 17
accelerator pedal **191** 46, 94
accelerometer **230** 10
accent, acute ~ **342** 30

accent, circumflex ~ **342** 32
accent, grave ~ **342** 31
accent, strong ~ **321** 27
accents **342** 30-35
acceptance **250** 12, 23
access balcony **37** 72-76
access flap **6** 21, 25
accessories **115** 43-105
accessory shoe **114** 4; **115** 20
accessory shop **196** 24
access ramp **199** 15
acciaccatura **321** 15
accipiters **362** 10-13
accolade **329** 66
accommodation **146** 33
accommodation bureau **204** 28
accommodation ladder **221** 98
accomodation module **146** 33
accompaniment side **324** 43
accompaniment string **324** 25
accordion **324** 36
account, private ~ **250** 4
accounting machine **236** 26
accumulator **309** 41
accumulator *Theatre* **316** 55
accumulator railcar **211** 55
accuracy jump **288** 55
acerate **370** 34
acerose **370** 34
acerous **370** 34
acetylene connection **141** 31
acetylene control **141** 32
acetylene cylinder **141** 2, 22
ache **58** 23
achievement **254** 1-6
achievement, marital ~ **254** 10-13
achievement of arms **254** 1-6
Achilles' tendon **18** 48
acicular **370** 34

acid container **350** 62
Ackermann steering system **85** 31, 37
acolyte **331** 45
aconite **379** 1
acorn **371** 4
acorns **276** 42
acrobat **307** 47
Acropolis **334** 1-7
acroter **334** 34
acroterion **334** 34
acroterium **334** 34
acting area light **316** 16
acting area spotlight **316** 16
actinia **369** 20
Actinophrys **357** 7
action **326** 6-16
action lever **325** 32
activated blade attachment **84** 33
actor **316** 37
actress **316** 38
actuating transistor **195** 19
acuity projector **111** 47
acute **342** 30
Adam's apple **19** 13
adapter **112** 55
adapter, four-socket ~ **127** 8
adapter, four-way ~ **127** 8
adapter ring **115** 82
adapter unit **242** 34
adders **326** 40-41
adding **344** 23
adding and subtracting machine **309** 74
adding mechanism **271** 9
addition **344** 23
address **236** 42
address display **236** 41
addressing machine, transfer-type ~ **245** 7

acid container **350** 62
address label **236** 4
address system, ship's ~ **224** 30
A-deck **223** 28-30
adhesion railcar **214** 1
adhesive, hot ~ **249** 61
adhesive binder *Bookbind.* **184** 1
adhesive binder *Office* **249** 61
adhesive tape dispenser **247** 27
adhesive tape dispenser, roller-type ~ **247** 28
adhesive tape holder **247** 28
adjusting cone **187** 58
adjusting equipment **148** 61-65
adjusting knob **116** 54
adjusting nut **143** 35
adjusting screw *Bldg. Site* **119** 79
adjusting screw *Mach. Parts etc.* **143** 107
adjusting screw *Inf. Tech.* **242** 78
adjusting spindle **226** 51
adjusting washer **187** 55
adjustment, circular ~ **14** 62
adjustment, coarse ~ **112** 4
adjustment, fine ~ *Optic. Instr.* **112** 5
adjustment, fine ~ *Photog.* **116** 33
adjustment, fine ~ *Joiner* **133** 36
adjustment, fine ~ *Drawing Off.* **151** 66
adjustment knob **11** 41
administration area **5** 17
administration building *Coal* **144** 18
administration building

Airport 233 16
administration building
Films 310 4
Admiralty anchor 286 15
admission ticket 315 11
adult insect 358 10
advance booking office 271 26
adventure playground 273 21
advertisement 98 2; 204 10;
268 43, 71; 271 25; 312 23;
342 56, 69
advertising, classified ~ 342 69
advertising calendar 22 10
advertising pillar 268 70
adze 300 34
aerator 56 15
aerial 213 4
aerial ladder 270 9
aerial sports 288
aerobatic manoeuvres 288 1-9
aerobatics 288 1-9
aero engines 232 33-60
aerofoil, rear ~ 290 35
aerogenerator 155 42
aeroplane 230 67-72
aeroplane, propeller-driven ~ 231 1-6
aeroplane, types of ~ 231 1-33
aeroplane tow launch 287 1
aerotowing 287 1
aero wheel 305 79
Afghan 70 23
Afghan hound 70 23
A flat major 320 66
Africa 14 14
African hemp 53 9
African marigold 60 20
Afro look 34 26
afterburner exhaust nozzle 256 13
aftercastle 218 23
after deck 223 32
aftershave lotion 49 38
aft fan-jet 232 42
aft ship 286 34, 37, 41
agaric 379 10
agate 175 22
agent 307 18
aggregate scraper 200 13
agitator Agr. Mach. 64 70
agitator Paperm. 172 47
agricultural implements 66
agricultural machinery 64; 65
agricultural worker 63 5
agriculture 63
Agulhas Current 14 37
aileron 230 52; 287 41; 288 28
aileron, inner ~ 229 43
aileron, outer ~ 229 41
aileron actuator 257 39
aiming position 86 34
air-bed, inflatable ~ 278 31
air blast 139 56
air-blast circuit breaker 152 34; 153 51-62
air-bleed duct Roof & Boilerr. 38 51
air-bleed duct Intern. Combust. Eng. 190 12
air blower, primary ~ 160 11
air brake 229 44; 256 12
airbridge 233 14
airbus 231 17
air cleaner 191 55
air compressor Painter 129 33
air compressor Offshore Drill. 146 23
air compressor Railw. 211 14, 44; 212 34, 58, 72
air compressor, diesel-

powered ~ 200 39
air compressor, mobile ~ 200 39
air-conditioning 26 20
air-conditioning equipment 239 15
air correction jet 192 3
aircraft 229; 230; 231; 232
aircraft, propeller-driven ~ 231 1-6
aircraft, single-engine ~ 230 1-31, 32-66; 231 1, 2
aircraft, tilt-wing ~ 232 26
aircraft, twin-boom ~ 229 34
aircraft, twin-engine ~ 231 3
aircraft, twin-jet ~ 231 7
aircraft, types of ~ 231 1-33
aircraft cannon 256 3
aircraft carrier, nuclear-powered ~ 259 1
aircraft elevator 259 4, 13
aircraft engines 232 33-60
aircraft lift 259 4, 13
aircraft tractor 233 23
aircraft tug 233 23
air currents 9 25-29
air cushion 286 66
air-cushion vehicle 286 63
air duct 155 35
airer 50 32
airer, extending ~ 50 34
air extraction vent 154 21
air extractor duct 258 57
air extractor pipe 133 40
air feed pipe 147 29
air filler neck 196 21
air filter 191 55
air flow 199 45
air flow, secondary ~ 232 50
air force 256; 257
air hose Garage 195 54
air hose Serv. Stat. 196 18
air inlet Lorries etc. 194 16
air inlet Warships 259 73
air inlet Fire Brig. 270 60
air inlet and outlet 92 14
air intake Car 192 60
air intake Railw. 209 11
air intake Air Force 256 5; 257 12
air intake, annular ~ 232 52
air intake duct 257 14
air jet pipe 281 41
air line 75 28
airliner, four-jet ~ 231 13
airliner, supersonic ~ 231 15
airliner, tri-jet ~ 231 12
airliner, twin-jet ~ 231 11, 17
airliner, wide-body ~ 231 14, 17
air lock Coal 144 38
air lock Offshore Drill. 146 24
air lock Space 235 27
air lock Chem. 349 7
air masses, homogeneous ~ 8 1-4
air mattress 278 31
air outlet 168 29
air oxidation passage 165 48
air passage 333 4
airplane see aeroplane
airport 233
'airport' 233 24
airport fire service 233 7
airport information symbols 233 24-53
airport restaurant 233 19
air preheater Forging 139 53
air preheater Power Plant 152 11
air pump Paperm. 172 40
air pump Letterpress 181 6, 35
air receiver 269 17, 50

air refuelling probe 256 7
air regenerator chamber 147 30
air regulator Offset Print. 180 74
air regulator Chem. 350 3, 8
air reservoir, auxiliary ~ 212 61
air reservoir, main ~ 211 8; 212 57, 71
air rifle 305 40
air rifle cartridge 305 34
airscrew 230 32; 288 36
air space 74 61
air-speed indicator 230 2
airsports 288
airstream, cold ~ 9 29
airstream, main ~ 192 5
airstream, warm ~ 9 28
air supply 155 24
air survey camera 14 63
air temperature 280 8
air vent cap 38 52
air vessel 269 17, 50
aisle Map 15 112
aisle Forestry 84 1
aisle Church 330 27
aisle Art 334 63; 335 2
alarm clock 110 19
alarm clock, electric ~ 43 16
albumen 74 62
alburnum Carp. 120 85
alburnum Bot. 370 12
Alcor 3 29
Aldebaran 3 25
alder 371 30
alder buckthorn 380 13
alder dogwood 380 13
alder-swamp peat 13 18
ale 93 26
ale hoof 375 18
Alençon lace 102 30
alfalfa grass 136 26
alga, brown ~ 378 48
alga, green ~ 378 43
algebra 345 4-5
alighting board 77 49
alkali-cellulose 169 9
alkali-cellulose crumbs 169 7
Allais chicane 301 72
all-container ship 221 21; 226 5
Aller rock salt 154 63
allheal 380 5
allonge periwig 34 2
allotment 52 1-32
allotment holder 52 24
all-purpose gun 258 70
all-purpose trailer 62 40
all-purpose vehicle 255 96
all-speed aileron 229 43
alluvial deposit 216 52
all-weather roof 200 38
all-wheel drive 194 1
almond Tablew. etc. 45 41
almond South. Fruits 384 36
aloe 53 13
alpha particle 1 -31; 227
alpha radiation 1 30-31
Alpine Club hut 300 1
alpine rhododendron 378 3
alpine rose 378 1
alpine soldanella 378 3
alpine strawberry 58 16
alpine wormwood 378 6
Alpinism 300 1-57
Alpinist 300 5
Alsatian 70 25
alsike 69 3

alsike clover 69 3
Altair 3 9
altar 330 4, 33; 334 48, 69
altar bell 332 52
altar candle 330 7, 34
altar carpet 330 3
altar cloth 330 6, 36
altar cross 330 35
altar crucifix 330 12
altar decoration 330 48
altarpiece 330 13, 50
altar steps 330 5, 31
alternative school 261 1-45
alternator 152 23; 153 1
altimeter 230 4
altitude 346 27
altitude scale 7 35
alto clef 320 10
altocumulus 8 15
altocumulus castellanus 8 16
altocumulus floccus 8 16
altostratus 8 8
altostratus praecipitans 8 9
alto trombone 323 46
aluminium foil, asphalted ~ 155 29
aluminum see aluminium
A major 320 58
amanita 379 11
amaryllis 53 8
Amazon water lily 378 17
ambulance 270 19
ambulance, armoured ~ 255 79
ambulance attendant 270 21
ambulance car 270 19
ambulance man 270 21
America 14 12-13
American blight 80 32
American football 292 22
American ivy 51 5; 374 16
A minor 320 55, 62
A minor scale 320 46, 47, 48
ammeter Car 191 78
ammeter Aircraft 230 18
ammonia 170 24
ammonia scrubber 156 23
ammonia wet collector 156 23
ammonium sulphate 156 36
ammonium sulphate, production of ~ 156 35
ammonium sulphate solution 170 26
ammunition 87 19; 305 34-49
amoeba 357 1
amoretto 272 20
amorino 272 20
amount 271 8
Amphibia 364; 364 20-26
amphibian 232 8
amphibians 364 20-26
amplifier 241 40; 312 19; 317 23
amplifier, underwater ~ 237 57
amplifier and mains power unit 238 3
amplifier equipment 310 59
amplitude adjustment 10 11
amulet 354 40
anaesthesia and breathing apparatus 26 1
anaesthesia and respiratory apparatus 26 24
anaesthetic, local ~ 24 53
analog see analogue
analogue control 242 38
analogue output 112 45
analyser 23 53
analysis, automatic ~ 25 48
analytical balance 349 25
anchor 223 52; 259 81
anchor, lightweight ~ 286 16-18

anchor, stocked ~ **222** 79; **286**
15
anchor, stockless ~ **222** 78;
258 5; **286** 17
anchorage **216** 13
anchor cable **218** 18; **222** 77;
223 50; **227** 12
anchor capstan **258** 6
anchor hawser **218** 18
anchor rib **287** 32
anchor rope **218** 18
anchors **286** 15-18
anchor winch **259** 82
ancillary brake valve **211**
23
Andromeda **3** 24
anemometer **10** 28
anemone **375** 5; **377** 1
aneroid barometer **10** 4
aneroid box **10** 6
aneroid capsule **10** 6
angiographic examination
table **27** 26
angiography room **27** 12
angle *Mach. Parts etc.* **143** 1
angle *Maths.* **346** 1-23; **346**
8-13, 8, 55
angle, acute ~ **346** 10
angle, adjacent ~ **346** 14
angle, alternate ~ **346** 10
angle, circumferential ~ **346**
56
angle, exterior ~ **346** 26
angle, interior ~ **346** 26
angle, obtuse ~ **346** 11
angle, straight ~ **346** 13,9-15
angle brace **118** 25; **119** 63;
121 57
angle deck **259** 12
angle iron **143** 1
angle of departure **87** 75
angle of descent **87** 78
angle of dip **12** 3
angle of elevation **87** 76
angle of rotation **351** 33
angle of the mouth **16** 14; **19**
19
angle shears **125** 2
angle symbol **345** 23
angle tie **118** 25; **121** 57
angle tongs **137** 37
angle tower **329** 14, 17
angling **89** 20-94
angling fence **133** 19
Angora cat **73** 17
Angoumois grain moth **81** 29
Angoumois grain moth
caterpillar **81** 30
Angoumois moth **81** 29
Anguidae **364** 37
animal, bovine ~ **73** 1
animal, cloven-hoofed ~ **73** 9
animal, horned ~ **73** 1
animal, inflatable ~ **280** 33
animal, rubber ~ **280** 33
animal, toy ~ **46** 13; **47** 6
animal, wild ~ **307** 56
animal enclosure **272** 49
animal house **356** 10
animals, domestic ~ **73** 18-36
animals, fabulous ~ **327** 1-61
animals, multicellular ~ **357**
13-39
animals, one-celled ~ **357**
1-12
animals, single-celled ~ **357**
1-12
animals, unicellular ~ **357**
1-12
ankle guard **291** 33
ankle sock, children's ~ **29** 30
annealing lehr **162** 18
annelid **357** 20

annexe **331** 13
annuity **251** 11-19
annulus **346** 57
Annunciation lily **60** 12
anode, copper ~ **178** 5
anode rod **178** 5
anorak *Child. Clothes* **29** 62
anorak *Mountain.* **300** 6
anorak hood **300** 19
Anseres **359** 15-17
ant **358** 21-22
Antarctica **14** 18
Antarctic Circumpolar Drift
14 44
Antarctic Continent **14** 18
Antarctic Ocean **14** 22
antelope **367** 5
antenna *Meteorol. Instr.* **10**
59, 68
antenna *Forest Pests* **82** 3
antenna *Air Force* **256** 17
antenna *Warships* **258** 16, 46;
259 7, 47, 89
antenna *Airsports* **288** 20, 88
antenna *Articulates* **358** 27, 53
antenna, maxillary ~ **358** 42
antenna, trichotomous ~ **81** 5
antenna down-lead **223** 4
antenna lead-in **223** 4
antenna mast **259** 6
antependium **330** 20
anthazoan **357** 17
anther *Soft Fruit* **58** 45
anther *Drupes & Nuts* **59** 10
anther *Conifers* **372** 35
anthropoid apes **368** 14-16
anthropoids **368** 14-16
anti-aircraft gun **258** 73
anti-aircraft gun, automatic
~ **259** 34
anti-aircraft machine gun
255 63
anti-aircraft missile launcher
258 32; **259** 5, 20
anti-aircraft rocket launcher
258 32; **259** 5, 20
anticline **12** 16, 27
anticlinorium **12** 20
anticollision light **230** 64
anticyclone **9** 6
antifriction bearing **143** 69
anti-frost layer **198** 1; **200** 60
antimacassar **207** 48
anti-mist windscreen **189** 46
anti-mist windshield **189** 46
anti-radiation screen **154** 74
anti-rolling system **224** 26
antirrhinum **51** 32
anti set-off apparatus **181** 10
anti set-off spray **181** 10
anti-skate control **241** 25
anti-skid brake switch **211** 33
anti-slosh baffle **234** 13
anti-submarine missile
launcher **258** 30, 50
anti-submarine rocket
launcher **258** 30, 50
anti-submarine torpedo tube
258 33
anti-syphon trap *Bathrm. etc.*
49 27
anti-syphon trap *Plumb. etc.*
126 26
anti-tank rocket launcher
255 25
anti-tank tank **255** 88
anti-torque rotor **232** 14
anti-vortex system **234** 11
antler, palmate ~ **88** 40
antler, royal ~ **88** 8
antler, surroyal ~ **88** 9
antlers **88** 5-11, 29-31
anurans **364** 23-26

anus **20** 62
anvil *Plumb.* **125** 22
anvil *Blacksm.* **137** 11, 11-16;
138 33
anvil *Forging* **139** 17, 31, 40
anvil *Office* **247** 5
anvil, clockmaker's ~ **109** 7
aorta **18** 10; **20** 54
aorta, abdominal ~ **18** 16
Apache girl **306** 9
apartment **37** 64-68, 69-71;
46
apartment, ladies' ~ **329** 10
apartment building **37** 72-76
apartment building, high-rise
~ **37** 82
apartment building,
multistory ~ **37** 77-81
apartment house **37** 72-76
apartment house, high-rise ~
37 82
apartment house, multistory
~ **37** 77-81
apatite **351** 20
aperture **115** 62, 63
aperture control, automatic ~
117 20
aperture control ring **115** 5;
117 4
aperture ring **115** 5; **117** 4
aperture scale **115** 56
aperture setting **117** 4
aperture-setting control **114**
34
aperture-setting ring **115** 5;
117 4
aperture-stop slide **112** 16
apex *Hunt.* **87** 77
apex *Airsports* **288** 47
aphid **80** 32; **358** 13
aphid, winged ~ **82** 39; **358** 15
aphid, wingless ~ **358** 14
apiarist **77** 57
apiary **77** 56
apiculture **77** 51-59
à pointe **314** 19
Apollo booster **234** 1, 2
Apollo service module **234** 56
Apollo space capsule **6** 9
Apollo spacecraft **6** 1
apostrophe **342** 22
apparatus, auxiliary ~ **296**
12-21; **297** 7-14
apparatus exercises **297** 15-32
apparatus gymnastics **296**;
297
appendix **20** 18
appendix, vermiform ~ **20** 18
Appenzell dulcimer **322** 35
apple **58** 56; **99** 86; **370** 102
apple blossom **58** 54
appleblossom weevil **80** 10
apple core **58** 59
apple pip **58** 60
apple skin **58** 57
apple stalk **58** 61
apple tree **58** 51, 52
appliance room **270** 1
appliqué **29** 20
appoggiatura **321** 14, 15
appointments book **22** 11
appointments diary **246** 8
approach **329** 34
approach sign **203** 26, 27, 28,
29
approach signs **203** 26-29
apricot **59** 35
apricot blossom **59** 34
apricot branch, flowering ~
59 33
apricot flower **59** 34
apricot leaf **59** 36
apricot tree **59** 33-36

apron *Mach. Tools* **149** 16
apron *Electrotyp. etc.* **178** 9
apron *Airport* **233** 3
apron *Theatre* **316** 25
apron, butcher's ~ **96** 39
apron, composition ~ **164** 16
apron, frilled ~ **31** 33
apron, leather ~ *Arc Weld.*
142 11
apron, leather ~ *Cotton Spin.*
164 16
apron taxiway **233** 3
apse **334** 64; **335** 5
aquafer **12** 22; **269** 2, 38
aqualung **279** 19
aquarium **356** 14, 19
Aquarius **4** 63
aquatint **340** 14-24
aqueduct **334** 53
aquifer **12** 22; **269** 2, 38
Aquila **3** 9
aquilegia **60** 10
arabesque *Free Exerc.* **295** 30
arabesque *Ballet* **314** 18
arachnids **358** 40-47
araucaria **53** 16
arbor **272** 17
arbor vitae **372** 39
arbour **272** 17
arc *Films* **312** 42
arc *Maths.* **346** 53, 55
arc, graduated ~ **224** 2
arcade, blind ~ **335** 10
arcading **335** 8
arcading, blind ~ **335** 10
arcading, round ~ **335** 9
arc fibula **328** 28
arch *Bldg. Site* **119** 6
arch *Bridges* **215** 20
arch *Free Exerc.* **295** 34
arch *Theatre* **316** 11
arch *Art* **336** 19
arch, convex ~ **336** 34
arch, longitudinal ~ **19** 61
arch, parabolic ~ **336** 29
arch, reinforced concrete ~
215 50
arch, round ~ **336** 27
arch, segmental ~ **336** 28
arch, shouldered ~ **336** 33
arch, superciliary ~ **16** 5
arch, tented ~ **336** 35
arch, transverse ~ **335** 18
arch, trellis ~ **52** 12
arch, triumphal ~ **334** 59, 71
arch, trussed ~ **215** 25
arch, Tudor ~ **336** 37
arch, types of ~ **336** 19-37
Archaster **369** 17
arch board file **247** 40
arch bridge, spandrel-braced
~ **215** 28
arch bridge, stone ~ **215** 19
arched front support **295** 24
Archer *Astron.* **3** 37; **4** 61
archer *Sports* **305** 53
archery **305** 52-66
archimedes drill **108** 4
architrave **334** 18
archivolt **335** 25
arch span **215** 26
arch unit **247** 41
archway **337** 4
archway, memorial ~ **337** 3
arcing horn **152** 47; **153** 61
arcosolium **331** 60
Arctic Ocean **14** 21
arc welder **142** 2
arc welding, gas-shielded ~
142 33
arc welding helmet **142** 3, 39
area, epicentral ~ **11** 38
area spraying **83** 1

areca 380 19
areca nut 380 20
areca palm 380 19
arena Equest. 289 1
arena Circus 307 21
arena Bullfight. etc. 319 9
arena entrance 307 11
areola 16 29
argent 254 25
Argo 3 45
Aries 4 53
aril, laciniate ~ 382 34
arista 68 12
arithmetic 344 1-26; 345 1-24
arithmetic unit 244 6
arm Man 16 43-48; 17 12-14
arm Living Rm. 42 22
arm Flat 46 28
arm Shoem. 100 25
arm Photog. 115 93
arm Joiner 132 63
arm Mach. Parts etc. 143 88
arm Mach. Tools 150 24
arm Music. Instr. 322 16
arm Maths. 346 7-3
arm, adjustable ~ 195 26
arm, hydraulic ~ 85 21
arm, supplementary ~ 203 22, 23
arm, upper ~ 16 43
armadillo 366 8
armament 258 29-37
armature 339 25
armature support 339 24
armband 263 11; 270 22
armband, fluorescent ~ 199 7
arm bandage 21 1
arm bar 299 10
armchair 42 21; 267 26
armed forces 255; 256; 257
armlet 263 11; 270 22
armonie 322 25
armor see armour
armour 329 38, 62
armour, knight's ~ 329 38-65
armour, padded ~ 353 38
armour, steel tape ~ 153 50
armour, steel wire ~ 153 50
armoured car 264 16
armoured vehicles 255 79-95
armour plating 246 24
armpit 16 26
armpit hair 16 27
arm positions 314 7-10
armrest 106 18; 109 3; 207 45, 69; 208 26
arm sling 21 2
arms of the baron 254 10
arms of the family of the femme 254 11-13
arms of the family of the wife 254 11-13
arms of the husband 254 10
armstand dive 282 45
army 255
army armament 255 1-98
army weaponry 255 1-98
arnica 380 2
A road 15 83
arolla pine 372 29
arpeggio 321 22
arrangement of desks 260 1
arrester 152 35
arrester wire 259 16
arris 121 12
arris fillet 121 31
'arrivals' 233 26
arrivals and departures board 204 18
arrival schedule 204 19
arrival timetable 204 19
arrow 305 60

arrow head Drawing Off. 151 26
arrow head Alp. Plants etc. 378 51
art 333; 334; 335; 336; 337
art, Babylonian ~ 333 19-20
art, Baroque ~ 336 1-8
art, Byzantine ~ 334 72-75
art, Chinese ~ 337 1-6
art, computer-generated ~ 248 19
art, Early Christian ~ 334 61-71
art, Egyptian ~ 333 1-18
art, Etruscan ~ 334 49-52
art, Gothic ~ 335 22-41
art, Greek ~ 334 1-48
art, Indian ~ 337 19-28
art, Islamic ~ 337 12-18
art, Japanese ~ 337 7-11
art, Renaissance ~ 335 42-54
art, Rococo ~ 336 9-13
art, Roman ~ 334 53-60
art, Romanesque ~ 335 1-21
art director 310 43
artery, carotid ~ 18 1
artery, femoral ~ 18 19
artery, frontal ~ 18 5
artery, iliac ~ 18 17
artery, pulmonary ~ 18 11; 20 55
artery, radial ~ 18 21
artery, subclavian ~ 18 7
artery, temporal ~ 18 3
artery, tibial ~ 18 20
artery forceps 26 49
arthropods 358 1-23
articulates 358
artillery weapons 255 49-74
artist 338 2
artiste agent 307 18
artistes, travelling ~ 308 25-28
Art Nouveau easy chair 336 18
art of Asia Minor 333 37
art of the Assyrians 333 29-36
art of the Persians 333 21-28
arts section 342 67
ascent, vertical ~ 315 3
ascent stage 6 37-47
ascospore 381 13
ascus 381 12, 13
ash box door 38 39
ashpan 210 6, 7
ash pit 152 8
ashtray 42 29; 104 5; 207 46, 69; 208 29; 246 33
ashtray, spherical ~ 266 5
ash tree 371 38
Asia 14 16
asp 364 41
asparagus 57 14
asparagus bed 52 25
asparagus cutter 56 10
asparagus knife 56 10
asparagus patch 52 25
asparagus server 45 77
asparagus slice 45 77
aspen 371 21
aspergillum 332 54
asphalt drying and mixing plant 200 48
asphalt mixer drum 200 50
asphalt-mixing drum 200 50
aspiration psychrometer 10 33
asp viper 364 41
assay balance 108 35
assembler 174 23
assembling machine 249 59
assembling station 249 60
assembly of a circuit 242 72
assembly point 233 11, 29

assistant Univ. 262 7
assistant Store 271 63
assistant Circus 307 39
assistant, cellarer's ~ 79 12
assistant, dentist's ~ 24 18
assistant, doctor's ~ 22 19
assistant cameraman 310 42
assistant director Films 310 21, 46
assistant director Theatre 316 43
assistant lecturer 262 3
assistant producer 316 43
assistant professor 262 3
assistant sound engineer 310 57
association flag 286 6, 9
association football 291
asterisk 185 61
asteroids 4 47
astride jump 295 35, 37
astronaut 6 11; 235 67
astronomy 3; 4; 5
asymmetric bars 297 3
asymptote 347 29
athletics 298
Atlantic Ocean 14 20
Atlas 334 36
atmosphere 7
atoll 13 32
Atolla 369 5
atom 1; 2
atomic pile casing 259 67
atomic power plant 154 19
atom layer 7 32
atom models 1 1-8
atrium Man 20 45
atrium Art 334 66
attachment to Orbiter 235 49
attack 321 27
attack area 293 64
attacker Ball Games 292 3
attacker Fencing 294 5
attacking fencer 294 5
attack line 293 65
attack periscope 259 88
attic 38 1-29, 18; 334 60
attitude 314 17
attitude control rocket 234 38
aubretia 51 7
auction room 225 58
audience 263 8
audio cassette 242 17
audio coding equipment 242 11-14
audio head 243 35
audio level control 117 16
audio recording level control 243 11
audio sync head 243 24
audio systems 241
audio track 243 32
audio typist 248 33
audiovision 243
audio-visual camera 243 1-4
audio-visual projector 242 16
auditorium 315 14-27, 16-20
auditorium lighting control 312 17
auger Agr. Mach. 64 6, 25
auger Carp. 120 65
augmented triad 321 4
auk 359 13
aulos 322 3
aulos pipe 322 4
aural syringe 22 74
aureus 252 3
auricle 17 56; 20 24
auricula 378 8
Auriga 3 27
auriscope 22 74
aurora 7 30
Australia 14 17

Australopithecus 261 20
auto 191 1-56; 195 34
auto changer 241 18
autoclave 170 12, 33
autofocus override switch 117 11
automatic flight control panel 235 23
automatic-threading button 117 83
automobile 191 1-56; 192; 193; 195 34
automobile models 193 1-36
automobile tire 191 15; 196
automotive mechanic 195 53
autopilot 224 18
auto-soling machine 100 2
auxiliaries 258 92-97
auxiliary brake valve 211 23
auxiliary-cable tensioning mechanism 214 48
auxiliary engine room 223 70; 259 56
auxiliary parachute bay 235 59
AV 243
avalanche 304 1
avalanche forest 304 7
avalanche gallery 304 3
avalanche wall 304 2
avalanche wedge 304 2
Ave Maria 332 32
avenue 274 11
aviary 356 8
aviation fuel 145 57
avionics bay, front ~ 257 11
avionics bay, rear ~ 257 18
avionics console 235 22
awn 68 12
awner 64 10
awning Dwellings 37 71
awning Ship 218 15; 221 116
awning Camping 278 28, 37
awning crutch 218 14
ax see axe
axe 85 1; 120 73; 270 43
axe, bronze ~ 328 23
axe, socketed ~ 328 23
axial-flow pump 217 47-52
axis Astron. 4 22
axis Maths. 347 17
axis, anticlinal ~ 12 17
axis, celestial ~ 4 10
axis, conjugate ~ 347 24
axis, coordinate ~ 347 2-3
axis, earth's ~ 4 22-28
axis, floral ~ 370 53
axis, lateral ~ 230 68
axis, longitudinal ~ 230 72
axis, major ~ 347 23
axis, minor ~ 347 24
axis, normal ~ 230 70
axis, polar ~ 113 15, 18
axis, synclinal ~ 12 19
axis, transverse ~ 347 23
axis, vertical ~ 230 70
axis mount, English-type ~ 113 22
axis mounting, English-type ~ 113 22
axis of abscissae 347 2
axis of ordinates 347 3
axis of rotation, instantaneous ~ 4 25
axis of rotation, mean ~ 4 27
axis of symmetry Maths. 346 25
axis of symmetry Crystals 351 4
axle 187 61, 76, 81
axle, coupled ~ 210 36
axle, floating ~ Agr. Mach. 65 33

axle, floating ~ *Motorcycle* 189 34
axle, live ~ 192 65-71
axle, rigid ~ 192 65-71
axle bearing 210 10
axle drive shaft 201 13
azalea 53 12
azimuth 87 74
azure *Heraldry* 254 28
azure *Colour* 343 6

B

baboon 368 13
baby 28 5
baby bath 28 3
baby carriage 28 34; 272 71; 273 31
baby clothes 29 1-12
baby doll 48 25
baby grand piano 325 40
baby pants 28 22
baby pants, rubber ~ 29 10
baby powder 28 14
baby scales 22 42
back *Man* 16 22-25
back *Tablew. etc.* 45 56
back *Horse* 72 29
back *Mills* 91 2
back *Roof* 122 86
back *Bookbind.* 185 41
back *Car* 193 35
back *Swim.* 282 49
back *Ball Games* 293 77
back *Sports* 305 11
backband 71 19
backboard 292 30
backbone *Man* 17 2-5
backbone *Bookbind.* 185 41
back check 325 27
back check felt 325 28
backcloth 315 33; 316 10
back comb 105 6
back crease 292 71
back cushion 42 25
back cut 84 29
backdrop 315 33; 316 10
backdrop light 316 15
back fat 95 40
backfilling 217 7
back flip 297 24
backgammon 276 18
backgammon board 276 22
back gauge 183 17; 185 4, 7
background *Films* 310 33
background *Theatre* 316 10
backhand stroke 293 39
backing 269 29
backing disc, rubber ~ 134 22
backing paper *Photog.* 114 21
backing paper *Paperhanger* 128 5
back left second pin 305 9
back loop 288 50
back of the hand 19 83
backpack unit 6 20
back-pedal brake 187 63
back pin 305 11
back plate 140 36
back-pressure valve, hydraulic ~ 141 8
backrest *Weaving* 166 37
backrest *Railw.* 207 66
backrest, reclining ~ 191 35
back right second pin 305 10
back scouring valve 216 61
backside 16 40
back sight leaf 87 67
back sight slide 87 69
back standard adjustment 114 55

backstay 219 19
backstitch seam 102 1
back support 295 22; 296 29
back-up ball 305 20
back vault 297 32
backward grand circle 296 60
backward somersault *Swim.* 282 42
backward somersault *Gymn.* 297 15
backward underswing 296 59
backward walkover 297 23
backwater 172 26
bacon 96 2
Bactrian camel 366 29
badge, fool's ~ 306 60
badger 88 48
badging 191 12
badminton 293 43-44
badminton game 273 6
badminton racket 293 43
badminton racquet 293 43
baffle board *Warships* 259 27
baffle board 309 17
baffle board, hinged ~ 259 15
baffle board, movable ~ 259 15
bag *Doc.* 22 33
bag *Hunt.* 86 38
bag *Music. Instr.* 322 9
bag, girl's ~ 29 56
bag, heat-sealed ~ 76 29
bag, paper ~ 98 48
bag, postman's ~ 236 54
bag filter 83 54
bag-full indicator 50 61, 73
baggage compartment 257 19
baggage loader 233 22
baggage man 267 17
'baggage retrieval' 233 38
baggage terminal 233 5, 16
bagging nozzle 83 55
bag net 77 54
bagpipe 322 8
bag sealer 40 47
baguette 97 12
bag wig 34 4
bail 292 70
bailey, inner ~ 329 2
bailey, outer ~ 329 31
bait 86 21
bait, poisoned ~ 83 31
bait, weighted ~ 89 36
bait needle 89 41
baits 89 65-76
bait tin 89 24
bakehouse 97 55-74
baker's shop 97 1-54
bakery 97 55-74
baking ingredient 99 62
baking ingredients 98 8-11
balalaika 324 28
Balance *Astron.* 3 19; 4 59
balance *Paperm.* 173 9
balance beam 349 30
balance cable 214 46
balance cable sleeve 214 74
balance column 349 29
balancer 307 48
balance rail 322 39
balance weight 242 50
balance wheel 110 39
balancing act 307 44
balancing cabins 214 25
balancing knob 116 39
balancing pole 307 42
balcony *Dwellings* 37 18, 69, 73
balcony *Theatre* 315 16; 315 18
balcony *Chivalry* 329 12
balcony, projecting ~ 218 57
baldachin 331 49

baldaquin 331 49
bald patch 34 21
bale 55 31; 63 34; 75 7; 83 13; 169 34; 170 62; 206 10, 11, 23
bale arm 89 62
bale breaker 163 7
bale loader, hydraulic ~ 63 37
bale opener 163 7
baler, high-pressure ~ 63 35
baling press 169 33
balk 63 3
ball *Infant Care etc.* 28 16
ball *Bicycle* 187 31
ball *Aircraft* 230 12
ball *Ball Games* 292 27
ball *Circus* 307 60
ball, ivory ~ 277 1
ball, metal ~ 352 32
ball, paper ~ 306 55
ball, plastic ~ 277 1
ball, steel ~ 143 70
ball, stone ~ 352 32
ball and socket head 114 47
ballast *Station* 205 61
ballast *Railw.* 212 66
ballast *Sailing* 285 33
ballast *Airsports* 288 65
ballast keel 285 32
ballast tank 223 78
ball bearing 143 69; 187 56, 68
ball boy 293 22
ballerina 314 26
ballet 314
ballet dancer 314 26
ballet positions 314 1-6
ballet shoe 314 30
ballet skirt 314 31
ballet slipper 314 30
ball games 291; 292; 293
ballistics 87 73
ball mill 161 1
ball of clay 161 9
ball of the foot 19 58
ball of the thumb 19 75
balloon 308 13
balloon, gas ~ 288 63
balloon, hot-air ~ 288 79
balloon, manned ~ 57 1
balloon basket 288 64
ballooning 288 63-84
ballot box 263 29
ballot envelope 263 21
ballot paper 263 20
ball race 187 68
ballroom 306 1
Balmer series 1 21
baluster 38 29; 123 51
balustrade 38 25; 123 22, 50
bamboo cane 136 31
bamboo culm 383 60
bamboo stem 383 60, 63
banana 99 90; 384 33
banana flower 384 34
banana-handling terminal 226 22
banana leaf 384 35
banana plant 384 28
banana saddle 188 59
banana tree 384 28
band *Ball Games* 291 25
band *Nightclub* 318 3
band *Church* 332 5
band, fluorescent ~ 199 8
band, iron ~ 130 16
band, ornamental ~ 334 38
band, steel ~ 163 5
bandage *First Aid* 21 9
bandage *Equest.* 289 15
bandages, emergency ~ 21 1-13
band brake 143 104

banderilla 319 22
banderillero 319 4, 21
band of barrel 130 8
bandoneon 324 36
bandora 322 21
bandsaw 134 50; 157 48
bandsaw, horizontal ~ 157 48
bandsaw blade 157 53
bandstand 274 19; 307 9
band wheel 104 15
bandwheel cover 133 32
banewort 379 7
banger 306 51
bangle *Jewell.* 36 17
bangle *Ethnol.* 354 38
bangle, asymmetrical ~ 36 26
bangs 34 36
banjo 324 29
bank *Phys. Geog.* 13 4
bank *Post* 237 43
bank *Bank* 250
bank *Roulette* 275 11
bank acceptance 250 12
bank branch 204 31
bank clerk 250 5
bank employee 251 7
banknotes 252 29-39
bank of circulation 252 30
bank of issue 252 30
bank of oars 218 12
bank protection 216 51-55
bank slope 217 28
bank stabilization 216 51-55
bank statement 247 44
banner *Flags* 253 12
banner *Election* 263 12
banner, processional ~ 331 44
banquet room 267 39
bantam 74 56
baptism, Christian ~ 332 1
baptistery 332 2
bar *Office* 246 29
bar *Restaurant* 266 1-11
bar *Hotel* 267 54
bar *Park* 272 34
bar *Playground* 273 32
bar *Gymn.* 296 3, 8; 297 4, 41
bar *Athletics* 298 14, 34
bar *Winter Sp.* 303 5
bar *Disco* 317 1, 9
bar *Nightclub* 318 13, 15
bar *Music. Not.* 320 42
bar *Graphic Art* 340 34
bar, flat ~ 143 10
bar, metal ~ 324 77
bar, round ~ 143 8
bar, sliding ~ 75 21
bar arm 299 10
barb *Bees* 77 10
barb *Fish Farm.* 89 80
barb *Mach. Parts etc.* 143 44
barbecue 278 47
barbel 364 13
bar bender 119 21
barber 106 1
barber's shop 106 1-42
barchan 13 40
barchane 13 40
bar customer 267 55
bareback rider 307 26
barge 216 22, 25; 225 8
barge and push tug assembly 221 92
bargeboard 37 8
bargee 216 26
bargeman 216 26
barge sucker 216 59
bark *Carp.* 120 86
bark *Ship* 219 1-72; 220 21-23
bark *Bot.* 370 8

bark, five-masted ~ **220** 32-34
bark, four-masted ~ **220** 29
bark beetle **82** 22
bark brush **56** 23
barkeep **266** 8; **267** 62
barkeeper **266** 8; **267** 62
barker **308** 8, 64
barkhan **13** 40
barking **85** 23
barking iron **85** 8
bark schooner **220** 20
bark scraper **56** 14
bark spud **85** 8
bark stripping **85** 23
bar lamp **317** 11
barley **68** 1, 26
barley, germinated ~ **92** 23
barley elevator **92** 33
barley hopper **92** 2
barley reception **92** 41
barley silo **92** 31
bar line **320** 42
barmaid **267** 63; **317** 2; **318** 14
barman **266** 8; **267** 62
barn owl **362** 17
barn swallow **361** 20
barograph **10** 4
barouche **186** 35
barque **219** 1-72; **220** 21-23
barque, five-masted ~ **220** 32-34
barque, four-masted ~ **220** 29
barque schooner **220** 20
barrage **217** 57-64, 65-72
barrel *Cooper* **130** 5
barrel *Mach. Tools* **149** 27
barrel *Army* **255** 2, 17, 41
barrel, aluminium ~ **93** 17
barrel, rifled ~ **87** 26
barrel, semi-oval ~ **89** 3
barrel, smooth-bore ~ **87** 27
barrel casing **87** 35; **255** 33
barrel clamp **255** 11, 62
barrel-clamping nut **255** 11
barrel cradle **255** 60
barrelhead **130** 10
barrel organ **309** 13
barrel recuperator **255** 61
barrel-shape **36** 75
barrel-shape, standard ~ **36** 56
barrel stave **130** 9
barrel store **93** 16
barrel vault **335** 19; **336** 38
barricade **264** 17
barrier *Supermkt.* **99** 5
barrier *Railw.* **202** 40
barrier *Hydr. Eng.* **217** 65
barrow *Station* **205** 32
barrow *Prehist.* **328** 16
barrow, road sweeper's ~ **199** 9
barrow, street sweeper's ~ **199** 9
bars **75** 5
bar set **246** 30
bar stool **267** 53; **317** 3; **318** 16
bartender **266** 8; **267** 62
bar trio **267** 44
barysphere **11** 5
basal pinacoid **351** 20
base *Dining Rm.* **44** 23
base *Mills* **91** 33
base *Optic. Instr.* **112** 3; **113** 2
base *Floor etc. Constr.* **123** 21, 63
base *Bookbind.* **183** 25
base *Road Constr.* **200** 59
base *Heraldry* **254** 22-23
base *Mountain.* **300** 1
base *Art* **334** 28-31

base *Maths.* **345** 1, 6; **346** 27; **347** 35, 39
base, horizontal ~ **112** 72
base, round ~ *Hairdresser* **105** 27
base, round ~ *Basketm.* **136** 19
base, round ~ *Electrotyp. etc.* **178** 10
base, woven ~ **136** 20
baseball **292** 40-69, 61
baseball glove **292** 59-60
baseball mitt **292** 59-60
baseboard *Photog.* **116** 27
baseboard *Sculpt. Studio* **339** 23
base course *Dwellings* **37** 17
base course *Carp.* **120** 28
base course *Street Sect.* **198** 3
base course *Road Constr.* **200** 59
base course, concrete ~ **118** 2
base course, natural stone ~ **37** 85
base frame **177** 40
base line **292** 48; **293** 3 - 10, 72
base line judge **293** 26
baseman **292** 44
basement **37** 1; **118** 1
basement stairs **123** 16
basement wall **123** 1
basement window **37** 27; **118** 3
base of goblet **162** 42
base of machine **168** 54
base of statue **272** 11
base of support **214** 81
base plate *Optic. Instr.* **112** 27
base plate *Iron Foundry etc.* **148** 56
base plate *Mach. Tools* **150** 19
base plate *Knitting* **167** 34
base plate *Railw.* **202** 5
base plate *Army* **255** 46
base plate *Ball Games* **292** 67
base unit **39** 9
basic knits **171** 30-48
basic position **295** 1
basidia **381** 7
basidiospore **381** 8
basilica **334** 61
basilisk *Fabul. Creat.* **327** 34
basilisk *Fish etc.* **364** 30
basin *Doc.* **23** 25
basin *Dent.* **24** 12
basin *Park* **272** 24
basis weight **173** 9
basket *Kitch. Utensils* **40** 42
basket *Butch.* **96** 18
basket *Supermkt.* **99** 8
basket *Station* **204** 3
basket *Ball Games* **292** 32
basket *Winter Sp.* **301** 8
basket, rotating ~ **168** 17
basket, wicker ~ **305** 69
basket, wire ~ **55** 50; **66** 25; **188** 23
basketball **292** 28, 29
basketball player **292** 35
basket handle **336** 28
basket maker **136** 33
basket making **136** 1-40
basket post **292** 31
basket ring **292** 33
basketry **136** 1-40
basket weave **171** 11
basketwork **136** 1-40, 16
bas-relief **339** 33
bass **323** 23
bass belly bridge **325** 13
bass bridge **325** 13
bass button **324** 43

bass clarinet **323** 34
bass clef **320** 9
bass coupler **324** 44
bass drum **323** 55; **324** 47
bassinet **28** 30
bassinet covers **28** 31
bassoon **323** 28
bass press-stud **324** 43
bass register **324** 44
bass side **324** 43
bass stop **324** 44
bass string **324** 25; **325** 12
bass stud **324** 43
bass trombone **323** 46
bass tuba **323** 44
bass tuning **241** 43
bass viol **322** 23
bast **136** 29
bastard title **185** 44
bastion **329** 16
bat **292** 62, 75
batch **162** 2
batch feeder **162** 13
batch funnel **162** 13
batching and mixing plant, automatic ~ **201** 19
batch of eggs **80** 2, 30
bath *Bathrm. etc.* **49** 1
bath *Hotel* **267** 27-38
bath *Swim.* **281** 36
bath, cold ~ **281** 30
bath additive **49** 5
bath handle **293** 46
bather **280** 30
bathing beach **280**
bathing cap **280** 29, 44; **281** 8
bathing gown **280** 25
bathing platform **280** 9
bathing shoe **280** 23
bathing suit **280** 42
bathing suit, two-piece ~ **280** 26
bathing towel **281** 14
bathing trunks **280** 43
bathing wrap **280** 25
bath mat **49** 48
batholite **11** 29
bath robe **29** 24
bathroom **49**
bathroom cabinet, mirrored ~ **49** 31
bathroom mule **49** 46
bathroom scales **49** 47
bathroom tissue **49** 11
bathroom tissue holder **49** 10
bath salts **99** 34
bath sponge *Bathrm. etc.* **49** 6
bath sponge *Invertebr.* **357** 13
bat of clay **161** 9
baton **264** 19
baton, conductor's ~ **315** 27
batrachians **364** 23-26
batsman **292** 74
batten *Roof* **122** 17
batten *Sailing* **284** 44
batten, compartmentalized ~ **316** 13
batten, compartment-type ~ **316** 13
batten cleat **284** 43
batten door **37** 34
batten gauge **122** 18
batten pocket **284** 43
batter **292** 52, 63
batterboard **118** 69
batter's position **292** 51
battery *Agr. Mach.* **65** 53
battery *Poultry Farm* **74** 19
battery *Photog.* **114** 66
battery *Car* **191** 50
battery *Warships* **259** 83
battery, rotary ~ **166** 5
battery box **207** 5, 25; **211** 56

battery cage **74** 20
battery cell **110** 7
battery chamber *Photog.* **115** 10
battery chamber *Cine Film* **117** 5
battery compartment **188** 22
battery container **207** 5, 25; **211** 56
battery feeding **74** 23 '
battery holder **115** 76
battery housing **257** 17
battery railcar **211** 55
battery switch **115** 13
battery system **74** 18
battery tester **25** 52
battery unit **115** 75
batting crease **292** 72
batting order **292** 58
battle axe **352** 16
battle axe, stone ~ **328** 19
battlement **329** 6
battleships, light ~ **258** 1-63
bauble **306** 59
baulk *Agr.* **63** 3
baulk *Carp.* **120** 87
baumkuchen **97** 46
Bavarian curler **302** 38
Bavarian curling **302** 38-40
bay *Phys. Geog.* **13** 7
bay *Game* **88** 7
bay *Carp.* **120** 59
bayadère **306** 25
bay antler **88** 7
bayonet **353** 28
bayonet fitting **127** 65, 69
B-deck **223** 32-42
beach **13** 35-44
beach, raised ~ **11** 54
beach area **281** 2
beach attendant **280** 34
beach bag **280** 24
beach ball **280** 18
beach chair, roofed ~ **280** 36
beach chair, wicker ~ **280** 36
beach grass **15** 7
beach hat **280** 20
beach jacket **280** 21
beach marten **367** 14
beach mattress, inflatable ~ **280** 17
beach shoe **280** 23
beach suit **33** 24; **280** 19
beach tent **280** 45
beach trousers **280** 22
beachwear **280** 19-23
beacon **15** 10, 49
bead **87** 72
bead-and-dart moulding **334** 38
beading **123** 64
beading hammer **125** 15
beading iron **125** 8
beading pin **128** 30
beading swage **125** 15
beak **88** 84
beak, flat ~ **137** 12
beak, hooked ~ **362** 6
beak, round ~ **137** 13
beaker **350** 20
beaker pottery **328** 14
beam *Agr. Mach.* **65** 9, 71
beam *Game* **88** 11, 30
beam *Carp.* **120** 19, 24
beam *Gymn.* **297** 2
beam *Music. Instr.* **325** 22
beam *Chem.* **349** 30
beam, central ~ **27** 3
beam, dipped ~ **191** 20
beam, high ~ **191** 20
beam, low ~ **191** 20
beam, main ~ *Carp.* **120** 38
beam, main ~ *Roof* **121** 66

beam, main ~ *Car* 191 20
beam, tied ~ 215 44
beam bridge 215 7
beam compass 125 11
beam compass, glaziers ~ 124 22
beam entry point 1 64
beam flange 165 30; 166 49; 167 26
beam head 121 33
beaming machine 165 55
beam motion control 166 60
beam of light 224 83
beam setter 195 24
beam splitter 240 35
beam-splitting prism *Optic. Instr.* 112 13
beam-splitting prism *Broadcast.* 240 35
beam trammel 125 11
bean 57 8, 11; 382 3, 15
bean, bush ~ 57 8
bean, climbing ~ 57 8
bean flower 57 9
bean plant 52 28; 57 8
bean pole 52 28
beanstalk 57 10
bearberry.377 15
beard *Arable Crops* 68 12
beard *Dom. Anim.* 73 15
beard *Game* 88 73
beard, circular ~ 34 15
beard, full ~ 34 15
beard, round ~ 34 15
bearded couch grass 61 30
beards 34 1-25
bearer cable 119 37; 271 52
bearer share 251 11
bearing, axial-radial ~ 113 3
bearing, centre ~ 177 65
bearing, fixed ~ 215 11
bearing, hydrostatic ~ 5 10
bearing, jewelled ~ 110 33
bearing, lower ~ 192 83
bearing, main ~ 192 23
bearing, movable ~ *Bridges* 215 12
bearing, movable ~ *Sailing* 284 6
bearing, upper ~ 192 73
bearing block 177 61
bearing cup 187 68
bears 368 9-11
beasts of prey 367 11-22; 368 1-11
beater *Hunt.* 86 37
beater *Bakery* 97 70
beater *Music. Instr.* 322 34; 324 64
beater, revolving ~ 64 13
beater, three-blade ~ 163 25
beater drive motor 163 23
beater driving shaft 163 24
beating 86 34-39
beating machine 131 4
beating wood 339 12
beau 306 33
beauty parlor 105 1-39
beauty queen 306 64
beauty salon 105 1-39
beauty shop 105 1-39
beauty spot 306 24
beaver *Chivalry* 329 41
beaver *Mammals* 366 14
beck, flat ~ 137 12
beck, round ~ 137 13
bed *Phys. Geog.* 13 49
bed *Hosp.* 25 10
bed *Joiner* 133 50
bed *Mach. Tools* 150 19, 29
bed *Offset Print.* 180 78
bed *Letterpress* 181 17
bed *Bookbind.* 183 25

bed *Station* 205 61
bed *Graphic Art* 340 41, 64
bed, children's ~ 47 1
bed, double ~ 43 4-13; 267 38
bed, rear ~ 85 49
bed bug 81 39
bedder 91 23
bed frame 43 5
bed linen 271 57
Bedlington terrier 70 18
bed monitor 25 19
bedouin 354 6
bedrock 13 70
bedroom 43
bedroom, twin-berth 207 38
bedroom, two-berth ~ 207 38
bedroom, two-seat ~ 207 38
bedroom lamp 43 19
bedside cabinet 43 17
bedside rug 43 22
bed slide 149 24
bedspread 43 7
bedstead 43 4-6
bed stone 91 23
beduin 354 6
bed unit 46 16
bed unit drawer 46 18
bed unit shelf 46 19
bed warmer 309 88
bee 77 1-25
bee, male ~ 77 5
beech cellulose 169 1
beech gall 82 37
beech nut 371 37
beech tree 371 33
bee eater 360 2
beef 95 14-37
beehive 77 45-50
beehive kiln 161 3
bee house 77 56
beekeeper 77 57
beekeeping 77
beeman 77 57
beer 99 72
beer, bottled ~ 93 26
beer, canned ~ 99 73
beer barrel 93 17
beer bottle 93 26; 205 50
beer can 93 25; 99 73
beer crate 93 24; 99 72
beer filter 93 15
beer glass 45 91; 93 30; 266 3, 6; 317 6
beer marquee 308 23
beer mat 266 26
beer mug 266 6; 309 53
beerpull 266 1, 68
beer pump 266 1, 68
beer tap 317 8
beer warmer 266 7
bees 77
bee shed 77 51
bee smoker 77 59
bee sting ointment 77 68
beeswax 77 67
beet 68 44, 45
beet carrion beetle 80 45
beet cleaner 64 89
beet elevator 64 94
beet elevator belt 64 95
beet harvester 64 85-96
beet hopper 64 96
beetle 82 26, 42
beet leaf 68 47
beetles 358 24-39
beet top 68 46
bee veil 77 58
begonia 53 10
begonia, tuberous ~ 51 19
belay 300 9, 10
belayer 300 26
belfry window 331 8
bell *Plumb. etc.* 126 16

bell *Iron & Steel* 147 6
bell *Railw.* 212 49
bell *Navig.* 224 75
bell *Election* 263 4 ,
bell *Winter Countr.* 304 26
bell *Music. Instr.* 323 37, 42, 48; 324 70
bell, electric ~ 127 15
bell, electrically operated ~ 331 9
belladonna 379 7
Bellatrix 3 13
bell beaker 328 14
bell boy 267 18
bell end 278 27
bellows *Photog.* 114 53; 116 31
bellows *Photomech. Reprod.* 177 10, 26
bellows *Camping* 278 49
bellows *Flea Market* 309 26
bellows *Music. Instr.* 322 58; 324 37
bellows pedal 325 46
bellows strap 324 38
bellows unit 115 85
bell push 127 2
bells 276 45
bell sleeve, pleated ~ 30 54
bell tent 278 8
bell tower 337 8
belly *Sea Fish.* 90 20
belly *Meat* 95 39, 41
belly *Music. Instr.* 323 24; 324 3
belly-band 71 36
belt 30 11; 31 10; 32 39
belt, coloured ~ 299 15
belt, flat ~ 163 49
belt, stretch ~ 31 63
belt buckle 31 12
belt-changing flap 255 35
belt conveying 144 40
belt conveyor 156 2
belt delivery 185 13
belt drive 165 33
belt guard 133 31
beltline 270 45
belt roller 133 18
belt-tensioning lever 133 16
bench *Goldsm. etc.* 108 20
bench *Plumb.* 125 10
bench *Blacksm.* 137 21
bench *Metalwkr.* 140 7
bench *Playground* 273 58
bench *Gymn.* 296 14
bench, collapsible ~ 134 41
bench, oarsman's ~ 278 17
bench, paperhanger's ~ 128 31
bench, pupil's ~ 261 11
bench, student's ~ 261 11
bench, teacher's ~ 261 3
bench, tiered ~ 281 20
bench, woodworker's ~ 132 29-37
bench apron 108 21
bench brush 108 33
bench covering 141 16
bench holdfast 132 36
bench stop 132 36
bench top 132 34
bench torch 350 9
bend 126 46
bending iron *Bldg. Site* 119 77
bending iron *Blacksm.* 137 39
bending machine 125 28, 30
bending table 119 20
bending tool 136 34
bend of hook 89 81
bend sinister wavy 254 6
Benguela Current 14 43
benniseed 383 45

bent hang 296 39
benzene chlorination 170 8
benzene extraction 170 6
benzene ring 242 66
benzene scrubber 156 24
benzol scrubber 156 24
beret 35 27
berlin 186 1
berm 216 38
Bermuda shorts 31 44
berry 58 9, 11; 370 97
berry bush 52 19
berry bushes 58 1-30
berry tree, standard ~ 52 11
besaguer 329 45
besom *Roof & Boilerr.* 38 36
besom *Winter Sp.* 302 43
Bessemer converter 147 55-69
best end of loin 95 7
beta particle 1 32
beta radiation 1 32
Betelgeuse 3 13
betel nut 380 20
betel palm 380 19
bevel *Carp.* 120 81
bevel *Mach. Parts etc.* 143 62
bevel edge 178 44
bevel gear 91 25
bevel gearing 91 25
bevel gear wheel 143 91
bevel wheel 143 91
bez antler 88 7
bez tine 88 7
B flat major 320 64
B flat minor 320 67
bib *Infant Care etc.* 28 43
bib *Ladies' Wear* 30 24
bib and brace *Child. Clothes* 29 40
bib and brace *Ladies' Wear* 30 21
bib and brace overalls 33 44
Bible 330 11
bib skirt 29 41
biceps brachii 18 37
biceps femoris 18 61
bick, flat ~ 137 12
bick, round ~ 137 13
bicycle 187
bicycle, child's ~ 273 9
bicycle, folding ~ 188 1
bicycle, gent's ~ 187 1
bicycle, motor-assisted ~ 188 6
bicycle bell 187 4
bicycle drive 187 35-42
bicycle frame 187 14-20
bicycle kick 291 45
bicycle lamp 187 7
bicycle lock 187 49
bicycle pedal 187 78
bicycle pump 187 48
bicycles 188
bicycle saddle 187 22
bicycle speedometer 187 33
bidet 49 7
Biedermeier dress 306 22
Biedermeier sofa 336 17
bier 331 41
bifurcation 224 89
Big Dipper 3 29
big top 307 1
big wave riding 279 4
big wheel 308 37
bike 187 1
bikini 280 26
bikini bottom 280 27
bikini briefs 32 15
bikini top 280 28
bilberry 377 23
bile duct, common ~ 20 37-38
bilge block 222 40

bilge keel 222 47
bilge shore 222 40
bilge trake 222 46
bill *Game* 88 84
bill *Bank* 250 12
bill *Birds* 359 17
billboard 118 45
bill clause 250 17
billhook 56 9; 85 11
billiard ball 277 1
billiard clock 277 17
billiard cloth 277 15
billiard cue 277 9
billiard marker 277 18
billiard parlor 277 7-19
billiard player 277 8
billiard room 277 7-19
billiards 277 1-19
billiards, English ~ 277 7
billiards, French ~ 277 7
billiards, German ~ 277 7
billiard saloon 277 7-19
billiard stick 277 9
billiard strokes 277 2-6
billiard table 277 14
bill of exchange 250 12
bills 252 29-39
bin 200 45
bind 321 24
binder 107 6
binder course 198 4
binder injector 200 53
binding *Bookbind.* 185 40-42
binding *Athletics* 298 54
binding, parts of ~ 301 54-56
binding, rubber ~ 286 57-58
bindweed 61 26
binoculars 86 6; 111 17; 221
  128
biology preparation room 261
  14-34
biopsy forceps 23 17
biplane 229 10
bipod 255 42
bipod mast 221 24
biprism, ditrigonal ~ 351 22
biprism, hexagonal ~ 351 22
bipyramid, tetragonal ~ 351
  18
birch 51 13; 272 40; 281 27
Birch Boletus 381 22
birch rod 281 27
birch tree 51 13; 272 40; 371 9
bird 86 50
bird, flightless ~ 359 4
bird, gallinaceous ~ 359 22
bird, migratory ~ 360 7
bird, non-migratory ~ 360 4
bird, resident ~ 360 4
bird cherry 59 5
bird-foot 69 11
birds 359; 361; 362; 363
birds, corvine ~ 361 1-3
birds, endemic ~ 360
birds, exotic ~ 363
birds, flightless ~ 359 1-3
birds, indigenous ~ 360
birds, long-winged ~ 359
  11-14
birds, web-footed ~ 359 5-10
bird's foot 69 11
bird's foot clover ɔ76 17
bird's foot trefoil 69 11; 376
  17
birdsmouth 84 28
birds of prey 362
birds of prey, diurnal ~ 362
  1-13
birds of prey, nocturnal ~ 362
  14-19
birth-wort 376 22
biscuit tin, decorative ~ 46 12
bisector 346 28, 30

bishop 276 10
bismarck 97 29
bison 328 9; 367 9
bistort 376 10
bit 140 35
bitch 73 16
biting housefly 81 4
bitt 284 25
bitter 93 26
bitumen 145 64
bituminous distributor 200 46
black 343 13
black arches moth 82 17
black-backed jackal 367 11
black beetle 81 17
blackberry 58 29
blackbird 361 13
blackboard 47 13; 48 16; 261
  36
blackboard, three-part ~ 260
  29
blackboard chalk 48 15
blackboard compass 260 40
blackboard drawing 260 33
blackboard sponge 260 42
black buck 367 5
blackcock 86 11; 88 66
black elder 374 35
Black Forest clock 109 31
Black Forest gateau 97 24
black-headed gull 359 14
black liquor filter 172 28
black liquor storage tank 172
  29
black nightshade 379 5
black rhino 366 25
black salsify 57 35
blacksmith 137; 138
blacksmith's tools 137 22-39
blackthorn 374 27
bladder 20 33, 78
blade *Kitch. Utensils* 40 40
blade *Tablew. etc.* 45 54
blade *Gdn. Tools* 56 36
blade *Arable Crops* 68 20
blade *Paperm.* 172 74
blade *Bookbind.* 185 29
blade *Rowing* 283 38, 53
blade *Fencing* 294 44
blade *Bot.* 370 28
blade, flexible ~ 85 20
blade, front ~ 85 35
blade, lower ~ 23 14
blade, rear ~ 85 40
blade, rotating ~ 39 24
blade bit 145 21
bladebone 95 22, 30, 32, 42
blade coater 173 29-35
blade coating machine 173
  29-35
blade covering 293 47
bladed cone, rotating ~ 172 75
bladed plug, rotating ~ 172 75
bladed shell, stationary ~ 172
  76
blade of grass 370 83-85
blade-slewing gear 200 22
blancmange powder 98 50
blank 252 43
blanket 71 44; 168 56
blanket, rubber ~ 180 54, 79
blanket cylinder 180 24, 37,
  54, 63
blast burner 108 16
blast furnace 147 1
blast furnace plant 147 1-20
blast furnace shaft 147 7
blasting cartridge 158 27
blasting fuse 158 28
blast inlet 148 2
blast lamp 108 16
blast main 147 17, 68; 148 2
blastodisc 74 65

blast pipe *Blacksm.* 137 6
blast pipe *Iron Foundry etc.*
  148 2
blast pipe *Railw.* 210 25
blazer 33 54
blazing star 51 31
blazon 254 17-23
blazonry 254 1-36
bleach 105 1
bleach-hardener 116 10
bleaching 169 21
bleach tube 105 3
bleed 192 27
bleeder 38 65
bleeding heart 60 5
blender 40 46
blending pump 196 1
Blessed Sacrament 331 48;
  332 35
blimp 310 48; 313 16-18, 27
blind *Hosp.* 25 9
blind *Hunt.* 86 9
blinder 71 26
blind spot 19 50
blindworm 364 37
blinker 71 26
blob marker 83 9
blob marking 83 6
block *Headgear* 35 3
block *Plumb.* 125 21
block *Mach. Tools* 150 20
block *Ship* 221 28, 105
block *Winter Sp.* 302 40
block *Music. Instr.* 326 20
block, adjustable ~ 298 2
block, charcoal ~ 108 37
block, clay ~ 159 22, 23
block, halftone ~ 178 38
block, hollow ~ 119 24; 159
  21-22, 22, 23
block, pumice concrete ~ 119
  24
block, rubber ~ 187 85
block, tongued and grooved ~
  123 74
block, travelling ~ 145 8
block, wooden ~ 340 1
block and tackle 137 20
block board 132 73
block brake 143 97
blocker 293 60
blocking saw 157 54
block instruments 203 59
block making 178
block mount 178 41
block mountain 12 4-11
block mounting 178 41
block of flats 37 72-76
block of flats, high-rise ~ 37
  82
block of flats, multi-storey ~
  37 77-81
block section panel 203 60
block step 123 17
blood, arterial ~ 18 12
blood, venous ~ 18 11
blood circulation 18 1-21
blood pressure 23 32; 25 1
blood sausage 99 56
blood sedimentation 23 42
blood smear 23 50
bloodstone 108 48
blood vessel 19 33
bloomer 97 8
blooming train 148 50, 70
bloom shears 148 52
blossom 59 9; 69 14; 80 11
blotter 46 23; 246 6; 260 25
blouse, girl's ~ 29 58
blow, straight ~ 299 28
blow-and-blow process 162
  22
blower *Furrier* 131 10

blower *Paperm.* 172 4
blower *Railw.* 211 11
blower, travelling ~ 165 2, 3
blower aperture 165 5
blower fan 191 48; 192 62
blower oil pump 211 45
blower rail 165 6
blowfly 358 18
blowhole 367 26
blowing 162 28, 36
blowing, first ~ 162 24
blowing assembly 165 4
blowing iron 162 39
blowing processes 162 22-37
blowlamp 126 74; 301 22
blow mould 162 26, 34
blowout magnet 312 39
blowpipe *Gas Weld.* 141 11,
  19; 141 28
blowpipe *Ethnol.* 352 26
blowpipe lighter 141 27
blow pit 172 13
blow position 147 57
blow tank 172 11
blowtorch 126 74; 301 22
blow valve 172 12
blubber-oil lamp 353 7
blue *Colour* 343 3
blue *Lepidopt.* 365 6
blue-and-yellow macaw 363
  2
bluebell 375 14
blueberry 377 23
blue bird of paradise 363 3
bluebottle 61 1; 358 18
blue light 264 11; 270 6
Blue Peter 253 26
blue shark 364 1
blue spruce 51 10
bluetit 360 4
bluff bow 218 25
bluff prow 218 25
blurb 185 39
B minor 320 57, 60
boar *Dom. Anim.* 73 9
boar *Game* 88 51
boar, young ~ 88 51
board *Bldg. Site* 118 22, 87;
  119 16
board *Carp.* 120 1, 91
board *Sawmill* 157 35
board *Games* 276 1
board, illuminated ~ 268 3
board, presawn ~ 273 57
board, squared ~ 120 95
board, unsquared ~ 120 94
board, wooden ~ 338 23
board cutter 183 16
board cutter, rotary ~ 184 20
board-cutting machine,
  rotary ~ 184 20
board feed hopper 184 7
board games 276
boarding 121 75
boarding, horizontal ~ 37 84
boarding platform 194 39
boardman 251 7
board platform 118 28
board-sawing machine 132
  68
board support 132 70
boarhound 86 33
boar hunt 86 31
boaster 158 37
boat, carvel-built ~ 283 9
boat, inflatable ~ 228 18; 258
  82; 278 14; 279 27
boat, ship's ~ 221 107; 258 12,
  45; 259 35
boat, V-bottom ~ 286 35-37
boat, vee-bottom ~ 286 35-37
boat axe 328 19
boat carriage 278 20; 283 66

boat deck 223 19-21
boat elevator 217 29-38
boater 35 35
boat fibula 328 28
boathouse 283 24
boat-launching crane 258 13
boat lift 217 29-38
boat neck 30 34
boats, folding ~ 283 54-66
boatswain 221 114
boat tank 217 33
boat trailer 278 20; 283 66
bobbin Shoem. 100 29
bobbin Dressm. 103 12
bobbin Cotton Spin. 164 52, 56, 60
bobbin creel 164 28
bobbin lace 102 18
bobbin thread 104 16
bobble 29 4
boblet 303 19
bobsled 303 19
bobsledding 303 19-21
bobsleigh 303 19-21
bobsleigh, two-man ~ 303 19
bobstay 219 15
bob wig 34 2
boccie 305 21
bock beer 93 26
bodhisattva 337 10
bodice 31 30
bodkin Basketm. 136 35
bodkin Composing Rm. 174 17
bodkin beard 34 13
body Flat 46 3
body Joiner 132 24
body Lorries etc. 194 3, 23
body Aircraft 230 54
body Airsports 288 26
body, bird's ~ 327 57
body, dog's ~ 327 30
body, dragon's ~ 327 19, 36
body, fibre glass ~ 193 14
body, horse's ~ 327 27, 54
body, human ~ 16 1-54
body, interchangeable ~ 213 40
body, lion's ~ 327 14, 22
body, man's ~ 327 53
body, monocoque ~ 191 1
body, monster's ~ 327 48
body, pituitary ~ 17 43
body, serpent's ~ 327 2, 33
body, tambourine-like ~ 324 30
body, unitary ~ 191 1
body, woman's ~ 327 59
body brush 71 55
body-fixing plate 192 72
body hammer 195 46
bodyline 175 43
body louse 81 41
body of barrel 130 6
body of wall 217 2
body paper 173 29
body plan 259 2-11
body rotation 298 11
body size 175 46
body temperature 23 3
body tube 113 8, 31-39
bog 13 14-24
bog bilberry 377 23
bogie Bldg. Site 119 32
bogie Power Plant 152 41
bogie Tram 197 9
bogie Railw. 207 4; 208 4; 212 2; 213 11, 13
bogie open freight car 213 24
bogie open wagon 213 24
bogie wagon 213 26
bog pool 13 23
bog whortleberry 377 23

Bohr-Sommerfeld model 1 26
boiler Roof & Boilerr. 38 24, 68
boiler Bakery 97 69
boiler Energy Sources 155 13
boiler Railw. 210 16
boiler, radiant-type ~ 152 5
boiler, vertical ~ 210 62
boiler barrel 210 16
boiler feed pump 152 18
boiler house Market Gdn. 55 7
boiler house Power Plant 152 1-21
boiler pressure 210 3
boiler pressure gauge 210 47
boiler room Roof & Boilerr. 38 38-43
boiler room Market Gdn. 55 7
boiler shop 222 9
boiler suit 30 21
boiling fowl 99 60
boiling water system 154 49
bola 352 31
bolas 352 31
bold 175 2
bold condensed 175 10
boldface 175 2
bole 84 19, 22; 85 23, 41; 370 2, 7
bollard 217 12
bollard, cross-shaped ~ 217 13, 14; 227 10
bollard, double ~ 217 11, 14
bollard, recessed ~ 217 10
bolster Bedrm. 43 11
bolster Tablew. etc. 45 55
bolster plate 85 48
bolt Slaughterho. 94 4
bolt Roof 121 98
bolt Metalwkr. 140 39
bolt Mach. Parts etc. 143 31
bolt Office 246 23
bolt, collar-head ~ 143 32
bolt, countersunk-head ~ 143 28
bolt, hexagonal-head ~ 143 13
bolt, square-head ~ 143 39
bolt, T-head ~ 143 41
bolter 91 26
bolt guide pin 140 41
bolt handle 87 22
bolt lever 87 22
bolts 143 13-50
bombard 322 14
bombardon 323 44
bomber jacket 31 42
bombycid moth 358 48
bond Bldg. Site 118 30
bond Stock Exch. 251 1-10, 11-19
bond, convertible ~ 251 11-19
bond, English ~ 118 62
bond, industrial ~ 251 11-19
bond, municipal ~ 251 11-19
bonding, rubber ~ 192 82
bone 70 33; 354 40
bone, ethmoid ~ 17 39
bone, frontal ~ 17 30
bone, hyoid ~ 20 2
bone, jugal ~ 16 8
bone, lachrimal ~ 17 40
bone, malar ~ 16 8
bone, metacarpal ~ 17 16
bone, nasal ~ 17 41
bone, occipital ~ 17 32
bone, parietal ~ 17 31

bone, sphenoid ~ 17 38
bone, tarsal ~ 17 26
bone, temporal ~ 17 33
bone, zygomatic ~ 16 8; 17 37
bone chisel 24 49
bone-cutting forceps 26 51
bone lace 102 18
bone nippers 26 51
bones 17 1-29
bone saw Slaughterho. 94 19
bone saw Butch. 96 56
bongo drum 324 58
boning knife 96 36
bonnet Car 191 8
bonnet Garage 195 36
bonnet Ship 218 34
bonnet support 195 37
book 42 4; 46 8; 185 36
book, children's ~ 47 17; 48 23
book, open ~ 185 52
book, second-hand ~ 309 55
book, sewn ~ 185 22
book, unbound ~ 183 32
bookbinder 183 2
bookbinding 183; 184; 185 1-23; 185 1-35
bookbinding machines 184 1-23
bookcase unit 46 7
book cover 185 40
book delivery 184 5
bookjacket 185 37
bookmark, attached ~ 185 70
bookmark, loose ~ 185 71
bookmarker, attached ~ 185 70
bookmarker, loose ~ 185 71
bookplate 185 51
book-sewing machine 185 16
bookshelf 42 3; 43 14; 262 12
bookshelf unit 46 7
bookshop 268 37
book stack 262 11
boom Bldg. Site 119 36
boom Docks 226 49
boom Sailing 284 7, 39
boom, double ~ 229 35
boomerang 352 39
boom foresail 220 12
boom microphone 311 40
boom operator 310 22
boom swinger 310 22
booster rocket 234 1, 2
boost gauge 230 7
boot Shoem. 100 57
boot Car 191 24; 193 23
boot Music. Instr. 326 17
boot, baby's ~ 101 56
boot, felt ~ 353 30
boot, ladies' ~ 101 12
boot, men's ~ 101 5
boot, pony-skin ~ 101 10
boot, rubber ~ 289 32
boot, Western ~ 101 9
bootee 28 45; 29 5
Boötes 3 30
booth 308 6
bootlace 100 64; 291 32
boot lid 191 7
bootmaker 100
boot space 193 17
borage family 69 13
Boraginaceae 69 13
border Fruit & Veg. Gdn. 52 18, 22
border Basketm. 136 17
border Park 272 37
border Theatre 316 12
border light 316 13
bore 143 86
bore axis 87 38
bore diameter 87 40
borehole 158 12

borer 80 18
boring machine 175 49
boring mill 138 22
boring mill column 150 31
boring motor 133 7
boring tool 149 51
borrower's ticket 262 25
boscage 272 4
bosh 137 8
bo's'n 221 114
bosom 16 30
boss Chivalry 329 58
boss Art 335 32
bostryx 370 76
bo'sun 221 114
botany 370
bottle Brew. 93 21
bottle Restaurant 266 16
bottle Swim. 279 19
bottle, collapsible ~ 116 9
bottle, non-returnable ~ 93 29
bottle, three-necked ~ 350 57
bottle, wicker ~ 206 13
bottle, wickered ~ 206 13
bottle basket 79 13
bottle bobbin 167 4
bottle-capping machine 76 46
bottle kiln 161 3
bottle-making machine 162 21
bottle-nosed dolphin 367 23
bottle-opener 45 47
bottle rack Kitch. 39 6
bottle rack Wine Cell. 79 11
bottlescrew 284 19
bottle warmer 28 21
bottle washer 93 19
bottle-washing machine 93 19
bottle-washing plant 93 18
bottling 93 22
bottling machine, circular ~ 79 9
bottling machine, semi-automatic ~ 79 9
bottom 16 40
bottom, artificial ~ 301 52
bottom, cellular ~ 222 60
bottom, cut-in ~ 119 56
bottom, double ~ 222 60
bottom, synthetic ~ 301 52
bottom bracket bearing 187 42
bottom fishing 89 20-31
bottom outlet 269 34
bottom plating 222 48
bottom plating, inner ~ 222 54
bott stick 148 10
boudoir piano 325 40
bough 370 5
bouillon cube 98 27
boule, grooved ~ 305 24
boules 305 21
boules player 305 22
bounce 297 36
bouncing ball 273 20
boundary layer control flap 256 6; 257 13
boundary ridge 63 3
boundary stone 63 2
bouquet, bridal ~ 332 18
bouquetin 367 7
bourgeois 175 26
bout 294 5-6
Bovista nigrescens 381 19
bow Ladies' Wear 30 46
bow Hairst. etc. 34 7
bow Metalwkr. 140 34
bow Shipbuild. 222 74-79
bow Warships 258 3
bow Rowing 283 13

bow *Music. Instr.* 323 12
bow *Ethnol.* 354 32
bow *Hist. Cost.* 355 78
bow, bulbous ~ 221 45; 222 74
bow, fully enclosed ~ 259 9
bow, rounded ~ 218 25
bow, sliding ~ 205 36
bow and arrow 327 53
bow bilge 259 80
Bowden cable 188 37; 189 12
bow door 221 30
bowed instruments 323 1-27
bowels 20 14-22
bower 272 17
bower, ladies' ~ 329 10
bower anchor 258 39; 286 15
bow fender 227 17
bow gin 87 48
bowl 40 6; 45 63; 105 1; 107 36
bowler 292 76
bow light, green and red ~ 286 13
bowline 218 35
bowling ball 305 15
bowling crease 292 71
bowl lid 107 37
bowls 305 21
bow-manoeuvring propeller 224 23
bow propeller 228 33
bow ramp 258 90
bowsprit 218 20; 219 1
bow stick 323 14
bow string 305 59
bow thruster 224 23
bow-tie 32 47; 33 11, 16
bow trap 87 48
bow wave 223 81
box *Livestock* 75 2
box *Carriages* 186 8
box *Gymn.* 296 15
box *Athletics* 298 35
box *Fair* 308 7
box *Bullfight. etc.* 319 7
box, centrifugal ~ 169 17
box, coach's ~ 292 56
box, crossing keeper's ~ 202 43
box, gateman's ~ 202 43
box, racer's ~ 290 7
box, rider's ~ 290 7
box, small ~ 296 16; 297 9
box attendant 315 12
box camera 309 30
boxcar 213 14, 22
boxer *Dog* 70 10
boxer *Sports* 299 25
box feeder 159 7
box gutter 122 83
boxing 299 20-50
boxing contest 299 35-50
boxing glove 299 26
boxing match 299 20-50, 35-50
boxing ring 299 35
box office 308 7
box pile 217 6
boxroom door 38 20
box spar 287 30
box spur 71 50
box trap 86 20
box tree 373 19
boy scout 278 11
bra 32 1; 318 29
bra, longline ~ 32 4
brace *Bldg. Site* 119 63
brace *Carp.* 120 27, 54
brace *Roof* 121 41, 58, 69, 82
brace *Ship* 219 67
brace *Music. Instr.* 325 16
brace, diagonal ~ *Bldg. Site* 118 88; 119 51

brace, diagonal ~ *Bridges* 215 4
bracelet 36 3
bracelet, cultured pearl ~ 36 9
bracelet, gemstone ~ 36 25
bracelet watch 36 33
braces 29 26, 34; 32 30
braces, adjustable ~ 33 45
braces clip 32 31
brachioradialis 18 39
bracing 215 3
bracing, diagonal ~ 119 14
bracken 15 5; 377 16
bracket *Doc.* 23 10
bracket *Plumb. etc.* 126 6
bracket *Bicycle* 187 77
bracket *School* 260 30
bracket *Winter Sp.* 302 17; 303 7
bracket, chrome ~ 188 60
bracket, round ~ 342 24
bracket, square ~ 342 25
Brackett series 1 23
bract 371 7; 372 5
bracteate 252 4
bract scale 372 5
braid, floral ~ 30 28
braid embroidery 102 31
braid work 102 31
Braille 342 15
brain-stem 17 47; 18 24
brake *Mills* 91 8
brake *Carriages* 186 2, 16
brake *Car* 191 45
brake *Air Force* 257 10
brake *Forest Plants etc.* 377 16
brake, automatic ~ 181 47
brake, auxiliary ~ 212 10
brake, covered ~ 186 33
brake, front ~ 187 5
brake, hydraulic ~ 212 44
brake arm 187 66
brake arm cone 187 67
brake axle 143 99
brake band 143 105
brake block *Mach. Parts etc.* 143 100
brake block *Carriages* 186 16
brake cable 188 37; 189 12
brake casing 187 70
brake chute housing 257 24
brake cone 187 71
brake cylinder pressure gauge 212 7
brake disc 191 17; 192 48
brake drum 138 11, 20
brake flap *Aircraft* 229 44
brake flap *Air Force* 256 12
brake flap *Gliding* 287 38
brake fluid reservoir 191 49
brake line *Motorcycle* 189 12
brake line *Car* 192 53
brake lining *Blacksm.* 138 13
brake lining *Mach. Parts etc.* 143 106
brake lining *Car* 192 52
brake lock 56 38
brake magnet 143 102
brakeman 303 21
brake pedal *Gdn. Tools* 56 40
brake pedal *Offset Platem.* 179 12, 30
brake pedal *Car* 191 45, 95
brake pressure gauge 210 50
brake pulley 143 98
brake shaft 143 99
brake shoe *Blacksm.* 138 12
brake shoe *Mach. Parts etc.* 143 100
brake shoe *Car* 192 51
brake system, dual-circuit ~ 191 72

brake-testing equipment 138 16
brake weight 143 103
brake wheel 91 7
braking disc 191 17; 192 48
braking distance 203 29
braking roller 138 18
branch *Railw.* 203 48
branch *Fire Brig.* 270 33
branch *Maths.* 347 15
branch *Bot.* 370 5, 6
branch *Decid. Trees* 371 10, 25, 27, 32, 59
branch *Conifers* 372 36, 43
branch *Trop. Plants* 382 17
branch *Industr. Plants* 383 61
branch *South. Fruits* 384 12, 42
branch, flowering ~ 58 32, 52; 59 1, 26, 37
branch, fruit-bearing ~ 59 19, 48
branch, fruiting ~ 59 30
branch, left ~ 203 47
branch, right ~ 203 46
branch line 15 23
branchman 270 34
brandy 98 59
brandy glass 45 88
brant 359 5
brant-goose 359 5
brashing 84 12
brass 323 39-48
brassard *Fire Brig.* 270 22
brassard *Chivalry* 329 47
brassica 57 32
brassicas 57 28-34
brassie 293 91
brassière 32 1; 318 29
brassière, longline ~ 32 4
brass instruments 323 39-48
bratwurst 96 11; 308 34
brayer 340 12
Brazil Current 14 35
Brazil nut 384 53, 59
breach 13 34
bread 45 22; 97 2
bread, kinds of ~ 97 6-12; 99 11
bread, wrapped ~ 97 48-50
bread and cheese 266 75
bread basket 45 20
bread-corn 68 1-37
bread counter 99 9
bread crust 97 4
breadth scale 157 58
bread unit 97 56-57
break *Brew.* 93 2
break *Composing Rm.* 175 15
break *Carriages* 186 2
break, covered ~ 186 33
break-bulk cargo, unitized ~ 226 11
break-bulk cargo elevator, floating ~ 226 31
break-bulk cargo transit shed 225 9
break-bulk carrier 225 14; 226 13
breakdown lorry 270 47
breaker *Overh. Irrign.* 67 34
breaker *Swim.* 279 6
breaker spring 67 35
break removal 93 1-5
breakstone, rotundifoliate ~ 375 1
breakwater *Hydr. Eng.* 217 16
breakwater *Docks* 225 65
breakwater *Warships* 258 7, 76
breast *Man* 16 28-29
breast *Horse* 72 19
breast beam 166 46

breast beam board 166 16
breastbone *Man* 17 8
breastbone *Meat* 95 27
breastbox 173 11
breast collar 71 28
breast collar ring 71 27
breast drill 140 58
breast harness 71 26-36
breast of veal 95 4
breastplate 329 46
breast pocket 33 9
breasts 16 28-29
breaststroke 282 33
breastwork 329 21
breather 153 10
breathing apparatus 26 1; 270 39
breathing tube 27 37
breccia 11 27
breeches 300 7
breeches, loose ~ 355 34
breeches, white ~ 289 5
breeches buoy 228 13
breech ring 255 54
breeding comb 77 46
breeds 70
breeze 120 44
brent-goose 359 5
breve 320 12
breve rest 320 20
breviary 331 58
brevier 175 25
brevis 320 12
brewer 92 49
brewery 93 1-31
brewhouse 93 1-31
brewing 92; 93
briar grain 107 41
briar rose 373 26
brick 118 40
brick, cellular ~ 159 28
brick, green ~ 159 16
brick, perforated ~ 159 21-22, 21
brick, radial ~ 159 25
brick, radiating ~ 159 25
brick, solid ~ 159 20
brick, standard ~ 118 58
brick, unfired ~ 159 16
brick cutter 159 15
brickfield 159
brick hammer 118 53
brick kiln 159 19
bricklayer 118 18
bricklayer's tools 118 50-57
brickmason 118 18
brickmason's tools 118 50-57
brick-pressing machine 159 11
brickwork, frost-resistant ~ 122 39
brickwork base 123 15
brickworks *Map* 15 89
brickworks 159
brickyard 159
bride 332 15
bridegroom 332 16
bridesmaid 332 24
bridge *Map* 15 44
bridge *Optician* 111 11
bridge *Station* 205 3
bridge *Ship* 221 6, 12; 223 12-18
bridge *Shipbuild.* 222 26
bridge *Warships* 258 14; 259 3, 28
bridge *Town* 268 48
bridge *Park* 272 47
bridge *Free Exerc.* 295 19
bridge *Sports* 299 9
bridge *Theatre* 315 29; 316 34
bridge *Music. Instr.* 322 17
bridge, cable-stayed ~ 215 46

bridge, covered ~ **215** 32
bridge, cross-section of ~ **215** 1
bridge, dental ~ **24** 26
bridge, flat ~ **215** 52
bridge, iron ~ **15** 56
bridge, reinforced concrete ~ **215** 49
bridge, rope ~ **215** 15
bridge, solid ~ **215** 19
bridge, stone ~ **15** 50
bridge bearing **215** 55
bridge deck **223** 12-18
bridge over railway **15** 40
bridge ring **89** 58
bridges **215**
bridge strut **215** 30
bridge superstructure **258** 14
bridge support **222** 12
bridge under railway **15** 42
bridle **71** 7-13
bridle path **12** 46
briefcase **41** 17
briefs **32** 26
brig **220** 17
brigantine **220** 14
brightness control **240** 33
brille **323** 35
brilliant **175** 21
brilliant cut **36** 44
brimstone butterfly **365** 4
brine channel **274** 3
brine pipe **274** 4
briolette, faceted ~ **36** 86
Brisinga endecacnemos **369** 11
brisket, hind ~ **95** 25
brisket, middle ~ **95** 26
brisket of beef **95** 23
bristle **88** 52
bristles *Hairst. etc.* **34** 23
bristles *Household* **50** 47
bristletail **81** 14
bristle worm **357** 22
broach **109** 8
broaching tap **93** 14
broach roof **121** 22
broach roof, conical ~ **121** 24
B road **15** 36
broad axe **120** 70
broad bean *Veg.* **57** 8
broad bean *Fodder Plants* **69** 15
broadcasting **238**; **239**; **240**
broadcasting centre **238** 16-26
broadcasting station **15** 33
broadsheet **340** 27
broadside **340** 27
broadside fire **218** 59
broadtail *Ladies' Wear* **30** 60
broadtail *Furrier* **131** 21
brochure **250** 7
broderie anglaise **102** 11
broiler **98** 6; **308** 33
broiler chicken **74** 12
broiler rearing **74** 11-17
broken thread detector roller **164** 4
broken thread stop motion **165** 19
broker, commercial ~ **251** 5
broker, inside ~ **251** 4
broker, outside ~ **251** 5
bronchus **20** 5
Bronze Age **328** 21-40
brooch, ivory ~ **36** 30
brooch, modern-style ~ **36** 19
brooch, pearl ~ **36** 7
brood bud bulblet **54** 27, 29
brood cell **77** 31
brood chamber **77** 46
brooder **74** 3

brook **13** 8; **15** 80
broom **38** 36; **50** 46; **62** 5; **199** 6; **268** 21; **272** 67
broom *Shrubs etc.* **374** 20
broom, circular ~ **199** 40
broom, cylinder ~ **199** 42
broom, inverted ~ **224** 99
broom, upward-pointing ~ **224** 100
broom handle **38** 37; **50** 49
broom head **50** 48
broomstick **38** 37; **50** 49
brougham **186** 3
brow antler **88** 6
browband **71** 9
brown **343** 5
brown ale **93** 26
brown bear **368** 10
brown leaf-eating weevil **80** 49
Brown Ring Boletus **381** 21
brown-tail moth **80** 28
brown trout **364** 15
brow point **88** 6
brow snag **88** 6
brow tine **88** 6
brush *Roof & Boilerr.* **38** 32
brush *Household* **50** 42, 53
brush *Bees* **77** 7
brush *Forestry* **84** 5
brush *Game* **88** 47
brush *School* **260** 59
brush *Graphic Art* **340** 11
brush *Script* **341** 24
brush, camel hair ~ **338** 7
brush, dry ~ **128** 49
brush, flat ~ *Painter* **129** 17
brush, flat ~ *Art. Studio* **338** 6
brush, rotating ~ **168** 46
brush, round ~ **338** 8
brush, stiff-bristle ~ **105** 16
brush, wire ~ *Gas Weld.* **141** 26
brush, wire ~ *Arc Weld.* **142** 18
brush, wire ~ *Music. Instr.* **324** 53
brush head **50** 79
brush head, detachable ~ **49** 30
brushwood *Map* **15** 15
brushwood *Forestry* **84** 5
brushwood *Spa* **274** 2
Brussels lace **102** 18
Brussels sprout **57** 30
bubble bath **49** 3
bubble chamber **1** 58
bubble float, oval ~ **89** 47
buccaneer **306** 43
Büchner funnel **349** 11
buck *Dom. Anim.* **73** 18
buck *Game* **88** 28, 40, 59
buck *Gymn.* **296** 17
buck, young ~ **88** 39
bucket *Household* **50** 54
bucket *Mills* **91** 36
bucket *Bldg. Site* **118** 82
bucket *Road Constr.* **200** 5
bucket chain **226** 42
bucket dredger **226** 41
bucket elevator **200** 49; **201** 21
bucket elevator chain **216** 57
bucket ladder **226** 43
bucket pump **269** 7
bucket seat *Car* **193** 11
bucket seat *Sports* **305** 90
bucket teeth **200** 6
bucket-top boot **355** 58
buckeye **371** 58
buckle **101** 52
buckle and knife folder **185** 8
buckle and knife folding machine **185** 8

buckle fold **185** 11
buckler **329** 57
bucksaw **120** 61
bud **54** 23, 26; **58** 27; **59** 22; **60** 16; **61** 3
bud, axillary ~ **370** 25
bud, terminal ~ **370** 22
bud cutting **54** 22
Buddha **337** 20
budding **54** 30
budding knife **54** 31
buffalo **367** 8
buffalo horn **254** 34
buffer *Station* **206** 51
buffer *Railw.* **213** 7
buffer *Army* **255** 27, 44, 52
buffer recuperator **255** 52
buffer ring **255** 44
buffer stop **206** 51
buffer stop, hydraulic ~ **206** 55
buffer storage **242** 33
buffet **207** 78-79
buffet car, quick-service ~ **207** 73
buffet compartment **207** 78-79
buffing machine **108** 46
buffing wheel **100** 10
buffoon **306** 38, 69
bug **81** 39
buggy **193** 12
buggy, American ~ **186** 49
buggy, English ~ **186** 48
bugle **309** 54
building, centralized ~ **334** 55
building, centrally-planned ~ **334** 55
building, model ~ **48** 28
building, neoclassical ~ **336** 15
building, public ~ **15** 54
building berth **222** 11-18
building berths **222** 11-26
building block **28** 41; **48** 27
building board, lightweight ~ **123** 58
building brick *Infant Care etc.* **28** 41
building brick *Kindergart.* **48** 27
building brick *Brickwks.* **159** 20
building glazier **124** 8
building site **118**; **119**
building slips **222** 11-26
building timber **120** 10, 83-96
built piece **315** 32
built unit **315** 32
bulb, glass ~ **127** 57
bulb, oil ~ **54** 28
bulb-head pin **328** 29
bulbil **54** 27, 29; **375** 38
bulk cargo **221** 11
bulk cargo handling **226** 29
bulk carrier *Ship* **221** 9
bulk carrier *Docks* **225** 67; **226** 30
bulk goods **221** 11
bulkhead, protective ~ **305** 91
bulk material **200** 12
bulk transporter barge **226** 35
Bull *Astron.* **3** 25; **4** 54
bull *Dom. Anim.* **73** 1
bull *Heraldry* **254** 15
bull, mock ~ **319** 3
bull, young ~ **319** 35
bulldog **70** 1
bulldozer **199** 16; **200** 28
bulldozer blade **200** 29
bulldozer for dumping and compacting **199** 18
bullfight **319** 1-33, 24
bullfight, mock ~ **319** 1
bullfighting **319**
bullfinch **360** 5

bull pen **319** 14
bullring **319** 5
bull's eye **336** 2
bull's-eye glass **124** 6
bull terrier **70** 16
bulrush **136** 27
bulwark **221** 120; **222** 67
bumblebee **358** 23
bumper *Tram* **197** 12
bumper *Station* **206** 51
bumper, front ~ **191** 13
bumper, integral ~ **193** 33
bumper car **308** 62, 63
bumper steel **166** 44
bumper steel stop rod **166** 45
bump rubber **192** 82
bun **34** 29
bun, plaited ~ **97** 41
bunches **34** 30
bunch of fruit **384** 32
bunch of grapes **78** 5; **99** 89
bunch pink **60** 6
bungalow **278** 7
bunghole **130** 7
bunk, folding ~ **259** 84
bunk, rear ~ **85** 49
bunk-bed **47** 1
bunker **293** 81
bunkering boat **225** 13
Bunsen burner **173** 5; **350** 1
Bunter downthrow **154** 61
bunting **253** 3, 11
buntings **361** 6-7
bunt line **218** 36; **219** 71
buoy **90** 2; **216** 12; **224** 71; **285** 17, 18; **286** 31
buoy, conical ~ **224** 76
buoy, green ~ **224** 84
buoy, port hand ~ **224** 95
buoy, starboard hand ~ **224** 96
buoyancy tube **286** 27
buoy rope **90** 3
bur **24** 37
burden chain **139** 44
burette **350** 21
burette clamp **350** 23
burette stand **350** 22
burgee **253** 22; **284** 48
Burgundian **355** 40
burial **331** 33-41
burial place, underground ~ **331** 59
burin **175** 33; **340** 5, 15, 20
burner *Power Plant* **152** 6
burner *Glass Prod.* **162** 6
burner, gas ~ **139** 3, 48
burner platform **288** 80
burner ventilator **92** 17
burning-in oven **179** 32
burnisher *Goldsm. etc.* **108** 51
burnisher *Watchm.* **109** 17
burnishing **109** 17
burnous **354** 7
burr **88** 5, 29
burrow *Soft Fruit* **58** 63
burrow *Hunt.* **86** 26
burying ground **331** 21-41
bus **194** 17
bus, double-deck ~ **194** 36
bus, double-decker ~ **194** 36
bus, electrical system ~ **235** 55
busbar **152** 29
buses *Lorries etc.* **194**
'buses' *Airport* **233** 35
bush, rubber ~ **192** 67
bushing **162** 50
bushing chain, double ~ **190** 49
bushing tip **162** 51
bushman **354** 29
bushman woman **354** 34
business and passenger aircraft **231** 3, 7

business letter **245** 33; **246** 7;
  248 30
business trip **209** 29
bust **42** 17
bustle **355** 69
bustle pipe **147** 53
butane gas **278** 33
butane gas container **278** 34
butcher **96** 38, 58
butcher knife **94** 15; **96** 37
butcher's shop **96** 1-30
butt *Hunt.* **86** 47-52, 51; **87** 3,
  7
butt *Meat* **95** 50
butt *Army* **255** 9, 24, 31, 39
butt *Sports* **305** 47
butt, bound ~ **89** 55
butt, cork ~ **89** 50
butt end **85** 41
butter **98** 22; **99** 47
butter, branded ~ **76** 37
butter-and-eggs **376** 26
butter churn **76** 33
butter-cream cake **97** 24
buttercup **375** 8
butter dish **45** 36
butterflies **358** 48-56; **365**
  1-6
butterflower **375** 8
butterfly *Free Exerc.* **295** 35
butterfly *Articulates* **358** 52
butterfly nut **143** 42; **187** 39
butterfly stroke **282** 34
butterfly tail **229** 31
butterfly valve **192** 9
butter knife **45** 73
butter-making, continuous ~
  76 33
buttermilk tank **76** 18
butter shaping and packing
  machine **76** 32
butter supply pipe **76** 34
butterwort **377** 13
button *Tram* **197** 32
button *Fencing* **294** 45
button *Music. Instr.* **325** 31
button, staghorn ~ **29** 33
button box **103** 15
buttonhole **332** 21
buttonhole stitch **102** 6
button stitch **102** 6
butt plate *Hunt.* **87** 14
butt plate *Sports* **305** 46
buttress *Chivalry* **329** 26
buttress **335** 27
buttresses **335** 27-28
butt ring **89** 58
buzzer, electric ~ **127** 15
buzz saw **119** 19; **125** 24; **134**
  50
buzz saw blade **132** 59
by-line **291** 7
bypass air flow **232** 50
bypass duct **232** 41, 44
bypass engine **232** 46
bypass switch **211** 25

C

cab *Carriages* **186** 26, 28
cab *Lorries etc.* **194** 2
cab *Town* **268** 64
cab, driver's ~ **64** 36; **194** 2,
  15; **200** 11; **208** 14; **209** 6;
  210 39-63, 49; **211** 19, 57;
  212 5; **213** 2
cab, engineer's ~ **208** 14; **209**
  6; **210** 39-63, 49; **211** 19,
  57; **212** 5; **213** 2
cabbage, green ~ **57** 32
cabbage, red ~ **57** 32
cabbage, round ~ **57** 32

cabbage lettuce **57** 36
cabbage white butterfly **80** 47,
  48
cab frame **65** 21
cab heating switch **211** 39
cab horse **186** 28
cabin *Railw.* **214** 20, 28
cabin *Ship* **218** 45
cabin *Sailing* **285** 39
cabin *Airsports* **288** 19
cabin, admiral's ~ **218** 27
cabin, captain's ~ **223** 13
cabin, commanding officer's
  ~ **259** 85
cabin, coxswain's ~ **228** 31
cabin, crane driver's ~ **119**
  35; **222** 16; **226** 52
cabin, de luxe ~ **223** 30
cabin, double-berth ~ **223** 29
cabin, large-capacity ~ **214** 52
cabin, officer's ~ **223** 21
cabin, single-berth ~ **223** 46;
  228 32
cabin cruiser **286** 3
cabinet **22** 40; **246** 20
cabinet maker **132** 38
cabin pulley cradle **214** 66
cabin superstructure **285** 39
cable *Sea Fish.* **90** 26
cable *Power Plant* **153** 41
cable *Music. Instr.* **326** 53
cable, auxiliary ~ **214** 47
cable, electric ~ **56** 32
cable, endless ~ **214** 21
cable, high-voltage ~ **153** 42
cable, lower ~ **214** 46
cable, moisture-proof ~ **127**
  42
cable, submarine ~ **237** 56
cable, thermoplastic ~ **127** 42
cable, three-core ~ **127** 44
cable binding **301** 40
cable boom **195** 15
cable box **153** 33
cable clip **127** 40
cable connection **6** 26
cable connection panel **239** 3
cable crane berth **222** 11-18
cable drum **85** 39; **270** 55
cable duct **234** 29, 47; **235** 61
cable ferry **216** 1
cable guide **201** 7
cable guide rail **214** 33
cable manhole **198** 17
cable parachute **287** 7
cable pattern **30** 39
cable pulley, automatic ~ **301**
  62
cable railway **214** 12
cable release **23** 9; **114** 38;
  115 101
cable release, double ~ **115**
  102
cable release socket **117** 6
cable support **214** 76
cable suspension lines **214**
  15-38
cable tunnel **152** 20
cable vault **152** 21
cableway **214** 30
cableway, endless ~ **214** 19
cableway gondola **214** 52
cableways **214** 15-38
cable winch **85** 38, 46; **255** 69;
  258 85
cabochon, high ~ **36** 79
cabochon, octagonal ~ **36** 81
cabochon, oval ~ **36** 80
cabochon, round ~ **36** 78
cabochon, simple ~ **36** 78
cabochons **36** 78-81
caboose **223** 42
cabriole **314** 21

cabriolet **186** 29
cacao bean **382** 19
cacao tree **382** 16
cachalot **367** 25
caddis fly **358** 12
caecum **20** 17
café **265** 1-26
café, open-air ~ **272** 57
café customers **265** 22-24
café table **265** 11
cage *Fish Farm.* **89** 1
cage *Coal* **144** 23
cage *Circus* **307** 50
cage, crane driver's ~ **119** 35;
  222 16; **226** 52
cage, outside ~ **356** 11
cage, rotating ~ **168** 17
cage, round ~ **307** 49
cage, stepped ~ **74** 20
cage, tiered ~ **74** 20
cage caravan **307** 62
cage system **74** 18
cage-winding system **144** 23
caisson **217** 33; **222** 32; **259** 19
cake **169** 19-27, 22
cake counter **99** 9; **265** 1
cake plate **97** 25
cakes **97** 17-47
cake tin **40** 28, 29
calabash **354** 27
calcaneum **17** 27
calcite **351** 22
calcium chloride tube **350** 43
calculating machine **309** 80
calculation, logarithmic ~ **345**
  6
calculator **309** 80
calculator, electronic ~ **246** 12
calculator dial *Photog.* **114** 57
calculator dial *Photograv.* **182**
  19
calculus, infinitesimal ~ **345**
  13-14
calendar **22** 10
calendar clock **110** 19
calendar sheet **247** 33
calender **173** 36
calendering machine **168** 38
calender roll **173** 26, 38
calender roller **163** 20, 37, 59
calf *Man* **16** 53
calf *Farm Bldgs.* **62** 33
calf *Dom. Anim.* **73** 1
calf *Game* **88** 1
calf *Meat* **95** 1-13
caliber **87** 40
calibre **87** 40
California Current **14** 39
caliper *see* calliper
call, local ~ **237** 3
call, long-distance ~ **237** 3
call box **204** 46; **236** 8; **237** 1;
  251 10; **268** 56
call button **25** 6; **127** 3; **246** 15
calliper *Car* **191** 18
calliper *Sculpt. Studio* **339** 3
calliper, fixed ~ **192** 49
calliper, inside ~ **135** 23
calliper, outside ~ **135** 18
calliper gauge **149** 59
calliper square **85** 10
call light **315** 52
callosity **72** 27
calls for luring game **87** 43-47
calm **9** 11
calm belts **9** 46-47
calms, equatorial ~ **9** 46
calor gas container **278** 34
calvarium **261** 16, 18
calyx **58** 8; **374** 8
calyx, involucral ~ **375** 33
calyx, renal ~ **20** 30
cam **190** 60

Camberwell beauty **365** 5
cambium ring **370** 10
came **124** 13
camel **366** 29
camel caravan **354** 1
camera *Atom* **1** 60
camera *Optic. Instr.* **112** 14,
  20
camera *Cine Film* **117** 28
camera *Audiovis.* **243** 1
camera *Films* **310** 19
camera, cartridge-loading ~
  114 11
camera, compact ~ *Cine Film*
  117 51
camera, compact ~
  Photomech. Reprod. **177** 32
camera, folding ~ **114** 49; **309**
  25
camera, high-speed ~ **313** 35
camera, large-format ~
  Optic. Instr. **112** 25, 36
camera, large-format ~
  Photog. **114** 49, 61
camera, miniature ~ *Doc.* **23**
  7
camera, miniature ~ *Optic.
  Instr.* **112** 26
camera, miniature ~ *Photog.*
  114 1; **115** 1
camera, 35 mm ~ *Photog.* **114**
  1
camera, 16 mm ~ *Cine Film*
  117 43
camera, 35 mm ~ *Films* **313** 1
camera, 16 mm ~ *Films* **313**
  31
camera, narrow-gauge ~ **313**
  35
camera, photogrammetric ~
  112 68
camera, professional press-
  type ~ **117** 66
camera, rapid-sequence ~ **115**
  77
camera, single-lens reflex ~
  115 1
camera, spectrographic ~ **5** 6
camera, stereometric ~ **112** 71
camera, subminiature ~ **114**
  16
camera, Super-8 ~ **117** 51
camera, underwater ~ **279** 24
camera assistant **117** 68; **310**
  42
camera back **114** 54; **115** 23
camera body *Photog.* **115** 2
camera body *Photomech.
  Reprod.* **177** 25, 33
camera cable **239** 2
camera case **115** 103
camera case, underwater ~
  279 24
camera control **242** 36
camera crane **310** 49
camera door **313** 25
camera head **240** 27
camera housing, underwater
  ~ **279** 24
camera lens **313** 19
cameraman **117** 67; **310** 20
cameraman, first ~ **310** 41
camera monitor **238** 65; **239**
  12; **240** 28
camera operator **310** 42
camera tube switch **242** 23
cam housing **167** 13
camomile *Weeds* **61** 8
camomile *Med. Plants* **380** 1
camp *Games* **276** 27
camp *Circus* **307** 61
campanile **334** 65
camp bed **278** 59

camp chair, folding ~ 278 vp
camp cot 278 59
camper 278 46
camp fire 278 10
campground 278 1-59
camphor laurel 380 18
camphor tree 380 18
camping 278
camping eating utensils 278 45
camping site 278 1-59
campion 376 20
camp site 278 1-59
camp site attendant 278 2
camp table, folding ~ 278 44
camshaft 166 56; 190 11, 14
camshaft bearing 192 24
camshaft lubrication 190 13
camshaft wheel 166 55
can Butch. 96 26
can Supermkt. 99 91
can Painter 129 7
can Weaving 166 21
Canadian pondweed 378 56
Canadian waterweed 378 56
canal Map 15 57
canal Hydr. Eng. 217 15-28
canal, auditory ~ 17 34, 58
canal, stomachic-intestinal ~ 77 15-19
canal administration 217 24
canal bed 217 30
canal entrance 217 15-16
Canary Current 14 41
can buoy 224 77, 94
cancel button 326 41
cancellation button 271 4
Cancer 4 56
candelabra 45 16
candidate 263 20
candies 47 31, 32
candies Grocer 98 75-86
candle, cast ~ 260 76
candle, paschal ~ 330 44
candle, wax ~ 77 66; 260 76
candlestick 309 45
candlestick, paschal ~ 330 45
candlewick yarn 35 9
candy 98 75
cane, flowering ~ 58 14
can holder 163 36
Canidae 367 11-13
Canina 3 46
canine 19 17
Canis Major 3 14
Canis Minor 3 15
canister 84 35; 129 16
canned vegetables 98 17
cannon Horse 72 23
cannon Army 255 49, 92
cannon cracker 306 53
canoe 352 19
canoe, Alaskan ~ 283 4
canoe, Canadian ~ 283 3
canoeing 283
canoeist 283 55
canoes 283 54-66
canoe stern 285 44
canoe with outrigger 352 35
cañon 13 45
canonicals Church 330 22; 332 4
canopy Infant Care etc. 28 32
canopy Dwellings 37 67
canopy Child. Rm. 47 12
canopy Kindergart. 48 26
canopy Supermkt. 99 24
canopy Aircraft 230 39
canopy Airsports 288 38
canopy Church 330 21; 331 49
canopy bearer 331 46
canopy jack 257 5
cant chisel 132 11

canteen 119 45
canter 72 42
cant hook 85 7
canting table 133 17
cantle 71 39, 46
canvas 338 21
canvas hull, rubber-covered ~ 283 58
canvas stretcher 338 20
canyon 13 45
canyon river 13 51
cap Bees 77 39
cap Drawing Off. 151 40
cap Refuse Coll. 199 8
cap Music. Instr. 326 31
cap Edib. Fungi 381 4
cap, astrakhan ~ 35 34
cap, corduroy ~ 35 25
cap, fox ~ 35 31
cap, leather ~ 35 32; 354 26
cap, linen ~ 35 8
cap, mink ~ 35 17, 20
cap, musquash ~ 35 33
cap, peaked ~ 35 17, 29; 264 8; 301 18
cap, sailor's ~ 35 28
cap, sheepskin ~ 353 23
cap, white ~ 268 32
cap, wide-brimmed ~ 355 28
capa 319 27
capacitor 211 17
cap and bells 306 39
caparison 329 74
cape 30 65; 105 34; 106 4
cape, short ~ 355 29
cape chisel 140 25
capeline 21 3
caper 98 42
capercaillie 88 72
capillary tube stand 23 42
capistrum 322 5
capital Composing Rm. 175 11
capital Art 334 20-25
capital, Arabian ~ 337 18
capital, bell-shaped ~ 333 16
capital, bud-shaped ~ 333 14
capital, Roman ~ 341 16
capital, small ~ 175 14
capitulum 61 14; 370 73; 378 12
capoc tree 383 20
cap of typing element 249 30
capon 73 21
capper 76 46
capping Bees 77 39
capping Coal 144 48
Capricorn 3 36; 4 62
capriole 71 5
caprolactam 170 28
caprolactam oil 170 25
caps, ladies' ~ 35 1-21
caps, men's ~ 35 22-40
capstan Cine Film 117 34
capstan Hydr. Eng. 217 22
capstan Audiovis. 243 23
capstan Warships 258 23
capstan idler 117 35
capsule 384 58
capsule, poricidal ~ 370 96
capsule, porose ~ 370 96
captain 224 38
caption 185 67; 342 59
car Car 191 1-56
car Garage 195 34
car Railw. 213 18
car, four-axled ~ 208 3
car, large-capacity ~ 213 28
car, open ~ 207 59
car accessory 196 28
carapace 364 29
caravan 278 52; 307 34
caravan, collapsible ~ 278 3

caravan, showman's ~ 206 20
caravan awning 278 57
caravanning 278
caravel 218 27-43; 220 37
caraway roll 97 31
caraway stick 97 31
carbide, cemented ~ 149 46
carbine 86 30
carbolic acid 170 14
carbon, active ~ 270 58
carbon, negative ~ 312 41
carbon, positive ~ 312 40
carbon atom 242 63
carbon crater 312 44
carbon disulfide 169 8
carbon disulphide 169 8
carbon disulphide injector 83 33
carbon rod, negative ~ 312 41
carbon rod, positive ~ 312 40
carbon rod holder 312 43
carbon tissue 182 1, 10
carbon tissue, printed ~ 182 8
carbon tissue transfer machine 182 6
carburetor see carburettor
carburettor 189 4; 192 1-15
carburettor, cross-draught ~ 190 79
car carrier, double-deck ~ 213 35
car carrier, two-tier ~ 213 35
carcase 118 1-49
carcass 118 1-49
carcassing 118 1-49
car coat 33 63
card Cotton Spin. 163 34, 51
card Games 276 37
card, patient's ~ 25 5
card, used ~ 195 14
cardan coupling 67 6
cardan joint 67 6, 28
cardan mount 6 36
cardan shaft 64 40, 48; 67 16; 211 51; 212 29, 83
cardan shaft connection 64 63
cardan transmission 189 47
cardboard 260 50-52
card can 163 35
card catalogue 262 22
card catalogue drawer 262 23
car deck 221 79
cardiac rhythm 25 1
cardiac sulcus, longitudinal ~ 20 25
cardigan 31 50; 33 30
cardinal Maths. 344 5
cardinal Birds 363 5
cardinal bird 363 5
card index 245 23
card index box 46 10; 248 27
carding can 163 35
carding engine 163 34, 51
carding machine 163 34
car door 191 4
card sliver 163 38
card stacker 244 13
car ferry 216 10
cargo 223 77
cargo and passenger liner 221 96
cargo and passenger ship 223 1-71
cargo barge 216 25
cargo boom 221 26, 59; 223 36
cargo gear 221 24-29, 59
cargo handling, horizontal ~ 226 7
cargo-handling berth 226 1
cargo-handling gear 221 24-29, 59
cargo hatchway 221 11, 63; 226 14

cargo hold 231 21
cargo ship 221 23
cargo warehouse 233 10
'car hire' 233 33
carload 206 52
car location number 195 48
car models 193 1-36
carnation 60 6
carnival 306
carnival float 306 57
carnival procession 306 57-70
carnival truck 306 57
carnivore house 356 10
carnivores 367 11-22; 368 1-11
carob 384 41
carom billiards 277 7
carousel 308 2
carp 89 26; 364 4
carpel 58 36, 59; 59 13; 374 2, 26
carpenter 120 12
carpenter's tools 120 60-82
carpenter's yard 120 1-59
carpet 44 16
carpet, fitted ~ 41 18; 43 23
carpet, oriental ~ 46 36
carpet, velour ~ 267 35
carpet beater head 50 79
carpet beater nozzle 50 71
carpet brush 50 45
carpet cleaning 50 53-86
carpeting 191 43
carpet sweeper 50 57
carpet sweeper and shampooer, combined ~ 50 76
carp hook 89 86
carp pond 89 6
carpus Man 17 15; 19 76
carpus Horse 72 22
car radio 191 90
carriage Hosp. 26 36
carriage Sawmill 157 12, 52
carriage Knitting 167 39
carriage Tram 197 5, 6, 7
carriage, auxiliary ~ 157 11
carriage, one-horse ~ 186 18, 29
carriage, open ~ 207 61; 208 9
carriage, three-horse ~ 186 45
carriage, two-horse ~ 186 36
carriage apron 149 16
carriage handle 167 41
carriage heating pressure gauge 210 44
carriage horse 186 28
carriage motor 197 15
carriage rail 167 45
carriages 186 1-54, 1-3,26-39,45,51-54
carriages, horse-drawn ~ 186
carriage sprayer 83 38
carriage step 186 13
carrier Bicycle 187 44
carrier Docks 226 4
carrier return lever 249 21
carrion flower 53 15
carrot 57 17
carrot, stump-rooted ~ 57 18
carrycot 28 48
carry-home pack 93 28
carrying axle 210 35
carrying bar 148 16
carrying bogie 197 10
carrying cart 56 26
carrying grip 21 22
carrying handle 241 2
carrying rope 215 16
carrying saddle 73 4
carrying strap 115 9
carrying wheel 214 7
cart 86 39

cart, electric ~ 206 34
carte engagement 294 47
cartilage, costal ~ 17 11
cartilage, thyroid ~ 20 3
cartoon *Art. Studio* 338 43
cartoon *Script* 342 53
cartouche 336 7
cartridge *Hunt.* 87 19, 54
cartridge *Slaughterho.* 94 5
cartridge *Cine Film* 117 30
cartridge, full-jacketed ~ 87 55
cartridge, instamatic ~ 114 15
cartridge, magnetic ~ 241 26
cartridge, subminiature ~ 114 17
cartridge chamber 87 15
cartwheel 297 21
cartwheel ruff 355 52
car tyre 191 15; 196 27
carvel 218 27-43; 220 37
carvel planking 285 53
carvel planking, diagonal ~ 285 56
carver 96 35
carving knife 45 69; 96 35
carving set 45 69-70
car-wash hose 196 23
car wheel 191 14
car window, crank-operated ~ 191 22
caryatid 334 36
caryopsis 375 43
cascade 272 9
case *Meteorol. Instr.* 10 18
case *Doc.* 22 33
case *Composing Rm.* 174 3, 8
case *Bookbind.* 185 40
case *Lorries etc.* 194 19
case *Station* 204 6; 205 7
case *Chem.* 349 26
case, cardboard ~ 87 50
case cabinet 174 4
case head 305 36
case maker 184 6
case-making machine 184 6
case rack 174 4
case room 174; 175; 176
cash desk 196 29; 266 69; 275 2
cash drawer 271 5
cashier 99 94; 250 2; 266 70; 271 1
cash readout 196 4
cash register 47 34; 99 93; 207 86
cash register, electric ~ 271 2
casing *Mach. Parts etc.* 143 79
casing *Oil, Petr.* 145 18
casing *Power Plant* 153 37
casing *Text. Finish.* 168 16
casing *Army* 255 10
casing *Chem.* 350 10
casing, outer ~ 168 17
casing, protective ~ *Meteorol. Instr.* 10 39
casing, protective ~ *Railw.* 202 35
casing cover 143 80
casing-in machine 185 27
casino 274 8; 275 1
cask 130 5
casket 331 35
casque, light ~ 329 61
Cassegrain cage 5 4
casserole dish 40 14
cassette, compact ~ 241 10
cassette, daylight ~ 177 50
cassette, 35 mm ~ 114 7
cassette, single-8 ~ 117 39
cassette box 241 11, 47
cassette cabinet 241 11, 47
cassette compartment 241 6, 34; 243 8; 249 72

cassette deck 241 52
cassette exit slot 114 10
cassette holder 241 11, 47
cassette recorder 117 73; 261 42
cassette recorder unit 241 3
cassette slit 114 10
cassette tape 241 12
cassia 380 16
Cassiopeia 3 33
cassowary 359 1
cast 89 64, 78
cast, long ~ 89 58
castanets 324 46
caster 148 8
castes of bees 77 1,4,5
cast glass 124 6
casting 148 42
casting, continuous ~ 148 24-29
casting mechanism 174 25
casting net 89 31
casting off 167 66
casting team 148 13
castle *Map* 15 74
castle *Games* 276 12
castle, knight's ~ 329 1
castle gate 329 32
castle nut 143 77
castle wall 333 31
cast line 174 27
cast of skull 261 15
castor *Household* 50 81
castor *Horse* 72 27
castor *Pest Contr.* 83 61
Castor and Pollux 3 28
castor-oil plant 380 14
casual 101 34
casualty 21 20
cat 62 3; 73 17
catacomb 331 59
catalogue, main ~ 262 21
catalogue room 262 18
catalytic cracking plant 145 70
catamaran 284 64; 286 21
cataract 11 45
catch *Mach. Parts etc.* 143 29
catch *Railw.* 203 57
catcher 292 54, 64
catchfly 376 20
catchment area 12 24
catchup 45 43
cat cracker 145 48
caterpillar 58 64; 82 16, 20, 31, 44, 47; 365 10; 80 3, 8, 14, 17, 29, 44, 48
caterpillar hauling scraper 200 16
caterpillar mounting 200 3
caterpillar tractor 200 3
catfish 364 12
cathedral 335 1-13, 22
catheter 26 31
catheter, cardiac ~ 25 53
catheter gauge unit 27 30
catheter holder 26 30
catheterization 27 30
cathetus 346 32
cathode 178 6
cathode ray tube 242 40
catkin 59 39; 371 10, 26
catkin, male ~ 59 45
catkin scale 371 12
cat ladder 38 4; 122 63
cat litter 99 38
cats 368 2-8
cat's foot 377 3
cat's tail 378 21
cat's tongue 98 84
catsuit 29 19
catsup 45 43
cattail 378 21

cattail flag 378 21
cattle 62 45; 73 1-2
cattleship 221 68
cattle vessel 221 68
catwalk *Iron & Steel* 147 38
catwalk *Ship* 221 3
catwalk *Theatre* 315 29
cauliflower 57 31; 99 84
causticizing agitator 172 49
causticizing stirrer 172 49
caustic soda 169 3, 4, 5, 10; 170 11
caustic soda solution 170 10
cautery 24 43
cavalier hat 355 55
cavalry saddle 71 45-49
cavalry standard 253 13
cave *Phys. Geog.* 13 76
cave *Map* 15 85
cave, dripstone ~ 13 79
cave, limestone ~ 13 79
cave art 328 9
cave formations 13 80-81
cave painting 328 9
cavern *Phys. Geog.* 13 76
cavern *Park* 272 1
cavetto 336 50
cavetto vault 336 49
caviare knife 45 81
cavity 91 36
cavity, nasal ~ 17 53
cavity, tympanic ~ 17 60
cavity of the uterus 20 80
cavy 366 12
C-clef 320 10
cecum 20 17
cedar tree 372 65
cedilla 342 33
ceiba tree 383 20
ceiling 222 63
ceiling, concrete ~ 123 28
ceiling, false ~ 123 61, 68-69
ceiling beam 120 38
ceiling construction 123
ceiling hook 270 15
ceiling joint 126 48
ceiling joist 119 5; 120 38; 121 54
ceiling light 24 20; 75 8
ceiling paper 128 53
ceiling paperhanger 128 50
ceiling plaster 123 59, 72
ceiling tile 317 29
celeriac 57 27
celesta 325 1
Celestial River 3 12
Celestial Ship 3 45
cell 77 26-30, 27
cell, sealed ~ 77 32, 33
cella 334 51
cellarman 79 18
cellar steps, outside ~ 118 4
cellar window 37 27; 118 3
cell nucleus 357 2
cello 323 16
cellulose, refined ~ 172 78
cellulose, unrefined ~ 172 77
cellulose sheet 169 2, 4, 6
cellulose xanthate 169 9
cembalo 322 45
cement *Man* 19 29
cement *Bldg. Site* 118 43
cement factory 160
cement-grinding mill 160 12
cementing pump, high-pressure ~ 146 34
cement-packing plant 160 16
cement screed 123 14
cement silo 119 30; 160 15
cement storage tank 146 15
cement store 201 22
cement track racing 290 24-28

cementum, dental ~ 19 29
cement works 160
cemetery 15 106
censer 332 38
cent 252 19, 33
Centaur *Astron.* 3 39
centaur *Fabul. Creat.* 327 52
Centaurus 3 39
centaury 61 1; 380 10
centavo 252 23
center *see* centre
centerboard *see* centreboard
centering *see* centring
centime 252 15, 16
centimeter *see* centimetre
centimetre graduation 247 36
céntimo 252 22
central heating, full ~ 38 38-81
central heating furnace 38 57
central heating system, coke-fired ~ 38 38
central heating system, oil-fired ~ 38 44-60
centre *Turner* 135 8
centre *Ball Games* 293 76
centre *Maths.* 346 26, 43, 55
centre, asbestos ~ 350 19
centre, live ~ 135 11
centre angle 346 55
centreboard 284 26
centreboard, retractable ~ 284 8; 285 41
centreboard case 284 24
centre circle 291 2
centre console 191 38
centre flag 291 64
centre girder 222 53
centre lathe 149 1
centre line *Drawing Off.* 151 30
centre line *Sailing* 285 5
centre line *Ball Games* 293 8 - 9, 54
centre line *Fencing* 294 4
centre line judge 293 25
centre mark 293 11
centre of curvature 346 23
centre of symmetry 351 3
centre plate girder 222 53
centre punch 134 31; 140 64
centre-section fuel tank 257 30
centre strake 222 55
centrifuge 23 59
centrifuge, pendulum-type ~ 168 14
centrifuge lid 168 18
centring apparatus, universal ~ 111 21
centring control 243 10
centring ring 240 23
centring suction holder 111 22
centrosphere 11 5
cep 381 16
cepe 381 16
cephalopod 357 37
Cerberus 327 29
cereal 68 1
cereal product 99 62
cereal products 98 35-39
cereals 68 1-37
cerebellum 17 45; 18 23
cerebrum 17 42; 18 22
cesta 305 69
Cetus 3 11
chaffinch 360 10
chaffron 329 84
chafron 329 84
chain 74 14; 75 15; 99 95; 118 30

chain *Bicycle* 187 36
chain *Cyc. Racing* 290 20
chain armour 329 63
chain cable 222 77; 223 50;
227 12
chain compressor 223 51
chain curtain 139 50
chain cutter 120 17
chain delivery 180 43
chain drive 187 35-42
chain feeder 74 25
chain ferry 216 1
chain grinder, continuous ~
172 53, 66
chain gripper 180 56
chain guard 187 37; 188 46
chain guide 120 15
chain mail 329 63
chain mortiser 132 49
chain mortising machine 132
49
chain reaction 1 41, 48
chain saw 120 14
chain sling *Forging* 139 44
chain sling *Docks* 226 26
chain stay 187 20
chain stitch 102 2
chain-tensioning device 157
41
chain transmission 187 35-39
chain wheel 187 35
chair 42 34; 271 35
chair, adjustable ~ 105 17;
106 16
chair, barber's ~ 106 16
chair, cane ~ 43 3
chair, dentist's ~ 24 3
chair, double ~ 214 18
chair, folding ~ 28 33
chair, gaffer's ~ 162 45
chair, glassmaker's ~ 162 45
chair, hairdresser's ~ 105 17;
106 16
chair, single ~ 214 16
chair, steel ~ 67 2
chair, tubular steel ~ 41 21
chair, two-seater ~ 214 17, 18
chair, umpire's ~ 293 20
chair, visitor's ~ 246 21
chair grip 21 21
chair lift 214 16-18
chair lift, double ~ 301 57
chairman 263 1
chairman of board of
directors 251 16
chairman of board of
governors 251 15
chairoplane 308 4
chaise 186 34
chaise, closed ~ 186 54
chaise, covered ~ 186 54
chaise, one-horse ~ 186 29
chaitya 337 28
chaitya hall 337 27
chalaza 74 63
chalcography 340 14-24
chalet 278 7
chalice 330 10; 332 49
chalk 48 15; 260 32; 338 5
chalk, French ~ 104 24
chalk, tailor's ~ 104 24
chalk ledge 260 31
chalk sketch 338 4
chalwar 306 42
Chamaeleontidae 364 33
chamber *Atom* 1 66
chamber *Forest Pests* 82 36
chamber *Hunt.* 87 20
chamber *Water* 269 24
chamber, king's ~ 333 2
chamber, photographic ~ 113
40
chamber, queen's ~ 333 3

chamber, stone ~ 328 39
chamber wall 269 25
chameleon 364 33
chamfer 143 62
chamfering hammer 125 14
chamfrain 329 84
chamfron 329 84
chamois 367 3
chamomile 61 8; 380 1
chamotte slab 141 16
champagne bottle 99 78
champagne bucket 267 59
champagne cooler 267 59
champagne cork 267 58
champagne glass 45 86
champagne glasses 45 85-86
chancel 330 1, 32; 335 4
chandelier 267 21
chanfron 329 84
'change' *Airport* 233 51
change *Winter Sp.* 302 12
change-gear box 149 7
change-gear handle 132 56
change gears 10 14
change-loop 302 16
changemaker 236 28
changeover switch 50 59; 243
15
change points, electric ~ 197
37
change rack 236 23
change-speed gear 163 29;
211 50
change wheel 164 40
changing booth 271 32
changing cubicle 282 1
changing room 282 3
changing top 28 4
changing unit 28 11
channel *Overh. Irrign.* 67 13
channel *Railw.* 202 32
channel *Swim.* 281 9
channel *Rowing* 283 60
channel *Art* 334 27
channel, distributary ~ 13 2
channel, navigable ~ 224 92,
93
channel iron 143 7
channel markings 224 84-102
channel marks 224 68-83
chantarelle 381 14
chanter 322 10
chanterelle 381 14
chapel *Map* 15 61, 107
'chapel' *Airport* 233 49
chapel *Chivalry* 329 29
chaplet 34 32
chaplet hairstyle 34 31
chaps 70 26
chapter heading 185 60
char-a-banc, covered ~ 186
33
character 174 7, 44; 175 38
characteristic 345 6
characteristic light 221 48;
224 105
character storage 242 37
charcoal 278 48
charcoal, activated ~ 270 58
charcoal grill 278 47
charcoal pencil 338 16
chard 57 28
charge postmark 236 58
charger 25 51
charging car 144 8; 156 6
charging chamber 154 79
charging conveyor 144 42
charging door 38 61; 139 4
charging machine 147 25
charging opening 139 49
charging platform 147 4

charging position 147 55, 56
Charioteer 3 27
charity performance 319 31
Charles's Wain 3 29
Charleston cymbals 324 50
charlock 61 18
charm 36 35
chart 22 32; 76 8; 260 30
chart, illustrated ~ 22 16
chase 181 38
chasing 87 28
chasing hammer 108 41
chassis *Overh. Irrign.* 67 14
chassis *Blacksm.* 138 28
chassis *Car* 191 2
check *Roulette* 275 12
check *Theatre* 315 7
check *Music. Instr.* 325 27
check brake 143 97
checker 276 18, 19
checkerboard 276 17
checkerman 276 18, 19
checkers 276 17-19
check felt 325 28
check light 195 21, 22
checkmate 276 15
checkout 99 92
check rail 202 23
checkroom 315 5; 318 1
checkroom attendant 315 6;
318 2
checkroom hall 315 5-11
check side 277 6
cheek *Man* 16 9
cheek *Hunt.* 87 4
cheekbone 16 8; 17 37
cheek piece 71 8
cheek rest 255 30
cheek strap 71 8
cheese 98 5; 266 52
cheese, cross-wound ~ 164 58
cheese, round ~ 99 42
cheese, whole ~ 99 40
cheeseboard 45 35
cheese box 99 49
cheesecake 97 23
cheese counter 99 39
cheese dish 40 7
cheesefly 81 15
cheese knife 45 72
cheese machine 76 47
cheetah 368 7
chef 207 34
chelicer 358 41
cheliped 358 41
chemical bottle 116 10; 261
23
'chemist' 233 45
chemistry 261 1-13
chemistry laboratory 261 1;
349; 350
chemistry teacher 261 2
chequer-board cut 36 66
cheroot 107 4
cherry *Drupes & Nuts* 59 5,
6-8
cherry *Goldsm. etc.* 108 7
cherry *Bot.* 370 99
cherry blossom 59 3
cherry flan 97 22
cherry flower 59 3
cherry fruit 59 6-8
cherry fruit fly 80 18
cherry leaf 59 2
cherry stone 59 7
cherry tree 59 1, 11-18
cherub 272 20
chess 265 17; 276 1-16
chessboard 47 20; 276 1
chessboard square 276 2
chess championship 276 16
chess clock 276 16
chessman 276 1, 4, 5, 7

chess match 276 16
chess move 276 6
chess player 265 17
chess problem 276 6
chess square 276 6
chest *Man* 16 28-30; 17 8-11
chest *Paperm.* 172 25
chest grip 21 37
chestnut *Horse* 72 27
chestnut *Decid. Trees* 371 60
chestnut *South. Fruits* 384 52
Chestnut Boletus 381 15
chestnut tree 371 58
chest of drawers 41 8
chevron design 335 16
chew 107 19
chewing tobacco 107 19
chianti 98 61
chianti bottle 99 77
chibonk 107 32
chibonque 107 32
chick 74 2
chicken 62 36; 73 19-26; 96
24
chicken run 74 11
chick-pea 69 19
chick unit 74 1
chicory 57 40
chief 254 18-19
chignon 34 29
child 260 3
child, small ~ 28 42
child carrier seat 187 21
children's room 47
chilling roll 180 28
chill roller 180 28
chimera 327 16
chimney *Map* 15 38
chimney *Dwellings* 37 10
chimney *Roof & Boilerr.* 38 5
chimney *Bldg. Site* 118 21
chimney *Carp.* 120 47
chimney *Roof* 122 13
chimney *Blacksm.* 137 7
chimney *Power Plant* 152 15
chimney *Energy Sources* 155.
12
chimney *Railw.* 210 22
chimney *Mountain.* 300 8
chimney bond 118 66
chimney brick 159 28
chimney flashing 122 14
chimney swallow 361 20
chimney sweep 38 31
chimney sweeper 38 31
chimpanzee 368 14
chin 16 15
china, broken ~ 260 61
china cabinet 44 26
china manufacture 161
china painter 161 17
China reed 136 28
China rose 60 15
chinband 355 22
chinch 81 39
chinchona 380 17
Chinese lantern 52 15
chine strake 258 8
chin rest 323 8
chintuft 34 10
chip *Basketm.* 136 12
chip *Roulette* 275 12
chip basket 136 11
chip container 170 40
chip crusher 172 5
chip distributor 172 3
chip extractor 157 51
chip-extractor opening 132 48
chip packer 172 3
chip pan 40 41
chipper 172 1
chipping hammer *Blacksm.*
137 38

chipping hammer *Gas Weld.* 141 25
chipping hammer *Arc Weld.* 142 17
chip remover 157 50
chiropter 366 9
chiropteran 366 9
chisel 120 71
chisel, bevelled-edge ~ 132 7; 339 19
chisel, blacksmith's ~ 137 38
chisel, broad ~ 158 37
chisel, flat ~ 140 26; 339 14
chisel, hollow ~ 339 17
chisel, pneumatic ~ 148 45
chisel, toothed ~ 339 13
chisels 132 7-11
chitarrone 324 1
chiton 355 5
Chitonactis 369 20
chivalry 329
chive 57 22
chlorine 170 7
chlorine ion 1 10
chlorobenzene 170 9, 11
chock *Bldg. Site* 119 40
chock *Iron Foundry etc.* 148 61
chocolate 98 80
chocolate, bar of ~ 98 78
chocolate box 98 79
chocolate liqueur 98 83
choir 330 32; 335 4
choir organ 326 5, 42
choke cymbals 324 50
choke flap 192 6
choker 36 16
choker collar 355 74
cholecystography 27 4
chopper 188 56
chopper drum 64 34
chopping board 96 57
chord *Aircraft* 230 56
chord *Music. Not.* 321 1-5, 5
chord *Maths.* 346 51
chord, lower ~ 121 73, 79
chord, upper ~ 121 74, 80
chorus 315 21
chow 70 21
christening 332 1
christening dress 332 8
christening robe 332 8
christening shawl 332 9
Christian 330 61
chromatic scale 320 49
chromolithography 340 28
chronometer 230 11
chrysalis 77 30, 32; 80 4, 25, 43; 81 3, 21, 24; 82 13, 21, 32; 358 20; 365 11
chrysanthemum 51 29; 61 7
chuck *Meat* 95 19
chuck *D.I.Y.* 134 48
chuck *Turner* 135 6
chuck, four-jaw ~ 149 35
chuck, independent ~ 149 35
chuck, quick-action ~ 132 54
chuck, self-centring ~ 149 37
chuck, three-jaw ~ 149 37
chuck, two-jaw ~ 135 10
church 15 53, 61, 107; 330; 331 1; 332
church, Baroque ~ 336 1
church, Gothic ~ 335 22
church, Protestant ~ 330 1-30
church, Renaissance ~ 335 42
church, Roman Catholic ~ 330 31-61
church, Romanesque ~ 335 1-13
church banner 331 44
church clock 331 7
church door *Church* 331 16

church door *Art* 335 24
churchgoer 330 29; 331 17
church landmark 15 64
church organ 326 1-52
church owl 362 17
church roof 331 11
church spire 331 6
church wedding 332 14
church window 330 14
churchyard 331 21-41
churchyard gate 331 19
churchyard wall 331 18
chute *Docks* 226 45
chute *Fair* 308 40
chute, spiral ~ 144 28
chute, three-way ~ 92 34
ciborium 332 48
cigar, Brazilian ~ 107 2
cigar and cigarette boy 267 49
cigar box 107 1
cigar case 107 8
cigar cutter 107 9
cigarette, filter-tipped ~ 107 12
cigarette, Russian ~ 107 14
cigarette beetle 81 25
cigarette case 107 10
cigarette holder 107 16
cigarette lighter 107 27, 30
cigarette machine 268 69
cigarette packet 107 11
cigarette paper 107 17
cigarette roller 107 15
cigarettes and tobacco kiosk 204 47
cigarette seller 308 51
cigarette tip 107 13
cigarette tray 267 50
cigarillo 107 3
cigar lighter 191 88
ciliate 370 49
ciliate infusorian 357 9
cilium *Man* 19 41
cilium *Invertebr.* 357 10
cilium *Bot.* 370 50
cinchona 380 17
cincinnus 370 77
cine camera 117 1
cine film 117
cinema 312 1
cinema, mobile ~ 312 52
cinema advertisement 268 57
cinema audience 312 5
cinema box office 312 2
cinemagoer 312 5
cinema projector 312 24
cinema projector, narrow-gauge ~ 312 52
cinemascope camera 310 47
cinema ticket 312 3
cine projector 117 78; 318 20
cinnamon 382 25
cinnamon bark 382 25
cinnamon tree 382 22
cinquefoil 335 40
circle *Sports* 305 31
circle *Maths.* 346 42
circle, circumscribed ~ 346 29
circle, divided ~ *Optic. Instr.* 113 27
circle, divided ~ *Crystals* 351 32
circle, graduated ~ *Optic. Instr.* 113 27
circle, graduated ~ *Crystals* 351 32
circle, inner ~ 288 57
circle, inscribed ~ 346 31
circle, middle ~ 288 58
circle, outer ~ 288 59
circle, upper ~ 315 17
circles, concentric ~ 346 58
circles, polar ~ 14 11

circle template 151 70
circling engagement 294 49
circuit, integrated ~ *Clocks* 110 16
circuit, integrated ~ *Inf. Tech.* 242 68
circuit, primary ~ 154 2, 42
circuit, secondary ~ 154 7, 45
circuit breaker 127 19, 33, 36; 152 34; 153 51-62
circuit breaker, miniature ~ 41 20
circuit breaker consumer unit 127 33
circular broom 199 40
circular saw attachment 84 33; 134 52
circular saw blade 132 59
circulation, atmospheric ~ 9 46-52
circulation pump 154 43, 54
circulatory system 18 1-21
circumcircle 346 29
circumference *Cooper* 130 23
circumference *Maths.* 346 44
circumference, staved ~ 130 2
circumflex 342 32
circus 307
circus, travelling ~ 307 1-63
circus act 307 25
circus attendant 307 27
circus band 307 10
circus box 307 16
circus caravan 206 20; 307 34
circus horse 307 30
circus manager 307 17
circus marksman 307 38
circus rider 307 26
circus tent 307 1
circus trailer 307 34
cirrocumulus 8 14
cirrostratus 8 7
cirrus 8 6
cist, long ~ 328 16
cist, stone ~ 328 17
cistern 49 16
cithara 322 15
cittern 322 21
city 15 51
city banner 218 22
city wall 333 30
Claisen flask 350 50
clamp *Atom* 2 43
clamp *Overh. Irrign.* 67 30
clamp *Goldsm. etc.* 108 34
clamp *Joiner* 132 51; 133 9
clamp *Bookbind.* 183 18; 185 3
clamp *Chem.* 350 33
clamp, horizontal ~ 14 57
clamp, vertical ~ 14 55
clamp handle 133 8
clamping device *Atom* 2 43
clamping device *Mach. Tools* 150 15
clamping plate, hinged ~ 117 90
clamping screw 133 23
clamping shoe 133 10
clamp lever 132 67
clamp tip 149 46
clamp tip tool 149 45
clapper *Carnival* 306 47
clapper *Films* 310 35
clapper board 310 35
clapper boy 310 34
clappers 162 42
clarinet 318 4; 323 34
clarinettist 318 5
clasp, white gold ~ 36 10
clasp nut 149 19
classes, social ~of bees 77 1,4,5

classification siding 206 47
classification track 206 47
classification yard 206 42
classification yard switch tower 206 44
classifier 172 50
classroom 260 1-45
classroom cupboard 260 43
clavicembalo 322 45
clavichord 322 36
clavichord mechanism 322 37
clavicle 17 6
clavilux 317 13
claw 327 3; 362 7
claw, bird's ~ 327 61
claw, double ~ 77 8
claw chisel 339 13
claw head 120 75
claws, griffin's ~ 327 13
clay 160 1; 260 79; 339 8, 31
clay, impure ~ 159 2
clay, raw ~ 159 2
clay box 339 30
clay column *Brickwks.* 159 14
clay column *Porcelain Manuf.* 161 8
clay pigeon shooting 305 70-78
clay pit *Map* 15 88
clay pit *Brickwks.* 159 1
cleaner, centrifugal ~ 173 11
cleaner, ultrasonic ~ 109 23
cleaning brush *Hunt.* 87 62
cleaning brush *Office* 247 10
cleaning fluid 111 32
cleaning machine *Brew.* 92 36
cleaning machine *Watchm.* 109 30
cleaning plant 144 20
cleaning rag 50 55
cleaning rod 87 61
cleaning shop 148 38-45
cleaning tank 178 1
cleaning tow 87 63
cleanout door 38 39
cleansing pond 89 6
clear-felling system 84 4-14
clearing *Map* 15 2
clearing *Forestry* 84 13
clearstory 334 70
cleat *Carp.* 120 45
cleat *Floor etc. Constr.* 123 67
cleaver, butcher's ~ 94 18
cleaving hammer 85 5
clefs 320 8-11
cleft, anal ~ 16 41
clench planking 285 50-52
clerestory 334 70
clergyman 330 22; 331 37; 332 22
clergyman, Protestant ~ 332 3
clerical assistant 248 7
clerk 263 26, 27
clew 284 41
click 110 34
click beetle 80 37, 38
click wheel 110 35
cliff 13 28
cliff face 13 28
cliffline 13 25-31
cliffs 13 25-31
climate, artificially maintained ~ 356 21
climate, boreal ~ 9 56
climate, equatorial ~ 9 53
climates 9 53-58
climates, polar ~ 9 57-58
climatic map 9 40-58
climatology 9
climber *Flower Gdn.* 51 5
climber *Fruit & Veg. Gdn.* 52 5

climber *Indoor Plants* 53 2
climber *Veg.* 57 8
climber *Mountain.* 300 5
climbing 300 2-13
climbing boot 300 44
climbing breeches 300 7
climbing equipment 300 31-57
climbing frame 273 47
climbing harness 300 56
climbing net 273 50
climbing plant 53 2
climbing roof 273 60
climbing rope 273 48; 296 19
climbing tower 273 17
clinch 299 31
clinker cooler 160 9
clinker pit 152 8
clinker planking 285 50-52
clinker store 160 10
clinoprinacoid 351 24
clip *Atom* 2 18
clip *Bicycle* 187 62
clip *Railw.* 202 9
clipper display 238 44
clippers, electric ~ 105 21; 106 32
clipper ship, English ~ 220 36
clitellum 357 26
clitoris 20 88
Clivia minata 53 8
cloak 355 18, 26
cloak, red ~ 319 27
cloak, short ~ 355 29
cloak, Spanish ~ 355 29
cloak, woollen ~ 355 6
cloak cord 355 24
cloakroom 48 34; 207 70; 315 5; 318 1
cloakroom attendant 315 6; 318 2
cloakroom hall 315 5-11
cloakroom ticket 315 7
cloche 35 12
clock 191 38; 211 37; 212 16
clock, double ~ 276 16
clock, electric ~ 191 79
clock, main ~ 245 18
clock case 110 26; 309 57
clockmaker 109 1
clocks 110
clockwork 110 36
clockwork drive 10 14
clockwork mechanism 110 36
clod 63 7
clog 101 44; 355 43
cloister 331 52
cloister vault 336 41
closed vertical gate 301 66
close-up bellows attachment 115 85
close-up equipment 115 81-98
close-up lens 117 55
closing gear 90 27
closing head 143 59
closure rail 202 26
cloth 166 12; 271 59
cloth, damask ~ 45 2
cloth, felt ~ 340 42
cloth, flannel ~ 128 48
cloth, linen ~ 206 11
cloth, sterile ~ 26 38
cloth, unraised ~ 168 33
clothes, children's ~ 29
clothes, teenagers' ~ 29 48-68
clothes brush 50 44; 104 31
clothes closet 43 1
clothes closet door 46 2
clothes compartment 212 63; 267 30
clothes line 38 23; 50 33
clothes louse 81 41

clothes moth 81 13
clothes rack 271 31
clothes rack, movable ~ 103 17
clothes shop 268 9
clothing, protective ~ 84 26; 270 46
cloth roller 166 20
cloth-shearing machine, rotary ~ 168 42
cloth take-up motion 166 19
cloth take-up roller 166 47
cloth temple 166 13
cloud, lenticular ~ 287 19
cloud chamber photograph 2 26
cloud chamber track 2 27
cloud cover 9 20-24
clouds 8 1-19, 1-4, 5-12, 13-17
clouds, luminous ~ 7 22
clouds, noctilucent ~ 7 22
clout 121 94
clout nail 121 94; 122 96
clove carnation 60 7
clove pink 60 7
clover, four-leaf ~ 69 5
clover broadcaster 66 26
clove tree 382 26
clown 306 69; 307 24
clown, musical ~ 307 23
clown act 307 25
club 283 23
club hammer 126 77
clubhouse 283 23
club membership 286 8
club rush 378 21
clubs 276 38
clump of grass 375 44
cluster of eggs 80 2, 30
cluster of grapes 78 5
cluster of stars 3 26
clutch 191 44
clutch, dry ~ 190 78
clutch, fluid ~ 65 37
clutch, main ~ 65 39
clutch, multi-plate ~ 190 78
clutch, single-plate ~ 190 71
clutch coupling 227 23
clutch flange 177 55
clutch lever 188 32
clutch pedal 191 44, 96; 192 28
C major 320 55, 62
C major scale 320 45
C minor 320 59, 65
coach *Lorries etc.* 194 17
coach *Ball Games* 291 55; 292 57
coach, four-axled ~ 208 3
coach, second ~ 209 7
coach body 186 5; 207 2; 208 6
coach bolt 202 7
coach box 186 8
coach door 186 11
coaches 186 1-3, 26-39, 45, 51-54
coach horse 186 28
coachman 186 32
coach screw 202 7
coach step 186 13
coach wagons 186 1-3, 26-39, 45, 51-54
coagulating bath 169 15
coal 170 1
coal bunker 152 2; 225 19
coal conveyor 152 1
coal distillation, dry ~ 170 2
coal feed conveyor 199 37
coal mill 152 4
coal mine 144 1-51

coal scuttle 309 9
coal seam 144 50
coal shovel 38 43
coal tar 170 3
coal tar extraction 156 18
coal tower 156 5
coal tower conveyor 156 4
coal wharf 225 18
coaming 283 59
coarse dirt hose 50 84
coarse fishing 89 20-31
coastal cruiser 284 60
coastal lake 13 44
coaster 221 99
coaster brake 187 63
coasting vessel 221 99
coat 29 54; 30 60; 33 2
coat, black ~ 289 4
coat, braided ~ 186 23
coat, cloth ~ 30 61; 33 66
coat, dark ~ 289 4, 13
coat, fur ~ 30 60
coat, gallooned ~ 186 23
coat, loden ~ 29 31; 30 64
coat, loose-fitting ~ 271 41
coat, mink ~ 131 24
coat, ocelot ~ 131 25
coat, oilskin ~ 228 7
coat, poncho-style ~ 30 68
coat, poplin ~ 33 60
coat, red ~ 289 13
coat, three-quarter length ~ 271 21
coat belt 33 59
coat button 33 64
coat collar 33 58
coater 173 31, 34
coat hanger 41 3
coat hook 41 2; 207 50; 266 14
coating, bituminous ~ 200 58
coating of fluorescent material 240 19
coat-of-arms 254 1-6
coat-of-arms, marshalled ~ 254 10-13
coat-of-arms, provincial ~ 252 12, 14
coat pocket 33 61
coat rack 41 1
coat stand 266 12
coat-tail 33 14
cob 59 49
cobalt bomb 2 28
cobnut 59 49
coccinellid 358 37
coccyx 17 5; 20 60
cochlea 17 63
cock *Farm Bldgs.* 62 37
cock *Dom. Anim.* 73 21
cockade 264 8
cockatrice 327 34
cockchafer 82 1
cockchafer grub 82 12
cocker spaniel 70 38
cocking handle 255 12
cocking lever 255 12
cocking piece 121 30
cock pheasant 88 77
cock pigeon 73 33
cockpit *Aircraft* 230 1-31, 35; 231 19
cockpit *Police* 264 2
cockpit *Rowing* 283 8
cockpit *Sailing* 285 38
cockpit *Airsports* 288 10
cockpit canopy 230 39; 257 4
cockpit coaming 283 59
cockpit hood 230 39; 257 4
cockroach 81 17
cockscomb 73 22
cock's foot 69 25
cock's head 69 10

cock's tread 74 65
cocktail 317 33
cocktail fork 45 76
cocktail glass 267 56
cocktail shaker 267 61
cocoa *Grocer* 98 66
cocoa *Trop. Plants* 382 19
cocoa bean 382 19
cocoa palm 383 48
cocoa powder 382 19
coconut 383 53
coconut oil 98 23
coconut palm 383 48
coconut tree 383 48
cocoon *Forest Pests* 82 21
cocoon *Articulates* 358 51
coco palm 383 48
cocotte 306 37
cod 90 22
code flag halyard 223 10
code flag signal 223 9
cod end 90 22
code pendant 253 29
code pennant 253 29
coding keyboard 242 11
coding station 236 35
cod line 90 23
codling moth 58 62
codlin moth 58 62
coefficient 345 4
coelenterate 357 14; 369 5, 9, 14, 20
coffee 98 65-68, 67; 99 68-70, 68; 265 19
coffee *Trop. Plants* 382 6
coffee, instant ~ 99 70
coffee, pure ~ 98 65
coffee bean 382 6
coffee cup 44 29
coffee grinder, electric ~ 39 24; 98 69
coffee maker 39 38
coffee plant 382 1
coffee pot 44 28
coffee roaster 98 70
coffee service 44 27
coffee set 44 27; 265 18
coffee table 42 28
coffee tree 382 1
coffee urn 265 2
cofferdam 259 19
coffin 331 35
coffin chamber 333 5
cog *Mach. Parts etc.* 143 83
cog *Ship* 218 18-26
cog, wooden ~ 91 9
cognac 98 59
cog railroad 214 4-5
cog railway 214 4-5
cog wheels 143 82-96
coiffure, upswept ~ 355 81
coiffures 34 27-38
coil 89 21
coiled-coil filament 127 58
coiler 148 72
coiler top 163 62
coil spring 191 28; 192 68
coin 252 1-28
coin, Celtic ~ 328 37
coin, gold ~ 36 37
coin, silver ~ 328 37
coinage 252 1-28, 40-44
coin-box telephone 236 9; 237 3
coin bracelet 36 36
coin disc 252 43
coining dies 252 40-41
coining press 252 44
coins 252 1-28
coins, aluminium ~ 252 1-28
coins, copper ~ 252 1-28
coins, gold ~ 252 1-28
coins, nickel ~ 252 1-28

coins, silver ~ 252 1-28
coin setting 36 38
coke 147 2
coke guide 156 9
coke loading 156 15
coke loading bay 156 12
coke oven 144 7; 156 8. 16
coke-oven gas processing 156 16-45
coke-quenching car 144 11
coke-quenching tower 144 10
cokernut 383 53
coke side bench 156 13
coke wharf 156 12
coking coal 156 1
coking coal tower 144 9
coking plant *Coal* 144 7-11
coking plant *Coking* 156 1-15
coking plant *Synth. Fibres* 170 2
col 12 47
cold-drawing 170 46
cold house 55 33
cold light source 23 8
cold room 94 21-24
cold shelf 96 12; 98 3
cold storage room 223 56
cold store 94 21-24; 225 50
cold tap 126 29
cold water tank 92 9
cole 383 1
Coleóptera 358 24-39
coleseed 383 1
collar *Jewell.* 36 16
collar *Dog* 70 13
collar *Game* 88 27
collar *Roof* 121 35, 70
collar *Money* 252 42
collar *Church* 332 6
collar *Fish etc.* 364 39
collar, braided ~ 186 22
collar, cowl ~ 30 3
collar, Dutch ~ 71 28
collar, fur ~ 30 63
collar, fur-trimmed ~ 30 63
collar, gal023 ~ 186 22
collar, ground glass ~ 115 53, 64
collar, high ~ 355 74
collar, integral ~ 143 33
collar, knitted ~ 33 31
collar, matt ~ 115 53, 64
collar, padded ~ 101 20
collar, pointed ~ 71 15
collar, stand-up ~ 30 43
collar, turndown ~ 30 5; 31 69
collar, wide-falling ~ 355 56
collar beam 121 35, 38, 70
collar beam roof 121 34
collar beam roof structure 121 37
collar bearing 148 73
collarbone 17 6
collating machine 249 59
collating station 249 60
collecting bin 201 20
collecting hopper 92 20
collecting tank 172 26
collecting vessel 10 40, 45
collection 74 36
collection bag 236 51
collector 155 19
collector bow 205 36
collector well 269 4
college 262 1-25
college lecturer 262 3
colliery 144 1-51
collimator 111 46; 351 30
colon 342 17
colon, ascending ~ 20 19
colon, descending ~ 20 21
colon, transverse ~ 20 20
colonnade 274 9; 334 67

colophony 323 11
color *see* colour
Colorado beetle 80 52
colour 343
colour analyser 116 36
colour analyser lamp 116 37
colour chemicals 116 52
colour computer 177 51
colour conversion filter step 117 38
colour correction, selective ~ 177 51
colour correction unit 177 39
colour decoder module 240 5
colour developer 116 10
colour enlarger 116 40
colour filter 316 49
colour indicator 127 37
colour light distant signal 203 9, 14
colour light signal 203 3
colour medium 316 49
colour-mixing knob 116 43-45
colour organ 317 13
colour output stage module 240 13
colour pickup tube 240 36
colour picture tube 240 15
colour print 340 28
colour printing paper 116 51
colour processing chemicals 116 52
colours of the rainbow 343 14
colour television receiver 240 1
colour television set 240 1
colposcope 23 5
coltsfoot 380 8
colubrid 364 38
Columbian 175 30
columbine *Gdn. Flowers* 60 10
Columbine *Carnival* 306 27
column *Photog.* 116 42
column, angled ~ 116 28
column, bent ~ 113 21
column, central ~ 114 46
column, Corinthian ~ 334 10
column, Doric ~ 334 8
column, Ionic ~ 334 9
column, ornamented ~ 333 18
column, spinal ~ 17 2-5
column, vertebral ~ 17 2-5
column box 119 11, 73
column heading 342 46
column rule 342 47
column shaft 334 26
coma position 21 24
comb *Infant Care etc.* 28 8
comb *Dom. Anim.* 73 22
comb *Hairdresser* 105 6
comb, adjustable ~ 165 26
comb, top ~ 163 67
combat sports 299
comber 163 56, 63
comber draw box 163 60
comb foundation 77 43
combination, two-piece ~ 30 45
combination cutting pliers 126 60; 127 53
combination lever 210 30
combination rib weave 171 25
combination toolholder 149 41
combine 64 1-33
combined grasp 296 42

combine harvester 63 31; 64 1-33
combing cylinder 163 68
combing machine 163 56
comb setting 165 36
combustion chamber 232 37
combustion chamber, external ~ 147 16
comfrey 375 45
comic turn 307 25
comma 342 18
command key 247 21
command module 6 9
command section 234 65
commencement of speed restriction 203 39, 42
commissionaire 267 1; 271 44; 315 10
commissure, labial ~ 16 14; 19 19
committee 263 1-2
committee boat 285 15
committee member 263 2
committee table 263 3
common box 373 19
common buzzard 362 9
common comfrey 69 13
common denominator 344 19
common dolphin 367 24
common European kite 362 11
common flea 81 42
common groundsel 61 12
common heron 359 18
common housefly 81 2
common iguana 364 32
common mallow 376 13
common merganser 359 15
common myrtle 53 11
common nightshade 379 5
common orache 61 24
common pheasant 88 77
common privet 373 6
common puffball 381 20
common roller 360 6
common salt 170 13
common seal 367 19
common sea-swallow 359 11
common silver fir 372 1
common swallow 361 20
common time 320 32
common toadflax 376 26
common vetch 69 18
common viper 364 40
communicant 332 27
communication line 127 23
communication link 237 50
communications satellite 237 52
communion cup 330 10; 332 29
communion table 330 4
communion wafer 332 50
commutator cover 211 18
companion hatch 258 24
companion ladder 221 123; 223 24; 258 24
companionway 221 123; 222 23; 223 24; 258 24
company account 250 4
company messenger 236 17
compartment *Forestry* 84 2
compartment *Railw.* 207 13; 208 24
compartment *Store* 271 6
compartment, secretarial ~ 205 37; 209 25
compartment, special ~ 205 26
compartment, twin-berth ~ 207 38
compartment, two-berth ~ 207 38

compartment, two-seat ~ 207 38
compartment batten 316 13
compartment door 207 14
compartment window 207 52; 208 8
compass *Drawing Off.* 151 52
compass *Airsports* 288 12
compass, divisions of ~ 321 42-50
compass, fluid ~ 224 46
compass, gyroscopic ~ 224 31, 51-53
compass, liquid ~ 224 46
compass, magnetic ~ 223 6; 224 46; 230 6
compass, mariner's ~ 223 6
compass, ratchet-type ~ 151 64
compass, spirit ~ 224 46
compass, wet ~ 224 46
compass bowl 224 49
compass brick 159 25
compass bridge 223 4-11; 227 24
compass card 224 47
compasses 224 46-53
compass flat 223 4-11; 227 24
compass head 151 53
compass plane 132 28
compass platform 223 4-11; 227 24
compass repeater 224 31, 52, 53
compass saw 120 63; 126 70; 132 3
compendium of games 47 18
compensating airstream 192 4
compensating roller 181 45
compensation pendulum 109 33
compensator 181 45
compensator level 112 69
competition bow 305 54
competitor 282 28
complementary angle 346 15
complement of set 348 7, 8
composing frame 174 2
composing room 174; 175; 176
composing rule 174 14
composing stick 174 13
composition *Composing Rm.* 175 1-17
composition *Art. Studio* 338 4
composition, computer-controlled ~ 176 14
compositor 174 5
compost heap 52 6
comprehensive school 261 1-45
compress 27 4
compressed-air bottle 279 21
compressed-air braking system 208 21
compressed-air cylinder 279 21
compressed-air hose 174 38
compressed-air inlet 153 53
compressed-air line *Joiner* 133 45
compressed-air line *Blacksm.* 138 5
compressed-air pipe *Forging* 139 22
compressed-air pipe *Metalwkr.* 140 17
compressed-air pressure gauge 279 13
compressed-air reservoir *Agr. Mach.* 64 92
compressed-air reservoir *Offshore Drill.* 146 21

compressed-air supply 213 20
compressed-air system 138 1
compressed-air tank
  Blacksm. 138 4
compressed-air tank Power
  Plant 153 51
compressed-air vessel 269 17,
  50
compressed-gas container
  234 32
compressed-helium bottle
  234 14
compressed-helium tank 234
  43, 50
compression bandage 21 17
compression plate 2 25
compressor Painter 129 33
compressor Blacksm. 138 3
compressor Oil, Petr. 145 45
compressor Energy Sources
  155 4
compressor Ship 223 51
compressor Office 247 43
compressor, high-pressure ~
  232 36
compressor, low-pressure ~
  232 35
computer 23 53; 177 70; 195 1
computer cable 195 3, 38
computer centre 244
computer data 238 13
computer harness 195 3, 38
computer plug, main ~ 195 2,
  39
computer test, automatic ~
  195 33
computing scale 98 12
concave 64 11
concave ridge 302 22
concentrator 172 24, 42, 44,
  48, 62
concert grand 325 40
concertina 324 36
conch shell trumpet 327 41
concrete, heavy ~ 119 72
concrete, rammed ~ 118 1
concrete, tamped ~ 118 1
concrete aggregate 118 36;
  119 26
concrete bucket 119 38
concrete mixer 47 40; 118 33;
  119 29; 201 23
concrete-mixing plant 201 19
concrete pump hopper 201 24
concreter 119 9
concrete road construction
  201 1-24
concrete scraper 200 13
concrete spreader 201 5
concrete spreader box 201 6
concrete tamper 119 83
concrete test cube 119 84
concrete-vibrating
  compactor 201 10
concrete vibrator 119 88
condensate 172 17
condenser Brew. 92 6
condenser Optic. Instr. 112 8;
  113 32
condenser Oil, Petr. 145 44
condenser Nucl. Energy 154
  17, 35
condenser Energy Sources
  155 8
condenser Synth. Fibres 170 5
condenser Paperm. 172 30
condenser Warships 259 64
condenser Chem. 350 48
condenser, coiled ~ 349 6
condenser, universal ~ 112 66
condensing locomotive 210
  69
condensing tender 210 69

condition report 195 7
conductor Power Plant 153 34,
  43
conductor Spa 274 21
conductor Theatre 315 26
conductor, copper ~ 127 43
conductor, electrostatic ~ 230
  51; 231 27
conductor, high-voltage ~
  152 33
conduit 334 54
cone Phys. Geog. 11 24
cone Mach. Parts etc. 143 67
cone Synth. Fibres 169 27
cone Bicycle 187 58
cone Maths. 347 43
cone Decid. Trees 371 32
cone, cross-wound ~ 165 8, 24
cone, pyrometric ~ 161 6
cone, truncated ~ 347 45
cone axis 372 3
cone breaker 172 82
cone chest 326 12-14
cone creel 165 9
cone drum box 163 30
cone height 347 44
cone nozzle 83 23
cone refiner 172 27, 60, 73, 83
cone scale 372 8, 14, 27, 38
cone-winding frame 165 1
cone-winding machine 169
  26
coney 366 24
confectionery 97 17-47; 98
  75-86
confectionery unit 97 67-70
conference circuit 242 22
conference connection 242 22
conference grouping 246
  31-36
conference hook-up 242 22
conference table 246 31
confetti 306 62
configuration, angular ~ 248
  39
confluence 224 90
conga drum 324 55
congregation 330 29
conifers 372 1-71
Conium 379 4
connecting corridor 208 11
connecting door, sliding ~
  207 19
connecting element 248 48
connecting hose 208 16, 21
connecting lead 25 20, 56
connecting piece 350 56
connecting rod Agr. 63 20
connecting rod Intern.
  Combust. Eng. 190 21
connecting rod Railw. 210 11
connecting-rod bearing 192
  25
connecting seal, rubber ~ 207
  8; 208 12
connecting shaft 63 20
connecting system, automatic
  ~ 237 25
connection, internal ~ 245 14
connection, pneumatically
  sprung ~ 194 45
connection, rubber ~ 194 45
connection of modules 242 70
connection rebar 119 10, 71
connector Moon L. 6 28
connector Weaving 166 52
connector, thermoplastic ~
  127 29
connector fitting 287 31
consignment, general ~ 206 4
consignment, mixed ~ 206 4
consignment note 206 30
console Joiner 133 24

console Serv. Stat. 196 29
console School 261 37
console Music. Instr. 326
  36-52
console operator 244 3
console piano 325 1
console typewriter 244 4
consolidating beam 201 2
constant of integration 345 14
constellations 3 9-48
construction, close-seamed ~
  285 54
construction, wooden ~ 260
  72
construction of circuit 242 72
construction set 48 22
construction site 118; 119
construction unit, precast ~
  215 58
construction vehicle 255 75
consulting room 23 1
contact, auxiliary ~ 153 57
contact, magnetic ~ 242 71
contact arc 237 43
contact arm 237 44
contact arm tag 237 46
contact breaker 242 49
contact field 237 45
contact goniometer 351 27
contact maker 127 38-39
contact sleeve, metal ~ 166 31
contact spring 127 28
contact wire maintenance
  vehicle 211 41, 44-54
contact wire voltage indicator
  211 28
container 206 57; 221 22; 226
  3, 6
container Chem. 350 61
container, plastic ~ 83 25
container, railroad-owned ~
  206 19
container, railway-owned ~
  206 19
container, shielded ~ 154 82
container berth 225 48; 226 1
container car 206 58
container carrier truck 225 47
container for vegetables 96 51
container platform 194 27
container ship 221 89; 225 45
container station 206 54
container terminal 225 48;
  226 1
container wagon 206 58
containment, steel ~ 154 21
continents 14 12-18
continuity girl 310 39
continuity tester 127 55
continuous feed grate 199 34
continuous filament process
  162 48
continuous reheating furnace
  148 69
continuous rolling mill train
  148 66-75
contouche 355 66
contour 15 62
contour, submarine ~ 15 11
contour knife 340 10
contrabass 323 23
contrabassoon 323 28
contrabass tuba 323 44
contracted burial 328 17
contractile vacuole 357 5
contra octave 321 43
contrast control 240 32; 249
  36
contrast medium injector 27
  15
control, digital ~ 242 35
control, manual ~ 115 52
control, sliding ~ 311 18

control and monitoring panel
  311 8
control arm 240 29; 313 11
control board 153 1
control box Moon L. 6 23
control box Mach. Tools 150
  36
control box Offset Platem.
  179 33
control button Hosp. 25 30
control button Cine Film 117
  98
control button Text. Finish.
  168 40
control button Navig. 224 32
control button Audiovis. 243
  13
control button Office 246 19
control button School 261 45
control cable 271 53
control column 230 24; 257
  8; 288 14
control console Power Plant
  153 1-6
control console Photomech.
  Reprod. 177 5
control console Films 311 12
control console Theatre 316 2
control desk Hosp. 27 10
control desk Brew. 93 1
control desk Iron & Steel 147
  66
control desk Power Plant 153
  1-6
control desk Nucl. Energy 154
  80
control desk Offset Print. 180
  16
control desk Photograv. 182
  28
control desk Films 311 12
control desk, driver's ~ 212 32
control desk, engineer's ~ 212
  32
control device 26 7
control frame 287 46
control gear 164 38
control grip Pest Contr. 83 19
control grip Photog. 115 76
control handle, cranked ~ 168
  52
control knob Hosp. 25 49; 27
  41
control knob Electrotyp. etc.
  178 15
controller 197 27
controller, rear ~ 197 8
controller handwheel 211 20;
  212 12
control lever Agr. Mach. 64
  59
control lever Pest Contr. 83 21
control lever Cine Film 117 63
control lever Cotton Spin. 163
  28
control lever Road Constr.
  201 8, 12
control lever Navig. 224 19
control lever Broadcast. 240
  29
control lever Films 313 11
control lever Theatre 316 58
control line model 288 89
control linkage 190 30
control loudspeaker 311 13
control mechanism 181 26
control module 238 45; 240 11
control panel Hosp. 26 20; 27
  10
control panel Roof & Boilerr.
  38 67
control panel Dairy. 76 11
control panel Brew. 93 1, 20

control panel *Offshore Drill.* 146 28
control panel *Power Plant* 153 1
control panel *Nucl. Energy* 154 80
control panel *Paperm.* 173 43
control panel *Photomech. Reprod.* 177 36, 60
control panel *Offset Platem.* 179 10, 17
control panel *Offset Print.* 180 74
control panel *Bookbind.* 185 2
control panel *Broadcast.* 240 31
control panel *Films* 311 4, 17, 29
control panel, bracket-mounted ~ 177 6
control panel, electric ~ 168 25, 58
control panel, hinged ~ 177 6
control platform 226 55
control point 203 25
control rod *Nucl. Energy* 154 24
control rod *Warships* 259 69
control rod drive 154 23
control room *Hosp.* 25 1-9
control room *Offshore Drill.* 146 32
control room *Power Plant* 152 19, 28; 153 1-8
control room *Railw.* 214 65
control room *Broadcast.* 238 17
control room *Theatre* 316 1
control room, central ~ *Dairy.* 76 7
control room, central ~ *Brew.* 92 25
control room window 238 38
controls 25 29; 153 6; 271 48
control speaker 238 15
control station 217 45
control stick 230 24; 257 8; 288 14
control switch *Hosp.* 25 29
control switch *Offset Print.* 180 74
control switch *Navig.* 224 23
control tap 172 9
control tower 233 17; 287 12
control unit *Hosp.* 26 7
control unit *Opticn.* 111 29
control unit *Blacksm.* 138 31
control unit *Mach. Tools* 150 36
control unit *Photomech. Reprod.* 177 51
control unit *Electrotyp. etc.* 178 29, 36
control unit *Offset Platem.* 179 33
control unit *Audio* 241 40
control unit, central ~ *Hosp.* 25 1, 20
control unit, central ~ *Inf. Tech.* 242 2
control unit, electric ~ 168 58
control valve 153 52
control weight 166 63
control well 117 98
control wheel *Text. Finish.* 168 40
control wheel *Railw.* 212 81
convenience outlet 127 5
convenience outlet, double ~ 127 6
convent 15 63
convergence 224 90
convergence module 240 12

conversion filter step 117 38
converter 92 42
converter bottom, solid ~ 147 47
converter chimney 147 67
converter top, conical ~ 147 45
converter tube 27 19
convertible 193 9
convertiplane 232 31
conveyances 186 1-54
conveyor *Poultry Farm* 74 22
conveyor *Dairy.* 76 23
conveyor *Bldg. Site* 118 77
conveyor *Synth. Fibres* 169 32
conveyor *Paperm.* 172 79
conveyor *Photograv.* 182 30
conveyor *Refuse Coll.* 199 36
conveyor *Docks* 225 51
conveyor belt *Dairy.* 76 23
conveyor belt *Bldg. Site* 118 77
conveyor belt *Synth. Fibres* 169 32
conveyor belt *Paperm.* 172 79
conveyor belt *Photograv.* 182 30
conveyor belt *Docks* 225 51
conveyor brattice 163 13
conveyor trolley 74 39
conveyor unit 83 59
cook, head ~ 207 34
cooker 96 47
cooker, calor gas ~ 278 33
cooker, double-burner ~ 278 33
cooker, electric ~ 39 12; 46 32
cooker, gas ~ 39 12; 278 33
cooker hood 39 17; 46 31
cooker unit 39 12-17
cooking liquor 172 46
cooking pot 39 29; 40 12
cookroom 223 42
coolant 149 44
coolant bore 242 54
coolant-collecting plant 92 7
coolant feed line 235 38
coolant flow passage 154 29
coolant pump 190 61
coolant pump, primary ~ 154 25
coolant supply pipe 138 26; 149 25
coolant system 154 55
coolant tray 149 44
cooler *Oil, Petr.* 145 44
cooler *Coking* 156 27
coolie 353 43
cooling 170 34
cooling aggregate 39 5
cooling compressor 92 22
cooling cylinder 170 27
cooling fan 312 34
cooling rib 189 20; 190 80; 242 60
cooling roll 173 25
cooling roller 180 28
cooling room 281 28
cooling system 154 48
cooling table 97 67
cooling tank 162 15
cooling tower *Coal* 144 15
cooling tower *Nucl. Energy* 154 39
cooling tower *Synth. Fibres* 170 43
cooling unit 209 21; 212 26, 77
cooling water *Nucl. Energy* 154 18
cooling water *Railw.* 212 65, 78
cooling water bore 242 54
cooling water flow circuit 154 10

cooling water heat exchanger 155 3
cooling water pipe *Opticn.* 111 31
cooling water pipe *Power Plant* 152 27
cooling water pipe *Car* 191 10
cooling water temperature gauge 212 21
cooling water thermostat 190 62
cool shelf 266 49
coon 368 9
cooper 130 11
coordinate 347 2-3, 8
coordinate, right-angled ~ 347 1
coot 359 20
cop, full ~ 163 2
cope 148 19
copier, automatic ~ 249 32
copier, web-fed ~ 249 32
coping stone 37 37
copper 305 6, 18
copper, unworked ~ 260 64
copper cylinder, polished ~ 182 7
copper plate 179 9
copperplate, polished ~ 340 53
copperplate engraver 340 44
copperplate engraving 340 14-24
copperplate press 340 36
copper sulphate 351 26
copy 176 3; 177 18
copy, received ~ 245 2
copy, transmitted ~ 245 2
copyboard 177 14, 22, 30
copy cylinder 177 64
copy delivery 249 43
copyholder 177 15
copying camera, overhead ~ 177 1
copying stand 115 90, 92, 93
copypod 115 90
copy stand 115 90, 92, 93
coquille 294 38, 43
coral, precious ~ 357 17
coral, red ~ 357 17
coral animal 357 17
coral *Clavaria* 381 32
coral colony 357 18
coral evergreen 377 12
coral polyp 357 19
coral reef 13 32
cor anglais 323 38
cord 206 12
cord, warp-faced ~ 171 26, 27
cordate 370 35
corded ware 328 10
cordon, horizontal ~ 52 17, 29
cordon, quadruple ~ 52 1
cordon, vertical ~ 52 2
cormorant 359 10
corn 68 1, 31
corn camomile 61 8
corn campion 61 6
corn cob 68 36

corn cockle 61 6
cornea 19 47
cornelian cherry 373 30, 32
corner *Games* 276 27
corner *Ball Games* 291 41; 292 18
corner *Sports* 305 6; 305 8
corner *Maths.* 347 33
corner bottom slate 122 77
corner brace 120 26
corner flag 291 8
corner kick 291 41
corner peg 292 79
corner seat 207 58; 265 10; 266 38
corner section 42 26
corner stile 120 52
corner strut 120 52
corner stud 120 52
corner table 246 34
corner unit 39 27
corner work 149 51
cornet 323 43
cornett, curved ~ 322 12
cornfield 63 32
corn flower 61 1
corn head 64 35
cornice *Carp.* 120 34
cornice *Mountain.* 300 20
cornice *Art* 334 11-14; 335 48
corn marigold 61 7
corn poppy 61 2
corn removal 92 38
corn salad 57 38
corn spurrey 69 12
corn stem 68 5
corn weevil 81 26
corolla 59 11; 378 4
corolla, papilionaceous ~ 57 1
corona 334 12
corona, solar ~ 4 39
Corona Borealis 3 31
coronet, baronet's ~ 254 43
coronet, baronial ~ 254 44
coronet, count's ~ 254 45
coronet, ducal ~ 254 39
coronet, elector's ~ 254 41
coronet, prince's ~ 254 40
coronets 254; 254 37,38,42-46
coronets of rank 254 43-45
corporation stock 251 11-19
corps de ballet 314 25
corpus callosum 17 44
corpus cavernosum and spongiosum 20 67
corral 319 14
correcting fluid 247 13
correcting lens 115 22
correcting paper 247 12
correction lens 115 72
corrector, universal ~ 238 48
corrector plate 113 11
correspondence 245 19
correspondence file 22 12
correspondent 342 54
corresponding angle 346 12
corrida 319 1-33
corridor *Railw.* 207 11
corridor *Winter Sp.* 301 71
corridor compartment coach 207 1-21
Corvidae 361 1-3
corydalis 377 8
cosine 346 32
cosmetics 99 27-35
cosmetics gondola 99 23
cossack trousers 30 44
costume, theatrical ~ 315 51
costume designer 315 38
costumes, historical ~ 355
cot, collapsible ~ 28 1
cotangent 346 32

cottage, dikereeve's ~ **216** 45
cottage, ferryman's ~ **216** 45
cottage cheese **76** 45
cottage piano **325** 1
cotter punch **137** 31
cotton *Cotton Spin.* **163** 1-13
cotton *Industr. Plants* **383** 16
cotton bale, compressed ~ **163** 3
cotton bobbin **100** 29
cotton boll, ripe ~ **163** 1
cotton feed **163** 9
cotton-feeding brattice **163** 8
cotton grass **377** 18
cotton reel **104** 9
cotton rush **377** 18
cotton spinning **163**; **164**
cotton wool ball **99** 30
cotton wool packet **99** 28
cotyledon *Doc.* **22** 43
couch *Weeds* **61** 30
coucher **173** 49
couch grass **61** 30
couchman **173** 49
coudé ray path **5** 3
coudière **329** 48
coulee **13** 45
coulter **65** 10
coulter, disc ~ **64** 66; **65** 69
coulter, drill ~ **65** 76
coulter, rolling ~ **64** 66; **65** 69
coulter, skim ~ **65** 68
counter *Child. Rm.* **47** 28
counter *Shoem.* **100** 59
counter *Shoes* **101** 37
counter *Cotton Spin.* **163** 61
counter *Composing Rm.* **175** 41
counter *Offset Print.* **180** 74
counter *Railw.* **207** 31
counter *Café* **265** 1
counter *Restaurant* **266** 1-11
counter *Water* **269** 59
counter *Ball Games* **291** 23
counter *Winter Sp.* **302** 18
counter *Flea Market* **309** 83
counter, cashier's ~ **250** 1
counter, extra ~ **271** 64
counter, special ~ **271** 64
counterbalance **241** 22
counterbalance weight **242** 50
counterblow hammer **139** 5
counterbrace **215** 35
counter clerk **236** 16
counter gear assembly **269** 55
counter officer **236** 16
counterpoise *Optic. Instr.* **113** 19
counterpoise *Hydr. Eng.* **217** 76
counterpoise *Docks* **226** 50
counterpoise *Army* **255** 78
counter stamp machine **236** 19
counter tube **2** 21
counter tube casing **2** 20
counterweight *Overh. Irrign.* **67** 37
counterweight *Optic. Instr.* **113** 19
counterweight *Bldg. Site* **119** 33
counterweight *Forging* **139** 34
counterweight *Hydr. Eng.* **217** 76
counterweight *Docks* **226** 50
counterweight *Audio* **241** 22
counterweight *Army* **255** 78
counting, automatic ~ **74** 52
counting beads **47** 14
counting blocks **48** 17
counting mechanism **309** 83

counting out **299** 42
country estate **15** 94
countryside in winter **304**
coupé *Carriages* **186** 3
coupé *Car* **193** 28
couple **267** 46; **272** 72; **317** 17-18
couple, bridal ~ **332** 15-16
coupler *Bldg. Site* **119** 53
coupler *Plumb. etc.* **126** 43
coupler *Music. Instr.* **326** 41
couplet **321** 23
coupling *Agr. Mach.* **65** 61
coupling *Bldg. Site* **119** 53
coupling *Railw.* **208** 16; **210** 2; **212** 82; **214** 18
coupling, front ~ **65** 50
coupling, unlinked ~ **208** 19
coupling bolt **202** 15
coupling hook **122** 64
coupling hose **208** 21
coupling link **208** 17
coupling screw **208** 18
coupling spindle **148** 58
coupon **251** 17
coupon sheet **251** 17
courbette **71** 6
course *Weaves* **171** 42
course *Rivers* **216** 9
course *Ball Games* **293** 79-82
course *Winter Sp.* **301** 44
course, damp-proof ~ **123** 4
course, first ~ **118** 67
course, second ~ **118** 68
course, triangular ~ **285** 16
course counter **167** 43
course-marking flag **301** 45
course markings **289** 19
courser **70** 24
court dress **355** 79
courtesy light **191** 77
court shoe **101** 29
court shoe, fabric ~ **101** 54
court shoe, sling-back ~ **101** 53
couter **329** 48
cove **13** 7
cover *Dining Rm.* **44** 5
cover *Tablew. etc.* **45** 3-12
cover *Optic. Instr.* **113** 13
cover *Photog.* **115** 11
cover *Bldg. Site* **118** 22
cover *Bookbind.* **185** 40
cover *Bicycle* **187** 30
cover *Water* **269** 56
cover, canvas ~ **255** 98
cover, glass ~ *Kitch. Utensils* **40** 7
cover, glass ~ *Energy Sources* **155** 33
cover, hinged ~ **309** 27
cover, nylon ~ **207** 68
cover, porous ~ **199** 21
cover, screw-in ~ **115** 11
cover, screw-on ~ **83** 40
cover, soundproof ~ **310** 48
cover, terry ~ **49** 14
cover, transparent ~ **249** 27
coverall **29** 23
covering **287** 40
covering, felt ~ **353** 20
covering, green baize ~ **277** 15
covering material **184** 12
cover projection **243** 47
cover with filter **2** 14
coving **336** 10
cow **73** 1
cowberry **377** 23
cowboy **306** 31; **319** 36
cowboy boot **101** 9
cowcatcher **210** 34
cow corn **68** 31
cowl *Blacksm.* **137** 7

cowl *Warships* **258** 21, 59
cowl *Church* **331** 56
cowl collar **30** 3
cowl neck jumper **30** 2
Cowper's gland **20** 75
cowshed *Farm Bldgs.* **62** 7
cowshed *Livestock* **75** 14
cowslip **376** 8
cox **283** 11
coxed single **283** 18
coxless four **283** 9
coxless pair **283** 15
CQR anchor **286** 16
Crab *Astron.* **4** 56
crab *Shipbuild.* **222** 14, 28
crab *Articulates* **358** 1
crab *Deep Sea Fauna* **369** 16
crab apple tree **58** 51
crab louse **81** 40
cracker **306** 50
cracker, catalytic ~ **145** 48
crackowe **355** 42
cradle **237** 13
cradle, bouncing ~ **28** 2
cradle, double ~ **214** 68
cradle, two-wheel ~ **214** 69
cradle frame, lightweight ~ **189** 17
cradle switch **237** 13
craft room **260** 46-85
crakeberry **377** 23
cramp **119** 58; **120** 66
cramp iron **119** 58; **121** 97
crampon **300** 48
crampon cable fastener **300** 52
crampon strap **300** 51
Crane *Astron.* **3** 42
crane *Warships* **258** 88
crane, floating ~ **225** 10; **226** 48
crane, flying ~ **232** 16
crane, hammer-headed ~ **222** 7
crane, overhead ~ **222** 20
crane, polar ~ **154** 38
crane, revolving ~ **146** 3
crane, travelling ~ **147** 41; **222** 20
crane cable **222** 13
crane framework **226** 53
crane hoist, auxiliary ~ **147** 61
crane hook **139** 45
crane motor **157** 28
crane's bill **53** 1; **376** 24
crane track **119** 27
crane truck **270** 47
crank *Agr. Mach.* **64** 43
crank *Bicycle* **187** 41
crank *Road Constr.* **201** 18
crankcase **190** 40; **242** 51
crankcase scavenging **242** 59
crank drive **217** 53
crankshaft **166** 50; **190** 23; **192** 29
crankshaft, counterbalanced ~ **242** 50
crankshaft bearing **190** 22; **192** 23
crankshaft bleed **192** 22
crankshaft drilling **192** 22
crankshaft tributary **192** 22
crankshaft wheel **166** 51
crash bar **188** 18
crash barrier **259** 17
crash hat **290** 3
crash helmet **301** 13; **303** 14
crate **76** 30; **206** 5
crater **312** 44
crater, volcanic ~ **11** 16
cravat **32** 40
craw **73** 20
crawl **282** 37

crawl stroke **282** 37
crayon **47** 26; **338** 5
crayon, wax ~ **48** 11; **260** 6
crayon engraving **340** 14-24
cream **99** 27, 46
cream, whipped ~ **97** 28; **265** 5
cream cake **97** 21, 24
creamer **265** 21
creamery butter machine **76** 33
cream heater **76** 13
cream jar **28** 13; **99** 27
cream jug **265** 21
cream maturing vat **76** 31
cream pie **97** 24
cream puff **97** 27
cream roll **97** 17
cream separator **76** 14
cream supply pump **76** 40
cream tank **76** 19
cream tube **99** 33
crease *Men's Wear* **33** 6
crease *Ball Games* **292** 72
crease *Ethnol.* **353** 44
creatures, fabulous ~ **327** 1-61
creatures, mythical ~ **327** 1-61
creek *Phys. Geog.* **13** 8
creek *Map* **15** 80
creel *Fish Farm.* **89** 25
creel *Cotton Spin.* **164** 28, 58
creel *Weaving* **165** 25
creel, full ~ **164** 41
creeper **51** 5; **52** 5; **53** 2; **57** 8
creeping foot **357** 28
creese **353** 44
crenate **370** 46
crenel **329** 18
crenellation **329** 6
crepe paper **49** 11
crepidoma **334** 4
crescendo **321** 31
crescendo roller **326** 49
crescendo roller indicator **326** 37
crescent *Astron.* **4** 3, 7
crescent *Bakery* **97** 32
crescent *Supermkt.* **99** 13
Crescent *Flags* **253** 19
crescent-forming machine **97** 64
crescent moon **4** 3, 7
crescent roll **97** 32; **99** 13
crescent wing **229** 18
crest *Horse* **72** 12, 14
crest *Dom. Anim.* **73** 22
crest *Heraldry* **254** 1
crest, dorsal ~ **364** 21
crest, erectile ~ **359** 26
Cresta tobogganing **303** 22-24
crest coronet **254** 12
crested lark **361** 19
crested newt **364** 20
cresting **305** 65
crest of dam **217** 59
crests **254** 1, 11, 30-36
crevasse **12** 50; **300** 23
crew compartment **6** 41; **235** 16
crew cut **34** 11
crew entry tunnel **235** 71
cricket **292** 70-76
cricket bat **292** 75
crimping **170** 59
crimping iron **106** 26
crimson clover **69** 4
crinoline **355** 72
crispbread **97** 50
criss-cross skip **297** 44
cristobalite **1** 12
croaking sac **364** 25

crocket 335 38
croisé 314 16
croissant 97 32; 99 13
crojack 220 26
crojack yard 220 25
cromlech 328 16
crook 324 71
crook of the arm 16 44
crop 73 20
crops, arable ~ 68
croquant 98 85
croquet 292 77-82
croquet ball 292 82
croquet mallet 292 81
croquet player 292 80
Cross Astron. 3 44
cross Plumb. etc. 126 50
cross School 260 28
cross Church 331 25
cross, ansate ~ 332 63
cross, cardinal's ~ 332 65
cross, Constantinian ~ 332 67
cross, fivefold ~ 332 72
cross, Greek ~ 332 56
cross, Latin ~ 332 55
cross, Papal ~ 332 66
cross, patriarchal ~ 332 64
cross, processional ~ 330 47
cross, quintuple ~ 332 72
cross, Russian ~ 332 57
cross, saltire ~ 332 60
cross, St. Andrew's ~ 332 60
cross, St. Anthony's ~ 332 59
cross, St. Peter's ~ 332 58
cross arm 152 37
cross arms 10 30
crossbar Goldsm. etc. 108 5
crossbar Bicycle 187 16
crossbar Ball Games 291 36
crossbar Athletics 298 14, 34
cross beam 119 57
cross bearer 331 43
cross bond, English ~ 118 65
cross botonnée 332 71
crossbrace 215 35
cross bracing wire 229 12
crossbuck 202 41
cross chain conveyor 157 22
cross conveyor 157 20
cross-country Equest. 289 17
cross-country Winter Sp. 301 42
cross-country binding 301 15
cross-country boot 301 16
cross-country equipment 301 14-20
cross-country gear 301 17
cross-country lorry 194 1
cross-country motorcycle 189 16
cross-country pole 301 20
cross-country race 290 33
cross-country ski 301 14
cross-country stretch-suit 301 43
cross-country tyre 194 4
cross-cut 144 31
cross-cut, octagonal ~ 36 53
cross-cut, oval hexagonal ~ 36 63
cross-cut, round hexagonal ~ 36 65
cross-cut, trapezium ~ 36 58
cross-cut chain saw 157 38
cross-cut chisel 140 25
cross-cut saw 120 14
crosses, Christian ~ 332 55-72
crossfall 200 57
cross fold knife 185 12
cross fold unit, third ~ 185 14
cross grasp 296 43
cross hairs 87 32
cross hairs, double ~ 115 66

cross hatch 340 54
cross head Forging 139 37
cross head Railw. 210 27
crossing 205 15
crossing, intercom-controlled ~ 202 47
crossing, telephone-controlled ~ 202 47
crossing keeper 202 42
crossing the bar 298 31
crossjack 220 26
crossjack yard 220 25
cross joint 151 50
cross lacing 29 37
crosslet 332 68
cross moline 332 69
cross of Jerusalem 332 70
cross of Lorraine 332 62
cross of the Passion 332 55
crossover 241 14
crossover, double ~ 203 49-52
crossover network 241 14
cross piece Bldg. Site 118 47
cross piece Shipbuild. 222 15
cross piece Fencing 294 42
cross rib 335 31
cross slide 149 23, 39; 150 12
cross-slide guide 174 48
cross spider 358 45
cross stitch 102 5
cross stitch, Russian ~ 102 9
cross strut 119 67
cross tie Roof 121 30
crosstie Station 205 60
crosstie, concrete ~ 202 37
crosstie, coupled ~ 202 14, 38
crosstie, steel ~ 202 36
cross total counter 242 3
crosstrees 223 37; 284 13
crosstrees, starboard ~ 286 9
cross treflée 332 71
cross vault 335 31-32
crosswalk 198 11; 268 24, 51
cross-winding the threads 165 11
cross wire, overhead ~ 197 42
cross wires 87 32
crotchet 320 15
crotchet rest 320 23
crouch 295 6, 23
crouch start 298 4
croup 72 31
croupier 275 4
croupier, head ~ 275 6
crow 86 50, 51; 361 2
crowbar 158 32
crowberry 377 23
crowfoot 375 8
crown Man 16 1; 19 37
crown Forging 139 36
crown Bridges 215 31
crown Park 272 60
crown Art 336 39
crown Hist. Cost. 355 21
crown South. Fruits 384 29
crown, gold ~ 24 28
crown, mural ~ 254 46
crown block 145 4
crown cork 93 27
crown cork bottle-opener 45 47
crown cork closure 93 27
crown cork opener 45 47
crown of hooks 81 38
crown-of-the-field 61 6
crown of tree 370 3
crownpiece 71 10
crowns 254 37,38,42-46
crown safety platform 145 3
crown wheel Clocks 110 41
crown wheel Mach. Parts etc. 143 93

crows 361 1-3
crow's nest 223 38
crucible, clay ~ 350 31
crucible, graphite ~ 108 10
crucible tongs 108 11; 350 32
crucifer 331 43
crucifix Gymn. 296 50
crucifix Church 332 33
crucifix, processional ~ 331 42
crude benzene, production of ~ 156 41
crude benzene tank 156 42
crude benzol, production of ~ 156 41
crude benzol tank 156 42
crude oil production 145 22-27
crude phenol tank 156 40
crude tar tank 156 32
cruet set 332 44
cruet stand 266 22
cruiser 286 5
cruiser keelboat 285 29-34
cruiser stern 285 45
cruising yacht 284 60
cruising yawl 284 61
crumb 97 3
crumhorn 322 6
crupper 71 34; 72 31
crupper-strap 71 34
crusader 329 72
crushed grape transporter 78 16
crusher 172 5
crusher, coarse ~ 158 19
crusher, fine ~ 158 19
crusher, gyratory ~ 158 19
crusher, primary ~ 158 17
crusher, rotary ~ 158 19
crush hat 35 36
crush room 315 12-13
crust 97 4, 5
crust, earth's ~ 11 1
crust, outer ~ 11 1
crustacean 369 12, 15, 16
crustaceans 357 27-36; 358 1-2
crusta petrosa 19 31
crutch 148 15
Crux 3 44
cryosurgery 22 63
Cryptolestes 81 27
crystal 351 29
crystal centre 351 3
crystal combinations 351 1-26
crystal cone 77 21
crystal detector 309 23
crystal forms 351 1-26
crystallography 351 7
crystallometry 351 27-33
crystal plate glass 124 5
crystals 351 1-26
crystal set 309 23
crystal system 351 1-17
cub 88 42
cube Kindergart. 48 21
cube Maths. 347 30
cube Crystals 351 2, 14, 16
cube root 345 2
cube sugar 98 53
cubic crystal system 351 1-17
cubitière 329 48
cuckoo 359 30
cuckoo clock 109 31
cuckoo flower 375 11; 376 21
cuckoo pint 379 9
cucumber 57 13; 99 83
cue 277 9
cue ball, white ~ 277 11
cue rack 277 19
cue tip, leather ~ 277 10

cuff 25 16; 30 14; 32 45
cuff, fur ~ 30 62
cuff, fur-trimmed ~ 30 62
cuff, inflatable ~ 23 34
cuff, ribbed ~ 30 30
cuff link 32 46; 36 21
cuff protector 324 17
cuff slit 30 48
cuirass 329 46
cuish 329 52
cuissard 329 52
cuisse 329 52
culicid 358 16
culm Arable Crops 68 6
culm Coking 156 14
culotte 31 48; 29 59
cultivator Market Gdn. 55 21
cultivator Agr. 65 55
cultivator, three-pronged ~ 56 13
cultivator attachment 56 21
culture, bacteriological ~ 261 29
cumulonimbus 8 17; 287 26
cumulonimbus cloud 287 26
cumulus 8 1; 287 22
cumulus cloud 287 22
cumulus congestus 8 2
cumulus humilis 8 1
cup Bicycle 187 79
cup Decid. Trees 371 5
cup, baby's ~ 28 27
cup, hemispherical ~ 10 30
cup, rust-proof ~ 122 102
cup, zinc ~ 122 102
cup bearer 329 69
cupboard 246 5
cupboard, children's ~ 47 21
cupboard, sliding-door ~ 248 38
cupboard base unit 42 6
cupboard unit 42 7
cupboard unit, two-door ~ 46 6
cup cymbals 324 50
cupid 272 20
cupola Iron Foundry etc. 148 1
cupola Art 334 58
cupola, bulbous ~ 336 3
cupola furnace 148 1
cupule 59 42; 371 5; 384 52
curb 198 6; 272 25
curb bit 71 13, 52
curbstone 198 7
curbstone broker 251 5
curbstoner 251 5
curd cheese 76 38, 45
curd cheese machine 76 38
curd cheese packet 76 45
curd cheese packing machine 76 44
curd cheese pump 76 39
curds separator 76 41
curettage 26 52
curette 22 50; 26 52
curing floor 92 18
curing kiln 92 30
curl 34 3
curl brush 105 13
curl clip 105 14
curler Hairdresser 105 4
curler Winter Sp. 302 41
curling 302 41-43
curling broom 302 43
curling brush 302 43
curling iron 105 5; 106 31
curling stone 302 42
curling tongs 105 5; 106 31
curly kale 57 34
currant 58 12, 14; 98 9
currant bush 52 19; 58 10

current 216 9
current, cold ~ 9 29
current, three-phase ~ 153 42
current, warm ~ 9 28
current collector Lorries etc.
   194 41
current collector Tram 197 2,
   23
current collector Railw. 207
   24, 75; 211 2, 30
current control pedal 142 31
current meter Railw. 212 18
current meter Rivers 216 43
current rating 127 37
currents, oceanic ~ 14 30-45
current transformer 153 58
current/voltage meter 242 77
currycomb 71 54
curtail step 123 18, 42
curtain Dining Rm. 44 13
curtain Railw. 207 56
curtain Chivalry 329 15
curtain, iron ~ 316 24
curtain, theatrical 316 23
curtain department 271 66
curtain lace 167 29
curtain operation, types of ~
   315 1-4
curtain rail 44 15
curtain wall 329 15
curvature 346 22
curve Sports 305 19
curve Maths. 347 11, 18
curve, ballistic ~ 87 79
curve, hypsographic ~ 11
   6-12
curve, inflected ~ 347 13
curve, plane ~ 347 12
curved electrotype casting
   machine 178 13
curved plate casting machine
   178 13
curve eight 302 11
curvet 71 6
cushion 42 23; 47 8; 202 6
cushion, gilder's ~ 129 50
cushion, rubber ~ 277 16
cushion capital 335 21
cusp 20 48
customer 98 43; 99 2, 18; 111
   2; 248 18; 250 6; 266 25;
   271 16, 55
customer accounts office 271
   24
customer area 207 78
customer card index 248 24
customer service
   representative 248 17
customs 217 24
customs barrier 225 4
customs boat pendant 253 35
customs boat pennant 253 35
customs entrance 225 5
customs flags 253 35-38
customs launch 221 100
customs signal flag 253 37
cut Metalwkr. 140 28
cut Fencing 294 23
cut, antique ~ 36 49
cut, cold ~ 96 14
cut, positive ~ 340 3
cut, round ~ 36 42-43
cut, standard ~ 36 48
cut and thrust weapon 294 34
cutlery 45; 309 47
cutlery chest 266 41
cutlery drawer 39 10; 44 21
cutlery holder 266 48
cutlet 95 12
cut nippers, detachable-jaw ~
   140 67
cutoff knife and roughing
   station 184 3

cuts 36 42-86
cuts, fancy ~ 36 68-71
cutter Paperhanger 128 42
cutter Joiner 132 20
cutter Drawing Off. 151 15
cutter Brickwks. 159 15
cutter Paperm. 173 44
cutter Composing Rm. 175 33,
   51
cutter Ship 220 8
cutter Warships 258 12, 61
cutter Films 311 43
cutter, automatic ~ 162 19
cutter, fine ~ 133 37
cutter, rotary ~ Forestry 85 26
cutter, rotary ~ Bookbind. 184
   22
cutter, spherical ~ 108 7
cutter, universal ~ 134 28
cutter bar 64 3
cutter for metal watch straps
   109 19
cutter spindle 175 60
cutting Map 15 84
cutting Plant Propagn. 54 19,
   20
cutting Synth. Fibres 170 60
cutting Films 311 42-46
cutting, shooting ~ 54 24
cutting, sprouting ~ 54 24
cutting attachment 141 19
cutting bench 117 96; 311 42
cutting blade 183 19
cutting cylinder Gdn. Tools
   56 35
cutting cylinder Text. Finish.
   168 44
cutting drum 64 34
cutting edge 45 57; 66 14; 85
   2
cutting edge, cemented
   carbide ~ 149 48, 50
cutting edge, razor's ~ 106 40
cutting head 175 51
cutting-in brush 129 20
cutting machine Furrier 131 5
cutting machine Gas Weld.
   141 34
cutting machine Synth. Fibres
   169 30
cutting machine, universal ~
   141 36
cutting nozzle 141 38
cutting-off machine 125 16
cutting pliers 127 51
cutting point 136 35
cutting room 310 3
cutting scale, illuminated ~
   185 6
cutting shears 103 3
cutting table Dressm. 103 4
cutting table Cine Film 117 96
cutting table Composing Rm.
   175 52
cutting table Films 311 42
cutting template 103 13
cutting tip, adjustable ~ 149
   45, 46
cutting tip, cemented carbide
   ~ 149 50
cutting unit Gdn. Tools 56 33,
   41
cutting unit Agr. Mach. 64 8
cuttlefish 357 37; 369 4
cuttling device 168 35
cutup 326 25
cutwater 215 56
cutworm 80 44
cyan filter adjustment 116 45
cyclamen 53 5
cycle 187 1
cycle, motor-paced ~ 290 15
cycle racing 290 1-23

cycle serial number 187 51
cycle track 290 1
cycling track 290 1
cyclohexanol, pure ~ 170 18
cyclohexanol, raw ~ 170 16
cyclohexanone 170 20
cyclohexanoxime 170 22
cyclone 4 38; 9 5
cyclone heat exchanger 160 6
cyclorama 310 12; 316 9
cyclotron 2 49
Cygnus 3 23
cylinder Cooper 130 27
cylinder Metalwkr. 140 45
cylinder Cotton Spin. 163 43
cylinder Offset Print. 180 79
cylinder Railw. 210 32
cylinder Swim. 279 19
cylinder Graphic Art 340 40
cylinder Chem. 350 45
cylinder, developed ~ 182 13
cylinder, grooved ~ 165 10
cylinder, high-pressure ~ 153
   23
cylinder, hydraulic ~ 64 8;
   194 26
cylinder, low-pressure ~ 153
   25
cylinder, medium-pressure ~
   153 24
cylinder, perforated ~ 163 21
cylinder, right ~ 347 38
cylinder, steel ~ 180 54
cylinder arm 177 68
cylinder crankcase 190 19
cylinder diameter 167 16
cylinder head 190 45; 242 47
cylinder head gasket 190 48
cylinder lock 140 44
cylinder oil 145 63
cylinder-processing machine
   182 9
cylinder temperature gauge
   230 9
cylinder trimmer 85 25
cylinder trolley 141 23
cylinder undercasing 163 55
cyma 331 11, 19
cymatium 334 19
cymbal 324 51
cymbal holder 324 52
cymbals 323 50
cymbal stand 324 52
cyme 370 70; 374 36
cyme, curled ~ 370 77
cyme, helicoid ~ 370 76
cyme, scorpioid ~ 370 77
cypress 372 58
cythara 322 15

D

dabber 340 22
dachshund 70 39
dactyloscopy 264 28
dado, oil-painted ~ 129 15
daemon 327 58
da gamba violin 323 16
dagger, bronze ~ 328 22
dagger, hafted ~ 328 22
dagger, Malayan ~ 353 44
dahlia 51 20; 60 23
dairy 76 1-48
dairy cow 62 34; 75 17
dairy cow shed 75 14
dairy plant 76 1-48
dairy product 99 43
daisy 376 1
dam Map 15 69
dam Game 88 1
dam Energy Sources 155 38
dam Hydr. Eng. 217 57-64

damp course 123 4
dampener 180 23, 52, 61
dampening roller 180 23, 52,
   61
dampening unit 180 39, 61
damper Offset Print. 180 23,
   52, 61
damper Car 191 26; 192 69
damper Music. Instr. 322 54;
   325 37
damper, electromagnetic ~ 11
   40
damper block 325 37
damper door 210 6
damper lifter 325 38
damper-lifting lever 325 23
damper pedal 325 8
damper rest rail 325 39
damping roller 180 23, 52, 61
damping unit 180 39, 61
dam sill 217 79
dance band 306 2
dance band instruments 324
   47-78
dance costume 354 36
dance drum 354 14
dance floor 317 16
dance floor lighting 317 14
dancer 317 17, 18
dancer, principal ~ 314 28
dancing girl, Hindu ~ 306 25
dancing snake 353 48
dancing stick 354 37
dandelion 51 34; 61 13
dandy 306 33
dandy brush 71 55
Danebrog 253 17
Danforth anchor 286 18
danger zone 2 50
Dan grade 299 15
Danish pastry 97 30
Dannebrog 253 17
daphne 377 10
dark beer 93 26
darkroom equipment 116
   1-60
darkroom lamp 116 21
dark slide 114 64
darning stitch 102 17
dart 352 28
dart, barbed ~ 319 22
dart point 352 29
das 366 24
dash 342 23
dashboard Carriages 186 6
dashboard Car 191 57-90
dashboard Tram 197 29
dashboard lighting 197 30
dassie 366 24
data, technical ~ 151 32
data carrier 237 59, 62-64
data centre 248 43
data collection station,
   central ~ 242 20
data display terminal 238 2,
   11; 248 16, 44
data output 112 44
data print-out 195 7
data processor 237 60
data recording back 115 67
data service 237 58
data storage unit 242 32
data terminal 242 19
data transmission 237 58
data transmission service 237
   41
date 384 9
date and second button 110 4
date indicator display 237 39
date kernel 384 10
date of issue 250 14
date of maturity 250 16
date of publication 342 42

date palm **384** 1
date sheet **247** 33
date stamp postmark **236** 57
daughter boat **228** 17
davit **221** 78, 101; **223** 20; **258** 13, 83, 88
day cream **99** 27
dayfly **358** 6
daylight film magazine **311** 7
daylight-loading tank **116** 5
day nursery **48**
dead axle **210** 35
deadly nightshade **379** 7
dead man's handle **211** 21; **212** 13
deadwood **285** 47
de-aerator **152** 16
de-airing pug mill **161** 7
de-airing pug press **161** 7
dealer **275** 3
death notice **342** 68
death's-head hawkmoth **365** 9
death's-head moth **365** 9
death spiral **302** 5
debarking **85** 23
debenture bond **251** 11-19
debenzoling **156** 27
decade **332** 32
decatizing cylinder, perforated ~ **168** 50
decay, spontaneous ~ **1** 28
Decca navigation system **224** 39
decimal, recurring ~ **344** 21, 22
decimal fraction, proper ~ **344** 20
decimal key **247** 19
decimal place **344** 20
decimal point **344** 20
deck *Rowing* **283** 57
deck *Films* **311** 10
deck, lower ~ *Offshore Drill.* **146** 35
deck, lower ~ *Lorries etc.* **194** 37
deck, lower ~ *Space* **235** 28
deck, main ~ *Offshore Drill.* **146** 37
deck, main ~ *Ship* **221** 80; **223** 32-42
deck, main ~ *Warships* **258** 9
deck, middle ~ **146** 36
deck, orthotropic ~ **215** 2
deck, top ~ **146** 37
deck, upper ~ *Lorries etc.* **194** 38
deck, upper ~ *Railw.* **213** 36
deck, woven ~ **215** 18
deck beam **222** 57
deck bucket **221** 113
deck-chair **37** 47; **51** 2; **221** 111; **274** 13
deck crane **221** 5, 61
deck crane *Warships* **259** 10
decker **172** 24, 42, 44, 48, 62
deck hand **221** 112
deckhouse **221** 6, 39; **223** 34; **258** 72
decking, woven ~ **215** 18
deck plan **259** 12-20
deck plating **222** 56
deck slab **215** 6
deck space **223** 28
deck tennis **280** 31
declination axis **113** 5, 17
declination bearing **113** 6
declination gear **113** 4
decoder **110** 18
décolletage **306** 24
decometer **279** 17
decoration, Greek ~ **334** 38-43

decoration, Romanesque ~ **335** 14-16
decorative glass worker **124** 8
decorative pieces **35** 4
decoy bird **86** 48
decrescendo **321** 32
dedication, handwritten ~ **185** 50
dedusting fan **83** 53
dedusting screen **83** 56
deep freeze **96** 21; **98** 74; **99** 57
deep-sea cable **237** 56
deep-sea fauna **369**
deep-sea fishing **90** 1-23
deep-sea floor **11** 10
deep-sea medusa **369** 5
deep-sea salvage tug **258** 96
deep-sea trench **11** 12
deep tank **223** 78
deep-water start **286** 46
deer, antlerless ~ **88** 1
deer fence **84** 7
deer stalking **86** 1-8
defence area **293** 66
defender *Ball Games* **292** 4
defender *Fencing* **294** 6
defending fencer **294** 6
deflection system **240** 23
deflector piston **242** 56
defroster vent **191** 42; **192** 64
dégagé **314** 11, 12
degree **345** 2
degree scale **313** 14
dehydrogenation **170** 19
delayed-action release **115** 15
delay indicator **205** 24
delicatessen shop **98** 1-87
deliveries **305** 17-20
delivery **184** 5; **185** 23, 35
delivery blower **181** 33
delivery cylinder **180** 42, 65
delivery hose **270** 31
delivery mechanism *Offset Print.* **180** 45
delivery mechanism *Post* **236** 49
delivery pile **180** 44; **181** 9
delivery pipe *Docks* **226** 34
delivery pipe *Water* **269** 16, 49, 52
delivery pouch **236** 54
delivery reel **173** 28
delivery roller **164** 59
delivery table **181** 31; **184** 14, 19
delivery tray **185** 15
delivery tube **65** 77
delivery unit **180** 45
delivery valve **67** 9
delphinium **60** 13
delta **13** 1
delta connection **153** 21
delta wing **229** 19
deltoid **346** 38
demand regulator, two-tube ~ **279** 20
demesne **15** 94
demi-goat **254** 32
demigod **327** 40
demijohn **206** 13
demi-man **254** 11
demi-mondaine **306** 37
demi-monde **306** 37
demi-rep **306** 37
demisemiquaver **320** 18
demisemiquaver rest **320** 26
demi-woman **254** 11
demonstration bench **261** 3
demonstration equipment **242** 45-84
demonstration model **242** 45, 55

demonstrator **262** 6
den **273** 56
Deneb **3** 23
denims **31** 60; **33** 22
denomination *Money* **252** 32
denomination *Maths.* **344** 19
denominator **344** 15
dental surgeon **24** 1
dentate **370** 47
dent corn **68** 31
dentil **334** 14
dentine **19** 31
denting draft **171** 6
dentist **24** 1
denture **24** 25
department manager **271** 60
department store **268** 41; **271**
departure building **233** 15
'departures' **233** 25
departure schedule **204** 20
departure sign **197** 20
departure time indicator **205** 23
departure timetable **204** 20
deposit counter **236** 25
deposit slip **236** 27
depot **144** 17
depression **9** 5
depth adjustment **64** 88; **65** 60; **157** 45
depth-charge thrower **258** 34
depth gauge *D.I.Y.* **134** 47
depth gauge *Swim.* **279** 15
depth gauge attachment rule **149** 68
depth of focus **11** 34
depth reading **224** 67
depth recorder **224** 24
depth recording **224** 67
depth scale **224** 66
depth wheel **65** 59, 63
derailment guard **214** 75
derivative **345** 13
derrick *Phys. Geog.* **12** 33
derrick *Offshore Drill.* **146** 12
derrick *Ship* **221** 67
derrick boom **221** 26, 59; **223** 36
derrick boom, heavy-lift ~ **221** 25, 62
derrick mast **221** 60
descant viol **322** 23
descent stage **6** 28-36
desert monitor **364** 31
desert zone **9** 54
desiccator **350** 51
desiccator insert **350** 54
design **151** 16
design, chequered ~ **335** 14
design, computer-generated ~ **248** 19
design, imbricated ~ **335** 15
design, knitted ~ **30** 37
design, modular ~ **240** 1
design, quilted ~ **30** 31
design for costume **315** 39
designs, decorative ~ **334** 38-43; **335** 14-16
desk **46** 22; **246** 2
desk, cashier's ~ **250** 1
desk, clerical assistant's ~ **248** 11
desk, double ~ **260** 2
desk, instructor's ~ **242** 2
desk, stage manager's ~ **316** 29
desk, teacher's ~ **260** 22
desk chair **46** 27
desk diary **247** 32
desk drawer **46** 26; **246** 4
desk lamp **246** 11
desk mat **46** 23; **246** 6; **260** 25
desk set **246** 9

desk top **246** 3
desk unit **46** 21
dessert bowl **45** 6
dessert plate **45** 6
dessert spoon **45** 61, 66
destination board **205** 21, 38
destination indicator **205** 22
destination sign **197** 20
destroyer **258** 1, 38
desulfurization *see* desulphurization
desulfurizing *see* desulphurizing
desulphurization **156** 28
desulphurizing **169** 20
desulphurizing plant **145** 46, 68
detaching roller **163** 71
detangling brush **105** 2
detective **264** 33
detector indicator unit **224** 34
detonator cap **87** 58
detritus **12** 45
deutero-pyramid **351** 20
Deutschmark **252** 7
Devanagari **341** 9
developer **27** 33
developer, first ~ **116** 10
developing dish **116** 25
developing dish, semi-automatic ~ **116** 56
developing dish, thermostatically controlled ~ **116** 56
developing solution **116** 9
developing spiral **116** 2
developing tank *Photog.* **116** 1, 20
developing tank *Photograv.* **182** 11
developing tank, multi-unit ~ **116** 3
developing tank thermometer **116** 8
developing tray **116** 25
deviation mirror **113** 11
device **252** 12
devil **306** 14
devil's tail **340** 34
devil's tobacco pouch **381** 20
devil's wheel **308** 46
de-waxing **145** 50
dew claw **88** 23, 57
dewlap **73** 24
dexter **254** 18, 20, 22
D flat major **320** 67
diabetics file **22** 26
diacritics **342** 30-35
diadem **355** 21
diadem, pearl ~ **355** 16
diaeresis **342** 34
diagnostic test bay **195** 1-23
diagonal **346** 33
diagram *Drawing Off.* **151** 11
diagram *School* **260** 34
diagram *Univ.* **262** 8
dial **204** 5; **237** 10; **245** 16
dial finger plate **237** 11
dial finger stop **237** 12
dialling unit **237** 67
dial wind-up plate **237** 11
diameter **346** 45
diamond *Composing Rm.* **175** 21
diamond *Audio* **241** 26
diamond *Crystals* **351** 10, 13
diamonds **276** 41
diaper, disposable ~ **28** 22
diaphragm *Meteorol. Instr.* **10** 27
diaphragm *Man* **20** 9, 26
diaphragm *Dent.* **24** 33
diaphragm *Inf. Tech.* **242** 82

diaphragm, bladed ~ **2** 33
diaphragm chest **326** 12-14
diaphragm spring **190** 29
diathermy unit **23** 22
diazo plate **179** 32, 34
dibber **54** 7; **56** 1
dibble **54** 7; **56** 1
dice **276** 29, 31
dice cup **47** 42; **276** 30
dicing **276** 29
dictating machine **22** 27; **209** 30; **246** 17; **248** 34
dictating machine, pocket-sized ~ **246** 32
dictionary **262** 17
dictionary, medical ~ **22** 22
didelphid **366** 2
Didone **342** 6
die *Metalwkr.* **140** 32
die *Brickwks.* **159** 13
die, lower ~ **252** 41
die, steel ~ **175** 36
die, upper ~ **252** 40
die and stock **140** 32
die blank **175** 35
die block, lower ~ **139** 14, 39
die block, upper ~ **139** 13, 38
die case **174** 42, 46
die head **143** 57
diesel-electric drive **223** 68-74; **259** 75
diesel engine *Energy Sources* **155** 5
diesel engine *Intern. Combust. Eng.* **190** 4
diesel engine *Railw.* **211** 47; **212** 25, 51
diesel engine *Ship* **223** 73
diesel engine, auxiliary ~ **209** 19
diesel engine, eight-cylinder ~ **212** 73
diesel engine, five-cylinder in-line ~ **190** 3
diesel engine, four-cylinder ~ **65** 44
diesel engine, six-cylinder ~ *Agr. Mach.* **64** 28
diesel engine, six-cylinder ~ *Railw.* **209** 23
diesel engine, underfloor ~ **209** 23
diesel fuel **146** 26
diesel generator **259** 94
diesel generator unit **209** 5
diesel-hydraulic locomotive **212** 1, 24, 47; **213** 1
diesel locomotive **212** 1, 68
diesel locomotive, single-engine ~ **208** 1
diesel locomotives **212** 1-84
diesel oil **145** 56
diesel railcar **208** 13; **211** 41
diesel tank **146** 13
diesel trainset **209** 1
die stock **125** 27
diet meal **266** 62
difference **344** 24
differential *Agr. Mach.* **65** 32
differential *Intern. Combust. Eng.* **190** 75
differential *Maths.* **345** 13, 14
differential gear **65** 32; **190** 75
differential sign **345** 13
diffuser *Photog.* **114** 60
diffuser *Paperm.* **172** 11, 13
diffuser *Space* **234** 15
diffusing screen **310** 38
digester **172** 7
digger **64** 59
digger, toy ~ **273** 65
digging bucket **200** 5

digging bucket arm **200** 4
digging bucket teeth **200** 6
digging fork **66** 22
Digitalis **379** 2
digital readout *Clocks* **110** 2
digital readout *Optic. Instr.* **112** 47
digitate **370** 39
digitated **370** 39
digitus I **19** 52, 64
digitus II **19** 53, 65
digitus III **19** 54, 66
digitus IV **19** 55, 67
digitus V **19** 56, 68
digitus anularis **19** 67
digitus medius **19** 66
digitus minimus **19** 56, 68
dike **216** 34, 39
dike, main ~ **216** 32
dike batter **216** 40
dike ramp **216** 47
dikereeve **216** 46
dike slope **216** 40
diligence **186** 39
dimension line **151** 25
diminished triad **321** 3
diminuendo **321** 32
dimmer switch **127** 17
dimple **16** 16
dinar **252** 28
diner **207** 22-32
dinghy, inflatable ~ **228** 18; **258** 82; **278** 14; **279** 27
dining area **266** 73
dining car **207** 22-32
dining car kitchen **207** 33
dining chair **44** 10
dining compartment **207** 32, 77
dining room **44**; **223** 44; **267** 20
dining set **42** 33-34; **44** 1-11
dining table **42** 33; **44** 1; **45** 1; **46** 34
dinner dress **33** 7
dinner plate **39** 42; **44** 7; **45** 4
dinner service **44** 33
dinner set **44** 33
diopter control ring **117** 15
dioptric adjustment ring **117** 15
dip, true ~ **12** 3
diploma **106** 42
dipole antenna **230** 65
dipper stick **200** 4
dipstick **190** 47
dipterans **358** 16-20
dipyramid, tetragonal ~ **351** 18
direct current motor **150** 9
direction, negative ~ **347** 7
direction, positive ~ **347** 6
directional antenna *Moon L.* **6** 4, 44
directional antenna *Post* **237** 51, 52
directional antenna assembly **234** 64
directional gyro **230** 13
direction finder, automatic ~ **230** 5
direction finder antenna **223** 5
director **310** 40; **316** 40
director of photography **310** 44
directory enquiries **237** 33
directory holder **236** 11
direct-vision frame finder **117** 58
dirndl **31** 26
dirndl, girl's ~ **29** 36
dirndl apron **31** 31

dirndl blouse **31** 29
dirndl dress **31** 26
dirndl necklace **31** 28
disc *Flat* **46** 15
disc *Agr. Mach.* **65** 83
disc *Disco* **317** 24
disc, adhesive ~ **364** 26
disc, carborundum ~ **24** 35
disc, facial ~ **362** 18
disc, germinal ~ **74** 65
disc, insertable ~ **115** 96
disc, metal ~ **309** 15
disc, plain ~ **65** 84
disc, revolving ~ **275** 31
disc, serrated-edge ~ **65** 85
disc, silver ~ **10** 24
disc, solar ~ **4** 36
disc barbell **299** 3
disc brake *Intern. Combust. Eng.* **190** 74
disc brake *Car* **191** 17-18; **192** 48-55
disc brake *Railw.* **208** 4
disc brake, front ~ **189** 32
disc brake calliper **189** 33
disc clutch **139** 21
disc coulter drive **64** 68
disc fibula **328** 30
disc floret **375** 32
discharge, pneumatic ~ **213** 18
discharge connection valve **213** 21
discharge conveyor **64** 83
discharge door **139** 2; **213** 25
discharge flap **213** 25
discharge flume **91** 41
discharge opening *Forging* **139** 2
discharge opening *Sawmill* **157** 56
discharge opening *Hydr. Eng.* **217** 56
discharge pipe **64** 37
discharge structure **217** 44
discharging chute **147** 39
discharging position **147** 58
disc jockey **317** 25
discomedusa **357** 14
discotheque **317**
disc pack **176** 34
disc slot **243** 38
disc stack **176** 34
disc store **244** 1
discussion tube arrangement **112** 22
disc wheel **191** 14
disgorger **89** 40
disguise **306** 6-48, 33
dish **332** 50
dish, three-compartment ~ **40** 8
dish drainer **39** 33
dish rack **39** 41
dish thermometer **116** 13
dishwasher **39** 40
dishwashing machine **39** 40
disinfectant powder **83** 60
disintegrator **172** 5
disk *see* disc
dislocation **11** 50
dispenser **22** 64
displacement **11** 50
displacement boats **286** 32-37
display **47** 30; **271** 67
display, digital ~ *Clocks* **110** 20
display, digital ~ *Optic. Instr.* **112** 47
display, individual ~ **242** 3
display, visual ~ *Railw.* **211** 34
display, visual ~ *Broadcast.* **238** 2, 43

display cabinet **44** 26; **46** 9
display cabinet unit **42** 5
display case **271** 13
display counter **99** 10
display pipes **326** 1-3
display window, indoor ~ **271** 13
dissecting bench **261** 22
dissolver **172** 37
dissolving tank **172** 37
distance **346** 5
distance-measuring instrument **112** 70
distance piece *Bees* **77** 41
distance piece *Bldg. Site* **119** 81
distance scale **115** 4
distance setting **114** 28; **117** 3
distance-setting ring **114** 39; **115** 8
distant signal identification plate **203** 24
distillation **170** 17
distillation, gradual ~ **170** 4
distillation apparatus **350** 46
distillation column **145** 37, 49
distillation flask **350** 47, 50
distillation plant **145** 66
distillation product, heavy ~ **145** 40
distillation product, light ~ **145** 39
distilling apparatus **350** 46
distilling flask **350** 47, 50
distributary **13** 2
distributing machine **236** 38
distributing mechanism **174** 20
distributing pipe **126** 8
distributing roller **181** 7, 62; **249** 51
distribution board **157** 67
distribution main **269** 22
distribution pipe, main ~ **38** 71
distribution steel **119** 69
distributor *Composing Rm.* **174** 20
distributor *Letterpress* **181** 7, 62
distributor *Intern. Combust. Eng.* **190** 9, 27
distributor *Office* **249** 51
distributor cylinder **62** 23
distributor roller **181** 7, 62
distributor shaft **190** 27
distributor unit **62** 22
district boundary **15** 103
district heating main **198** 28
ditch **329** 33, 37
ditch fern **377** 16
divan, double ~ **43** 4-13
diver **282** 5
dividend **344** 26
dividend coupon **251** 18
dividend coupon sheet **251** 17
dividend warrant **251** 18
divider *Agr. Mach.* **64** 1
divider *Bakery* **97** 56
divider and rounder **97** 63
dividing **344** 26
dividing breeching **270** 32
diving **282** 38
diving, acrobatic ~ **282** 40-45
diving, competitive ~ **282** 40-45
diving, fancy ~ **282** 40-45
diving apparatus **279** 12, 19; **282** 5-10
diving board **282** 9
diving boards **282** 5-10
diving goggles **280** 38

diving mask 279 10
diving plane, aft ~ 259 95
diving platform 282 6
diving pool 282 11
division Navig. 224 89
division School 260 39
division Maths. 344 26
division sign 344 26
divisor 344 26
D major 320 57
D minor 320 63
Dobermann terrier 70 27
dock Horse 72 34
dock Shipbuild. 222 36-43
dock, emptied (pumped-out) ~ 222 43
dock, floating ~ Shipbuild. 222 34-43, 41
dock, floating ~ Docks 225 16
dock area 225 1
dock basin 222 36
dock bottom 222 31
dock crane 222 34
dock floor 222 31
dock gate 222 32
docking a ship 222 41-43
docking hatch 6 45
docking target recess 6 47
docks 225; 226
dockside crane 222 34
dock structure 222 37-38
dockyard 222 1-43
doctor 22; 23
'doctor' 233 44
doctor blade 168 44
document 245 19
document, confidential ~ 246 25
document file 245 6; 247 37; 248 5
document glass 249 39
dodecahedron, pentagonal ~ 351 8
dodecahedron, rhombic ~ 351 7
dodgem 308 62
dodgem car 308 63
dodger 223 17
doe Dom. Anim. 73 18
doe Game 88 40, 59
doe, barren ~ 88 34
doe, young ~ 88 39
doffer 163 42
doffer comb, vibrating ~ 163 39
dog Dom. Anim. 73 16
dog Game 88 42
dog Bldg. Site 119 58
dog Roof 121 97
dog Intern. Combust. Eng. 190 39
dog, three-headed ~ 327 30
dog, toy ~ 47 7, 41
dog biscuit 99 37
dog bowl 70 32
dog brush 70 28
dogcart 186 18
dog comb 70 29
dog flange 190 39
dog food 99 36
dog lead 70 30
dog rose 373 26
dogs Dog 70
dogs Forging 139 33
dog sled 353 3
dog sledge 353 3
dog's outfit 70 28-31
Dog Star 3 14
dog tick 358 44
do-it-yourself 134
do-it-yourself enthusiast 134 61
do-it-yourself work 134 1-34

doldrums 9 46
dolina 13 71
doll 309 11
doll, sleeping ~ 47 11
doll, walking ~ 273 63
dollar 252 33
doll's pram 47 10; 48 24
dolly Flea Market 309 68
dolly Films 310 49
dolmen 328 16
dolphin 225 12
dolphin butterfly stroke 282 35
dome Brew. 92 45
dome Art 337 21
dome, high ~ 36 79
dome, imperial ~ 121 25
dome, main ~ 334 72
dome, revolving ~ 5 12
dome cover 38 48
dome shutter 5 14
dome system 334 72-73
domicilation 250 22
dominant seventh chord 321 5
domino Games 276 34
domino Carnival 306 13, 15
dominoes 276 33
domino panel 203 66
donjon 329 4
donkey 73 3
door Farm Bldgs. 62 17
door Carriages 186 11
door Tram 197 32
door Railw. 207 20, 22
door, bottom ~ 210 7
door, double ~ Tram 197 14
door, double ~ Railw. 208 7
door, double ~ Hotel 267 27
door, driver's ~ 193 2
door, folding ~ Tram 197 14
door, folding ~ Railw. 207 39; 208 7
door, front ~ Dwellings 37 65
door, front ~ Hall 41 25
door, front ~ Household 50 30
door, front ~ Floor etc. Constr. 123 24
door, front ~ Car 193 5
door, glass ~ 44 18
door, hinged ~ 194 12
door, ledged ~ 37 34
door, main ~ Church 331 16
door, main ~ Art 335 24
door, outer ~ 259 78
door, outward-opening ~ 194 35
door, rear ~ Car 193 3, 6, 20
door, rear ~ Lorries etc. 194 11
door, revolving ~ 213 9
door, side ~ Lorries etc. 194 8, 12
door, side ~ Railw. 213 9
door, sliding ~ Farm Bldgs. 62 16
door, sliding ~ Brew. 92 47
door, sliding ~ Lorries etc. 194 8
door, sliding ~ Railw. 213 15
door, vertical-lift ~ 139 51
doorbell 127 2
door frame 41 26
door handle Hall 41 28
door handle Carriages 186 12
door handle Car 191 5
door-lifting mechanism 139 55
door lock Hall 41 27
door lock Metalwkr. 140 36-43
door lock Car 191 6
doorman 267 1; 271 44

dormer 37 56; 38 7; 121 6; 329 11; 336 4
dormer window 37 56; 38 7; 121 6; 329 11; 336 4
dormer window, hipped ~ 121 13
dorsum manus 19 83
dorsum of the foot 19 61
dorsum of the hand 19 83
dorsum pedis 19 61
dosimeter 2 8-23
dosing mechanism 83 60
dosser 78 15
dosser carrier 78 14
dot 178 39
dot, French ~ 102 13
dot ball, white ~ 277 13
double 276 35
double backward somersault 282 42
double bass 323 23
double bassoon 323 28
double bass viol 322 23; 323 23
double bull capital 333 28
double bull column 333 23
double edger 157 57
double flat 320 53
double-lap roofing 122 2
double leg circle 296 54
double leg lock 299 11
double mill 276 25
double overarm stroke 282 37
doubles 293 2-3
doubles, mixed ~ 293 49
double sharp 320 51
doubles match 293 2-3
doubles sideline 293 2-3
doublet, padded ~ 355 30, 45
doublet, paned ~ 355 33
doublet, quilted ~ 355 45
doublet, short ~ 355 41, 45
doublet, slashed ~ 355 33
doublet, stuffed ~ 355 30
double-three 302 14
double unit for black 180 12-13
double unit for cyan 180 8-9
double unit for magenta 180 10-11
double unit for yellow 180 6-7
double-whole note 320 12
doubling frame 164 57
doubling of slivers 164 5
dough mixer 97 55, 59
doughnut 97 29
douze dernier 275 27
douze milieu 275 26
douze premier 275 25
dovetail halving 121 89
dowel hole 120 22, 23
dowel hole borer 133 6
dowel hole boring machine 133 6
down-draught carburettor 192 1-15
down-gate 148 21
downhill racing 301 32
downhill racing pole 301 25
downhill racing position 301 33
downhill ski 301 34
downpipe 37 13; 38 10; 122 29; 147 63
downspout 37 13; 38 10
downtake 147 13
down-town 268
down tube 187 17
downy mildew 80 20, 21
drachma 252 39
Draco 3 32
draff 92 50

draft Weaves 171 4, 11, 13, 19, 21, 27
draft Bank 250 12
draft see draught
draft, rough ~ 338 4
draft board 168 7
draft clause 250 17
drafting 164 12, 13
drafting machine 151 2
drafting roller 164 21, 22, 29
draft mark 222 73
drag Iron Foundry etc. 148 20
drag Equest. 289 48
drag chute housing 257 24
drag hook Horse 71 14
drag hook Fire Brig. 270 49
drag hunt 289 41-49
drag lift 214 15
Dragon Astron. 3 32
dragon Fabul. Creat. 327 1, 50
dragon, seven-headed ~ 327 50
dragon beam 120 42
dragon figurehead 218 16
dragonfly 358 3
dragon piece 120 42
dragon ship 218 13-17
drain Street Sect. 198 23
drain Rivers 216 37
drain Town 268 8
drainage 144 46
drainage basin 12 24
drainage ditch Road Constr. 200 63
drainage ditch Rivers 216 33
drainage layer 199 25
drainage sluice 216 34
drainage tube 26 47
drain cock 178 34
drain cover 198 24
drain pipe 198 25; 199 26
drain plug 284 36
drake 73 35
drapery 338 33
draught beam 65 18
draughtboard 276 17
draught mark 222 73
draughts 276 17-19
draughtsman 276 18, 19
drawbar 64 47, 61; 65 18
drawbar coupling Agr. Mach. 65 30
drawbar coupling Camping 278 55
drawbar frame 65 26
drawbar support 64 62
drawbar trailer 194 22
drawbench 108 2
drawbridge 329 25
draw cord 29 67
draw curtain 315 1
drawee 250 20
drawer Dent. 24 17
drawer Hall 41 9
drawer Bedrm. 43 18
drawer Flat 46 11
drawer Bathrm. etc. 49 34
drawer Bank 250 21
draw frame 164 1
draw frame, four-roller ~ 164 9
draw frame, simple ~ 164 9
draw frame cover 164 7
draw hoe 66 1
draw hook 270 49
drawing Drawing Off. 151 16
drawing Synth. Fibres 170 55
drawing, final ~ 170 47
drawing, preliminary ~ 170 45
drawing, rolled ~ 151 10
drawing bench 108 2

drawing board 151 1
drawing board adjustment 151 5
drawing easel 338 34
drawing floor 120 11
drawing head 151 4
drawing ink cartridge 151 36
drawing ink container 151 63
drawing-in roller 168 12
drawing knife 120 79
drawing machine 162 7
drawing office 151
drawing pen, tubular ~ 151 37, 38
drawing roll 162 11
drawing table 151 6
draw-in wire 127 30
drawknife 120 79
draw-off tap 126 34
drawshave 120 79
draw stop 325 44; 326 6
drawstring 29 64, 67
drawstring waist 31 66
draw well 329 3
draw wire 127 30
draw works 145 11
dredger 216 56; 226 41
dredger, hydraulic ~ 216 59
dredger bucket 226 44
dredging bucket 216 58
dredging machine, floating 216 56
dress 31 9
dress, button-through ~ 30 10
dress, jersey ~ 29 28
dress, knitted ~ 29 28; 30 33
dress, off-the-peg ~ 271 29
dress, peasant-style ~ 30 27
dress, ready-made ~ 271 29
dress, ready-to-wear ~ 271 29
dress, shirt-waister ~ 30 10
dress, two-piece ~ 30 33; 31 11
dress, wrap-around ~ 30 25
dress, wrapover ~ 30 25
dressage 289 1-7
dressage arena 289 1
dress and jacket combination 31 6
dress circle 315 18
dress form 103 6
dress guard 104 14
dressing, sterile gauze ~ 21 6
dressing axe 158 38
dressing comb 105 15; 106 28
dressing floor 92 8
dressing gown 29 24; 32 35
dressing machine 83 52
dressing material 26 34
dressing room 315 43-52
dressing room mirror 315 43
dressing stool 43 24
dressing table 43 25; 105 19
dressing-table mirror 43 29
dressmaker 103 1
dress shirt 32 43
dress sword 355 63
dribble 291 52
drier Synth. Fibres 170 38
drier Paperm. 173 22
drier Offset Print. 180 14, 27
drier, swivel-mounted ~ 105 25
drier felt 173 23
driers 50 23-34
drift net fishing 90 1-10
drill Dent. 24 6, 17
drill Agr. Mach. 65 74
drill Goldsm. etc. 108 4
drill Turner 135 22
drill, electric ~ 56 19; 120 21; 134 16, 50-55
driller 158 9

drilling bit 145 21
drilling cable 145 7
drilling line 145 7
drilling machine, electric ~ 108 6
drilling machine, radial-arm ~ 150 18
drilling machine, suspended ~ 108 6
drilling pipe 145 19
drilling platform 146 1-37; 221 66
drilling rig 145 1; 146 1-39
drilling vessel, semisubmersible ~ 221 64
drill pipe 145 6
drill spindle 150 23
drill stand 134 54
drill tower 270 3
drink, soft ~ 96 30
drinker, mechanical ~ 74 16
drinking bowl, mechanical ~ 74 16
drinking fountain 205 33
drinking straw 266 46
drinking trough 74 6
drinking water carrier 278 32
drinking water supply 269 1-66
drinking water tank 146 16
drinks cabinet 246 29
drinks cupboard 42 20
drinks gondola 99 71
drinks shelf 266 59
drinks stall 308 3
drip, intravenous ~ 25 13; 26 9
drip fuel line 190 53
drip ring 283 40
dripstone 13 80
drip tray 266 2
drive Composing Rm. 175 37
drive Railw. 214 2
drive, clockwork ~ 10 14
drive, conventional ~ 259 75
drive, crystal-controlled ~ 310 19, 24
drive, fluid ~ 65 37
drive, hydraulic ~ 139 9, 15
drive, main ~ 214 63
drive belt 103 10
drive-belt gear 109 21
drive chain 188 17
drive clutch 177 54
drive connection 67 19
drive gearbox 163 57; 168 10, 32
drive mechanism 110 43
drive motor Poultry Farm 74 37
drive motor Dressm. 103 9
drive motor Forging 139 25
drive motor Mach. Tools 150 9
drive motor Cotton Spin. 163 12, 23, 49
drive motor Text. Finish. 168 55
drive motor Composing Rm. 175 61
drive motor Electrotyp. etc. 178 12, 28
drive motor Offset Platem. 179 11
drive motor Hydr. Eng. 217 47
drive pulley, fast-and-loose ~ 163 50
drive pulley, main ~ 163 50
driver Carriages 186 32
driver Bicycle 187 72
driver Serv. Stat. 196 8
driver Ship 219 30

driver Equest. 289 26
driver Ball Games 293 91
driver plate 149 55
driver's brake valve 210 53; 211 22; 212 11
driver's position Agr. Mach. 64 33
driver's position Tram 197 25
drive shaft Car 192 30
drive shaft Hydr. Eng. 217 49
drive unit Shoem. 100 8
drive unit Photomech. Reprod. 177 56
drive unit, central ~ 238 57
drive well 269 60
drive wheel Agr. Mach. 65 80
drive wheel Shoem. 100 8
drive wheel Text. Finish. 168 4
drive wheel Offset Print. 180 66
drive wheel Army 255 50
drive wheel unit 209 3
driving 86 34-39
driving axle 210 37
driving axle gearing 64 30
driving barrel 187 73
driving cylinder 165 32
driving drum 165 32, 35
driving gear Cotton Spin. 163 57
driving gear Railw. 210 2-37
driving guide rail 226 39
driving pinion 214 8
driving plate Turner 135 9
driving plate Mach. Tools 149 55
driving shaft 163 24
driving trailer car 211 62
driving unit 209 2
driving wheel tyre 64 31
drizzle 9 33
drone Bees 77 5
drone Music. Instr. 322 11
drone cell 77 36
drone pipe 322 11
drone string 322 31
droop flap 229 54
droop nose 231 16
drop 98 76
drop, plain ~ 36 85
drop board 267 5
drop cloth 316 11
drop compass 151 59
drop forging 139
drop grate 210 5
drop grate lever 210 40
drop hammer, air-lift ~ 139 24
drop hammer, short-stroke ~ 139 11
drop net 89 29
drop pin 165 37
droppings removal 74 23-27
dropping worm 149 18
drop pin roller 165 39
drop windscreen 255 97
drop windshield 255 97
drop wire 166 34
drop worm 149 18
drove 158 37
drove chisel 158 37
'druggist' 233 45
drum Meteorol. Instr. 10 5, 16, 20
drum Household 50 29
drum Agr. Mach. 64 12
drum Painter 129 9
drum Cooper 130 13
drum Nucl. Energy 154 77
drum Nightclub 318 10
drum Music. Instr. 323 57
drum Art 335 44

drum, hollow ~ 312 49
drum, lansquenet's ~ 306 70
drum, revolving ~ 273 45
drum brake 188 36
drum brake, front ~ 189 11
drum brake, rear ~ 189 13
drum head 323 52
drum kit 324 47-54
drummer 318 11
drum of paint 129 9
drums 324 47-54
drum set 324 47-54
drumstick Supermkt. 99 59
drumstick Music. Instr. 323 54
drumstick Ethnol. 354 19
drupe 59 41, 43, 49; 370 99; 382 51; 384 40
drupes 59 59, 1-36
dryas 51 7
dry bulb thermometer 10 34
dry cell battery 127 27
dry cooling tower 154 39
dry dock 222 31-33; 225 17
drying 170 58
drying cabinet 116 23
drying chamber 170 49
drying cylinder 165 50, 53; 173 22
drying cylinder, heated ~ 173 33
drying floor 92 16
drying kiln 92 29
drying machine 169 31
drying rack Agr. 63 28, 29
drying rack Flea Market 309 49
drying section 168 28
drying shed 159 17
dry-seed dressing 83 52
dry zone, equatorial ~ 9 54
D sharp minor 320 61
dual film-tape recording 117 70
dual film-tape reproduction 117 75
dual film-tape system 117 7
dubbing Films 311 1-46, 37-41
dubbing Chivalry 329 66
dubbing actor 311 39
dubbing director 311 38
dubbing mixer 311 36
dubbing room 311 34
dubbing speaker 311 39
dubbing studio Broadcast. 238 28
dubbing studio Films 311 37
dubbing theatre Broadcast. 238 28
dubbing theatre Films 311 37
duck 73 35
duck, toy ~ 49 4; 273 30
duck, wild ~ 86 41; 272 51
duck-bill 366 1
duck hunting 86 40
ducking 299 29
duckling 73 35
duck-mole 366 1
duck shooting 86 40
duck's meat 378 35
duckweed 378 35
duct 163 11
duct, cystic ~ 20 38
duct, hepatic ~ 20 37
duct, spermatic ~ 20 74
ductor 181 63
ductor roller 181 63
duct roller 181 64
due date 250 16
duffle coat 271 21
dugout 218 7; 354 20
duk-duk dancer 352 34

dulcimer 322 32
Dülfer seat 300 30
dumb barge 225 8
dumb barge, tug-pushed ~ 221 94
dummy *Infant Care etc.* 28 15
dummy *Store* 271 34
dummy, dressmaker's ~ 103 6
dummy bull 319 3
dummy funnel 221 16
dump body 194 25; 200 8
dump car 213 37
dump chest 172 81
dumping bucket 214 34
dumping device 147 44, 59
dump truck 47 38; 147 64; 200 7
dump truck, three-way ~ 194 24
dune, crescentic ~ 13 40
dune, migratory ~ 13 39
dune, travelling ~ 13 39
dune, wandering ~ 13 39
dune buggy 193 12
dung 63 15
dungarees 29 40; 30 21
dung beetle 358 39
dungeon 329 5
dunging, mechanical ~ 74 23-27
dunging chain 74 27
dunging conveyor 74 27
dung tank 221 72
dunnage 222 62u.63
duodenum 20 14, 43
duplet 321 23
duplicate list 263 27
duramen 120 84; 370 13
dust, fine ~ 158 22
dust, lunar ~ 6 14
dust bag container 50 62
dustbin 199 3
dustbin-tipping device 199 2
dust brush 109 18
dust cap 187 57, 82
dust catcher *Goldsm. etc.* 108 45
dust catcher *Iron & Steel* 147 14
dust-collecting chamber 163 11
dust-collecting machine 147 14
dust collector *Goldsm. etc.* 108 45
dust collector *Cement Wks.* 160 7
dust collector *Refuse Coll.* 199 47
dust container 50 86
dust counter 112 42
dust cover *Bookbind.* 185 37
dust cover *Audio* 241 32
dust cover *Store* 271 30
dust discharge flue 163 22
dust escape flue 163 22
dust exhauster 108 43
dust extraction fan 163 10
dust extractor 92 40; 172 1
dust filter 270 59
dust hood 133 20
dust jacket 185 37
dust pan 50 52; 260 60
dust removal fan 83 53
dust removal screen 83 56
dust-settling chamber 172 6
dust shield 2 48
Dutch clover 69 2
'duty free shop' 233 52
duty presentation officer 238 22
duvet, quilted ~ 43 8
dwale 379 7

dwarf 308 22
dwarf French bean 57 8
dwarf pine 372 21
dwelling 37
dwelling, lacustrine ~ 328 15
dye liquor padding trough 165 47
dye spray 100 35
dyke *see* dike
dynamo 187 8
dynastarter 209,13

E

Eagle 3 9
eagle fern 377 16
eagle owl *Hunt.* 86 48, 51
eagle owl *Birds* 362 15
eagles 362 5-9
ear *Man* 16 18
ear *Arable Crops* 68 2
ear *Dog* 70 2
ear *Horse* 72 1
ear *Dom. Anim.* 73 11
ear *Game* 88 16, 32, 44, 61
ear *Music. Instr.* 326 32
ear *Birds* 362 16
ear, external ~ 17 56-58
ear, feathered ~ *Game* 88 78
ear, feathered ~ *Birds* 362 16
ear, internal ~ 17 62-64
ear, middle ~ 17 59-61
earcup 241 69; 261 40
earflap 35 31
ear lobe 17 57
earmuff 304 28
earphone *Hairst. etc.* 34 38
earphone *Audio* 241 69
earphone *Office* 248 35; 249 63
earphones 34 37
earphone socket *Cine Film* 117 10
earphone socket *Office* 249 68
ear piece *Forestry* 84 23
earpiece *Post* 237 8
earplug 354 30
earrings 36 13
earrings, drop ~ 36 11
earrings, pendant ~ 36 11
earth 4 8, 30
Earth 4 45
earth 6 17
earth, composted ~ 55 15
earth, excavated ~ 118 78
earth, prepared ~ 55 15
earth core 11 5
earthing button 237 21
earthing clamp 142 35
earth moth 80 42
earthquake 11 32-38
earthquake, submarine ~ 11 53
earthquake focus 11 32
earth station 237 51
earthworm 357 24
earthworm, artificial ~ 89 67
ear tuft 362 16
earwig 81 11
easel 116 35
easel, folding ~ 338 26
East Australian Current 14 38
Easter candle 330 44
Easter candlestick 330 45
easterlies 9 48, 49
Eastern cut-off 298 21
Eastern roll 298 15
east point 4 14
easy chair 336 18
eaves 38 11; 121 4; 122 36
eaves, rafter-supported ~ 37 9

eaves course 122 49, 76
eaves fascia 122 42
eaves joint 122 76
E-boat 258 69, 75
écarté 314 15
ECG 23 28
ECG amplitude 25 49
ECG analyser 25 45
ECG analysis 25 50
ECG impulse 25 46
ECG lead 25 43
ECG machine, portable ~ 23 46
ECG monitor 25 2, 21, 28, 47
ECG recorder 25 41
ECG recording unit 25 27
ECG rhythm 25 48
E-channel 143 7
echinoderm 369 3, 11, 17, 18, 19
echinoderms 357 38-39
Echinops 53 14
echinus 334 21
Echiostoma 369 13
echo 224 63
echo chamber 311 31
echo chamber loudspeaker 311 32
echo chamber microphone 311 33
echogram 224 67
echograph 224 24, 65
echo receiver 224 64
echo recorder 224 24
echo signal 224 63
echo sounder 224 61-67
echo sounding machine 224 61-67
echo sounding machine recorder 224 65
eclipse 4 33
eclipse, lunar ~ 4 29-35, 34-35
eclipse, solar ~ 4 29-35, 32, 39, 41
ecliptic 3 2; 4 22
economizer *Power Plant* 152 26
economizer *Railw.* 210 23
Edam cheese 99 42
edelweiss 378 9
edge *Tablew. etc.* 45 57
edge *Forestry* 85 2
edge *Winter Sp.* 302 21
edge *Maths.* 347 32
edge, aluminium ~ 301 51
edge, front ~ 122 88
edge, hidden ~ 151 24
edge, matching ~ 128 21
edge, non-matching ~ 128 22
edge, razor's ~ 106 40
edge, steel ~ 301 4, 50
edge, upper ~ 301 51
edge, visible ~ 151 23
edge board, lower ~ 118 74
edge board, upper ~ 118 73
edge mill 159 8
edge of platform 205 19
edge of pool 281 3
edge runner mill 159 8
edge sander 133 12
edge-sanding machine 133 12
edge-veneering machine 133 26
edging *Flower Gdn.* 51 15
edging *Optics.* 111 35
edging, concrete ~ 52 20
edging, hoop ~ 55 38
edging machine 111 24
editing 311 42-46
editing table 117 96; 311 42
editorial 342 48
EDP print-out 248 47

education, nursery ~ 48 1-20
education, pre-school ~ 48 1-20
eel 364 17
eel hook 89 87
effacé 314 13
efflux viscometer 129 38
E flat major 320 65
E flat minor 320 68
egg *Man* 20 84
egg *Poultry Farm* 74 58
egg *Bees.* 77 26, 27
egg *Gdn. Pests* 80 15, 55
egg *Forest Pests* 82 19
egg *Articulates* 358 49
egg and anchor cyma 334 42
egg and dart cyma 334 42
egg and tongue cyma 334 42
egg box 74 42, 45; 99 50
egg collection 74 22, 34
egg collection system 74 34
egg-counting board 89 19
egg gallery 82 23
egg integument 74 59
egg-packing machine, fully automatic ~ 74 46
egg position 301 33
egg production 74 34-53
eggshell 74 59
egg timer 110 31
egg weigher 74 43
Egyptian 342 8
eight 283 10
eighth note 320 16
eighth rest 320 24
ejection seat 257 6, 7
ejector seat 257 6, 7
E-layer 7 27
elbow *Man* 16 45
elbow *Overh. Irrign.* 67 6
elbow *Horse* 72 20
elbow boot 289 31
elbow coupling 126 40
elbow joint 126 51, 52
elbow pad 303 16
elbow screw joint 126 40, 45
elbow snips 125 2
elder 374 35
elderberry 374 37
elder flower 374 36
election 263 16-30
election meeting 263 1-15
election officer 263 17
election regulations 263 25
election speaker 263 5
election supervisor 263 28
elector 263 24
electoral register 263 18
electric action organ 326 36-52
electrical fitter 127 1
electrical point 261 12
electrical socket 261 12
electrical system bus 235 55
electric engine room 223 68
electrician 127 1
electricity cable 198 14, 19
electricity meter 127 32
electricity meter cupboard 127 31
electricity transmission line 15 113
electric light bulb 127 56
electric power plant 152 1-28
electrocardiogram monitor 25 2, 21, 28
electrocardiograph 23 28; 25 41
electrode *Hosp.* 25 26, 35, 38
electrode *Slaughterho.* 94 8
electrode *Arc Weld.* 142 10
electrode *Iron & Steel* 147 52

electrode, central ~ 2 3
electrode, platinum-iridium ~ 24 44
electrode, strap-on ~ 23 30
electrode arm 142 24
electrode case 142 7
electrode exit point 25 34
electrode holder 142 9, 20
electrode lead 25 25
electromagnet 237 47
electron 1 3, 17, 27, 32
electron, free ~ 1 25
electron beam 240 16
electron gun 113 31
electron gun assembly 240 24
electronic circuits 242 68-72
electronics, remote ~ 112 53
electronics cabinet 177 69
electron microscope 113 30
electron shell 1 6, 8
electron spin 1 4
electroplating bath 178 4
electroplating tank 178 4
electroplating vat 178 4
electrotome 22 38
electrotype, curved ~ 178 21
electrotyping 178
electrotyping plant 178 1-6
element, electronic ~ 242 69
element, fissionable ~ 1 49
element, front ~ 115 7
element, fusible ~ 127 36
element, oscillating ~ 110 9
element of set 348 2
elephant 366 20
elephant, toy ~ 47 6
elephant enclosure 356 9
elephant house 356 10
elevating conveyor 200 49
elevating drum, rotary ~ 64 74
elevating gear 255 67
elevating piston 255 51
elevation, front ~ 151 17
elevation, side ~ 151 18
elevator Offshore Drill. 146 8
elevator Synth. Fibres 170 36
elevator Aircraft 229 27; 230 63
elevator Air Force 257 22
elevator Store 271 45
elevator Airsports 288 24
elevator Theatre 316 33, 34
elevator, chain and slat ~ 64 7
elevator, open-web ~ 64 69
elevator bridge 226 25
elevator car 271 46
elevator carrier 174 22
elevator controls 271 48
elevator operator 271 47
elevator shaft Offshore Drill. 146 20
elevator shaft Store 271 51
elevon section, movable ~ 235 33
elevon structure, heat-resistant ~ 235 34
elk 367 1, 2
ellipse 347 22
ellipse template 151 71
ellipsis 342 29
ellipsoid of revolution 347 42
elm tree 371 49
elytron 82 10; 358 36
E major 320 59
embankment Map 15 104
embankment Refuse Coll. 199 14
embankment Rivers 216 49
embossing platen 183 29
embrace 205 53
embrasure 329 18

embroidery 29 29; 30 42; 355 67
embryo Arable Crops 68 16
embryo Bot. 370 86
embryo Trop. Plants 382 21
embryo South. Fruits 384 22
embryo plant 68 14
embryo sac 370 64
emergency brake 214 3, 71
emergency brake valve 210 57
emergency cable 214 47
emergency-cable tensioning mechanism 214 48
emergency crash barrier 259 17
'emergency exit' 233 41
emergency exit 307 33; 312 7
emergency flare stack 146 11
emergency lighting 312 6
emergency telephone 237 4
emery paper 135 25
eminence, frontal ~ 16 4
eminence, thenar ~ 19 75
E minor 320 56
emission control 190 73
Emmental cheese 99 41
empennage shapes 229 23-36
Empire table 336 16
empress, Byzantine ~ 355 15
emptying system, dust-free ~ 199 2
em rule 342 23
emu 359 1
emulsion 129 4
emulsion paint 129 4
emulsion paste 128 28
emulsion tube 192 10
enamel 19 30
enamelling 260 62
enamelling stove, electric ~ 260 63
enamel powder 260 65
enchasing hammer 108 41
enclosing wall 356 4
enclosure, outdoor ~ 356 1
enclosure wall 329 15
encyclopaedia 42 18; 262 17
end Basketm. 136 23
end Mach. Parts etc. 143 23
end, hipped ~ 122 10
end, partial-hipped ~ 121 17
end, round ~ 143 50
end, rounded ~ 143 20
end, west ~ 335 22
end frame, hemispherical ~ 235 48
end-grain block 340 1
endive 57 39
endive leaf 57 39
endleaf 185 49
end line 292 36
end mill 150 43
end moraine 12 55
endorsee 250 26
endorsement 250 25
endorser 250 27
endpaper 185 49
end pier 215 27
end plate 229 33
end rib, hemispherical ~ 235 48
end ring 89 52
end support 150 40
end switch 241 60
endurance competition 289 16
energy 1 55
energy, solar ~ 155 17-36
energy level 1 15, 27
energy system 6 6, 8
engagement 294 46
engine Moon L. 6 30
engine Oil, Petr. 145 12
engine Aircraft 231 26

engine Airsports 288 35
engine, air-cooled ~ 188 7; 189 3, 50
engine, auxiliary ~ Ship 223 71
engine, auxiliary ~ Aircraft 231 33
engine, eight-cylinder ~ 190 1
engine, four-cylinder ~ 189 50
engine, four-stroke ~ 189 3, 50
engine, main ~ Railw. 209 4
engine, main ~ Ship 221 81; 223 73
engine, rear ~ Garage 195 49
engine, rear ~ Aircraft 231 10
engine, side ~ 228 29
engine, single-cylinder ~ 188 26; 189 3
engine, twin-shaft ~ 232 51
engine, two-stroke ~ 188 7, 26; 242 55; 305 92
engine, water-cooled ~ 189 31, 39
engine and propeller room 227 22
engine and transmission control wheel 212 67
engine compartment 195 35
engine compartment structure 235 2
engine control system 235 39
engine driver 208 2
engineer 208 2
engineering workshop 222 8
engineer's brake valve 210 53; 211 22; 212 11
engine fairing, aerodynamic ~ 234 6
engine mount 234 21
engine mounting 190 38; 191 53; 226 58
engine oil 196 15
engine oil temperature gauge 212 19
engine pod 231 26; 256 25
engine room Ship 221 10
engine room Fire Brig. 270 1
engine room ventilator 212 37
engine superstructure 226 58
engine telegraph 224 25
English Composing Rm. 175 29
English Billiards 277 5
English daisy 376 1
English hand 342 10
English ryegrass 69 26
English setter 70 41
engraver 340 16
engraving 36 41
engraving ball 108 34
engraving machine 177 52
engraving system 177 66
enlarger 116 26
enlarger head 116 41
enlarging meter 116 53
enlarging photometer 116 53
ensign of head of state 253 14
ensign staff 223 31; 258 25
entablature 334 52
entire 370 43
entrance 77 48; 99 4; 208 10
'entrance' 233 36
entrance 307 19
entrance, bullfighters' ~ 319 10
entrance, main ~ 319 6
entrance, side ~ 331 15; 335 13
entrance and exit door 197 14
entrance hall 41 1-29

entrance tunnel 353 6
entrechat 314 22
entrepôt 225 7
entry/exit hatch 6 38
entry hatch 6 10; 235 26
epaulière 329 44
épée 294 25-33, 36
épée, electric ~ 294 26
épéeist 294 25
épée point 294 27
ephemerid 358 6
epicalyx 58 22
epicenter 11 33
epicentre 11 33
epididymis 20 73
epiglottis 17 51
epistyle 334 18
equalizer 311 19
equalizer, universal ~ 238 48
'equals' key 247 20
equals sign 344 23
equation, conditional ~ 345 9
equation, identical ~ 345 5
equation, simple ~ 345 4
equator 14 1
equator, celestial ~ 3 3
Equatorial Countercurrent 14 33
equestrian sport 289
equilibrist 307 48
equinoxes 3 6-7
equipment carrier 177 58
equipment locker 212 35
equipment section 239 1
equisetum 376 18
equitation 71 1-6
erase head 241 59; 243 20; 311 25
eraser 151 42
eraser, glass ~ 151 47
eraser, pencil-type ~ 151 41
erasing head 241 59; 243 20; 311 25
erasing knife 151 43
erasing knife blade 151 44
erasing shield 151 35
erasing table 249 26
erasion 26 52
erection shop 222 4
Ergates faber 358 38
ergometer, bicycle ~ 23 26
ergometry 23 26-31
ergot 68 4
Eridamus 3 12
Erlenmeyer flask 173 2; 350 39
ermine moth 80 5
erne 362 5
error indicator 244 7
eruption 7 21
escalator 271 22
escape wheel 110 40
escapologist 308 28
escarpment 13 57
escudo 252 23
Eskimo 353 1
Eskimo kayak 283 68
esophagus 17 49
espalier 37 33; 52 1,2,16,17,29
espalier, free-standing ~ 52 16
espalier fruit tree 52 1,2,16,17,29
esparto grass 136 26
espresso bar 265 1-26
esquire 329 68
estate 193 15
estate car 193 15
estoque 319 32
etchant 178 24; 182 16
etching 340 14-24
etching bath 178 31; 340 51
etching ground 340 55

etching machine *Electrotyp. etc.* 178 23
etching machine *Photograv.* 182 15
etching needle 340 16
etching solution 178 24; 182 16
etching tank 178 24, 31; 182 16
ethmoid 17 39
ethnology 352; 353; 354
ethylene molecule 242 61
Eurobottle 93 26
Europe 14 15
European silver fir 372 1
European Southern Observatory 5 1-16
European toad 364 23
Euscorpius flavicandus 358 40
evacuating pump, centrifugal ~ 67 11, 23
evaporating basin 350 29
evaporating dish 350 29
evaporator 155 6
evening dress 33 13
evening gown 30 53
evening sandal 101 27
evening suit 33 7
everlasting 377 3
ever-ready case 115 103
evolution 345 2
ewe 73 13; 75 10
examination couch 22 43; 23 4
examination table 27 1, 26
excavation *Bldg. Site* 118 69-82
excavation *Garage* 195 28
excavation side 118 72
excavator 118 76, 81; 200 1
excavator, large-scale ~ 159 3
excavator, toy ~ 273 65
excavator, universal ~ 158 13
excess water conduit 269 23
exchange *Post* 237 17, 22
exchange *Stock Exch.* 251 1-10
exchange broker 251 4
exchange floor 251 1
exchange golf ball 249 28
exchange hall 251 1
exchange rate 204 32
exchange typing element 249 28
excited state 1 19
exciter lamp 312 48
exclamation mark 342 21
exclamation point 342 21
exclusion principle 1 7
excretory vacuole 357 5
excursion steamer 221 101-128; 225 29
executive-secretary system 246 13
exercise book 47 24; 260 4, 18
exercises 296 48-60
exergue 252 10
exhaust *Agr. Mach.* 64 38
exhaust *Railw.* 209 12, 22
exhaust, upswept ~ 188 15; 189 15
exhaust bubbles 279 26
exhaust casing 212 69
exhaust escape flue 258 79
exhaust fan *Brew.* 92 15
exhaust fan *Joiner* 133 33
exhaust gas 160 4
exhaust gas stack 154 37
exhaust manifold 190 36, 73
exhaust mast 221 17
exhaust muffler 212 42, 48
exhaust outlet 259 92

exhaust pipe *Photograv.* 182 25
exhaust pipe *Car* 191 51
exhaust pipe *Ship* 221 76
exhaust pipe *Warships* 258 44
exhaust pipe, four-pipe ~ 189 51
exhaust port 242 58
exhaust repair 195 52
exhaust silencer 212 42, 48
exhaust system 195 51
exhaust valve 190 46; 242 53
'exit' 233 37
exit 307 19
exit, emergency ~ 99 79
exit gate 319 12
ex libris 185 51
exosphere 7 31
exotic 306 30
expansion line 1 61
expansion tank 38 24
experimental apparatus 261 11
explosion, atomic ~ 7 11
exponent 345 1
exposing lamp 182 3
exposure bath 228 21
exposure control device 176 9
exposure control switch 117 17
exposure counter 115 17
exposure meter 114 29
exposure meter, hand-held ~ 114 56
exposure meter control step 117 37
exposure meter needle 115 57
exposure system 249 42
exposure time balancing knob 116 39
exposure timer 116 24; 179 18
expression marks 321 27-41
express locomotive 205 35
express train car 207 1-21
express train carriage 207 1-21
express train coach 207 1-21
express train compartment 207 43
extension *Joiner* 133 13
extension *Post* 237 17, 19, 21, 22-26, 26
extension arm 132 63
extension bar 151 57
extension bellows 115 85
extension cord 127 10
extension ladder 270 14
extension lead 127 10
extension plug 127 11
extension socket 127 12
extension tube *Household* 50 70
extension tube *Photog.* 115 81
extensor, common ~ 18 57, 63
extensor, radial ~ 18 56
extensor carpi radialis longus 18 56
extensor communis digitorum 18 57, 63
extinguisher, mobile ~ 270 63
extra 310 29; 316 39
extra bold 175 9
extracting a root 345 2
extraction fan 199 32
extraction forceps 24 47
extraction of phenol 170 3
extraction vent 49 20
extractor 170 37
extractor duct, movable ~ 142 15
extractor fan 133 33
extractor grid 100 13

extractor support 142 16
extrados 336 26
extremity, fimbriated ~ 20 82
extrusion press 159 11; 161 7
eye *Man* 16 7; 19 38-51
eye *Horse* 72 4
eye *Dom. Anim.* 73 32
eye *Game* 88 15, 33, 43, 60
eye *Fish Farm.* 89 82
eye *Mills* 91 19
eye *Blacksm.* 137 29
eye *Weaving* 166 28, 29
eye *Art* 334 75
eye, compound ~ *Bees* 77 20-24
eye, compound ~ *Articulates* 358 7
eye, simple ~ 77 2
eye, stalked ~ 357 30
eyeball 19 45
eye-bright 61 27
eyebrow *Man* 19 38
eyebrow *Roof* 121 23
eyecup 115 73; 117 14; 313 34
eyeground 22 32
eyelash 19 41
eyelet *Shoem.* 100 63
eyelet *Glaz.* 124 23
eyelet *Weaving* 166 28
eyelet, hook, and press-stud setter 100 53
eyelet embroidery 102 11
eyelid, lower ~ 19 40
eyelid, upper ~ 19 39
eye muscles 19 44
eyepiece 113 20; 115 42; 117 14; 311 9
eyepiece, binocular ~ 23 6
eyepiece control ring 313 7
eyepiece focusing knob 112 56
eyespot 358 54

F

fabled beings 327
fabric *Bldg. Site* 118 1-49
fabric *Knitting* 167 29, 48
fabric *Text. Finish.* 168 39, 51, 64
fabric *Weaves* 171 29
fabric *Store* 271 59
fabric, air-dry ~ 168 22
fabric, metallic ~ 270 46
fabric, non-woven ~ 103 27
fabric, printed ~ 168 57
fabric, raised ~ 168 36
fabric, shrink-resistant ~ 168 26
fabric, tubular ~ 167 1, 9
fabric, woollen ~ *Dressm.* 103 27
fabric, woollen ~ *Text. Finish.* 168 1
fabric, woven ~ 166 12
fabric box 167 10
fabric container 167 10
fabric department 271 58
fabric drum 167 10
fabric-finishing machine, decatizing ~ 168 49
fabric for upholstery 134 60
fabric guide roller 168 5
fabric-plaiting device 168 30
fabric-raising machine 168 31
fabric roll 167 29
fabric roller 166 20
fabric shaft 171 21, 23
fabric wallhanging 128 18
fabulous creatures 327
façade, west ~ 335 22

face *Man* 16 4-17
face *Horse* 72 5
face *Clocks* 110 25
face *Blacksm.* 137 28
face *Composing Rm.* 174 31; 175 42
face *Art* 336 24
face, metal ~ 303 11
face compress 106 25
face guard 292 11, 25
face mask *Fire Brig.* 270 40
face mask *Swim.* 279 10
face mask filter 270 57
face par 251 12
face pipes 326 1-3
facet 77 20
face urn 328 38
face vault 297 30
facing 24 32
facing, decorative ~ 30 47
facing wedge 85 4
facsimile signature 252 34
facsimile telegraph 245 1
factor 344 25
factory number 187 51
factory ship *Sea Fish.* 90 11
factory ship *Ship* 221 86
fahlerz 351 1
fahl ore 351 1
fair 308
fair, annual ~ 308 1-69
fairground 308 1
fairing 189 43
fairing, integrated ~ 189 44
fairing, metal ~ 188 50
fairlead 284 29
fairway 216 21
fairway, main ~ 224 92
fairway, secondary ~ 224 93
fairway markings 224 84-102
fairway marks 224 68-83
fair-weather cumulus 8 1
fairy-tale figure 306 65
falcon 86 46
falconer 86 42
falconry 86 42-46
falcons 362 1-4
fall 221 106
falling wedge 85 4
fallow 63 1
fallow buck 88 40
fallow deer 88 40-41
falls 11 45
falls, artificial ~ 272 9
false acacia 371 70
false oat 69 22
family grave 331 27
family tomb 331 27
fan *Roof & Boilerr.* 38 58
fan *Agr. Mach.* 64 15; 65 52
fan *Pest Contr.* 83 49
fan *Game* 88 75
fan *Energy Sources* 155 14
fan *Intern. Combust. Eng.* 190 7
fan *Refuse Coll.* 199 35, 46
fan *Aircraft* 232 34, 43
fan *Ethnol.* 353 42
fan, low-pressure ~ 199 33
fan blower 179 22
fan clutch 190 8
fancy appliqué 35 7
fancy dress 306 6-48, 32
fancy-dress ball 306 1-48
fan drift 144 22
fan drive, hydrostatic ~ 212 62
fan fold sheet, continuous ~ 248 47
fang 19 36
fan-jet turbine 232 38
fanlight 37 35
fan nozzle 83 4

fan tail 73 29
fan vault 336 46
faradization unit 23 37
farm 15 101
farm buildings 62
farmer 62 6
farmhand 63 5
farming 63
farm labourer 63 5
farmland 63 17
farm produce 68 1-47
farm road 63 18
farmstead 62
farm track 63 18
farm vehicle engineering 138
farmworker 63 5
farmyard 62 31
farmyard hedge 62 35
farmyard manure 63 15
farrowing and store pen 75 40
farrowing rails 75 43
fascia panel 191 57-90
fascine 216 53
fashion catalogue 104 6
fashion doll 47 9; 48 32
fashion house 268 9
fashion journal 104 4; 271 36
fashion magazine 104 4; 271 36
fast and slow motion switch 117 87
fastback 193 29
fast breeder 154 1
fast-breeder reactor 154 1
fastening Plant Propagn. 54 13
fastening Station 206 12
fat end 95 53
fat lady 308 21
fattening pond 89 6
faucet Kitch. 39 36
faucet Plumb. etc. 126 34
faucet Electrotyp. etc. 178 34
faucet Chem. 349 5, 22
faucet, outside ~ 37 41
fault Phys. Geog. 12 4
fault Coal 144 51
fault, distributive ~ 12 8
fault, multiple ~ 12 8
fault, normal ~ 12 7
fault-block mountain 12 4-11
faulting 12 4-20
fault line 12 5
faults, complex ~ 12 8-11
fault throw 12 6
fault trace 12 5
faustball 293 72-78, 74
favorite 289 52
favourite 289 52
fawn 88 39
fawn, female ~ 88 34
F-clef 320 9
F-contact 115 14
feather Headgear 35 6, 12
feather Dom. Anim. 73 31
feather Mach. Parts etc. 143 73
feather Chivalry 329 78
feather, falcate ~ 88 68
feather, peacock's ~ 254 36
feather star 369 3
feed Iron & Steel 147 51
feed Mach. Tools 149 9
feed adjustment 100 28
feed board 180 32, 49, 67; 181 4, 21, 30; 185 9
feed chain 172 67
feed chain drive 172 69
feed channel 157 55
feed conveyor 236 33
feed conveyor, endless-chain ~ 74 25
feed dispenser 74 13

feed drum 180 33, 34
feeder Agr. Mach. 64 72
feeder Poultry Farm 74 49-51
feeder Brickwks. 159 7
feeder Offset Print. 180 31, 48, 68, 74
feeder Letterpress 181 22, 24
feeder Bookbind. 185 25
feeder, automatic ~ 181 5
feeder, mechanical ~ 74 13, 23
feeder broom 199 44
feeder mechanism 181 22
feeder panel 153 4
feeder-selecting device 167 40
feeder skip 118 35
feed gearbox 149 8
feed gear lever 149 10
feed guide 184 23
feed hopper Poultry Farm 74 24
feed hopper Bookbind. 185 26
feed-in 173 13
feed indicator 157 9
feeding, mechanical ~ 74 23-27
feeding apparatus 181 22
feeding bottle 28 19
feeding bowl 70 32
feeding-in 164 15
feeding passage 75 3
feeding place 86 28
feeding site 80 50
feeding trough Poultry Farm 74 21
feeding trough Livestock 75 37
feeding trough, adjustable ~ 74 4
feed mechanism Agr. Mach. 65 78
feed mechanism Mach. Tools 149 18
feed mechanism Post 236 48
feed mechanism Graphic Art 340 33
feed motor 177 43
feed pawl 157 44
feed pipe 96 50
feed pump Nucl. Energy 154 13
feed pump Railw. 210 9
feed roll 85 19
feed roller 85 24; 157 4, 40
feed roller, fluted ~ 163 52
feed runner 147 22
feed screw 149 15
feed setting 100 28
feed shaft 149 33
feed spindle 312 36
feed spool 117 31
feed sprocket 312 26
feed supply pipe 74 15
feed table Sawmill 157 63
feed table Offset Print. 180 32, 49, 67
feed table Letterpress 181 4, 21, 30
feed table Bookbind. 184 12, 21; 185 9, 34
feed-through insulator 153 12, 35
feed-through terminal 153 12, 35
feed trip 149 18
feed tripping device 149 18
feed valve 210 20
feedwater heater 210 23
feedwater line 154 12, 30
feedwater preheater 210 23
feedwater steam circuit 154 45
feedwater tank 152 17

feedwater tray, top ~ 210 29
feeler Agr. Mach. 64 86
feeler Forest Pests 82 3
feeler Weaving 166 32
feeler Invertebr. 357 31
feeler Articulates 358 27, 53
feeler, maxillary ~ 358 42
feeler gauge 140 53
feeler support wheel 64 88
feet-first jump 282 13
felines 368 2-8
feller 84 20
felling 84 27
felling wedge 84 4, 30
felling wedge, hydraulic ~ 84 25
felt 173 51
felt, dry ~ 173 23
felt nail 122 96
felt pen 48 18
felt tip pen 247 11; 260 19
female, winged ~ 358 21
femur 17 22
fence Joiner 132 65
fence Refuse Coll. 199 13
fence Aircraft 231 8
fence Swim. 281 17
fence Equest. 289 8
fence, electrified ~ 62 46
fence, paling ~ 52 10
fence, protective ~ 84 7
fence, stone ~ 337 23
fence, timber ~ 118 44
fence, wicker ~ 216 54
fence, wire ~ 15 39
fence, wire netting ~ 84 7
fence, wooden ~ 37 53
fence adjustment handle 132 66
fence rack 63 28
fencers 294 5-6
fencer's salute 294 18
fencing 294
fencing, modern ~ 294 1-33
fencing glove 294 12
fencing instructor 294 1
fencing jacket 294 16
fencing mask 294 13, 14
fencing master 294 1
fencing measure 294 10
fencing movement 294 7
fencing shoe, heelless ~ 294 17
fencing weapons 294 34-45
fender Horse 71 40
fender Tram 197 12
fender Hydr. Eng. 217 9
fender Docks 225 12
fender, front ~ Bicycle 187 13
fender, front ~ Car 191 3; 191 3, 13
fender, integral ~ 193 33
fender, wooden ~ 218 26
fender pile Hydr. Eng. 217 9
fender pile Shipbuild. 222 35
F-1 engine 234 4
fennel 380 6
fen peat 13 17
fermentation room 97 72
fermentation thermometer 93 9
fermentation trolley 97 73
fermentation vessel 93 8
fermenter 93 8
fermenting cellar 93 7
fern 377 16
ferret 86 24
ferreter 86 25
ferreting 86 23
ferries 221
Ferris wheel 308 37
ferroconcrete construction 119 1-89

ferrule 45 53
ferry, flying ~ 216 10
ferryboat 216 11, 15; 225 11
ferry cable 216 2
ferry landing stage 216 7
ferryman 216 17
ferry rope 216 2
fertilizer, artificial ~ 63 14
fertilizer, chemical ~ 63 14
fertilizer, lime ~ 63 14
fertilizer, nitrogen ~ 63 14
fertilizer, phosphoric acid ~ 63 14
fertilizer, potash ~ 63 14
fertilizer spreader 62 21
fescue 69 24
festoon Carnival 306 5
festoon Art 335 54
festoon lamp 318 26
festoon lighting 318 25
fetish 354 43
fetlock 72 24
fettler 148 43
fettling shop 148 38-45
feuilleton 342 67
F-hole 323 6
fiber see fibre
fibre 77 23
fibre, glass ~ 151 48
fibre, loose ~ 168 43
fibreboard 338 24
fibula 17 24
fibula, serpentine ~ 328 28
fibula, spiral ~ 328 30
fibula, two-piece ~ 328 30
fiddle string 323 9
field Agr. 63 4, 17
field Equest. 289 41, 51
field Ball Games 291 1; 292 40-58
field, fallow ~ 63 1
field bean 69 15
field bindweed 61 26
field camomile 61 8
field chopper, self-propelled ~ 64 34-39
fielder 292 76
field eryngo 61 32
field glasses 86 6
field guard 63 13
field illumination 112 33
fielding side 292 73
field lens 115 40
field mangel 69 21
field marigold 61 7
field mushroom 381 1
field pests 80 37-55
field player 292 2
field poppy 61 2
field sprinkler 67 32
fig. 383 35; 384 11, 13
fighter-bomber 256 1, 29
fighting bull 319 28
fighting ships 258 64-91
fighting ships, modern ~ 259
figure, clay ~ 48 13; 339 7
figure, plasticine ~ 48 13
figure, satirical ~ 306 63
figure, symbolic ~ 327 20
figure, symmetrical ~ 346 24
figure, wax ~ 308 69
figurehead 218 16
figures, compulsory ~ 302 11-19
figure ski 286 56
figurine, clay ~ 328 20
filament 169 17, 22; 170 44
filament, continuous ~ 169 1-34
filament, solid ~ 169 15
filament lamp 127 56
filament tow 169 28, 30
file Doc. 22 12, 26

file *Metalwkr.* 140 16
file *Office* 245 6; 247 37; 248 5
file, flat ~ 108 49; 140 27
file, half-round ~ 140 29
file, rough ~ 140 8
file, round ~ 108 47; 140 29
file, smooth ~ 140 8
file handle 108 50
filet 102 22
file tab 248 4
filigree work 102 30
filing cabinet 245 4
filing clerk 248 6
filing drawer 248 2, 23
filing machine 140 15
filing shelf 248 10
fill, sanitary ~ 199 10
filler *Tobacc. etc.* 107 7
filler *Paperhanger* 128 3
filler *Power Plant* 153 38
filler *Films* 310 52
filler hoist 200 51
filler hole 213 19
filler light 310 52
filler opening 200 52
filler rod 141 12
fillet *Meat* 95 13
fillet *Carp.* 120 45
fillet *Floor etc. Constr.* 123 57, 67
fillet *Bookbind.* 183 3
fillet, tilting ~ 121 31
fillet gauge 142 36
filleting knife 89 38
fillet of beef 95 24
fillet of pork 95 44
filling *Dent.* 24 30
filling *Tablew. etc.* 45 38
filling *Hydr. Eng.* 217 7
filling *Water* 269 29
filling compound 153 38
filling end 162 2
filling inlet 50 12
filling knife 128 35
filling machine 76 21, 26
filling material 24 51
filling station 196 1-29
fill-in light 310 52
fill light 310 52
film *Atom* 2 10, 13
film *Photog.* 114 9
film *Composing Rm.* 176 25
film, cine ~ 117
film, exposed ~ 117 42
film, unexposed ~ 117 41
film actor 310 28
film actress 310 27
film advance 114 32
film advance lever, single-stroke ~ 115 16
film agitator, automatic ~ 116 19
film and sound cutting table 117 96
film and tape synchronizing head 117 102
film back 115 80
film break detector 312 30
film camera 27 20
film camera, soundproof ~ 310 47; 313 15
film cameras 313 1-39
film cassette 112 65
film cassette, miniature ~ 114 7
film cassette, universal ~ 242 44
film cement 312 22
film clip 116 14
film copier, automatic ~ 176 28
film-developing machine 311 30

film director 310 40
film dosimeter 2 8
film drier 116 23
film editor 311 43
film extra 310 29
film feed spool 117 79
film former 178 24
film gate 117 30; 312 34
film gate opening 117 40
filmgoer 312 5
filming 310 14-60, 26-60
filming, exterior ~ 310 18
filming, outdoor ~ 310 18
filming agent 178 24
filming speed selector 117 12
film laboratory 310 2, 30
film library 310 5
film magazine 113 40
film marker 117 95
film matrix case 176 17
film of fluorescent material 240 19
film orchestra 310 17
film path 312 31
film perforator 117 95; 242 10
film poster 268 57
film-processing machine 311 30
film processor, automatic ~ 177 72
film projection 312 1-23
film projector 311 22; 312 24
film projectors 312 24-52
film reel 311 24; 312 32
film-ring dosimeter 2 11
films 310; 311; 312; 313
filmscript 310 45
film set 310 7
filmsetter 176 7
filmsetting 176
film speed setting 117 18
film spool 114 8; 311 24; 312 32
film spool holder 238 6
film star 310 27, 28
film storage vault 310 5
film studios 310 1-13
film title 310 35
film transport 114 32
film transport handle 116 7
film transport mechanism 311 26
film turntable 117 99; 311 44
film viewer 117 91; 242 8
film wind 114 32
film window 114 18; 115 28, 34
filter *Atom* 2 9, 12, 14
filter *Weaving* 165 14
filter *Synth. Fibres* 170 32
filter *Paperm.* 172 20
filter *Water* 269 62
filter *Chem.* 349 12
filter, fluted ~ 350 41
filter adjustment 116 43, 44, 45
filter bed 269 10
filter bottom 269 11
filter cake 161 13
filter change, automatic ~ 316 49
filtered water outlet 269 12
filter flask 350 40
filter funnel 349 11
filter gravel 269 10
filter lens 142 40
filter mount 115 6
filter pick-up 112 57
filter plate 349 12
filter press *Porcelain Manuf.* 161 12

filter press *Synth. Fibres* 169 12
filter screen 116 22
fimbria 20 82
fin *Swim.* 279 18
fin *Bathing* 280 41
fin *Motorboats etc.* 286 43
fin, abdominal ~ 364 8
fin, anal ~ 364 9
fin, caudal ~ 364 10
fin, dorsal ~ *Fish etc.* 364 6
fin, dorsal ~ *Mammals* 367 27
fin, fixed ~ 286 61
fin, pectoral ~ 364 7
fin, pelvic ~ 364 8
fin, ventral ~ 364 8
fin, vertical ~ *Aircraft* 229 24; 230 59; 231 6; 232 7
fin, vertical ~ *Space* 235 1
fin, vertical ~ *Air Force* 256 32
fin, vertical ~ *Airsports* 288 21
final image tube 113 39
final picture quality checking room 238 60-65
finch 360 1
finches 361 6-8
finds, prehistoric ~ 328 1-40
fine cut 107 25
fine focusing indicator 224 36
finger, fifth ~ 19 68
finger, fourth ~ 19 67
finger, little ~ 19 68
finger, middle ~ 19 66
finger, pivoted ~ 74 36
finger, second ~ 19 65
finger, third ~ 19 66
fingerboard 323 21; 324 8
finger guard 83 20; 85 15
finger hole *Office* 247 39
finger hole *Sports* 305 16
fingerhole *Music. Instr.* 323 33; 324 34
finger hook 324 67
fingernail 19 80
finger pad 19 78
finger paint 260 26
finger painting 260 26
finger plate 237 11
fingerprint 264 29
fingerprint identification 264 28
finger stop 237 12
fingertip 19 79
finial 335 37
fining bath 162 4
fining lap 111 37, 38
finish 286 28
finish, gloss ~ 128 32
finished malt collecting hopper 92 20
finishing 168 1-65; 170 57
finishing bur 24 38
finishing layer 123 40
finishing line 282 28; 286 30
finishing machine 100 3
finishing of textile fabrics 168
finishing press 183 4
finishing train 148 71
Finn 284 51
Finn dinghy 284 51
fin post 235 3
fipple flute 322 7
fir cone 372 2
fire, blacksmith's ~ 137 1-8; 138 34
fire, open ~ 267 25
fire alarm 270 4
fire alarm siren 270 4
fire appliance building 233 8
fire-arm 87 2
fireboat 270 65
firebox 210 4
fire control radar antenna 258 51

fire control system 255 74
fire crest 361 10
fire curtain 316 24
fire department 270
firedoor handle handgrip 210 63
fire eater 308 25
fire engine 270 5
fire extinguisher 196 9
fire extinguisher, portable ~ 270 61
fire extinguisher, wheeled ~ 270 63
firefighter 270 37
fire-fighting equipment 227 25; 228 20
fire gable 121 9
fire gun 221 4
firehole door 210 61
firehole shield 210 60
fireman 270 37
fire nozzle 221 4
fireplace 267 23
fire plug 270 35
fire prevention 316 6
fire protection 316 6
fire salamander 364 22
fire service 270
fire service drill 270 1-46
fireside 267 22
fire siren 270 4
fire station 270 1-3
fire tube 210 17
firewood basket 309 10
fireworks 306 49-54
firing mechanism 255 29
firing mould 161 4
firing pin 87 21
firing position 305 73
firing process 161 2
firing sequence insert 195 13
firing trigger 87 11
firmer chisel 134 30
firn basin 12 48
fir needle 372 11
firn field 12 48
firn slope 300 14
first aid 21
first aid dressing 21 5
first aid kit 21 4
first aid post 308 61
first aid station 204 44
first aid tent 308 61
first base 292 46
first-class section 207 17
first floor 37 2; 118 7
first-floor landing 123 23
first position 294 18
Fish *Astron.* 4 64
fish *Grocer* 98 19
fish *Fish etc.* 364
fish, canned ~ 96 28
fish, female ~ 89 13
fish basket 89 25
fishbolt 202 13
fishbone stitch 102 7
fish-canning factory 225 59
fish culture 89 1-19
fish dish 266 53
fish dock 225 56
fish egg 89 12
fishes 364 1-18
fisheye 115 44
fish farming 89 1-19
fish fork 45 8, 65
fish hook 89 79
fishing 89 26
fishing boat 89 27; 90 24
fishing line 89 63
fishing lugger 90 1
fishing pliers 89 37

fishing tackle **89** 37-94
fishing tackle, suspended ~ **90** 29
fish knife *Tablew. etc.* **45** 8, 64
fish knife *Fish Farm.* **89** 39
fish ladder **89** 93
fish lance **280** 40
fish market **225** 57
fish pass **89** 93
fishplate **202** 12
fishpole antenna **258** 60
fish spawn **89** 12
fish spear **280** 40
fishtail bit **145** 21
fish way **89** 93
fission **1** 43, 46
fission, nuclear ~ **1** 34
fission fragment **1** 44, 47, 51
fission fragments **1** 37-38
fissure **11** 52
fissure, diagonal ~ **300** 3
fissure, horizontal ~ **300** 3
fissure, vertical ~ **300** 3
fissure bur **24** 39
fist **16** 48
fist hatchet **328** 1
fitch **129** 19
fitter **140** 1
fitting booth **271** 32
fitting of the frame **111** 10
fitting-out quay **222** 5-9
fittings **126** 38-52
five-four time **320** 41
fix **224** 45
flag *Flags* **253** 7-11
flag *Town* **268** 44
flag, club's ~ **283** 25
flag, linesman's ~ **291** 60
flag, Olympic ~ **253** 5
flag, swallow-tailed ~ **253** 22
flag at half-mast **253** 6
flag at half-staff **253** 6
flag dressing **221** 85
flag of the Council of Europe **253** 4
flag of the United Nations **253** 1-3
flagpole **253** 1, 7; **273** 61
flags **253**
flags, national ~ **253** 15-21
flags, triangular ~ **253** 30-32
flagstaff **253** 1, 7; **258** 4; **259** 87; **273** 61
flagstick **293** 88
flagstone **51** 17
flail rotor **64** 73
flame regulator **107** 31
flamingo **272** 53
flan **252** 43
flancard **329** 86
flan case **97** 47
flanchard **329** 86
flange *Cooper* **130** 28
flange *Mach. Parts etc.* **143** 2, 5
flange *Electrotyp. etc.* **178** 44
flange *Hydr. Eng.* **217** 67
flange, bottom ~ **215** 10
flange, top ~ **215** 9
flange mount **130** 20
flanging, swaging, and wiring machine **125** 25
flank *Man* **16** 32
flank *Game* **88** 26
flank *Meat* **95** 2, 15-16
flank *Bldg. Site* **119** 6
flank, thick ~ **95** 15, 36
flank, thin ~ **95** 16
flank vault **297** 31
flans **97** 22-24
flap *Child. Clothes* **29** 35
flap *Horse* **71** 40, 47
flap *Aircraft* **229** 37

flap, double-slotted ~ **229** 48
flap, extending ~ **229** 51
flap, fur ~ **35** 32
flap, normal ~ **229** 46
flap, outer ~ **259** 78
flap, slotted ~ **229** 47
flap, split ~ **229** 49
flap extension **78** 19
flaps, plain ~ **229** 46-48
flaps, simple ~ **229** 46-48
flaps, split ~ **229** 49-50
flap valve **192** 63
flare, pork ~ **95** 45
flash, battery-portable ~ **114** 65
flash, electronic ~ **114** 65, 68; **309** 40-41
flash, single-unit ~ **114** 68
flash bar **114** 75
flash bulb **309** 39
flash contact **114** 30
flash cube **114** 74
flash cube contact **114** 13
flash cube unit **114** 73
flash eliminator **255** 18
flashgun **114** 68; **309** 38
flashgun, electronic ~ **309** 40-41
flash head **114** 67; **309** 40
flash hider **255** 18
flash lamp *Photomech. Reprod.* **177** 37
flash lamp *Inf. Tech.* **242** 43
flashlight *Electr.* **127** 26
flashlight *Fire Brig.* **270** 6
flashlight, underwater ~ **279** 25
flash socket **115** 14
flash switch **114** 33
flash tube **176** 26
flask, collared ~ **328** 12
flask, conical ~ **350** 39
flask, flat-bottomed ~ **350** 36
flask, long-necked ~ **350** 38
flask, round-bottomed ~ **350** 38
flask, three-necked ~ **350** 55
flask, volumetric ~ **173** 3
flat *Dwellings* **37** 64-68, 69-71
flat *Flat* **46**
flat *Music. Not.* **320** 52
flat-bed cylinder press, two-revolution ~ **181** 1
flat-bed knitting machine **167** 35
flat-bed offset machine **180** 75
flat-bed offset press **180** 75
flatcar **206** 24; **213** 5, 11, 40
flat clearer **163** 44
flat four engine **230** 34
flat glass production **162** 1-20
flat plate keel **222** 49
flats *Cotton Spin.* **163** 45, 46
flats *Navig.* **224** 87, 97
flatter **137** 35
flatworm **81** 35
flauto piccolo **323** 30
flavourings **382**
flax **383** 6
flay brush **129** 21
flaying knife **94** 13
flea **81** 42
flea beetle **80** 39
flea market **309**
fleet of lorries **206** 25
fleet submarine, nuclear-powered ~ **259** 54
flesh *Soft Fruit* **58** 24, 35, 58
flesh *Drupes & Nuts* **59** 6
fletching **305** 62
fleur-de-lis **254** 13
flews **70** 26

flex **50** 66, 77
flex hook **50** 65
flexor, radial ~ **18** 40
flexor, ulnar ~ **18** 58
flexor carpi radialis **18** 40
flexor carpi ulnaris **18** 58
flies **316** 1-60
flight, negative ~ **288** 9
flight board **77** 49
flight deck *Space* **235** 16
flight deck *Warships* **259** 2, 12
flight instrument **288** 68
flight of wild ducks **86** 41
flight refuelling probe **256** 7
flik-flak **297** 24
flint **107** 28
flint corn **68** 31
flintlock **353** 28
flint maize **68** 31
flip-over numeral **110** 20
flipper *Swim.* **279** 18
flipper *Bathing* **280** 41
flipper *Mammals* **367** 28
flip-up window **142** 4
flitch of bacon **96** 2
flitter-mouse **366** 9
float *Bldg. Site* **118** 57
float *Car* **192** 15
float *Rivers* **216** 12
float *Hydr. Eng.* **217** 34
float *Aircraft* **232** 6
float *Swim.* **282** 18
float *Motorboats etc.* **286** 44
float *Theatre* **316** 26
float, cork ~ *Fish Farm.* **89** 43
float, cork ~ *Swim.* **282** 32
float, lead-weighted ~ **89** 48
float, plastic ~ **89** 44
float, polystyrene ~ **89** 46
float, quill ~ **89** 45
float, skin ~ **353** 11
float, sliding ~ **89** 43, 48
float, spherical ~ **90** 19
float, wooden ~ **90** 6
float bath **162** 16
float chamber **192** 14
float glass process **162** 12
floating thread, diagonal ~ **171** 38
floating thread, loose ~ **171** 41
floating vessel **221** 65
floating yarn, diagonal ~ **171** 38
floating yarn, loose ~ **171** 41
float lever **65** 43
float line **90** 4
floatplane **232** 5
floats **89** 43-48
float seaplane **232** 5
float shaft **217** 35
flood bed **216** 41
flood containment area **216** 42
flood damage **216** 5
floodgate **217** 77
flood plain **13** 62
flood wall **216** 32
floor **296** 11; **297** 6
floor, blind ~ **123** 38, 73
floor, concrete ~ **118** 16
floor, false ~ **120** 43; **123** 68
floor, ferroconcrete ~ **119** 8
floor, first ~ **37** 2, 3; **118** 7, 14
floor, inserted ~ **120** 43; **123** 68
floor, reinforced concrete ~ **119** 8; **123** 35
floor, ribbed ~ **123** 35
floor, second ~ **37** 3; **118** 14
floor, upper ~ **37** 3; **118** 14
floor and carpet cleaning **50** 53-86

floorboard **120** 36
floor brick **159** 24
floor brush **129** 27
floor ceiling **222** 63
floor cleaning **50** 53-86
floor cloth **50** 55
floor construction **123**
floor filling **120** 44; **123** 69
floor grinding machine **138** 7
floor indicator **271** 49
flooring block, hollow ~ **159** 26
floor manager **271** 33
floor nozzle **50** 71
floor plate **222** 59
floor socket **127** 23
floor socket, sunken ~ **127** 24
floor trader **251** 6
floorwalker **271** 33
flop **298** 9
floppy disc reader **244** 8
flora **356** 21
florin **252** 19
flour **91** 28; **97** 52
flour beetle **81** 18
flour corn **68** 31
flour silo **97** 74
flow **216** 9
flow chart **76** 9
flow coating machine **129** 34
flow diagram **76** 9; **92** 25
flower *Soft Fruit* **58** 4
flower *Drupes & Nuts* **59** 9
flower *Weeds* **61** 10, 19, 22
flower *Arable Crops* **68** 42
flower *Fodder Plants* **69** 7, 14
flower *Gdn. Pests* **80** 11
flower *Bot.* **370** 23, 51
flower *Decid. Trees* **371** 17, 26, 35, 40, 52, 55, 62
flower *Shrubs etc.* **373** 5, 7, 11, 14, 31; **374** 6, 7, 15, 21, 24
flower *Flowers etc.* **375** 3, 6, 16, 19, 20, 23, 40, 46; **376** 2, 5, 11, 19, 23
flower *Alp. Plants etc.* **378** 16, 20, 28, 31, 32, 37, 47, 57
flower *Trop. Plants* **382** 4, 17, 18, 29, 42, 55
flower *Industr. Plants* **383** 12, 17, 27, 31, 36, 39, 46, 47
flower *South. Fruits* **384** 13, 18, 56, 57, 65
flower, amaranthine ~ **60** 21
flower, androgynous ~ *Shrubs etc.* **374** 10
flower, androgynous ~ *Trop. Plants* **382** 12, 14
flower, female ~ *Drupes & Nuts* **59** 38
flower, female ~ *Decid. Trees* **371** 6, 13
flower, female ~ *Conifers* **372** 43
flower, female ~ *Shrubs etc.* **373** 20
flower, female ~ *Alp. Plants etc.* **378** 25; **378** 53
flower, female ~ *Trop. Plants* **382** 32, 50
flower, female ~ *Industr. Plants* **383** 50
flower, female ~ *South. Fruits* **384** 7, 14, 42, 43
flower, forced ~ **55** 24
flower, fumariaceous ~ **60** 5
flower, hermaphroditic ~ *Shrubs etc.* **374** 10
flower, hermaphroditic ~ *Trop. Plants* **382** 12, 14
flower, male ~ *Drupes & Nuts* **59** 39

flower, male ~ *Decid. Trees*
371 14
flower, male ~ *Conifers* 372
43
flower, male ~ *Shrubs etc.* 373
21; 374 11
flower, male ~ *Alp. Plants etc.*
378 23, 53
flower, male ~ *Trop. Plants*
382 13
flower, male ~ *Industr. Plants*
383 51
flower, male ~ *South. Fruits*
384 5, 15, 44, 51
flower, open ~ 374 17
flower, withered ~ 58 55
flower arrangement 266 78;
267 37; 330 48
flower basket 266 29
flower bed *Fruit & Veg. Gdn.*
52 18
flower bed *Market Gdn.* 55 37
flower bed *Park* 272 41
flower box 37 20
flower bud *Soft Fruit* 58 27
flower bud *Bot.* 370 24
flower bud *Decid. Trees* 371
25
flower bud *Shrubs etc.* 374 14
flower bud *Trop. Plants* 382
28
flower cone, female ~ 372 4,
16, 22, 34, 62, 68
flower garden 51 1-35
flower girl 266 28
flower head *Weeds* 61 14
flower head *Alp. Plants etc.*
378 12
flower head, discoid ~ 370 74
flower head, hollow ~ 370 75
flowering branch *Decid.*
Trees 371 2, 10, 16, 34, 39,
51, 54, 66, 71
flowering branch *Conifers*
372 33
flowering branch *Trop. Plants*
382 8, 12, 23, 27, 31, 50
flowering branch *Industr.*
Plants 383 22, 26, 30, 38
flowering branch *South.*
Fruits 384 17, 24, 37, 49, 54
flowering rush 378 39
flowering shoot *Alp. Plants*
etc. 378 2, 27
flowering shoot *Trop. Plants*
382 41, 47
flowering shoot *Industr.*
Plants 383 42
flower pot 54 8
flowers, wild ~ 375; 376
flower seller 266 28
flower shoot 59 28
flower shoot, male ~ 372 6,
62, 68
flower stalk *Drupes & Nuts* 59
4
flower stalk *Bot.* 370 52
flower stalk *Industr. Plants*
383 7
flower stand 204 48; 267 36
flower stem 370 52
flower umbel 378 40
flower vase 309 2
flower window 37 68
flowmeter *Hosp.* 26 3
flowmeter *Dairy.* 76 4
flow path 154 51
flow pipe *Roof & Boiler.* 38
74
flow pipe *Plumb. etc.* 126 23
flow pipe *Energy Sources* 155
10
fluate 128 7

flue 155 25
flueblock 38 40
flue brush 38 35
flue pipe 322 57
flue pipe, metal ~ 326 23-30
flue pipe, open ~ 326 23-30,
31-33
flue pipe, stopped ~ 326 34
flue pipe, wooden ~ 326 31-33
flue pipe duct 326 24
flue pipe windway 326 24
flue tube 210 8
fluid container 247 9
fluid reservoir 247 9
fluid transmission 212 27, 52
fluorescent display, eight-
digit ~ 247 15
fluorescent material 240 18
fluorescent tube 127 61, 62
fluorite 351 16
fluoroscope, mobile ~ 26 14
fluorspar 351 16
fluothane container 26 26
flush-deck vessel 258 2; 259
22
flushing lever *Bathrm. etc.* 49
17
flushing lever *Plumb. etc.* 126
19
flushing valve 126 37
flush pipe 126 17
flute *Mills* 91 17
flute *Music. Instr.* 323 31
flute *Art* 334 27
flute *Ethnol.* 353 47
flute, globular ~ 324 32
flute, small ~ 323 30
fluting 157 6
flux *Goldsm. etc.* 108 36
flux *Plumb.* 125 7
flux *Gas Weld.* 141 18
flux *Iron & Steel* 147 2
fly *Men's Wear* 33 48
fly *Fish Farm.* 89 65
fly *Articulates* 358 12
fly agaric 379 10
fly amanita 379 10
fly and draw curtain 315 4
fly curtain 315 3
flyer 164 25
fly floor 316 5
fly frame 164 19
fly frame operative 164 24
fly frame operator 164 24
fly front 33 62
fly fungus 379 10
fly gallery 316 5
flying boat 232 1
flying boat, amphibian ~ 232
8
flying buttress 335 28
Flying Dutchman 284 49
fly leaf 185 49
fly line 316 8
fly man 316 7
fly nut *Mach. Parts etc.* 143 42
fly nut *Bicycle* 187 39
flysheet 278 22
fly swat 83 32
fly title 185 44
flywheel *Weaving* 166 15
flywheel *Intern. Combust.*
Eng. 190 20
F major 320 63
F minor 320 66
foal 73 2
foam bath 49 3
foam can 228 28
foam canister 83 6
foam feed pipe 83 10
foam gun 270 64
foam-making branch 270 64
focal length setting 117 3

focimeter 111 33
fo'c'sle 218 10, 19; 221 13; 223
48
focus 347 25, 27
focus, seismic ~ 11 32
focusing adjustment 240 30
focusing aid 115 60
focusing device 5 11
focusing hood 114 23; 115 68
focusing ring 114 39; 115 8
focusing screen *Optic. Instr.*
112 21
focusing screen *Photog.* 115
39
focusing screen *Photomech.*
Reprod. 177 2, 34
focusing screens,
interchangeable ~ 115
58-66
focusing stage 115 86
focusing telescope 115 74
focusing wedge 115 55
focus setting 114 28; 117 3
fodder plants 69 1-28
fodder silo 62 11, 43
fodder tank 221 73
fog 9 31
fog, high ~ 8 4
fog headlamp and rear lamp
switch 191 64
fog horn 223 3
fog horn, ship's ~ 224 32
fog lamp, rear ~ 191 67
fog lamp warning light 191 63
foil 294 1-18, 11
foil, electric ~ 294 26
foil, French ~ 294 37
foil, Italian ~ 294 39
foil fencers 294 5-6
foilists 294 5-6
foil mask 294 13
foil pommel 294 40
foilsmen 294 5-6
fold 185 54
fold, asymmetrical ~ 12 13
fold, gluteal ~ 16 42
fold, nasolabial ~ 16 11
fold, normal ~ 12 12
fold, reclined ~ 12 15
fold, recumbent ~ 12 15
fold, symmetrical ~ 12 12
fold-away table 207 53
foldboats 283 54-66
folder *Offset Print.* 180 15, 29
folder *Letterpress* 181 55
folder *Photograv.* 182 27
folder *Office* 245 19
folder-feeding station 184 17
folder unit *Offset Print.* 180
15, 29
folder unit *Letterpress* 181 55
folder unit *Photograv.* 182 27
folding 12 4-20
folding machine 249 58
folding mechanism 249 46
fold mountains 12 12-20
fold plate 185 10
fold unit 74 1
foliage 330 48
foliage plant 39 37
folk instruments 324 1-46
follicle *Man* 20 84
follicle *Bot.* 370 91
follower *Metalwkr.* 140 43
follower *Composing Rm.* 175
57
follow-through 293 84
font 332 10
fontage, lace ~ 355 65
font basin 332 11
food, canned ~ 96 25; 98
15-20
food, frozen ~ 99 58-61

food compartment 207 83
food pests 81 15-30
food price list 266 65
food slicer 40 38
food store, self-service ~ 99
1-96
food vacuole 357 6
fool 306 38
foolscap 306 39
foot *Man* 16 54; 17 26-29; 19
52-63
foot *Shoem.* 100 23
foot *Photog.* 114 71
foot *Joiner* 132 29
foot *Blacksm.* 137 15
foot *Bookbind.* 185 58
foot *Sailing* 284 40
foot *Music. Instr.* 326 23
foot, palmate ~ 73 36; 359 7
foot, prehensile ~ 364 34
foot, rubber ~ 114 45
foot, second ~ 286 59
foot, serpent's ~ 327 39
foot, webbed ~ 73 36; 359 6, 7
footage counter 117 52
foot bag *Infant Care etc.* 28 38
foot bag *Winter Countr.* 304
27
football 273 12; 291 17; 292
22
football boot 291 21
football game 273 10
football pad 291 33
football pitch 291 1-16
football player 292 23
football sock 291 58
footband 185 42
foot bar lever 100 27
footbath 282 22
footbed, surgical ~ 101 50
foot binding, front ~ 286 57
footboard 186 7, 13
foot brake 188 52
footbridge 15 78
foot control 139 27
foot control socket 249 66
foot-fault judge 293 24
foot ferry 15 60
foot gear-change control 188
55; 190 77
foot gearshift control 188 55;
190 77
footing 123 2
foot lever 83 34
footlight 316 26
footman 186 20
foot margin 185 58
foot muff *Infant Care etc.* 28
38
foot muff *Winter Countr.* 304
27
foot muscle 18 49
footnote 185 62
foot of bed 43 4
foot of goblet 162 42
foot of machine 133 25
foot of mast 284 20
foot passenger ferry 15 60
footpath 15 43
footpath under railway 15 44
foot pedal *Pest Contr.* 83 34
foot pedal *Forging* 139 27
foot pedal *Arc Weld.* 142 31
foot pedal *Letterpress* 181 12
foot pedal *Bookbind.* 183 18
footpiece *Mach. Tools* 149 12
footpiece *Carriages* 186 13
footprints 126 59
foot rail 267 52
footrest *Hairdresser* 105 18;
106 19
footrest *Bicycle* 187 47
footrest *Motorcycles etc.* 188 44

footrest *Railw.* 207 57
footrest *Winter Sp.* 301 58
footrest *Sports* 305 81
footrope *Sea Fish.* 90 9, 18
footrope *Ship* 219 46
foot scraper 123 25
foot switch *Hosp.* 27 21
foot switch *Dressm.* 103 26
foot switch *Sawmill* 157 66
foot switch, electric ~ 50 2
foot treadle 83 34
foot valve 269 6, 14, 43
footwear 101
fop 306 33
forage harvester, self-
  propelled ~ 64 34-39
forage plants 69 1-28
foramen 383 57
forceps, obstetrical ~ 26 53
forcing 55 24
forcing bed 55 16
forcing house 55 4
forearm *Man* 16 46
forearm *Horse* 72 21
forearm balance 295 26
forearm stand 295 26
forebay 217 39
forecarriage 65 14-19
forecastle 218 10, 19; 221 13;
  223 48
fore course 218 41; 219 55
foredeck 223 47; 284 10
foredeck, flooded ~ 258 65;
  259 77
fore edge 185 57
fore edge margin 185 57
fore end 95 51
forefinger 19 65
forefoot 72 22-26
foregrip 87 13
forehand 72 18-27
forehand stroke 293 40
forehand volley 293 41
forehead *Man* 16 4-5
forehead *Horse* 72 3
foreign counter 204 31
foreign exchange counter
  204 31; 250 10
foreign trade zone 225 2
foreleg 70 5; 88 25, 64
forelock 72 2
foremast 218 42; 219 2-4; 220
  21; 221 2
foremast, lower ~ 219 2
forepart 218 49
forepaw 70 6
forepeak 227 18, 28
fore royal 219 60
fore royal stay 219 13
fore royal yard 219 37
foresail 218 41; 219 55
foresail, square ~ 220 13
foresheet 284 23
fore ship 286 33, 36, 40
foresight 255 3, 23, 37; 305
  42
foresight block 255 23, 37
foreskin 20 70
forest 84 1-34
forestage 316 25
forestay 119 10; 284 15
forest Indian 352 19
forest labourer 84 18
forest pests 82
forestry 84; 85
forestry office 15 3
forest track 84 3
foretop 219 50
fore topgallant mast 219 4
fore topgallant rigging 219 18
fore topgallant sail 218 52
fore topgallant stay 219 12
fore topmast 219 3

fore topmast crosstrees 219 51
fore topmast rigging 219 17
fore topmast stay 219 11
fore topmast staysail 219 20
forewing 358 36
foreyard 219 32
forge 137 1-8, 1, 34
forget-me-not 378 26
forging and sizing press 139
  18
forging press, hydraulic ~ 139
  35
fork *Tablew. etc.* 45 7, 58
fork *Agr. Impl.* 66 3, 7, 22
fork *Horse* 71 29
fork *Optic. Instr.* 113 12
fork *Quarry* 158 33
fork, protective ~ 307 54
fork, rear ~ 188 14; 189 7
fork, swinging-arm ~ 188 14;
  189 7
fork blade 187 12
fork column 187 14
fork end 187 12
forklift 93 23; 206 16; 225 44;
  226 8
forklift truck 93 23; 206 16;
  225 44; 226 8
fork mount 113 24
fork mounting 113 12, 24
forks, front ~ 187 10-12
forks, telescopic ~ 188 8
fork spanner 134 2
fork truck 93 23; 206 16; 225
  44; 226 8
fork wrench 134 2
form *Office* 245 24
form *see* forme
formaldehyde atom 242 64
format selection 249 34
forme 174 10
forme, locked up ~ 181 36
forme bed 180 78; 181 17
forme-inking roller 181 18,
  27, 61
former *Optic.n* 111 25, 26
former *Plumb. etc.* 126 83
former *Letterpress* 181 53
former *Aircraft* 230 55
former *Air Force* 257 28
forme roller 181 7, 18, 27
forms 36 42-86
Formula One racing car 290
  34
Formula Two racing car 290
  36
formwork 119 54-76
forsythia 373 1
forte 321 38
forte fortissimo 321 40
forte pedal 325 8
forte piano 321 41
fortissimo 321 39
fortress 15 74
fortune teller 308 36
forward *Swim.* 282 50
forward *Ball Games* 293 75
forward, reverse and still
  projection switch 117 88
forward horizontal stand 295
  30
forwarding agent 206 28
forwarding office 206 26
forwarding roll 180 4
forward kip 296 58
forward pace 295 43
forward roll 297 19, 20
forward somersault 297 18
forward split 295 14
forward straddle 295 4
forward walkover 297 26
forward wind button 249 73
Fosbury flop 298 9

fosse 329 37
fossette 16 16
foul 291 50; 299 34
foul line 292 48
foundation *Bees* 77 43
foundation *Floor etc. Constr.*
  123 2
foundation base 123 3
foundation pile 5 28
foundation trench 118 75
founder 148 8
fountain 272 8, 21, 22, 62; 334
  68
fountain pen 260 14
fountain roller 181 64; 249 52
Fourcault glass-drawing
  machine 162 8
Fourcault process 162 1
four-channel balance control
  241 42
four-channel demodulator
  241 45
four-channel level control
  241 42
four-eight time 320 31
four-four time 320 32
four-masters 220 28-31
four-to-pica 175 20
four-two time 320 33
four-wheel drive 194 1
fowl, domestic ~ 73 19-36
Fowler flap 229 52
Fowler flap, double-slotted ~
  229 40
fowl run 74 11
foxglove 379 2
fox hunt 289 41-49
fox terrier, wire-haired ~ 70
  15
foyer 5 25; 267 1-26, 44-46;
  315 12-13
fraction 344 10, 19
fraction, complex ~ 344 17
fraction, compound ~ 344 17
fraction, improper ~ 344 16,
  18
fraction, proper ~ 344 15
fractionating column 145 37
fractions, vulgar 344 15-16
fractocumulus 8 12
fractostratus 8 11
Fraktur 342 3
frame *Agr. Mach.* 65 8, 90
frame *Bees* 77 40
frame *Mills* 91 3
frame *Optic.n* 111 5
frame *Forging* 139 16
frame *Iron Foundry etc.* 148
  57
frame *Mach. Tools* 149 65
frame *Knitting* 167 33
frame *Railw.* 207 3; 208 5
frame *Shipbuild.* 222 58
frame *Aircraft* 230 55
frame *Rowing* 283 49, 67
frame *Sailing* 285 51
frame *Gymn.* 297 12
frame *Sports* 305 14, 88
frame, aluminium ~ 50 19
frame, annular ~ 235 47
frame, bone ~ 353 13
frame, C-shaped ~ 26 19; 27 17
frame, ferroconcrete ~ 119 2
frame, heated ~ 55 16
frame, iron ~ 325 2
frame, lower ~ 148 20
frame, metal ~ *Optic.n* 111 7
frame, metal ~ *Music. Instr.*
  324 76
frame, plate glass ~ 179 15
frame, reinforced concrete ~
  119 2

frame, sectional ~ 65 56
frame, shell ~ 111 8
frame, tortoiseshell ~ 111 8
frame, tubular ~ 188 9, 49
frame, upper ~ 148 19
frame, wire ~ 339 35
frame, wooden ~ 353 13
frame bar 64 51
frame-clamping machine 133
  42
frame-coding device 242
  8-10
frame counter 115 17; 313 28
frame-cramping machine
  133 42
frame drum 353 26
frame end plate 164 26
frame hive 77 45-50
frame-mounting device 133
  48
frame number 187 51
frame sample 124 2
frame-sanding pad 133 34
frame saw, vertical ~ 157 2
frame section, aft ~ 234 49
frame section, forward ~ 234
  45
frame slipway 222 19-21
frame stand 133 43
frame tent 278 36
frame timber 119 64
frame timber, bolted ~ 119
  74
frame vent 55 17
frame wood 124 3
frame wood sample 124 2
framework 339 22
framework support 214 77
framing 336 11
framing chisel 132 11
framing control 312 29
framing table 132 62
franc 252 15, 16, 17, 18
Frankfurter 96 8
Frankfurter garland cake 97
  42
Frankfurter sausage 96 8
franking machine 22 24; 236
  7, 27, 47
freak show 308 19
free backward circle 297 29
free combination knob 326 40
free combination stud 326 40
free exercise 295
free-fall positions 288 60-62
free flight model, remote-
  controlled ~ 288 86
free kick 291 43
free leg *Athletics* 298 27
free leg *Winter Sp.* 302 3
free leg, vertical ~ 298 25
free port 225 2
freestyle relay race 282 24-32
freestyle wrestling 299 10-12
free-throw line 292 38
free walkover forward 297 25
freeway *Map* 15 16
freeway *Docks* 225 54
free-wheel hub 187 63
freezer 22 63; 96 21; 97 65; 98
  74
freezer, upright ~ 39 7
free zone enclosure 225 3
free zone frontier 225 3
freight agent 206 28
freight barge 216 25
freight car 206 6
freight car, flat ~ 206 21
freight car, open ~ 213 8, 33
freight car, special ~ 213 33
freight depot *Map* 15 91
freight depot *Station* 206
freighter 221 57

freight house **206** 7, 26-39
freight house door **206** 37
freight office **206** 26
freight truck **206** 15
French chalk **271** 39
French horn **323** 41
French lady **355** 51
French toast **97** 54
French window **37** 21
frequency band **309** 22
fresco **338** 40
fresh-air inlet **356** 16
fresh-air inlet and control **191** 85
fresh-air regulator **191** 86
fresh meat counter **99** 51
fresh milk filling and packing plant **76** 20
fresh milk tank **76** 15
fresh oil tank **65** 46
freshwater eel **364** 17
freshwater pearl mussel **357** 33
fresh water tank **221** 70; **223** 79
Fresnel lens **115** 64
fret *Roulette* **275** 30
fret *Music. Instr.* **324** 9
fretsaw **135** 12; **260** 53
fretsaw blade **135** 13; **260** 54
friction drive **116** 33; **312** 37
friction pad **192** 49
friction tape **127** 34
friction wheel **322** 26
fridge *Kitch.* **39** 2
fridge *Flat* **46** 33
fridge *Disco* **317** 10
frieze **335** 9
frieze, Babylonian ~ **333** 19
frieze decoration **334** 16
frigate **258** 53
frill **31** 34; **32** 44
frill collar **31** 46
frill front **32** 44
fringe **34** 36
fringe, decorative ~ **353** 25
fringe region **7** 34
frit **162** 2
frit feeder **162** 13
frit funnel **162** 13
frock coat **355** 76
frog *Agr. Mach.* **65** 8
frog *Road Constr.* **200** 26
frog *Railw.* **202** 24
frog *Music. Instr.* **323** 13
frog position **288** 61
frog's bit **378** 29
frond **378** 49
front **305** 1
front, cold ~ **8** 13; **9** 27
front, extended ~ **200** 10
front, hinged ~ **213** 10
front, occluded ~ **9** 25
front, warm ~ **8** 5; **9** 26
frontalis **19** 4
front axle pivot pin **65** 48
front axle suspension **65** 49
front band **71** 9
front element mount **115** 6
front fan-jet **232** 33
front-line player **293** 63
front panel, sliding ~ **349** 27
front roller underclearer **164** 44
fronts **9** 25-29
fronts, cold ~ **8** 13-17
fronts, warm ~ **8** 5-12
front seat headrest **193** 7
front seat head restraint **193** 7
front sight block **255** 23, 37
front support *Free Exerc.* **295** 21, 23
front support *Gymn.* **296** 28

front wheel drive **191** 52
front wheel drum brake **188** 36
froth **266** 4
fruit *Weeds* **61** 11, 20, 23
fruit *Restaurant* **266** 57
fruit *Decid. Trees* **371** 4, 19, 28, 45, 69
fruit *Conifers* **372** 53, 64
fruit *Shrubs etc.* **373** 12, 18, 22, 27, 29, 32; **374** 4, 8, 12, 19, 25, 29, 31, 34
fruit *Flowers etc.* **375** 4, 7, 10, 13, 17, 24, 35, 37, 47; **376** 3, 6, 14
fruit *Alp. Plants etc.* **378** 11, 38, 42
fruit *Trop. Plants* **382** 3, 5, 10, 15, 17, 24, 39
fruit *Industr. Plants* **383** 14, 18, 21, 28, 32, 40, 43, 52, 56, 59
fruit *South. Fruits* **384** 19, 26, 39, 45
fruit, aggregate ~ *Soft Fruit* **58** 28
fruit, aggregate ~ *Bot.* **370** 100, 101
fruit, canned ~ **98** 16
fruit, compound ~ *Soft Fruit* **58** 28
fruit, compound ~ *Bot.* **370** 100, 101
fruit, dehisced ~ **375** 27
fruit, immature ~ **378** 31
fruit, indehiscent ~ **375** 43
fruit, mature ~ *Decid. Trees* **371** 61
fruit, mature ~ *Trop. Plants* **382** 33
fruit, ripe ~ *Decid. Trees* **371** 61
fruit, ripe ~ *Trop. Plants* **382** 33
fruit, soft ~ **58** 1-30
fruit, stewed ~ **45** 30
fruit, unripe ~ **378** 31
fruit, young ~ *Decid. Trees* **371** 59
fruit, young ~ *South. Fruits* **384** 31
fruit and vegetable counter **99** 80
fruit and vegetable garden **52** 1-32
fruit bowl **45** 29, 40
fruit capsule, mature ~ **382** 44
fruit capsule, ripe ~ **382** 44
fruit cone **372** 2, 29, 30, 36, 41, 57
fruit dish **45** 28
fruit flan **97** 22; **99** 20
fruit garden **52**
fruiting body **381** 2
fruiting branch *Decid. Trees* **371** 3, 11, 18, 31, 36, 41, 47, 50, 56, 64
fruiting branch *Conifers* **372** 40, 51, 59, 63, 66, 70
fruiting branch *Trop. Plants* **382** 2, 37
fruiting branch *Industr. Plants* **383** 34, 46
fruiting branch *South. Fruits* **384** 38
fruiting palm **384** 2
fruit juice **98** 18; **266** 58
fruit juice bottle **99** 74
fruit juice can **99** 75
fruit knife **45** 71
fruit pests **80** 1-19
fruit picker **56** 22
fruit pip **58** 37, 60

fruit preserver **40** 23
fruits **370** 91-102
fruits, dehiscent ~ **370** 91-96
fruits, indehiscent ~ **370** 97-102
fruits, Mediterranean ~ **384**
fruits, southern ~ **384**
fruits, subtropical ~ **384**
fruits, tropical ~ **384**
fruit scale **372** 67
fruit spoon **45** 66
fruit stall **308** 53
fruit storage shed **225** 52
fruit tree, standard ~ **52** 30
fruit trees, dwarf ~ **52** 1, 2, 16, 17, 29
fruit warehouse **225** 52
frustum of a cone **347** 45
frying pan **40** 4
fry pond **89** 6
F sharp major **320** 61
F sharp minor **320** 58
fuchsia **53** 3
fuel cell **234** 62
fuel gas **145** 52
fuel gauge **191** 38, 65
fuel-handling hoist **154** 27
fuel hand pump **190** 64
fuel-injection engine **190** 1
fuel injector **190** 32
fuel inlet **192** 13
fuel leak line **190** 53
fuel level sensor **234** 27
fuel line **190** 31
fuel line duct **234** 40
fuel oil **38** 50
fuel oil, heavy ~ **145** 59
fuel oil, light ~ **145** 58
fuel oil tank **212** 75
fuel pin **154** 4
fuel pipe **286** 25
fuel pressure gauge **230** 19
fuel pressure line **190** 52
fuel pressure pipe **190** 52
fuel pressure regulator **190** 17
fuel rod **154** 4
fuel storage **154** 28
fuel supply pipe **190** 31
fuel tank *Moon L.* **6** 7, 29, 37
fuel tank *Agr. Mach.* **65** 42
fuel tank *Motorcycles etc.* **188** 10, 28
fuel tank *Motorcycle* **189** 2
fuel tank *Railw.* **209** 20; **212** 56
fuel tank *Ship* **223** 80
fuel tank *Aircraft* **230** 48
fuel tank *Space* **234** 58
fuel tank, forward ~ **235** 21
fuel tank, jettisonable ~ **235** 46
fuel tank, main ~ **212** 4
fuel tanker **258** 97
fuel tender **210** 67
fuel warning light **191** 71
full circle **308** 43
full-colour print **340** 28
full-cone indicator **165** 7
fuller's earth **199** 38
fulling machine, rotary ~ **168** 1
fulling roller, bottom ~ **168** 6
fulling roller, top ~ **168** 3
full point **342** 16
full spread position **288** 60
full-step **320** 51, 53
full stop **342** 16
full title **185** 46
fulmar **359** 12
fume extraction equipment **142** 13
fume extractor **255** 59, 89
fumigation chamber, mobile ~ **83** 15

fumigation plant, vacuum ~ **83** 11
fumigator, vacuum ~ **83** 11
function, trigonometrical ~ **346** 32
function key **247** 17
funeral **331** 33-41
fungi, edible ~ **381**
fungi, esculent ~ **381**
fungi, poisonous ~ **379** 10-13
funicular **214** 12
funicular railway car **214** 13
funnel *Photog.* **116** 12
funnel *Ship* **221** 8, 40, 75, 84; **223** 1
funnel *Warships* **258** 58; **259** 32
funnel *Chem.* **350** 16
funnel, aft ~ **258** 20
funnel, forward ~ **258** 19
Funnel-Beaker culture **328** 12
funnel marking **223** 2
fur marker **131** 22
furnace **199** 29
furnace, continuous ~ **139** 1
furnace, electric ~ **147** 51-54
furnace, gas ~ **139** 47
furnace, gas-fired ~ **139** 47; **140** 11
furnace, low-shaft ~ **147** 51-54
furnace, stationary ~ **147** 23
furnace bed **38** 66
furnace incline **147** 2
furnace lift **147** 2
furnace thermometer **38** 64
furniture **174** 8; **181** 40
furniture lorry **268** 47
furniture truck **268** 47
furrier **131** 1
furrow *Agr.* **63** 8
furrow *Mills* **91** 17
furrow, gluteal ~ **16** 42
furrow wheel **65** 16
fur seal **367** 18
fur-sewing machine **131** 9
fur side **131** 12, 17
furskin **131** 5
furskin, cut ~ **131** 14
furskin, uncut ~ **131** 6
furskins **131** 11-21
fur trapper **306** 8
fur worker **131** 8, 23
fuse *Electr.* **127** 19, 36
fuse *Quarry* **158** 28
fuse box *Hall* **41** 19
fuse box *Weaving* **166** 23
fuse carrier **127** 68
fuse cartridge **127** 36
fuse holder **127** 35
fuselage **230** 54; **288** 26
fuselage attachment **235** 4
fuselage tank **257** 31
fuse wire **127** 68

G

gable **37** 15; **121** 5; **122** 25
gable, curved ~ **336** 5
gable, round ~ **335** 50
gable end **37** 15; **122** 25
gable roof **37** 5; **121** 1
gable slate **122** 80
gaffer **310** 37
gaffsail **220** 1
gaff topsail **219** 31
gag *Horse* **71** 53
gag *Fish Farm.* **89** 42
gag bit **71** 53
gage *see* gauge

gaillardia **60** 19
gait **289** 7
gaiter, leather ~ **191** 92
gaits of the horse **72** 39-44
Galaxy **3** 35
gale **373** 33
galena **351** 14
galingale **53** 17
gall *Gdn. Pests* **80** 33
gall *Forest Pests* **82** 34
gallant soldier **61** 31
gall bladder **20** 11, 36
galleries under bark **82** 23-24
gallery *Forest Pests* **82** 24
gallery *Coal* **144** 29
gallery *Theatre* **315** 16
gallery *Church* **330** 25
gallery, drilled ~ **192** 21
gallery grave **328** 16
galley *Composing Rm.* **174** 12, 44
galley *Ship* **218** 44-50; **223** 42
galley *Aircraft* **231** 20
galley loader **233** 22
galley slave **218** 48
gall gnat **80** 40
gall midge **80** 40
gallop, full ~ **72** 43-44, 43, 44
gallows **221** 87
gall wasp **82** 33
galvanometer **11** 44
gamba **322** 23
gambling casino **275** 1
gambling game **275** 1-33
gambling table **275** 8
gambrel **94** 21
gambrel roof **121** 18
gambrel stick **94** 21
game **86** 28; **88**
game, furred ~ **86** 35
game, positional ~ **276** 1-16
game, winged ~ **86** 41
game of chance **275** 1-33
game path **86** 16
game preserve **86** 1-8
gaming room **275** 1
gaming table **275** 8
gamma radiation **1** 33, 40
gammon steak **95** 54
gander **73** 34
gang mill **157** 2
gang stitcher **184** 15
gangway **38** 3
gangway, central ~ *Railw.* **208** 23
gangway, central ~ *Ship* **218** 46
gannet **359** 9
gantry *Photomech. Reprod.* **177** 13
gantry *Shipbuild.* **222** 26
gantry *Docks* **225** 40
gantry crane **157** 27; **206** 55; **222** 20, 25
gantry support **214** 24
garage *Dwellings* **37** 32, 79
garage *Garage* **195**
garage, agent's ~ **195** 1-55
garage, distributor's ~ **195** 1-55
garage driveway **37** 52
garbage **199** 17
garbage can **199** 3
garbage can dumping device **199** 2
garbage container **199** 4
garbage disposition **199**
garbage incineration unit **199** 28
garbage truck **199** 1
garden **37** 57
garden, Baroque ~ **272**
garden, formal ~ **272** 1-

garden, front ~ **37** 58
garden chair **37** 49
gardener **55** 20
garden fence **52** 10
garden flowers **60**
garden gate **272** 31
garden hedge **51** 9
garden hoe **66** 1
garden hose **37** 42; **56** 27
garden house **52** 14
garden ladder **52** 8
garden light **37** 38
garden mould **55** 15
garden pansy **60** 2
garden parasol **37** 48
garden path **51** 14; **52** 23
garden pests **80**
garden pond **51** 16
garden rake **51** 4
garden rose **60** 15
garden seat **272** 42
garden shed **52** 3
garden shovel **55** 14
garden sieve **55** 13
garden spider **358** 45
garden strawberry **58** 16
garden table **37** 50
garden tiger **365** 7
garden tools **56**
garden wall **37** 37
gargoyle **335** 30
garland **306** 17; **335** 54
garnet **351** 7
Garratt locomotive **210** 64
garter **318** 28
gas, liquid ~ **145** 53
gas, natural ~ **12** 30
gas appliances **126** 12-25
gas bottle **278** 53
gas cap **12** 30
gas circulation unit **83** 16
gas-collecting main **156** 17
gas compressor **156** 26
gas connection **141** 31
gas control **141** 32
gas cooler *Offshore Drill.* **146** 27
gas cooler *Coking* **156** 19
gas cooling **156** 29
gas cutting installation **148** 67
gas cylinder **138** 35
gas cylinder manifold **141** 1
gas drying **156** 30
gas extractor **156** 21
gas fitter **126** 1
gas fitter's tools **126** 58-86
gas flue **152** 12
gas generator **350** 59
gas holder **156** 25
gas hose **141** 9
gas inlet **350** 2
gas inlet pipe **350** 2
gaskin **72** 36
gas lighter **107** 30
gas main **198** 21
gas main, high-pressure ~ **156** 45
gas main, low-pressure ~ **156** 44
gas meter *Plumb. etc.* **126** 5
gas meter *Coking* **156** 31
gasoline can **196** 25
gasoline canister **84** 36
gasoline inlet **192** 13
gasoline pump **196** 1
gasoline pump, self-service ~ **196** 8
gasoline pump hose **196** 2
gasoline station **196** 1-29
gasoline tank **188** 10, 28; **189** 2; **305** 82
gasometer **144** 12

gas outlet *Oil, Petr.* **145** 29
gas outlet *Chem.* **350** 63
gas pipe *Pest Contr.* **83** 14
gas pipe *Forging* **139** 54
gas pipe *Metalwkr.* **140** 12
gas pipe *Oil, Petr.* **145** 29
gas pipe *Iron & Steel* **147** 18, 27
gas pliers *Plumb. etc.* **126** 58
gas pliers *Metalwkr.* **140** 68
gas pressure vessel **234** 32
gas regenerator chamber **147** 28
gas regulator **255** 34; **350** 6
gas-separating plant **145** 69
gas separator **145** 28
gas station **196** 1-29
gas supply **27** 41
gas tap **261** 24
gas tube **83** 35
gas turbine **209** 9
gas turbine, auxiliary ~ **231** 33
gas turbine, twin-shaft ~ **209** 23
gas turbine controller **209** 16
gas turbine driving unit **209** 8
gas turbine fuel tank **209** 17
gas turbine trainset **209** 1
gas-washing bottle **350** 58
gas water **156** 39
gas welder **141**
gas welding torch **130** 14
gate **202** 40; **289** 8; **337** 24
gate, removable ~ **118** 46
gate, sliding ~ **217** 18, 55
gate, vertical ~ **217** 31, 38
gate, wrought iron ~ **272** 31
gate and rails **289** 8
gateau **99** 15; **265** 4
gateaux **97** 22-24
gatehouse **329** 22
gateman **202** 42
gate pole **301** 30
gateway **336** 15; **337** 11
gateway, monumental ~ **333** 9
gatherer and wire stitcher **184** 15
gathering and wire-stitching machine **184** 15
gathering machine **249** 59
gathering station **249** 60
gaucho **306** 31
gauge **76** 6
gauntlet **329** 50
gauze **183** 33; **185** 20
gauze, sterile ~ **22** 58
gauze, wire ~ **350** 18, 19
gauze roll holder **185** 19
G-clef **320** 8
gear *Gdn. Tools* **56** 20
gear *Iron Foundry etc.* **148** 63
gear *Road Constr.* **201** 11
gear *Hydr. Eng.* **217** 48
gear, epicyclic ~ **143** 94
gear, planetary ~ **143** 94
gearbox *Agr. Mach.* **65** 79
gearbox *Turner* **135** 4
gearbox *Cotton Spin.* **164** 2, 33, 39
gearbox, five-speed ~ **189** 6
gear-change *Agr. Mach.* **65** 35
gear-change *Motorcycles etc.* **188** 31
gear-change, floor-type ~ **191** 91
gear-change, two-speed ~ **188** 12
gear-change lever **189** 28
gear-change pattern **192** 47
gear control **149** 2
gearing *Agr. Mach.* **64** 50, 65

gearing *Overh. Irrign.* **67** 21
gearing *Road Constr.* **201** 11
gearing, helical ~ **143** 89
gearing, multi-speed ~ **190** 72
gearing, multi-step ~ **190** 72
gear lever **191** 91; **192** 46
gears *Agr. Mach.* **64** 50, 65
gears *Overh. Irrign.* **67** 21
gear shaft **232** 58
gear shaft, intermediate ~ **190** 57
gearshift **65** 23, 35; **188** 31
gearshift, two-speed ~ **188** 12
gearshift lever *Motorcycle* **189** 28
gearshift lever *Car* **191** 91; **192** 46
gearshift pattern **192** 47
gearshift rod **192** 41
gearshift switch **134** 46
gear wheel, helical ~ **192** 34, 36, 39, 43
gear wheel, herringbone ~ **143** 87
gear wheel, stepped ~ **143** 82
gear wheels **143** 82-96
gecko **364** 36
Geiger counter **2** 19
Geiger-Müller counter **2** 19
geisha **353** 39
gelatine **316** 49
gelding **73** 2
Gemini **3** 28; **4** 55
general cargo ship **225** 14; **226** 13
general cargo transit shed **225** 9
general practice **22** 1-74
general practitioner **23** 2
general service lamp **127** 56
generator *Nucl. Energy* **154** 15, 47, 53
generator *Energy Sources* **155** 46
generator *Intern. Combust. Eng.* **190** 76
generator *Railw.* **211** 46
generator *Ship* **223** 74
generator exhaust **146** 2
generator unit **231** 33
Geneva movement **312** 38
Genoa jib **284** 16
genouillère **329** 53
gentleman *Café* **265** 22
gentleman *Hist. Cost.* **355** 54, 61, 73
'gentlemen' **233** 47
'gentlemen's toilet' **233** 47
geodesy **14** 46-62
geography, physical ~ **11**; **12**; **13**
geology **12** 1-33
geometrical shape **260** 79
geometrid **80** 16; **82** 28
geometry **346**; **347**
geometry, elementary ~ **346** 1-58
geometry, Euclidian ~ **346** 1-58
geranium **53** 1
gerbera **51** 26
germ **370** 86
German brown trout **364** 15
German hand **342** 11
German pointer **70** 40
German sheepdog **70** 25
German shepherd **70** 25
geyser *Phys. Geog.* **11** 21
geyser *Plumb. etc.* **126** 12-13
G flat major **320** 68
gherkin, pickled ~ **98** 29
ghost train **308** 5

giant 308 20; 327 37
giant figure 306 63
gib Plumb. 125 3
gib Mach. Parts etc. 143 74
gig 186 34
gig, four-oared ~ 283 26-33
Gigantocypris agassizi 369 1
gilder 183 2
gilding Painter 129 40
gilding Bookbind. 183 1
gilding and embossing press
    183 26
gill Dom. Anim. 73 24
gill Edib. Fungi 381 4, 6
gill, tufted ~ 364 19
gill cleft 364 3
gill cover 364 5
gill slit 364 3
gillyflower 60 7
gimbal ring 224 50
gimbal suspension 241 23
gimlet 120 65
gimping 102 28
gimping needle 102 29
gingerbread 97 51
gipsy girl 306 36
gipsy moth 80 1
giraffe 367 4
giraffe house 356 10
girder, steel ~ 143 3-7
girdle 32 5
girdle clasp 328 24
girl, exotic ~ 306 30
girt 120 50
girth 71 18, 36; 289 11
girth, emergency ~ 71 23
girth, second ~ 71 23
glacier Phys. Geog. 12 49
glacier Mountain. 300 22
glacier snout 12 51
glacier table 12 56
gladiolus 51 28; 60 11
gland, bulbourethral ~ 20 75
gland, parotid ~ 19 9
gland, pituitary ~ 17 43
gland, prostate ~ 20 76
gland, submandibular ~ 19 11
gland, submaxillary ~ 19 11
gland, suprarenal ~ 20 29
gland, thyroid ~ 20 1
glans penis 20 69
glass 54 9
glass, armoured ~ 109 29
glass, bullet-proof ~ 250 3
glass, coloured ~ 260 68
glass, crystal ~ 45 86
glass, frosted ~ 124 5
glass, laminated ~ 124 5
glass, lined ~ 124 6
glass, molten ~ 162 23, 31, 50
glass, ornamental ~ 124 6
glass, patterned ~ 124 5
glass, pulverized ~ 340 48
glass, raw ~ 124 6
glass, shatterproof ~ 124 5
glass, stained ~ 124 6; 330 15
glass, tapered ~ 45 85
glass, thick ~ 124 5
glass, wired ~ 124 6
glassblower 162 38
glassblowing 162 38-47
glass case 356 15
glass cloth 130 29
glass cutter, diamond ~ 124 25
glass cutter, steel ~ 124 26
glass cutters 124 25-26
glass-drawing machine 162 8
glasses 111 9
glass fibre, production of ~
    162 48-55
glass fibre products 162 56-58
glass filament 162 52
glass forming 162 38-47

glass furnace 162 1, 49
glass holder 124 9
glasshouse pot, covered ~ 162
    46
glassmaker 162 38
glassmaking 162 38-47
glass mosaic picture 260 69
glass paper 135 25
glass pliers 124 19
glass ribbon 162 10
glass sponge 369 7
glass wool 162 58
glassworker 124 8
glazier 124; 124 8
glazing sheet 116 58
glazing sprig 124 24
glede 362 11
glider 287 3
glider, high-performance ~
    287 9
glider, motorized ~ 287 8
glider, powered ~ 287 8
glider field 287 13
gliding 287
globe 42 13
globe, frosted glass ~ 267 4
globe, solar ~ 4 36
globe, terrestrial ~ 4 8
globe artichoke 57 41
globe lamp 267 4
globe thistle 53 14
glove 33 67; 292 12; 298 47;
    318 31
glove, catcher's ~ 292 60
glove, fielder's ~ 292 59
glove, goalkeeper's ~ 291 19
glove box lock 191 89
glove compartment lock 191
    89
glove stand 271 20
glow plug 190 66
gloxinia 53 7
glue 48 4; 260 50-52, 51
glue, joiner's ~ 132 13
glue cylinder 184 10
glue-enamel plate 179 32
glue pot 132 12, 13; 183 15;
    236 5; 260 57
glue roller 184 10; 185 33
glue size 128 4
glue tank 184 9; 185 32
glue well 132 13
gluing 183 14
gluing cylinder 184 10
gluing machine 185 31
gluing mechanism 184 4
glume 68 11
gluteus maximus 18 60
G major 320 56
G minor 320 64
gnat 358 16
goaf 144 37
goal Playground 273 11
goal Swim. 282 46
goal Ball Games 291 35; 292 7
goal Winter Sp. 302 37
goal area 291 5
goalkeeper Playground 273 14
goalkeeper Swim. 282 47
goalkeeper Ball Games 291
    10; 292 8
goalkeeper Winter Sp. 302 36
goal kick 291 38
goal line 291 7
goalpost 273 11; 291 37
goal scorer 273 13
Goat Astron. 3 36; 4 62
goat Dom. Anim. 73 14
goatee beard 34 10
goat's beard Forest Plants etc.
    377 5
goatsbeard Forest Plants etc.
    377 5

goat's beard Edib. Fungi 381
    32
goatsbeard Edib. Fungi 381 32
goat willow 371 24
gob Coal 144 37
gob Glass Prod. 162 40
gobbler 73 28
goblet, hand-blown ~ 162 41
gobo 310 51
gob of molten glass 162 23, 31
go-cart 273 33
god, Indian ~ 337 19
godet 30 52
Godet wheel 169 16
godparent 332 13
God's acre 331 21-41
'GO' gauging member 149 57
goggles 140 21; 303 15
going about 285 27
go-kart 305 83
go-karting 305 82
gold Heraldry 254 24
gold Crystals 351 6
gold and silver balance 108 35
goldcrest 361 10
goldcup 375 8
gold cushion 183 6
golden chain 374 32
golden crested wren 361 10
golden maidenhair 377 17
golden oriole 360 7
golden rain 374 32
goldfinch 360 1
gold finisher 183 2
gold knife 183 7
gold leaf 129 45, 52; 183 5
gold size 129 44
goldsmith 108 17
golf 293 79-93
golf ball Office 249 15
golf ball Ball Games 293 89
golf ball cap 249 30
golf ball typewriter 249 1
golf course 293 79-82
golfer 293 83
golf trolley 293 85
gondola Supermkt. 99 23, 43,
    62
gondola Railw. 214 20
gondola Airsports 288 64
gondola cableway 214 19
gonfalon 253 12
gong 299 46
goods 271 10
goods, bulky ~ 206 18
goods, general ~ 206 4
goods depot 15 91
goods lorry 206 15
goods office 206 26
goods shed 206 7, 26-39
goods shed door 206 37
goods shelf 47 36; 98 14
goods station 206
goods van 206 6; 213 22
goods van, covered ~ 213 14
goods wagon, covered ~ 213
    14
goods wagon, open ~ 213 8
goosander 359 15
goose 73 34; 272 52
gooseberry 58 9
gooseberry bush 52 19; 58 1
gooseberry cane, flowering ~
    58 2
gooseberry flan 97 22
gooseberry flower 58 6
goosefoot 61 25
gooseneck 284 37
gorge 13 52
gorgerin 334 22
gorget 329 43
gorilla 368 16
goshawk 362 10

'GO' side 149 60
gosling 73 34
gouache 338 17
gouge 132 9; 135 15; 339 17
gouge, U-shaped ~ 340 6
gouge, V-shaped ~ 339 20;
    340 9
gourd 354 27
governor 224 56
gown 105 34; 106 4; 355 25,
    36, 66
gown, linen ~ 355 5
gown, open ~ 355 50
gown, sleeveless ~ 355 50
graben 12 11
grace notes 321 14-22
graces 321 14-22
grade crossing, protected ~
    202 39
grade crossing, unprotected ~
    202 49
grade crossings 202 39-50
grader 200 19
grader levelling blade 200 21
grader ploughshare 200 21
gradient 347 12
grading 74 44
grading, automatic ~ 74 52
graduated measuring rod 14
    47
graduation house Map 15 32
graduation house Spa 274 1
graftage 54 30-39
grafting 54 30-39
grain Arable Crops 68 1-37, 4,
    37
grain Brew. 92 50
grain Graphic Art 340 47
grain, farinaceous ~ 68 13
grain auger 64 20
grain harvest 63 31-41
grain leaf 68 8, 19
grain lifter 64 2
grain pest 81 27
grain tank 64 23
grain tank auger 64 24
grain tank unloader 64 25
grain unloader spout 64 26
grain weevil 81 16
grammar school 261 1-45
gramophone 309 31
gramophone box 309 35
gramophone needle 309 33
gramophone record 309 32
granary weevil 81 16
grand 325 40
grandee 306 26
grandfather clock 110 24; 309
    56
grand piano 325 40
grand piano pedal 325 41
grandstand, glass-covered ~
    289 34
granite 302 42
gran turismo car 193 32
granular texture 340 47
grape 80 21; 99 89
grape-berry moth 80 22, 23,
    24
grape crusher 78 17
grapefruit 384 23
grape gatherer 78 11
grape phylloxera 80 26
grapevine Wine Grow. 78 2-9
grapevine Sports 299 10
grape worm 80 23, 24
graphic art 340
graphic art studio 340 27-64
graphite 1 54
grapnel 218 11
grapple 218 11
grappling iron 218 11
grasp, kinds of ~ 296 40-46

grasping arm **2** 47
grass **136** 26
grass, paniculate ~ **69** 27
grassbox **56** 29
grasshopper, artificial ~ **89** 68
grassland **15** 18
grassland, marshy ~ **15** 19
grassland, rough ~ **15** 5
grass ledge **300** 4
grass shears **56** 48
grass snake **364** 38
grasstrack racing **290** 24-28
grass verge **200** 56
grate **199** 33
graticule *Map* **14** 1-7
graticule *Hunt.* **87** 31-32
graticule *Photomech. Reprod.*
　177 4
graticule adjuster screw **87** 30
graticule system **87** 31
grating **141** 14
grating spectrograph **5** 5
graupel **9** 35
grave *Church* **331** 23, 34
grave *Script* **342** 31
grave, child's ~ **331** 29
grave, soldier's ~ **331** 32
grave digger **331** 22
gravel **118** 36; **119** 26
gravel filter layer **199** 23
grave mound **331** 24
graver **175** 33; **340** 5
graver, round-headed ~ **340**
　20
gravestone **331** 26
graveyard **331** 21-41
graveyard chapel **331** 28
graveyard gate **331** 19
graveyard wall **331** 18
gravity fault **12** 7
gravity fuelling point **257** 32
gravity hammer, air-lift ~
　139 24
gravity mixer **118** 33
gravure cylinder **182** 10
gravure cylinder, etched ~
　182 22
gravure cylinder, printed ~
　182 17
gravure etcher **182** 18
gravure printing **182**
gravy boat **45** 17
gravy ladle **45** 18
gray *see* grey
grayhound **70** 24
grease gun **195** 30
grease nipple **143** 81
greasepaint stick **315** 46
greasy chalk **340** 26
great apes **368** 14-16
Great Bear **3** 29
great brain **17** 42; **18** 22
Great Dane **70** 14
Great Dog **3** 14
Greater Bear **3** 29
greater burnet saxifrage **69** 28
Greater Dog **3** 14
greater water newt **364** 20
great hall **329** 30
great horned owl **362** 15
great mullein **376** 9
great organ **326** 1, 43
great primer **175** 30
great tit **361** 9
great titmouse **361** 9
greave **329** 54
Greek **355** 3
Greek woman **355** 1
green *Ball Games* **293** 82
green *Colour* **343** 8
green bowls **305** 21
green cloth **277** 15
green cormorant **359** 10

greenfly **358** 13
greengage **59** 24
green grasshopper **358** 8
greenhouse, heated ~ **55** 32
greenhouse, polythene ~ **55**
　40
greenhouse, unheated ~ **55** 33
green liquor, uncleared ~ **172**
　41
green liquor preheater **172** 43
green locust **358** 8
green oak roller moth **82** 43
green oak tortrix **82** 43
green plover **359** 21
Greenwich meridian **14** 5
grenzanhydrite **154** 67
Gretchen style **34** 31
greyhound **70** 24
grey scale **343** 15
grey sea eagle **362** 5
grid *Cotton Spin.* **163** 26
grid *Water* **269** 11
grid *Theatre* **316** 4
grid hearth **139** 1
gridiron **316** 4
griffin **327** 11
grill *Painter* **129** 12
grill *Station* **204** 38
grill *Fair* **308** 33
grinder *Painter* **129** 29
grinder *Metalwkr.* **140** 18
grinder, continuous ~ **172** 53,
　66
grinder, pneumatic ~ **148** 44
grinder chuck **157** 46
grinding, hollow ~ **302** 22
grinding cylinder **161** 1
grinding disc **340** 46
grinding machine **140** 18
grinding machine, universal
　~ **150** 1
grinding machine bed **150** 6
grinding machine table **150** 7
grinding-roller bearing **163**
　41
grinding stone *Paperm.* **172**
　71
grinding stone *Ethnol.* **354** 24
grinding wheel *Dent.* **24** 36
grinding wheel *D.I.Y.* **134** 23
grinding wheel *Blacksm.* **137**
　19; **138** 8
grinding wheel *Metalwkr.* **140**
　19
grinding wheel *Mach. Tools*
　150 4
grinding wheel *Sawmill* **157**
　43
grindstone **172** 71
grip *Photog.* **114** 37
grip *Cine Film* **117** 61
grip *Bicycle* **187** 3
grip *Navig.* **224** 9
grip *Rowing* **283** 35
grip *Athletics* **298** 45
grip *Winter Sp.* **301** 6
grip *Sports* **305** 57
grip *Films* **313** 21
gripper **180** 65
gripper bar **180** 56
gripping jaw **149** 36
grip sole **101** 19
grist **92** 42
grit guard **148** 40
gritter, self-propelled ~ **200**
　41
grocer **98** 41
grocer's shop **98** 1-87
groceryman **98** 41
grocery store **98** 1-87
groin **16** 38
groin *see* groyne
groin vault **335** 31-32; **336** 42

groom *Carriages* **186** 27
groom *Church* **332** 16
groove *Iron Foundry etc.* **148**
　59
groove *Sawmill* **157** 6
groove *Ball Games* **291** 29
groove *Winter Sp.* **301** 39
groove *Music. Instr.* **326** 13
groove *Art* **334** 27
groove, anal ~ **16** 41
grooving **157** 6
groschen **252** 13
Grotesque **342** 7
grotto **272** 1
ground **123** 9
ground, fallow ~ **63** 1
ground, icy ~ **304** 19
ground avalanche **304** 1
ground control **6** 44
ground floor **37** 2; **118** 7
ground-floor landing **123** 23
ground game **86** 35
ground ivy **375** 18
ground layer **7** 7
ground nut **383** 41
ground-nut oil **98** 24
ground power unit **233** 22
groundsheet ring **278** 26
ground signals **288** 52-54
ground state level **1** 18
groundwater **12** 21
groundwater level **269** 1, 42,
　63
groundwater stream **269** 3
groundwood **172** 68
groundwood mill **172** 53-65
groundwood pulp **172** 77, 78
group **260** 3; **268** 60
group instruction **242** 1
group selector switch **238** 42
grove **354** 5
grower **55** 20
grower, commercial ~ **55** 20
growing stock **74** 1
growler **186** 26
growth, annual ~ **372** 25
groyne *Phys. Geog.* **13** 37
groyne *Rivers* **216** 19
groyne head *Phys. Geog.* **13**
　38
groyne head *Rivers* **216** 20
grub **58** 64; **77** 29; **81** 20; **358**
　9; **80** 6, 19, 36, 41, 46, 53,
　54; **82** 25, 36
grubber **55** 21; **65** 55
grub screw **143** 48
Grus **3** 42
G sharp minor **320** 60
GT car **193** 32
guanaco **366** 30
guard *Blacksm.* **138** 9
guard *Metalwkr.* **140** 20
guard *Fencing* **294** 35, 38, 43
guard, king's ~ **306** 68
guard, protective ~ **168** 45
guard board **118** 29
guard cam **167** 57
guard for V-belt **180** 58
guard iron **210** 34
guard netting **118** 90
guard rail *Roof & Boiler.* **38**
　28
guard rail *Agr. Mach.* **64** 55
guard rail *Forestry* **84** 8
guard rail *Floor etc. Constr.*
　123 53
guard rail *Weaving* **165** 31
guard rail *Railw.* **202** 23
guard rail *Ship* **221** 121
guard rail *Shipbuild.* **222** 66
gudgeon pin **192** 26
guelder rose **373** 10

guest rope **227** 14
gugelhupf **97** 33
guide **23** 21
guide, stationary ~ **243** 21
guide bar *Cotton Spin.* **164** 17
guide bar *Weaving* **165** 38
guide bearing **113** 14
guide block **174** 48; **176** 18
guide chain **65** 13
guide-chain crossbar **65** 12
guide dog **70** 25
guide groove **217** 75
guide notch **117** 36
guide pin **243** 21
guide post **15** 110
guide rail *Weaving* **165** 3
guide rail *Railw.* **214** 56
guide rail *Store* **271** 54
guide rod **200** 27
guide roller *Sawmill* **157** 5
guide roller *Cotton Spin.* **164**
　18
guide roller *Films* **312** 29
guide step **117** 36
guide tractor **141** 19
guiding blade **322** 40
guiding roller **312** 29
guiding slot *Weaving* **165** 11
guiding slot *Music. Instr.* **322**
　41
guilder **252** 19
guillemet **342** 27
guillemot **359** 13
guillotine *Plumb.* **125** 26
guillotine *Bookbind.* **183** 16;
　185 1
guillotine cutter, automatic ~
　185 1
guinea fowl **73** 27
guinea pig **366** 12
guiro **324** 60
guitar **318** 8; **324** 12, 73
guitarist **318** 9
guitar player **318** 9
gulden **252** 19
gules **254** 27
Gulf Stream **14** 30
gull **359** 14
gullet *Man* **17** 49; **20** 23, 40
gullet *Bees* **77** 19
gullet *Forestry* **84** 28
gull wing, inverted ~ **229** 14
gully **12** 44
gum **19** 15
gun **218** 50
gun, pneumatic ~ **94** 3
gun, self-cocking ~ **87** 23
gun, self-propelled ~ **255** 57
gun barrel, rifled ~ **87** 34
gun carriage **255** 43
gun carriage, self-propelled ~
　255 49-74
gun dog **86** 7
gunnel **283** 30
gunport **218** 59
gunport shutter **218** 60
gun slit **86** 52
gun turret **258** 29
gunwale **283** 30
gutta-percha tree **383** 37
gutter *Dwellings* **37** 6, 11
gutter *Roof & Boilerr.* **38** 9
gutter *Roof* **122** 28, 92
gutter *Bookbind.* **185** 55
gutter *Street Sect.* **198** 10
gutter, parallel ~ **122** 83
gutter bracket **122** 32
guy *Wine Grow.* **78** 8
guy *Camping* **278** 23
guy line **278** 23
guy pole **152** 31
guy wire *Wine Grow.* **78** 8
guy wire *Energy Sources* **155** 44

gybe 285 28
gybing 285 26
gymkhana 290 32
gymnastic ball 297 34
gymnastic club 297 38
gymnastic hoop 297 46
gymnastic ribbon 297 49
gymnastics 297 33-50
gymnastics, men's ~ 296 1-11
gymnastics, Olympic ~ 296
  1-11; 297 1-6
gymnastics, women's ~ 297
gymnastics apparatus 296
  1-11; 297 1-6
gymnastics kit 296 61-63; 297
  51-52
gym shoe 296 63; 297 52
gym trousers 296 62
gypsum Sculpt. Studio 339 29
gypsum Crystals 351 24, 25
gypsum crusher 160 14
gypsum powder 339 29
gypsum store 160 13
gyro compass 224 31, 51-53
gyro compass unit 224 51-53
gyrodyne 232 29
gyro horizon 230 3
gyro repeater 224 52

H

habergeon 329 51
habit 382 53
habit, monk's ~ 331 55
hack 186 26
hacking knife 128 37
hackney carriage 186 26
hackney coach 186 26
hacksaw 134 3, 17; 136 40;
  138 23; 140 9; 150 14
hacksaw frame 126 71
haematite 108 48
haft 137 30
hail 9 36
hail, soft ~ 9 35
hair 16 3
hair, bobbed ~ 34 34
hair, closely-cropped ~ 34 11
hair, curled ~ 34 33
hair, curly ~ 34 18
hair, long ~ 34 1
hair, pinned-up ~ 34 28
hair, shingled ~ 34 34
hair, swept-back ~ 34 28
hair, swept-up ~ 34 28
hairbell 375 14
hairbrush 28 7; 105 10
haircap moss 377 17
hair clip 105 11
hair curler 106 31
haircut 106 3
haircuts 34 1-25
haircutting scissors 105 7; 106
  34
hair decoration 355 82
hairdress 354 9
hairdresser 105 35; 106 1
'hairdresser' Airport 233 53
hairdresser, ladies' ~ 105
hairdresser, men's ~ 106
hairdresser's tools 105 1-16
hairdressing salon, ladies' ~
  105 1-39
hairdressing salon, men's ~
  106 1-42
hair drier, hand-held ~ 105
  33; 106 22
hair element 10 9
hair-fixing spray 105 24
hair moss 377 17
hairpin Needlewk. 102 29

hairpin Winter Sp. 301 69
hairpin work 102 28
hair sieve 260 66
hair spray 105 24
hairstyle 106 3
hairstyles 34 1-25
hairstyles, girls' ~ 34 27-38
hairstyles, ladies' ~ 34 27-38
hairstylist 310 36; 315 48
hair tonic 106 10
hair trigger 87 12
hairworm 80 51
hake 65 19
hake chain 65 17
half-barrier crossing 202 45
half chicken 266 56
half mask 306 13
half-moon 4 4, 6
half nonpareil 175 20
half note 320 14
half nut 149 19
half rest 320 22
half-step 320 50, 52
half-title 185 43, 44
halftone dot 178 39
half-way line 291 3
hall 41 1-29
halliard 253 2
hall, main ~ 236 1-30; 250
  1-11
hall manager 275 7
hall mirror 41 6
hall of mirrors 308 55
Hallstatt period 328 21-40
hallux 19 52
halma 276 26-28
halma board 276 26
halma man 276 28
halma piece 276 28
halogen lamp 177 31
halothane container 26 26
halt 15 27
halter 71 7-11
halter top 31 64
halved joint 121 86
halving joint 121 86
halyard 253 2
ham 95 51
hame 71 14
hammer 85 5; 126 78; 134 7;
  137 26; 139 26
hammer Army 255 4
hammer Athletics 298 42
hammer Music. Instr. 322 35;
  325 3
hammer Graphic Art 340 14
hammer, anvil and stirrup 17
  61
hammer, bricklayer's ~ 118
  53
hammer, brickmason's ~ 118
  53
hammer, carpenter's ~ 120 74
hammer, flat-face ~ 137 35
hammer, glazier's ~ 124 18
hammer, iron-headed ~ 339
  16
hammer, machinist's ~ D.I.Y.
  134 40
hammer, machinist's ~
  Metalwkr. 140 23
hammer, shoemaker's ~ 100
  37
hammer, stonemason's ~ 158
  35
Hammer and Sickle 253 21
hammer axe 300 37
hammer blow 293 78
hammer crusher Quarry 158
  20
hammer crusher Cement
  Wks. 160 2
hammer cylinder 139 30

hammer drill 158 11
hammer drill, electric ~ 134
  43
hammer forging 139
hammer guide 139 29
hammer head Airsports 288 4
hammer head Athletics 298
  43
hammer head, felt-covered ~
  325 24
hammer jack 325 30
hammer lever 325 30
hammer mill 160 2
hammer rail 325 15, 26
hammer shank 325 25
hammer throw 298 42-47
hammock 278 4
ham on the bone 96 1; 99 52
hamper 306 11
hamster 366 16
hand 16 47, 48; 17 15-17; 19
  64-83
hand apparatus 297 33-50
hand axe 328 1
handball 292 1
handball player 292 2
hand bindery 183 1-38
handbook 262 17
hand bookbindery 183 1-38
hand brace 140 13
hand brake 187 5; 191 72; 212
  33
hand brake lever 188 33; 191
  93
hand brake wheel 212 64, 80
hand camera, large-format ~
  114 36
handcart 120 6
handcart, wooden ~ 309 86
hand circle 297 47
hand circling 297 37
handclap 117 69
hand-composing room 174 1
hand compositor 174 5
hand control 195 8
hand cream 99 27
hand cultivator 55 21
hand die 126 85
hand die, electric ~ 125 12
hand drill 140 13
hand flat knitting machine
  167 35
hand gallop 72 42
hand glass Hairdresser 105
  23; 106 7
hand glass Optícn. 111 16
handgrip Photog. 114 37
handgrip Cine Film 117 5, 61
handgrip Bicycle 187 3
handgrip Navig. 224 9
handgrip Films 313 21, 24, 38
hand guard 94 10
hand hair drier 105 33; 106 22
hand hammer, blacksmith's ~
  137 23
hand harpoon 280 40
handicraft 48 3
hand-ironing pad 104 30
hand-iron press 103 18
handkerchief 33 10
hand ladle 148 23
hand lamp 270 42
hand lance 83 46
handle Atom 2 39
handle Hosp. 26 12
handle Infant Care etc. 28 50
handle Tablew. etc. 45 51, 59,
  62
handle Household 50 9, 63
handle Market Gdn. 55 27
handle Agr. Mach. 65 2
handle Agr. Impl. 66 17
handle Pest Contr. 83 19

handle Forestry 85 3
handle Hairdresser 106 37
handle Joiner 132 10, 18
handle D.I.Y. 134 47
handle Metalwkr. 140 5
handle Carriages 186 12
handle School 260 8
handle Motorboats etc. 286 48
handle Fencing 294 41
handle Athletics 298 44
handle Sports 305 57, 80
handle, bound ~ 89 55
handle, cork ~ 89 50
handle, double ~ 148 15
handle, fixed ~ 129 7
handle, insulated ~ 127 54
handle, tubular ~ 50 64
hand lead 224 58
handlebar 187 2; 188 45
handlebar, adjustable ~ 188 3
handlebar, semi-rise ~ 188 11
handlebar fittings 188 30-35
handlebar grip 187 3
handlebar moustache 34 8
handlebars 34 8
handlebar stem 187 10
hand lever Joiner 132 55
hand lever Bookbind. 183 31
hand-lever press 183 26
hand luggage 194 19
hand mirror Hairdresser 105
  23; 106 7
hand mirror Optícn. 111 16
hand net 89 2
handpiece 24 6
hand press 340 29
hand pump 83 26; 269 66
hand puppet 260 74
handrail Roof & Boilerr. 38
  28
handrail Hall 41 23
handrail Floor etc. Constr.
  123 53, 79
handrail Ship 221 122
handrailing 215 70
hand rammer 148 32
hand-removing tool 109 10
handrest 112 58
hand sail 302 28
hand saw 120 60; 126 72; 134
  27
handscrew 132 14
handset 237 7; 245 15
handset cord 237 14
handset cradle 237 13
hand-setting room 174 1
hand shank 148 14
hand shears Tailor 104 11
hand shears Bldg. Site 119 87
hand signal 268 33
handsledge 304 29
hand spray Pest Contr. 83 24
hand spray Hairdresser 105
  30; 106 13
hand spray Painter 129 35
hand spray Offset Platem.
  179 7
handspring 297 22
handstamp 236 45
handstand 295 27; 296 52
handstand dive 282 45
hand steel shears 119 22
handstrap, leather ~ 296 47
hand-to-hand throw 297 33
hand towel 28 9; 49 23; 106
  24
hand vice 140 24
hand weapons 255 1-39
handwheel Shoem. 100 24
handwheel Cooper 130 19
handwheel Cotton Spin. 163
  18
handwheel Knitting 167 7, 30

handwheel *Paperm.* 172 74
handwheel *Bookbind.* 183 23
handwheel *Road Constr.* 201 9
handwriting, English ~ 342 10
handwriting, German ~ 342 11
hang 296 33, 35; 298 41
hangar 287 14
hanger 215 41
hang glider 287 44
hang glider pilot 287 45
hang gliding 287 43
Hansa cog 218 18-26
Hansa ship 218 18-26
hansom 186 29
hansom cab 186 29
harbour 216 14; 225; 226
harbour ferry 225 11
harbour tunnel 225 55
hardboard 338 22
hardcore 123 12
hardener 130 33
hardie 137 32
hard-rock drill 158 11
hard-top 193 26
hardwood cutting 54 25
hardy 137 32
hare 86 35; 88 59
hare-and-hounds 289 41-49
harebell 375 14
hare call 87 44
hare hunting 86 34-39
harlequin 306 35
harmonica 324 35
harmonium 325 43
harmonium case 325 47
harmonium keyboard 325 48
harness *Horse* 71 7-25
harness *Airsports* 288 43
harness horse racing 289 23-40
harness of diving apparatus 279 12
harness racing 289 23-40
harness racing track 289 23
harp 323 60
harpoon 353 10
harpoon, bone ~ 328 3
harpoon thrower 328 5
harpsichord 322 45
harpsichord mechanism 322 48
harpy 254 35; 327 55
harrow, disc ~ 65 82
harrow, rotary ~ 65 89
harrow, spike-tooth ~ 65 88
harrow, three-section ~ 65 88, 89
hasp 71 14
hat 35 9
hat, Alpine ~ 35 23
hat, carpenter's ~ 120 13
hat, felt ~ 35 15, 24; 355 55
hat, fox ~ 35 19
hat, hard ~ 289 18
hat, huntsman's ~ 86 5
hat, iron ~ 329 59
hat, knitted ~ 35 10
hat, ladies' ~ 41 11
hat, lightweight ~ 35 37
hat, loden ~ 35 23
hat, men's ~ 35 13
hat, mink ~ 35 18
hat, mohair ~ 35 6, 11
hat, paper ~ 306 45
hat, picador's ~ 319 20
hat, sailor's ~ 309 63
hat, Thessalonian ~ 355 4
hat, three-cornered ~ 355 62
hat, trilby-style ~ 35 14
hat, Tyrolean ~ 35 24

hat, wide-brimmed ~ 35 38; 355 55
hat, woollen ~ 29 57; 35 10, 26
hat and light luggage rack 208 28
hat box 205 11
hatch *Roof & Boilerr.* 38 14
hatch *Roof* 122 24
hatch *Post* 236 30
hatchback 193 18
hatchboard 222 65
hatch coaming 222 64
hatch cover 222 65
hatcher 74 30
hatchery 89 11-19
hatchet 270 43
hatchet iron 125 5
hatching compartment 74 30
hatching jar 89 17
hatching tray 74 31, 32
hatchment 254 1-6
hatch platform 6 34
hatchway 222 64-65
hatchway, main ~ 259 86
H atom 1 26
hat peg 266 13
hats, ladies' ~ 35 1-21
hats, men's ~ 35 22-40
hat shop 268 38
hatter's shop 268 38
haubergeon 329 51
haulage *Forestry* 85 42
haulage *Rivers* 216 27
haulage cable *Railw.* 214 14, 26, 37, 42, 45
haulage cable *Winter Sp.* 301 63
haulage cable driving pulley 214 62
haulage cable guide wheel 214 61
haulage cable roller 214 32, 49, 60
haulage cable sleeve 214 73
hauling 216 27
hauling capstan 217 22
haulm conveyor 64 76
haulm conveyor agitator 64 77
haulm conveyor drive 64 78
haulm elevator 64 90
haulm stripper 64 73
haulm stripper, flexible ~ 64 76
haulyard 253 2
haunch *Horse* 72 35
haunch *Game* 88 21, 37
haunch jump 282 14
Hauptwerk 326 1
hautboy 323 38
haute école 71 1-6
Havana cigar 107 2
Hawaii girl 306 16
hawk, male ~ 86 46
hawkbells 276 45
hawker 308 12, 51
hawking 86 42-46
hawkmoth 82 27; 358 55; 365 9
hawksbill turtle 364 28
hawse 222 75
hawse hole 227 11
hawse pipe 222 76; 258 54
hawthorn 374 30
hay 75 13
hay, tedded ~ 63 25
hay fork, three-pronged ~ 66 3
hay harvest 63 19-30
haymaking 63 19-30
hay rack, double ~ 75 12
hayrake 66 23
hay tripod 63 30

hazard flasher 191 76
hazard flasher switch 191 68
hazel 59 49
hazel branch, flowering ~ 59 44
hazel bush 59 44-51
hazel grouse 88 69
hazel hen 88 69
hazel leaf 59 51
hazelnut 59 49
hazel tree 59 44-51
H-beam 143 6
head *Man* 16 1-18; 17 42-55
head *Arable Crops* 68 2
head *Horse* 72 1-11
head *House Insects etc.* 81 33, 36
head *Forest Pests* 82 2
head *Game* 88 12
head *Brew.* 93 31
head *Tobacc. etc.* 107 23
head *Carp.* 120 58
head *Roof* 122 87
head *Mach. Parts etc.* 143 14, 52
head *Weaves* 171 31
head *Composing Rm.* 175 39
head *Hydr. Eng.* 217 25
head *Restaurant* 266 4
head *Music. Instr.* 323 52; 324 10
head *Prehist.* 328 4
head *Articulates* 358 28
head, bald ~ 34 22
head, binocular ~ 112 12
head, cock's ~ 327 35
head, combined ~ 241 59
head, composite ~ 370 74
head, countersunk ~ 143 46
head, eagle's ~ 327 12
head, goat's ~ 327 18
head, human ~ 327 21
head, lion's ~ 327 17
head, partly bald ~ 34 20
head, pig's ~ 95 43
head, rotating ~ 64 52
head, shrunken ~ 352 30
head, woman's ~ 327 56
head and neck 19 1-13
head badge 187 15
head band 183 35
headband, padded ~ 241 67; 261 41
head bandage 21 3
head beam 183 21
headboard *Bedrm.* 43 6
headboard *Sailing* 284 47
headbox 173 11
head cellarman 79 17
headcheese 96 9
headdress 354 9; 355 65
headdress, feather ~ 352 12
headdress, ornamental ~ 352 12
head drum 243 19, 27
header *Carp.* 120 41
header *Roof* 121 71
header *Ball Games* 291 46
header joist 120 41
header tank 212 78
head frame 144 3
headgear 35; 144 1; 302 34
headguard 299 30
heading 130 10
heading bond 118 60
heading course 118 64
head interlocking point 171 34
headlamp 187 7; 189 10; 191 20
headlight 189 10; 191 20
head line *Man* 19 73
headline *Sea Fish.* 90 7

headline *Script* 342 44
head margin 185 56
head of department 271 60
head of railcar 197 3
headphone cable 241 71
headphone cable plug 241 70
headphone cord 241 71
headphones 241 66; 249 63; 261 38; 309 24
headphone socket 117 10; 249 68
headpiece 71 7-11
head piece 183 21
headpiece, padded ~ 241 67; 261 41
head post 123 54
headrace 91 41
head rail 120 58
headrest *First Aid* 21 13
headrest *Railw.* 207 67
headrest, adjustable ~ 191 33; 207 47
headrest, integral ~ 193 31
headrest cushion, down-filled ~ 207 68
head restraint, adjustable ~ 191 33
head restraint, integral ~ 193 31
head rule 342 40
headset 241 66; 249 63; 261 38; 309 24
headset socket 249 68
headspring 297 27
headstall 71 7-11
headstand 295 28
headstock 150 2
headstock, geared ~ 149 2
headstock, movable ~ 150 26
headstone 331 26
head support assembly 311 25
heald, wire ~ 166 27
heald eyelet 166 28
heald frame 166 4
heald frame guide 166 3
heald shaft 166 4
heald shaft guide 166 3
heald shaft guiding wheel 166 36
health insurance certificate 22 9
heap cloud 8 1, 2, 17; 287 22
heart 18 14; 20 8, 24-25, 45-57
heart cherry 59 5
hearth *Blacksm.* 137 1-8, 1; 138 34
hearth *Iron & Steel* 147 24
heart line 19 74
heart plank 120 93
heart rhythm 25 1
hearts 276 40, 44
heartsease pansy 60 2
heart-shield 254 17
heartwood *Carp.* 120 84
heartwood *Bot.* 370 13
heartwood plank 120 93
heat 1 55
heat colour 343 16
heater 172 32
heater, electric ~ 174 45; 179 3
heater, gas ~ 126 25
heater, water-controlled ~ 192 60-64
heater box 192 61
heater plug 190 55
heat exchanger *Nucl. Energy* 154 6, 44
heat exchanger *Coking* 156 27
heat exchanger *Cement Wks.* 160 4, 6
heat exchanger *Paperm.* 172 19

heat exchanger *Car* 192 61
heat exchanger *Railw.* 207 6; 209 15; 212 36, 55
heat exchanger *Warships* 259 66
heat exchanger, auxiliary ~ 212 43
heat exchanger exhaust 160 7
heat extractor 182 5
heath 15 5
heath and moor 15 5
heather 377 19
heating, underfloor ~ 356 18
heating box 183 27
heating coupling hose 208 20
heating element 172 32
heating engineer 126
heating oil 38 50
heating oil tank 212 75
heating pipe 55 8
heating regulator 207 54
heating system 207 6
heating system, hot-water ~ 38 38-81
heating unit, electric ~ 174 45
heat pump 155 22
heat pump system 155 1
heat reservoir 155 20
heat-sealing machine 76 27; 226 12
heat shield *Motorcycles etc.* 188 16
heat shield *Space* 234 5, 20; 235 8, 40
heat space 259 93
heat transfer fluid 155 31
heaume 254 7
Heaviside-Kennelly Layer 7 27
heavy-duty boot 101 39
heavy liquor pump 172 34
heavy vehicle elevator 221 56
heavy vehicle lift 221 56
heckelphone 323 38
heckler 263 15
heddle, wire ~ 166 27
heddle eyelet 166 28
hedge *Map* 15 98
hedge *Dwellings* 37 59
hedge *Fruit & Veg. Gdn.* 52 32
hedge, trimmed ~ 272 37
hedgehog 366 5
hedgehog fungus 381 31
hedge mustard 61 16
hedge shears 56 49
hedge trimmer 134 55
hedge trimmer, battery-operated ~ 56 17
hedge-trimming attachment 134 55
heel *Man* 19 63
heel *Agr. Impl.* 66 15
heel *Bakery* 97 5
heel *Shoem.* 100 67
heel, high ~ 101 28
heel, raised ~ 101 33
heelbone 17 27
heel flap 286 58
heel trimmer 100 4
heel unit, automatic ~ 301 54
height adjuster 106 17
height-adjuster bar 106 17
height adjustment *Hosp.* 27 3
height adjustment *Photog.* 116 34
height adjustment *Sawmill* 157 49
height adjustment crank 64 57
height adjustment wheel 132 60
height and angle adjustment 177 21

height gauge 22 69
height of shank 175 45
height of shoulder 175 45
height scale *Sawmill* 157 60
height scale *Athletics* 298 20
height to paper 175 44
helicon 323 44
helicopter deck 146 7
helicopter hangar 221 52; 259 38
helicopter landing deck 228 15
helicopter landing platform 259 39, 53
helicopter platform 221 19
helicopters 232 11-25
heliostat 5 29
heliozoan 357 7
heliport 146 7
heliport deck 146 7
helium atom (model) 1 5
helium-neon laser 243 57
helium nucleus 1 30-31
helium pressure bottle 234 14
helium pressure vessel 234 43, 50
heller 252 27
hellhound 327 29
helm 218 13
helmet *Police* 264 35
helmet *Equest.* 289 18
helmet *Ball Games* 292 24
helmet *Chivalry* 329 39-42
helmet, barred ~ 254 8
helmet, fireman's ~ 270 38
helmet, grilled ~ 254 8
helmet, protective ~ *Police* 264 21
helmet, protective ~ *Mountain.* 300 53
helmet, protective ~ *Winter Sp.* 302 34
helmet affronty 254 9
helmet flower 379 1
helmet lamp 300 54
helmets 254 4,7-9
helms 254 4,7-9
helmsman 224 16
helper 21 19
helve 85 3
hemidemisemiquaver 320 19
hemidemisemiquaver rest 320 27
hemihedron 351 24
hemipyramid 351 24
hemisphere, northern ~ 3 1-35
hemline marker 271 40
hemlock 379 4
hemp 383 9
hem stitch work 102 14
hen 62 36; 73 19
hen, fattened ~ 98 7
henbane 379 6
hen pheasant 88 77
herald 329 75
heraldic beasts 254 15-16
heraldic tent 254 14
heraldry 254 1-36
herb, primulaceous ~ 53 5
herb, solanaceous ~ 53 6; 379 7
Hercules 3 21
herd 86 15
Herdsman 3 30
Herero woman 354 25
herm 334 35
herma 334 35
hermes 334 35
heron 86 46; 359 18
herring 364 14
herringbone 301 26

herringbone stitch 102 9
herring drift net 90 2-10
herring lugger 90 1
Hessian fly 80 40
Heterocera 365 7-11
hexagon 351 15
hexagonal crystal system 351 20-22
hexahedron 351 2
hexakis-octahedron 351 13
hexoctahedron 351 13
H-girder 143 6
hibernation cocoon 80 31
hide 88 56
hide, raised ~ 86 14-17, 14
hide beetle 81 22
hieroglyphics, ancient Egyptian ~ 341 1
Hi-Fi component 241 13-48
high 9 6
high-altitude anorak 300 6
highball 317 33
highball glass 267 56
high bar *Playground* 273 32
high bar *Gymn.* 296 7
highboard diver 282 5
highboard diving 282 40-45
high chair, baby's ~ 28 33
high-draft draw frame 164 14
high-draft speed frame 164 19
high-draft system 164 14
high frequency 7 26
high-hat cymbals 324 50
high house 305 75
high jump 298 9-27
high jump apparatus 298 32
high jump equipment 298 32
high jumper 298 10)
highland Indian 352 23
high-moor bog 13 19
high-mountain region 12 39-47
high performance sailplane 287 9
high-pile lining 101 3
high-pressure area 9 6
high-pressure belt 9 47
high-pressure manometer 141 4
high-pressure xenon arc lamp 312 39
high-rise handlebar 188 57
high-riser 188 56
high school 261
high school riding 71 1-6
high seat 86 14
high-speed plate, automatic ~ 39 15
high-tension voltage indicator 211 29
high tide 280 7
high toss 297 35
high-water line 13 35
high-water mark 13 35
highway construction 201 1-24
hiking boot 101 18
hiking stick 284 31
hiking strap 284 30
hill *Phys. Geog.* 13 66
hill *Films* 310 13
hillside spring 12 38
hill upcurrent 287 28
himation 355 6
hind 86 13
hind, young ~ 88 1
hinge 188 2
hip *Man* 16 33
hip *Horse* 72 32
hip *Roof* 121 12
hip bone 17 18
hip circle backwards 296 55

hip dormer window 121 13
hip end 121 11
hip grip 21 38
hipped-gable roof 121 16
hippocampus *Fabul. Creat.* 327 44
Hippocampus *Fish etc.* 364 18
hippocentaur 327 52
hippodrome 308 59
hippogryph 327 26
hippopotamus 366 31
hip rafter 121 62
hip roof 37 64; 121 10, 60
hip tile 122 9
historical ship, types of ~ 218
hitch 65 61
hitch, adjustable ~ 64 60
hitch, front ~ 65 50
hitch-kick 298 40
hitch pin 325 14
hive 77 45-50, 52
hive-bee 77 1-25
hock 72 37
hockey 292 6
hockey ball 292 14
hockey player 292 15
hockey stick 292 13
hod 122 22
hod hook 122 23
hoe 66 24
hoe and fork, combined ~ 56 7
hoe handle 66 2
hog 94 11
hogpen 62 8; 75 35
hoist *Oil, Petr.* 145 11
hoist *Flags* 253 22-34
hoist, builder's ~ 118 31
hoist, inclined ~ 158 16; 159 5
hoisting gear 206 56; 217 74
hoisting gear bridge 217 73
hoisting gear cabin 217 71
hoisting rope 120 37
hold 223 55, 75
hold, insulated ~ 223 56
hold, underfloor ~ 231 21
hold-down, automatic ~ 157 65
holdfast *Carp.* 120 66
holdfast *Alp. Plants etc.* 378 50
holding device 157 47
holding forceps 23 12
holding press 183 4
holding squad 270 17
hold pillar 222 61
hole *Phys. Geog.* 13 34
hole *Ball Games* 293 87
hole, elongated ~ 240 17
hole, square ~ 140 43
holes 293 79-82
holing out 293 86
hollowing tool 135 17
hollow of the throat 16 20
hollow-shaft boring bit 133 7
holly 374 9
holohedron 351 2
holster 264 24
Holy Bible 330 11
Holy Communion 332 26
Holy Scripture 330 11
holy table 330 4
holy water basin 332 47
home and overseas news section 342 62
home base 292 53
home plate 292 53
home port 286 8
homogenizer 76 12
honey 77 33
honey, strained ~ 77 62-63
honey bag 77 18

honey-bee 77 1-25
honey cell 77 33
honeycomb 77 31-43, 45
honeycomb, artificial ~ 77 42
honeycomb, natural ~ 77 60
honeycomb weave 171 29
honeydew melon 266 50
honey extractor 77 61
honey fungus 381 28
honey gland 59 18
honey in the comb 77 64
honey jar 77 63
honey pail 77 62
honey sac 77 18
honey separator 77 61
honeysuckle 374 13
honey super 77 45
honey wrack 378 48
hood Infant Care etc. 28 26
hood Child. Clothes 29 2
hood Ladies' Wear 30 69
hood Headgear 35 2
hood Blacksm. 137 7
hood Carriages 186 42
hood Car 191 8
hood Garage 195 36
hood Aircraft 230 39
hood Mountain. 300 19
hood Church 331 56
hood, collapsible ~ 186 52;
    193 10
hood, convertible ~ 193 10
hood, detachable ~ 31 21
hood, falcon's ~ 86 44
hood, folding ~ 28 35
hood, protective ~ 157 65
hood drawstring 29 64
hood support 195 37
hoof Horse 72 26
hoof Game 88 24
hoof, horse's ~ 327 42
hoofprints 86 8
hook Roof & Boilerr. 38 22
hook Horse 71 14
hook Shoem. 100 62
hook Oil, Petr. 145 9
hook Winter Sp. 301 61
hook Sports 299 33
hook Sports 305 18, 46
hook Music. Not. 320 5
hook, blunt ~ 26 50
hook, butcher's ~ 96 55
hook, closed ~ 89 85
hook, concealed ~ 89 75
hook, double ~ 89 83
hook, open ~ 89 83
hook, treble ~ 89 85
hookah 107 42
hook-and-ride band 140 50
hook ball 305 18
hook belt 270 44
hook disgorger 89 40
hook ladder 270 16
hooks 89 79-87
hoop Airsports 288 67
hoop Ball Games 292 78
hoop Circus 307 58
hoopoe 359 25
hoop of barrel 130 8
hooter Motorcycles etc. 188 53
hooter Fire Brig. 270 7
hop boiler 92 52
hop garden 15 114
hop growing 83 27
hopper Agr. Mach. 64 59
hopper Wine Grow. 78 18
hopper Mills 91 13
hopper Cotton Spin. 163 31
hopper Music. Instr. 325 30
hopper, endless-floor ~ 64 84
hopper barge 226 46
hopper delivery roller,
    wooden ~ 163 32

hopper feeder 163 33
hopsack weave 171 11
horizon 13 21
horizon, artificial ~ 230 3
horizon glass 224 7
horizon light 316 15
horizon mirror 224 7
horizontal bar 296 7
horizontal boring and milling
    machine 150 25
horizontal deflection module
    240 10
horizontal eight 288 2
horizontal linearity control
    module 240 9
horizontally-opposed twin
    engine 189 47
horizontal milling spindle
    150 39
horizontal slow roll 288 8
horizontal synchronizing
    module 240 7
horn Horse 71 38
horn Motorcycles etc. 188 53
horn Car 191 60
horn Railw. 212 70
horn Fire Brig. 270 7
horn Flea Market 309 34
horn Music. Instr. 323 41
horn Invertebr. 357 31
horn Birds 362 16
horn, spirally twisted ~ 327 8
hornbeam 371 63
horned owl 362 14
horns 88 29-31
horse Horse 71; 72
horse Dom. Anim. 73 2
horse Carp. 120 18
horse Gymn. 296 1; 297 1
horse, armoured ~ 319 18
horse, piebald ~ 289 29
horse, toy ~ 47 15
horse, wild ~ 328 7
horse, winged ~ 327 26
horse armour 329 83-88
horse bean 69 15
horse box 75 2
horse brush 71 55
horse chestnut 371 60
horse chestnut tree 371 58
horsefish 364 18
horsehair 323 15
horsehair brush 100 12
horse latitudes 9 47
horsemanship 289
horse racing 289 50
horse-radish 57 20
horse's head 72 1-11
horseshoe Game 88 71
horseshoe School 260 1
horseshoe arch 336 30
horseshoe grip 298 53
horseshoe marking 88 71
horseshoe mount 113 25
horseshoe mounting Astron.
    5 9
horseshoe mounting Optic.
    Instr. 113 25
horse sleigh 304 25
horse stall 75 2
horsetail 376 18
horst 12 10
hose Household 50 75
hose Bldg. Site 118 38
hose Serv. Stat. 196 2; 196 23
hose Fire Brig. 270 54
hose Hist. Cost. 355 47
hose, rotary ~ 145 13
hose carriage 270 28
hose cart 270 28
hose connection 83 30
hose connector 56 45
hose coupling 270 29

hose layer 270 53
hosepipe 118 38; 196 23
hose reel 56 26; 270 28
hose truck 270 28
hose wagon 270 28
hosiery 271 56
hosiery department 271 17
hosiery mill 167 1-66
hosiery shelf 99 25
hospital 25; 26; 27
hospital bed 25 10
hospital unit 228 21
Host 331 48; 332 28, 35
hostess 318 33
hot-air duct 139 52
hot-air gun 130 25
hot-air sterilizer 22 71
hotbed 55 16
hotbed vent 55 17
hot-blast pipe 147 19
hot-blast stove 147 15
hotel 267
hotel bar 267 51
hotel bill 267 11
hotel guest 267 14
hotel lobby 267 18-26
hotel manager 267 19
hotel porter 204 17
hotel register 267 8
hotel restaurant 267 20
hotel room 267 27-38
hotel sticker 205 9
hothouse 55 4; 272 65
hot-pipe space 259 93
hotplate 39 15; 207 30
hotplate, electric ~ 45 45
hot reservoir 155 20
hot-shoe contact 114 72
hot-shoe flash contact 115 21
hot tap 126 28
hot water supply 155 26
hot water tank 38 68
hot water tank Brew. 92 10
hot water tank Paperm. 172
    18
hound Hunt. 86 33
hound Sailing 284 14
hour and minute button 110 3
hour axis 5 8
hour axis drive 5 7
hourglass 110 31
hour hand 110 13
house Dwellings 37 54
house Farm Bldgs. 62 1
house Bldg. Site 118 1-49
house, detached ~ 37 1-53
house, dikereeve's ~ 216 45
house, duplex ~ 37 64-68
house, ferryman's ~ 216 45
house, semi-detached ~ 37
    69-71
house, solar ~ 155 17
house, solar-heated ~ 155 17
house, terraced ~ 37 58-63
house, timber ~ 37 84-86
houseboat 353 31
house cat 62 3
housecoat Underwear etc. 32
    25
housecoat Hist. Cost. 355 66
house cricket 81 7
house detective 275 16
house dress 31 36
housefly 81 1, 2
house frock 31 36
household appliances 50
household utensils 50
house insects 81 1-14
houseleek 51 7
house light dimmer 312 17
houseplant 42 36; 248 14
houseplants 53
house sparrow 361 5

house spider 81 9
house telephone 127 3
house wall 120 29
housewife 39 1
housing Meteorol. Instr. 10 18
housing Iron Foundry etc. 148
    57
housing Films 312 48
housing, protective ~ 10 39
housing, soundproof ~ 310
    48; 313 16-18, 27
housing development 37
    54-57
housing estate 37 54-57
housing lock 313 33
hover 74 3
hovercraft 286 63
hub 187 26
hub, centre ~ 187 59
hub, front ~ 187 52
hub assembly, front ~ 187 52
hub barrel 187 69
hub body 187 69
hub shell 187 69
huckleberry 377 23
hula-hula girl 306 16
hula skirt 306 18
hull Aircraft 232 2, 9
hull Warships 258 2; 259 22,
    42
hull bottom 286 32, 35, 39
hull frame 222 29
human flea 81 42
Humanist 342 4
human louse 81 40, 41
humblebee 358 23
humble bee 358 23
humerus 17 12
humidifier 79 22
hummock 13 42
hump 206 46
hundreds 344 3
hunt 289 41-49
Hunter Astron. 3 13
hunter 86 1
hunting 86 1-52, 9-12, 14-17
hunting cap 289 14
hunting cap, hard ~ 289 18
hunting clothes 86 2
hunting dog 86 33
hunting equipment 87 41-48
hunting horn 87 60; 289 44
hunting knife 87 42
hunting knife, double-edged
    ~ 87 41
hunting leopard 368 7
hunting pink 289 13, 42
hunting rifle 86 4
hunting rifles 87 1-40
hunting screen 86 9
hunting weapons 87
huntsman 86 1
hurdle Free Exerc. 295 12
hurdle Athletics 298 8
hurdle position 295 12
hurdle racing 298 7-8
hurdles 298 7-8
hurdy-gurdy 322 25
hurst 91 20
husk 59 50; 68 33
husk corn 68 31
husky 70 22; 353 2
hut 300 1
hut, beehive-shaped ~ 354 28
hut, Indian ~ 273 59
Hydra 3 16
Hydra, Lernaean ~ 327 32
Hydrallmania 369 9
hydrangea 51 11
hydrant key 270 27
hydraulic engineering 217
hydraulic lift pad 195 27
hydraulic plant 92 13
hydraulic plant room 316 50

hydraulic system *Agr. Mach.*
64 65
hydraulic system *Paperm.* 173
37
hydraulic system *Army* 255 53
hydraulic system *Air Force*
257 16
hydrocyanic acid 83 15
hydro-extraction 169 23
hydro-extractor, pendulum-
type ~ 168 14
hydro-extractor lid 168 18
hydroformer 145 47
hydrogenation 170 16
hydrogen atom 1 15; 242 62
hydrogen atom (model) 1 1
hydrogen balloon 10 56
hydrogen bomb explosion 7
12
hydrogen cooler 153 27
hydrogen inlet *Synth. Fibres*
170 15
hydrogen inlet *Chem.* 350 12
hydrogen sulphide scrubber
156 22
hydrogen sulphide wet
collector 156 22
hydrogen tank 6 6
hydropathic 274 8
hydrophone 224 64
hydroplane 286 22
hydroplane, stepped ~ 286
38-41
hydroplane, three-point ~
286 42
hydrosphere 11 2
hydroxylamine inlet 170 21
hyena 368 1
hygrograph 10 8, 50
hygrometer *Drawing Off.* 151
39
hygrometer *Offset Platem.*
179 28
hygrometer *Swim.* 281 23
hygrometer element 10 9
hymenium 381 17
Hymenoptera 358 21-23
hymn board 330 24
hymn book 330 30
hymn number 330 24
hyoid 20 2
hyperbola 347 26
hyperbolic position line 224
43, 44
hyphae 381 2
hyphen 342 28
hypocentre 11 32
hypocotyl 370 89
hypophysis cerebri 17 43
hypotenuse 346 32
hypotrachelium 334 22
hyrax 366 24
hyssop 374 5

I

ibex 367 7
ibis 359 5
ice 266 44
ice, glacial ~ 12 48-56
ice accident 21 28-33
ice axe 300 16, 31
ice axe, short-shafted ~ 300
36
iceboat 302 44
iceboating 302 44-46
icebox 39 2; 46 33; 317 10
ice breaker 221 50
ice bucket 267 67
ice cream 308 31
ice-cream cornet 308 31
ice-cream man 308 30

ice-cream sundae 266 76
ice-cream vendor 308 30
ice-crystal cloud 8 6
ice-crystal cloud veil 8 7
ice cube 266 44
ice hockey 302 29-37
ice hockey player 302 29
ice hockey set 302 23
ice hockey skate 302 23
ice hockey stick 302 30
ice ledge 300 4
ice pellets 9 35
ice piton 300 40, 41
ice racing 290 24-28
ice ridge 300 21
ice sailing 302 44-46
ice skater 302 1
ice skates 302 20-25
ice skating 302 1-26
ice skating boot 302 24
ice slope 300 14
ice speedway 290 24-28
ice stick 302 39
ice-stick shooter 302 38
ice-stick shooting 302 38-40
ice yacht 302 44
ice yachting 302 44-46
icicle 304 21
icing, chocolate ~ 97 34
icing sugar 98 54
icosahedron 351 11
icositetrahedron 351 12
identification mark 163 6
identification number 85 33
identification tally 74 55
idle air bleed 192 2
idle air bleed 192 2
idle mixture adjustment
screw 192 11
idling adjustment 190 51
idling air jet 192 2
idling jet 192 1
idol 328 20
igloo 353 4
igloo tent, inflatable ~ 278 58
ignition distributor 190 9, 27
iguana 364 32
ileum 20 16
ilium 17 18
illegal punch 299 34
illumination, incident ~ 112
59, 63
illumination, vertical ~ 112
59, 63
illumination beam path 112 6
illumination optics 112 7
illumination path 112 6
image beam 115 35
image converter 26 15, 18; 27
19
imago 358 10
imbrication 335 15
imitation motorcycle fork 188
58
immersion heater 40 17
immersion roller 165 45
immersion vibrator 119 88
impact crusher 158 20
impact wrench 195 44
impair 275 23
impeller wheel 217 52
Imperial Crown 254 38
impost 336 21
impounding reservoir 217 57
impregnating spray 50 40
impression-adjusting wheel
180 81
impression control 249 10
impression cylinder 180 35,
64; 181 2, 44, 59
impression-setting wheel 180
81
impression tray 24 56

imprint 342 40
imprint, publisher's ~ 185 48
impulse generator,
programmed ~ 25 33
impulse meter, automatic ~
25 42
incense boat 332 42
incense spoon 332 43
inchworm 80 17
incident light measurement
114 60
incident neutron 1 42
incisor 19 16, 34
inclined cable anchorage 215
48
inclined cable system 215 51
incubation tank, long ~ 89 18
incubator 261 30
incubator, Californian ~ 89
15
incus and stapes 17 61
indention 175 16
index 345 1, 2
index arm 224 3
index bar 224 3
index cards 22 7
index finger 19 65
indexing mark 249 74
indexing table, rotary ~ 150
42
index mirror 224 6
index plate 151 51
Indian 352 25
Indian chief 352 11
Indian corn 68 31
Indian cress 53 4
Indian meal moth 81 28
Indian Ocean 14 23 *1*
indicator *Hosp.* 26 28
indicator *Motorcycle* 189 37,
45
indicator *Tram* 197 22
indicator, rear ~ 189 42
indicator and dimming
switch 191 59
indicator board *Station* 204
32
indicator board *Hotel* 267 5
indicator for rough and fine
adjustment 148 65
indicator lamp *Sawmill* 157
62
indicator lamp *Cotton Spin.*
164 8
indicator lamp *Office* 249 71
indicator light *Hosp.* 25 6
indicator light *Motorcycle*
189 37, 45
indicator light *Serv. Stat.* 196
7
indicator light *Tram* 197 22
indicator light *Railw.* 203 14
indicator light *Audio* 241 55
indicator light *Office* 249 71
indicator light *Hotel* 267 6
indicator light *Fencing* 294 30
indicator light, front ~ 191 19
indicator light, rear ~ 189 42
indicator needle *Photog.* 114
58
indicator needle *Inf. Tech.*
242 76
indicator plate 203 12
indicator scale 114 58; 313 28
indigo dying and sizing
machine 165 40
Indio 352 23
individual-section machine
162 21
indoor target rifle 305 35
indorsee 250 26
indorsement 250 25
indorser 250 27

induced-draught fan 152 14
induction coil 11 44
industrial plant 225 71
inert-gas atmosphere 162 16
inert-gas supply 142 34
inert-gas torch 142 33
inert-gas welding 142 33
inert-gas welding equipment
138 29
inertial measurement unit 6
43
inescutcheon 254 17
infant care 28
infants' wear 29 13-30
in-feed scale 157 61
infighting 299 31
infiltration drain 216 37
infinity 345 15
inflating bulb 25 17
inflator 22 37
inflections 320 50-54
inflight antenna 6 46
inflight refuelling probe 256
7
inflorescence 371 43, 48; 378
7, 53, 55; 382 38; 383 49;
384 31
inflorescence, female ~ 59
46; 68 32; 383 11; 384 50
inflorescence, male ~ 59 39;
68 35; 371 8; 372 17, 24;
383 13
inflorescences 370 67-77
'information' 233 31
information bureau 204 29
information clerk 204 49
information counter 250 9
information office 204 29
information plate 356 20
information position 237 34
information technology 242
infrared drier 173 32
infrared laser rangefinder
255 82
infrared sound headphones
242 30
infrared sound transmitter
242 29
infrared transmission 242 27
infraspinatus 18 53
infringement 291 50
infructescence 61 15; 371 22,
44, 69, 72; 373 8; 374 18;
383 56; 384 32
infusion apparatus 25 11
infusion bottle 25 12
infusion device 25 14
ingot 148 48
ingot mould 147 32
ingot tipper 148 49
ingress/egress hatch 6 38
ingress/egress platform 6 34
inhalation 274 7
inhalational therapy 274 6-7
inhalator 23 24
inhalatorium 274 6
inhaler 26 2, 29
inhaling apparatus 23 24
inhaling tube 26 2, 29
initial 175 1
initial position *Fish Farm.* 89
33
initial position *Fencing* 294 18
injection nozzle 190 32, 54
injection pump *Intern.*
Combust. Eng. 190 65
injection pump *Railw.* 211 48
injection pump drive 190 57
injection timer unit 190 58
ink 260 83
ink ball 340 22
ink duct 180 22; 181 65

inker 180 21, 50, 60, 77
inker unit 180 6-13, 40, 51, 60, 71, 76; 181 7, 8, 19, 28, 50, 57; 249 51-52
ink fountain 180 22; 181 65
ink fountain roller 181 64
inking ball 340 22
inking roller 180 21, 50, 60, 77; 249 52
inking unit 180 6-13, 40, 51, 60, 71, 76; 181 7, 8, 19, 28, 50, 57; 249 51-52
ink pad 22 30
ink plate 181 8
ink roller 180 21, 50, 60, 77; 249 52
ink slab 181 8
ink unit, tubular ~ 151 68
inkwell 309 78
inlay 323 26
inlet Paperm. 172 77
inlet Chem. 349 21
inlet filter 146 26
inlet manifold 190 18; 192 13
inlet valve 242 52
inlet vent 191 47
inner tube 187 30
input 117 27
input keyboard 238 13
input/output device 237 59
input selector 241 44
input selector switch 238 49
input unit 176 30
inscription 252 11
insect, odonate ~ 358 3
insect, orthopterous ~ 358 8
insectivores 366 4-7
insects 358 3-23
insects, dipterous ~ 358 16-20
insert, wood ~ 85 4
insertion ring 349 17
inshore fishing 90 24-29
inside defender 291 12
inside forward 291 15
insolation 155 18
insole 291 27
inspection apparatus 79 20
inspection window 38 62
inspector 205 44
instep 19 61
instruction, programmed ~ 242 16
instruction key 247 21
instruction laser 242 81
instrument basin 27 5
instrument cabinet 24 16
instrument housing Atom 2 5, 22
instrument housing Meteorol. Instr. 10 59
instrument panel Offset Print. 180 74
instrument panel Railw. 212 31
instrument panel Aircraft 230 1
instrument panel Airsports 288 11
instruments, dental ~ 24 4
instruments, orchestral ~ 323 1-62
instruments, retractable ~ 258 68; 259 74, 88-91
instruments for gynecological and proctological examinations 23 3-21
instruments for minor surgery 22 48-50
instrument table 22 45
instrument table, mobile ~ 26 37

instrument tray 24 5; 26 39
instrument unit 234 53
insufflator 23 18
insulating board 122 44
insulating casing 10 26
insulating tape 127 34
insulation Slaughterho. 94 10
insulation Energy Sources 155 36
insurance company office 268 40
intaglio printing 182
intaglio process 340 14-24
intake muffler 191 54
intake pipe 189 5
intake silencer 190 16; 191 54
integer 344 10
integral 345 14
integral sign 345 14
integration 345 14
intensive care unit 25 1-30
interceptor 256 1
Intercity train 205 34; 209 1-22
intercom Doc. 22 34
intercom Garage 195 55
intercom Computer 244 5
intercom Office 245 20; 246 10
intercommunication telephone 239 13
intercom system Railw. 202 48; 203 69
intercom system Computer 244 5
interest 345 7
interference technician 237 18
interior equipment 239 6
interlacing point 171 28
interleaving device 181 11
intermediate frequency amplifier module 240 4
intermediate image screen 113 37
internal combustion engine, single-cylinder ~ 190 6
internal combustion engine, two-stroke ~ 190 6
internal combustion engines 190
internal facing tool 149 51
International Signals Code 253 29
interrogation mark 342 20
interrogation point 342 20
interrupter 153 55
intersection 347 12
intersection of sets 348 4
interspacing 175 13
inter-stage connector 234 31, 36
inter-stage section 234 31, 36
inter-tank connector 234 16
inter-tank section 234 16
intervals 321 6-13
intestine 77 15
intestine, large ~ 20 17-22
intestine, small ~ 20 14-16
intestines 20 14-22
intestinum crassum 20 17-22
intestinum tenue 20 14-16
intrusion 11 30
inundation area 216 41
inverness 186 32
invertebrates 357
inverted comma 342 26
inverted flight 288 9
involucre 59 50
ion chamber 2 2, 17
ionization chamber 2 2, 17
ionizing particle 1 58
ionosphere Atmos. 7 23

ionosphere Post 237 55
iris Man 19 42
iris Flower Gdn. 51 27
iris Gdn. Flowers 60 8
iron Shoem. 100 9
iron Tailor 104 29
iron Ball Games 293 92
iron, electric ~ 50 6
iron, light-weight ~ 50 6
iron, molten ~ 148 11
iron, slater's ~ 122 84
iron, square ~ 143 9
Iron Age 328 21-40
iron and steel works 147
ironer 103 19
iron foundry 148 1-45
iron handle 50 9
ironing board 50 16
ironing-board cover 50 17
ironing head 50 4
ironing machine, electric ~ 50 1
ironing surface Household 50 16
ironing surface Dressm. 103 23
ironing table 50 15
iron ladle 147 12, 21, 42
iron pyrites 351 8
iron runout 147 11
irons 50 1-20
iron well 50 18
irradiation table 2 36
irrigation, overhead ~ 67
irrigation system, portable ~ 67 3
irrigation unit, long range ~ 67 18
ischium 17 19
island Phys. Geog. 13 6
island Warships 259 3
island Park 272 55
isobar 9 1
isocheim 9 42
isohel 9 44
isohyet 9 45
isometric crystal system 351 1-17
isosceles triangle 346 27
isoseismal 11 37
isothere 9 43
isotherm 9 40
issue desk 262 20
Italian ryegrass 69 26
italics 175 7
ITOS satellite 10 64
ivory carver 135

J

jack Ship 223 54
jack Army 255 68
jack Fire Brig. 270 12
jack Sports 305 23
jack Music. Instr. 322 50
jack, hydraulic ~ 85 45
jackal 367 11
jack boot 355 58
jack chain, endless ~ 157 17
jacket 29 51; 31 2; 33 2
jacket, baby's ~ 28 25; 29 9
jacket, casual ~ 33 39
jacket, cork ~ 282 19
jacket, denim ~ 33 21
jacket, leather ~ 33 43
jacket, metallic ~ 294 15
jacket, mink ~ 30 1
jacket, oilskin ~ 228 6
jacket, padded ~ 300 6
jacket, pile ~ 29 44
jacket, poplin ~ 31 37
jacket, short-sleeved ~ 33 26

jacket, suede ~ 30 58
jacket button 33 55
jacket crown 24 28
jacket flap 185 38
jack-in-the-box 306 56
jack panel 311 16
jack plane 132 16
jack rafter 121 61, 63
jack spur, screwed ~ 71 50
jack spur, strapped ~ 71 51
jackstaff 223 53; 258 4
jackstay 221 118
jacob's ladder 221 91
jai alai 305 67
jam 98 52
jam, whole-fruit ~ 98 51
jamb 118 11; 120 32, 51
jambeau 329 54
jam cleat 284 22
Jamestown weed 379 8
Japan Current 14 31
Japanese quince 373 17
japonica 373 17
jardin anglais 272 41-72
javelin 319 17
javelin throw 298 51-53
jaw Man 16 17
jaw Hosp. 26 46
jaw Joiner 132 33
jaw Metalwkr. 140 3
jaw, lower ~ Man 17 35
jaw, lower ~ Horse 72 11
jaw, upper ~ 17 36; 19 27
jawbone, lower ~ 17 35
jawbone, upper ~ 17 36
jaws, inside ~ 149 71
jaws, outside ~ 149 70
jaw trap 87 48
jay 361 1
jazz band instruments 324 47-78
jazz guitar 324 73
jazz trumpet 324 65
jeans 31 60; 33 22
jejunum 20 15
jellyfish 357 14
jelly roll 97 19
J-2 engine 234 19, 34
jenny 222 14, 28
jerboa 366 15
jerkin 355 45
jerkin head roof 121 16
jerk with split 299 4
jersey 291 44
jersey, padded ~ 292 26
jess 86 45
jester 306 38
jet 83 19
jet, main ~ 192 12
jet aeroplanes 231 7-33
jet airplanes 231 7-33
jet blower 281 34
jet condenser 172 16
jet engine 231 26
jet engines 232 33-50
jet fuel tank 146 18
jet nozzle 153 29
jet of water 272 22
jet planes 231 7-33
jet pump 216 62
jets 231 7-33
jet stream level 7 5
jet trainer 257 1-41
jet turbine 231 26
jet turbine engine 231 26
jet turbine engines 232 33-50
jet turbines 232 33-50
jetty Map 15 59
jetty Docks 225 30, 66
jetty Park 272 46
jetty Camping 278 13
jetty Rowing 283 19
jewel 110 33; 355 17

jewel box 36 31
jewel case 36 31
jewellery 36; 36 1
jewellery department 271 62
jewelry 36 1
jib *Bldg. Site* 119 36
jib *Ship* 220 2
jib *Docks* 226 24, 49
jib *Army* 255 95
jib *Sailing* 284 16; 285 3
jib, flying ~ 219 23
jib, inner ~ 219 21
jib, outer ~ 219 22
jib boom 218 51; 219 1
jib crane 222 34
jib downhaul 284 17
jibe 285 28
jibing 285 26
jib sheet 284 23
jib stay 219 14
jig 134 42
jiggering 161 14
jig saw 108 12
jigsaw puzzle 48 9
jigsaw puzzle piece 48 10
jimpson weed 379 8
jimson weed 379 8
job advertisement 342 70
jockey 22 68
jockey cap 35 8
jockey roller 181 45
jockey wheel 278 54
jogger 249 56
join 122 94
joiner 132 38; 133
joiner's tools 132 1-28
joining of modules 242 70
joint *Phys. Geog.* 13 50
joint *Plumb. etc.* 126 38
joint *Railw.* 202 11
joint *Industr. Plants* 383 63
joint, pre-packed ~ 96 22
joint, universal ~ 284 6
joint and side pasting
    attachment 185 28
joint cutter 201 16
joint-cutting blade 201 17
jointed charlock 61 21
jointer 133 37
joint vice 108 34
joist 121 54
joist shuttering 119 12
joke 306 56
jollying 161 14
Jordan 172 27, 60, 73, 83
Jordan refiner 172 27, 60, 73,
    83
journal 143 63
joust 329 71
jousting helmet *Heraldry* 254
    4
jousting helmet *Chivalry* 329
    77
judge *Cyc. Racing* 290 5
judge *Sports* 299 43
judo 299 13-17
judoist 299 14
judoka 299 14
judo throw 299 17
jug 39 30
jug, clay ~ 260 78
juice extractor 40 19
ju-jitsu 299 13-17
jumbo derrick boom 221 25,
    62
jumbo jet 231 14
jump 289 21
jumper *Child. Clothes* 29 43
jumper *Equest.* 289 9
jumper, child's ~ 29 47
jumper, cowl neck ~ 30 2
jumper, polo neck ~ 30 7
jumper, short-sleeved ~ 31 67

jumping 298 9-41
jumping hoop 307 58
jumping jack 306 52
jumping rope 273 15, 16
jumping saddle 289 10
jumping sheet 270 18
jump rope 273 16
jump-sit-spin 302 8
jump ski 286 62
jumpsuit 31 53
jump throw 292 3
junior hacksaw 127 52
juniper berry 372 52
juniper tree 372 47
junk 353 32
junk stall 308 60
Jupiter 4 48
just 329 71
justifying scale 174 35
jute 383 25

K

kail 57 34
kale 57 34
kangaroo 366 3
kapok tree 383 20
karabiner 300 46
karabiner hole 300 35
karate 299 18-19
karateka 299 18
karst formation 13 71-83
karst spring 13 74
kart 305 83
karting 305 82
kayak 283 4; 353 12
kayak, folding ~ 283 61, 62, 67
kayak, one-man ~ 283 54
kayak, two-seater ~ 283 61
kayaks 283 68-70
Keel *Astron.* 3 46
keel *Shipbuild.* 222 22
keel *Space* 235 7
keel *Rowing* 283 32
keel *Sailing* 285 32
keel, lead ~ 285 36
keel, vertical ~ 222 53
keel arch 336 36
keel block 222 39
keel-centreboard yawl 285
    37-41
keel plate 222 49
keelson 222 53; 283 50
keep 329 4
keep net 89 28
kegellade chest 326 12-14
kelly 145 14
kelson 222 53; 283 50
kerb 198 6; 272 25
kerbstone 198 7
kerbstone broker 251 5
kerbstoner 251 5
kerf 84 28
kernel 68 13; 383 44
kerosene 145 60
kerosene tank 234 9
kerria 373 28
ketchup 45 43
kettle, brass ~ 42 14
kettle, whistling ~ 39 16; 40
    10
kettledrum 323 57
Keuper 154 57
key *Map* 14 27-29
key *Metalwkr.* 140 33-35
key *Town* 268 4
key *Music. Instr.* 322 28, 38,
    49; 323 32, 35; 324 40; 326
    8
key, black ~ 325 5
key, ebony ~ 325 5
key, flat ~ 140 48

key, gib-headed ~ 143 74
key, iron ~ 328 32
key, ivory ~ 325 4
key, sunk ~ 143 73
key, white ~ 325 4
key action 325 22-39
keyboard *Composing Rm.* 174
    32, 37; 176 2
keyboard *Post* 236 44; 237 70
keyboard *Office* 245 27; 249
    2-6
keyboard *Music. Instr.* 322
    28; 324 40; 325 4-5
keyboard, lower ~ 322 47
keyboard, upper ~ 322 46
keyboard console 176 1
keyboard instrument 325 1
keyboard operator 176 4
keyboard send-receive
    teleprinter 176 31
keyboard side 324 39
keyboard unit 176 1
keyhole 140 40
keyhole saw 120 63; 126 70;
    132 3
key lever 322 38, 49; 326 8
key mechanism 325 22-39
key rack 267 3
keys *Mach. Parts etc.* 143
    73-74
keys *Music. Not.* 320 55-68
key seat 143 85
key signatures 320 50-54
key slot 143 85
keystone 336 23
keyway 143 66, 85
kick-back guard 132 47; 157
    59
kicker 292 10
kicking strap 284 21
kick stand 187 34
kickstarter 188 39, 43; 189 38
kidney, left ~ 20 30-31
kidney, right ~ 20 28
kidney dish 23 45
kidney vetch 69 6
kieselguhr 93 3
kieselguhr filter 93 4
kill *Hunt.* 86 38
kill *Bullfight. etc.* 319 30
killer 94 1
kiln 92 19
kiln, circular ~ 159 19
kiln, rotary ~ 160 8
kilning floors 92 16-18
kilns 161
kilometer *see* kilometre
kilometre sign 216 44
kimono 353 40
kindergarten 48
king 276 8
King Carnival 306 58
king cup 375 8
kingfisher 360 8
king penguin 359 4
king pin roof structure 121 42
king post 223 35
king post, ventilator-type ~
    221 58
king's fern 377 16
Kipp generator 350 59
Kipp's apparatus 350 59
Kirghiz 353 22
Kirschner beater 163 25
kit 322 20
kitchen 39
kitchen *Butch.* 96 31-59
kitchen *Railw.* 207 29, 80
kitchen, ship's ~ 223 42
kitchen appliances 40
kitchen cabinet 207 35
kitchen chair 39 43
kitchen clock 39 20; 109 34

kitchen cupboard 39 8
kitchen lamp 39 39
kitchen roll 40 1
kitchen scales 309 84
kitchen table 39 44
kitchen unit 46 29
kitchen utensils 40
kite *Playground* 273 41, 42
kite *Maths.* 346 38
kite *Birds* 362 11
kite, paper ~ 260 71
kite string 273 44
knapsack 86 3
knapsack sprayer, plunger-
    type ~ 83 43
knapweed 376 12
kneading machine 97 55
knee *Man* 16 50
knee *Horse* 72 22
knee-breeches 33 40
kneecap *Man* 17 23
knee cap *Chivalry* 329 53
kneeler 332 25
knee lever 325 45
kneeling front support 295 20
kneeling position *Free Exerc.*
    295 8
kneeling position *Sports* 305
    28
knee mounting 113 21
knee pad *Ball Games* 292 9
knee pad *Winter Sp.* 303 17
knee piece 329 53
knee roll 71 48
knee strap 33 41
knee swell 325 45
knife *Tablew. etc.* 45 7, 50
knife *Forestry* 85 11
knife *Paperhanger* 128 38
knife *Paperm.* 172 74
knife *Swim.* 279 8
knife, bookbinder's ~ 183 13
knife, bronze ~ 328 31
knife, butcher's ~
    Slaughterho. 94 15
knife, butcher's ~ *Butch.* 96
    37
knife, cobbler's ~ 100 50
knife, electrician's ~ 127 63
knife, gardener's ~ 56 9
knife, gilder's ~ 129 51
knife, hafted ~ 328 31
knife, shoemaker's ~ 100 50
knife, surgical ~ 26 43
knife blade 96 32
knife case 94 12
knife coulter 65 10
knife handle 96 34
knife rest 45 11
knife thrower 307 37
knight *Games* 276 11
knight *Chivalry* 329 67
knighting 329 66
Knight Templar 329 73
knit 101 43
knits 171
knits, basic ~ 171 30-48
knit stitch 101 43
knitting 167
knitting head 167 21
knitting machine, circular ~
    167 1
knitting machine, flat ~ 167
    18
knives, butcher's ~ 96 31-37
knob 359 17
knob, adjustable ~ 151 3
knobkerrie 354 33
knobkerry 354 33
knob-leaf capital 333 14
knockout 299 40
knock-over bit 167 52
knot *Meteorol. etc.* 9 12

knot *Ladies' Wear* 31 47
knot *Underwear etc.* 32 42
knot *Roof* 122 68
knot, French ~ 102 13
knot hole cutter 132 53
knot hole moulding machine 132 52
knot stitch, twisted ~ 102 13
knotted work 102 21
knotter 172 54; 173 13
knotting machine 85 18
knuckle *Man* 19 82
knuckle *Meat* 95 38, 42, 49
knuckle, fore ~ 95 5, 8
knuckle, hind ~ 95 1, 10
knuckle of pork 96 17
Kocher's forceps 22 49
kohlrabi 57 26
Korean 341 27
Kort vent 227 21
koruna 252 27
kraft pulp mill 172 1-52
KR-class 284 63
kris 353 44
krona 252 25
krone 252 24, 26
Krüger flap 229 55
krummhorn 322 6
Kuroshio 14 31
Kuro Siwo 14 31
kursaal 274 8
kymation 334 19

L

label 54 4
laboratory 23 41-59
laboratory, multi-purpose ~ 235 66
laboratory and research microscope 112 1·
laboratory apparatus *Doc.* 23 57
laboratory apparatus *Paperm.* 173 2-10
laboratory apparatus *Chem.* 349 1-38; 350 1-63
laboratory equipment *Doc.* 23 57
laboratory equipment *Paperm.* 173 2-10
laboratory equipment *Chem.* 349 1-38; 350 1-63
laboratory microscope 112 1
laboratory technician 23 41
laboratory timer 116 18
laborer *see* labourer
labourer, bricklayer's ~ 118 19
labourer, builder's ~ 118 19
Labrador Current 14 40
labret 354 23
laburnum 374 32
labyrinth 17 62
lace 100 64; 291 32
lace, cotton ~ 31 32
lace, Venetian ~ 102 30
lace fastening 101 21
lackey 186 20
lackey moth 80 13
lacolith 11 30
lacquered work, incised ~ 337 6
lacquey 186 20
lactam oil 170 37
ladder *Moon L.* 6 35
ladder *Roof & Boilerr.* 38 15
ladder *Child. Rm.* 47 5
ladder *Fruit & Veg. Gdn.* 52 8
ladder *Bldg. Site* 118 42
ladder *Railw.* 211 43
ladder *Hydr. Eng.* 217 8
ladder *Space* 235 28

ladder, aluminium ~ 50 35
ladder, arched ~ 5 20
ladder, extending ~ 270 10
ladder, standard ~ 118 86
ladder, steel ~ 270 10
ladder dredge, multi-bucket ~ 216 56
ladder hook 122 15, 69
ladder mechanism 270 11
ladder operator 270 13
ladder scaffold 118 86-89
'ladies' 233 48
'ladies' toilet' 233 48
ladies' wear 30; 31
ladies' wear department 271 28
ladle 130 32
ladle, crane-operated ~ 147 60
ladle, drum-type ~ 148 6
ladle, mobile ~ 148 6
lady *Café* 265 23
lady *Hist. Cost.* 355 59, 64, 68, 70, 79
ladybird 358 37
ladybug 358 37
lady-finger 69 6
lady's finger 69 6
ladysmock 375 11
lady's slipper 376 27
lady's smock 375 11
lager 93 26
lager cellar 93 12
lagging 38 72
lagoon 13 33
lake 13 3
lake, coastal ~ 13 44
lake, ox-bow ~ 15 75
lake dwelling 328 15
lamantin 366 23
lamb 73 13; 75 11
lamb's lettuce 57 38
lamellicorn 82 1
lamellicorn beetle 358 24, 39
lamina 68 20; 370 28, 85
laminate 301 48
lamp *Dent.* 24 19
lamp *Dining Rm.* 44 12
lamp *Watchm.* 109 12
lamp *Carriages* 186 9
lamp *Street Sect.* 198 18
lamp *Nightclub* 318 26
lamp, directional ~ 22 44
lamp, fluorescent ~ 49 32; 271 23
lamp, front ~ 188 29
lamp, individual ~ 26 11
lamp, pendant ~ 44 12
lamp, rear ~ 187 46
lamp, side ~ 191 20
lamp bracket *Photomech. Reprod.* 177 16
lamp bracket *Bicycle* 187 6
lamp compartment 177 41
lampholder 127 60
lamphouse 112 28, 59; 116 29; 309 44; 312 39-44
lamphouse connector 112 60
lamp housing 116 29
lamp post 198 18
lam rod 166 54
lance *Gdn. Tools* 56 25
lance *Bullfight. etc.* 319 17
lance *Chivalry* 329 81
lance *Ethnol.* 353 9
lanceolate 370 32
lancer 319 16
lance rest 329 80
lancet arch 336 31
lancet window 335 39-41
land 87 39
landau 186 36
landaulette 186 36

land drill 282 20
landfill, sanitary ~ 199 10
landing *Floor etc. Constr.* 123 34-41
landing *Athletics* 298 19
landing, intermediate ~ 123 52-62
landing area 298 36, 39
landing beam 123 34, 55
landing beam, main ~ 123 66
landing craft 258 89; 259 46
landing flap 229 42; 230 53; 257 38; 288 29
landing gear, hydraulically operated ~ 235 31
landing gear, main ~ 235 31
landing gear, retractable ~ 232 10
landing gear housing 256 15
landing gear hydraulic cylinder 257 41
landing gear unit, forward-retracting ~ 257 40
landing gear unit, main ~ 230 41; 231 28; 257 40; 288 33
landing gear unit, retractable ~ 231 28
landing light 230 49; 257 37; 288 32
landing mat 296 13; 297 7
landing net 89 2
landing pad *Moon L.* 6 33
landing pad *Athletics* 298 36
landing pontoon 225 63
landing skid 232 15; 256 21
landing stage 225 63; 278 13; 283 19
landing unit, main ~ 256 26
landlord 305 7, 13
landside 65 5, 67
landslide 11 46
landslip 11 46
land surveying 14 46-62
land wheel 65 15
lane *Map* 15 112
lane *Forestry* 84 1
lane arrow 268 73, 74
lane timekeeper 282 24
language laboratory 261 35
languid 326 28
lansquenet 355 32
lantern *Carriages* 186 9
lantern *Ship* 218 44; 221 48
lantern *Navig.* 224 105
lantern *Art* 335 45
lantern, Chinese ~ 353 36
lantern, combined ~ 286 13
lantern, paper ~ 52 15; 306 4
lantern mast 224 82
lantern tower 224 82
lanyard 284 19
lap *Dom. Anim.* 73 23
lap *Roof* 122 100
lap *Cotton Spin.* 163 58, 64
lap, carded ~ 163 47
lapboard 136 7
lap cradle 163 15
lapel 31 23; 33 5
lapel, silk ~ 33 8
lapping plate 125 4
lap riveting 143 56
lap scorer 290 6
lap-turner, movable ~ 163 19
lapwing 359 21
larch 372 32
larch cone 372 36
lard 96 5
large cabbage white butterfly 80 47
larks 361 18-19
larkspur 60 13
larmier 88 14
larry 144 8; 156 6

larry car 144 8; 156 6
larva 58 64; 77 29; 80 6, 19, 36, 38, 41, 46; 81 20; 358 9, 19; 82 12, 25, 36
larva, first-generation ~ 80 23
larva, mature ~ 80 53
larva, second-generation ~ 80 24
larva, young ~ 77 28; 80 54
larynx 20 2-3
laser 242 81
laser beam 243 53
lashing *Bldg. Site* 118 30
lashing *Ship* 218 32; 221 119
lasso 319 40; 352 5
last 100 34
last, iron ~ 100 54
last, wooden ~ 100 32
latch bolt 140 37
latch needle 167 12, 56, 61
lateen sail 218 29; 220 3
lateen spanker 218 29
lateen yard 218 30
La Tène period 328 21-40
lateral 144 30
lath 123 70
lath, double ~ 122 43
lath, tilting ~ 122 43
lath, toothed ~ 122 26
lath axe 122 21
lathe 135 1
lathe, watchmaker's ~ 109 20
lathe bed 135 2; 149 31
lathe carrier 149 54
lathe foot 149 12
lathe spindle 149 20
lathe tool 149 48, 52
lathe tools 149 45-53
lathing 123 71
latissimus dorsi 18 59
latitude 14 6
latrine 118 49
lattice casing 221 84
lattice girder 235 12
lattice mast 258 18
lattice structures 1 9-14
lattice swing bridge 215 63
launch 225 25
launcher 258 49
launching container 258 32
launching housing 259 26
launching ramp 255 66
launch phase escape tower 234 66
lauter battery 92 51
lauter tun 92 50
lava plateau 11 14
lava stream 11 18
lavatories 317 31
lavatory 49 12; 146 29; 207 16, 42, 72; 211 59; 231 31; 278 5
lavatory, public ~ 268 62
lavender 380 7
lawn 37 46; 51 33; 272 36; 274 12
lawn aerator 56 15
lawn mower, electric ~ 56 31
lawn mower, motor ~ 56 28
lawn rake 51 3; 56 3
lawn sprinkler 37 43; 56 43
lay-by 217 27
layer 54 11, 12
layer, bast ~ 54 35
layer, bituminous ~ 200 58
layer, level ~ 123 39
layer, raffia ~ 54 35
layer, top ~ 123 41
layer cloud 8 3, 4, 8, 9, 10
layering 54 10
layette 28
layette box 28 18
lay figure 338 31

laying battery **74** 19
laying hen **74** 57
laying-on trowel **118** 56
laying up **216** 14
lay shaft **192** 37
L-D converter **147** 45-50
lead *Kitch.* **39** 25
lead *Dog* **70** 30
lead *Slaughterho.* **94** 9
lead *Arc Weld.* **142** 25
lead *Navig.* **224** 59
lead, electric ~ *Household* **50** 77
lead, electric ~ *Gdn. Tools* **56** 32
lead, oval ~ **89** 88
lead, pear-shaped ~ **89** 90
lead, spare ~ **151** 46
lead came **124** 13
leader *Dwellings* **37** 13
leader *Roof & Boilerr.* **38** 10
leader *Fish Farm.* **89** 78
leader *Photog.* **114** 9
leader *Carriages* **186** 46
leader *Mountain.* **300** 25
leader *Script* **342** 48
lead hammer **124** 11
leading article **342** 48
leading edge *Sailing* **284** 42
leading edge *Gliding* **287** 34
leading edge, carbon fibre reinforced ~ **235** 32
leading-edge flap, profiled ~ **229** 54
leading lady **310** 27
leading light, higher ~ **224** 102
leading light, lower ~ **224** 101
leading lights **224** 101-102
leading man **310** 28
leading soloist **314** 28
lead-in tube **153** 40
lead knife **124** 12
leadline **224** 60
leads **89** 88-92; **224** 58-67
leadscrew **149** 19, 32
leadscrew handwheel **149** 13
leadscrew reverse-gear lever **149** 6
lead shot **89** 89
lead sinker **224** 59
leaf **58** 3, 53; **59** 17; **68** 8; **333** 24; **370** 19, 26; **371** 21, 23, 27, 29, 68; **372** 23; **373** 3, 16, 25; **374** 28; **375** 2; **378** 15, 18, 19, 41, 45; **384** 55, 62
leaf, alternate pinnate ~ **59** 40
leaf, basal ~ **375** 9, 12, 15, 30; **383** 2
leaf, pinnate ~ **57** 3
leaf, sprouting ~ **59** 29
leaf, ternate ~ **58** 19
leaf, trifoliate ~ **58** 19
leaf, young ~ **59** 29
leaf axil **57** 25; **375** 38
leaf blade **68** 20; **370** 28, 85
leaf bud **59** 47; **370** 90
leaf cluster, rooted ~ **54** 17
leaf drop **80** 20
leaf fat **95** 45
leaflet **263** 9
leaf margin shapes **370** 43-50
leaf ornament **334** 40
leaf roller **82** 43
leaf shapes **370** 31-38
leaf sheath **68** 9, 21; **370** 83; **384** 30
leaf stalk **370** 27; **371** 73
leaf tendril **57** 4
leaf vegetables **57** 28-34
leakage steam path **153** 28
lean forward **301** 36
lean-to roof **37** 78; **121** 7

leaping hind leg **358** 11
learner-swimmer **282** 17
learning programme, audio-visual ~ **242** 7
lease rod **166** 38
leash **70** 30
leather beetle **81** 22
leathers **290** 26
leather side **131** 13, 18
leaves **276** 43
leaves, compound ~ **370** 39-42
lebkuchen **97** 51
lectern **262** 4; **330** 2, 37
lecture **262** 1
lecture notes **262** 5
lecturer **262** 3
lecture room **262** 2
lecture theatre **262** 2
ledge *Photograv.* **182** 23
ledge *Mountain.* **300** 4
ledge, cushioned ~ **277** 16
ledger **118** 26
ledger tube **119** 48
leeboard **220** 7; **283** 63
leech *Sailing* **284** 45
leech *Invertebr.* **357** 20
leech pocket **284** 43
leek **57** 21
lee waves **287** 17
left **254** 19,21,23
left corner pin **305** 6
left front second pin **305** 2
left hook **299** 33
left luggage locker **204** 21
left luggage office **204** 27
left tank fuel gauge **230** 16
leg *Man* **16** 49-54; **17** 22-25
leg *Game* **88** 21, 37, 81
leg *Meat* **95** 1, 38
leg *Mach. Parts etc.* **143** 2
leg *Maths.* **346** 27
leg, back ~ **82** 8
leg, broken ~ **21** 11
leg, downwind ~ **285** 23
leg, first ~ **285** 19
leg, fractured ~ **21** 11
leg, front ~ **82** 6
leg, hind ~ *Dog* **70** 7
leg, hind ~ *Horse* **72** 33-37
leg, hind ~ *Bees* **77** 3, 6-9
leg, hind ~ *Game* **88** 22, 63
leg, middle ~ **82** 7
leg, second ~ **285** 20
leg, third ~ **285** 21
leg, tubular ~ **114** 44
leg, vertical ~ **143** 4
leg, windward ~ **285** 22
leg armour **319** 19
legato **321** 33
leg boot, high ~ **101** 7, 13
leg boot, men's ~ **101** 7, 13
legend **252** 11
leg feather **362** 3
leggings **28** 24; **29** 45; **352** 17
leg holder **23** 11
leg of mutton piece **95** 22, 29
leg ring **74** 54
legs **82** 6-8
leg space ventilation **191** 81
leg support **23** 10, 11
legume **57** 6; **370** 92
legume, immature ~ **374** 22
legume, unripe ~ **374** 22
Leguminosae **57** 1-11
leg vice **140** 10
Leine rock salt **154** 64
leisure centre **281**
lemon **384** 23
lemonade **265** 15
lemonade glass **265** 16
lemon peel, candied ~ **98** 10

lemon squeezer **40** 9
lending library **262** 18
length adjustment **100** 20
lengthening arm **151** 57
lengths of material **104** 2
length stop **157** 68
lens *Man* **19** 48
lens *Photog.* **115** 32, 84; **116** 32
lens *Composing Rm.* **176** 23
lens *Audiovis.* **243** 2, 52
lens *Films* **313** 2
lens *Crystals* **351** 33
lens, bifocal ~ **111** 15
lens, concave and convex ~ **111** 41
lens, convex and concave ~ **111** 42
lens, fisheye ~ **115** 44
lens, flat ~ **111** 38
lens, flush ~ **114** 5
lens, interchangeable ~ **112** 62; **115** 43
lens, long focal length ~ **115** 48
lens, long-focus ~ **115** 49
lens, medium focal length ~ **115** 47
lens, negative ~ **111** 37
lens, normal ~ **115** 3-8, 46; **117** 49
lens, plano-concave ~ **111** 39, 40
lens, positive ~ **111** 37
lens, short focal length ~ **115** 45
lens, special ~ **111** 38
lens, standard ~ **115** 3-8, 46; **117** 49
lens, telephoto ~ **115** 48
lens, variable focus ~ **117** 2
lens, varifocal ~ **117** 2
lens, wide-angle ~ **115** 45; **117** 48
lens barrel **115** 3
lens carrier **177** 27
lens case **115** 104
lens head **117** 46-49
lens hood **313** 3, 10
lens hood barrel **313** 5
lens hood bellows **313** 39
lens panel **112** 18
lens pouch, soft-leather ~ **115** 105
lens standard **114** 52
lens surface **111** 37
lens system **242** 83
lens turret **117** 46; **313** 32
lenticular **287** 19
Lent lily **60** 3, 12
Leo **3** 17; **4** 57
Leonberger **73** 16
leopard **368** 6
leotard **297** 51
Lepidoptera **358** 48-56; **365**
lepton **252** 39
lesene **335** 11
Lesser Bear **3** 34
lesser celandine **375** 36
Lesser Dog **3** 15
lesser housefly **81** 1
less-than-carload freight **206** 4
let-off motion **166** 59
let-off weight lever **166** 62
let-out section **131** 7
let-out strip **131** 7
letter **174** 44
letter, capital ~ **175** 11
letter, double ~ **175** 6
letter, initial ~ **175** 1
letter, lower case ~ **175** 12
letter, small ~ **175** 12

letter, upper case ~ **175** 11
letter carrier **236** 53
letter container **236** 32
letter feed **236** 31
letter flags **253** 22-28
letter-folding machine **249** 44
lettering **129** 40
lettering brush **129** 41
lettering stencil **151** 69
letter matrix **174** 47; **176** 16
letterpress machine, rotary ~ **181** 41
letterpress machine, web-fed ~ **181** 41
letterpress press, rotary ~ **181** 41
letterpress printing **181**
letterpress printing machines **181** 1-65
letterpress printing method **340** 1-13
letter rack **267** 2
letter-rate item **236** 55
letters, illuminated ~ **268** 45
letter scales **236** 24
letter-sorting installation **236** 31-44
letter spacing **175** 13
letter tray **245** 30; **248** 41
lettuce **57** 36
lettuce leaf **57** 37
leucite **351** 12
levade *Horse* **71** 4
levade *Circus* **307** 30
levee **13** 9; **216** 49
level **14** 48
level, lower ~ **217** 17
level, motor-driven ~ **112** 69
level, upper ~ **217** 25
level crossing **15** 26
level crossing, protected ~ **202** 39
level crossing, unprotected ~ **202** 49
level crossings **202** 39-50
level indicator **316** 57
leveling *see* levelling
levelling **14** 46
levelling and support shovel **255** 94
levelling beam **201** 3, 4
levelling blade **200** 18
levelling staff **14** 47
lever *Plumb. etc.* **126** 19
lever *Sawmill* **157** 46
lever *Cotton Spin.* **164** 42
lever *Office* **249** 50
lever *Graphic Art* **340** 61
lever for normal and coarse threads **149** 4
lever hang **296** 56
lever mechanism **203** 54
liberty horses **307** 30-31
Libra **3** 19; **4** 59
librarian **262** 14, 19
library, municipal ~ **262** 11-25
library, national ~ **262** 11-25
library, regional ~ **262** 11-25
library, scientific ~ **262** 11-25
library, ship's ~ **223** 25
library ticket **262** 25
library user **262** 24
license plate **189** 8
lichgate **331** 19
licker-in **163** 53
licker-in roller **163** 53
licker-in undercasing **163** 54
lid *Kitch. Utensils* **40** 13
lid *Electrotyp. etc.* **178** 37
lid *Chem.* **350** 52
lid, glass ~ **269** 56
lid, hinged ~ **127** 24

lid, sliding ~ 179 2
lid clip 50 83
lido deck 223 22
Lieberkühn reflector 115 97
liege lord 329 67
lifebelt 221 124; 222 24; 280
   3; 281 6
lifebelt light 221 125
lifeboat *Offshore Drill.* 146 19
lifeboat 221 78, 107; 223 19
lifeboat launching gear 221
   101-106
lifebuoy *Ship* 221 124
lifebuoy *Shipbuild.* 222 24
lifebuoy *Bathing* 280 3
lifebuoy light 221 125
lifeguard 280 1
lifeguard station 280 46
life jacket 286 20
life jacket, cork ~ 228 9
life jacket, inflatable ~ 228 8
life line 19 72
lifeline 221 103; 228 12; 280 2
life preserver, cork ~ 228 9
life raft 228 19; 258 11; 286
   19
life rocket 228 2
lifesaver 21 36; 280 1
life saving 228
life support pack 6 20
life support system 6 20
lift *Ship* 219 47
lift *Store* 271 45
lift *Theatre* 316 33
lift, hydraulic ~ 195 25, 26
lift, vertical ~ 170 36
liftback 193 29
lift bridge 225 70
lift cage 271 46
lift car 271 46
lift chair 214 16
lift chair, double ~ 214 17
lift controls 271 48
lift device 103 24
lift dump 229 42
lifter *Agr. Mach.* 64 59
lifter *Sawmill* 157 46
lifter rail 164 30
lifter roller 181 63
lifting arm 255 76
lifting bolt 164 37
lifting crane 270 48
lifting device 255 76
lifting gear 206 56
lifting hook 85 6
lifting motor 150 22
lifting platform 232 19
lifting rod 65 29
lifting rod adjustment 65 25
lifting spindle 217 36
lifting undercarriage 232 18
lift-off hinge 140 49
lift operator 271 47
lift platform 173 40
lift shaft 271 51
ligament, falciform ~ 20 34
ligature *First Aid* 21 14-17
ligature *Composing Rm.* 175
   6
ligature-holding forceps 26
   44
light 106 8; 210 46; 224 69
light, flashing ~ 270 6
light, fluorescent ~ 271 23
light, leaded ~ 124 14
light, polar ~ 7 30
light, rear ~ 187 46; 189 9
light, supplementary ~ 203 17
light ale 93 26
light and bell buoy 224 74
light and whistle buoy 224 68
light beer 93 26
light box 179 25

light bulb 127 69; 318 26
light-emitting diode readout
   110 2
lighter 216 25; 225 8, 25
lighter, disposable ~ 107 30
lighter, tug-pushed ~ 221 94
lighterman 216 26
light face 175 8
lighthouse *Map* 15 8
lighthouse *Navig.* 224 103
lighting, external ~ 197 32
lighting, indirect ~ 317 12
lighting, internal ~ 197 32
lighting aperture 334 75
lighting bridge, travelling ~
   316 19
lighting console 316 2
lighting control console 316 2
lighting effects 316 2
lighting electrician 310 37
lighting gallery, travelling ~
   316 19
lighting man 310 37; 316 20
lighting operator 316 20
lighting plot 316 3
lighting station 226 27
lighting technician 307 4
lightning 9 39
lightning arrester 152 35
lightning conductor 38 30
lightning rod 38 30
light plot 316 3
light railway diesel
   locomotive 200 24
light rays 1 62
light readout 195 9
lights, set of ~ 268 54
light section tube 112 38
light-sensitive section 77 22
lightship *Map* 15 13
lightship *Ship* 221 47
lightship *Navig.* 224 81
light source *Atom* 1 59
light source *Optic. Instr.* 112
   52
light source, photometric ~
   112 50
light stop 5 22
light vessel 221 47; 224 81
ligula 68 22; 370 84
ligule 68 22; 370 84
lily 60 12
lily of the valley 377 2
limb 370 5
limb, fractured ~ 21 10
limb, moon's ~ 4 41
limbing machine 85 18
limbs 16 43-54
lime 147 56
lime, reconverted ~ 172 52
lime bunker 147 62
lime kiln 15 86
limerick 89 84
lime slaker 172 51
limestone 160 1
lime tree 371 46
limiter display 238 44
limit switch 241 60
limousine 193 1
linden plant 53 9
linden tree 371 46
line *Horse* 71 33
line *Composing Rm.* 175 4
line *Carriages* 186 31
line *Railw.* 202 1-38
line *Theatre* 316 8
line *Maths.* 346 1-23
line, curved ~ 346 21
line, equinoctial ~ 3 3
line, horizontal ~ 344 15
line, local ~ 15 25
line, straight ~ 346 2-3, 5, 16
linear 370 31

line block 178 42
line-casting machine 174 19
line cut 178 42
line engraving 178 42
line etching 178 42
line glass 124 6
line guide 89 60
linen 206 11
linen, dirty ~ 50 22
linen bin 50 21
linen compartment 267 31
linen drawer 44 22; 47 22
linen goods 271 57
linen shelf 43 2
linen tester 177 23
line-of-battle ship 218 51-60
line of fencing 294 9
line of latitude 14 2
line of life 19 72
line of longitude 14 4
line of the head 19 73
line of the heart 19 74
line of the staff 320 43
line plate 178 42
liner 221 82; 225 32
lines *Horse* 71 25
lines *Rowing* 283 52
line shooting 89 20
linesman *Railw.* 202 44
linesman *Ball Games* 291 59;
   293 69
lines of the hand 19 72-74
line space adjuster 249 23
line space and carrier return
   key 249 4
line steam injector 210 41
line-throwing gun 228 1
lingerie 32 1-15
lining *Bldg. Site* 119 54
lining *Hist. Cost.* 355 57
lining, fireproof ~ 147 48
lining, knitwear ~ 101 17
lining, leather ~ 291 22
lining, refractory ~ 147 48
lining, tricot ~ 101 17
lining board *Bldg. Site* 118
   41; 119 18
lining board *Floor etc. Constr.*
   123 56
lining paper 128 5
lining paper, shredded ~ 128
   8
link 36 39
link, lower ~ 65 28
link, top ~ 65 27
linkage, three-point ~ 64 45;
   65 72
linking of modules 242 70
link-up of modules 242 70
linotype line-composing
   machine 174 19
linotype matrix 174 29
lint 383 19
lintel 37 25; 118 9
lintel, reinforced concrete ~
   118 13
Linz-Donawitz converter 147
   45-50
Lion *Astron.* 3 17; 4 57
lion 307 56; 356 5; 368 2
lip, lower ~ *Man* 19 26
lip, lower ~ *Horse* 72 10
lip, lower ~ *Music. Instr.* 326
   26
lip, upper ~ *Man* 19 14
lip, upper ~ *Horse* 72 8
lip, upper ~ *Music. Instr.* 326
   27
lip of the pudendum 20 87
lip of the vulva 20 87
lip plug 354 23
liquefied-gas tanker 221 35
liqueur 98 58

liqueur decanter 45 48
liqueur glass 45 89; 317 7
liquid-column barometer 10
   1
liquid crystal readout 110 2
liquid feed pipe 74 26
liquid hydrogen and liquid
   oxygen tank, jettisonable ~
   235 46
liquid hydrogen line 234 51;
   235 50
liquid hydrogen pump, high-
   pressure ~ 235 41
liquid hydrogen suction line
   234 23
liquid hydrogen supply, main
   ~ 235 35
liquid hydrogen tank 234 26,
   41
liquid level indicator 316 57
liquid manure channel 75 44
liquid manure silo 62 13
liquid oxygen line 234 52; 235
   51, 56
liquid oxygen pump, high-
   pressure ~ 235 42
liquid oxygen supply line 234
   10
liquid oxygen tank 234 12, 24,
   39
liquid stage 148 27
liquor 168 14
liquor, weak ~ 172 45
liquor preheater 172 8
liquor pump 172 33
liquor supply pipe 92 48
lira 252 20, 21
literature 330 57
literature stand 330 56
litho artist 340 45
Lithodes 369 16
lithographer 340 45
lithographic crayon 340 26
lithographic press 340 60
lithographic stone 340 25, 57
lithography 340 25-26
lithosphere 11 1
litter *Poultry Farm* 74 8
litter *Livestock* 75 6
litter *Town* 268 22
litter basket 37 63; 205 55;
   272 43; 273 25
litter bin 37 63; 205 55; 268 5;
   272 43; 273 25
litter receptacle 196 12; 207
   55
Little Bear 3 34
little brain 17 45; 18 23
little cluster fungus 381 33
Little Dipper 3 34
Little Dog 3 15
little owl 362 19
livelong 377 9
live power take-off 65 31
live power take-off shaft 65
   31
liver 20 10, 34-35
livery 186 21
live sound 117 100
livestock, small 213 28
livestock ramp 206 1
living quarters 224 108; 227
   19; 259 84
living room 42
lizards 364 27, 30-37
llama 366 28
load 73 5
load, driven ~ 226 19
load, foil-wrapped ~ 226 9
load, unitized ~ 226 9, 21
load hook 270 49
loading bridge 221 90; 226 2
loading chamber 116 6

loading crane **85** 28, 44
loading deck **221** 34
loading dock **206** 9
loading door **207** 23
loading foreman **205** 30; **206** 29
loading gauge **206** 22
loading platform *Lorries etc.* **194** 3
loading platform *Ship* **221** 90
loading siding **206** 17
loading strip **206** 8
loading supervisor **206** 36
loaf, French ~ **97** 12
loaf, long ~ **97** 8
loaf, round ~ **97** 6, 7; **99** 14
loaf, small ~ **97** 7
loaf, white ~ **97** 9
loaf of bread **97** 2
loam **120** 44; **159** 2
loan, personal ~ **250** 4
lobby **267** 18-26; **315** 12-13
lobe **229** 30
lobe, pulmonary ~ **20** 7
lobe, upper ~ **20** 7
lobe of the liver **20** 35
lobster fork **45** 79
local-battery telephone **224** 27; **238** 9, 40
lock *Map* **15** 58
lock *Hunt.* **87** 9
lock *Hydr. Eng.* **217** 20
lock approach **217** 26
lock chamber **217** 20
lock gate **217** 18, 32
lock indicator panel **203** 63
locking bolt **117** 62
locking lever *Atom* **2** 40
locking lever *Motorcycles etc.* **188** 2
locking lever *Office* **247** 42
locking mechanism **246** 23
locking nut **143** 30; **187** 54
lock lever **203** 55
locknut **143** 30; **187** 54
locksmith **140** 1
lock washer **202** 8
locomotive, articulated ~ **210** 64
locomotive, electric ~ **205** 35; **211** 1
locomotive, elevation of ~ **212** 51-67
locomotive, fireless ~ **210** 68
locomotive, mainline ~ **212** 1
locomotive boiler **210** 2-37
locust tree **371** 70
loft **37** 4; **38** 18
log *Forestry* **84** 20, 31
log *Maths.* **345** 6
log, mechanical ~ **224** 54
log, sawn ~ **157** 33
log, ship's ~ **224** 22
logarithm **345** 6
logarithm sign **345** 6
log capacity scale **157** 10
log chain, endless ~ **157** 17
log clock **224** 57
log dump **85** 32; **157** 31
log grips **85** 29; **157** 13, 39
log grips, pivoted ~ **157** 29
logic element **242** 68
logic module **242** 68
log-kicker arm **157** 19
log ladder **273** 22
loin *Game* **88** 18, 35
loin *Meat* **95** 3
loin *Butch.* **96** 4
loin, pork ~ **95** 46
loincloth **352** 38; **354** 31
loins *Man* **16** 24
loins *Horse* **72** 30
loin strap **71** 32

long-conductor antenna **230** 66
long-distance racing **290** 11-15
long-distance runner **298** 5
long drink **317** 32
long-eared bat **366** 9
long-eared owl **362** 14
long-fly **296** 48; **297** 20
long haul airliner **231** 13, 14
long horse **296** 1
longicorn **358** 38
longicorn beetle **358** 38
longitude **14** 7
long johns **32** 29
long jump **298** 37-41
long line **90** 28
long-line fishing **90** 28-29
long-lining **90** 28-29
long measure **294** 10
long primer **175** 27
long rifle cartridge **305** 38
longship **218** 13-17
long sitting **295** 10
longwall face, cut ~ **144** 34
longwall face, ploughed ~ **144** 33
longwall faces **144** 33-37
long-wire antenna **230** 66
lookout platform **273** 23
loom, automatic ~ **166** 1, 35
loom framing **166** 24
loop *Knitting* **167** 62, 66
loop *Weaves* **171** 39
loop *Airsports* **288** 1
loop *Winter Sp.* **301** 7; **302** 15
loop, closed ~ **171** 36
loop, open ~ **171** 30
loop, platinum ~ **23** 15
loop, primary ~ **154** 2, 42
loop, secondary ~ **154** 7, 45
loop antenna **223** 5
loo paper **49** 11
looper **80** 17
loop fastening **30** 41
loop formation **167** 65
loop former **312** 30
loose-leaf file **260** 15
Lophocalyx philippensis **369** 7
lopping **85** 11
lords-and-ladies **379** 9
Lord's table **330** 4
lorries **194**
lorry **226** 19
lorry, heavy ~ **194** 20; **200** 7
lorry, light ~ **194** 1, 5
lorry, toy ~ **47** 38; **273** 62
lorry tyre **273** 19
lorry wheel **138** 21
lorry with trailer **213** 34
loser **299** 40
lot **310** 1
lottery booth **308** 44
lottery ticket seller **266** 20
lotus column **333** 13
loud hailer **264** 12
loud pedal **325** 8
loudspeaker **42** 10; **241** 14; **264** 12; **311** 46; **317** 15; **318** 12
loudspeaker, built-in ~ **249** 70
loudspeaker aperture **309** 19
louis-d'or **252** 5
Louis Seize table **336** 14
lounge *Living Rm.* **42**
lounge *Ship* **223** 26
lounge *Airport* **233** 18
'lounge' *Airport* **233** 28
lourer **321** 29
louvre shutter **304** 12
love-lies-bleeding **60** 21

low **9** 5
low box **172** 26
lower cable sleeve **214** 74
lower fore topgallant sail **219** 58
lower fore topgallant yard **219** 35
lower fore topsail **219** 56
lower fore topsail yard **219** 33
Lower Keuper **154** 57
lower main topgallant sail **219** 64
lower main topgallant yard **219** 41
lower main topsail **219** 62
lower main topsail.yard **219** 39
Lower Muschelkalk **154** 60
lower station platform **214** 51
low house **305** 76
low-moor bog **13** 14
low-pressure area **9** 5
low-pressure manometer **141** 6
low-pressure regulator **190** 59
low relief **339** 33
low-speed aileron **229** 41
low-temperature surface insulation **235** 15
low tide **280** 7
low-voltage bushing **152** 44
low-voltage terminal **152** 44
lozenge **346** 35
L-seat **295** 10
L-support **295** 16
lubber's line **224** 48
lubber's mark **224** 48
lubber's point **224** 48
lubricant pump, automatic ~ **210** 42
lubricating nipple **143** 81
lubricating oil **145** 62
lubricating oil refinery **145** 67
lubricating system, pressure-feed ~ **192** 16-27
lubrication hole **187** 62
lubrication system **65** 45
lubricator **187** 62, 65
lubricator, automatic ~ **210** 42
lucerne **69** 9
ludo **47** 19
luff **284** 42
luffing **285** 9
luffing jib crane **222** 23
luge **303** 13
luge, junior ~ **303** 3
luge toboggan **303** 13
luge toboggan, junior ~ **303** 3
luge tobogganer **303** 12
luggage **205** 7-12
luggage carrier **187** 44
luggage clerk **204** 9
luggage compartment *Car* **193** 17, 23
luggage compartment *Lorries etc.* **194** 13
luggage compartment *Railw.* **207** 71; **208** 15
luggage counter **204** 4
luggage label **205** 8
luggage locker **194** 18
'luggage lockers' **233** 39
luggage rack **207** 51; **208** 27
luggage receipt **204** 8
luggage rest **204** 43
luggage sticker **204** 7
lugger **90** 1
lugsail **220** 4
lug strap **166** 22
lumbar region **72** 30
lumber **127** 2
lumber, rough ~ **120** 83
lumberer **84** 18

lumbering **84** 15-37
lumberjack **84** 18
lumber-jacket **30** 38
lumberman **84** 18
lumber room door **38** 20
luminescent **369** 14
luminescent material **240** 18
lump coal **156** 14
lunar module **234** 55
lunar module hangar **234** 54
lunation **4** 2-7
lung **18** 13; **20** 6-7
lung, right ~ **20** 6
lunge **295** 42
lunging **294** 5
lunging position **294** 5
lungwort **377** 7
lunula *Man* **19** 81
lunula *Prehist.* **328** 25
lunula *Church* **332** 36
lunule **19** 81
lupin **51** 23
lur **322** 1
lute **324** 1
lute pin **324** 11
lycaenid butterfly **365** 6
lychgate **331** 19
Lyman series **1** 20
lymph gland, submandibular ~ **19** 10
lynx **368** 8
lynx fur **131** 20
lynx skin **131** 15
lynx skin, let-out ~ **131** 16
Lyoner sausage **96** 10
Lyra **3** 22
Lyre *Astron.* **3** 22
lyre *Music. Instr.* **322** 15
lyre flower **60** 5

M

maar **11** 25
macadam spreader **200** 31
macaroni **98** 33
macaroon, coconut ~ **97** 37
mace **382** 34
machicolation **329** 23
machicoulis **329** 23
machine, four-cylinder ~ **189** 49
machine, heavy ~ **189** 43
machine, heavy-weight ~ **189** 43
machine, high-performance ~ **189** 43
machine, multi-magazine ~ **174** 19
machine base **168** 15
machine bed **177** 57
machine chest **172** 86; **173** 1, 13
machine control lever **167** 44
machine drum **323** 57
machine gun **255** 8, 32
machine hood **173** 27
machine housing **200** 2
machine part **111** 30
machine parts **143**
machine processor **116** 60
machinery and observation deck **224** 107
machinery and observation platform **224** 107
machinery shed **62** 15
machine tap **150** 44
machine tools **149**; **150**
machine wire **173** 14
machining centre **150** 41
mackerel sky **8** 14
MacPherson strut unit **192** 72-84

macramé 102 21
macro equipment 115 81-98
macro frame 117 56
macro lens attachment 117 55
macronucleus 357 11
Macropharynx longicaudatus 369 2
macrophoto stand 115 94
macro zoom lens 117 53
madeira glass 45 84
Madonna 330 51
Madonna lily 60 12
magazine Doc. 22 4
magazine Flat 46 20
magazine Hunt. 87 17
magazine Cine Film 117 45
magazine Office 249 33
magazine Army 255 15, 21
magazine Police 264 25
magazine Chivalry 329 13
magazine, rotary ~ 114 77
magazine, spring-loaded ~ 247 6
magazine back 115 80
magazine holder 255 7
magazine housing 313 9
magazine repeater 87 2
magazine rifle 87 2
magazine spring 87 18
magenta filter adjustment 116 43
maggot Gdn. Pests 80 19
maggot Articulates 358 19
'magic eye' 309 18
magmatism, plutonic ~ 11 29-31
magnesium plate 179 9
magnet 1 63; 2 51; 108 32; 212 38
magnetic disc store 244 1
magnetic film 311 21
magnetic film spool 311 2
magnetic head, four-track ~ 312 51
magnetic head cluster 312 28
magnetic head support assembly 311 3
magnetic sound amplifier 311 28
magnetic sound deck 311 20
magnetic sound head 312 50
magnetic sound recorder 310 58; 311 1
magnetic sound recording and playback deck 238 4
magnetic sound recording and playback amplifier 311 5
magnetic sound recording equipment 310 58; 311 1
magnetic sound unit, attachable ~ 312 50
magnetic sound unit, four-track ~ 312 50
magnetic tape 237 63; 238 4, 5; 244 2
magnetic tape dictating machine 249 62
magnetic tape loop 245 28
magnetic tape recording and playback equipment 238 55
magnetic tape reel 244 10
magnetic tape station 242 32
magnetic tape unit 244 9
magnifier 175 34
magnifying glass 175 34; 177 23
magnitude 3 14
magpie 361 3
magpie moth larva 58 5
maharaja 306 28
mahlstick 129 47

mail 329 62, 63
mail and cargo terminal 233 9
mailbag 236 54
mailbox 236 50
mail carrier 236 53
mailcoach 186 39, 53
mailcoach driver 186 40
mailman 236 53
mail van 236 52
main air pressure gauge 212 6
main air reservoir pressure gauge 212 8
main beam warning light 191 69
main course 218 33; 219 61
main drive unit 113 15
main engine revolution indicator 224 21
main engine room 223 72
main exchange line 237 18, 24
main line 203 45
mainmast 218 40; 219 5-7; 220 22
mainmast, lower ~ 219 5
main royal sail 219 66
main royal stay 219 13
main royal staysail 219 26
main royal yard 219 43
mainsail 218 33; 219 61; 220 11; 284 46; 285 2
mains button 195 11
mainsheet 284 28
mains power unit 311 11
mainstay 219 10
maintained lift 299 5
maintenance technician 237 28
main title 185 46
maintop 219 52
main topgallant mast 219 7
main topgallant rigging 219 18
main topgallant sail 218 53
main topgallant stay 219 12
main topgallant staysail 219 25
main topmast 219 6
main topmast crosstrees 219 53
main topmast rigging 219 17
main topmast stay 219 11
main topmast staysail 219 24
main topsail 218 38
main topsail yard 218 39
main yard 218 37; 219 38
maize 68 1, 31
maize billbug 81 26
maize cob 68 36
maize kernel 68 37
majorette 306 67
major keys 320 55-68
major second 321 7
major seventh 321 12
major sixth 321 11
major third 321 8
major triad 321 1
majuscule 175 11
maker-up 174 5
make-up artist 310 36; 315 48
make-up artist, chief ~ 315 47
make-up gown 315 44
make-up man, chief ~ 315 47
make-up table Offset Platem. 179 23
make-up table Theatre 315 45
Malacosteus indicus 369 10
malaria mosquito 81 44
malleolus, external ~ 19 59
malleolus, inner ~ 19 60
malleolus, internal ~ 19 60
malleolus, lateral ~ 19 59
malleolus, medial ~ 19 60

malleolus, outer ~ 19 59
malleolus fibulae 19 59
malleolus medialis 19 60
malleolus tibulae 19 60
mallet 118 54; 120 67; 125 18; 132 5; 158 36; 278 25; 339 21
malleus 17 61
malt 92 1-41
malt, green ~ 92 23
malt beer 93 26
malt elevator 92 35
maltese cross mechanism 312 38
maltese cross movement 312 38
malting 92 1-41
maltings 92 1
malting tower 92 1
malt silo 92 37
mamma 16 28-29
mammal, flying ~ 366 9
mammal, oviparous ~ 366 1
mammal, scaly ~ 366 10
mammals 366; 367; 368
mammals, insect-eating ~ 366 4-7
mammals, marsupial ~ 366 2-3
mammoth tree 372 69
Man 16; 17; 18; 19; 20
manager 299 45
manatee 366 23
manati 366 23
mandarin Carnival 306 29
mandarin South. Fruits 384 23
mandible Man 17 35
mandible Articulates 358 25
mandible, lower ~ 359 8
mandolin 324 16
mandrel 125 19
mane 72 13
mane, lion's ~ 368 3
man-eater 364 1
maneuver see manoeuvre
maneuvering see manoeuvring
mangelwurzel 69 21
manger board 258 7, 76
mangle 165 46
mangold 69 21
mangoldwurzel 69 21
manhole Roof & Boilerr. 38 45
manhole Brew. 93 13
manhole Cooper 130 18
manhole Space 234 30; 235 52
manhole Water 269 26, 51
manhole cover Roof & Boilerr. 38 46
manhole cover Cooper 130 19
manhole cover Street Sect. 198 17
manikin 338 31
manipulator 2 38
manipulator, mechanical ~ 139 32
manipulators 2 47
man-made fibres 169; 170
mannequin 338 31
manoeuvres, principal, of aircraft 230 67-72
manoeuvring keel 227 30
manoeuvring rocket assembly 234 63
manoeuvring rockets 6 5, 39
manometer 25 22; 67 10; 83 42; 178 8; 196 20; 349 19
manostat 269 47
manque 275 22
mansard dormer window 121 19

mansard roof 121 18
mantelpiece 267 24
mantelshelf 267 24
mantissa 345 6
mantle Phys. Geog. 11 3
mantle Iron & Steel 147 46
mantle Heraldry 254 3
mantle clock 42 16
mantling 254 3, 14
manual 325 48; 326 42, 43, 44, 45
manual, lower ~ 322 47
manual, upper ~ 322 46
manual feed station 184 2
manure 63 15
manure distributor 62 21
manure fork, four-pronged ~ 66 7
manure gutter 75 20
manure hoe 66 8
manure removal 74 23-27; 75 21
manure spreader 62 21; 63 39
manuscript 174 6; 176 3
manway 154 32
map Map 14; 15
map 204 15; 260 44; 268 2
maple seed 371 57
maple tree 371 53
map light 230 23
map of the world 14 10-45
mapping 348 9, 10
mapping, one-to-one ~ 348 11
mappings 348 9-11
map projections 14 8-9
map signs 15 1-114
map symbols 14 27-29; 15 1-114
maraca 324 59
marcando 321 27
marcato 321 27
mare 73 2
margarine 98 21; 99 48
margin 185 55-58
margin, back ~ 185 55
margin, inside ~ 185 55
margin, outside ~ 185 57
margin, upper ~ 185 56
margin control 180 5, 20
margin release key 249 6
margin scale 249 12
margin stop, left ~ 249 13
margin stop, right ~ 249 14
marguerite 51 24; 376 4
marimba, steel ~ 324 61
marimbaphone 324 61
marine sequence 310 11
mark 285 17
mark, port hand ~ 224 95
mark, starboard hand ~ 224 96
marker 85 12
marker, port ~ 224 100
marker, starboard ~ 224 99
market for securities 251 2
market garden 55 1-51, 3
market place 15 52
market square 15 52
market woman 308 65
markiert 321 27
marking, axillary ~ 88 74
marking hammer 85 12
marking iron 85 12
marking out 104 21
markings, graduated ~ 115 65
mark of omission 342 29
marks, diacritical ~ 342 30-35
marl 160 1
marmot 366 18
maroon 306 53
marquise 36 55
marriage ceremony 332 14

Mars 4 46
marsh *Phys. Geog.* 13 14-24
marsh *Map* 15 20
marshal 329 75
marshaling *see* marshalling
marshalling yard 206 42
marshalling yard signal box
206 44
marsh harrier 362 13
marshmallow *Bakery* 97 36
marshmallow *Med. Plants*
380 12
marsh plants 378 14-57
marsh tea 377 21
marsupials 366 2-3
marten 86 22
martens 367 14-17
martinet 218 36
marzipan 98 82
Masai warrior 354 8
mash 93 10
mash copper 92 44
masher 92 49
mashhouse 92 42-53
mashing process 92 42-53
mash kettle 92 44
mash thermometer 93 9
mash tub 92 43
mash tun 92 43, 44
mask *Hosp.* 27 48
mask *Swim.* 279 10
mask *Carnival* 306 7
mask *Films* 310 51; 313 4
mask *Sculpt. Studio* 339 37
mask, clay ~ 260 75
mask, pressure-equalizing ~
279 10
mask, wooden ~ 354 16
mask drum 177 48
masked ball 306 1-48
masking frame 116 35
masking tape 128 16
mask-scanning head 177 47
masonry bonds 118 58-68
masonry dam 217 58
masquerade 306 1-48, 6-48
mass 11 43
mass, continental ~ 11 7
massage bath 281 33
mass book 330 38
masseter 19 7
massif 12 39
mast 219 1-9; 221 77; 284 4,
11
mast, full-rigged ~ 220 16
mast, half-rigged ~ 220 15
Master 289 45
master arm 2 42
master brewer 92 49
master butcher 96 38
master clock 245 18
master compass 224 51
master control panel 242 3
master furrow 91 18
master gyro compass 224 51
Master of foxhounds 289 45
master selector 195 8
master/slave manipulator 2
47
master station 224 40
master switch 153 2
master turner 135 20
master volume control 261 44
masterwort 376 7
mat 299 12
matador 319 2, 25, 31
match 107 22
matchbox 107 21
matchbox holder 266 24
match head 107 23
mate 276 15
maté 382 11
material *School* 260 81

material *Store* 271 59
material, basic ~ 169 1
material, radioactive ~ 1 28
materials store 146 6
maté shrub 382 11
mathematics 344; 345; 346;
347; 348
mathematics, higher ~ 345
11-14
matinée coat 29 3
matrix *Man* 20 79
matrix *Composing Rm.* 174
21, 31
matrix, punched ~ 175 37
matrix, stamped ~ 175 37
matrix-boring machine 175
49
matrix case 174 42, 46; 176 17
matrix clamp 175 59
matrix disc 176 20
matrix drum 176 27
matrix-engraving machine
175 49
matrix for hand-setting 174
28
matrix holder 24 55
matrix mimic board 153 8
mat sail 353 33
matte 313 4
matte box 313 3
matter 174 15; 181 37
matter, front ~ 185 43-47
matter, machine-set ~ 174 27
matter, preliminary ~ 185
43-47
matting, reed ~ 55 6
matting, straw ~ 55 6
mattress 47 3; 296 18
mattress, foam ~ 43 10
matt weave 171 11
maturing 169 7
mauerkrone 254 46
mausoleum 337 16
mavis 361 16
maw worm 81 31
maxilla 17 36; 19 27
maximum 347 19
maximum thermometer 10
53
may 374 30
Maya temple 352 20
May bug 82 1
mayfly 358 6
maypole swing 273 8
maze 272 5
M-cardan 67 29
meadow 13 13; 62 44; 63 22
meadow buttercup 375 8
meadow fescue grass 69 24
meadow flowers 375; 376
meadow foxtail 69 27
meadow grass 375 39
meadow grasshopper 358 8
meadow mushroom 381 1
meadow saffron 379 3
meal, complete ~ 266 17
meal, deepfreeze ~ 96 23
meal, deep-frozen ~ 96 23
meal, hot ~ 266 67
meal, ready-to-eat ~ 96 23
meal beetle 81 18
meal of the day 266 27
meal worm beetle 81 18
meander *Phys. Geog.* 13 11
meander *Art* 334 43
meander core 13 12
mean low water 15 9
mean sea level 146 39
measure *Hotel* 267 60
measure *Music. Not.* 320
28-42
measure line 320 42
measurement chamber 112 43

measurement dial 242 75
measurement range selector
Atom 2 4, 23
measurement range selector
Optic. Instr. 112 46
measurement range selector
Inf. Tech. 242 74
measurement scale 242 75
measuring and control unit
178 3
measuring arm 142 38
measuring beaker 267 60
measuring cylinder *Doc.* 23
43
measuring cylinder *Photog.*
116 11
measuring cylinder *Paperm.*
173 4
measuring cylinder *School*
261 26
measuring cylinder *Chem.*
350 26
measuring device 112 51
measuring flask 350 27
measuring glass 10 47; 350 26
measuring instrument 153 30
measuring instrument
platform 235 69
measuring instruments 149
56-72
measuring machine,
universal-type ~ 112 67
measuring probe 234 42
measuring rod *Map* 14 47
measuring rod *Cine Film* 117
59
measuring rod *Quarry* 158 26
measuring scale 149 63
measuring tank 130 22
measuring tape 103 2; 271 38
measuring vessel 93 3;
130 33
measuring worm 80 17
meat 96 1-4, 59; 99 53
meat, canned ~ 98 20
meat, cold ~ 96 14
meat, minced ~ 96 16
meat, roast ~ 45 27
meat, smoked ~ 96 3
meat axe 94 18
meat chopper 40 39
meat counter 99 51
meat dish 266 55
meat grinder 96 53
meathook 96 55
meat inspector 94 24
meat joints 95
meat mincer 96 53
meat-mixing trough 96 40
meat plate 45 26
meat platter 45 26
meat product 99 53
meat salad 96 13
meat saw 94 20
mechanic 140 1
mechanical finger car 159 18
mechanical pulp mill 172
53-65
mechanism casing 255 10
medallion 339 36
Mediaeval 342 4
medical card 22 8
medical laboratory
technician 23 41
medical record 22 8
medicament, water-soluble ~
25 14
medicine 22 23
medicine cabinet 49 49
medicine case 24 7
medicine cupboard 22 35
medicine sample 22 41
Mediterranean 14 25

medium 308 9
medium haul airliner 231 12
medium measure 294 10
medulla oblongata 17 47; 18
24
medusa 357 14
meeting 263 8
meeting, public ~ 263 1-15
meeting point 233 29
meganucleus 357 11
megaphone 283 21
megaphone exhaust pipe 189
51
meiobar 9 3
Melanocetes 369 6
melodium 325 43
melody key 324 39
melody pipe 322 10
melody side 324 39
melody string 322 30; 324 24
melon 57 23
melter 148 7
melting bath 162 3, 14
melting furnace *Iron Foundry
etc.* 148 1
melting furnace *Electrotyp.
etc.* 178 19
melting plant 148 1-12
melting pot *Goldsm. etc.* 108
8
melting pot *Synth. Fibres* 170
30
member, diagonal ~ 215 35
member, upright ~ 119 59
member, vertical ~ 215 36
member of set 348 2
membership card 275 14
membrane 241 68
membrane, parchment ~ 324
31
membrane, periodontal ~ 19
28
membrane, tympanic ~ 17 59
membrane, vitelline ~ 74 64
membranophones 323 51-59
memorial chapel 331 12
memorial plate 331 14
memorial tablet 331 14
memory, main ~ 244 6; 245
28
memory key 247 22
memory typewriter 245 26
memory unit 176 11; 242 9
memo sheet 247 34
menagerie 307 63
menhir 328 18
menhir group 328 11
men's wear 33
men's wear department 271
12
menu 266 21
menu card 266 21
Mercator projection 14 9
Mercury 4 43
mercury barometer 10 1
mercury battery 25 32
mercury column 10 2
mercury manometer 25 18
meridian 14 4
meridian circle 113 26
meridian of Greenwich 14 5
meridian of longitude 14 4
meridians 14 1-7
meridian telescope 113 29
meringue 97 26; 265 5
merlin 362 1
merlon 329 7
mermaid 327 23
merman 327 23, 40
merry-go-round 308 2
mesa 13 59
mesh 171 37
mesh connection 153 21

mesh gauge 102 25
mesh pin 102 25
mesh ventilator 278 40
Mesolithic period 328 1-9
messroom 228 25
metacarpal 17 16
metal, noble ~ 237 42
metal-blocking device 111 34
metal feeder 174 26
metal feeder, automatic ~ 174 40
metal runner 147 35
metals 254 24-25
metal shears 108 23; 125 1
metalworker 140 1
metalwork shop 140 1-22
metatarsus 17 28
metazoans 357 13-39
meteor 7 18
meteorite crater 6 16
meteorological instruments 10
meteorological office 225 33
meteorological watch office 9 7
meteorology 8; 9
meter *Atom* 2 6
meter *Photog.* 114 62
meter *Blacksm.* 138 19
meter *Serv. Stat.* 196 14
meter *Music. Not.* 320 28-42
meter, customer's ~ 237 16
meter, multiple ~ 242 73
meter, private ~ 237 16
meter, rotary ~ 269 53
meter, subscriber's ~ 237 16
meter cell 114 3, 24; 115 37
metering pump 169 13
metope 334 16
metre tape measure 103 2
metronome 325 19
mezzo staccato 321 29
mezzanine 315 18
mezzotint 340 14-24
micro attachment 115 89
micro cassette recorder 246 32
microfilm card 237 38
microfilm file 237 37
microfilming system 242 31
microfilm reader 237 36
micrometer 142 37; 149 62; 173 10; 224 4
micrometer eyepiece 14 53
micrometer head 14 52
micronucleus 357 12
microphone 22 15; 117 8, 24, 74; 197 26; 209 31; 224 30; 230 29; 237 9; 241 49; 261 39; 263 7; 310 30; 317 20
microphone, built-in ~ 241 5; 243 3
microphone, umpire's ~ 293 21
microphone base 241 51
microphone boom 310 25
microphone boom, telescopic ~ 117 23
microphone cable 239 14; 310 32; 311 41
microphone connecting cord 117 25
microphone connecting lead 117 25
microphone cradle 249 65
microphone screen 241 50
microphone socket 249 69
microphone socket panel 238 36
microphone stand 241 51
microprism collar 115 54
microprism spot 115 58, 59, 62, 63

micropyle 383 57
microscope 111 19; 112 1
microscope, metallurgical ~ 112 23
microscope, surgical ~ 112 31
microscope, universal ~ 112 54
microscope, wide-field ~ 112 23, 54
microscope body 113 31-39
microscope camera, fully automatic ~ 112 64
microscope for reflected light 112 23
microscope stage 112 9
microscope tube 113 31-39
microwave treatment unit 23 36; 24 23
mid-channel 224 98
middle-distance runner 298 5
middle ground 224 91
middle ground to port 224 88
middle mast 220 33
Middle Muschelkalk 154 59
middle of the fairway 224 98
middle section 259 55-74
middling 91 2
midfield player 291 14
midge 358 16
midget 308 22
midi bus 194 34
midinette 306 21
mid-range speaker 241 16
midrib 370 30
mihrab 337 14
milch-cow 62 34; 75 17
mild 93 26
mildew 80 20
milestone 15 109
milk 266 60
milk, canned ~ 98 15
milk, homogenized ~ 99 44
milk, long-life ~ 99 44
milk, pasteurized ~ 99 44
milk, sterilized ~ 76 16
milk bag 99 45
milk carton 76 22
milk churn 309 89
milker 62 34; 75 17, 25
milk glass 124 5
milk heater 76 13
milking parlour 75 23
milk jug 44 31
milkman 75 25
milk pipe 75 27
milk pot 40 15
milk processing area 76 12-48
milk reception 76 1
milk tanker 76 2
milk tub filler 76 21
milkwort 377 3
Milky Way 3 35
mill 276 24
miller 91 15
millet 68 28
millibar scale 10 3
millimeter graduation 247 36
millimetre scale 10 3
milliner 35 1
milliner's shop 268 38
milling machine 142 41
milling machine, rotary ~ 168 1
milling machine, universal ~ 150 32
milling machine table 150 33
milling roller, bottom ~ 168 4, 6
milling roller, top ~ 168 3
millrace 91 44
mills 91
mill spindle 91 12
millstone 91 16, 19, 21

millstone, upper ~ 91 22
millstone casing 91 20
millstone ruff 355 52
millstream 91 44
mill weir 91 42
mill wheel, breast ~ 91 37
mill wheel, middleshot ~ 91 37
mill wheel, overshot ~ 91 35
mill wheel, undershot ~ 91 39
milometer 187 33
mimbar 337 15
minaret 337 13
minbar 337 15
mince 96 16
mincemeat 96 16
mincer 40 39; 96 53
mincing machine 96 52, 53
mine 15 34
mine, disused ~ 15 35
mine car 144 45
mine fan 144 16
minehead buildings 154 70
mine hunter 258 80
minelayer 258 94
mineral bath, outdoor ~ 281 9
mineral spring 274 11
mineral water 266 61
minesweeper 258 84
mine-sweeping gear 258 87
mini 193 19
miniature film cassette 112 35
minibus 194 9; 195 47
minigolf course 272 68
minigolf hole 272 70
minigolf player 272 69
minim 320 14
minim rest 320 22
minimum 347 20
minimum thermometer 10 54
mining, underground ~ 144 21-51
minion 175 24
minionette 175 23
mink 30 60
mink skin 131 11
mink skin, let-out ~ 131 19
minnesinger 329 70
minor keys 320 55-68
minor planets 4 47
minor triad 321 2
minstrel 329 70
mintage 252 10, 40-44
minting dies 252 40-41
minting press 252 44
mint mark 252 10
minuend 344 24
minus blue filter adjustment 116 44
minuscule 175 12
minuscule, Carolingian ~ 341 18
minus green filter adjustment 116 43
minus red filter adjustment 116 45
minus sign 344 8, 24
minute hand 110 12
Mira 3 11
mirabelle 59 25
mire crow 359 14
mirror 43 29; 49 33; 105 20; 106 6; 111 4; 177 38; 188 35; 189 30; 207 49
mirror, angled ~ 177 28
mirror, auxiliary ~ 115 38
mirror, concave ~ 5 32; 308 56; 312 39
mirror, convex ~ 308 57
mirror, flat ~ 5 3
mirror, illuminating ~ 14 59
mirror, main ~ 5 1; 113 10
mirror, primary ~ 5 1; 113 10

mirror, right-angle ~ 261 10
mirror, rotating ~ 243 54
mirror, secondary ~ 5 2; 113 11
mirror, semi-reflecting ~ 243 55
mirror, triple ~ 104 1
mirror arc lamp 312 39
mirror assembly 176 21
mirror carp 364 4
mirror lens 115 50
mirror manometer 349 20
mirror reflex system 115 31
mirror spot 316 48
mirror spotlight 316 48
mirror system 176 24
missal 330 38
missile 258 49
missile, short-range ~ 259 26
missile, wooden ~ 352 39; 353 8
missile cruiser 259 21, 41
missile launcher, underwater ~ 259 37, 51
missile-launching housing 258 71
miter *see* mitre
miter angle 120 82
mitre 124 4
mitre block 124 30
mitre board 124 31
mitre box *Glaz.* 124 30
mitre box *Joiner* 132 43
mitre gate 217 19
mitre joint 124 4
mitre shoot 124 31
mitre square 120 82
mitring machine 124 7
mitt, catcher's ~ 292 60
mitt, fielder's ~ 292 59
mitten crab 358 1
mixed asphalt outlet 200 54
mixer *Dent.* 24 51
mixer *Cine Film* 117 26
mixer *Kitch. Utensils* 40 45
mixer *Synth. Fibres* 170 53
mixer *Aircraft* 232 48
mixer *Broadcast.* 238 25
mixer *Films* 311 21
mixer *Disco* 317 26
mixer, double shaft ~ 159 10
mixer, hand ~ 39 22
mixer, high-speed ~ 79 5
mixer, propeller-type ~ 79 5
mixer drum 200 15
mixer operator 118 32
mixer tap 39 36; 49 2; 106 14; 126 27
mixing 169 2
mixing chamber 83 62
mixing chest 173 1
mixing console *Cine Film* 117 26
mixing console *Broadcast.* 238 25
mixing console *Films* 310 56; 311 35
mixing console *Disco* 317 26
mixing desk *Cine Film* 117 26
mixing desk *Broadcast.* 238 25
mixing desk *Films* 310 56; 311 35
mixing desk *Disco* 317 26
mixing drum 118 34; 200 15
mixing faucet 39 36; 49 2; 106 14; 126 27
mixing machine 200 15
mixing plant, central ~ 201 19
mixing plant, stationary ~ 201 19
mixing room 311 34
mixing screw 83 59

mixing spoon **40** 3
mixing tank **172** 35
mixture, additive ~ **343** 10
mixture, subtractive ~ **343** 12
mixture control **230** 31; **288** 16
Mizar **3** 29
mizen *see* mizzen
mizzen **218** 29; **219** 30
mizzen, lower ~ **219** 8
mizzen mast **218** 31; **219** 8-9; **220** 23, 24, 30, 34
mizzen stay **219** 10
mizzen staysail **219** 27
mizzen top **219** 54
mizzen topgallant sail **218** 54
mizzen topgallant stay **219** 12
mizzen topgallant staysail **219** 29
mizzen topmast **219** 9
mizzen topmast rigging **219** 17
mizzen topmast stay **219** 11
mizzen topmast staysail **219** 28
moat **329** 33, 37; **356** 3
mobile **260** 70
moccasin **101** 30; **352** 18
moccasin flower **376** 27
mock orange **373** 9
model, clay ~ **260** 67
model, dressmaker's ~ **103** 6
model, nude ~ **338** 32
model, plaster ~ **339** 4
model, wax ~ **339** 26
model aeroplane **273** 37, 38
model aeroplanes **288** 85-91
model coat **103** 7
model dress **103** 5
model flight, radio-controlled ~ **288** 85
model hat **35** 7
modeling *see* modelling
modeller **339** 6
modelling board **48** 14; **339** 34
modelling clay **48** 12; **339** 31
modelling stand **339** 9
modelling substance **339** 8
modelling tool **161** 20
modelling tool, wire ~ **339** 11
modelling tool, wooden ~ **339** 10
model of set **315** 42
model of skull **261** 15
models of molecules **242** 61-67
model stage **315** 41
moderator **1** 54
modular elements **242** 68-72
module, electronic ~ **242** 69
module, lunar ~ **6** 12
module, magnetic ~ **242** 72
moistener **247** 31
moisturising cream **99** 27
molar **19** 18, 35
mold *see* mould
molder **97** 57
mole *Map* **15** 48
mole *Hydr. Eng.* **217** 15
mole *Docks* **225** 65
mole *Mammals* **366** 4
molecular rearrangement **170** 23
molluscs **357** 27-36
monastery *Map* **15** 63
monastery *Church* **331** 52-58
monastery garden **331** 53
money **252**; **265** 3
money, hard ~ **252** 1-28
money, metal ~ **252** 1-28
money, paper ~ **252** 29-39
money compartment **271** 6

money order **236** 27
moneywort **375** 26
monitor **23** 27; **26** 15, 16, 33; **27** 23
monitor *Cine Film* **117** 97
monitor *Broadcast.* **238** 33
monitor *Audiovis.* **243** 6
monitor *Fire Brig.* **270** 66
monitor *Theatre* **316** 18
monitor *Fish etc.* **364** 31
monitor, six-channel ~ **27** 31
monitoring and control panel **238** 1, 7
monitoring controls **153** 5
monitoring instrument **311** 15
monitoring loudspeaker **239** 9; **311** 13
monitoring speaker **238** 15
monitoring unit, mobile ~ **25** 24
monitor lizard **364** 31
monitor support, swivel-mounted ~ **27** 24
monitor unit **25** 44
monk **89** 9
monk, Benedictine ~ **331** 54
monkey bridge **223** 4-11; **227** 24
monkey house **356** 10
monkey nut **383** 41
monkeys **368** 12-13
monkshood **379** 1
monochlorobenzene **170** 9
monoclinic crystal system **351** 24-25
monogram **36** 41
mono-line control system **288** 90
monolith **328** 18
monoplane, high-wing ~ **229** 1; **231** 2
monoplane, low-wing ~ **229** 5, 14; **231** 1
monoplane, midwing ~ **229** 4
monoplane, shoulder-wing ~ **229** 3
mono posto **290** 34
monorail car **144** 43, 44
monoski **286** 56
mono sound **311** 35
monotreme **366** 1
monotype caster **174** 39
monotype casting machine **174** 39
monotype composing and casting machine **174** 32-45
monotype composing machine **174** 32
monsoon **9** 52
monster **327** 16
monster, winged ~ **327** 55
monstrance **331** 48; **332** 34
montera **319** 29
monument *Map* **15** 92
monument *Park* **272** 10
moon **4** 1-9, 31, 45
moon, full ~ **4** 5
moon, new ~ **4** 2
moon, waning ~ **4** 7
moon, waxing ~ **4** 3
moon landing **6**
moor buzzard **362** 13
moor harrier **362** 13
moor hawk **362** 13
mooring **283** 19
mooring bitt, cross-shaped ~ **217** 13, 14
mooring bitt, double ~ **217** 14
mooring chain **224** 72
mooring line **288** 66
mooring sinker **224** 73
moose **367** 1

mop, gilder's ~ **129** 54
mopboard **123** 21, 63
moped **188** 24
moped, battery-powered ~ **188** 20
moped headlamp **188** 29
mopeds **188**
Mopsea **369** 8
moraine, lateral ~ **12** 53
moraine, medial ~ **12** 54
morainic filter layer **199** 24
mordant **178** 24; **182** 16
mordent, inverted ~ **321** 19
mordent, lower ~ **321** 20
mordent, upper ~ **321** 19
morel **381** 26, 27
morello **59** 5
morello cherry **59** 5
morion **329** 60
morse **367** 20
morse lamp **223** 7
mortadella **96** 7
mortar *Army* **255** 40
mortar *Chem.* **349** 9
mortar bed **123** 27
mortar pan **118** 39
mortar trough **118** 20, 39, 84
mortar tub **118** 39
mortice *see* mortise
mortise, forked ~ **121** 85
mortise and tenon joint **121** 84, 85
mortise axe **120** 72
mortise chisel **132** 8
mortise lock **140** 36-43
mortiser **120** 17
mortising chain, endless ~ **132** 50
mortuary **331** 21
mosaic **338** 37
mosaic figure **338** 38
mosque **337** 12
mosquito **358** 16
moss **377** 17
moss phlox **60** 14
moss pink **60** 14
moth **58** 64; **81** 13; **82** 15, 18, 45, 48
moth, female ~ **82** 30
moth, male ~ **82** 29
moth, night-flying ~ **82** 14
moth, nocturnal ~ **82** 14
mother **28** 6; **272** 71
mother-of-pearl **357** 34
mother sheep **75** 10
moths **358** 48-56; **365** 7-11
motif *Child. Clothes* **29** 20
motif *Art. Studio* **338** 27
motion, longitudinal ~ **149** 17
motion picture camera, lightweight ~ **313** 20
motion picture camera, narrow-gauge ~ **313** 31
motion picture camera, professional ~ **313** 20, 31
motion picture camera, soundproof ~ **310** 47; **313** 15
motion picture camera, standard-gauge ~ **313** 1
motion picture cameras **313** 1-39
motion picture laboratory **310** 2; **311** 30
motion picture library **310** 5
motion picture projection **312** 1-23
motion pictures **310**; **311**; **312**; **313**
motion picture storage vault **310** 5

motions, rotary ~ **4** 22-28
moto cross **290** 24-28
motor *Forestry* **84** 34
motor *Watchm.* **109** 13
motor *Iron Foundry etc.* **148** 64
motor *Weaving* **165** 12, 34
motor *Electrotyp. etc.* **178** 14
motor *Tram* **197** 5, 7
motor *Water* **269** 45
motor, auxiliary ~ **211** 17
motor, built-in ~ **164** 2
motor, built-on ~ **164** 33
motor, electric ~ *Roof & Boilerr.* **38** 59
motor, electric ~ *Pest Contr.* **83** 53
motor, electric ~ *Blacksm.* **138** 2
motor, electric ~ *Weaving* **166** 18
motor, electric ~ *Railw.* **212** 34
motor, electric ~ *Ship* **223** 69
motor, synchronous ~ **176** 19
motor, three-phase ~ **164** 35
motor, two-stroke ~ **56** 30
motor base plate **164** 36
motor bedplate **164** 36
motorboat **283** 2
motorboat landing stage **216** 7
motorboats **286** 1-5
motor car **191** 1-56; **192**; **193**; **195** 34
motor car mechanic **195** 53
motor coach **194** 17
motor cruiser **286** 4
motor cultivator **56** 18
motorcycle **189**; **268** 35
motorcycle, heavyweight ~ **189** 31
motorcycle, light ~ **188** 39; **189** 1, 16
motorcycle, lightweight ~ **189** 1
motorcycle, pacer's ~ **290** 12
motorcycle chain **189** 22
motorcycle racing **290** 24-28
motorcycles **188**
motorcycles, heavy ~ **189** 31-58
motorcycles, heavyweight ~ **189** 31-58
motorcycles, large-capacity ~ **189** 31-58
motorcycle stand **189** 21
motorcycle tyre **189** 26
motorcyclist **268** 34; **290** 11
motor drive **115** 76
motor drive, attachable ~ **115** 78
motor drive gear **167** 31
motor ferry **216** 6
motor grader **200** 19
motor pump **270** 8
motor safety switch **269** 46
motor saw **84** 22, 27; **85** 13
motor scooter **188** 47
motor ship **223**
motorsports **290** 24-38
motor truck, heavy ~ **194** 20
motor turntable ladder **270** 9
motor uniselector **237** 42
motor unit **50** 82
motor vehicle mechanic **195** 53
motorway *Map* **15** 16
motorway *Docks* **225** 54
motor winch **287** 6
moufflon **367** 6
mouflon **367** 6
mould *Bldg. Site* **119** 84
mould *Iron & Steel* **147** 37

mould *Glass Prod.* 162 47
mould *Paperm.* 173 48
mould, fixed ~ 178 22
mouldboard 65 4, 64
moulder *Bakery* 97 57
moulder *Iron Foundry etc.*
    148 30
moulding, concave ~ 334 29
moulding, hollow ~ 336 10
moulding, ornamental ~ 336
    12
moulding box, closed ~ 148
    18
moulding box, open ~ 148 33
moulding department 148
    30-37
moulding press, hydraulic ~
    178 7
moulding sand 148 35
moulding shop 148 30-37
mould loft 222 3
mould wall 148 29
mound *Equest.* 289 8
mound *Prehist.* 328 16
mound *Art* 337 21
mountain ash 371 42
mountain climber 300 5
mountain climbing 300 1-57
mountaineer 300 5
mountaineering 300 1-57
mountaineering boot 300 42
mountaineering equipment
    300 31-57
mountain hut 300 1
mountain racing 290 24-28
mountain railroads 214 1-14
mountain railways 214 1-14
mountain range 12 39
mountain ridge 12 36
mountains, folded ~ 12 12-20
mountain slope 12 37
mountain top 12 35
mounting, German type ~
    113 16
mounting, mobile ~ 27 22
mounting, underfloor ~ 127
    22
mount of the frame 111 10
mourner 331 33
mourning cloak butterfly 365
    5
mourning veil 331 39
mousetrap 83 36
moustache, English-style ~
    34 19
moustache, military ~ 34 19
moustache, waxed ~ 34 13
mouth *Man* 16 13; 19 14-37
mouth *Horse* 72 9
mouth *Forestry* 84 28
mouth *Game* 88 13, 45
mouth *Joiner* 132 21
mouth *Airsports* 288 70, 81
mouth *Music. Instr.* 326 25
mouth, fork-tongued ~ 327 5
mouth band 322 5
mouth gag 22 48
mouth lamp 24 42
mouth mirror 24 41
mouth organ 324 35
mouthpiece *Hosp.* 27 38
mouthpiece *Tobacc. etc.* 107
    40
mouth piece *Electrotyp. etc.*
    178 17
mouthpiece *Post* 237 9
mouthpiece *Music. Instr.* 323
    36; 324 33, 72
mouthwash 49 36
movable-comb hive 77 45-50
movable-frame hive 77
    45-50
movable half 215 66

move 276 14
movie audience 312 5
moviegoer 312 5
movie house 312 1
movie projector 312 24
movie script 310 45
movie set 310 7
movie studios 310 1-13
movie theater 312 1
movie theater box office 312
    2
movie theater ticket 312 3
moving iron 137 39
mower, electric ~ 56 31
mower, hand ~ 56 34
mower, motor ~ 56 28
mower, riding ~ 56 37
mower, rotary ~ 63 19
mud drum 210 28
mudguard, front ~ 187 13
mudguard, rear ~ 187 43
mud pump 145 16
muffle furnace 140 11
muffler *Car* 191 29
muffler *Railw.* 209 12, 22, 24;
    211 49
muffler *Sports* 305 93
mulberry-feeding moth 358
    48
mule *Dom. Anim.* 73 8
mule *Shoes* 101 25
mule, open-toe ~ 101 22
mule cop 165 15
muleta 319 33
mull 183 33; 185 20
mullion *Dwellings* 37 35
mullion *Art* 335 41
mull roll holder 185 19
multiple cable system 215 51
multiple drying machine 169
    31
multiple-frame viewfinder
    114 41
multiple meter 127 41
multiple-unit train 211 60
multiplicand 344 25
multiplication 344 25
multiplication sign 344 25
multiplier 344 25
multiplier phototube 112 51
multiplier reel 89 59
multiplying 344 25
multirole combat aircraft 256
    8
multirole helicopter, light ~
    232 11
multi-tier transport 74 35
mummy 352 21
Munich beer 93 26
mural 338 40
Muschelkalk 154 58, 59, 60
muscle, contractile ~ 77 17
muscle, deltoid ~ 18 35
muscle, pectoralis ~ 18 36
muscle, sternocleidomastoid
    ~ 18 34; 19 1
muscle, sternomastoid ~ 18
    34; 19 1
muscle, temporal ~ 19 3
muscle, thenar ~ 18 41
muscles, ocular ~ 19 44
muscles of facial expression
    19 6
muscles of the neck 19 12
muscular system 18 34-64
musculature 18 34-64
musette 322 8
mushroom 381 2, 3
mushrooms, poisonous ~ 379
    10-13
musical instrument,
    automatic ~ 308 38
musical instruments 322;

323; 324; 325; 326
musical instruments, popular
    ~ 324 1-46
musical notation 320; 321
music recording studio 310 14
music recording theatre 310
    14
music rest 326 36
music stand 326 36
music systems 241
musk ox 367 10
mussel shell 357 36
mustang 352 4
mustard *Weeds* 61 16
mustard *Grocer* 98 28
mute 323 10; 324 68
mute swan 359 16
mutton spanker 218 29
mutule 334 13
muzzle *Dog* 70 3, 31
muzzle *Game* 88 45
muzzle *Army* 255 58
muzzle *Sports* 305 71
mycelium 68 4; 381 2
myrtle 53 11
Myrtus 53 11

N

Na atom 1 8
nacre 357 34
nadir 4 13
naiad 327 23
nail 19 80
nail, clenched ~ 285 52
nail, galvanized ~ 122 74
nail, riveted ~ 285 52
nail, wire ~ 121 95; 122 74;
    143 51
nail, wooden ~ 121 92
nail bag 122 72
nail claw 120 75
nail grip 100 56
nail polish 99 32
nail puller 100 47
nail punch 134 32
nail varnish 99 32
naked boys 379 3
naked lady 379 3
name plate 118 47; 285 46
Nansen sledge 303 18
nape of the neck 16 21
napkin 45 9; 266 47; 267 48
napkin ring 45 10
nappy, disposable ~ 28 22
narcissus 53 8; 60 3
narghile 107 42
narghileh 107 42
narrow-gauge diesel
    locomotive 200 24
narrow-gauge track system
    159 4
nasicorn 366 25
nasturtium 53 4
natural 320 45, 46, 54
natural-gas engine 155 5
naturist 281 16
naum keag 100 7
nave 334 62; 335 1
navel 16 34
navette 36 55
navigating bridge 223 14; 228
    22, 23, 24
navigating officer 224 37
navigation 224
navigational marks, floating
    ~ 224 68-108
navigational television
    receiver mast 221 37
navigation equipment 288 13
navigation light *Air Force* 257
    36

navigation light *Warships* 258
    56
navigation light *Airsports* 288
    31
navigation light, left ~ 230 50
navigation light, right ~ 230
    44
navigation light, side ~ 258 15
navigation light indicator
    panel 224 29
navigation lights 286 10-14
navvy 118 76
navy 258
navy plug 107 25
navy yard 222 1-43
Neanderthal man 261 19
neck *Man* 16 19-21
neck *Horse* 72 12, 15
neck *Game* 88 3
neck *Meat* 95 6, 20
neck *Mach. Parts etc.* 143 64
neck *Weaves* 171 33
neck *Rowing* 283 37
neck *Airsports* 288 70
neck *Music. Instr.* 324 7, 18
neck, cylindrical ~ 328 40
neck, ground glass ~ 350 37
neckband 36 16
neck brush 106 27
neckerchief 31 57
neck flap *Fire Brig.* 270 38
neck flap *Fencing* 294 14
neck guard *Fire Brig.* 270 38
neck guard *Fencing* 294 14
neck guard *Chivalry* 329 83
neck interlocking point 171
    35
necklace 36 2; 328 25; 352 14
necklace, coral ~ 36 34
necklace, cultured pearl ~ 36
    12
necklace, ivory ~ 36 28
necklace, pearl ~ 36 32
neckline *Ladies' Wear* 30 34
neck line *Airsports* 288 71
neck of violin 323 2
neck piece 329 83
neck ring, gold ~ 328 26
neck strap 71 30
necktie 319 38
nectary 59 18
needle *Mach. Parts etc.* 143 76
needle *Drawing Off.* 151 56
needle *Conifers* 372 11
needle, hypodermic ~ 22 65;
    24 54
needle, right-angle ~ 151 67
needle, surgical ~ 22 57
needle, tapered ~ 190 51
needle bar 167 28
needle bed 167 51, 55
needle butt 167 60
needle cage 143 75
needle cam 167 14
needle cylinder *Knitting* 167
    8, 11
needle cylinder *Bookbind.*
    185 21
needled part of the cylinder
    163 70
needle file 108 22
needle head 309 33
needle holder 22 59
needle holder, cylindrical ~
    167 8, 11
needle hook 167 64
needle-matching system 114
    29
needlepoint 102 30
needle point attachment 151
    54
needlepoint lace 102 30
needle-raising cam 167 59

needle roller bearing 143 75-76
needles in parallel rows 167 53
needle trick 167 15
needlework 102
negative carrier 116 30
negative flight 288 9
negligée 355 66
negress 354 22
negro 354 13
negro hut 354 21
nematode 80 51
Neolithic period 328 10-20
neon sign 268 16
Neptune 4 51
Nereid 327 23
nerve 370 30
nerve, auditory ~ 17 64
nerve, femoral ~ 18 31
nerve, optic ~ Man 19 51
nerve, optic ~ Bees 77 23, 24
nerve, peroneal ~ 18 33
nerve, radial ~ 18 28
nerve, sciatic ~ 18 30
nerve, thoracic ~ 18 26
nerve, tibial ~ 18 32
nerve, ulnar ~ 18 29
nerves 19 33
nervous system 18 22-33
nervure Articulates 358 34
nervure Bot. 370 29
nest 359 28
nesting cavity 359 29
Net Astron. 3 48
net Hunt. 86 27
net Sea Fish. 90 8
net Airsports 288 74
net Ball Games 293 13
net background 102 16
net-cord judge 293 23
net curtain 42 35; 44 14
net fabric 167 29
net post 293 15
net sonar cable 90 14
net sonar device 90 17
net stocking 306 10
net strap 293 14
netting 102 22
netting, wire ~ 339 35
netting loop 102 23
netting needle 102 26
netting thread 102 24
nettle 61 33
net vault 336 45
network 288 74
neume 320 1
neutral conductor 127 13
neutral corner 299 38
neutral point 153 22
neutron 1 30, 39, 45, 52, 53
neutron bombardment 1 36, 50
nevé 12 48
new-born baby 28 5
newel 123 43
newel, open ~ 123 76
newel, solid ~ 123 77, 78
newel post 123 43
Newfoundland dog 70 34
news, miscellaneous ~ 342 63
newscaster 238 21
news dealer 205 17; 268 75
news in brief 342 63
news item 342 50
newspaper 182 31; 205 51; 265 25; 342 37-70
newspaper, folded ~ 181 56
newspaper delivery unit 182 29
newspaper heading 342 39
newspaper holder 265 26

newspaper page 342 37
newspaper rack 265 8
newspaper shelf 262 16; 265 8
newspaper typesetting 176 29
newsreader 238 21
newsreel camera 313 26
New Stone Age 328 10-20
news trolley 205 16
news vendor 205 17; 268 75
New World opossum 366 2
nib 122 51
nib size 151 40
niche 331 60
nick 175 47
nigger 310 51
night-care cream 99 27
nightclub 318 1-33
nightdress 32 16
nightgown 32 16
nightie 32 16
nightingale 361 14
nightshirt 32 37
night spot 318 1-33
nightwear 32
nightwear, ladies' ~ 32 16-21
nightwear, men's ~ 32 35-37
Nile crocodile 356 13
nimbostratus 8 10
nine-eight time 320 39
nine-four time 320 40
nine men's morris 276 18, 23-25
nine men's morris board 276 23
nipper, bottom ~ 163 65
nipper, top ~ 163 66
nippers 100 40, 41
nipping press 183 20
nipple 16 28
nipple key 126 63
nitrogen tetroxide tank 234 59
nitrous oxide 26 3
nix 327 23
nixie 327 23
nobleman 355 44
nock 305 63
node 68 7
node, lymph ~ 19 10
nodosity 80 27
nogging piece 120 55
noir 275 21
nominal par 251 12
non-belayer 300 27
nonpareil 175 23
non-printing area 340 56
noodle 98 34; 99 65
Norfolk Island pine 53 16
North America 14 12
North Atlantic Drift 14 30
North Equatorial Current 14 32
Northern Cross 3 23
Northern Crown 3 31
northern gannet 359 9
northern pike 364 16
north light 121 21
north point 4 16
North Pole 14 3
North Sea 14 26
North Star 3 1, 34
Norton tumbler gear 149 8
nose Man 16 10
nose Dog 70 4
nose Horse 72 6
nose Fish etc. 364 2
nose, false ~ 306 46
noseband 71 7
nose cone, carbon fibre reinforced ~ 235 20
nose gear flap 231 24
nose landing gear unit, retractable ~ 231 23

nosepiece, revolving ~ 112 11, 30
nose rib 287 36
nose-section fairing 235 20
nose undercarriage flap 231 24
nose undercarriage unit, retractable ~ 231 23
nose wheel 288 34
nose wheel, forward-retracting ~ 257 3
nose wheel, hydraulically steerable ~ 235 30
nose wheel, steerable ~ 230 40
nosing 123 20
nostril 72 7
notation, mensural ~ 320 2
notation, square ~ 320 1
notch Phys. Geog. 13 30
notch Forestry 84 28
notch Hunt. 87 66, 70
notch Army 255 22
notch, wedge-shaped ~ 54 38
note 185 62
note, marginal ~ 185 68
note, musical ~ 320 3-7
notebook 47 24; 260 18
note head 320 3
notepaper 245 12
notes 252 29-39
notes, medieval ~ 320 1-2
note stem 320 4
note tail 320 4
note values 320 12-19
'NOT GO' gauging member 149 58
'NOT GO' side 149 61
notice 356 7
notice board 204 12
nougat 98 81
novice 319 2
novillero 319 2
nozzle Moon L. 6 3
nozzle Household 50 67
nozzle Overh. Irrign. 67 33
nozzle Pest Contr. 83 46
nozzle Serv. Stat. 196 3
nozzle Aircraft 232 39, 45, 49, 55
nozzle Space 234 35; 235 37
nozzle, pistol-type ~ 83 28
nozzle, revolving ~ 56 44
nozzle, swivelling ~ 235 64
nozzle fuel tank 235 45
nuclear energy 154
nuclear power plant 154 19
nuclear reactor casing 259 67
nuclear research ship 221 9
nucleus 1 43
nucleus, atomic ~ 1 2, 16, 29, 35, 49, 51
nude 338 32
nudist 281 16
nudist sunbathing area 281 15
null hyperbola 224 42
number Equest. 289 33, 36
number Cyc. Racing 290 28
number Winter Sp. 301 37
number Sports 305 84
number, abstract ~ 344 3
number, cardinal ~ 344 5
number, complex ~ 344 14
number, concrete ~ 344 4
number, even ~ 344 11
number, four-figure ~ 344 3
number, mixed ~ 344 10
number, negative ~ 344 8
number, odd ~ 344 12
number, ordinal ~ 344 6
number, positive ~ 344 7
number, prime ~ 344 13
number, whole ~ 344 10, 18
number disc 189 18

number key Office 247 18
number key Store 271 3
number key Flea Market 309 76
'number one' 283 13
number plate 189 8; 290 28; 305 84
numbers 344 1-22
number sign 197 21
number tab 267 10
number tag 267 10
numeral, Arabic ~ 344 2
numeral, Roman ~ 344 1
numeral pendants 253 33-34
numeral pennants 253 33-34
numerator 344 15
nun 331 50
nun moth 82 17
nursery 47
nursery child 48 2
nursery education 48 1-20
nursery gardener 55 20
nursery hand 55 45, 46
nursery sapling 83 15
nursery teacher 48 1
nut Bldg. Site 119 75
nut Music. Instr. 323 13, 20
nut Bot. 370 98
nut Industr. Plants 383 44
nut South. Fruits 384 52, 58, 60
nut, castellated ~ 143 24, 77
nut, castle ~ 143 24
nut, hexagonal ~ 143 18
nut, round ~ 143 35
nutation 4 24
nutcracker 361 1
nutcrackers 45 49
nuthatch 361 11
nutmeg 382 34, 35
nutmeg tree 382 30
nuts 59 59, 37-51
Nydam boat 218 1-6
nylon 101 4
nylon 6 fibres 170 1-62
nylons pack 99 26
nylon-thread cop 133 4
nymph, artificial ~ 89 66

O

oak 51 12
oak apple 82 34
oak gall 82 34
oak-gall wasp 82 33
oak tree 51 12; 371 1
oar 218 5; 278 19; 283 14, 26, 35-38
oarlock 278 18; 283 29, 41
oarsman 218 3; 283 12
oasis 354 4
oat-grass 69 22
oat panicle 68 27
oats 68 1
oats, rolled ~ 98 37
obelisk 333 10
Oberwerk 326 2
obi 353 41
object ball, red ~ 277 12
objective, interchangeable ~ 112 62
objective aperture 113 35
objective lens 113 36
objective turret 112 11, 30
object lens 114 26; 313 2
object stage 112 9
oblique, external ~ 18 43
obliquus externus abdominis 18 43
oboe 323 38
O'Brien technique 298 50
observation opening 5 13

observation port *Agr. Mach.*
64 27
observation port *Films* 312 15
observation room 5 33
observation shaft 5 30
observation telescope 351 31
observation window 25 8
observation window, forward
~ 235 25
observation window, upward
~ 235 24
observatory 5 1-16; 9 7
observatory, solar ~ 5 29-33
observatory dome 5 12
obstacle, almost-fixed ~ 289 8
obstacle, fixed ~ 289 20
obstruction 291 51
obverse 252 8
ocarina 324 32
occipitalis 18 50; 19 2
occipitofrontalis 19 4
occiput 16 2
occlusion 9 25
ocean *Phys. Geog.* 13 26
ocean *Map* 14 19-26
ocean current, cold ~ 14 27
ocean current, warm ~ 14 28
ocean currents 14 30-45
ocean drifts 14 30-45
Oceanid 327 23
ocean liner 221 82; 225 32
ocean nymph 327 23
ocean station vessel 9 7
ocellus *Dom. Anim.* 73 32
ocellus *Bees* 77 2
octagon 351 17
octahedron 351 6, 14, 16
Octans 3 43
Octant 3 43
octave, five-line ~ 321 50
octave, four-line ~ 321 49
octave, great ~ 321 44
octave, one-line ~ 321 46
octave, small ~ 321 45
octave, three-line ~ 321 48
octave, two-line ~ 321 47
octave engagement 294 50
odalisque 306 41
odd-pinnate 370 42
odds 289 37
odds-and-ends box 195 31
odonatan 358 3
Oertz rudder 222 69-70
oesophagus *Man* 17 49; 20 23,
40
oesophagus *Bees* 77 19
offcut 120 96
off-end framing 165 14
offering 330 60
offertory bag 330 59
offertory box 330 55
office *Coal* 144 18
office *Station* 205 13
office *Railw.* 207 41
office *Office* 245; 246; 247;
248; 249
office *Camping* 278 1
office *Chivalry* 329 27
office, executive's ~ 246 1-36
office, manager's ~ 271 24
office, open plan ~ 248 1-48
office, physician's ~ 22 1-74
office, purser's ~ 223 45
office, receptionist's ~ 245
1-33
office, secretary's ~ 245 1-33
office building *Coal* 144 18
office building *Offshore
Drill.* 146 14
office building *Docks* 225 53
office building *Films* 310 4
office calculator 245 31
office chair 248 25

office cupboard 248 12
office equipment 247 1-44
office furniture 248 39
office intercom 245 20; 246 10
office machinery 249
office materials 247 1-44
officer in charge 270 36
officer of the watch 221 126
offices 217 24; 310 4
offices, administrative ~ 222 1
office supplies 247 1-44
offset machine, four-colour ~
180 30
offset machine, rotary ~ 180
1, 18
offset machine, sheet-fed ~
180 30
offset machine, single-colour
~ 180 46, 59
offset plate 179 1
offset plate, coated ~ 179 16
offset platemaking 179
offset press *Paperm.* 173 21
offset press *Office* 249 48
offset press, four-colour ~
180 1, 18, 30
offset press, rotary ~ 180 1, 18
offset press, sheet-fed ~ 180
30, 70
offset press, single-colour ~
180 46, 59
offset printing 180
offshoot 370 21
offshore drilling 146
offshore drilling rig supply
vessel 221 32
offside 291 42
off switch 10 15
ogee arch 336 36
ogee wing 229 22
oil 98 24
oil, crude ~ *Phys. Geog.* 12 31
oil, crude ~ *Oil, Petr.* 145
28-35, 36-64
oil, mineral ~ 145
oil, viscous ~ 84 35
oil and vinegar bottle 45 42
oil bag 228 11
oil bath air cleaner *Agr.
Mach.* 65 54
oil bath air cleaner *Railw.* 212
79
oil bath air filter *Agr. Mach.*
65 54
oil bath air filter *Railw.* 212
79
oil bleeder screw 190 24
oil burner 38 58-60
oil can 196 16
oil-circulating pump *Power
Plant* 152 45
oil-circulating pump *Railw.*
211 12
oil conservator 152 42; 153 9
oil cooler *Power Plant* 152 46
oil cooler *Car* 192 19
oil cooler *Railw.* 211 11
oil drain plug 190 24
oil drilling 145 1-21
oiler 109 4
oil filler neck 190 28
oil filter 190 43; 192 20
oil-firing system 199 30, 35
oil furnace 145 36
oil gallery, main ~ 192 21
oil gauge *Roof & Boiler.* 38
54
oil gauge *Power Plant* 153 11
oil heating furnace 38 57
oil level pipe 38 53
oil paint 338 11
oil palm 383 54
oil pipe 190 13

oil pipeline 145 65
oil pressure gauge *Sawmill*
157 7
oil pressure gauge *Aircraft*
230 20
oil pressure limiting valve
190 67
oil pressure warning light 191
73
oil production 145 22-27
oil products 145 52-64
oil pump 190 42; 192 16
oil pump drive 190 25
oil refinery 145 65-74
oil reservoir 64 29, 93
oil rig 146 1-39
oil scraper ring 190 37
oilskins 228 4
oil stand 109 5
oilstone 340 21
oil sump *Agr. Mach.* 65 45
oil sump *Intern. Combust.
Eng.* 190 41
oil sump *Car* 192 17
oil tank *Roof & Boiler.* 38 44
oil tank *Agr. Mach.* 64 93
oil tank *Oil, Petr.* 145 34
oil tank *Motorcycle* 189 36
oil temperature gauge *Car*
191 38
oil temperature gauge
Aircraft 230 21
oil temperature sensor 195 16,
40
oil-to-air cooling unit 209 18
ointment, tube of ~ 22 47
O-Joller 284 50
Old Stone Age 328 1-9
old woman's tooth 132 26
oleander 373 13
olive oil 98 24
olive tree 383 29
omnibus, horse-drawn ~ 186
37
on-board equipment 239 6
on-board telephone 239 13
one-design keelboat 284 62
one-half twist isander 282 41
Oneirophanta 369 18
one-second theodolite 112 73
one-two 291 49
one-way tap 350 42
on full point 314 19
on guard line 294 3
on guard position 294 18, 33
onion 57 24
onion skin 57 25
on-line disc storage unit 176
32
on-load tap changer 153 13
on/off switch *Railw.* 211 30
on/off switch *Audio* 241 63
on/off switch *Audiovis.* 243
16
on/off switch *Office* 247 16;
249 9, 37, 64
on/off valve 279 22
on-ramp 15 16
on-the-ground wrestling 299
8
open gate 301 65
open-hearth furnace 147
21-30
opening 122 24
opening, pharyngeal ~ 19 24
opening control 313 8
open-newel staircase 123 76
open-reel tape 241 58
open vertical gate 301 67
open work 102 27
opera glass 315 9
opera hat 35 36
operating cabin 228 21

operating handle 309 81
operating indicator 244 11
operating instructions 244 15
operating key 243 13, 41, 48;
246 19; 261 45
operating lamp 27 25
operating lamp, shadow-free
~ 26 10
operating lamp, swivel-
mounted ~ 26 10
operating lever *Pest Contr.* 83
21
operating lever *Cine Film* 117
63
operating lever *Road Constr.*
201 12
operating mechanism
housing 153 60
operating table 26 8, 36
operating table, pedestal ~ 26
5
operating theatre 26 1-33
operating valve 153 52
operation indicator 244 7
operations, arithmetical ~ 344
23-26; 345 1-10
operator *Post* 237 35
operator *Computer* 244 14
operator *Theatre* 316 59
operator, chief ~ 244 3
operator's position 237 34
operator's set 237 23
operculum 364 5
ophthalmic test stand 111 43
ophthalmometer 111 44
ophthalmoscope 22 62
opium poppy 380 15
opponent 293 18
optical bench 114 50; 242 79
optical instruments 112; 113
optical sound recorder 310
60; 311 6
optical sound recording 311 9
optical sound recording
equipment 311 6
optical sound unit 312 45
optical system 242 41; 243 50
optician 111 1
optic plate, right-hand ~ 195
18
optometer 111 44
or 254 24
orange *Colour* 343 7
orange *South. Fruits* 384 23,
27
orange flower 384 25
orange peel, candied ~ 98 11
orangery 272 3
orange tip butterfly 365 3
orange tree 55 49
orang-outan 368 15
orang-utan 368 15
orbicular 370 33
orbicularis oculi 19 5
orbicularis oris 19 8
orbiculate 370 33
orbit, moon's ~ 4 1
orbital manoeuvring main
engine 235 44
orb spinner 358 45
orchard 15 108
orchard sprayer, mobile ~ 83
38
orchestra *Theatre* 315 25
orchestra *Art* 334 47
orchestra pit 315 24
orchestrion 308 38; 309 14
orchid 376 28
orchis 376 28
order 250 19
ordinal 344 6
ordinate 347 10
ore 147 2

öre 252 24, 25, 26
ore deposit 11 31
organ 326 1-5, 1-52
organ, automatic ~ 308 38
organ, portable ~ 322 56
organ, portative ~ 322 56
organ, positive ~ 322 56
organ, suctorial ~ 81 36
organ case 326 1-5
organ console 326 36-52
organelle 357 5
organistrum 322 25
organ of equilibrium and
   hearing 17 56-65
organ pipes 326 17-35
organs, internal ~ 20 1-57
orifice, cardiac ~ 20 41
original 177 18
origin of ordinates 347 4
Orion 3 13
ornament, Rococo ~ 336 13
ornamental 53 16
ornamentation, Greek ~ 334
   38-43
ornamentation, Romanesque
   ~ 335 14-16
ornaments 321 14-22
orogenis 12 4-20
orogeny 12 4-20
orographic lift 287 28
orpine 377 9
orthopinacoid 351 25
orthopteron 358 8
ortolan 361 7
ortolan bunting 361 7
Orton cone 161 6
oscillation counter 110 17
osier branch 371 29
osier rod 136 15
osier stake 136 14
ossicles, auditory ~ 17 61
Ostiak 353 17
ostrich 359 2
ostrich egg 359 3
ostrich feather 254 30
Ostyak 353 17
os uteri externum 20 85
otter 367 17
otter boards 90 13
Otto-cycle engine 190 1
Otto-cycle internal
   combustion engine 190 2
outboard 278 15; 283 6, 7
outboard inflatable 286 1
outboard motor 278 15; 283
   7; 286 1, 21
outboard motorboat 283 6
outboard speedboat 283 6
outdrive motorboat 286 2
outer case 187 30
outfall 216 36
outfielder 292 41
outflow condenser 92 4
outhouse 62 14
outlet Electr. 127 5
outlet Paperm. 172 78
outlet Water 269 21
outlet, double ~ 127 6
outlet cock 178 34
outlet control valve 269
   30
outlet duct 92 19
outlet structure 217 44
outlet to brake line 192 53
outlet tunnel 217 62
outlet valve 269 31
outline drawing 129 46
output 117 28
output gear box 212 53
outrigger Rowing 283 42
outrigger Ethnol. 352 36
outrigger canoe 352 35
outriggers 283 9-16

outside broadcast vehicle 239
   1-15
outside defender 291 13
outside forward 291 16
outside grip 296 45
outsider 289 53
ovary Man 20 83
ovary Soft Fruit 58 40
ovary Bot. 370 54, 60
ovary Shrubs etc. 373 2, 5
ovary Flowers etc. 375 34
ovary, epignyous ~ 58 7
ovary, perignyous ~ 59 14
ovary cavity 370 62
ovary wall 370 61
ovate 370 36
oven 39 13; 97 66, 71
oven, electric ~ 207 30
oven window 39 14
overall 33 56
overalls, hairdresser's ~ 106 2
overalls, leather ~ 290 26
over-and-under shotgun 305 70
overblouse 31 61
overblouse, girl's ~ 29 48
overburden 158 2
overburden excavator 159 3
overdress 31 17
overfall 91 43
overfeed, initial ~ 168 26
overflow Roof & Boilerr. 38
   69
overflow Bathrm. etc. 49 25,
   45
overflow Fish Farm. 89 5
overflow Water 269 33
overflow basin 272 23
overflow container 350 60
overflow pipe 38 69; 269 20,
   33
overflow spillway 217 60
overfold 12 14
overgown 355 36, 50
overgrasp 296 40
overhead bicycle kick 291 45
overhead camshaft 189 3;
   190 14
overhead contact wire 197
   41; 205 58
overhead line support 152 36
overhead projector 261 8
overhead spray washing plant
   169 29
overhead wire maintenance
   vehicle 211 41
overhead wire voltage
   indicator 211 28
overlap angle 128 51
overlay flooring 123 62
overload indicator 224 33
oversite concrete 123 13
overskirt, panniered ~ 355 83
over tile 122 58
overtop 29 48
overtop, knitted ~ 30 4; 31 65
oviduct 20 81
ovule 58 39; 59 14; 370 63
ovum 20 84
owl 252 2
owl-glass 306 38
owls 362 14-19
ox Dom. Anim. 73 1
ox Slaughterho. 94 2
ox Meat 95 14-37
oxer 289 8
ox eye 361 9
oxeye daisy 376 4
oxeye daisy, white ~ 51 24
Oxford 101 31
Oxford shoe 101 31
ox hide, painted ~ 354 11
oxidation 170 19
oxidation, controlled ~ 169 7

oxide ceramic 149 46
oxteam 63 16
oxygen apparatus Moon L. 6
   18
oxygen apparatus Fire Brig.
   270 20
oxygen atom 1 13
oxygen-blowing converter
   147 45-50
oxygen connection 141 30
oxygen control 141 29
oxygen cylinder Hosp. 27 45
oxygen cylinder Gas Weld.
   141 3, 21
oxygen cylinder Road Constr.
   200 40
oxygen flow meter 26 4
oxygen hose 141 10
oxygen inlet 350 11
oxygen jet 350 13
oxygen lance 147 49
oxygen molecule 242 65
oxygen supply 25 22
oxygen tank Moon L. 6 6
oxygen tank Space 234 61
oxygen tank Air Force 257 2
oxygen treatment 25 23
oxymeter 27 13
oxysphere 11 1
oyster 357 32
oyster fork 45 80
oyster round 95 11
ozone layer 7 13, 19

P

pace 72 40
pacemaker 25 36
pacemaker, cardiac ~ 25 31,
   37
pacemaker, internal ~ 25 37
pacemaker, short-term ~ 25
   25
pacemaker battery 25 51
pacemaker control unit 25 40
pacemaker impulse 25 44
pacemaker unit 25 30
pacer 290 11
Pacific Ocean 14 19
pack Dom. Anim. 73 5
pack Hunt. 86 33
pack Airsports 288 44
pack, disposable ~ 93 28
package, unitized ~ 226 21
package cargo transit shed
   225 9
package freight 206 4, 27
pack animal 354 3
packing, sterile ~ 26 31
packing box 210 33
packing box dispenser 74 53
packing machine 76 36
pack of hounds 86 33; 289 46
pack saddle 73 4
pad Horse 71 49
pad Game 88 46
pad Shoem. 100 16
pad Ball Games 292 9
pad Graphic Art 340 13
pad, bakelite ~ 166 64
pad, leather ~ Goldsm. etc.
   108 29
pad, leather ~ Weaving 166 64
pad, suctorial ~ 77 9
pad, unsterile ~ 26 23
pad bridge 111 12
padding, foam rubber ~ 291
   20
paddle Brew. 92 46
paddle Electrotyp. etc. 178 25,
   33
paddle Ship 218 8

paddle Ethnol. 353 14
paddle, double-bladed ~ 283
   39
paddle, double-ended ~ 283
   39
paddle, single-bladed ~ 283
   34
paddle boat 280 12
paddling pool 37 44; 273 28
paddock 319 15
padlock 38 21
page Bookbind. 185 53
page Hotel 267 18
page, double-column ~ 185
   64
page, front ~ 342 38
pageboy 267 18
pageboy style 34 35
page cord 174 16
page heading 342 52
page number 185 63; 251 14
page printer 237 66
pagoda, Indian ~ 337 21
pagoda, multi-storey ~ 337 1
pail 50 54
pailoo 337 3
pailou 337 3
paint 129 6, 7-8, 9; 338 10
paintbox 48 6; 338 10
paintbrush 48 7; 129 3; 260
   84
paint bucket 129 10
paint container 315 34
Painter Astron. 3 47
painter Painter 129 2
painter Art. Studio 338 2
painting 129 1; 260 27
painting, watercolour ~ 48 5
painting materials 338 6-19
painting surface 338 22
painting table 338 25
paint kettle 129 8
paint roller 129 11
paint room 315 28-42
paint scraper 129 22
paint trolley 315 36
pair 275 20
pairing season 86 9-12
pair skater 302 4
pajamas 32 17, 36
palace, Baroque ~ 272 7
palace, Renaissance ~ 335 47
palace buildings 333 29
palace gardens 272 1-40
Palaeolithic period 328 1-9
Palaeopneustes niasicus 369
   19
palate, hard ~ 19 20
palate, soft ~ 19 21
pale ale 93 26
palette 338 28
palette dipper 338 29
palette knife 338 14
paling 52 10
palisade Equest. 289 8
palisade Chivalry 329 36
palisading 329 36
palla 355 10
pallbearer 331 40
pallet Porcelain Manuf. 161
   20
pallet Station 206 32
pallet Docks 225 43; 226 7
pallet Music. Instr. 326 10
pallet, flat ~ 226 10
pallet, standard ~ 226 10
pallette 329 45
palm 88 41
Palma Christi 380 14
palma manus 19 71
palmate 370 39
palmation 73 36; 359 7
palm capital 333 25

palm column 333 17
palmette 334 41
palm frond 384 3
palm of the hand 19 71
palm rest 255 13, 19; 305 45
palm tree 354 5
palpebra, lower ~ 19 40
palpebra, upper ~ 19 39
pampas grass 51 8
pamphlet 330 57
pan *Household* 50 52
pan *Carp.* 120 59
pan *School* 260 60
panache 329 78
Panama hat 35 16
pan and tilt head 114 48; 313 12
pancreas 20 44
Pandean pipes 322 2
pandora 322 21
pane 66 10; 137 27
panel 120 59
panel, front ~ 32 24
panel, mirrored ~ 267 66
panelboard 157 67
panelling, metal ~ 208 6
panelling, wood ~ 281 19
panelling, wooden ~ 266 37
panel pin 124 29
pane of glass 124 16
pangolin 366 10
pan grinding mill 159 8
Panhard rod 192 70
panicle 68 27; 370 69; 378 46; 382 54
pan loaf 97 10
pannier 78 15
panpipes 322 2
pan set 40 12-16
pansy 60 2
pantaleon 325 1
pantaloons 306 42
pantie briefs 32 8
pantie-corselette 32 3
pantie-girdle 32 2
pantie-hose 29 42; 32 12
panties, long-legged ~ 32 10
pantile 122 54
pantograph *Map* 14 65
pantograph *Composing Rm.* 175 58
pantograph *Tram* 197 23
pantograph carriage 175 53
pantry, ship's ~ 223 43
pants, long ~ 32 11
paper *Photog.* 116 50
paper *Drawing Off.* 151 14
paper *Paperm.* 173 2-10
paper *Offset Print.* 180 47
paper *Letterpress* 181 46
paper *Office* 249 57
paper, asphalted ~ 153 48
paper, blank ~ 180 2, 69; 181 23, 30
paper, coated ~ 173 35
paper, cork ~ 128 18
paper, metallic ~ *Paperhanger* 128 18
paper, metallic ~ *Power Plant* 153 44
paper, metallized ~ 153 44
paper, natural ~ 128 18
paper, printed ~ 180 57; 181 9, 25
paper, raw ~ 173 29
paper, unprinted ~ 180 2, 69; 181 23, 30
paper, wood ~ 128 18
paper bag, cone-shaped ~ 98 49
paper bail 249 17
paper chase 289 41-49
paper clip 247 1, 2

paper edge, butted ~ 128 20
paper feed 245 11; 249 45, 49
paper feed and delivery 181 14
paper feeding and delivery unit 181 14
paperhanger 128
paper hanging 128 18-53
paperhanging brush 128 40
paperhanging kit 128 33
paper hunt 289 41-49
paper machine 173 11, 13-28
papermaking 172; 173
papermaking by hand 173 46-51
paper punch 22 28
paper recorder 25 56, 57
paper recorder unit 27 33
paper reed 383 64
paper release lever 249 20
paper ribbon 174 34
paper roll 249 33; 309 75
paper roller 128 47
paper rush 383 64
paper size selection 249 34
paper speed scale 116 54
paper stand 151 13
paper tape 237 32
paper towel 196 11
paper-towel dispenser 196 10
paper tower 174 33, 43
pappus 375 34
pappus bristle 375 33
pappus tuft 378 11
paprika 57 42
papyrus column 333 15
papyrus plant 383 64
par 251 12
para 252 28
parabola 347 14
parachute *Meteorol. Instr.* 10 57
parachute *Airsports* 288 37
parachuting 288 37-62
paraffin 145 60
paraffin lamp 278 29
paraffin oil 145 60
paragon 175 31
Paraguay tea 382 11
parallel 346 4
parallel bars 296 2
parallelepiped 347 36
parallel of latitude 14 2
parallelograms 346 33-36
parallels 14 1-7
Paramecium 357 9
parapet *Dwellings* 37 19
parapet *Bridges* 215 70
parapet *Chivalry* 329 21
parapet, battlemented ~ 329 20
parasites 81
parasites of man 81 31-42
parasol mushroom 381 30
paravane 258 87
parcel *Station* 204 2
parcel *Post* 236 3, 6
parcel registration card 236 7
parcel registration slip 236 4
parcels counter 236 1
parcels office 204 1
parcels scales 236 2
parent 54 15
parentheses 342 24
parent plant 54 15
paring knife 100 51
parison 162 47
parison mould 162 26
park *Map* 15 97
park *Park* 272
park *Ball Games* 291 1; 292 40-58
park, landscaped ~ 272 41-72

parka 29 66
parka coat 29 66
park bench 272 16, 42
park by-law 272 29
park chair 272 48
park entrance 272 32
park gardener 272 66
parking meter 268 1
park keeper 272 30
park path 272 38
park railing 272 33
park tree 272 59
parlour, herringbone ~ 75 23
parquet floor 123 74
parquet strip 123 62
parrot 363 1
parrying 294 6
parry of the fifth 294 24
parry of the quinte 294 24
parry of the tierce 294 8
parsley 57 19
parsonage 331 20
part, imaginary ~ 344 14
part, real ~ 344 14
parterre 272 39
Parthenon 334 1
partial-hip end 121 17
parting, centre ~ 34 9
parting, side ~ 34 14
parting kiss 205 52
parting-off tool 149 53
parting tool *Turner* 135 24
parting tool *Mach. Tools* 149 53
partition 75 38
partition, framed ~ 120 48
partition, glass ~ 25 8
partition, sound-absorbing ~ 248 20
partition, wooden ~ 38 19
partition screen 248 1
partition wall *Bldg. Site* 119 25
partition wall *Office* 248 1
part load 206 4
part-load goods 206 27
partridge 88 70
partridge call 87 47
party 263 20
party, private ~ 267 40-43
party blouse 30 55
party games 276
party skirt 30 56
par value 251 12
Paschen series 1 22
pas de trois 314 27-28
Pasiphaea 369 12
pass *Phys. Geog.* 12 47
pass *Ball Games* 291 47
pass, short ~ 291 49
passage 71 3
passage, barred ~ 307 51
passage grave 328 16
passe 275 19
passenger 204 24; 205 6; 208 30; 221 97, 109
passenger aircraft 231 2
passenger cabin 231 22
passenger car 208 3
passenger coach 207 1-21; 208 3
passenger compartment 207 13
passenger door, centre ~ 231 25
passenger door, rear ~ 231 30
passenger ferry 216 1
passenger liner 221 82; 225 32
passenger seat *Car* 191 36
passenger seat *Lorries etc.* 194 14
passenger seat *Aircraft* 230 38; 231 22

passenger sledge 353 18
passenger terminal 225 31
passenger vehicle 191 1-56; 195 34
passerines 361
Passiflora 53 2
passion flower 53 2
passport 267 13
'passport check' 233 42
pastas 98 32-34
paste 128 26
paste, heavy-duty ~ 128 24
pasteboard 128 31
paste brush 128 27
pastel crayon 338 19
pastern 72 25
pasting machine 128 25
pastor *Church* 330 22
pastor *Birds* 361 4
pasture, rough ~ 15 5
patch pocket 29 68; 30 22; 31 56; 33 38; 35 37
pâté 96 15
patella 17 23
paten 330 9; 332 51
patent 246 26
patent anchor 222 78; 258 5; 286 17
patent key 187 50
patent log 224 54
patent valve 187 31
paternoster 332 31
path, central ~ 55 42
path, gravel ~ 272 18
path, unfenced ~ 15 102
patient 22 2, 3; 24 2; 274 7, 18
patients file 22 6
patin 330 9; 332 51
patine 330 9; 332 51
patrician lady 355 48
patrol car 264 10
patrolman 264 13
patrol submarine 259 75
patten 355 43
pattern *Iron Foundry etc.* 148 34
pattern *Composing Rm.* 175 55
pattern, chequered ~ 335 14
pattern control chain 167 19
pattern repeat 171 12
pattern stencil 168 62
pattern table 175 56
pauldron 329 45
Pauli exclusion principle 1 7
Pauli principle 1 7
pause 321 25
pause sign 321 25
pavais 329 56
pavement 37 60; 198 8, 9
paving 198 8
paving, brick ~ 123 7
paving, flagstone ~ 123 26
paving brick 159 27
pavis 329 56
Pavo 3 41
paw 88 46, 50; 368 4
paw, hind ~ 70 8
pawn 276 13
payee 250 19
payer 250 20
paying agent 250 22
paying-in counter 236 25
paying-in slip 236 27
payload bay 235 26
payload bay door 235 14
payload bay insulation 235 13
payload manipulator arm 235 29
pay phone 236 9; 237 3
pea 57 1, 7
peach 59 31

peach blossom 59 27
peach flan 97 22
peach flower 59 27
peach leaf 59 32
peach tree 59 26-32
Peacock *Astron.* 3 41
peacock *Dom. Anim.* 73 30
peacock butterfly 365 2
pea flower 57 2
pea jacket 221 127
peak 11 6; 12 40
peanut 45 41; 383 41
pear 58 33
pear blossom 58 38
pearl *Jewell.* 36 8
pearl *Game* 88 30
pearl *Composing Rm.* 175 22
pearl *Invertebr.* 357 35
pearl barley 98 35
pear pip 58 37
pears 99 87
pear-shape, faceted ~ 36 84
pear-shape, plain ~ 36 83
pear-shape, standard ~ 36 54
pear-shapes 36 82-86
pear stalk 58 34
pear tree 58 31, 32
peasecod 355 30
peat 55 31; 206 10
pea tendril 57 4
peavy 85 9
peba 366 8
pebble, painted ~ 328 6
pectoralis, greater ~ 18 36
pectoralis major 18 36
pedal *Joiner* 132 72
pedal *Bicycle* 187 40, 78
pedal *Sports* 305 85
pedal *Music. Instr.* 323 62;
  325 41, 46
pedal, adjustable ~ 298 2
pedal, left ~ 325 9
pedal, right ~ 325 8
pedal bracket 325 42
pedal car 273 55
pedal crank 188 25
pedal cylinder 163 27
pedal drive 188 25
pedal frame 187 83
pedal harp 323 60
pedal key 326 51, 52
pedal lever 163 28
.pedal mechanism 324 54
pedal pipe 326 3
pedal roller 163 27, 28
pedal tower 326 4
peddle boat 280 12
pedestal *Optic. Instr.* 113 2
pedestal *Office* 248 37
pedestal *Park* 272 11
pedestal *Circus* 307 55
pedestal crane 146 3
pedestal grinding machine
  138 7
pedestal mat 49 18
pedestrian 268 18
pedestrian crossing 198 11;
  268 24, 51
'pedestrian crossing' sign 268
  29
pedestrian lights 268 55
pedestrian precinct 268 58
pedicel 59 4; 383 7
pediculate 369 6
pediment *Phys. Geog.* 13 65
pediment *Art* 334 3; 335 36
peduncle 59 4; 383 7
peeler 133 1
peeling machine 133 1
peen 66 10; 137 27
peewit 359 21
peg *Floor etc. Constr.* 123 11
peg *Camping* 278 24

peg *Music. Instr.* 323 18; 324
  11
Pegasus *Astron.* 3 10
Pegasus *Fabul. Creat.* 327 26
pegbox 323 19
pegbox, bent-back ~ 324 10
pegbox, swan-head ~ 324 10
pegdisc 324 19
pein 137 27
Pekinese dog 70 19
Peking man 261 18
pelargonium 53 1
pelican 359 5
pelican eel 369 2
pellitone 323 44
pelorus 224 53
pelota 305 67
pelota player 305 68
pelvis 17 18-21
pelvis, renal ~ 20 31
pen *Livestock* 75 36
pen *Office* 245 21
pen *School* 260 14
pen, ballpoint ~ 47 26
pen, felt tip ~ 47 26; 48 18
pen, metal ~ 341 25
penalty 291 40
penalty area 291 4
penalty kick 291 40
penalty line 292 5
penalty spot 291 6
pen and pencil case 260 12
pen and pencil tray 245 22;
  260 24
pencil 47 26; 129 41; 260 5
pencil, carpenter's ~ 120 77
pencil, clutch-type ~ 151 45
pencil, coloured ~ 48 11
pencil, lead ~ 118 51
pencil attachment 151 62
pencil box 309 73
pencil holder 22 31
pencil lead 151 46
pencil of rays 346 19
pencil point attachment 151
  55
pencil sharpener 247 25
pencil silhouette 31 14
pen clip 2 18
pendant 335 32
pendant, gemstone ~ 36 14
pendant, oblong ~ 253 28
pendants 253 30-32
pendeloque 36 54
pendentive 334 74
pendulum *Atom* 2 35
pendulum 110 27; 309 58
pendulum device 2 35
pendulum spray 83 27
penguin 359 4
peninsula 13 5
penis 20 66
penlight pocket 6 24
pen meter 2 15
pennant, oblong ~ 253 28
pennants 253 30-32
pennon 278 9; 280 11
pennon staff 280 10
penny, new ~ 252 37
pensions counter 236 25
Pentacrinus 369 3
pentagon 351 9
pentaprism 115 41, 70
pentaprism viewfinder,
  interchangeable ~ 115 69
penthouse 37 83
penthouse head 312 50
penthouse roof 37 55
pent roof 37 55, 78; 121 7
penumbra 4 34
peplos 355 2
pepper 382 39
peppercorn 382 39

peppermint 380 3
pepper plant 382 36
pepper pot 266 77
percentage focusing chart 177
  7
percentage key 247 23
percentage sign 345 7
percent key 247 23
perch 86 49
percolation of a river 13 73
percussion cap *Hunt.* 87 59
percussion cap *Carnival* 306
  49
percussion drill, electric ~ 134
  43
percussion instruments 323
  49-59; 324 47-58
percussion screwdriver 138 6
percussor 22 73
peregrine falcon 362 2
perennial 52 22
perennial, flowering ~ 52 9
perfect binder 184 1; 249 61
perfect fifth 321 10
perfect fourth 321 9
perfecting unit 181 49
perfecting unit for black 180
  12-13
perfecting unit for cyan 180
  8-9
perfecting unit for magenta
  180 10-11
perfecting unit for yellow 180
  6-7
perfect octave 321 13
perforated brick 159 21
perforation 236 62
perforator *Paperhanger* 128
  12
perforator *Composing Rm.*
  176 5
perfume bottle 43 27; 105 36
perfume spray 43 26; 106 21
pergola 37 80; 51 1; 272 17
pericarp 57 6
pericementum 19 28
perineum 20 64
period 342 16
periodical 262 15
periodicals rack 262 15
periodontium 19 28
periphery 346 44
peristomion 322 5
peristyle 334 2
peritoneum 20 58
perlon fibres 170 1-62
Permian 154 62
peroneus longus 18 64
perpendicular 346 6, 27, 28
perpetual frost climate 9 58
Persian cat 73 17
Persian lamb 30 60
personnel carrier, armoured
  ~ 255 91
Peru Current 14 42
pesade 71 4; 307 30
peseta 252 22
pest control 83
pestle 349 10
petal 58 43; 59 11; 370 59
petasus 355 4
pet foods 99 36-37
petiole 370 27
petri dish 173 7; 261 25
petrol can 196 25
petrol canister 84 36
petroleum *Phys. Geog.* 12 31
petroleum *Oil, Petr.* 145 41
petroleum gas, liquefied ~
  145 53
petroleum reservoir 12 27
petrol lighter 107 27
petrol motor 83 41

petrol pump 196 1
petrol pump, self-service ~
  196 8
petrol pump hose 196 2
petrol station 196 1-29
petrol tank 188 10, 28; 189 2;
  305 87
petticoat 355 37
petty cash 246 27
petty morel 379 5
petunia 53 6
pew 330 28
pewit 359 21
Pfund series 1 24
phaeton 86 18; 186 38
phalange 17 17, 29; 19 77
phalanx 17 17; 19 77
pharmacopoeia 22 23
pharynx 19 24
phases, lunar ~ 4 2-7
pheasant 88 77
pheasant cock 88 77
pheasant hen 88 77
pheasant's eye 60 4
phenol 170 3, 14, 16
phenol extraction 156 39
philomel 361 14
philomela 361 14
philtrum 16 12
phloem 370 9
phlox 60 14
Phoenix 327 9
phonetics 342 14
phonetic transcription 342 14
phorbeia 322 5
phoropter 111 44
phosphorescent material 240
  18
photocell 312 49
photocomposition 176
photocomposition system 176
  29
photodiode 114 70; 243 56
photoengraving, halftone ~
  178 38
photogrammetry 14 63-66;
  112 67
photographic plate 309 49, 50
photographic unit 176 14
photography 114; 115; 116
photography, underwater ~
  279 23
photogravure 182
photomechanical
  reproduction 177
photometer 23 54
photometer, microscopic ~
  112 49
photometry 23 52, 53
photomicrographic camera
  attachment 112 36
photomicro mount adapter
  112 64
photomicroscope 112 34
photomicroscope adapter 115
  89
photomultiplier 112 51
photosetting 176
photosetting system 176 29
phototheodolite 112 67
phototopography 14 63-66
phototypesetting 176 1
photo-unit 176 14
piaffe 71 1
pianino 325 1
pianissimo 321 36
pianissimo piano 321 37
piano *Music.* ~ 4 2-7
piano *Music. Not.* 321 35
piano *Music. Instr.* 325 1, 40
piano accordion 324 36
piano action 325 2-18
piano case 325 6
pianoforte 325 1

piano keys 325 4-5
piano mechanism 325 2-18
piano pedal 325 9
piano pedals 325 8-9
piano string 325 7
pica 175 28
picador 319 16
piccolo 323 30
Piciformes 363 6
pick 158 31; 300 33
pick counter 166 2
picker 166 64
picker head 184 11
picking bowl 166 67
picking cam 166 66
picking knife 136 38
picking stick 166 17, 22
picking stick buffer 166 65
picking stick return spring
166 68
pickpocket 308 16
pick stick 166 17
pickup attachment 62 41; 63
27
pickup reel 64 4
pickup sucker 184 8
pickup truck 194 1, 5
pickup unit 240 36
pictographs 233 24-53
Pictor 3 47
picture 43 20; 246 28
picture, panoramic ~ 24 21
picture frame 43 21
picture gate 312 34
picture house 312 1
picture monitor 238 65; 239
12
picture rail 128 29
picture tube 240 3
picture tube geometry 242 39
pier Bridges 215 21, 54
pier Docks 225 66
pier Airport 233 12
pier Art 336 25
pier, clustered ~ 335 34
pier, compound ~ 335 34
pier, reinforced concrete ~
215 61
piercing saw 108 12
piercing saw blade 108 13
pierette 306 12
pierhead 233 13
pierrot 306 19
pies 97 22-24
pig Farm Bldgs. 62 10
pig Dom. Anim. 73 9
pig Livestock 75 39
pig Slaughterho. 94 11
pig Meat 95 38-54
pig Iron & Steel 147 40
pig, solidifying ~ 148 25
pig-casting machine 147
34-44
pigeon 73 33; 359 23
pigeon hole 267 2
pig iron, molten ~ 147 55
pig iron ladle 147 12, 21, 42
pig iron runout 147 11
piglet 73 9; 75 42
pigment paper 182 1, 8, 10
pigmy 354 41
pigpen 62 8; 75 35
pigskin 292 27
pigsty 62 8; 75 35
pigtail Hairst. etc. 34 6
pigtail Tobacc. etc. 107 18
pigtail wig 34 5; 355 77
pig trap 146 31
pike Fish Farm. 89 17
pike Free Exerc. 295 38
pike Fish etc. 364 16
pike, spawning ~ 89 11
piked reverse hang 296 36

pike pole 319 17
pi-key 247 24
pilaster 335 46
pilaster strip 335 11
pile 226 40
pile, steel ~ 217 4
pile delivery unit 180 55
pile driver 319 16
pile driver, floating ~ 226 36
pile driver frame 226 37
pile dwelling 328 15; 352 33
pile feeder 180 73
pile feeder, automatic ~ 180
48
pile foundation 216 8
pile hammer 226 38
pile of arrow 305 61
pile shoe 269 61
pileus 381 4
piling 157 25
pillar Mach. Tools 150 21
pillar Shipbuild. 222 61
pillar Art 335 20
pillar, engaged ~ 335 35, 46
pillar guide 139 42
pillar stand Atom 2 29
pillar stand Optic. Instr. 112
32
pillar tap 126 31
pillion footrest 188 44
pillion passenger 268 36
pillion rider 268 36
pillow 27 27; 43 12-13; 47 4
pillowcase 43 12
pillow lace 102 18
pillowslip 43 12
pilot Railw. 210 34
pilot Music. Instr. 325 33
pilot, automatic ~ 224 18
pilot boat 221 95
pilot chute 288 39
pilot flag 253 23
pilot light 50 10
pilot light, covered ~ 38 60
'pilot on board' 253 24
pilot tone cable 313 29
pilot tone generator 313 30
pilot tone socket 117 7
pilot wire 325 34
Pilsener beer 93 26
pimehinketone 170 20
pin Roof 121 93
pin Turner 135 9
pin Metalwkr. 140 47
pin Mach. Parts etc. 143 31
pin Sports 305 12
pin, bronze ~ 328 29
pin, cylindrical ~ 143 40
pin, diamond ~ 36 18
pin, front ~ 305 1
pin, grooved ~ 143 40
pin, split ~ 143 19, 25, 78
pin, tapered ~ 143 37
pinacoid, triclinic ~ 351 26
pinafore, bib top ~ 29 41
pinafore dress 29 13; 30 8; 31
8
pin block 324 22; 325 18
pincers Shoem. 100 40, 41
pincers Plumb. etc. 126 65
pincers D.I.Y. 134 13
pincers Basketm. 136 37
pincers Metalwkr. 140 69
pincers, caudal ~ 81 12
pinch bar 158 32
pinchcock 350 30
pinch roller 243 25
pinch roller, rubber ~ 117 35
pincushion 104 20
pine 372 20
pineapple 99 85
pineapple flower 384 64
pineapple gall 82 40
pineapple plant 384 61

pine beauty 82 46
pine cone 372 26
pine hawkmoth 82 27
pine moth 82 28
pine weevil 82 41
pin groove 143 49
pin holder 109 16
pinion Game 88 76
pinion Mach. Parts etc. 143 92
pink Equest. 289 13
pink Colour 343 4
pinnacle 335 29
pinnate 370 41
pinnatifid 370 40
pinnipeds 367 18-22
pin slit 143 49
pin slot 143 49
pin vice 109 16
pin wire 124 28
pip 276 32
pipe Living Rm. 42 12
pipe Ship 221 3
pipe Music. Instr. 322 57; 326
16, 29
pipe, briar ~ 107 39
pipe, cast-iron ~ 37 14
pipe, cement ~ 200 62
pipe, clay ~ 107 34
pipe, Dutch ~ 107 34
pipe, earthenware ~ 269 35
pipe, long ~ 107 35
pipe, magic ~ 354 42
pipe, perforated ~ 200 62
pipe, polyester ~ 67 26
pipe, short ~ 107 33
pipe, vertical ~ Dwellings 37
14
pipe, vertical ~ Fire Brig. 270
26
pipe bender 125 28
pipe-bending machine
Plumb. 125 28
pipe-bending machine
Plumb. etc. 126 82
pipe bowl 107 36
pipe cleaner 107 46, 48
pipe clip Roof 122 31
pipe clip Plumb. etc. 126 56
pipe connection, quick-
fitting ~ 67 28
pipe cutter 126 84
pipe-cutting machine 126 10
pipeline 145 65
pipe of peace 352 6
pipe rack Living Rm. 42 11
piperack Offshore Drill. 146 4
pipe repair stand 126 11
pipes 326 17-35
pipe scraper 107 45
pipe stem 107 38
pipe still 145 36
pipe support 67 7, 25
pipe supports 126 53-57
pipette 22 72; 350 25
pipette, automatic ~ 23 44
pipette, graduated ~ 350 24
pipette stand 23 52
pipetting device, automatic ~
23 47
pipe union 350 5
pipe vice 126 81
pipe wrench 126 61; 127 47;
134 11
piping 30 13; 31 7
pirate Sailing 284 52
pirate Carnival 306 43
pirn 166 30
pirn, empty ~ 166 21
pirn holder, spring-clip ~ 166
33
pirouette 314 24
Pisces 4 64
pisciculture 89 1-19

pistachio 382 51
pistachio nut 382 51
pistachio tree 382 49
piste 294 2
pistil 59 13
pistol 255 1
pistol, captive-bolt ~ 94 3
pistol grip Hunt. 87 6
pistol grip D.I.Y. 134 44
pistol grip Army 255 6, 38
pistol grip Police 264 23
piston Drawing Off. 151 60
piston Intern. Combust. Eng.
190 37
piston Inf. Tech. 242 46
piston, hydraulic ~ 139 41
piston pin 192 26
piston pump lever 83 45
piston ring 190 37
piston rod Intern. Combust.
Eng. 190 21
piston rod Car 192 75
piston rod Railw. 210 33
pit Blacksm. 138 17
pit Coal 144 1-51
pitcher Ball Games 292 50, 68
pitcher Prehist. 328 35
pitcher's mound 292 49, 69
pitching 230 67
pitching, stone ~ 216 55
pitch number 278 42
pitch of rivets 143 60
pith 370 14
pith ray 370 11
pit hydrant 270 25
piton 300 38
piton, ringed ~ 300 39
pitot-static tube 256 11; 257 1
pitot tube 256 11; 257 1
pivot Hairdresser 106 36
pivot Bridges 215 69
pivot Winter Sp. 302 6
pivot bearing 91 10
pivoting half 215 66
pivoting section 215 66
pivoting span 215 66
pivot pier 215 65
pix 330 8; 332 53
placard 263 13; 271 65; 308
50
place 44 5; 45 3-12
place card 45 13
place mat 44 4
place of issue 250 13
place of payment 250 15
place setting 44 5; 45 3-12
placing judge 282 25
plaid strap 303 2
plain, alluvial ~ 13 10
plainclothes policeman 264
33
plain part of the cylinder 163
69
plains Indian 352 3
plainsong notation 320 1
plain-tile roofing 122 2
plait 97 41
plait, coiled ~ 34 38
plaiter 168 30, 35
plaiting-down platform 168
37
plaits 34 30
plaits, coiled ~ 34 32
plan Drawing Off. 151 19
plan Map 14 20 7-21, 26-32,
38-42, 61-72, 76
planchet 252 43
plane Carp. 120 64

plane *Aircraft* **230** 67-72
plane *Maths.* **347** 31
plane, abyssal ~ **11** 10
plane, circular ~ **347** 39
plane, high-wing ~ **229** 1; **231** 2
plane, horizontal ~ **4** 12
plane, low-wing ~ **229** 5, 14; **231** 1
plane, midwing ~ **229** 4
plane, propeller-driven ~ **231** 1-6
plane, shoulder-wing ~ **229** 3
plane, two-seater ~ **288** 18
plane, types of ~ **231** 1-33
plane geometry **346** 1-58
plane iron **132** 20
plane of symmetry **351** 5
planer, two-column ~ **150** 8
planer table **150** 11
planes **132** 15-28
planetarium **5** 17-28
plane tree **371** 67
plane triangles **346** 26-32
planets **4** 42-52
planing boats **286** 38-44
planing machine, two-column ~ **150** 8
plank **55** 22; **118** 87; **120** 1, 91; **157** 34, 35
plank, unsquared ~ **120** 94
plank, wooden ~ **340** 2
plank cut **340** 4
planking **119** 52
planking, inner ~ **285** 57
plank platform **118** 28
plank roadway **118** 79
plan of locomotive **211** 10-18
planographic printing method **340** 25-26
plant **370** 15; **382** 53
plant, anagraceous ~ **53** 3
plant, asclepiadaceous ~ **53** 15
plant, climbing ~ **51** 5; **52** 5; **57** 8
plant, cyperacious ~ **53** 17
plant, ericaceous ~ **53** 12
plant, female ~ **383** 10
plant, flowering ~ **58** 17
plant, fruit-bearing ~ **58** 17
plant, gesneriaceous ~ **53** 7
plant, indoor ~ **42** 36; **248** 14
plant, insectivorous ~ **377** 13
plant, liliaceous ~ **53** 13
plant, pistillate ~ **383** 10
plant, pneumatic ~ **92** 12
plant, potted ~ **55** 25
plant, ranunculaceous ~ **60** 13
plant, tiliaceous ~ **53** 9
plant, tuberous ~ **68** 38
plantation, young ~ **84** 11, 12
plant body **378** 49
planter **248** 13
plant in flower **378** 36
plant louse **358** 13
plants, alpine ~ **378** 1-13
plants, aquatic ~ **378** 14-57
plants, drupaceous ~ **59** 1-36
plants, farinaceous ~ **68** 1-37
plants, indoor ~ **53**
plants, leguminous ~ **57** 1-11
plants, medicinal ~ **380**
plants, poisonous ~ **379**
plants, pomiferous ~ **58** 31-61
plants, propagation of ~ **54**
plants, tropical ~ **382**
plants of forest, marsh and heathland **377**
plant stand **248** 13
plants used in industry **383**
plaque *Roulette* **275** 12
plaque *Sculpt. Studio* **339** 38
plaster *Hosp.* **26** 54

plaster *Paperhanger* **128** 2
plaster *Art. Studio* **338** 42
plaster, adhesive ~ **21** 7; **22** 55
plaster cast **339** 4
plaster cup **134** 18
plasterer **118** 83
plastering **118** 83-91
plaster mould **161** 15
plaster of Paris **128** 2; **260** 85
plasticine **48** 12
plate **266** 11
plate, baby's ~ **28** 28
plate, bottom ~ **45** 3
plate, curved ~ **178** 21
plate, deep ~ **44** 6; **45** 5
plate, front ~ **85** 35
plate, halftone ~ **178** 38
plate, presensitized ~ **179** 31
plate, rear ~ **85** 40
plate, sliding ~ **183** 28
plate, steel ~ **96** 54
plate armour **329** 65
plateau **13** 46
plate clamp *Electrotyp. etc.* **178** 27
plate clamp *Offset Platem.* **179** 8
plate-coating machine **179** 1
plate cylinder *Offset Print.* **180** 25, 38, 53, 62
plate cylinder *Letterpress* **181** 51, 60
plate cylinder *Office* **249** 50
plate-drying cabinet, vertical ~ **179** 27
plate girder bridge **215** 52
plate magazine **113** 40
plate mount **178** 41
plate mounting **178** 41
platen *Letterpress* **181** 13, 15, 29
platen *Bookbind.* **183** 24
platen *Office* **249** 18
platen *Graphic Art* **340** 31
platen knob **249** 22
platen machine **181** 13, 29
platen press **181** 13, 29; **340** 29
platen variable **249** 25
plate rack **178** 35
plate rod **178** 6
plate whirler **179** 1
platform *Wine Grow.* **78** 20
platform *Shoes* **101** 8
platform *Bldg. Site* **118** 87; **119** 52
platform *Station* **205** 1, 14
platform *Swim.* **282** 7, 8
platform *Circus* **307** 5
platform *Art. Studio* **338** 30
platform, continental ~ **11** 8
platform, covered ~ **218** 49
platform, intermediate ~ **145** 5
platform, operator's ~ **168** 23
platform, wave-cut ~ **13** 31
platform clock **205** 46
platformer **145** 47
platform lighting **205** 48
platform loudspeaker **205** 27
platform mailbox **205** 56
platform number **205** 4
platform post box **205** 56
platform railing **118** 24
platform roofing **205** 5
platform scale **204** 5
platform seat **205** 54
platform sole **101** 8
platform telephone **205** 57
platform truck **194** 6
platypus **366** 1
play area **272** 44
playback deck **238** 4
playback deck, single ~ **238** 56

playback head **311** 25
player **48** 20
player's name **293** 36
playgoer **315** 8
playground, children's ~ **273**
playing card **276** 36
playing card, French ~ **276** 37
play pen **28** 39
playsuit **29** 11, 19, 22
plaza de toros **319** 5
pleasure boat **283** 1
pleasure steamer **221** 101-128; **225** 29
pleasure vehicle **186** 33
pleat, front ~ **31** 25
plectrum **322** 19; **324** 20
Pleiades **3** 26
Pleiads **3** 26
pleiobar **9** 2
plexus, brachial ~ **18** 27
pliers, flat-nose ~ **126** 62; **140** 66
pliers, multiple ~ **134** 12
pliers, round-nose ~ **126** 64; **127** 50
pliers, shoemaker's ~ **100** 38
plinth *Dwellings* **37** 17
plinth *Carp.* **120** 28
plinth *Art* **334** 31
plinth, natural stone ~ **37** 85
Plough *Astron.* **3** 29
plough *Agr.* **63** 6
plough *Brew.* **92** 24
plough, four-furrow ~ **63** 40
plough, mounted ~ **65** 62
plough, reversible ~ **65** 62
plough, single-bottom ~ **65** 1
plough anchor **286** 16
plough beam **65** 9, 71
plough bottom **65** 4-8, 64-67
plough frame **65** 70
plough handle **65** 3
ploughshare **65** 7, 65; **328** 33
plough stilt **65** 3
plovers **359** 19-21
plow **63** 6
plow *see* plough
plowshare **328** 33
plucking device **322** 19
Pluderhose **355** 34
plug *Tobacc. etc.* **107** 19
plug *Plumb. etc.* **126** 55
plug *Metalwkr.* **140** 45
plug, double-jointed ~ **89** 70
plug, earthed ~ **127** 9
plug, multi-pin ~ **241** 70
plug, single-jointed ~ **89** 69
plug, three-pin ~ **127** 67
plugboard **242** 69
plug gauge **149** 56
plugging **123** 69
plugging sand bucket **158** 29
plug point **127** 5
plug point, double ~ **127** 6
plug socket **50** 78
plum **59** 25
plum, black-skinned ~ **59** 20
plum, oval ~ **59** 20
plumb bob **118** 50, 71
plumber **125**; **125** 17; **126**; **126** 1
plumber's tools **126** 58-86
plumbing fixtures **126** 26-37
plume *Heraldry* **254** 36
plume *Chivalry* **329** 78
plumicorn **88** 78; **362** 16
plum leaf **59** 21
plummet *Fish Farm.* **89** 91
plummet *Bldg. Site* **118** 50, 71
plum slice **97** 43
plum stone **59** 23
plum tree **59** 19-23
plumule **370** 90

plunger *Oil, Petr.* **145** 23
plunger *Glass Prod.* **162** 32
plunger *Car* **192** 7
plus sign **344** 7, 23
Pluto **4** 52
pneumatic pick longwall face **144** 35
pneumatophore **370** 82
pneume **320** 1
poacher **86** 29
pochette **322** 20
pocket, front ~ **30** 23; **33** 46; **260** 10
pocket, inset ~ **29** 63; **31** 4
pocket billiards **277** 7
pocket book **264** 36
pocket calculator **246** 12
pocket calculator, electronic ~ **247** 14
pocket camera **114** 16
pocket chamber **2** 15
pocket flap **33** 18
pocket meter **2** 15
pocket timetable **204** 42; **205** 45
pocket torch **127** 26
pocket train schedule **204** 42; **205** 45
pod **57** 6; **61** 20, 23; **69** 8, 16; **370** 92, 93; **378** 33; **384** 46
pod, immature ~ **374** 22
pod, mature ~ **383** 4
pod, pouch-shaped ~ **61** 11
pod, ripe ~ **383** 4
pod, unripe ~ **374** 22
pod corn **68** 31
poet's daffodil **60** 4
poet's narcissus **60** 4
point *Game* **88** 10, 31
point *Mach. Parts etc.* **143** 23, 54
point *Sculpt. Studio* **339** 15
point *Maths.* **346** 1-23
point, angular ~ **346** 1
point, diamond ~ **24** 40
point, equinoctial ~ **3** 6, 7
point, front ~ **300** 49
point, typographic ~ **175** 18
pointer *Hosp.* **26** 28
pointer *Dog* **70** 40, 43
pointer *Photog.* **114** 58
pointer *Inf. Tech.* **242** 76
pointer *Chem.* **349** 34
point guard **300** 50
pointing **122** 55
pointing sill **121** 47
point lace **102** 30
point light exposure lamp **179** 21
point lock **202** 28
point-of-aim mark **305** 56
point of Aries **3** 6
point of arrow **305** 61
point of contact **346** 49
point of hook **89** 80
point of inflexion **347** 21
point of intersection **346** 1
point of release **89** 34
point paper design **171** 4, 27
points, equinoctial ~ **3** 6-7
points, manually-operated ~ **202** 16
points, remote-controlled ~ **202** 27
points, single ~ **203** 45-48
points change indicator **197** 39
point shoe **314** 30
point size **175** 46
points knob **203** 62
points lever **203** 55
points mechanism, electric ~ **197** 43

points mechanism,
  electrohydraulic ~ 197 43
points mechanism,
  electromechanical ~ 197
  43
points motor 202 35
points of sailing 285 1-13
points of the horse 72 1-38
point source lamp 182 4
points signal 197 38; 202 19
points signal, electrically
  illuminated ~ 202 33
points signal lamp 202 19
points signals 203 45-52
point wire 202 30
poison gland 77 14
poison sac 77 13
poitrel 329 85
poke bonnet 306 23; 355 71
poker 38 41; 137 5
polar bear 368 11
Polaris 3 1, 34
polarizer 112 14
polarizing filter 112 19
polar sledge 303 18
polar wind zone 9 51
pole Fruit & Veg. Gdn. 52 28
pole Horse 71 21
pole Fish Farm. 89 30
pole Mills 91 32
pole Carriages 186 19, 30
pole Rivers 216 16
pole Athletics 298 28
pole, bamboo ~ 307 46
pole, celestial ~ 3 1; 4 24, 26
pole, geographical ~ 14 3
pole, hooked ~ 77 55
pole, terrestrial ~ 14 3
pole chain 71 20
pole horse 186 47
pole mast 258 42; 259 6
Pole Star 3 1, 34
pole vault 298 28-36
pole vaulter 298 29
poleyn 329 53
polhode 4 28
police 264
police badge 264 27
police dog 70 25; 264 5, 6
police duties 264 1-33
police helicopter 264 1
police identification disc 264
  26
police launch 221 100
policeman 264 18, 34
police officer 264 18
police patrolman 264 13
police signalling disc 264 14
police van 264 38
policewoman 264 37
polishing 109 17
polishing and burnishing
  machine 108 42
polishing bonnet, lamb's wool
  ~ 134 21
polishing brush 100 11
polishing iron 108 51
polishing machine
  attachment 109 15
polishing wheel 108 44
polish rod 145 27
political section 342 51
Politzer bag 22 37
polje 13 72
pollen 77 3, 35; 370 65
pollen basket 77 6
pollen comb 77 7
pollen sac 372 45, 50
pollen tube 370 66
pollex 19 64
polling booth 263 23
polling card 263 19
polling number 263 19

polling place 263 16
polling station 263 16
polo jumper, striped ~ 30 20
polo neck jumper 30 7
polo outsole 101 24
polo saddle, high-back ~ 188
  13
polyamide 170 34, 35, 37, 41
polyamide chip, dry ~ 170 39
polyamide cone 170 51, 52
polyamide fibres 170 1-62
polyamide filament 170 43
polyamide staple 170 61, 62
polyamide thread 170 46
polyanthus narcissus 60 4
Polycheles 369 15
polyester resin 130 17
polygon 346 40
polygon, eight-sided ~ 351 17
polygon, five-sided ~ 351 9
polygon, regular ~ 346 41
polygon, six-sided ~ 351 15
polyhedron 260 73
polyhedron, eight-faced ~
  351 6
polyhedron, forty-eight-
  faced ~ 351 13
polyhedron, four-faced ~ 351
  1
polyhedron, regular ~ 351 11
polyhedron, six-faced ~ 351 2
polyhedron, twenty-faced ~
  351 11
polyhedron, twenty-four-
  faced ~ 351 12
polymerization 170 33, 54
polyp, hydroid ~ 369 9
polypod 377 16
polypody 377 16
pome 370 102
pomegranate 384 16
Pomeranian 70 20
pomes 58
pommel 296 6
pommel horn 71 38
pommel horse 296 5
pommer 322 14
pompier 270 43
pompier ladder 270 16
pompon 29 4
pompon dahlia 60 23
poncho 352 24
pond Map 15 79
pond Park 272 50
pons 17 46
pons cerebelli 17 46
pons cerebri 17 46
pontic, porcelain ~ 24 29
pontoon 226 57
pontoon, bottom ~ 222 38
pontoon bridge 15 46
pontoon dock 222 34-43; 225
  16
pony 75 4
ponytail 34 27
poodle 70 36
pool, indoor ~ 281 1-9
pool, non-swimmers' ~ 282
  21
pool, swimmers' ~ 282 23
pool attendant 281 4; 282 15
pool billiards 277 7
poolroom 277 7-19
poop 223 33; 258 22
poor man's weatherglass 61
  27
popcorn 68 31
pop group 306 2
poplar 371 15
pop musician 306 3
poppy 51 30; 61 2
poppy flower 61 4
poppy seed 61 5

porcelain manufacture 161
porcelain painter 161 17
porcupine 366 13
porifer 357 13
pork 95 38-54
pork, collared ~ 96 9
porridge oats 98 37
port Ship 220 27
port Docks 225; 226
port administration offices
  225 36
portal 331 16
portal, main ~ 333 34
portal, recessed ~ 335 24
portal figure 333 36
portal frame 215 38
portal relief 333 35
portal spotlight 316 21
portato 321 29
portcullis 329 24
port custom house 225 6
port de bras à coté 314 7
port de bras en avant 314 9
port de bras en bas 314 8
port de bras en haut 314 10
porter Brew. 93 26
porter Station 205 31; 206 33
porter Hotel 267 17
porthole 117 64
porthole, ornamental ~ 218
  57
port hospital 225 26
portico 334 50, 56
port liner 190 73
port of registry 286 8
ports de bras 314 7-10
posaune stop 326 17-22
position 224 45
position indicator 246 18
position light 257 36; 288 31
position light, left ~ 230 50
position light, right ~ 230 44
positions 314 1-6
positions, arm ~ 314 7-10
positive 322 56
post Dent. 24 34
post Wine Grow. 78 7
post Forestry 84 17; 85 30, 47
post Mills 91 34
post Carp. 120 25
post Roof 121 40, 81
post Paperm. 173 50
post Ball Games 291 37
post, broker's ~ 251 3
post, principal ~ 120 53
postage meter 22 24; 236 7
postage stamp 236 61
postal code 236 43
postal collection 236 50-55
postal delivery 236 50-55
postbox 236 50
post code 236 43
post crown 24 31
poster 98 2; 204 10; 268 71;
  271 25
posthorn 186 41
post horse 186 43
postman 236 53
postmark, special ~ 236 59
postmark advertisement 236
  56
postmarks 236 56-60
post office 236; 237; 268 68
post office box 236 13, 14
post office savings counter
  236 25
post office van 236 52
post-synchronization 311
  37-41
post-sync/ing 311 37-41
post-sync sound 117 101
post windmill 91 31
pot Kitch. 39 29

pot Kitch. Utensils 40 12
pot Plant Propagn. 54 8
pot, baby's ~ 28 47
pot, centrifugal ~ 169 17
potash salt bed 154 65
potash salt seam 154 65
potato 68 38, 40
potato, flat-oval ~ 68 38
potato, Irish ~ 68 38
potato, kidney-shaped ~ 68
  38
potato, long ~ 68 38
potato, pear-shaped ~ 68 38
potato, purple ~ 68 38
potato, red ~ 68 38
potato, round ~ 68 38
potato, round-oval ~ 68 38
potato, white ~ 68 38
potato, yellow ~ 68 38
potato apple 68 43
potato basket 66 25
potato beetle 80 52
potato berry 68 43
potato chipper 40 43
potato crisp 45 41
potato dish 45 31
potato fork 66 5
potato harvester 64 59-84
potato haulm 68 41
potato hoe 66 24
potato hook 66 6
potato plant 68 38
potato planter 66 21
potato rake 66 20
potato server 45 75
potato top 68 41
potato tuber 68 40
potential transformer 153 59
pot-helm 254 7
pot-helmet 254 7
pot holder 39 18
pot holder rack 39 19
pot plant 39 37; 44 25; 55 25
potsherd 161 21
potter's wheel 161 11
pottery 308 66
pottery, chip-carved ~ 328 35
pottery stand 308 64-66
potting bench 55 12
potting table 55 12
potty 28 47
pouch, gular ~ 359 8
poulaine 355 42
poulard 98 7; 99 58
poultry 73 19-36
poultry farming 74 1-27
poultry keeping 74
poultry management,
  intensive ~ 74 1-27
pounce bag 129 49
pouncing 129 48
pound, lower ~ 217 29
pound, upper ~ 217 37
pound lock gate 217 31
pound sterling 252 37
pouring end 147 34
pouring floor, sinking ~ 148
  24
pouring ladle lip 147 43
powder, black ~ 87 53
powder, smokeless ~ 87 53
powder box 43 28; 49 35
powder charge 87 57
powder flag 253 38
powder tin 99 29
power 345 1
powerboat racing 286 21-44
powerboats 286 1-5
power control 100 22
power hacksaw 138 23
power hammer 137 9
power house Hydr. Eng. 217
  21

power house *Shipbuild.* **222** 33

power house *Films* **310** 8

power lift **65** 24-29

power line **127** 23

powerpack unit **114** 66

power plant *Coal* **144** 13

power plant *Power Plant* **152**; **153**

power plant *Glass Prod.* **162**

power regulator **100** 22

power saw *Forestry* **84** 22, 27; **85** 13

power saw *Blacksm.* **138** 23

power screwdriver **195** 23

power shovel **200** 1

power source **110** 7

power station *Coal* **144** 13

power station *Offshore Drill.* **146** 1

power station *Power Plant* **152**; **153**

power station *Glass Prod.* **162**

power station *Hydr. Eng.* **217** 64

power supply *Arc Weld.* **142** 25

power supply *Energy Sources* **155** 21

power supply, external **115** 79

power take-off **63** 21; **64** 49

power take-off clutch **65** 40

power take-off gear **65** 38

power take-off gear-change **65** 23, 40

power take-off shaft **63** 21; **64** 49

power transformer **152** 30, 39

power unit **84** 34

power zooming arrangement **117** 19

prairie horse **352** 4

pralltriller **321** 19

pram *Infant Care etc.* **28** 34

pram *Docks* **226** 57

pram *Park* **272** 71

pram *Playground* **273** 31

pram, wicker ~ **28** 30; **48** 24

pram jacket **29** 3

pram suit **29** 1

prayer book **330** 62

prayer tower **337** 13

prayer wheel **353** 29

preacher **330** 22

precession **4** 24

precipitation **8** 18

precipitation, scattered ~ **8** 19

precipitation, types of ~ **8** 18-19

precipitation area **9** 30

precipitation gauge **10** 44

precipitator, electrostatic ~ *Power Plant* **152** 13

precipitator, electrostatic ~ *Coking* **156** 20

precipitator, electrostatic ~ *Cement Wks.* **160** 7

precipitator, electrostatic ~ *Paperm.* **172** 39

precision balance **108** 35

precision bench lathe **109** 20

precision file **140** 8

precision lathe **138** 20

predator, small ~ **86** 19, 20, 22

pre-distributor channel **236** 36

pre-drying **165** 50

preheater **212** 41

preheater, high-pressure ~ **152** 26

preheater, low-pressure ~ **152** 25

preheater pressure gauge **210** 43

preheater unit **185** 30

prehistory **328**

prelims **185** 43-47

pre-listening button **238** 46

pre-listening speaker **238** 50

premasher **92** 42

premixer **97** 58

pre-mixing room **238** 54-59

premolar **19** 18

préparation **314** 23

preparation and sterilization room **26** 34-54

preparation level **64** 16

preparation of surfaces **128** 1-17

preparation room **26** 34-54

prepuce **20** 70

presbytery **330** 32

prescription **22** 3, 20

present-day man **261** 21

preserve **98** 51

preserving jar **40** 25

preset control **316** 2

presorter **172** 21

presorting **64** 82

press *Joiner* **133** 51

press *Ball Games* **293** 32

press, first ~ **173** 19

press, rotary ~ *Text. Finish.* **168** 38

press, rotary ~ *Letterpress* **181** 57

press, second ~ **173** 20

press, web-fed ~ **181** 57

press-and-blow process **162** 30

press attachment **100** 15

press bar **100** 17

press bed **180** 78; **181** 17

press bowl, heated ~ **168** 41

press camera **114** 36

presser **103** 19

'press facilities' **233** 43

press finishing **168** 38

pressing *Glass Prod.* **162** 33

pressing *Paperm.* **173** 50

pressing cloth **104** 32

pressing cushion **104** 28

pressing mechanism **184** 13

pressing pad **104** 28

pressman **340** 35

press mould **162** 34

press photo **342** 58

press photographer **299** 49

press roll **173** 37

press roller **64** 64

pressure, atmospheric ~ **9** 4

pressure, barometric ~ **9** 4

pressure adjustment **249** 53

pressure adjustment, calibrated ~ **185** 5

pressure bulkhead **231** 32

pressure bulkhead, forward ~ **235** 19

pressure chamber **83** 44

pressure cloth **116** 59

pressure cooker *Kitch. Utensils* **40** 21

pressure cooker *Camping* **278** 35

pressure cylinder **133** 46

pressure foot **133** 47

pressure fuelling point **257** 33

pressure gas **156** 28

pressure gauge *Hosp.* **25** 53; **26** 29

pressure gauge *Overh. Irrign.* **67** 10

pressure gauge *Pest Contr.* **83** 42

pressure gauge *Blacksm.* **138** 15

pressure gauge *Electrotyp. etc.* **178** 8

pressure gauge *Offset Print.* **180** 74

pressure gauge *Garage* **195** 29

pressure gauge *Serv. Stat.* **196** 20

pressure gauge *Railw.* **211** 24

pressure gauge *Theatre* **316** 56

pressure graph **27** 31

pressure hull **258** 66; **259** 55, 76

pressure indicator **25** 55

pressure line **235** 54, 57

pressure pipe *Market Gdn.* **55** 8

pressure pipe *Hydr. Eng.* **217** 50

pressure pipe *Theatre* **316** 54

pressure pipeline **217** 41

pressure piston **133** 52

pressure plate **115** 24

pressure point **21** 14

pressure pot **129** 31

pressure pump, hydraulic ~ **178** 11

pressure-reducing valve **141** 5

pressure regulator *Gas Weld.* **141** 5

pressure regulator *Graphic Art* **340** 38

pressure release valve **155** 7

pressure tank **316** 55

pressure trace **25** 57

pressure transducer **27** 32

pressure valve **40** 22

pressure weight **168** 2

pressurized gas delivery system **234** 60

pressurized-water reactor **154** 19

pressurized-water system **154** 40

presto **321** 28

pretzel *Bakery* **97** 44

pretzel *Supermkt.* **99** 16

preventer **270** 15

preview monitor **238** 60

price **289** 37

price card **271** 19

price display **196** 6

price label **96** 6

price list *Butch.* **96** 19

price list *Grocer* **98** 73

price list *Bank* **250** 8

price offered **289** 37

pricket **330** 52

pricking off **54** 5

pricking out **54** 5

priest **330** 39; **331** 47

prima ballerina **314** 27

primary **153** 15

primary school **260** 1-85

primary voltage bushing **152** 43

primary voltage terminal **152** 43

primates **368** 12-16

prime focus cage **5** 2

Prime meridian **14** 5

primer **128** 6

prime steam line **154** 31

priming brush **338** 9

primitive man **261** 19

princess, German ~ **355** 20

principal **345** 7

principal diapason **326** 31-33

print delivery **249** 43

print drier, heated ~ **116** 57

print drier, rapid ~ **116** 57

printer *Garage* **195** 6

printer *Office* **245** 32

printer, rotating ~ **111** 27

printery **340** 27-64

printing, rotary ~ **178** 21

printing cylinder **177** 67

printing-down frame **179** 13

printing element **178** 39

printing image carrier **340** 59

printing office **340** 27-64

printing paper **180** 47

printing paper, photographic ~ **116** 51

printing plate **178** 38

printing speed adjustment **249** 55

printing surface **340** 59

printing unit **180** 41, 80

printing unit, first ~ **181** 48

printing unit, lower ~ **180** 7,9,11,13

printing unit, reversible ~ **182** 26

printing unit, second ~ **181** 52

printing unit, upper ~ **180** 6,8,10,12

print-out machine **195** 6

print quantity selection **249** 35

print tongs **116** 47

'Prinz Heinrich' cap **35** 28

prism, hexagonal ~ **351** 21

prism, monoclinic ~ **351** 24

prism, quadratic ~ **347** 34

prism, triangular ~ **347** 37

private detective **275** 16

privet **373** 6

privet hawkmoth **358** 55

prize **306** 11; **308** 48

probe *Dent.* **24** 46

probe *Photog.* **114** 63; **116** 55

probe, bulb-headed ~ **22** 53; **26** 40

probe, hollow ~ **26** 41

probe, olive-pointed ~ **22** 53; **26** 40

probe exposure meter **114** 61

probe lead **116** 38

proboscidean **366** 20

proboscidian **366** 20

proboscis *Articulates* **358** 17, 56

proboscis *Mammals* **366** 21

procaviid **366** 24

process and reproduction camera, universal ~ **177** 24

process camera, overhead ~ **177** 1

process camera, vertical ~ **177** 32

process control computer **236** 37

processing drum **116** 48

processing laboratory **310** 2; **311** 30

processing machine **179** 31

processing plant **144** 5

processing unit, central ~ **176** 29

procession, religious ~ **331** 42-50

processionary moth **82** 14

processor, automatic ~ **116** 60

processor, central ~ **244** 6

proclamation **263** 14

proctoscope **23** 17, 19, 21

proctoscopy **23** 18

Procyon **3** 15

produce, agricultural ~ **68** 1-47

producer **316** 40

product **344** 25

production control room **238** 17

production line **173** 13-28

production manager 310 26
production oil and gas
    separator 146 9
product register 309 82
profile 118 69
profile, basic ~ 229 45
profiling tool 161 14
profit 345 7
program *see* programme
program card 195 5, 10
program input 177 71
programme 315 13
programme, computer-
    controlled ~ 238 2
programme, educational ~
    261 7
programme dial 243 40
programmed individual
    presentation system 242 15
programme monitor 238 61
programmer 248 15
programme recorder 261 42
programme scale 243 40
programme selector 243 39
program selector control 50
    26
program selector switch 25 50
progress counter 242 5
projectile 255 26
projection *Films* 311 45
projection *Art* 335 43
projection, conical ~ 14 8
projection, cylindrical ~ 14 9
projection booth 5 27; 312 12
projection dome 5 21
projectionist 312 20
projection lamp 312 18
projection lens 261 10; 312 35
projection room 312 12
projection room window 312
    15
projection screen *Optic. Instr.*
    112 24
projection screen *Broadcast.*
    238 32
projection screen *School* 260
    36
projection screen *Films* 310
    16; 312 11
projection table 261 13
projection window 312 15
projector 5 23; 316 17
projector, lefthand ~ 312 13
projector, overhead ~ 242 6
projector, righthand ~ 312 14
projector attachment 112 55
projector gate 312 34
projector lens 312 35
projector mechanism 312
    25-38
projector switch 195 20
projector top 261 9
promenade 223 27
promenade deck 223 22-27
prominence, laryngeal ~ 19
    13
prominence, solar ~ 4 40
prompt book 316 41
prompt box 316 27
prompter 316 28
prompt script 316 41
prone position *Free Exerc.*
    295 45
prone position *Sports* 305 29
prong *Tablew. etc.* 45 60
prong *Agr. Impl.* 66 4
proof 340 43
proofing press 180 75
proof press 180 75
prop *Household* 50 37
prop *Circus* 307 13
prop *Theatre* 315 50
prop, front ~ 303 8

prop, rear ~ 303 9
propagation 54 10, 14, 27
propagation of plants 54
propane gas 278 33
propane gas container 278 34
propeller *Brew.* 92 46
propeller *Energy Sources* 155
    45
propeller *Life-Sav.* 228 26
propeller *Aircraft* 230 32
propeller *Motorboats etc.* 286
    64
propeller *Airsports* 288 36
propeller, feathering ~ 224 19
propeller, reversible ~ 224 19
propeller, ship's ~ 221 44; 222
    72; 223 62
propeller, three-blade ~ 223
    62
propeller, variable-pitch ~
    224 19
propeller bracket 223 61
propeller guard 258 40
propeller guard boss 258 63
propeller guard moulding 258
    74
propeller mixer 79 6
propeller pitch indicator 224
    20
propeller post 222 71
propeller pump 217 47-52
propeller shaft *Car* 192 30, 65
propeller shaft *Ship* 223 65
propeller shaft *Aircraft* 232
    60
propeller shaft *Warships* 259
    59
propeller strut 223 61
propeller-turbine engine 256
    16
propeller-turbine plane 231 4
propelling nozzle 232 39, 45,
    49, 55
property 315 50
proportion, simple ~ 345 8-10
proportional dividers 339 2
proprietor 248 29; 266 71
prop stand 187 34; 188 51
propulsion nozzle 232 39, 45,
    49, 55
propylaea 334 7
propylaeum 334 7
propylon 334 7
proscenium 315 15; 334 46
proscenium, adjustable ~ 316
    22
prostate 20 76
protection device 255 81, 90
prothorax 82 4; 358 29
proton 1 2, 16, 31
protoplasm 357 3
protoprism 351 19, 20
protopyramid 351 19, 20
prototype 290 38
protozoans 357 1-12
protractor 260 38
protrusion, massive ~ 11 29
protuberance, frontal ~ 16 4
prow, rounded ~ 218 25
pruner 56 11
pruning knife 56 9
pruning saw 56 16
pruning shears 56 50
prussic acid 83 15
pseudocarp 58 21; 384 12, 62
pseudopod 357 4
psychrometer 10 52
pubis 17 20
public conveniences 268 62
publicity calendar 22 10
puck 302 35
pudding fender 227 17
pudenda 16 39

puffball 381 19
puff paste 97 18
puff pastry 97 18
pug 70 9; 123 69
pug dog 70 9
pull 340 43
pull-down table 207 53
pullet 74 9
pullet fold unit 74 5
pulley *Cotton Spin.* 164 48
pulley *Bicycle* 187 9
pulley, glass ~ 169 16
pulley cradle 214 36, 53
pulley cradle, main ~ 214 67
pullover, heavy ~ 33 52
pullover, men's ~ 33 51
pullover, short-sleeved ~ 33
    32
pull rod *Mach. Parts etc.* 143
    101
pull rod *Railw.* 202 20
pull-switch 127 16
pull-through 87 64
pull-up phase 298 29
pulmonary function test 27 36
pulp 58 24, 35, 58; 59 6
pulp, chemical ~ 172 77, 78
pulp, dental ~ 19 32
pulp, mechanical ~ 172 77, 78
pulp-drying machine 172 61
pulper 172 80
pulpit 330 19; 337 15
pulpit balustrade 330 23
pulpit steps 330 18
pulp machine 172 61
pulpstone 172 71
pulp water pump 172 55, 63
pulsator 75 32
pulse cable 117 72
pulse-generating camera 117
    71
pulse generator 313 30
pulse generator socket 117 7
pulse rate 23 27
pulse shape 23 37
pump *Agr. Mach.* 65 45
pump *Oil, Petr.* 145 22
pump *Synth. Fibres* 170 31
pump, centrifugal ~ *Wine
    Cell.* 79 7
pump, centrifugal ~ *Rivers*
    216 60
pump, centrifugal ~ *Water*
    269 44
pump, centrifugal ~ *Fire Brig.*
    270 8
pump, direct-connected ~ 83
    41
pump, hydraulic ~ *Agr.
    Mach.* 64 29, 91
pump, hydraulic ~ *Theatre*
    316 53
pump, main ~ 269 15
pump, motor-driven ~ 83 41
pump, portable ~ 270 52
pump, power take-off-driven
    ~ 67 14, 15
pump compass 151 59
pump compression spring 174
    41
pump connection 67 8
pumpernickel 97 49
pumping plant 217 39-46
pumping rod 145 25
pumping station *Offshore
    Drill.* 146 22
pumping station *Hydr. Eng.*
    217 43
pumping station *Shipbuild.*
    222 33
pumping station *Spa* 274 4
pumping unit 145 22

pumpkin 57 23
pump pressure spring 174 41
pump room *Brew.* 92 11
pump room *Spa* 274 8, 15
pumps 2 52
pump shaft 199 19
pump strainer 269 6, 14, 43
punch *Shoem.* 100 45, 46
punch *Goldsm. etc.* 108 19,
    30, 31
punch *Office* 247 3
punch *Sculpt. Studio* 339 15
punch, foul ~ 299 34
punch, hollow ~ 125 13
punch, illegal ~ 299 34
punch, revolving ~ 100 44
punch, rotary ~ 100 44
punch, round ~ 137 36; 140
    65
punch, steel ~ 175 36
punch, straight ~ 299 28
punch bag 299 21
punch ball 299 24
punch ball, spring-supported
    ~ 299 20
punch ball, suspended ~ 299
    23
punch blank 175 35
punch card 237 64
punch card reader 244 12
punch cutter 175 32
punched card 237 64
punched card reader 244 12
punched tape 176 6, 8, 12;
    237 62, 68
punched tape input 176 30
punched tape reader 176 13,
    15
punching bag 299 21
punch tape 176 6, 8, 12; 237
    62, 68
punch tape input 176 30
punch tape reader 176 13, 15
punctuation marks 342 16-29
punt 216 15; 283 1
punt pole 89 30; 216 16
pup 73 16
pupa 77 30, 32; 80 4, 25, 43;
    81 21, 24; 82 13, 21, 32; 358
    20; 365 11
pupa, coarctate ~ 81 3
pupil *Man* 19 43
pupil *School* 260 3
puppy 73 16
pure culture plant 93 6
purfling 323 26
purge valve 6 25
purified water tank 269 13
purlin 119 55; 121 39, 51, 76
purlin, concrete ~ 119 4
purlin, inferior ~ 119 3; 121
    44; 122 40
purlin roof 121 46
purlin roof structure 121 52,
    60
purple clover 69 1
purple medick 69 9
purse wig 34 4
push button 203 67; 237 18,
    19; 241 3
push-button keyboard 237
    10; 245 14; 246 14
push-button telephone 237
    20
pushchair 28 37
pushchair, doll's ~ 48 31
pusher ram 156 7
pushing frame 200 30
push sledge 304 29
push tow 225 60
push tug 221 93
putlock 118 27
putlog 118 27

putter 293 93
putting 293 86
putting green 293 82
putty 124 17
putty knife 124 27; 129 24
puzzle 48 9
pyelogram 27 6
pyelogram cassettes 27 14
pyelography 27 4
pygmy poodle 70 36
pyjamas 32 17, 36
pyjama top 32 18
pyjama trousers 32 19
pylon Railw. 214 31, 77
pylon Art 333 9
pylon, tubular steel ~ 214 78
pylorus 20 42
pyramid Fruit & Veg. Gdn. 52 16
pyramid Circus 307 28
pyramid Art 333 1
pyramid, glass ~ 5 19
pyramid, orthorhombic ~ 351 23
pyramid, quadrilateral ~ 347 46
pyramid, stepped ~ 333 22; 352 20
pyramid site 333 6
pyramid tree 52 16; 272 19
pyrheliometer 10 23
pyrite 351 8
pyrometer 178 16
pyx 330 8; 332 53
pyxidium 370 95

Q

quack grass 61 30
quadrant 347 5
quadraphonic system 241 13-48
quadra/stereo converter 241 46
quadrilateral, irregular ~ 346 39
quadrilaterals 346 33-39
quadruplet 321 23
quail 359 22
quail call 87 45
quake, tectonic ~ 11 32-38
quake, volcanic ~ 11 32-38
quantity, unknown ~ 345 4, 8
quant pole 89 30; 216 16
quantum jump 1 15
quantum jumps 1 20-25
quantum transitions 1 20-25
quarantine wing 225 27
quarrier 158 5
quarry Map 15 87
quarry Quarry 158 1
quarryman 158 5
quarry worker 158 5
quarte engagement 294 47
quarter Shoem. 100 61
quarter Carp. 120 25
quarter, first ~ 4 4
quarter, last ~ 4 6
quarter, third ~ 4 6
quarter baulk 120 90
quarter gallery 218 57
quarterings 254 18-23
quartering wind 285 13
quarter light 191 23
quarter note 320 15
quarter of beef 94 22
quarter piece 329 88
quarter rest 320 23
quarters, firemen's ~ 270 2
quarter vent 191 23
quarter wind 285 13
quartz 110 15

quartz-halogen lamp 179 21; 182 3
quartz watch, electronic ~ 110 15
quatrefoil 335 39
quaver 320 16
quaver rest 320 24
quay 222 5; 225 64
quayside crane 225 24
quayside railway 225 21
quayside road 225 38
quayside roadway 225 38
quayside steps 283 22
quay wall 217 1-14
queen Bees 77 4, 38
queen Games 276 9
queen bee 77 4
Queen Carnival 306 61
queen cell 77 37
queen-excluder 77 47
queen post 121 46, 52, 68
queen truss 121 65
Queen Victoria water lily 378 17
quenching car 156 10
quenching tower 156 11
quenching trough 137 8
question mark 342 20
queue 34 6; 319 26
quickbeam 371 42
quick grass 61 30
quick hitch 65 86
quicksand 227 3
quid 107 19
quill 341 26
quillons 294 42
quill pen 341 24
quill plectrum 322 53
quilting 29 39; 30 17
quilt stitching 29 39; 30 17
quince, apple-shaped ~ 58 49
quince, pear-shaped ~ 58 50
quince leaf 58 47
quince tree 58 46
quinquefoliolate 370 39
quintuplet 321 23
quipa 352 22
quitch grass 61 30
quiver 352 27
quoin 181 39
quoit 280 32; 308 47
quoits 280 31
quotation 250 8
quotation board 251 8
quotation mark, double ~ 342 26
quotation mark, French ~ 342 27
quotient 344 26

R

rabbet plane 132 25
rabbit 73 18; 86 23; 88 65
rabbit burrow 86 26
rabbit fence 84 7
rabbit hole 86 26
rabbit net 86 27
raccoon 368 9
race, inner ~ 143 72
race, outer ~ 143 71
race board 166 42
racehorse 289 51
raceme 58 15; 374 33
raceme, simple ~ 370 68
raceway 91 44
racical sign 345 2
racing 289 50
racing, motor-paced ~ 290 11-15
racing and passenger aircraft 230 1-31, 32-66; 231 1

racing bicycle 290 16
racing boats 283 9-16
racing car 290 36, 38
racing cars 290 34-38
racing cycle 290 15, 16
racing cyclist 290 8
racing dive 282 29
racing flag 284 48
racing handlebar 290 18
racing jersey 290 9
racing keelboat 285 35
racing motorcycle 290 27
racing motorcycle, streamlined ~ 290 31
racing motorcyclist 290 25
racing outboard motor 286 23
racing saddle 290 17
racing sculler 283 16
racing shell, eight-oared ~ 283 10
racing suit 301 31
racing toe clip 290 21
racing tyre 290 19
rack Kitch. Utensils 40 31
rack Composing Rm. 174 8
rack Garage 195 10
rack Railw. 214 9, 11
rack, removable ~ 40 24
rack and pinion 112 39
rack-and-pinion railway 214 4-5
rack-and-pinion railways 214 7-11
racket 293 29
racket handle 293 30, 46
racket press 293 32
rack for glasses 274 16
rack head 163 16, 18
racking back 118 61
rack mountain railway 214 4-5
rack railroad 214 4-5
rack railroad car 214 5
rack railroad locomotive, electric ~ 214 4
rack railway coach 214 5
rack railway locomotive, electric ~ 214 4
rack railways 214 7-11
rack railway trailer 214 5
rack track 217 69
racoon 368 9
racquet see racket
radar antenna 223 8; 224 104; 258 36; 259 8, 29, 48, 91
radar apparatus 224 10-13
radar display unit 224 12
radar dome Aircraft 231 18
radar dome Air Force 256 10
radar dome Warships 258 52, 77; 259 49
radar equipment 224 10-13
radar image 224 13
radar nose 231 18; 256 10
radar pedestal 224 10
radar picture 224 13
radar reflector 10 58
radar reflector, revolving ~ 224 11
radar scanner 223 8; 224 104; 258 36; 259 8, 29, 48, 91
radar screen 224 12
radial side of the hand 19 69
radiant energy 10 23
radiation, solar ~ 155 18
radiation detectors 2 1-23
radiation meters 2 1-23
radiation monitor 2 1
radiation shield 2 31, 46
radiation shielding 2 31
radiation unit 24 23
radiator Doc. 23 23
radiator Roof & Boilerr. 38 76

radiator Agr. Mach. 65 51
radiator Plumb. etc. 126 20
radiator Energy Sources 155 15
radiator Car 191 9
radiator Railw. 212 54
radiator bonnet 304 11
radiator brush 129 21
radiator grill 191 11
radiator heating 155 27
radiator hood 304 11
radiator rib 38 77; 126 21
radiators 6 8
radiator shutter 304 12
radical 345 2
radicle 370 88
radio 238; 239
radioactive waste storage 154 56
radio antenna 197 34
radio cassette recorder 241 1
radio communication set 197 28
radio compass 230 5
radio direction finder antenna 223 5; 224 106
radio direction finder frame 258 17
radio equipment 197 28; 230 22; 288 13, 17
radiographer 27 11
radio interference service 237 27
radiolarian 357 8
radio link, intercontinental ~ 237 54-55
radiometer 10 71
radio navigation equipment 230 22
radio OB van 239 1-15
radiophone 22 14
radio room 223 12
radioscope box 74 47
radioscope table 74 48
radiosonde 10 59
radiosonde assembly 10 55
radio station 238 1-6
radio switching centre control room 238 7-15
radio system 6 26
radio telephone 212 23
radish 57 15
radish, white ~ 57 16
radius Man 17 13
radius Mills 91 2
radius Maths. 346 47
radius of curvature 346 22
radome Aircraft 231 18
radome Air Force 256 10
radome Warships 258 52, 77; 259 49
raffia 136 29
raffle 306 11
raft 283 60
rafter 121 28, 36; 122 19
rafter, common ~ 121 56
rafter, principal ~ 121 55
rafter end 121 45; 122 41
rafter head 121 45; 122 41
rafter roof 121 27
rag bolt 143 43
rag felt 122 62
ragged robin 376 21
rail Atom 2 37
rail Livestock 75 16
rail Joiner 133 41
rail Mach. Tools 150 12
rail Railw. 202 1
rail Station 205 59; 206 38
rail Railw. 214 10
rail Restaurant 266 72
rail Equest. 289 2
rail Birds 359 20

rail, triangular ~ 242 80
rail bottom 202 4
rail brake 206 48
railcar 205 25
railcar, articulated ~ 197 1, 13
railcar, front ~ 211 61
railcar, light ~ 208 13
railcar, short-distance ~ 208 13
railcar, six-axle ~ 197 13
railcar, twelve-axle ~ 197 1
rail clip 202 9
rail foot 202 4
rail guard 210 34
rail head 202 2
railing Bldg. Site 118 89
railing Park 272 34
rail joint 202 11
railroad see railway
railroad map 204 33
railroad policeman 205 20
railroad station 15 41
railroad ticket 204 36
railroad track 202; 203
rail service, interurban ~ 197 1
rail service, urban ~ 197 13
railway, funicular ~ 214 12
railway, light ~ 200 23
railway, main line ~ 15 21
railway, narrow-gauge ~ Map 15 90
railway, narrow-gauge ~ Road Constr. 200 23
railway guide, official ~ 204 50
railway information clerk 204 49
railway line 202; 203
railway map 204 33
railway policeman 205 20
railway siding 225 62
railway station 15 41
railway ticket 204 36
railway vehicles 207; 208; 209; 210; 211; 212; 213
rail web 202 3
rain 8 18; 9 32
rainbow 7 4
rainbow, colours of the ~ 343 14
rainbow dressing 221 85
rain cape 41 4; 196 26
rain cloud 8 10
raincoat 29 31
rain cover 10 41
rain gauge 10 38, 44
rainwater pipe 37 13; 38 10; 122 29
rain zone, temperate ~ 9 55
rain zone, tropical ~ 9 53
raisin 98 8
raising of livestock 75
raising to a power 345 1
rake Roof & Boiler. 38 42
rake Gdn. Tools 56 4
rake Blacksm. 137 4
rake Roulette 275 5
rake Winter Sp. 303 24
rake, wire-tooth ~ 51 3; 56 3
rake, wooden ~ 66 23
raking back 118 61
Ram Astron. 4 53
ram Dom. Anim. 73 13
ram Blacksm. 137 10
ram Forging 139 12
ram Ship 218 9
ram Theatre 316 60
ram, lower ~ 139 7
ram, upper ~ 139 6
rambler 52 5
ram guide 139 8
ram longwall face 144 36

rammer 200 26
rammer, pneumatic ~ 148 31
ramp Bldg. Site 119 41
ramp Floor etc. Constr. 123 30
ramp Station 206 1
ramp Ship 221 55
ram piston 65 24
ramson 377 6
randing 136 1, 4
randing, oblique ~ 136 3
rangefinder 255 82
rangefinder, optical ~ 258 37
rangefinder window 114 40
range light, higher ~ 224 102
range light, lower ~ 224 101
range lights 224 101-102
range selector 114 59
range switch 114 59
rape 383 1
rapelling 300 28-30
rapid adjustment compass 151 64
rapid feeding system 74 23
rapid-filter plant 269 9
rapid heat-up cathode 240 25
rapid-loading system 115 25
rapid scale 98 12
rapid-veneer press 133 49
rapping iron 136 36
raptorial leg 358 5
Raschel fabric 167 29
rasp 260 55
rasp, shoemaker's ~ 100 49
raspberry 58 28; 370 101
raspberry bush 58 25
raspberry flower 58 26
ratan chair cane 136 32
rate-of-climb indicator 230 14
rate of interest 345 7
rattan chair cane 136 32
rattle Infant Care etc. 28 44
rattle Carnival 306 40, 47
rattle, baby's ~ 28 44
rat trap binding 301 15
Rautek grip 21 18
ravine 13 52
raw coal bunker 144 41
raw material Cement Wks. 160 1, 4
raw material Synth. Fibres 169 1-12
raw material store 160 3
raw meal silo 160 5
raw milk pump 76 3
raw milk storage tank 76 5
raw mill 160 4, 7
ray Church 332 37
ray Maths. 346 20
ray, medullary ~ 370 11
ray, vascular ~ 370 11
ray floret 375 31
rays, sun's ~ 4 9
razor, open ~ 106 38
razor, straight ~ 106 38
razor handle 106 39
R-class 284 59
reach, lower ~ 217 29
reach, upper ~ 217 37
reaching leg 285 24
reactor 154 3, 41, 50
reactor, nuclear ~ 1 48; 154 19
reactor building 154 20
reactor core 259 68
reactor pressure vessel 154 22
reader 260 16
reading adjustment 10 10
reading lamp 43 15
reading microscope 113 28
reading room 262 13
reading room staff 262 14
readout, digital ~ 110 2; 112 47

readout, fast ~ 195 12
ready position 305 72
reamer 109 8; 140 31
reamer, angled ~ 125 9
rear brace 329 47
rearing of livestock 75
rear of the railcar 197 4
rear seat headrest 193 8
rear seat head restraint 193 8
rearsight 255 22, 36
rear vault 297 32
rear-view mirror 188 35; 189 30
rear-view mirror, inside ~ 191 39
rearward horizontal stand 295 31
rearward swing 296 57
rear window heating switch 191 82
rebate plane 132 25
receipt 98 44; 271 7
receipt stamp 236 29
receiver Meteorol. Instr. 10 63
receiver Hunt. 87 16
receiver Docks 226 33
receiver Audio 241 40
receiver Office 246 16
receiver Ball Games 293 50
receiver Nightclub 318 18
receiver, tilting-type ~ 148 5
receiver cord 237 14
receiver surface, blackened ~ 155 29
receiving hopper 147 5
receiving table 249 54
receiving tray 249 47
receiving truck 226 15
receptacle 370 53
reception Doc. 22 5
reception Camping 278 1
reception hall 267 1-26
receptionist, chief ~ 267 7
recess 217 70
reciprocal 344 16
recirculation pump 154 43, 54
record 46 15; 309 32; 317 24
record chamber, automatic ~ 241 18
record changer, automatic ~ 241 52
recorder Meteorol. Instr. 10 61
recorder Hosp. 25 3
recorder Music. Instr. 322 7
recorder, eight-channel ~ 27 28
recorder, open-reel-type ~ 241 56
recorder, potentiometric ~ 23 55
recording, photographic ~ 27 33
recording amplifier 311 11
recording and playback deck, single ~ 238 58
recording and playback equipment 311 23
recording arm 10 7, 12, 15, 21
recording channel, central ~ 238 1-6
recording drum 10 5, 16, 20
recording engineer 310 23, 55; 311 36
recording head Cine Film 117 33
recording head Audio 241 59
recording head Films 311 25
recording instrument 10 61
recording level control 117 16
recording level display 243 15
recording level indicator 243 12; 311 14

recording level meter 241 35, 36, 61; 242 14
recording level meters 241 35-36
recording loudspeaker 238 37
recording mechanism 10 42
recording meter 138 19
recording paper 25 4; 27 29, 34, 40
recording pen 10 13
recording rain gauge 10 38
recording room 238 16; 310 54
recording room mixing console 238 25
recording sensitivity selector 117 16
recording space 177 49
recording speaker 238 37
recording tape 241 58
record keeper 299 48
record of posting book 236 18
record player 241 18; 317 19
record player base 241 19
record player housing 241 19
record rack 309 36
record storage compartment 241 48
record storage slot 241 48
record turntable 238 24
recovery parachute 235 60
recovery vehicle, armoured ~ 255 93
rectangle 346 34
rectifier Blacksm. 138 30
rectifier Electrotyp. etc. 178 2
rectifier Films 312 18
rector 330 22
rectory 331 20
rectoscope 23 16, 17
rectoscopy 23 18
rectum 20 22, 61
rectus abdominis 18 44
red 343 1
red admiral 365 1
red-billed toucan 363 6
redbreast 361 15
redcap 205 31
red card 291 63
red clover 69 1
red deer 88 1, 1-27
red flyer 366 3
red fox 88 42; 367 12
red kangaroo 366 3
red magnolia 373 15
restart 360 3
red swing filter 116 46
reducing coupler 126 39, 41
reducing elbow 126 49
reducing socket 126 39, 41
reducing valve 141 5
reduction drive lever 149 3
reduction gear Paperm. 172 69
reduction gear Aircraft 232 59
reduction gear Warships 259 61
reduction gearing, multi-step ~ 64 71
red underwing 365 8
red whortleberry 377 23
red wine glass 45 83
reed Basketm. 136 28
reed Weaving 166 10
reed Music. Instr. 326 41
reed, double ~ 323 29
reed mace 136 27
reed mace bulrush 378 21
reed organ 325 43
reed pen 341 22
reed pipe, metal ~ 326 17-22
reed stop 326 17-22

reed-threading draft 171 6
reef 219 72
reefer 221 127
reel, fixed-spool ~ 89 32, 61
reel, multiplying ~ 89 59
reel, spring-tine ~ 64 4
reel, stationary-drum ~ 89 61
reel arm, foldaway ~ 117 92
reel drum 312 16
reel drum, fireproof ~ 312 25
reel gearing 64 5
reeling machine 173 41
reel of film 312 33
reel oven 97 71
reels 89 59-64
reel stand 180 3, 19
referee 291 62; 293 67; 299
   16, 41
referee's position 299 8
reference book 262 17
reference library 262 17
refill 151 46
refill lead 151 46
refiner 172 84
refiner, conical ~ 172 27, 60,
   73, 83
refining bath 162 4
reflected-light microscope
   112 23
reflecting goniometer 351 28
reflector Atom 1 65
reflector Optic. Instr. 113 1
reflector Bicycle 187 45
reflector, glass ~ 187 86
reflector, swivel-mounted ~
   114 69
reflector pedal 187 78
reflex angle 346 10,11-12
reflex camera, twin-lens ~
   114 22
reflex finder 117 44
reflex mirror 115 33
reflex system 115 31
reformer 145 47
reformer, catalytic ~ 145 71
refractometer 111 44
refractometer, dipping ~ 112
   48
refractor 113 16
refreshment kiosk 205 49
refreshment stall 308 3
refrigeration system 93 11
refrigerator 39 2; 46 33; 317
   10
refrigerator car 213 39
refrigerator shelf 39 3
refrigerator van 213 39
refrigerator wagon 213 39
refuse 199 17
refuse, compacted and
   decomposed ~ 199 22
refuse collection vehicle 199 1
refuse container 199 4
refuse disposal 199
refuse incineration unit 199
   28
regatta 283 1-18
regatta course 285 14-24, 16
register School 260 23
register Hotel 267 8
register Music. Instr. 322 51
register device 177 12
register mark 340 58
registration form 267 12
registration number Election
   263 19
registration number
   Motorboats etc. 286 7
registration number Script
   342 43
reglet 334 57
regula 334 17
regular crystal system 351 1-17

regular customer 266 39, 40
regular grade gasoline 145 54
regular grade petrol 145 54
regulating handle 133 14
regulating valve 38 75
regulator 109 32
regulator main valve 210 13
regulator valve 210 13
Regulidae 361 10
rehearsal 315 21-27
reheating 162 27, 35
reichstaler 252 6
rein 71 33; 186 31; 289 27;
   303 4
reindeer 353 16
reindeer harness 353 15
reinforced concrete
   construction 119 1-89
reinforcement 119 54-76, 68
reinforcement, projecting ~
   119 10, 71
reinforcement, steel-bar ~
   123 37
reinforcement beading 125 8
reinforcement binding 119
   66
reinforcement rod 119 23
reinforcing member,
   longitudinal ~ 230 47, 57
reinforcing rib Road Constr.
   200 9
reinforcing rib Hydr. Eng.
   217 78
reinforcing steel 119 23
reinforcing strut 315 31
reins 71 25, 33
rejects chest 172 59
relay 186 43
relay horse 186 43
release First Aid 21 34
release Weaving 165 35
release, delayed-action ~ 309
   51
release binding 301 2
release grip 21 34
release lever Slaughterho. 94
   6
release lever Office 247 42
release/lock lever 247 42
release phase 75 33
release valve 210 58
relief image carrier 340 2
relief printing method 340
   1-13
relief tile, glazed ~ 333 20
remainder 344 24
remains 15 72
Remington cartridge 305 39
remitter 250 19
remnant 103 16
remote control jack 117 9
remote control panel 157 14
remote control radio 288 87
remote control socket 117 9
rendering, exterior ~ 122 38
rendering coat 123 6
rendezvous point 233 29
rendezvous radar antenna 6
   42
reniform 370 18
rennet vat 76 48
repair bay 196 22
repairer 161 19
repair quay 222 10
repair shop 196 22
repeater 87 2
repeaters 253 30-32
repeating rifle 87 2
repeat mark 321 26
replenishing ship 258 97
report 342 54
reproducing head 241 59
reptile enclosure 356 12

reptiles 364 27-41
requin 364 1
re-recording 311 1-46
re-reeler 173 41
re-reeling machine 173 41
rescue 21 18-23, 28-33, 34-38
rescue cruiser 221 18; 228 14
rescue helicopter 221 20; 228
   16
rescuer 21 29, 34
research laboratory 310 9
research microscope 112 1, 66
research microscope,
   binocular ~ 23 51
research rocket 7 24
reserve fuel tank 212 60
reserve tank 232 20
reservoir Hydr. Eng. 217
   39-46
reservoir Air Force 257 16
reservoir, impounded ~ 217
   57
reservoir rock 12 29
reset button Cine Film 117 86
reset button Car 191 77
resetting button 127 20
resetting spring 237 49
residential area 15 28
residue 145 43
resin 323 11
resin, synthetic ~ 130 26
resistor 153 56
resonating body 322 29; 323
   3; 324 2, 15, 26
resonating chamber 322 18;
   324 15, 63
resonating sound box 324 26
resonator 322 18, 29; 324 2, 15
resonator, tubular metal ~
   324 78
resonator wall 322 33
respiration, artificial ~ 21
   24-27
respirator 21 27; 26 25
respiratory apparatus 21 27;
   26 24
respiratory functions 23 31
respiratory machine 26 1
respiratory rate 23 27
respond 335 35
'restaurant' 233 50
restaurant 266 1-29
restaurant car 207 22-32
restaurant car, self-service ~
   207 73
rest cure 274 12-14
resting rail 322 42
restoring spring 237 49
restricted area 292 37
rests 320 20-27
result register 309 82
results of sets 293 35
resuscitation 21 24-27
resuscitation, mouth-to-
   mouth ~ 21 26
resuscitation, mouth-to-nose
   ~ 21 26
resuscitation apparatus 21 27
resuscitation equipment 270
   20
resuscitator 21 27; 270 20
retailer 98 41
retail shop 98 1-87
retail store 98 1-87
retaining plate 167 56
retarder 206 48
reticella lace 102 30
reticule 115 61
Reticulum 3 48
retina 19 49
retort 349 13
retort ring 350 15
retoucher 182 14

retouching and stripping desk
   177 19
retrieving 86 36
retrofocus position 115 84
return 38 79
return pipe 38 56, 79, 80; 126
   24
return spring Knitting 167 37
return spring Car 192 55
return tap 350 49
Reuther board 296 12; 297 8
rev counter 189 41; 191 38;
   212 22; 230 8
rev counter, electric ~ 191 70
rev counter, electronic ~ 188
   40
reveal 37 26; 118 10; 120 31
revenue stamp 107 26
revers collar 30 9
reverse 252 9
reverse dive 282 41
reverse gear 192 44
reverse hang 296 34
reverse shaft 149 34
reversing catch 87 24
reversing clutch 115 27
reversing gear 210 18; 211 53;
   212 74
reversing gears 65 41
reversing ring 115 83
reversing wheel 210 56
revertive signal panel 153 7
revetment 216 51-55
revolution counter 189 41;
   191 38; 212 22; 230 8
revolution counter, electric ~
   191 70
revolution counter, electronic
   ~ 188 40
revolving die hammer 85 12
reward 86 43
rewind 114 6; 115 12
rewind bench 238 59; 312 21
rewind button 249 73
rewind cam 115 29
rewind crank 114 6; 115 12
rewinder Cine Film 117 93
rewinder Paperm. 173 41
rewind handle Photog. 114 6;
   115 12
rewind handle Cine Film 117
   93
rewinding 170 50
rewind release button 115 27
rewind station 173 41
rhesus macaque 368 12
rhesus monkey 368 12
rhinoceros 366 25
Rhiptoglossa 364 33
rhizome 58 18
rhizopod 357 1
rhomb 346 35
rhombic crystal system 351 23
rhombohedron 351 22
rhomboid 346 36
rhombus 346 35
rhubarb flan 97 22
rhynchophore 358 4
rib Meat 95 3
rib Floor etc. Constr. 123 36
rib Basketm. 136 24
rib Shipbuild. 222 58
rib Aircraft 230 46
rib Rowing 283 49
rib Sailing 285 51
rib Music. Instr. 322 33; 323 4,
   25
rib Art 335 31
rib Bot. 370 29
rib, annular ~ 235 47
rib, false ~ 287 36
rib, flat ~ 95 21
rib, fore ~ 95 18

rib, main ~ *Space* **235** 10
rib, main ~ *Gliding* **287** 35
rib, middle ~ **95** 19
rib, prime ~ **95** 18
rib, top ~ **95** 31
ribbon **34** 7; **355** 78
ribbon, corded ~ **35** 13
ribbon, fancy ~ **35** 14
ribbon cassette **249** 16
ribbon of glass **162** 10
ribbon selector **249** 11
ribbon window **37** 86
Ribes **58** 1-15
ribgrass **380** 11
rib randing **136** 2
ribs, false ~ **17** 10
ribs, true ~ **17** 9
rib vault **336** 43
rib weave, combined ~ **171** 19
ribwort **380** 11
ribwort plantain **380** 11
rice *Arable Crops* **68** 1; **68** 29
rice *Grocer* **98** 38
rice grain **68** 30
rickshaw **353** 34
rickshaw coolie **353** 35
rickstand **63** 28, 29
riddle **55** 13
ride *Map* **15** 112
ride *Forestry* **84** 1
rider *Cyc. Racing* **290** 25
rider *Chem.* **349** 33
rider bar **349** 31
rider holder **349** 32
ridge *Phys. Geog.* **12** 36; **13** 60
ridge *Dwellings* **37** 7
ridge *Roof* **121** 2; **122** 93
ridge *Mountain.* **300** 21
ridge, concave ~ **302** 22
ridge, hollow ~ **302** 22
ridge beam **121** 48
ridge board **121** 48
ridge capping piece **122** 99
ridge course **122** 47, 79
ridge course tile **122** 4
ridge cross **331** 10
ridge hook **122** 65
ridge joint **122** 79
ridge purlin **121** 43
ridge rope **221** 118
ridge tent **278** 21; **280** 45
ridge tile **122** 3, 8, 52
ridge turret **121** 14
ridge vent **55** 11
ridging hoe **56** 5
riding animal **354** 2
riding cap **289** 14
riding seat **296** 32
riding switch **289** 22
riffler **172** 2; **173** 13
rifle, self-loading ~ **255** 16
rifle, short ~ **86** 30
rifle, single-loading ~ **87** 1
rifle, triple-barrelled ~ **87** 23
rifle barrel **87** 26
rifle butt **255** 24
rifle cleaning kit **87** 61-64
rifle grip *Photog.* **115** 100
rifle grip *Films* **313** 37
riflescope **87** 29; **305** 49
rifle shooting **305** 26
rifling **87** 36
rifling calibre **87** 37
rig **219** 1-72
Rigel **3** 13
rigging **219** 1-72
rigging, running ~ **219** 67-71
rigging, standing ~ **219** 10-19
right **254** 18,20,22
right angle **346** 9, 32
right corner pin **305** 8
right front second pin **305** 4
right hook **299** 33

right tank fuel gauge **230** 17
rim *Bicycle* **187** 28
rim *Motorcycle* **189** 25
rim *Car* **191** 16; **192** 77
rim brake **187** 5
rimfire cartridge **305** 35
rind **120** 86; **370** 8
ring *Jewell.* **36** 4
ring *Forestry* **85** 4
ring *Fish Farm.* **89** 56
ring *Cotton Spin.* **164** 51, 54
ring *Sports* **299** 35
ring *Circus* **307** 21
ring *Bullfight. etc.* **319** 9
ring *Church* **332** 17
ring *Maths.* **346** 57
ring *Chem.* **350** 15
ring, all-round ~ **89** 58
ring, annual ~ **84** 24
ring, asymmetrical ~ **36** 27
ring, diamond ~ **36** 23, 24
ring, front ~ **113** 7
ring, gemstone ~ **36** 15
ring, man's ~ **36** 20
ring, rubber ~ *Kitch. Utensils* **40** 26
ring, rubber ~ *Bathing* **280** 32
ring, spring-steel ~ **89** 51
ring and bead sight, optical ~ **305** 51
ring attendant **307** 27
ring cake **97** 33; **99** 22
ringed snake **364** 38
ring entrance **307** 11
ring fence **307** 22
ring file **260** 15
ring finger **19** 67
ring for the carrying strap **115** 9
ring frame **164** 34
ring gauge **108** 25, 27
ring gemstones **36** 72-77
ringmaster **307** 31
ring net **90** 25
ring plectrum **324** 27
ring rail **164** 42, 54
ring-rounding tool **108** 26
rings **29** 4
ring sight, optical ~ **305** 50
ring snake **364** 38
ring spindle, standard ~ **164** 45
ring spinning frame **164** 34
ring tube *Cotton Spin.* **164** 52
ring tube *Weaving* **165** 15
riot duty **264** 15
riot gear **264** 18
riot shield **264** 20
rip panel **288** 75, 83
rip panel, emergency ~ **288** 72
ripper **200** 20
ripping line **288** 76
ripping line, emergency ~ **288** 73
ripple marks **13** 41
riprap **216** 51
rise adjustment **133** 21
rise adjustment wheel **133** 22
rise and fall adjustment wheel **132** 60
riser *Floor etc. Constr.* **123** 33, 48
riser *Iron Foundry etc.* **148** 22
riser *Water* **269** 19
riser *Fire Brig.* **270** 26
riser *Airsports* **288** 42
riser *Sports* **305** 55
riser gate **148** 22
riser pipe **269** 19
rise to straddle **296** 49
rising **283** 31
Rising Sun **253** 20
ritual cart, miniature ~ **328** 36

ritual chariot, miniature ~ **328** 36
river *Phys. Geog.* **13** 61
river *Map* **15** 76
river *Rivers* **216** 31
river, navigable ~ **15** 45
river, subterranean ~ **13** 83
river arm **13** 2; **216** 3
river arm, blind ~ **216** 18
riverbank **216** 5
riverbed **13** 68
river bend **13** 11
river branch **13** 2; **216** 3
river branch, blind ~ **216** 18
river engineering **216**
river ferry **216** 10
river island **216** 4
river islet **216** 4
river mouth **13** 1
river nymph **272** 2; **327** 23
river police **217** 24
rivers **216**
river terrace **13** 49, 63
river tug **216** 23
river valley **13** 57-70
rivet **143** 57-60
rivet head **143** 57
riveting **143** 56
riveting machine **138** 27
rivet shank **143** 58
riving hammer **85** 5
rivulet *Phys. Geog.* **13** 8
rivulet *Map* **15** 80
road **37** 61
road, bituminous ~ **200** 55
road, good ~ **15** 30
road, main ~ **15** 83
road, metalled ~ **15** 30
road, poor ~ **15** 99
road, secondary ~ **15** 36
road, unmetalled ~ **15** 99
road bridge **15** 55
road building **200; 201**
road-building machinery **200** 1-54
road coach **186** 39
road construction **200; 201**
road form **201** 15
road layers **198** 1-5
road making **200; 201**
road-metal spreading machine **200** 31
road over railway **15** 22
road race **290** 8-10
road race bicycle **290** 16
road racer **290** 8
road racing **290** 16, 24-28
road ripper **200** 20
road roller **200** 36
roadster *Bicycle* **187** 1
roadster *Car* **193** 26
road surface **215** 8; **217** 1
road sweeper **199** 5; **268** 20
road-sweeping lorry **199** 41
roadway, orthotropic ~ **215** 2
road wheel **255** 86
roast **45** 27
roasting chicken **98** 6
roasting drum **98** 71
roasting round **95** 11
robe de chambre **355** 66
robes **330** 22; **332** 4
robin **361** 15
robin redbreast **361** 15
robot **273** 36
rocaille **336** 13
rock **13** 25; **327** 38; **356** 2
rock, blasted ~ **158** 4
rock, coal-bearing ~ **144** 49
rock, impermeable ~ **12** 23; **13** 78
rock, impervious ~ **12** 23; **13** 78

rock, loose ~ **158** 4
rock, piece of ~ **6** 15
rock, sedimentary ~ **12** 1; **13** 48
rock, stratified ~ **13** 48
rock bit **145** 21
rock climbing **300** 2-13
rocker *Child. Rm.* **47** 16
rocker *Winter Sp.* **302** 19
rocker *Music. Instr.* **326** 39
rocker *Graphic Art* **340** 19
rocker arm **190** 33
rocker arm mounting **190** 34
rocker switch **127** 4
rockery **37** 40; **51** 6
rocket *Life-Sav.* **228** 2
rocket *Army* **255** 26, 65
rocket *Carnival* **306** 54
rocket, short-range ~ **259** 26
rocket apparatus **228** 1
rocket cruiser **259** 21, 41
rocket engine **6** 3
rocket engine, liquid-fuelled ~ **235** 36
rocket engine, main ~ **235** 36
rocket gun **228** 1
rocket launcher **255** 64, 70
rocket launcher, underwater ~ **259** 37, 51
rocket line **228** 3
rocket stage, first ~ **234** 3
rocket stage, second ~ **234** 18
rocket stage, third ~ **234** 33
rocket tube **255** 71
rock face *Phys. Geog.* **12** 43; **13** 28
rock face *Quarry* **158** 15
rock face *Mountain.* **300** 2
rock garden **37** 40; **51** 6
rock goat **367** 7
rocking chair **309** 61
rocking tool **340** 19
rock island **13** 12
rock ledge **300** 4
rock painting **328** 9
rock plant **51** 7
rock rose **377** 20
rock salt **351** 2
rockslide **11** 46
rock slip **11** 46
rock spike **300** 9
rock terrace **13** 47
rock tomb **333** 38
rock wall **300** 2
rod, carbon-fibre ~ **89** 57
rod, glass ~ **89** 49, 57
rod, iron ~ **130** 3
rod, metal ~ **339** 24
rod, polished ~ **145** 27
rod, telescopic ~ **89** 53
rodents **366** 12-19
rodeo **319** 34
rodeo rider **319** 39
rod rest **89** 23
rods **89** 49-58
rod section **89** 54
rod tip **89** 35
roe *Game* **88** 28-39
roe *Fish Farm.* **89** 12
roe, female ~ **88** 34
roebuck **86** 17; **88** 28
roe call **87** 43
roe deer **88** 28-39
roll *Kitch. Utensils* **40** 31
roll *Tablew. etc.* **45** 21
roll *Horse* **71** 48
roll *Bakery* **97** 13
roll *Supermkt.* **99** 12
roll *Restaurant* **266** 54
roll *Athletics* **298** 17
roll, double ~ **97** 15
roll, lower ~ **148** 55
roll, upper ~ **148** 54

roll, white ~ **97** 14
roll bar *Agr. Mach.* **65** 21
roll bar *Motorcycles etc.* **188** 18
roll bar *Car* **193** 13
roll bearing **148** 60
roll cutter **173** 42
roller *Hairdresser* **105** 12
roller *Cooper* **130** 26
roller *Glass Prod.* **162** 11
roller *Weaving* **165** 57
roller *Road Constr.* **200** 37
roller *Station* **206** 39
roller *Hydr. Eng.* **217** 65
roller *Office* **249** 17
roller *Cyc. Racing* **290** 13
roller *Graphic Art* **340** 12
roller *Birds* **359** 25; **360** 6
roller, bottom ~ **164** 10
roller, fluted ~ **164** 10
roller, grooved ~ **130** 30
roller, lambskin ~ **130** 31
roller, leather ~ **340** 23
roller, lower ~ *Iron Foundry etc.* **148** 55
roller, lower ~ *Cotton Spin.* **164** 10
roller, rubber ~ **182** 8
roller, rubber-disc ~ **64** 82
roller, steel ~ **164** 10
roller, submersible ~ **217** 68
roller, three-wheeled ~ **200** 36
roller, top ~ **164** 11
roller, upper ~ *Iron Foundry etc.* **148** 54
roller, upper ~ *Cotton Spin.* **164** 11
roller, wire-covered ~ **168** 34
roller bearing **164** 47
roller bit **145** 21
roller chain *Bicycle* **187** 36
roller chain *Intern. Combust. Eng.* **190** 25
roller chain, double ~ **190** 10
roller covering **50** 3
roller guide **201** 4
roller path **148** 50
roller postmark **236** 60
roller printing machine, ten-colour ~ **168** 53
rollers **148** 54-55
roller stamp **236** 46
roller table **157** 23
roller top **217** 66
roller trestle **157** 26
rollfilm **114** 19
rollfilm spool **114** 20
roll holder **40** 1
rolling **230** 71
rolling circle **288** 3
rolling dam **217** 65-72
rolling mill **148** 46-75
rolling plant **159** 9
rolling road **138** 16
rolling shutter frame **37** 29
rolling stock **207; 208; 209; 210; 211; 212; 213**
roll-on roll-off operation **225** 39
roll-on roll-off ship **226** 17
roll-on roll-off system **225** 39
roll-on roll-off trailer ferry **221** 54
rollover device **139** 43
rolls *Bakery* **97** 13-16
rolls *Iron Foundry etc.* **148** 54-55
roll stand **148** 56-60
roll unit **97** 61
roll-up door **245** 5
Roman **355** 11
Roman woman **355** 7

romper **29** 21
romper suit **29** 22
roof **37** 5; **38; 121; 122; 337** 2
roof, cement ~ **122** 97
roof, flat ~ **37** 77
roof, glass ~ **55** 5
roof, hipped ~ **37** 64; **121** 10, 60
roof, imperial ~ **121** 25
roof, mission-tiled ~ **122** 56
roof, pantiled ~ **122** 53
roof, paper ~ **122** 90
roof, pitched ~ **38** 12
roof, plain-tiled ~ **122** 50
roof, sliding ~ **193** 24; **194** 10; **213** 22
roof, Spanish-tiled ~ **122** 56
roof, split-tiled ~ **122** 45
roof, swivelling ~ **213** 26, 27
roof, tiled ~ **122** 1
roof beam **121** 29
roof board **122** 61
roof boarding **122** 61
roof cable **211** 5
roof cladding **38** 1
roof course **122** 78
roof covering **38** 1
roofer **122**
roof guard **38** 8
roof hook **38** 6
roofing, cement ~ **122** 90-103
roofing, paper ~ **122** 90-103
roofing felt **122** 62
roofing nail **143** 55
roofing paper **122** 62
roof ladder **38** 4; **122** 63
roof lashing **278** 51
roof opening **213** 23
roof rack **278** 50
roofs, styles and parts of ~ **121** 1-26
roof sheathing **122** 61
roof structures of timber **121** 27-83
roof trestle **122** 66
roof truss **120** 7; **121** 78
roof valley **121** 15; **122** 11, 82
roof ventilator **278** 56
rook *Games* **276** 12
rook *Birds* **361** 2
room, double ~ **267** 27-38
room, heated ~ **169** 24
room divider **42** 19
room key **267** 9
room number **267** 10
room telephone **267** 34
room thermostat **38** 71
room trader **251** 6
room waiter **267** 33
rooster **62** 37; **73** 21
root *Man* **19** 36
root *Plant Propagn.* **54** 21
root *Arable Crops* **68** 17, 45
root *Horse* **72** 34
root *Maths.* **347** 12
root *Bot.* **370** 16-18
root *Industr. Plants* **383** 43
root, adventitious ~ **370** 78, 80
root, aerial ~ **370** 80
root, primary ~ **370** 16
root, secondary ~ **370** 17
root, tuberous ~ **370** 79
root crops **68** 38-45
rooter **200** 20
root gall **80** 27
root hair **68** 18; **370** 18
root louse **80** 26
roots **54** 12; **370** 78-82
rootstock **54** 33
root thorn **370** 81
rope *First Aid* **21** 30
rope *Weaving* **166** 61
rope *Swim.* **282** 32

rope *Gymn.* **296** 19; **297** 43
rope *Mountain.* **300** 12, 22-27
roped party **300** 22-27
rope ladder **221** 91; **273** 49; **307** 8
rope-pulley hoist **118** 91
ropes **299** 36
rope sling **300** 11
ropeway, aerial ~ **15** 67
ropeway, double-cable ~ **214** 25, 30
ropeway gondola **214** 52
ropeways **214** 15-38
ropeways, endless ~ **214** 15-24
ropeways, single-cable ~ **214** 15-24
ropeway support **214** 76
roping down **300** 28-30
ro-ro depot **226** 20
ro-ro-ship **226** 17
ro-ro system **225** 39
ro-ro trailer ferry **221** 54
rosary **332** 30
rose *Market Gdn.* **55** 28
rose *Game* **88** 5, 29
rose *Music. Instr.* **324** 5
rose, bush ~ **52** 13
rose, climbing ~ **52** 12
rose, double ~ **60** 17
rose, ivory ~ **36** 29
rose, rambling ~ **52** 12
rose, standard ~ **51** 25; **52** 21
rosebay **373** 13
rosebud **60** 16
rose cut **36** 45
rose-ear **70** 2
rose hip **370** 100
rose laurel **373** 13
rose thorn **60** 18
rose tree, standard ~ **52** 13, 21
rosette **306** 34
rose window **335** 23
rosin **323** 11
rostrum **263** 6; **316** 34
rotary engine, two-rotor ~ **190** 5
rotary-table machine **150** 41
rotary-table shot-blasting machine **148** 39
rotary turbine pump **259** 57
rotated grasp **296** 44, 46
rotation **298** 18
rotation axis **351** 4
rotator **224** 55
rotisserie **40** 32
rotogravure press, multicolour ~ *Photograv.* **182** 24
rotor *Clocks* **110** 32
rotor *Intern. Combust. Eng.* **190** 68
rotor *Aircraft* **232** 22
rotor *Gliding* **287** 18
rotor, main ~ **232** 12-13; **256** 19; **264** 3
rotor, tail ~ **256** 20
rotor, tilting ~ **232** 32
rotor blade *Energy Sources* **155** 45
rotor blade *Aircraft* **232** 12
rotor head **232** 13
rotor pylon **232** 23
rouge **275** 24
rough **293** 80
rough focusing indicator **224** 35
roughing file **134** 9
roughing-out hammer **195** 46
roughing wheel **111** 36
roulette *Roulette* **275** 1-33, 28
roulette *Graphic Art* **340** 18
roulette ball **275** 33

roulette bowl **275** 29
roulette layout **275** 9, 17
roulette player **275** 15
roulette table **275** 8
roulette wheel **275** 10, 28
round **95** 14
round, caseless ~ **305** 37
roundabout **308** 2
round bar reinforcement **119** 80
round-bilge boat **286** 32-34
round end **95** 52
rounding machine *Bakery* **97** 63
rounding machine *Plumb.* **125** 30
roundwood **120** 35; **157** 30
round worm **81** 31
route **203** 68
route indicator **203** 20, 21
route lever **203** 58
route of the paper **180** 26
route of the sheets **180** 33
route of the web **180** 26
router plane **132** 26
route sign **197** 21
route straight ahead **203** 45, 49, 50
roving **164** 29
roving bobbin **164** 23
row **312** 9
rowan **371** 42
rowboats **283** 9-15
rowing **283**
rowing boat **89** 27
rowing boat, Germanic ~ **218** 1-6
rowing boats **283** 9-15
rowing coach **283** 20
rowlock **278** 18; **283** 29, 41
row of needles **167** 27
row of needles, back ~ **167** 46
row of needles, front ~ **167** 47
row of seats, tiered ~ **261** 1
royal **88** 8
Royal Crown, English ~ **254** 42
royal fern **377** 16
royal osmund **377** 16
royal water lily **378** 17
rubber, synthetic ~ **164** 11
rubber belt, studded ~ **64** 79
rubber plant **383** 33
rubber solution **340** 49
rubber tree **383** 33
rubber tyre cable car **273** 53
rubber tyre swing **273** 18
rubbing strake, reinforced ~ **258** 81
rubbish **268** 22
rubble **11** 47
rubble, rough ~ **269** 37
ruby **175** 22
ruby, synthetic ~ **110** 33
Rückpositiv **326** 5
rucksack **283** 65
rudder *Ship* **218** 6, 24; **221** 43
rudder *Shipbuild.* **222** 69
rudder *Ship* **223** 63
rudder *Life-Sav.* **228** 26
rudder *Aircraft* **229** 25; **230** 60
rudder *Air Force* **257** 23
rudder *Rowing* **283** 51-53, 53
rudder *Sailing* **284** 9, 34; **285** 34
rudder *Motorboats etc.* **286** 65
rudder *Airsports* **288** 22
rudder, retractable ~ **285** 37
rudder, vertical ~ **259** 95, 96
rudder angle indicator **224** 17
rudder blade *Aircraft* **222** 69; **223** 63; **283** 53; **284** 34
rudderhead **284** 33

S

rudder pedal **230** 27; **257** 10
rudder pedal, co-pilot's ~ **230** 28
rudder post **222** 70
rudder stock **222** 68; **284** 33
ruff *Carnival* **306** 20
ruff *Hist. Cost.* **355** 52
rugby **292** 19
rugby ball **292** 21
rugby football **292** 19
rule **151** 33
rule, folding ~ **120** 76; **134** 33
rule, glazier's ~ **124** 21
rule of three sum **345** 8-10
rule pocket **33** 49
ruler **151** 33; **247** 35
ruling pen **151** 49
ruling pen attachment **151** 58, 61
rum **98** 57
ruminant **73** 1
ruminants **366** 28-30; **367** 1-10
rummer **45** 87
rump *Horse* **72** 31
rump *Game* **88** 20, 36
rump *Meat* **95** 14, 35
rump piece **329** 88
runch **61** 18
rune **341** 19
rung **38** 17; **50** 38
runner *Plant Propagn.* **54** 14, 16
runner *Soft Fruit* **58** 20
runner *Mills* **91** 22
runner *Iron Foundry etc.* **148** 21
runner *Rowing* **283** 45
runner *Ball Games* **292** 45, 66
runner *Athletics* **298** 5
runner, movable ~ **303** 10
runner, outrigged ~ **302** 46
runner bean **52** 28; **57** 8
runner gate **148** 21
running **298** 1-8
running axle **210** 35
running-boar target **305** 33
running dog **334** 39
running gear, front ~ **191** 52
running head **185** 66
running light **258** 56
running light, side ~ **258** 15
running light indicator panel **224** 29
running posture **295** 2
running side **277** 5
running step **295** 41
running step indicator **211** 36
running take-off twist dive **282** 43
running three **305** 3, 5
running title **185** 66
running track **298** 6
running wheel **64** 41, 56; **214** 7, 70
runout **147** 54
runway *Hunt.* **86** 16
runway *Airport* **233** 1
runway *Gliding* **287** 15
rush *Phys. Geog.* **13** 17
rush *Basketm.* **136** 27
rusk **97** 54
Russula vesca **381** 23
rustication **335** 51
rustic work **335** 51
rutting mane **88** 27
rutting season **86** 9-12
rye **68** 1, 2
rye bread **97** 10, 49; **99** 14
rye-bread roll **97** 16
rye flour **97** 52
ryegrass, perennial ~ **69** 26

sabaton **329** 55
saber *see* sabre
sable *Ladies' Wear* **30** 60
sable *Heraldry* **254** 26
sable *Mammals* **367** 15
sabot **101** 47
sabre, light ~ **294** 20, 34
sabre fencer **294** 19
sabre fencing **294** 19-24
sabre gauntlet **294** 21
sabre glove **294** 21
sabre mask **294** 22
sabreur **294** 19
sack **38** 34
sacker **92** 39
Sacrament **331** 48
sacrarium **330** 32
sacristan **330** 26, 58
sacristy **331** 13
sacristy door **330** 17
sacrum **17** 21; **20** 59
saddle *Phys. Geog.* **12** 16, 42
saddle *Mach. Tools* **149** 13
saddle, adjustable ~ **188** 4
saddle, English ~ **71** 45-49
saddle, reciprocating ~ **185** 24
saddle, unsprung ~ **290** 17
saddle, western ~ **71** 37-44
saddle apron **149** 16
saddleback roof **37** 5; **121** 1
saddle bag **187** 25
saddle clip **126** 53
saddle-pad **71** 17, 31
saddle roof **37** 5; **121** 1
saddles **71** 37-49
saddle seat **71** 37
saddle spring **187** 23
saddle stitching **31** 45
saddle tree **374** 1
safe **246** 22
safelight **116** 21
safety bar **301** 58
safety binding **301** 2
safety bonnet **85** 36
safety brake **85** 15
safety catch *Atom* **2** 40
safety catch *Household* **50** 25
safety catch *Hunt.* **87** 8, 24
safety catch *Army* **255** 14
safety catch, sliding ~ **87** 25
safety chain **126** 3
safety current **127** 2
safety curtain **316** 24
safety device **290** 13
safety equipment **316** 18
safety glass **124** 5
safety glasses **140** 21
safety helmet **84** 23; **140** 22; **158** 10; **300** 53
safety helmet, shock-resisting ~ **127** 48
safety hood **85** 36
safety jet **301** 53
safety key **140** 48
safety latch **50** 25
safety lighting **312** 6
safety lock **140** 44
safety net *Warships* **259** 18
safety net *Circus* **307** 14
safety nut **187** 64
safety pin **328** 27
safety rail **119** 43
safety valve *Roof & Boilerr.* **38** 70
safety valve *Railw.* **210** 3
safety wall **122** 35
saffron milk cap **381** 29
saggar **161** 2
sagger **161** 2
Sagittarius **3** 37; **4** 61
sagittate **370** 37

sago **98** 39
sago palm **383** 58
sail **219** 1-72; **283** 62; **284** 2; **285** 8
sail, ballooning ~ **285** 4
sail, brailed-up ~ **218** 21
sail, fore-and-aft ~ **220** 15
sail, furled ~ **218** 21
sail, square ~ **218** 21, 33; **219** 55-66; **220** 16
sail axle **91** 5
sailboat *Playground* **273** 29
sailboat *Camping* **278** 12
sailboat *Sailing* **284** 10-48
sailboat, single-masted ~ **220** 6-8
sailboats, mizzen-masted ~ **220** 9-10
sailboats, two-masted ~ **220** 11-17
sailing **284**; **285**
sailing barge, ketch-rigged ~ **220** 9
sailing boat *Playground* **273** 29
sailing boat *Camping* **278** 12
sailing boat *Sailing* **284** 10-48
sailing boat, single-masted ~ **220** 6-8
sailing boats, mizzen-masted ~ **220** 9-10
sailing boats, two-masted ~ **220** 11-17
sailing close-hauled **285** 10
sailing downwind **285** 1
sailing ship **219**; **220**
sailing ships, development of ~ **220** 35-37
sailing ships, four-masted ~ **220** 28-31
sailing vessels, three-masted ~ **220** 18-27
sailing with free wind **285** 12
sailing with wind abeam **285** 11
sailor suit **309** 62
sailplane **287** 3
sailplane, high-performance ~ **287** 9
sails, fore-and-aft ~ **219** 20-31
sail shapes **220** 1-5
sail top **91** 6
sainfoin **69** 10
saint, Buddhist ~ **337** 10
Saint Andrew's cross bond **118** 65
salad **266** 51
salad bowl **45** 23
salad chicory **57** 40
salad cream **96** 29
salad drawer **39** 4
salad fork **45** 68
salad oil **98** 24; **99** 66
salad plants **57** 36-40
salad servers **45** 24
salad spoon **45** 67
salamander **364** 22
salamanders **364** 20-22
sal-ammoniac block **125** 6
sales area **99** 4
sales check **98** 44; **271** 7
salesclerk **98** 13
sales counter **271** 42, 61
salesgirl **97** 1; **98** 31; **99** 17; **271** 18, 63
saleslady **97** 1; **98** 31; **99** 17; **271** 18, 63
salesman **309** 29
sales premises **111** 1-19
sales shelf **99** 23
sales statistics **248** 46
salicional **326** 23-30

salientians **364** 23-26
salina *Map* **15** 32
salina *Spa* **274** 1-7
sallow **371** 24
salon, men's ~ **106** 1-42
salon mirror **105** 20; **106** 6
saloon, lower ~ **194** 37
saloon, upper ~ **194** 38
saloon car **193** 4, 25
salt **98** 40
salt, common ~ **1** 9
salta **276** 20
salta piece **276** 21
salt cake storage tank **172** 36
salt cellar **266** 77
salt mine **154** 57-68, 72
saltstick **97** 31
salt water outlet **145** 33
salt water pipe **145** 33
salt water tank **146** 17
salt works *Map* **15** 32
salt works *Spa* **274** 1-7
salt works attendant **274** 5
saltzstange **97** 31
salvage **227**
salvage tug **227** 5, 16
salvaging **227** 1
Salvator beer **93** 26
salving **227** 1
sampan **353** 31
sample beam **115** 36
sample sagger **161** 2
sample scoop **98** 72
samson post **223** 35
samson post, ventilator-type ~ **221** 58
samurai **353** 37
sanctuary **330** 32
sanctuary lamp **330** 49
sanctus bell **330** 46
sand *Map* **15** 6
sand *Bldg. Site* **118** 36; **119** 26
sandal **101** 51
sandal, ladies' ~ **101** 49
sandal court shoe **101** 27
sandbag **216** 50; **288** 65
sandbank **227** 3
sand bed **123** 8
sand belt, endless ~ **133** 15
sand box *Railw.* **212** 59, 76
sandbox *Playground* **273** 64
sand delivery pipe **148** 38
sand deposit **216** 52
sand dome **210** 14
sander **129** 30
sander, orbital ~ **134** 53
sander, single-belt ~ **133** 30
sander control **211** 32
sander switch **211** 32
sandhill **273** 66
sand hills **15** 6
sanding **129** 28
sanding attachment, orbital ~ **134** 53
sanding belt, endless ~ **133** 15
sanding belt regulator **133** 14
sanding disc **134** 25
sanding dust extractor **133** 28
sanding machine, single-belt ~ **133** 30
sanding table **133** 35
sanding valve **210** 55
sanding wheel **133** 27
sand lizard **364** 27
sandpaper **128** 14; **129** 25; **135** 25
sandpaper block **128** 13; **129** 26
sand pipe **210** 15, 19
sandpit **273** 64
sand star **369** 11
sand table **173** 13
sand track racing **290** 24-28

sand trap *Paperm.* 173 13
sand trap *Ball Games* 293 81
sand tube 210 15
sandwich 45 39
sandwich, open ~ 45 37
sandwich board 308 50
sandwich man 308 49
sanitary articles 99 35
San-José scale 80 35
Sanserif 342 7
Sanserif type 342 7
Sanskrit 341 9
sap 120 85; 370 12
sappho 363 4
sapwood 120 85; 370 12
sarcophagus 335 53
sardine server 45 78
sardines in oil 98 19
Sargon's Palace 333 29
sartorius 18 45
Satan's mushroom 379 12
satchel 260 9
sate 137 34
satellite 4 45
satellite radio link 237 51-52
satellite sounding 7 33
satin stitch 102 10
Saturn 4 49
Saturn V 234 1, 2
sauceboat 45 17
sauce ladle 45 18
saucepan 40 16
saucer 44 30
sauna, mixed ~ 281 18
sauna stove 281 21
sausage 98 4; 99 54
sausage, broiled ~ 308 34
sausage, grilled ~ 308 34
sausage, pork ~ 99 55
sausage, scalded ~ 96 8
sausage filler 96 49
sausage fork 96 44
sausage meat 96 41, 52
sausages 96 6-11
sausage stand 308 32
sausage stuffer 96 49
sausage tongs 308 35
savings account 250 4
savoy 57 33
savoy cabbage 57 33
saw, butcher's ~ 94 19
saw, circular ~ 119 19; 125
24; 134 50
saw, free-cutting ~ 84 32
saw, two-handed ~ 120 68
saw, vertical frame ~ 157 2
sawbill 359 15
saw blade 120 62; 150 16; 157
3, 47; 260 54
saw carriage 132 71; 133 38
saw chain 84 35; 85 14; 85 15;
120 16
saw frame 138 25; 150 17;
157 8
saw guide 85 16
saw handle 132 4
sawing shed 120 3
sawmill 144 6; 157 1
saw rasp 134 6
saw set 132 42
saw-sharpening machine 157
42
saw tooth 96 33
sawtooth roof 121 20
saxboard 283 43
saxifrage, rotundifoliate ~
375 1
saxophone 324 69
scaffold 118 25; 122 34; 222
18
scaffold, steel ~ 5 18
scaffold, supporting ~ 14 50
scaffold, tubular steel ~ 119 46

scaffold board 122 70
scaffolding 215 62
scaffolding, tubular steel ~
119 46
scaffolding joint 118 30
scaffold pole 118 23
scaffold standard 118 23
scalding colander 96 45
scale *Map* 14 29
scale *Chem.* 349 35
scale *Fish etc.* 364 11
scale *Decid. Trees* 371 12
scale *Conifers* 372 34, 42, 45,
50
scale, triangular ~ 151 34
scale, wax ~ 77 25
scale adjustment 116 34
scale armour 329 64
scaled prickle fungus 381 24
scale insect 80 35
scale louse 80 35
scale pan *Kitch. Utensils* 40
37
scale pan *Chem.* 349 36
Scales *Astron.* 3 19; 4 59
scales *Doc.* 22 66
scales *Kitch. Utensils* 40 35
scales *Child. Rm.* 47 33
scales *Supermkt.* 99 88
scales *Photog.* 114 58
scales *Music. Not.* 320 45-49
scaling hammer 137 38
scallop shell 309 46
scalp 352 15
scalpel 26 43
scalper 340 7
scaly ant-eater 366 10
scanner 177 39
scanner film 177 72
scanning drum 177 45
scanning head 177 46, 63
scanning zone 243 47
scantling 120 10
scape 370 52
scapula 16 23; 17 7
scar 11 48
scarecrow 52 27
scarf *Ladies' Wear* 31 57
scarf *Men's Wear* 33 65
scarf *Headgear* 35 16
scarf *Bullfight. etc.* 319 38
scarf joint, oblique ~ 121 88
scarf joint, simple ~ 121 87
scarifier 200 20
scarlet pimpernel 61 27
scarlet runner 52 28; 57 8
scarlet runner bean 57 8
scarp 13 57
scatter cushion 42 27; 46 17
scauper 340 7
scaur, 11 48
scaw 11 48
scene *Theatre* 316 36
scene *Art* 334 45
scene number 310 35
scene painter 315 35
scene-repeat key 243 42
scenery 315 35
scenery projector 316 17
scene shifter 315 28; 316 46
scenic artist 315 35
scenic railway 308 39
scent, artificial ~ 289 49
sceptre, fool's ~ 306 59
schalmeys 322 14
schedule 204 16
schedule, engineer's ~ 210 52
Scheidt globe 349 1
schilling 252 13
schizocarp 370 94
schnapps 98 56
schnauzer 70 35
schnecke 97 38

schnorkel *Warships* 259 72,
90
schnorkel *Swim.* 279 11
schnorkel *Bathing* 280 39
school 260; 261
school bag 260 7
school book 47 25
school children's wear 29
31-47
school figure 289 7
school horse 289 3
school satchel 260 9
schooner, four-masted ~ 220
28
schooner, three-masted ~ 220
18
schooner, topsail ~ 220 11-13
Schottel propeller 227 20
Schwellwerk 326 45
scion 54 37
scion bud 54 23, 34
scissor-blade 106 35
scissor jump 295 39; 298 22
scissors *Shoem.* 100 43
scissors *School* 260 49
scissors *Gymn.* 296 51
scissors *Athletics* 298 22
scissors, angled ~ 22 51
scissors, bull-nosed ~ 128 34
scissors, curved ~ 26 42
scissors movement 296 51
scoop *Doc.* 22 50
scoop *Hosp.* 26 52
scoop *Graphic Art* 340 8
scoop thermometer 92 53
scooter 188 47
scooters 188
scoreboard 293 34, 70
scorer 293 71
scoring equipment, electrical
~ 294 25-33
scoring equipment, electronic
~ 294 32
scoring light 294 28
scorper 340 7
Scorpio 3 38; 4 60
Scorpion *Astron.* 3 38; 4 60
scorpion *Articulates* 358 40
scorzonera 57 35
Scots pine 372 20
Scottish terrier 70 17
scouring machine, open-
width ~ 168 8
scouring nozzle 216 62
scouring tunnel 217 62
scouring wheel 100 6
scout 278 11
scout camp 278 8-11
scrag 95 6
scrag end 95 6
scramble racing 290 24-28
scrambling motorcycle 189 16
scrap box 141 15
scraper *Butch.* 96 42
scraper *Paperhanger* 128 10
scraper *Painter* 129 23
scraper *Graphic Art* 340 63
scraper, pointed ~ 140 63
scraper, triangle ~ 140 63
scraper adjustment 340 62
scraper and burnisher 340 17
scraper blade 200 17
scraper floor, movable ~ 62
24
scrap iron charging box 147
26
scrap iron feed 147 65
scray entry, curved ~ 168 47
scree 11 47; 12 45; 13 29
screech owl 362 17
screed 123 41
screeding beam 201 14
screeding board 201 14

scree ledge 300 4
screen *Hunt.* 86 9
screen *Fish Farm.* 89 10
screen *Bldg. Site* 118 85
screen *Paperm.* 172 57
screen *Refuse Coll.* 199 11
screen *Post* 236 40
screen *Inf. Tech.* 242 84
screen *Swim.* 281 17
screen *Films* 310 16, 51; 312
11
screen, all-matt ~ 115 58, 59,
60, 65
screen, centrifugal ~ 172 22,
56
screen, crystal glass ~ 179 24
screen, fluorescent ~ 74 40
screen, ground glass ~ 112 24;
115 58, 59, 60, 61, 65, 66;
177 2, 34
screen, illuminated ~ 177 20;
264 30
screen, inner ~ 240 20
screen, lead ~ 259 70
screen, magnetic ~ 240 20
screen, matt ~ *Optic. Instr.*
112 24
screen, matt ~ *Photog.* 115 61,
66
screen, protective ~ 154 74
screen, rotary ~ 172 2
screen, secondary ~ 172 58
screen, vibrating ~ 158 21
screen curtain 312 10
screen frame, mobile ~ 168 60
screen holder, hinged ~ 177 3
screening 156 14
screening, inner ~ 240 20
screening, magnetic ~ 240 20
screenings 158 22
screen magazine 177 9
screen printing 168 59
screen printing operator 168
65
screen table 168 63
screen work 136 4
screw *First Aid* 21 16
screw *Metalwkr.* 140 4
screw *Weaving* 165 36
screw *Life-Sav.* 228 26
screw, cheese-head ~ 143 36
screw, cross-head ~ 143 26
screw, feathering ~ 224 19
screw, hexagonal socket head
~ 143 27
screw, main ~ 148 62
screw, self-tapping ~ 143 26
screw, ship's ~ 221 44; 222 72;
223 62
screw, slotted ~ 143 36
screw, three-blade ~ 223 62
screw-back 277 4
screw base 127 59
screw block 136 8
screw clamp 120 66
screw conveyor 92 26
screw-cutting machine 125
27; 126 86
screw die 140 61
screw dive 282 44
screwdriver 109 6; 126 69;
127 46; 134 4; 140 62
screwdriver, cross-point ~
134 5
screwgate 300 47
screw groove 143 38
screw log 224 54
screw joint 126 42
screw post 222 71
screws 143 13-50
screw slit 143 38
screw slot 143 38
screw tap 140 60

screw thread **50** 50
screw wrench **126** 67
scrim **183** 33; **185** 20
scrim roll holder **185** 19
script *Films* **310** 45
script *Script* **341**; **342**
script, cuneiform ~ **341** 8
script, director's ~ **316** 44
script, Latin ~ **342** 12
script, producer's ~ **316** 44
script, Sinaitic ~ **341** 13
script, uncial ~ **341** 17
script girl **310** 39
scripts **341** 1-20
Scriptures **330** 11
scroll *Music. Instr.* **323** 17
scroll *Art* **333** 26; **334** 23
scroll, Vitruvian ~ **334** 39
scroll-opening roller **168** 13
scrollwork **336** 8
scrotum **20** 71
scrubber **156** 22, 23, 24
scrubbing agent **156** 37
scrubbing brush **50** 56
scrubbing oil tank **156** 43
scrub board **123** 21, 63
scrum **292** 20
scrummage **292** 20
scuba **279** 19
scull **283** 17, 35-38
sculptor **339** 1
sculpture **339** 32
sculpture, modern ~ **272** 64
scut **88** 19, 62
scutcher, double ~ **163** 14
scutcher lap **163** 47
scutcher lap holder **163** 48
scutch grass **61** 30
scutellum **82** 5; **358** 30
scythe **66** 12
scythe blade **66** 13
scythe sheath **66** 18
scythestone **66** 19
sea **13** 26; **14** 19-26
sea, epeiric ~ **14** 26
sea, epicontinental ~ **14** 26
sea, marginal ~ **14** 26
sea, open ~ **227** 4
sea anemone **369** 20
sea bear **367** 18
seabirds **359** 11-14
sea calf **367** 19
sea couch grass **61** 30
sea cucumber **369** 18
sea deity **327** 23
sea divinity **327** 23
sea dog **367** 19
sea fan **369** 8
sea feather **369** 14
sea fishing **90**
Sea Goat **3** 36; **4** 62
sea goddess **327** 23
sea grass **378** 54
sea hedgehog **357** 39; **369** 19
sea horse **364** 18
seakale beet **57** 28
seal **190** 69
seal, clay ~ **269** 39
seal, loam ~ **269** 39
sea ladder **221** 91
sea lead **89** 92
sea level **11** 11
sea lily **369** 3
sealing tape **126** 75
seals **367** 18-22
seam **14** 29
sea maid **327** 23
sea maiden **327** 23
seaman **327** 23
sea marks **224** 68-108
seam binding **103** 14; **104** 19
seamless engraving
    adjustment **177** 53

sea monster **327** 47
seam roller **128** 36
sea nymph **327** 23
sea otter **367** 17
sea ox **327** 47
sea pen **369** 14
seaplane **232** 1, 5
seaquake **11** 53
search **264** 31
searchlight **258** 28
Sea Serpent **3** 16
seaside pleasure boat **221** 15
sea star **357** 38; **369** 17
sea strait **14** 24
seat *Man* **16** 40
seat **24** 24; **41** 10; **44** 11; **65**
    22; **71** 45; **212** 63; **271** 35;
    273 58; **283** 28; **303** 6; **307**
    15; **312** 9; **315** 20
seat *Mach. Parts etc.* **143** 65
seat, back ~ **193** 22
seat, captain's ~ **235** 17
seat, child's ~ **187** 21
seat, circular ~ **281** 38
seat, coachman's ~ **186** 8
seat, commander's ~ **235** 17
seat, conical ~ **143** 67
seat, co-pilot's ~ **230** 37; **235**
    18
seat, cox's ~ **283** 27
seat, double ~ **197** 19; **207** 63
seat, driver's ~ **186** 8; **191** 34;
    210 59
seat, engineer's ~ **210** 59
seat, fireman's ~ **210** 59
seat, folding ~ **193** 22; **207** 12
seat, instructor's ~ **257** 7
seat, observer's ~ **257** 7
seat, pilot's ~ **230** 36; **235** 18;
    257 6
seat, rear ~ **191** 31
seat, reclining ~ **191** 34; **207**
    44, 64
seat, single ~ **197** 17; **207** 62
seat, sliding ~ **283** 41-50, 44
seat, student pilot's ~ **257** 6
seat, upholstered ~ **207** 44;
    208 25; **265** 10
seat cushion **42** 23
seated position **296** 31
seating **330** 28
seating group **42** 21-26
seat pillar **187** 24
seat stay **187** 19
seat stick **86** 10
seat tube **187** 18
seat upholstery **207** 65
sea urchin **357** 39; **369** 19
seawater desalination plant
    146 25
sea wave, seismic ~ **11** 53
sea wing **232** 3
secant **346** 50
secateurs **56** 50; **78** 12
second **299** 44
secondary **153** 16
secondary school **261**
second base **292** 43
second-class seating
    arrangement **211** 58
second-class section **207** 10;
    208 22
seconde engagement **294** 50
second-hand stall **308** 60
second indicator **110** 21
second man **300** 26
second-stage separation
    retro-rocket **234** 37
seconds timer **129** 39
secretary **209** 27
secretary, proprietor's ~ **248**
    31
section *Forestry* **84** 2

section *Drawing Off.* **151** 28
section *Bookbind.* **183** 12
section *Railw.* **203** 29
section, hollow ~ **215** 5
section, middle ~ **215** 68
section, tubular ~ **215** 5
section line *Map* **15** 112
section line *Forestry* **84** 1
section line *Drawing Off.* **151**
    27
section mark **342** 36
section of warp rib fabric **171**
    14
sections **143**
sections, conic ~ **347** 11-29
sector **346** 54
securities **251** 11-19
security **251** 1-10
security, fixed-income ~ **251**
    11-19
security, unlisted ~ **251** 5
security drawer **236** 22
sedan **193** 4, 25
sedge *Phys. Geog.* **13** 17
sedge *Indoor Plants* **53** 17
sedilia **330** 41
sediment *Phys. Geog.* **13** 69
sediment *Doc.* **23** 50
sediment filter, stainless steel
    ~ **79** 8
seed *Plant Propagn.* **54** 3
seed *Soft Fruit* **58** 23
seed *Drupes & Nuts* **59** 8
seed *Agr.* **63** 12
seed *Arable Crops* **68** 13, 15,
    25
seed *Bot.* **370** 86
seed *Decid. Trees* **371** 20, 65
seed *Conifers* **372** 9, 10, 15, 28,
    37, 54, 57, 60, 71
seed *Flowers etc.* **375** 25, 28
seed *Alp. Plants etc.* **378** 33, 34
seed *Trop. Plants* **382** 20, 34,
    35, 39, 45
seed *Industr. Plants* **383** 15,
    23, 24, 57
seed *South. Fruits* **384** 10, 20,
    21, 47, 52, 58
seed, foraminate ~ **383** 57
seed, oleiferous ~ **383** 3, 5
seedbed preparation **63** 31-41
seed capsule **61** 5
seed corn **63** 12
seed-dressing machine **83** 52
seed dusting **83** 52
seed fish **89** 13
seed-harrow, combination ~
    Agr. **63** 41
seed-harrow, combination ~
    Agr. Mach. **65** 87
seed hopper **65** 75
seed leaf **370** 87
seedling *Plant Propagn.* **54** 6
seedling *Market Gdn.* **55** 23
seedling *Forestry* **84** 7, 9
seedling box **55** 51
seedling nursery **84** 6
seedling plant **54** 6
seedlip **63** 11
seed lobe **370** 87
seed pan **54** 2
seed pike **89** 11
seed potato **68** 39
seed sowing **54** 1
seed tuber **68** 39
seed vessel **57** 6; **378** 5; **383** 8
seed vessel, circumscissile ~
    370 95
seesaw **273** 35; **307** 59
Seger cone **161** 6
seggar **161** 2
segment *Maths.* **346** 52
segment *Invertebr.* **357** 25

segment disc shutter **313** 8
seismograph, horizontal ~ **11**
    39
seismology **11** 32-38
seismometer **11** 39
seizing **90** 5
selector **237** 42
selector, electronic ~ **237** 42
selector fork **192** 42, 45
selector head **192** 44
selector motor **237** 48
self-discharge freight car **213**
    24
self-discharge wagon **213** 24
self-feeder **74** 13
self-heal **376** 16
self-rescue **21** 33
self-service restaurant **266**
    45-78
self-service station **196** 1-29
self-threading guide **165** 18
self-time lever **115** 15
self-timer **115** 15
selvedge **166** 11; **171** 20, 24
selvedge shaft **171** 22
selvedge thread draft **171** 20
semaphore arm **203** 2
semaphore arm,
    supplementary ~ **203** 8
semaphore signal **203** 1, 7, 12
semibold **175** 3
semibreve **320** 13
semibreve rest **320** 21
semicircle **346** 46
semicolon **342** 19
semidome **334** 73
semiquaver **320** 17
semiquaver rest **320** 25
semitone **320** 50, 52
semi-trailer *Lorries etc.* **194**
    30-33
semi-trailer *Station* **206** 59
semolina **98** 36
sending-off **291** 61
senna **380** 16
senna leaf **380** 16
sensing element **10** 22
sepal **58** 8, 44; **59** 12; **370** 58
separating funnel **349** 3
separating layer **7** 10
separating rail **164** 30
separation plant **199** 31
separation rocket motor, aft ~
    235 62
separation rocket motor,
    forward ~ **235** 60
separator *Bldg. Site* **119** 81
separator *Offshore Drill.* **146**
    28
separator *Cotton Spin.* **164** 43
separator *Paperm.* **172** 31
separator *Roulette* **275** 30
separator, centralized ~ **172**
    15
septimole **321** 23
septolet **321** 23
septum **77** 43
septum, interventricular ~ **20**
    52
septum, ventricular ~ **20** 52
septuplet **321** 23
sequestrum forceps **26** 45
sequoia **372** 69
seraglio, Sultan's ~ **306** 41
serial number *Stock Exch.*
    251 13
serial number *Money* **252** 36
series, arithmetical ~ **345** 11
series, geometrical ~ **345** 12
series, inner ~ **375** 32
series, outer ~ **375** 31
series of moulds **147** 36
Serpens **3** 20

Serpent *Astron.* 3 20
serpent *Gymn.* 297 48
serpent *Music. Instr.* 322 13
serpent, nine-headed ~ 327 33
serpent, paper ~ 308 14
serrate 370 44
serratus anterior 18 42
serrulate 370 44
server *Ball Games* 293 51, 62
server *Church* 330 40
service 293 42
service area 293 61
service bell panel 267 28
service bridge 217 72
service building 154 36
service bunker 156 3
service counter 250 4
service court 293 12
service girder, adjustable ~ 119 78
service line 293 6-7
service line judge 293 27
service module 6 2
service module main engine 234 57
service pistol 264 22
service riser 126 7
service room 329 27
service station 196 1-29
service tray 105 31
service vehicle 233 22
servicing craft 258 93
serviette 45 9; 266 47
serviette ring 45 10
serving, jute ~ 153 49
serving area 207 79
serving cutlery 45 69-70
serving fork 45 70
serving hatch 266 66
serving spoon 45 74, 75
serving trolley 45 32
servo-actuating mechanism 257 22, 23
servo cylinder 192 50
servo unit 192 50
sesame plant 383 45
sesquiplane 229 13
set *Plant Propagn.* 54 20
set *Blacksm.* 137 34
set *Composing Rm.* 175 48
set *Ball Games* 293 37
set *Maths.* 348 1, 3
set collar 143 33
set designer 310 43; 315 37
set hammer 137 33
set head 143 57
set of rolls 148 54-55
set piece 315 30; 316 47
sets 348
set screw 127 21
set square 151 7
set square, adjustable ~ 151 4
set square, steel ~ 108 28
sett 137 34
settee 42 24
setting 54 18
setting and hatching machine 74 28
setting lever 115 15
setting lotion 106 23
setting rule 174 14
setting stick 174 13
set trigger 87 12
set trigger, second ~ 87 11
Seven Sisters 3 26
seventh chord 321 5
sewer, combined ~ 198 27
sewing 183 8, 34
sewing cord 183 10
sewing frame 183 9
sewing machine *Dressm.* 103 8

sewing machine *Tailor* 104 12
sewing machine *Bookbind.* 185 16
sewing machine cotton 103 12
sewing machine drawer 104 18
sewing machine table 104 17
sewing machine thread 103 12
sewing mechanism 133 5
sewing needle 185 21
sewing silk 104 10
sewing thread 183 11
sex organs, female ~ 20 79-88
sex organs, male ~ 20 66-77
sextant 224 1
sextolet 321 23
sexton 330 26, 58
sextuplet 321 23
sgraffito 338 41
shading 55 6
shading panel 55 9
shadow 34 17
shadow mask 240 17
shadow mask mount, temperature-compensated ~ 240 22
shadow roll 289 30
shaft *Farm Bldgs.* 62 20
shaft *Agr. Mach.* 64 59
shaft *Mach. Parts etc.* 143 61
shaft *Nucl. Energy* 154 69
shaft *Cotton Spin.* 164 42
shaft *Weaving* 166 4
shaft *Carriages* 186 19, 30
shaft *Aircraft* 232 56
shaft *Rowing* 283 37
shaft *Ball Games* 291 26
shaft *Sports* 305 64
shaft *Art* 333 27
shaft, intermediate ~ 232 57
shaft, main ~ *Coal* 144 24
shaft, main ~ *Car* 192 40
shaft alley 223 66
shaft bossing 223 59
shaft chain 71 20
shaft furnace 147 1
shaft guide 166 3
shaft strut 223 61
shaft tunnel 223 66
shag *Tobacc. etc.* 107 25
shag *Birds* 359 10
shake 321 17, 18
shaker 324 59
shallot 328 18
shallows 224 87, 97
shaman 353 24
shampoo 106 20
shampoo basin 105 29; 106 12
shampoo bottle 105 32
shampooing head 50 79
shampoo spray 105 30; 106 13
shampoo unit 105 28; 106 11
shank *Man* 16 52
shank *Meat* 95 14, 33
shank *Shoem.* 100 68
shank *Metalwkr.* 140 33
shank *Mach. Parts etc.* 143 15, 53
shaper 150 45
shapes game 48 19
shaping, final ~ 162 28, 36
shaping hammer 108 40
shaping machine *Dairy.* 76 35
shaping machine *Mach. Tools* 150 45
shaping pad 104 23
shard 161 21
share *Agr. Mach.* 65 7, 58, 65
share *Stock Exch.* 251 11-19
share, pointed ~ 65 65
share, three-bladed ~ 64 67
share certificate 251 11

share register 251 14
share warrant 251 11
shark 364 1
sharp 320 50
sharpie 284 53
shave 136 39
shave, clean ~ 34 25
shaver, electric ~ 49 37
shaving 120 80
shavings 132 40; 135 26
shawl 31 71
shawm 322 14
shawm, double ~ 322 3
shearing train 148 74, 75
shears 128 34
shears, tinner's ~ 125 1
sheatfish 364 12
sheath *Arable Crops* 68 9
sheath *Forestry* 84 30
sheath, lead ~ 153 39, 47
sheath, leather ~ 283 41
sheathfish 364 12
sheathing paper 122 62
shed 166 40
shed roof 37 78; 121 7
sheep 73 13
sheepdog 70 25
sheep pen 75 9
sheer 259 23
sheer strake 222 44
sheet *Household* 50 5
sheet *Offset Print.* 180 17, 47
sheet *Ship* 219 68
sheet *Office* 249 57
sheet *Fire Brig.* 270 18
sheet *Gymn.* 297 11
sheet, blank ~ 180 69; 181 23, 30
sheet, corrugated ~ 122 98
sheet, linen ~ 43 9
sheet, plastic ~ 76 28
sheet, printed ~ 180 55, 57; 181 25
sheet, single ~ 340 27
sheet, unprinted ~ 180 69; 181 23, 30
sheet cloud 8 3, 4, 8, 9, 10
sheet counter 181 54
sheet delivery 249 54
sheet feeder 180 31, 48, 68, 74; 181 24; 184 16; 185 25
sheet feeder, automatic ~ 181 5
sheet-feeding station 184 16
sheet glass 124 5
sheet glass production 162 1-20
sheeting support 119 86
sheet metal 128 17
sheet-metal screw 143 26
sheet of glass 162 10
sheet of stamps 236 21
sheet pile 119 17
sheet pile bulkhead 217 5
sheet pile wall 119 17; 217 5
sheet piling 119 17; 217 5
sheet shears 125 26
sheet zinc 122 14
shelf 44 19; 98 14; 100 36; 195 14; 271 27
shelf, continental ~ 11 8
shelf, revolving ~ 39 28
shelf, steel ~ 262 12
shelf, wall-mounted ~ 248 40
shelf for bottles 266 10; 267 64; 317 4
shelf for glasses 266 9; 267 65; 317 5
shelf unit 46 1
shell *Cooper* 130 23
shell *Shipbuild.* 222 44-49
shell *Rowing* 283 33, 48

shell *Ball Games* 293 33
shell *Invertebr.* 357 29
shell *Fish etc.* 364 29
shell, soft ~ 59 42
shell, steel ~ 154 21
shell bit 135 16
shell bossing 223 59
shell membrane 74 60
shell plating 222 44-49
shells 283 9-15
shelter 223 17
shelving 248 28
shepherd bird 361 4
shepherd's purse 61 9; 376 9
shepherd's weatherglass 61 27
sherd 161 21
sherry glass 45 84
shield *Game* 88 55
shield *Plumb. etc.* 126 33
shield *Ship* 218 17
shield *Heraldry* 254 5
shield *Ethnol.* 354 10
shield, concrete ~ 154 20
shield, concrete and lead ~ 1 57
shield, protective ~ 2 46
shield, round ~ 329 57
shield, sliding ~ 2 32
shield budding 54 30
shielding, protective ~ 2 46
shielding-gas supply 142 34
shielding wall, lead ~ 2 46
shield volcano 11 13
shifting spanner 126 68
shift key 249 3
shift lock 249 5
shift pattern 192 47
shikara 337 26
shin 95 22, 28
shinbone 17 25
shingle 34 34
shin guard 142 12; 291 34
shin pad 292 9; 302 33
ship, five-masted ~ 220 35
ship, four-masted ~ 220 31
ship, full-rigged ~ 220 24-27, 31, 35
ship, stranded ~ 228 10
shipbuilding 222
shipbuilding sheds 222 3-4
shipbuilding yard 222 1-43
'ship cleared through customs' 253 36
ship-drawing office 222 2
ship fix 224 45
ship of the line 218 51-60
shipper 206 28
shipping traffic radio telephone 224 28
ship run aground 227 2
ship under construction 222 30
shipyard 222 1-43
shirt 30 26; 291 56
shirt, boy's ~ 29 61
shirt, casual ~ 32 38; 33 37
shirt, check ~ 33 50
shirt, knitted ~ 33 36
shirt, short-sleeved ~ 33 33
shirt-blouse 30 40
shirt button 33 34
shirts, men's ~ 32 38-47
shirt top 30 45
shirtwaist 319 23
shirt-waister dress 30 10
Shiva 337 19
shoals 224 87, 97
shoat 75 42
shock absorber *Moon L.* 6 32
shock absorber *Car* 191 26; 192 69
shock absorber *Railw.* 207 4
shock absorber, telescopic ~

188 41; 189 23
shock treatment 25 26
shock wave 11 35
shoe Mills 91 14
shoe Bldg. Site 119 50
shoe, bast ~ 122 75
shoe, chisel-shaped ~ 65 58
shoe, copped ~ 355 42
shoe, diamond-shaped ~ 65 58
shoe, finished ~ 100 1
shoe, hemp ~ 122 75
shoe, high-heeled ~ 101 33
shoe, laced ~ 101 31
shoe, peaked ~ 355 42
shoe, piked ~ 355 42
shoe, repaired ~ 100 1
shoe, slater's ~ 122 75
shoe brake 143 97
shoe brush 50 41
shoe buckle 101 52
shoe care utensils 50 39-43
shoelace 100 64
shoemaker 100
shoe polish 50 39, 43
shoes 41 16; 101
shoe sieve 64 19
shoe spray 50 40
shoot 54 37; 370 19-25
shoot, female ~ 372 46, 48
shoot, long ~ 78 3
shoot, male ~ 372 44, 49, 56
shoot, short ~ 372 23, 31
shooting Hunt. 86 47-52
shooting Films 310 14-60, 26-60
shooting, exterior ~ 310 18
shooting, outdoor ~ 310 18
shooting box 305 78
shooting brake 193 15
shooting gallery 308 58
shooting positions 305 27-29
shooting range 305 74
shooting script 310 45
shooting seat 86 10
shooting star 7 25
shooting station 305 78
shooting stick 86 10
shop 195
shop, goldsmith's ~ 215 33
shop assistant 97 1; 98 13, 31; 99 17; 271 18
shop front 268 42
shopkeeper 98 41
shopper 50 87
shopping bag 98 45; 99 3; 268 19
shopping trolley 50 87; 99 1
shop shelf 47 36
shop sign 268 39
shop walker 271 33
shop window 268 10
shop window decoration 268 12
shop window display 268 11
shorthand 342 13
shorthand pad 245 29; 248 32
shorthand writing 342 13
short measure 294 10
short/medium haul airliner 231 4; 231 11
short run 184 1; 249 59
shorts 33 25; 291 57
shorts, children's ~ 29 25
shorts, ladies' ~ 31 39
shorts, leather ~ 29 32
short standing 75 22
short stop 292 42
short wave 7 26
short-wave station 237 54
short-wave therapy apparatus 23 22, 39
shot Athletics 298 49

shot Sports 305 52
shote 75 42
shot firer 158 25
shotgun, over-and-under ~ 87 33
shot number 310 35
shot put 298 48
shoulder Phys. Geog. 12 41
shoulder Man 16 22
shoulder Horse 72 18
shoulder Game 88 17, 38
shoulder Meat 95 5, 9
shoulder Composing Rm. 175 40
shoulder balance 295 29
shoulderblade 16 23; 17 7
shoulder button 31 15
shoulder cape 355 39
shoulder girdle 17 6-7
shoulder guard 142 5
shoulder iron 38 33
shoulder landing 298 12
shoulder rest 255 9, 31, 39
shoulder stand 295 29
shoulder strap 260 11
shoulder strap, frilled ~ 29 14
shovel 55 14; 137 2; 200 1; 255 77
shovel, mechanical ~ 118 81
shovel, wooden ~ 91 24
shovel bucket 118 82
show booth 308 6
showcase 271 13
shower Meteorol. 8 19
shower Meteorol. etc. 9 37
shower Life-Sav. 228 30
shower Swim. 282 2
shower, lukewarm ~ 281 29
shower adjustment rail 49 43
shower attachment, extendible ~ 126 30
shower base 49 44
shower bath 282 2
shower cubicle 49 39
shower curtain 49 40
shower head, adjustable ~ 49 41
shower nozzle 49 42
'showers' 233 46
show jumping 289 8-14
showman 308 10
show people, travelling ~ 308 25-28
shredding 169 6
shrew 366 7
shrew mouse 366 7
shrimp 369 12
shrine 337 21
shrine, Buddhist ~ 337 21
shrink foil 76 25
shrink ring 130 24
shrink-sealing machine 76 24
shroud 219 16; 284 18
shrub, anemophilous ~ 59 44-51
shrub, ornamental ~ 272 14
shrub, wind-pollinating ~ 59 44-51
shrub bed 55 37
shrubs, ornamental ~ 373; 374
shuck 68 33
shunter 206 43
shunting engine 206 43
shunting locomotive 206 43
shutter Market Gdn. 55 9
shutter Mills 91 4
shutter, folding ~ 37 30
shutter, louvred ~ 212 84
shutter, rolling ~ 37 28
shutter, side ~ 119 55
shutter board 118 41; 119 18, 76

shutter catch 37 31
shuttering 119 54-76; 123 10
shuttering, bottom ~ 119 54
shuttering board 119 76
shuttering strut 119 13
shutter opening 304 12
shutter release 114 12, 31; 115 18; 117 6; 313 24, 38
shutter release button 114 12; 115 18
shutter speed control 114 35; 115 19
shutter speed setting knob 115 19
shutter weir 217 65-72
shuttle Needlewk. 102 20
shuttle Weaving 166 9, 26
shuttle Ball Games 293 44
shuttle box 166 9
shuttlecock 273 7; 293 44
shuttlecock game 273 6
shuttle eye 166 29
shuttle tip, metal ~ 166 25
sickle 56 8
side Man 16 32
side Optician. 111 13
side Joiner 132 23
side Weaves 171 32
side Billiards 277 5
side Art 336 40
side Maths. 346 26, 27
side, subordinate ~ 252 9
side, woven ~ 136 18
side batten 222 62
side blackboard 260 35
sideboard Dining Rm. 44 20
sideboard Tablew. etc. 45 44
side board Farm Bldgs. 62 25
sideboards 34 24
sideburns 34 24
sidecar 290 30
sidecar body 189 54
sidecar combination 290 29
sidecar crash bar 189 55
sidecar machine 189 53
sidecar wheel 189 57
sidecar windscreen 189 58
sidecar windshield 189 58
side cast, two-handed ~ 89 32
side ceiling 222 62
side comb 105 6
side control 180 5, 20
side drum 323 51
side elevation 207 1, 22-25, 37, 60, 74
side flat 310 33
side frame 165 12; 167 20
side girder, longitudinal ~ 222 52
side grafting 54 36
side grip 134 45
side horse 296 5
side joint 111 14
side lay control 180 5, 20
sidelight 189 56; 191 20; 223 15
sidelight, green ~ 286 11
sidelight, headlight, and parking light switch 191 62
sidelight, port ~ 286 12
sidelight, red ~ 286 12
sidelight, starboard ~ 286 11
sideline 292 17; 293 2 - 3, 4 - 5; 293 55
side margin control 180 5, 20
sidemarker lamp 189 56; 191 20
side note 185 68
side of pork 94 23
side panel, removable ~ 188 48
side parting 315 1
side planking 62 25

side pocket 33 12
siderostat 5 16
side rudder 218 6
side shoot 370 21
sideshow 308 24
side slit 30 49
side split 295 15
side stake 206 24
side stay 284 18
sidestep 301 27
sidestepping 299 29
side stop 200 34, 44
side straddle 295 3
side strake 222 45
side stringer 222 50
side stroke 282 36
side support Shipbuild. 222 40
side support Free Exerc. 295 25
side thrust kick 299 19
side trappings 71 16
side view 207 1, 22-25, 37, 60, 74
sidewalk 37 60; 198 9
sidewall Electrotyp. etc. 178 45
sidewall Railw. 213 29
side wall Music. Instr. 323 4, 25
side-whiskers 34 24
side window blower 191 61
siding 206 50
Siemens-Martin open-hearth furnace 147 21-30
sieve Market Gdn. 55 13
sieve Graphic Art 340 24
sieve, louvred-type ~ 64 17
sieve, reciprocating ~ 64 19
sieve, upright ~ 55 13
sieve extension 64 18
sifter 91 26
sight 87 65; 255 45
sight, front ~ 87 71; 255 3, 23, 37; 305 42
sight, optical ~ 305 41
sight, telescopic ~ 87 29; 255 28; 305 49
sight graticule 87 31-32
sighting mechanism 255 45
sighting notch Hunt. 87 66
sighting notch Army 255 22
sight scale division 87 68
sign, chequered ~ 203 30
sign, illuminated ~ 203 38
signal 205 42
signal, distant ~ 203 7-24
signal, main ~ 203 1, 1-6
signal, visual ~ 238 30
signal and radar mast 221 7
signal arm 203 2
signal box 15 24
signal box, electrically-operated ~ 203 61
signal box, manually-operated ~ 203 53
signal element 243 60
signal flags 253 22-34
signal generator 313 30
signaling see signalling
signal knob 203 62
signal lever 203 56
signal light Power Plant 153 3
signal light Cotton Spin. 164 8
signal light Railw. 212 15
signal light Ship 221 125
signalling equipment 203
signalling lamp 223 7
signalling mast 225 34
signal mast Map 14 51
signal mast Docks 225 34
signal position 203 4, 5, 10, 11
signals, supplementary ~ 203 25-44

signal stay 223 11
signal tower 14 51
signal tower, electrically-
   operated ~ 203 61
signal tower, manually-
   operated ~ 203 53
signal track 243 59
signature Bookbind. 183 12;
   185 69
signature Stock Exch. 251 15,
   16
signature, cross-folded ~ 185
   15
signature, parallel-folded ~
   185 13
signature code 185 69
signboard 118 45
signet ring 36 40
sign for day running 203 36
sign for night running 203 38
sign of parallelism 345 21
sign of similarity 345 22
signs, conventional ~ 15
   1-114
signs, zodiacal ~ 4 53-64
signs of the zodiac 4 53-64
signwriting brush 129 41
sikar 337 26
sikhara 337 26
silencer 191 29; 209 12, 22, 24;
   211 49; 305 93
silhouette 25 39
silicon atom 1 14
siliqua Weeds 61 20, 23
siliqua Bot. 370 93
siliqua Alp. Plants etc. 378 33
siliqua South. Fruits 384 46
siliqua, mature ~ 383 4
siliqua, ripe ~ 383 4
silk-cotton tree 383 20
silk moth 358 48
silk taffeta 35 36
silkworm 358 50
sill Phys. Geog. 11 31
sill Car 193 21
sill rail 120 56
silo 225 68
silo, above-ground ~ 62 11
silo, polythene ~ 62 43
silo cylinder 225 69
silo pipe 62 12
silver 254 25
silver-disc pyrheliometer 10
   23
silver fir 372 1
silverfish 81 14
silverleaf 371 23
silver owl 362 17
silver poplar 371 23
silverside 95 34
silversmith 108
sima 11 4
simple interest formula 345 7
simsim 383 45
Sinanthropus 261 18
sine 346 32
singer 315 22, 23
single, clinker-built ~ 283 18
single-hand control 185 7
single-loader 87 1
singles 293 4-5
single sculler 283 16
single-shot rifle 305 35
singles match 293 4-5
singles sideline 293 4-5
single-system recording 117 8
singlet 296 61
single-trip bottle 93 29
sinister 254 19,21,23
sink Phys. Geog. 11 49; 13 71
sink Kitch. 39 35
sink Forestry 84 28
sink Bakery 97 68

sink Coal 144 47
sink Energy Sources 155 16
sink School 261 6, 34
sink Camping 278 6
sinker Sea Fish. 90 10
sinker Knitting 167 58
sinker Navig. 224 73
sinker, oval ~ 89 88
sinkhole 11 49; 13 71
sink unit 39 33-36
Sinningia 53 7
sinter terraces 11 23
sinuate 370 48
sinus, frontal ~ 17 55
sinus, sphenoidal ~ 17 54
siphon barometer 10 1
siphon tube 10 43
siren Ship 223 3
siren Fabul. Creat. 327 58
siren, ship's ~ 224 32
sirenian 366 23
Sirius 3 14
sirloin 95 17; 96 4
sisal 35 13
siskin 361 8
site fence 118 44
site hut 118 48; 119 44
site of battle 15 93
site office 118 48
sit harness 300 57
situla, sheet-bronze ~ 328 34
Siva 337 19
six-day race 290 2-7
six-day racer 290 2
six-eight time 320 34
six-four time 320 35
sixte engagement 294 48
sixteenth note 320 17
sixteenth rest 320 25
six-to-pica 175 19
sixty-fourth note 320 19
sixty-fourth rest 320 27
size 128 4
size press 173 24
sizing 162 53
sizing and edging machine
   132 57
sizing machine 165 52
skateboard 273 51
skate guard 302 25
skate sailing 302 27-28
skate sailor 302 27
skeet 305 70-78
skeet choke 305 71
skeet shooting 305 70-78
skeg 279 3; 286 61
skeletal 194 30-33
skeleton Man 17 1-29
skeleton School 261 14
skeleton Winter Sp. 303 22
skeleton, siliceous ~ 357 8
skeleton construction 119 1
skeleton rider 303 23
skeleton toboggan 303 22
skeleton tobogganing 303
   22-24
skep 77 52
sketch for costume 315 40
sketch pad 338 35
skew notch 120 54
skew notch, double ~ 121 91
skew notch, single ~ 121 90
ski, compact ~ 301 1
ski, modern ~ 301 46
ski bag 301 28
ski bob 304 16
ski cap 35 39; 301 10
skid chain 304 10
skidder 85 34
skidder, short-haul ~ 85 27
skife knife 100 51
skiff 283 16
skiing 301 1-72

skiing boot, cemented sole ~
   301 12
skiing cap 35 39; 301 10
skiing goggles 301 11
ski jumping 301 35
ski jumping boot 301 41
ski jumping ski 301 38
ski lift 301 57-63, 59
skim coulter 65 11
skimmer 96 43
skimmer, stepped ~ 286 38-41
skimmer rod 148 17
skimmers 286 38-44
skim milk tank 76 17
skin Shipbuild. 222 44-49
skin School 261 9
skin Gliding 287 40
skin, light alloy ~ 235 11
skin, outer ~ Rowing 283 33,
   48
skin, outer ~ Ball Games 293
   33
skin diver 279 7
skin diving 279 7-27
skip Road Constr. 200 25
skip Railw. 213 38; 214 34
skip Gymn. 297 42, 45
skip hoist Iron & Steel 147 3
skip hoist Road Constr. 200
   14
ski pole 301 5
skipping 273 15
skipping rope 273 16; 297 43
skip rope 273 16
skip-winding system 144 25
skirt Child. Clothes 29 52
skirt Ladies' Wear 30 9; 31 3,
   24
skirt Army 255 85
skirt Motorboats etc. 286 66
skirt Airsports 288 48
skirt, aft ~ 235 63
skirt, girl's ~ 29 46
skirt, grass ~ 306 18
skirt, inverted pleat ~ 30 51
skirt, loden ~ 30 67
skirt, long ~ 30 45
skirt, pleated ~ 30 32
skirt, wrap-around ~ 31 13
skirt, wrapover ~ 31 13
skirting 123 21
skirting board 123 21, 63
skirt suit 31 1
skirt suit, girl's ~ 29 50
ski stick 301 5
ski stop 301 56
ski suit, ladies' ~ 301 9
ski suit, one-piece ~ 301 9
skittle frame 305 1-11
skittles 305 1-13
skiving knife 100 51
ski wax 301 21
ski-waxing equipment 301
   21-24
skull Man 17 1, 30-41
skull School 261 15, 17, 19, 21
skull Rowing 283 35-38
skull Chivalry 329 39
skull, australopithecine ~ 261
   20
sky 3 1-8
sky, northern ~ 3 1-35
sky, southern ~ 3 36-48
sky blue 343 6
skydiving 288 37-62
skylight 38 2; 121 8; 122 12
skysail 220 32
slab 120 96
slab, reinforced concrete ~
   123 28
slab, stone ~ 51 17; 331 61
slab, wooden ~ 324 62
slab cake 97 34; 99 21

slacks 29 49
slacks, lightweight ~ 31 52
slack suit 30 57
slade 65 6, 66
slag escape 147 9
slag ladle 147 10
slag spout 148 12
slalom 301 29, 64
slalom canoe 283 4
slalom ski 286 60
slant track 243 31
slapstick 306 48
slat 229 53
slat, extensible ~ 229 38
slate Roof 122 85
slate 309 72
slate hammer 122 73
slater House Insects etc. 81 6
slater Roof 122 71
slate roof 122 61-89
slath 136 21
slating batten 122 17
slaughterer 94 1
slaughterhouse Slaughterho.
   94
slaughterhouse Bullfight. etc.
   319 13
slaughterman 94 1
slave, female ~ 306 41
slave driver 218 47
slave galley 218 44-50
slave station 224 41
sled 303 1, 2
sled dog 353 2
sledge 303 1, 2
sledge dog 353 2
sledge hammer 137 22; 158 6
sleeper Bldg. Site 119 39
sleeper Station 205 60
sleeper Railw. 207 36
sleeper, concrete ~ 202 37
sleeper, coupled ~ 202 14, 38
sleeper, steel ~ Railw. 202 36
sleeper, steel ~ Hydr. Eng.
   217 3
sleeper and strampler 29 23
sleeping bag Infant Care etc.
   28 17
sleeping bag Camping 278 30
sleeping car 207 36
sleeping doll 47 11
sleeve 30 15
sleeve, batwing ~ 31 16
sleeve, braided ~ 186 24
sleeve, dagged ~ 355 46
sleeve, full ~ 355 60
sleeve, gallooned ~ 186 24
sleeve, kimono ~ 30 36
sleeve, petal-scalloped ~ 355
   46
sleeve, protective ~ 142 6
sleeve, puffed ~ 31 27; 355
   49, 60
sleeve, sliding ~ 192 32, 35
sleeve, turned-up ~ 31 62
sleeve, turnover ~ 30 6
sleeve, turn-up ~ 30 6
sleeve board 50 20
sleeve protector 324 17
sleigh, horse-drawn ~ 304 25
sleigh bell 304 26
slender funnel fungus 381 25
slewing crab 222 21
slew turntable 200 22
sley 166 41, 53
sley cap 166 6
slice Bakery 97 43
slice Blacksm. 137 2
slice, sugared ~ 97 43
slicer 96 31
slicker 81 14
slide Inf. Tech. 242 42
slide Playground 273 24

slide *Winter Countr.* **304** 17
slide *Music. Not.* **321** 16
slide *Music. Instr.* **322** 51; **323** 47; **326** 7, 33
slide, bed ~ **177** 59
slide bar **313** 10
slide calliper **85** 10
slide chair **202** 22
slide control **238** 47; **241** 8
slide-copying adapter **115** 88
slide-copying attachment **115** 87
slide holder **309** 43
slide projector **114** 76; **309** 42; **312** 23
slider **326** 7
slide rail **206** 38
sliding door **271** 50
sliding scale **349** 23
sliding weight **22** 68; **40** 36
sliding-weight scales *Doc.* **22** 66
sliding-weight scales **40** 35
sling *First Aid* **21** 2
sling *Mountain.* **300** 11
sling pump **101** 53
sling ring **87** 5
sling seat **300** 29
slip *Underwear etc.* **32** 13
slip *Plant Propagn.* **54** 20
slip *Roof* **122** 48
slip casting **161** 15
slip fault **12** 7
slip-off slope **13** 58
slipper *Shoes* **101** 41
slipper *Station* **206** 49
slipper animalcule **357** 9
slipper brake **206** 49
slip road **15** 16
slips **222** 11-26
slip sock, woollen ~ **101** 42
slipway **222** 11-18
slipway crane **222** 23
slipway floor **222** 17
slipway frame **222** 19
slipway portal **222** 11
slipways **222** 11-26
slit, side ~ **30** 49
slit gong **354** 18
slitter **181** 42
sliver **164** 15, 21
sliver, carded ~ **163** 38
sliver, carded and combed ~ **163** 72
sliver, coiled ~ **163** 35
sliver, doubled ~s **164** 12
sliver, thin ~ **164** 13
sliver can **164** 3, 20
sloe **374** 27
slope **347** 12
slope, continental ~ **11** 9
slope soaring **287** 27
slops **355** 34
slosh baffle system **235** 53
slot *Glass Prod.* **162** 9
slot *Weaving* **166** 32
slot *Garage* **195** 5
slot *Election* **263** 30
slot *Airsports* **288** 45
slotted board **2** 45
slouch hat **35** 21
slow motion control **243** 49
slow-running jet **192** 1
slowworm **364** 37
slubbing frame **164** 19
slug **174** 27
slug-casting machine **174** 19
slug-composing machine **174** 19
slug of clay **161** 10
sluice dam **217** 73-80
sluice gate **217** 53-56, 77
sluice valve **217** 53-56

slump fault **12** 7
slush **304** 30
slush pump **145** 16
smack **221** 49
small-arm **87** 2
small beer **93** 26
smallbore free rifle **305** 44
smallbore rifle **305** 48
smallbore standard rifle **305** 43
small cabbage white butterfly **80** 48
small ermine moth **80** 5
small of the back **16** 25
small of the butt **87** 7
small scabious **375** 29
small-shot cartridge **87** 49
small-shot charge **87** 51
smash **293** 17
smear **23** 15, 50
smelting section **147** 8
smith **137**; **138**
smith forging **139**
smock overall **31** 35
smock windmill **91** 29
smokebox door **210** 26
smoke canister **255** 83
smoke dispenser **255** 83
smoke extract **38** 81
smoke flap **352** 9
smoke house **96** 48
smoke outlet **38** 81; **210** 22; **353** 21
smoker's companion **107** 44
smokestack *Power Plant* **152** 15
smokestack *Railw.* **210** 22
smoke tube **210** 8
smoking requisites **107**
smoother **128** 11
smoothing blade **200** 18
smoothing plane **132** 15; **134** 1
snaffle **289** 12
snail **357** 27
snail, edible ~ **357** 27
snail shell **357** 29
snake, poisonous ~ **364** 40
snake, venomous ~ **364** 40
snake charmer **353** 45
snakes **364** 38-41
snakeweed **376** 10
snapdragon **51** 32
snap gauge **149** 59
snap lid **127** 24
snapping beetle **80** 37
snapping bug **80** 37
snare drum **323** 51
snath **66** 16
snathe **66** 16
snead **66** 16
sneath **66** 16
snedding machine **85** 18
snipe **88** 83
snorkel *Warships* **259** 72, 90
snorkel *Swim.* **279** 11
snorkel *Bathing* **280** 39
snout **73** 10; **88** 53; **364** 2
snow **8** 18; **9** 34; **304** 24; **353** 5
snow and ice climber **300** 15
snow and ice climbing **300** 14-21
snow and ice climbing equipment **300** 31-57
snow avalanche **304** 1
snowball *Winter Countr.* **304** 15
snowball *Shrubs etc.* **373** 10
snowball bush **373** 10
snowball fight **304** 14
snow blower **304** 3
snow bridge **300** 24
snow chain **304** 10

snow cornice **300** 20
snowdrift **304** 5
snowdrop **60** 1
snowfall **10** 48; **304** 4
snow fence **304** 6
snow forest climate **9** 56
snow gaiter **300** 55
snow goggles **300** 18
snow guard **38** 8
snow guard bracket **122** 16
snow hut **353** 4
snow ledge **300** 4
snowman **304** 13
snow plough, rotary ~ **213** 17
snow plough attachment **304** 9
snow plough signs **203** 34-35
snow push **304** 23
snow shovel **304** 23
snowshirt **300** 6
snow shovel **304** 23
snowslide **304** 1
snow suit **29** 38
snuff **107** 20
snuff box **107** 20
soaking pit **148** 46
soaking pit crane **148** 47
soaking tub **136** 13
soap **49** 22
soap box **273** 33
soap dish **49** 21
soap dispenser **50** 27
soaring **287**
soccer **291**
soccer game **273** 10
sock **291** 58
sock, knee-length ~ **29** 53; **32** 32; **33** 42
sock, long ~ **32** 34
sock, surgical ~ **101** 50
socket *Hairdresser* **106** 15
socket *Plumb.* **125** 20
socket *Plumb. etc.* **126** 43
socket *Electr.* **127** 7
socket, double ~ **127** 6
socket, earthed ~ **127** 5, 6, 13
socket, four-way ~ **127** 8
socket, surface-mounted ~ **127** 13
socket, switched ~ **127** 7
socket, three-pin ~ **127** 66
socket, three-pole ~ **127** 13
socket, tinner's ~ **125** 20
socket, underfloor ~ **127** 22
socket outlet box **127** 25
socks, men's ~ **32** 32-34
soda bottle **42** 32
soda-lime absorber **27** 39
soda water **98** 87
soda water bottle **42** 32
sodium atom **1** 8
sodium chloride **1** 9; **170** 13
sodium ion **1** 11
sodium pump, primary ~ **154** 5
sodium pump, secondary ~ **154** 8
sodium sulphate storage tank **172** 36
sodium system, primary ~ **154** 2
sodium system, secondary ~ **154** 7
sofa **31** 69
sofa, two-seater ~ **246** 36
soffit **122** 27
soft corn **68** 31
soft pedal **325** 9
soil covering **200** 64
soil injector **83** 33
solan goose **359** 9
solar cell **155** 34
solar collector **155** 28, 32
solarium **281** 10

solar panel **10** 66
solar radiation shielding **10** 36
solar sensor **10** 69
solar spectrum **343** 14
solar system **4** 42-52
soldanella **378** 3
solder **108** 38
solder, tin-lead ~ **126** 76
soldering apparatus **125** 5-7
soldering borax **108** 39
soldering fluid **125** 7
soldering flux **108** 36
soldering gun *Goldsm. etc.* **108** 14
soldering gun *D.I.Y.* **134** 56
soldering iron *Plumb.* **125** 5
soldering iron *Plumb. etc.* **126** 73
soldering iron *D.I.Y.* **134** 19, 57
soldering iron, electric ~ **127** 45
soldering iron, high-speed ~ **134** 58
soldering stone **125** 6
solder wire, tin-lead ~ **134** 20
soldier, lead ~ **309** 52
soldier, tin ~ **309** 52
sole *Agr. Mach.* **65** 6, 66
sole *Shoem.* **100** 66
sole *Joiner* **132** 22
sole, cemented ~ **101** 11
sole, corrugated ~ **300** 43
sole, inner ~ **291** 31
sole, natural-colour ~ **101** 15, 38
sole, nylon ~ **291** 30
sole, plastic ~ **101** 2
sole, PVC ~ **101** 2
sole, rubber ~ **101** 38
sole, wooden ~ **101** 45
sole bar reinforcement **213** 12
sole leather **100** 31
sole-leather shears **100** 39
solenoid valve **139** 23
sole of the foot **19** 62
sole-plate *Household* **50** 7
sole-plate *Road Constr.* **200** 33
sole-plate *Railw.* **202** 5
sole press, automatic ~ **100** 14
sole stitcher **100** 26
sole-stitching machine **100** 26
sole trimmer **100** 5
solid-fuel rocket, recoverable ~ **235** 58
solidification **170** 35, 43
solid rocket booster **235** 58
solids **347** 30-46
solid stage **148** 26
solid-web girder **121** 72
solid-web girder bridge **215** 7
solifluction lobe **11** 51
solifluction tongue **11** 51
soling **284** 56
solleret **329** 55
solo machine **290** 27
solo organ **326** 45
solo seat **189** 19
solo skater **302** 1
solstice **3** 8
solution **345** 10
solution, viscous ~ **169** 15
solvent fumes **182** 25
Somali Current **14** 36
sombrero **35** 5
songbirds **360** 1,3,4,5,7,9,10; **361** 1-20
song thrush **361** 16
soot **38** 34
sordino **323** 10; **324** 68

Soricidae **366** 7
sort **174** 7, 28
sorter **172** 57
sorter, rotary ~ **172** 23
sorter, secondary ~ **172** 58
sorting machine **74** 38
sorting siding **206** 47
sorting table **64** 81
sound assistant **117** 68; **310** 57
soundboard *Music. Instr.* **323** 24; **324** 3
soundboard *Church* **330** 21
sound box **322** 18, 29; **323** 3; **324** 15, 63
sound camera **117** 22; **313** 26
sound camera, Super-8 ~ **117** 1
sound coding equipment **242** 11-14
sound connecting cord **117** 8
sound control console **238** 20, 41, 54; **239** 8
sound control desk **238** 20, 41, 54; **239** 8
sound control engineer **238** 19
sound control room **238** 27; **239** 7
sound dubbing **311** 34-36
sound echo **224** 63
sound editor **117** 96
sound effect **310** 30
sound effects box **238** 35
sound engineer **238** 19
sound film **117** 82
sound film cartridge, Super-8 ~ **117** 29
sound head *Cine Film* **117** 33
sound head *Audiovis.* **243** 35
sound head *Films* **312** 47
sound head housing **241** 59
sound hole **322** 22; **323** 6; **324** 5
sound impulse **224** 62
sounding balloon **7** 17
sounding board **330** 21
sound mixer **238** 26
sound mixing **311** 34-36
sound module **240** 14
sound OB van **239** 1-15
sound optics **312** 46
sound production control room **238** 27; **239** 7
sound projector **117** 81; **312** 24
sound recorder, portable ~ **310** 24
sound recording **311** 1-46
sound recording camera **310** 60; **311** 6
sound recording equipment **117** 7
sound recording level control **243** 11
sound recording selector switch **117** 13
sound recordist *Broadcast.* **238** 26
sound recordist *Films* **310** 23, 55; **311** 36
sound source **117** 27
sound source, external ~ **117** 8
sound technician **238** 26
sound track *Cine Film* **117** 82
sound track *Audiovis.* **243** 32
sound track system **117** 21
sound transmitter **224** 61
sound turntable, first ~ **117** 100
sound turntable, second ~ **117** 101

sound wave **224** 62
sound wave propagation **7** 14
soup ladle **45** 14
soup plate **44** 6; **45** 5
soup seasoning **98** 30
soup spoon **45** 61
soup tureen **44** 8; **45** 15
soup vegetable **68** 25
sources of energy, modern ~ **155**
source water inlet **155** 2
sour cherry **59** 5
souring chamber **159** 6
sour milk vat **76** 42
South America **14** 13
South Equatorial Current **14** 34
Southern Cross **3** 44
Southern Ocean **14** 22
Southern Triangle **3** 40
south point **4** 17
South Pole **14** 3
southwester **35** 30; **228** 5
souvenir plate **309** 48
sou'wester **35** 30; **228** 5
sow *Dom. Anim.* **73** 9
sow *Livestock* **75** 41
sow *Hunt.* **86** 32
sow *Game* **88** 48, 51
sow bug **81** 6
sower **63** 10
sowing **54** 1; **63** 10-12
sow pig **75** 42
spa **274**
space *Composing Rm.* **175** 5, 17
space *Music. Not.* **320** 44
space, popliteal ~ **16** 51
spaceband **174** 24
space bar **249** 2
space capsule **6** 9, 10; **234** 65
spacecraft **6** 1
space flight **234**; **235**
spaceflight module **235** 70
Spacelab **235** 65
space laboratory **235** 65
spacer **119** 81
Space Shuttle-Orbiter **235** 1-45
space station **235** 65
space suit **6** 18-27
space suit helmet **6** 22
spacing bracket **126** 54
spacing clip **126** 57
spacing lines **10** 58
spacing material **174** 8
spade **56** 2; **331** 36
spade *Fish Farm.* **89** 82
spade *Army* **255** 55
spade, semi-automatic ~ **56** 12
spade piston **255** 56
spades **276** 39
spadix **370** 71; **378** 22
spadix, female ~ **384** 6
spadix, male ~ **383** 55; **384** 4
spa gardens **274** 1-21
spaghetti **98** 32
spale **136** 12
spale basket **136** 11
span *Bridges* **215** 14
span *Aircraft* **229** 2
span, clear ~ **215** 13
span, wire rope ~ **221** 102
Spandau **255** 32
Spanish chestnut **384** 48
Spanish paprika **57** 42
spanker **219** 30
spanker boom **218** 28; **219** 44
spanker boom topping lift **219** 48
spanker gaff **219** 45
spanker peak halyard **219** 49

spanker sheet **219** 69
spanker vang **219** 70
span of oxen **63** 16
spa orchestra **274** 20
spa promenade **274** 10
spar **230** 45
spar, diagonal ~ **287** 33
spar, integral ~ **257** 28
spar, main ~ **287** 30
spar buoy **224** 79
spar ceiling **222** 62
spare man **291** 11
spare part *Watchm.* **109** 22
spare part *Garage* **195** 32
spare rib **95** 47
spare tyre *Lorries etc.* **194** 4
spare tyre *Cyc. Racing* **290** 23
spare wheel **191** 25; **194** 33
spar-hawk **362** 12
spark arrester **210** 24
spark gap **153** 62
spark-ignition engine **190** 1, 2
sparking plug **190** 35; **242** 48
spark plug **190** 35; **242** 48
spark-plug cap **188** 27
Sparmannia **53** 9
sparring partner **299** 27
sparrow hawk **362** 12
sparrow owl **362** 19
spars **219** 32-45
spatula *Dent.* **24** 50
spatula *Hosp.* **25** 7
spatula *Art. Studio* **338** 15
spatula, plastic ~ **128** 44
spawn **89** 12
spawner **89** 13
speaker *Living Rm.* **42** 10
speaker *Election* **263** 5
speaker *Hotel* **267** 40
speaker *Disco* **317** 15
speaker *Nightclub* **318** 12
speaker, three-way ~ **241** 14
speaking key **242** 24
spear, long-bladed ~ **354** 12
spear head, bronze ~ **328** 21
spear thrower **352** 40
special effects equipment **310** 59
special offer **96** 20; **271** 65
specialty shop **195** 1-55
specie **252** 1-28
speciestaler **252** 6
specimen insertion air lock **113** 33
specimen stage adjustment **113** 34
spectacle fitting **111** 1-4
spectacle frame *Optcn.* **111** 5, 10-14
spectacle frame *Ship* **223** 61
spectacle lens **111** 15
spectacles **111** 5, 9
spectator **308** 29
spectator barrier **292** 40
spectators' terrace **233** 20
'spectators' terrace' **233** 30
spectrograph **5** 33
speculum, aural ~ **22** 74
speculum, rectal ~ **23** 19
speculum, vaginal ~ **23** 13
speed ball **299** 22
speedboat **283** 2
speed change lever **149** 5
speed changer **241** 29
speed code number **203** 37
speed control **179** 29
speed indicator **203** 18
speed indicator, distant ~ **203** 19
speedo **188** 19, 34; **191** 38, 74
speedometer *Motorcycles etc.* **188** 19, 34, 40
speedometer *Motorcycle* **189** 40

speedometer *Car* **191** 38, 74
speedometer *Tram* **197** 31
speedometer *Railw.* **211** 35; **212** 9
speedometer *Navig.* **224** 54
speedometer, ship's ~ **224** 22
speedometer drive **192** 38, 39
speed recorder **210** 54
speed restriction, permanent ~ **203** 41, 42
speed restriction, temporary ~ **203** 39, 40
speed restriction sign **203** 36-38, 41, 44
speed restriction signs **203** 36-44
speed restriction warning sign **203** 43
speed selector **241** 29
speed skate **302** 20
speed skater **302** 26
speed skating set **302** 20
speedway **290** 24-28
speedwell **375** 22
speleothems **13** 80-81
spelling book **260** 17
spelt **68** 24
spelt, green ~ **68** 25
spencer **220** 1
sperm whale **367** 25
sphagnum mosses **13** 20, 22
sphenoid **17** 38
sphere **347** 41
sphere, celestial ~ **4** 23
sphere, plain ~ **36** 82
sphere, solar ~ **4** 36
spheres **36** 82-86
sphere unit **2** 38
spherical typing element **249** 15
sphincter, anal ~ **20** 63
sphinx *Fabul. Creat.* **327** 20
sphinx *Articulates* **358** 55
sphinx *Lepidopt.* **365** 9
sphinx, Egyptian ~ **333** 11
sphygmograph **26** 32
sphygmomanometer **25** 15
Spica **3** 18
spice jar **39** 32
spice packet **99** 67
spice rack **39** 31; **47** 29
spices **382**
spider legs **115** 91
spiders **358** 44-46
spider's web *Playground* **273** 46
spider's web *Articulates* **358** 47
spike *Arable Crops* **68** 2
spike *Mountain.* **300** 9
spike *Music. Instr.* **323** 22
spike *Industr. Plants* **383** 62, 66
spike, fleshy ~ **370** 71
spike, racemose ~ **370** 67
spikelet **68** 3, 10; **69** 23; **375** 41, 42
spill light **310** 51
spillway **217** 60
spin *Roulette* **275** 32
spin *Airsports* **288** 7
spinach **57** 29
spinal cord **17** 48; **18** 25
spindle *Watchm.* **109** 17
spindle *Mach. Tools* **149** 66; **150** 27
spindle *Cotton Spin.* **164** 43
spindle *Bookbind.* **183** 22
spindle *Bicycle* **187** 60, 80
spindle, horizontal ~ **150** 40
spindle, main ~ **149** 11
spindle, screwed ~ **149** 66

spindle catch 164 49
spindle drive 164 31
spindle oil 145 61
spindle rail 164 50
spindle rotation speed 150 35
spindle shaft 164 46
spindle speed 164 38, 40
spindle top 126 32
spine *Man* 17 2-5
spine *Bookbind.* 183 14; 185 41
spine *Mammals* 366 6
spine label 247 38
spine of the book 183 1
spinet 322 45
spine tag 247 38
spinet piano 325 1
spinner *Fish Farm.* 89 74, 75
spinner *Aircraft* 230 33
spinner, long ~ 89 76
spinneret *Synth. Fibres* 169 14; 170 41
spinneret *Articulates* 358 46
spinneret hole 170 41, 42
spinning 170 57
spinning bath 169 15
spinning jet 169 14; 170 41, 42
spiraea 374 23
spiral *Photog.* 116 2
spiral *Airsports* 288 51
spiral *Gymn.* 297 50
spiral design pottery 328 13
spire 331 6
spire ball 331 5
spirit glass 45 90
spirit lamp 24 57
spirit level *Map* 14 61
spirit level *Bldg. Site* 118 55
spirit level *Plumb. etc.* 126 79
spirit level *D.I.Y.* 134 29
spirits 98 56-59; 318 19
spirograph 27 36
Spirographis 357 22
spirometer 23 31
spirometry 27 36-50
spit *Phys. Geog.* 13 5
spit *Kitch. Utensils* 40 33
spitz 70 20
splashboard 186 6
spleen 20 12, 27
splenius of the neck 18 51
splice, wet ~ 117 89
splice graft 54 39
splice grafting 54 39
splicer 117 89
splicing cement 312 22
splicing head 133 29
splint *First Aid* 21 12
splint *Sawmill* 157 16
splint, emergency ~ 21 10
splint bone 17 24
splinter 157 16
split-image rangefinder 115 55, 59, 64
splits 314 20
splitter 94 17
splitting hammer 85 5
spoil 226 47
spoiler 229 39; 287 38
spoiler, front ~ 193 36
spoiler, inner ~ 229 42
spoiler, rear ~ 193 34; 290 35
spoiler rim 193 30
spoil heap 144 19
spoke *Mach. Parts etc.* 143 88
spoke *Bicycle* 187 27
spoke *Motorcycle* 189 24
spoke end 187 29
spoke flange 187 29
spoke nipple 187 29
spokeshave 132 27
spoke wheel 289 25
sponge *Bathrm. etc.* 49 6

sponge *School* 260 42
sponge *Graphic Art* 340 25
sponge *Invertebr.* 357 13
sponge holder 23 12
sponge tray 260 41
spool 162 55
spool box 312 16
spool box, fireproof ~ 312 25
spool holder 185 17
spool knob 114 27
spoon *Tablew. etc.* 45 61
spoon *Fish Farm.* 89 73
spoon, wooden ~ 40 2
spoon bait 89 73
spoonbill 359 5
spoon bit 135 16
spoon bow 285 30
spoon chisel 339 18
spore 381 8, 13
sporting coupé 193 28
sporting gun 86 4
sporting guns 87 1-40
sporting rifle 86 4
sporting rifles 87 1-40; 305 40-49
sport parachute 288 45
sport parachuting 288 37-62
sports, various ~ 305
sportsboat, inflatable ~ 286 1
sportsboats *Rowing* 283 9-16
sportsboats *Motorboats etc.* 286 1-5, 10-14
sports news item 342 61
sports report 342 60
sports reporter 299 50
sports section 342 57
spot 276 32
spot, central ~ 115 65
spot, clear ~ 115 66
spot ball, white ~ 277 13
spotlight 307 3; 318 24
spotlight catwalk 310 53
spotted bruchus 81 19
spotted woodpecker 359 27
spotting position 297 16
spot welder, foot-operated ~ 142 29
spot welding 142 22
spot welding electrode holder 142 23
spout 91 14
spout, swivel-mounted ~ 64 37
spout hole 367 26
spray *Doc.* 22 60
spray *Pest Contr.* 83 8
spray boom 83 3
spray can 106 23
spray canister 83 44
spraydeck 283 56
sprayer *Gdn. Tools* 56 24
sprayer *Letterpress* 181 10, 34
sprayer, semi-mounted ~ 83 47
sprayer, tractor-mounted ~ 83 2
spray fluid tank 83 5, 50
spray gun *Pest Contr.* 83 18
spray gun *Painter* 129 32
spray gun *Letterpress* 181 34
spray gun, airless ~ 129 37
spraying 129 28
spraying tube 83 29
spray line, oscillating ~ 67 1
spray nozzle *Household* 50 13
spray nozzle *Intern. Combust. Eng.* 190 54
spray pipe 172 72
spray tank 83 39
spray tube 83 22
spray unit *Pest Contr.* 83 58
spray unit *Offset Platem.* 179 5, 6

spray unit, airless ~ 129 36
spreader *Paperhanger* 128 46
spreader *Ship* 223 37
spreader *Sailing* 284 13
spreader cylinder 62 23
spreader unit 62 22
spreading flap 200 42
spring *Map* 15 82
spring *Metalwkr.* 140 46
spring *Knitting* 167 38
spring *Carriages* 186 15
spring, artesian ~ 12 26
spring, rubber ~ 297 13
spring attachment 11 42
spring barrel 110 38
springboard *Swim.* 282 9, 10
springboard *Gymn.* 296 12; 297 8
springboard *Circus* 307 36
springboard acrobat 307 35
springboard artist 307 35
springboard trampoline 297 14
spring bolt 140 37
spring bow compass 151 64
spring buffer 214 50
spring bumper 214 50
spring chest 326 12-14
springer 336 22
spring extension 309 28
spring fly 358 12
spring form 40 27
spring pin tool 109 9
spring ring hinge 151 65
spring snowflake 60 1
spring suspension 83 7
spring tine 65 57
spring tine, double ~ 64 42, 54
spring vice 140 10
spring washer 143 34; 202 8
sprinkler 55 19
sprinkler, oscillating ~ 56 46
sprinkler, revolving ~ 56 43; 62 29; 67 4, 32
sprinkler cart 62 27
sprinkler hose 62 30
sprinkler nozzle 67 27
sprinkler stand 62 28
sprinkler system 316 6
sprinkling can 51 21; 55 26
sprinkling device 55 19
sprinter 298 5
spritsail 218 43; 220 5
sprocket 143 90; 187 38, 74
sprocket piece 121 30
sprocket wheel 187 38
sprout *Veg.* 57 30
sprout *Bot.* 370 19-25
spruce 372 12
spruce cellulose 169 1
spruce cone 372 13
spruce fir 372 12
spruce-gall aphid 82 38
spruce needle 372 19
spur *Dom. Anim.* 73 26
spur *Game* 88 82
spur *Mountain.* 300 13
spurrey 69 12
spurs 71 50-51
spur vein 72 28
spur wheel, helical ~ 143 89
sputum 23 25
spyhole *Hall* 41 29
spyhole *Iron Foundry etc.* 148 4
squadron marking 256 2
square *Metalwkr.* 140 57
square *Maths.* 346 33; 347 31
square, black ~ 276 3
square, glazier's ~ 124 20
square, iron ~ 120 78
square, white ~ 276 2
squared timber store 157 32

square root 345 3
squash 57 23
squat 295 9
squat-style snatch 299 1
squat vault 296 53
squaw 352 10
squaw corn 68 31
squeegee *Photog.* 116 49
squeegee *Text. Finish.* 168 61
squeeze phase 75 34
squeeze roller 165 46
squirrel 366 19
squirrel's bread 381 16
stabilizer *Photog.* 116 10
stabilizer *Motorcycles etc.* 188 5
stabilizer *Railw.* 214 55
stabilizer *Navig.* 224 26
stabilizer *Air Force* 256 22
stabilizer *Winter Sp.* 301 49
stabilizer *Sports* 305 58
stabilizer, horizontal ~ 229 26; 230 62; 256 31; 288 23
stabilizer, vertical ~ 229 24; 230 59; 231 6; 232 7; 256 32; 288 21
stabilizer and rudder, vertical ~ 229 24-25; 230 58
stabilizer bar 192 71
stabilizing fin *Air Force* 256 22
stabilizing fin *Swim.* 279 3
stabilizing fin, aerodynamic ~ 234 7
stabilizing layer 301 49
stabilizing panel 288 49
stabilizing surface 256 22
stabilizing wing 117 60
stable 62 2; 75 1
stable fly 81 4
stableman 186 27
staccato 321 34
stack *Forestry* 84 15
stack *Univ.* 262 11
stack bearer 157 37
stacker, intermediate ~ 236 34
stacker truck 159 18
stacking machine 162 20
stack of logs 84 16
staff 320 43-44
staff compartment 207 81
staff lavatory 207 82
staff toilet 207 82
staff washroom 207 26
staff WC 207 82
stag, rutting ~ 86 12; 88 4
stag beetle 358 24
stag call 87 46
stage *Films* 312 8
stage *Theatre* 315 14-27, 14
stage *Nightclub* 318 22
stage, mechanical ~ 112 10, 29; 115 98
stage, microscopic ~ 112 9
stage, revolving ~ 316 31
stage, universal ~ 112 17
stage base 112 15
stage carpenter 316 45
stagecoach 186 39
stagecoach, English ~ 186 53
stage curtain 312 10
stage designer 315 37
stage director 316 30
stagehand 315 28; 316 46
stagehouse 316 1-60
stage light 316 14
stage lighting 318 23
stage lighting unit 316 14
stage manager 316 30
stage plate 115 95
stage rehearsal 315 21-27
stage separation retro-rocket 234 8

staghorn 377 12
stag horn moss 377 12
staghound 289 47
staging Photograv. 182 12
staging Shipbuild. 222 18
stag jump 295 40; 302 7
stag leap 295 40; 302 7
stag's horn 377 12
stag's horn moss 377 12
staining dish 23 50
staining vat 130 15
staircase 37 72; 118 22
staircase, dog-legged ~ 123 42-44
staircase, outside ~ 333 33
staircase, quarter-newelled ~ 123 75
staircase, spiral ~ 123 76, 77
staircase, winding ~ 123 76, 77
staircase bolt 123 46
staircase construction 123
staircase of locks 217 17-25
staircase window 37 81; 123 65
stair light 41 22
stairs, concrete ~ 123 16
stair well 120 46
stake Wine Grow. 78 7
stake Forestry 84 17
stake Plumb. 125 23
stake Basketm. 136 6
stake Roulette 275 13
stake net 89 94
stalactite 13 80, 82
stalactite vault 337 17
stalagmite 13 81, 82
stalk 58 13, 34, 61; 68 6; 370 20; 378 31
stalk, herbaceous ~ 384 30
stalking 86 1-8
stall 75 2
stallion 73 2
stalls, front ~ 315 19
stall turn 288 4
stamen 58 45; 59 10, 39; 370 57, 60; 372 7, 18; 373 2, 5; 374 3
stamp Doc. 22 29
stamp Slaughterho. 94 24
stamp Post 236 21, 61
stamp Bank 250 24
stamp, impressed ~ 252 35
stamp book 236 20
stamp counter 236 15
stanchion 221 117
stanchion, hinged ~ 213 6
stanchion, steel ~ 213 6
stand Hosp. 25 11; 26 9, 29
stand Overh. Irrign. 67 2
stand Shoem. 100 54
stand Optic. 111 5
stand Optic. Instr. 112 2
stand Basketm. 136 10
stand Composing Rm. 175 50
stand Photomech. Reprod. 177 29
stand Motorcycles etc. 188 51
stand Circus 307 57
stand Bullfight. etc. 319 8
stand, hydraulic ~ 310 50
stand, raised ~ 86 14, 14-17
standard Bldg. Site 119 47, 59
standard Forging 139 19
standard Photomech. Reprod. 177 11
standard adjustment 114 51
standard lamp 46 37
Standard meridian 14 5
standard of the German Federal President 253 14
standby drive 214 64
standing-in position 297 16

standing matter 174 11
standing matter rack 174 9
standing position 305 27
standing press 183 20
standing room portion 197 18
standing stone 328 18
standing take-off pike dive 282 40
standing type 174 11
standing type rack 174 9
standing wrestling 299 6
standpipe Farm Bldgs. 62 12
standpipe Oil, Petr. 145 13
standpipe Paperm. 173 12
standpipe Space 234 25
standpipe Fire Brig. 270 26
standpipe coupler 67 5
stapelia 53 15
staple fiber lap 169 31
staple fibre 169 1-34
staple fibre, viscose rayon ~ 169 28-34
staple fibre layer 169 31
staple length 170 60
stapler 22 25; 247 4
staple shaft 144 27
stapling machine 247 4
star Sailing 284 55
star Films 310 27, 28
star, binary ~ 3 29
star, circumpolar ~ 3 5
star, double ~ 3 29
star, principal ~ 3 9
star, variable ~ 3 11
star connection 153 20
star finch 360 3
starfish 357 38; 369 17
starling 361 4
star map 3 1-35
star network 153 20
stars, fixed ~ 3 9-48
Stars and Stripes 253 18
Star-Spangled Banner 253 18
start Motorboats etc. 286 28, 29
start Athletics 298 1-6, 3
starter 282 30
starter, electric ~ 56 39
starter and steering lock 191 75
starter battery 212 46
starter button, electric ~ 189 52
starter motor Intern. Combust. Eng. 190 44
starter motor Railw. 212 30
starter pedal 188 25
starter's flag 273 34
starter switch 241 30
starting and braking device, automatic ~ 168 20
starting and finishing buoy 285 14
starting and stopping handle 166 8
starting and stopping lever 165 17; 180 80; 181 32
starting block Swim. 282 27
starting block Athletics 298 1
starting dive 282 29
starting gear ring 192 31
starting handle 163 17
starting lever 178 20
starting line 286 30
starting motor 190 44
starting place 282 27
starting position 295 1
starting price 289 37
starting resistance 135 3
starting resistor 135 3
starting rod 167 22
starting signal 205 47
start print button 249 38

start-stop lever 163 40
star wheel Mach. Tools 149 43
star wheel Graphic Art 340 39
Stassfurt salt 154 66
Stassfurt seam 154 65
stately home 15 96
statement of account 247 44
state of play 293 38
static air tank 196 19
station, coastal ~ 237 53
station, lower ~ 214 39
station, top ~ 214 57
station, upper ~ 214 57
stationary rings 296 4
station bookstall 204 26
station bookstand 204 26
station clock 204 30
station foreman 205 41
station hall 204
station mailbox 204 11
station of the Cross 330 54
station platform 205
station post box 204 11
station preset button 241 4; 243 17; 309 20
station restaurant 204 13
station selector button 241 4; 243 17; 309 20
station sign 205 28
station wagon 193 15
statistics chart 248 36
statue 272 10; 334 5; 339 32
statue, stone ~ 272 2
statuette, ivory ~ 328 8
stave Cooper 130 8
stave Music. Not. 320 43-44
stay, triatic ~ 223 11
stayer 290 14
stay pole 152 31
stay rope 299 37
stay-warm plate 28 28
stay wire 296 10; 297 5; 299 37
St. Bernard dog 70 37
steady, fixed ~ 150 30
steam 50 11
steam and recirculation water flow path 154 51
steam boiler 152 5
steam chest 210 31
steam collector 210 21
steam coupling hose 208 20
steam dome 210 12
steam extraction 103 26
steam extractor 103 25
steam-generating station 152 1-28
steam generator 154 9, 26, 44
steam heater 172 38
steam hole 50 14
steaming light 223 40; 258 55
steaming light mast 221 51
steam iron 103 20; 131 3
steam line 154 11
steam locomotives 210 1-69
steam pipe 172 64
steam pipe, high-pressure ~ 259 63
steam press 104 26
steam pressing unit 104 26
'steam radio' 309 16
steam reversing gear 210 18
steam slit 50 14
steam spray gun 131 2
steam sterilizer 22 39
steam storage locomotive 210 68
steam trawler 221 46
steam tube 210 17
steam turbine 152 23; 153 23-30; 154 14, 46, 52
steam turbine generator 259 58

steel 94 16
steel, finished ~ 148 68
steel bender 119 21
steel-casting ladle 147 31
steel grit delivery pipe 148 38
steel ingot 147 33
steel lattice bridge 215 34
steel-leg vice 126 80
steel-wheel glass cutter 124 26
steelworks 147 21-69
steep face 12 43
steeping 169 4
steeping floor 92 8, 28
steeping tank 92 8
steeple 331 2
steeplechase Equest. 289 20-22
steeplechase Athletics 298 7-8
steep liquor 92 6
steering, hydraulic power ~ 65 41
steering alignment 195 17, 22
steering alignment, visual ~ 195 41
steering and control position 224 14
steering arm 192 79
steering axle 64 32
steering column 192 56
steering column, controlled-collapse ~ 191 57
steering drop arm 192 58
steering gear 192 56-59
steering head 187 11
steering line Rowing 283 52
steering line Airsports 288 41
steering oar 218 6
steering rudder 283 51-53
steering runner 302 45
steering system, rear-wheel ~ 64 39
steering tube 187 14
steering wheel 191 37; 305 89
steering wheel spoke 191 58
steersman Ship 218 2
steersman Winter Sp. 303 20
stein 309 53
steinbock 367 7
Steinheim man 261 17
stela 330 43; 334 33
stele 330 43; 334 33
stem Forestry 84 19
stem Tobacc. etc. 107 38
stem Metalwkr. 140 33
stem Ship 218 4; 221 83, 108
stem Chem. 350 7
stem Bot. 370 2
stem Edib. Fungi 381 18
stem, bulbous ~ 222 74
stem, prostrate ~ 58 20
stem, straight ~ 285 40
stem, wire ~ 325 29
stem cutting 54 25
stemless alpine gentian 378 13
stemming sand bucket 158 29
stem post 218 4
stem rudder 218 24
stem stitch 102 4
stencil ejection 245 9
stencil knife 129 43
stencil lettering guide 151 69
stencil magazine, vertical ~ 245 8
stencil storage drawer 245 10
stenography 342 13
steno pad 245 29; 248 32
stenter 165 54; 168 21
stenter clip 168 24
stenter pin 168 24
step Roof & Boilerr. 38 27
step Hall 41 24

step *Carriages* **186** 13
step *Tram* **197** 15
step *Aircraft* **230** 42
step *Swim.* **281** 32, 37
step *Mountain.* **300** 17
step, bottom ~ **123** 18, 42
step, top ~ **123** 19
step, wedge-shaped ~ **123** 31
step bearing **91** 10
step-cut, hexagonal ~ **36** 62
step-cut, octagonal ~ **36** 52
step-cut, rectangular ~ **36** 50
step-cut, rhombus ~ **36** 59
step-cut, round hexagonal ~ **36** 64
step-cut, square ~ **36** 51
step-cut, trapezium ~ **36** 57
step-cut, triangular ~ **36** 60-61
step fault **12** 8
step irons **269** 28
stepladder **50** 35; **126** 2; **129** 5
steppe zone **9** 54
stepping stones **37** 45
steps *Dwellings* **37** 39
steps *Household* **50** 35
steps *Station* **204** 25; **205** 2
steps *Circus* **307** 20
steps, front ~ **37** 66
steps, wooden ~ **38** 25
stereobate **334** 4
stereo cassette deck **241** 33
stereo component system, three-in-one ~ **241** 52
stereo effect **310** 30
stereo equipment **42** 9; **317** 22-23
stereo microphone jack **241** 65
stereo microphone socket **241** 65
stereomicroscope, wide-field ~ **112** 61
stereoplanigraph **14** 66
stereo receiver **241** 52
stereoscope **14** 64
stereo sound **311** 35
stereo speakers **241** 13-14
stereo system **42** 9; **241** 13-48; **317** 22-23
sterilization room **26** 34-54
sterilizer **76** 12
sterilizer, small ~ **26** 35
stern **114**; **222** 66-72; **258** 3, 26; **285** 29
stern, gilded ~ **218** 55-57
stern, lower ~ **218** 58
stern, square ~ **285** 43
stern, upper ~ **218** 55
sterncastle **218** 23
stern fender **227** 29
stern frame **222** 70-71
stern gallery **218** 56
stern light **258** 62
stern light, white ~ **286** 14
stern loading door **221** 31
stern opening **221** 55; **226** 18
stern port **221** 55; **226** 18
stern post **218** 1
stern ramp **221** 88; **258** 91
stern towing point **221** 53
sternum **17** 8
stethoscope **23** 35
stetson hat **319** 37
steward *Ship* **221** 110
steward *Election* **263** 10
steward *Cyc. Racing* **290** 4
stick **322** 35; **323** 14, 56
stick, forked ~ **54** 13
stick, French ~ **97** 12
stick blade **302** 32
sticker *Slaughterho.* **94** 14

sticker *Music. Instr.* **325** 30; **326** 9
stick handle **302** 31
sticking knife **94** 14
sticking paper **260** 50-52
sticking plaster **21** 7; **22** 55
stiffener **215** 53
stiffening **101** 37
stifle **72** 33
stifle joint **72** 33
stigma *Soft Fruit* **58** 41
stigma *Drupes & Nuts* **59** 16
stigma *Articulates* **358** 32
stigma *Bot.* **370** 56
stile *Roof & Boilerr.* **38** 16
stile *Household* **50** 36
stile *Carp.* **120** 25
stile *Roof* **121** 40
stiletto **102** 12
stiletto beard **34** 13
stiletto heel **101** 28
stillhunting **86** 1-8
stilling basin **217** 61
stilling box **217** 61
stilling pool **217** 61
still life group **338** 27
stilt **359** 19
stilt bird **359** 19
stilt plover **359** 19
stilts **308** 49
stimulants **382**
sting **77** 11
stinging nettle **61** 33
stinging organs **77** 10-14
sting sheath **77** 12
stinkweed **379** 8
stipe **381** 18
stipple paint **129** 53
stippler **129** 18
stippling roller **129** 13
stipule **57** 5; **58** 48; **371** 73
stirrer *Dairy.* **76** 43
stirrer *Paperm.* **172** 47
stirrer *Chem.* **349** 18
stirrup *Horse* **71** 43
stirrup *Bldg. Site* **119** 70
stirrup iron **71** 43
stirrup leather **71** 42
stitch, flat ~ **102** 10
stitch, knotted ~ **102** 13
stitch, ornamental ~ **102** 3
stitch, overcast ~ **102** 8
stitch, Russian ~ **102** 9
stitching **183** 8, 34
stitching, decorative ~ **31** 5
stitching machine **100** 21
stitching wire feed mechanism **184** 18
stock *Plant Propagn.* **54** 33
stock *Hunt.* **87** 3,4,6,13
stock *Mills* **91** 2
stock *Joiner* **132** 24
stock *Paperm.* **173** 1, 2-10
stock *Stock Exch.* **251** 1-10
stock *Stock Exch.* **251** 11-19
stock, round ~ **139** 1
stock, square ~ **143** 9
stockbroker, sworn ~ **251** 4
stock certificate **251** 11
stock chest **172** 85; **173** 1
stock cube **98** 26
stock exchange **251** 1-10
stock exchange agent **251** 7
stock exchange attendant **251** 9
stocking **318** 32
stocking, knee-high ~ **32** 9
stockings pack **99** 26
stockjobber **251** 6
stock ledger **251** 14
stock list **250** 8
stock preparation plant **172** 79-86
stocks **222** 11-26

stock saddle **71** 37-44
stogy **101** 39
stoker, travelling-grate ~ **152** 3
stola **355** 9
stole, fur ~ **318** 30
stollen **97** 11
stomach *Man* **16** 35-37; **20** 13, 41-42
stomach *Bees* **77** 16
stomiatid **369** 10, 13
stone *Agr.* **63** 9
stone *Mills* **91** 21
stone *Clocks* **110** 33
stone *Quarry* **158** 8
stone *Swim.* **281** 22
stone *Sculpt. Studio* **339** 5
stone *Shrubs etc.* **374** 12
stone, crushed ~ **158** 24
stone, dressed ~ **158** 30
stone, lower ~ **91** 23
Stone Age idol **328** 8
stone block **339** 5
stone catcher **64** 9
stone chippings **158** 23
stonecrop **51** 7; **61** 17; **375** 21
stone-crushing plant **158** 18
stone-dressing device **172** 70
stone fruit **59** 41, 43, 49; **370** 99
stone lithography **340** 25-26
stone marten **367** 14
stonemason **158** 34
stonemason's tools **158** 35-38
stone pine **372** 55
stones, faceted ~ **36** 42-71
stone spreader **200** 31
stone trap **64** 9
stool **24** 14; **27** 50; **260** 58
stop *Bookbind.* **185** 11
stop *Railw.* **214** 35
stop *Music. Instr.* **325** 44; **326** 6
stop *Chem.* **349** 37
stop and start lever **163** 31
stop and tail light **189** 9
stop and tail light unit **188** 38
stop bar **133** 11
stop bath **116** 10
stop board **203** 25, 33
stop boards **203** 31-32
stop button *Clocks* **110** 22
stop button *Office* **249** 73
stopclock **238** 62
stopclock, electronic ~ **238** 31
stopcock, flange-type ~ **130** 21
stop-cylinder machine **181** 20
stop-cylinder press **181** 20
stop fillet **119** 62
stop key **243** 43
stop knob *Music. Instr.* **325** 44; **326** 6
stop knob *Chem.* **349** 38
stop lever **324** 42
stop line **268** 50
stop motion **166** 43
stop-motion device **168** 19
stopper *Overh. Irrign.* **67** 36
stopper *Iron & Steel* **147** 31
stopper *Music. Instr.* **326** 35
stopper *Chem.* **350** 44
stopper, ground glass ~ **349** 4
stopper, octagonal ~ **349** 4
stopping device **168** 19
stopping handle **164** 6, 32
stopping point **203** 25, 31-32
stop plate **157** 18
stop rod blade **166** 43
stops **342** 16-29
stop signal **203** 1
stop signal, electric ~ **203** 3
stop signals **203** 1-6

stop tab **326** 39
stop valve *Plumb. etc.* **126** 4
stop valve *Gas Weld.* **141** 7
stop valve *Water* **269** 48
storage area **246** 5
storage bin **200** 35
storage box *Child. Rm.* **47** 2
storage box *D.I.Y.* **134** 34, 39
storage cell **77** 35
storage chamber **154** 71, 76
storage container **130** 17
storage cupboard **207** 27
storage door **39** 6
storage reservoir **217** 57
storage shelf **174** 10
storage siding **206** 50
storage tank *Brew.* **93** 13
storage tank *Oil, Petr.* **145** 72
storage tank *Paperm.* **172** 17, 41, 45, 46
storage tank *Docks* **225** 72
storage tank gauge **76** 10
storage unit *Dent.* **24** 8
storage unit *Composing Rm.* **176** 11
storage unit *Inf. Tech.* **242** 9
storage vessel **10** 46
store area **5** 17
storehouse **329** 13
storekeeper **98** 41
store room **223** 57
storey roof **337** 2
storm front **287** 24
storm-front soaring **287** 23
storm lantern **278** 29
storm signal **225** 35; **280** 4
stout **93** 26
stove, cylindrical ~ **309** 4
stove, tiled ~ **266** 34
stove bench **266** 36
stove door **309** 7
stovepipe **309** 5
stovepipe elbow **309** 6
stove screen **309** 8
stove tile **266** 35
stowage **227** 26; **228** 27
straddle **298** 23
straddle jump **298** 23
straddle position **296** 30
straddle seat **295** 18
straight ball **305** 17
straightedge *Paperhanger* **128** 39
straightedge *Metalwkr.* **140** 56
straightedge rule **179** 26
straight hang **296** 38
straight header **282** 12
straight inverted hang **296** 37
straight thrust **294** 7
strainer *Paperm.* **172** 54
strainer *Water* **269** 32
strainer, basket ~ **67** 12
strainer, rotary ~ **172** 23
strain insulator **152** 38
strait **14** 24
Strait of Gibraltar **14** 24
straits bridge **215** 57
strake, outside ~ **285** 50
stramonium **379** 8
stramony **379** 8
strampler **29** 23
strand **162** 54
strand of fruit **384** 8
strand of moulds **147** 36
strap *Clocks* **110** 5
strap *Bldg. Site* **119** 60, 65
strap *School* **260** 11
strap *Cyc. Racing* **290** 22
strap *Winter Sp.* **301** 3
strap hinge **140** 51
strap support **286** 59
stratification **12** 1
stratocumulus **8** 3

stratosphere 7 8
stratosphere aircraft 7 15
stratovolcano 11 15
stratum, impermeable ~ *Phys. Geog.* 12 28
stratum, impermeable ~ *Water* 269 36
stratum, impervious ~ *Phys. Geog.* 12 28
stratum, impervious ~ *Water* 269 36
stratum, porous ~ 12 29
stratum, water-bearing ~ *Phys. Geog.* 12 22
stratum, water-bearing ~ *Water* 269 2, 38
stratus 8 4
straw *Agr.* 63 34, 36
straw *Livestock* 75 7
straw *Basketm.* 136 30
straw *Station* 206 23
straw *Restaurant* 266 46
straw baler 63 35
strawberry 58 21
strawberry flan 97 22
strawberry plant 58 16
straw fiddle 324 61
straw hive 77 52
straw press 63 35
straw shaker 64 14
strawwalker 64 14
straw yard system 74 1-17
stream *Phys. Geog.* 13 8
stream *Map* 15 80
stream *Park* 272 45
stream, subglacial ~ 12 52
stream, underground ~ 269 3
streamer 253 9
streamer, paper ~ 306 66
streamlining, integrated ~ 189 44
street 37 61; 198 13
street, cross-section of a ~ 198
street café 268 59
streetcar 197; 268 46
streetcar schedule 268 27
streetcar service 197 13
streetcar stop 268 25
streetcar stop sign 197 36; 268 26
streetcar track 268 23
street cleaner 199 41; 304 8
street cleaning 199
street-cleaning lorry 199 41; 304 8
street corner 198 12
street lamp 37 62; 268 6
street lamp, suspended ~ 268 49
street light 37 62; 268 6
street map 204 15; 268 2
street sign 268 7
street sweeper 199 5; 268 20
stretcher *Fire Brig.* 270 23
stretcher *Rowing* 283 47
stretcher, emergency ~ 21 23
stretcher, wedged ~ 338 20
stretcher bar 202 29
stretch girdle 32 5
stretching 170 46, 55
stretching, final ~ 170 47
stretching, preliminary ~ 170 45
stretching bond 118 59
stretching course 118 63
stretching machine 100 18
streusel cake 97 35
streusel slice 97 43
stridulating apparatus 81 8
stridulating mechanism 81 8
strike *Phys. Geog.* 12 2
strike *Composing Rm.* 175 37
striker *Hunt.* 87 21

striker *Ball Games* 291 15
striker pad 255 47
striking circle 292 16
striking force control 249 10
striking mechanism 325 3
striking of coins 252 40-44
striking surface *Tobacc. etc.* 107 24
striking surface *Ball Games* 293 31
striking weight 110 28; 309 60
string *Roof & Boilerr.* 38 26
string *Basketm.* 136 28
string *Sports* 305 59
string *Music. Instr.* 322 44, 55; 323 9, 61; 325 7
string, catgut ~ 324 6, 14
string, chalked ~ 128 45
string, fretted ~ 324 24
string, gut ~ 324 6, 14
string, nylon ~ 324 14
string, open ~ 324 25
string, outer ~ 123 44
string, stopped ~ 324 24
string, unfretted ~ 324 25
string, wreathed ~ 123 49
string briefs 32 23
string course 335 52
stringed instruments 323 1-27; 324 1-31
stringer *Roof & Boilerr.* 38 26
stringer *Shipbuild.* 222 50
stringer *Aircraft* 230 47, 57
stringer *Sailing* 285 55
stringer, outer ~ 123 44
string fastener 324 4
string holder 324 4, 13
strings 293 31
string vest 32 22
strip 148 66-75
stripe, magnetic ~ 117 82
striped hyena 368 1
strip flooring 123 62
stripper *Paperhanger* 128 1, 9
stripper *Nightclub* 318 27
stripping 89 11
stripping knife 128 15; 134 37
stripping table 179 23
strip steel 143 11
striptease act 318 27-32
striptease artist 318 27
striptease number 318 27-32
strip window 37 86
strobile 376 19
stroke *Rowing* 283 6
stroke *Music. Not.* 320 6
stroke, plain ~ 277 2
strokes 136 1-4
stroller 28 37
strong beer 93 26
strong man 308 27
strong room 250 11
structural parts of ship 222 44-61
structural system, Gothic ~ 335 27-35
structure, geological ~ 154 57-68
structure, longitudinal ~ 222 44-56
structures, molecular ~ 1 9-14
strut *Bldg. Site* 119 63, 67
strut *Carp.* 120 27, 54
strut *Roof* 121 58, 69, 82
strut *Ship* 223 61
strut *Aircraft* 229 11
strut *Rowing* 283 46
strut *Winter Sp.* 303 5
strut, diagonal ~ *Bldg. Site* 118 88
strut, diagonal ~ *Bridges* 215 4
stub 84 14

stub axle 192 78
stubble beard 34 23
stubble field 63 33
stub wing 232 3
stud *Carp.* 120 25
stud *Roof* 121 40
stud *Mach. Parts etc.* 143 22
stud, ornamental ~ 253 8
stud, rubber ~ 187 84
stud, screw-in ~ 291 28
student 262 9, 10
student input device 242 4
student response device 242 4
studio *Broadcast.* 238 18
studio *Art. Studio* 338 1-43
studio, artist's ~ 338
studio, sculptor's ~ 339
studio complex 310 1-13
studio easel 338 3
studio electrician 310 37
studio flat 37 74
studio lot 310 1
studio microphone *Broadcast.* 238 34
studio microphone *Films* 310 31
studio skylight 338 1
studio table 238 29
studio window 238 38
study in oils 338 36
study step counter 242 5
stuff 173 1, 2-10
stuff box 173 11
stuff chest 172 85, 86; 173 1, 13
stuffing box *Oil, Petr.* 145 26
stuffing box *Railw.* 210 33
stuffing box *Ship* 223 64
stuff preparation plant 172 79-86
stump 84 14
stump of tooth 24 27
stunner, electric ~ 94 7
stunning device 94 3
stupa 337 21, 28
Stuttgart Planetarium 5 17-28
sty 62 8
style 58 42; 59 15; 68 34; 370 55; 373 5; 378 5
style jump 288 50-51
styling scissors 106 34
stylobate 334 32
stylus 341 25
stylus, conical ~ 241 26
stylus, elliptical ~ 241 26
stylus, steel ~ 341 21
stylus force control 241 24
stylus pressure control 241 24
sub-base course, bituminous ~ 198 2
sub-base course, gravel ~ 200 60
sub-base course, hardcore ~ 200 60
subcontra octave 321 42
sub-drainage 200 61
subfloor 123 38, 73
subgrade grader 201 1
subheading 342 41
submarine 258 64
substation, outdoor ~ 152 29-35
substitute 291 54; 292 39
substitute flags 253 30-32
substitute signal 203 6
substructure *Oil, Petr.* 145 2
substructure *Offshore Drill.* 146 38
subtitle 185 47
subtracting 344 24
subtraction 344 24
subtrahend 344 24

succory 57 40; 376 25
sucker *House Insects etc.* 81 37
sucker *Opticn.* 111 23
sucker *Invertebr.* 357 21
sucker rod 145 25
sucking organ 358 17
suction 162 25, 28, 36
suction apparatus *Dent.* 24 11
suction apparatus *Poultry Farm* 74 41
suction box *Poultry Farm* 74 41
suction box *Cotton Spin.* 164 44
suction box *Paperm.* 173 15
suction control 50 72
suction control, fingertip ~ 50 74
suction control, sliding ~ 50 74
suction dredger 216 59
suction electrode 23 29
suction feeder 180 72
suction head 217 51
suction hose *Household* 50 75
suction hose *Fire Brig.* 270 67
suction hose, soft ~ 270 30
suction pipe *Roof & Boilerr.* 38 55
suction pipe *Docks* 226 32
suction pipe *Water* 269 5, 14, 41
suction pipe *Theatre* 316 52
suction pipe, trailing ~ 216 59
suction port 199 43
suction pump 216 62
suction roll 173 16
suction slot 168 43
suction tube 10 37
sugar 98 53-55
sugar, confectioner's ~ 98 54
sugar, refined ~ 98 55
sugar beet 68 44
sugar beet eelworm 80 51
sugar bowl 44 32; 265 20
sugar cane 382 52
sugar loaf 99 64
suit, asbestos ~ 270 46
suit, casual ~ 33 17
suit, denim ~ 31 58; 33 20
suit, extra-vehicular ~ 6 18-27
suit, jersey ~ 29 17
suit, men's ~ 33 1
suit, one-piece ~ 29 17
suit, quilted ~ 29 38
suit, single-breasted ~ 33 1
suit, two-piece ~ 29 12
suitcase 194 19; 204 6; 205 7
suitcase, light ~ 267 15
suitcase, lightweight ~ 267 15
suite, upholstered ~ 42 21-26
suiting 104 3
suits 276 38-45
suits, German ~ 276 42-45
suit trousers 33 3
sulfate *see* sulphate
sulfide *see* sulphide
sulfur *see* sulphur
sulfuric *see* sulphuric
sulky 289 24
sulphate pulp mill 172 1-52
sulphur 351 23
sulphur-crested cockatoo 363 1
sulphuric acid 170 23, 24
sulphuric acid, production of ~ 156 34
sulphuric acid supply 156 33
sultana 98 8
sum 344 23
Sumatra cigar 107 2

summer 121 67
summer beam 121 67
summer blouse 31 22
summer coat 31 20
summer dike 216 48
summer dress 31 9
summerhouse 52 14
summer quarters 356 11
summer slacks 31 52
summer solstice 3 8
summer wear 31
summit 12 40
sump *Coal* 144 47
sump *Intern. Combust. Eng.*
   190 41
sump filter 192 18
sun 4 10-21, 29, 36-41, 42
sun bather 281 12
sunbathing area *Dwellings* 37
   46
sunbathing area *Spa* 274 12
sunbathing area *Swim.* 281
   11; 282 4
sun bed 281 5
sun blind 37 71
sun canopy 274 14
sun deck 223 22
sundew 377 14
sundial 110 30
sun disc, winged ~ 333 12
sundress, child's ~ 29 13
sun filter 6 22
sunflower 51 35; 52 7; 69 20
sunflower oil 98 24
sunglasses 6 19; 111 6; 301 19
sunglass pocket 6 19
sun hat 29 16; 35 37
sunlight 155 18
sun lounge 37 70
sun parlor 37 70
sun ray lamp 281 13
sun roof 37 75
sunroof, steel ~ 193 24
sun rose 377 20
sun sensor 10 69
sunshade *Dwellings* 37 48, 71
sunshade *Town* 268 61
sunshade *Park* 272 58
sunshade *Films* 313 3
sun spectacles 111 6
sunspot 4 37, 38
sun terrace 37 75
supatap 126 35
super *Bees* 77 45
super *Theatre* 316 39
Super-calender 173 36
supercilium 19 38
super grade gasoline 145 55
super grade petrol 145 55
superheater 152 9
supermarket 99 1-96
supernumerary 316 39
superstructure *Weaving* 165 6
superstructure *Ship* 221 10, 69
superstructure, aft ~ 258 22
superstructure, compact ~
   221 33
superstructure, forward ~ 259
   45
superstructure deck 258 10
superstructures 258 10-28
Super-Vee racing car 290 37
supplementary angle 346 14
supply pipe *Butch.* 96 50
supply pipe *Plumb. etc.* 126 9
supply sprocket 312 26
supply table 74 51
supply vessel 221 32
support *Plant Propagn.* 54 33
support *Roof* 121 83
support *Knitting* 167 38
support *Offset Platem.* 179 20
support *Shipbuild.* 222 27

support *Circus* 307 29, 45
support, adjustable ~ 67 22
support, intermediate ~ 214
   29, 76
support, single-pylon ~ 214
   23
support, three-point ~ 349 28
support, tubular steel ~ 214 78
support cable 2 30
supporters 254 15-16
support guide rail 214 79
supporting cable 214 27, 38,
   41, 44
supporting cable anchorage
   214 59
supporting cable brake 214 71
supporting cable guide 214 58
supporting cable guide rail
   214 79
supporting insulator 153 54
supporting pulley 163 46
supporting structure 337 9
supporting wall 121 77
support insulator 153 54
support roll 270 50
support truss 214 80
suppressor 190 35
surcoat 355 25
surf 13 27
surface, asphalt ~ 200 58
surface, bituminous ~ 198 5
surface, curved ~ 347 40
surface, flat ~ 111 39
surface, hatched ~ 151 29
surface, icy ~ 304 19
surface, lunar ~ 6 13
surface, nap ~ 168 31
surface, plane ~ 347 31
surface, raised ~ 168 31
surface, special ~ 111 40, 41,
   42
surface boundary layer 7 7
surface chart 9 1-39
surface condenser 152 24
surface finisher 200 43
surface hydrant 270 35
surface not to be machined
   151 20
surfaces, plane ~ 346 24-58
surface skimmers 286 38-44
surface synoptic chart 9 1-39
surface-to-air missile
   launcher 259 50
surface-to-air rocket
   launcher 259 50
surface to be machined 151 21
surface to be superfinished
   151 22
surface wave 11 36
surfacing 111 36
surfboard 279 1, 2; 280 15;
   284 5
surfboarder 279 5; 280 14
surfer 279 5; 280 14
surfing 279 1-6; 280 13
surf riding 279 1-6; 280 13
surge baffle system 235 53
surge diverter 152 35
surgery 22 32-74
surgical instruments 26 40-53
surgical unit 26 1-54
sur le cou-de-pied 314 14
surroyal 88 9
survey illumination 112 52
surveying 14 46-62
surveying, geodetic ~ 14
   46-62
surveying level 14 48
surveyor's level 14 48
suspect 264 32

suspender *Underwear etc.* 32
   6
suspender *Bridges* 215 41
suspender *Nightclub* 318 28
suspenders 29 26, 34; 32 30;
   33 45
suspension 168 16
suspension, steel and rubber
   ~ 207 4
suspension and haulage cable
   214 21
suspension arm, lower ~ 192
   84
suspension bridge 215 39
suspension bridge, primitive
   ~ 215 15
suspension cable *Railw.* 214
   27, 38, 41, 44
suspension cable *Bridges* 215
   40
suspension cable anchorage
   Railw. 214 59
suspension cable anchorage
   Bridges 215 43
suspension cable bearing 214
   33
suspension cable brake 214 71
suspension cable guide 214 58
suspension cable guide rail
   214 79
suspension damper 192 76
suspension file 248 3
suspension file system 248 2
suspension gear 214 54
suspension gear bolt 214 72
suspension line 288 40
suspension line, double-cable
   ~ 214 25, 30
suspension line gondola 214
   52
suspension lines, single-cable
   ~ 214 15-24
suspension line support 214
   76
suspension rope 215 17
suspension spring 192 74
sustaining pedal 325 8
suture material 22 56; 26 21
swab 137 3
swab dispenser 22 36
swage block *Goldsm. etc.* 108
   18
swage block *Blacksm.* 137 17
swage block *Metalwkr.* 140 14
swage head 143 57
swallow 361 20
swallowhole 11 49; 13 71
swallowtail 358 52
swallow-tail twin crystal 351
   25
swamp 13 24
Swan *Astron.* 3 23
swan 272 54; 359 16
swan-neck 37 12; 122 30
swan's neck 37 12; 122 30
swarf 149 44
swarm cluster of bees 77 53
swarming net 77 54
swarm of bees 77 53
swath 63 23, 36
swathe 63 23, 36
swather 63 19
swather, rotary ~ 63 26; 64
   40-45
swath rake 64 44
swath reaper 63 19
sweater 29 43; 31 51
sweater, short-sleeved ~ 33 32
sweepback, positive ~ 229 21
sweepback, semi-positive ~
   229 20
sweeper, mechanical ~ 199 39
sweet 98 75, 80

sweet bread 97 40
sweet calamus 377 22
sweet cherry 59 5
sweet chestnut 384 48
sweet corn 68 31
sweet flag 377 22
sweet gale 373 33
sweet pepper 57 42
sweets 47 31, 32
sweet sedge 377 22
sweet syringa 373 9
sweet william 60 6
swell 325 45
swell organ 326 2, 44
swell pedal, balanced ~ 326 50
swift 359 24
swimming 282
swimming bath 281
swimming bath attendant 281
   4; 282 15
swimming belt 282 19
swimming cap 280 29, 44
swimming instruction 282
   16-20
swimming instructor 282 16
swimming lane 282 31
swimming pool 223 23; 281
   1-9
swimming pool, open-air ~
   282 1-32
swimming pool attendant 281
   4; 282 15
swimming strokes 282 33-39
swimming teacher 282 16
swimming trunks 280 43
swimsuit 280 42
swing *Gymn.* 297 39
swing *Athletics* 298 30
swing, double ~ 273 39
swing boat 308 41, 42
swing bridge, flat ~ 215 67
swing door 207 18
swing-grippers 180 33
swing pipe 172 10
swing seat 273 40
swing wing 256 9
Swiss chard 57 28
Swiss cheese 99 41
Swiss roll 97 19
Swiss stone pine 372 29
switch *Electr.* 127 7
switch *Garage* 195 4, 12
switch *Aircraft* 230 26
switch, main ~ *Joiner* 132 58
switch, main ~ *Railw.* 211 3,
   31
switch, main ~ *Office* 249 37
switch, manually-operated ~
   202 16
switch, remote-controlled ~
   202 27
switch, rotary ~ *Electr.* 127 18
switch, rotary ~ *Office* 245 28
switchback 308 39
switch blade 202 21
switchboard *Post* 237 17,
   22-26
switchboard *Office* 245 13
switch engine 206 43
switcher 206 43
switches, single ~ 203 45-48
switching box 237 25
switching centre 237 25, 41
switching device 269 47
switching system 153 5
switching system, automatic
   ~ 237 25
switch knob 203 62
switch lever *Mach. Tools* 149
   11; 150 35
switch lever *Railw.* 203 55
switch lock 202 28
switch signal 197 38; 202 19

switch signal, electrically
   illuminated ~ 202 33
switch signal lamp 202 19
switch signals 203 45-52
switch stand 202 17
switch tongue 202 21
switch tower 15 24
switch tower, electrically-
   operated ~ 203 61
switch tower, manually-
   operated ~ 203 53
switch yard 206 42
swivel Fish Farm. 89 77
swivel Oil, Petr. 145 10
swivel arm 26 13; 104 27; 105
   26
swivel chair 246 1; 248 25
swivel coupling 50 69
swivel head 50 60
swivel mechanism 65 73
swivel motor 132 69
swivel nozzle 235 64
swivel saddle 188 21
swivel tap 126 36
swop platform 194 23
sword 319 32
sword antenna 256 28
sword lily 60 11
swordsman 319 25
sword swallower 308 26
S-wrench, adjustable ~ 126
   66
symbol, algebraic ~ 344 9; 345
   5
symbols, geometrical ~ 345
   21-24
symbols, mathematical ~ 345
   15-24
symphisis, pubic ~ 20 65
symphonia 322 25
syncarp 384 63
sync head 243 34
synchro 153 32
synchromesh gearbox, four-
   speed ~ 192 28-47
synchronization 311 37-41
synchronization start 117 65
synchronization unit 117 77
synchronizing cone 192 33
synchronizing filter 311 27
syncing 311 37-41
syncline 12 18
sync pulse cable 313 29
sync start 117 65, 69
sync track 243 33
synthetic fibres 169; 170
syringe 22 54, 65
syringe, hypodermic ~ 24 53
syringe, multi-purpose ~ 24
   10
syrinx 322 2
system, ancillary ~ 211 34
system, planetary ~ 4 42-52
system camera 115 1-105
system-monitoring device
   234 17
system of accessories 115
   43-105
system of coordinates 347 8,
   11
system of flaps 229 37

T

tabard 30 50
tabby weave 171 1
tabernacle 330 42
table Forging 139 20
table Restaurant 266 74
table Playground 273 2
table Music. Instr. 324 3
table Art 336 14, 16

table, auxiliary ~ Blacksm.
   137 14
table, auxiliary ~ Mach. Tools
   150 28
table, director's ~ 316 42
table, flat ~ 36 46, 72, 73, 74
table, producer's ~ 316 42
table, revolving ~ 148 41
table, rotary ~ 145 15
tableau curtain 315 2
table bed 277 15
tablecloth 45 2
table decoration 45 19; 266
   78
table en cabochon 36 47
table en cabochon, antique ~
   36 76
table en cabochon,
   rectangular ~ 36 77
table feed drive 150 34
table lamp 46 24; 246 35
tableland 13 46
table leg 44 2
table linen 271 57
table napkin 45 9
table pedestal 26 6
table piano 325 40
table rise adjustment 133 23
table runner 46 35
table telephone, standard ~
   237 6
table tennis 293 45-55
table tennis ball 273 5; 293 48
table tennis bat 273 4; 293 45
table tennis game 273 1
table tennis net 273 3; 293 53
table tennis player 293 49
table tennis racket 273 4; 293
   45
table tennis table 293 52
table top Dining Rm. 44 3
table top Arc Weld. 142 14
table-top tripod 115 99
table tripod 115 99
tableware 45
tabulator clear key 249 8
tabulator key 249 7
tachograph 210 54
tachometer Weaving 166 2
tachometer Knitting 167 43
tachometer Letterpress 181 54
tachometer Car 191 38
tachometer Railw. 212 22
tack 285 25
tacking 285 25-28
tackle 219 1-72; 221 27, 104
taffrail log 224 54
tagetes 60 20
tail Horse 72 38
tail Game 88 19, 47, 49, 58, 62,
   67, 75, 80
tail Roof 122 89
tail Bookbind. 185 58
tail Birds 362 8
tail Mammals 367 29
tail, cruciform ~ 229 28
tail, curly ~ 73 12
tail, docked ~ 70 12
tail, dolphin's ~ 327 25
tail, falcate ~ 73 25
tail, fish's ~ 327 25, 43, 46, 49
tail, horizontal ~ 229 26-27,
   35; 230 61; 257 21
tail, normal ~ 229 23
tail, prehensile ~ 364 35
tail, raised ~ 229 35
tail, serpent's ~ 327 31
tail, tufted ~ 73 6
tail, vertical ~ 229 24-25; 230
   58
tailband 185 42
tail bracing wire 232 4

tailcoat 33 13
tail end shaft 223 60
tail fin Aircraft 229 24; 230
   59; 231 6; 232 7
tail fin Air Force 256 32
tail fin Airsports 288 21
tail fin Fish etc. 364 10
tail fluke 367 29
tailgate 193 16, 20; 195 50
tailings auger 64 21
tailings outlet 64 22
tail line 122 81
tail loading gate 232 25
tail margin 185 58
tail of kite 273 43
tailor 104 22; 271 37
tailor's chalk 271 39
tailor seat 295 11
tailpiece 323 7
tailpin 323 22
tailplane 229 26; 230 62; 256
   31; 288 23
tailpole 91 32
tail propeller 232 28
tail rotor 232 14; 264 4
tails 33 13
tail shaft 223 60
tail shapes 229 23-36
tail skid 256 23
tail slide 288 5
tail sting 358 43
tailstock Turner 135 7
tailstock Mach. Tools 149 29;
   150 5
tailstock Photomech. Reprod.
   177 62
tailstock barrel 149 27
tailstock barrel adjusting
   handwheel 149 30
tailstock barrel clamp lever
   149 28
tailstock centre 149 26
tail unit, cruciform ~ 229 28
tail unit, double ~ 229 32, 34
tail unit, normal ~ 229 23
tail unit, triple ~ 229 36
tail unit shapes 229 23-36
tail vice 132 37
tail wheel 256 27
take-down weight 167 32
take number 310 35
take-off 298 26, 37
take-off, balloon ~ 288 84
take-off board 298 38
take-off stand 165 41
taker-in 163 53
take-up reel 117 80
take-up spindle 312 37
take-up spool Photog. 115 25
take-up spool Cine Film 117
   32, 80
take-up sprocket 312 27
taking lens 313 2
talkback equipment 238 64
talkback microphone 238 10,
   53
talkback microphone,
   producer's ~ 238 39
talkback speaker 238 8, 52
talkback system 238 64
talk button 242 24
talk key 242 24
talon Stock Exch. 251 19
talon Birds 362 7
talus 11 47; 12 45
tambour door 245 5
tambourine Disco 317 27
tambourine Music. Instr. 324
   45
tamer 307 52
tamper 200 26; 201 13
tamping beam 200 32; 201 2
tandem 186 50

tandem kayak 283 5
tang 45 52, 60
tangent Music. Instr. 322 43
tangent Maths. 346 32, 48
tangent screw 14 56
tangerine 384 23
tank Cooper 130 1
tank Lorries etc. 194 30
tank Army 255 80
tank, bottom ~ 222 38
tank, concrete ~ 310 11
tank, side ~ 222 37
tank, spherical ~ 145 73; 221
   36
tank bottom valve 38 49
tank car 213 31
tank construction engineer
   130
tanker Docks 225 73
tanker Airport 233 22
tanker terminal 145 74
tank farm 225 61
tank for sterilized milk 76 16
tank furnace 162 1
tank inlet 38 47
tank locomotive 210 65
tank margin plate 222 51
tank reel 116 2
tank spiral, multi-unit ~ 116
   4
tank top 222 54
tank top plating 222 54
tank vent 234 44
tank wagon 213 31
tansy 380 9
tap Doc. 23 49
tap Metalwkr. 140 60
tap Power Plant 153 18
tap Spa 274 17
tap Disco 317 8
tap Chem. 349 5, 22; 350 44,
   53
tap, outside ~ 37 41
tap bar 148 9
tap changer 211 10
tapchanger driving
   mechanism 211 13
tape Ball Games 293 73
tape Music. Instr. 325 36
tape, adhesive ~ 98 47; 134
   38; 247 29
tape, magnetic ~ 25 46
tape, varnished-cambric ~
   153 46
tape cassette 117 76
tape counter 241 64; 243 9
tape deflector roller 241 60
tape feed 243 29
tape guide 243 22
tape measure 103 2; 271 38
tape punch 176 5
taper, wax ~ 77 65
tape recorder 117 70; 317 21;
   318 17
tape recorder, four-track ~
   242 13
tape recorder, portable ~ 309
   37
tape recorder, two-track ~
   242 12
tape reel, open ~ 241 57
taper thread, female ~ 126 47
tape speed selector 241 62
tapestry wallpaper 128 18
tape threading indicator light
   243 14
tape wire 325 35
tapeworm 81 35
tap hole 147 50
tapir 366 26
tappet 166 57
tappet shaft 166 56
tapping 153 18

tapping a spring 269 24-39
tapping bar 148 9
tapping hole 147 50
tapping spout 148 3
taproot, swollen ~ 370 79
tap wrench 140 30
tar 170 4
tar and bitumen heater 200 46
target Inf. Tech. 242 84
target Sports 305 30, 32, 66, 77
target, bobbing ~ 305 33, 48
target, turning ~ 305 33, 48
target archery 305 52-66
target areas 294 51-53
target cross 288 56
target jack 305 23
target rectangle 292 34
targets 305 30-33
tar-spraying machine 200 46
tar storage tank 200 47
tarsus Man 17 26
tarsus Birds 362 4
tartlet 97 20
tasse 329 49
tassel Headgear 35 24
tassel Arable Crops 68 35
tassel Hist. Cost. 355 23
tasset 329 49
tatting 102 19
tatting shuttle 102 20
tattoo 306 44
tau cross 332 59
Taurus 3 25; 4 54
taxi 268 64
taxicab 268 64
taxi rank 268 63, 66
'taxis' 233 32
taxi sign 268 65
taxi stand 268 63, 66
taxi telephone 268 67
taxiway 233 2
T-cut 54 32
tea Grocer 98 65-68
tea Supermkt. 99 68-70
tea Trop. Plants 382 9
tea bag 98 68
teacher 260 21
teaching equipment 242; 242 45-84
teaching laser 242 81
teaching machine 242 1
teaching material 261 27
tea dance 267 44-46
tea leaf 382 9
team of oxen 63 16
tea packet 99 69
tea plant 382 7
tea plate 39 34
tear bag 88 14
tear-off edge 247 30
tea room 265 1-26
teat Infant Care etc. 28 20
teat Livestock 75 19
teat cup 75 30
teat cup cluster 75 26
tea tree 382 7
technical drawing 151 16
technical laboratory 310 9
Teclu burner 350 4
tectogenis 12 4-20
tedder, rotary ~ 63 24; 64 46-58
teddy bear 28 46; 273 26; 309 12
teddy bear, rocking ~ 48 30
tee 126 44, 47
tee Ball Games 293 90
teeing ground 293 79
tee-iron 143 3
teepee 352 7
tee-square 151 9
teeth 19 16-18
teeth, false ~ 24 25

teeth grinder 157 43, 45
teething ring 28 12
teeth of knock-over bit 167 52
telecobalt unit 2 28
telegraphy 237 30
telemetry antenna 10 70
telephone 22 18; 41 7; 202 48; 238 23; 246 13; 248 9
telephone, public ~ 236 9; 237 1, 3
telephone, toy ~ 47 35
telephone adapter socket 249 67
telephone answering and recording set 22 13
telephone answering device 22 13
telephone booth 236 12; 237 5
telephone booth 204 46; 236 8; 237 1; 251 10; 268 56
telephone box 204 46; 236 8; 237 1; 251 10; 268 56
telephone cable 198 15
telephone cable pipeline 198 16
telephone casing 237 15
telephone connection 242 20
telephone cover 237 15
telephone customer 237 2
telephone directory 236 12; 237 5
telephone directory rack 236 10
'telephone - emergency calls only' 233 40
telephone exchange 237 27-41
telephone exchange, internal ~ 245 13
telephone index 22 21
telephone instruments 237 6-26
telephone kiosk 204 46; 236 8; 237 1; 251 10; 268 56
telephone line, customers' ~ 198 20
telephone line, subscribers' ~ 198 20
telephone list, internal ~ 245 17
telephone number 237 38
telephone receiver 237 7; 246 16
telephones 237 6-26
telephone service 237 41
telephone subscriber 237 2
telephone switchboard panel 238 14
telephone user 237 2
telephoto lens 117 47
teleprinter 176 31; 237 31, 61, 66; 238 12
telescope 14 60; 42 15; 224 8
telescope, gimbal-mounted ~ 235 68
telescope, monocular ~ 111 18
telescope, reflecting ~ 113 1
telescope, refracting ~ 113 16
telescope, surveyor's ~ 14 48
telescope magnifier 113 38
telescope mountings 113 16-25
telescope mounts 113 16-25
telescope sight 87 29; 255 28; 305 49
teletype 176 31
teletypewriter 237 31
television 238; 239
television cabinet 240 2
television camera 10 67; 112 36; 154 78; 240 26
television disc system 243 37-45

television engineering 240
television mast 15 33
television OB van 239 1-15
television post-sync studio 238 27-53
television programmes 342 64
television receiver 242 28
television receiver, domestic ~ 243 6
television receiving aerial 239 4, 5
television reception aerial 239 4, 5
television set 42 8; 46 14; 242 28
television sound 242 27
television tube 240 3
telex link 237 65
telex message 237 69
telex service 237 41
telex tape 237 68
Telford base 200 60
teller 250 2
tempera 338 17
temperature 9 8
temperature gauge 179 4
temperature gauge, distant-reading ~ 210 48
temperature graph 7 37
temperature regulation flap 10 65
temperature regulator 191 84
temperature scale 7 36
temperature selector 50 8
tempest 284 54
template 126 83
template, circular ~ 141 35
temple Man 16 6
temple Weaving 166 13
temple Art 337 7
temple, Doric ~ 334 1
temple, Etruscan ~ 334 49
temple, funerary ~ 333 7
temple buildings 337 25
temple tower 333 32; 337 1, 26
temple wall 334 6
temporalis 19 3
tender Railw. 210 38
tender Warships 258 92
tender platform 210 2
tendo calcaneus 18 48
tendril 57 4
tendril, thorny ~ 58 30
tennis 293 1-42
tennis ball 293 28
tennis court 293 1
tennis net 293 13
tennis player 293 16
tennis racket 41 13; 293 29
tennis shoe 101 36
tenon saw 132 44
tenor clef 320 11
tenor horn 323 39
tenor trombone 323 46
tenor viol 322 23
tenpin bowling 305 14-20
tens 344 3
tension and slub-catching device 165 13
tension bar 167 49
tension cable, inclined ~ 215 47
tension cable pulley 214 43
tension compensator 165 51
tension equalizer 165 51
tension hoop 324 56
tensioning device Agr. Mach. 64 94
tensioning device Railw. 208 18
tensioning lever 208 18
tensioning screw 323 53

tension roller Joiner 133 13
tension roller Letterpress 181 45
tension weight Knitting 167 50
tension weight Railw. 214 41, 42
tension weight shaft 214 40
tent 80 7
tent, four-pole ~ 307 1
tentacle 357 16, 31
tenter 165 54; 168 21
tenter clip 168 24
tenter pin 168 24
tent peg 278 24
tent pole 278 38; 307 2; 352 8
tent prop 307 13
tenuto 321 30
tepee 352 7
teres major 18 55
teres minor 18 54
tergites 358 31
term 344 23
terminal Docks 226 16
terminal Airport 233 15
terminal box 211 16
termination of speed restriction 203 40
tern 359 11
terrace 37 36
terracette 13 64
terrarium 356 14
terrestrial meridian 14 4
terrier 70 15, 16, 17, 18, 27, 39
tessellation 338 37
tessera 338 39
tesseral crystal system 351 1-17
testaceans 357 27-36
test equipment 195 17
testicle, right ~ 20 72
testing and control station 237 40
testing board 237 29
testing desk 237 29
testing device for waterproof watches 109 26
testing kit 138 14
testis 20 72
test meter, universal ~ 127 41
test oil and gas separator 146 10
test separator 146 10
test tube 350 34
test tube rack 173 8; 261 31; 350 35
tether 75 15-16
tetradrachm 252 1
tetragonal crystal system 351 18-19
tetrahedrite 351 1
tetrahedron 351 1
text 237 68
textbook 261 28
thalamus 370 53
thallus 378 42
Thaumatolampas diadema 369 4
T-head bolt 202 10
theater see theatre
theatergoer 315 8
theatre Astron. 5 26
theatre Theatre 315; 316
theatre, Greek ~ 334 44
theatre, open-air ~ 272 6
theatregoer 315 8
theatre projector 312 24
theatre seat 315 20
theatre ticket 315 11
thé dansant 267 44-46
theodolite 14 52-62
theorbo 324 1

thermal **287** 21
thermal protection shield **234** 5, 20
thermal soaring **287** 20
thermograph **10** 19, 51
thermometer *Meteorol. Instr.* **10** 25
thermometer *Infant Care etc.* **28** 29
thermometer *Text. Finish.* **168** 27
thermometer *Swim.* **281** 24
thermometer, ladle-type ~ **92** 53
thermometers **10** 53-54
thermometer screen **10** 49
thermometer shelter **10** 49
thermometric scale **7** 36
thermoplastic **130** 15
thermos jug **40** 5
thermo time switch **190** 63
thickener **172** 24, 42, 44, 48, 62
thicknesser **132** 45
thicknessing machine **132** 45
thicknessing table **132** 46
thief **308** 16
thigh **16** 49; **17** 22
thigh bone **17** 22
thill **186** 19, 30
thiller **186** 28
thill horse **186** 28
thimble, graduated ~ **149** 64
thinner *Painter* **129** 16
thinner *Art. Studio* **338** 13
thinning **84** 37
thinning razor **105** 9; **106** 41
thinnings, small-sized ~ **84** 37
thinning scissors **105** 8; **106** 33
thinning shears **105** 8; **106** 33
third base **292** 47
third man **300** 27
thirty-second note **320** 18
thirty-second rest **320** 26
thistle **61** 32
Thomas converter **147** 55-69
thoracic shield **82** 4; **358** 29
thorax *Man* **16** 28-30; **17** 8-11
thorax *Articulates* **358** 29-30
thorn *Gdn. Flowers* **60** 18
thorn *Spa* **274** 2
thorn *Shrubs etc.* **374** 30
thorn apple **379** 8
thorn house *Map* **15** 32
thorn house *Spa* **274** 1
thousands **344** 3
thread *Overh. Irrign.* **67** 38
thread *Mach. Parts etc.* **143** 16, 68
thread *Glass Prod.* **162** 54
thread *Cotton Spin.* **164** 53
thread *Weaving* **165** 21
thread *Knitting* **167** 17, 36
thread *Bookbind.* **183** 11
thread, coarse ~ **149** 4
thread, female ~ **126** 41, 45
thread, glass ~ **162** 56, 57
thread, male ~ **126** 38, 51
thread, metal ~ **102** 30
thread, mycelial ~ **381** 2
thread, normal ~ **149** 4
thread, sleeved ~ **162** 57
thread chaser **135** 14
thread clearer **165** 20
thread container **22** 61
thread cop **185** 18
thread-cutting machine **125** 27; **126** 86
thread guide *Shoem.* **100** 30
thread guide *Knitting* **167** 3, 54, 64

thread head **187** 75
threading draft **171** 5
threading key **127** 30
thread interlacing **171** 26
thread pitch **149** 9
thread spool **185** 18
thread tapper **108** 15
threadworm **80** 51
three **302** 13
three-day event **289** 16-19
three-decker **218** 51-60
three-eight time **320** 36
three-four time **320** 37
three-masters **220** 18-27
three-phase generator **153** 26
three-phase plug **127** 14
three-two time **320** 38
threshing drum **64** 12
throat *Man* **16** 19; **19** 14-37, 24
throat *Horse* **72** 16
throat *Forestry* **84** 28
throatlash **71** 11; **72** 16
throatlatch **71** 11; **72** 16
throat piece **329** 42
throstle **361** 16
throttle control **230** 30; **288** 15
throttle lever **230** 30; **288** 15
throttle twist grip **188** 30; **189** 29
throttle valve *Hosp.* **27** 43
throttle valve *Car* **192** 9
through-the-lens reflex finder **117** 44
thrower **161** 9
throw-in **291** 53
throwing act **307** 43
throwing knife **354** 15
throwing ring **308** 47
throwing spear **328** 2
throwing stick **352** 40
thrush **360** 3
thrushes **361** 13-17
thrush nightingale **361** 17
thrust bearing **221** 29
thrust block **223** 67; **259** 60
thrust lever **257** 9
thrust mount, lower ~ **235** 6
thrust mount, upper ~ **235** 5
thrust nozzle **234** 35; **235** 37
thrust nozzle fuel tank **235** 45
thrust structure **234** 21
thrust vector control system **235** 43
thrust washer **190** 56
thrust weapon **294** 11, 36, 37
thuja **372** 39
thumb **19** 64
thumb hold **323** 45
thumb hole **305** 47
thumb nut **119** 75
thumb piston **326** 46
thundercloud **7** 2
thunderstorm **9** 38
thurible **332** 38
thurible bowl **332** 41
thurible chain **332** 39
thurible cover **332** 40
thwart **278** 17; **283** 28
thymele **334** 48
tiara, papal ~ **254** 37
Tibetan **353** 27
tibia **17** 25
tibialis anterior **18** 47
tick *Bedrm.* **43** 13
tick *Articulates* **358** 44
tick, drill ~ **43** 10
tick bean **69** 15
ticket **204** 36
ticket agent **204** 39
ticket-cancelling machine **197** 16

ticket clerk **204** 39
ticket counter **197** 33; **204** 35
ticket machine **268** 28
ticket office **204** 34
ticket printer, hand-operated ~ **204** 41
ticket-printing machine **204** 40
ticket-stamping machine **204** 40
tidal power plant **155** 37
tide level indicator **225** 37
tidemark **13** 35
tide table **280** 7
tie *Ladies' Wear* **30** 46
tie *Underwear etc.* **32** 41
tie *Bldg.* **119** 39
tie *Roof* **121** 59
tie *Station* **205** 60
tie *Music. Not.* **321** 24
tie, concrete ~ **202** 37
tie, coupled ~ **202** 14, 38
tie, diagonal ~ **121** 30
tie, double ~ **121** 50
tie, simple ~ **121** 49
tie, steel ~ **202** 36
tie beam **121** 53
tie belt **29** 55; **31** 19
tie fastening **101** 21
tiepin **36** 22
tier, lower ~ **228** 24
tier, upper ~ **228** 23
tierce engagement **294** 48
tiercel **86** 46
tie rod **65** 47
tier of oars **218** 12
tie shoe **101** 31
tie tube **119** 49
tie-up **171** 22, 23
tie-up of shafts **171** 9
tiger **307** 56; **368** 5
tightening screw **293** 33
tightrope **307** 41
tightrope dancer **307** 40
tights **29** 42; **32** 12
tilbury **186** 44
tilde **342** 35
tile *Bathrm. etc.* **49** 19
tile *Games* **276** 34
tile, flat interlocking ~ **122** 60
tile, interlocking ~ **122** 59
tile, plain ~ **122** 6, 46
tile beard **34** 16
tile cutter **122** 33
tile hammer **122** 20
tile roofings **122** 45-60
tiles **122** 45-60
tiling batten **122** 17
till **207** 86; **271** 5
till, electric ~ **271** 2
tillage **69** 1-28
tiller **218** 13; **284** 32; **286** 24
tiller extension **284** 31
tillering **68** 5
tilt **329** 71
tilt block **12** 9
tilting armour **329** 76
tilting device **147** 44, 59
tilting helmet **254** 4; **329** 77
tilting lance **329** 81
tilting shield **329** 79
tilting table **133** 17
tilting target **329** 79
tilt wing **232** 27
timbale **324** 57
timber **85** 42
timber, end-grained ~ **120** 92
timber, halved ~ **120** 88
timber, long ~ **120** 2
timber, round ~ **120** 35; **157** 30
timber, sawn ~ **157** 22
timber, small ~ **84** 37

timber, squared ~ **120** 10; **157** 36
timber, stacked ~ **84** 15
timber, standing ~ **84** 4
timber, undressed ~ **120** 83
timber, yarded ~ **84** 15
timber cutting **84** 15-37
timber dog **121** 97
timberjack **84** 18
timber joints **121** 84-98
timber planking **285** 50-57
time *Music. Not.* **320** 28-42
time *Maths.* **345** 7
time ball **280** 5
time indicator **289** 40
timekeeper **282** 24; **299** 47
timer *Doc.* **23** 40
timer *Hosp.* **27** 35
timer *Kitch.* **39** 21
timer *Watchm.* **109** 35
timer *Photog.* **116** 18
timer *Photograv.* **182** 20
timer *Billiards* **277** 17
timer, synchronous ~ **24** 52
timer switch, built-in ~ **243** 18
time scale *Meteorol. Instr.* **10** 17
time scale *Office* **249** 74
time scale stop **249** 75
time schedule **151** 12
time signatures **320** 28-42
timetable **204** 16, 18
timetable, driver's ~ **210** 52
timetable, official ~ **204** 50
time weight **110** 29; **309** 59
timing machine, electronic ~ **109** 27
timpano **323** 57
tin **129** 7
tin, molten ~ **162** 17
tinctures **254** 24-29
tine *Tablew. etc.* **45** 60
tine *Agr. Impl.* **66** 4
tine *Game* **88** 10, 31
tine bar **64** 53
tinner's snips **125** 1
tip, adjustable ~ **149** 47
tip, controlled ~ **199** 10
tip, cork ~ **107** 13
tip, gold ~ **107** 13
tip, oxide ceramic ~ **149** 47
tip, pointed ~ **253** 10
tip-cart, three-way ~ **62** 18
tip heap **144** 19
tipper **200** 7
tipper, three-way ~ **194** 24
tipper wagon **213** 37
tipping body *Lorries etc.* **194** 25
tipping body *Road Constr.* **200** 8
tipping bucket **214** 34
tipping car **147** 64
tipping cylinder **62** 19
tipping device **147** 44, 59
tipping truck **119** 28
tipping wagon **119** 28
tippler, three-way ~ **92** 34
tip tank **231** 9; **256** 30
tip-up seat **207** 12
tire *see* tyre
tired swimmer grip **21** 38
T-iron **143** 3
tissue, erectile ~ **20** 67
tit **360** 4; **361** 9
titan **327** 37
title block **151** 31
title bout **299** 35-50
title fight **299** 35-50
title page **185** 45
title panel **151** 31
titmouse **360** 4; **361** 9

tjalk 220 6
T-joint 126 44, 47
T-junction joint 126 44, 47
toad 364 23
toadstools 379 10-13
toast 45 34
toaster 40 30
toat 132 18
tobacco Tobacc. etc. 107 25
tobacco Trop. Plants 382 43
tobacco, raw ~ 83 13
tobacco beetle 81 25
tobacco factory 83 11
tobacco leaf 382 43
tobacco plant 382 40
tobacco pouch 107 43
tobacco presser 107 47
toboggan 303 1, 2, 13
toboggan, junior ~ 303 3
toboggan cap 35 39
toboggan slide 308 40
toe, big ~ 19 52
toe, first ~ 19 52
toe, fourth ~ 19 55
toe, great ~ 19 52
toe, little ~ 19 56
toe, second ~ 19 53
toe, third ~ 19 54
toecap 100 58; 101 16, 40
toecap remover 100 52
toe clip 290 21
toenail 19 57
toe piston 326 48
toe post sandal 101 48
toe stand 295 5
toestrap 284 30
toe unit 301 55
toffee 98 77
toga 355 13
toggle 340 30
toggle action Letterpress 181 16
toggle action Bookbind. 183 30
toggle fastening 30 66
toggle-joint action 181 16; 183 30
toggle-joint press 183 26
toggle-lever press 183 26
toilet 49 12; 146 29; 207 16, 42, 72; 211 59; 231 31; 278 5
toilet bowl 49 13
toilet cistern 126 14
toilet-cleaning vehicle 233 22
toilet lid 49 14
toilet pan 49 13
toilet paper 49 11
toiletries 99 27-35
toilet roll holder 49 10
toilets 317 31
toilet seat 49 15
toilet water 105 37; 106 9
tomahawk 352 16
tomato 57 12; 99 82
tomato plant 55 44
tomb 331 23; 337 16
tomb, giant's ~ 328 16
tomb, megalithic ~ 328 16
tomb, royal ~ 333 1
tombola 306 11
tombola booth 308 44
tomb recess 331 60
tombstone 331 26
tom cat 73 17
tom-tom 324 48, 49
tondo 339 36
tone 320 51, 53
tone arm 241 21
tone arm balance 241 53
tone arm lift 241 28
tone arm lock 241 27
tone generator 238 51

toner roll 249 41
tongs Atom 2 44
tongs Glass Prod. 162 44
tongs Graphic Art 340 50
tongs, concreter's ~ 119 85
tongs, flat ~ 137 24
tongs, round ~ 137 25
tongue Man 17 52; 19 25
tongue Tablew. etc. 45 52
tongue Game 88 2
tongue Shoem. 100 65
tongue Shoes 101 32
tongue Music. Instr. 322 52; 326 19
tongue, foam rubber ~ 291 24
tongue, forked ~ 327 6
tonsil 19 23
tonsil, palatine ~ 19 23
tonsure 331 57
tool 195 43
tool, stone ~ 328 1
tool bag 187 25
tool bit holder 149 45
tool box D.I.Y. 134 35
tool box Mach. Tools 150 13
tool box Railw. 212 45
tool cabinet 134 1-34
tool case 127 49
tool cupboard 134 1-34
tool grinder 137 18
tool-grinding machine 137 18
tool post 149 21
tool rest 135 5; 149 22
tools 119 77-89
tool shank 149 49
tool shed 37 32; 52 3; 55 1
tool slide 149 22
tool trolley 195 42
tooth Man 19 28-37
tooth Mach. Parts etc. 143 83
tooth Composing Rm. 174 30
tooth Office 249 31
tooth, bicuspid ~ 19 18
tooth, canine ~ 19 17
tooth, molar ~ 19 18, 35
tooth, porcelain~ 24 29
tooth, premolar~ 19 18
toothbrush, electric ~ 49 29
tooth chisel 339 13
toothed 370 45
tooth glass 49 28
toothing, external ~ 143 96
toothing, internal ~ 143 95
toothing, spiral ~ 143 92-93
toothing plane 132 17
tooth mug 49 28
toothpaste box 99 31
toothpick holder 266 23
tooth pulp 19 32
tooth-root elevator 24 48
tooth scaler 24 45
top 12 40; 193 10; 323 24
top, collapsible ~ Carriages 186 52
top, collapsible ~ Car 193 10
top, convertible ~ 193 10
top, elasticated ~ 32 33
top, fireclay ~ 108 9
top, fixed ~ 186 14
top, folding ~ 194 10
top, hard ~ 193 27
top, humming ~ 309 71
top, leather ~ 35 19
top, marble ~ 265 12
top, shirred ~ 29 15
top clearer 164 22
top gases 145 38
top hat 35 36; 186 25; 289 6
top light, white ~ 286 10
top lighting, incident ~ 112 63
topmark 224 78, 90
topmark buoy 224 80
topmast 223 39

topography, fluvial ~ 13 1-13
topper 64 85
topping 266 54
topping knife 64 87
top rail 221 122
top ring 89 52
top roller, light ~ 164 18
tops 145 38
topsail schooner, three-masted ~ 220 19
top side Meat 95 37
top side Paperm. 173 31
top slide 149 22, 42
top stroke 277 3
top tube 187 16
torch 127 26
torch lighter 141 27
torcular 26 48
torero 319 21, 25
torii 337 11
torpedo boat 258 69, 75
torpedo housing, underwater ~ 259 36
torpedo tube 258 78; 259 79
torque converter 190 70
torque converter bearing 211 54
torque converter lever 65 34
torque wrench 195 45
torril door 319 11
torsional clamp 287 39
torso 339 7
Torsteel 119 82
torten 97 22-24
tortrix moth 80 9
torus Art 334 28, 30
torus Bot. 370 53
totalizator 289 35
totalizator window 289 34
tote 289 35
totem 352 2
totem pole 352 1
toucan 363 6
touch line 291 9
touch-me-not 377 11
touch-tone button 242 25
touch-tone pad 242 25
toupee wig 355 8
toupet 34 2
touring bicycle 187 1
touring boat 283 26-33
touring cycle 187 1
touring cycle handlebar 187 2
touring kayak 283 61, 70
touring moped 188 24
tourist 272 28
tourist guide 272 27
tournament 329 71
tournament pennon 254 33
tournament saddle 329 87
tourneur 275 3
tourney 329 71
tourniquet, emergency ~ 21 15
tourniquet, surgeon's ~ 26 48
tow 170 57, 58, 59, 60
towage 227
towel 106 25; 281 25
towel, paper ~ 40 1; 106 5
towel rail 49 8
tower Map 15 53
tower Bldg. Site 119 34
tower Bridges 215 42
tower Airport 233 17
tower Gliding 287 12
tower, central ~ 335 6
tower, lattice steel ~ 152 36
tower, stepped ~ 333 32
tower, terraced ~ 333 32
tower clock 331 7
tower crane 47 39; 119 31
tower platform 329 8

tower roof, pyramidal ~ 335 7
tower slewing crane 119 31
tower spotlight 316 21
tower tomb 333 21
tow hook 227 27
towing 216 27
towing engine Rivers 216 29
towing engine Salvage 227 7
towing engine Warships 258 86
towing gear 227 6, 6-15, 13
towing hawser 216 24; 227 8, 15
towing line 286 47
towing log 224 54
towing machine 227 7; 258 86
towing mast 216 28
towing path 216 30
towing plane 287 2
towing track 216 30
towing vehicle 194 21, 29
towing winch 227 7; 258 86
tow line 216 24; 227 8, 15; 286 47
town 15 51; 268
town banner 218 22
town centre 268
tow path 216 30
tow rope Rivers 216 24
tow rope Salvage 227 8, 15
tow rope Gliding 287 4
tow rope guide 227 9
toy, soft ~ 46 13; 47 6, 7, 41
toy, wooden ~ 260 80
toy duck 28 10
toys 48 21-32
toy shop 47 27
T position 288 62
trace 71 22, 24, 35
trace monitor 25 54
tracer 153 45
tracer element 153 45
tracery 335 39-40
tracery window 335 39-41
trachea 17 50; 20 4
tracing head 141 37
tracing leg 302 2
tracing wheel 129 42
track Atom 2 37
track Hunt. 86 8
track Cine Film 117 82
track Railw. 202 1-38
track Station 205 59-61
track Army 255 87
track Equest. 289 23
track Cyc. Racing 290 2
track Winter Sp. 301 60
track, cinder ~ 298 6
track, indoor ~ 290 1
track, sand ~ 290 24
track, synthetic ~ 298 6
track, unfenced ~ 15 102
track and field events 298
track and signal indicator 203 64
track-clearing vehicle 213 17
track diagram control layout 203 65
track diagram control panel 203 66
tracker action 326 6-16
track format 243 28
trackhound 70 42, 43
track indicator 65 81
track inspection railcar 213 32
track racer 290 2
track rider 290 2
track rider, motor-paced ~ 290 14
track rod 65 47
track-rod ball-joint 192 80
tracksuit 33 27

tracksuit bottoms 33 29
tracksuit top 33 28
trackwalker 202 44
tract 330 57
traction motor 211 6
traction motor blower 211 15
tractive effort indicator 211 26
tractive unit 194 21, 29
tractor 62 38; 64 46; 65 20; 67 17; 85 43; 194 21, 29; 273 55
tractor, narrow-track ~ 78 21
tractor driver 62 39
tractor unit 85 43
trader, itinerant ~ 308 51
trades 9 48, 49
tradesman 98 41
trade winds 9 48, 49
traffic control 264 9
traffic control cuff 268 31
traffic helicopter 264 1
traffic light post 268 53
traffic lights 268 52
traffic patrol 264 9
traffic policeman 268 30
traffic sign 268 66
trail 86 8
trail, scented ~ 289 49
trailer Farm Bldgs. 62 40
trailer Agr. 63 27, 38
trailer Blacksm. 138 10
trailer Lorries etc. 194 22
trailer Station 206 3, 35
trailer Camping 278 52
trailer, collapsible ~ 278 3
trailer, folding ~ 278 3
trailer, tip-up ~ 56 42
trailer frame 138 28
trailering 278
trailer wagon 200 25
trailing arm 191 27; 192 66
trailing cable hanger 133 39
trailing cable support 133 39
trailing edge Sailing 284 45
trailing edge Gliding 287 37
trailing link arm 192 81
trail rope 288 69
train 355 80
train, electric ~ 197
train, interurban ~ 197
train, local ~ 208 1-12
train, short-distance ~ 208 1-12
train, suburban ~ 205 25
train control system, inductive ~ 211 7, 38; 212 14, 38
train deck 221 80
trainee pastry cook 265 6
trainer Shoes 101 35
trainer Circus 307 31
train ferry Map 15 12
train ferry Ship 221 74
train heating generator 212 39
train heating system 212 17, 18
train heating system transformer 212 40
train heating voltage indicator 211 27
training apparatus 299 20-24
training equipment 299 20-24
training ship 258 95
training shoe 101 35
train plate, bottom ~ 110 37
'trains' 233 34
train schedule 204 50
train service, local ~ 208 1-30
trainset 209 1
trainset, experimental ~ 209 23

train set, wooden ~ 47 37; 48 29; 273 27
trajectory 89 36
tram 197; 268 46
tramline 268 23
trammel 125 11
trampoline 282 10; 297 10
tram service 197 13
tram stop 197 35; 268 25
tram stop sign 197 36; 268 26
tram timetable 268 27
transept 335 3
Trans-Europe Express 209 1-22
Trans-Europe Express, electric ~ 205 34
transfer blanket 249 40
transfer cylinder 180 36
transfer drum 180 36
transfer entry 250 25
transfer port 242 57
transformer Clocks 110 8
transformer Power Plant 153 9-18
transformer Railw. 211 10
transformer, high-tension ~ 211 4
transformer, mobile ~ 152 30, 39
transformer, transportable ~ 152 30, 39
transformer connection 153 19
transformer station Brew. 92 21
transformer station Hydr. Eng. 217 46
transformer tank 152 40
transforming section 23 56
transillumination 112 60
transistor, actuating ~ 195 19
Transitional 342 5
'transit passengers' 233 27
transit shed 225 9
transmission 209 18
transmission cable 326 53
transmission line 154 16
transmission line, high-voltage ~ 152 32
transmission oil 209 15; 212 36, 43
transmission oil temperature gauge 212 20
transmissometer 10 60
transmitted-light microscope 112 14
transmitter 10 59, 62
transmitting antenna 288 88
transom Dwellings 37 35
transom Ship 221 42
transom Sailing 284 35; 285 49
transom Motorboats etc. 286 26
transom stern 221 42; 258 26; 259 11; 285 48
transparency 242 42
transparency arm 177 44
transparent gage 59 25
transplanting Plant Propagn. 54 5
transplanting Forestry 84 10
transport aircraft, medium-range ~ 256 14
transport and communications aircraft 256 24
transport and rescue helicopter 256 18
transporter, suction ~ 74 49
transporter container-

loading bridge 225 46; 226 2
transporter loading bridge 225 20
transport helicopter 232 21
transport lug 152 48
transport roller Cine Film 117 34
transport roller Joiner 132 72
transport sprocket 115 26
transport vehicle 62 18
transtainer 226 2
transtainer crane 226 2
transversal chicane 301 68
transverse motion 149 17
trap Bathrm. etc. 49 27
trap Hunt. 86 20
trap Plumb. etc. 126 26
trapdoor 38 13
trapercius 18 52
trapeze Sailing 284 12
trapeze Circus 307 6
trapeze artist 307 7
trapezium 346 37
trap opening 316 32
trapper 306 8
trapping 86 19-27, 19
trappings Horse 71 16
trappings Chivalry 329 74
trash bin Doc. 22 70
trash bin Butch. 96 46
trash can 199 3
trash conveyor 64 80
travel agency 271 24
travel centre 204 28
traveler see traveller
traveling see travelling
traveller Cotton Spin. 164 51, 55
traveller Sailing 284 27
Travellers' Aid 204 45
travelling bag 205 10
travelling box 77 44
traverse 152 37
traversing handle 255 48
trawler 90 11; 221 86
trawl fishing 90 11-23
trawling 90 11-23
trawl warp 90 12
tray Living Rm. 42 30
tray Pest Contr. 83 17
tray Game 88 8
tray Café 265 3, 14
tray Restaurant 266 19, 45, 63
tray Fair 308 52
tray, revolving ~ 204 37
tray, round ~ 44 24
tray counter 266 64
tray for purchases 271 15
tray thermometer 116 13
tread 50 38; 123 32, 47
tread, rubber ~ 187 85
treading water 282 39
treadle Poultry Farm 74 63
treadle Dressm. 103 11
treadle Tailor 104 13
treadle control 168 48
treadle lever 166 58
treadle sewing machine 309 1
treadling diagram 171 10
tread sledge 304 29
treasury notes 252 29-39
treble belly bridge 325 11
treble bridge 325 11
treble clef 320 8
treble control 241 31
treble coupler 324 41
treble plume 254 30
treble register 324 41
treble stop 324 41
treble string 325 10
treble tuning 241 43
treble viol 322 23

tree 272 59, 61; 370 1
tree, conical ~ 272 13
tree, globe-shaped ~ 272 12
tree, pyramidal ~ 52 16; 272 19
tree brush 56 23
tree cake 97 46
tree calliper, steel ~ 84 21
tree felling 84 15-37
tree frog 364 24
tree guard 118 80
tree nursery Map 15 111
tree nursery Market Gdn. 55 3
tree nursery Forestry 84 6, 10
tree of life 372 39
tree pruner 56 11
trees, coniferous ~ Map 15 1
trees, coniferous ~ Conifers 372 1-71
trees, deciduous ~ 371 1-73
trees, mixed ~ 15 14
trees, non-coniferous ~ 15 4
trees, ornamental ~ 373; 374
trees, young ~ 84 10-11
tree scraper 56 14
tree stake 52 31
tree stump 84 14
tree toad 364 24
treetop 272 60; 370 4
tree trunk 84 19; 370 2, 7
tree trunk, hollowed-out ~ 218 7
trefoil arch 336 32
trek, roped ~ 300 22-27
trellis 89 5
trellis, wire ~ 78 9
trembling poplar 371 21
trenchcoat 33 57
trestle Overh. Irrign. 67 7
trestle Carp. 120 18, 19
trestle Shipbuild. 222 27
trestle, paperhanger's ~ 128 52
trestle rope 122 67
triad 321 1-4
triakis-octahedron 351 10
trial 290 24-28
trial frame 111 3
trial lens case 111 45
triangle Fish Farm. 89 85
triangle Drawing Off. 151 7, 8
triangle Railw. 203 13
triangle School 260 37
triangle Music. Instr. 323 49
triangle, acute-angled ~ 346 28
triangle, equilateral ~ 346 26
triangle, obtuse-angled ~ 346 30
triangle, pipe clay ~ 350 17
triangle, right-angled ~ 346 32
triangle cut 36 67
triangles, plane ~ 346 26-32
triangle sign 203 13
triangle symbol 345 24
triangulation point 14 49; 15 71
triangulation station 14 49; 15 71
Triangulum Australe 3 40
triceps brachii 18 38
trichopteran 358 12
trick button 117 84
trick ski 286 56
triclinic crystal system 351 26
Tricolour 253 16
triforium 335 33
trigger Slaughterho. 94 6
trigger Army 255 5
trigger guard 87 10
trigger mechanism 255 20
trigger valve 270 62
triglyph 334 15

trilby hat **35** 22
trill **321** 17, 18
trim **46** 5
trimaran **278** 16
trimmer *Carp.* **120** 41
trimmer *Roof* **121** 71
trimmer *Paperhanger* **128** 43
trimmer joist **120** 41
trimming, fur ~ **30** 59
trimming, lace ~ **31** 32
trimming, leather ~ **30** 18
trimming blade **85** 22
trimming knife **128** 38
trimming machine **85** 18
trimmings **266** 55
trimming tab **288** 25, 30
trimming table **132** 64
trimming tool **162** 43
trim tab **288** 25, 30
triplane **229** 6
triple-spar tail construction **257** 20
triplet **321** 23
trip mileage recorder **191** 74, 77
tripod *Photog.* **114** 42; **115** 99
tripod *Paperm.* **173** 6
tripod *Chem.* **349** 15; **350** 14
tripod, wooden ~ **313** 13
tripod bush **115** 30
tripod crane **222** 6
tripod lattice mast **258** 41
tripod leg **114** 43
tripod socket **115** 30
tripod spotlight **310** 52
trireme **218** 9-12
triton **327** 40
trochilus **334** 29
troika **186** 45
trolley *Blacksm.* **138** 35
trolley *Lorries etc.* **194** 42
trolley *Tram* **197**
trolley *Station* **206** 14
trolley *Town* **268** 46
trolley, electric ~ **205** 29
trolley, metal ~ **74** 31
trolley bus **194** 40
trolley bus trailer **194** 44
trolley shoe **194** 42
trolley shoe, aluminium alloy ~ **197** 24
trolley shoe, carbon ~ **197** 24
trolley stop **197** 35; **268** 25
trolley stop sign **197** 36; **268** 26
trolley wire **197** 41; **205** 58
trolley wire contact point **197** 40
trombone **323** 46
trombone slide **323** 47
tropaeolum **53** 4
trophus **358** 26
trophy **352** 15, 30
tropic of Cancer **3** 4
tropics **14** 10
tropopause **7** 9
troposphere **7** 1
trot **72** 41
trotter *Meat* **95** 38, 42, 48
trotter *Equest.* **289** 28
trotting silks **289** 26
troubadour **329** 70
trough *Phys. Geog.* **12** 18
trough *Mills* **91** 14
trough *Railw.* **202** 34
trough *Art* **336** 48
trough, equatorial ~ **9** 46
trough, outdoor ~ **62** 9
trough gutter **122** 83
trough mixer, double shaft ~ **159** 10
trough plane **12** 19
trough surface **12** 19

trough valley **13** 55
trough vault **336** 47
trouser leg **33** 6
trouser pocket **33** 47
trousers, boy's ~ **29** 60
trouser suit **30** 57
trouser turn-up **31** 40
trout **364** 15
trout breeding **89** 14
trout fry **89** 16
trout pond **89** 6
trout rearing **89** 14
trowel *Gdn. Tools* **56** 6
trowel *Bldg. Site* **118** 52
trub **93** 2
trub removal **93** 1-5
truck *Bldg. Site* **119** 32
truck *Power Plant* **152** 41
truck *Sawmill* **157** 16
truck *Refuse Coll.* **199** 38
truck *Railw.* **207** 4; **208** 4; **212** 2; **213** 13
truck *Docks* **226** 4, 19
truck *Flags* **253** 1
truck, electric ~ **205** 29; **206** 2, 34
truck, heavy ~ **194** 20; **200** 7
truck, large-capacity ~ **158** 14
truck, light ~ **194** 1, 5
truck, toy ~ **47** 38; **273** 62
truck farm **55** 1-51, 3
truck garden **55; 55** 1-51, 3
trucks **194**
truck tire **273** 19
truck-to-truck handling **226** 7
truck-to-truck operation **225** 41
truck-to-truck system **225** 41
truck with trailer **213** 34
trudgen **282** 37
trudgen stroke **282** 37
truffle *Grocer* **98** 86
truffle *Edib. Fungi* **381** 9, 10, 11
trumpet **318** 6; **323** 43
trumpet, bronze ~ **322** 1
trumpet daffodil **60** 3
trumpeter **318** 7
trumpet narcissus **60** 3
truncheon *Heraldry* **254** 31
truncheon *Police* **264** 19
trunk *Man* **16** 22-41
trunk *Forestry* **84** 19
trunk *Car* **191** 24; **193** 23
trunk *Mammals* **366** 21
trunk *Bot.* **370** 2
trunk, horse's ~ **327** 45
trunk, main ~ **88** 11
trunk, round ~ **120** 83
trunk, woman's ~ **327** 24
trunk-bending forwards **295** 33
trunk-bending sideways **295** 32
trunk call **237** 3
trunk-hose, paned ~ **355** 34
trunk-hose, stuffed ~ **355** 31
trunk lid **191** 7
trunk line **15** 21
trunk pipeline **145** 35
trunk road **15** 17
trunks **32** 27
truss **215** 3
trussed arch bridge **215** 23
trussed-rafter roof **121** 34
truss element **215** 24
trusser **130** 12
truss joint **215** 37
truss post **121** 68
truss tower **155** 43
trying plane **132** 39
trysail **220** 1

try square **120** 69; **132** 6; **134** 26
try-your-strength machine **308** 11
tsetse fly **81** 43
T-shirt **31** 38
T-shirt, children's ~ **29** 27
T-square **151** 9
tsunami **11** 53
T-tail **229** 29; **256** 31-32; **287** 10
T-tail unit **229** 29; **256** 31-32; **287** 10
tub *Market Gdn.* **55** 48
tub *Wine Grow.* **78** 10
tub, wooden ~ **91** 27
tuba **323** 44
tubaphone **324** 61
tube *Hosp.* **25** 13; **26** 17
tube *Pest Contr.* **83** 31
tube *Optic.* **111** 18
tube *Optic. Instr.* **113** 8
tube *Bicycle* **187** 30
tube *Music. Instr.* **323** 29; **326** 22
tube *Invertebr.* **357** 23
tube *Edib. Fungi* **381** 17
tube, diaphragmed ~ **10** 27
tube, eustachian ~ **17** 65
tube, fallopian ~ **20** 81
tube, steel ~ **155** 30
tube, telescopic ~ **65** 77
tube, uterine ~ **20** 81
tube bin **255** 72
tube cap **260** 52
tube centre section **113** 9
tube clamp **40** 20; **350** 30
tube clip **40** 20; **350** 30
tube connection **6** 26
tube holder **22** 46
tuber *Arable Crops* **68** 40
tuber *Bot.* **370** 79
tuberose **60** 9
tuberosity **80** 27
tube support **27** 47
tube valve **187** 31
tube well **269** 60
tubing **145** 20, 24
tub plant **55** 47
tuck and miss stitch **171** 44, 47
tuck jump **282** 14; **295** 36; **297** 40
tuck stitch, pulled-up ~ **171** 45, 48
tuck stitch, staggered ~ **171** 46
tue iron **137** 6
tuff **11** 19
tuff deposit **11** 26
tuft **73** 7
tufted lark **361** 19
tuft of grass **375** 44
tug *Shipbuild.* **222** 42
tug *Docks* **225** 15
tug *Salvage* **227** 5, 16
tug *Gliding* **287** 2
tulip poplar **374** 1
tulip tree **374** 1
tulle background **102** 16
tulle lace **102** 15
tulle work **102** 15
tumble drier **50** 28
tumbler *Metalwkr.* **140** 38
tumbler *Restaurant* **266** 3
tumbler, seaward ~ **226** 23
tumbler, shore-side ~ **226** 28
tumbler lever **149** 10
tumbler reverse lever **149** 14
tumbler spring **140** 42
tumbling separator, mechanical ~ **64** 75
tumulus **328** 16
tun **92** 45

tun, wooden ~ **91** 27
tundra climate **9** 57
tuner **241** 9, 37; **317** 22
tuner, automatic ~ **23** 38
tunic *Ladies' Wear* **30** 29
tunic *Ship* **221** 115
tunic *Hist. Cost.* **355** 12, 25
tunic, long ~ **355** 19
tunica **355** 12
tunic dress **30** 29
tunic top **30** 29
tuning control **241** 9
tuning crook **326** 21
tuning device **326** 30
tuning dial **241** 7
tuning flap **326** 30
tuning fork element **110** 9
tuning fork principle **110** 6
tuning fork watch **110** 6
tuning hammer **325** 20
tuning hole **326** 33
tuning key **325** 20
tuning knob **241** 9; **309** 21
tuning meter **241** 39, 54
tuning peg **323** 18; **324** 11; **325** 17
tuning pin **324** 23; **325** 17
tuning screw **323** 59
tuning slot **326** 33
tuning tongue **326** 30
tuning wedge **325** 21
tuning wire **326** 21
tunnel *Map* **15** 70
tunnel *Soft Fruit* **58** 63
tunnel *Station* **204** 23
tunnel *Railw.* **214** 6
tunnel, plastic ~ **55** 40
tunnel, underground ~ **198** 29
tunnel entrance **233** 6
tunnel kiln **161** 5
tunnelling machine **144** 32
tunnel vault **335** 19; **336** 38
tup *Blacksm.* **137** 10
tup *Forging* **139** 12, 26
turban **353** 46
turbine **67** 20; **209** 18; **232** 40, 47
turbine, high and low pressure ~ **259** 62
turbine, high-pressure ~ **232** 53
turbine, low-pressure ~ **232** 54
turbine, reversible ~ **155** 39
turbine, supercharged ~ **212** 51
turbine engine **232** 17, 24; **257** 15
turbine exhaust **146** 5
turbine house **152** 22; **217** 43
turbine inlet **155** 40, 41
turbine monitoring panel **153** 30
turbine transmission **209** 10
turbine unit **209** 24
turbogenerator **154** 34
turbogenerator set **154** 33
turbogenerator unit **153** 23-30
turbojet engine **231** 26
turbojet engines **232** 33-50
turbopropeller engine **231** 5; **232** 30, 51
turbopropeller plane **231** 4
turboprop engine **231** 5; **232** 30, 51; **256** 16
turboprop plane **231** 4
tureen **45** 15
turkey **73** 28
turkey cock **73** 28
turkey hen **73** 28
turkey leg **99** 59
Turkish delight **308** 18

turk's cap 377 4
turk's cap lily 377 4
turn *Athletics* 298 24
turn *Music. Not.* 321 21
turnbuckle 130 4; 202 31
turner *Brew.* 92 24
turner *Turner* 135 20
turnery 135 1-26
turn indicator *Car* 191 76
turn indicator *Aircraft* 230 12
turn indicator light 189 37, 45
turn indicator light, front ~ 191 19
turning head, multiple ~ 149 41
turning judge 282 26
turning tools 135 14,15,24
turnip moth 80 42
turnout 203 51, 52
turn slot 288 46
turntable *Porcelain Manuf.* 161 11
turntable *Electrotyp. etc.* 178 26
turntable *Lorries etc.* 194 31
turntable *Bridges* 215 64
turntable *Docks* 226 56
turntable *Audio* 241 20
turntable *Army* 255 73
turntable glazing machine 161 16
turn-up 30 35; 31 54; 33 35
turpentine separator 172 14
turret *Mach. Tools* 149 40
turret *Warships* 258 47, 67, 70; 259 31, 52, 71
turret *Chivalry* 329 28, 35
turret, aft ~ 259 44
turret, armoured ~ 255 84
turret, forward ~ 259 43
turret head 117 46; 313 32
turret lathe 149 38
turtle dove 359 23
tusk 88 54; 366 22; 367 22
tutu 314 29
tuyère 147 20
TV set 42 8; 46 14
tween deck 223 76
tweeter 241 15
tweezers 22 52; 109 14; 174 18
twig 370 6
twilight area 4 21
twin anti-aircraft gun 258 31
twin anti-aircraft gun turret 259 30
twin anti-aircraft missile launcher 259 25, 33
twin anti-aircraft rocket launcher 259 25, 33
twin columns 336 6
twin edger 157 57
twin engine, horizontally-opposed ~ 189 47
twin etching machine 178 30
twin hull 284 65
twin launching catapult 259 14
Twins 3 28; 4 55
twin seat 188 42
twin seat, racing-style ~ 189 14
twin set 31 49
twin-spar wing construction 257 27
twin tail unit 229 32, 34
twist bit 134 49; 140 59
twist drill 134 49; 140 59
twist grip *Pest Contr.* 83 19
twist grip *Motorcycles etc.* 188 31
twist grip throttle control 188 30; 189 29

twist of tobacco 107 18
twitch grass 61 30
two-eight time 320 28
two-four time 320 29
two-high mill 148 53
two-line brevier 175 30
two-line primer 175 31
two-pipe system 126 22
two-seater 193 28
two-stroke blending pump 196 13
two-toed sloth 366 11
two-two time 320 30
two-way tap 350 49
tympan 340 37
tympanum 335 26
type *Composing Rm.* 174 7, 15, 44; 175 1-17, 38
type *Letterpress* 181 37
type *Office* 249 15, 29
type *Money* 252 12
type, black-letter ~ 342 1, 2, 3
type, bold ~ 175 2
type, bold condensed ~ 175 10
type, boldfaced ~ 175 2
type, extra bold ~ 175 9
type, Gothic ~ 342 1
type, heavy ~ 175 2
type, italic ~ 175 7
type, light face ~ 175 8
type, Schwabacher ~ 342 2
type, semibold ~ 175 3
type area 185 59
type bed 180 78; 181 17
typecase 174 3
type casting 175 32-37
type character 174 7; 175 38
type cleaner 247 8
type-cleaning brush 247 7
type-cleaning kit 247 8
type disc 176 20
type face 174 31; 175 42
type faces 342 1-15
type forme 340 32
typefounding 175 32-37
type height 175 44
type line 175 43
type magazine 174 21
type matrix 174 47; 176 16
type matter 174 15; 175 1-17; 181 37
types 342 1-15
typescript *Composing Rm.* 174 6
typescript *Script* 342 9
typesetter 174 5
typesetting, computer-controlled ~ 176 14
typesetting computer 176 10
type size 175 18, 46
types of ship 221
typewriter 209 28; 248 22; 309 79
typewriter, electric ~ 249 1
typewriter rubber 247 26
typewriting 342 9
typhoon wheel 308 46
typing compartment 209 26
typing desk 245 25; 248 26
typing opening 249 19
typing window 249 19
typist 248 21
typographer beetle 82 22
tyre 191 15
tyre, high-pressure ~ 187 30
tyre, pneumatic ~ 187 30; 305 86
tyre, rubber ~ 273 54
tyre, tubular ~ 290 19, 23
tyre chain 304 10
tyre pressure gauge 196 17
tyre tread 189 27

U

udder 75 18
ulna 17 14
ulnar side of the hand 19 70
ultra large crude carrier 221 1
umbel 383 65
umbel, simple ~ 370 72
Umbellula encrinus 369 14
umbo 329 58
umbra 4 35
umbrella *Hall* 41 15
umbrella *Station* 205 12
umbrella *Art* 337 22
umbrella *Invertebr.* 357 15
umbrella, telescopic ~ 41 12
umbrella stand 41 14
umpire 292 55, 65; 293 19, 68
unau 366 11
uncial 341 17
underbrush 84 5
undercarriage 194 32
undercarriage, retractable ~ 232 10
undercarriage housing 256 15
undercarriage hydraulic cylinder 257 41
undercarriage unit, forward-retracting ~ 257 40
undercarriage unit, main ~ 230 41; 231 28; 256 26; 257 40; 288 33
undercarriage unit, retractable ~ 231 28
underclothes, ladies' ~ 32 1-15
underclothes, men's ~ 32 22-29
undercut *Forestry* 84 28
undercut *Meat* 95 13
undercut swing saw 157 24, 64
underframe 207 3; 208 5
undergown 355 37
undergrasp 296 41
undergrowth 84 5
underlip 72 10
under-ridge tile 122 5
undershirt 296 61
underside 173 34
underskirt 309 85
understructure 191 2
under tile 122 57
underwater case 117 57
underwater housing 117 57
underwater massage bath 281 31
underwater salvo missile launcher 259 24
underwater salvo rocket launcher 259 24
underwater swimmer 279 7; 280 37
underwater swimming 279 7-27; 282 38
underwater swimming set 279 8-22
underwear 32
underwear, ladies' ~ 32 1-15
underwear, men's ~ 32 22-29
underwing tank 256 4
underwood 84 5, 32
uneven bars 297 3
ungulates 366 25-31; 367 1-10
ungulates, even-toed ~ 366 28-31
ungulates, odd-toed ~ 366 25-27
unicorn 254 16; 327 7
uniform 264 7
uniform cap 264 8
Union Jack 253 15
union of sets 348 5-6

unison 321 6
unison interval 321 6
unit, assistant's ~ 24 9
unit, slide-in ~ 27 32
unit indicator 174 36
unit load 225 49; 226 9
unit load, foil-wrapped ~ 225 42
units 344 3
university 262 1-25
university lecturer 262 3
university library 262 11-25
university professor 262 3
unloading unit 62 42
unrefined oil tank 221 71
unwind station 173 39
up-and-down roundabout 308 5
up-and-down slide 273 52
upcurrent, frontal ~ 287 vp
upholstery 134 59
upper, corduroy ~ 101 26
upper, rubber ~ 300 45
upper, soft-leather ~ 101 46
upper, terry ~ 101 23
upper arm hang 296 58
upper board 326 15
upper board groove 326 14
uppercut 299 32
upper fore topgallant sail 219 59
upper fore topgallant yard 219 36
upper fore topsail 219 57
upper fore topsail yard 219 34
upper hatch 6 45
upper-leather shears 100 42
upper main topgallant sail 219 65
upper main topgallant yard 219 42
upper main topsail 219 63
upper main topsail yard 219 40
Upper Muschelkalk 154 58
Upper Permian 154 62
upright *Gymn.* 296 9
upright *Athletics* 298 13, 33
upright *Music. Instr.* 325 1
upright kneeling position 295 7
upright spin 302 9
upsett 136 25
upsetting block 137 16
upstart 297 28
upward ventilator 154 81
U-rail 214 22
Uranus 4 50
ureter 20 32
urethra 20 68
urethroscope 23 20
urine sediment chart 23 58
urn 328 40; 331 31
urn, cinerary ~ 328 38
urn, domestic ~ 328 38
urn, embossed ~ 328 38
urn grave 328 39; 331 30
Ursa Major 3 29
Ursa Minor 3 34
ursine seal 367 18
usher 315 12
usherette 312 4
uterus 20 79
utility room door 118 6
utility room window 118 5
U-tube 349 2
U-valley 13 55
uvula 19 22

V

vacancy 342 70
vacuum 240 21
vacuum back 177 35
vacuum box 173 15
vacuum chamber 2 52; 83 12;
    159 12
vacuum cleaner *Household*
    50 80
vacuum cleaner *Goldsm. etc.*
    108 43
vacuum cleaner, cylinder ~ 50
    68
vacuum cleaner, upright ~ 50
    58
vacuum equipment 145 51
vacuum film holder 177 8
vacuum frame 179 13; 182 2
vacuum line 74 50; 75 29
vacuum printing frame 179
    13
vacuum pump *Intern.*
    Combust. Eng. 190 59, 60
vacuum pump *Water* 269 8
vacuum pump switch 179 19
vacuum ripening tank 169 11
vacuum timing control 190 9
vagina 20 86
Valasian dulcimer 322 34
Valenciennes 102 18
valerian 380 5
valley *Phys. Geog.* 13 52-56
valley *Roof* 121 15; 122 11, 82
valley, dry ~ 13 75
valley, synclinal ~ 13 56
valley, U-shaped ~ 13 55
valley, V-shaped ~ 13 53, 54
valley bottom 13 67; 215 60
valley floor 13 67
valley glacier 12 49
valley rafter 121 64
valleyside 13 57-70
valley station 214 39
valley station platform 214 51
valley temple 333 8
value 250 18
value, note's ~ 320 7
valve *Roof & Boiler.* 38 73
valve *Bicycle* 187 31
valve *Airsports* 288 77
valve *Ball Games* 291 18
valve *Music. Instr.* 323 40;
    324 66
valve, aortic ~ 20 49
valve, atrioventricular ~ 20
    46, 47
valve, bicuspid ~ 20 47
valve, mitral ~ 20 47
valve, pulmonary ~ 20 50
valve, sliding ~ 217 55
valve, tricuspid ~ 20 46
valve control house 217 42, 63
valve horn 323 41
valve house 217 42, 63
valve housing 217 54
valve line 288 78
valve sealing cap 187 32
valves of the heart 20 46-47
valve tube 187 31
vambrace 329 47
vamp *Shoem.* 100 60
vamp *Carnival* 306 32
vamplate 329 82
van, medium ~ 194 7
Vandyke beard 34 13
vane, curved ~ 91 38
vane, flat ~ 91 40
vang 284 21
vanilla 382 48
vanilla plant 382 46
vanilla pod 382 48
vans 194

vaquero 306 31
variable 345 14
variable depth sonar 259 40
variable focus lens 313 23
variable platen action lever
    249 24
varifocal lens 313 23
variometer 230 14
varnish 338 12
varnishing 129 14
vas deferens 20 74
vase, Greek ~ 334 37
vase, hand-painted ~ 161 18
vase, porcelain ~ 337 5
vase, stone ~ 272 35
vastus lateralis 18 46
vastus medialis 18 46
vat *Fish Farm.* 89 4
vat *Paperm.* 172 25; 173 47
vat, concrete ~ 79 3
vat, stainless steel ~ 79 4
vatman 173 46
vault 79 1
vault, cloistered ~ 336 41
vault, groined ~ 336 42
vault, ribbed ~ 336 43
vault, stalactitic ~ 337 17
vault, stellar ~ 336 44
vault, types of ~ 336 38-50
vaulter *Athletics* 298 29
vaulter *Circus* 307 32
vaulting 298 9-41
vaulting, Romanesque ~ 335
    17
vaulting horse 296 1; 297 1
vaulting pole 298 28
V-belt 64 78
V-belt drive 180 58
V-cardan 67 31
VCR cassette 243 5
veal 95 1-13
vee-belt drive 180 58
vee-neck 31 68
vee-tail 229 31
Vega 3 22
vegetable, frozen ~ 99 61
vegetable basket 99 81
vegetable crate 55 43
vegetable dish 45 25
vegetable garden 52
vegetable oil 98 23
vegetable patch 52 26
vegetable plants 57
vegetable plate 45 33
vegetable platter 45 33
vegetable plot 52 26; 55 39
vegetables 57
vegetables, canned ~ 96 27
vegetable spoon 45 74
vegetarian meal 266 62
vehicle 195 47
vehicle, articulated ~ 194 28
vehicle, electrically-powered
    ~ 188 20
vehicle ferry 15 47
vehicle ramp 206 1
vehicles 186 1-54
vehicles, horse-drawn ~ 186
    1-54
vehicle tanker 194 28
veil 381 5
veil, bridal ~ 332 20
veil, widow's ~ 331 39
vein 370 29
vein, frontal ~ 18 6
vein, iliac ~ 18 18
vein, jugular ~ 18 2
vein, portal ~ 20 39
vein, pulmonary ~ 18 12; 20
    56
vein, subclavian ~ 18 8
vein, temporal ~ 18 4
velum 381 5

velum palati 19 21
vena cava, inferior ~ 18 15; 20
    57
vena cava, superior ~ 18 9; 20
    53
venation 370 29
vendor 308 17
veneer 133 2
veneer-peeling machine 133
    1
veneer-splicing machine 133
    3
V-engine 190 1
vent *Phys. Geog.* 11 28
vent *Airsports* 288 82
vent, volcanic ~ 11 17
ventilating tile 122 7
ventilation control knob 26
    27
ventilation drum 74 29
ventilation drum motor 74 33
ventilation flap *Market Gdn.*
    55 41
ventilation flap *Railw.* 213
    16, 29, 30
ventilation shaft *Brew.* 92 14
ventilation shaft *Coal* 144 21
ventilation slit 50 30
ventilation switch 191 83
ventilation system 6 26
ventilation system, automatic
    ~ 191 30
ventilation window 55 10
ventilator *Bathrm. etc.* 49 20
ventilator *Poultry Farm* 74 10,
    17
ventilator *Railw.* 207 9
ventilator *Ship* 221 41
ventilator *Water* 269 27
ventilator *Disco* 317 30
ventilator *Zoo* 356 17
ventilator, hinged ~ 55 10
ventilator grill 258 43
ventilator lead 223 41
ventilator opening 258 43
ventilators 55 10-11
vent mast 221 38
vent pipe 155 11
vent prop 55 18
ventral part 95 39
ventricle 20 51
vents 55 10-11
venturi 192 8
venturi throat 190 15
Venus *Astron.* 4 44
Venus *Prehist.* 328 8
Venus's flytrap 377 14
Venus's slipper 376 27
verge 37 8; 121 3
verger 330 26, 58
Vermes 357 20-26
vermouth 98 62
vernier *Metalwkr.* 140 55
vernier *Navig.* 224 5
vernier calliper gauge 140 52;
    149 67
vernier depth gauge 140 54;
    149 72
vernier scale 149 69
vert 254 29
vertebra, cervical ~ 17 2
vertebra, coccygeal ~ 17 5; 20
    60
vertebra, dorsal ~ 17 3
vertebra, lumbar ~ 17 4
vertebra, thoracic ~ 17 3
vertex *Man* 16 1
vertex *Maths.* 346 26; 347 16,
    28
vertex refractionometer 111
    33
vertical backward somersault
    297 17

vertical deflection module
    240 8
vertical drive head 150 38
vertical flick spin 288 6
vertical milling spindle 150
    37
vertical/short take-off and
    landing aircraft 232 26-32
vertical speed indicator 230
    14
vertical tangent screw 14 54
vesicle, germinal ~ 74 66
vesicle, seminal ~ 20 77
vessel, completed ~ 162 29, 37
vessel, damaged ~ 227 2; 228
    10
vessel, funerary ~ 328 34
vessels, ecclesiastical ~ 332
    34-54
vessels, liturgical ~ 332 34-54
vessel with spiral pattern 328
    13
vest *Infant Care etc.* 28 23
vest *Underwear etc.* 32 7
vest *Men's Wear* 33 4, 15
vest *Gymn.* 296 61
vest *Hist.* Cost. 355 75
vest, envelope-neck ~ 29 7
vest, knitted ~ 33 53
vest, short-sleeved ~ 32 28
vest, sleeveless ~ 29 6; 32 25
vest, wrapover ~ 29 8
vest and shorts set 32 21
vestibule *Railw.* 207 21
vestibule *Hotel* 267 1-26
vestments 330 22; 332 4
vestry 331 13
vestry door 330 17
VHF and UHF tuner 240 6
VHF antenna 257 25
VHF station selector button
    241 38
viaduct 215 59; 268 48
vibrating beam 201 13
vibrating cylinder 119 89
vibrating head 119 89
vibrating poker 119 89
vibration, macroseismic ~ 11
    38
vibration damper 190 26
vibrator 201 13
vicar 330 22
vicarage 331 20
vice 109 28; 134 10; 138 24;
    260 47, 56
vice, front ~ 132 30
vice, parallel-jaw ~ 140 2
vice bar 260 48
vice handle 132 31
vice screw 132 32
Victoria regia water lily 378
    17
video cassette 242 18
video cassette recorder 243 7
video cassette recorder
    system 243 5-36
video coding station 236 39
video controller 239 11
video control room 239 10
video data terminal 238 2, 11
video disc 243 38, 44, 58
video disc jacket 243 45
video disc player 243 37, 46
video head 243 26, 36
video head movement,
    direction of ~ 243 30
video long play video disc
    system 243 46-60
video monitor 238 2
video recorder, portable ~ 243
    4
video signal 243 58
videotape recorder, portable

~ 243 4
video telephone 242 21
video telephone screen 242 26
video track 243 31
vielle à roue 322 25
Vienna sausage 96 8
view, front ~ 151 17
view, lateral ~ 27 3
view, side ~ 151 18
viewer editor 117 91
viewfinder, rectangular ~ 114 14
viewfinder, right-angle ~ 115 71
viewfinder, universal ~ 114 41
viewfinder eyepiece *Photog.* 114 2; 115 22
viewfinder eyepiece *Films* 313 6
viewfinder hood 114 23; 115 68
viewfinder image 115 51
viewing lens 114 25
viewing screen 117 94
view point 15 68
Viking ship 218 13-17
village 15 105
vine *Wine Grow.* 78 2-9
vine *Pest Contr.* 83 51
vinegar 98 25
vine layer 83 15
vine leaf 78 4
vine pests 80 20-27
vine root louse 83 33
vine shoot 78 2
vine stem 78 6
vine tendril 54 22
vineyard *Map* 15 65
vineyard *Wine Grow.* 78 1, 21
vineyard area 78 1-21
vineyard tractor 83 48
viniculture 78
viniculturist 78 13
viol 322 23
viola 323 27
viola da gamba 322 23
viol bow 322 24
violet 343 9
violin 323 1
violin, miniature ~ 322 20
violin body 323 3
violin bow 323 12
violin-bow fibula 328 27
violin bridge 323 5
violin clef 320 8
violinist 267 45
violin string 323 9
violoncello 323 16
violone 322 23; 323 23
vipers 364 40-41
Virgin 3 18; 4 58
virginal 322 45
Virginia creeper 51 5; 374 16
Virgin Mary 330 51
Virgo 3 18; 4 58
vis-à-vis 186 51
viscose 169 13-27, 15
viscose process 169 1-34
viscose rayon 169 1-12, 34
viscose rayon cake 169 18
viscose rayon thread 169 13-27
viscose spinning solution 169 10, 28-34
viscous drive 190 8
vise *see* vice
vision controller 239 11
vision control room 239 10
vision mixer 238 63
vision-mixing console 238 63
vision-mixing desk 238 63
visitor 356 6

visor *Forestry* 84 23
visor *Heraldry* 254 9
visor *Chivalry* 329 40
visual display 23 27
visual display unit 248 16, 44
viticulture 78
viticulturist 78 13
vitreous body 19 46
vixen 88 42
VLP video disc 243 51
V-neck 31 68
vocal pouch 364 25
vocal sac 364 25
Voith transmission 209 14; 212 74
vol-au-vent 97 18
volcanism 11 13-28
volcano, active ~ 11 15
volcano, composite ~ 11 15
volcano, extinct ~ 11 25, 28
volcano, subterranean ~ 11 20
vole and mole trap 83 37
volley 293 41
volley, forehand ~ 293 41
volleyball 293 56-71, 58, 59
voltage meter 212 17
voltage regulator, automatic ~ 153 31
voltage transformer 153 59
voltmeter 326 38
volume, respiratory ~ 26 28
volume control 117 85; 241 41
volume control, pupil's ~ 261 43
volume control, student's ~ 261 43
volume readout 196 5
volumetric flask 350 28
volume unit meters 241 35-36
volute 333 26; 334 23
volute cushion 334 24
VOR antenna 257 26
VOR radio direction finder 230 15
voter 263 22
voter, qualified ~ 263 24
votive candle 330 53
voussoir 336 22
V-seat 295 13
V-support 295 17
V-tail 229 31
vulcanicity 11 13-28
vulva 16 39
V-valley 13 53
V-way *Joiner* 132 61
V-way *Composing Rm.* 175 54

W

wad, felt ~ 87 52
wafer *Bakery* 97 45
wafer *Church* 332 28
wafer, sacred ~ 332 48
waffle 97 45
waffle iron, electric ~ 40 34
waggonette 186 2
wagon 213 18
wagon, flat ~ 206 21, 24; 213 5, 11, 40
wagon, large-capacity ~ 213 28
wagon, open ~ 213 33
wagon, special ~ 213 33
Wagoner 3 27
wagon load 206 52
wagon truck 200 25
wagtail 360 9
waist *Man* 16 31
waist *Shoem.* 100 68
waist, corseted ~ 355 53

waistband *Ladies' Wear* 31 41
waistband *Men's Wear* 33 23
waistcoat 33 4, 15
waistcoat, denim ~ 31 59
waistcoat, embroidered ~ 355 75
waistcoat, knitted ~ 33 53
waistcoat, quilted ~ 30 16
waist longeron 235 9
waist slip 32 14; 309 85
waiter 267 47
waiter, head ~ 266 30
waiting room *Doc.* 22 1
waiting room *Station* 204 14
waiting room *Airport* 233 18
'waiting room' *Airport* 233 28
waitress 265 13; 266 18
wake 223 58
wake-robin 379 9
waldhorn 323 41
walk 71 2; 72 39
walk, gravel ~ 272 18
walkie-talkie set 270 41
walking stick 41 5
walking-stick umbrella 205 12
walkway *Dwellings* 37 60
walkway *Street Sect.* 198 9
walkway *Hydr. Eng.* 217 72
wall *Map* 15 95
wall *Carp.* 120 29
wall *Equest.* 289 8
wall *Ball Games* 291 44
wall, brick ~ 118 8; 123 29; 260 45
wall, concrete ~ 123 1
wall, framed ~ 120 48
wall, glass ~ 37 16
wall, hollow-block ~ 118 15
wall, inner ~ 329 19
wall, mirrored ~ 317 28
wall, outer ~ 121 32, 77; 122 37
wall, Rococo ~ 336 9
wall, rubble concrete ~ 119 7
wall, side ~ 42 2; 46 4; 222 37
wall, slatted ~ 213 29
wall, stone ~ 337 23
wall, timber ~ 119 25; 120 9
wall barley 61 28
wall bars 296 20
wall brush, flat ~ 129 17
wall calendar 22 17; 245 3; 248 42
wall candelabrum 330 16
wall chart 195 32
wall clock 109 32; 309 87
wall connection 25 23
wall cupboard 39 8; 46 30
wall desk 267 16
wall espalier 52 1
wall fountain 272 15
wall gecko 364 36
wall joist 120 39
wall lamp 265 9
wall lining, 'acoustic' ~ 310 15
wall map 260 44
wall memorial 331 14
wall mirror 309 3
wall-of-death rider 308 54
wall outlet 127 5
wall outlet, double ~ 127 6
wallower 91 11
wallpaper 128 18, 19
wallpaper, synthetic ~ 128 18
wallpaper-cutting board 128 41
wallpapering 128 18-53
wallpaper paste 128 23
wallpaper-stripping liquid 128 1
wallpaper-stripping machine 128 9

wall pepper 51 7
wall plaster 123 60
wall plate 120 40, 49
wall shelf 104 8
wall shelf unit 104 8
wall socket 39 26; 127 5
wall socket, double ~ 127 6
wall stone 331 14
wall string 123 45
wall stringer 123 45
wall switch 127 16
wall unit 42 1; 44 17; 46 1
wall ventilator 266 15
walnut 59 41, 43
walnut tree 59 37-43, 37
walrus 367 20
wane 120 89
waney edge 120 89
Wankel engine, two-rotor ~ 190 5
wapiti 367 2
ward, inner ~ 329 2
ward, outer ~ 329 31
wardrobe 43 1
wardrobe door 46 2
wardrobe trunk 267 29
warehouse *Station* 206 53
warehouse *Docks* 225 23
warhead 255 65
war horn, ivory ~ 354 39
warm-air brush 106 30
warm-air comb 105 22; 106 29
warm-air curtain 271 43
warm-air regulator 191 87
warm house 55 4, 32
warm-up regulator 190 50
warning cross 202 41
warning light 191 67, 72, 76, 80; 202 46, 50; 224 69; 230 64; 270 6
warning sign 280 6
warp *Sea Fish.* 90 12
warp *Weaving* 165 43; 166 39
warp *Knitting* 167 24
warp *Weaves* 171 14
warp *Hydr. Eng.* 217 23
warp, wire ~ 90 15
war paint 352 13
warp beam 165 29, 42; 166 48; 167 24
warp beam, sized ~ 165 56
warping capstan 217 22
warping machine 165 22
warping machine frame 165 27
warp-knitting machine 167 23
warp let-off motion 166 61
warp rib fabric 171 14
warp rib weave 171 13
warp thread 166 39; 171 1-29, 2, 17, 18
warp thread, lowered ~ 171 8
warp thread, raised ~ 171 7
warren 86 23
warship, Roman ~ 218 9-12
warships 258; 259
washbasin 24 15; 49 24; 126 27, 31; 278 6
washbasin, double ~ 267 32
washbasin pedestal 49 27
washboard *Floor etc. Constr.* 123 21, 63
washboard *Flea Market* 309 70
wash-bottle 349 8
washer *Photog.* 116 15
washer *Mach. Parts etc.* 143 17, 34
washer *Sawmill* 157 21
washer *Bicycle* 187 55
washer, lead ~ 122 103

washing **169** 19; **170** 48, 56
washing and toilet facilities **278** 5-6
washing basin **309** 65
washing bottle **261** 32
washing drum **50** 24
washing floor **92** 3, 27
washing line **38** 23; **50** 33
washing machine **157** 21
washing machine, automatic ~ **50** 23
washing machines **50** 23-34
washing set **309** 64
washing trough **165** 49
washing unit, compressed-air ~ **92** 3
washing-up area **207** 28
washing-up brush **50** 51
wash liquor, weak ~ **172** 44
washroom **207** 15; **278** 5
washstand *Railw.* **207** 40
washstand *Flea Market* **309** 67
wash tank *Photog.* **116** 15
wash tank *Oil, Petr.* **145** 30
washtub **309** 69
wash water, weak ~ **172** 44
wasp **82** 35
wasp waist **355** 53
waste **144** 37
waste, medium-activity ~ **154** 72
waste, nuclear ~ **154** 57-68
waste, radioactive ~ **154** 57-68, 77
waste bin **22** 70; **96** 4
waste-gas heat exchanger **155** 9
wastepaper basket **46** 25; **248** 45
waste pipe *Bathrm. etc.* **49** 45
waste pipe *Street Sect.* **198** 26
waste steam exhaust **210** 22
waste tray, mobile ~ **26** 22
waste water discharge **156** 38
waste water outlet **217** 62
waste water pump *Paperm.* **172** 63
waste water pump *Refuse Coll.* **199** 20
watch, automatic ~ **110** 32-43
watch, waterproof ~ **109** 26; **279** 16
watchdog **62** 32; **70** 25
watches **110**
watchglass-fitting tool **109** 11, 29
watchkeeper **221** 126
watchmaker **109** 1
watchman **329** 9
watch strap **110** 5
watch strap, metal ~ **109** 19
watch-testing machine **109** 24
watch-timing machine **109** 25
watchtower **329** 35
water **48** 8
water, artesian ~ **12** 21
water, baptismal ~ **332** 12
water, entrapped ~ **13** 16
water, raw ~ **269** 4
water, rising ~ **12** 26
water, running ~ **89** 1
water, shallow ~ **224** 87, 97
water, underlying ~ **12** 32
water and brine separator **145** 32
water appliances **126** 12-25
water ballast **223** 78
water barrel **52** 4
water bath **132** 12; **349** 14
water bath, constant

temperature ~ **23** 48
Water Bearer **4** 63
water bottle **290** 10
water buffalo **367** 8
water bug **358** 4
water butt **52** 4
water canister **83** 57
water cannon **270** 66; **316** 18
Water Carrier *Astron.* **4** 63
water carrier *Camping* **278** 32
water channel **334** 54
water circuit, auxiliary ~ **259** 63
water circuit, primary ~ **259** 65
water circuit, secondary ~ **259** 63
water-collecting tank **92** 5
watercolour **260** 27; **338** 18
water connection **179** 5
water container **103** 22
water cooler **189** 35
water-cooling system *Moon L.* **6** 26
water-cooling system *Iron Foundry etc.* **148** 28
watercress **378** 30
water cruet **332** 45
water elf **327** 23
water extractor **281** 39
waterfall **11** 45
waterfall, artificial ~ **272** 9
water feed pipe **103** 21
waterfowl **272** 51-54
waterfowling **86** 40
water gauge *Map* **15** 29
water gauge *Roof & Boiler.* **38** 63
water gauge *Railw.* **210** 45
water gauge *Chem.* **349** 16
water glass **24** 13
water heater **145** 31
water heater, electric ~ **126** 13
water heater, gas ~ **126** 12
water heater, instantaneous ~ **126** 12-13
watering can **51** 21; **55** 26
water inlet *Fish Farm.* **89** 7
water inlet *Plumb. etc.* **126** 18
water inlet *Water* **269** 54
water inlet pipe **168** 11
water jet pipe **281** 40
water jet pump **23** 49
water jug **309** 66
water jump **289** 20
water level **13** 77
water lily **51** 18; **272** 56
waterline **258** 27; **285** 31
water main **198** 22
watermark **252** 31
water meter **269** 53
water-meter dial **269** 58
watermill *Map* **15** 77
watermill *Mills* **91** 35-44
water molecule **242** 67
water moth **358** 12
water newt **364** 20
water nixie **327** 23
water nymph *Fabul. Creat.* **327** 23
water nymph *Articulates* **358** 3
water outlet *Fish Farm.* **89** 8
water outlet *Energy Sources* **155** 23
water outlet *Water* **269** 57
water outlet pipe **116** 17
water overfall **91** 43
water ox **367** 8
water pipe *Market Gdn.* **55** 30
water pipe *Poultry Farm* **74** 7, 26
water pipe *Tobacc. etc.* **107** 42

water pipe *Power Plant* **152** 7
water pipe *Paperm.* **172** 65
water pipe *School* **261** 4
water plantain **378** 44
water plants **378** 14-57
water polo **282** 46-50
water polo ball **282** 48
water preheater **152** 10
waterproofing **123** 5
water pump **190** 61
waters, coastal ~ **286** 10-14
waters, inshore ~ **286** 10-14
water scorpion **358** 4
water ski **280** 16
water ski, types of ~ **286** 56-62
water skier **286** 45
water skiing **286** 45-62
water slater **358** 2
Water Snake *Astron.* **3** 16
water snake *Fish etc.* **364** 38
water supply **27** 46; **269**
water supply, individual ~ **269** 40-52
water supply pipe *Brew.* **92** 48
water supply pipe *Photog.* **116** 16
water table **13** 77; **269** 1, 42, 63
water tank *Market Gdn.* **55** 2, 29
water tank *Gas Weld.* **141** 17
water tank *Refuse Coll.* **199** 27
water tank *Railw.* **210** 66
water tank *School* **261** 33
water tank *Theatre* **316** 51
water tanker **233** 22
water tap **39** 36; **49** 26; **126** 31
water temperature **280** 8
water temperature gauge **191** 38, 66
water tender **270** 51
water tower *Map* **15** 81
water tower *Market Gdn.* **55** 2
water tower *Coal* **144** 14
water tower *Water* **269** 18
water trough **137** 8
water tub **281** 26
water-tube boiler **152** 5
water vole **366** 17
waterway engineering **217**
water wings **281** 7; **282** 18
Watling Street thistle **61** 32
wattle **73** 24
wave **13** 36; **287** 17
wave, seismic ~ **11** 36
waves, artificial ~ **281** 1-9
wave soaring **287** 16
wave system **287** 17
waxing cork **301** 23
waxing iron **301** 22
wax scraper **301** 24
wax separation **145** 50
waxworks **308** 68
waybill **206** 30
wayside flowers **375**; **376**
WC **49** 12; **207** 16, 42, 72; **211** 59; **231** 31; **317** 31
weaponry **255** 1-98
weapons, heavy ~ **255** 40-95
weapon system radar **258** 35
weasel **367** 16
weather **8** 1-19
weather chart **9** 1-39; **342** 66
weather cloth **223** 17
weathercock **331** 3
weather map **9** 1-39; **342** 66
weather radar antenna **231** 18
weather report **342** 65
weather satellite **10** 64
weather ship **9** 7
weather station **9** 7; **225** 33

weather vane **121** 26; **331** 4
weave, plain ~ **171** 1, 4, 24
weaver **136** 5
weaves *Basketm.* **136** 1-4
weaves *Weaves* **171** 1-29
weaving **165**; **166**
weaving draft **171** 29
weaving machine **166** 1, 35
web *Dom. Anim.* **73** 36
web *House Insects etc.* **81** 10
web *Paperm.* **173** 30, 45
web *Letterpress* **181** 43, 58
web *Railw.* **202** 3
web *Gymn.* **297** 11
web *Articulates* **358** 47
web *Birds* **359** 7
webfoot **359** 6
web-offset press **180** 1, 18
wedding ceremony **332** 14
wedding ring **36** 5; **332** 17
wedding ring box **36** 6
wedding ring sizing machine **108** 24
wedge **119** 15; **132** 19; **158** 7
wedge, hardwood ~ **121** 96
wedge, optical ~ **176** 22
wedge heel **101** 55
wedge stone **336** 22
weed **379** 8
weeding hoe **51** 22
weeds **61**
weekend house **37** 84-86
weeping willow **272** 63
weevil **80** 10, 49; **82** 42
weft feeler **166** 31
weft feeler, electric ~ **166** 14
weft pirn **166** 7
weft replenishment **166** 5
weft thread **171** 1-29, 3
weft thread, lowered ~ **171** 15
weft thread, raised ~ **171** 16
weft yarn **163** 2
weigela **373** 23
weigelia **373** 23
weighbridge **206** 41
weighbridge office **206** 40
weighing apparatus **92** 32; **170** 29
weighing bottle **349** 24
weighing bunker **225** 22
weighing machine **206** 31
weighing platform **22** 67
weigh office **199** 12
weight *Roof & Boilerr.* **38** 32
weight *Sea Fish.* **90** 10
weight *Clocks* **110** 32
weight *Railw.* **202** 18
weight *Athletics* **298** 49
weight, iron ~ **90** 21
weight belt **279** 14
weighting disc **165** 21
weightlifter **299** 2
weightlifting **299** 1-5
weights, lead ~ **89** 88-92
weir *Map* **15** 66
weir *Hydr. Eng.* **217** 65-72
weir *Rowing* **283** 60
weir sill **217** 79
welder electrode arm **142** 30
weld gauge **142** 36
welding bench **141** 13; **142** 21
welding current adjustment **142** 31
welding generator **142** 26
welding glove, five-fingered ~ **142** 32
welding glove, three-fingered ~ **142** 8
welding goggles **141** 24
welding lead **142** 19
welding nozzle **141** 33
welding paste **141** 18
welding rod **141** 12

welding table 142 13
welding torch 141 11, 19, 28
welding transformer 125 29;
    142 1, 27
well *Astron.* 5 24
well *Map* 15 100
well *Carp.* 120 46
well *Joiner* 132 35
well *Oil, Petr.* 145 17
well *Water* 269 40
well, artesian ~ 12 25
well, driven ~ 269 60
well, glass-roofed ~ 271 1 ▶
well casing 269 64
well head 269 65
wellington boot 101 14
Wellingtonia 372 69
wels 364 12
welt, knitted ~ 29 65; 31 70
welt, stretch ~ 31 43
welt cutter 100 48
welt pincers 100 38
West Australian Current 14
    45
westerlies 9 50
Western roll 298 16
west point 4 15
West Wind Drift 14 44
westwork 335 22
wet and dry bulb
    thermometer 10 52
wet bulb thermometer 10 35
wet felt, first ~ 173 17
wet felt, second ~ 173 18
wether 73 13
wet oil tank 145 30
wetsuit, neoprene ~ 279 9
wetting trough 165 44
Weymouth pine 372 30
Whale 3 11
whales 367 23-29
wharve 164 48
wheat 68 1, 23
wheat and rye bread 97 6, 8
wheat beer 93 26
wheat flour 97 52; 99 63
wheatgerm bread 97 48
wheatgerm oil 98 24
wheel *Overh. Irrign.* 67 24
wheel *Clocks* 110 11
wheel *Bicycle* 187 1
wheel *Aircraft* 230 24
wheel, back ~ 186 17
wheel, co-pilot's ~ 230 25
wheel, front ~ 186 4; 187
    26-32
wheel, light alloy ~ 189 48
wheel, rear ~ 186 17
wheel, rubber-tyred ~ 64 32
wheel, ship's ~ 224 15
wheel, spoked ~ 289 25
wheel adjustment 64 58
wheel alignment 195 17, 21
wheel alignment, visual ~ 195
    41
wheel and axle drive 212 28
wheel and axle set 212 3; 213
    3
wheelarch doorway 278 39
wheelbarrow 56 47; 118 37;
    119 42
wheelbarrow sprayer 83 38
wheel brush, wire ~ 134 24
wheel cover 322 27
wheel cylinder 192 54
wheel disc, plastic ~ 289 25
wheeler 186 47
wheel flange lubricator 211
    52
wheel guard *Tram* 197 11
wheel guard *Music. Instr.* 322
    27
wheelhead slide 150 3

wheelhorse 186 47
wheelhouse 223 18; 224
    14-38
wheel lock 187 49
wheel mirror 195 41
wheel nut 187 53
wheel of fortune 308 45
wheel plough 65 1
wheel ratchet 110 10
wheel rim 187 28; 189 25; 191
    16; 192 77
wheelsman 224 16
wheel tapper 205 39
wheel-tapping hammer 205
    40
whelp 73 16
whetstone 66 19
whetting anvil 66 11
whetting hammer 66 9
whip *Bldg. Site* 118 30
whip *Equest.* 289 43
whip *Circus* 307 53
whip antenna 258 60
whip line 228 3
whipper-in 289 43
whipping unit 97 70
whip stall 288 5
whirler 179 1
whirligig 308 2
whirlpool, hot ~ 281 31, 35
whirlpool separator 93 2
whisk 39 23
whiskers *Hairst. etc.* 34 12
whiskers *Mammals* 367 21
whisky 42 31
whisky glass 267 57
whistle *Kitch. Utensils* 40 11
whistle *Railw.* 211 9; 212 49
whistle *Navig.* 224 70
whistle lever 211 40
whistle valve handle 210 51
white *Poultry Farm* 74 62, 67
white *Heraldry* 254 25
white *Colour* 343 11
white bear 368 11
white clover 69 2
white light, supplementary ~
    203 15
white line 268 72
white owl 362 17
white oxeye daisy 376 4
white pelican 359 5
white pine 372 30
white poplar 371 23
white-tailed eagle 362 5
white-tailed sea eagle 362 5
white wagtail 360 9
white water lily 378 14
white water pump 172 63
white wine glass 45 82
whitewood 374 1
wholemeal bread 97 48
whole note 320 13
whole rest 320 21
whortleberry 377 23
wick 107 29
wickerwork 136 4, 16
wicket 292 70
wicket keeper 292 73
wide screen camera 310 47
width *Roof* 122 91, 95
width *Composing Rm.* 175 48
width adjustment 100 19
width scale 157 58
width-setting tree 100 55
Wiener 96 8
wig 105 38; 315 49
wig, full-bottomed ~ 34 2
wig, partial ~ 355 8
wig block 105 39
wiggler 89 72
wigwam 352 7
wild animal cage 307 49

wild animal tamer 307 52
wild arum 379 9
wild barley 61 28
wild boar 86 32; 88 51
wild briar 373 26
wild camomile 380 1
wild cherry 59 5
wild chicory 376 25
wild endive 376 25
wildfowling 86 40
wild morning glory 61 26
wild mustard 61 18
wild oat 61 29
wild orchid 376 28
wild pear tree 58 31
wild radish 61 21
wild sow 86 32; 88 51
wild strawberry 58 16
wild-water racing kayak 283
    69
willow rod 136 15
willow stake 136 14
Wilson chamber 2 24
Wilson cloud chamber 2 24
winch 270 56
winched launch 287 5
winch house 226 54
wind arrow 9 9
wind avalanche 304 1
wind box 147 69
windbreak 354 35
wind chest 326 12, 12-14
wind chest box 326 12
wind cone 287 11
wind cripple 13 43
wind direction 9 9-19; 285 6
wind-direction indicator 10
    31
wind directions 285 1-13
wind-direction shaft 9 9
wind-direction symbols 9
    9-19
windflower 375 5; 377 1
wind gauge 10 28
wind generator 55 34; 155 42
winding, low-voltage ~ 153
    16
winding, primary ~ 153 15
winding, secondary ~ 153 16
winding crown 110 42
winding engine house 144 2
winding gear 217 74
winding handle 117 50
winding inset 144 26
wind knob 110 23
windlass 223 49; 258 6
windmill *Map* 15 31
windmill *Mills* 91 1-34
windmill *Fair* 308 15
windmill, Dutch ~ 91 29
windmill, German ~ 91 31
windmill arm 91 1
windmill cap, rotating ~ 91 30
windmill sail 91 1
windmill vane 91 1
window 2 16; 6 40; 25 8; 28
    36, 49; 75 31; 77 50; 186 10;
    268 14; 284 38
window, circular ~ 335 12
window, double casement ~
    37 22
window, heated ~ 191 80
window, lead glass ~ 154 75
window, pedimental ~ 355 49,
    50
window, rear ~ 191 32, 80
window, side ~ 231 29
window, single casement ~ 37
    23
window, sliding ~ 207 7
window, transparent ~ 278
    41; 284 3
window box 268 15

window breast 37 24
window decoration 260 68;
    268 12
window display 98 1; 268 11
window frame 133 44
window glass 124 5
window head 37 25; 118 9;
    120 57
window jamb 120 51
window ladder 296 21
window ledge 118 12; 120 33
window lintel 120 57
window opening 120 30
window painting 260 26
window shutter 37 30
window sill 37 24; 118 12;
    120 33
window vent 55 10
windpipe 17 50; 20 4
wind power plant 155 42
wind pump 15 73
windrow 63 36
wind screen 5 15
windscreen, panoramic ~ 191
    21
windscreen wiper 191 41; 197
    32
wind shaft 91 5
windshield 5 31
windshield, panoramic ~ 191
    21
windshield wiper 191 41
wind sock 287 11
wind speed 9 10
wind-speed barb 9 10
wind-speed feather 9 10
wind-speed indicator 10 29
wind-speed meter 10 29
windsurfer 284 1
windsurfing 284 1-9
wind systems 9 46-52
wind trunk 326 11
wind vane 10 32; 55 36; 331 4
wind wheel 55 35
wine 99 76; 266 43
wine, bottled ~ 98 60-64
wine, red ~ 98 64
wine, sparkling ~ 98 63
wine, white ~ 98 60
wine bar 266 30-44
wine bottle 79 14
wine carafe 266 32
wine cask 79 2
wine cellar 79 1-22
wine cooler 266 42
wine cruet 332 46
wineglass 44 9; 45 12, 82, 83;
    79 19; 266 33; 317 7
wine grower 78 13
wine growing 78
wine in bottles 98 60-64
wine jug 79 15
wine list 266 31
wine press, horizontal ~ 79 21
wine restaurant 266 30-44
wine tasting 79 16
wine vat 79 3
wine vault 79 1-22
wine waiter 266 30
wing *House Insects etc.* 81 8
wing *Game* 88 76, 79
wing *Sea Fish.* 90 16
wing *Aircraft* 230 43
wing *Airsports* 288 27
wing *Fabul. Creat.* 327 15, 28,
    51, 60
wing *Decid. Trees* 371 57
wing *Conifers* 372 9
wing, bat's ~ 327 4
wing, central ~ 229 8
wing, cranked ~ 229 14
wing, elliptical ~ 229 15
wing, front ~ 191 3

wing, hind ~ 358 33
wing, lower ~ 229 9
wing, membranous ~ 82 11
wing, middle ~ 229 8
wing, multispar ~ 287 29
wing, ogival ~ 229 22
wing, rectangular ~ 229 16
wing, rotary ~ 232 12
wing, swept-back ~ 229 20, 21
wing, tapered ~ 229 17
wing, upper ~ 229 7
wing case 82 10
wing configurations 229 1-14
Winged Horse 3 10
winger 291 16
wing mirror, left-hand ~ 191 40
wing mirror, right-hand ~ 191 56
wing nut 143 42; 187 39
wing of bridge 223 16
wing rail 202 25
wings 307 12
wing shapes 229 15-22
wing span 229 2
wing suspension, inner ~ 257 34
wing suspension, outer ~ 257 35
wing tally 74 55
wing tank 256 4
wing tank, integral ~ 257 29
wing tip 287 42
wing-tip tank 231 9; 256 30
wing wall Rivers 216 35
wing wall Hydr. Eng. 217 80
winker 71 26
winner 299 39
winner's price 289 39
winners' table 289 38
winning peg 292 77
winnowing 64 15
winter boot 101 1
winter coat 30 61
winter dike 216 32
winter dress 30 12
winter moth 80 16
winter green 57 34
winter slacks 30 19
winter sports 301; 302; 303
winter wear 30
wiper Post 237 44
wiper Graphic Art 340 13
wiper/washer switch and horn 191 60
wire Paperm. 173 14
wire Fencing 294 31
wire, gold ~ 108 3
wire, iron ~ 143 12
wire, overhead ~ 194 43
wire, silver~ 108 3
wire and sheet roller 108 1
wireless mast 15 33
wireman 127 1
wire side 173 34
wire spool, spring-loaded ~ 294 29
wire stripper and cutter 134 15
wire strippers 127 64
wireworm 80 38
witch 306 6
witchgrass 61 30
withers Dog 70 11
withers Horse 72 17
witloof 57 25
witness 332 23
wobbler, double-jointed ~ 89 70
wobbler, round ~ 89 71
wobbler, single-jointed ~ 89 69
wolf 367 13

wolfsbane 379 1
womb 20 79
wood Forestry 84 1-34
wood School 260 82
wood Ball Games 293 91
wood Sculpt. Studio 339 27
wood, coniferous ~ 15 1
wood, deciduous ~ 15 4
wood, mixed ~ 15 14
wood, open ~ 326 31-33
wood, rough ~ 135 21
wood anemone 377 1
woodbind 374 13
woodbine 51 5; 374 13, 16
wood carver 339 28
wood carving 260 77
wood chip paper 128 18
wood chisel 339 19
wood cut 260 83
wood cutting Forestry 84 15-37
woodcutting Graphic Art 340 2
wood engraving 340 1, 1-13
wood file 132 2
wood grouse 88 72
wood haulage way 84 3
wood ibis 359 5
woodland strawberry 58 16
woodlark 361 18
wood louse 81 6
woodpecker 359 27
wood pulp, chemical ~ 172 77, 78
wood pulp paper 128 18
wood rasp 132 1; 134 8; 260 55
wood screw 122 101; 132 41; 143 45
wood screw thread 143 47
wood sculptor 339 28
woodsman 84 18
wood stork 359 5
wood tick 358 44
wood-turning lathe 134 51; 135 1
woodwind instruments 323 28-38
woodwinds 323 28-38
woodworking adhesive 134 36
woofer 241 17
woolly apple aphid 80 32, 33
woolly apple aphid colony 80 34
woolly milk cap 379 13
woolpack cloud 8 1; 287 22
work 118 17
workbench 97 60, 62; 100 33; 104 7; 108 20; 109 2; 111 20; 124 15; 125 10; 137 21; 140 7; 260 46
workbench, collapsible ~ 134 41
workbench lamp 109 12
workboard 136 7
work clamp Joiner 132 51
work clamp Arc Weld. 142 35
worker Bees 77 1, 6-9, 10-19
worker bee 77 1
worker cell 77 34
work folder 261 27
working, open-cast ~ 158 1
working area 162 5
working bath 162 5
working deck 221 19, 34
working face 158 3
working passage 75 24
working platform 118 17; 145 5; 211 42; 234 28, 46
workings, underground ~ 144 21-51

working surface, tiled ~ 261 5
working top 39 11
workman's cap 35 40
workpiece 104 25; 133 44; 139 46; 140 6; 141 20; 142 28; 148 51; 150 20
workpiece, blocked ~ 139 28
workpiece, preshaped ~ 139 28
work platform 118 17; 211 42; 234 28, 46
workroom, dressmaker's ~ 103 1-27
workroom, furrier's ~ 131 1-25
workroom, tailor's ~ 104 1-32; 268 17
works 15 37
workshop 62 17; 146 30; 310. 6; 315 28-42
workshop, bootmaker's ~ 100 1-68
workshop, carpenter's ~ 120 4
workshop, cooper's ~ 130 1-33
workshop, fitter's ~ 140 1-22
workshop, glazier's ~ 124 1
workshop, joiner's ~ 132 1-73
workshop, locksmith's ~ 140 1-22
workshop, mechanic's ~ 140 1-22
workshop, optician's ~ 111 20-47
workshop, orbital ~ 235 66
workshop, shoemaker's ~ 100 1-68
workshop, tank construction engineer's ~ 130 1-33
workshop, turner's ~ 135 1-26
workshop area 5 17
workshop door 120 5
workshop trolley 109 22
work top 50 31
worm 192 59
worm-and-nut steering gear 192 56-59
worm gear sector 192 57
wormhole 58 65
worms 357 20-26
wormwood 380 4
worshipper 330 29
wort 92 50, 51, 52
wort boiler 92 52
wort cooler 93 5
wort cooling 93 1-5
wound 21 8
wrap, coloured ~ 355 10
wrapper Tobacc. etc. 107 5
wrapper Bookbind. 185 37
wrapping, jute ~ 163 4
wrapping counter 271 14
wrapping material 98 46-49
wrapping paper 98 46
wreath 123 52
wreath, bridal ~ 332 19
wreath of the colours 254 2
wreath piece 123 49
wreck 224 84
wrecking crane 270 47
wreck to port 224 86
wreck to starboard 224 85
wren 361 12
wrench 134 14
wrench, open-end ~ 134 2
wrest 325 20
wrestler 299 7
wrestling 299 6-12
wrestling, Greco-Roman ~ 299 6-9
wrestling mat 299 12
wrest pin 324 23; 325 17
wrest pin block 324 22; 325 18

wrest plank 324 22; 325 18
wrist Man 19 76
wrist Horse 72 22
wristband 296 64
wrist joint 2 41
wrist sling 300 32
wristwatch, automatic ~ 110 32-43
wristwatch, electronic ~ 110 1
writing, English ~ 342 10
writing, German ~ 342 11
writing cane 341 23
writing surface 47 23; 246 3
writing system, pictorial ~ 341 1
writing unit 46 21
wrought-iron craftsman 140 1
wryneck 359 27

X

xanthate 169 10
X-contact 115 14
xenon lamp 177 17
xenon lamp housing 177 42
X-radiation 1 33, 56
X-ray 25 39
X-ray apparatus 24 21; 27 6
X-ray cassette 27 2
X-ray control unit, central ~ 27 9
X-ray examination table 27 1
X-ray generator 24 22
X-ray head 27 18
X-ray image intensifier 27 16
X-ray support, telescopic ~ 27 8
X-ray technician 27 11
X-ray tube 27 17, 18
X-ray unit 27 1-35
xylography 340 1-13
xylophone 324 61

Y

yacht 273 29; 278 12; 284 10-48
yacht classes 284 49-65
yacht hull, types of ~ 285 29-41
yachting 284; 285
yachting cap 35 29
yacht stern 285 42
yacht stern, types of ~ 285 42-49
yacht tacking 285 7
yankee corn 68 31
yard 276 27
yardmaster 206 45
yard radio 212 50; 213 4
yarn 164 53, 56; 167 17, 36; 169 17, 25
yarn, doubled ~ 164 60
yarn, glass ~ 162 56, 57
yarn, inlaid ~ 171 43
yarn, sleeved ~ 162 57
yarn, viscose rayon ~ 169 1-34, 27
yarn count 164 40
yarn-distributing beam 167 25
yarn-dividing beam 167 25
yarn feeder 167 6
yarn-forming frame, intermediate ~ 164 27
yarn guide Shoem. 100 30
yarn guide Knitting 167 3, 54, 64
yarn guide support post 167 2
yarn length recorder 165 28

yarn package 165 15; 170 48
yarn package container 165
   16
yarn-tensioning device 167 5
yarrow 376 15
yawing 230 69
yawl 220 10
y-axis 347 3
Y-connection 153 20
Y-cross 332 61
yeast 93 6
yeast, baker's ~ 97 53
yeast bread 97 11
yeast propagation 93 6
yellow *Heraldry* 254 24
yellow *Colour* 343 2
yellow bunting 361 6
yellow card 291 63
yellow coral fungus 381 32
yellow filter adjustment 116
   44
yellow flag 60 8
yellow-flowered jasmine 373
   4
yellowhammer 361 6
yellow iris 60 8
yellow light 203 16
yellow lupin 69 17
yellow meal beetle 81 23
yellow owl 362 17
yellow prickle fungus 381 31
yellow water flag 60 8
yerba maté 382 11
yew tree 372 61
yoghurt maker 40 44
yoke *Bldg. Site* 119 64
yoke *Power Plant* 153 14
yoke *Rowing* 283 51
yoke, adjustable ~ 65 14
yoke, bolted ~ 119 74
yoke, front ~ 33 19
yoke, kimono ~ 31 18
yoke elm 371 63
yoke mount, English-type ~
   113 23
yoke mounting, English-type
   ~ 113 23
yolk 74 68
yolk sac 74 64
Y-tube 350 56
yucca 373 24
yurt 353 19
yurta 353 19

zircon 351 19
zither 324 21
zone, arid ~ 9 54
zone, paved ~ 268 58
zone, tropical ~ 9 53
zoo 356
zoological gardens 356
zooming lever 117 54; 313 22,
   36
zoom lens 112 41; 240 34; 313
   23
zoom lens, interchangeable ~
   117 2
zoom stereomicroscope 112
   40
Zulu 354 36

Z

zap flap 229 50
Z-drive motorboat 286 2
zebra 366 27
zebra crossing 198 11; 268 24
Zechstein, leached ~ 154 62
Zechstein, lixiviated ~ 154 62
Zechstein shale 154 68
zenith *Astron.* 4 11
zenith *Hunt.* 87 77
zero 275 18
zero adjustment 2 7
zero isotherm 9 41
zero level 7 6, 20
ziggurat 333 32
zimmerstutzen 305 35
zinc plate 179 9; 180 53; 340
   52
zinc plate, etched ~ 178 40
zinc plate, photoprinted ~ 178
   32
zink 322 12
zinnia 60 22
zip 31 55; 33 28; 260 13
zip, front ~ 29 18
zip, inside ~ 101 6
zip code 236 43

索　引

見出し語

1. 本文中の単語・複合語を可能な限り収録した。
2. 図版の分野を示す見出し語(各ページの柱に記載されている)は、すべて収録した。
3. 同じ語が、異なる分野・異なる図版に現れている場合、可能な限りその分野・用途・他の語との結合関係などを示した。この場合、〜で見出し語にかえた。　例:〈アームの項で〉リールのベイル〜 = リールのベイル・アーム

数　字

1. 太字の数字は、図版番号(ページ数ではない)を示す。　例:**334**/18 の **334**
2. 細字の数字は、各図版中の番号を示す。　例:334/**18** の **18**

配列　順

1. 50音順に並べ、さらに清音、濁音、半濁音の順とし、また、促音、拗音(ようおん)は直音のあとに配列した。
　　例:完全5度(かんぜんごど)>幹線道路(かんせんどうろ)、子葉(しよう)>商(しよう)
2. 同音の場合は、ひら仮名−漢字−かた仮名の順とした。
3. 長音記号は、直前の母音の繰返しとみなした。　例:アーキトレーブ(=アアキトレエブ)>アイアン
4. 句読記号(「　」、〔　〕、・など)は、ないものとみなして配列した。
5. アルファベット字表記の語は、慣用のかた仮名読みで、数字表記のものは、ひら仮名読みで、配列した。
　　例:X線(エックスせん)、1気筒(いちきとう)

ア

ア

アーキトレーブ **334**/18
アーク **312**/42
アーク安定用マグネット装置 **312**/39
アーク・ホーン **152**/47;**153**/61
アーク溶接工 **142**/2
アーク溶接ヘルメット **142**/3, 39
アーク線 **215**/20
アーチ: ヴォールト架構の **335**/18; **336**/19-37 掛け幕の **316**/11 橋の **215**/20, 25, 50
アーチェリー **305**/52-66
アーチ外郭面 **336**/26
アーチ型はしご **5**/20
アーチ・クラウン **215**/31
アーチ・スパン **215**/26
アーチ装置 **247**/41
アーチチョーク **57**/41
アーチの型 **336**/19-37
アーチの正面 **336**/24
アーチ列 **335**/8
アーム: キタラの **322**/16 信号機の **203**/22 スチーム・プレスの回転〜 **104**/27 複写台の **115**/93 マニピュレーターの **2**/47, **235**/29 リールのベイル〜 **89**/62
アーム式信号機 **203**/7, 12
アーモンド **45**/41;**384**/36
アール・ヌーボー式安楽いす **336**/18
RP-1 **234**/9
RP-1タンク **234**/9
アイアン **293**/92
相打ちハンマー **139**/5
IS機 **162**/21
相欠き継ぎ **121**/86
アイカップ **115**/73
アイカップつき接眼レンズ **117**/14
合釘(あいくぎ) **24**/34
ICU **25**/1-30
相じゃくり **121**/86
アイス・クリーム入れ **308**/31
アイスクリーム・サンデー **266**/76
アイス・クリーム屋 **308**/30
アイス・スケーター **302**/1
アイス・スケート **302**/1-26, 20-25
アイス・スケート靴 **302**/24
アイス・スティック **302**/39

アイス・スティック・シューティング **302**/38-40
アイス・ハーケン **300**/40
アイス・バケット **267**/67
アイスボート **302**/44
アイス・ホッケー **302**/29-37
アイス・ホッケー競技者 **302**/29
アイス・ホッケー・セット **302**/23
アイス・ホッケーのスティック **302**/30
アイス・ホッケー用スケート **302**/23
アイゼン **300**/48
アイゼン・ケーブル締め具 **300**/52
アイゼン・バンド **300**/51
間紙(あいだがみ)挿入装置 **181**/11
合つぎ **54**/39
相手選手 **293**/18
アイトス **10**/64
アイドリング・エア・ジェット **192**/2
アイドリング・ジェット **192**/1
アイドリング調整ねじ **192**/11
アイピース調節装置 **313**/7
アイベックス **367**/7
アイヘル **276**/12
アイレット・ワーク **102**/11
アイロン **50**/1-20;**103**/19; **104**/29
アイロン受け **50**/18
アイロンがけ **103**/18
アイロン設備 **233**/43
アイロン台 **50**/15
アイロン取っ手 **50**/9
アイロン板 **50**/16
アイロン板カバー **50**/17
アイロン・ヘッド **50**/4
アイロン持上げ装置 **103**/24
アウグスブルクの都市貴族の女性 **355**/48
アウター・ジブ **219**/22
アウト・エンド・パネル **164**/26
アウトサイド **291**/13
アウトリガー **283**/42;**352**/36
アウトリガー滑り木 **302**/46
アウトリガー・ボート **352**/35
アウトレッド **127**/5
アウレウス **252**/3
アウロス **322**/3
アウロス管 **322**/4
亜鉛板 **178**/32;**179**/9;**180**/53
亜鉛丸釘(くぎ) **122**/74

青 **343**/3 紋章の色 **254**/28
青紫 **343**/9
あおり **62**/25
あおり革 **71**/40, 47
あおり留め **37**/31
赤 **343**/1 紋章の色 **254**/27 ルーレットの **275**/24
赤い帽子 **205**/43
アカンガルー **366**/3
アカクローバー **69**/1
アカゲザル **368**/12
アカザ **61**/25
赤サンゴ **357**/17
アカシ **367**/2
アカシカ **88**/1-27
アカスグリの低木 **52**/19
アカタテハ **365**/1
赤球 **277**/12
赤ちゃん人形 **48**/25
赤鉄鉱 **108**/48
赤ひげ王フリードリヒ一世 **252**/4
赤服 **289**/13
赤ブドウ酒 **98**/64
赤帽 **205**/31, 43
赤身材 **120**/84
明り **44**/12;**106**/8
明り孔 **334**/75
明り層 **334**/70
明り取り **37**/27;**118**/3
アカンサス葉飾り **334**/25
亜寒帯気候 **9**/56
あき **18**/185/55 文字の **175**/15
空地 **15**/2
アキレス腱(けん) **18**/48
アクアティント **340**/14-24
アクアラング **279**/19
アクション・レバー **325**/32
アクセサリー売場〈自動車の〉 **196**/24
アクセサリー・シュー **114**/4;**115**/20
アクセス・フラップ **6**/21, 25
アクセル・ペダル **191**/46, 94
アクセント記号 **342**/30-35
悪魔 **306**/14
アグルハス海流 **14**/37
アクロテリオン **334**/34
アクロポリス **334**/1-7
上げ起こし座席 **207**/12
上げカム **167**/59
アゲハチョウ **358**/52
あげぶた **55**/41

揚げ棒 **65**/29
揚げ棒調節 **65**/25
揚げポテト **45**/41
顎(あご) **16**/17;**132**/33;**140**/3
顎当て **323**/8;**329**/41
アコーディオン **324**/36
顎革 **71**/11
顎形わな **87**/48
顎付きの針 **89**/80
アサ(麻) **383**/9
朝顔 **323**/37, 42, 48;**324**/70
浅瀬 **224**/87, 97
麻布 **185**/20
アザミ **61**/32
アザラシ **367**/19
あさり出し具 **132**/42
アザレア **53**/12
足: オルガンの **326**/23 器械体操の **296**/54 巨人の **327**/39 鳥の **359**/9 人間の **16**/54; **17**/26-29; **19**/52-63 哺乳動物の **364**/34 猟鳥獣類の **88**/46, 81
脚(あし)〈人間の〉 **16**/49-54
肢(あし)〈爬虫類の〉 **364**/34
アシ(葦) **136**/28
アジア **14**/16
足跡 **86**/8
足洗い場 **282**/22
足覆い **28**/38
足掛け: 自転車の **187**/47 バーの **267**/52 フープの **305**/81 ボートの **283**/47
足掛け台 **207**/57
足首 **362**/4
足首ガードつきあて当て **291**/33
足蹴り始動機 **188**/43
足鍵盤(けんばん) **326**/51, 52
アジサイ **51**/11
アジサシ **359**/11
アシスタント・カメラマン **310**/42
足底 **19**/62
足台: 軽オートバイの **188**/44 馬車の **186**/7 理・美容いすの **105**/18, 27;**106**/19
足つき安全棒 **301**/58
足つかみ **302**/10
足つき万力 **140**/10
アジテーター **64**/70
アシナシトカゲ **364**/37
足の羽毛〈ハヤブサの〉 **362**/3
足の裏 **19**/62
足の指骨 **17**/29

775

足の指 19/52-56
足場: 造船所の 222/18 測標の 14/50 橋の 215/62
足場板 119/52; 122/70
足場切り 300/17
足場材料 215/62
足場丸太 118/23
足場用腕木 118/27
足場ロープ 122/67
足踏み式変速ギヤ 188/55
足踏みスイッチ: アイロンの 103/26 X線螢光増倍装置の 27/21
足踏み制御ソケット 249/66
足踏み操縦装置 139/27
足踏みブレーキ 188/52
足踏み変速操作装置 190/77
足棒レバー 100/27
葦〈あし〉マット 55/6
足輪: ズールー人の 354/38 ニワトリの 74/54
小豆 57/8
アステリスク 185/61
アステロイド 4/47
アストラカンの縁なし帽 35/34
アスパラガス 57/14
アスパラガス・カッター 56/10
アスパラガスすくい 45/77
アスパラガス・ナイフ 56/10
アスパラガス畑 52/25
アスファルト・アルミニウム箔〈はく〉 155/29
アスファルト混合ドラム 200/50
アスファルト紙 153/48
アスファルトだめ 200/45
アスファルト道路の 典型的な断面構造 200/55
アスファルト舗装面 200/58
アスファルト・ルーフィング葺〈ぶ〉き 122/90-103
アスファルト・ルーフィング尾根 122/90
アスプクサリヘビ 364/41
アスベストつき金網 350/19
四阿〈あずまや〉 52/14
ASROC発射装置 258/50
あぜ 63/3
あぜ立てホー 56/5
アセチレン・ボンベ 141/2, 22
アセンブラー 174/23
アセンブリ・ポイント 233/11, 29
遊び紙 185/49
遊び着 29/11, 19, 21, 22
遊び場 272/44
暖められた乾燥シリンダー 173/33
アタック・エリア 293/64
アタック・ライン 293/65
アタッチメント: 吸収器の 27/44 耕耘機の 56/21 電気ドリルの 134/50-55 スペース・シャトルの 235/4 製図用具の 151/52, 54, 55, 58, 61, 62
アダプター 112/55; 127/8
アダプター・リング 115/82
アダプタ装置 242/34
頭: 編地の 171/31 かわらの 122/87 動物の 88/12 人間の 16/1/18 ねじ・釘の 143/14, 52
頭受け 191/33
頭飾り 352/12
頭ささえ 207/67
頭さきー 143/74
頭の幅〈ボルトの〉 143/21
頭の巻飾り輪 34/32
頭跳ね起こし 297/27
頭連結点〈編物の〉 171/34

新しい原子核 1/51
アチチュード 314/17
厚い皮 88/56
厚板 52/22
厚板ガラス 124/5
圧液管 316/54
圧延操作行路 148/50
圧延工場 148/46-75
アッカーマン・ステアリング装置 65/31, 37
厚紙 173/29
厚革 100/31
熱くした料理 266/67
圧搾 162/33; 169/5
圧搾型から吹込み型へ移動 162/34
圧搾棒 100/17
圧搾ローラー 165/46
圧縮ガス容器 234/32
圧縮空気システムの 138/3 石油精製過程の 145/45 熱ポンプ系統の 155/4
圧縮空気圧力計 279/13
圧縮空気管: 鍛造プレスの 139/22 やすり盤の 140/17 枠締付け機の 133/45
圧縮空気供給装置 213/20
圧縮空気式カー・リターダ用制御管ホース 208/21
圧縮空気システム 138/1
圧縮空気室 269/17, 50
圧縮空気洗浄装置 92/9
圧縮空気だめ 64/92
圧縮空気タンク 138/4
圧縮空気貯蔵タンク 146/21
圧縮空気唐箕〈とうみ〉送風機 64/15
圧縮空気動力式ハンマー 139/24
圧縮空気ライン 138/5
圧縮され分解されたごみ 199/22
圧縮盤 2/25
圧縮吹込み工程 162/30
圧縮ヘリウム・タンク 234/43, 50
圧縮ヘリウムびん 234/14
アッシリアの美術 333/29-36
アッティカ 334/60
圧胴 180/35, 64; 181/2, 44, 59
圧胴着脱レバー 181/3
アッパーカット 299/32
アッパー・ケースの大文字 175/11
アッパー・パーミアン 154/62
アッパー・フォア・トゲルン・スル 219/59
アッパー・フォア・トゲルン・ヤード 219/36
アッパー・フォア・トップスル 219/57
アッパー・フォア・トップスル・ヤード 219/34
アッパー・メイン・トゲルン・スル 219/65
アッパー・メイン・トップスル 219/63
アッパー・メイン・トップスル・ヤード 219/40
アッパー・ラム 139/6
アッパー・レベル 217/25
圧迫帯 27/4
圧迫点 21/4
圧迫包帯 21/17
アッパー・メイン・トゲルン・ヤード 219/42
圧盤 181/15
圧板 115/24
アップリク 29/20
アツモリソウの一種 376/27

圧力送り潤滑装置 192/16-27
圧力おもし 168/2
圧力隔壁: 航空機の 231/32 スペース・シャトルの 235/19
圧力がま〈炊事器具〉 40/21; 278/35
圧力計 55/8; 217/50; 269/49
圧力管路 217/41
圧力曲線監視装置 25/54
圧力曲線用記録計 25/57
圧力均等マスク 279/10
圧力計: 医療器具 25/18, 22, 53; 26/29 オフセット印刷機の 180/74 化学実験器具 349/19 機関車の 210/43, 44, 47, 50; 211/24; 212/7, 8 航空機の 230/19 酸素ボンベの 279/13 スプリンクラーの 67/10 タイヤの 196/17, 20 動力噴霧機の 83/42 トレーラー試験装置の 138/15 舞台の液圧装置室の 316/56 油圧プレスの 178/8 油圧リフトの 195/29
圧力計のスタンド 25/55
圧力指示器 25/55
圧力潤滑 65/45
圧力タンク 316/44
圧力調整器 185/5
圧力調整器 340/38
圧力調整弁 141/5
圧力定流量装置 269/47
圧力燃料補給先端 257/33
圧力ピストン 133/52
圧力弁 40/22
圧力放出弁 155/7
当て板 119/60
当て木 284/44
当て布 100/16
アテネ市の象徴 252/2
当てハンマー 137/33
当て物: 靴の 100/16 直角定規の 108/29
当て物のついたヘッドバンド 261/41
後足 70/8
後足用の革帯製のサポート 286/59
後板 85/40
アトーラ 369/5
後同録音用弁 117/101
後膝〈あとひざ〉 72/33
後ブリッケ 95/25
後ボディ 85/49
後撚〈より〉 170/47
アトラス 334/36
アトリウム 334/66
アトリエ 338/1-43
アトリエの天窓 338/1
穴: ウサギの 86/26 ハンマーの 137/29
孔あきれんが 159/21-22
穴あけ栓 93/14
穴馬 289/53
穴たがね 135/15
穴挽〈ぎ〉のこ 120/63
アナログ出力 112/45
アナログ制御 242/38
穴を掘る人 118/76
亜熱帯高気圧帯 9/47
亜熱帯産の果物 384
亜熱帯無風帯 9/47
アネモネ 375/5
アネロイド気圧計 10/4
アネロイド箱 10/6
アノラック 300/6, 19
アノラック付き防寒着 29/62

アパート 37/74, 77-81; 46
アバカス 334/20
アパッチ族の女 306/9
あばな〈浮子綱〉 90/7
あばら鉄筋 119/70
あばら肉 95/3, 21, 47
あぶらロース 95/18
アビオニクス・コンソール 73/35
ア・ブアント 314/19
アフガン 70/23
アフガン・ハウンド 70/23
アブザイレン・スリング 300/28
アブザイレン・ハーケン 300/39
アブス 334/64
アフターシェーブ・ローション 49/41
アプト式鉄道 214/4-5
鐙〈あぶみ〉 71/43
鐙革〈あぶみがわ〉 71/42
あぶみ骨 17/61
油 98/24
油入れ 109/5
油受け 190/41; 192/17
油受けフィルター 192/18
油絵の具のチューブ 338/11
油温度感知器 195/40
油かきリングつきピストン 190/37
油差し 109/4
油循環ポンプ: 機関車の 211/12 変圧器の 152/45
油注ぎ口 190/28
油砥石 340/21
アブラナ属 57/28-34; 61/16
油抜きプラグ 190/24
油燃焼装置 199/35
油燃焼装置用のファン 199/35
油フィルター 190/43; 192/20
油ペイント塗りの腰羽目〈こしばめ〉 129/15
油ポンプ 190/42; 192/16
油ポンプ駆動ローラー・チェーン 190/25
アブラムシ 80/32; 82/39; 358/13
アブラムシの無翅型 358/14
アブラムシの有翅型 358/15
アブラヤシ 383/54
油冷却器: 機関車の 211/11 自動車の 192/19 変圧器の 152/46
アフリカ 14/14
アフリカクロサイ 366/25
アフリカゾウ 366/20
アフリカタイマ 53/9
アフリカタンポポ 51/26
アフリカハネガヤ 136/26
アフリカ・マリゴールド 60/20
あふれ管 269/20, 33
あふれ口 49/25, 45
あふれ水盤 272/23
アフロ・カット 34/26
アフロ・ヘア 34/26
アベ・マリアの珠 332/32
アペンツェル・ダルシマーのハンマー 322/25
アポストロフィ 342/22
アポロ打上げ用ロケット 234/1-2
アポロ宇宙カプセル 6/9
アポロ宇宙船 6/1
アポロ機械船 234/56
アマ 383/6
雨覆い: 甲板の 223/17 テントの 278/37
雨傘 205/12
雨雲 8/10
アマチュア・ボクサー 299/25
アマツバメ 359/24

雨どい 37/6
アマトウガラシ 57/42
亜麻布の梱包 (こんぽう) 206/11
天の川 3/35
雨ふた 33/18
甘菓 (あまくち)オウトウ 59/5
アマモ 378/54
アマランス 60/21
アマリリス 53/8
編まれた側面 136/18
編まれた底部 136/20
網: 気球の 90/8 漁業の 288/74
　養殖用の 89/10
編上り生地 167/48
編下し用おもり 167/32
編みかご 136/11
アミガサダケ 381/26
編み方 136/1-4; 171
網形ヴォールト 336/45
網壁 90/8
編地 90/8
編地 167/1, 9, 29
網締め装置 90/27
網じゃくし 96/43
網状編地 167/29
網棚 208/27
網工 178/9
網点 178/39
網登り 273/50
編み針 102/26
網版 178/38
編みパン 97/41
編目 171/37
網目写真凸版 178/38
網目の靴下 306/10
網目の輪 102/24
網目の結び目 102/23
編物の帽子 35/10
雨 9/32
アメーバ 357/1
アメリカ 14/12-13
アメリカ・シロペリカン 359/9
アメリカツタ 51/5; 374/16
アメリカナデシコ 60/6
アメリカン・バギー 186/49
アメリカン・フットボール 292/22
あやたけ 166/33
あや棒 166/38
綾 (あや)巻き糸用案内細孔 165/11
綾巻きコーン 165/8, 24
アヤメ 51/27; 60/8
歩み板 38/3
アライグマ 368/9
粗ごみ用特別付属装置 50/86
粗い小麦粉 98/36
アライス 301/72
洗い掘り 216/5
洗い矢 87/61
粗かんな 132/16
粗刻み〈タバコの〉 107/25
アラゲシュンギク 61/7
粗削り用たがね 158/37
アラスカ式カヌー 283/4
アラビア式柱頭 337/18
アラビア数字 344/2
アラビア文字 341/2
粗びきの殻粉 98/36
荒引き部〈製本機械の〉 184/3
粗分配チャンネル 236/32
アラベスク 314/18
粗磨きホイール 111/36
アラム 379/9
粗目やすり 134/9; 140/8

アランソン・レース 102/30
アリ 358/21-22
アリーナ 307/21
アリーナ入口 307/11
あり掛け 121/89
アリスイ 359/27
アリマキ 358/13
アルカリ・セルロース 169/9
アルカリ・セルロース小片の調製 169/7
アルキメデス・ドリル 108/4
歩く人形 273/63
アルコール・ランプ 24/57
アルゴ座 3/45
アルコル星 3/29
アルサイク・クローバー 69/3
アルザス 70/25
アルタイル 3/9
アルデバラン星 3/25
アルト記号 320/10
アルト・トロンボーン 321/46
アルニカ 380/2
アルピニスト 300/5
アルピニズム 300/1-57
α(アルファ) 1/30-31
アルファ線 1/30-31
アルファ粒子 1/30-31
アルファ粒子の霧箱飛跡 2/27
アルファルファ 69/9
アルペッジョ 321/22
アルミ貨 252/1-28
アルミ製はしご 50/35
アルミニウム 143
アルミニウム合金のトロリー・シュー 197/24
アルミニウム製の上層エッジ 301/51
アルミニウム製のフレーム 50/19
アルミニウム樽 93/17
アルメニア文字 341/3
アルモニー 322/25
アルラー岩塩 154/63
荒地 15/5
アロエ 53/13
アロンジュかつら 34/2
泡カン 228/28
泡供給パイプ 83/10
合せガラス 124/5
合せ釘穴 (くぎあな) 120/22
合せ釘穴ぐり盤 133/6
合せ梁 (けた) 121/59
泡立ったクリーム 97/28; 265/5
泡立て器 39/23; 40/45
泡立て器具 97/70
泡立て溶剤入りふろ 49/3
泡箱 1/58
泡容器 83/6
アンカー 216/13; 223/52
アンカー・ケーブル 218/18; 222/77; 223/50
アンガージュマン 294/46
アンカー・チェーン 227/12
アンカー・リブ 287/32
アングル鋼 143/1
アングルばさみ 137/37
アングル・ファインダー 115/71
あんこう 122/30
アンゴラ猫 73/17
鞍座 (あんざ) 71/37, 45
安座 295/11
暗室設備 116/1-60
暗室ランプ 116/21
アンシャル体文字 341/17
鞍褥 (あんじょく) 71/41, 49
アンズタケ 381/14
アンズの木 59/33-36
安全網: 原子力航空母艦の 259/

18 サーカス場の 307/14
安全かぎ 140/48
安全カバー 168/45
安全ガラス 124/5
安全かんぬき 50/25
安全錠 140/44
安全装置: オートバイの 290/13
　劇場の 316/18 銃の 87/8, 24;
　168/19; 255/14
安全レバー 126/3
安全つかみ 50/25
安全てこ 2/40
安全灯 116/21
安全筒 301/53
安全取って 2/40
安全ナット 187/64
安全フレーム 65/21
安全ハンドル 211/21; 212/13
安全引出し 236/22
安全ベルト 221/124
安全ベルト・ランプ 221/125
安全ヘルメット: 金銀細工工の
　140/22 電気工の 127/48 登山
　の 300/53 ドリル工の 158/10
　材業作業員の 84/23
安全弁 38/70
安全帽 120/17
アンダーシャツ: 体操用の 296/61
　男性の下着 32/25, 28
アンダー・ニー・ソックス 29/53
安定器 305/58
安定剤 116/10
安定装置 214/55
安定パネル 288/49
安定板: スキーの 301/49 ヘリコプ
　ターの 256/12
安定翼 117/60
アンテナ: アポロ宇宙船の 6/4 機
　関車の 213/4 気象衛星の 10/
　68 競技用飛行機・模型飛行機
　の 288/20, 88 軍艦の 258/16,
　36, 46, 51, 60; 259/7, 47, 48, 89,
　91 舷灯塔の 223/5 航空機の
　ダイポール〜、双極子〜 230/65
　戦闘機の 256/17, 28; 257/26
　電車の 197/34 船の 223/5 ラ
　ジオゾンデの 10/59
アンテナ引込み 223/4
アンテナ・マスト 259/6
アントルシャ 314/22
アントルシャ・カトル 314/22
アンドロメダ座 3/24
案内係 204/49
案内係の部署 237/34
案内ケーブル 201/7
案内索引物 141/19
案内溝 217/75
案内所: 駅の 204/29 空港の
　233/31
案内嬢 312/4
案内人 315/12
案内棒 164/17
案内窓口 250/9
案内レール 165/3
案内ローラー: たてのこの 157/5 な
　らしビームの 201/18 練条機の
　164/18
鞍馬 (あんば) 296/5; 296/54
アンパイヤー 292/55, 65; 293/19, 68
アンパイヤー用マイクロフォン 293/21
鞍馬の交差 296/51
鞍尾 71/39
アンビール風のテーブル 336/16
鞍部 12/42

アンプ: オーディオ装置の 241/40
　映画撮影機器 310/59; 311/5;
　312/19 ディスコの 317/23
アンフォラ 328/10
アンペール〈ルーレット〉 275/23
アンベルーラ 369/14
アンボ 330/2
アンメーター 230/18
アンモニア 170/24
アンモニア・スクラッパー 156/23
安楽いす 336/18
アンローダ部 62/42

イ

胃: 人間の 20/13, 41-42 ハチの 77/16
ESO 5/1-16
E形鋼 143/7
イースタン・カット・オフ 298/21
イースタン・ロール 298/15
イースト 97/53
イースト練り粉 99/16
イースト・パン 97/11
イーゼル 116/35
E層 7/27
EDP出力情報指示テープ 248/47
Eボート 258/69
委員 263/2
委員席 263/3
イエウサギ 73/18; 88/65
家形壺 (つぼ) 328/38
イエグモ 81/9
イエコオロギ 81/7
イエスズメ 361/5
家の虫 81/1-14
イエバエ 81/2
イエロー・カード 291/63
硫黄 (いおう) 351/23
イオニア式円柱 334/9
イオン圏 237/55
イオン箱 2/2
いかがわしい女 306/37
医学事典 22/22
鋳物 147/37; 178/22
鋳物壁 148/29
鋳物工 148/30
鋳型の型 147/36
イガメ 69/10
錨 (いかり): 軍艦の 258/5, 259/81
　内燃機船の 223/52 フェリーの
　216/12 モーターボートの 286/15-18
錨ウインチ 259/82
怒り毛 88/52
碇爪 (いかりづめ)型十字架 332/69
イギリス鞍 (くら) 71/45-49
イギリス式軸マウント 113/22
イギリス式庭園 272/41-72
イギリス式撞球 (どうきゅう) 277/7
イギリス式ヨーク・マウント 113/23
イギリス刺繍(ししゅう) 102/11
イギリス積み〈れんがの〉 118/62
イギリス風口ひげ 34/19
イグアナ 364/32
イクエイター 288/75, 83
イグサ 13/17; 136/27
育雛器 (いくすうき) 74/1, 3
育成器 74/5
育成房 75/36
イグチ〈の一種〉 379/12
イグルー 353/4
池: 地図記号 15/79 庭・公園の 37/44; 51/16; 272/50 養殖池

89/6
異形鉄筋 119/82
生垣: 地図記号 15/98 庭・公園 の 37/59; 51/9; 272/5, 37 菜 園・農園の 52/32 62/35
生垣の迷宮 272/5
活け花 266/78; 267/37
異国の女 306/30
鋳込みガラス 124/6
鋳込み機 178/13
鋳込みポンプ圧縮スプリング 174/41
イコライザー 311/19
医師 22; 23
石 110/33
石アーチ橋 215/19
意識喪失者 21/24-27
意識不明の人 21/25
イシテン 367/14
助手〈医師の〉 22/19
医師のスタンプ 22/29
石の分離 64/79
石の平板 331/61
石橋 15/50
石目やすり: 製靴工の 100/49 大 工道具 134/6
医者 233/44
累々〈るいるい〉 345/1
衣装スイッチ 315/40
移床ストーカー 152/3
衣装デザイナー 315/38
衣装デザイン 315/39
衣装戸棚 43/1; 46/2
衣装トランク 267/29
移植 54/5
移植ごて 56/6
いす: 居間の 42/34; 46/27 歯科 医院の 24/24 デパートの 271/35 トラクターの 65/22
いすぞり 304/29; 353/18
いす張り〈職人〉 134/59
泉 12/26, 38; 13/74 地図記号 15/82
遺跡 15/72
緯線 14/2
位相〈月の〉 4/2-7
高架式道路 268/51
移送出入口〈2行程エンジンの〉 242/57
移送胴 180/36
移送ローラー 117/34
遺族 331/38
イソツツジ 377/21
磯波〈いそなみ〉 13/27
板 157/34
遺体仮安置所 331/21
板囲い 118/44
板金鎧〈よろい〉 329/65
板壁 38/19 建築現場の 119/25; 120/9
板紙 338/22
板ガラス 124/5
板ガラス製造 162/1-20
板ガラス製造工程 162/12
板ガラス枠 179/15
板材 118/41; 120/91
板材置き場 120/1
頂〈山の〉 12/40
イタチ 367/16
板チョコ〈レート〉 98/78
板凧 37/34
板張り 121/75
板目板木 340/2
イタリアカラマツ 372/55
イタリア式刀 294/39
イタリアン・ライグラス 69/26

イタリック体 175/7
イ短調 320/46,47,48,55, 62
位置 224/45
一位〈数字の〉 344/3
イチイ 372/61
110 SF ロケット発射装置 255/70
1 音栓の音管 326/16
一眼レフ・カメラ 115/1
1 気筒 2 サイクル・エンジン 188/26
1 気筒 4 サイクル・エンジン 189/3
イチゴ 58/16, 17, 21
イチゴツナギ 375/39
イチゴイ 97/22
1 次回路 154/2, 42
1 次曲線 347/12
イチジク 384/1
イチジク状花序 383/35
1 次クラッシャー 158/17
1 次現像液 116/10
1 サウンド・ターンテーブル 117/100
1 次水回路 259/65
1 次送風機 160/11
一時速度制限の終わり 203/40
一時速度制限の始まり 203/39
1 次ナトリウム・ポンプ 154/5
1 次吹込み成形 162/24
1 次巻線 153/15
1 次ループ 154/2
1 次冷却材ポンプ〈原子炉の〉 154/25
位置線 224/43, 44
一段かたぎ入れ 121/90
市に立つ婦人 308/65
市の広場 308/1
市場 15/52
市場向け菜園 55/1-51
1 番フェルト 173/17
1 番プレス・ロール 173/19
位置表示器 246/18
いち部〈肉の〉 95/34
市松文 335/12
1 メートル飛び板 282/10
一文字〈舞台用語〉 316/12
胃噴門管 77/15-19
イ長調 320/58
一葉半機 229/13
143 級 E ボート 258/75
143 級魚雷艇〈てい〉 258/75
イチンチンソウ〈の一種〉 377/1
1 輪手車 206/14
一塁 292/46
1 連〈紙の単位〉 173/9
一連番号 187/51
一連ボトム・ブラウ 65/1
1 階 37/2; 118/7
1 階客室 194/37
1 回転 308/43
1 階れんが壁 123/29
一角獣 327/7
一戸建て住宅 37/1-53
1 色オフセット印刷機 180/46, 59
溢水〈いっすい〉止めの容器 350/60
一寸法師〈いっすんぼうし〉 308/22
一体型翼列 193/31
一体型受け 193/33
一体型バンパー 193/33
一体型フェアリング 189/44
一体型フェンダー 193/33
一体型流線形 189/44
一体つば 143/33
五つ指溶接手袋 142/32
1 点音 321/46

一等客室の区画 207/17
一等星 3/14
1 頭立て 2 輪馬車 186/18
1 頭立てほろつき 2 輪馬車 186/29
一般運輸用機関車 212/1
一般貨物船 225/14
一般診療 22/1-74
一般診療医 23/2
一般用電灯 127/56
一方タップ 350/42
1 本石碑像 328/18
1 本棒マスト 259/6
1 本マスト帆船 220/6-8
溢流口〈いつりゅうぐち〉 89/5
射場〈いてば〉 3/37; 4/61
鋳鉄工芸家 140/1
糸 164/53; 167/17, 36
井戸 5/24 給水装置の 269/40 地図記号 15/100
緯度 14/6
糸受け内支柱 167/2
糸受け 323/20
移動交通巡察隊 264/9
移動載物台 112/10, 29
移動砂丘 13/39
移動式 X 線透視装置 26/14
移動式監視装置 25/24
移動式署具台 26/37
移動式燻蒸〈くんじょう〉消毒機 83/52
移動式支持装置 27/2
移動式手術台 26/36
移動式新聞売場 205/16
移動式ディーゼル空気圧縮機 200/39
移動式廃棄物トレイ 26/22
移動式変圧器 152/30, 39
移動送風機 165/2
移動壇 316/34
移動ホース・リール 270/28
糸かがりされた本 185/22
糸かがり機 185/16
井戸枠 269/64
糸切れ停止レバー 165/19
糸口選択装置 167/40
糸倉 323/19; 324/10
糸伸張用ウェイト・ディスク 165/21
イトスギ 372/58
糸玉 183/11
糸テンション装置 167/5
糸とじ 183/34
糸とじ機 185/16
糸のこ: 金銀細工工の 108/12 工 作道具 260/53 旋盤工の 135/12
糸のこの刃 108/13; 135/13; 260/54
糸の通し方 171/5
糸の長さの記録器 165/28
イトパッケージ水洗 170/48
糸手〈いとぼんて〉変更ギア 164/40
井戸べり 269/65
糸巻き: 楽器の 323/18; 324/11 靴底縫合機の 100/29 製本機の 185/18 紡績機の 164/23; 165/15; 166/48; 167/4
糸巻き糸 104/16
糸巻軸架 164/41, 58; 165/25
糸巻き動作制御 166/60
糸巻き板 324/19
糸巻きフランジ 166/49
糸巻きホルダー 185/17

糸道: 靴底縫合機の 100/30 紡 績機の 167/3, 54, 64
イナゴマメ 384/41
イニシャル活字 175/1
イヌ 73/16
イヌ科 367/11-13
イヌサフラン 379/3
犬ぞり 353/3
イヌダニ 358/44
犬の品種 70/
イヌホウズキ 379/5
イネ 68/29
イネ科植物の葉 370/83-85
イネの種もみ 375/7
イノシシ 86/32; 88/51
イノシシ狩り 86/31
イノシシ狩り用の犬 86/33
イノシシ標的 305/33
命綱〈いのちづな〉 280/2; 284/12
祈りの塔 337/13
祈る人 330/41
遺風 86/8
イブキトラノオ 376/10
衣服掛け 103/17
衣服棚つき座席 212/63
衣服の基型 103/5
胃袋 73/20
囲壁 329/15
イボタ 373/6
居間 42/
居間用いす類一式 42/21-26
イメージ・インテンシファイア 27/16
イモ 378/31
鋳物 148/42
鋳物砂 148/35
イモリ 364/20
イヤカップ 261/40
イヤフォン: オーディオ装置の 241/69 髪型 34/38 口述録音機の 248/35; 249/63 電話器の 237/8
イヤフォン型耳隠し 34/37
イヤフォン・ソケット 117/10; 249/68
イヤリング 36/13
イラクサ 61/33
入江 13/7
入口: 空港の 233/36 商店の 268/13 闘技場の 319/6 列車 の 208/10
入口のトンネル 353/6
入口の広間 41/1-29
入口のホール 267/1-26
入口弁 242/52
衣類店 268/9
イルカの尾 327/25
イルミネーションを施した文字 268/45
入換え機関車 206/43
入換え専用小型ディーゼル機関車 212/68
入換えレール 214/22
入れ子式緩衝器 188/41; 189/23
入れ子式の管 65/77
入れ子式フォーク 188/8
入れ墨 306/44
色鉛筆 48/11
色帯 299/15
色ガラスの窓飾り 260/68
色とりどりの花冠 254/2
色布の掛け衣 355/10
色復調 240/5
色復調・モジュール 240/5

色分解器　116/36
色分解器ランプ　116/37
いわ〈漁網のおもり〉　90/10
岩　327/38
イワガミ　378/3
岩角　300/9
岩棚　300/4
イワタバコ科の観賞用多年草　53/7
いわな〈沈子〉　90/9
岩の突起　300/9
岩登り　300/2-13
岩登り技術　300/2-13
岩場　300/2
岩屋　272/1
印圧調整　249/53
印圧調節輪　180/81
陰核　20/88
印画紙乾燥器　116/57
印画紙速度目盛り調節ノブ　116/54
印画紙のセット　116/50
印画紙ばさみ　116/47
インカの結縄(けつじょう)文字　352/22
インキ移しローラー　181/63
インキ・カートリッジ　151/36
インキ供給ローラー　249/51
インキ装置　180/6-13, 40, 51, 60, 71, 76; 181/7, 19, 28, 50, 57
インキ出しローラー　181/64
インキつけ装置　249/51-52
インキ壺(つぼ)　180/22; 181/65; 309/78
インキつぼ　181/65
インキ塗りローラー　249/52
インキ練りつきインキ装置　181/19
インキ練り盤着肉装置　181/8
インキ練りローラー　181/7, 62
インキ・ローラーつきインキ装置　181/7
インキ溝　181/65
陰極：映写機の　312/41　カラーテレビの　240/25
陰極カーボン　312/41
陰極棒　178/6
インキ・ローラー　180/21, 50, 77; 181/18, 27
インキ・ローラーつきインキ装置　180/60; 181/7
イングリッシュ　175/29
イングリッシュ駅馬車　186/53
イングリッシュ・セッター　70/41
イングリッシュ・バギー　186/48
イングリッシュ・ホルン　323/38
陰茎　20/66, 67
陰茎海綿体　20/67
陰茎亀頭　20/69
インゲンの花　57/9
インゲンマメ　57/11
インゲンマメ　57/8
咽喉(いんこう)　72/16
咽喉部　19/14-37
陰刻　340/14-24
インゴット　147/33
インサイド　291/12
印刷工　340/35
印刷室　340/27-64
印刷始動ボタン　249/38
印刷シリンダー　177/67
印刷済みの紙　180/57; 181/10
印刷済みの積み紙　181/25
印刷済みの排紙パイル　181/9
印刷装置　180/41
印刷装置運転レバー　180/80
印刷速度調整　249/55

印刷物送出し部　249/43
印刷枚数選択ボタン　249/35
印刷前の積み紙　180/69; 181/23
印刷面　185/59
印刷用紙　181/30
印刷用紙移送ベルト　249/40
印刷用巻取り紙　181/43
印紙　250/24
因子〈数学の〉　344/25
インジケーター　50/61, 73
インジゴ染色・のりつけ機　165/40
印章指輪　36/40
印象用トレイ　24/56
飲料物保管室　207/83
陰唇　20/87
インスタマティック・カートリッジ　114/15
インスタント・コーヒー　99/70
インスタント肉　96/23
隕石(いんせき)　7/18
隕石による穴　6/16
インターコム　195/55
インターコム・システム相互通信システム　202/48
インターコム方式踏切　202/47
インターチェンジ　15/16
インターフォン　22/34; 244/5; 245/20; 246/10　ラジオ局の　238/8, 10, 64
インディアン　352/3, 23, 25
インディアン小屋　273/59
インディアンの円錐(えんすい)天幕　352/7
インディアンの女　352/10
インディアンの酋長(しゅうちょう)　352/11
インディアンの鋼針(はがねばり)　341/21
インテリオ　352/23
インテグラル・ウィング・タンク　257/29
インデンション　175/16
咽頭(いんとう)　19/24
隠鍵(いんとく)かぎつきおびき金　89/75
インドの神　337/19
インドの大君　306/28
インドのパゴダ　337/21
インドの美術　337/19-28
インドの舞姫　306/25
インド洋　14/23
インナー　291/15
インナー・ジブ　219/21
陰嚢(いんのう)　20/71
淫売婦(いんばいふ)　306/37
インパクト・レンチ　195/44
インバネスを着用した御者　186/32
インパルス記録用磁気テープ　25/46
インパルス自動計測器　25/42
インパルス発生器　25/33
インファイト　299/31
インペリアル屋根　121/25
陰門　16/39
引用符　342/26
飲料売り台　99/71
飲料キャビネット　246/29
飲料水給水　269/1-66
飲料水タンク　146/50
飲料棚　266/59

ウ

ヴァージナル　322/45
ヴァイオリニスト　267/45
ヴァイオリン　323/1

ヴァイオリン記号　320/8
ヴァレイジアン・ダルシマーの打器　102/18
雨衣　196/26
ウィーウマルチャ　65/87
ウィーディング・ホー　51/22
Vウェイ　132/61; 175/54
VHF　241/38
VHF放送局選択ボタン　241/38
VHF用チューナー　240/6
VHFアンテナ　257/25
ヴィエル　322/25
VLPビデオ・ディスク　243/51
VLPビデオ・ディスクシステム　243/46-60
VOR　257/25
VOR無線方位探知機　230/15
ヴィオラ　323/27
ヴィオラ・ダ・ガンバ　322/23
ヴィオル属　322/23
ヴィオローネ　322/23
V形カルダン継ぎ手　67/31
V型底部式ボート　286/35-37
Vカルダン　67/31
V形尾翼　229/31
ウイキョウ　380/6
ウィケット　292/70
ウィケット・キーパー　292/73
VCRカセット　243/5
VCRシステム　243/5-36
VCRテープ・フォーマット　243/28
VCRヘッド・ドラム　243/19
V字型腕支持　295/17
V字形谷　13/53, 54
V字形の刻み目　255/22
V字姿勢　295/13
V字谷　13/53
ウイスキー　98/56
ウイスキー・グラス　45/90; 267/57
ウイスキーのびん　42/31
V/STOL航空機　232/26-32
VDS　259/40
Vネック　31/68
Vベルト駆動安全覆い　180/58
Vベルトによる茎葉コンベヤの駆動装置　64/30
VU計器　241/61
VUメーター　241/35-36 ヴェガ　3/22
ウィルソンの霧箱　2/24
ウィルソン箱　2/24
ウイング　291/16
ウインター・スポーツ　301; 302; 303
ウインター・パーティ　101/1
ウインチ　270/56
ウインチ曳航(えいこう)　287/5
ウインチ台　226/54
ウインド　268/10
帆　284/38
ウインドー・シャッター　37/30
ウインドサーファー　284/1
ウインドサーフィン　284/1-9
ウインド・ボックス　147/69
ウインドヒル　91/1-34
ウインナ・ソーセージ　96/8
ウーファー　241/17
ウールのベビー服　29/3
上〈活字の〉　175/39
ウエイター　266/30; 267/47
ウエイター頭　266/30
ウエイト・ベルト　279/14
ウエイトレス　265/13; 266/18; 267/63
上掛け水車　91/35
植木　42/36
植木箱　268/15

植木鉢　54/8
上鍵盤(けんばん)　322/46
上コーム　163/67
植込み　272/4
植込みボルト　143/22
ウェスタン・ブーツ　101/9
ウェスタン・ロール　298/16
ウエスト　31/66; 355/53
ウエスト・スリップ　32/14
ウエストバンド　31/41; 33/23
上突き　277/3
ヴェッキオ橋　215/32
ウェット・マシン　172/24
上鉄板　129/12
上ニッパー　163/66
ヴェネシャン・レース　102/30
上パイプ　163/64
ウエファース　97/45
ウェフト・フィーラー用金属スリーブ　166/31
ウェリントン・ブーツ　101/14
上ローラー：圧延機の　148/54　練条機の　164/11, 18
魚　364
魚市場　225/57
魚運搬用半卵形の樽(たる)　89/3
ウォーターライン　285/31
ヴォールト　79/1; 335/17, 31-32; 336/38-50, 41, 42, 43, 44, 45, 46, 47, 49
ヴォールトの諸形式　336/38-50
ウォーム：経緯儀の　14/56　歯車の　192/59
ウォーム・ギヤ・セクター　192/57
魚かん詰工場　225/59
魚座　4/64
魚ドック　225/56
魚の尾　327/46, 49
ヴォロヴァン　97/18
うがい薬　49/36
羽角　362/16
羽冠　359/26; 362/16
浮き　89/43-48; 224/71
浮き足　302/3
浮き糸　171/38, 40, 41
浮きかす取り棒　148/17
ウキクサ　378/35, 36
浮き材　90/6
浮出し模様の壺(つぼ)　328/38
浮き索　90/4
浮きドック　222/34-43; 225/16
浮きはえなわ　90/29
浮き箱　259/19
浮き橋　15/46
浮き袋　281/7; 282/18
浮き船　221/65
浮彫り　339/33, 36; 340/2
浮彫り板　340/2
浮彫りハンマー　108/41
浮き輪　281/6
受け網　64/11
受入れホッパー　147/5
受け皿　44/30; 45/3
受け桟　120/45; 123/67
受け台：タイプライターの　249/47　電話器の　237/13
受け台スイッチ　237/13
受付：キャンプ場の　278/1　病院の　22/5
受付係主任　267/7
受付事務所　245/1-33
受付筒　87/16
受取人　250/19
請け花形柱頭　333/25
受け盆　266/2
右舷(うげん)橋頭(しょうとう)　286/9

右舷側ブイ 224/96
右舷沈船標識 224/85
右舷灯 223/15
右舷標識 224/99
動く標的 305/33
ウサギ 73/18
ウサギ狩り 86/23, 34-39
ウサギギク 380/2
ウサギコウモリ 366/9
ウサギ棚(き) 84/7
ウサギの穴 86/26
うじ(蛆) 80/6, 19, 41; 81/20; 358/19
ウシ 73/1
牛飼(うしかい)座 3/30
牛回し 289/8
牛の囲い場 319/14
牛のダミー 319/3
羽状〈複葉の形〉 370/40
羽状水葉 57/3; 59/40
後エンジン 231/10
後ガード 194/11
後ろ飛びかかえ型 282/42
後ろ橋 71/39
後ろリブ・ロース 95/18
右腎(うじん) 20/28
右心カテーテル 25/53
薄板金ねじ 143/26
ウスイロゴミムシダマシ 81/23
渦形方円柱頭 334/24
薄切り器 96/31
薄切りパン 97/43
薄刃のみ 134/30
ウスベニアオイ 380/12
渦防止装置 234/11
渦巻き：ヴァイオリンの 323/17 円柱の 333/26; 334/23
渦巻曲線 297/50
渦巻き分離器 93/2
渦巻きポンプ：灌漑装置の 67/11, 23 給水装置の 269/44 ブドウ酒貯蔵室の 79/7
ウスユキソウ 378/9
ウズラ 359/22
ウズラ笛 87/45
ウソ 360/5
歌口(うたくち)：オカリナの 324/33 オルガンの 326/25 クラリネットの 323/36 サキソフォンの 324/72
ウタツグミ 361/16
打ち方方円鋼 309/60
打ち固めコンクリート造り 118/1
打ち金：かご細工の 136/36 鍛造機械の 139/12
打ち金コード 255/12
内側桁(けた) 123/45
内側広筋 18/46
内側ジッパー 101/6
内側縦向き 296/2
内側爪(つめ) 149/71
内くるぶし 19/60
打込まれた母型 175/37
打込み母型 175/37
打ちたたき機 131/4
内歯 296/45
打抜き型 108/19, 31
打抜きボール盤 124/7
内法(うちのり)スパン 215/13
内歯 143/71
内張り 222/62, 63
打ちべら 306/48
内堀 329/37
うちもも〈食肉の〉 95/37
宇宙カプセル 234/65
宇宙カプセルの入口 6/10

宇宙航空工学 6
宇宙実験室 235/65
宇宙指令部 234/65
宇宙船 6/1
宇宙船エネルギー・システム 6/6, 8
宇宙飛行 234/; 235/
宇宙飛行士 6/11; 235/67
宇宙飛行モジュール 235/70
宇宙服 6/18-27
宇宙ヘルメット 6/22
内レース 143/72
うちわ 353/42
ウチワマメ 51/23
ウッド 293/91
ウツボグサ 376/16
腕 16/43-48; 17/12-14 転環の 26/13 ラジアル・ボール盤の 150/24
腕あて 324/17
腕台 112/58
腕金(うでがね)：架設電線鉄塔の 152/37 歯車の 143/88
腕木：キタラの 322/16 グランド・ピアノの 325/42 建築足場用 118/27 支脚器の 23/10 信号機の 203/2 彫刻機のシリンダー〜 177/68 縫合機の 100/25 丸太跳ね返し用 157/19 リュージュの 303/7
腕受け 296/38
腕支持後振り 296/57
腕神経叢(そう) 18/27
腕立て仰臥(ぎょうが) 295/22
腕立て倒立 295/27
腕立て膝立て 295/20
腕立て伏せ 295/21
腕づな 129/47
腕橈骨(うとうこつ)筋 18/39
腕時計 110/32-43
腕止め 349/37
腕ポジション 314/7-10
腕鎧(うでよろい) 329/47
腕輪 36/3, 9, 33
腕輪時計 36/33
ウナギ 364/17
ウナギ用釣針 89/87
ウナ・コルダ 325/41
項(うなじ) 16/21
項革(うなじがわ) 71/10
ウニ 357/39; 369/19
うね 63/3
うね編み 136/2
うねのある袖口(そでぐち) 30/30
右肺 20/6
乳母車 28/34; 273/31
乳母車ジャケット 29/3
乳母車スーツ 29/1
乳母車のおおい〔一式〕 28/31
右房室弁 20/46
ウマ 71; 72; 73/2
馬〈架台〉 120/18
馬頭甲(うまかぶと) 329/84
馬車ランプ 101/10
馬〈小〉屋 75/1
馬の足並み 72/39-44
馬の頭 328/7
馬の尾 72/38
馬の各部名称 72/1-38
馬の首彫刻 218/14
馬の毛 323/15
馬の毛ブラシ 100/12
ウマノスズクサ 376/22
馬の背 72/29
馬の調教 307/30-31
馬の胴体 327/27, 45
馬のひずめ 327/42

馬道 12/46
海 13/26
ウミウチワ 369/8
ウミエラ 369/14
ウミガラス 359/13
ウミシダ 369/3
ウミスズメ 359/13
海沿いの湖 13/44
海釣り用おもり 89/92
海鳥 359/11-14
海の怪神 327/40
海の怪物 327/47
海の精 327/23
海蛇座 3/16
ウミユリ 369/3
埋立てごみ処理場 199/10
羽毛：オオライチョウの88/73 クジャクの254/36 コウライキジの耳の88/78 ダチョウの254/30 ナカフクロウの面状〜362/18 ハヤブサの足の362/3
羽毛飾り 329/78
羽毛つきのモヘア帽 35/6
右奥 20/35
裏打ち紙：壁紙の128/5, 8 ロール・フィルムの114/21
裏書き 250/25
裏書人 250/27
裏丁 315/28
裏込め 217/7
裏桟 119/65
裏桟押え 119/64
裏地板 140/36
ウラジロハコヤナギの葉 371/23
占い師 308/36
裏庭 37/57
売上げ伝票 98/44
売上げ統計 248/46
売上品 271/10
売り子 271/18, 63
売り棚 99/23
売り手 308/17
売場 271/64
売場詰め 99/4
売場カウンター 271/42, 61
売場監督 271/33
売場主任 271/33
雨量計 10/44
雨裂 13/52
うろこ 364/11
うろこ雲 8/14
うろこをもつ動物 366/10
上顎(うわあご) 19/27
ウワート煮沸用ホップ・ボイラー 92/52
ウワート品質検査用麦芽汁濾過(ろか)バッテリー 92/51
上うす 91/22
上送り台 149/22, 42
上型 148/19
上がまち 120/58
上着：三分袖の33/26 ジャケット33/2 シャツ風の30/45 乗馬服の289/13, 42 ニットの31/65 パジャマの32/18 ホールター・ネックの31/64
上着のポケット 33/12
うわぐすり 161/16
上船尾 218/55
上っ張り 31/35 理容師の106/2
上っ張り風のゆるやかなドレス 31/17
上塗り 123/40
上塗り機 129/34

上まぶた 19/39
ウワミズザクラ 380/13
上向き通風装置 154/81
上ローラー 148/54
上ロール 148/54
上枠 148/19
運河 15/57; 217/15-28
運河入口 217/15-16
運河管理事務所 217/24
運貨船 225/25
運河底 217/30
運行指示板 271/49
運搬砂(しゃ) 216/52
運積土 216/52
運送業者 206/28
運送者積卸橋 225/20
雲台 114/48
運転室：クレーンの119/35 電車の197/25; 208/14; 209/6; 210/39-63, 49; 211/19, 39, 57; 212/5; 213/2; 222/16 道路建設機械の200/11 まぐさ刈取り機の64/36
運転室暖房スイッチ 211/39
運転席：コンバインの64/33 自動車の191/34
運転席ドア 193/2
運転装置 271/48
運転台：機関車の212/32 軽トラックの194/2, 15
運転レバー 201/12
運動靴 101/35
運搬コンテナ荷積橋 225/46; 226/2
運搬索 214/26, 37, 45
運搬索滑車 214/32, 49
運搬索機能停止 214/71
運搬索駆動滑車 214/62
運搬索スリーブ 214/73
運搬索誘導輪 214/61
運搬索用引張り分銅 214/42
運搬索ローラー 214/60
運搬車：製材場の157/12, 52 トラック 226/4
運搬車モーター 157/15
運搬棒 148/16
運搬用グリップ 21/22
運搬ローラー 132/72
ウンラン 376/26
雲量 9/21, 22, 23, 24
雲量の分布 9/20-24

エ
柄(え)：アーチェリーの305/57 オールの283/35 おのの85/3 かぎの140/33 植物の381/18 スプーンの45/62 ナイフの45/51 フォークの45/59 六分儀の224/9
エア・クッション 286/66
エア・クッション形成用ヘッド・ドラムの溝 243/27
エア・クッション・ビークル 286/63
エア・クリーナー 191/55
エア修正ジェット 192/3
エア・パイプ 174/38
エアバス 231/17
エアブリータ 192/2
エア・ブリード・ダクト 190/12
エア・ブレーキ 256/12
エア・ベッド 278/31
エア・ボート 278/14
エア・マットレス 278/31
エア・ライフル 305/40

エア・ロック: 沖合い掘削リグの 146/24 化学実験器具の 349/7 スペース・シャトルの 235/27 炭鉱の 144/38
穎果 (えいか) 375/43
映画 310; 311; 312; 313
映画映写機 117/78
映画館 5/26; 312/1
映画監督 310/40
鋭角 346/10
鋭角三角形 346/28
鋭角のみ 132/7
映画広告 268/57
映画撮影カメラ 313/1
映画撮影機 117/1; 313/1-39
映画撮影所 310/1-13
映画撮影場 310/1
映画女優 310/27
映画スター 310/27, 28
映画の切符 312/3
映画の脚本 310/45
映画俳優 310/28
映画フィルム 117/
映画用オーケストラ 310/17
嬰 (えい) 記号 320/50
曳航 (えいこう) 216/27; 227
曳航機関車 216/6
曳航軌道 216/30
曳航測程器 224/54
曳航飛行機 287/2
曳航マスト 216/28
英国王の王冠 254/42
英国クリッパー船 220/36
英国の警察官 264/34
映写 312/1-23
映写機 117/78; 312/13, 14, 23, 24-52, 25-38, 52; 318/20
映写機構 312/25-38
映写技師 312/20
映写室 5/27; 312/12, 15
映写スイッチ 117/88
映写スクリーン 238/32; 310/16
映写テーブル 261/13
映写幕 260/36; 312/11
映写幕が入っている箱 318/21
映写窓 312/15
映写レンズ 261/10; 312/35
衛星観測の領域 7/33
衛生用品 99/35
曳船 (えいせん) ウインチ 227/7; 258/86
曳船鉤 (えいせんこう) 227/27
曳船装置 227/6-15
曳船大索 (だいさく) 227/15
曳船ロープ 227/8, 15
曳船同乗案内 227/9
映像 311/45
映像音響同調装置 117/102
映像検査部 239/11
映像スイッチャー卓 238/63
映像スクリーン 117/94
映像正読用ミラー 177/38
映像調整室 238/60-65; 239/10
影像ビーム通路 115/35
映像変換部 27/19
映像変換器 26/15, 18; 27/19
映像変換器モニター・テレビ 26/15
映像モニター 238/33
エイト 283/10
嬰(えい)ハ短調 320/60
嬰ニ短調 320/61
永年牧草地 62/44; 63/22
嬰ヘ短調 320/59
嬰ヘ長調 320/58

嬰ハ長調 320/61
泳法 282/33-39
栄養クリーム 99/27
営林署 15/3
会陰 (えいん) 20/64
A〈文字旗の〉 253/22
AA 258/31, 73
AA軽機関銃 255/63
エー線 323/9
エーダー 238/47
エーデルワイス 378/9
AVカメラ 243/1-4
エール 93/26
エーレ 252/24, 25, 26
エカルト 314/15
駅 15/41
液圧装置室 316/50
エキストーマ 369/13
腋窩 (えきか) 16/26
腋芽 370/25
液化石油ガス 145/53
液果の低木 52/19
エキサイター・ランプ・ケース 312/48
エキストラ 310/31
エキストラ・ボールド体 175/9
エキスパンディング・コーム 165/26
液体ガス・タンカー 221/35
液体計量ポンプ 169/13
液体コンパス 224/46
液体酸素 234/10, 12, 24, 39, 52; 235/51, 56
液体酸素供給管 234/10, 52; 235/51, 56
液体酸素タンク 234/12, 24, 39; 235/46, 57
液体酸素タンクへの圧力管 235/57
液体式ディーゼル機関車 212/1, 24, 47; 213/1
液体水晶読み出し 110/2
液体水素 234/23, 26, 41, 51; 235/35, 41, 46, 50, 54
液体水素吸引管 234/23
液体水素供給管 234/51; 235/50
液体水素タンク 234/26, 41
液体水素タンクへの圧力管 235/54
液体層 148/27
液体燃料主ロケット・エンジン 235/36
液体変速機 212/52
液体容器 247/9
液柱気圧計 10/1
エキヌス 334/21
駅の案内係 204/49
駅の案内所 204/29
駅の構内食堂 204/13
駅の時計 204/30
駅の売店 204/26
駅のホーム 204
駅のポスト 204/11
駅の本箱 205/13
駅馬 186/43
駅馬車 186/39
駅務室 205/1
駅名標示 205/28
液量 350/21
エクステンション・チューブ 115/81
エスクドン 252/23
えぐりかんな 132/24
エコー 310/59
エコー記録器 224/24
エコー用スピーカー 311/32
エコー用マイク 311/33
エコー・ルーム 311/31

餌 (えき) 86/21; 89/65-76
餌入れ 89/24
餌針 89/41
餌皿 (えきざら) 70/32
エジプシャン体 342/8
エジプトのスフィンクス 333/11
エジプトの美術 333/1-18
S-IC 234/3
エスカレーター 271/22
エスキモー 353/1
エスキモー・カヤック 283/68
S-II/S-IVB段間コネクター 234/36
S-IC/S-II段間コネクター 234/31
エゾネギ 57/22
エゾノウワミズザクラ 59/5
エゾヘビイチゴ 58/16
エゾライチョウ 88/69
枝 370/5 タケの 383/61
枝編み防護柵 216/54
枝挿穂 (えださしほ) 54/25
枝角 (えだづの)〈鹿の〉 88/5-11, 29, 31
枝角輪 88/5, 29
枝肉 95/
枝払い機 85/18
枝払い刃 85/20, 22
枝むち 281/27
エダム・チーズ 99/42
エチレン分子 242/61
柄 (え)つき穿孔機 100/46
X形十字架 332/60
X形2連ディスク 65/83
X形状の円板 65/82
x軸 347/2
X線 1/56
X線管 27/7
X線管つきX線ヘッド 27/18
X線蛍光増倍装置 27/16
X線検査テーブル 27/1
X線診療部 27/1-35
X線中央制御装置 27/9
X線透視撮影モニター・テレビ 27/23
X線発生機 24/22
X線フィルム・カセット支持装置 27/2
X線ヘッド 27/18
エッジ〈スキーの〉 301/4, 50; 302/21
エッジ・サンダー 133/12
エッジ・ランナー・ミル 159/8
エッジング機: 指物師の 132/57 めがね商の 111/24
エッジング用の型 111/35
H〈文字旗の〉 253/24
H形ガーター 143/6
H形鋼 143/6
エッチング 340/14-24
エッチング・グラウンド 340/55
エッチング・ニードル 340/16
越冬まゆ(蛹) 80/31
閲覧室 262/13
閲覧室備付け図書棚 262/17
エトルリアの神殿 334/49
エトルリアの美術 334/49-52
エナメル細工 260/62
エナメル質 19/30
エナメル粉 260/65
エニシダ 374/20
絵の具 338/17
絵の具車 315/36

絵の具箱 48/6; 315/34; 338/10
餌箱 (えばこ) 75/37; 89/24
エビ 369/12
えび型逆懸垂 296/36
えびら 352/27
エファセ 314/13
F-104 Gスターファイター戦闘爆撃機 256/29
F・X接点用フラッシュ・ソケット 115/14
FM 241/38
FM放送局選択ボタン 241/38
餌袋 (えぶくろ) 73/20
F字孔 323/6
F₂層 7/29
絵筆 48/7; 129/19; 260/84
FD級 284/49
エプロン 96/39 機械の 149/16; 178/9 空港の 233/3
エプロン・ドレス 29/13; 30/8
エプロン誘導路 233/4
F-1エンジン 234/4
F₁層 7/28
エベ 294/25-33, 36
エベ競技者 294/25
エベのかけひき 294/27
エベ・フェンシング 294/51
エベレスト山 7/3
えぼしたがね (烏帽子鏨) 140/25
エマルジョンのり 128/28
エミュー 359/1
MRCA 256/8
M 113装甲救急車 255/79
MM 38対空ロケット発射装置 258/32
M形カルダン継ぎ手 67/29
Mカルダン 67/29
MG 3機関銃 255/32
MP 2機関銃 255/8
絵文字 341/1
獲物 86/33
獲物運搬車 86/39
獲物の持ち帰り 86/36
鰓 (えら) 364/19
エラー表示部 244/7
鰓 (えら)ぶた 364/5
鰓 30/5; 33/31, 58
エリア・ライト 316/16
エリカ 377/19
エリダヌス座 3/12
襟のボタン穴に飾る花 332/21
L〈文字旗の〉 253/25
エルサレム型十字架 332/70, 72
L字形腕支持 295/16
エルツ舵 222/69-70
LD転炉 147/45-50
エルボウ 301/70
エルボ継ぎ手 126/40, 46, 52
エルボ・パイプ 67/6
エルレンマイヤー・フラスコ 173/2
エルロン 230/52
エルンマイヤー・フラスコ 350/39
エレベーター: 沖合い掘削リグの 146/8 合成繊維製造工場の 170/36 デパートの 271/45
エレベーター装置 257/22
エレベーター路 146/20
エレベータ・ベルト 64/95
エレボン 235/33
円: 数学の 346/42 標的の 305/31
塩化アンモニア・ブロック 125/6
縁海 14/26
円蓋 (えんがい): 建築の 334/58 航空機操縦窓の 230/39
円蓋架構 334/72-73

沿海漁業 90/24-29
円蓋ジャッキ 257/5
塩化カルシウム管 350/43
遠隔指示温度計 210/48
遠隔測射装置 2/28
遠隔操作装置受け口 117/9
遠隔操作転轍器 202/27
遠隔操作器 157/14
遠隔操縦ラジオ 288/87
遠隔電子回路装置 112/53
塩化ナトリウム 1/9;170/13
塩化ナトリウムの結晶 1/9
沿岸海 14/26
鉛管工 125/17;126
鉛管工の道具 126/58-86
沿岸ステーション 237/53
沿岸貿易船 221/99
沿岸遊覧船 221/15
演技場 307/27
塩基性製鋼法によるベッセマー転炉 147/55-69
円鋸歯(えんきょし)〈葉縁の形〉370/46
円形〈葉の形〉370/33
円形浮彫り 339/36
円形型板 141/35
円形がま〈鎌〉56/8
園芸具 56/
円形船尾 218/25
円形調節装置 14/62
円形のおり 307/49
円形破風窓(はふまど) 335/50
円型ひげ 34/15
円形ベース 178/10
円形ホリゾント 316/9
円形紫外線ホリゾント 310/12
円形炉 159/19
円形六角形クロス・カット 36/56
円形六角形ステップ・カット 36/64
縁甲(えんこう)板張り 123/62
鉛工パッキン押え 153/40
円材 344/23-26;345/1-10
煙散弾 255/83
煙室の扉 210/26
猿舎 356/10
燕雀類(えんじゃくるい) 361
円周 346/44
円周角 346/56
演習塔 270/3
演出家 316/40
演出家用テーブル 316/42
演出助手 316/43
演出台本 316/41
鉛しん 87/56
延伸 170/46,55
エンジン 190/1,2,3,4,5,6 オートバイの189/3,39 競技用飛行機の288/35 芝刈り機の56/30 石油掘削機の145/12 戦闘機のタービン〜257/15 戦闘機のターボプロップ〜256/16 月着陸船の6/30 船の221/81
エンジン油用熱交換器 212/55
遠心(渦巻)ポンプ 216/60
エンジン・オイル 196/15
エンジン区画部材 235/2
エンジン・コンパートメント 195/54
遠心式除塵器(じょじんき) 173/11
遠心スクリュー 172/22,56
エンジン制御装置 235/39
エンジン伝動装置制御輪 212/67
エンジン取付け 190/38;191/53

エンジンのカルダン・マウント 6/36
エンジン・フェアリング 234/6
遠心分離機 23/59;168/18
遠心分離機のふた 168/18
エンジンへの空気取入れ口 257/12
エンジン・ポッド 256/25
遠心ポンプ 79/7;270/8
エンジン・マウント 234/21
エンジン油温計 212/19
円錐(えんすい) 347/43
延翼 17/47;18/24
円錐花序 68/27;370/69;378/46;382/54
円錐花序のイネ科草本 69/27
円錐形テント 278/8
円錐形溶鉱炉トップ 147/45
円錐形ノズル 83/23
塩水管 145/33
円錐曲線 347/11-29
円錐形刈込みの木 272/13
円錐形製つき壺 328/40
円錐形精砕機 172/27,60,73,83
円錐形の紙袋 98/49
円錐形破砕機 172/82
円錐座 143/67
円錐小体 77/21
円錐状に巻いた糸巻き 185/18
円錐図法 14/8
円錐台 347/45
塩水ホン 146/17
円錐天幕 352/7
円錐の高さ 347/44
塩水ホゲ 274/4
塩水配分溝 274/3
円錐フラスコ 350/39
塩水分離器 145/33
円錐屋根 121/24
塩水流出口 145/33
塩素 170/7
塩素イオン 1/10
演奏中のオーケストラ 274/20
遠操ボット 202/27
塩素化 170/8
円測定用パイ・キー 247/24
エンダイプ 57/39
エンタブラチュア 334/52
演壇 263/6
延着案内板 204/12
延着標識 205/24
円柱 347/38
円柱ブイ 199/42
円柱ブイ 224/79
延長アーム 151/57
延長コード 127/10
延長ソケット 127/12
延長プラグ 127/11
園丁ナイフ 56/9
円テンプレート 151/70
円筒 130/27
鉛頭 326/20
煙道 38/81;152/12
エンドウ 57/1
円筒形飼器 74/13
円筒形ストーク 309/4
円筒図法 14/9
エンドウのツル 57/4
エンドウの花 57/2
円筒ピン 143/40
エンドウマメ 57/7
煙室:鍛冶屋の137/7 機関車の210/22 軍艦の258/19,20;259/32 原子炉の排出ガス〜154/37 ストーブの〜309/5 地

図記号 15/38;37/10;38/5;118/21;120/47;122/13 転炉の147/67 発電所の152/15 肘形〜309/6 船の221/8,40,75,84;223/1 ボイラーの155/12
煙突成形機 125/30
煙突掃除夫 38/31
煙突積み 118/66
煙突の両仕まい 122/14
煙突ブラシ 38/35
煙突留 258/21,59
煙突マーク 223/2
煙突れんが 159/28
エンド・プレート 229/33
エンド・フレーム 235/48
エンド・ミル 150/43
エンド・ライン 292/36
エンパク 69/22
エンパクに似た草木の総称 69/22
円盤 309/32
円板コールタ 64/66;65/69
円板コールタ駆動装置 64/68
円盤状頭花 370/74
円板つきプラスチック輪車輪 289/25
円板留めピン 328/30
円板ハロー 65/82
燕尾(えんび) 33/14
鉛被 153/39,47
燕尾旗 253/22
鉛筆 47/26;118/51;260/5
鉛筆アタッチメント 151/55,62
鉛筆入れ 260/12
鉛筆型消しゴム 151/41
鉛筆削り〈器〉247/25
鉛筆皿 245/22;260/24
鉛筆しん 151/46
鉛筆箱 293/7
燕尾服(えんびふく) 33/13
円墳 328/16
遠方信号機 203/7-24,16,17,18,22,24
遠方信号機確認板 203/24
遠方進路表示 203/20
遠方進路表示機 203/20
遠方速度制限標識 203/19
煙霧排出装置 255/59
遠洋漁業 90/1-23

オ

尾:アナグマの88/49 イヌの70/12 イノシシの88/58 イルカの327/25 ウマの72/38 オジロワシの362/8 カメレオンの364/35 キツネの88/47 クジャクの73/29 クロライチョウの88/67 魚の327/25,43,46,49 シカの88/19 スレートの122/89 ニワトリの73/25 野ウサギの88/62 ヘビの327/31
オアシス 354/4
追込み猟 86/34-39
追出し猟 86/34-39
オイル缶 196/16
オイル空気冷却装置 209/18
オイル・ゴールド・サイズ 129/44
オイル・コンサペーター 152/42;153/9
オイルストーン 340/21
オイル・タンク:オートバイの189/36 コンバインの64/29 暖房装置の38/44 トラクターの65/46 ビート・ハーベスターの64/93
オイル・バーナー 38/58-60

オイル・バッグ 228/11
オイル・ポンプ 65/45
オイル・ライター 107/8
負い環(b) 87/5
横隔膜 20/9,26
王冠 254/38;355/21 ビールびんの93/27
応急作業車 270/47
横行結腸 20/20
凹刻 340/14-24
雄ウマ 73/18
雄ウシ 73/1;94/2;254/15
牡牛(おうし)座 3/25,26;4/54
雄牛〈肉〉95/14-37
欧州会議旗 253/4
欧州南部天文台 5/1-16
王台 77/37
王台のふた 77/39
横断アーチ 335/18
横断勾配(こうばい)〈道路の〉200/57
横断歩道 198/11;268/24
横断歩道標識 268/29
凹彫 340/4
黄鉄鉱 351/8
黄銅 143/
オウトウ 59/1-18,5
凹凸レンズ 111/41,42
王のガード 276/32
王の墳墓 333/1
王の墓室 333/2
横帆(おうはん)218/21,33;219/55-66
凹版(おうはん)印刷 182
王妃 355/20
王妃の墓室 333/3
往復くらかけ部 185/24
往復ポンプつき薬液タンク 83/44
欧文数字ディスク貯蔵 176/33
オウム 363/1
凹面鏡 308/56
凹面剃形 336/10
凹面反射鏡 5/32
横斜草 370/95
大顎(おおあご)358/25
大犬座 3/14
オオウミボタル 369/1
大がけ 89/4 パルプ工場の172/25
大男 306/63;308/20
オオオニバス 378/17
大女 308/21
大駆け 72/43-44
大型折りたたみ式カメラ 114/49
大型貨車 213/28
大型家畜 73/1-2
大型カメラ 112/25;114/61
大型掘削機 159/3
大型原油輸送船 221/1
大型デリック・ブーム 221/62
大型トロッコ 158/14
大型ナイフ 96/35
大型の爆竹 306/53
大型パン 97/8
大型ハンド・カメラ 114/36
大型遊覧馬車 186/33
オオカニツリ 69/22
大かまの柄(え) 66/16
オオカミ 367/13
扇状の尾 73/29
大きなシダ類 377/16
大きり 120/16
オーク 51/12;371/1
大熊(おおぐま)座 3/29
大剣(ぐり) 334/29

オーケストラ 274/20; 310/17; 315/25
オーケストラ・ピット 315/24
オーケストラ・ボックス 315/24
オーケストリオン 308/38; 309/14
オオサギ 86/46
大皿用スプーン 45/74
オージー翼 229/22
オオジュウカラ 361/9
オージョラー級 284/50
オオスズメノテッポウ 69/27
オーストラリア 14/17
オーストラリア土人 352/37
大太鼓 323/55; 324/47
オオタカ 362/10
大玉縁 334/28
オーチャードグラス 69/25
オーディオおよびコントロール信号ヘッド 243/24
オーディオ・カセット 242/17
オーディオ装置 241/
オーディオ・トラック 243/32
オーディオビジョン 243
オーディオ・ヘッド 243/35
オーディション・スピーカー 238/50
オーディション・ボタン 238/46
大道具方 316/7, 45
大道具操作台 316/5
オオトカゲ 364/10
オートクレーブ 170/12
オートクレーブ中での重合 170/33
オートバイ 188; 189; 268/35
オートバイ運転者 290/11
オートバイ競走 290/24-28
オートバイ曲乗り師 308/54
オートバイ・スタンド 189/21
オートバイ・チェーン 189/22
オートバイ同乗者 268/36
オートバイに乗る人 268/34
オートバイ・レースの選手 290/25
オート・ヒッチ 65/86
大扉口 335/24
オートフォーカス 117/11
オートフォーカス・スイッチ 117/11
オオムギ 68/1; 69/22
オオムギに似た草木の総称 69/
オオムギの穂 68/27
大トムトム 324/49
大なた 94/18
大波乗り 279/4
オーバーカスト・ステッチ 102/8
オーバー・フィード 168/26
オーバーブラウス 29/48; 31/61
オーバーフロー・パイプ 38/69
オーバーヘッド・カムシャフト 189/
オーバーヘッド・キック 291/45
オーバーヘッド・プロジェクター 242/6; 261/8
オーバーラップ・アングル 128/51
大ばさみ 128/34
オオバシ 363/6
オオバシ 359/20
大梁(おおばり) 121/67
大ハンマー 137/22; 158/6
オービターへの接手 235/49
オービタル・ドリル 134/53
オービタル・サンディング用品 134/53
オオヒレアザミ 61/32
オーブリエン投法 298/50
オープン 39/13; 97/66
オープン (バレエの) 314/4
オープン・ゲート 301/65

オープン・サンドイッチ 45/37; 266/75
オープンセット用の丘 310/13
オープン・テープ・リール 241/57
オープン・プラン事務所 248/1-48
オープン窓 39/14
オープン・リール式録音機 241/56
オープン・リール・テープ 241/58
オープン・ワーク 102/27
オーボエ 323/38
オーボエ・ダ・カッチャ 323/38
オーボエ・ダモーレ 323/38
オオムシ 68/1, 26
大麦受け 92/41
大麦エレベーター 92/33
大麦サイロ 92/31
大麦ホッパー 92/2
大棟(おむね) 37/7
大文字 175/1, 11; 341/16
オオモンシロチョウ 80/47
オオヤマネコ 368/8
オオヤマネコ皮 131/15, 16
オオヤマネコの毛皮 131/20
オオライチョウ 88/72
オール:競艇用ボートの 283/14, 26, 35-38 ボートの 278/19
オール・アフト式超大型原油輸送船 221/1
オール受け:競艇用ボートの 283/29, 41 ボートの 278/18
オール首 283/37
オール・コンテナ船 226/5
オーロラ 7/30
大枠のこ 120/61
オオワレモコウ 69/28
丘 13/42, 66
お買得品 271/64
お買得品売場 271/64
お買得品表示札 271/65
お菓子 99/15
お菓子袋 47/32
お菓子盛合せ 47/31
おかっぱ 34/35
オカリナ 324/32
小川 13/8 地図記号 15/80
雄がわら 122/58
沖合い掘削 146/
置換え掘削 286/32-37
オキシメーター 27/13
雄ギツネ 88/42
置き道具 315/32
オギナデシコ 61/6
屋根 38/1-29
屋外吸入所 274/6
屋外鉱泉への水路 281/9
屋外撮影 310/18
屋際戸 38/20
屋外プール 282/1-32
屋外変電所 152/29-35
屋外放飼場 356/11
オクターブ 294/50
屋内セット撮影 310/26-60
屋内電話 127/3
屋内プール 281/1-9
送りかけはずし装置 149/18
送りかけはずしのドロップ・ウォーム 149/18
送り管 96/50
送りギヤ・レバー 149/10
送込み装置 340/33
送込みほうき 199/44
送りコンベヤ 200/49
送り軸 149/33
送りスプール 117/31
送り寸法目盛 157/61
送り設定 100/28

送り装置 149/8
送り出しウエイト・レバー 166/62
送り出し動作 166/59
送り調整 166/59
送りつめ 157/44
送りねじ 149/15
送り・ねじ切り変換レバー 149/9
送り表示器 157/9
送り溝 (のこの) 157/55
送りローラー 157/4, 40
おけ 55/48; 122/22
おけ植え植物 55/47
おさ (筬) 166/10
押え 87/52
押え金具 247/43
おさかまち 166/6, 41, 53
お下げ髪 34/30
お下げ巻き 34/32
おさ通し図 171/6
押しオート麦 98/37
雄ジカ跳び:アイス・スケートの 302/7 徒手体操の 295/40
雄ジカ笛 87/46
押込み式ローラー調整装置 249/25
オシダ 377/16
押出し機 156/7
押出しプレス:陶磁器の 161/7 れんが工の 159/11
押し球 277/3
押付け布 116/59
押付け板 115/24
押ひき船 221/93; 225/60
押しフレーム 174/17
雄しべ 370/57 キツケイの 373/5 トウヒの 372/18 モミの 372/7 ユリノキの 374/3
押しボタン:照明軌道盤の 203/67 電話器の 237/10, 18, 19, 20 ベルの 127/2 ラジオ・カセット・レコーダーの 241/3
押しボタン・キーボード:電話のダイヤル 237/10 内線電話の 246/14
押しボタン電話 237/20
おしめ交換台 28/4
おしめ交換用具棚 28/11
おしゃぶり 28/12, 15
押し湯 148/22
おしり 16/40
オジロワシ 362/5
雄 (寄生虫の) 81/34
汚水溝 199/26
雄イヌ 73/16
雄イノシシ 88/51
雄ウマ 73/2
オストヤーケ人 353/17
雄ネコ 73/17
雄のアナグマ 88/48
雄のアヒル 73/35
雄のガ 82/29
雄のガチョウ 73/34
雄のマジカ 88/40
雄のノロジカ 88/28
オスバチ 77/5
オスバチ房 77/36
雄バト 73/33
雄ブタ 73/9
オセロット・コート 131/25
温泉地 274/
オゾン層 7/13, 19
オダマキ 60/10
オダリスク 306/41
追っ掛け継ぎ 121/88
オックスフォード・シューズ 101/31

オッタ・ボード 90/13
オット・サイクル・エンジン 190/1
オット・サイクル内燃機関 190/2
オット・ハーン号 221/9
オットセイ 367/18
夫の紋章 254/10
おつとめ品 271/64
おつとめ品売場 271/64
音合せ 311/37-41
おとがい 16/15
おとがい小窩 (しょうか) 16/16
男たらし 306/32
男の上半身 254/11
落し戸 38/13
落し止め 214/35
落しバケット 214/34
落し火格子 210/5
落し火格子レバー 210/40
落し窓式の風防ガラス 255/97
落し門 329/24
乙女座 3/18; 4/58
緒 (お) 止め板 323/7; 324/4, 13
おとり 86/48
踊り手 317/17, 18
踊り場 123/34-41 ギリシアの劇場の 334/47
踊り場梁 (はり) 123/34, 55
踊り場床 123/38
おとり猟 86/47-52
踊るシヴァ神 337/19
踊るヘビ 353/48
鬼ボルト 143/43
尾根 88/75, 80
オネイロファンタ 369/18
雄ねじのエルボ継ぎ手 126/51
雄ねじの継ぎ手 126/38
オネスト・ジョンM 386 ロケット発射台 255/64
尾 85/1; 120/73 古代の石器 328/1
尾のつけね 72/34
尾羽 88/75, 80
雄花:イチジクの 384/15 イナゴマメの 384/44 カバノキの 371/14 ガマの 378/23 クリの 384/51 クルミの 59/39 ココヤシの 383/51 ツゲの 373/21 トウモロコシの 68/35 ナツメヤシの 384/5 ヒイラギの 374/11 マテチャの 382/13
雄花の枝 372/44
雄花部 (ガマの花穂の) 378/22
お針子 306/21
帯 353/41
オビガ 82/14
帯飾り 334/38
帯飾りクラスプ 328/24
オビガレハ 80/13
おびき餌 (え) 89/73
おびき金 89/74, 76
おびき寄せられた鳥 86/50
帯車 104/15
帯鋼 143/11
帯鋼製造のための連続圧延工場 148/66-75
帯蝶番 (ちょうつがい) 140/51
雄ヒツジ 73/13
牡羊 (おひつじ) 座 4/53
帯のこ:電気ドリルの 134/50 丸太用水平のこ 157/48
帯のこ刃 157/53
帯ブレーキ 143/104
尾びれ:コイの 364/10 マッコウクジラの 367/29

オフ・エンド・フレーム 165/14
オフサイド 291/42
オフ・スイッチ 10/15
オブストラクション 291/51
オフセット印刷 180
オフセット製版 179
オフセット版 179 16
オフセット・プレス・ロール 173/21
汚物入れ 22/70
オペラ・グラス 315/9
オペラ・ハット 35/36
オベリスク 333/10
オペレーションおよびエラー表示部 244/7
オペレーション表示部 244/11
オペレーター: コンピュータのコンソール〜 244/14 写真植字機の 176/4 電話交換の 237/35
オペレーティング・キー 261/45
おぼれている人 21/35
おぼれている人の救助 21/34-38
お寺 354/40
お店ごっこ用玩具（がんぐ） 47/27
オミナエシ 380/5
おむつカバー 29/10
オムニバス 186/37
おもがい 71/7-11
オモダカ 378/51
おもちゃ 48/21-32
おもちゃのアヒル 28/10; 49/4; 273/30
おもちゃのイヌ 47/41
おもちゃのウマ 47/15
おもちゃの汽車 48/29
おもちゃのクマ 48/30
おもちゃの浚渫機（しゅんせつき） 273/65
おもちゃのダンプ・トラック 47/38
おもちゃの手押車 48/31
おもちゃの電話器 47/35
おもちゃの動物 46/13; 47/6
おもちゃのトラック 47/38; 273/62
おもちゃの兵隊 309/52
表編み 101/43
表方（おもてかた）主任 315/10
表ドア 41/25
おもり: 係船用の 222/73 建築用の 118/50, 71; 119/33 地震計の 11/43 釣りの 89/88-92
おもりつきブラシ 38/32
親身 289/45
親局 224/40
親時計 245/18
親ねじ 149/32
親ねじ逆転レバー 149/6
親ねじの半割れナット用レバー 149/19
親柱 123/43, 54, 78
親元 275/3
母指（おやゆび）〈手の〉 19/64
親指ホールのある床尾 305/47
親指用ピストン 326/46
折られた新聞 181/56
オランウータン 368/15
オランダイチゴ 58/16
オランダ式風車 91/29
オランダ製チーズ 99/42
おり（檻） 273/56
折り〈本の〉 185/54
折り板 185/9
オリーブ 383/29
オリーブ油 98/24
オリエンタル・カーペット 46/36
オリオン座 3/13
折返し: 靴の 101/20 裾の 31/40 袖の 30/35; 31/54; 33/35 本の

カバーの 185/38
折返し襟 31/69
折返し襟つきのブラウス 30/9
折返し式シート 193/22
折返し審判員 282/26
折返し袖（そで） 31/62
織り方図 171/4
折り機 249/58
織地 166/12
織地壁掛け 128/18
折り尺 120/76; 134/33
折り装置 249/46
折りたたみいす 28/33
折りたたみ座席 207/12
折りたたみ乳母車 28/37
折りたたみ式書き物板 47/23
折りたたみ式かさ 41/12
折りたたみ式かみそり 106/38
折りたたみ式カメラ 309/25
折りたたみ式カヤックの帆 283/62
折りたたみ式カヤックの骨組 283/67
折りたたみ式簡易寝台 28/1
折りたたみ式キャンプ用いす 278/43
折りたたみ式キャンプ用テーブル 278/44
折りたたみ式自転車 188/1
折りたたみ式寝台のある船室 259/84
折りたたみ式のほろ 186/52; 193/10
折りたたみ式ファインダー・フード 114/23
折りたたみ式ボート 283/54-66
折りたたみ式物干し台 50/34
折りたたみ式屋根 194/10
折りたたみ式リール・アーム 117/92
折りたたみテーブル 207/53
折りたたみ天蓋（てんがい） 28/35
折り丁 183/12
折り丁の表示 185/69
折り戸 207/39
折り部 180/15, 29; 181/55; 182/27
織り交ぜポイント 171/28
折り目 33/6
織物案内ローラー 168/5
織物の仕上げ工程 168/
織物ひだ取り装置 168/30
織物ローラー 166/20
折り・給紙部 184/17
オリンピック旗 253/5
オリンピック体操 296/1-11; 297/1-6
オルガニストルム 322/25
オルガン 326/1-52
オルガン・ケース 326/1-5
オルガンの機構 326/6-16
オルケストラ 334/47
折れ階段 123/42-44
オレンジ 384/23
オレンジ皮砂糖漬 98/11
オレンジの温室 272/3
オレンジの木 55/49
オレンジの花 384/25
音域の区分 321/42-50
オン/オフ・スイッチ: 口述録写機の 249/64 自動複写機の 249/37 タイプ・ライターの 249/9 テープ・レコーダーの 241/63 電子計算器の 247/16
オン/オフのバルブ 279/22
音価 320/12-19

音階 320/45-49
音楽装置 241
音楽録音スタジオ 310/14
音管 326/1-3, 17-35
音管用上板 326/15
音管用口板 326/15
音響効果 310/59
音響効果装置 238/35
音響送信機 224/61
音響測深機 224/61-67
音響測深記録図 224/67
音響電波 224/62
音響壁掛 310/15
音叉（おんさ）原理 110/6
音叉時計の原理 110/6
音叉要素 110/9
温室: 公園の 272/65 菜園の 55/4, 32
温床 55/16
温床の換気窓 55/17
温水渦巻き風呂 281/31, 35
温水式暖房装置 192/60-64
温水栓 126/28
温水タンク: 麦芽製造工場の 92/10 ボイラー室の 38/68
温水暖房装置 38/38-81
温水ボイラー 38/68
音声技師 238/19, 26
音声装置 242/11-14
音声タイピスト 248/33
音声調整室 238/27; 239/7
音声調整卓 238/20, 41, 54; 239/8; 310/56
音声モジュール 240/14
音栓 325/44; 326/6
音栓キー 326/29
温泉場のプロムナード 274/10
温泉場遊園 274/1-21
音栓レバー 324/42
温帯多雨帯 9/55
温暖前線 8/5; 9/26
温暖前線の雲 8/5-12
音調発電盤 238/51
音程 321/6-13
温度計: 気温の 10/25 サウナの 281/24 製版機械の 178/16; 179/4 幅出し機の 168/27 ベビー・バスの 28/29
温度計上の目盛り 7/36
温度計保護箱 10/49
温度ゲージ 179/4
温度図表 7/37
温度セレクター 50/8
温度調整装置 191/84
温度調節フラップ 10/65
温度の極値を測る温度計 10/53-54
温度補正シャドー・マスク・マウント 240/22
温度目盛り 7/36
オンドリ 62/37; 73/21
オンドリの頭 327/35
女綱渡り師 307/40
女の上半身 254/11
女ピエロ 306/12
音波の伝播（でんぱ）限度 7/14
音標文字 342/14
音符 320/3-7
温風ぐし 105/22
温風コーム 106/29
温風ブラシ 106/30
温量制御部 117/85
音量調整 241/41

音量調整器 261/43, 44
音量調節器 241/35-36
音量メーター 241/35-36
音を高くする記号 320/50-51
音を低くする記号 320/52-53

カ

カ（蚊） 358/16
ガ（蛾） 81/13; 82/15, 45, 48; 365/7-11
ガーキン 98/29
カー・コート 33/63
ガーゼ 22/58
加圧ガス供給装置 234/60
加圧ガスの脱硫 156/28
加圧機 183/20
加圧機構 184/13
加圧搾水 173/50
加圧シリンダー 133/46
加圧水型原子炉 154/19
加圧水系統 154/40
加圧足留 133/47
加圧盤: 印刷機械の 340/31 製本機械の 183/24
加圧ハンドル 340/34
加圧ポット 129/31
カーディガン 31/50; 33/30
カーテンシー・ライト・スイッチ 191/77
カーテン 44/13 網〜42/35 列車の 207/56
カーテン売場 271/66
ガーデン・パラソル 37/48
カーテン・レース 167/29
カーテン・レール 44/15
ガード: 研磨機の 140/20 フェンシングの 294/35 綿紡績の 163/34
ガード・ホーム 167/57
カード索引 245/23
カード索引箱 46/10; 248/27
カード・スタッカー 244/13
カード棚 195/14
カード・チーズ 76/45
カード・チーズ製造機 76/38
カード・チーズ・ポンプ 76/39
カード分離機 76/41
カートリッジ装塡カメラ 114/11
カートリッジのフィルム・ゲート 117/30
ガードル 32/5
ガード・レール 64/55; 84/8; 165/31
カーニバル 306
カーニバルの王者 306/58
カーニバルの行列 306/57-70
カーニバルの女王 306/61
カーニバルの山車 306/57
カーネーション 60/6
ガーネット 351/7
カービン銃 86/30
カーブ 305/19
カー・フェリー 15/47; 216/10
カーペット 41/18; 43/23; 44/16
カーペット・スウィーパー 50/57
カーペット洗濯機 50/76
カーペット掃除 50/76
カーペット・ブラシ 50/45
ガーベラ 51/26
カーボランダム・ディスク 24/35
カーボン 312/40, 41
カーボン・ティッシュ 182/1, 8, 10
カーボン・ティッシュ転写機 182/6

カーボン・ティッシュの露出 182/1
カーボンの発火部 312/44
カーボン・ファイバー強化材ノーズ・コーン 235/20
カーボン・ファイバー製釣竿 89/57
カーボン・ホルダー 312/43
カーラー 105/4
カー・ラジオ 191/90
カー・リターダ 206/48
カー・リターダ用制動管ホース 208/21
カーリング 302/41-43
カーリング・ブラシ 302/43
カーリング用の石 302/42
カール 34/3,33
カール・クリップ 105/14
カールごて 105/5;106/26
カール・ブラシ 105/13
櫂(かい) 218/5,8;278/19;283/34,35-38 カヤックの353/14
解(かい)〈数字の〉345/10
買上品入れ 271/15
会員券 275/14
外陰部 16/39
櫂受け 278/18
外縁領域 4/51
海王星とその2個の衛星 4/51
回音 321/21
絵画 43/20
外果 19/59
蓋果(がいか) 370/95
ガイガー計数管 2/19
ガイガー・ミュラー計数管 2/19
海外通信記事 342/62
外殻 130/23
外角 346/26
外貨〈交換〉窓口 250/10
開花した花 374/17
開花柱頭 383/34
絵画用具 338/6-19
貝殻 357/29
貝殻皿 309/46
カイガラムシ 80/35
開管 326/23-30
外眼筋 19/44
海岸タンブラー 226/28
会議回路 242/22
外気圧 7/31
回帰線 14/10
外気調整器 191/86
会議テーブル 246/31
外気取入れ・制御装置 191/85
皆既日食 4/33,39,41
開脚姿勢 295/4;296/30
開脚ジャーク 299/4
開脚登行 301/26
開脚浮腰(よう) 295/18
海牛 327/47
海牛の胴体 327/48
海牛類動物 366/23
海峡 14/24
開業医 23/2
改行キー 249/4
回教寺院 337/12
会議用設備 246/31-36
回教美術 337/12-18
海軍 258/
塊茎 370/79
崖径(がいけい) 216/38
外径カリパス 135/18
塊茎植物 68/38
カイコ 358/50
外交員 29/29
開口器：馬の71/53 魚の89/42 治療器具22/48
会合所 233/29

開口部 122/24
外国為替レート掲示板 204/32
外国為替を取扱う銀行支店 204/31
外国語教室 261/35
外国産の鳥 363/
骸骨(がいこつ) 261/14
概固定障害 289/8
外耳 17/56-58
改質装置 145/47
外耳道 17/34,58
下位射水式水車 91/39
会衆 263/8;330/29
怪獣 327/16
回収型固体燃料ロケット 235/58
会衆席 330/28
回収用パラシュート 235/60
海獣類 367/18-22
海上火災用消防装置 228/20
会場整理員 263/10
塊状突出部 11/29
海台 13/31
海震 11/53
海震による津波 11/53
崖錐(がいすい) 11/47;12/45
海水脱塩プラント 146/25
海水用タービン入口 155/40
海水浴客 280/30
海水浴場 280/
海水浴場案内係 280/34
海水浴場甲板 223/22
快晴 9/20
外性器 16/39
外接口 346/29
カイゼルひげ 34/8
凱旋門(がいせんもん) 334/59,71
会葬者 331/33
介添人(かいぞえにん) 299/44
海賊(かいぞく) 306/43
階段 37/39;123 飛行機の230/42 浴槽内の281/37
階段入口 307/20
階段開口部 120/46
階段口覆い板 118/22
階段式座席配列の化学室 261/1
階段式神殿 333/32
階段式ピラミッド 333/22
階段室 37/72
階段室の37/81;123/65
階段状ピラミッド 352/20
階段断層 12/8
階段(がい)の柱 41/22
階段梁(ばり) 123/66
階段ロック 217/17-25
回虫 81/31
害虫 80
害虫駆除 83
懐中電灯 127/26
回腸 20/16
海底ケーブル 237/56
海底地震 11/53
海底地震による津波 11/53
海底等高線 15/11
回転 81/30
回転アーム 104/27
回転いす 246/1;248/25
回転円 288/3
回転角 351/33
回転かご 168/17
回転起重機 146/3
海盤 243/54
回転競技 301/29,64
回転切換えレバー 149/11
外転筋 18/49

回転計 189/41;191/38
回転研摩機 125/16
「回転」サイン〈水上スキーの〉286/52
回転サドル 188/22
回転子：時計の110/32 船の測程機の224/55
回転式カッター 184/22
回転式乾燥器 50/28
回転式計算装置 309/83
回転式計量器 269/53
回転式散水器 67/4,32
回転式スプリンクラー 62/29
回転式抽選器 308/45
回転式ドライヤー 105/25
回転式番号打刻ハンマー 85/12
回転式ピーター 64/13
回転式ボール紙切断機 184/20
回転式マガジン 114/77
回転式ワイヤ・ブラシ 134/24
回転試験器 109/24
回転蛇口水栓 126/36
回転車軸 192/65-71
回転錠 187/49
回転子輪 187/9
回転スクリーン 172/2
回転精砕機 158/19
回転切断機 85/26
回転穿孔機(せんこうき) 100/44
回転選別機 172/23
回転装置 50/60
回転速度計：編機の167/43 航空機の230/8 ディーゼル機関車の212/22 紡績機の166/2
回転粗砕機 158/19
回転タービン・ポンプ 259/57
回転台：ショット・ブラスティング機の148/41 ろくろ161/11
回転台型ショット・ブラスティング機 148/39
回転台車 222/21
回転対物レンズ台 112/11,30
回転楕円(だんえん)面 347/42
回転棚 39/28
回転筒先 270/66
回転テーブル 194/31
回転テーブル工作機械 150/41
回転プラム 273/45
回転肉焼き器 40/32
回転布切断機 168/42
回転ノズル 56/44
回転刃コーン 172/75
回転バッテリー 166/5
回転刃のある栓 172/75
回転：起重機船の226/56 ラチス旋回橋の215/64 ルーレットの275/31 ロケット発射装置の255/73
回転ビット 145/21
回転標識のブイ 285/17;286/31
回転標的 305/33
回転ブラシ 168/46
回転プリンター 111/27
回転ヘッド 64/52
回転ほうき 199/40
回転丸屋根 5/12
回転モーター 132/69
回転木馬 308/2,5
回転翼 232/12;264/3
回転翼パイロン 232/23
回転翼羽根 232/12
回転翼 232/13
回転レーダー反射鏡 224/11
回転炉 160/8
回転濾過器(ろかき) 172/23
回転割出し台 150/42

外套(がいとう) 33/66
街灯 37/62;198/18;268/6,49
回答旗 253/29
街頭消火栓 270/35
街灯柱 198/18
ガイド溝 322/41
ガイド軸受け 113/14
ガイド・チェーン 65/13
ガイド・バー 165/38
ガイド・ピン：VCRヘッド・ドラムの243/21 クラヴィコードの322/40
ガイド・ブロック〈活字母型ケースの〉174/48;176/18
ガイド・レール：エレベーターの271/54 スライディング・シャッターの37/29
ガイド・ローラー：縮絨機の168/5 トーキー映写機の312/29
カイトン 355/5
海難救助 227/
飼右 62/3
外燃室 147/16
海馬 327/44
皆伐(かいばつ) 84/13
皆伐作業 84/4-14
外板 222/44-49
外被〈機械の〉153/60
外被 287/40
外被作業 136/22-24
外俵機(かいひょうき) 163/7
海浜 13/35-44
海浜着 280/19-23,25
外部ウイング・サスペンション 257/35
外部エルロン 229/41
外部音源 117/9
外腹斜筋 18/43
外部電源 115/79
外部フラップ 259/78
外部補助翼 259/78
開閉系統監視制御装置 153/5
開閉栓 279/22
開閉装置：給水装置の269/47 銃の87/25
外壁〈城館の〉329/15
開方〈数学の〉345/2
開放鋳型枠 148/33
開放ウェーブ・エレベーター 64/69
開放型レンチ 134/2
解放状態 208/19
解剖台 261/22
海面 11/11
開面かぶと 254/9
海綿動物 357/13
買物袋 98/45;99/3
外野手 292/41
回遊機 221/101-128
海洋 14/19-26
外洋 227/4
海洋漁業 90
怪力男 308/27
概略焦点表示器 224/35
海流 14/30-45
街路 198/13
街路 329/8;331/52
街路喫茶店 268/59
街路清掃 199
回路の断面 242/72
街路の断面 198
街路標識 268/7
ガイ・ワイヤ 155/44
ガウチョ 306/31
カウボーイ 306/31;319/36
カウボーイ・ブーツ 101/9
カウル・カラー 30/3

カウル・ネック・ジャンパー 30/2
ガウン: 昔の 355/36, 50, 66 理・美
　容室の客の 105/34; 106/4
カウンター: オフセット印刷機の
　180/74 お店ごっこの 47/28 喫
　茶店・レストランの 265/1; 266/1
　-11 コンパルソリーの 302/18
　サッカー・シューズの 291/23 精
　梳綿機の 163/61 列車の 207/
　31
カウンターウェイト: スプリンクラー
　の 67/37 マニピュレーターの
　139/34
カウンター係 265/7
カウンターブロー・ハンマー 139/5
カウント・アウト 299/42
替え活字板 249/28
替管 324/71
返し縫い 102/1
替えしん 151/46
カエデ 371/53
カエデの翼果 371/57
換え歯車箱 149/7
替えブラシ 49/30
帰り管 38/56, 79, 80
帰りパイプ 126/24
返り花形 333/24
カエル姿勢 288/61
顔 16/4-17 馬の 72/5
顔タオル 106/25
加温 34/7
花芽: チョウジの 382/28 ラズベ
　リーの 58/27
画家 338/2
ガガイモ科 53/15
かかえ込み入水 282/14
カカオ 382/16
カカオ豆 382/19
化学 261/1-13
化学木パルプ 172/77
化学教師 261/2
化学室 261/1
化学実験室 349; 350
化学天秤(てんびん) 349/25
化学パルプ 172/77, 79
価格表: 食料品店の 98/73 デ
　パートの 271/19
価格表示器 196/6
化学肥料 63/14
化学木パルプ 172/78, 79
化学薬品びん 261/23
化学薬品容器 116/10
画家菌 3/47
かかし 52/27
下顎骨(かがくこつ) 17/35
かかと 19/63; 100/67
かかと仕上げ機 100/4
かかと垂れ 286/58
画家のアトリエ 338
鏡: 玄関の間の 41/6 めがね店の
　111/4 浴室の 49/33 理・美容
　院の 105/20; 106/6 列車の
　207/49
鏡板(かがみいた) 130/10
カガミゴイ 364/4
鏡小屋 308/55
鏡つきキャビネット 49/31
鏡張りの壁 317/28
かかり 140/35
かがり 183/34
かがり器のフレーム 183/9
かがり用の糸 183/10
花冠 254/2 イワカガミの 378/4
花嫁の 332/19
可換アタッチメントつきコンパス
　151/52

河岸神殿 333/8
河岸段丘 13/49, 63
花芽をつけている枝 371/25
花冠の展開図 378/4
花冠結い 34/31
可換レンズ〈顕微鏡の〉 112/62
垣 289/8
かぎ(鍵) 140/33-35; 268/4
鉤(かぎ)〈昔の帆船の〉 218/11
垣 357/32
かぎ穴 140/40
かぎ穴用のこ 132/3
かぎ掛け 267/3
鉤形(かぎがた)の尾 73/25
播(か)き機具 200/13
かき鉾 266/44
鉤状の嘴(くちばし) 362/6
かぎタバコ入れ 107/20
鉤つきはしご 270/16
鉤爪(かぎづめ) 327/3
夏期堤防 216/48
かぎこ 85/9
播き道具 96/42
カキドオシ 375/18
垣根 15/98
カキネガラシ 61/16
垣根仕立て 52/1
鉤柱(かぎばしら) 221/78, 101;
　223/20; 258/13, 83, 88
鉤柱にかかった 救命ボート 221/
　78
鉤・フォーク 45/80
鉤ベルト 270/44
書き物台 267/16
可逆印刷装置 182/26
貨客船 223/1-71
貨客定期船 221/96
蝸牛(かぎゅう) 17/63
蝸牛神経 17/64
過給タービンつきディーゼル機関
　212/51
花梗(かきょう) 370/52
渦曲線文深鉢(かきょくせんもんふかば
　ち) 328/13
書割り 310/33; 315/30
家禽(かきん)飼育 74
家禽類 73/19-36
核: オルガンの 326/28 果実の 59/
　7 単細胞動物の 357/2
角(かく)〈数学の〉 346/1-23
がく(萼): スグリの花の 58/8 ヒ
　ソップの 374/8
額(がく) 81/38
架空索道 214/15-38
架空十字線 197/42
架空線ゴンドラ 214/52
架空線電圧指示器 211/28
架空線用車両 211/41
架空線用車両の 機械装備 211/
　44-54
架空送電線鉄塔 152/36
架空電車線 205/58
架空電線 194/43
家具運搬車 268/47
各駅停車列車便 208/1-30
核エネルギー 154/
隔王板 77/47
核果 384/40
核果性植物 59/1-36
角型ひげ 34/16
角かっこ 342/25
核刈り 34/11
核果類 59/1-36, 41
角記号 345/23
角穴車(かくけっしゃ)〈時計の〉

110/35
角鋼 143/9
かくごて 118/56
角材 120/10
角作業用内部表面削り工具
　149/51
角砂糖 98/53
拡散器〈パルプ工場の〉 172/11,
　13
隠し板 123/56
学習進度カウンター〈教育器械の〉
　242/5
各種音源入力装置〈ミキシング・コ
　ンソールの〉117/27
各種計器監視窓〈映画撮影機の〉
　313/28
隔障〈スポーツ用ライフルの〉
　87/39
がく状総包 58/22
楽人 329/70
学生 262/9, 10
学生応答装置 242/4
拡声器〈ステレオの〉 241/14
拡声器〈交通整理の警察車の〉
　264/12
拡声器の開き口〈ラジオの〉 309/
　19
学生用入力装置 242/4
拡大鏡 175/34; 177/23
拡大写真機台 115/94
拡大ズーム・レンズ 117/53
拡大透視鏡 41/29
拡大フレーム 117/56
拡大レンズ付属装置 117/55
楽団 306/2; 318/3
角柱: アーチの 336/25 写真引伸
　し機の 116/28
カクテル 317/33
カクテル・グラス 267/56
カクテル・フォーク 45/76
殻斗(かくと): クリの 384/52 クルミ
　の 59/42 どんぐりの 371/5 ハシ
　バミの 59/50
角灯 218/44; 221/48
格闘スポーツ 299/
学童服 29/31-47
殻斗果(かくとか) 371/4
角度調整装置 177/21
角度を測る機械 14/52-62
角度1秒精度の経緯儀 112/73
額長押(なげし) 128/29
格納庫 287/14
格納式器械 258/68; 259/74,
　88-91
格納式降着装置 232/10
格納式主脚 231/28
格納式前脚 231/23
角の二等分線 346/30
攪拌器(かくはんき): カード・チーズ製
　造機の76/43 ジャガイモ収穫機
　の 64/70 麦芽の 92/24 パルプ
　工場の 172/47
隔板つきの管 10/27
攪拌棒 349/18
角鋲(かくびょう) 121/94
拡布式精練機 168/8
額縁 43/21
核分裂 1/34
核分裂生成物 1/37-38, 44, 47
核分裂の反復 1/46
核分裂破片 1/37-38, 44, 47, 51
隔壁 77/43
がく(萼)片 370/58 オウトウの
　59/12 セイヨウナシの 58/44 マ
　ツムシソウの 375/33
確保地点 300/9

角膜 19/47
角丸刈り 34/11
額面 250/18; 251/12
楽屋 315/43-52
角リーマー 125/9
角礫岩(かくれきがん) 11/27
隠れ場 86/9
崖(がけ) 13/57
花桂(かけい) 378/5
花茎: アマの 383/7 タバコの 382/
　41 バニラの 382/47
可傾式ワゴン 119/28
賭(か)け金 275/13
賭け金集めの熊手 275/5
賭け事 275/1-33
掛け算 344/25
掛図 260/30; 262/8
カケス 361/1
掛図用ブラケット 260/30
掛け布 338/33
賭け盤 275/9, 17
掛けぶとん 43/8
掛け幕 316/11
賭け元 275/6
かけら〈磁気の〉 161/21
賭け率 289/37
カゲロウ 358/6
蜻蛉目(かげろうもく) 358/3
下弦材 121/73, 79
加減主弁 210/13
下弦の月 4/6
加減弁 210/13
かご 136/16 スーパーの商品を入
　れる 99/8 台所用具 40/42
囲い: 建築工事現場の118/44 ご
　み捨て場の 199/13 日光浴場の
　281/17
囲い垣 37/53
さなぎ(蛹) 81/3
火口 11/16
河口 13/1
花梗(かこう) 59/4
架構 148/57
加工 168/1-65
架構 337/9
架工義歯 24/26
可航河川 15/45
下降管 147/63
加工される布 168/9
加工してない銅器 260/64
下行大動脈 18/16
架工陶歯 24/29
加工品: 鍛冶屋の139/46 指物
　師の 133/44
かご形エレベーター 64/74
かご細工 136/1-40
かご職人 136/33
かご柄(つか) 294/35
かさ 41/15
火災警報サイレン 270/4
笠石 37/37
風上区間 285/22
かさ木 38/28
風車 308/15
カササギ 361/3
風下 285/23
風下に帆走ること 285/1
風下回し 285/26
かさ立て 41/14
かさとひだ 381/4
重ねうね織り織り方図 171/19
重ねうね織りの断面図 171/25
重ねかわら葺 122/43
重ねた皿 266/11
重ね箱 77/45
重ね葺(ぶ)き屋根 337/2

かさ歯車 143/91 風車式製粉機の 91/11, 25
風見 121/26
風見鶏(かざみどり) 331/3
風見の矢 331/4
風見用円錐筒(えんすいとう) 287/11
飾り剞けつ(くりがた) 336/12
飾り迫縁(せりぶち) 335/25
飾り棚ユニット 42/5
飾り馬車 329/74
飾り板 339/38
飾り鋲(びょう) 253/8
飾り平ひも 30/28
飾り部品 35/4
飾りリボン 253/9
飾り輪 36/17, 26
加算器: 309/74 レジスターの 271/9
火山現象 11/13-28
火山砕屑物(さいせつぶつ) 11/19
火山錐(すい) 11/24
火山性地震 11/32-38
火山灰 11/19
火山灰の堆積(たいせき) 11/26
下肢(かし)〈人体の〉 16/49 54; 21/11
菓子 97/17-47; 99/15
下嘴(かし) 359/8
花枝 378/27
カシ 51/12
舵(かじ): 船の 218/6, 24; 223/63; 228/26; 283/51-53 ホバークラフトの 285/65 ヨットの 284/9; 285/34; 286/65
カシア 380/16
舵板 222/69
カシオペア座 3/33
かしぎのこ目短柄(たんぜい)差し 121/91
貸切室 267/40-43
果軸 372/3
舵子(かじこ) 218/2
舵操作制御用車 224/15
貸出口 262/20
可視端 151/23
火室 210/4
果実: 370/91-102 アーモンドの 384/39 アサの 383/13 アネモノ 375/7 アメリカザクの 374/19 イチイの 372/64 イトシヤジンの 375/17 イナゴマメの 384/45 ウキクサの 378/38 オークの 371/4 オリーブの 383/32 オレンジの 384/26, 27 カポックの 383/21 カンボクの 373/12 キイチゴの 58/28 キングサリの 374/34 キンポウゲの 375/10 キンマノキの 380/20 グッタペルカの 383/40 コーヒーの 382/5 ココヤシの 383/52 コショウの 382/39 コデマリの 374/25 コンフリの 375/47 サゴヤシの 383/59 ザクロの 384/19 サンザシの 374/31 シナモンの 382/24 ジュートの 383/28 スモモの 374/29 セイヨウサンシュユの 373/32 ゼニアオイの 376/14 タネツケバナの 375/13 チャの 382/10 ツゲの 373/22 トチノキの 371/61 ナズナの 61/11 ナツメヤシの 384/9 ナナカマドの 371/45 ニッケイの 382/24; ニワトコの 374/37 ネコヤナギの 371/28 ネズミサシの 372/52, 53 ノバラの 373/27 ノハラガラシの 61/20 ハナイの 378/42 バナナの 384/33 ピーナッツの 383/43, 44 ピスタショの 382/51 ヒソップの 374/8 ヒナギクの 376/3 ビンロウの 380/20 フィカリアの 375/37 プラタナスの 371/69 ポプラの 371/19 マーガレットの 376/6 マツムシソウの 375/35 マテチャの 382/15 ミズタガラシの 378/33 モクレンの 373/18 モミの 372/2 ヤマブキの 373/28 ユキノシタの 375/4 ユリノキの 374/4 ルリトラノオの 375/24 綿の 383/18
画室 338/1-43
加湿器 79/22
菓子造りの見習い 265/6
火室シールド 210/60
果実序 61/15
果実穿孔(せんこう)虫 80/18
加湿装置 247/31
果実つみ取り器 56/22
火室扉 210/63
火室扉の取っ手 210/63
果実のいろいろ 370/91-102
果実の種子 375/37, 60
果実の房: バナナの 384/32 フサスグリの 58/11
舵(かじ)取り腕 192/58, 79
舵取りオール 218/6
舵取り室 224/14-38
舵取り車輪 64/32
舵取り・制御室 224/14
舵取り手 224/16
舵取り歯車 192/56-59
カジノ 275/1
カジノ賭博(とばく) 275/1
カジノ・マネジャー 275/7
舵の水かき 221/43; 223/63
舵の横柄(よこえ) 283/51
舵柱 222/70
鍛冶場の炉 137/1
可視表示装置 211/34
菓子袋 47/32
舵棒チェーン 65/17
菓子盛合せ 47/31
菓子屋 97/17-47
貨車: 鉄道車両 213/18 道路建設などに用いられる 200/25
鍛冶屋(かじや) 137; 138
鍛冶屋の手ハンマー 137/23
鍛冶屋の道具 137/22-39
鍛冶屋の炉 138/34
鍛冶屋の炉床 137/1-8
貨車引込み線 206/50
貨車1両分の貨物 206/52
歌手 315/22, 23
果樹 52/30
カジュアル・ジャケット 33/39
カジュアル・シャツ 32/38; 33/37
カジュアル・シューズ 101/34
カジュアル・スーツ 33/17
果汁 266/1
果樹園 15/108; 52
果樹の害虫 80/1-19
果序: アブラヤシの 383/56 アメリカツタの 374/18 イボタの 373/8 ナナカマドの 371/44 ハコヤナギの 371/22 バナナの 384/32 ハリエンジュの 371/72 プラタナスの 371/69
花序: 370/67-77 アマモの 378/55 イチジク状~ 383/35 円錐~ 68/27; 370/69; 378/46; 382/54 カタツムリ形~ 370/76 巻散~ 370/46 ココヤシの 383/49 コショウの 382/38 サソリ形~ 370/77 散形~ 370/72; 383/65 雌~ 59/46; 372/48, 68; 378/53; 383/11; 384/50 集散~ 370/70 穂状~ 370/67; 383/62, 66 総状~ 370/68; 374/33 頭状~ 370/73 肉穂状~ 370/71 尾状~ 59/45; 371/26 雄~ 371/8; 372/17, 24, 49, 56, 68; 383/13
河床 13/49, 68
花床 370/53
過剰苛性(かせい)ソーダの圧搾 169/5
架条法製塩装置 274/1
花序のいろいろ 370/67-77
頭(かしら)打ち 294/22
頭文字 175/11
菓子類 97/5-86
かしら〈食肉の〉 96/24
下唇(かしん) 19/26 オルガンの 326/26 ウマの 72/10
果心 58/36, 59
数 344/1-22
ガス 145/38
ガス圧縮機 156/26
花穂 378/22
果穂 384/4
下垂体 17/43
仮数 345/6
ガス液からのフェノール抽出 156/39
かすがい(鎹) 119/58
ガス加熱炉 139/47
ガス管: ガス加熱炉の 139/54 ガス分離器の 145/29 ジーメンス平炉の 147/27 真空燻蒸装置の 83/14 熱風炉の 147/18 マッフル炉の 140/12
ガス乾燥 156/30
ガス気球 288/63
ガス供給制御つまみ 27/41
カスク 329/61
ガス計量器 126/5
ガス工事人 126/1
ガス工事人の道具 126/58-86
ガス・シールド・アーク溶接 142/33
ガス循環装置 83/16
ガス制御弁 141/32
ガス接続口 141/31
ガス切断設備 148/67
ガス栓 261/24
カスター 50/81
ガスタービン 209/9
ガスタービン機関車 209/1
ガスタービン駆動部 209/8
ガスタービン制御装置 209/16
ガスタービン燃料タンク 209/17
カスタネット 324/46
ガスタンク 156/25
ガス暖房室 126/25
ガス蓄熱室 147/28
ガス抽出器 156/21
ガス抽出装置つき溶接台 142/13
ガス抽出装置 83/35
ガス調整装置 255/34
ガス調理器 39/12
ガス貯蔵器 144/12
ガス点火工 126/2
ガスと水道器具 126/12-25
ガス取付け工 126/
数取り札 275/12
ガスの出口 145/29
ガスの排出 156/16
ガス・バーナー 139/3, 48
ガス発生器 350/59
ガスびんの箱 278/53
ガス・プライヤー 126/58; 140/68
ガス分離器 145/28
ガス分離工場 145/69
ガス・ホース 141/9
ガス本管 198/21
ガス・ボンベ運搬用手押車 138/35
ガス・ボンベ・マニホルド 141/1
ガス・マスク 270/40
ガス・マスクのフィルター 270/57
ガス・メーター 156/31
ガス油成分 145/42
ガス湯沸かし器 126/12
ガス溶接工 141
ガス溶接トーチ 130/14
ガス・ライター 107/30
ガス流出口 350/63
ガス流入管 350/2
ガス流量調節器 350/6
ガス冷却 156/29
ガス冷却器: 沖合い掘削装置の 146/27 コークス工場の 156/19
ガス炉 140/11
火星 4/46
苛性化(かせいか)攪拌器(かくはんき) 172/49
火成岩体 11/30
苛性ソーダ 169/3; 170/11
苛性ソーダ液 170/10
カセグレイン式保持器 5/4
架設配水 67
カセット格納部〈ビデオ・カセット・レコーダーの〉 243/8
カセット・コンパートメント 241/6, 34 口述録音機の 249/72
カセット・スリット 114/10
カセット・テープ 241/12
カセット・デッキ 241/52
カセット・ボックス 241/11, 47
カセット・レコーダー 117/73
カセット録音装置 241/3
風なだれ 304/1
風袋 322/9
風よけ〈オートバイの〉 189/46
風よけ壁 37/16
風よけスクリーン 5/15
風よけ幕 223/18
カセロールなべ 40/14
河川 216 地図記号 15/76
架線 194/43
河川警察 217/24
河川工事 216
河川支流 216/3
河川水による冷却 154/55
河川切工 216/23
河川段丘 13/49, 63
河川の地形図 13/1-13
河川フェリー 216/10
仮装 306/1-48, 6-48
下層グレーダ 201/1
下層排水 200/61
仮装舞踏会 306/1-48, 6-48
仮足 357/4
加速度計 230/10
ガソリン・エンジン直結ポンプ 83/41
ガソリン缶 84/36; 196/25
ガソリン・スタンド 196/1-29
ガソリンタンク: オートバイの 188/10; 189/2 ゴー・カートの 305/87
ガソリン・ポンプ 196/1
ガソリン・ポンプ・ホース 196/2
肩: 16/22 アカシカの 88/17 ウマの 72/17, 18 活字の 175/40 ノロの 88/38

型: ガラス製造の 162/47 レンズ・エッジング機用の 111/25, 26, 35
片脚後挙 295/30
片脚側挙 295/31
肩当て 38/33; 142/5
肩当ての突出し 329/44
肩衣 355/39
下腿(かたい) 16/52
架台: 建築現場の 120/18 望遠鏡の 113/16-25 望遠鏡のイギリス式軸～ 113/22 望遠鏡のイギリス式ヨーク～ 113/23 望遠鏡の馬蹄状～ 113/25 望遠鏡のフォーク型～ 113/12, 24
下大静脈 18/15; 20/57
型板: 裁断用～ 103/13 溶接工の円形～ 141/35
型板グラス 124/6
型押し器具 111/34
肩掛け 318/30
かたかな音 321/45
片側腕木式遮断機 202/45
堅木(かたぎ)くさび 121/96
片逆手 296/42
画卓 355/39
形削り機 150/45
形鋼 143
カタンつべ 331/59
型台 35/3; 104/23
肩着地 298/12
肩つきアーチ 336/33
型つけハンマー 108/40
カタツムリ形花序 370/76
肩つり 29/14; 260/11
型鉄台 108/18
肩倒立 295/29
型取り工具 116/83
片流れ屋根 37/78; 121/7
刀状アンテナ 256/28
肩肉 95/9, 50
かたはね石〈肉の〉 95/6, 20
片開き窓 37/23
片蓋柱(かたぶたばしら) 335/46
肩ボナ 31/5
カタマラン船 284/64; 286/21
片面刷り 340/27
偏(かた)揺れ 230/69
肩ヨーク 33/19
肩鎧(かたよろい) 329/45
型枠〈道路の〉 201/15
型枠と鉄筋 119/54-76
花壇 51; 52/18 公園の 272/39, 41
勝ち馬一覧表 289/38
勝ち馬の賭(か)け率 289/39
家畜 73
家畜車両用ランプ 206/1
家畜輸送船 221/68
家畜輸送用上部構造〈船の〉 221/69
花柱 370/55 オウトウの 59/15 キゾケイの 373/5 セイヨウナシの 58/42 トウモロコシの 68/34
花虫綱 357/17
ガチョウ(鵞鳥) 73/34; 272/52
可調整アーム〈油圧リフトの〉 195/26
かちんこ 310/35
かちんこ係 310/34
カツオドリ 359/9
核果 59/43
活火山 11/15
顎下腺(がっかせん) 19/11
顎下リンパ節 19/10
核果類 59/49
楽器 322; 323; 324; 325; 326

かっこ 342/24
学校 260; 261
カッコウ 359/30
滑降競技 301/32
滑降競技用ストック 301/25
滑降競走 301/33
滑腔(かっこう)銃身 87/27
滑降用スキー 301/34
活字 174/7, 15; 175/1-17, 38 タイプライターの 249/29
活軸(かじく) 192/65-71
活字組版 181/37
活字ケース 174/3
活字原稿 174/6
活字書体 342/1-15
活字掃除ブラシ 247/7
活字鋳造 175/32-37
活字鋳造機 174/39
活字の大きさ 175/18, 46
活字の高さ 175/44
活字の幅 175/48
活字のボディのサイズ 175/46
活字のボディの高さ 175/45
活字の文字 175/38
活字盤 78; 181/17
活字版キャップ 249/30
滑車: 精紡スピンドルの 164/48 船の 221/24-29, 28 ロープウェイの 214/32, 43, 49, 62, 66, 67
滑車クレードル 214/36, 53
滑車上静脈 18/6
滑車上動脈 18/5
滑車ブロック 137/20
合掌〈屋根組の〉 121/55; 122/19
合唱団 315/21
褐色ビール 93/26
活性炭 270/58
割線(かっせん) 346/50
褐藻(かっそう) 378/48
滑走している足 302/2
滑走斜面 13/58
滑走路 233/1; 304/17
カッター: かわらの 122/33 壁紙用 128/42 金銀細工工の 108/7 雑役艇 258/12, 61 製図用具の 151/15 ダイヤモンド製の 124/25 日曜大工用万能～ 134/28 パイプ～ 126/84 帆船の 222/8 母型彫刻機の 175/51 れんがの 159/15 ロール・カッターの 173/44
カッター主軸 175/60
カッター・バー 64/3
括弦索 90/5
甲冑(かっちゅう) 329/38
カッティング・ドラム 64/34
カッティング・ノズル 141/38
カット〈宝石の〉 36/42-86
ガット 293/31
滑動コルク浮き 89/43
滑動式のふた 179/2
滑動式定盤 183/28
滑動弁 217/55
カットオフ〈体操の〉 296/49
ガット弦 324/14
活版 174/15; 181/37
活版印刷術 181/1-65
活版材料 174/15; 175/1-17; 181/37
カップ〈自転車のペダルの〉 187/79
カップ・シンバル 324/50
滑油温度計 230/21
かつら 34/2, 4, 5; 105/38, 39 舞台俳優の 315/49 昔の 355/8, 77
かつら〔型〕台 105/39

かつら師 315/48
家庭運搬用パック 93/28
家庭着 31/36
家庭用テレビ受像機 243/6
家庭用電気器具 50/
家庭用長上着(ながうわぎ) 32/20
家庭用はかり 309/84
家庭用ヨーグルト製造器 40/44
カテージ・チーズ充填機(じゅうてんき) 76/44
カテーテル 25/53; 26/31
カテーテル・ホルダー 26/6
カテーテル用の計測器 27/30
火道 11/17, 28
可動エレボン部 235/33
可動サイドパネル 188/48
可動式衣服掛け 103/17
可動式大型消火器 270/63
可動支点 215/12
可動照明ブリッジ 316/19
可動スクリーン・フレーム 168/60
可動枕木 203/10
可動性の抽出装置導管 142/15
可撓線(かとうせん) 50/66
可動鉄片 137/39
可動ドラム型とりべ(取瓶) 148/6
可動ノズル 235/64
可動バッフル板 259/15
可動プロセニアム 316/22
可動目盛板 349/23
ガトー 97/22-24; 99/15
過渡期的書体 342/5
金網: 浮彫りの台板の 339/35 化学実験用 350/18 製紙工場の 173/48
金網掛け 84/7
金網板 62/26
金型つきスタンド 100/54
金口 107/13
金ごて 118/52
金敷: 鉛管工の 125/22 鍛冶屋の 137/11; 138/33 金属細工工の 140/14 事務用品 247/5 時計師の 109/7
金敷のくちばし 137/12
金敷の丸いくちばし 137/13
金すき 56/2
カナダ式カヌー 283/3
カナダ 378/56
金づち: 鍛冶屋の 137/27 ガラス工の 124/18 彫刻用 339/16, 340/14
金てこ 158/32
金床: 鍛冶屋の 137/11-16 鍛造機械 139/17, 31, 40
要石(かなめいし) 336/23
カナリア海流 14/41
カニ 358/1
果肉: イチゴの 58/24 サクランボの 59/6 セイヨウナシの 58/35 リンゴの 58/58
蟹(かに)座 4/56
カニツリグサ 69/22
加入者 237/16
加入者個人メーター 237/16
カヌー 283/4, 54-66; 352/19
カヌー船尾 285/44
カヌー漕手(そうしゅ) 283/55
鐘形袖(そで) 30/54
鐘形帽 35/12
過熱器 152/9
加熱器具〈料理用の〉 96/47
加熱したプレス・ボール 168/41
加熱水装置 145/31

加熱箱 183/27
カノシタ〔の仲間〕 381/31
ガの幼虫 58/64
カバ(樺) 51/13
カバ〈動物の〉 366/31
カバ 319/27
カバー: アイロンのローラー～ 50/3 おむつ～ 29/10 かまの刃の 66/18 ガラスぶたの 269/56 クランク軸受け～ 190/22 自動車のキャンヴァス～ 255/98 シリンダーの 163/21 本の 185/37 望遠鏡の 113/13 マンホールの 130/19
カバー・アーム 243/47
カバー・ロール 29/23
カバー・ロック 313/33
ガバナ 224/56
カバノキ 371/9
画板 338/23
カバン 22/33
可搬式散水灌漑(かんがい)装置 67/3
果皮: クルミの 59/42 ハシバミの 59/50 マメ科植物の 57/6
果皮に包まれた種子 384/58
花びん 309/22 磁器の 337/5 手描きの 161/18
花びん台 267/36
画布 338/21
カフ 23/34; 25/16
下部印刷装置 180/79
下部大玉縁 334/
下腹部 16/37
株券 251/11-19
下部懸架腕 192/84
下部構造〈掘削機の〉 145/2; 146/38
下部索 214/46
下部索スリーブ 214/74
株式相場表 250/8
下部軸受け 192/83
下部縮絨(しゅくじゅう)ローラー 168/6
下部縮絨ローラーの駆動輪 168/4
カフス 30/14; 32/45
下部推進マウント 235/6
カフス・ボタン 32/46; 36/21
カフス・リング 36/21
ガフスル 220/1
火大席 210/39
カプセル〈宇宙～〉 6/9; 234/65
下部前マスト 219/2
下部ダイス型 139/14, 39
下部調整装置 112/4
下部停車場 214/39
下部デッキへのはしご 235/28
兜(かぶと) 254/4-7; 329/39-42
下部導灯 224/101
兜飾り 254/1, 11, 30-36
兜鉢 329/39
株張り 68/5
カプラー: 建築足場の 119/53 カプラーねじの 126/43
カプラー用ピストン 326/48
カブラタマナ 57/26
カブラヤガ 80/42
カプリオール 71/5
カプリオル 314/21
下部ローラー 65/28
カプロラクタム 170/28
カプロラクタム・オイルの生成 170/25
花粉 370/65

花粉管 370/66
花粉ぐし 77/7
仮分数 344/16
花粉槽 77/6
花粉貯蔵室 77/35
花粉の塊 77/3
花粉袋 372/45, 50
壁 291/44
壁アウトレット 127/5
貨幣 252/1-28
花(かへい): 370/52 オウトウの 59/4
果柄: セイヨウナシの 58/34 フサスグリの 58/3 リンゴの 58/61
貨幣鋳造 252/40-44
貨幣の単位 252/32
壁掛けカレンダー 22/17
壁紙 128, 18
壁紙工の仕事台 128/31
壁紙切断板 128/41
壁紙の長さ 128/19
壁紙はがし液 128/1
壁紙はがし機 128/7
壁紙張り 128/18-53
壁紙張り道具箱 128/33
壁紙張りブラシ 128/40
壁紙用のり 128/23
壁コンセント 127/5
壁スイッチ 127/16
壁ソケット 39/26
壁地図 260/44
壁つき梁(はり) 120/39
カペット 336/50
壁詰め 120/59
壁時計 109/32
壁に据付けた棚 248/40
壁に取付けた書き物台 267/16
壁に取付けた電灯 265/9
壁の枝状燭台(しょくだい) 330/16
壁プラスター 123/60
カベヤモリ 364/36
カペラ星 3/27
花弁: 370/59 オウトウの 59/11 セイヨウナシの 58/43
鷲(が)かり 341/26
可変後退〔角〕翼 256/9
可変焦点レンズ 117/2
可変性ピッチ・プロペラの制御レバー 224/19
可変ソーナー 259/40
可変ローラー操作レバー 249/24
花弁を除けた花 374/21
加法 344/23
加法記号 344/23
下方屈曲 12/4-20
下方ダイス型 252/41
下方通風式気化器 192/1-15
カボション型宝石 36/78-81
カボション・テーブル型〔宝石の〕 36/76
カボション風のテーブル・カット 36/47
カボチャ 57/23
カポックの木 383/20
(窯): 電気エナメル細工用の 260/63 陶磁器の 161/3
ガマ 378/21
構え〈バレーボールの手の〉 293/56-57
構えの線 294/3
かま(窯)の入り口 92/19
かま状の尾羽 88/68
かまぎ用小金敷き 66/11
かまぎ用ハンマー 66/9
かま(窯)のドーム 92/45

髪洗い器具 105/28
髪洗い器具一式 106/11
髪洗い水盤 105/29; 106/12
かみ合せ継ぎ 121/87
紙1連 173/9
紙折り機 180/15, 29
紙折り装置 181/55; 182/27
髪飾り 354/9; 355/82
髪型 34/1-25, 27-38; 106/3 昔の 355/81
上甲板 146/37
カミキリムシ 358/38
紙くずなど 46/25; 248/45
紙差し板 180/32, 49, 67; 181/4, 21
紙差しテーブル 181/4, 21
かみそり 49/37; 106/38
かみそりの柄(え) 106/39
かみそりの刃 106/40
紙タオル 196/11
紙たこ 260/71
かみタバコ 107/19
紙玉 306/55
カミツレ 380/1
紙テープ: カーニバルの 306/66 電信タイプライターの 237/32
紙張り器 128/50
紙パンチ 22/28
紙袋 98/48
紙ふぶき 306/62
紙ヘビ 308/14
紙帽子 306/45
紙まき鬼ごっこ 289/41-49
紙やすり 135/25
紙薬莢(かみやっきょう) 87/50
紙枠 249/17
カム 190/60
カム軍い 167/13
カム軸: 織機の 166/56 内燃機関の 190/14
カム軸受け 190/11; 192/24
カム軸車 166/55
カム軸潤滑油管 190/13
カメラ: 112/20 泡箱の 1/60 気象衛星のテレビ~10/67 水中用 279/24 超小型~114/16 ツァイス式 112/14 ポケット~114/16 レコーダーつきAV~243/1-4
カメラ裏ぶた 114/54; 115/23
カメラ・クレーン 310/49
カメラ・ケース 115/103
カメラ・レフ 239/2
カメラ助手 117/68
カメラ制御 242/36
カメラ操作係 310/42
カメラ・ドア 313/25
カメラ・ヘッド 240/27
カメラへの出力装置 117/28
カメラ本体 177/25, 33
カメラ本体 115/2
カメラマン 117/67; 310/20, 41
カメラ・モニター 238/65; 239/12; 240/28
カメラ・レンズ 313/19
カメレオン 364/33
仮面: おもちゃの 260/75 カーニバルの 306/7, 13
カモガモ 69/25; 375/44
かもじ 355/8
貨物 223/77; 226/11, 19, 21; 233/9
貨物運送車 206/30
貨物運搬車 226/13
貨物駅 206 地図記号 15/91
貨物係員 206/33

貨物ギア 221/59
貨物計量器 206/31
貨物室 231/21
貨物自動車 194/; 206/15
貨物自動車隊 206/25
貨物集散場 206/26-39
貨物集散場の引き戸 206/37
貨物上屋(じょうおく) 206/7
貨物昇降口 221/63; 226/14
貨物積載定規 206/22
貨物積載設備 226/1
貨物積載用索具(さくぐ) 221/24-29
貨物船 221/23
貨物倉庫 233/10
貨物取扱業務監督 206/36
貨物取扱ギア 221/59
貨物取扱所 206/26
貨物取扱い装置 221/24-29
貨物の通過場 225/9
貨物のターミナル〈空港の〉 233/
貨物ブーム 221/26, 59; 223/36
カモノハシ 366/1
カモメ 359/12, 14
カモ猟 86/40
ガモン・ステク 95/54
火薬 87/53, 57
火薬旗 253/58
可約分数 344/18
カヤック 283/4, 68-70; 353/12 エスキモー~283/68 急流競技用~283/69 周遊用~283/70
カヤツリグサ 53/17
かゆ用ボール 28/15
花用窓 37/68
画用ワニス 338/12
カラー: 襟の 186/22 靴の 101/20 法服の 332/6
カラー印画紙 116/51
カラー現像用化学薬品 116/52
カラー・コンピュータ 177/51
カラー撮像管 240/36
カラー受像管 240/15
カラー出力信号モジュール 240/13
カラー・デコーダー 240/5
カラー・デコーダー・モジュール 240/5
カラー・テレビ受像機 240/1
カラー表示 127/37
カラー変換フィルター受け口 117/38
カラー用引伸し機 116/40
空押し定盤 183/29
カラカサタケ 381/30
がらがら 28/44; 306/40, 47
カラ級ロケット巡洋艦〔ソ連〕 259/21
がらくた市 308/60
ガラクル 30/60
カラザ 74/63
カラシ 61/16; 98/28
カラス 86/50; 361/2
ガラス板 124/16
ガラス糸 162/56
ガラス・ウール 162/58
ガラス覆い 155/33
ガラス科 361/1-3
ガラスがま 162/49
ガラス〔器〕製造人 162/38
ガラス切り 124/25-26
ガラス切りプライヤー 124/19
ガラス切り用直角定規 124/20
ガラス切り用物差し 124/21
からす口 151/49

61
ガラス・ケース 356/15
ガラス工 124/8
ガラス工の作業いす 162/45
ガラス粉 340/48
ガラス仕切り壁 25/8
ガラス成形 162/38-47
ガラス製消し具 151/47
ガラス製原版置き 249/39
ガラス製造 162/38-47
ガラス製造溶液つぼ 162/46
ガラス繊維 130/17; 162/54 ガラス製消し具の 151/48
ガラスで覆われた吹抜け 271/11
ガラス・ドア 44/18
ガラス布 130/29
カラスノエンドウ 69/18
ガラスの破片 124/10
ガラス板 54/9
ガラス反射鏡 187/86
ガラス引延し機 162/8
ガラスびん 206/13
ガラス・フィラメント 162/52
ガラス・プーレ 169/16
ガラス吹き 162/38-47
ガラスぶきのピラミッド 5/19
ガラスぶた 269/56
ガラスぶたつきのチーズ皿 40/7
ガラス・ペーパー 135/25
ガラス・ホルダー 124/9
カラスムギ 61/29
ガラス綿 162/58
ガラス・モザイク画 260/69
ガラス屋 124, 8
ガラス屋根 55/5
ガラス屋の仕事場 124/1
ガラス用パテ 124/17
ガラス炉 162/1
体の回転 298/11
空手 299/18-19
空手家 299/18
カラバシュ 354/27
から引き加工湯溜(ゆだまり)層 148/24
カラビナ 300/35, 46
空袋 83/15
カラベル 218/27-43
カラベル船サンタ・マリア号 220/37
カラマツ 372/32
空木管(からもっかん)用缶 166/21
狩り 289/41-49
カリアティード 334/36
狩人(かりうど) 86/1
刈込み植込み 272/37
カリス 330/10; 332/29, 49
刈倒し部 56/33, 41
借出票 262/25
刈取りのすんだ畑 63/33
刈取り部調節用油圧シリンダー 64/8
刈り刃 56/36
カリパス 140/52; 149/67 彫刻用 339/3
刈払い料 84/32
加里肥料 63/14
カリフォルニア海流 14/39
カリフォルニア級ミサイル巡洋艦 259/41
カリフォルニア級ロケット巡洋艦 259/41
カリフォルニア式人工孵卵器(ふらんき) 89/15
カリフラワー 57/31; 99/84
下流区間 217/29
河流処理後の河川 216/31
からす口アタッチメント 151/58, ...

下流端 217/17
カルスト泉 13/74
カルスト地形 13/71-83, 77
カルスト地形の地下水面 13/77
カルダン軸 211/51; 212/29, 83
カルダン継ぎ 67/28
カルダン伝動装置 189/47
カルダン・マウント 6/36
カルチベーター 65/55
カルト 294/47
カルトゥーシュ 336/7
カルトン 338/43
軽業 307/44
軽業師 307/47
がれ 12/45; 13/29
ガレージ 37/32, 79
ガレージへの乗入れ口 37/52
ガレー船 218/12, 44-50
がれ場棚 300/44
ガリリー墳 328/16
墳丘 328/16
カレンダー: 壁掛け〜22/17; 245/
   3; 248/42 広告〜22/10 製紙
   機械 173/36 日めくりの247/
   33
カレンダー時計 110/19
カレンダー・ローラー 163/20, 37,
   59
カレンダー・ロール 173/26, 38
仮肋(かろく) 17/10; 287/36
カロリンガ小文字 341/18
川 13/61
カワアイサ 359/15
皮エプロン 164/16
カワカマスノの外皮むき 89/11
カワカマス孵化びん 89/17
河岸斜面 217/28
河岸の崩壊した部分 216/5
革ゲートル 191/92
革さや 283/36
かわし〈フェンシングの〉 294/8
革ジャケット 33/43
革製浮き輪 353/11
革製エプロン 142/11
革製オーバーオール 290/26
革製ピッカー 166/64
為替(かわせ)手形 250/12
カワセミ 360/8
為替料金計器 〈郵便局の〉 236/
   27
側(がわ)タンク 222/37
川中の小島 216/4
革の当て物 108/29
革の裏地 291/22
川の透水 13/73
革の半ズボン 29/32
革の縁飾り 30/18
皮はぎ器 56/14
皮はぎ機 85/23
皮はぎナイフ 94/13
皮はぎのみ 85/8
側(がわ)ばり補強材 213/12
側開き戸 213/9
川船着着場 216/14
革帽子 354/26
かわら 122/
かわら桟 122/17
かわら桟尺 122/18
かわら用尺 122/18
かわらづち(槌) 122/20
かわらと葺(ふ)き方 122/45-60
かわら屋根 122/1
変り織リボン 35/14
変り型アップリケ 35/7
皮ローラー 340/23
側枠(がわわく) 119/55
かん(桿) 68/6

管 72/23
缶: 缶詰の96/26; 99/91 ジュース
   の99/75 ビールの99/73
間(かん)〈楽譜の〉 320/44
環(かん): 鎖の36/39数学の346/
   57
缶入り靴クリーム 50/39
缶入りミルク 98/15
岩塩 154/56, 57-68, 63, 64
幹音 320/45, 46
灌漑(かんがい) 67
ガンカモ科 359/15
ガンカモ類 359/15-17
カンガルー 366/3
肝管 20/37
カンカン帽 35/35
換気がわら 122/7
換気管 133/40
がんぎ車 110/26
換気: 戦艦の258/43 養鶏場の
   74/10, 17 浴室の49/20
換気ロ 50/30
換気坑道 144/21
換気扇 92/15; 133/33
換気装置: 宇宙服の6/26 温室
   の55/10-11 ディスコの317/30
   船の221/41 レストランの266/
   15
換気調節つまみ 26/27
換気ドラム 74/29
換気ドラム駆動用モーター 74/33
換気フード 46/31; 137/7
換気マスト 221/17
換気窓 55/10
換気窓の支え 55/18
観客: 映画の312/5 動物園の
   356/6
観客席: 劇場の315/14-27, 16-
   20 サーカスの307/15 野球の
   292/40
眼球 19/45
乾球温度計 10/34
眼球計 111/44
艦橋 258/14; 259/28
換気用あげぶた 55/41
換気用フード 39/17
換気用フラップ 213/16, 30
換気用フラップつき側壁 213/29
寒流 9/29
元金 345/7
岩窟(がんくつ)墳墓 333/38
雁首(がんくび) 284/37
環形動物 357/20
観劇客 315/8
観劇券 315/11
間欠泉 11/21
管弦楽団 315/25
管弦楽用の楽器 323/1-62
岩溝 12/44
感光液 179/16
観光ガイド 272/27
観光客 272/28
感光板 309/49
感光板マガジン 113/40
感光部 77/22
管孔部 381/17
観察窓 25/8
環指〈手の〉 19/67
漢字 341/5
管式加熱炉 145/36
乾式種子消毒機 83/52
乾式多板クラッチ 190/78
乾式冷却塔 154/39
監視用モニター: ペースメーカー・インパル
   スの25/44 放射線〜2/1
監視装置調節用の制御スイッチ

25/29
缶支柱 163/36
乾湿球温度計 10/52
乾湿計 10/52
乾湿操作 50/80
患者 22/2; 24/2 吸入治療中の
   274/7 鉱水飲用中の274/18
患者カード 25/5
かんしゃく玉 306/49, 51
患者ファイル 22/6
患者用腰掛け 27/50
環礁(かんしょう) 13/32
勘定 99/92
勘定書 267/2
緩衝器: オートバイの入れ子式〜
   188/41; 189/23 自動車の191/
   26; 192/69 車両の213/7 電車
   の197/12 ロープウェイのばね〜
   214/50
管状脚 114/44
環状空気取入れ口 232/52
管状形鋼 215/5
環状結線 153/21
緩衝ゴム 192/82
観賞樹 373/; 374/
環状小骨 235/47
感情線 19/74
緩衝装置 255/27, 44, 52
緩衝装置つきボギー 207/4
勘定台 275/2
管状タイヤ 290/19
環状パイプ 147/53
管状ハンドル 50/64
緩衝復進機 255/52
管状フレーム 188/9, 49
環状フレーム 235/47
眼状紋 358/54
観賞用植物 53/16
灌水器(かんすいき) 332/54
含水層 269/2, 38
完成鋼板の積重ね 148/68
官製時刻表 204/50
岩生植物 51/7
慣性測定定盤 6/43
管制塔 287/12
岩石圏 11/1
岩石段丘 13/47
岩石庭園 37/40
岩石庭園 51/6
岩石の塊 158/8
岩石の断片 6/15
岩石面 158/15
岩屑(がんせつ) 12/45
間接照明 317/12
岩屑地帯 11/47
完全円周円板 65/84
完全5度 321/10
完全小麦粉ライ・パン 97/49
幹線鉄道 15/21
完全電子盤 1/8
完全8度 321/13
完全閉鎖船首 259/9
完全翼桁つき成形部材 257/28
完全4度 321/9
乾燥 169/24
肝臓 20/10, 34-35
乾燥器: 印画紙の116/57 オフ
   セット製版の179/1; 180/14 化
   学実験用の350/51 合成繊維工
   場の170/38 洗濯機と一体と
   なった50/23-34
乾燥庫 159/17
乾燥室 168/28; 169/24; 170/49
乾燥シリンダー: 製紙機械の173/
   22, 33 製織機械の165/53

乾燥帯 9/54
乾燥台 309/49
乾燥箱: オフセット印刷の180/27
   フィルムの116/23
乾燥フェルト 173/23
乾燥フロアー 92/16-18
乾燥ポリアシド・チップ 170/39
観測開閉窓 5/13
観測軸路 5/30
観測室 5/33
棺側付添人 331/40
観測ドーム 5/12
観測望遠鏡 351/31
観測用気球 7/17
環帯 357/26
乾燥室 326/29
艦対空ロケット発射装置 259/50
艦隊指揮官船室 259/85
感嘆符 342/21
感知部 10/22
管中心部 113/9
干潮時間 280/7
艦長室 228/31
缶詰さかな 96/28
缶詰食料品 96/25; 98/15-20
缶詰フルーツ・ジュース 99/75
缶詰野菜 96/27
館邸 335/47
眼底鏡 22/62
眼底図譜 22/32
乾電池 127/27
丸刀(がんとう) 340/8
監督者席 257/7
乾ドック 222/31-33; 225/17
ガントリー 222/26
ガントリー・クレーン: 貨物駅の
   206/55 港湾の225/40 製材場
   の157/27 造船所の222/20, 25
かんな(鉋) 120/64; 132/15-28
かんなくず 120/80; 132/40
かんな定規 124/31
かんなの裏 132/24
かんなの口 132/21
かんなの側面 132/23
かんなの台 132/24
かんなの刃 132/20
乾熱滅菌器 22/71
ガンネリ 283/30
感応コイル 11/44
感応電流療法ユニット 23/37
かん(稈)の節 68/7
ガンバ 322/23
乾杯のときに式辞を述べる人
   267/40
カンバス 338/21
カンバス片 218/34
カンバス枠 338/21
間伐(かんばつ) 84/37
乾髪用のタオル 106/24
カンパニーレ 334/65
カンパの枝むち 281/27
甲板: A〜223/28-30 機械・監
   視〜228/107 航海楼〜223/
   14; 228/22 作業〜221/19 斜
   走〜259/12 主〜223/32-42;
   258/9 船楼楼〜223/12-18 船
   首〜223/47 船楼〜258/10 船
   尾〜223/32 中〜223/76 B〜
   223/32-42 飛行〜259/2, 12
   ヘリコプター〜221/19 ボート〜
   223/19-21 遊歩〜223/22-27
   ヨットの前部〜284/10 羅針盤
   〜223/4-11
甲板いす 221/111
甲板員 221/112
甲板クレーン 221/5, 61; 259/10

甲板室 221/6, 39; 223/34; 258/72
甲板昇降口 221/123
甲板上に積載したコンテナ 221/22
甲板線図 259/12-20
甲板長 221/114
甲板バケツ 221/113
甲板ビーム 222/57
缶ビール 99/73
冠部 68/46
カン・ブイ 224/77, 94
乾物屋 98/1-87
岩壁 12/43; 13/25; 217/1-14
登山の 300/2
間紡機 164/27
カンボジ 373/10
灌木苗床(かんぼくなえどこ) 55/37
陥没断層 12/7
陥没地 11/49
γ(ガンマ) 1/33, 40
ガンマ線 1/33, 40
甘味種 68/31
冠 254/37-46
冠板 334/20
冠座 3/31
カンムリヒバリ 361/19
完面像体 351/2
顔面土器 328/38
冠毛: ウスユキソウの378/11 マツムシソウの375/34
冠毛のある子房 375/34
関門 337/11
肝臓 20/34
観葉植物 39/37; 248/14; 330/48
観覧客テラス 233/20, 30
観覧券 312/3
観覧席 319/8
管理室: 城の329/27 天文台の5/17 病院の25/1-9
管理事務所 222/1
管理事務所(の建物) 233/16
管理所 144/18
寒流 14/27
官僚 306/29
顔料紙 182/1
顔料紙の露出 182/1
眼輪筋 19/5
寒冷紗(しゃ) 183/33; 185/20
寒冷紗ロール・ホルダー 185/19
寒冷前線 8/13; 9/27
寒冷前線の雲 8/13-17
関連記事 342/49
肝鎌状間膜(かんれんじょうかんまく) 20/34

キ

黄(色の) 343/2
キアオジ 361/6
気圧 9/4, 5, 6
キー 143/73-74
キイチゴ 58/25, 28
キイチゴの実 370/101
キーボード: 写真植字の176/2 穿孔機の174/32, 37 タイプライターの245/27; 249/2-6 電信タイプライターの237/70 郵便局のビデオ符号づけ機の236/44
キーボード操作者 176/4
キーボード送受信テレプリンター 176/31
キーボード部 176/1
キー溝 143/66, 85

キール 283/32, 50; 285/32
キール盤木(ばんぎ) 222/39
キールボート 285/29-34
キイロノボリフジ 69/17
記憶キー 247/22
記憶式タイプライター 245/26
記憶装置: 組版コンピュータの176/11 視聴覚学習プログラム作成器の242/9
気温 9/8, 40, 41
気温表示 9/8
偽址(ぎか) 58/21
擬址(ぎか) 384/12, 62
機械慣い 173/27
機械加工 151/20, 21
機械・監視甲板 224/107
機械現像機 116/60
機械庫 62/15
機械室 200/2
機械修理工 140/1
機械植字組版 174/27
機械積載の浮き船 221/65
機械船主エンジン 234/57
機械操作スタッカー台車 159/18
機械装置部 111/30
機械測程器 224/54
機械台: カメラの115/98 彫刻機の177/33
機械体操 296; 297/15-32
機械タップ 150/44
機械の基部 133/25
機械ばしご 270/10
機械部品 143/
機械ろくろ 161/14
機械ワイヤー 173/14
幾何学 346; 347
幾何学的模型 260/79
幾何学の記号 345/21-24
気化器: オートバイの189/4 自動車の192/1-15
幾何級数 345/12
木型ゲーム 48/19
幾何模様式庭園 272/1-40
気管 17/50; 20/4
期間 345/1
機関工場 222/8
気管支 20/5
機関士 208/2
機関士時刻表 210/52
機関士席 210/59
機関室: 電車の212/37 船の221/10 船の主〜223/72 船の補助〜223/70; 259/56
機関室の換気装置 212/37
機関士ブレーキ 210/53
機関士ブレーキ弁 212/11
機関車: ガス・タービン〜209/1 狭軌〜200/24 軽便ディーゼル〜200/24 高速〜205/35 実験〜209/23 蒸気〜210/1-69 単一エンジン式ディーゼル〜208/1 ディーゼル〜209/1 電気〜205/35; 211/1, 10-18
機関車の運転室 210/39-63, 49
機関車ボイラー 210/2-37
機関車庫 210/39
機関船棟 226/58
機関電信装置 224/25
ギガントキプリス 369/1
機関の再燃焼装置排出口 256/13
機関・プロペラ室 227/22
機関胴部 256/3
機関命令電信装置 224/25
気球操縦 288/63-84
気球つりかご 288/64

気球の離陸 288/84
起拱(ききょう)石 336/22
貴金属製モーター単一選択器 237/42
貴金属部 271/62
キク 51/29; 61/7
キクイタダキ 361/10
キクイムシ 82/22
気空 74/61
器具置場〈消防署の〉 270/1
木釘(きくぎ) 121/92
キクゴボウ 57/35
器具皿 27/5
器具台 22/45
キクヂシャ 57/39; 376/25
木靴 101/47; 355/43
器具トレイ 24/5; 26/39
ギク馬車 186/34
器具用キャビネット 24/16
擬茎 384/30
喜劇風の演し物 307/25
キケマン 377/8
危険区域 2/50
臀甲(きこう) 70/11; 72/17
気閘(こう) 235/27
記号 14/27-29
気候図 9/40-58
気候〈風土〉学 9
気根 370/80
きさげ 140/63
刻みタバコの包装箱 107/25
キサントゲン酸塩 169/10
岸 13/4
騎士 329/67
記事 342/40, 54, 61, 62
義歯 24/25
キジ 88/77
キジ科 359/22
儀式係 329/75
儀式用馬車 328/36
機軸 220/72
騎士叙任式 329/66
騎士制度 329
記事内容 342/40
騎士の城 329/1
生地の長さ 104/2
キジバト 359/23
騎士帽 355/56
汽車セット 47/37; 273/27
起重機車 270/47
起重機 225/10; 226/48
起重機ブーム 221/25, 26
擬臭跡(ぎしゅうせき) 289/48
騎手頭 186/40
技術研究室 310/9
奇術師 308/26, 28
騎手帽 35/8; 289/14
基準調節装置 114/51
軌条 202/1; 205/59
騎手 6/46
気象衛星アイトス 10/64
気象学 8; 9
気象観測船 9/1-39
気象現象 9/30-39
気象図 9/1-39
気象台 9/7; 225/33
気象通報 342/65
気象レーダー・アンテナつきレーダ・ノーズ 231/18
キス 205/52
基数 344/5
奇数 344/12 ルーレットの275/23

奇数羽状〈複葉の形〉 370/42
木ずりなた 122/21
寄生虫 80/26; 81/
既製服 271/29
キセノン・ランプ 177/17
キセノン・ランプ覆い 177/42
煙管(キセル) 210/8
基礎〈建物の〉 37/17; 37/85; 123/2
機窓 117/64
基層 198/3
擬装(ぎそう)煙突 221/16
艤装(ぎそう)岸壁 222/5-9
貴族 254/43; 355/44, 48
基礎ぐい 5/28
貴族の冠 254/43
キソケイ 373/4
木底靴 101/44
基礎根切り 118/75
基礎版 200/33
ギター 318/8; 324/12
ギター奏者 318/9
北アメリカ 14/12
基台: 円柱の334/28-31 戸棚の44/23
気体酸素 234/15
キタオポッサム 366/2
北回帰線 3/4
北十字星 3/23
北赤道海流 14/32
北大西洋海流 14/30
北の冠座 3/31
北半球〈天文学〉 3/1-35
キタラ 322/15
ギタリスト 318/9
キタローネ 324/1
気団 8/1-4, 15
基地 300/1
キチチタケ〈の仲間〉 381/29
議長 263/1
記帳式会計機 236/26
喫煙具 107/44
キッカー 292/10
キックスターター 189/38
キック・スタンド 187/34
キックバック・ガード 132/47
喫茶軽食売店 308/3
喫茶店 265, 1-26
喫茶店の顧客 265/22-24
喫水線 258/27; 285/31
吃水標(きっすいひょう) 222/73
木づち 120/67; 125/18; 278/25 彫刻用の339/21
キッチン 46/29 食堂車の207/29, 80
キッチン・タオル 40/1
キツツキ 359/27
切手 236/61
切手アルバム 236/20
切手カウンター 236/15
切手シート 236/21
切手販売機 236/19
キット 21/4
キットピーク太陽観測所 5/29-33
キツネ 88/42; 367/12
キツネ狩り 289/41-49
キツネ革 35/19
キツネノチブクロ 381/19
切符売場: 映画館の312/2 駅の204/35
切符計算器 197/33
キップの装置 350/59
切符パンチ機 197/16
キツリフネ 377/11
基底〈顕微鏡の〉 112/3
基底状態の準位 1/18

基底盤 112/27
奇蹄目〈きていもく〉 366/25-27
汽笛 211/9, 40; 212/49
汽笛弁ハンドル 210/51
汽笛レバー 211/40
亀頭 20/69
軌道: 河川の曳航〜 216/30 ク
　レーン〜 119/27; 222/24 コバル
　ト遠隔照射装置の 2/37 太陽
　の 3/2; 4/10-21, 18, 19, 20, 24
　月の 4/1 鉄道の 202/1-38;
　205/59-61
起動および自動ブレーキ装置
　168/20
軌道検査車 213/32
軌道実験室 235/66
気動車: 205/25 急行電車の先
　頭〜 211/61 12軸連結型 197/
　1 粘着〜 214/1 6軸連結型
　197/13
気動車の後尾 197/4
気動車の頭部 197/1
祈禱書〈きとうしょ〉 330/62
軌道・信号表示器 203/64
軌道操縦エンジン 235/44
軌道操縦主エンジン 235/44
起動・停止ハンドル 166/8
起動・停止レバー 165/17
軌道排雪車 213/17
起動ハンドル 167/22
祈禱輪〈きとうりん〉 353/29
輝度調節 240/33
キトナティス 369/20
キドニィ・ベッチ 69/6
キトン 355/5
キナノキ 380/17
絹タフタ製シルク・ハット 35/36
きぬた骨 17/61
絹の縫い糸 104/10
キヌヤナギの葉をつけた枝 371/29
絹ラベル 33/8
記念碑 15/92; 272/10
記念銘板 331/14
記念門 337/3
記念礼拝堂 331/12
木の頂 272/60
木の階段 38/25
木の靴底 101/45
木の幹をえぐった舟 354/20
牙〈きば〉: アフリカゾウの 366/22 イ
　ノシシの 88/54 セイウチの 367/
　22
キハウチワマメ 69/17
生機〈ばた〉 166/12
生機のみみ 166/11
生機ローラー 166/20
キバタン 363/1
キバナバラモンジン 57/35
基盤〈谷間の〉 13/70
キビ 68/28
旗布 221/85
貴婦人 355/59, 64, 68, 70
記譜法 320; 321
騎兵旗 253/13
騎兵鞍〈くら〉 71/45-49
騎兵の軍旗 253/13
キベリタテハ 365/5
基本編み方 171/30-48
基本結晶形と結晶の組合せ
　351/1-26
基本姿勢: 徒手体操の 295/1
　フェンシングの 294/18
基本焦点 5/11
基本焦点保持器 5/2
基本翼形 229/45
キマイラ 327/16

黄身 74/68
機密文書 246/25
ギムボル 102/28
キメラ 327/16
肝〈きも〉 20/10, 34-35
起毛機 168/31
起毛済みの布 168/36
着物 353/40
着物スリーブ 30/36
着物ヨーク 31/18
旗門 301/30
気門 358/32
疑問符 342/20
ギヤ 56/20; 167/31
客 267/14
脚〈きゃく〉: 形鋼の 143/2 人体の
　17/22-25
逆V字姿勢 295/24
逆懸垂 296/34
客室番号札 267/10
客室用のかぎ 267/9
客車 185/6, 7; 207/1-21, 59,
　61; 208/3, 9; 209/7; 214/5, 13
逆焦点位置レンズ 115/84
逆水集合タンク 172/26
逆数 344/16
客席 231/22
客席照明調節器 312/17
脚立 185/62
逆釣棘〈ぎゃくちょうし〉 77/10
逆足〈さか〉 296/41
逆転ギヤ 192/44
逆転装置 212/74
逆転ハンドル 210/56
逆転ブレーキ 187/63
逆動装置: 銃の 87/24 電車の
　211/53
客引き 308/8, 64
逆ひねり 277/6
脚部: 縫合機の 100/23 虫の 82/
　6-8
脚部通風装置用のスイッチ 191/
　81
脚部開き機構 6/31
脚棒 323/22
逆流防止弁 269/30
ギヤケース 65/79
ギヤ・コントロールつき主軸台
　149/2
ギヤザラー 184/15
ギヤ式流量計 76/4
ギヤ・シフト・パターン 192/47
ギヤ・シャフト 232/58
キャスター 83/61
脚立〈きゃたつ〉 129/5
キャタピラー 200/13
脚光 316/26
キャッシャー 99/94
キャッシュ・デスク 266/69; 275/2
キャッチ〈ボルトの〉 143/29
キャッチャー 292/54, 64
キャッチャー・ミット 292/60
キャットウォーク: 映画撮影の照明
　用 310/53 船の 221/3
キャップ: 製図ペンの 151/40 ビー
　ルびんの 93/27
ギヤ転換スイッチ 134/46
キャノピー: パラシュートの 288/38
　飛行機操縦室の 230/39
キャノン 277/7
脚絆〈きゃはん〉 352/17
キャビア・ナイフ 45/81
キャピタル 175/11
キャビネット 22/40; 246/20 鏡つ
　き〜49/31 台所〜 207/35 テレ
　ビの 240/2 電子〜 177/69

キャビン: ガレー船の 218/45 競技
　用飛行機の 288/19 ロープウェ
　イの 214/20, 28, 52
キャビン滑車クレードル 214/66
キャビン・クルーザー 286/3
キャブ・カード 200/10
キャプション 185/67; 342/59
キャプスタン 117/34; 243/23 ピ
　アノの 325/33
キャプスタン・アイドラー 117/35
キャプスタン・ワイヤ 325/34
キャベツ 57/32
ギヤボックス 135/4; 163/57; 164/
　2, 33, 39; 168/10; 168/32
キャラウェー・ステッキ 97/31
キャラウェー・パン 97/31
キャラバン 206/20; 278, 52 サー
　カスの 307/34 隊商の 354/1
キャラバンの日よけ 278/57
キャラメル 98/77
ギャラント・ソルジャ 61/31
キャリア戻しレバー 249/21
キャリッジ本体 167/39
キャリッジ・ハンドル 167/41
キャリッジ・レール 167/45
キャリパー 191/18; 192/49
ギヤ・レバー 192/46
キャンセル・ボタン 326/41
キャンティ 98/61
キャンティびん 99/77
キャンデー 98/75
キャンパー 278/46
キャンバス・カバー 255/98
キャンプ 278
キャンプ場 278/1-59
キャンプ場案内係 278/2
キャンプ・ファイヤー 278/10
キャンプ用いす 278/43
キャンプ用食卓器具 278/45
キャンプ用寝台 278/59
キャンプ用テーブル 278/44
級〈柔道の〉 299/15
球〈数学の〉 347/41
キュー 277/9
吸引〈ガラス製造過程の〉 162/
　25, 28, 36
吸引管: 液体水素〜 234/23 化
　学実験器具 349/21
吸引浚渫船 216/59
吸引装置 24/11
吸引調節装置 50/72
吸引電極 23/29
吸引パイプ 216/59
吸引搬送装置 74/49
吸引ホース 50/75
吸引ポンプ 216/62
吸引ロール 173/16
吸引ロッド 145/25
キュー置場 277/19
吸音装置つき間仕切り 248/20
毬果〈きゅうか〉: イタリアカラマツの
　372/57 ストロブマツの 372/30
　トウヒの 372/13 ニオイヒバの
　372/41 ハイマツの 372/26 マツ
　の 372/57 モミの 372/2 ヨー
　ロッパハイマツの 372/57
急崖〈きゅうがい〉 13/25-31
牛角地 63/1
休閑地 63/1
球技 291; 292; 293
吸気孔 38/40
吸気消音器 190/16
吸気パイプ 189/5
吸気弁 210/20
吸気マニホルド 190/18

吸気マフラー 191/54
救急止血帯 21/15
救急車 270/19
救急処置 21
救急処置用品キット 21/4
救急蘇生法〈そせいほう〉 21/24-27
救急担架 21/23
救急手当所 204/44
救急副木 21/10
救急包帯 21/1-13
救急用包帯 21/5
穹隅〈きゅうぐう〉 334/74
弓形〈数学の〉 346/52
弓形折上げ天井 336/10
球形刈込みの木 272/12
球形気泡 8/15
休憩室 5/25; 315/12-13
球形照明灯 267/4
球形タンク 145/73
球形灰皿 266/5
休耕地 63/1
急行電車 197/1-21
急行列車の客車 207/1-21
急行列車のコンパートメント 207/
　43
急行列車用のテンダー機関車
　210/38
救護所 308/61
救護班 270/21
球根 54/28
球根状の船首 222/74
キュウコンベゴニア 51/19
給紙 245/11
給紙ガード 181/24
給紙ガイド 184/23
給紙器 180/48, 68
給飼機 74/23-27
給紙機構 181/22
給糸口 167/62
給仕船 258/92
給紙機 180/72; 181/22 書状
　折り機の 249/45, 49
給紙台 181/30
給紙テーブル 185/9, 34
給紙器 180/34
給紙・排紙装置 181/14
給紙板 181/15
給飼樋〈きゅうじひ〉 74/4, 21
休止符 320/20-27
給紙部 184/16
給紙ホッパー 185/26
厩舎〈きゅうしゃ〉 62/2; 75/1
牛舎 62/7
吸収器 27/39
吸収器アタッチメント 27/44
吸収中性子 1/53
吸収動力計 143/97-107
90度回り階段 123/75
救出クレーン 270/48
救出訓練 270/1-46
救出ロープ 270/45
球状船首 221/45
給飼用チェーン・コンベヤ 74/25
救助者 21/19, 29, 36
救助巡洋艦 221/18; 228/14
救助船 227/5, 16
救助布 270/18
救助ヘリコプター 221/20; 228/
　16
救助法 21/28-33, 33
弓身 323/14
求人広告欄 342/70
給水 27/46; 269
給水加熱器 210/23
給水加熱器圧力計 210/43
給水管: 宇宙ロケットの 234/25

織物加工の 168/11　給水装置
の 269/52　ビール醸造の 92/48
給水器 74/16
給水浄化器の濾（こ）し板 210/29
給水蒸気回路 154/45
給水線 154/12, 30
給水タンク 152/17
給水継ぎ手 179/5
給水塔：菜園の 55/2　製紙工場
の 173/12　炭鉱の 144/14　地図
記号 15/81
給水パイプ：写真現像装置の
116/16　蒸気アイロンの 103/21
養鶏場の 74/7, 26　養殖池の
89/7
給水樋（り）74/6
給水ホース 118/38
吸水ホース 270/67
給水ポンプ：原子炉の 154/13　蒸
気機関車の 210/9
球節 72/24
旧石器時代 328/1-9
給送コンベア 236/33
給送スプロケット 312/26
給送装置 236/48
給送チェーン 172/67
給送チェーン駆動減速ギヤ 172/
69
休息 37/46
急速加熱陰極 240/25
急速ベニヤ圧着機 133/49
休息用の芝生 37/46
急速濾過（ろか）装置 269/9
吸着方式の給紙装置 180/72
九柱戯 305/1-13
宮廷衣装の貴婦人 355/79
宮廷靴 101/27, 29, 54
宮殿 15/96
宮殿建築 333/29
給電装置 155/21
給電盤 153/4
宮殿付属公園 272/1-40
給電用集電装置 207/24, 75
9頭の蛇の胴体 327/33
球頭ブジー 22/53; 26/40
牛乳加工・処理機械 76/12-48
牛肉ソーセージ 96/11
牛乳缶 309/89
吸入器 26/2, 29
吸入器管 81/36
吸入細孔 168/43
牛乳充填機（じゅうてんき）76/21
吸入装置 23/24
吸入チューブ 26/2, 29
吸入治療中の患者 274/7
吸入療法 274/6-7
給排水装置 155/26
給排紙用空気ポンプ 181/6
吸착：アマガエルの 364/26　人体
寄生虫の 81/37　ハタラキバチの
77/9　ヒル類の 357/21　めがね商
の 111/23
キューピッド 272/20
キューポラ 148/1
救命いかだ 228/19; 258/11;
279/27; 286/19
救命胴衣 221/103; 228/12
救命索を発射する砲 228/1
救命ジャケット 286/20
救命胴帯 280/3
救命艇（てい）221/107
救命艇進水装置 221/101-106
救命艇胴衣 228/8
救命ブイ 221/124

救命ブイ・ランプ 221/125
救命ベルト 282/19
救命ボート 146/19; 221/78;
223/19; 258/45; 259/35; 279/
27
救命ロープ 228/12
救命ロケット 228/2
球面浮き 90/19
球面カッター 108/7
球面タンク 145/24
給油孔 38/47
給油所 196/1-29
穹窿（きゅうりゅう）336/38-50
急流競技用カヤック 283/69
丘輪 65/15
キューレット 22/50
給飼［用］通路 75/3
キュマチウム 334/19
ギュメ 342/27
キュレット 26/52
キュロット・スカート 29/59; 31/48
橋（きょう）〈脳の〉 17/46
教育器械 242/1
教育装置 242/45-84
教育プログラム用スクリーン 261/
7
教育レーザー 242/81
強弱ペダル 325/8
仰臥（ぎょうが）295/22, 44
境界〈地層の〉 13/21
教会 233/49; 330; 331/1;
332
教会オルガン 326/1-52
教会旗 331/44
境界石 63/2
教会層制御フラップ 256/6; 257/
13
教会での結婚式 332/14
教会堂〈地図記号〉 15/64, 107
教会堂管理人 330/26
教会に通う人 331/17
境界のあぜ 63/3
教会付属幼稚園 47/25; 261/28
胸革〈馬具〉 71/28
胸郭（きょうかく）16/28-30; 17/8
-11
鋏角（きょうかく）358/41
仰臥（ぎょうが）姿勢 295/44
教科書 47/25; 261/28
橋冠 215/31
行間 175/5
凝岩（ぎょうがん）356/2
教官席 257/7
行間調整装置 249/23
経木 136/12
経木編みかご 136/11
狭軌機関車 200/24
競技者 305/25
競技場 291/1
狭軌鉄道：地図記号 15/90　道路
建設用 200/23　れんが工場の
狭軌トラクター 78/21
橋脚 215/21, 54; 222/27
供給口〈溶接〉：液体酸素～ 234/10, 52;
235/51, 56　液体水素～ 234/
51; 235/50　ガスの 126/9　空気
～ 142/29　砂～148/38　不活性
ガス～ 142/34　冷却液～ 138/
26; 149/25　冷却剤～ 235/38
供給部 235/38
供給口：ジーメンス平炉の 38/61
ボイラー室の 147/22
供給装置 64/72
供給道 64/24, 25

供給パイプ 126/23
供給品輸送 144/43
供給用オーガー 64/6
供給ローラー 85/24
供給ロール 85/19
狭橋 215/57
競技用騎手服を着た騎手 289/
26
教具 242
凝固 170/35, 43
響孔：ヴァイオリンの 323/6　チター
ンの 322/22　リュートの 324/5
教皇冠 254/37
教皇用十字架 332/66
峡谷 13/45
峡谷河川 13/51
凝固鋳塊 148/25
胸骨 17/8
頬骨（きょうこつ）16/8; 17/37
胸骨前部 16/30
教材 261/27
胸鎖乳突筋 18/34; 19/1
胸腔 260/21
供試体の型枠 119/84
教室 260/1-45; 262/2
教室の戸棚 260/43
橋支点 215/55
経師屋（きょうじや）128
強弱記号 321/27-41
ギョウジャニンニク 377/6
経師屋のトレッスル 128/52
凝縮機器 145/44; 170/5
胸神経 18/26
強勢 342/30-35
強勢記号 342/30-35
共栓メス・フラスコ 350/27
胸像 42/17
競走旗 284/48
競走競技 298/1-8
競走用オートバイ 290/27
競漕用（きょうそうよう）キールボート
285/35
競走用自転車 290/15
競走用自転車のサドル 290/17
競走用自転車のハンドル 290/18
競走用自動車 290/34-38
競走用船外モーター 286/23
競漕用ボート 283/9-16
競走路 289/23
キョウチクトウ 373/13
胸椎（きょうつい）17/3
共通分母 344/19
競艇（きょうてい）283/1-18
競艇委員会のボート 285/15
競艇コース 285/14-24
鏡筒 113/8
拱道（きょうどう）337/4
競売室 225/58
響板 322/33; 324/3
胸部〈カブトムシの〉　358/29-30
胸部馬具 71/26-36
胸壁 329/6, 20, 21
鏡壁 267/66
教保 332/13
共鳴管：オルガンの 326/22　ジャ
ズ・ギターの金属製～ 324/7
共鳴弦〈ハーディ・ガーディーの〉
322/31
共鳴胴：ヴァイオリンの 323/3　ギ
ターの 324/15　ツィターの 324/
26　ハーディ・ガーディーの 322/
29　リュートの 324/2
共鳴箱：キタラの 322/18　木琴の
324/63
共鳴箱の半円形突出部 324/26
共鳴表板 323/24

鏡紋（きょうもん）88/36
橋門フレーム 215/38
橋梁（きょうりょう）215/7
強力のり 128/24
行列 331/42-50
行列の参加者 331/51
行列用天蓋（てんがい）331/49
行列用の十字架 330/47; 331/
42
行列用の旗 331/44
居館 329/30
魚眼レンズ 115/44
極〈地球の〉 14/3
局員〈郵便局〉 236/16
曲射手 307/38
曲肖飛行術 288/1-9
曲芸師 307/47
極軸 113/18
極軸の主駆動装置 113/15
曲支柱 113/21
極小点 347/20
局所麻酔用皮下注射器 24/53
曲線：数学の 346/21; 347/11
-29, 12, 13, 14, 18, 26, 27, 28　弾
道～ 87/79
曲線れんが 159/25
極大点 347/19
極地気候 9/57-58
極地そり 303/18
極超短波用チューナー 240/6
曲馬師 307/26, 32
曲馬場 308/59
局番装置 237/25
棘皮（きょくひ）369/3
棘皮動物 357/38-39; 369/11,
17, 18, 19
極風帯 9/51
局部電池電話 238/9, 40
曲縫合針 22/57
曲率中心 346/23
曲率半径 346/22
鋸歯（きょし）〈葉縁の形〉 370/44
鋸歯状片状板 65/85
鋸歯状刺列 309/13
鋸歯文（きょしもん）335/16
鋸歯文土器 328/35
御者 3/27; 186/8, 32
御者座 3/27
御者台 186/8
巨人 327/37
虚数部分 344/14
去勢ウマ 73/2
去勢〈雄〉ウシ 73/1
去勢ヒツジ 73/13
巨石墳 328/16
漁船 89/27; 90/24
棘下筋（きょっかきん）18/53
極圏 14/11
極光 7/30
魚〈生の〉 89/51
魚道 89/93
魚尾状ビット 145/21
魚雷 258/33, 69, 78; 259/78
魚雷艇（てい）258/69
魚雷発射管 258/78; 259/79
距離〈直線の〉 346/5
距離：カメラの割り像～ 115/55
自動車の 191/74　赤外線レー
ザー～ 255/82
距離計測 114/40
距離計測 117/3
距離調節環 114/39
距離調節点 114/28
距離調節リング 115/8

距離目盛り 115/4
魚類 364/1-18
機雷掃海装置 258/87
機雷捜索艇(てい) 258/80
機雷敷設艦(ふせつかん) 258/94
霧 9/31
きり(錐): 大～120/65; 135/22
組版用の 174/17 胸当て～
140/58
伐(き)り受け口 84/28
伐り追い口 84/29
切換えスイッチ 50/59
切株 84/14
切くず石 158/23
切込み式供給テーブル 184/21
切込み装飾のあるダブリット 355/
33
切込み装飾の袖(そで) 355/46
切り子面宝石 36/42-71
切裂きナイフ 94/17
切り裂きハンマー 85/5
霧雨 9/33
ギリシア型十字架 332/56
ギリシア式模様 334/38-43
ギリシアの劇場 334/44
ギリシアの壺(つぼ) 334/37
ギリシアの美術 334/1-48
ギリシア文字 341/15
キリスト教の十字架の型式 332/
55-72
キリスト教の洗礼 332/1
キリストの画像 330/50
切出し 316/47; 340/10
切りつぎ 54/36
突き両用の武器 294/34
切妻 37/15
切妻壁 37/15; 121/5; 122/25
切妻スレート 122/80
切妻屋根 37/5; 121/1
切通し 15/84; 195/28
切取り刃 247/30
切抜きはめ絵 48/9
切羽 144/33-37; 158/3
切歯 19/16, 34
霧箱 2/24
霧箱写真 2/26
切身〈食肉の〉95/12
切身ナイフ 89/12
切り盛り用のナイフとフォーク
45/69-70
気流 9/25-29, 28, 29 2次～バ
イパス～232/50
汽力発電所 152/1-28
キリン 367/4
キリン舎 356/10
キルギス人 353/22
ギルダー 252/19
キルティング 29/39; 30/17
キルティング・デザイン 30/31
キルティングのチョッキ 30/16
キルティングをした短い上着 355/
45
キルト・スーツ 29/38
切れ糸探知器ローラー 164/4
切れ端除去器〈木材の〉157/50
切れ端抽出器〈木材の〉157/51
ギロー 324/60
記録回転計 210/54
記録〈略: 映画撮影の 310/39 投
票所の 263/26 ボクシングの
299/48
記録器 165/28
記録計 10/61; 25/3; 138/19
記録計への連結導線 25/56
記録紙 25/4; 27/29, 34, 40
記録スペース 177/49

記録装置 10/42, 61
記録用アーム 10/7, 12, 15, 21
記録用円筒 10/5, 16, 20
記録用ペン 10/13
木枠: カンバスの 338/20 菜園の
野菜～55/43 ビール輸送用の
93/24
生綿(きわた) 383/19
生綿玉の包み 99/30
生綿の包み 99/28
金 351/6
銀〈紋章の色〉254/25
金貨 36/37; 252/1-28
銀貨 252/1-28; 328/37
銀河 3/30
金額ボタン 271/3
金冠 24/28
金管楽器 323/39-48
キンギョソウ 51/32
近距離列車 208/1-30, 13
近距離列車便 208/1-30
金銀細工人 108
金銀線細工[品] 102/30
金銀用天瓶(てんびん) 108/35
キング〈チェスの〉276/9
キング・ピン 65/48
キングサリ 374/32
キング・ペンギン 359/4
筋系 18/34-64
金庫 246/22
銀行 250
銀行員 250/5
銀行券 252/29-39
銀行支店 204/31
銀行紙幣 252/29-39
銀行従業員 251/7
銀行引受手形 250/12
金庫室入口 250/11
金細工師 108/17
金細工店 215/33
菌糸 381/2
菌糸体 381/1
近似に等しい 345/17
禽舎(きんしゃ) 356/8
金筋入りカラー 186/22
金筋入りコート 186/23
金筋入りのそで 186/24
金星 4/44
金銀 108/3
銀線 108/3
金銭登録器 47/34; 99/93
金装飾船尾 218/55-57
金属型押し器具 111/34
金属管 155/30
金属細工工 140
金属細工仕事場 140/1-22
金属シェル 154/21
金属ジャケット 294/15
金属スリーブ 166/31
金属製音盤 309/32
金属製共鳴管 324/78
金属繊維製の耐熱服 270/46
金属繊維製の防火服 270/46
金属手すり 123/22
金属時計バンドの切断器 109/19
金属羽目板張りの車体 208/6
金属板の小片 128/17
金属風防布 188/50
金属縁 111/7
金属ペン 341/25
金面 303/11
近代フェンシング 294/1-33
きんちゃく網のくくりケーブル 90/
26
緊張索滑車 214/43

金付け〈製本の〉183/1
キント 294/24
均熱炉 148/46
均熱炉クレーン 148/47
金の頸輪(くびわ) 328/26
ギンパイカ 53/11
金箔(きんぱく) 129/45; 183/5
金箔 183/5
金箔・浮出し用プレス 183/26
金箔押し師 183/2
金箔切断用下敷 183/6
金箔切断用ナイフ 183/7
金箔陶砂(とうさ)塗り 129/52
銀盤 10/24
銀盤日射計 10/23
キンポウゲ 60/13; 375/8
キンマノキ 380/19
金めっき 129/40
吟遊詩人(ぎんゆうじん) 329/70
キンレンカ 53/4

ク

グアナコ 366/30
杭(くい) 226/40 クロッケーの
292/77 防舷～222/35
クイーン〈チェスの〉276/9
杭打ち基礎 216/8
杭打ちハンマー 226/38
杭打ちフレーム 226/37
クイック・パイプ・ジョイント 67/28
クイック・ヒッチ 65/16
クイナ 359/20
杭の先端 269/61
空気アクション 326/6-16
空気圧縮機 211/14, 44 移動式
ディーゼルの200/39 沖合い掘削
機の146/23 機関車の212/34,
58, 72
空気圧装置 92/12
空気圧荷おろし装置つき貨車
213/18
空気圧力計器 212/6
空気移動閥 7/10
空気入口 153/53; 192/60
空気入りタイヤ 305/86
空気入れ 187/48
空気乾燥した織物 168/22
空気吸入口 7/4
空気供給管 147/29
空気研削機 148/44
空気式砂まき装置 210/19
空気遮断管 152/34; 153/51-62
空気銃 94/3
空気充填器(じゅうてんき)ネック
196/21
空気銃の薬包 305/34
空気醇化(じゅんか)通路 165/48
空気制動機 256/12
空気タイヤ 187/30
空気たがね 148/45
空気ぬき 153/51
空気蓄熱室 147/30
空気抽出管 258/57
空気調節器給紙機 180/74
空気出入り口 92/14
空気止め通路 144/38; 146/24
空気取入れ口: 機関車の 209/11
原子力潜水艦の 259/73 ジェッ
ト練習機の 257/12 爆撃機の
256/5
空気取入れ口管 257/14
空気ぬき 153/10
空気パイプ 75/23
空気ばね式ゴム連結部 194/45

空気ブラスト 139/56
空気ブレーキ 229/44
空気噴射管 281/41
空気分離器 152/16
空気弁 187/31
空気ホース: 給油所の 196/18 自
動車修理場の 195/54
空気ポンプ: 凸版印刷機の181/
35 硫酸パルプ工場の 172/40
空気予熱器: ガス加熱炉の 139/
53 蒸気ボイラーの 152/11
空気ランマー 148/31
空気力学的エンジン・フェアリング
234/6
空気流 199/45
空気流入路 270/60
空気流量調節器 350/3, 8
空気路: 平面太陽集熱装置の
155/35 ピラミッドの 333/4
空軍 256; 257
空港 233/24
空港消防隊 233/7
空港標識 233/24-53
空港レストラン 233/19
グース 73/34
偶数 344/11 ルーレットの 275/
20
偶数羽状〈複葉の形〉370/41
グースネック 284/37
グーズベリ 58/1, 9
グーズベリ・パイ 97/22
クーチャー 173/49
空中給油プローブ 256/7
空中曲芸術 307/7
空中受油パイプ 256/7
空中スポーツ 288
空腸 20/15
空調制御盤 26/20
空調装置 239/15
偶蹄(ぐうてい)動物 73/9
偶蹄目(ぐうていもく) 366/28-31
空洞ブロック壁 118/15
クーパー氏膜(せん) 20/75
クーペ型馬車 186/3
クーリー〈峡谷〉13/45
クーリー〈苦力〉353/43
空力安定板 234/7
空冷式 1 気筒 4 サイクル・エンジン
189/3
空冷式 2 サイクル・エンジン 188/
7
空冷式 4 気筒 4 サイクル・エンジン
189/50
クオーター観望台 218/57
クオーツ制御の携帯用同時録音機
310/24
クオーツ制御の同時録音用カメラ
310/19
クォドラ・ステレオ変換器 241/46
驅幹(くかん) 294/53
区間バッテリー電話 224/27
区間列車 208/1-12
区間ロック・ゲート 217/31
茎 370/20 キノコの 381/18
釘(くぎ): 134/39 丸～143/51 屋
根葺き～143/55
釘穴印 120/23
釘打ち用金づち 124/18
釘締めレバー 247/42
釘つかみ 100/56
釘留め式の拍車 71/50
釘抜き 126/65; 134/13; 140/69
靴屋の 100/47 大工の 120/74
釘抜きづめ 120/75
釘袋 122/72
釘ポンチ 134/32

矩形〈けい〉 346/34
矩形翼 229/16
草 136/26
草刈り機 56/37
草刈りばさみ 56/48
草摺〈くさずり〉 329/49
草棚 300/4
草地 13/13 地図記号 15/14
草地レース 290/24-28
くさび〈楔〉: かんなの 132/19 組版
の 181/39 建築の 119/15 堅木
〜121/96 コンピュータ組版用
写真製版の 176/22 採石の
158/7 伐木の 84/25; 85/4 な
だれ防止の 304/2 ピアノ調律用
の 325/21
くさび入れさや 84/30
くさび形切り込み 54/38
くさび形長枕 43/11
くさび形ヒール 101/55
楔形文字〈くさびがたもじ〉 341/8
鎖〈くさり〉: 回遊船の天幕の 221/
119 スーパーの勘定場の 99/95
鎖型削盤 132/49
鎖かたびら 329/51,62
鎖刺し 102/2
鎖状の歯 85/14
鎖のこ 120/14
クサリヘビ類 364/40-41
鎖誘導装置 120/15
鎖子鎧〈くさりよろい〉 329/63
くし 28/8 すき〜・差し〜105/6
クシイモリ 364/20
くしけずられたスライバー 163/72
クジャク〈孔雀〉 73/30
クジャクギク 61/7
孔雀〈くじゃく〉座 3/41
クジャクラン 365/2
孔雀の羽毛 254/36
具象的表現 352/2
鯨〈クジラ〉 367/23-29
くず 268/22
くず入れ 96/46
くず削り 129/23
崩し 299/13
くず〈屑〉棟 156/14
くず鉄装入口 147/65
くず鉄装入箱 147/26
くず鉄箱 141/15
クスノキ 380/18
くず物入れ 22/70; 37/63; 196/
12; 205/55; 268/5; 272/43;
273/25
薬指〈手の〉 19/67
整形式公園 272/1-40
くせ取り粉 125/3
具足: 騎士の 329/38-65 闘牛士
の 319/19
糞虫〈くそむし〉 358/39
管 145/20, 24
軀体〈くたい〉壁 121/77
砕け波 279/6
管つきふた 350/52
果物かご 266/57
果物倉庫 225/52
果物貯蔵倉庫 225/52
果物と野菜売り台 99/80
果物売店 308/53
果物盛合せ 45/30
果物用はかり 99/88
降〈くだり〉棟がわら 122/8
口: アカシカの88/13 ウマの72/9
気球の288/70, 81 キツネの88/
45 人間の16/13; 19/14-37
口切り器〈葉巻きの〉 107/9

駆逐艦〈くちくかん〉 258/1, 38
口籠〈くちご〉 70/31
口つきロシアタバコ 107/14
くちばし: オジロワシの362/6 ヤマ
シギの88/84
くちばしの瘤状〈りゅうじょう〉突起
359/17
口ひげ 34/19
唇板〈くちびるいた〉 354/23
クチベニズイセン〔類〕 60/4
口輪〈イヌの70/31 ナイフの45/
53
靴 41/16; 101 修繕した〜
100/1 短〜101/31
靴型 100/32, 34
屈曲線 19/72-74
屈曲線 19/72-74
屈曲ばさみ 22/51
靴釘〈くつくぎ〉 300/13
掘削機 118/81; 200/1
掘削ケーブル 145/7
掘削作業甲板 221/66
掘削ビット 145/21
掘削プラットフォーム 146/1-37
掘削リグ 145/1; 146/1-39
靴下: 網目の306/10 紳士用の
32/32-34 膝までの33/42
靴下型 271/17
靴下工場 167/1-66
靴下つきズボン 28/24; 29/45
靴当て 329/83
靴下どめ 32/6; 318/28
クッション 42/27; 46/17; 47/8
客車座席の頭ささえ〜207/68
玉突き台の277/16 箔置き〜
129/50
屈身逆懸垂 296/36
屈身伸脚跳び 295/38
屈折望遠鏡とドイツ式マウント
113/16
屈折力調節装置 117/19
屈葬墓 328/17
靴底: 木の101/45 自然色〜
101/15 セメント〜101/11; 301/
12 内部〜291/31 ナイロン〜
291/30 波形〜300/43
靴底仕上げ機 100/5
靴底縫合機 100/26
グッタペルカの木 383/37
靴などを入れる引出し 41/8
靴の中底 291/27
靴ひも 100/64; 291/32
靴ブラシ 50/41
靴みがき用品 50/39-43
靴屋 100
靴屋の仕事場 100/1-68
靴腕での支持 296/39
クデ光線平面鏡 5/3
駆動滑車 214/62
駆動子 187/72
駆動軸: コンバインの64/30 軸流
ポンプの217/49 自動車の変速
機の192/30 振動ビーム〔振動
装置〕の201/13
駆動輪連結部 67/19
駆動輪 255/50
駆動〔車〕輪 64/31
駆動シリンダー 165/32
駆動装置: 円板コールタ〜64/68
機関車の210/2-37 気動車の
214/2 靴の仕上げ機の100/8
クランク〜217/53 茎菜コンベヤ
の64/78 コンバインの64/30 時

間軸〜5/7 自動時計の110/43
写真製版の彫刻機の177/56
車輪軸〜212/28 主〜214/63
静液圧ファン〜212/62 台送り
〜150/34 待機〜214/64 タッ
プ切換器〜211/12 鍛造機械
の139/15 転轍器の〜202/35 反
射望遠鏡の113/15 油圧〜64/
65 リール〜64/5
駆動チェーン 188/17
駆動・停止レバー 163/40
句読点 342/16-29
駆動制 187/73
駆動ドラム 165/32
駆動ピニオン 214/2
駆動部 209/2
駆動ベルト 165/33
駆動モーター: 軸流ポンプの217/
47 平削り盤の150/9 腐食機
の178/28 母型彫刻機の175/
61 ホワラーの179/11 油圧型
取り機の178/12 ローラープリン
ト機の168/55
駆動用ギヤボックス 168/32
駆動用モーター 74/37
駆動輪 61/80
配りつけ合掌 121/61
首: アカシカの88/3, 27 気球の
288/70 輪奈の171/33
首ガード 294/14
首飾り: クマの爪の352/14 ダーン
ドル風の31/28 ドリス式円柱の
334/22
頭皮〈くびがわ〉 71/30
帆〈くびわ〉の止め金 71/14
首筋 72/12, 14
頭つき壺 328/40
くびつる部〈食肉の〉 95/6, 20
首フラップ 294/14
首連結点 171/35
首輪: イヌの70/13 ウマの71/15
人間の32/33
首輪飾り 328/25
首輪状の模様 364/39
くぼみ 132/35
クマ 368/9-11
くま手: 芝生〜51/3; 56/3 ジャガ
イモ用66/20 庭園〜51/4
クマの爪〈つめ〉の首飾り 352/14
クマのぬいぐるみ 28/46
組合せ下水道 198/27
組合せ服: ツーピースの30/45 ド
レスとジャケットの31/6
組合せベンチ 126/60; 127/53
組合せ文字 36/41
組合せレバー 210/30
組置き活字棚 174/9
組置き材料 174/11
組置き材料棚 174/9
組置き版用棚 174/10
組立て工 140/1
組立て工場 222/4
組立て式トレーラー 278/3
組立て仕事台 134/41
組立てセット 48/22
組立てセット 10/55
組み付けされた組版 181/36
組積み 118/58-68
組版 175/1-17; 181/36; 340/32
組版工 174/5
組版コンピュータ 176/10
組版室 174; 175

組版ステッキ 174/13
組札 276/38-45, 42-45
クモ型類 358/40-47
雲と天気 8/1-19
クモの巣 273/46; 358/47
クモの巣網 81/10
クモヒトデ 369/11
クモマツマキチョウ 365/3
曇り 9/23, 24
曇りガラスの球形照明灯 267/4
クモ類 358/44-46
鞍〈くら〉 71/37-49 馬上試合用の
329/87
クライゼン・フラスコ 350/50
グライダー 287/
グライダー飛行場 287/13
位取り装置キー 249/7
位取り取消しキー 249/8
グラインダー・チャック用 157/46
グラインダー・チャック用リフター
157/46
クラウチング・スタート 298/4
クラウン 307/24
クラウン安全基盤 145/3
グラウンドシート 278/26
グラウンドシートのリング 278/26
クラウン歯車 143/93
クラウン・ブロック 145/4
鞍頭〈くら〉 71/38
クラカタウ火山 7/21
クラク帽 35/36
クラゲ 357/14; 369/5
クラコー 355/42
グラジオラス 51/28; 60/11
鞍敷き 71/44
クラシ帽 35/36
グラス: ウイスキー〜267/57 カクテ
ル〜267/56 計量〜267/60 高
脚つきの162/41 ビール〜93/
30; 266/3, 6 レモネード〜265/
16 ワインとリキュールの317/7
グラス棚 266/9; 267/65; 317/5
クラスプ 328/24
グラス・ファイバー製造 162/48-55
グラス・ファイバー製釣竿 89/49
グラス・ファイバー製品 162/56-58
クラッカー 97/44
クラッシャー: 1次〜158/17 ジャ
イレートリー〜158/19 ハンマー
〜158/20; 160/2
クラッチ 148/15
クラッチ型鉛筆 151/45
クラッチ継ぎ手 227/23
クラッチ・フランジ 177/55
クラッチ・ペダル 191/44, 96; 192/
28
クラッチ・レバー 188/32
グラティキュール 177/4
グラナリアコクゾウ 81/16
グラニュー糖 98/55
クラバット 32/40
グラビア 182
グラビア印刷 182
グラビア・シリンダー 182/10, 17,
22
グラビア・腐食製版者 182/18
クラヴィコード 322/36
クラヴィコードの構造 322/37
クラヴィチェンバロ 322/45
クラブ 276/38, 42
グラファイト・るつぼ 108/10
グラフィック・アート 340
グラフィック・アート・スタジオ 340/
27-64
クラブ会員標識 286/8
クラブ旗 283/25; 286/6

クラフト・パルプ工場 172/1-52
クラブハウス 283/23
クラリネット 318/4；323/34
クラリネット奏者 318/5
クランク：自転車駆動 187/41 織機の 166/50 ロータリー集草機の 64/43
クランク駆動装置 217/53
クランク軸：釣合いおもりつき 242/50 火花点火 エンジンの 190/23 変速機の 192/29
クランク軸受け 192/23
クランク軸受けカバー 190/22
クランク軸車 166/51
クランク軸油穴 192/22
クランク室 190/40；242/51
クランク室の掃気 242/59
クランク操作の車窓 191/22
クランクで連結した制御ハンドル 168/52
クランク翼 229/14
グランド・ツーリング・カー 193/32
グランド・ピアノ 325/40
グランドファーザー[時計] 110/24
グランドファーザー時計 309/56
クランプ：合せ釘穴ぐり盤の 133/9 化学実験器 350/33 クイック・パイプ・ジョイントの 67/30 鎖型削器の 132/51 断裁機の 185/3 マニピュレーターの 2/43
クランプ・ハンドル 133/8
クランプ・レバー 132/67
クリ 384/48
クリア：雲量 9/20 ハードル競走の 298/7
クリアー・スポット 115/66
クリアストーリー 334/70
栗石（くりいし） 123/12
クリーズ 353/44
クリーズ 292/72
グリース注入器 195/30
グリース・ニップル 143/81
クリーニング・プラント 144/20
クリーム 99/46
クリーム入れ 265/21
クリーム完熟槽 76/31
クリーム供給ポンプ 76/40
クリーム・ケーキ 97/24
クリーム・ケーキの一片 97/21
クリーム・ヒーター 76/13
クリームびん 28/13；99/27
クリーム分離機 76/14
クリーム用タンク 76/19
クリーム・ロール 97/17
クリール 164/28, 41, 58；165/25
グリーン 293/82
グリーン・スペルト 68/25
グリーン・ボール 305/21
刳形（くりがた） 334/38 凹面～ 336/10, 12
クリケット 292/70-76
クリスタル・ガラス・スクリーン 179/24
クリスタル・ガラスの板 124/5
クリスタル・ガラス 45/87
クリストバライトの結晶 1/12
クリスプパン 97/50
繰出しばしご 270/14
グリッド 163/26
グリッド・ガード 148/40
グリッド炉床 139/1
グリッピング・ジョー 149/36
クリップ 247/1, 2 サドル～ 126/53 スペーシング～ 126/57 電線～ 127/40 パイプ～ 126/56 フィルム～ 116/14 ペン～ 2/18

グリップ：映画撮影機の 117/5；313/21, 24, 38 カメラの水中用ケースの 117/61 サイド～ 134/45 ストロボの 301/6 ハンド・カメラの 114/37 ハンドルの 187/3 ピストルの～ 87/6；255/6, 38 ラケットの 293/30
グリップオン・タイプ・ストロボ 114/68
グリップ・ソール 101/19
グリップつき・ストロボ 114/65
グリップつき注油口 187/62
グリップ・バンド 290/22
グリニッジ子午線 14/5
クリノリン 355/72
グリフィン 327/11
グリフィンの爪（つめ） 327/13
グリフォン 327/11
くり舟 218/7
クリムソン・クローバー 69/4
クリュー 284/41
グリューン 276/43
クリンカー貯蔵庫 160/10
クリンカー冷却器 160/9
クリンソウ 378/8
クリンチ 299/31
グルー・エナメル化粧 179/32
グルー・エナメル化粧用のバーニング・オーブン 179/32
クルーガー・フラップ 229/55
クルー・カット 34/11
クルーザー 284/60, 61 外洋航行～286/5 キャビン～286/3 モーター～286/4
クルーザー船尾 285/45
グループ：オルガンの 326/13, 14 2段圧延機の 148/59
グループ選択スイッチ 238/42
グルジア文字 341/4
グルデン 252/19
クルビエ 275/4
クルベット 71/6
車 322/26
車切り 124/26
車止め 206/51
車の位置番号 195/48
車枠 305/88
クルミ 59/37-43, 41, 43
くるみ機械 185/27
クルミの枝 59/37
クルミ割り 45/49
クルムホルン 322/6
クレイ・パイプ 107/34
クレー射撃 305/70-78
グレーダー 200/19
グレーダー・ブレード 200/21
クレート 206/5
グレート・デーン 70/14
グレート・プライマ 175/30
グレート・レーン型 34/31
クレードル 214/36, 53, 66, 68, 69
クレードル・フレーム 189/17
グレーのスケール 343/15
グレー・ハウンド 70/24
グレープバイン 299/10
グレープバイン状の棒腕 299/10
グレープブルー 384/23
クレーン 258/88
クレーン運転室 119/35；222/16
クレーン運転手室 226/52
クレーン軌道 119/27；222/24
クレーン・ケーブル 222/13
クレーン操作とりべ 147/60
クレーン・フック：起重機車の 270/49 油圧鍛造プレスの 139/45
クレーン・フレーム 226/53
クレーン・ヘリコプター 232/16

クレーン・モーター 157/28
グレコ・ローマン・スタイル・レスリング 299/6-9
クレスタ・トボガン 303/22-24
クレッシェンド 321/31
クレバス 12/50；300/23
クレビス 334/4
クレヨン 47/26；260/6
クレヨン法 340/14-24
グレン・オーガー 64/20
グレンタンク 64/23
グレンタンク・オーガー 64/24
グレン・タンク点検窓 64/27
グレン・リフター 64/2
黒：色の 343/13 チェスの駒 276/5 紋章の色 254/26 ルーレットの 275/21
クロイチゴ 58/29
クロイロイグチ 381/15
クロウタドリ 361/13
クローク 315/5；318/1
クローク係 315/6；318/2
クロークルーム 48/34
クローズ・アップ・ベローズ装置 115/85
クローズ・アップ・レンズ 117/55
クローズド・ゲート 301/66
クローズ・ホールド 285/10
クローナ 252/24
クローネ 252/24, 26
クローバー型十字架 332/71
クローバー種子まき機 66/26
クローバーの花 69/7
グローブ：ハンドボールの 292/12 ハンマー投げの 298/47
グローブ・ボックス 191/89
グロー・プラグ 190/66
グロー・ランプ 127/4
クローム・ブラケット 188/60
クロール泳法 282/37
グロキシニア 53/7
クロケット 335/38
黒駒（こま）〈チェスの駒〉 276/5
黒潮 14/31
クロジャック 220/26
クロジャック・ヤード 220/25
クロシュ 35/12
クロス・カントリー：スキーの 301/14-20 馬術の 289/17
クロス・カントリー・オートバイ 189/16
クロス・カントリー競技 301/42
クロス・カントリー競技用ストレッチ・スーツ 301/43
クロス・カントリー・スキー 301/14
クロス・カントリー装備 301/14-20
クロス・カントリー・タイヤ 194/4
クロス・カントリー・バインディング 301/15
クロス・カントリー用ストック 301/20
クロス・カントリー用の靴 301/16
クロス・カントリー用の服 301/17
クロス・カントリー・レース 290/33
クロス・ステッチ 102/5
クロスバー 291/36
クロス・ヘッド：機関車駆動装置 210/27 油圧鍛造プレス 139/37
クロッケー 292/77-82
クロッケー選手 292/81
クロッケー・マレット 292/81
クロッケー用のボール 292/82
グロッシェン 252/13
クロテン 30/60；367/15
クロノメーター 230/11
クロバエ 358/18
黒服 289/4

黒ます 171/1-29
黒目〈チェスの駒（こま）〉 276/3
クロモ石版画 340/28
クロライチョウ 86/11；88/66
クロロベンゼン 170/9, 11
クロワゼ 314/16
クロワッサン 97/32；99/13
〈わ 56/5
クワイア・オルガン 326/5
クワイア 335/4
くわえつめつき排紙胴 180/65
くわえ爪棒 180/56
クワガタムシ 358/24
クワッシュ絵の具 338/17
くわの柄（え） 66/2
燻煙器（くんえんき） 77/59
郡界 15/103
軍艦 258；259
君主 329/67
クンシラン 53/8
軍人口ひげ 34/19
燻製所（くんせいしょ） 96/48
燻製肉 96/57
軍隊 255；256；257
群舞 314/25

ケ

毛 323/15
蹴（け）上り 297/28
繋 72/25
軽アイゼン 300/48
経緯儀 14/52-62；112/73
経緯線 14/1-7
経営者 248/29；266/71
経営者の秘書 248/31
軽オートバイ：スクランブル・オートバイ 188/39 キックスターターつき 189/16
軽音楽用の楽器 324/1-46
頸戒針 16/20
警戒灯 224/49
繋駕（けいが）速歩競馬 289/23-40
珪華（けいか）段丘 11/23
計器：記録計 138/19 精密露出計の 114/62 第2段ロケットの 234/17 電気掃除機の 50/61, 73
軽機関銃 255/63
計器電池〈カメラの〉 114/3, 24；115/37
計器盤：気動車の 197/29 航空機の 230/1；288/11 自動車の 191/57-90 スイッチつき 180/74 ディーゼル機関車の 212/31
計器盤照明灯 197/30
計器プラットフォーム 235/69
K9型モデル 288/91
計器容器 2/5, 22
計器用変圧器 153/59
頸筋（けいきん） 19/12
迎撃（げいげき）戦闘爆撃機 256/1
頸甲（けいこう） 329/43
軽合金外板 235/44
軽合金車輪 189/48
蛍光スクリーン 74/40
蛍光灯 49/32；271/23
蛍光灯管 127/62
蛍光灯管用ブラケット 127/62
蛍光バンドつき帽子 199/8
蛍光物質 240/18
蛍光物質のコーティング 240/19
蛍光腕章 199/7
警告灯 191/63, 67, 69, 71, 73, 76, 80

警告標識〈海水浴場の〉 280/6
脛骨(けいこつ) 17/25
脛骨神経 18/32
係索 218/32
警察 264
警察機動艇(てい) 221/100
警察犬 70/25; 264/5, 6
警察巡回自動車 264/10
警察信号用ディスク 264/14
警察任務 264/1-33
警察バッジ 264/27
警察ヘリコプター 264/1
警察身分証明ディスク 264/26
警察用運搬車 264/38
警察用ピストル 264/22
計算器 309/80
計算器ダイアル 182/19
計算記録装置 309/82
計算ビーズ 47/14
計算表ダイアル 114/57
計算ブロック 48/17
刑事 264/33
計時員: 水泳競技の 282/24 ボウリングの 299/47
珪質(けいしつ)の骨格 357/8
掲示板: 建築現場の 118/45 潮汐表の 280/7
傾斜 12/3
鶏舎 74/1-17
芸者 353/39
傾斜回転翼 232/32
傾斜ガイド 243/21
傾斜角 12/3
傾斜型高温鋳鉄受け 148/5
傾斜滑空 287/27
傾斜ケーブル定着 215/48
傾斜ケーブル方式 215/51
傾斜支持柱 116/28
傾斜装置 147/44, 59
傾斜台つき船尾載貨門 221/55
傾斜調節アイロン台面 103/23
傾斜張力ケーブル 215/47
傾斜トラック 243/31
傾斜荷台 200/8
傾斜ホイスト 158/16; 159/5
傾斜巻上げ装置 147/2
傾斜床 123/30
傾斜翼 232/27
傾斜翼航空機 232/26
芸術家 338/2
警手詰所 202/43
軽蒸留物品 145/39
計塵器(けんじんき) 112/42
係数 345/4
計数管 2/21
計数管入れ 2/20
計数器 269/59
計数装置 269/55
計数読出し 112/47
形成層 370/10
計雪用十字板 10/48
経線 14/4
頸線(けいせん) 288/71
軽戦艦 258/1-63
係船チェーン 224/72
係船柱 217/10, 11, 12, 13, 14
珪藻土(けいそうど)濾過器(ろかき) 93/4
継続歯 24/31
計測棒: 採石場の 158/26 水中用カメラの 117/59
計測用プローブ 234/42
珪素(けいそ)原子 1/14
携帯消火器 270/61
携帯照明灯 270/42
携帯巣箱 77/45-50
携帯取っ手 241/2
携帯品預り係 315/6
携帯品預り所 315/5-11; 318/1
携帯品預り札 315/7
携帯品一時預り室 207/70
携帯兵器 87/2
携帯無線器 270/41
携帯用絵の具箱 315/34
携帯用オルガン 322/56
携帯用革ひもリング 115/9
携帯用小型映写機 312/52
携帯用小オルガン 322/56
携帯用寝台 28/48
携帯用テープ・レコーダー 309/37
携帯用電子フラッシュ装置 114/65
携帯用ビデオ・レコーダー 243/4
携帯用野外炊事炉 278/47
携帯露出計 114/56
係柱 284/25
頸椎(けいつい) 17/2
警笛(けいてき): 機関車の 212/70 自動車の 191/60 消防車の 270/7 船の 224/70 船の濃霧～223/3
経度 14/7
傾動地塊 12/9
毛糸靴 28/45; 29/5
毛糸の帽子 29/57
毛糸帽 35/26
毛糸帽子 35/10
軽トラック 194/1 商品集配用小型トラック 194/5
鶏肉 96/24
軽燃料油 145/58
芸能エージェント 307/18
競馬 289/50
競馬賭(か)け率計算器 289/34-35
頸板状筋 18/51
桂皮(けいひ) 382/25
桂皮末 382/25
頸部 143/64
軽便(けいべん)ディーゼル機関車 200/24
軽便鉄道 200/23
軽便列車 208/13
警棒 264/19
警報灯: 消防車の 270/6 航空機の 230/64
軽油 145/56
軽輸送・救助ヘリコプター 256/18
鯨油灯 353/7
茎葉 64/79
茎葉エレベーター 64/90
茎葉コンベヤ 64/76
茎葉コンベヤのアジテーター 64/77
茎葉切断装置 64/73
茎葉排出 64/76
軽4輪馬車 186/2
鶏卵 74/58
鶏卵吸引搬送装置 74/41
鶏卵供給テーブル 74/51
鶏卵計量器 74/43
鶏卵選別機 74/38
鶏卵搬送装置 74/49-51
繋留線(けいりゅうせん) 288/66
繋留装置 75/15-16
繋留チェーン 75/15
計量アーム 142/38
軽量アイロン 50/6
軽量錨(いかり) 286/16-18
計量円筒 261/26
軽〔量〕オートバイ 189/1
計量器: 雨量計の 10/47 ガソリン・スタンドの 196/14 麦芽製造の 92/32
計量グラス 267/60
軽量クレードル・フレーム 189/17
軽量コンクリート〔空洞〕ブロック 119/24
軽量撮影カメラ 313/20
計量所 199/12
計量シリンダー: 化学実験器具 261/26 血沈の 23/43 製紙工場の 173/4
計量・制御装置 178/3
計量台 206/41
計量台の事務所 206/40
計量タンク 130/22
軽量荷物棚 208/28
計量箱 225/22
系列〈量子飛躍の〉 1/20, 21, 22, 23, 24
ゲイン・コントロール 25/49
KR船級 284/63
ケーキ 265/4
ケーキ型 40/28, 29
ケークからコーンへの巻返し 169/25
ケークの工程 169/19-27
ケークの処理 169/22
ケージ飼育 74/18
ケージの配列 74/19
ケージ巻上げ装置 144/23
ケーシング: 原子炉～259/67 銃の 255/10 銃身の 87/35 軸受けの 143/79 吹管の 350/10 石油掘削リグの 145/18 ディーゼル機関車の排気～212/69 電話機の 237/15 フィード・スルー端子の 153/37 列車暖房装置変圧機の 212/40
ケーシング・カバー 143/80
ケース: 化学天秤の 349/26 活字の～174/3 自記湿度計の 10/18
ケース棚 〈活字の〉 174/4
ケースだんす 174/4
ケース・ヘッド 305/36
ケース・メーカー 184/6
ケースレス・ラウンド 305/37
ゲート 289/8
ケープ 30/65 昔のスペイン風の 355/29 昔のニュルンベルクの 355/39 理・美容院の客の 105/34; 106/4
ケープイワダヌキ 366/24
ケーブル: オルガンの 326/53 漁業・探知装置の 90/14 きんちゃく網の 90/26 クレーンの 119/37 3心～127/44 三相交流用高圧～153/42 支持～2/30 終端箱の 153/41 電気～198/14 電話～198/15 熱可塑性防湿～127/42 放送中継車の 239/3 放送中継車のカメラ～239/2 放送中継車のマイク～239/14
ケーブル・ウインチ: 掃海艇の 258/85 林業の 85/38, 46 ロケット発射台の 255/69
ケーブル・カー 15/67; 214/12
ケーブル・カー客車 214/13
ケーブル・クレーン船台 222/11-18
ケーブル支持装置 214/76
ケーブル支柱橋 215/46
ケーブル心線 153/34
ケーブル・ダクト 234/29, 47; 235/61
ケーブル地下室 152/21
ケーブル・ドラム 85/39; 270/55
ケーブル・トンネル 152/20
ケーブル・パラシュート 287/7
ケーブル・ピンディング 301/40
ケーブル・ブーム 195/15
ケーブル・フェリー 216/1
ケーブル・マンホール 198/17
ケーブル誘導レール 214/33
ケーブル・レリース 23/9; 114/38; 115/101; 117/6
ケーブル連結部 6/26
ゲーム類一式 47/18
ケール 57/34
迎撃(げいげき)戦闘爆撃機 256/1
外科 22/32-74; 26
外科用顕微鏡 112/31
外科用小刀; 26/43
毛皮 131/6, 11-21, 14, 17, 20
毛皮加工者 131
毛皮加工者の仕事場 131/1-25
毛皮飾り襟 30/63
毛皮飾りの袖口(そでぐち) 30/62
毛皮コート 30/60
毛皮職工 131/8, 23
毛皮調製者 131/1
毛皮のカフス 30/62
毛皮の縁飾り 30/59
毛皮の縁なし帽 35/33
毛皮帽 35/19, 31
毛皮マーカー 131/22
毛皮ミシン 131/9
毛皮面 131/12, 17
下管 187/17
劇場 271/26; 272/6; 315; 316; 334/44
撃針 87/21
撃鉄 255/4
撃鉄パッド 255/47
下行結腸 20/21
ケシ 51/30; 61/2, 4, 5
消印 236/56-60
消印広告 236/56
消しゴム 151/42
夏至点 3/8
消しナイフ 151/43
ケシの花 61/4
ケシの実 61/5
化粧ガウン 315/44
化粧鏡 315/43
化粧着: 子供用 29/24 紳士用 32/35
化粧師 315/47
化粧漆喰(しっくい) 338/42
化粧水 106/9
化粧水びん 105/37
化粧石 158/30
化粧台 43/25 楽屋の 315/43
化粧台鏡 43/29
化粧たるき 121/45; 122/41
化粧テーブル 315/45
化粧品のゴンドラ 99/23
化粧品類 99/27-35
化粧筆 315/46
化粧用腰掛け 43/24
ケジラミ 81/40
ケシロハツ 379/13
下水管 198/25
下水溝 198/23
下水溝ふた 198/24
下水道 198/27
下水ポンプ 199/20
削り角ブラシ 129/20
削り器 136/39
削りくず 135/26
削りくず取出し口 132/48
削りナイフ 100/51
削りハンマー 137/38

ゲス・ロープ 227/14
桁(けた) 320/6
桁構え 215/3
桁梁(けたはり) 119/3
ケチャプ 45/43
血圧監視用中央制御ユニット 25/1
血圧グラフ 27/31
血圧計 23/33; 25/15
血圧測定 23/32
血圧トランスデューサー 27/32
血液循環 18/1-12
血液沈降速度計測用毛細管 23/42
ゲッカコウ 60/9
血管 19/33
血管造影検査テーブル 27/26
血管造影室 27/12
血玉髄(けつぎょくずい) 108/48
結合材インジェクター 200/53
結合層 198/4
結合操縦装置 288/16
結合板 65/8
結合ビーム 215/44
結婚式 332/14
結婚の保証人 332/23
結婚指輪 36/5; 332/17
結婚指輪型打ち器 108/24
結婚指輪の箱 36/2
結紮(けっさつ) 21/14-17
結晶 351/1-26, 3, 29 塩化ナトリウムの 1/9 クリストバライトの 1/12
結晶学 351
結晶形〈宝石の〉 36/42-86; 351/1-26
決勝線 286/2
結晶測定器 351/27-33
決勝点 285/14; 286/28
結晶の中心 351/3
結縄(けつじょう)文字 352/22
月食 4/34-35
鑿歯類(げっしるい) 366/12-19
結節 80/27
結束糸 174/16
ケッチ・リッグド・セイリング・バージ 220/9
決定位置 224/45
けづめ: イノシシの 88/57 コウライキジの 88/82 ニワトリの 73/26
月面 6/13
月面着陸 6
月面のくぼ地ほこり 6/14
ケテルドラム 324/57
毛留め箱 323/13
毛鼻筆(けはなざわ) 289/30
毛針 89/65
け〈罫〉引き 120/69
ケマンソウ 60/5
毛虫 80/3, 14, 17, 29; 82/20
煙出し 353/21
煙出し窓 352/9
煙ディスペンサー 255/83
煙排出装置 255/89
ケヤリ〈科の一種〉 357/22
ケラ 334/51
ゲラ 174/12, 44
けらば 121/3
蹴(け)り上げ 123/33, 48
ケリー 145/14
蹴り技 299/19
ケルト族の銀貨 328/37
ケルベロス 327/29
ゲルマンの帆船(そうせん) 218/1-6
ケロシン 234/9
ケロシンタンク 234/9

挙(けん) 16/48
剣〈闘牛の〉 319/32
鍵(けん): クラヴィコードの 322/38 クラリネットの 323/35 ハープシコードの 322/49 フルートの 323/32
弦: アーチェリーの 305/59 ヴァイオリンの 323/9 ギターの 324/14 クラヴィコードの 322/44 数学の 346/51 ハープの 323/61 ハープシコードの 322/55 ピアノの 325/7 リュートの 324/6
元〈数学の〉 348/2
減圧重合 170/54
減圧弁 141/5
検印 94/24
牽引(けんいん)かん 64/47, 61; 65/18
牽引かんスタンド 64/62
牽引かんフレーム 65/26
牽引キャプスタン 217/22
牽引ケーブル 214/14
牽引車 194/21, 29 木材の; 85/43
牽引ヒッチ部 65/30
牽引棒〈農業機械の〉 64/61; 65/18
牽引力指示器 211/26
巻雲 8/6
絹雲 8/6
検疫所 225/27
堅果 370/98 ブナノキの 371/37
圏外円 288/59
限界円 3/5
限界線 292/72
限界層制御フラップ 256/6; 257/13
舷外(げんがい)浮材 283/42
圏外面 7/9
限界無水物 154/67
懸垂装置 335/54
懸垂装置: ケーブル・カーの 214/54 マックファーソン型 192/72-84
懸垂装置ボルト 214/72
顕花多年性植物 52/9
弦楽器 323/1-27; 324/1-31
懸垂ばね 192/74
堅果類 59, 37-51
玄関 267/1-26
玄関踊り場 123/23
検眼鏡 22/62
玄関扉 37/65; 123/24
玄関の間 41
玄関ひさし 37/67
玄関屋根 334/50, 56
牽牛(けんぎゅう)星 3/9
研究船オットー・ハーン号 221/9
研究用顕微鏡 112/66
研究用ロケット 7/24
現金係 99/94; 266/70
現金出納係 196/29
献金箱 330/55
現金出納 271/5
現金表示器 196/4
献金袋 330/59
原型〈鋳型の〉 148/34
原形質 357/3
舷弧(げんこ) 259/23
牽鉤(けんこう) 71/14
原稿 174/6; 176/3; 177/18
肩甲骨(けんこうこつ) 16/23; 17/7
健康保健用具 79/20
検査器具 79/20
研削機: 空気〜 148/44 万能の 150/1
研削機床 150/6

研削機台 150/7
研削ホイール 134/23; 137/19; 138/8; 150/4
巻散花壇 370/76
減三和音 321/3
犬歯 19/17
献辞 185/50
原子 1; 2; 242/64
原紙 173/29
原子核 1; 2, 16, 29
原始人の頭蓋骨(ずがいこつ) 261/19
原子層 7/32
顕示台 332/34
玄室 333/5
原始的つり橋 215/15
原子爆発 7/11
原子物理 1
原子模型 1/1-8, 5
検車係 205/44
献酌侍従(けんしゃくじじゅう) 329/69
けん縮〈トウの〉 170/59
舷檣(げんしょう) 221/120
顕示用聖体 332/35
原子力艦隊潜水艦 259/54
原子力工学 2
原子力航空母艦ニミッツ ICV N68 259/1
原子力調査船オットー・ハーン号 221/9
原子力発電所 154/19
原子炉 154/3, 19, 41, 50
原子炉圧力容器 154/22
原子炉ケーシング 259/67
原子炉内の制御連鎖反応 1/48
原子炉炉心 259/68
懸垂 296/33
懸垂後振り 296/55
懸垂下降 300/28-30
懸垂式複写カメラ 177/1
源水注入口 155/2
懸垂振り出し 296/58
原図入れ 177/15
減数 344/26
原図シリンダー 177/64
現図場(げんずば) 222/3
原図板 177/14, 22, 30
減勢池 217/61
原生動物 357/1-2
減勢プール 217/61
原石 339/5
巻積雲 8/14
絹積雲 8/14
巻層雲 8/7
絹層雲 8/7
現像液用折りたたみ容器 116/9
現像機器 311/30
現像皿 116/25
現像されたシリンダー 182/13
現像室タイマー 116/18
現像所 310/2
現像スパイラル 116/2
現像タンク 116/1, 20 写真製版の 182/11
現像タンク温度計 116/8
現像ドラム 116/48
舷窓(げんそう)の列 220/27
減速ギヤ: 航空機の 232/59 潜水艦の 259/61
舷側(げんそく)厚板 222/44
減速材 1/54
「減速」サイン〈水上スキーの〉 286/50
減速作動レバー 149/3
減速信号の表示 203/4

減速装置 64/71
舷側(げんそく)の内張り 283/31
舷側砲火用砲門 218/59
現代人の頭蓋骨(ずがいこつ)261/21
現代スキーの構造 301/46
現代彫刻作品 272/64
現代のエネルギー資源 155
現代の戦艦 259
ケンタウルス座 3/39
ケンタウロス 327/52
建築請負人標示板 118/47
建築工事現場 118; 119
建築木材 120/83-96
建築用ガラス工 124/8
建築れんが 159/20
間丁(けんちょう) 166/37
舷梯(けんてい) 221/98
原点〈天文学の〉 3/6
拳闘(けんとう) 299/20-50
検討管装置 112/22
原動機 197/5
原動ギア 180/29
原動機つき消火車 156/10
拳闘試合 299/20-50, 30-50
拳闘選手 299/25
見台(けんだい)装置 177/12
舷灯塔(げんとうとう) 224/103
見台のみ 340/7
拳闘用グローブ 299/26
拳闘リング 299/35
原乳運搬車 76/2
原乳ポンプ 76/3
げんのう 137/22
剣のつば 294/43
現場小屋 119/44
現場事務所 118/48
現場便所 118/49
鍵盤(けんばん): アコーディオンの 324/40 オルガンの 326/8 ハーディ・ガーディーの 322/28 ピアノの 325/4-5
鍵盤楽器 325/1
顕微鏡 111/19
顕微鏡カメラ付属装置 112/36
顕微鏡写真撮影装置 112/34; 115/89
顕微鏡の載物台 112/9
顕微鏡の測光器 112/49
顕微鏡本体 113/31-39
権標(けんぴょう) 306/59
見物人 308/29
減法記号 344/24
減法混色 343/12
原木 120/83
研磨 129/28
玄米(げんまい)パン 97/50
研磨機: 回転〜 125/16 金属細工の 140/18 靴の 100/6 道具〜 137/18 塗装工の 129/29 ペデスタル〜 138/7
研磨器: 金銀細工の 108/51 塗装工の 129/29
研磨器の付属品 109/15
研磨済み銅版 340/53
研磨平円盤(ひらえんばん) 134/25
研磨ホイール 140/19
研磨ホイールの組合せ 111/13
研磨ホイールの組合せとエッジング用の 111/35
研磨用鉄砥(かなと) 108/51
研磨用砥石車 340/46
研磨ホイール 24/36
研磨用ローラー・ベアリング 163/41
原綿供給 163/9
原綿供給仕切り 163/8

原綿の梱包(こんぽう) 163/3
舷門(げんもん) 218/46
原油 12/31
原油採油法 145/22-27
原油処理 145/28-35
原油の加工 145/36-64
原油輸送船 221/1
懸葉 333/24
舷翼 223/16
肩翼単葉機 229/3
検流計 11/44
原料: セメント工場の 160/1 合成/人造繊維の 169/1; 170/1
原料製造用粉砕シリンダー 161/1
原料調整機 172/79-86
原料貯槽 172/85, 86
原料貯槽 173/1
原料貯蔵庫 160/3
原料の配合槽 173/1
原料粉砕ミル 160/4
原料粉サイロ 160/5
原料ミル 160/7
弧(こ) 346/53
コイ池 89/6
コイ釣り 89/26
子イヌ 73/16
小犬座 3/15
子イノシシ 88/51
コイパー層 154/57
コイ用釣針 89/86
コイラー・トップ 163/62
コイラピーラー 163/36
コイル工程 148/72
コイル状のスライバー 163/35
コイル・スプリング 191/28
コイルばね 192/68
コイル結び 34/38
コイン台 36/38
コイン・ブレスレット 36/36
コイン・ロッカー 204/21
項〈数学の〉 345/11
甲: 足の 19/61 動物の 364/29
桁(こう) 230/45
高圧液体配素 235/42
高圧液体酸素ポンプ 235/42
高圧液体水素 235/41
高圧液体水素ポンプ 235/41
高圧ガス主管 156/45
高圧クセノン・ランプ 312/39
高圧計 141/4
高圧コンプレッサー 232/36
高圧水管 269/16; 270/31
高圧セメンティング・ポンプ 146/34
高圧送電線 152/32
高圧タービン: 蒸気タービンの 153/23 ターボプロップ・エンジンの 232/53
高圧帯 9/6
高圧タイヤ 187/30
高圧端子 152/43
高圧導線 152/33
高圧ブッシング 152/43
高圧巻線 153/15
高圧用変圧器 211/4
高圧予熱器 152/26
コウイカ 357/37
広域噴霧 83/1
更衣室 282/3
香入れ 332/42
降雨 8/18
耕耘機(こううんき) 55/21; 56/18; 65/55
耕耘機のアタッチメント 56/21
後衛: 水球の 282/49 ファウストボールの 293/77
公開実験 242/45-84
公開実験台 261/3
更改証書 251/19
口蓋垂(こうがいすい) 19/22
郊外線列車 205/25
航海テレビジョン受像マスト 221/37
航海灯 258/56
航海灯表示盤 224/29
航海灯マスト 221/51
航海標 224/68-108
口蓋扁桃(へんとう) 19/23
航海楼甲板 223/14
「降下OK」の信号〈落下傘の〉 288/52
高架橋 215/59
「降下禁止・飛行機着陸」の信号〈落下傘の〉 288/54
「降下禁止・飛行継続」の信号〈落下傘の〉 288/54
口角 16/14; 19/19
甲革 101/23, 26, 46
光学器械 112; 113
光学くさび 176/22
光学式音声装置 312/45
光学システム 243/50
甲革剪断機(せんだんき) 100/42
光学装置 242/41
光学素子板 195/18
光学測距儀 258/37
光学台: カメラの 114/50 教育レーザーの 242/79
光学輪 305/51
光学輪照準具 305/50
甲殻類 357/27-36; 358/1-2; 369/16
広角レンズ 115/45; 117/48
光学録音機 310/60; 311/6
光学録音装置 311/9
硬化剤用計量器 130/33
高架スプレー洗浄器 169/29
豪華船室 223/30
効果的分子再配列 170/23
降下様式 288/50-51
降下用装置 6/28-36
硬貨両替機: 電車の 197/33 郵便局の 236/28
交換 237/22
槓杆(こうかん)〈銃の〉 87/22
睾丸(こうがん) 20/72
鋼管足場 119/46
鋼管支柱: ケーブル・カーの 214/78 建築現場の 119/86
交換手のセット 237/23
交換手の部署 237/34
交換焦点合せスクリーン 115/58-66
交換ズーム・レンズ 117/2
交換センター 237/41
交換台 245/13
交換棚 236/23
鋼管塔 214/78
交換ペンタプリズム・ファインダー 115/69
硬岩ドリル 158/11
交換荷台 194/23
鋼甲板(こうかんばん) 222/56
交換レンズ 115/43
口器 358/26
講義 262/1
高気圧 9/6
講義室 262/2
講義ノート 262/5
後期ムシェルカルク層 154/58
後脚: イヌの 70/7 コフキコガネの 82/8 シカの 88/22 野ウサギの 88/63
構脚 128/52
高脚つきのグラス 162/41
後脚部〈ウマの〉 72/33-37
鋼球 143/70
高級ガソリン 145/55; 196/1
高級船員室 223/21
高級洋装店 268/9
講義用掛図 262/8
公共建物 15/54
咬筋(こうきん) 19/7
工具: 建築の 119/77-89 自動車修理場の 195/43
航空エンジン 232/33-60
航空カバン 267/15
航空機 229; 230; 231; 232
航空機エンジン 232/33-60
航空機牽引車(けんいんしゃ) 233/23
航空機昇降機 259/4, 13
航空機燃料 145/57
航空機のいろいろ 231/1-33
航空機の運動性 230/67-72
航空測量カメラ 14/63
航空電子工学装置隔室 257/11, 18
航空灯 230/44, 50; 257/36; 288/31
工具のシャンク 149/49
工具箱 150/13
工具袋 187/25
工具用手押車 195/42
口径 87/37, 40
口径絞りスライド 112/16
工芸用ガラス工 124/8
攻撃者: ハンドボールの 292/3 フェンシングの 294/5
攻撃潜望鏡 259/88
攻撃武器〈フェンシングの〉 294/11, 36
光源 1/59
高原 13/46
高原のインディアン 352/23
硬口蓋(こうこうがい) 19/20
鉱坑換気装置 144/16
口腔外科 24
坑口建造物 144/3
鉱坑車 144/45
航行水路 216/21
坑口建物 144/4; 154/70
口腔灯(こうこうとう) 24/42
航行灯 286/10-14
広告 268/71; 342/56
広告カレンダー 22/10
広告柱 268/70
広告ビラ 204/10
広告プラカード 308/50
広告ポスター 271/25
広告用スライド映写機 312/23
広告欄 342/69
交差 296/43
交差〈集合の〉 348/4
虹彩(こうさい) 19/42
鉱滓(こうさい)とりべ(取瓶) 147/10
鉱滓排出口 147/9
鉱滓噴出口 148/12
工作 140/6; 260/50-52
工作機械 149; 150
工作機械工のハンマー 134/40
工作室 260/46-85 プラネタニウムの 5/17
工作台 260/46
工作台上部 132/34
鋼索(こうさく)鉄道 15/67
工作場 315/28-42
工作品 140/6; 141/20; 142/28
交差コンベヤ 157/20
交差筋交い 118/25
交差チェーン・コンベヤ 157/22
交差通気式気化器 190/79
交差トータル・カウンターつき主制御盤 242/3
交差跳び 297/44
交差ひも結び 29/37
交差部採光塔 335/6
交差ヴォールト 335/31-32; 336/42
交差渡り線 203/49-52
鉱山 15/34
高山植物 378/1-13
高山地帯 12/39-47
講師 262/3
格子 272/34 おりの 307/50 給水装置の 269/11 雪止めの 38/8
後翅(こうし) 358/33
子ウシ 62/33; 73/1
合字 175/6
広視域金属顕微鏡 112/23
広視域立体顕微鏡 112/61
格子垣 37/33; 89/5; 272/33
格子型鉄塔 152/36
格子構造 1/9-14
格子支柱 214/77
格子スペクトログラフ 5/5
後肢立ち 71/4
後膝部(こうしつぶ) 16/51
子牛〔肉〕 95/1-13
格子の桟 272/34
格子のツルバラ 52/12
子牛のロインの最良端 95/7
格子窓 204/38
格子門 272/31
侯爵冠 254/40
侯爵帽 254/40
後斜桁(けた) 218/28
向斜軸 12/19
向斜褶曲(しゅうきょく) 12/18
向斜谷 13/56
高射砲塔 259/30
後車輪 186/17
後車輪操舵(そうだ)機構 64/39
公衆電話 204/46; 205/57; 237/1
公衆電話ボックス 204/46; 268/56
高周波 7/26
公衆便所 268/62
口述録音機 22/27; 209/30; 246/17; 248/34
鉱床 11/31
後檣(こうしょう) 218/29
工場〈地図記号〉 15/37
号鐘(ごうしょう) 224/75
甲状舌骨膜 20/3
甲状腺(せん) 20/1
甲状軟骨 20/3
工事用ホイスト 118/31
交織しているループ 171/39
黄色灯 203/16
黄色フィルター調節装置 116/44
高所剪定(せんてい)ばさみ 56/11
高所導灯 224/102
後陣 334/64; 335/5
交信アーク 237/34
交信アーム 237/44
交信アーム・タッグ 237/46
交信界磁 237/45
耕深調節 65/60
耕深調節用尾輪 65/59, 63
コウシンバラ 60/15
音辛料(こうしんりょう) 382
香辛料棚 39/31

香辛料びん 39/32
降水 8/18-19
降水域 9/30
洪水域 216/41
鉱水飲用中の患者 274/18
洪水河床 216/41
降水計 10/44
洪水ゲート 217/77
降水高層雲 8/9
香水スプレー 43/26;106/21
洪水による損傷 216/5
降水の型 8/18-19
香水びん 43/27;105/36
洪水壁 217/58
洪水抑制地域 216/42
公園 272 地図記号 15/97
後縁〈翼桁の〉 287/37
公園いす 272/48
公園入口 272/32
公園管理人 272/30
公園規定 272/29
公園の格子垣 272/33
公園の庭師 272/66
公園のベンチ 272/16,42
公園の門 272/31
高音域調整 241/31
高音域・低音チューニング 241/43
高音弦 325/10
高音弦駒〈こま〉 325/11
恒温槽 23/48
高温沈殿物除去用渦巻き分離器 93/2
高温度測定用セーゲル・コーン 161/6
高音部 324/39
高音部記号 320/8
高音用音栓〈せん〉 324/41
高架 177/13
硬質 252/1-28
航海 224
航海甲板 228/22
航海甲板の下層 228/24
航海甲板の上層 228/23
航海士 224/37
降水量 9/45
合成エプロン 167/16
校正機 180/75
合成ゴムで保護された上ローラー 164/11
鋼製索柱 231/6
合成樹脂製ピッカー〈紡績機の〉 166/64
恒星図 3/1-35
校正刷り 340/43
合成繊維 169;170
合成繊維壁紙 128/18
合成底〈スキーの〉 301/52
高精度時計 230/11
高性能オートバイ 189/43
高性能グライダー 287/9
合成物質製の大おけ 79/4
恒星名 3/9-48
合成ルビー 110/33
航跡 223/58
高積雲 8/15
鉱石検波器 309/23
荒石層 269/37
降雪 8/18
工船 90/11;221/86
光線 224/83
腔線〈こうせん〉 87/36
鉱泉飲用所 274/15
鋼板外装 153/50
光線遮蔽板〈しゃへいばん〉 5/22

光線の径路 1/62
鉱泉〈蛇口〉 274/17
光線部分管 112/38
高層雲 8/8
高層建築物 37/82
高層式アパート 37/77-81
構造地震 11/32-38
高層湿原 13/19
光束位置調節装置 2/34
高速機関車 205/35
拘束索 259/16
高速増殖炉 154/1
高速道路 15/16
高速道路建設 201/1-24
高速度カメラ 313/35
高速はんだごて 134/58
後足部の〈ウマの〉 72/33-37
高速フェリー 216/10
高速ミキサー 79/5
高速モーター・ドライブつきカメラ 115/77
高速モーターボート 283/6
鋼帯外装 153/50
後退ギヤ 65/41
交代要員〈スポーツの〉 291/54;292/39
後遺翼 229/20,21
光沢紙巻き枠 173/35
光沢機ロール 173/26
高速道路 330/19
耕地 63/4,13,17
耕地栽培用飼料植物 69/1-28
耕地の番人 63/13
紅茶 98/65-68;99/68-70,69
降着装置ケース〈空軍機の〉 256/15
降着装置油圧シリンダー 257/41
甲虫 358/24-39
後肘部〈こうちゅうぶ〉 16/45
腔腸〈こうちょう〉動物 357/14;369/14,20
交通巡査 268/30
交通信号灯 268/52
交通信号灯の柱 268/53
交通整理 268/30
交通整理そでカバー 268/31
交通整理中の交通巡査 268/30
交通整理用ヘリコプター 264/1
工程〈ケークの〉 169/19-27
高低圧タービン 259/62
高低ギヤ 65/43
高低締め具 14/55
工程制御コンピュータ 236/37
高・低速運転スイッチ 117/87
高低測量 14/46
工程のフロー・チャート表示 76/9
高低ピストン 255/51
高低微動ねじ 14/54
鋼鉄インゴット 147/33
鋼鉄脚万力〈まんりき〉 126/80
鋼鉄製はしご 270/10
交点 346/1;347/12
高電圧指示器 211/29
光電盤 312/49
光電盤並列 195/21,22
光電子増倍管 112/51
光電変換素子 243/56
喉頭〈こうとう〉 20/2-3
黄道 3/2
孔道 82/23-24
講堂 262/2
喉頭蓋〈こうとうがい〉 17/51
高等学校 261
恒等記号 345/16
後頭筋 18/50;19/2
後頭骨 17/32

恒等式 345/5
黄道軸 4/2
黄道十二宮の記号 4/53-64
高等数学 345/11-14
広胴長距離定期輸送機 231/14
恒等的に等しい 345/16
高等馬術 71/1-6
後頭部 16/2
後頭部での両手組合せ 295/52
喉頭〈こうとう〉隆起 19/13
光度計 23/54
高度計 230/4;298/20
高度目盛り 7/35
港内作業車用曳船〈えいせん〉装置 227/13
構内食堂 204/13
港内渡船 225/11
坑内水だめ 144/47
公認の薬品 22/23
勾配〈こうばい〉 347/12
広背筋 18/59
香箱 110/38
後帆 219/20-31
絞盤〈こうばん〉 258/23
絞帆索 218/36;219/71
交尾期 88/4
交尾期の頸毛〈くびげ〉 88/27
後尾制御器 197/8
後尾方向指示器 189/42
後ファン・ジェット 232/42
後部鞍〈くらばね〉 71/46
後部航空電子工学装置隔室 257/18
後部座席 191/31
後部座席足台 188/44
後部座席頭受け 193/8
後部支柱 91/32;303/9
後部乗客ドア 231/30
後部水平舵〈だ〉 235/63
後部スカート 235/63
後部接手 234/49
後部洗浄弁 216/61
後部船台 223/55
後部ドア 193/3,6
後部フォッグ・ランプ警告灯 191/67
後部分離ロケット・モーター 235/62
後部ベイ 257/18
後部窓 191/32
後部万力 132/37
後部胸肉 95/25
鉱夫輸送 144/44
口吻〈こうふん〉 358/17,56
興奮剤 382
公母船 344/19
香部屋 331/13
後方かかえ込み宙返り 297/15
後方車輪 296/60
後方伸身宙返り 297/17
後方転回倒立 297/29
後方倒立回転 297/24
後方ブリッジ 297/23
後方抱倒 297/25
酵母純粋培養室 93/6
酵母繁殖室 93/6
子ウマ 72/2;75/4
公松原〈こうまつばら〉 72/14
香味料棚 47/29
後面左2番ピン〈九柱戯の〉 305/9
後面ピン〈九柱戯の〉 305/11
後面右2番ピン〈九柱戯の〉 305/10
剛毛 50/47;88/52
剛毛のある萼片〈がくへん〉 375/33

剛毛ブラシ 105/16
コウモリの翼 327/4
肛門〈こうもん〉 20/62
閘門〈こうもん〉 217/20,32 地図記号 15/58
肛門括約筋 20/63
閘門進入 217/26
膏薬〈こうやく〉 22/64
鉱油 145
広葉樹林〈地図記号〉 15/4
高翼機 229/1
高翼水平尾部 229/35
高翼単発機 231/2
高翼単葉機 229/1
コウライウグイス 360/72
コウライキジ 88/77
小売商人 98/41
小売店 98/1-87
硬粒種 68/31
交流発電機 152/23;153/1
交流発電機制御盤 153/1
合流標識 224/90
抗力落下傘覆い 257/24
口輪筋 19/8
後輪スプロケット 187/38
後輪ドラム・ブレーキ 189/13
後輪泥よけ 187/43
孔裂花 370/96
後列針 167/46
高炉 147/1
航路 216/21
香炉 332/38
鉱ろう油 145/60
航路筋〈すじ〉標識 224/84-102
航路中央標識 224/98
香炉火 15/10,49
香炉の鎖〈くさり〉 332/39
香炉の底 332/41
香炉のふた 332/40
航路標識 224/68-83 地図記号 15/10,49
港湾 225;226
港湾管理事務所 225/36
港湾税関 225/6
香をすくうスプーン 332/43
越え 12/47
護頴〈ごえい〉 68/11
護衛艦 258/53
小枝 370/6
ゴー・カート 273/33;305/83
ゴー・カート競走 305/82
コークス・ガイド 156/9
コークス工場 144/7-11
コークス工場 156
コークス積込み 156/15
コークス積込みベイ 156/12
コークス製造がま 144/7
コークス積込み 156/12
コークス用石炭タワー 144/9
コークス用炭の放下 156/1
コークス冷却車両 144/11
コークス冷却塔 144/10
コークス炉 38/38;156/8;170/2
コークス炉ガスの処理 156/16-45
ゴーグル 300/18;301/11;303/15
ゴージ 13/52
コース 293/79-82;301/44
コース・カウンター 167/43
コース標識 289/19
コース標識旗 301/45
コース料理 266/17
コース・ロープ 282/30
コーチ 220;291/55;292/57
コーチャーズ・ボックス 292/56
コーティング〈蛍光物質の〉 240/

29
コーティング機〈ブレード〜〉 173/29-35
コーディング・キーボード 242/11
コーディング部署 237/35
コート: オセロット 131/25 少女用 29/54 紳士用ポプリン地の 33/60 紳士用ラシャ地の 33/66 婦人用毛皮〜30/60 婦人用冬用〜30/61 婦人用ポンチョ型 30/68 ミンク〜131/24
コード 230/56
コート掛け 41/1; 266/14
コート・スタンド 266/12
コートの襟 33/58
コートの基型 103/7
コートのポケット 33/61
コートのボタン 33/64
コード・ホック 50/65
コーナー 292/18
コーナー・キック 291/41
コーナー・シート 266/38
コーナー席 265/10
コーナー・テーブル 246/34; 266/39
コーナー止め金具 124/23
コーナー・フラッグ 291/8
コーナー・ペッグ 292/79
コーニス 120/34; 334/11-14
コーヒー 98/65, 67; 99/68-70; 265/19
コーヒー・ショップ 265/1-26
コーヒー・セット 44/27; 265/18
コーヒー茶わん 44/29
コーヒー・テーブル 42/28
コーヒーの木 382/1
コーヒーひき 39/24
コーヒーポット 44/28
コーヒー豆 382/6
コーヒー・ロースター 98/70
コーヒー沸し器 39/38; 265/2
氷霰(あられ) 9/35
氷入れ 267/67
氷斜面 300/14
氷棚 300/4
氷の山稜(さんりょう) 300/21
ゴール: アイスホッケーの 302/37 サッカーの 273/11; 291/35 水泳の 282/46 ホッケーの 292/7
ゴール・エリア 291/5
ゴール・キーパー: アイス・ホッケーの 322/36 サッカーの 291/10 水球の 282/47 ホッケーの 292/8
ゴール・キック〈サッカーの〉 291/38
ゴール・タール抽出 156/12
ゴール・タールとフェノールの抽出 170/3
コール天の甲革 101/26
コールテンの縁なし帽 35/25
コールト通気孔 227/25
コール・ド・バレエ 314/25
ゴールポスト 273/11; 291/37
ゴール・ライン 291/7
コールラビ 57/26
コーン: 綾巻き〜165/8,9 調整用〜187/58 ポリアミド〜170/51,52
コーン軸架 165/9
コーン・ドラム・ボックス 163/29
コーン・ヘッド 64/35
コーン巻き 169/27
コーン・ワインダー 165/1; 169/26
ゴカイ 357/22
戸外飼料槽 62/9

顧客 98/43; 99/2, 18; 111/2; 237/16; 248/18; 250/6; 266/25; 271/16, 55
顧客カード索引 248/24
顧客カード索引 248/24
顧客個人メーター 237/16
顧客サービス係 248/17
五角十二面体 351/8
顧客控室〈デパートの〉271/24
木陰 272/17
木陰道 272/17
小型1眼レフ・カメラ 115/1
小型映写機 312/52
小型オフセット印刷機 249/48
小型オリジナル架台 117/56
小型家畜 73/18-36
小型カメラ 23/7; 112/26; 114/1
小型駆逐艦 258/53
小型口述録音機 246/32
小型コンテナ 206/19
小型擦(さつ)弦楽器 322/20
小型時刻表 204/42; 205/45
小型遮断機 41/20
小型スーツケース 267/15
小型スーパー8カメラ 117/51
小型3ドア車 193/19
小型送信器 10/59
小型ディーゼル機関車 212/68
小型の弓のこ 127/52
小型のはかり 22/42
小型発炎装置 301/22
小型葉巻きタバコ 107/3
小型パン 97/13-16
小型帆船 221/49; 285/37-41
小型フィルム・カセット〈顕微鏡写真撮影装置の〉112/35
小型枚葉オフセット印刷機 180/70
小型万力 134/10
小型ライフル銃 86/30
小金敷 125/23
コガネホウキタケ〔の仲間〕 381/32
個眼 77/20
護岸 216/51-55
互換式車体 213/40
語間の連結 16/33
語間指示計器 26/28
コキンメフクロウ 362/19
コグ 218/18-26
刻印されたスタンプ 252/35
刻印プレス 252/40-41
刻印リング 252/42
黒液貯蔵タンク 172/29
黒液濾過器(ろかき) 172/28
黒鉛の減速管 1/54
国際信号旗システム 253/29-34
黒色火薬 87/53
黒人 354/13
黒檀鍵(こくたんけん) 325/5
小口 120/92
小口現金 246/27
小口層 118/64

小口積み 118/60
小口のあき〈本の〉185/57
木口(こぐち)版本 340/1
国内記事面 342/62
黒板 47/13; 48/16; 260/29, 35; 261/36; 277/18
黒板消し 260/42
黒板消し盤 260/41
黒板用コンパス 260/40
極太(ごくぶと)文字 175/9
小熊(こぐま)座 3/34
穀物 68/1-37
穀物供給胴 64/20
穀物タンク 64/23
穀物タンク供給胴 64/24
穀物タンク荷おろし機 64/25, 26
穀物の収穫 63/31-41
穀物の種類 1-37
穀物持上げ機 64/2
国有地 15/94
穀粒 68/13
穀類 98/35-39; 99/62
穀類の葉 68/8, 19
国連旗 253/1-3
固形ブイヨン 98/27
固形物質 350/61
コケ 377/17
コケモモ 377/15
護拳(ごけん) 294/38
ココア 98/66; 382/19
ココア末 382/19
プレート・ガーダー橋 215/7
ココナツ 383/53
ココナッツ・マカロン 97/37
ココノツオビアルマジロ 366/8
コクヨシ 383/48
コサック風ズボン 30/44
コザック帽 35/34
小札鎧(こざねよろい) 329/64
小皿 45/6
腰: ウマの 72/30 シカの 88/18 人間の 16/24, 31
ゴジアオイ 377/20
腰板 210/29
腰折れ屋根 121/18
子ジカ 88/1
腰掛け 24/14; 41/10; 260/58
腰掛け板 49/15
腰掛けの横木 278/17
腰革 71/32; 100/61
ゴシキヒワ 360/1
鼓室 17/60
ゴシック式教会 335/22
ゴシック式建築構造 335/27-35
ゴシック体 342/1
ゴシック美術 335/2-41
腰肉 95/17, 46; 96/4
腰布 354/31
腰のくびれた部分 16/25
5時の茶会 267/44-46
腰羽目(こしばめ) 129/15
腰みの 306/18
ゴジュウカラ 361/11
50m競泳用標的 305/30
50m標的 305/30
コショウ 382/36
湖上住居 328/15; 352/33
故障修理サービス 237/27
コショウ末 382/39
こじり棒 158/32
個人貸付 250/4
個人メーター 237/16
個人用ディスプレイ装置 242/3
こずえ 370/4
こすりブラシ 50/56
互生(ごせい)羽状葉 59/40

古戦場〈地図記号〉 15/93
跨線(こせん)道〈地図記号〉 15/22, 40
古代エジプトの象形文字 341/1
古代エジプトのリード・ペン 341/22
古代ギリシアの女性 355/1
古代ギリシアの男性 355/3
小太鼓 323/51
個体識別票 74/55
古代スカンジナビア 218/13-17
固体層 148/26
固体燃料 235/58
古代の筆記具 341/21-26
古代ローマの女性 355/7
古代ローマの男性 355/11
小滝 272/9
骨格 17/1-29
コッカ・スパニエル 70/38
骨鉗子(こっかんし) 26/51
国旗 253/15-21
コック 349/5, 22; 350/53
コックス 283/11
コック長 207/34
コックピット 285/38
黒鍵(こっけん) 325/5
骨材 119/26
骨折 21/11
骨折肢(し) 21/10
コッター・ポンチ 137/31
骨頂部 72/27
骨壺(こつつぼ) 328/38; 331/31
骨壺埋葬 331/31
小包 236/3, 6
小包書留カード用郵便料金計器 236/7
小包書留スリップ 236/4
小包差出し口 236/1
小包はかり 236/2
コッド・エンド 90/22
コッド・ライン 90/23
コットンリ集塵(しゅうじん)装置 152/13, 20
コットン 383/19
コットン式編機 167/18
こっぱ用トロッコ 157/16
骨盤 17/18-21
コッファダム 259/19
コップ棚 274/16
コッヘル鉗子(かんし) 22/49
こづめ 19/81
こて 128/44
籠手(こて) 294/12; 329/50
固定かんぬき 140/39
固定かんぬき用案内ピン 140/41
固定キャリパー 192/49
固定支点 215/11
固定障害 289/20
固定ストッパー 147/31
固定スプール・リール 89/32, 61
固定装置 56/38
こて板 118/57
固定フィン 286/61
固定腹殻梁(ふくばりょう) 121/72
固定振れ止め 150/30
固定屋根 186/14
固定用のステッキ 21/16
固定炉 147/23
コテージ・ピアノ 325/1
ゴデット輪 169/16
コデマリ 374/23
5点音 321/50
5.5メートル船級 284/58
鼓動 335/44
琴座 3/22
子供 48/2, 33

子供座席 187/21
子供皿 28/28
子供の自転車 273/9
子供の本 47/17
子供の遊園地 273
子供服 29
子供の部屋 47
子供用サンドレス 29/13
子供用ジャンパー 29/47
子供用メリー・ゴー・ラウンド 308/2
コドリンガ(蛾) 58/62
粉 97/52
粉おしろい 43/28
粉砂糖 98/54
コニカル・ブイ 224/76
小荷物 204/2
小荷物取扱所 204/1
コニャック 98/59
コニャック・グラス 45/88
こね板 48/14
コネクター 6/28 段間～234/31, 36 タンク間～234/16
こねる器具 97/55
子のアヒル 73/35
子のガチョウ 73/34
小歯車 143/92
小箱〈体操用具〉 296/16; 297/9
こばこて 100/9
こはぜ 110/34
小幅物 119/18
小梁(こばり) 123/36
小梁(こばり)つき鉄筋コンクリート床 123/35
コバルト遠隔照射装置 2/28
コバルト・ボム 2/28
コピー 245/2
コピー受け 249/13
コピー・スタンド 115/90, 92
子ヒツジ 73/13; 75/11
小人 308/22
個品貨物 206/4, 27
コフキコガネ 82/1
コフキコガネの幼虫 82/12
こぶし 16/48
コブシガニ 358/1
子ブタ 73/9; 75/39, 42
五分丈(だけ)パンティ 32/10
小縁 334/17
小舟 353/12
コブハクチョウ 359/16
ゴブレット台合成形用クラッパー 162/42
子ボート 228/17
5本マストバーク 220/32-34
5本マスト・フル・リッグド船 220/35
駒(こま):ヴァイオリンの 323/5 キタラの 322/17 チェスの 276/1, 7
ゴマ 383/45
木舞(こまい) 123/70
木舞張り 123/71
こまばれ肉 96/14
鼓膜(こまく) 17/59
駒の動き方〈チェスの〉 276/14
小間物収容箱 195/31
小円屋根 336/3
ごみ 199/17
ごみ入れ 50/62, 86; 199/3; 207/55
ごみ運搬トラック 199/1
ごみ吸引ファン 163/16
ごみ収集車 199/1
ごみ焼却装置 199/28

ごみ捨て装置 199/2
ごみ捨て場 199/10
小見出し 342/46
ごみ出し口 133/20
ごみ抽出器 133/28
ごみ抽出器つきチッパー 172/1
ごみ沈澱室 172/6
ごみ箱傾斜装置 199/2
ごみ容器 199/4
5ミリメートル剪断(せんだん)工程 148/74
ゴム裏張り平円盤 134/22
ゴム液 340/49
小麦 68/1-37, 23
小麦粉 91/28; 97/52; 99/63
小麦粉サイロ 335/40
小麦の麦芽パン 97/48
小麦の麦芽油 98/24
小麦ビール 93/26
ゴム・クッション 277/16
ゴム・スタンド 187/84
ゴム・スプリング 297/13
ゴム製スポーツボート 286/1
ゴム製足留 114/45
ゴム製の動物浮き輪 280/33
ゴム製馬靴 289/32
ゴム製連絡シール 207/8; 208/12
ゴム・タイヤ 273/54
ゴム・タイヤ・ケーブル・カー 273/53
ゴム・タイヤ・ブランコ 273/18
ゴムつき鉄枠 249/17
ゴムつきフロント・バンパー 191/13
ゴムの木 383/33
ゴム・バインディング 286/57-58
ゴム・ピンチ・ローラー 117/35
ゴム・ブシュ 192/67
ゴム踏み段 123/16
ゴム・ブランケット 180/54
ゴム・ブランケット胴 180/79
ゴム・ブロック 123/16
ゴム・ベルト 64/79
ゴム・ローラー 182/8
ゴム輪:デッキ・テニスの 280/32 びん詰め用～40/26
米 63/12; 68/1; 98/38
5メートル飛込み固定台 282/8
こめかみ 16/3
込め砂バケツ 158/29
コメツキムシ 80/37
コメツキムシの幼虫 80/38
コメノゴミムシダマシ 81/18
米畑 63/32
込め物ケース 174/8
込め物棚 174/8
小文字 175/12
コモチカンラン 57/30
コモチマンネングサ 375/21
コモンベッチ 69/18
小屋組み 120/7; 121/27-83
小指:足の 19/56 手の 19/68
五葉飾り 335/40
娯楽施設 274/8
娯楽施設つきの療養客用ホテル 274/8
コラム 139/10
梱(こり):ビートの 206/10 ビスコース・レーヨンの 169/34 わらの 206/23
コリドール 301/71
コリメーター 5/30
コリヤナギ 136/14, 15
ゴリラ 368/16
五輪旗 253/5
コリント式円柱 334/1

コル 12/47
コルク救命胴衣 228/9
コルク口 107/13
コルク紙 128/18
コルク栓 267/58
コルク栓抜き 40/18
コルク抜き 45/46
コルク・ハンドル 89/50
コルセット 355/53
コルドン 52/1, 2, 17, 29
コルナ 252/27
コルネット 323/43 曲がった～322/12
ゴルフ 293/79-93
ゴルファー 293/83
ゴルフ・カート 293/85
ゴルフ・コース 293/79-82
ゴルフ・ボール 293/89
ゴルフ・ボール型活字板 249/15
ゴルフ・ボール・タイプライター 249/1
五連符 321/23
殺し球〈ビリヤードの〉 277/2
コロナ:コーニスの334/12 太陽の4/39
転び止め 123/67
コロモガ 81/13
コロモジラミ 81/41
コロラドハムシ 80/52
コロン 342/17
コロンビアン〈活字の〉 175/30
コロンビーナ 306/27
根(こん)〈数学の〉 345/2
コンガ 324/55
ゴング 299/46
コンクリート 119/72
コンクリート製大おけ 79/3
コンクリート階段 123/16
コンクリート壁 123/1
コンクリート骨材 118/36
コンクリート混合プラント 201/19
コンクリート散布器 201/6
コンクリート遮蔽(しゃへい) 154/20
コンクリート振動突固め機 201/10
コンクリート・スクレーパー 200/13
コンクリート・スプレッダー 201/5
コンクリート突き棒 119/83
コンクリート道路建設 201/1-24
コンクリートと鉛の遮蔽(しゃへい) 1/57
コンクリート根回り 118/2
コンクリートの縁どり 52/20
コンクリート・バイブレーター 119/88
コンクリート・バケット 119/38
コンクリート・パン 201/24
コンクリート枕木(まくらぎ) 202/37
コンクリート・ミキサー 188/33; 119/29; 201/23 おもちゃの47/40
コンクリート母屋(もや) 119/4
コンクリート床 118/16; 119/8
根茎 58/18
コンケーブ 64/11
根号 345/2
混合アスファルト出口 200/15
混合給水栓 106/14
混合室 83/62
混合蛇口 49/2 106/14
混合樹林 15/14
混合装置 200/15
混合ダブルス 293/2, 49
混合タンク 172/35
混合ドラム 200/50
混合ドラム混合装置 200/15

混合比制御 230/31
混合プラント 201/19
混合ポンプ 196/1, 13
混合用スクリュー・コンベヤ 83/59
コンゴレド 231/15
コンサーティーナー 324/36
コンサート用グランド・ピアノ 325/40
根菜作物 68/38-45
根刺 370/81
金色〈紋章の色〉 254/24
根指数 345/2
昏睡(こんすい)状態の体位 21/24
コンスタンチヌス大帝の肖像入りのアウレウス 252/3
コンスタンチヌス型十字架 332/67
混成火山 11/15
根生葉 375/9, 12, 15, 30; 383/2
コンセント 127/5
コンソール 133/24
コンソール・オペレーター 244/8
コンソール・タイプライター 244/4
コンソール・ピアノ 325/1
献立表 266/21
昆虫 81; 358/2-23
コンテ 338/5
コンディション・リポート 195/7
コンテナ 226/3 小型～206/19, 57 コンテナ船の221/22 チップ～170/40 発射～170/58
コンテナ運送トラック 225/47
コンテナ積載用貨物車 206/58
コンテナ積載台 194/27
コンテナ船 221/21, 89; 225/45
コンテナ・ターミナル 225/48; 226/1
コンテナ・フレート・ステーション 206/54
コンデンサー:原子力潜水艦の259/64 石油の145/44 パルプ工場の172/30
ゴンドラ:気球の288/74 化粧品の99/23 ロープウェイの214/20
ゴンドラ索道 214/19
コントラスト選択 249/36
コントラスト調節 240/32
コントラバス 323/23
コンピュータが描いた図案 248/19
コンピュータ組版用写真装置 176/14
コンピュータ・ケーブル 195/3, 38
コンピュータ・センター 244
コンピュータ・データ入力キーボード 238/13
コンピュータ配線 195/3, 38
コンピュータはかり 98/12
コンフリ 69/13; 375/45 ～の花 69/14
コンプレッサー:研磨器の129/33 原油加工工程の145/45 舞台下の液圧装置室の316/53 船の223/52
コンベヤ 169/32; 225/51
コンベヤ・トロリー 74/39
コンベヤ仕切り 163/13
コンベヤによる集団 74/22
コンベヤ・ベルト:牛乳充填機の76/23 グラビア輪転機の182/30 建築現場の118/77 合成・人造繊維工場の169/32 製紙工場の172/79 冷蔵庫への225/51
棍棒(こんぼう) 354/33
梱包(こんぽう):亜麻布の206/11

原綿の 163/3 葉タバコの 83/13
ポリラミド・ステープルの 170/62
梱包された葉タバコ 83/13
棍棒の手回し 297/37
梱包箱ディスペンサー 74/53
梱包箱用棚 74/42
梱包麦わら 63/34; 75/7
梱包用すかし箱 76/30
梱包用トレー 74/45
梱包用箱 74/45
コンポット 45/28, 29, 30
コンポット用の皿 45/29
コントラバスーン 323/28
コントラバス・チューバ 323/44
コントロール信号 243/34
コントロール・タワー 233/17
コントロール・トラック 243/33
コントロール・フレーム 287/46
コントロール・ボタン 261/45
コントロール・モジュール 238/45
コンバージェンス・モジュール 240/12
コンバーティブル 193/9
コンパートメント: 207/13; 208/24
エンジン～ 195/35 急行列車の 207/43 スペシャル～ 205/26 月着陸船の 6/41 2座席2寝台～ 207/38
コンパートメントのドア 207/14
コンパートメントの窓 207/52; 208/8
コンバイン 63/31; 64/1-33
コンパクター 201/10
コンパクト・カセット 241/10
コンパクト・カメラ 177/32
コンパス: 黒板用～ 260/40 製図用 151/52, 53, 56, 64, 66 飛行機の 230/5, 6 比例～ 339/2 船の 223/6; 224/46-53, 51-53; 227/24
コンパス・カード 224/47
コンパス甲板 227/24
コンパス・パウル 224/49
コンパス・ヘッド 151/53
コンパス羅針盤(らしんばん) 288/12
コンパス・リピーター 224/31, 52, 53
コンパルソリー 302/11-19
コンビネーション 29/17; 290/23
コンピュータ 177/70; 195/1
コンポット用のボール 45/28
コンマ 342/18
.22長銃弾薬筒 305/38
.222レミントン弾薬筒 305/39
根毛 68/18; 370/18
混浴サウナ 281/18

サ

差 344/24
座〈シャフトの〉 143/65
サーカス 307
サーカス・キャラバン 206/20; 307/34
サーカス団長 307/17
サーカスの演(だ)し物 307/25
サーカスの天幕 307/1
サーカス・バンド 307/10
サークル・アンガージマン 294/49
サークル・エイト 302/11
サーコート 355/25
サージ分流調節器 152/35
サージン 98/19
サーチライト 258/28
サーディンすくい 45/78

サード・ギヤ用はすば大歯車 192/34
サード・トップ・ギヤ用セレクト・フォーク 192/45
サード・トップ運動ギヤ用滑りスリーブ 192/32
サーバー 293/51, 62
サービス 293/42
サービス運搬車 233/22
サービス・エリア 293/61
サービス艦載艇(かんてい) 258/93
サービス・コート 293/12
サービス・トレー 105/31
サービス・ビル[ディング] 154/36
サービス品 96/20
サービス品の値札 96/19
サービス品用バスケット 96/18
サービス盆 265/14; 266/19
サービス窓口 250/4
サービス・モジュール 6/2
サービス・ライン 293/6, 54
サービス・ライン審判 293/27
サーブ 293/59
サーファー 279/5; 280/14
サーフィン 279/1-6
サーフボード 279/1; 280/15
サーフ・ボード 284/5
サーブライン 293/72
サーブル 294/20, 34
サーブル競艇 294/19-24
サーブル競技者 294/19
サーブル・フェシング 294/52
サーブル用手袋 294/21
サーブル用マスク 294/22
サーボ機構 257/22, 23
サーボ・シリンダー 192/50
サーモ・タイム・スイッチ 190/63
サーロイン 95/17; 96/4
菜 366/25
菜園 52/1-32
菜園シャベル 55/14
菜園主 52/6
菜園壌土 55/15
菜園の従業員 55/45, 46
載貨甲板(かんぱん) 221/34
腮角類(さいかくるい) 82/1; 358/24, 39
最下段〈階段の〉 123/18
再加熱 162/27, 35
サイ科の動物 366/25
細菌学 261/29
細菌培養器 261/30
祭具室 331/13
採掘バケット 200/5
サイクロトロン 2/49
サイクロラマ 316/9
サイクロン熱交換器 160/6
債券 251/11-19
細孔〈ガラス引延し機の〉 162/9
鰓孔(さいこう) 364/3
最高温度計 10/53
彩光装置 317/13
最高速度原文送信用テレックス・テープ 237/68
採光塔 335/6
採光屋根 121/21
採光用天窓 75/8
さいころ 276/31; 354/40
歳差運動 4/24
サイザル麻製の大きな紳士帽 35/13
最終賭(かけ)率 289/37
最終像鏡筒 113/39
再使用型カーボン・ファイバー強化材前縁 235/32
最上船橋 223/4-11; 227/24

最上段〈階段の〉 123/19
彩色毛皮 354/11
彩色工 161/17
彩色した石 328/6
菜食料理 266/62
サイジング 132/57
座いす 28/2
サイズ〈経師屋・ガラス製造の〉 128/4; 162/53
サイズ剤 173/24
サイズ・プレス・ロール 173/24
再生専用機 238/56
再生ヘッド 311/25
再生ヘッドつき発生部ケース 241/59
再生ボタン 243/41
砕石 158/24
採石工 158/5
砕石工場 158/18
採石場記号 15/87
採石場労働者 158/5
砕石補助基層 200/60
最大震度 11
最大値ばかり〈丸太の〉 157/10
祭壇 330/4, 33; 334/48, 69
祭壇の十字架 330/35
祭壇の十字架像 330/12
祭壇のろうそく 330/34
祭壇背後の壁飾り 330/13
祭壇背後の装飾 330/50
裁断ばさみ 103/3
祭壇布 330/36
裁断用型板 103/13
最低温度計 10/54
西点 4/15
再転換石灰 172/52
サイド・ウインドウ送風装置 191/61
サイドカー 189/53 モーター・スポーツの 290/30
サイドカー・コンビネーション 290/29
サイドカーの安全バー 189/55
サイドカーの車体 189/54
サイドカーの車輪 189/57
サイドカーの風防ガラス 189/58
サイド・グリップ 134/45
サイド・ステー 284/18
サイドステッピング 299/29
サイド・ノート 185/68
サイド・パネル 188/48
サイド・フレーム 165/12; 167/20; 168/54
サイドボード 44/20; 45/44; 62/25
サイド・マージン 180/5
サイド・マージン調整 180/5, 20
サイド・ライン 191/40, 56
サイドライト: オートバイの 189/56 自動車の 191/20, 62
サイドラマ 292/17; 293/55
再燃焼装置排出口 256/13
砕氷船 221/50
祭びん一式 332/44
臍帯(さい) 74/2
サイフォン管 10/43
サイフォン気圧計 10/1
サイフォン逆止めトラップ 126/26
祭服 332/4
載物台 112/9, 10, 15, 17, 29
載物台基底 112/15
細胞器官 357/5
裁縫師 104/22; 271/37
裁縫台 103/4
砕木パルプ 172/77, 78, 79
財務省証券 252/29-39
砕木 172/68

砕木機 172/53-65
砕木積みコンベヤ・ベルト 172/79
砕木パルプ 172/77
彩文深鉢(ふかばち) 328/11
彩軸(さいじゅう)れんが浮彫り 333/20
在来型駆動つき哨戒(しょうかい)潜水艦 259/75
採卵 74/34-53
細流 13/8
材料〈工作の〉 260/81
材料棚 100/36
ザイル 300/10, 12
祭鈴 330/46; 332/52
彩礫(さいれき) 328/6
サイレン 223/3; 224/32
サイレンサー 305/93
サイレン用制御ボタン 224/32
サイロ 225/68
再録音 311/1-46
サイロ筒 225/69
サイン: 株券の 251/15, 16 水上スキーの 286/49-55 通信社の 342/55 ネオン～ 268/16
サイン表示盤 238/30
サウナ 281/18
サウナ石 281/22
サウナ後の冷水シャワー・ルーム 281/28
サウナ・ストーブ 281/21
サウンド・カメラ 117/22
サウンド・トラック・システム 117/21
サウンド・フィルム: 磁気テープつき～ 117/82 スーパー8 サウンド・フィルム・カートリッジの 117/29
サウンド・プロジェクター 117/81
サウンド・ヘッド 117/33; 312/47
サウンド用光学装置 312/46
竿(さお) 37/51
棹(さお): ヴァイオリンの 323/2 マンドリンの 324/18 リュートの 324/7
竿の先端 253/10
逆立ち飛伸び型 282/45
魚の尾 327/25, 43
魚の缶詰 98/19
魚用ナイフ 45/64
魚用ナイフとフォーク 45/8
魚用フォーク 45/65
魚料理 266/53
座金(ざがね) 45/55; 143/17; 187/55; 202/6
酒場 317/1
酒びん 266/16
左官 118/83
左官工事 118/83-91
先〈ボルト・釘の〉 143/23, 54
サギ 359/18
先留め 294/45
先留めのついた練習用の剣 294/11
さき肉 95/2
さき肉部 95/4
砂丘: 移動～ 13/39 砂場の 273/66
作業足場 122/34
作業員 84/20
作業甲板 221/19, 34
作業クランプ 142/35
作業槽 162/5
作業測定 23/26-31
作業台: 宇宙ロケットの 234/28, 46 鍛冶屋の 137/21 かご細工の 136/7 ガラス屋の 125/10

金銀細工の 140/7 建築現場の 118/17 指物師の 132/29-37 タイル張りの 261/5 鉄道車両の 211/42 幅出し機の 168/23 めがね商の 109/2 溶接～ 141/13; 142/21
作業場 146/30
作業場入口 120/5
作業場入口ドア 62/17
作業台ランプ 109/12
作業服 33/44
作業プラットフォーム 145/5
作業（用）通路 75/2
作業用の縁なし帽 35/40
作業予定表 151/12
柵（さく）: 溢流口の中の格子垣 89/5 馬小屋の 75/5 池の 99/5 お城の 329/36 水力工事現場の 217/65 庭垣の 52/10 馬術の障害競技の 289/8
朔（さく） 378/5
索引カード 22/7; 262/22
索引カード箱 262/23
索引室 262/18
朔果（さくか）: ケシの 61/5 タバコの 382/44 ナタネの 383/8
柵囲い通路 307/51
索具 221/24-29
サクション・フィーダー 180/72
繋井（さくい）機械 145/1
サクソフォーン 324/69
柵たamong（さくちゅうつう）き長物車 206/24
索道 214/15-38, 30
索道ゴンドラ 214/52
搾乳牛 62/34; 75/17
搾乳室 75/23
搾乳者 75/23
作品〈生徒の〉 260/67-80
桜 59/1-18
サクラソウ 53/8
サクランボ 59/5, 6-8
ザクロ 384/16
ざくろ石 351/7
下げ振り: 建築工事用の 118/50, 71 船舶の 224/58
下げ幕 315/3
下げ幕と引き幕の結合型 315/4
裂け目〈岩場の〉 300/3, 23
下げ翼 229/40
酒類 98/56-59
酒類戸棚 42/20
左舷船（さげんそく）ブイ 224/95
左舷中央標（しょう）標識 224/88
左舷沈船標識 224/86
左舷灯 223/15
左舷標識 224/100
雑魚 89/20-31
サゴ 98/39
鎖骨（さこつ） 17/6
坐骨 17/19
鎖骨下静脈 18/8
鎖骨下動脈 18/7
坐骨神経 18/30
雑魚釣り 89/20-31
サゴヤシ 383/58
支え 52/31
支え板 283/46
支え綱 78/8
支え枕（まくら） 270/50
支え役 307/29, 45
支えワイヤ 296/10; 297/5; 299/37
砂嘴（さし） 13/5
さじ: サンプル取り～ 98/72 スープ取分け～ 45/14

刺し網 90/2-10
挿入天井 123/61, 68-69
挿入床 120/43; 123/68
差掛け屋根 37/55; 121/7
さじ形きり（錐） 135/16
さじ形船首 285/30
さしがね（指金） 120/78
挿木 54/19
桟敷（さじき） 315/16
桟敷席 307/16
差しじし 105/1
差口 121/84-98
差込み内板 115/96
差込み型 111/26
差込みポケット 31/4
差込みリング 349/17
さし錠 246/22
サシバエ 81/4
挿穂 54/37
　水中での 54/19, 20
差しポケット 29/63
指物師（さしものし） 132; 133
指物師の道具 132/1-28
座礁船（ざしょうせん） 227/2; 228/10
座礁船の救助 227/1
鎖錠表示盤 203/63
左腎（さじん） 20/30-31
砂州（さす） 227/3
サスペンション・ライン 288/40
サスペンダー: 橋の 215/41 洋服の 29/26, 34; 32/30; 33/45
座席: 劇場の 315/20 乗物の 303/6
座席カード 45/13
座席管 187/18
座席ステイ 187/19
座席の床張り 207/65
座席のまわりの縁 283/59
座席の列 312/9
左折の矢印 268/73
蠍（さそり）座 3/38 星座記号 4/60
サソリの一種 358/40
サターンV 'アポロ' 打上げ用ロケット 234/1, 2
札 252/29-39
撮影 310/14-60
撮影監督 310/40
撮影所事務所 310/4
撮影スタジオ 310/10
撮影カンパン 310/35
撮影用光源装置 114/73
撮影用ショルダー 313/37
撮影用ルーペ 313/34
雑役艇（てい） 258/12
雑音防止器つき点火プラグ 190/35
サッカー 273/10; 291
サッカー・シューズ 291/21
サッカー場 291/1-16
サッカー・ボール 273/12; 291/17
殺菌ミルク用タンク 76/16
雑誌 22/4; 46/20
雑種 73/8
雑草 61
撮像管 26/17
撮像管スイッチ 242/23
撮像送信用スイッチ 242/23
殺虫剤粉末容器 83/60
ザップ・フラップ 229/50
サテン・ステッチ 102/10
砂糖 98/53-55

砂糖入れ 44/32; 265/20
砂糖菓子 98/80
サトウキビ 382/52
作動原理〈精梳綿機の〉 163/63
差動装置 65/32; 190/75
サトウダイコン 68/44
サトウダイコンシデムシ 80/45
サトウダイコン収穫機 64/85-96
左頂頭骨 17/31
砂糖づけのパン 99/64
砂糖づけ薄切り 97/43
砂糖づけパン 97/39
砂糖づけ保存びん 40/25
作動トランジスター 195/19
砂糖煮果実 45/30
砂糖煮果実用の皿 45/29
砂糖煮果実用のボール 45/28
差動歯車 190/75
差動〔歯車〕装置 65/32
サドル: 回転～ 188/21 競走用自転車の 290/17 自転車の 187/22 調節できる～ 188/4
サドル・エプロン 149/16
サドル送り親ねじハンドル車 149/13
サドル・クリップ 126/53
サドル・ステッチ 31/45
サドル・スプリング 187/23
サドルの縦運転 149/13
さなぎ（蛹）: イエバエの 81/3 ウスイロコゴミムシダマシの 8/24 ガの 82/21 カブラヤガの 80/43 クロバエの 358/20 コフキコガネの 82/13 ハチの 77/30 ブウシンクイガの 80/25 マイマイガの 80/4 メンガタスズメの 365/11 ヨツモンマメゾウの 81/21
さね 329/62
砂漠 9/54
さば雲 8/14
座標 347/1, 2-3, 4, 8, 9, 10, 11
座標系 347/8
座標系における曲線 347/11
座標原点 347/1
座標軸 347/2-3
座部 44/11
サブ・タイトル 185/47
左房室弁 20/47
サポート・ロール 270/50
サマー・コート 31/20
サマー・ブラウス 31/22
サムソン・ポスト 223/35
さむらい 353/37
サメ 364/1
さや: くさび入れ～ 84/30 焼成過程観察孔つき試料～ 161/2 刃のカバーの 66/18
さや（莢）: クローバーの 69/8 ソラマメの 69/16 ナズナの 61/11 ノハラガンの 61/20 ハキダイコンの 61/23 マメ科植物の 57/6 綿花の 163/1
サヤインゲン 52/28
左右回転逆転軸 149/34
左葉〈肝臓の〉 20/35
皿 45/29
さら頭〈ねじの〉 143/46
皿置きかご 39/41
サラダ 266/51
サラダ・オイル 99/66
サラダ・クリーム 96/29
サラダ・スプーン 45/67
サラダ取り分け用のスプーンとフォーク 45/24
サラダ・フォーク 45/68
サラダ・ボール 45/23

サラダ油 98/24
さらボルト 143/28
サル 368/12-13
サルキー 289/24
サルゴン宮殿 333/29
ザルタ〈ドイツのゲーム〉 276/20
ザルゲの石 276/21
サルペータ・ビール 93/26
砂礫（されき） 269/10
サロン・ミラー 105/20; 106/6
サワー・チェリー 59/5
酸化 169/7; 170/19
傘蓋（さんがい） 337/22
3階桟敷（さじき） 315/17
散開星団 3/26
三角架 350/17
三角けた 36/67
三角関数 346/32
三角旗: 海水浴場の 280/11 キャンプ場のペナント 278/9 国際信号旗システムの補助旗 253/30-32
山岳（さんがく）気候 9/56
三角筋 18/35
三角布（きん） 21/2
三角形 346/26-32
三角形記号 345/24
三角形ステップ・カット 36/60-61
三角形のレール 242/80
三角結線 153/21
三角コース 285/16
三角小間 335/26
三角座 3/38
三角定規 260/37 製図用の 151/7, 8
三角信号 203/13
三角州 13/1
三角スケール 151/34
山岳地域 12/34
三角点: 測量の 14/49 地図記号 15/71
三角刀 340/9
三角のみ 339/20
山岳波 287/17
三角板〈凸版印刷機の〉 181/53
三角フラスコ 173/2
三角帽 355/62
三角窓 191/23
三角翼 229/19
酸化室 159/6
参加者 289/41
酸化物炻器（せっき）チップ 149/47
山間（さんかん） 72/12
三脚: 化学実験用の 349/15; 350/14 カメラの 114/42
三脚器 173/6
三脚クレーン 222/6
三脚ねじ穴 115/30
三脚の脚 114/43
三脚台〈カメラの複写台の〉 115/91
三脚台ラチス・マスト 258/41
産業債券 251/11-19
サングラス 111/6; 301/19
サングラス・ポケット 6/19
散形花（さんけいか） 378/40
散形花序 370/72 タケの 383/65
散光器 114/60
参考書類 262/17
散光スクリーン 310/38
サンゴ群集 357/18
サンゴ礁（しょう） 13/32; 357/18
サンゴネックレス 36/34
三叉（さんさ）耕具 56/13

サンザシ 374/30
サンシキヒルガオ属 61/26
3次曲線 347/18
3字複合型 302/14
3斜晶系 351/26
3斜卓面 351/26
三重冠 254/37
35ミリ・カメラ 114/1 映画撮影用の 313/1
35ミリ・フィルム・カセット 114/7
三重釣針 89/85
三十二分音符 320/18
三十二分休符 320/26
30㎡クルーザー 284/60
30㎡ディンギー・クルーザー 284/61
30メートル外洋航行クルーザー 286/5
3重翼桁(よくこう)尾部構造 257/20
算術級数 345/11
三出葉 58/19
サンショウウオ 364/22
三乗根 345/2
三色旗 253/16
3色分解プリズム 240/35
3心ケーブル 127/44
散水管架台 67/7
散水管支持台 67/2
散水車 62/27
散水栓 37/41
散水ノズル 67/27
散水ホース 37/42
算数 344/1-26; 345/1-24
サンスクリット文字 341/9
酸性乳槽 76/42
酸性白土運搬用のトラック 199/38
サンセリフ体 342/7
三尖弁(さんせんべん) 20/46
3層甲板船 218/51-60
三相交流用高圧ケーブル 153/42
三相電流 127/13
三相のプラグ 127/14
三相発電機 153/26
三相モーター 164/35
酸素吸入器 270/20
酸素供給の圧力計 25/22
3足ソケット 127/66
3足プラグ 127/67
酸素弁 1/13
酸素ジェット 350/13
酸素シリンダー 27/45
酸素スタビライザー 27/42
酸素制御弁 141/29
酸素接続口 141/30
酸素タンク 234/61; 257/2
酸素治療用チューブ 25/23
酸素分子 242/65
酸素ホース 141/10
酸素ボンベ 141/3, 21; 200/40
酸素ランス 147/49
酸素流入口 350/11
酸素流量計 26/4
サンダー 129/30
傘体(さんたい) 288/38
サンタ・マリア号 218/27-43; 220/37
サンダル 101/51
サンダル宮廷靴 101/27
散弾 87/49
1段オールのガレー船 218/9-12
3段櫂(かい) 218/12
散弾薬筒 87/49
サンチーム 252/15, 16

三柱門 292/70
山頂 12/35, 40
山地レース 290/24-28
サンディング・テーブル 133/35
サンディング・ベルト 133/15
サンディング・ベルト調整器 133/14
サンディング・ホイール 133/27
3点音 321/48
三点脚 349/28
3点倒立 295/28
3点リンク装置 64/45; 65/72
3点リンク油圧装置 65/24-29
サンドイッチ・マン 308/49
サンドイッチ 45/39
サンドイッチの具 45/38
三胴船 278/16
サンド・トラック 290/24
サンド・トラックレース 290/24-28
サンド・ペーパー 128/14; 129/25 ; 135/25
サンドペーパー台木 128/13; 129/26
桟にする鉛の棒材 124/13
桟橋: キャンプ場の 278/13 空港の 233/12, 13 地図記号 15/59 港の 225/30
三八(さんぱち)面体 351/10
3発ジェット中距離定期輸送機 231/12
3刃(さんば)ビーター 163/25
3刃プロペラ 223/62
サンパン 353/31
賛美歌 330/24
讃美歌集 330/30
散布シリンダー 62/23
散布装置 62/22
三分袖(そでの)の上着 33/26
散布フラップ 200/42
サンプルとりさじ 98/72
3方自動滑走運搬装置 92/34
3方スピーカー 241/14
3方ダンプ・トラック 194/24
3方の跳ね板 78/19
3方落下装置 92/34
サンホセカイガラムシ 80/35
散歩道 272/38; 274/10
3本マスト・スクーナ 220/18
3本マスト・トップスル・スクーナ 220/19
3本マストの帆船のリギング 219/1-72
3本マスト帆船 220/18-27
3メートル飛び板 282/9
山脈 12/36
三面鏡 104/1
三葉機 229/6
三葉形アーチ 336/32
三葉飛行機 229/6
三葉尾部装置 229/36
産卵 359/3
産卵期のカワカマスの卵抽出 89/11
産卵鶏 74/57
産卵孔 80/12
産卵尾道 82/23
3率法 345/8-10
残留物: 石油精製過程の 145/43 チェヒスクリンの 154/62
残留ラクタム・オイル 170/37
山稜(さんりょう) 300/21
山林事務所 15/3
3輪ロード・ローラー 200/36
三塁 292/47
サン・ルーフ 37/75
サンルーフ 193/24

試合用弓 305/54
仕上げ馬 104/28
仕上げおの 158/38
仕上げかんな 132/15; 134/1
仕上げ機〈靴の〉 100/3
仕上げ器 183/4
仕上げぐし 105/15; 106/28
仕上げ工程 148/71
仕上げ層 123/41
仕上げ台 105/19
仕上げやすり 140/8
仕上げ用研磨バー 24/38
ジアゾニウム板 179/32, 34
ジアゾニウム板用のバーニング・オーブン 179/32
ジアテルミー・ユニット 23/22
G〈文字旗の〉 253/23
C 160トランサル中距離輸送機 256/14
C形フレーム 26/19; 27/17
CQR錨(いかり)すき 286/16
飼育 74/11-17
飼育巣(しいくそう) 77/46
シーソー 307/59
シーソー〈台〉 273/35
シーツ 43/9; 50/5 トランポリンの 297/11
CD 4レコード 241/45
シート 44/11; 65/22 帆船の 219/68
シート・クッション 42/23
シート・パイル 119/17
シート・ピラー 187/24
糸条枠の結び方 171/23
シーブ 64/17
シーマ 334/11, 19
シーム・バインディング 103/14; 104/19
シームレスPVC防水ウェリント ン・ブーツ 101/14
シーメンス低シャフト電気炉 147/51-54
ジーメンス平炉 147/21-30
シーリング・テープ 126/75
シール 190/69
シールド 126/33
寺院建築物 337/25
ジーンズ 31/60; 33/22
シーン・ナンバー 310/35
耳羽(じう) 362/16
シヴァ神 337/19
Jスクレイ入口 168/47
J-2エンジン 234/19, 34
シェーカー 267/61 楽器の 324/59
シェービング・クリーム 99/33
ジェット・エンジン 232/33-50
ジェット翼 188/7
ジェット気流レベル 7/5
ジェット・コースター 308/39
ジェット・コンデンサー 172/16
ジェット・タービン 232/33-50
ジェット・タービン・エンジン 232/33-50
ジェット燃料タンク 146/18

ジェット・ノズル 153/29
ジェット練習機 257/1-41
シェニール織り 319/29
モンテラ帽 319/29
シェリー・グラス 45/84
シェル: 原子炉の 154/21 製紙工場の 172/76
さじ形きり(錐) 135/16
シェルボート 283/9-15
シェレン 276/45
ジェントルマン 355/54, 61
塩 98/40
塩入れ 266/77
ジオプトリー操作リング 117/15
しおり 185/71
シガー 107/2
歯科医 24/1
耳介 17/56
市街案内図 268/2
司会者 263/1
視床照明部 112/33
市街地 15/51
市街電車 197
シカ狩り用の猟犬 289/47
自給水 269/40-52
四角音声装置 241/13-48
四角にひいた木材 157/36
四角ねじ 143/39
資格免許状 106/42
死火山 11/25
死火山の火道 11/28
雌花序: アマの 383/11 オモダカの 378/53 クリの 384/50 スギの 372/68 ニオイヒバの 372/46, 48
歯科医学 24/18
歯科助手用ユニット 24/9
歯科診療用器具 24/4, 8
歯科診療用チェア 24/3
雌花穂: ナツメヤシの 384/6 モミの 372/4
耳下腺(せん) 19/9
地金供給装置 174/26
地金溶解がま 178/19
歯科用ランプ 24/19
シカラ 337/26
歯冠 19/37; 24/28
耳管 17/65
耳管 175/13
時間計測器 109/25, 27
時間軸 5/8
時間軸駆動装置 5/7
時間・水温操作スイッチ 50/26
指関節 19/82
時間分銅 309/59
時間目盛り: 口述録音機の 249/74 自記温度計の 10/17
時間目盛りボタン 249/75
市旗 218/22
磁器 161/1
敷き石 51/17
敷石張り 123/26
敷板 119/16
自記雨量計 10/38
自記音響測深機 224/65
自記温度計 10/19, 51
自記記録計 10/17
敷桁(しきげた) 120/40, 49
磁気交信 242/71
磁気コンパス: 航空機の 230/6 船の 223/6; 224/46
色彩 343
磁器彩色工 161/17
色彩調整ノブ 116/43-45
磁気サウンド・アンプ 311/28
磁気サウンド・デッキ 311/20
敷き皿 45/3

自記湿度計　10/8, 50
指揮者　274/21; 315/26
指揮杖（じょう）　254/31
磁気スクリーン　240/20
仕着せ　186/21
自記測深器　224/24
ジキタリス　379/2
敷つめ式カーペット　43/23
敷つめ式じゅうたん　41/18
磁気ディスク記憶装置　244/1
磁気テープ：コンピュータの　244/2
　電信タイプライターの　237/63　ラ
　ジオ放送の　238/5
磁気テープ置場　242/32
磁気テープ口述録音機　249/62
磁気テープ装置　244/9
磁気テープつきサウンド・フィルム
　117/82
磁気テープ・リール　244/10
磁気テープ録音・再生装置　238/
　55
色灯式転換器標識　202/33
シキナリイチゴ　58/16
磁器の花びん　337/5
敷布　43/9; 271/57
磁気フィルム巻取り器　311/2
磁気フィルム用ミキサー　311/21
式服　332/4
色粉袋　129/49
色粉振りかけ　129/48
磁気ヘッド　311/3; 312/28
指揮棒　315/27
敷物：温室の　55/6　自転車の
　191/43　柳細工の　136/4
支脚器　23/10, 11
子宮　20/79
雌毬花（しきゅうか）　372/2　トウヒの
　372/16　ハイマツの　372/22
子宮口　20/85
子宮腔（こう）　20/80
歯鏡　24/41
耳鏡　22/74
自距金具　77/41
仕切り：豚舎の　75/38　日光浴場
　の　281/17
仕切り壁：建築現場の119/25　事
　務所の　248/1
仕切客室　207/13; 208/24
仕切り棚（さく）　289/2
仕切りつき宿泊客用郵便物棚
　267/2
仕切り弁　269/30, 48
仕切りリレー　266/72
磁気録音機　310/58; 311/1
磁気録音と再生のアンプ　311/5
敷きわら　74/8; 75/6
試金天瓶（てんびん）　108/35
支筋脈　72/28
軸：加圧機の183/22　釘の143/
　53　航空機の　230/70; 232/56
　三角形の346/27　放物線の
　347/17　リベットの143/61
ジグ　134/42　陶磁器製造の161/
　14
軸組　120/48
軸高（沿字の）　175/45
軸支柱　223/61
軸手（じくしゅ）　283/13
軸心　153/36
シクスト　294/48
ジグソー・パズル　48/9
ジグソー・パズル片　48/10
仕口　121/84-98
軸トンネル　223/66
シグナル・アーム　203/2
シグナル・ランプ　315/52

ジグのこ　108/12
軸柱　123/78
軸ラジアル方向軸受け　113/3
シクラメン　53/5
軸流ポンプ　217/47-52
軸路　223/60, 66
シクロヘキサノール　170/16, 18
シクロヘキサノンオキシムの生成
　170/22
シクロヘキサノンの生成　170/20
字消し板　151/35
字消し用台　249/26
止血器　26/48
止血法　21/14-17
試験管　350/34
試験管架　173/8
試験管立て　350/35
試験管棚　261/31
試験・制御部署　237/40
試験装置　109/26
時限装置つきレリース　309/51
試験道具　138/14
試験分離器　146/10
試験用めがね縁　111/3
試験レンズ容器　111/45
事故　21/20
耳歯（じこ）　72/1
指向性アンテナ：宇宙船・月着陸
　船の6/4, 44; 234/64　通信衛星
　の237/51, 52
指向性アンテナ・アセンブリ　234/
　64
指向性アンテナつき地上ステーショ
　ン　237/51
指向性アンテナつき通信衛星
　237/52
指向性ランプ　22/44
子牛舎　113/26
自己救助法　21/33
地獄の番犬　327/29
時刻表：機関士の210/52　電車
　の268/27　列車の204/16, 19,
　20, 42, 50; 205/45
子牛皮　21/44
子午線望遠鏡　113/29
恥骨（しこつ）　17/39
仕事着　33/56; 106/2
仕事靴　101/39
仕事台：壁紙工の128/31　金銀
　細工の108/20, 21　軽の100/
　33　組立て～134/41　パンの97/
　60, 62　洋服屋の104/7
仕事台リング　108/21
仕事場：ガラス屋の124/1　毛皮
　加工者の130/1-25　金属細工
　工の140/1-22　靴屋の100/1
　-68　指物師の132/1-73　旋盤
　工の135/1-26　大工の120/1
　-59　樽製造者の230/1　製造技
　術者の130/1-33　めがね商の111/
　20-47
仕事部屋：ドレスメーカーの103/1
　-27　洋服屋の104/1-32; 268/17
歯根　19/36
歯根挺子（ていし）　24/48
歯根膜（まく）　19/28
市債　251/11-19
司祭　330/39; 331/47
司祭館　331/20
自在広域域顕微鏡　112/54
自在載物台　112/17
自在集光レンズ　112/66
自在心立て器具　111/21
司祭席　330/32, 41
資材倉庫　146/6

自在継ぎ手　284/6
自在戸　207/18
自在梁（はり）　119/78
自在ファインダー　114/41
字下がり　175/16
支索　219/10, 13
試作モデル　290/38
四酸化二窒素　234/59
四酸化二窒素タンク　234/59
資産状況報告書　247/44
四肢（し）16/43-54
示指（手の）　19/65
指示アーム　224/3
支持運搬車　19/21
支持碍管（がいかん）　153/54
支持外壁〈屋根組みの〉　121/77
指示鏡（船の操縦室の）　224/6
支軸　150/27
支軸回転速度スイッチ・レバー
　150/35
支持ケーブル　2/30
支持鈎鉗子（しじこうかんし）　23/12;
　26/44
獅子（しし）座　3/17; 4/57
支持索　214/27, 38, 44
支持索取付け器　214/59
支持索ブレーキ　214/71
支持索ベアリング　214/33
支持索誘導装置　214/58
支持索誘導レール　214/79
支持索用引張り分銅　214/41
支持車輪　278/54
支持体〈屋根組みの〉　121/83
子実体　381/3
支持鉄塔　214/31
指示灯：ガソリン・スタンドの196/
　7　気動車の197/22　病院の25/
　6
支持トラス　214/80
支持梁（はり）　119/57
指示棒　224/3
支持包帯　21/2
時事漫画　342/53
シジミチョウ　365/6
侍者（じしゃ）　330/40, 58; 331/45
磁石：泡箱の1/63　吸収力計のブ
　レーキ～143/102　金銀細工工
　の108/32　サイクロトロンの2/
　51　誘導列車制御装置用～
　212/38
雌株（しかぶ）　383/10
刺繍（ししゅう）　29/29; 30/42; 102
シジュウカラ　360/4; 361/9
刺繍した裾（すそ）飾り　355/67
刺繍したチョッキ　355/5
手術ランプ　27/25
視準用　111/46
視準儀　351/30
司書　262/14, 19
辞書　262/17
翅鞘（ししょう）：クワガタムシの358/
　36　コフキコガネの82/10
歯状〈葉縁の形〉　370/47
枝条架（じょうか）　274/1
耳小骨　17/61
市場向け菜園　55/3
私書箱　236/14
私書箱設備　236/13
指示ランプ　164/8
支持ローラ　215/16
指針　349/34
地震　11/32-38
時針　110/13
地震学　11/32-38
持針器　309/33
刺針器官　77/10-14

視神経　19/51　ミツバチの77/24
地震計　11/39
視神経円板　19/50
視神経繊維　77/23
視神経乳頭　19/50
指針つき表示器目盛り　114/58
地震の影響　11/45-54
地震波　11/36
指針盤　269/58
指針方式の露出計　114/29
指針マークつき時間目盛り　249/
　74
雌ずい　59/13; 370/54-56
歯髄　19/32
耳垂（じすい）　17/57
指数　345/1
システン　49/16
システム・カメラ　115/1-105
システム・モニタ用機器　234/17
地滑り　11/46
沈み　89/88-92
沈みキー　143/73
沈んだたて糸　171/8
磁製円板　350/54
雌性花序　59/46
姿勢制御ロケット　234/38
磁気の蒸発皿　350/29
歯石除去器　24/45
支石墓　328/16
指節　19/77
指節骨　17/17
支線　15/23
指尖（しせん）　19/79
自然石の基礎　37/85
支線坑道　144/30
4線式ローラ　164/9
4線式ローラ練条機　164/9
自然色靴底　101/15
自然巣　77/60
支線柱　152/31
自然地理学　11; 12; 13
自然堤防　216/49
自然的短音階　320/46
自然崩壊　1/28
自走式まぐさ刈取り機　64/34-39
自走力のないはしけ　221/94
四則演算　344/23-26
四則計算　344/23-26
地側板　65/5, 67
舌アカシカの88/2
　オルガンの326/19　錠の140/39
　ハープシコードの322/5
　人間の　7/52; 19/25
シダ　1/4
下網　90/20
下顎（あご）　72/11
支台形成歯型　24/27
下うす　91/23
下帯　352/38
下掛け水車　91/39
下型〈鋳鉄の〉148/29
舌革　100/32, 65
下側コーティング機　173/34
下着　32/1-15, 22-29, 29
下木　84/5
下着類を入れる棚　43/2
下着類を入れる引出し　47/22
下唇　19/26
下突き　277/4
下塗り　123/39
下塗り剤　128/6
下塗り筆　338/9
下パイプ　187/17
下張り　123/73
下縁　122/81
下まぶた　19/40

下見板 37/84
下向き送気管 147/13
シダレヤナギ 272/63
下ローラー 148/55
下ロール 148/55
下枠: 鉄筋の 119/54 鋳鉄の 148/20
紙端の接合部 128/20
7頭の竜 327/50
7の和音 321/5
シチメンチョウ 73/28
試着室 271/32
支柱: 化学天秤の 349/29 カメラの蛇腹の 177/11 甲板の 221/117; 223/35 航空機の 229/11 サーカス場の 307/13 軸〜・プロペラ〜 223/61 写真引伸し機の 116/42 集材車の 85/30 真空焼き版版版板の 179/20 船台の 222/27 送風機レール用 165/6 鍛造プレスの 139/19 段ばしごの 50/37 鉄筋コンクリートの 119/13,59 鉄塔の鋼管〜 214/78 鉄塔の格子〜214/77 鳥居型デリック〜221/58 橋の 215/3 橋の対角〜215/4 平削り板の 78/7 ブドウ圧の 78/7 平板びきの 132/70 丸太の風車の 91/3384/17 丸編機の糸案内の〜167/2 木材運搬車の 85/47 屋根組みの 121/40 リュージュの 303/8, 9
シチューなべ 40/16
支柱の基部 214/81
視聴覚学習プログラム作成用器具 242/7
視聴覚カメラ 243/1-4
視聴覚プロジェクター 242/16
膝革(しっかわ) 16/51
膝蓋(しつがい) 17/23
湿球温度計 10/35
シックネサー 132/45
ジッグラト 333/32
実験・研究用顕微鏡 112/1
実験室 器具; 化学〜349/1-38; 350/1-63 製紙工場の 173/2-10
実験装置つき生徒用机 261/11
実験台 237/29
実行委員 263/1-2
執行幹事 290/4
湿式エア・クリーナー 65/54
膝射(しっしゃ) 305/28
湿潤とい 165/12
十色ローラー・プリント機 168/53
十進法マイクロメーター 224/4
実数部分 344/14
湿生植物 378/14-57
湿草地 15/19
湿地 13/24
実地授業の助手 262/6
湿度計: オフセット製版室の 179/28 サウナ室の 281/23 製図室の 131/39
湿度計要素 10/9
室内画架 338/3
室内観賞用植物 53
室内照明灯 24/20
室内トラック 290/1
室内ハンドボール 292/1
室内プール 281/
室内プールの案内係 281/4
室内鉢植えの植木 42/36
ジッパー 35/55; 260/13内側〜101-6 前〜29/18
ジップ・コード 236/43
室壁 269/25

しっぽ 88/62
字づら〈活字の〉 175/42
シデ 371/63
視程 10/60
自転車 4/25, 27
自転車 187/1; 188
自転車競走 290/1-23
自転車競走路 290/1
自転車駆動 187/35-42
自転車作業計 23/26
寺 337/1, 26
児童 260/3, 67-80
自動泡立て器 40/45
自動オルガン 308/38
自動回転はしご 270/9
自動かかと装置 301/54
自動滑走運搬装置 226/45
自動から手動へのスイッチ 195/4
始動機 188/43
始動機歯車リング 192/31
自動給紙機 74/23
自動給餌装置 74/23
自動金銭登録器 271/2
自動靴底プレス 100/14
自動計数装置 74/52
自動鶏卵包装装置 74/46
自動ケーブル滑車 301/62
自動現像機 116/60
自動高射砲 259/34
自動高速調理プレート 39/15
自動コックピット銃 87/23
自動コンピュータ検査 195/33
自動皿洗い機 39/40
自動地供給機 174/40
自動絞り制御部 117/20
自動車 191/1-56; 192; 193; 195/34
自動車館 308/62
自動車修理工 19553
自動車修理場 195
自動車タイヤ 191/15; 196/27
自動シャッター調節レバー 115/15
自動車道路 15/16
自動車の型式 193/1-36
自動車付属品 196/28
自動車輸送用2段積み貨車 213/35
自動循環装置 74/34
自動潤滑油ポンプ 210/42
自動焦点装置 117/11
自動焦点調節スイッチ 117/11
自動織機 166/1, 35
自動推進砲 255/57
自動推進砲架台上の砲器 255/49-74
自動スイッチ 23/40
自動スイッチング装置 237/25
自動露光制御スイッチ 117/17
自動切断器 162/19
自動選別装置 74/52
始動・操縦ロック 191/75
自動操舵(そうだ)装置 224/18
自動装塡(そうてん)小銃 255/16
自動底張り機〈靴の〉 100/2
自動断裁機 185/1
自動通風装置 191/30
自動・停止踏みペダル 181/12
始動・停止レバー 181/32
自動電圧調整器 153/31
始動電動機 212/30

自動点滅装置スイッチ 191/68
自動時計の構成要素 110/32-43
自動時計用の回転試験器 109/24
自動扉 271/50
児童の作品 260/67-80
自動はかり 98/12
自動バッチミキサー 201/19
始動ハンドル 163/17
自動販売機 268/28
自動飛行管制盤 235/23
自動ピペット 23/44
自動ピペット装置 23/47
自動フィルター・チェンジ 316/49
自動フィルム入れボタン 117/83
自動フィルム攪拌器 116/19
自動フィルム現像機 117/72
自動フィルム複写機 176/22
自動ブレーキ 181/47
自動分析 25/48
自動方位探知機 230/5
自動巻取りリール 117/80
自動丸太の こ 157/54
始動モーター 190/44
自動始動蓄電池 212/46
始動用抵抗器 135/3
自動横びきのこぎり 157/38
自動両替機 204/22; 236/28
自動レコード交換器 241/18, 52
始動レバー〈丸鉛版鋳込み機の〉 178/20
自動連結装置 237/25
視度補正レンズ 115/72
市内地図 204/15
シナイ文字 341/13
シナノキ科 53/9
シナモン 382/22
地ならし用・防護用支えシャベル 255/94
ジニア 60/22
歯肉 19/15
屎尿槽(しにょうそう) 62/13
シニョン 34/29
子囊(しのう) 381/12, 13
子囊胞子 381/13
市の外壁 333/30
市の紋章の壁冠 254/46
餌場(じば) 86/28
支配人室 271/24
シバザクラ 60/10
4発ジェット長距離定期輸送機 231/13
芝生 51/33; 272/36; 274/12
芝生くま手 51/3
芝生中耕機 56/26
芝生用スプリンクラー 56/43
芝生レーキ 56/3
シバムギ 61/30
支払期日 250/16
支払地 250/15
支払人 250/26
支払場所 250/22
地盤 123/9
指標〈数学の〉 345/6
ジブ: 鉛管工の 125/3 機械部品 143/74 クレーンの 119/36; 226/49 装甲回転車の 255/95 バナナ運搬ターミナルの 226/24 帆船の 220/2 ヨットの 284/16; 285/3
四分音符 320/15
四分休符 320/23
しぶきよけ隔障 223/17

指腹 19/78
私服警官 264/33
ジブ・クレーン 222/23, 34
ジプシー女 306/36
ジブ・ステー 219/14
ジブ・ダウンホール 284/17
シフト・キー 249/3
シフト・ロック 249/5
ジブ・ブーム 218/51
ジブラルタル海峡 14/24
1/4インチオープンリール磁気テープ 243/4
1/4インチ磁気テープの録音再生 243/4
4分の9拍子 320/40
4分の5拍子 320/41
4分の3拍子 320/37
4分の4拍子 320/32
4分の2拍子 320/29
4分の6拍子 320/35
紙幣 252/29-39
紙幣番号 252/36
字母入り活字母型庫 174/21
子房 370/54; 60 キソケイの 373/5 セイヨウナシの 58/40 マツムシソウの 375/34 レンギョウの 373/2
始紡機 164/19
時報球 280/5
子房室 370/62
始めの糸取り装置 165/13
脂肪層 95/45
死亡通知 342/68
脂肪部分 95/53
四方柱(しほうちゅう)ひき角 120/90
絞り調節装置 115/34
絞り調節リング 115/5
絞りつき銃口 305/71
絞り弁 192/9
絞り弁制御 230/5
絞り弁レバー 230/30
絞り目盛り 115/56
しぼんだ花 58/55
島 13/6; 272/55
シマウマ 366/27
シマゼンブリ 380/10
シマゼンブリ属 61/1
シマ蕎 71/1
シマナンヨウスギ 53/16
縞(しま)のボロ・ジャンパー 30/20
シマハイエナ 368/1
シミ 81/14
翅(し)脈 358/34
市民集会 263/1-15
事務用 248/25
事務員 248/7; 263/26
事務員の机 248/11
ジムカーナ 290/32
事務器 247/1-44
事務機械 249
事務室 271/2
事務所 245; 246; 247; 248; 249 運河・河川の 217/24 キャンプ場の 278/1 港湾の 225/53 コークス工場の 144/18
事務所戸棚 248/12
事務所〈の建物〉 146/14
事務所備品 248/39
事務所用計算器 245/31
事務長室 223/45
事務机 246/2
事務用品 247/1-44
紙箱 342/39
締め金: ピアノの 325/16 ラケットの 293/33
締め金レバー 132/67

締め機 183/20
締め具 183/18
締め釘〈くぎ〉 285/52
締め具装置 150/15
湿し水装置 180/61
湿し水ローラー 180/52
締付け金具 121/97
締付けシュー 133/10
締付け装置 2/43
締付けねじ 133/23
締付け番線 119/66
締付けボルト: 階段の 123/46 水
　中用映画カメラの 117/62
締め棄 284/19
締めねじ 323/53
締め板〈フィルムの〉 117/90
締めひも 100/64
4面銅鉱 351/1
下1点音 321/43
下眼瞼〈がんけん〉 19/40
下甲板 146/35
下鍵盤〈けんばん〉 322/47
下船尾 218/58
下2点音 321/42
下ブラケット軸受け 187/42
指紋 264/29
市門 336/15
指紋鑑定 264/28
指紋証明 264/28
ジャーキン 355/45
ジャーク帆船 220/6
ジャージー 290/9; 291/56; 292/
　26
ジャージー・ドレス 29/28
ジャージーのコンビネーション 29/
　17
ジャーナル 143/63
シャーマン教の道士 353/24
ジャーマン・スクリプト 342/11
ジャーマン・ポインター 70/40
シャーレ 173/7
シャイト球 349/1
ジャイビング 285/26
ジャイレートリー・クラッシャー
　158/19
ジャイロ形テッダーレーキ 63/24
ジャイロ形ヘイテッダーレーキ 64/46
　-58
ジャイロ・コンパス 224/31, 51-53
ジャイロダイン 232/29
ジャガイモ 68/38
ジャガイモ移植用かご 66/21
ジャガイモ切り器 40/43
ジャガイモ収穫機 64/59-84
ジャガイモの塊茎 68/40
ジャガイモ用くま手 66/20
ジャガイモ用くわ 66/6
ジャガイモ用フォーク 66/5
ジャガイモ用ボール 45/31
射角 87/75
斜角定規 120/81
斜角のみ 132/11
釈迦像〈しゃかぞう〉 337/20
しゃりん跳越し 296/53
遮眼帯 71/26
蛇管冷却器 349/6
弱液貯蔵タンク 172/45
弱音器: ヴァイオリンの 323/10 ト
　ランペットの 324/68
弱音ペダル 325/9
しゃくし 95/5, 29
しゃくし型温度計 92/53
しゃくしのすね 95/8
弱洗浄液用パルプ濃縮器 172/
　44
蛇口: 鉱泉の 274/17 混合～ 49/

2; 106/14; 126/27 水道の 39/
　36
シャクトリガ科 80/16; 82/28
シャクナゲ 378/1
しゃくしのすね 95/28
しゃくりかんな 132/25
若齢〈じゃくれい〉幼虫 77/28; 80/
　54
射撃位置 86/34
射撃姿勢 305/27-29, 73
射撃場 305/74
射撃統制装置 255/74
射撃統制レーダー・アンテナ 258/
　51
射撃詰屋〈まちや〉 86/51
ジャケット: 乳母車 29/3 少女用
　～ 29/51 紳士用 33/2 紳士用
　皮～ 33/43 乳児用 28/25; 29/
　9 ビーチ～ 280/21 フェンシング
　用の金属～ 294/15 婦人用 31/
　2 婦人用ポプリン地の 31/37
　本の 185/37, 38
ジャケット・クラウン 24/28
ジャケットの折返し 185/38
ジャケットのボタン 33/55
ジャウ0ウシ 367/10
社交室 267/39
遮光パネル 55/9
遮光板 310/51
遮光用フィルム・マガジン 311/7
斜行ラム長壁切羽 144/36
社債 251/11-19
車軸 187/61, 76, 81
車軸軸受け 210/10
斜軸卓面 351/24
射手 305/53
射出座席 257/6, 7
車掌手 211/22
写植機 176/7
写真 114; 115; 116
写真印画紙 116/51
写真記録用現像装置つき記録計
　27/33
写真組版 176
写真修正つぶし 182/14
写真植字 176
写真植字機 176/7
写真植字用操作卓 176/1
写真製版 177/
写真測量 14/63-66; 112/67
写真測量カメラ 112/68
写真測量用の万能測量機 112/
　67
写真板 309/50
写真焼付け 178/32
瀉水〈しゃすい〉レバー 49/17
ジャズ楽器 324/47-78
写図機 14/45
ジャズ・ギター 324/73
ジャズ・トランペット 324/65
ジャスミン 373/4
社説 342/48
斜線 121/2
写像 348/9-11
斜走甲板 259/12
車体: サイドカーの 189/54 自転
　車のファイバー・グラス製～ 193/
　14 自転車のモノコック～ 191/1
　ダンプ～ 194/25 鉄道車両の
　207/2 鉄道車両の金属羽目板
　張りの 208/6 馬車の 186/5
車台 191/2; 194/32
射台 305/78
車台受け 207/4
車台受け緩衝装置 192/76
車体固定板 192/2

車体の下部構造 191/2
車体ハンマー 195/46
遮断器: 発電所の 空気～ 153/51
　-62 ミニ電流～ 127/19
遮断機設置・警手配置踏切
　202/39
社長 251/15
シャツ 33/36, 50 サッカーの
　291/56 紳士用～ 32/38-47 紳
　士用夜着用～ 32/37 男児用
　29/61 婦人用 30/26
シャツウエスト 319/23
ジャッキ 223/54; 255/68; 270/12
ジャック 322/50
ジャック・スライド 322/51
ジャック・パネル 311/16
ジャック・ブーツ 355/58
尺骨〈しゃっこつ〉 17/14
尺骨神経 18/29
ジャッジ 299/43
シャッター: 温室の 55/9 製粉機
　の 91/4 ハーバー式～ 212/84
　船の破門～ 218/60 冷却器の
　304/12
シャッター開角度調節装置 313/
　8
シャッター堰〈せき〉 217/65-72
シャッター速度調節装置 114/35
シャッター速度調節ダイヤル 115/19
シャッター・ドア 62/16; 245/5
シャッター・ボタンつきグリップ
　313/24, 38
シャッター・レリーズ 114/12, 31;
　115/18; 117/6
シャツ風寝巻 32/37
シャツ風の上着 30/45
シャツ・ブラウス 30/10, 40
射的場 308/58
車道 84/1
シャドー・マスク〈カラー・テレビの
　受像機の〉 240/17
シャトル: バドミントンの 293/44
　紡績機の 166/26
シャトルコック 273/7; 293/44
シャトルの先端 166/25
シャトルのめど 166/29
シャトル箱 166/9
車内用バック・ミラー 191/39
謝肉祭 306/
蛇腹 114/53; 116/31; 177/10,
　26; 309/26
蛇腹層 335/52
蛇腹送風器 324/37
蛇腹止め皮 324/38
車夫 353/35
煮沸がま 92/44
シフト: サッカー・シューズの 291/
　26 昇降機の 271/51 ターボプ
　ロップ・エンジンの 232/56 ダンプ
　トレーラーの 62/20 紡績機の
　163/24; 164/42 溶鉱炉の 147/
　7 リベットの 143/61
シフト調節レバー 64/59
遮蔽〈しゃへい〉 2/31, 32 154/20;
　259/70 原子炉の 1/57
遮蔽御〈さく〉 154/82
遮蔽容器 154/82
シャベル: 鍛冶屋の 137/2 菜園～
　55/14 除雪～ 304/23 石炭～
　38/43 地ならし用・防護用支え
　～ 255/94 道路建設の 200/1;
　255/74 木製～ 91/24
岸辺 346/32
斜方十二面体 351/7
斜方晶系 351/23
斜方錐〈すい〉 351/23

ジャム 98/52
ジャム・クリート 284/22
シャム文字 341/10
斜曲形材 11/51
斜面上昇気流 287/28
斜面滑空 301/26, 27
シャモア 367/3
シャケット・スラブの作業台被覆
　141/16
シャラバン 186/33
砂利のフィルター層 199/23
砂利道 272/18
車両甲板 221/79
車輪: 円板つきプラスチック輪～
　289/25 オートバイの 189/48, 57
　支持～ 278/54 自転車の 187/
　26-32 自動車の 191/14; 192/
　54 時計の 110/11 トレーラーの
　予備～ 194/33 馬車の前～・後
　～ 186/48, 57 ラック鉄道の走
　行～ 214/7, 70
車輪形ラフ 355/52
車輪鏡 195/41
車輪検査員 205/39
車輪検査用ハンマー 205/40
車輪軸制動装置 212/28
車輪遮蔽部〈しゃへいぶ〉 197/11
車輪心合せ用チェック・ライト
　195/21
車輪send動力噴霧機 83/38
車輪フランジ注油器 211/52
車輪リム 187/16
シャレー 278/7
斜列式ミルキングパーラー 75/23
しゃれ者 306/33
視野レンズ 115/40
シャロット 326/18
シャワー: 空港の標識 233/46
　プールの 282/2 船の 228/30
シャワー・カーテン 49/40
シャワー室 49/39
シャワー室台部 49/44
シャワー装置 126/30
シャワー調節レール 49/43
シャワー・ノズル 49/42
シャワー放出口 49/42
ジャガイモ収穫用かご 66/25
シンク 149/49
ジャンク 353/32
ジャングル・ジム 273/47
シャンデリア 267/21
ジャンパー: 子供用～ 29/47 婦人
　用短い袖の 31/67 婦人用ポロ・
　シャツ風の 30/7
シャンパン・グラス 45/85-86
ジャンピング・シーツ 270/18
ジャンピング・シーツ担当班 270/
　17
ジャンプ: 障害物競馬の 289/21
　落下傘の 288/55
シャンプー 106/20
シャンプーイング・ヘッド 50/79
シャンプー・スプレー 105/30; 106/
　13
シャンプー・ボトル 105/32
ジャンプ競技 301/35
ジャンプ・シット・スピン 302/8
ジャンプスーツ 31/53
ジャンプ・スキー 286/62
ジャンプ・スロー 292/3
ジャンプ用スキー 301/38
ジャンプ用スキー靴 301/41
シャンペンのコルク栓 267/59
シャンペン・バケット 267/59
シャンペンびん 99/78
シャンペンを冷やすおけ 267/59

ジャンボ・ジェット機 231/14
種衣 382/34
シュー: 製材機の 91/14 パイプ足場の 119/50
周囲 130/23
十位 344/3
驟雨(しゅうう) 9/37
集雨器 10/40, 45
重嬰(えい)包 322/51
周縁起爆式弾薬筒 305/35
重オートバイ 189/43
周回採点員 290/6
自由型リレー競泳 282/24-32
銃眼 329/18
銃眼間の凸壁 329/7
施かい機 161/16
集気管 156/17
重起重デリック・ブーム 221/62
蹴球(しゅうきゅう)場 291/1-16
従業員 79/12
宗教的行列 331/42-50
舟艇(しゅうきょう)ドック 222/34-43
褶曲(しゅうきょく) 12/4-20
従弱 224/41
褶曲山地 12/12-20
周極星の限界円 3/5
重鋸歯(きょ)〈葉縁の形〉 370/45
シュー・クリーム 97/27
銃穴 86/52
重圏 11/5
重原子核 1/35
集合 348/1, 3
自由港 225/2
重合 170/33, 54
集合果 370/100, 101
銃腔軸(じゅうこうじく) 87/38
銃腔手入れ麻 87/63
集合標識 242/90
銃腔ブラシ 87/62
集光レンズ 112/8; 113/32
縦材貯蔵箱 201/20
習作 338/36
集散花序 370/70
従士 329/68
シュー・シーブ 64/16
十字頭ねじ 143/26
十字架 260/28; 331/25; 332/33, 55-72 行列用の 330/47; 331/42 教会の屋根の 331/10 祭壇の 330/35
十字架像 330/12
十字形係船柱 217/13
十字架の奉持者 331/43
十字架の道行の留(りゅう) 330/54
従軸アーム 192/81
十字軍従軍騎士 329/72
十字形係柱 227/10
十字形継ぎ手 151/50
十字形尾翼 229/28
十字形ブレース・ワイヤ 229/12
十字桟つき欄間(らんかん) 37/35
十字標準刻線 87/32
十字線〈プロセス・カメラの〉 177/4
十字継ぎ手 126/50
十字つば 294/42
十字積み 118/65
十字花飾り 335/31-32
十字標的 288/52, 56
終止符 342/16
十字ヴォールト 335/31-32
従者 186/20
重車両エレベーター 221/56

収縮筋 77/17
収縮胞 357/5
収縮リング 130/24
柔術 299/13-17
住所 236/42
銃床 87/3
重蒸留物品 145/40
住所氏名録ホルダー 236/11
住所ディスプレイ装置 236/41
住所ラベル 236/4
銃身 255/2, 17, 41
重心 346/26
集塵機(しゅうじんき) 108/45; 199/47 製鉄所の 147/14
銃身ケーシング 87/35; 255/33
銃身結晶 255/11
銃身清掃網 87/64
自由振動周期調整ねじ 11/41
シューズ〈サッカー〉 291/21 ビーチ～ 280/23
ジュース 98/18
集水タンク 92/5
集水地域 12/24
ジュースしぼり器 40/19
ジュー・スプレー 50/40
修正レンズ 115/72
臭跡(しゅうせき) 86/8; 289/49
集積回路 242/68 電子水晶時計の 110/16
臭跡猟犬 70/42, 42
修繕 100/1
縦線 320/42
集草箱 63/19
集草箱 56/29
集草レーキ 64/44
住宅 37
住宅地 15/28
じゅうたん掃除用ノズル 50/71
じゅうたん掃除用ヘッド 50/79
じゅうたん叩きうきさお 37/51
終端箱 153/33
自由地帯構内〈港湾の〉 225/3
集中式建築 334/55
集中治療部 25/1-30
集中的養殖管理 74/1-27
集中分離機 172/15
酋長(しゅうちょう) 352/11
縦通材 230/47, 57
舟艇(しゅうてい) 258/89; 259/46
銃手入れ用具 87/61-64
充填(じゅうてん)〈歯の〉 24/30
集環 194/41
集電器 197/23
充填機 76/26
充電器 25/51
充填器(じゅうてんこう) 213/19
充填 128/3
充填材混合機〈歯の〉 24/51
充填材投入口 200/52
充填材ホイスト 200/51
充填材料 144/37
自由電子 1
充填室 154/79
集電装置: 気動車の 197/2 電気機関車の 211/2
集電装置開閉スイッチ 211/30
充填端 162/2
充填ライフ 128/50
充填粘土 269/29
充填物 269/29
充填用コンパウンド 153/38
シュート 292/51
ジュート 383/25
柔道 299/13-17
修道院 331/52-58 地図記号 15/63

柔道家 299/14
修道士 331/54
修道女 331/50
従動節(かぎの) 140/43
柔道の投げ 299/17
修道服 331/55
ジュート被覆材 153/49
ジュート包装 163/4
12軸連結型気動車 197/1
十二指腸 20/14, 43
12 m²シャービー級 284/53
12ポイント・アイゼン 300/48
12砲身水中ロケット一斉発射装置 259/24
収入印紙 107/26
集熱器 155/19
集熱装置 155/28, 32
重燃料油 145/59
州の紋章 252/14
銃把(じゅうは) 87/7
周波数自動調整装置 23/38
周波数帯 309/22
シュー・バックル 101/52
縦帆つきハーフ・リッグド・マスト 220/15
獣皮 352/17
重武器 255/40-95
シュー・ブレーキ 143/97
秋分点 3/7
重変記号 320/53
襲歩 72/43-44
10ポイント・アイゼン 300/48
10ミリメートル剪断(せんだん)工程 148/75
10メートルフィルム巻取り枠 115/80
10メートル飛込み固定台 282/7
十文字底 136/21
重役室 246/1-36
周遊ボート 283/2
周遊用カヤック 283/61, 70
重油暖房装置 38/44-60
重溶液ポンプ 172/34
自由落下姿勢 288/60-62
修理岸壁 222/10
修理工 161/19
修理中の車 195/47
修理中の車両 138/36
修理場 196/22
重量挙げ 299; 299/1-5
重量挙げ選手 299/2
重(量)オートバイ 189/31-58
重量トラック 194/20; 200/7
重量持ち上げ持続 299/5
重力加算 12/7
重力燃料補給先端 257/32
従輪軸 210/35
自由輪ハブ 187/63
縦列回転翼 232/22
修練調教 71/1-6
周廊 334/67
袖廊(しゅうろう) 335/3
十六分音符 320/17
十六分休符 320/25
16ミリ・カメラ 117/43
16ミリ携帯用撮影カメラ 313/31
手円描き 297/47
主演女優 310/27
主エンジン: 機関車の 209/4 船の 221/81
主エンジン用液体水素 235/35
主エンジン用液体水素供給器 235/35
主演男優 310/28
主音管 326/1, 43
珠芽 54/27, 29

主階 118/7
主回転翼 232/12-13; 256/19
主開閉器 132/58; 211/3
主牽引車受け台 214/67
樹幹 84/19; 370/2, 7
樹冠 370/3; 384/29
主緩衝装置 6/32
主甲板 223/32-42; 258/9 沖合い掘削機の 146/37
主記憶・演算部をもつ中央処理装置 244/6
主記憶装置と磁気テープ・ループの回転スイッチ 245/28
主機関 223/73
主機関回転表示器 224/21
主機関過負荷表示機 224/24
主機関室 223/72
主給湯管 38/71
主局 224/40
主空気圧力計 212/6
主空気だめ 211/8; 212/57, 71
主空気だめ圧力計 212/8
熟した果実 382/33
熟した蒴果(さくか) 382/44
縮尺 14/29
縮絨機(しゅくじゅうき) 168/1
縮絨ローラー 168/3, 4, 6
ジュクジュク・ダンサー 352/34
収縮密封機 76/24
宿所(船の) 224/108; 227/19
淑女(しゅくじょ) 265/23
縮小エルボ 126/49
縮図器 14/65
縮小ソケット 126/39, 41
手具体操 297/33-50
主駆動装置 214/63
宿泊客 267/14
宿泊客用郵便物棚 267/2
泊泊人記入票 267/12
宿泊人名簿 267/8
宿泊設備 146/23
縮帆索 221/127
縮帆部 219/72
主クラッチ 65/39
主溝: 製粉機の 91/18 橋の桁構えの 215/5
珠孔(しゅこう) 383/57
主交換線連結用押しボタン 237/18
主交換ライン 237/24
主降着装置 230/41; 256/26
手工品 48/3
主航路 224/92
主コース 219/61
主根 370/16
手根関節 19/76
手根骨 17/15
主コンパス 224/51
主コンピュータ・ソケット 195/39
主コンピュータ・プラグ 195/2
種子 370/86 アサの 383/15 イトスギの 372/60 イチゴの 58/23 イナゴマメの 384/47 オウトウの 59/8 カカオの 382/20 カポックの 383/23, 24 カラマツの 372/37 クリの 384/52 穀類の 68/13, 15, 25 ザクロの 384/20, 21 シデの 371/65 スギの 372/67 セイヨウナシの 58/37 セコイアの 372/71 タバコの 382/45 トウヒの 372/15 ナツメグ・ニクズクの 382/35 ナタネの 383/5 ナツメヤシの 384/10 ネズミサシの 372/54 ハイマツの 372/28 ブラジルナットの 384/58 ポプラの 371/20 ミズタガラシの 378/34

モミの 372/10 ヨウシュコナスビ
の 375/28 リンゴの 58/60 ルリ
トラノウの 375/25
主ジェット 192/5, 12
主軸 192/40
主軸受け 192/23
主軸台: 研削機の 150/2 旋盤の
149/2 平削り盤の 150/26
種子 68/25
種子繰出し装置 65/78
種子導管 65/77
種子の翅(はね) 372/67
種子ホッパー 65/75
手術器具 26/40-53
手術室 26/1-33; 228/21
手術台 26/5
手術台の台座 26/6
手術部 26/1-54
手掌 19/71
主昇降口 259/86
主小骨: グライダーの 287/35 ス
ペース・シャトルの 235/10
主上陸ギヤ装置 257/40
主審: サッカーの 291/62 テニスの
293/19 バレーボールの 293/67
ボクシングの 299/41 野球の
292/55, 65
受信アンテナ 239/4
受信機 10/63
主信号機 203/1-6, 30
受信コピー 245/2
受信装置 309/16
受水器 10/46
取水室 217/40
主スイッチ 211/3, 31
取水庭 217/39
主星 3/9
受洗 332/9
受洗用衣服 332/8
酒蔵 79/12
受像管 240/3
酒蔵管理係 79/18
受像機形状の修正 242/39
主操作杆 153/52
酒蔵室取扱主任 79/17
酒蔵従業員 79/12
主操船竜骨(りゅうこつ) 227/30
主送油管 145/35
シュタインハイム 人の 頭蓋骨(ずがい
こつ) 261/17
住宅地住宅 37/54
シュタスフルト塩 154/66
シュタスフルト薄層 154/65
主立坑(しゅたてこう) 144/24
主着陸ギヤ装置 256/26
主着陸装置: 航空機の 230/41;
288/33 油圧操作~ 235/31
主柱 91/34
主調整室 238/16-26
出荷前のポリアミド・コーン 170/
52
出札係 204/39
出札所 204/34
出席簿 260/23
出銃口(しゅっせんこう) 147/50
出走馬 289/51
出発 233/25
出発合図員 273/34; 282/30
出発合図員の旗 273/34
出発信号 205/47
出発線 286/30
出発建物 233/15
出発点 286/28, 29
出発点と決勝点の浮標 285/14
出版社の表示 185/48
出力歯車箱 212/53

主電動機 211/6
主電動機用コンデンサー 211/15
主灯 191/20
手動印刷機 340/29
手動ガラス吹き 162/38-47
手動給紙部 184/2
手動切換え標示 115/52
手動草刈り機 56/34
手動耕転機(こううんき) 55/21
手動絞り調節用の操作リング
117/2
手動乗車券〔日付〕印刷機 204/
41
手動焦点距離調節部 117/3
手動スプレー 83/24; 179/7
シュトゥットガルト・プラネタリウム
5/17-28
手動転轍器(てんつき) 202/16
樹洞などの巣 359/29
手動ねじ 132/14
手動ハンドル: 靴下工場の手回し
機械回転用~ 167/7 縫合機の
100/24 マンホール・カバーの
130/19 ラッセルたて編機の
167/30
手動平台編機 167/35
手動ポイント 202/16
手動ポイント・レバー 83/26
手動露光制御スイッチ 117/17
シュトロイゼル薄切り 97/43
シュトロイゼル・ケーキ 97/43
シュナウザー・ドッグ 70/35
受難の十字架 332/55
受乳 76/1
主ねじ 148/62
受熱板 155/29
主燃料タンク 212/4
主の祈りの珠(たま) 332/31
シュノーケル 259/72, 90; 279/11;
280/39
手背 19/83
主帆 218/33; 284/46; 285/2
主反射鏡 5/1; 113/10
樹皮 120/86; 370/8
樹皮削り 56/14
守備者 292/4
樹皮ブラシ 56/23
主錨(しゅびょう) 286/15
主軸 39/1
主ホール 250/1-11
主脈 370/30
樹木 272/59; 370/1
樹木の群 272/61
主油穴 192/21
主要索引 262/21
手用測鉛 224/58
主翼 230/43
主翼桁(こう) 287/30
シュラウド: 帆船の 219/16 ヨット
の 284/18
狩猟 86
狩猟家 86/1
狩猟具 87
狩猟口 86/1-52
狩猟服 86/2
狩猟帽 289/14
狩猟用折りたたみいす 86/10
狩猟用ナイフ 87/41, 42
狩猟用具 87/41-48
狩猟用角笛 87/60
種鱗(しゅりん): カラマツの 372/38
トウヒの 372/14 ニオイヒバの
372/42, 45 ネズミサシの 372/50
ハイマツの 372/27 モミの 372/8

樹林 84/1-34
主ローター 232/12-13; 264/3
主ロケット・エンジン 6/3
棕櫚(しゅろ)柱 333/17
シュロの林 354/5
受話器 237/7, 8
受話機 246/16
受話器コード 237/14
準位〈エネルギーの〉 1/15, 18, 27
潤滑(じゅんかつ)装置 192/16-27
潤滑油 145/62
潤滑油精製所 145/67
循環 171/12
循環系 18/1-21
瞬間自転軸 4/25
循環小数 344/21
循環器 344/22
循環ポンプ 154/43, 54
瞬間湯沸かし器 126/12-13
巡業芸人 308/25-28
巡業サーカス 307/1-63
純潔の象徴 327/7
巡航用キールボート 285/29-34
巡察隊員 264/13
順序数 344/6
純正コーヒー 98/65
浚渫機(しゅんせつき) 226/41, 56
浚渫船 216/56
浚渫バケツ 216/58
浚渫バケット 226/44
順序 296/40
順帆走 285/12
準備滅菌室 26/34-54
準備レバー 64/16
春分点 3/6
しょいかご 78/15
しょいご運搬人 78/14
子葉 370/87
小〈ルーレットの〉 275/22
商〈数学の〉 344/26
錠 140/36-43; 187/49
小顎鬚(しょうがくひげ) 358/42
小アジアの美術 333/37
上衣 355/5
上位射水式水車 91/35
乗員入口トンネル 235/71
乗員室 235/16
小円筋 18/54
小円のこぎり 125/24
消音器: エンジンの吸気~ 190/16;
191/54 ゴーカートの 305/93
自動車の 191/29 ディーゼル機
関車の 212/42, 48 鉄道車両の
211/49
消音器つきタービン・ユニット
209/24
消音器つき排気管 209/12, 22
消音材の充填(じゅうてん) 123/69
消火 270/1-46
奨果(しょうか) 58/9; 370/97
上階 37/3; 118/14
蒸解かます 172/7
昇開橋 225/70
哨戒(しょうかい)潜水艦 259/75
小回転盤 142/41
障害飛越し競技 289/8-14
場外取引仲買人 251/5
障害馬 289/9
障害物 289/8
障害物競走 298/7-8
障害物競技 289/20-22
消火器: ガソリン・スタンドの 196/
9 可動式大型~ 270/63 携帯
~ 270/61
蒸化器 155/6
小核 357/12

衝角(しょうかく) 218/9
上顎(じょうがく) 19/27
上顎骨 17/36
消火口 221/4
四葉飾り 335/39
消火車 156/10
浄化場 89/6
消火栓 270/35
消火栓スパナー 270/27
小学校 260/1-85
消火塔 156/11
消火班長 270/36
しょうが風味のケーキ 97/51
小花柄 59/4
消火用おの 270/43
漿果類(しょうかるい) 58/1-30
漿果類の木 52/11
蒸気 11/22
定規 151/33
蒸気アイロン 103/20
蒸気過圧防止用ボイラー安全弁
210/3
蒸気管 210/17
蒸気機関車 210/1-69
蒸気逆転装置 210/18
蒸気室 210/31
蒸気集合装置 210/21
蒸気・凝縮水流路 154/51
蒸気線 154/11
蒸気タービン 152/23; 153/23
-30; 154/14, 46, 52
蒸気だめ 210/12
蒸気抽出器 103/25
蒸気抽出調整用の足踏みスイッチ
103/26
蒸気貯圧機関車 210/68
蒸気調整弁 210/13
蒸気ドーム〈蒸気機関車の〉
210/12
蒸気熱交換器 207/6
蒸気発生器 154/9, 26, 44
蒸気ボイラー 152/5
蒸気滅菌器 22/39
乗車 204/21; 205/6; 208/30
常客 266/40
乗客座席 191/36
乗客用 194/14
焼却炉 199/29
乗客ローディング・ブリッジ 233/
14
上級組 261/1-45
小臼歯(きゅうし) 19/18
小峡谷 13/52
商業通信文 245/33; 246/7;
248/30
商業ブローカー 251/5
消去ヘッド: VCRの 243/20 磁
気フィルム用ミキサーの 311/25
録音機の 241/59
消去ボタン 271/7
笑気流量計 26/3
小釘(くぎ)抜き 100/40
鐘形杯(きがずき) 328/14
鐘形柱頭 333/16
象形文字 341/1
衝撃〈中性子の〉 1/36
衝撃砕石機 158/20
衝撃波 11/35
上下調節装置 27/3
焼結炭化物チップ 149/48, 50
焼結炭化物チップつきバイト
149/48
焼結炭化物を調整する切断チップ
149/46
上下2連発銃 87/33
証券〈有価~〉 251/11-19, 11

象限（しょうげん）347/5
上弦材 121/74, 80
証券取引市場 251/2
証券取引所会員 251/6
証券取引従業員 251/9
証券取引所 251/1-10
証券取引員 251/1
証券取引所仲買人 251/4
証券取引代理人 251/7
上弦の月 4/4
証券ブローカーの部署 251/3
昇降機 146/8; 271/45
昇降機係 271/47
昇降機ケージ 271/46
昇降機シャフト 271/51
昇降橋 226/25
昇降口 222/64-65
乗降口 207/21
昇降口階段 258/24
昇降計 230/14
小口径ドイツ式単発ライフル 305/35
小口径フリー・ライフル 305/44
上行結腸 20/19
昇降口はしご 223/24
昇降索 271/52
昇降舵（だ）229/27; 230/63; 288/24
乗降台 78/20
昇降段 197/15
昇降扉 197/14
昇降用足場 269/28
小骨 230/46
踵骨（しょうこつ）17/27
踵骨腱（しょうつきん）18/48
小冊子 250/7
上肢（じょうし）16/43-48
上枝（シカの角の）88/9
上翅（じょうし）358/36
常時回転型 P. T. O. 軸 65/31
抄紙機（しょうし）173/11, 13-28
常時速度制限区間の速度制限標識 203/41
常時速度制限の始まり 203/42
硝子体（しょうしたい）19/46
上肢帯（じょうしたい）17/6-7
小室区画式2重底 222/60
鞘翅目（しょうしもく）358/24-39
勝者 299/3
照射器 23/23
照尺 87/67
焼灼器（しょうしゃくき）24/43
照尺溝 87/70
照尺目盛 87/68
照尺遊標 87/69
乗車券 204/36
乗車券自動販売機 268/28
乗車券〔日付〕印刷機械 204/40
照射台 2/36
乗車台 194/39
照射ユニット 24/23
蒸絨機（じょうじゅうき）168/49
小十字型つき十字架 332/68
小銃銃身 26, 34
小銃床尾 255/24
小手術用器具 22/48-50
照準器 87/65; 305/41
照準器調節ねじ 87/30
照尺具 255/45
照準刻線 87/31-32
小楯板（しょうじゅんばん）: クワガタムシの 358/30 コフキコガネの 82/5
照準マーク 305/56
証書：更改～251/19 配当～251/18

上昇気流 287/20, 21, 25, 28
ショウジョウコウカンチョウ 363/5
上昇時期測定用デコメーター 279/17
小消音器 26/35
掌状の角 88/41
上昇用足場 6/37-47
小食肉動物 86/22
小食肉動物の捕獲 86/19
小食肉動物捕獲用わな 86/20
少女用オーバーブラウス 29/48
少女用コート 29/54
少女用ショルダーバッグ 29/56
少女用スカート 29/46
少女用スカート・スーツ 29/50
少女用ブラウス 29/58
上唇 19/14; 72/8
上唇〈オルガンの〉326/27
小豆 57/8
小穂（しょうすい）: イチゴツナギの 375/41, 42 穀類の 68/10; 69/23 ライムギの 68/3
浄水器 269/13
浄水池 269/13
上水道 269/13
小数 344/20
乗数 344/25
小数位 344/20
小数キー 247/19
小数第1位 344/20
小数第3位 344/20
小数第2位 344/20
小数点 344/20
小ストーパ 337/28
照星 87/71; 255/3, 23, 37 スポーツ用ライフル銃の 305/42
焼成型 161/4
焼成過程観察孔つき試料さや 161/2
照星制御具 305/51
照星台盤 255/23, 37
小舌 68/22; 370/84
砲門線 320/42
使用説明書 244/15
小尖塔（せんとう）335/29
醸造（ビールの）93
上層エッジ 301/51
消息子 22/53; 24/46
上大静脈 18/9; 20/53
沼沢（しょうたく）13/14-24
沼沢地〈地図記号〉15/20
小腸 20/14-16
象徴的図案 252/12
象徴的な像 327/20
象徴的表現 352/2
城塞 329/2, 31
沼沢炭（しょうたん）13/17
焦点：双曲線の 347/27 楕円の 347/25
焦点合せスクリーン 112/21; 115/39; 177/34
焦点合せリング 115/8
焦点ガラス・スクリーン 177/2
焦点距離測定器 111/33
焦点装置のないピントグラス・スクリーン 115/60
焦点調節 240/30
焦点調節環 114/39
焦点調節装置 114/22
焦点調節台 115/86
焦点調節と手動焦点距離調節節部 117/3
焦点調節フィルター 115/55
商店の標識 268/39
焦点表示器 224/35 船位置固

定角探知機の 224/36
小塔 329/28
鐘塔 334/65
章動 4/24
橋頭（しょうとう）見張り座 223/38
橋頭横材 223/37
消毒器：土壌～83/33 病院の 26/35
消毒布 26/38
衝突防止灯 230/64
小トムトム 324/48
小児 28/5, 42; 48/33
小児服 29/13-30
鍾乳石 13/80, 82
鐘乳石状ヴォールト 337/17
鍾乳石柱 13/82
鍾乳洞 13/79
小児用ショーツ 29/25
小児用Tシャツ 29/27
小児の本 48/23
小児用ベッド 47/1
小脳 17/45; 18/23
上〔肺〕葉 20/7
乗馬スポーツ 289
蒸発 170/11
蒸発皿 350/29
床尾（しょうび）87/3, 14; 255/9, 24, 31, 39 スポーツ用ライフル銃の 305/47
小ビール 93/26
消費者用ミニ電流遮断器装置 127/33
ジョウビタキ 360/3
床尾板 87/14; 305/46
商標バター 76/37
商品 271/10
賞品 306/11; 308/48
商品棚 98/14
商品リスト 99/19
踵部（しょうぶ）19/63
ショウブ 377/22
上部印刷装置 180/681
上部大玉縁 334/28
上部音管 326/2, 44
上部観測窓 235/24
上腹部 16/35
上部クリアーラつき引張りローラー 164/22 ·
上部限界〈オゾン層の〉7/19
上部構造：戦艦の 258/10-28; 259/45 船尾～221/10 船の家畜輸送用～221/69
上部軸受け 192/73
上部縮絨ローラー 168/3
上部推進マウント 235/5
小部数の丁合（ちょうあい）機 249/59
小部用接着とじ機 184/1
掌部台（しょうぶだい）255/13, 19
上部ダイス型 139/13, 38
上部継ぎ手 215/9
上部停車場〈ロープウェイの〉214/57
上部出入り口 6/45
小部品保管箱 134/34
上部フランジ 215/9
上部リンク 65/27
上部リング 89/52
常分数 344/15-16
障壁 289/8
城壁 15/95; 333/31 地図記号 15/95
常歩 72/39
乗法 344/25
消防員詰所 270/2

消防演習 270/1-46
消防器具建物 233/8
乗法記号 344/25
消防士 270/37
消防自動車 270/5
消防車と器具置場 270/1
消防署 270/1-3
消防司令 270/36
消防装具 227/25
消防隊 270/9
上方ダイス型 252/40
消防艇（てい）270/65
消防ヘルメット 270/38
上方モルデント 321/19
錠前屋 140/1, 1-22
錠前屋の仕事場 140/1-22
静脈 18/2
静脈内点滴 25/13
静脈内点滴スタンド 26/9
常明灯 330/49
乗務員室 205/37; 207/41, 81 209/25
乗務員洗面所 207/26
乗務員専用トイレット 207/82
乗務員専用洗面所 207/82
乗務員用便所 207/82
乗務事務員 209/27
照明案内板 268/3
照明係：映画スタジオの 310/37 サーカスの 307/4 舞台の 316/20
照明軌道盤 203/66
照明軌道盤操作レイアウト 203/65
照明光学素子 112/7
照明光線路 112/6
照明操作室 316/2
照明操作卓 316/2
照明装置 112/63
照明調節ねじ 14/58
照明つき透視スクリーン 264/30
照明標識 203/38
照明プラン 316/3
照明用キャットウォーク 310/53
照明用ランプハウス 112/59
使用面〈ハンマーの〉137/28
正面腕支持 296/28
正面外階段 333/33
正面観覧席 289/34
正面玄関 41/25
正面図 151/17
正面水平懸垂 296/56
正面の入口 331/16
正面の突き 294/7
正面向き横跳び 297/30
睫毛（しょうもう）19/41
照門 255/36
城門 329/32
縄紋（じょうもん）飾り 252/38
縄文土器 328/10
乗用車 191/1-56; 195/34
常用燃料庫 156/2
乗用の動物 354/2
上翼 229/7
上陸 221/97
上陸桟橋 283/19
上陸用舟艇（しゅうてい）258/89; 259/46
省略記号 342/29
省略符 342/22
蒸留 170/17
上流区間 217/37
蒸留工場 145/66
蒸留酒 318/19
蒸留装置 350/46
上流端 217/25

蒸留塔 145/37, 49
蒸留フラスコ 350/47, 50
上流リーチ 217/37
常緑草 57/34
条列 258/8, 81
松露〈しょうろ〉 98/86
じょうろ 51/21; 55/26
鐘楼 337/8
鐘楼の窓 331/8
小惑星群 4/47
小弯 13/7
上腕 16/43
上腕骨 17/12
上腕三頭筋 18/38
上腕二頭筋 18/37
ジョー 140/67
ショーウインドーの陳列 98/1
ジョオウバチ 77/4
ジョオウバチ移動器 77/44
ショーツ: 小児用 29/25 紳士用 33/25 婦人用 31/39; 32/21
ショート〔ストップ〕 292/42
ショート・パイプ 107/33
ショートパンツ 291/57
ショート・ヘア 34/34
ショーム 322/3, 14
ショール 31/71
書架 262/12
助監督 310/21, 46
初期オーバー・フィード 168/26
初期キリスト教美術 334/61-71
初期コイパイ層 154/57
初期ムシェルカルク層 154/60
助教授 262/3
食塩 170/13
植字工 174/1
植字室 174; 175; 176
食事室 207/32, 77
植字台 174/2
触手 357/16
植字用ステッキ 174/13
織女星 3/22
燭台 45/16; 309/45; 330/16, 45, 52
食卓 42/33; 44/1; 45/1; 46/34 レストランの 266/74
食卓の脚 44/2
食卓の表面 44/3
食卓用飾り 45/19
食卓用燭台 45/16
食虫植物 377/13
食虫類 366/4-7
食道 17/49; 20/23, 40; 77/19
食堂 44; 266/1-29; 267/20 船の 223/44
食堂車 207/22-32, 33
食堂室 266/73
食堂用いす 44/10
食肉店 96/1-30
食肉動物 86/22
触髪 364/13
触発引き金 87/12
食品当用 81/15-30
食品検査用浸漬〈しん〉屈折計 112/48
食品スライサー 40/38
食品用 98/1-87
織布〈しょくふ〉準備工程 165/1-57
植物 370
植物学一般 370
植物性油 98/23
植物生態展示 356/21
植物の繁殖〔法〕 54
植物箱 248/13
植物鉢 248/13
食胞 357/6

食用オンドリ 98/6
食用カタツムリ 357/27
食用キノコ 381/
食料品商 98/41
食料品店 98/1-87
書見台 262/4
書庫 262/11
徐行信号の現示〈踏切の〉 203/10
書式 245/24
書式セット 245/24
女子シングルス〈テニスの〉 293/4
女子体操 297
助手: 医師の 22/19 演出～ 316/43 サーカスの 307/39 歯科～ 24/18 大学の 262/6, 7 録音～ 310/57
書状折り機 249/44
女児用ダーンドル 29/36
処女航海 221/85
序数 344/6
除数 344/26
女性声楽家 315/23
女性生殖器 20/79-88
女性の頭 327/
女性の髪型 34/27-38
女性の胴体 327/
女性の帽子 41/11
書籍貸出口 262/18
除章 304/22
除章シャベル 304/23
除雪装置 304/9
「除雪プラウ引き上げ」標識 203/34
「除雪プラウ引下げ」標識 203/35
除雪プラウ標識 203/34-35
除草くわ 51/22
除草ハロー 63/41; 65/87
書体 342/5
触角: 357/31 アゲハチョウの 358/53 クワガタムシの 358/27 コフキコガネの 82/3 サシバエの 81/5
食 96/54
織機 166/35
ジョッキ 309/53
食器洗い場 207/28
ジョッキー・キャップ 35/8
食器棚 39/8; 44/20; 46/30
食器戸棚 45/44; 46/6
食器保管棚 207/27
食器類 45/3-12; 207/84
食器類引出し 39/10; 44/21
織機枠かせ与 39/
ショック・アブソーバー 191/26; 192/69
ショック療法用電極 25/26
ショッテル・プロペラ 227/20
ショッピング・カート 50/87
ショッピング・バッグ 268/19
ショッピング・ワゴン 99/1
書店 268/37
書店員 97/1; 98/31; 99/17; 271/12
初等幾何学 346/1-58
除糞ダクト 74/23-27, 27
除糞チェーン・コンベヤ 74/27
ショベル 118/82
除法 344/26
除法記号 344/26
処方箋〈せん〉 22/20
処方箋更新 22/3
署名 252/34
女優 316/38
処理工場 144/5
書類入れ 245/30

書類カバン 41/17
書類整理職員 248/6
書類箱 245/30; 248/41
書類ばさみ 245/19
書類ファイル 247/37; 248/5
ショルダー 95/42; 313/37
ショルダー・バッグ 29/56
ジョロウグモ 358/45
白樺〈しらかば〉 272/40
白太材〈しらだざい〉 120/85
シラフ 278/30
シリウス 3/14
しりがい ウマの 71/34, 48
自力脱出法 21/33
私立探偵〈たんてい〉 275/16
尻繋〈しりつなぎ〉 71/48
尻ばさみ 71/34
臀〈しり〉びれ 364/9
支流 13/2
飼料供給パイプ 74/15
飼料サイロ 62/11, 43
飼料作物 69/
資料センター 248/43
飼料タンク 221/73
資料表示端末装置 248/44
飼料読取り作業 248/45
視力検査台 111/43
自力推進式スプレッダー 200/41
磁力ビット 145/21
シリング 252/13
シリンダー: 印刷機の 180/54 化学実験器具 350/45 かぎの 140/45 現像液の 116/11 蒸気機関車の 210/32 梳綿機の 163/43, 68 ローラーの 130/27
シリンダー・アンダーケーシング 163/55
シリンダー腕木 177/68
シリンダー温度計 230/9
シリンダー式電気掃除機 50/68
シリンダー車輪 192/54
シリンダー修正 182/21
シリンダー錠 140/44
シリンダー製版機 182/9
シリンダー・トリマー 85/25
シリンダーのカバー 163/21
シリンダーの直径 167/16
シリンダー刃 56/35
シリンダー・ブロック 190/19
シリンダー・ヘッド 190/45; 242/47
シリンダー・ヘッド・ガスケット 190/48
シリンダー油 145/63
シル 11/31; 193/21
シルク・ハット 186/25
シルクハット 289/6
ジルコニア 351/19
しるしをつける 104/21
司令官席 235/17
司令船 6/9
司令塔 259/3
白〈チェスの駒〈こま〉〉176/4; 343/11
シロイタチ 86/23, 24
シロイタチを使う狩猟者 86/25
シロカツオドリ 359/9
シロガネヨシ 51/8
シロクマ 368/11
シロクローバー 69/2
白黒まだら馬 289/29
シロケシ 380/15
白駒〈こま〉 276/4

白ズボン 289/5
シロダイコン 57/16
白球 277/11, 13
シロツメクサ 69/2
白パン 97/9
シロビタイ 360/3
白ブドウ酒 98/60
白帽 268/32
白マージン 185/55-58
白ます 171/1-29
自身 74/62
白目〈チェスの駒〈こま〉〉276/2
白リンネル 355/57
白ロール 97/14
四和音 321/5
仕分け線 206/47
地割れ 11/52
心〈しん〉: 塑像骨組の 339/25 ライターの 107/29
針圧制御 241/24
人員専用通路 217/72
人員専用路 154/32
腎盂〈じん〉 20/31
腎盂撮影 27/4
腎盂撮影用X線装置 27/6
腎盂撮影用フィルム・カセット 27/14
震央 11/33
震央地域 11/38
心押し軸 135/8
心押し台 135/7; 149/29; 150/5; 177/62
心押し台センター 149/26
心押し台胴部締め具レバー 149/28
心押し台胴部調整手動ハンドル 149/30
心押し台の胴部 149/27
シンカー: 編機の 167/58 船の 224/73
深海イソギンチャク 369/20
深海ウニ 369/18
深海エビ 369/12, 15
深海オオウミボタル 369/1
深海救難引き船 258/96
深海漁業 90/1-23
深海クラゲ 369/5
深海ケーブル 237/56
深海溝 11/12
深海タラバガニ 369/16
深海底 11/10
深海底帯 11/10
深海ナマコ 369/18
深海の生物 369
深海ヒトデ〔の一種〕 369/17
塵芥〈じんかい〉フィルター 270/59
心型〈しんがた〉 148/36
仁果類〈じんかるい〉 58/31-61
刃間〈じんかん〉遊隙〈ゆうげき〉調節用ハンドル 172/74
新教 332/3
シンク 13/71
真空 240/21
真空爆蒸〈くんじょう〉装置 83/11
真空室: タバコ工場の 83/12 れんがプレス工場の 159/12
真空室排気用ポンプ 2/52
真空掃除機 108/43
真空装置 145/51
真空点火制御式配電器 190/9
真空パイプ 74/50; 75/29
真空・ミル 161/7
真空箱 173/15
真空パック 177/35
真空フィルム・ホルダー 177/8
真空フレーム 182/2

真空ポンプ: ポンプ装置の 269/8
製版機の 179/19 凸版印刷機
の 181/35 内燃機関の 190/59
真空ポンプ・スイッチ 179/19
真空ポンプのカム 190/60
真空焼き枠 179/13
真空焼き枠のベース 179/14
真空老成タンク 169/11
ジンク板 340/52
シングル 8・カセット 117/39
シングル・カット 34/34
シングル・スカル 283/16
シングル用サイドライン 293/4
シングルのスーツ 33/1
シンクロ 153/22
シンクロナイジング・コーン 192/33
神経 19/33
針形〈葉の形〉 370/34
心形〈葉の形〉 370/35
腎形(じんけい)〈葉の形〉 370/38
神経系 18/22-33
腎形 シャーレ 23/45
新月 4/2
震源 11/32
震源地 11/32
震源の深さ 11/34
人工衛星 ラジオ・リンク 237/51
-52
信号円板 205/42
信号旗 253/22-34, 29
信号旗揚げ綱 223/10
信号旗信号 223/9
信号機ノブ 203/62
人工呼吸 21/24-27
人工呼吸器 21/27; 26/25; 270/
20
針広混合林 15/14
深紅色クローバー 69/4
進行信号の現示 203/5
進行信号の現示 203/11
人工水平儀 230/3
信号ステー 223/11
人工孵化器(そせき) 21/27
人工滝 272/9
新興建売住宅地 37/54-57
信号塔 15/1
信号灯: 機関車の 212/15 救命
ブイの 221/125 発電所制御室
の 153/3
信号灯セット 268/54
信号トラック 243/59
人工波 281/1
人工波施設つきプール 281/1-9
人工歯のセット 24/25
人工孵卵器(ふらんき) 89/15
信号分配室 238/7-15
信号保安設備 203/
信号マスト 225/34
人工蜜巣(みつそう) 77/42
信号用に掲げる一連の旗 253/
22-34
信号レバー 203/56
唇交連 16/14; 19/19
新古典主義様式の建造物
336/15
心材 120/84; 370/13
診察室 23/1
診察台 22/43; 23/4
紳士 265/22
心耳 20/24
新式貨物積載設備 226/1
心軸 109/17
浸漬(しん)屈折計 112/48

寝室 43/
神室 334/51
塵室(じんしつ) 163/11
心室中隔 20/52
寝室用電灯 43/19
紳士服 33/
紳士服売場 271/12
紳士服の流行 33/1-67
伸縮性の緑布(ふちめの) 31/43
伸縮性のガードル 32/5
伸縮性トップの靴下 32/33
伸縮装置 167/5
伸縮調整器 165/51
伸縮平衡装置 165/51
伸縮ベルト 31/63
真珠層 357/34
真珠の王冠 355/16
真珠のネックレス 36/32
真珠のブローチ 36/7
針状〈葉の形〉 370/34
紳士用靴下 32/32-34
紳士用下着 32/22-29
紳士用自転車 187/1
紳士用シャツ 32/38-47
腎上体(じんじょうたい) 20/29
紳士用長靴 101/7, 13
紳士用トイレット 233/47
紳士用ブーツ 101/5
紳士用夜着 32/35-37
深所火成作用 11/29-31
伸身腕立前方転回 297/22
伸身開脚跳び 295/35
伸身逆懸垂 296/37
伸身前方宙返り 297/25
伸身跳越し 296/48
真数 345/6
新生児 28/5
新製品 271/63
新製品売り子 271/63
新石器時代 328/10-20
神像 328/20
腎臓(じんぞう) 20/28
心臓カテーテル法 27/30
人造繊維 169; 170
人造底 301/52
人造トラック 298/6
心臓の影像 25/39
心臓の弁 20/46-47
人造肥料 63/14
心臓ペースメーカー 25/31
寝台: キャンプ用 278/59 乳児の
折りたたみ式簡易~ 28/1 病院
の 25/10 幼児の携帯用 43/4-6
人体 16/1-54
人台 103/6
寝台監視装置 25/19
人体寄生虫 81/31-42
寝台車 207/36
新体操 297/33-50
心立てポンチ 134/31
心立て用込みホルダー 111/22
しんたま〈食肉の〉 95/36
診断検査場 195/1-23
陣地 276/27
真鍮(しんちゅう)なべ 42/14
伸張機 100/18
ジンチョウゲ 377/10
身長計 22/69
真束(しんつか)小屋組み 121/42

神殿入口 334/7
神殿外壁 334/6
心電計 23/28; 25/41
心電図 23/27
心電図 インパルス記録用磁気テー
プ 25/46
心電図監視装置 25/2, 21, 28,
47
心電図記録器 25/41
心電図記録装置 25/27
心電図記録用導線 25/43
心電図の振幅 25/49
心電図分析用プログラム 25/50
心電図モニター 25/2, 21, 28, 47
心電図リズム 25/48
震度 11/37
針筒 167/8, 11
人道 198/9
振動アーム式リヤ・フォーク 188/
14; 189/22
振動機 119/88
振動計数器 110/17
振動選別機 64/75
振動装置 201/13
振動ダンパー 190/26
振動ドッファーぐし(櫛) 163/39
振動板 242/82
振動ビーム 201/13
針胴部 167/60
振動ふるい 64/19; 158/21
振動機 119/89
振動要素 110/9
深度ゲージつきハンドル 134/47
深度調整器 157/45
シンナー 293/20
シンナー缶 129/16
浸入ローラー 165/45
腎杯(じんぱい) 20/30
心搏(しんぱく) 25/1
新発売品 271/63
新発売品売り子 271/63
シンバル 323/50; 324/51
ジンバル・サスペンション 241/23
シンバル立て 324/52
ジンバルつき望遠鏡 235/68
ジンバル・リング 224/50
審判 18/14; 20/8, 24-25, 45-57
腎盤 20/31
審判員 290/5; 299/43
審判台 293/20
心皮: 370/61 オウトウの 59/13
コデマリの 374/26
靱皮(じんぴ) 122/75; 352/18
心皮群 374/2
靱皮繊維 136/29
靱皮切り木 54/35
シンフォニア 322/25
振幅調節装置 10/11
人物像 338/38
シンプルカボション型 36/78
新 聞 205/51; 265/25; 342/37
-70
新聞印刷用輪転凸版印刷機
181/41
新聞売り 268/75
新聞売り子 205/17
新聞組版用写真植字機 176/29
新聞雑誌棚 265/8
新聞紙面 342/37
新聞写真 342/58
真分数 344/15
新聞代 342/41
新聞棚 262/16
新聞排紙装置 182/29
新聞ばさみ 265/26
新聞名 342/39

新ペンス 252/37
心房 20/45
心棒: かぎの 140/33 木づち台木
の 125/19 塑造骨組の 339/24
マイクロメーターの 149/66
新芽 370/19-25
人命救助 228
人命救助者 280/1
人毛製の下帯 352/38
心持(しんもち)板材 120/93
針葉 372/11, 19
針葉樹 372/1-71
針葉樹林 15/1
人力車 353/34
診療 22/1-74, 8; 23/2
診療記録 22/8
森林 84/1-34
森林インディアンのカヌー 352/19
森林害虫 82/
針路 171/42
身廊 334/62; 335/1
新郎新婦 332/15-16
真肋(しんろく) 17/9
針路転換 285/27
進路表示装置 203/21
神話上の動物 327/1-61

ス

巣(す): キツツキの 359/29 ミツバチ
の 77/26-30, 60
酢 98/25
ズアオアトリ 360/10
ズアオホオジロ 361/7
巣網(すあみ) 80/7
膵(すい) 20/44
髄(ずい) 370/14
吸上げ口 199/43
吸上げパイプ 269/5, 14, 19, 41
吸上げホース 270/30
吸上げポンプ 269/7
水圧計 38/63
水圧調整器 279/20
水圧ポンプ 178/11
水圧力操縦 65/41
水位計 316/57 地図記号 15/29
スイート・チェリー 59/5
スイーパー 291/11
水泳 282/
水泳指導 282/16-20
水泳指導者 282/16
水泳受講者 282/17
水泳場 223/23; 281/2
水泳トランクス 280/43
水泳パンツ 280/43
水泳プール 282/1-32, 23
水泳帽 280/29, 44; 281/8
水温 282/8
水温・気温告示板 280/8
水温計 191/38, 66
垂下鉤骨 284/26
水管 152/7
吹管: 化学実験器具 350/9 ガラ
ス製造の 162/39 ガラス溶接の
141/11, 28
水管ボイラー 152/5
吹管ライター 141/27
水球 282/46-50
スイギュウ 367/8
水牛の角 254/34
水球用ボール 282/48
水銀圧力計 25/18
水銀気圧計 10/1
水銀整流器 312/18
水銀柱 10/2

水銀電池 25/32
水禽猟〈すいきんりょう〉 86/40
吸い口〈タバコの〉 107/13
水圏〈地球の〉 11/2
水源の導水 269/24-39
水濠〈すいごう〉 289/20 地図記号 15/80
吸込み穴 11/49
吸込み管：重油暖房装置の 38/55 貨物運搬船の 226/32
吸込み口 191/47
吸込み消音器 190/16; 191/54
吸込み筒 217/51
水彩絵の具 338/18
水彩画 48/5; 260/27
水室 217/40
炊事場 46/29
水車式製粉機 91/35-44
水車場〈地図の〉 15/77
水車用せき〈堰〉 91/42
水準器〈れんが工の〉 118/55
水準儀 14/48, 61
水準標尺 14/47
水晶 110/15
穂状花序 370/67 タケの 383/62 パピルスの 383/66
水上滑走艇〈てい〉286/22, 38-41, 42
水上機 232/1, 5
水上住居 352/33
水上住宅 328/15
水上スキー 280/16; 286/45-62
水上スキー信号 286/49-55
水上スキーの型 286/56-62
水上スキーヤー 286/45
水晶体 19/48
推進機のクランク 201/18
推進軸 192/30, 65
水深線 15/11
スイスクローバー 69/10
スイス・チーズ 99/41
スイス・ロール 97/19
水星 4/43
水生植物 378/14-57
水栓 126/34
水洗 170/56
水線〈船の〉 258/27
垂線 346/6
スイセン 53/8; 60/3
水洗タンク 116/15
水洗便所 49/12
水素 1/1, 26
水素入口 170/15
水槽：化学実験用器具 261/33 鍛冶屋の 137/8 便所の 49/16
膵臓〈すいぞう〉 20/44
水素ガス冷却器 153/27
水素気球 10/56
水族館 356/14, 19
水素原子 242/62
水素原子のエネルギー準位 1/15
水素原子のボーア・ゾンマーフェルト模型 1/26
水素原子の模型 1/1
水素添加 170/16
水素爆弾の爆発 7/12
水素流入口 350/12
水中5機雷のハウジング 259/36
水中写真撮影 279/23
水中出発 286/46
水中増幅器 237/57
水中での挿播 54/19
水中肺 279/19
水中ボンベ 279/19
水中マッサージ浴 281/31
水中めがね 280/38

水中用カメラ 279/24
水中用ケース 117/57
水中用フラッシュライト 279/25
水中6砲弾ロケット 259/37
水中ロケット発射装置 259/51
垂直安定板 229/24-25; 230/58, 59; 231/6; 232/7; 235/1, 3; 256/32; 288/21
垂直安定板支柱 235/3
垂直位置 232/27, 32
垂直オープン・ゲート 301/67
垂直可動ドーム・シャッター 5/14
垂直脚 143/4
垂直空気圧ピック長壁切羽 144/35
垂直駆動上部 150/38
垂直孔あき中空粘土ブロック 159/23
垂直孔あきれんが 159/21
垂直構成材 215/36
垂直コルドン 52/2
垂直材 119/59
垂直式電気掃除機 50/58
垂直軸 230/70
垂直昇降門 217/31, 38
垂直照明装置 112/63
垂直照明用のランプハウス 112/59
垂直ステンシル・マガジン 245/8
垂直製版カメラ 177/32
垂直船首 285/40
垂直速度計 230/14
垂直舵〈だ〉259/95, 96
垂直/短距離・離着陸航空機 232/26
垂直二等分線 346/28
垂直の支柱〈カメラの〉 177/11
垂直版取扱機 179/27
垂直尾翼 229/24-25; 230/58; 256/32; 288/21
垂直平削り支軸 150/37
垂直偏向モジュール 240/8
垂直離着陸航空機 232/26
垂直竜骨 222/53
垂直冷凍装置 39/7
垂直ロール 288/6
水治療設備 274/8
水治療設備つきの療養客用ホテル 274/8
吸込みヘッド 184/11
スイッチ 230/26
スイッチつき3足ソケット 127/66
スイッチつきソケット 127/7
スイッチング・センター 237/25
スイッチング・ボックス 237/25
水滴型〈宝石の〉 36/85
水滴 278/32 自転車レース選手の 290/10
出納設備 250/2; 271/1
出納係窓口 250/1
水道管 261/4
水道用具 126/12-25
水道桶 334/53
水道栓 49/26
水道本管 198/22
水難監視人 280/1
水難監視人詰所 280/46
水盤 272/24
水夫 221/114
水夫長 221/114
水平安定板 229/26; 230/62; 256/31; 288/23
水平エイト 288/2
水平帯のこ 157/48
水平型ブドウ圧搾機〈あっさくき〉79/21

水平カット長壁切羽 144/34
水平貨物処理 226/7
水平ガラス 224/7
水平器：鉛管工の 126/79 大工用の 134/29
水平基準台 112/72
水平鏡 224/7
水平孔あき中空粘土ブロック 159/22
水平坑道 154/73, 83
水平コルドン 52/29
水平支軸振れ止めの端〈はし〉支柱 150/40
水平地震観測器 11/39
水平締め切り 14/57
水平スロー・ロール 288/8
水平舵 286/43
水平対向型ツイン・エンジン 189/47
水平直線性モジュール 240/9
水平同期モジュール 240/7
水平中ぐり 150/25
水平尾翼 229/26-27; 230/61; 256/31; 257/21; 288/23
水平平削り支軸 150/39
水兵服 309/62
水平プラウ長壁切羽 144/33
水平偏向モジュール 240/10
水兵帽 309/63
水平丸太 118/26
水平面 4/12
水平寄せジブ・クレーン 222/23
スイベル 145/10
スイベルつき反射器 114/69
スイベル・テンション・ローラー 168/13
水棒 180/23, 52
水棒つき湿し水装置 180/61
水棒を含む湿水装置 180/39
水面計 210/45 化学実験室の 349/16
水門 217/77 地図記号 15/58
水門ゲート 217/53-56
水門ダム 217/73-80
水門弁 217/53-56
水溶性薬物注入装置 25/14
水路 349/14
水陸両用飛行機 232/8
水量計 269/53
水量計のダイヤル 269/58
推力架 234/21
水力工事 217/
水力装置 92/13
水力背圧弁 141/8
推力方向制御装置 235/43
推力レバー 257/9
水冷器 189/35
水冷式エンジン 189/39
水冷式エンジンつき重〔量〕オートバイ 189/31
水冷式風防ガラス 5/31
水冷システム 148/28
水冷装置 6/26, 27
スイレン 51/18; 272/56; 378/14
水路：67/13; 217 地図記号 15/80 ローマの建築の 334/54
スイング・グリッパー 180/33
数 344/1-22
数学 344; 345; 346; 347; 348
数学の記号 345/15-24
枢機卿〈すうききょう〉用十字架 332/65
吸う吻〈くち〉〈カの〉 358/17
数字旗 253/33-34
数字キー：電子計算器の 247/18 加算器の 309/76

数字の1〈数字旗の〉 253/33
数字の0〈数字旗の〉 253/34
スーツ 33/1, 20
スーツケース 194/19; 204/6; 205/7
スーパー8サウンド・カメラ 117/1
スーパー8サウンド・フィルム・カートリッジ 117/29
スーパー・カレンダー 173/36
スーパー・ブイ 290/37
スーパー〔マーケット〕 99/1-96
スープ皿 44/6; 45/5
スープの素 98/26
スープ鉢 45/5
スープ用調味料 98/30
スープ用取り分けさじ 45/14
スープ用の野菜 68/25
ズーム立体顕微鏡 112/40
ズーム・レバー 117/54 映画カメラの 313/22, 36
ズーム・レンズ 112/41 テレビ・カメラの 240/34 映画カメラの 313/23
ズールー族 354/36
スエード・ジャケット 30/58
据込み〈針金の〉 125/25
据付け台盤 137/16
据付けねじ 127/21
スエル音管 326/45
スカ 11/48
スカート 31/3, 24 少女用 29/46, 52 装甲車用の 30/56 プリーツ〜30/32 巻き〜31/24 落下傘の 288/48 ロケットの 235/63
スカート・スーツ 31/1
スカーフ 31/57; 33/65 カウボーイの 319/38
スカーフつきパナマ帽 35/16
図解 260/34
頭蓋冠〈ずがいかん〉 261/16, 18
頭蓋骨 30-41; 261/15, 21
スカイスル 220/32
図解の表 22/16
スカイ・ブルー 343/6
スカウト・キャンプ 278/8-11
スガ科 80/5
すかし 252/31
すかしウインドウ 284/3
スカフォード 222/18
スカリファイヤー 200/20
スカル 283/17
すき：園芸用 56/2 耕具 63/6
スギ 372/65
スキー 301/1-72
スキー競技用スーツ 301/31
スキー靴 301/12
スキージ 168/61
スキー・スーツ 301/9
スキート射撃 305/70-78
スキート射撃用2連銃 305/70
スキーの構造 301/46
スキー・バッグ 301/28
スキー帽 35/39; 301/10
スキー・ボブ 304/16
スキー用ワックス 301/21
スキー・リフト 301/57-63, 59
スキー・ワックス用具 301/21-24
漉く〈すく〉いかり 172/25
すぎおけ 105/6
スギゴケ 377/17
すき状錨〈いかり〉 286/16
スギタケ〔の仲間〕 381/33
スキット 85/34
スキップ 213/38; 214/34
スキップつきダンプカー 213/37

スキップ・ホイスト　147/3
スキップ巻上げ　200/14
スキップ巻上げ装置　144/25
スギナ　376/18
すきの柄ら　65/3
すき残しのうね　63/3
すき刃　64/66
抄(すき)箱　173/47
すきべら　200/21; 328/33
スキマー　286/38-44
すきゲージ　140/53
隙間(すきま)フラップ　229/47
すき道　63/8
スキム・コールタ　65/11, 68
スキム・ミルク用タンク　76/17
スキャナー　177/39
スキャナー・フィルム用自動フィルム
　処理機　177/72
スキャニング・ドラム　177/45
スキャニング・ヘッド　177/46, 63
スキューバ　279/19
ずきん: アノラックの300/19 乳児
　用の28/26; 29/2 婦人用 30/
　69; 35/2
ずきん形帽子　355/71
スキン・ダイバー　279/7; 280/37
スキン・ダイビング　279/7-27
スキン・ダイビング・セット　279/8
　-22
すくい網　89/2
スクイージ　116/49
スクーター　188/47
スクエア・スルつきフル・リッグド・マス
　ト　220/16
スクエア・ビアノ　325/40
スクエア・フォースル　220/13
スグラフィート　338/41
スクラム　292/20
スクランブル・オートバイ　189/16
スクランブル・レース　290/24-28
スグリ　52/19; 58/1-15, 2, 6, 9
スクリーン: 映画の310/16; 312/
　11 映像～117/94 教育プログラ
　ム用～261/7 教育レーザー～
　242/84 交換焦点合せ～115/
　58-66 砕木機の172/57, 58 写
　真製版の177/20 ダビング・スタ
　ジオの238/32 郵便局のビデオ
　符号づけ機の236/40
スクリーン印刷工　168/65
スクリーン・カーテン　312/10
スクリーン板　269/11
スクリーン・プリント　168/59
スクリーン・ホルダー　177/3
スクリーン・マガジン　177/9
スグリシロエダシャクの幼虫　58/5
スクリプター　310/39
スクリプト　342/10
スクリュー: 製織機械の165/36
　船の222/72; 223/62
スクリューゲイト　300/47
スクリュー・コック　350/30
スクリュー・コンベヤ　92/26
スクリュー・ストローク　277/12
スクリュー測程器　224/54
スクレーパー　129/23; 128/10;
　340/63
スクレーパー調整ハンドル　340/62
スクレーパーつきバニッシャー　340/
　17
スクレーパーの床　62/24
スクレーパー・ブレード　200/17
スクゲ　13/17; 53/17
図形　346/24-58
スケート・ガード　302/25

スケート靴　302/22
スケート・セーラー　302/27
スケートボード　273/51
スケートをする少年　304/18
スケネ　334/45
スケーラー　24/45
スケール〈色の〉　343/15
スケール製輪尺　84/21
スケッチ　315/40; 338/4, 35
スケッチ・ブック　338/35
スケルトン　303/22-24
スケルトン滑走者　303/23
スコアボード　293/34, 70
スコアラー　293/71
スコッチ・テリア　70/17
スコッティッシュ・テリア　70/17
筋交い　118/25, 88; 119/14, 51
　屋根組みの121/30, 41 かごの
　136/24
筋交い2重梁(はり)組み　121/37
筋車　183/3
筋播(まき)機　65/74
筋上式プロセス・カメラ　177/1
頭上輪叉線(てっせん)　197/41
すず(錫)　162/17
スズカケ　371/67
鈴つき帽　306/39
錫鉛(すずなまり)はんだ線　134/20
すず袋　38/34
スズメ　82/27; 358/55; 365/9
スズメガ科　358/55
スズラン　377/2
裾(すそ)飾り　355/67
スター　310/27, 28
スター級　284/15
スターター　273/34; 282/30
スターター・スイッチ　241/30
スターターの旗　273/34
スターター・ペダル　188/25
スターティング・ブロック　298/1
スタート　298/1-6, 3
スタート台　282/27
スタートの飛込み　282/29
スターン　205/9
スタウト・ビール　93/26
スタジオ: 映画撮影の310/10, 14;
　311/37 グラフィック・アート～
　340/27-64 ラジオ放送の238/
　18
スタジオ・テーブル　238/29
スタジオの窓　238/34
スタジオ・マイク　238/34
スタジオ用録音マイク　310/31
スタッカー台車　159/18
スタッカート　321/34
スタッカー・トロッコ　159/18
スタック・サイロ　62/43
スタッフ・チェスト　172/85, 86
スタビライザー: 自転車の188/5
　アーチェリーの305/58
スタベリア　53/15
スタラップ　119/70
スタン　103/6
スタンド: 駅の売店204/26 オート
　バイ～189/21 オートバイの
　188/51 かご細工の136/10 顕
　微鏡の112/2 コバルト遠隔照
　射装置の2/29 自転車のキック
　～187/34 写真製版機の177/
　29 点滴用器具の25/11 走り
　高跳びの298/13, 33 ビュレット
　～350/22 母型彫刻機の175/
　50
スタンド・カラー　30/43
スタンプ: 医師の22/29 郵便局の
　ハンドル～236/45 郵便局の領

収～236/29 郵便局のローラー
　～236/46
スタンプ台　22/30
スチーミング灯　258/55
スチーミング・ライト　223/40
スチーム・アイロン　131/3
スチーム・スプレー・アイロン　50/11
スチーム・スプレー・ガン　131/2
スチーム・タービン発電機　259/58
スチーム・トロール船　221/46
スチーム・パイプ　172/64
スチーム・ヒーター　172/38
スチーム・プレス〔用具一式〕　104/
　26
スチーム・ホール　50/14
スチール・ガーダー　143/3-7
スチール書架　262/12
スチール食器　96/54
スチール製直角定規　108/28
スチールパイプのいす　41/21
スチール橋状リング　89/58
スチール・パンチ　175/36
スチール・バンド　163/5
スチール・ラチス橋　215/34
スチュワード　221/110
酢漬(すづけ)フウチョウソウ　98/42
ステアリング・アライメント用の検査
　装備　195/17
ステアリング心合せ用チェック・ライ
　ト　195/22
ステアリング・ライン　288/41
スティールエッジ　301/50
捨石　63/9; 216/55
捨石基礎　216/51
スティッカー　325/30; 326/9
スティックの柄(え)　302/31
スティックのブレード　302/32
ステー　229/11
ステーション・セレクター・ボタン
　309/20
ステーション・レストラン　204/13
ステーション・ワゴン　193/15
ステージ・ライト　316/14
ステープラー　123/73
ステープル・ファイバー・ビスコース・
　レーヨン　169/1-34
ステッカー　205/9
ステッキ　21/16; 41/5 パンのソル
　ト～97/31 植字用～組版～
　174/13
ステッキ雨傘　205/12
ステットソン帽　319/37
ステップ・カット〈宝石の〉　36/50,
　51, 52, 57, 59, 60-61, 62, 64
ステップ地帯　9/54
捨て索(なわ)　300/11
捨張り　123/73
ステム・ステッチ　102/4
ステュロパテス　334/4, 32
ステレオ　48/10
ステレオ・カセット・デッキ　241/33
ステレオ受信器　241/52
ステレオスコープ　14/64
ステレオ・スピーカー　241/13-14
ステレオ装置
　241/13-48; 317/22-23
ステレオプラニグラフ　14/66
ステレオ・マイクロフォン・ソケット
　241/65
ステンシル・ナイフ　129/43
ステンシル放出機　245/9
ステンシル保管引出し　245/10
ステンシル・レタリング・ガイド　151/
　69
ステンド・グラス　124/6 教会の
　330/15

ステンレス・スチール大おけ　79/4
ステンレス・スチール沈澱物濾過器
　(ろかき)　79/8
酢と油のびん　45/42
ストゥーパ　337/21, 28
ストゥッコ　338/42
ストーブ内の石を湿らせるための水
　おけ　281/26
ストーブのタイル　266/35
ストーブ・ベンチ　266/36
ストール　75/2
ストール・ターン　288/4
ストール床　75/22
ストーン・スプレッダー　200/31
ストーン・トラップ　64/9
ストッキング　32/9; 99/26; 318/32
ストック　301/5, 20, 25
ストッパー　301/56
ストップ・ウォッチ　238/31, 62
ストップ・シリンダー式凸版印刷機
　181/20
ストップ・ノブ　326/6; 349/38
ストップ・バー　133/11
ストップ用ノブ　325/44
ストラ　355/9
ストライキング・サークル　292/16
ストラット　229/11
ストラップ: 競走用自転車の290/
　22 テニスのネット～293/14
　ピッキング・ステッキ駆動用～
　166/22 ヨットのハイキング～
　284/30
ストリッパー　318/27 壁紙の
　128/1, 9
ストリッピング・テーブル　179/23
ストリッピング用デスク　177/19
ストリップ　127/29; 335/11
ストリップ・ショー　318/27-32
ストリンガー　230/47, 57
ストレート・パンチ　299/28
ストレート・フォール　299/28
ストレート・ボール　305/17
ストレーナー　172/54
ストレッチ・スーツ　301/43
ストロ　266/46
ストローウォーカー　64/14
ストローク　283/12
ストロー・シェーカー　64/14
ストロー・ヴァイオリン　324/61
ストロー・ハット　35/35
ストロー・ベーラ　63/35
ストロブマツ　372/30
鞦(すながい)　71/15
砂管　210/13
砂供給管　148/38
砂下地(すなしたじ)　123/8
砂地　15/6
スナップ・セッター　100/53
砂ドーム　210/14
砂時計　110/31
砂の城　280/35
砂場　273/64; 298/39
砂箱〈機関車の〉　210/14; 212/59,
　76
砂吹き仕上げ　107/41
砂袋　210/50; 288/65
砂まきスイッチ　211/32
砂まき弁　210/55
砂目立て　340/47
脛(すね)　72/36; 88/21; 95/33
脛当て　142/12; 291/34; 292/9;
　302/33 インディアンの352/17
騎士の329/54
頭脳線　19/73
スノー・スーツ　29/38
スノー・チェーン　304/10

スノードロップ **60**/1
スノー・ブリッジ **300**/24
簀(す)の子 **316**/4
スパー **230**/45
スパーク・アレスター **210**/24
スパーク・プラグ・キャップ **188**/27
スパークリング・ワイン **98**/63
スパーリング・パートナー **299**/27
スパイスの包み **99**/67
スパイラル・シュート **144**/28
スパゲッティ **98**/32
巣箱 **77**/45-50, 52
スパチュラ **25**/7 絵画用具 **338**/15 舌圧子 **24**/50
スパナ・セット **134**/2
すばる **3**/26
スパルマニア **53**/9
スパン: 橋梁の **215**/13, 26, 66 航空機の **229**/2 船のワイヤ・ロープ～ **221**/102
スパンカー・ガフ **219**/45
スパンカー・シート **219**/69
スパンカー・バング **219**/70
スパンカー・ピーク・ハリヤード **219**/49
スパンカー・ブーム **218**/28; **219**/44
スパンカー・ブーム・トッピング・リフト **219**/48
スパンドレル・ブレースト・アーチ橋 **215**/28
スピーカー **42**/10; **238**/37; **241**/14; **311**/46; **317**/15; **318**/12
スピードウェイ・レース **290**/24-28
スピード・スケート・セット **302**/20
スピード・スケート選手 **302**/26
スピード・スプレーヤー **83**/47
スピード・ボール **299**/22
スピード用スケート **302**/20
スピーナ **89**/74
スピカ星 **3**/18
スピッツ **70**/20
スピットン **24**/12
スピナー **230**/33
スピネット **322**/45
スピネット・ピアノ **325**/1
図表 **151**/11
スピン: アイス・スケートの **302**/8, 9 航空機の **288**/7 電子～ **1**/4 ルーレットの **275**/32
スピンドリフト号 〈英国のクリッパー船〉 **220**/36
スピンドル: 起重機船の **226**/51 自転車の **187**/60, 80 精紡～ **164**/45 分離器つき～ **164**/43 ミル～ **91**/12
スピンドル・ケッチ **164**/49
スピンドル・シャフト **164**/46
スピンドル栓 **126**/32
スピンドル油 **145**/61
スピンドル・レール **164**/31, 50
スピンドル・ワーブ **164**/48
スフィンクス **327**/20; **333**/11
スプール **162**/55 磁気フィルム～ **311**/2
スプール迅速取付け **115**/25
スプール・ノブ **114**/27
スプール・リール **89**/61
スプーン **45**/61, 63
スプーン・セット **40**/2
スプーン・バウ **285**/30
スフェアー型〈宝石の〉 **36**/82-86
スプライシング・ヘッド **133**/29
スプリッツ **314**/20
スプリット・イメージ距離計 **115**/55, 59, 64
スプリットスル **218**/43; **220**/5
スプリング函 **326**/12-14
スプリング環蝶番 **151**/65
スプリングクリップ: 織機のシャトルの **166**/33 台所用品の **40**/27
スプリング・コンパス **151**/64
スプリング式蛇腹 **309**/28
スプリング・クリップつきのケーキ型 **40**/27
スプリングつきパンチ・ボール **299**/20
スプリング・ピン用器具 **109**/9
スプリング・フープ **307**/58
スプリング万力 **140**/10
スプリンクラー **55**/19; **56**/43; **62**/29; **67**/4, 32
スプリンクラーの支え **62**/28
スプリンクラー車 **62**/27
スプリンクラー・ノズル **67**/27
スプリンクラー・ホース **62**/30
スプリング・ワッシャー **202**/8
スプレイング **129**/28
スプレー **43**/26; **83**/8, 24, 27; **105**/24; **106**/13; **179**/5, 6, 7; **181**/10
スプレー・ガン **83**/18; **181**/34
スプレー装置 **179**/5, 6
スプレー・チューブ **83**/22
スプレー・パイプ **172**/72
スプレー・ブーム **83**/3
スプレー吹出し口 **50**/13
スプレーヤー **83**/2, 43, 47
スプレー・ガン **129**/32
スプロケット: 映写機の **312**/26, 27 カメラの **115**/26 自転車の **187**/38, 74 部品～ **143**/90 屋根の **121**/30
スペア・タイヤ **191**/25; **194**/4, 33
スペインがわら屋根 **122**/56
スペインクローバー **69**/9
スペインの大公 **306**/26
スペイン風の衣服 **355**/27
スペイン風のケープ **355**/29
スペーサー **119**/81
スペーシング・クリップ **126**/57
スペーシング・ブラケット **126**/54
スペース **175**/17
スペース・シャトル・オービター **235**/1-45
スペース棚 **174**/8
スペース・バー **249**/2
スペースバンド **174**/24
スペースラブ **235**/65
スペード: すきの **56**/2 釣針の目 **89**/82 トランプの **276**/39, 43 砲車の **255**/55
スペード・ピストン **255**/56
スペクトル **343**/13
スペクトログラフ **5**/5
スペシャル・コンパートメント **205**/26
滑り **122**/48
滑り環 **284**/27
滑り木 **302**/45, 46; **303**/10
滑り座鉄 **202**/22
滑り遮蔽(しゃへい) **2**/32
滑り席 **283**/44
滑り側面ドア **194**/8
滑り台 **273**/24, 52; **308**/40
滑りドア **92**/47
滑り止め **123**/20
滑り止め制御 **241**/25
滑り止めチェーン **304**/10
滑り止めブレーキ・スイッチ **211**/33
滑り溝 **91**/14
スペルトコムギ **68**/24
スペンサー **220**/1
スポイラー: グライダーの **287**/38 航空機のフラップの **229**/39 レーシング・カーの **290**/35
スポイラー・リム **193**/30
スポーク: 車輪の **187**/27; **189**/24 歯車の **143**/88
スポーク・ニップル **187**/29
スポーツ記事 **342**/61
スポーツ記者 **299**/50
スポーツ銃 **87**/1-40
スポーツ・パラシュートのスロットの構造 **288**/45
スポーツボート **286**/1-5
スポーツ面 **342**/57
スポーツ用クーペ **193**/28
スポーツ用ライフル銃 **87**/1-40; **305**/40-49
スポーツ欄 **342**/60
スポットライト **307**/3; **310**/52; **316**/48; **318**/24
ズボン **29**/40, 60; **30**/44; **31**/40; **32**/19; **33**/3, 6, 29, 40, 47, 48; ビーチ～ **280**/22
スポンジ: リトグラフ用 **340**/25 浴室用 **49**/6
ズボンつり **29**/26, 34; **32**/30, 31; **33**/44, 45
ズボンつり金具 **32**/31
スマック **221**/49
スマッシュ **293**/17
スマトラ **107**/2
墨(すみ)掛け **120**/23
隅掛け輪なぎ込み **121**/85
隅合掌 **121**/62
隅小梁(すみこばり) **120**/42
隅材 **120**/26, 52
隅スレート **122**/77
墨(すみ)付け場 **120**/11
隅留め定規 **120**/82
すみ肉ゲージ **142**/36
隅の座席 **207**/58
隅ピン **305**/6, 8
隅棟がわら **122**/8
隅棟 **121**/12
角櫓(すみやぐら) **329**/14, 17
スモール・キャップ **175**/14
スモール・キャピタル **175**/14
スモールボア・ライフル **305**/48
スモック **33**/56
スモック式風車 **91**/29
スモモ **59**/19-23, 25
スモモの一種 **374**/27
スモモの核 **59**/23
スモモの葉 **59**/21
スライサー **96**/31
スライダー **326**/7, 12-14
スライダーのない風函(ふうかん) **326**/12-14
スライディングおもり **40**/36
スライディング・シート **283**/41-50
スライディング式はかり **40**/35
スライディング・シャッター **37**/28
スライド管 **323**/47
スライド・ゲート **217**/55
スライド・コピー・アダプター **115**/88
スライド・コピー付属装置 **115**/87
スライド・コントロール **238**/47
スライド制御 **241**/8
スライド・パネル **349**/27
スライド・プロジェクター **114**/76; **309**/42
スライド・ホルダー **309**/43
スライバー **163**/35, 38, 72; **164**/12, 13, 15, 21
スライバー折重ね **164**/5
スライバーかん **164**/3, 20
スライバーの給送 **164**/15
スラシ・ポンプ **145**/16
スラスト座金 **190**/56
スラスト軸受け **221**/29; **223**/67
スラスト・ブロック **259**/60
スラッグ **174**/27
スラックス **29**/49; **30**/19; **31**/52
スラックス・スーツ **30**/57
スラット **229**/38, 53
スラット開き **213**/29
スラブ・キャッチャー **165**/20
スラブ・ケーキ **97**/34; **99**/21
スラローム **301**/29
スラローム・カヌー **283**/4
スラローム競技 **301**/64
スラローム・スキー **286**/60
すり **308**/16
すり合せのネック **350**/37
スリー 〈アイス・スケートの〉 **302**/13
スリー・イン・ワン・ステレオ・コンポーネント・システム **241**/52
スリー・ドア・ハッチバック車 **193**/18
スリーブ: 衣服の **30**/36; **355**/60 索道の **214**/73, 74 変速器の **192**/32
すりガラス **124**/5
すりガラス栓 **349**/4
スリッター **181**/42
スリット **30**/48, 49
スリッパ **49**/46; **101**/22, 41
スリップ: **32**/13 造船台 **222**/11-26 屋根がわら **122**/48
スリップ・ソックス **101**/42
スリップ断層 **12**/7
スリマー **32**/7
スリング・シート **300**/29
スリング・パック **101**/53
スリング・パンプス **101**/53
ス・ル・クドピエ **314**/14
スルタナ **98**/8
スレー **166**/41, 53
スレー・キャップ **166**/6
スレート **122**/85
スレート釘 **122**/74
スレート工 **122**/71
スレート工靴 **122**/75
スレート切断器 **122**/84
スレート・ハンマー **122**/73
スレート屋根 **122**/61-89
スロー・イン **291**/53
スローモーション調節 **243**/49
スロッシング防止装置 **234**/13; **235**/53
スロッテドボード **2**/45
スロットねじ **143**/36
スロットル・ねじりグリップ **188**/30; **189**/29
スロットル・レバー: 操縦室の **288**/15 肺活量測定器の **27**/43
スロットル・レバー・ロック **85**/17
巣枠 **77**/40
寸法線 **151**/25

セ

背: ウマの **72**/29 かわらの **122**/86 人間の **16**/22-25 本の **185**/41
聖アントニオ型十字架 **332**/59
聖アンドレア型十字架 **332**/60
セイウチ **367**/20

静液圧ファン駆動装置 212/62
製塩所 274/1-7
製塩場 15/32
製塩所監視人 274/5
製菓器具 97/67-70
製靴(せいか)工のハンマー 100/37
製靴工のプライヤー 100/38
製靴所 100/1-68
棲管(せいかん) 357/23
精管 20/74
税関 217/24
税関入口 225/5
税関旗 253/35-38
税関柵(さく) 225/4
税関船 221/100
正甲板 221/80
税関吏要求の旗 253/37
正規ねじ・粗ねじ用レバー 149/4
請求書 267/17
制御ウエイト 166/63
制御器 197/27;211/38
制御機構 181/26
制御器ハンドル 211/20;212/12
制御索 271/53
制御室:発油所の146/32 発電所の153/1-8 病院の25/1-9 揚水式発電所の217/45 ロープウェイの214/65
制御車 211/62
制御スイッチ 25/29;117/17;178/36;224/23;241/60
制御栓 172/9
制御操作台 177/5
制御装置 26/7;111/29;138/31;150/36;153/6;168/58;177/51;178/29;179/33;241/40
制御装置ボタン 117/98
制御台 226/55
制御卓 147/66;153/1-6;154/80;182/28;311/12
制御テーブル 27/10
制御デスク 93/1
制御塔 233/17
制御箱 6/23
制御盤：X線中央制御装置の27/10 オイル・バーナーの38/67 オフセット輪転印刷機の180/16 給紙器の180/74 磁気フィルム用のミキサーの311/29 磁気録音機の311/4,17 製版カメラの177/36 製版機の179/17 製本機の185/2 彫刻機の177/60 乳加工中央制御室の76/11 ビール醸造所の93/1,20 ホワラーの179/10 ロール カッターの173/43
制御ハンドル 168/52
制御弁 153/62
制御ホイール 168/40
制御棒 154/24;259/69
制御棒駆動 154/23
制御モジュール：口述録音機の246/19 船の濃霧警報用～224/32 ペース メーカー装置の25/30 ロータリー・プレスの168/40
制御モジュール 240/11
制御・モニター・パネル 311/8
制御用ノブ 178/15
制御輪 212/81
制御リンク機構 190/30
制御レバー：編機～167/44 コンクリート・スプレッダーの201/8 ピッチ・プロペラの224/19 ペダルローラー用163/28
制御連鎖反応 1/48

成鶏 74/57
成形 162/28,36
成型機 97/57
整経機 165/22
整経機フレーム 165/27
成形具 126/83
成形工 161/9
成形部材 257/28
成形用クラッパー 162/42
正弦 346/32
制限区域 292/37
製鋼 147/21-69
正後退角つき後退翼 229/21
聖婚式 332/14
星座 3/9-48
正座 295/8
精砕機 172/84
製材所 144/6
製材場 157/1
生菜類 57/36-40
静索 219/10-51
製作者 182/18
製作等調整室 238/17
製作品 104/25
製作プロデューサー 310/26
制札 356/7
正三角形 346/26
正三角柱 347/37
生産工場 225/71
生産工程ライン 173/13-28
聖餐式(せいさんしき) 332/26
聖餐式用パン皿 330/9
聖餐式用ブドウ酒杯 330/10
製盤台 330/4;332/25
整枝 78/1
製紙 172;173
正四角柱(かい) 347/46
正四角柱 347/34
静止空気タンク 196/19
正軸卓面 351/25
政治面 342/51
正四面体 351/1
正褶曲(せいしゅうきょく) 12/12
星条旗 253/18
生蒸気噴射器 210/41
清浄空気取入れ口 356/16
清浄弁用のアクセス・フラップ 6/25
製織業 165;166
聖職者 331/37
聖職者用襟布(えりぬの) 332/5
聖堂 270/6
生殖器 20/66-77,79-88
聖書朗読台 330/2,37
製図 151/16
静水圧軸受け 5/10
聖水入れ 332/47
製水弁 6/23
製図インク・カートリッジ 151/36
製図インク容器 151/63
正数 344/7
整数 344/18
整数部分 344/10
製図機 151/2
製図室 151 船舶の222/2
製図台 151/6
製図板 151/1
製図板調節装置 151/5
製図ヘッド 151/4
製図ペンのセット 151/38
製図ペン・ホルダー 151/37
精製シクロヘキサノール 170/18
精製セルロース 172/78
精製槽 162/4

正接 346/32
成層 12/1
成層火山 11/15
成層岩 13/48
成層圏 7/8
成層圏飛行機 7/15
精巣上体 20/73
製造番号 187/51
清掃夫 199/5;268/20
正装用長剣 355/63
精梳(せい)仕度の整ったラップ 163/58
精梳綿機 163/56,63
背皮 120/96
聖体 332/28,35
成体 358/10
聖体圏 332/36
聖体顕示台 331/48
生体組織検査 23/17
生体組織検査用のピンセット 23/17
聖体拝領 332/26
聖体拝領者 332/27
聖体容器 330/8;332/48,53
聖体用パン皿 332/50,51
聖体ランプ 330/49
正多角形 346/41
セイタカシギ 359/19
聖卓 332/24
聖卓掛け 330/6
聖卓のろうそく 330/7
正多面体 351/11
聖壇 330/1
正断層 12/7
聖地型十字架 332/72
成虫 82/26,42;358/10
整骨手 283/12
製鉄所 147/8
静電式集塵器 160/7
静電沈殿器 172/39
静電避雷針 230/51;231/27
生徒 260/3,20,27,67-80
精糖 98/54,55
聖務 333/24
制動 303/24
青銅器時代 328/21-40
制動距離 303/12
制動距離減少を指示する表示灯をもった電気灯列式遠方信号 203/14
制動手 303/21
青銅製吹奏楽器 322/1
青銅製短剣 328/22
聖堂の内陣 330/33
青銅の延べ板で作った手おけ 328/34
青銅のビン 328/29
青銅の槍の穂 328/21
青銅斧(ふ) 328/23
制動フラップ 257/38
制動落下傘覆い 257/24
制動輪 91/7
生徒の絵 260/27
生徒の作品 260/67-80
生徒用の音量調節器 261/43
精霊(せいれい) 20/77
性能 290/33
正の方向〈数学の〉 347/6
聖杯 330/10;332/29,49
精白大麦 98/35
製パン器具 97/56-57
聖櫃(せいひつ) 330/42
製品 148/51
制服 264/7
西部式鞍(くら) 71/37-44
静物 338/27

生物学準備室 261/14-34
製粉作業者 91/15
製粉所 91
製粉石 91/16
製粉用水車 91/35
聖別されたパン 332/35
聖ペトロ型十字架 332/58
制帽 264/8
正方形 346/33;347/31
正方形クロス・カット 36/51
正方晶系 351/18-19
正方錘(すい) 351/19
精紡スピンドル 164/45
正方柱 351/19
正方両錐体(りょうすいたい) 351/18
聖母マリア像 330/51
製本 183;184;185/40-42
製本機械 184/1-23;185/1-35
製本工 183/2
製本所 181/1-35
製本用ナイフ 183/13
成膜(せいまく)薬剤 178/24
精密卓上旋盤 109/20
精密調整装置 112/5
精密調節用の摩擦駆動装置 116/33
精密天秤(てんびん) 108/35
精密磨き具 111/37
精密磨き具 111/38
精密露出計 114/61
聖務日課書 331/58
生命維持システム 6/20
生命維持パック 6/20
生命維持パックの制御器 6/23
生命線 19/72
声優 311/39
精油所 145/35,65-74
西洋大かま 66/12
西洋大かまの刃 66/13
西洋かみそり 106/38
セイヨウサクラソウ 376/8
西洋サンシュユ 373/30
西洋将棋 276/1-16
セイヨウショウロ 381/9,10,11
西洋すごろく 276/18
西洋スモモ 59/24
セイヨウタンポポ 51/34;61/13
セイヨウナシ 58/31,33,37,38;99/87
西洋ナシ形おもり 89/90
セイヨウナシの枝 58/32
セイヨウノコギリソウ 376/15
セイヨウヒメスノキ 377/23
セイヨウヒルガオ 61/26
西洋連珠 276/18
セイヨウワサビ 57/20
整流器：映写ランプ用の312/18 ガス溶接の138/30 電気製版装置の178/2
整流子カバー 211/18
清涼飲料 96/30;99/72
青緑色フィルター調節装置 116/45
セイレン 327/58
精錬部 147/8
セーゲル・コーン 161/6
セーター：学童用29/43 紳士用半袖～33/32 婦人用31/51
セールプレーン 287/3
背負い革 300/56
背負いスプレーヤー 83/43
背嚢い 207/48
セオドライト 112/67
セオドライト用の万能測量機 112/67
背帯 71/19

世界地図 14/10-45
背固め 183/14
積 344/25
堰(せき) 217/65-72 地図記号 15/66, 69
堰堤 123/10
積雲 8/1; 287/22
石英 110/15
石英ハロゲン・ランプ 179/21; 182/3
赤外線音声送信機 242/29
赤外線乾燥機 173/32
赤外線送信 242/27
赤外線レーザー距離計 255/82
堰業務用通路 217/72
渇湖(かっこ) 13/44
積載位置についた航空機 233/21
積載物 200/12
石室 328/39
石筍(せきじゅん) 13/81, 82
赤色回転フィルター 116/46
赤色左舷側灯(さげんそくとう) 286/12
脊髄(せきずい) 17/48; 18/25
石像 272/2
積層材心合板 132/73
石造の水がめ 272/35
積層物 301/48
尺側(せきそく)〈手の〉 19/70
尺側手根屈筋 18/58
石炭 170/1
石炭入れ 309/9
石炭送込みコンベヤ 199/37
石炭乾留用のコークス炉 170/2
石炭庫 152/2
石炭コンベヤ 152/1
石炭槽 170/14
石炭シャベル 38/43
石炭槽 152/2
石炭塔 156/3
石炭塔コンベヤ 156/4
石炭箱 225/19
石炭埠頭(ふとう) 225/18
石炭粉砕機 152/4
脊柱(せきちゅう) 17/2-5
石柱 334/33
赤道〈天文学〉 3/3
赤道 14/1
赤道乾燥帯 9/54
赤道気候 9/53
赤道逆流 14/33
赤道無風帯 9/46
堰(せき)土台 217/79
石板 309/72
石版印刷 340/25-26
石版印刷機 340/60
石版部 340/45
石版石 340/57
積分 345/14
積分記号 345/14
積分法 345/14
石綿服 270/46
石油 12/31; 145/41
石油掘削 145/1-21
石油鉱床 12/27
石油製品 145/52-64
石油タンク 145/30, 34
石油タンク集合地域 225/61
石油とガスの試験分離器 146/10
石油とガスの分離器 146/9
積雲 8/17
積乱雲 8/17; 287/26
セキレイ 360/9
セグロジャッカル 367/11
勢子(せこ) 86/37

セコイア 372/69
セコンド 294/50; 299/44
施錠装置 246/23
セスタ 305/69
せつ(楔) 158/7
舌圧子(ぜつあつし) 24/50; 25/7
絶縁材 155/36
絶縁材充填(じゅうてん)床 120/44
絶縁テープ 127/34
絶縁握り 127/54
石果 370/99
石塊 370/98
石灰岩層のカルスト地形 13/71-83
石灰消和装置 172/51
石灰石 160/1
石灰装入位置 147/56
石灰洞 13/79
石灰バンカー 147/62
石灰肥料 63/14
石灰焼きがま 15/86
接管 126/63
石棺 335/53
石棺墓 328/17
接眼レンズ: カメラの 112/56; 113/20; 114/2; 117/14 光学録音装置の 311/9 双眼顕微鏡の 23/6 マイクロメーターの 14/53
接眼レンズ焦点調整ノブ 112/56
石器 328/1
石器時代の母神像 328/8
石球つき投げ縄 352/31
説教室 330/22
説教台 330/19
説教壇 330/19
接近 250 mの標識〈交通標識〉 203/28
接近 175 mの標識〈交通標識〉 203/27
接近 100 mの標識〈交通標識〉 203/26
接近標識 203/26 29, 29
楔形文字(せっけいもじ) 341/8
石けん 49/22
石けん入れ 49/21
石けん配分装置 50/27
接合 215/37
石坑 15/87
石工 158/35
石膏(せっこう) 351/24, 25
石膏鋳型 161/15
石膏鋳型 339/4; 351/25
石工ダム 217/58
石膏貯蔵庫 160/13
石工つち 158/38
石工の道具 158/35-38
石膏のモデル像 339/4
石工ハンマー 158/35
石膏袋 339/29
石膏粉砕機 160/14
舌骨 20/2
接写・拡大システム 115/81-98
舌状地形 11/51
節章標 342/36
接触改質装置 145/71
接触部 128/39-48
接触遮断器 242/48
接触測角器 351/27
接触ばね 127/28
接触分解工場 145/70
接触分解装置 145/48
接線 346/48
節足動物 358/1-23
切断器(機): ガス溶接の 141/34

ガラスの自動〜 162/19 スレート〜 122/84 製紙工場の 173/44
製図用具 151/15 時計バンドの 109/19 フィラメント・トウの 169/30
節炭器 152/26
切断された毛皮 131/14
切断シリンダー 168/44
切断チップ 149/45, 46
切断チップ用刃物ビット・ホルダー 149/45
切断ドラム 64/34
切断ナイフと荒引き部 184/3
切断ベンチ 127/51
切断目盛り 185/6
切断用火口 141/19
接地クランプ 142/35
接地ソケット 127/5
接地ダブル・ソケット 127/6
接地プラグ 127/9
接着剤 48/4 チューブ入り〜 260/51 フィルム〜 312/22 木工用〜 134/36
接着剤での工作 260/50-52
接着剤容器 260/57
接着テープ: 包装材料 98/47 木工用〜 134/38
接着テープ・ディスペンサー 247/27
接着テープ・ホルダー 247/28
接着とじ機 184/1
接着部 185/28
接地輪 65/80
接点 346/49
セッテン 174/14
セット〈活字の〉 175/48
セット 293/37
Z〈文字旗の〉 253/28
Z形駆動モーターボート 286/2
セット・ローション・スプレー 106/23
雪庇(せっぴ) 300/20
節部 370/8
絶壁 12/43
絶壁面 13/28
舌片 68/22
説明板 356/20
節理(せつり) 13/50
セディーユ 342/33
セディル 342/33
瀬戸物戸棚 44/26
背中 88/35
背中のくし〈状付属物〉 364/21
ゼニアル 376/13
セパード犬 70/25
背びれの: カガミゴイの 364/6 マッコウクジラの 367/27
セミ・グランド・ピアノ 325/40
セミコロン 342/19
セミ・トレーラー 194/30-33
セミトレーラー 206/59
セミボールド体 175/3
セメント靴底スキー靴 301/12
セメント工場 160
セメント・サイロ 119/30; 160/15
セメント質 19/31
セメントしっくい定規 123/14
セメント接合靴底 101/11
セメント貯蔵装置 201/22
セメント貯蔵タンク 146/15
セメント荷造り装置 160/16
セメント袋 118/43
セメント粉砕ミル 160/12
背もたれ 207/66
ゼラニウム 53/1
背ラベル 247/38

迫(せり) 316/33
セリ 376/7
迫り穴 316/32
迫り石 336/22
迫頭(せりがしら) 336/39
迫り台 215/27, 29, 45 アーチの 336/20
迫持ち 119/6
迫り元 336/21
セルバン 322/13
セルフ・サービスの給油所 196/1-29
セルフ・サービスの食料品店 99/1-96
セルフ・サービスのレストラン 266/45-78
セルフ・タイマー・レバー 115/15
セルフ・タッピングねじ 143/26
セルモーター 56/39
セルロース 191; 172/79
セルロース・キサントゲン酸塩 169/9
セルロース・シート 169/2
セルローズ・シート 169/4
セルロース・シートの混合 169/2
セルロース・シートの粉砕 169/6
セレクター・スイッチ 238/49
セレクター・ヘッド 192/44
セレクト・フォーク 192/42, 45
セレン整流器 312/11
ゼロ〈ルーレット〉 275/18
ゼロ点調整 2/7
セロリ 57/27
ゼロ・レベル 7/6, 20
世話役 290/4
栓: 水中ボンベの 279/22 スプリンクラーの 67/36 タップつき〜 350/14 フランジ型コックの 130/21 木造継ぎ手の 121/93
線: 楽譜の 320/43 数学の 346/1-23
千位 344/3
繊維素 169/1
船位置固定用探知機表示装置 224/34
船員帽 35/29
船員用個室 228/32
前衛: 水球の 282/50 バレーボールの 293/63 ファウストボールの 293/72
染液パッド槽 165/47
前線 287/34
全線〈葉様の形〉 370/43
船オット−・ハーン号 221/9
全音符 320/13
全開脚座 295/15
旋回橋脚 215/65
旋回計 230/12
旋回式散水管 67/1
旋回式スプリンクラー 56/46
旋回支軸: はさみの 106/36旋回橋脚の 215/69
旋回支軸のある丸太つかみ 157/29
旋回スパン 215/66
旋回接合部分 215/66
旋回タワー・クレーン 119/31
旋回ハンドル 255/48
船外服 6/18-27
船外モーター 278/15; 283/7; 286/1, 21
船外モーターボート 283/6
旋回屋根 213/26, 27
線画凸版 178/42
前金具(かなぐ)装置 301/55
線画腐食 178/42

戦艦 218/51-60
前管 187/14
前肝間膜 20/34
前乾燥用乾燥シリンダー 165/50
洗気びん 350/58
船客 221/109
前脚: イノシシの 88/64 コクキコガ ネの 82/6 シカの 88/25 豚肉の 95/48 ブルドッグの 70/5
船客ターミナル 225/31
前脚出し 295/42
前脚フラップ 231/24
全休符 320/21
選挙 263/16-30
船橋 223/16
前胸 82/4
船橋のある甲板室 221/6
前胸板 358/29
船橋楼甲板 223/12-18
選挙演説会 263/1-15
選挙管理委員会事務員 263/17
選挙規則 263/25
前鋸筋(ぜんきょきん) 18/42
選局ボタン 243/17
選挙場 263/16
選挙人 263/22
選挙人カード 263/19
選挙人名簿 263/18
選挙有権者 263/24
漸近線 347/29
全屈膝(くっしつ) 295/6
扇形 346/54
線形〈葉の形〉 370/31
前脛骨筋 18/47
前脛骨(ぜんけいこつ)動脈 18/20
前傾姿勢 301/36
蠕形(ぜんけい)動物 357/20-26
尖形刃(は) 65/65
扇形ヴォールト 336/44
宣言書 263/14
穿孔(せんこう) 158/12
穿孔カード 237/64
穿孔機; 活版植字機の 176/5 指 物師の 133/6 写植機の 176/5 製靴工の 100/45 製靴工の回 転〜 100/44
閃光球(せんこうきゅう) 309/39
閃光警報機 202/50
閃光警報灯 202/46
穿孔紙 174/34
穿孔セメント管 200/62
穿孔装置 244/12
穿孔テープ 176/6, 8, 12; 237/62
穿孔テープ入力 176/30
穿孔テープ読取り装置 176/13, 15
閃光排除器 255/18
穿孔バイト 149/51
閃光放電管 176/26
穿孔モーター 133/7
前後開脚 295/3
前後開脚座 295/14
仙骨 17/21; 20/59
潜在火山 11/20
線材 108/3
センザンコウ 366/10
戦士 354/8
前肢 70/5
先史時代 328/
全脂チーズ 99/40
船室 218/45; 223/29; 285/39
前室間溝 20/25
前膝(ぜんしつ)部 16/50
剪定刀(せんしとう) 56/9
全自動アスファルト・プラント 200/48

全自動顕微鏡カメラ 112/64
前肢(し)足 88/46
前肢の指 88/50
剪枝ばさみ 56/49
洗車ホース 196/23
前車輪 186/4; 187/26-32
船首 221/14, 83, 108; 222/74, 79; 258/3 ガレー船の 218/49 バイキング船の 218/16
選手 293/36
船首甲板 223/47
センジュギク〈類〉 60/20
選手権試合 299/35-50
船首航海灯 223/40
船首材 218/4
船首三角帆 284/16; 285/3
船首斜桁 258/90
選手席 290/7
船首艙(せんしゅそう) 227/18
船首操縦制御スイッチ 224/23
全出走馬 289/51
船首ドア 221/30
船首灯 286/13
船首の漕手 283/13
船首波 223/81
船首旗竿(はたざお) 223/53
船首錨(せんしゅびょう) 258/39
船着ビルジ 259/80
船首部 286/33
船首楼 218/10, 19; 221/13 223/48
旋条 87/36
洗浄 169/19
船章 187/15
洗浄液 111/32
洗浄器(機)の: 時計の 109/30 ビール醸造所 92/36 木材の 157/21
船首口つき噴射式ポンプ 〈吸引浚渫船の〉 216/62
洗浄剤回収プラント 156/37
前上椎(?)219/4
洗浄用シリンジ 22/54
洗浄槽 178/1
洗浄タンク 145/30
船上荷受けトラック 226/15
洗浄びん 349/8
洗浄フロア 92/3, 27
洗浄油タンク 156/43
染色大おけ 130/15
染色皿 23/50
染色スプレー 100/35
線審 291/59; 293/69
前進・後退主降着装置 257/40
前進・後退前輪 257/3
全身麻酔器 26/1, 24
前進ロール〈オフセット輪転印刷機の〉180/4
線図 171/10
浅水 224/87, 97
潜水泳法 282/38
潜水艦 258/64
船水槽 217/33
潜水プール 282/21
潜水マスク 279/10
先生 260/71
前線 287/25
前線と気流 9/25-29
前選別器 172/21
船側内張り 222/62
船側外板 222/45
全速駆け足 72/43-44, 44
船側機関 228/29

船側縦材 222/50
浅側頭(せんそくとう)静脈 18/4
浅側頭動脈 18/3
船速度計 224/22
全速度補助翼 229/43
船側バッテン 222/62
船側展望台 218/57
前足部 72/22-26
センター 135/8; 293/76
センター・コンソール 191/38
センター・サークル 291/2
センター・パート 34/9
センター・フラグ 291/64
センターボード 284/26
センターボード・ケース 284/24
センター・ポンチ 140/64
センター・マーク 293/11
センター・ライン 293/8; 294/4
センター・ライン審判 293/25
船体 258/2; 259/22, 42; 286/32, 35, 39
先台〈鉄の〉87/13
船台 222/11-26
船台クレーン 222/23
船体外板(そといた) 285/50-57
船体フレーム 222/29
船台フレーム 222/19
船台門 222/11
船台の床 222/17
洗浄板 309/70
選択色修正つきカラー・コンピュー タ 177/51
洗濯 50/23-34
選択器 237/42
洗濯器具 309/64
洗濯機のドラム 50/24
選択器モーター 237/48
洗濯槽 165/49
洗濯たらい 309/69
洗濯ブラシ 50/51
洗濯棒 300/49
洗濯ロープ 50/33
センタボ 252/23
センタリング・マグネット 240/23
センタ・レース 149/1
先端〈シカの角の〉88/10, 31
先端 202/21
剪断(せんだん) 148/74, 75
前端〈肉の〉95/51
前端金 300/49
センチメートルとミリメートル目盛り 247/36
センチモス 252/22
線虫 80/51
前中椎(しょう) 219/3
前肘部(ぜんちゅうぶ) 16/44
蠕虫類(ぜんちゅうるい) 357/20-26
船長 224/38
尖頂(せんちょう) 331/5
尖頂帽 264/8
船長室 223/13
船長席 235/17
尖頂屋根 331/6
前庭 334/66
選帝侯冠 254/41
選帝侯帽 254/41
剪定のこ 56/16
剪定ばさみ 56/50
銃鉄(せんてつ)装入位置 147/55
銃鉄出し口 147/11
銃鉄とりべ 147/12
銃鉄とりべ(とりべ) 147/21
銃鉄とりべ 147/47
全展開姿勢 288/60
宣伝広告 268/43
全天候屋根 200/38

宣伝文 185/39
宣伝ポスター 271/25
セント 252/33
尖塔 15/61
尖頭(せんとう) 66/10
尖塔(せんとう) 331/2
尖頭アーチ 336/31
先導馬 186/46
先導オートバイ 290/12
戦闘艦 258/64-91
先導官 329/75
先導気動車 211/61
前頭洞 79/11
前頭結節 16/4
前頭骨 17/30
先導者 290/11
先導車競走用自転車 290/15
前頭静脈 18/6
前頭洞 17/55
前頭動脈 18/6
戦闘爆撃機 256/1, 29
前頭部 16/4-5 ウマの 72/3
羨道墳(せんどうふん) 328/16
尖塔窓 335/39-41
戦闘らっぱ 354/39
前トゲレン・リギング 219/18
前トップマスト・ステースル 219/20
前トップマスト・リギング 219/17
セント・バーナード 70/37
セントラル・ヒーティング 38/38-81
セントラル・ヒーティング炉 38/57
船内図書室 223/25
船内配膳室(はいぜんしつ) 223/43
センナ葉 380/16
センニンコク 60/21
栓抜き 45/47
前年の果実のある枝 371/32
センノウ 376/21
船舶の種類 221
全麦パン 97/48
全麦ライ・パン 97/10
旋盤 135/1; 149/1
旋盤足部 149/12
旋盤キャリア 149/54
旋盤工 135/20
旋盤工具 149/45-53
旋盤工の仕事場 135/1-26
旋盤主軸 149/20
旋盤 149/31
前帆と後帆 219/20-31
旋盤ベッド 135/2
旋盤用工具類 135/141
船尾 222/66-72; 258/26 ヨット の 285/29
船尾曳航(えいこう)点 221/53
船尾舵(かじ) 218/24
船尾甲板 223/32
船尾観望台 218/56
線引き 136/35
船尾傾斜台 221/88
船尾骨材 222/70-71
船尾材 218/1
船尾載貨門 221/55; 226/18
船尾斜面 258/91
船尾上部構造 258/22
船尾上部構造〈物〉 221/10
船尾信号 221/7
船尾艙 227/28
船尾手すり測程器 224/54
船尾灯 258/62
船尾荷積みドア 221/31
船尾の煙突 258/20
船尾旗竿(はたざお) 223/31; 258/ 25
船尾部 286/34, 37, 41

船尾フェンダー 227/29
船尾梁(りょう) 221/42; 286/26
　ヨットの 284/35; 285/49
船尾楼 218/23; 223/33
船尾肋骨(ろっこつ) 258/26; 259/11
洗びん 261/32
洗びん機 93/19
洗びん室 93/18
前部圧力隔壁 235/19
前ファン・ジェット 232/33
扇風機 165/23
前部エレメント 115/7
前部エレメントとフィルターのマウント 115/6
前部観測窓 235/25
前部甲板 258/65; 259/77 ヨットの 284/10
前部航空電子工学装置隔室 257/11
前部座席頭受け 193/7
前部支柱 303/8
前方上部構造 259/45
前部垂直舵(だ) 259/96
前部接手 234/45
前部船倉 223/75
前部ドア 193/5
前部燃料タンク 235/21
前部標示灯 191/19
前部分離ロケット・モーター 235/60
前部ベイ 257/11
前部マスト・ヘッドライト 223/40
前部方力 132/30
線分 346/16
選別〈石炭の〉 156/14
選別器〈パルプの〉 172/50
選別機〈砕木機の〉 172/57
選別テーブル 64/81
選別機〈鶏卵の〉 74/44
選別用打鋲(だびょう)ゴム・ベルト 64/79
選別用ディスク・ローラー 64/82
前方回転 297/19
潜望鏡 259/88
前方倒立回転 297/26
前方砲撃 259/43
ゼンマイ 377/16
ぜんまい構造 110/38
船名 286/7
船名プレート 285/46
洗面器 49/24; 309/65
洗面器用混合蛇口 126/27
洗面器用の水栓 126/31
全面直彫(じかぼり) 340/54
洗面所: キャンプ場の 278/5 航空機の 231/31 列車の 207/15, 72; 211/59 列車の乗務員〜 207/26, 82
洗面台 49/24; 309/67 キャンプ場の 278/6 列車の 207/40
前面のポケット 33/46
前面のヨーク 33/19
前面ピン 305/1
全面マット・スクリーン 115/58,59,60,65
繊毛 357/10; 370/50
専門家用プレス・カメラ 117/66
選卵機 74/38
旋律管 322/10
旋律弦: ツィターの 324/24 ハーディ・ガーディーの 322/30
前立腺(せん) 20/76
旋律的短音階 320/48
旋律用鍵盤(けんばん) 324/39
戦利品 15,30
前輪: 航空機の 288/34 航空機の操縦できる〜 230/40望遠鏡の

113/7
全輪駆動 194/1
全輪駆動軽トラック 194/1
前輪駆動車 191/52
前輪懸架方式 65/49
前輪走行装置 191/52
前輪ディスク・ブレーキ 189/32
前輪ドラム・ブレーキ 188/36; 189/11
前輪泥よけ 187/13
前輪ハブ 187/52
前輪フォーク 187/10-12
前輪ブレーキ 187/5
洗礼 332/1,7
前犂(ぜんれい) 65/11
洗式室 332/1
洗式室 332/2
洗式水 332/12
洗礼台 332/10
洗礼盤 332/11
前犂部 65/14-19
せん裂する種衣 382/34
前列針 167/47
線条 202/1-38
船楼甲板 258/10
線路工手 202/44
線路巡回員 202/44
前腕 16/46 ウマの 72/21
前腕倒立 259/88
前腕部〈ウマの〉 72/22-26

ソ

ソアリング 287
ソイル・インジェクター 83/33
像 339/32
層位 13/21
僧院式ヴォールト 336/41
層雲 8/4
造影材注入装置 27/15
造影撮影 27/4
送液 170/6
造園家 261/37
増音ペダル 326/50
増音用レバー 325/45
増音ローラー 326/45
増音ローラー指示器 326/37
痩果(そうか) 378/11
葱花(そうか)アーチ 336/36
掃海艇(てい) 258/84
総括制御編成急行電車 211/60
造貨プレス 252/44
総肝管 20/37
双眼鏡 86/6; 111/17
双眼顕微鏡 23/6, 51
葬儀 331/33-41
送気弁 23/18; 25/17
双牛円柱 333/23
双牛の柱頭 333/28
双極子アンテナ 230/65
双曲線 224/42,43,44; 347/26, 27, 28
装具移送台 177/58
象牙彫り 277/1
造型家 339/6
双係船柱 217/11
総頸(そうけい)動脈 18/1
造型場 148/30-37
象牙鍵(そうけん) 325/4
象牙彫り 259/1
象穴 359/29
象牙の戦闘らっぱ 354/39
象牙のネックレス 36/28

象牙のブローチ 36/30
象牙のローズ・カット 36/29
増弦スラット 229/38
草原の花 375; 376
増弦フラップ 229/51
倉庫: 貨物駅の 206/53 港湾の 225/23 港湾税関の 225/7 城の 329/13 船の 223/57
走向 12/2
綜絖(そうこう) 166/27
総合アンプ 241/40
装甲回収車 255/93
装甲救急車 255/79
走行距離計 191/74
走行距離計復元ボタン 191/77
走行クレーン 147/41
装甲された馬 319/18
装甲車 255/79-95
走行車輪: キャビン滑車クレードルの 214/70 ヘイテッデレーキの 64/56 ラック鉄道の 214/7 ロータリー集塵機の 64/41
走行車輪調節部 64/58
走行段指示器 211/36
総合大学 262/1-25
総合中等学校 261/1-45
綜絖のめど 166/28
装甲板 246/24
爪甲(そうこう)半月 19/81
装甲武装兵員輸送車 255/91
装甲砲塔 255/84
走行輪 67/24
綜絖枠 166/4
綜絖枠用ガイド 166/3
相互通信システム 203/69
相互通信方式踏切 202/47
葬祭殿 333/7
操作係 203/53
操作キー 246/19
捜索 264/31
捜索網 86/1-8
操作式信号操作室 203/53
走査帯 243/47
操作卓 261/37
操作手引書 244/15
操作盤 168/2, 5, 58
操作ハンドル 309/81
操作棒 200/27
操作ボタン 243/13, 48
操作マニュアル 244/15
操作リング 117/4, 15
操作レバー: 水中用カメラの 117/63 スプレー・ガンの 83/21 舞台の液圧装置室の 316/58
操作ローラー 181/45
造山作用 12/4-20
増三和音 321/4
相似 345/22
相似記号 345/22
掃除具 137/3
双軸エンジン 232/51
双軸タービン 209/23
総指伸筋 18/57, 63
巣室(そうしつ) 77/26-30
掃除場 148/38-45
掃除ブラシ 247/10
双翅目(そうしもく) 358/16-20
走者 292/66
ゾウ舎 356/10
操車場 206/42
操車場係長 206/45
操車場無線通信機 212/50
操車場無線通信用アンテナ 213/4
操車信号室 206/44
漕手(そうしゅ) 218/3; 283/12

操縦 303/24
操縦ガイド・レール 226/39
操縦桿(かん) 257/8; 288/14 コバルト遠隔照射装置の 2/42 副操縦工用〜 230/25 補助翼・昇降舵〜 230/24
操縦技術 290/32
操縦台 288/82
操縦索 288/41
双十字形係船柱 217/14
操縦士席 235/18; 257/6
操縦室 230/1-31, 35; 231/19; 288/10
操縦室円窓(えんかい) 257/4
操縦席 230/36; 264/2 モーターボートの 283/8 ヨットの 285/38
操縦板〈エレベーターの〉 271/48
操縦ライン模型 288/89
操縦輪 288/89
操縦カット 36/68-71
操縦ロケット 6/5, 39
操縦ロケット・アセンブリ 234/63
総主教用十字架 332/64
漕手席 283/29
送受話器 237/7; 245/15
送受話器受け台 237/13
蔵書 262/11
創島 21/8
総状花 58/15
総状花序 370/68 キングサリの 374/33
掃除用ほうき 38/36
増殖 54/27
装備音 321/14-22
装飾カット 36/68-71
装飾冠 305/65
装飾用舷窓(げんそう) 218/57
装飾用低木 272/14
装飾用縫い目 31/5
装飾用プラスチック容器 46/12
装飾用ハンカチーフ 33/10
蔵書票 185/51
送信アンテナ 288/88
送信器 10/62
装身具 36/1
装身具一式 36/1
送水管 55/30
送水管 172/65
叢性(そうせい)バラ 52/13
層積雲 8/3
造船 222/
造船工場 222/3-4
造船所 222/1-43
造船台 211-18,11-26
巣礎(そうそ) 77/43
増速リール 89/59
送達されたコピー 245/2
操舵輪(そうだりん) 64/32
総胆管 20/37-38
相談窓口 250/4
総腸骨静脈 18/18
総腸骨動脈 18/17
装塡(そうてん) 255/10
送電線 154/16 地図記号 15/113
装塡箱 116/6
層塔 337/1
双胴体 284/65
倉内ピラー 222/61
装入鐘 147/6
送乳管 75/27
装入機 147/5
装入口 139/4, 49; 147/51
装入車 156/6
装入台 147/4
挿入ディスク 115/96

装入炉 147/2
ゾウの囲い 356/9
層の境界 13/21
双発ジェット商用・旅客機 231/7
双発ジェット短・中距離定期輸送機 231/11
双発商用・旅客機 231/3
双(発)対空ロケット発射装置 259/25, 33
双発 76 mm高射砲手 259/30
相場板 251/8
相場表 251/8
播爬用の(そうようの)キュレット 26/52
装備〈軍艦の〉 258/29-37
双飛行機射出機 259/14
総腓骨(そうひこつ)神経 18/33
装備戸棚 212/35
送風位置 147/57
送風管 137/6; 210/25
送風管: オイル・バーナーの 38/58
スピード・スプレーヤーの 83/49
製版機の 179/22 パイプ工場の 172/4
送風器 322/58
送風器油ポンプ 211/45
送風機一式 165/4
送風機つき油冷却器 211/11
送風機レール用支柱 165/6
送風筒 326/11
送風と電動のためのスイッチ 326/47
送風ファン 191/48; 192/62
送風ペダル 325/46
送風本管 147/17, 68; 148/2
双ブーム航空機 229/34
双ブームつき高翼水平尾部 229/35
増幅器 238/3; 312/19
双ふち取りのこぎり 157/57
造幣 252/40-44
造幣局官 252/10
造幣プレス 252/44
奏法 325/41
僧帽筋 18/52
僧帽弁 20/47
巣蜜(そうみつ) 77/64
ゾウムシ 80/10, 49
ゾウムシ〈一種〉 81/26
巣門 77/48
送油管 145/65; 146/31
双用プラウ 65/62
双翼桁(げた) 235/1
双翼桁の垂直安定板 235/1
双翼桁翼構造 257/27
ゾウリムシ 357/9
装輪プラウ 65/21
走路指示器 65/81
送話器 237/9
副軸(そえじく) 192/37
副尺(そえじゃく) 140/55, 69; 224/5
副尺つきカリパス 140/52; 149/67
副尺つき測深器 149/72
副尺つき深さゲージ 140/54
添控え 215/35
ソーサー 44/30
ソーサ大形・グラス 45/86
ソース入れ 45/17
ソース・スプーン 45/18
ソーセージ 96/6-11, 8, 31-59; 98/4; 99/54
ソーセージ製造 96/31-59
ソーセージ詰め器 96/49
ソーセージ肉 96/41

ソーセージ肉ひき機 96/52
ソーセージばさみ 308/35
ソーセージ・フォーク 96/44
ソーダ水のびん 42/32
ソーダ水 98/87
ソーダ石灰 27/39
ソーダ石灰吸収器 27/39
ソー・チェーン 85/16
ソート〈活字の〉 174/7
ソーラー・ハウス 155/17
ソール・プレート 50/7
そぎかみそり 105/9; 106/41
そぎばさみ 105/8; 106/33
測鉛 224/58-67, 59
測鉛線 224/60
側臥(そくが)姿勢 295/46
側管 232/41, 44
側航海灯 258/15
束柴(そくさい) 216/53
連射用ホルスター 264/24
操縦者 303/20
測深 224/58-67
測深器 279/15
測深器つき定規 149/68
測深ものさし 224/66
促成栽培 55/24
促成栽培の花 55/24
側窓 231/29
側椎石(そくたいせき) 12/53
側対歩 72/40
測地 14/46-62
測定域選択器: 計塵器の 112/46
放射線探知機の 2/4, 23
測程器 224/22, 54
測定器具 149/56-72
測定距離選択機 242/74
測定装置 112/51
測定ダイヤル 242/75
測程時計 224/57
測定ばかり 173/9
測定箱 112/43
測定目盛り 242/75 マイクロメーターの 149/63
測灯 189/56
側頭筋 19/3
側頭骨 17/33
側頭部 16/6
「速度OK」サイン〈水上スキーの〉286/51
速度計: オートバイの 188/19, 34
機関車の 211/35; 212/9 自転車の 187/33 自動車の 191/38 電車の 197/31 船の 224/54
速度計駆動軸 192/38
速度計駆動軸中はすば大歯車 192/39
速度計 191/74
速度計・電気回転計などの装置ケース 188/40
速度コード番号 203/37
速度制限警戒標識 203/43
速度制限標識 203/36-44, 44
速度制限標識つき遠方信号機 203/18
速度選択器 241/29
速度調整器 179/29
速度変換器 241/29
足背 17/61
束髪(そくはつ) 34/29
側板 62/25
足底 150/19
側板 217/67
測標 14/51
足部: 金床の 137/15 カメラの 114/71

側壁: 貨車の 213/29 ダムの 217/80 ドックの 222/37
速歩 72/41
側方支持姿勢 295/25
側方転回 297/21
側面 347/40
側面壁 42/2
側面撮影用X線ビーム 27/3
側面図 151/18
側面舵(だ) 218/6
側面止め 200/34, 44
側面の入口 331/15
側面壁 46/4
側面へり 180/5
側面へり調整 180/5
測量 14/46-62
測量望遠鏡 14/48
測量用光源 112/52
側鎖 334/63; 335/2
鼠径部(そけいぶ) 16/38
ソケット 106/15; 125/20; 126/43; 261/12 三脚〜115/30 スイッチつき〜127/7 スイッチつき3足〜127/66 接地〜127/5
底板 167/34
底革 100/66
底革剪断機(せんだんき) 100/39
底ニッパー 163/65
底はえなわ 90/28
底吐出しトンネル 217/62
底引網漁業 90/11-23
底開き船 226/46
底フライス 150/43
底ローラー 164/10
組織図 171/1-29
フェノールへの水素添加 170/16
粗シクロヘキサノール 170/16
疎水暗渠(そすいあんきょ) 216/33
素数 344/13
蘇生装置 21/27
粗製硫酸ソーダ貯蔵タンク 172/36
粗セルロース 172/77
祖先像 354/17
塑造台 339/9
塑造板 339/23
塑造骨組 339/22
そだ(粗朶) 274/2
粗タール・タンク 156/32
粗調整・微調整用指示器 148/65
速記体 342/13
速記バー 245/29
速記用箋(せん) 248/22
測距儀 112/70
測距部 115/53
足筋 18/49
ソックス 29/30; 291/58
測光器の光源 112/50
測光計 23/49
測光計 21/38
測高測深曲線 11/6-12
測光ピペット台 23/52
測光用コンピュータ 23/53
足根 17/26
側根 17/17
袖網(そであみ) 90/16
袖板 50/20
袖壁 216/35
袖口 30/6, 14 うねのある 30/30 毛皮飾りの 30/62 ニットの 29/65
袖口のスリット 30/48
袖なしアンダーシャツ 32/25
外板 283/33, 48 287/40
外板ボシング 223/59
外壁 120/29; 121/32; 122/37

LD軸炉の 147/46
外側桁(けた) 123/44
外側広筋 18/46
外側爪 149/70
外側横向き 296/26
外くるぶし 19/59
外迫(そとぜり) 336/26
外抱き 120/31
外歯 143/96
外箱 325/6, 47
外張り板 285/50
外開きドア 194/35
外堀 329/33
外巻き葉 107/5
外レース 143/71
そば軒裏 122/27
粗フェノール・タンク 156/46
ソフト・ドリンク 96/30
ソフト・ペダル 325/9
ソフト帽 35/21, 22, 23
ソフト・レザーのレンズ袋 115/12
粗ベンゼン・タンク 156/42
粗ベンゼンの生産 156/41
粗紡機 164/19
粗紡糸 164/29
粗紡糸巻き 164/23
粗紡台持ち工 164/24
杣道(そまみち) 84/1
ソマリ海流 14/36
梳綿(そめん)缶 163/35
梳綿機 163/34, 51
梳綿機ですいたスライバー 163/38
梳綿機ドロー・ボックス 163/60
梳綿シリンダー 163/68
空色 343/6
空が暗黒になる限界 7/34
空の状態 9/20-24
ソラマメ 57/8; 69/15
そり: いす〜手押し〜304/29 馬そり304/25 トナカイの353/15 ナンセン型の 極地〜303/18 ヘリコプターの着陸〜232/15; 256/21 ヘリコプターの尾部〜256/23
そり犬 353/2
そり台かんな 132/28
そり跳び 298/41
そりの鈴 304/26
ソリラクション・ロープ 11/51
ソリング級 284/56
ソルト・スティック 97/31
ソレノイド・バルブ 139/23
ソロ・シート 189/19
ソロ・スケーター 302/1
そろばん 309/77
蹲踞式(そんきょしき)スナッチ 299/1
蹲踞姿勢 295/23
ソンブレロ 35/5
村落 15/105

タ

ダーク・コート 289/13
ダーク・スライド 114/64
ダーニング・ステッチ 102/17
ターバン 353/46
タービン: 可逆〜155/39 航空機の232/40, 47 蒸気〜153/23-30; 154/14, 46, 52 長距離潅漑装置の 67/20
タービン・エンジン: ジェット練習機の257/15 ヘリコプターの232/17, 24

タービン計測監視盤 153/30
タービン室：汽力発電車の 152/
22 揚水式発電所の 217/43
タービン伝動装置 209/10
タービン排気装置 146/5
タービン発電機 154/34
タービン発電機一式 154/33
タービン・ユニット 209/24
ターボ・エンジン 232/17, 24
ターボジェット・エンジン 231/26；
232/33-50
ターボプロップ・エンジン 231/5；
232/30, 51；256/16
ターボプロップ機 231/4
ターボプロペラ・エンジン 232/30
ターミナル：空港の 233/15 空港
の荷物〜 233/5 コンテナ〜 225/
48；226/1 船客〜 225/31 多目
的〜 226/16 バナナ運搬〜 226/
22 ビデオ・データ〜 238/2, 11
タール・タンク 156/32
タール貯蔵タンク 200/47
タールの多段蒸留 170/4
タール噴霧機 200/46
ターレット台 117/46
ターン 321/21
ターン・スロット 288/46
ターンつきトリル 321/18
ターンテーブル：1次サウンド〜
117/100　2次サウンド〜117/
101 フィルム〜117/99；311/44
腐食機の 178/26 レコードの
238/24；241/20 ろくろ 161/11
ターンテーブル式施ゆう機 161/16
ダーンドル 31/26 女児用の 29/
36
ダーンドル・エプロン 31/31
ダーンドル風の首飾り 31/28
ダーンドル・ブラウス 31/29
ターンバックル 202/31
タイ 321/24
台 307/57 クラヴィコードの
322/42 写真製版機の 177/29
鍛造プレスの 139/20 望遠鏡の
113/2
大〈ルーレットの〉 275/19
台足 132/29
耐圧船殻 258/66；259/55, 76
ダイアパースン 326/31-33
ダイアフラム 2/33
体位 21/24
第1印刷装置 181/48
第1区間 285/19
第1斜檣〈しょう〉帆 220/5
第1手鍵盤〈けんばん〉326/42
第1ダース 275/25
第1段ロケット 234/3
第1ナトリウム系統 154/2
第1ポジション 314/1
第1的球〈まとだま〉277/12
第1面 342/38
第1六方柱 351/20
第1指〈手の〉19/64
第1枝〈雄ジカの角の〉88/6
第1層 118/67
ダイエット・ミール 266/62
大円筋 18/55
ダイオウ〈大黄〉パイ 97/22
台送り駆動装置 150/34
袋果 370/91
耐〔加〕圧器 170/12
大核 350/12
大学 262/1-25
大角支柱 215/4
大角線 46/33
大学図書館 262/11-25

大学の教師 262/3
対角方杖〈ほうづえ〉215/4
対角翼桁〈よくこう〉287/33
台滑動部 177/59
耐火粘土 108/9
体幹 16/22-41
大観覧車 308/37
台木 54/33；125/21
待機駆動装置 214/64
大気圏 7
待機姿勢 305/72
大気循環 9/46-52
対気速度計 230/2
台脚 150/21
大逆手 296/44
耐久競技 289/16
大臼歯〈だいきゅうし〉19/18,35
堆厩肥〈たいきゅうひ〉63/15
大教会 15/53
大胸筋 18/36
大工 120/12
対空軽機関銃 255/63
大工鉛筆 120/77
大釘抜き 100/41
大工道具 120/60-82
大工道具セット 120/20
大工の仕事場 120/1-59
台形 346/37
大玄関 333/34
太鼓 306/70；353/26
腿甲〈たいこう〉329/52
体後屈 295/34
大公爵冠 254/37
大公爵帽 254/39
タイコウチ 358/4
太鼓落し 120/88
第5指〈足の〉19/56
第5指〈手の〉19/68
第5の構え 294/24
第5ポジション 314/6
台座：円柱の 334/31 かご細工の
136/10 手術台の 26/6 望遠鏡
の113/2 猛獣の 307/55 立像
の272/11
大三角帆 218/29
大三角帆桁〈ほげた〉218/30
第3区間 285/21
第3指〈足の〉19/54
第3指〈手の〉19/66
第3手鍵盤 326/44
第3ダース 275/27
第3段ロケット 234/33
第3段口折り装置 185/14
第3のかわし 294/8
第3ポジション 314/3
体形 16/43-54
台車 212/2；213/13；222/14, 28
体重計 22/66
隊等 354/1
退場 291/61
耐衝撃安全ヘルメット 127/48
対称軸 346/25 結晶の 351/4
対称褶曲〈しゅうきょく〉12/12
対称心 351/3
対称図形 346/24
対称面 351/5
対照用の複写したリストを持った
事務員 263/27
ダイス 276/29, 31
帯水層 12/22
対数 345/6
代数学 345/4-5
対数記号 345/6
代数記号 344/9；345/5
対数計算 345/6
ダイス型 159/13

ダイス・カップ 47/42；276/30
ダイス回し 140/32
大聖堂 335/1-13, 22
大西洋 14/20
堆積岩〈たいせきがん〉12/1；13/48
堆積機 162/20
体積測定カメラ 112/71
堆積物 13/69
堆積まくら 157/37
体節 357/25
対戦車タンク 255/88
対潜水艦魚雷発射管 258/33
対潜水艦ロケット発射装置 258/
30, 50
体前倒 295/30, 33
体前部 72/18-27
体操 296/48-60
体操競技 296/63；297/52
体操ズボン 296/62
体操服 296/61-63
体操ボール 297/34
体操用器具 296/1-11, 12-21；
297/1-6, 7-14
体操用棍棒〈こんぼう〉297/38
体操用の布 297/49
体操用の服装 297/51-52
体操用の輪 297/46
体側倒 295/31
体側屈 295/32
大腿〈だいたい〉16/49；21/15
橙〈だいだい〉〈色の〉343/7
大腿骨〈だいたいこつ〉17/22
大腿神経 18/31
大腿動脈 18/19
大腿二頭筋 18/61
大腸 20/17-22
耐張碍子〈がいし〉152/38
対頂角 346/8
タイツ 29/42；32/12
大殿筋〈だいでんきん〉18/60
大テント張りビアホール 308/23
大動輪 202/35
大動脈弓 18/10
大動脈弁 20/49
台所 39 食堂車・ビュッフェの
207/29, 80
台所キャビネット 207/35
台所道具 40/
台所時計 39/20
台所時計 109/34
台所の電灯 39/39
台所用いす 39/43
台所用多目的ホルダー 40/1
台所用テーブル 39/44
台留め 132/36
タイトル 310/35
タイトル・ページ 185/45
タイトル・パネル 151/31
体内心臓ペースメーカー 25/37
体内ペースメーカー 25/37
第2印刷装置 181/52
第2遠方信号機 203/17
第2区間 285/20
第2指〈足の〉19/53
第2指〈手の〉19/65
第2枝〈雄ジカの角の〉88/7
第2斜檣〈しゃしょう〉218/51
第2手鍵盤〈けんばん〉326/43
第2層 118/68
第2ダース 275/25
第2段分離用逆推進ロケット
234/37
第2段ロケット 234/18
第2ナトリウム系統 154/7
第2ポジション 314/2
第2的球 277/13

ダイニング・セット 42/33-34；44/1
-11
耐熱内張り 147/48
耐熱エレボン構造 235/34
耐熱服 270/46
大脳 17/42；18/22
ダイバーズ・ウォッチ 279/16
大杯 45/87
台ばかり 204/5
台板：彫刻の 339/34 引伸し機の
116/27 ロール・スタンドの148/
56
台盤：工作品を載せる 150/20
砲の 255/46
堆肥〈たいひ〉散布機 62/21
タイピスト 248/21
タイピスト室 209/26
堆肥積み 52/6
堆肥土 55/15
代表旗 253/30-32
堆肥用くわ 66/8
代表取締役社長のサイン 251/15
堆肥用4又〈き〉フォーク 66/7
タイプ穴 249/19
タイプ掃除器 247/8
対物鏡クレット台 112/11, 30
タイプ机 245/25；248/26
対物レンズ：映画カメラの313/2
カメラの112/62；113/36；114/
26
対物レンズ口径の調整装置 113/
35
タイプフェイス 174/31
代父母 332/13
タイプ窓 249/19
タイプライター 209/28；248/22；
309/79
タイプライター書体 342/9
タイプライター用消しゴム 247/26
台ブラシ 108/33
耐粉砕安全ボーネット 85/36
帯分数 344/10
太平洋 14/19
タイ・ベルト 29/55
大砲 255/49, 92
大包丁 94/18
ダイポール・アンテナ 230/65
台本 310/45；316/44
タイマー：病院の 23/40；24/52；
27/35 ビリヤードの料金計算用
の277/17 腐食機の182/20 料
理用の39/21；109/35
タイマー・スイッチ 243/18
タイマイ 364/28
タイムキーパー 299/47
題銘 252/11
大紋章 254/3, 14
帯文土器 328/13
タイヤ 187/30；189/26；191/15
ダイヤ〈トランプの〉276/41, 45
タイヤ圧力計 196/17
ダイヤ形のみ刃 65/58
タイヤ・トレッド 189/27
ダイヤフラム・スプリング 190/29
ダイヤモンド 351/10, 13 活字の
175/21
ダイヤモンド製のカッター 124/25
ダイヤモンド・ピン 36/18
ダイヤモンド・ポイント 24/40
ダイヤモンド指輪 36/23, 24
ダイヤル：水量計の 269/58 電話
の237/10；245/16；246/14
ダイヤル指止め 237/12
ダイヤル指板 237/11
太陽 4/29, 36-41, 42
大洋 13/26

太陽エネルギーの利用　155/17-36
太陽感知器　10/69
太陽球　4/36
太陽鏡　5/16
太陽系　4/42-52
太陽系と惑星の記号　4/42-52
太陽紅炎　4/40
太陽光線灯　281/13
太陽光線の方向　4/9
太陽黒点　4/37
太陽黒点付近の低圧域　4/38
太陽コロナ　4/39
代用信号　203/6
太陽スペクトル　343/14
太陽センサ　10/69
タイヨウチュウ　375/7
太陽虫目　357/7
太陽電池　155/34
太陽電池つき平面太陽集熱装置　155/32
太陽熱住宅　155/17
太陽の見かけの軌道　4/10-21, 18, 19, 20
太陽の見かけの年周軌道　3/2
太陽電池パネル　10/66
太陽フィルター　6/22
太陽放射遮蔽（しゃへい）管部　10/36
太陽放射熱　155/18
太陽面　4/36
第４指〈足の〉　19/55
第４指〈手の〉　19/67
第４手鍵盤（けんばん）　326/45
第４ポジション　314/4, 5
大陸　14/12-18
大陸塊　11/7
大陸間ラジオ・リンク　237/54-55
大陸斜面　11/9
大陸棚　11/8
大理石板　265/12
対流圏　7/1
タイル　49/19
タイル張り作業台　261/5
タイル張りのストーブ　266/34
タイルひげ　34/16
ダイレクショナル・ジャイロ　230/13
大ろくぼみ　71/52
タイ・ロッド　65/47
タイ・ロッド・エンド　192/80
台輪　334/10
台枠　65/56, 90
台枠〈スキャナーの〉　177/40
台枠〈車両の〉　207/3; 208/5
タイン・バー　64/53
ダウェルピン　24/34
楕円　347/22
楕円形翼　229/15
楕円テンプレート　151/71
楕円の焦点　347/25
タオル　28/9; 49/23; 281/25
タオル掛け　49/8
たが　130/8, 16
タカ　86/42, 44
打解機　172/5
多花果　384/63
タカ狩り　86/42-46
高切りばさみ　56/11
多角形　384/33-39, 40
舵角（だかく）表示器　224/17
高さ　346/27
高さ寸法目盛　157/60
高さ調整　157/49
高さ調節器　106/17
高さ調節装置　116/34
高さ調節バー　106/17

高さ調節用クランク・ハンドル　64/57
高さ調節輪　132/60
高さと角度調整装置〈写真製版機の〉　177/21
高潮線　13/35
鷹匠（たかじょう）　86/42
鷹遣い　86/42
打楽器　323/49-59; 324/47-58
高ドーム　36/79
高飛込み　282/40-45
タカの足緒　86/45
宝くじ売り　266/20
タカ類　362/10-13
舵幹（だかん）　283/11
ダ・ガンバ・ヴィオリン属　323/16
滝　11/45
抱き　118/10, 11; 120/32; 121/47
打器　322/34
タキシード　33/7
抱きつき対束小屋組み　121/46
抱き柱　120/51
打球つち　292/81
だく足　71/2; 289/28
タクシー乗り場　233/32; 268/63
「タクシー乗り場」を示す交通標識　268/60
タクシー標識　268/65
タクシー呼出し電話　268/67
託児所　48
卓上型ストップ・ウォッチ　238/62
卓上ゲーム　276
卓上三脚　115/99
卓上食器類　45
卓上電気スタンド　46/24
卓上電話器　237/6
ダクト　163/11; 232/41　エア・ブリード〜190/12　熱風〜139/52
托葉（たくよう）　57/5; 58/48; 371/73
タケ〈竹〉　136/31; 383/60
竹馬乗りサンドイッチ・マン　308/49
打撃面　293/31
竹竿（たけざお）　307/46
丈直し　271/37
丈長のチュニック　355/19
竹ペン　341/23
タゲリ　359/21
打鍵機構　325/22-39
たこ　273/42
たこ揚げ　273/41
たこ糸　273/44
蛇行　13/11
蛇行コア　13/12
多孔質層　12/29
多孔紡糸口金　169/14
たこ形　346/38
たこの尾　273/43
タコメーター　230/8
多細胞動物　13-39
足し算　344/23
打者　292/51, 52, 63, 74
打者の位置　292/51
舵手（だし）　283/11
多重断層　12/8
舵手席　283/27
舵手つき１人乗りボート　283/18
舵手なしフォア　283/9
舵手なしペア　283/15
打順　292/54
多少曇り　9/22
多色グラビア輪転機　182/24
多色刷り　340/28

打診つち　22/73
ダスト・キャッチャー　147/14
ダスト・フィルター　270/59
打栓機　76/46
多速伝動装置　190/72
戦いの化粧　352/13
たたきべら　339/12
正しい位置にあるキール　222/22
正しい位置にある船体フレーム　222/29
多段乾燥機　169/31
多段集卵ベルト・コンベヤ　74/35
多段伝動装置　190/72
立会演説者　263/5
立上り主ガス管　126/7
立上り継ぎ手　67/5
立ち襟　30/42
立ち泳ぎ　282/39
タチオランダゲンゲ　69/3
立木　84/4
立ち姿勢の掌部支え　305/45
立席の余地　197/18
多チャンネル・ステレオ　312/45
ダチョウ　359/2
ダチョウの１回の産卵　359/3
ダチョウの羽毛　254/30
立ち技　299/6
脱衣場　282/1
卓球　273/1; 293/45-55
卓球選手　293/49
卓球台　273/2; 293/52
卓球ネット　273/3; 293/53
卓球のボール　273/5; 293/48
卓球のラケット　273/4; 293/45
タッキング　285/7, 25-28
ダッキング　299/29
タック編　171/44, 47
タック・ジャンプ　297/40
ダックスフント　70/39
ダッシュ　342/13
脱水のための　169/23
脱水機　168/14, 18
脱水機のふた　168/18
脱水素　170/19
脱水防止ガード　214/75
タッチ　285/25
タッチ・トーン・ボタン　242/25
タッチ・ライン　291/9
タッチング　285/25
タッチング・シャトル　102/20
手綱（たづな）　71/25, 33; 186/31; 289/27　舵の283/51　リュージュの303/4
タツノオトシゴ　364/18
タッピング・ナイフ　64/87
タップ：一方〜350/42　機械〜150/44　二方〜350/49　ねじ〜140/60　ビリヤードの277/10　変圧器の153/18
タッフィー　98/77
タップ切換器駆動装置　211/13
タップ切換器つき変圧器　211/10
タップつき栓　350/44
タップ回し　140/30
ダッフル・コート　271/21
脱ベンゼン　156/27
脱気機（だっきき）　64/10
脱硫（だつりゅう）　156/28; 169/20
脱硫工場　145/46, 68
脱ろう　145/50
盾　218/17; 254/5; 329/79; 354/10
建網（たてあみ）　89/94
たて糸　165/43; 166/39; 167/24; 171/2

たて糸送り出し動作用のロープ　166/61
たて糸のりつけ機　165/52
たて糸ビーム　165/29, 42, 56
たて糸保護用ストップ・ロッド・ブレード　166/43
たて糸巻き　166/48
たて糸を通して見た断面図　171/14
立入（たていれ）　144/31
たてうね織りの織り方図　171/13
たてうね織りの断面図　171/14
縦送り台　149/24
鑿（たてがみ）：ウマの72/12, 13, 14　ライオンの368/3
立て台　145/13; 270/26
縦野線（たていせん）　342/47
立坑　154/69
立坑坑口伝導装置　144/1
縦構造物　222/44-56
立坑櫓（ろ）　144/3
縦座標　347/10
縦軸　347/2
建地はしご　118/86
盾状火山　11/13
たて船側ガーダ　222/52
縦外向き　296/25
縦どい　37/13; 38/10; 122/29
縦中向き　296/24
たてのこ　157/2
縦幅　342/45
立パイプ　187/18
縦張り　122/95
縦ふち　284/45
たてボイラー　210/62
盾ほし　329/58
縦揺れ　230/67
縦横（たてよこ）移動レバー　149/17
堅枠（たてわく）　118/11
建枠　119/47
舵頭（だとう）　284/33
打動ドライバー　138/6
棚：岩場の300/4　壁にすえつけた248/40　下着類を入れる42/3　造りつけの44/17　デパートの271/27　壁面用の104/8　ホテルの宿泊客用郵便〜267/2　店の47/36　冷蔵庫の39/3
棚状地層　11/8
棚の上の商品陳列　271/67
谷　121/15; 122/82　活字の175/41
タニツツギ　373/23
谷形照明　87/66
谷合掌（たにがっしょう）　121/64
谷側停車場〈ロープ ウェイの〉　214/39
谷側停車場プラットフォーム　214/51
谷底　13/67; 215/60
谷どい　122/11
谷床　13/67
谷の型　13/52-56
谷氷河　12/49
谷間　13/57-70
たね〈熱いガラスの塊〉　162/40
種　54/3
種　68/39
種入れ袋　63/11
種イモ　68/39
種ウマ　73/2
タネツケバナ　375/11
種まき　54/1; 63/10-12
種まき用の箱　54/2
種用小麦　63/12
多年生植物　52/9, 22
種をまく人　63/10

ダバー 340/22
タバード 30/50
タバコ 107;382/40, 43
タバコ入れ 107/43;267/50
タバコ売り 308/51
タバコ売場 204/47
タバコ工場 83/11
タバコシバンムシ 81/25
タバコ詰め器 107/47
タバコ手巻き器 107/15
タバコの葉 382/43
タバコの包装箱 107/11
タバコ販売機 268/69
田畑 63/13
田畑の番人 63/13
束ね柱 335/34
タビット 221/78, 101;223/20
タビットにかかった救命ボート 221/78
タビュレータ・キー 249/2
タビュレータ・クリア・キー 249/8
ダビング 311/1-46, 34-36
ダビング技師 311/36
ダビング・スタジオ 238/28;311/37
ダビング・ディレクター 311/38
ダビング・ルーム 311/34
ダブリット 355/30, 33, 41
W〈文字旗の〉 253/27
ダブル 276/35
ダブル・アウトレット 127/6
ダブル足固め 299/11
ダブル壁アウトレット 127/6
ダブル・クォーテーション・マーク 342/26
ダブル・コンセント 127/6
ダブル・スカッチャー 163/14
ダブルス用サイドライン 293/2
ダブル・バス 302/14
ダブル時計 276/16
ダブル・バーナー・ガス台 278/33
ダブル・バス・ヴィオル 322/23
ダブル・ベッド 43/4-13;267/38
ダブル・ミューレ 276/25
舵柄〈だへい〉 218/13;284/32;286/24
タペストリ壁紙 128/18
タペット 166/57
食物価格表 266/65
食物出し口 266/66
多母型機 174/19
球〈ボール・ベアリングの〉 143/70
玉入り特許卵 187/31
卵：オビガレハの80/15 ガの82/19 カイコガの358/49 カワラマスの89/12 コロラドハムシの80/55 ニワトリの74/59 ハチの77/26
卵形姿勢 301/33
タマゴコリタケ 379/11
卵の生産 74/
卵箱 99/50
ダマジカ 88/40-41
玉軸受け 143/69;187/56
玉軸受けコップ 187/68
ダマスク織りのクロス 45/2
玉突き 277/1-19
玉突き競技者 277/8
玉突き台 277/14
玉突き台の床 277/15
玉継ぎ手 114/47
玉突きの球 277/11
玉突き棒 277/7-19
玉突きメーター 277/17
タマネギ 57/24
タマネギの皮 57/25

球の突き方 277/2-6
玉乗りの玉 307/60
タマバエ 80/40
タマバチ 82/33
玉ビン 328/29
玉房 29/4
玉縁 30/13;31/7 床の123/64
タミール文字 341/11
ダム 155/38;217/57-64 地図記号15/69
ダム土台 217/79
舵面〈だん〉 283/53;284/34
打綿機 163/14
打綿機など 163/47
多面体 260/73;351/1, 10, 13, 17
多目的貨物船 221/57
多目的実験室 235/66
多目的ターミナル 226/16
多目的レンズ 109/13
多目的砲 258/47, 48, 70
多目的のモーター 109/13
多目的冷蔵庫 213/39
多翼桁翼〈たよくこうよく〉 287/29
タラップ 221/98
ダリア 51/20;60/23
打力制御装置 249/10
樽〈たる〉 130/5
樽板 130/9
樽板製の円周 130/2
樽型〈宝石の〉 36/56, 75
タルカム・パウダー 99/29
たるき 121/28, 36, 56;122/19
たるき小屋組み 121/27
たるき端〈はな〉 121/45;122/41
ダルシマー 322/24
樽〈たる〉製造者 130/11
タルタル・ミサイル発射装置 258/49
樽による貯蔵 93/16
樽の平行板 130/10
樽の上部の板 130/10
樽のたが 130/8
樽の胴体 130/6
樽類製造者とタンク建造技術者の仕事場 130/1-33
垂れ 11/40
タレット旋盤 149/38
タレット台 149/40
垂れ前髪 34/24
垂れ幕 316/10
タワー 119/34
タワー・クレイン 47/39
俵〈たわら〉の認識番号 163/6
段 123/17
段〈柔道の〉 299/15
単位荷積〈かせき〉 225/49
単位化ホイル包装積荷 226/9
単位指示器 174/36
段板〈だんいた〉 38/27
単一エンジン式ディーゼル機関車 208/1
単一車体 191/1
単一転轍器〈てんてつき〉 203/45-48
単一フラッシュガン 114/68
単一連結プラグ 89/69
担架〈たんか〉 270/23
タンカー 225/73;233/22
タンカー・ターミナル 145/74
断崖〈だんがい〉 13/28, 57
段階登行 301/27
単科大学 262/1-25
単眼 77/2

弾丸 255/26
段間コネクター 234/31, 36
単眼式望遠鏡 111/18
段間接手部 234/31, 36
段間分離逆推進ロケット 234/8
単軌車 144/43
暖機調整器 190/50
単気筒2サイクル内燃機関 190/6
短期ペースメーカー 25/25
短距離広間 208/1-12
短距離区間用2軸ボギー客車 208/3
短距離選手 208/1
暖気流 9/28
タンク 130/1 圧縮空気〜138/4 黒液貯蔵〜172/29 集水〜92/5 セミ・トレーラーの194/30 対戦車〜255/88 燃料油〜212/75 バラスト〜223/78 翼〜・翼下〜256/4
タンク穴 234/44
タンク型コネクター 234/16
タンク機関車 210/65
タンク口 234/44
タンク建造技術者 130
タンク車 194/28;213/31
タンク頂 222/54
タンク頂板 222/54
短靴 101/31
タンクつき消防車 270/51
タンク・マージン・プレート 222/51
段組み 185/65
タンク・リール 116/2
短剣ひげ 34/13
炭鉱 141/1-51
単孔類動物 366/1
ダンサー 317/17, 18
断裁機：鉛管工の125/26 製本機械の183/16;185/1
断裁刃 183/19
単細胞動物 357/1-2
単索ロープウェイ 214/15-24
単座席の列 207/62
炭酸ガス・シリンダー 138/32
炭酸水 98/87
短三和音 321/2
短枝 372/31
タンジェント 322/43
担子器 381/7
担子胞子 381/7
担子 381/8
男爵の冠 254/44
単斜晶系 351/24-25
単斜柱 351/24
単純開きフラップ 229/49
単純フラップ 229/46-48
男児用シャツ 29/61
男児用ズボン 29/60
短焦点レンズ 115/45
短小ニンジン 57/18
男子用のプルオーバー 33/51
男子用パジャマ 32/36
探針 24/46
短針 110/13
短信 342/50
短信欄 342/63
端水 12/32
淡水 89/20-31
淡水域のウナギ 364/17

炭水車落し板 210/2
淡水真珠貝 /33
淡水タンク 221/70;223/79
ダンス中のカップル 267/46;317/17-18
短ストローク・ドロップ・ハンマー 139/11
ダンス・ホール照明灯 317/14
弾性 290/17
男性声楽家 315/22
男性生殖器 20/66-77
男性第1舞踊手 314/28
男性用指輪 36/20
単線懸縦装置 288/90
短前打音 321/15
単旋律型歌記譜法 320/1
炭層 144/50
断層 11/50;12/4-20 炭鉱の144/12
弾倉 87/17;255/15, 21;264/25
鍛造〈たんぞう〉機械 139
炭層坑道 144/29
単層仕戸 46
断層線 12/5
断層地塊〈ちかい〉山地 12/4-11
弾倉ばね 87/17
鍛造プレス 139/18
弾倉容器 255/7
断層落差 12/6
断続器 153/55
断続的な人工礁 272/9
炭素原子 242/63
炭素棒トロリー・シュー 197/24
端堆石〈たんたいせき〉 12/55
単帯やすり盤 133/30
段違い平行棒 297/3, 28, 29
短・中距離航路用双発ジェット広胴定期航空機 231/17
短・中距離定期輸送機 231/4
単柱支持装置 214/29
丹頂〈たんちょう〉 139/36
段継ぎ 121/86
つき歯車 143/82
痰〈たん〉つぼ 23/25
ダンディ・レバー 163/40
タンデム 186/50
端点 346/17, 18
弾道学 87/73
弾道基線 87/74
弾道曲線 87/79
担当ディレクター 238/22
弾頭ロケット 255/65
弾熱ケース 10/26
断熱材 38/72;122/44
ダンネブロー旗 253/17
胆嚢〈たんのう〉 20/11, 36, 38
胆嚢造影撮影 27/4
短波 7/26
タンバー 200/26
ダンパー：振動〜190/26 電磁気〜11/40 ハープシコードの322/54 ピアノの325/23
ダンパー・ドアつき灰受け 210/6
ダンパー・ブロック 325/37
ダンパー・ペダル 325/38
ダンパー・リフター 325/38
ダンパー・レール 325/39
ダンパー・レバー 325/23
段ばしご 50/35;126/2
短波診療装置 23/
短波ステーション 237/54
単発競走機 230/1-31, 32-66
単発銃 87/1
単発旅客機 231/2
単発レース・旅客機 231/1
段鼻〈だんばな〉コンクリート 123/31

タンバリン **317**/27; **324**/45
タンバリン形胴 **324**/30
タンパン **335**/26
単板クラッチ **190**/71
断尾 **70**/12
タンピング・ビーム **201**/2
ダンフォース錨 **286**/18
ダンプ・カー **147**/64; **213**/37
ダンプ車体 **194**/25
ダンプ装置 **147**/44, 59
ダンプ・トラック **200**/7
ダンプ・トレーラー **56**/42; **62**/18
ダンプ・バケット **214**/34
ダンプ用油圧シリンダー **62**/19
タンブラー: 海面向かう〜 **226**/23
錠の **140**/38, 42 列車・トラック
積載用海岸〜 **226**/28
タンブラー逆機レバー **149**/14
タンブラーばね **140**/42
タンブラー・レバー **149**/10
短フレーム **235**/12
短柄(たんぺい)ピッケル **300**/36
段ベンチ **281**/20
暖房 **155**/27 温水式〜**192**/60
-64 床〜**356**/18
暖房工 **176**/2
暖房スイッチ **211**/39
暖房装置圧力計 **210**/44
暖房装置電圧指示器 **211**/27
暖房装置の電圧計 **212**/17
暖房装置の電流計 **212**/18
暖房装置用の蒸気および電気熱
交換器 **207**/6
暖房調整器 **207**/54
暖房膨張タンク **38**/24
暖房用ホース **208**/20
淡味ビール **93**/26
断面図 **151**/28
断面線 **151**/27
段モジュール **240**/13
弾薬 **87**/19; **305**/34-39
弾薬箱 **94**/5; **305**/35
単葉機 **229**/1
短翼 **232**/3
段落 **175**/15
単利計算の公式 **345**/7
暖流 **14**/28
暖炉 **267**/23
暖炉のあるコーナー **267**/22

チ

地域暖房本管 **198**/28
小さい飾り物 **36**/35
チーズ **98**/5 紡績の **164**/58
チーズ売り台 **99**/39
チーズケーキ **97**/23
チーズ皿 **40**/7
チーズ製造機 **76**/47
チーズ・ナイフ **45**/72
チーズバエ **81**/15
チーズ箱 **99**/49
チーズ盛合せ **45**/35; **266**/52
チーター **368**/7
チーフ〈紋章の〉 **254**/18-19
チェア・グリップ **21**/21
チェア・リフト **214**/16-18
チェイス **186**/54
チェース **181**/38
チェーン **74**/14; **99**/95 自転車の
187/36; **290**/20
チェーン・カーテン **139**/50
チェーン・カバー **187**/37; **188**/46
チェーン駆動 **187**/35-42
チェーン・グリッパー **180**/56

チェーン・ケーブル **222**/77; **223**/
50; **227**/12
チェーン・コンプレッサー **223**/51
チェーン式自動給飼機 **74**/25
チェーン式自動除糞機(じょふんき)
74/27
チェーン・ステイ **187**/20
チェーン・ステッチ **102**/2
チェーン・スラット・エレベーター
64/7
チェーン・スリング **139**/44
チェーンつり索(なわ) **226**/26
チェーン伝動 **187**/35-39
チェーン排紙 **180**/43
チェーン歯車 **187**/35
チェーン引張り装置 **157**/41
チェーン・フェリー **216**/1
ソー・チェーン用〔粘着性〕オイルか
ん **84**/35
チェス **276**/1-16
チェス盤 **47**/20
チェス盤と定位置についた駒(こま)
276/1
チェス用時計 **276**/16
チェスをしている人 **265**/17
チェッカー **276**/17-19
チェッカーの黒駒 **276**/19
チェッカーの白駒(しろこま) **276**/18
チェッカー盤 **276**/17
チェッカー盤カット **36**/66
チェック **325**/27
チェック王手 **276**/15
チェックのシャツ **33**/50
チェック・フェルト **325**/28
チェック・ブレーキ **143**/97
チェック・ワイヤ **325**/29
チェヒシュタイン **154**/62
チェヒシュタイン・シェール **154**/68
チェリー・パイ **97**/22
チェロ **323**/16
チェンジ **302**/12
チェンジ・ループ **302**/16
チェンバー〈泡箱の〉 **1**/66
チェンバロ **322**/45
地階 **37**/1
地階階段 **123**/16
地階窓 **118**/3
地殻 **11**/1
地下茎 **58**/18
地下採掘〈炭鉱の〉 **144**/21-51
地下作業〈炭鉱の〉 **144**/21-51
地下室 **118**/4
地下消火栓 **270**/25
地下水面 **269**/1, 42, 63
地下水流 **269**/3
地下下通路 **15**/42
地下トンネル **198**/29
地下墓所 **331**/59
力試し **308**/11
地下牢(ろう) **329**/5
地下を流れる川 **13**/83
地球 **4**/8, 30; **6**/17
地球核 **11**/5
地球儀 **42**/13
地球上の気候 **9**/53-58
地球とその衛星の月 **4**/45
地球の外殻 **11**/1
地球の核 **11**/5
地球の経緯線 **14**/1-7
地球の子午線 **14**/4
地球の層状構造 **11**/1-5
稚魚(ちぎょ)池 **89**/6
チギリハツタケ **381**/23
蓄音機 **309**/31
蓄音機の針 **309**/33

蓄音機のらっぱ **309**/34
蓄音機箱 **309**/35
竹幹 **383**/63
畜産 **75**
蓄電池 **191**/50; **309**/41
蓄電池動車 **211**/55
蓄電池箱 **211**/56
乳首 **16**/28; **28**/20
乳首のおしゃぶり **28**/15
畜力用プラウ **63**/6
地形 **14**/46-62
地溝 **12**/11
地溝表面 **12**/19
恥骨 **17**/18
恥骨結合 **20**/65
チコリー **57**/40
地軸の回転運動 **4**/22-28
地質学 **12**/1-33
チシャ **57**/36
地上信号 **288**/52-54
237/51
地上制御用の指向性アンテナ **6**/
44
地上電源装置 **233**/22
地図 **14**; **15**; **260**/44
治水管理官 **216**/46
地図記号 **15**/1-114
地図灯 **230**/23
地図投影法 **14**/8-9
チゼル **24**/49
地中海 **14**/25
地中海産果物 **384**/
縮れ毛頭 **34**/18
膣(ちつ) **20**/86
膣鏡 **23**/5, 13
膣鏡の下弁 **23**/14
窒素(ちっそ)肥料 **63**/14
チッパー **172**/1
チッピング・ハンマー **141**/25; **142**/
17
チップ: ルーレットの **275**/12 ビリ
ヤードの **277**/10
チップ・コンテナ **170**/40
チップ収集車 **172**/3
チップ・タンク **231**/9
チップ破砕機 **172**/5
チップ・パン **40**/41
チップ分配器 **172**/3
直交異方性の道路 **215**/2
千鳥タック錨 **171**/46
ちドリ類 **359**/19-21
地のあき **185**/58
地表層 **7**/7
チブーク **107**/32
乳房 **16**/28-29
チベット人 **353**/27
チベット文字 **341**/12
チボリウム **332**/48
チムニー **300**/8
茶〈色の〉 **343**/5
チャ(茶) **382**/7
チャージング・カー **144**/8
チャージング・コンベア **144**/42
チャート **260**/9
チャート用ブラケット **260**/30
チャールストン・シンバル **324**/50
チャイトヤ **337**/21
チャイトヤ堂 **337**/27
チャイプ **307**/12
チャイン外板の条列 **258**/8
チャウ **70**/21
チャウ・チャウ **70**/21
茶会 **267**/44-46

着順審判員〈水泳競技の〉 **282**/
25
着席ハーネス **300**/57
着地 **298**/19
着地エリア **298**/36, 39
着地マット **296**/13; **297**/7; **298**/
36
着肉装置 **180**/40, 60; **181**/8
着肉ローラー **180**/21, 50, 61
着陸ギヤ装置ケース **256**/15
着陸ギヤ油圧装置 **257**/41
着陸そり **232**/15; **256**/21
着陸台 **6**/33
着陸灯 **230**/49; **257**/37; **288**/32
着陸板 **77**/49
着陸〔用〕フラップ **229**/42; **230**/
53; **257**/38; **288**/29
チャコ **104**/24; **271**/39
チャック **29**/18; **31**/55; **260**/13
旋盤の **135**/6, 10 ハンマー・ドリ
ルの **134**/48 節穴充填機の
132/54 母型彫刻機の母型〜
175/59
チャックつきトラック・スーツ **33**/
28
茶の葉 **382**/9
チャボ **74**/56
チャンター **322**/10
チャンネルⅠ用テレビ受信アンテナ
239/4
チャンネルⅡ用テレビ受信アンテナ
239/5
中圧タービン **153**/24
中位射水式水車 **91**/37
注意信号を表示するアーム式信号
機 **203**/3
注意信号を表示中の遠方信号機
203/16
注意信号を表示中の電気灯列式
遠隔信号機 **203**/9
注意信号を表示中の補助アームな
し遠方信号機 **203**/22
虫瘿(ちゅうえい): ナラの **82**/34 ブナ
の **82**/37 リンゴワタムシの **80**/
27, 33
虫瘿室 **82**/36
中央円蓋(えんがい) **334**/72
中央ガングウェイ **218**/46
中央駆動装置 **238**/57
中央礁(しょう) **224**/90, 91
中央乗客ドア **231**/25
中央礁の起こり **224**/89
中央処理装置: コンピュータの
244/6 写真植字機の **176**/29
中央制御室: 乳加工の **76**/7 ビー
ル醸造の **92**/25
中央制御装置 **242**/2
中央制御ユニット **25**/1, 20
中央制御ユニットへ連結する電線
25/20
中央通路: 教会の **330**/27 列車
の **208**/23
中央通路式客車 **207**/59, 61;
208/9
中央データ集収部との電話連結
242/20
中央の道 **55**/42
中央ピン〈九柱戯の〉 **305**/7, 13
中央部門燃料タンク **257**/30
中央ベアリング **177**/65
中央紋地 **254**/17
中央翼 **229**/8
中央録音室 **238**/1-6
中音部記号 **320**/10
鋳塊 **148**/48
鋳塊鋳型 **147**/32

鋳塊放下車 148/49
宙返り: 器械体操の 297/15, 17, 18, 25 航空機の 288/1 落下傘の 288/50
中型ヴァン 194/7
中学校 261/
中間踊り場 123/52-62
中間枝〈シカの角の〉 88/8
中間支持装置 214/29, 76
中間シフト 232/57
中間周波数増幅器モジュール 240/4
中間焦点距離レンズ 115/47
中間接合部分 215/68
中間層 11/4
昼間走行用標識 203/36
中間像スクリーン 113/37
中間積み重ね器 236/34
中間天井 123/61, 68-69
中間のプラットフォーム 145/5
中間歯車軸 190/57
中甲板 223/76
中間部分 259/54-74
中間床 123/68
鋳肌〈ちゅうき〉掃除場 148/38-45
中期ムシェルカルク層 154/59
中脚〈コフキコガネの〉 82/7
中距離スピーカー 241/16
中距離選手 298/5
長距離選手 298/5
中距離輸送機 256/14
中空花芽 370/75
中空グラス製釣竿 89/57
中空割形〈くりがた〉ヴォールト 336/49
中空支持磁気碍管〈がいかん〉153/54
中空心中ぐり刃先つき穿孔モーター 133/7
中空ゾンデ 26/41
中空ブロック 159/21-22
中空ポンチ 125/13
中空床れんが 159/26
中継車後部機材置場 239/1
中継車の内部機材 239/6
昼行性の猛禽類〈もうきんるい〉 362/1-13
昼光装墳〈そうてん〉タンク 116/5
鋳鋼とりべ 147/31
昼光取り枠 177/50
中国の美術 337/1-6
中皿 143/8
中耳 17/59-61
中実〈ちゅうじつ〉れんが 159/20
注射筒 22/65; 24/53
駐車灯のスイッチ 191/62
皮下注射針 22/65; 24/54
中手骨 17/16
抽出: 卵の 89/11 フェノールの 156/39; 170/3 ベンゼンの 170/6
抽出機 170/37
抽出器ファン 133/33
抽出グリッド 100/13
抽出装置 142/16
抽出装置導管 142/15
抽出フィラメントの巻取り 170/44
駐勤〈ちゅうじよ〉 255/55
中橋〈ちゅうしよう〉 223/39
鋳植機 174/19
柱身 333/27; 334/26
中心 346/32
中心円柱 114/46

中心ガーダ 222/53
中心核 11/5
中心角 346/55
中心圏 11/5
中心線 151/30; 285/5
中心線内底板 222/55
中心電極 2/3
中心板カガダ 222/53
中心部の花 375/32
中心部分 178/18
虫垂 20/18
注水した浮きドック 222/41
抽水装置 281/39
中世紀の有蓋橋〈ゆうがいきょう〉215/32
中性子 1/30
中性子衝撃 1/36, 50
中性線 127/13
中性点 153/22
中世の音符 320/1-2
沖積平野 13/10
中石器時代 328/1-9
鋳銑機〈ちゅうせんき〉 147/34-44
鋳造機構 174/25
鋳造行 174/27
鋳造工 148/8, 13
鋳造ろうそく 260/76
中足 17/28
中堆石〈ちゅうたいせき〉 12/54
チューダー式アーチ 336/37
鋳鉄工場 148/1-45
鋳鉄製の管 37/14
鋳鉄箱 ロータリー・スイッチ 127/18
柱頭 370/56 オウトウの 59/16 建築の 333/14, 16, 25, 28; 334/20-25, 24; 335/21; 337/18 セイヨウナシの 58/42
中等学校 261/1-45
チューナー 241/9, 37; 317/22
中南米のインディアン 352/23
注入弁 144/8
注入装置 25/14
注入槽 147/34
チューニング 145/20, 24
チューニング・ピン 325/17
チューニング・メーター 241/39, 54
中バス 323/44
チュウヒ 362/13
チュービング 145/20, 24
中びな 74/9
チューブ: 絵の具の 338/11 静脈内点滴用の 25/13 タイヤの 187/30 使捨て式ロケット～255/71 ドレーン～26/47
チューブ入り接着剤 260/51
チューブ入りつや出し 50/43
チューブ入れ 22/46
中腹部 16/36 穹窿の 336/40
チューブ・クリップ 40/20
チューブ支持装置 27/47
チューブ締め金 40/20
チューブのふた 260/52
チューブ箱 250/13
中部ブリスケ〈食肉の〉 95/26
中部胸肉〈食肉の〉 95/26
厨房〈ちゅうぼう〉 231/20
中放射性廃棄物の岩塩坑内貯蔵 154/72
中脈〈葉の〉 370/30
柱門 292/78
昼夜平分点 3/6-7
注油部 187/65
注油口 187/62
中翼 229/8
中翼単葉機 229/4

チュール素地 102/16
チュール・レース 102/15
チュール・ワーク 102/15
柱列 334/2
柱廊 274/9; 334/67
チュチュ 314/29
チュニック 355/12, 19, 25
チュニック・ドレス 30/29
チュベローズ 60/9
チェレスタ 325/1
腸 20/14-22; 77/15
調 320/55-68
チョウ〈蝶〉 358/52; 365/1-6
丁合い 184/15
丁合場 249/60
長円 347/22
超大型デリック起重機ブーム 221/25
超音速定期航空機 231/15
超音波クリーナー 109/23
超音波診断ユニット 23/36
超音波治療ユニット 24/23
長靴〈ちょうか〉 100/57; 101/7, 13; 353/30; 355/58
頂華 335/37
頂芽 370/22
彫額 339/8
長角果 370/93 ナタネの 383/4
蝶形蝶番〈ちょうがたちょうつがい〉 140/49
蝶型リボン 34/7
チョウ〈蝶〉類 358/48-56
長期心電図分析器 25/45
釣魚〈ちょうぎょ〉 89/20-94
調教 289/1-7
調教された馬 289/1
調教師 264/5; 307/31
調教中の歩様 289/7
長距離灌漑〈かんがい〉装置 67/18
長距離競走 290/11-15
長距離競走者 290/14
長距離バス 194/17
長距離用竿尻〈さおじり〉リング 89/58
長距離呼出し用料金箱つき電話 237/3
蝶形冠冕〈ちょうけいかかん〉植物 57/1
蝶形骨 17/38
蝶形骨洞 17/54
蝶形髭翼 229/31
調弦ねじ 324/23
調弦ねじ用台 324/22
調弦ピン 325/17
チョウゲンボウ 362/1
調号 320/50-54
調光器スイッチ 127/17
超小型カートリッジ 114/17
超小型カメラ 114/16
彫刻 36/41; 87/28; 108/41; 328/7
彫刻用円柱 333/18
彫刻家 339/1
彫刻家のアトリエ 339
彫刻機 177/52
彫刻装置 177/66
彫刻テーブル 175/52
彫刻刀 175/33; 340/5, 20
彫刻ハンマー 108/41
腸骨 17/18
長座 295/10
吊索〈つりさく〉 288/40
長3度 321/9
長三和音 321/1
丁字 382/28

超仕上げ 151/22
長軸 347/23
長7度 321/12
チョウジ〈丁字〉の木 382/26
長尺フィルム・チェンバー 115/80
聴衆 263/8
長焦点レンズ 115/48, 49
長針 110/12
聴診器 23/35
潮水水平面表示器 225/37
調整Sレンチ 126/66
調整室 238/17
調整室の窓 238/38
調整スピンドル 226/51
調整装置 148/61-65
調整卓 311/12; 316/2
調整ナット 143/35
調整ねじ: 機械の 11/41; 143/107; 192/11; 242/78 建築の 119/79
調整ノブ 151/3
調整箱 179/33
調整パネル 238/1, 7; 240/31
調整ハンドル 133/14
調整弁 38/75
調整目盛り 174/35
調整用コーン 187/58
調整用チェーン 65/13
調整用チェーン横棒 65/12
潮汐表〈ちょうせきひょう〉 280/7
調節可能な給飼樋〈きゅうじひ〉 74/4
調節式頭ささえ 207/47
調節シャワー・ヘッド 49/41
調節直角定規 151/4
調節できるサドル 188/4
調節できるハンドル 188/3
調節ねじ〈小太鼓の〉 323/53
調節のきくズボンつり 33/45
チョウセンアサガオ 57/41; 379/8
長前打音 321/14
朝peak 文字 341/27
彫像 215/22; 272/10; 339/32
調速器 224/56
超短波全方向式無線標識アンテナ 257/25
超短波全方向式無線標識アンテナ 257/26
超短周波全方向式無線方位探知機 230/15
超短波用チューナー 240/6
長調 320/55-68
蝶々〈ちょうちょう〉〈塑像骨組〉の 339/25
ちょうちん 52/15; 306/4; 353/36
チョウチンアンコウ 369/6
長沈板〈ちょうちんばん〉 85/48
蝶番〈ちょうつがい〉 188/2
蝶番式カバー 309/27
蝶番式鋼製棚柱〈さくちゅう〉 213/6
蝶番式上段置い 213/36
蝶番式前面部 213/10
蝶番式側面ドア 194/12
蝶番式バッフル板 259/15
蝶番つき持送り 177/56
蝶番つき床下ソケット 127/24
蝶番のついたスクリーン・ホルダー 177/3
頂点: 数学の 346/1, 26; 347/16, 33 パラシュートの 288/47
頂点屈折計 111/33
頂塔 335/45; 336/3
長腕側〈ちょうとうそく〉手根伸筋 18/56
蝶ナット 143/42; 187/39
長2度 321/7

蝶ネクタイ 32/47; 33/11, 16
チョウノスケソウ 51/7
帳場 266/70
跳馬 296/1; 297/1
長髪 34/1
調髪ばさみ 105/7; 106/34
調髪ブラシ 105/2
彫版紙 340/44
彫版万力 108/34
長腓骨筋 18/64
長鼻目(ちょうびもく)の動物 366/20
潮標 13/35
長避雷針アンテナ 230/66
長壁法 144/33-37
蝶弁(ちょうべん) 192/9
長方形 346/34
眺望台 273/23
調味料 382
跳躍競技 298/9-41
跳躍肢(し) 358/11
跳躍の踏切り 298/26
調理液貯蔵タンク 172/46
調理室 223/42; 231/20
調理車 233/22
調理台 39/11
調律管 326/21
調律装置 326/30
調律井戸 326/30
調律用くさび 325/21
調律用のねじ 323/59
調律用ハンマー 325/20
調理ユニット 39/12-17, 27
調理ユニットの土台部分 39/9
潮力発電所 155/37
鳥類 359; 360; 361; 362; 363
長6度 321/11
長ワイヤ・アンテナ 230/66
貯液槽 316/51
チョーカー 36/16
チョーク 48/15; 260/32; 338/5
チョーク・シンバル 324/50
チョーク弁 192/6
直円柱 347/38
直視フレーム・ファインダー 117/58
直視目(ちょくしもく) 358/8
直定規 128/39; 140/56
直定規物差 179/26
直進〈道路標識〉 203/45, 49; 268/74
直進の矢印 268/74
直線 346/2; 347/12
直線束 346/19
直線の距離 346/5
直腸 20/22, 61
直腸鏡 23/16, 17, 19
直腸鏡挿入のガイド 23/21
直腸鏡用空気注入器 23/18
直腸肛門(こうもん)病学用検査器具 23/21
直方体 347/34
直立猿人の頭蓋冠(ずがいかん) 261/16
直立回転 302/9
直立懸垂 296/38
直立柱 296/9; 298/13, 33
直流モーター 150/9
貯穀害虫 81/27
チョコレート 98/79, 80
チョコレート・アイシング 97/34
貯水池 217/39-46, 57
貯水塔 269/18
貯蔵コンテナ 130/17
貯蔵室 154/71, 76 ハロゲンランプの 182/3

貯蔵室従業員 79/12
貯蔵所 144/17
貯蔵タンク: 高圧〜146/21 製紙工場の 172/17, 29, 36, 41, 45, 46 セメントの 146/15 造船所の 225/72 タールの 200/47 飛行機の 232/20
貯蔵タンクへのマンホール 93/13
貯蔵箱の側面〈道路砕石散布機の〉 200/35
直角 346/9, 32
直角折り用ナイフ 185/12
直角折り用排出受け部 185/15
直角三角形 346/32
直角定規: 可調整の 151/4 ガラス工の 124/20 金属工の 140/57 指物師の 132/6 スチールの 108/28 日曜大工の 134/26
直角の鏡つき映写レンズ 261/10
直角析 151/67
直角フラット・テーブル型〈宝石の〉 36/73
チョッキ: 紳士用 33/4, 15, 21, 53 婦人用キルティングの 30/16 婦人用デニムの 31/59 昔の 355/75 幼児の 28/23; 29/6
チョック 148/61
直径 346/45
直径 3.6 m の主反射鏡 5/1
直交異方性の地面 215/2
直交座標系 347/1
チョッパー 188/56
貯乳タンク 76/5
貯乳タンク乳量ゲージ 76/10
貯油タンク 145/72
地理学的極 14/3
ちり取り 50/52; 260/60
チリメンキャベツ 57/33
ちりよけ 109/18
地墨 12/10
チリン(狆) 70/19
沈下おもり 224/59
沈砂器 173/13
沈船 224/84
沈殿物除去 93/1-5, 2
チンパン 340/37
チンパンジー 368/14
陳列 47/30
陳列棚 44/26; 46/9
陳列品 268/11
陳列窓戸棚 271/13

ツ

ツアー・ハンドル 187/2
ツィーター 241/15
対材 215/35
堆朱(ついしゅ) 337/6
ツィター 324/21
対束(ついつか) 121/68
対束小屋組み 121/46
対柱(ついばしら) 336/6
ツインク 322/1
ツイン・シート 189/14
ツイン・セット 31/49
通貨 252
通学カバン 260/7
通過待避場所 217/27
通過標識のブイ 285/18
通過旅客 233/27
通気がわら 122/7

通気管 38/51
通気孔 55/11; 227/21
通気口 269/27; 278/40
通気性層い 199/21
通気路 144/22
通信衛星 237/52
通信社のサイン 342/55
通信線 127/23
通信ファイル 22/12
通信リンク 237/50
2ストローク・エンジン 305/92
2ストローク式混合ポンプ 196/13
2ドア・セダン 193/25
2トラック・テープ・レコーダー 242/12
ツーピース 31/11 婦人用ニットの 30/33 乳児用の 29/12
ツーピースの組合せ服 30/45
通風管 10/37
通風乾湿計 10/33
通風機 207/9
通風器式鳥居型デリック支柱 221/58
通風装置: 工場の 154/81 自動車の 191/30, 81, 83
通風装置スイッチ 191/83
通風筒引き込み 223/41
通風マスト 221/38
通風装 92/14
通廊 37/73; 207/11
使い捨て型液体水素 235/46
使い捨て式ロケット・チューブ 255/71
使い捨ての皮下注射針と注射筒 22/65
使い捨てパック 93/28
使い捨てびん 93/29
使い捨てライター 107/30
柄頭(つかがしら) 294/40
柄つき青銅製短剣 328/22
柄つき青銅製ナイフ 328/31
つかみ〈電気ハンマー・ドリルの〉 134/48
つかみ金具 190/39
つかみばさみ 2/44
月 4/1-9, 31
突き 294/5, 7
月形芯(しん) 100/59; 101/37
突き固め 118/1
突き固めコンクリート造りの地階 118/1
突き固めビーム 200/32; 201/2
つぎ木 54/30-39
注ぎ口 130/7
付添人 331/40; 332/24
突き出し狭間(はざま) 329/23
月着陸船 6/12; 234/55
月着陸船つり手 234/54
月着陸船の操縦ロケット 6/39
継ぎ手: ガス管の 126/38, 40, 42, 44, 45, 47, 48, 50, 51, 52 からす口の 150/50 カルダン〜 67/29, 31 機械の 166/49, 52 機関車の 212/82 クラッチ〜 227/23 三脚の 114/47 消防ホースの 270/29, 32 トグル〜 183/26, 30 パイプの 67/5 橋の 215/9, 10 帆の 286/6 マニピュレーターの 2/41 回り〜 50/69 流体〜 65/

37 レールの 202/15 屋根組みの 121/84-98
継ぎ手ボルト 202/15
ツキネコナ 374/13
月の位相 4/2-7
月の軌道 4/1
突きの姿勢 294/5
月の地球周回軌道 4/1
月の満ち欠け 4/2-7
継ぎ梁 121/35
継ぎ穂 54/22, 24, 37
つぎ穂した芽 54/23
つき麦 98/35
継ぎ目 122/94
継ぎ目板 202/12
継ぎ目切断刃 201/17
継ぎ目し丸太チェーン 157/17
継ぎ目のない彫刻調整器 177/53
継ぎ目ボルト 202/13
継ぎ目ローラー 128/36
継ぎ目肋材(ろくざい)構造 285/54
机 46/22 2重〜 260/1, 2
机の引出し 46/26; 246/4
机のマット 260/25
ツクシ 376/19
ツクバネサガオ 53/6
ツグミ 360/3
ツグミ科 361/13-17
造りつけ食器棚 39/8
造りつけの棚 44/17
造りつけの棚ユニット 42/1
ツゲ 373/19
付け合せを添えた肉料理 266/55
つけ柱 335/35, 46
つけ柱のストリップ 335/11
つけ鼻 306/46
つけばくろ 306/24
辻飾り 335/32
土 64/79
つち(槌) 118/54; 132/5; 158/36 鉛の 124/11
つち形クレーン 222/7
土くさ 63/7
つち骨 17/61
鎚(つち)と鎌(かま)の旗 253/21
土の山 55/15
筒 350/7
つっかけ 101/22
筒形ヴォールト 336/38
突切りバイト 149/53
筒口 50/70
筒先 270/33
ツツジ科 53/12
筒状編地の幅 167/16
筒状の編地 167/9
突張り束 121/58, 69, 82
突張り母屋束小屋組み 121/52
綴(つづり)字教本 260/17
つなぎ: 屋根組みの 121/49 洋服の 33/44
つなぎ小梁(ばり) 121/35, 38
つなぎ材 120/41; 121/71
つなぎ筋 119/10; 119/71
つなぎ服 30/21
つなぎボルト 123/46
つなぎ枠 119/54
綱具(つなぐ)装置 219/1-72
綱口開口板 90/13
津波 11/53
綱渡り師 307/40
つの〈かんなの〉 132/18
角 88/5-11, 29-31
角製投げもり 328/5

角てこ 88/11, 30
角の幹 88/30
角笛 186/41
つば〈マッシュルームの〉 381/5
翼: 航空機の 230/43; 288/27 神話上の動物の 327/15, 28, 51, 60 鳥の 88/76, 79
翼のある馬 3/10
翼のある天使 327/26
翼の配置 229/1-14
翼をもった怪物 327/55
つばつきボルト 143/32
つば吐き 24/12
つば広のキャップ 355/28
つば広のフェルト帽 355/55
つば広帽 35/38
ツバメ 361/20
つぶ出し 125/25
つぼみ 370/24 ツキヌキニンドウの 374/14 ラズベリーの 58/27
つぼみ形柱頭 333/14
妻〈屋根の〉 122/10
妻合掌 121/63
爪革〈つまがわ〉 100/60
妻側〈つまがわ〉配りつき合掌 121/63
爪革リムーバー 100/52
爪先板 118/29
爪先革 100/58; 101/16; 101/40; 290/21
爪先立ち 295/5
爪先歩行 295/43
妻の紋章 254/11-13
妻びさし 121/11
妻屋根 121/11
積み上げ 157/25
積み上げた新聞の束 182/31
積み上げられた紙 180/47
積みおろし線 206/17
積み重ねた用紙 249/57
積重ね排紙装置 180/55
積み紙 182/27
積み木 28/41; 48/27
積込みクレーン 85/28, 44
積込み場 226/9; 228/27
積荷置場 206/9
積荷甲板 221/90
積荷ブーム 232/25
積荷昇降口 221/11
積荷場 206/8
積荷機 221/90
紡〈つむぎ〉毛織物 103/27
爪〈つめ〉: 楽器の 322/19; 324/27 かわらの 122/51 鳥の 362/7 ハチの 77/8
詰め器 92/39
つめ車装置 110/10
詰所: 消防の 270/2 城の 329/27 水難監視人の 280/46 踏切警手の 202/43
詰め開きの帆走 285/10
詰め物入りのダブリット 355/30
詰め物入りのトランク・ホーズ 355/31
詰め物を入れたヘッドバンド 241/67
詰め物をしたカラー 101/20
詰め物をした鎧〈よろい〉 353/38
つや消しガラス 124/5
つや消しスクリーン 112/24
つや出し 128/32
つや出し薄板 116/58
つや出し研磨機 108/42
つや出し羊毛ボンネット 134/21
つや出し輪 108/44
つらら〈氷柱〉 304/21

釣り 89/20
釣合いおもり: 運搬車の 255/78 スプリンクラーの 67/37 ダムの 217/76 望遠鏡の 113/19
釣合いおもりつきクランク軸 242/50
つり上げ装置 255/76
つり上げモーター 150/22
つり上げロープ 120/37
釣糸 89/63
釣糸ガイド 89/60
つり鐘 126/16
つり鎖〈くさり〉 139/44
つりケーブル 215/17
つりケーブル定着 215/43
釣竿〈つりざお〉 89/49-58, 51, 53, 57
釣竿アンテナ 258/60
釣竿架 89/23
釣銭皿 265/3
釣り道具 89/37-94
釣りナイフ 89/39
つり編 296/19
釣り吐出し道具 89/40
つり橋 215/39
釣針 89/79-87
釣針の曲がり 89/81
つりパンチ・ボール 299/23
つりフェア 248/3
釣り舟 89/27
釣りプライヤー 89/37
つりボルト 164/37
つり物〈舞台の〉 316/12
つりロープ 215/17
つり輪 296/4, 55, 56
つりワイヤ 316/8
つり輪十字懸垂 296/50
弦 111/13
ツル 57/10
ツルインゲン 57/8
鶴〈つる〉座 3/42*
つるした街灯 268/49
ツル性植物 51/5; 52/5; 53/2; 57/8
ツル棚 37/80; 51/1
弦〈つる〉の合せ目 111/14
つるはし 158/31
ツルバラ 52/12
つるべ井戸 329/3
つる巻き階段 123/76
ツンドラ気候 9/57

テ

手 16/47; 17/15-17 ～の指 19/64-83
手網 89/2
手編み 102/30
手編みレース 102/30
手洗い 24/15
底〈てい〉〈数学の〉 345/1, 6
低圧域 4/33
低圧ガス主管 156/44
低圧計 141/6
低圧コンプレッサー 232/35
低圧装置用水力背圧弁 141/8
低圧測定用ミラー・マノメーター 349/20
低圧タービン 153/25; 232/54
低圧帯 9/5
低圧扇風機 152/44
低圧調整器 190/59
低圧ファン 199/33
低圧ブッシング 152/44
低圧巻線 153/16

低圧予熱器 152/25
ティー 293/90
TEDシステム 243/37-45
TVC 235/43
T形鋼 143/3
T形姿勢 288/62
T型尾部 287/10
T形尾翼 229/29
ティー・グラウンド 293/79
T字形切込み 54/32
T字型十字架 332/59
T字形接合部 126/44
Tシャツ 31/38
T定規 151/9
ディーゼル・エンジン: 暖房の 155/5 電車の 209/19, 23; 211/47; 212/25 トラクターの 65/44 ～の構造 190/3, 4 船の 223/73
ディーゼル機関車 200/24; 208/1; 209/1; 212/1-84, 5, 24, 47, 68; 213/1
ディーゼル機関車の運転室 212/5
ディーゼル車 208/13
ディーゼル・タンク 146/13
ディーゼル電気駆動装置 223/68-74
ディーゼル電気駆動つき哨戒〈しょうかい〉潜水艦 259/75
ディーゼル動車 211/41
ディーゼル燃料用注入口濾過器〈ろかき〉 146/26
ディーゼル発電機 259/94
ディーゼル発電機部 209/5
ディーゼル油 145/56
ディーゼル用燃料油 196/1
T継ぎ手 126/44, 47
ティート・カップ 75/30
ティート・カップ装置 75/26
Tバー 301/61
Tバー・リフト 301/59
ティー・バッグ 98/68
T尾翼 256/31-32
T尾翼装置 256/31-32
Tボルト 143/41
ティー・ルーム 265/1-26
ティーンエージャー服 29/48-68
ティエルス 294/8, 48
ディスプレイ装置 248/16
庭園 51/14, 15; 52/23 イギリス式～ 272/41-72
庭園生垣 51/9
庭園くま手 51/4
庭園灯 37/38
庭園の縁どり 272/37
庭園のベンチ 272/42
庭園緑地 37/76
定温器 37/48
低音弦 325/12
低音弦の駒〈こま〉〈ピアノの〉 325/13
低温室 55/33
低温表面絶縁体 235/15
低音部 324/43
低音部記号 320/9
低音用音栓 324/44
定価表 98/73
低気圧 9/5
定期刊行物 262/15
定期客船 221/82
定期収入証券 251/11-19
定期船 225/32
定期的健康診断 22/3
定期的資産状況報告書 247/44
定期輸送機 231/4, 11, 12, 13, 14
テイク・ナンバー 310/35

艇庫〈ていこ〉 283/24
抵抗体 153/56
体裁選択盤 249/34
「停止」サイン〈水上スキーの〉 286/53
停止信号現示中の主信号機を表示する標識 203/30
停止信号を現示する主信号機 203/1-6
停止信号を現示する電気灯列式信号機 203/3
停止線 268/52
停止地点指示の停止標識板 203/25
低湿地 15/20
停止動作装置 168/19
停止尾灯 189/9
停止尾灯部 188/38
停止弁 269/48
停止ボタン: ビデオの 243/43 目覚し時計の 110/22
停車時給電用集電装置 207/24
停車信号 197/36
停車場 15/22
停車標識板 203/33
低シャフト電気炉 147/51-54
低周波電流 23/37
停止浴 116/10
停止レバー 164/6, 32
定針儀 230/13
ディスカント・ヴィオル 322/23
ディスク架 89/23
ディスク記憶装置 244/1
ディスク・クラッチ 139/21
ディスク・ジョッキー 317/25
ディスク・スロット 243/38
ディスク・パック 176/34
ディスク・ハロー 65/82
ディスク・ブレーキ 190/74
ディスク・ブレーキ 191/17-18
ディスク・ブレーキ 192/48-55
ディスク・ブレーキ・キャリパー 189/33
ディスク・ホイール 191/14
ディスコ 317/
ディストリビューター 174/20
ディストリビューター用歯 174/30
ディスプレイ装置 248/16
ディスペンサー: 鶏卵包装装置の 74/53 装甲車の煙～ 255/83 治療器具 22/36, 64 ペーパー・タオルの 196/10
訂正液 247/13
訂正用紙 247/12
低窪湿原 13/14
低速補助翼 229/41
手板〈ていた〉 118/57
艇体〈ていたい〉 232/2, 9
底卓面 351/20
泥炭 13/17, 18; 55/31; 160/1
ティタン 327/32
定置集中混合装置 201/19
堤頂 217/59
蹄鉄型〈ていてつがた〉マウント 5/9
ディドー体 342/6
提督室 218/27
ディド・システム 175/18
ディナー・セット 44/33
ディナー用平皿 39/42; 44/7
低肉〈薄〉浮彫り 339/33
ディバイダー: 彫刻家の 339/2 パンの 97/56, 63 農業機械の 64/1
停泊用具 223/49-51
剃髪〈ていはつ〉 331/57
底板〈工作機械の〉 150/19

定盤〈製本用締め機の〉 183/25
ティビー 352/7
ディフェンス・エリア 293/66
底部継ぎ手 215/10
底部戸棚ユニット 42/6
底部フランジ 215/10
ディフューザー 234/15
底部連動プレート 110/37
底辺〈数字の〉 346/27
底弁 269/14
底弁つき上げパイプ 269/14
底弁つき水濾〈にし 269/43
堤防 13/9; 199/14; 216/32 地図記号 15/104
堤防安定 216/51-55
堤防管理人 216/46
堤防管理人の小屋 216/45
堤防傾斜路 216/47
堤防斜面 216/40
堤防の頂上 216/39
堤防排水門 216/34
堤防保護 216/51-55
低木林 15/15
ディミヌエンド 321/32
底面〈数字の〉 347/35, 39
低翼 229/9
低翼単葉機 229/5, 14
ティラー 218/13; 284/32; 286/24
ティラー・エクステンション 284/31
出入口: サーカスの307/19 月着陸船の6/38 テントの278/39
出入口プラットフォーム〈月着陸船の〉 6/34
定量記法式 320/2
ティルデ 342/35
ティルティング・テーブル 133/17
ティルバリー型馬車 186/44
テイル・バンド 185/42
手入れくし 70/29
ディレクター 238/22; 311/38
ディレクター・トークバック・マイク 238/39
梯列(ていれつ)式長屋 37/58-63
手入れ道具 162/43
手入れナイフ 112/38
手入れブラシ 70/28
電話通信方式識切 202/47
電話により問合せ 237/33
ティンパニー 323/57
ティンパニーの張り皮 323/58
テーカイン・アンダーケーシング 163/54
テーカイン・ローラー 163/53
テークル 221/104
データ 151/32
データ・サービス 237/58
データ出力 112/44
データ送信 237/58
データ・ターミナル 242/19
データ・パック 115/67
データ搬送波 237/62-64
データ搬送波用入力・出力装置 237/59
データ表示端末 248/16
データ・プリント・アウト 195/7
データ保管装置 242/32
テーパー針 190/51
テーパー・ピン 143/37
テーパ翼 229/17
テープ: オープン・リール〜 24/58 磁気〜 25/46 接着〜 98/47; 134/38; 247/29 テレックス〜 237/68 ファウストボールの293/73 録音〜241/58 ワニス・カン ブリック〜153/46
テープ・ガイド 243/22
テープ・カウンター 241/64; 243/9
テープ・カセット 117/76
テープ切換え用表示器灯 241/55
テープ走行方向 243/29
テープ速度選択器 241/62
テープ転向装置 ローラーと制御スイッチ 241/60
テープ・パンチ 176/5
テープ・フォーマット 243/28
テープ・リール 241/57
テーブル 21/31 喫茶店の265/11
テーブル掛け 271/57
テーブル飾り 266/78
テーブル・クロス 45/2
テーブル・セッティング 44/5
テーブル・センター 46/35
テーブル調節装置 133/21
テーブル調節装置用締付けねじ 133/23
テーブル調節輪 133/22
テーブル・トップ 26/8
テーブルに座っている人々 268/60
テーブル・ピアノ 325/40
テーブル・ランプ 246/35
テープ・レコーダー 317/21; 318/17 携帯用〜309/37 2 トラックの242/12
テープ・ローディング表示灯 243/14
テーラー 104
テール・ゲート 193/16, 20
テールゲート 195/50
テール・スライド 288/5
手円板 65/84
手おけ 328/34
テオルバ 324/1
手鏡 105/23; 106/7; 111/16
手かがり作業 183/8
手鉤(てぎ) 85/6
手描き花びん 161/18
手書き書体 342/10
デガジェ・ア・ラ・カトリエム・デリエル 314/12
デガジェ・ア・ラ・カトリエム・ドバン 314/11
手形 250/12
デカライザー 168/49
デカタイジング・シリンダー 168/50
手形名宛人(なあてにん) 250/20
手形の裏書き 250/25
手形引受欄 250/23
手形振出人 250/21
手革 301/7
笛声(てきせい)音管 326/23-30
敵船を捉える鉤(かぎ) 218/11
デキャンター 45/48
出口 233/37
出口構造〈貯水池の〉 217/44
出口シュート〈鋳銑機の〉 147/39
出口栓〈腐食機の〉 178/34
出口パイプ〈養殖池の〉 89/6
手首 19/76
手首バンド 296/64
手組み室 174/1
手組み版室 174/1
テクル・バーナー 350/4
手車 21/21
デクレッシェンド 321/32
手鍵盤(てけばん) 325/48
てこ(槓杆) 140/38
手甲 329/50
デコーダー 110/18
でこぼこ道 15/99
デコメーター 279/17
デコルタージュのドレス 306/24
デザート・スプーン 45/61, 66
デザート用小皿 45/6
デザイン 30/31; 315/39
手作業による製本所 183/1-35
デシケーター 350/51
デジタル制御 242/35
デジタル表示 110/2
デジタル表示装置: 計座器の112/47 時計の110/2
手締め器〈製本の〉 183/4
手植字用母型 175/8
手信号〈交通整理の〉 268/33
手信号法〈水上スキーの〉 286/49-55
手抄(すき)紙の製造 173/46-51
手抄き人 173/46
デスク・セット 246/9
デスク・ダイアリー 247/32
デスク・マット 46/23; 246/6
デスク・ユニット 46/21
デス・スパイラル 302/5
デスター 25/52
手すり: 足場の118/24, 89; 119/43 階段の38/25; 41/23; 123/50, 52, 53, 79 金属〜123/22 船の222/66 欄干の37/19; 215/70; 221/121, 122
手すり板〈船の〉 222/67
手すり子 123/51
手すりのかき木 38/28
テセラエ 338/39
手操作 95/8
手球〈ビリヤードの〉 277/11
手帳 264/36
デッガー 64/50
デッカ航法。224/39
鉄兜(てつかぶと) 329/59
鉄管 202/32
デッキ 207/21; 283/57; 311/10
デッキ・クレーン 221/5; 259/10
デッキびきカンバス皮 283/58
鉄器時代 328/21-40
デッキ・スラブ 215/6
デッキ・チェア 37/47; 51/2; 221/111; 274/13
デッキ・テニス 280/31
デッキ・ブラシ 50/46
デッキ・ブラシのねじ式の柄(え) 50/50
デッキ・ブラシのヘッド 50/48
鉄球 352/32
鉄球つき投げ縄 352/31
鉄橋 15/56
鉄筋 118/13; 119/23, 54-76, 68; 123/37
鉄筋加工台 119/20
鉄筋切り 119/22, 87
鉄筋工 119/21
鉄筋コンクリート・アーチ 215/50
鉄筋コンクリート架構 119/2
鉄筋コンクリート橋脚 215/61
鉄筋コンクリート構造 119/1-89
鉄筋コンクリート橋 215/49
鉄筋コンクリート骨組 119/1
鉄筋コンクリートまぐさ(楣) 118/13
鉄筋コンクリート床 119/8
鉄筋コンクリート床板 123/28
鉄筋玉縁成形用縁曲げ金具 125/8
鉄筋曲げ棒 119/77
鉄ぐし 71/54
鉄靴 329/55
鉄格子 141/14; 163/26
鉄骨 325/2
鉄骨組み 5/18
撤叉(てっさ) 202/24; 203/474
撤叉点 197/40
テッサリア帽 355/4
デッサン用イーゼル 338/34
鉄条冊(さく) 15/39
鉄心 153/17
鉄製鍵(かぎ) 328/32
鉄製の連桿(れんかん) 130/3
鉄線 143/12
鉄塔 214/77
鉄道公安員 205/20
鉄道車両 207; 208; 209; 210; 211; 212; 213
鉄道線路 202; 203
鉄道待避線 225/62
鉄道の地下通路 15/44
鉄道路線図 204/33
デッドマン装置 211/21; 212/13
デッドマン装置用バイパス・スイッチ 211/25
鉄のおもり 90/21
鉄棒: 遊び場の273/32 体操の296/7, 59, 60
鉄枕木(まくらぎ) 202/36
手で扱う武器 255/1-39
テナー・トロンボーン 323/46
テナー・ヴィオル 322/23
デナール 252/28
テニス 293/1-42
テニス靴 101/36
テニス・コート 293/1
テニス選手 293/16
テニス・ボール 293/28
テニス・ラケット 41/13; 293/29
デニッシュ・ペストリー 97/30
デニムズ 31/60; 33/22
デニムのスーツ 31/58; 33/20
デニムのズボン 29/40
デニムのチョッキ 31/59; 33/21
手荷物 194/19
手荷物預り証 204/8
手荷物一時預り所 204/27
手荷物置き 204/43
手荷物係 204/9
手荷物一時預室 257/19
手荷物室 207/71
手荷物棚 207/51
手荷物取扱所 204/4
手荷物保管室 208/15
手荷物ロッカー 233/39
テヌート 321/30
手ぬぐい 49/23
デネブ星 3/23
テノール・オーボエ 323/38
テノール記号 320/11
テノール・ヴィオル 322/23
テノール・ホルン 323/39
手の 126/72; 134/27
手のひら 19/71
デパート 268/41; 271/
出入り傾斜路 199/15
手ハンマー 137/23

手びきのこ 120/60
手吹きゴブレット 162/41
手袋 33/67; 318/31
手袋試着台 271/20
手ブレーキ 212/33
デフロスター・ベント 191/42; 192/64
手回しオルガン 309/13
手回し機械回転用手動ハンドル 167/7
手回しプレース 140/13
手万力 140/24
手持ちとりべ 148/23
手元: 釣竿の 89/55 れんが工の 118/19
手もり 280/40
テューバ 323/44
テューバフォン 324/61
テュニック 221/115
テラス 37/36, 75
手ランマー 148/32
テリア 70/39
テリー織り 101/23
デリック起重機 146/12; 221/67
デリック起重機ブーム 221/26
デリック支柱 221/35
デリック・ブーム 221/59; 223/36
デリック・マスト 221/60
デルトイド 346/38
テルペンチン分離機 172/14
テレタイプ 176/31; 238/12
テレックス通信 237/69
テレックス・テープ 237/68
テレックス・リンク 237/65
テレビジョン 238; 239
テレビジョン後処理スタジオ 238/27-53
テレビジョン音声の赤外線送信 242/27
テレビ(ジョン)・カメラ 10/67; 154/78; 240/26
テレビジョン工学 240
テレビ(ジョン)受像機 42/8; 46/1, 44; 242/28; 243/6
テレビ・ディスク 243/37-45
テレビ・ディスクシステム 243/37-45
テレビ番組 342/64
テレビ番組欄 342/64
テレビ・モニター 261/7
テレメーター・アンテナ 10/70
天〈活字の〉 175/39
点: 印刷の 178/39 数学の 346/1-23; 347/8, 25
テン〈貂〉 86/22
電圧計 212/17 オルガンの 326/38
電圧指示器 211/27, 28, 29
転位〈地層の〉 11/50
電位差記録計 23/55
店員 97/1; 98/13, 31; 99/17
テン科 367/14-17
天蓋〈てんがい〉: 乳母車の 28/32, 35 ゴンドラの 99/24 教会の説教壇の 330/21 行列用の 331/49
天蓋形のひさし 47/12; 48/26
転回飛行 288/9
転回モルデント 321/19
天蓋を持つ人 331/46
点火係 158/25
点火器 141/27
点火プラグ 190/35; 242/48
点火用補助バーナー 38/60
転換器 26/10
転換器 202/17

転換器のおもり 202/18
転換器標識 202/19
転換器標識灯 202/19
転換式飛行機 232/31
転環に取付けたテレビ・モニター支持装置 261/8
転環の腕 26/13
天気 8/1-19; 9/1-39
電気アイロン機 50/1
電気アクション 326/6-16
電気エナメル細工用のかま 260/63
電気エペ 294/26
電気オーブン 207/30
電気かみそり 49/37
電気機械式転轍装置〈てんてつそうち〉 197/43
電気機械的制御 235/44
電気機関車 205/35; 211/1
電気クリッパー 105/21
電気ケーブル 198/14, 19
電気工 127/1
電気光学距離測定器 112/70
電気コード 56/32
電気コーヒーひき 39/24; 98/69
電気式回転計 191/70
電気式ぶ糸触手 166/14
電気始動機 209/13
電気始動ボタン 189/52
電気集塵〈しゅうじん〉装置 152/13; 156/20
電気審判器 294/25-33, 32
天気図 9/1-39; 342/66
電気製版 178/
電気製版装置 178/1-6
電気接点 261/12
電気穿孔機〈せんこうき〉 108/6
電気掃除機: 垂直~ 50/58 シリンダー式~ 50/68 万能~ 50/80
電気装置バス 235/55
電気畜殺器 94/7
電気調理器 39/12; 46/32
電気転轍機〈てんてつき〉 197/37
電気転轍装置 197/43
電気動力型自転車 188/20
電気灯列式遠隔信号機 203/9
電気灯列式遠方信号機 203/14
電気灯列式信号機 203/3
電気時計 191/79
電気ドライアイロン 50/6
電気トラック 206/2, 34
電気ドリル 56/19; 120/21; 134/16
電気ドリル用アタッチメント 134/50-55
電気熱交換器 207/6
電気歯ブラシ 49/29
電気歯ブラシ用替えブラシ 49/30
電気バリカン 106/32
電気はんだごて 127/45
電気ハンマー・ドイス 125/12
電気ハンマー・ドリル 134/43
電気ヒーター 174/45; 179/3
電気フルーレ 294/26
電気保温器 45/45
電気保温皿 28/28
電気メーター 127/32
電気メーター棚 127/31
電気目覚し時計 43/16
電気メス 22/38
電気めっき槽 178/4
電気モーター 138/2; 166/18
電気油圧式 197/43

天球 4/23
天球軸 4/10
天球の北半球 3/1-35
天球の北半球の恒星図 3/1-35
天球の区分 3/1-8
電気湯沸かし器 126/13
天極 4/26
電極: ジーメンス電気炉の 147/52 ショック療法用 25/26 心臓ペースメーカーの 25/35, 38 心電計の 23/29, 30 中心~ 2/3 電気畜殺器の 94/8 プラチナ・イリジューム~ 24/44
電極圧シリンダー 142/26
電極導線 25/25
天極の軌道 4/24
天極の出口接点 25/34
電気ワッフル焼き器 40/34
電源 115/79; 238/3; 311/11
点検孔 269/26, 51
電源自蔵式電話 238/9, 40
電源室 310/8
電源スイッチ 243/16
点検車 75/31
臀溝〈でんこう〉 16/42
点光源ランプ 182/4
点光源露光用ランプ 179/21
転向台車 197/9
テンサイ 68/44
電算器 246/12
展示 98/1
点字 342/15
電子 1/3, 17, 32
電子腕時計 110/1
電子殻 1/6
電磁気ダンパー 11/40
電子キャビネット 177/69
テンジクアオイ 53/1
電子顕微鏡 113/30
電子構成部分の時間計測器 109/25
電子サーキット 242/68-72
展示されている動物 356/5
電子時間計測器 109/27
電磁石 237/47
電子銃 113/31
電子銃アセンブリ 240/24
電子水晶時計の原理 110/14
電子ストップ・ウォッチ 238/31
電子スピン 1/3
電子選択器 237/42
電子素子 242/69
電子素子用プラグ盤 242/69
電子のエネルギー準位 1/27
電子ビーム 240/16
電子フラッシュ・ガン 309/40-41
電子フラッシュ装置 114/65
電子モジュール 242/69
電子モジュール用プラグ盤 242/69
転写式宛名〈あてな〉印刷機 245/7
電車停留所 197/35; 268/25
電車停留所標識 268/26
電車発着時刻表 268/27
天主聖 329/4
天井 123/
天井紙 128/53
天井クレーン 222/20
天井桟敷 315/16
天井タイル 317/29
天井継ぎ手 126/48
天井プラスター 123/59, 72
テンション 165/13; 167/5
テンション・ウエイト 167/50
テンション装置 167/5

テンション・ドラム 64/94
テンション・バー 167/49
テンション・ローラー 168/13; 181/45; 312/30
電信 237/, 30
電信タイプライター 237/31, 61, 66
天水台 52/4
点数記入板 277/18
電線クリップ 127/40
電線引込用鋼製ワイヤ 127/30
電送線 326/53
転草ヘイ 63/25
テンダー機関車 210/38, 69
デンタル・ミラー 24/41
電池 110/7
電池動力式モペット 188/20
電池の検査器 25/52
電池箱 115/10; 207/5, 25
天頂 4/11
天底 4/13
点滴ビン 25/12
点滴用器具 25/11
転轍器〈てんてつき〉駆動装置 202/35
転轍器ノブ 203/62
転轍器標識 203/45-52
転轍信号 197/38
転轍信号灯 197/39
転轍棒 202/20, 29
転轍レバー 203/55
転轍ワイヤ 202/30
でんち 122/31
テント 278/8; 280/45 サーカスの 307/1
電灯 39/39; 41/22; 46/37; 127/56; 265/9
電動・足踏み併用のミシン 104/12
電動運搬車 206/34
電動刈込み機 56/17
電動機 148/64; 223/69
電動機室 223/68
電動機つき空気圧縮機 212/34
電動式オルガン 326/36-52
演奏台 326/36-52
電動式信号操作室 203/61
電動芝刈り機 56/31
転倒装置 139/43
伝動装置 67/21
伝動装置内のオイル空気冷却装置 209/18
伝動装置台 165/41
点灯台 226/27
電動タイプライター 249/1
電動扉巻上げ装置 139/55
伝動ベルト歯車装置 109/21
テントウムシ〔科〕 358/37
テント・ポール 278/38
テント村 307/61
電熱湯沸かし 40/17
天然ガス 12/30
天然ガス・エンジン 155/5
天然紙 128/18
天のあき〈本の〉 185/56
天王星 4/50
天の赤道 3/3
天の北極 3/1
伝播〈でんぱ〉限度〈音波の〉 7/14
天日〈てんぴ〉乾燥 63/28, 29
点描 129/
点描つけ 129/18
点描ローラー 129/13
天秤〈てんびん〉座 3/19; 4/59

てんびんの皿 40/37
テンピン・ボーリング 305/14-20
臀部(でんぶ) 16/40; 88/20
臀部の白斑(はくはん) 88/36
テンプル 166/13
テンプル騎士 329/73
澱粉(でんぷん)穀粒 68/13
澱粉植物 68/1-37
テンペスト級 |284/54
テンペラ絵の具 338/17
展望台 15/68
展望塔 15/68
天幕: インディアンの円錐～ 352/
7, 8 サーカスの 307/1, 2 バイキ
ング船の 218/15 船の甲板の
221/116 遊牧民の 353/19
天幕支え 218/14
天幕住居 353/19
天幕のマスト 307/2
天幕ポール 352/8
天窓 38/2; 121/8; 122/12
天文字 3; 4; 5
点溶接 142/22, 23
点溶接機 142/29
電離層 7/23; 237/55
電離層 7/23
電離箱 2/2, 17
電流計: 航空機の; 23018 自動
車の 191/78 暖房装置の 212/
18
電流遮断器 127/36
電流・電圧・抵抗測定用複合計器
242/73
電流・電圧メーター 242/77
電力供給線 142/25
電力源 110/7
電力変圧器 152/30, 39
転輪羅針儀 224/31
転輪羅針盤 224/51
典礼準備室 331/13
典礼準備室のドア 330/17
典礼奉仕者 330/40, 58; 331/45
典礼用具 332/34-54
臀裂(でんれつ) 16/41
天狼(てんろう)星 3/14
転炉底 147/47
転炉の煙突 147/67
電話 22/18; 237/ 6-26; 248/9;
267/34
電話アダプター・ソケット 249/67
電話応答装置 22/13
電話回線切換え盤 238/14
電話加入者用の電話線 198/20
電話機 41/7
電話器 237/6-26
電話機のケーシング 237/15
電話-緊急電話専用 233/40
電話ケーブル 198/15
電話ケーブル・パイプライン 198/
16
電話交換 237/27-41
電話受話機 246/16
電話使用者 237/2
電話番号つきマイクロフィルム・カー
ド 237/38
電話番号早見帳 22/21
電話番号簿 236/12; 237/5
電話番号簿棚 236/10
電話ボックス 236/8; 237/1; 251/
10
電話連結 242/20

ト
戸 207/22
ドア 186/11; 191/4; 197/32;
207/20, 22
ドア・ステップ 37/66
ドアつき棚 246/5
ドアの錠 41/27
ドアの握り 41/28
ドア・ハンドル 191/5
ドアボーイ 267/1; 271/44
投網(とあみ) 89/31
ドア・ロック 191/6
とい(樋) 122/92; 148/3; 165/44
とい受け金物 122/32
砥石(といし) 66/19; 172/71
砥石車 157/43
砥石目立て装置 172/70
ドイツ種セパード犬 70/25
ドイツ式トランプの組札 276/42
-45
ドイツ式風車 91/31
ドイツの王妃 355/20
ドイツの傭兵(ようへい) 355/32
ドイツ・マルク 252/7, 29
ドイツ文字 342/3
ドイツ連邦共和国国有鉄道の機
関車 209/1
ドイツ連邦共和国大統領旗
253/14
トイレ(トイレット) 49; 146/29;
207/72, 82; 211/59; 231/31;
317/31
トイレット洗浄車 233/22
トイレ洗浄水槽 126/14
トイレット・ペーパー 49/11
トイレット・ペーパー・ホルダー 49/
10
トイレ・マット 49/18
塔〈櫓の〉 215/42
籐(とう) 136/32; 48/24
等圧線 9/1
胴衣 31/30; 32/7
同位角 346/12
ドゥーズ・デルニエ 275/27
ドゥーズ・プルミエ 275/25
ドゥーズ・ミリュー 275/26
投影器 316/17
投影ドーム 5/21
等波管 316/52
灯火 210/46
豆果 370/92; 384/46
頭花 61/14; 378/7
投下〈釣針の〉 89/34
銅貨 252/1-28
動画式編集機器 117/91
導火線 158/28
塔形風車 91/29
頭花の一部 378/12
とうがらし 95/31
透過率計 10/60
糖果類 98/51
套管(とうかん) 162/50
導関数 345/13
等寒線 9/42
陶器 16; 260/61
銅貨 260/64
胴着 355/30
闘技場 319/9
同期信号発生器 313/30
同期信号用ケーブル 313/29
冬期堤防 216/32

同期電動機 176/19
陶器の製造 161/
闘牛 319/1-33, 24
撞球(どうきゅう) 277/1-19
闘牛士 319/2, 10, 21, 25
闘牛士の入口 319/10
闘牛場 319/5
撞球場 277/7-19
投球法 305/17-20
同期フィルター 311/27
道具: 指物師の 132/1-28 舞台の
316/35, 47
道具方 307/27; 316/40
道具研磨機 137/18
道具小屋 55/1
道具棚 134/1-34
洞窟(どうくつ) 15/85; 272/1
洞窟系 13/76
洞窟二次生成物 13/80-81
洞窟壁画 328/9
唐(とう)ぐわ 66/24
峠 12/47
塔形サイロ 62/11
統計表 248/36
頭頸部(とうけいぶ) 19/1-13
塔形墳墓 333/21
道化楽士 307/23
道化師 306/38, 69; 307/24
道化師のバッジ 306/60
道化師のもつ棒 306/59
洞穴地形 13/80-81
道化帽 306/39
道化棒 306/33
道化役 306/35
道化役者 306/69
等号 344/23
瞳孔 19/43
等号レー 247/20
透光顕微鏡 112/14
等降水量線 9/45
等高線 15/62
橈骨(とうこつ) 17/13
頭骨 17/1, 30-41
橈骨(とうこつ)神経 18/28
橈骨動脈 18/21
トウゴマ 380/14
陶砂(とうき) 128/4
動作機構のハウジング 153/60
等差級数 345/11
動索 219/67-71
胴差し 120/50
陶画 24/29
道士 353/24
陶磁器売り場 308/64-66
動式ミキサー 118/33
陶磁器類 308/66
等軸晶系 351/1-17
透視スクリーン 264/30
投射 112/59
投射照明装置 112/63
投射照明用のランプハウス 112/
59
投手 292/50, 68
トウ・シューズ 314/30
投手線 292/71
道床 205/61
搭乗員のコンパートメント 6/41
頭状花 61/14
頭状花序 370/73
塔上狭間(はざま)胸壁 329/6
透照用ランプハウス連結部 112/
60
等暑線 9/43

同時録音開始手信号 117/69
同時録音カメラ 313/26
同時録音装置 310/24
同時録音装置 117/77
同時録音の開始 117/65
同時録音用カメラ 310/19, 47
刀身 45/54
灯心 77/65
同心円 346/58
銅心線 127/43
等震線 11/37
トウシンソウ 136/27
透水 13/73
導水溝 91/41
透水層 12/22
導水路 91/44
陶製パイプ 107/34
灯船 221/47; 224/81
導線 94/9
橈側(とうそく)〈手の〉 19/69
橈側手根屈筋 18/40
灯足類 357/37
灯台 15/8
導体 153/43
胴体〈航空機の〉 230/54; 288/
26
胴体アタッチメント 235/4
灯台船 15/13
胴体タンク 257/31
トウチミヤ 69/21
到着 233/26
同調ダイヤル 241/7
同調つまみ 241/9
塔頂の回廊 329/8
同調ノブ 309/21
頭頂部 16/1
当直員 221/126
導通テスター 127/55
東点 4/14
同度 321/6
灯塔 224/82
導灯 224/101-102
トゥニカ 355/12
等日照線 9/44
投入箱 118/35
糖尿病患者ファイル 22/26
トウの乾燥 170/58
トウのけん縮 170/59
トウの仕上げ 170/57
登攀(とうはん) 270/1-46; 300/2-
13
頭板 284/47
道板 118/79, 87; 119/76
銅板 179/9
銅版印刷機 340/36
登攀靴 300/44
道板敷き 118/32
登攀者 300/5
銅版台 340/41
銅版彫刻 340/14-24
登攀ハーネス 300/56
登攀用具 300/31-57
登攀用半ズボン 300/7
頭皮 352/15
トウヒ 372/12
トウヒアブラムシ 82/38
等比級数 345/12
灯標 68/108
頭標 224/78, 89, 90
道標 15/110
投票監督官 263/28
投票場 263/16
投票箱 263/29
頭標ブイ 224/80
投票用紙 263/20
投票用紙入れ 263/21

投票用紙記入所 263/23
投票用紙投入口 263/30
闘斧(とうふ) 328/19, 23; 352/16
頭部: ウマの 72/1-11 人体の 17/42-55 虫の 81/33, 36; 82/2;
胴部 149/27
胴部上着 29/15
胴縁(どうぶち) 120/55
動物 369/3
動物園 356
動物公園 356
動物舎 356/10
動物の囲い 272/49
動物の見世物 307/63
動物用お斗車 307/62
トゥベ 34/2
トゥベーかつら 355/8
等辺 346/27
トゥ・ポスト・サンダル 101/48
動脈 18/1
動脈鉗子 26/49
動脈クレンメ 26/48
動脈の圧迫点 21/14
灯明 330/59
透明カバー 249/27
党名・候補者名の入った投票用紙 263/20
透明スライド・アーム 177/44
透明ミラベル 59/25
頭毛 16/3
胴元 275/3
堂守り 330/26
トウモロコシ 63/12, 32; 68/1, 31, 36, 37
トウモロコシ畑 63/32
塔門 333/9; 337/24
塔屋 37/83
灯油 145/60
灯油ランプ 278/29
頭絡 71/7-11
倒立 295/27
動力揚げ装置 65/24-29
動力カルチ 56/18
動力グライダー 287/8
動力室 217/21; 222/33
動力芝刈り機 56/28
動力シャベル 200/1
動力線 127/2
動力船 286/1-5
動力掃除機 199/39
動力装置 84/34
動力調整器 100/22
動力調整用可変ピッチつき発電機 155/46
動力伝達装置 65/36
動力取出し軸 63/21; 64/49
動力ねじ回し 195/12
動力のこ 84/22; 85/13; 138/23
動力のこを用いた伐木 84/27
動力ハンマー 137/9
動力噴霧機 83/38
動力弓のこ 138/23
動輪軸 210/37
動輪ユニット 209/3
道路 37/61
売上げレジスター 271/2
登録番号 286/7
道路建設 200; 201
道路建設機械 200/1-54
道路砕石散布機 200/31
道路清掃車 199/41; 304/8
道路清掃夫 199/5; 268/20
道路の型枠 201/15
道路人 15/55
道路面 215/8
道路リッパー 200/20

道路輪 255/86
道路ルーター 200/20
童話の人物 306/65
トグル留め 30/66
トーキー映写機 312/24
トーク・バック・スピーカー 238/8, 52
トーク・バック装置 238/64
トーク・ボタン 242/24
通しナンバー 251/13
通し番号 251/13
通しひも 29/67
トースター 40/30
トースト 45/34
トータリゼーター 289/34, 35
トーチランプ 126/74
トーテム 352/2
トーテム・ポール 352/1
ドーナツ 97/29
トーファム式遠心紡糸槽 169/17
ドーベルマン・テリア 70/27
トーマス転炉 147/55-69
ドーム 337/21
ドーム型テント 278/58
トーラ屋根 121/25
通り側 149/60
通りゲージ部分 149/57
トォルカ付グラス 69/22
トール・スタイル・グラス 45/85
トーン・アーム 241/21
トーン・アーム止め 241/27
トーン・アームの釣合いおもり 241/53
トーン・アーム・リフト 241/28
ト音記号 320/8
土塊 63/7
トカゲ類 364/27
トガリアミガサタケ 381/27
トガリネズミ科 366/7
トガリネズミ 366/7
土香 269/35
とぎ車 100/10
屠(とぎゅう)ボルト・ピストル 94/3
トキワユリ 60/12
土偶 328/20
毒餌(どくじ)敷設用チューブ 83/31
特殊効果装置 310/59
特殊小型カメラ 313/35
特殊撮影用プール 310/11
特殊心棒 301/47
特殊穿孔器(せんこうき) 175/49
特殊無蓋(むがい)貨車 213/33
特殊面つき凹凸レンズ 111/41, 42
特殊面つき平凹レンズ 111/40
読書用明り 43/15
毒針 77/11; 358/43
毒針器官 77/10-14
毒針鞘(どくしんしょう) 77/12
特性調整器 238/48
毒腺(どくせん) 77/14
ドクター・ブレンド 168/44
得点 293/38
得点掲示板 293/34, 70
得点者 273/13
得点灯 294/28
ドクニンジン 379/4
毒嚢(どくのう) 77/13
特派員からの報告記事 342/54
特別消印 236/59
特別仕切客室 205/26
特別装甲車 264/16
毒ヘビ 364/40
読本 262/16
トグル〔ジョイント〕作動 181/16

トグル装置 183/30; 340/30
トグル継ぎ手作動 183/30
トグル継ぎ手プレス 183/26
とげ 60/18; 143/44; 366/6
時計 211/37; 212/16 教会の 331/7
時計ガラス取付け器具 109/11, 29
時計ケース 110/26
時計師 109/1
時計仕掛け 110/36
時計仕掛け駆動用の変速装置 10/14
時計旋盤 109/20
トケイソウ 53/2
時計 110
時計箱 309/57
時計針取外し器具 109/10
時計バンド 110/5
時計屋 109/1
トゲヒラ 358/12
トゲレン・ステー 219/12
床(とこ) 150/29
床替え苗圃(びょうほ) 84/10
トコジラミ 81/39
床屋 106/1-42
床山 315/48
とさか 73/22
屠殺(とさつ)業者 94/1
屠殺作業者 94/1
屠殺場 94; 319/13
屠殺装置 94/3
屠殺ナイフ 94/14
屠殺用牛 94/2
屠殺用ブタ 94/11
登山 300/1-57
登山家 300/5
登山靴 300/42
登山クラブ 300/1
登山鋼索(こうさく)鉄道 214/12
登山者 300/5
登山鉄道 214/1-14
登山用ソフト帽 35/23
都市 268/
都市間列車 205/34
都市貴族 355/48
都市自動車道路 225/54
都市鉄道用6軸連結型気動車 197/13
歳(とし)の市 308/1-69
歳の市場 308/67
歳の市の盛り場 308
とじ針金供給機 184/18
ドジメーター 2/8-23
土砂 226/47
徒手体操 295
杜松実(としょうじつ) 372/52
土壌消毒器 83/33
登城道路 329/34
図書館 262/11-25
図書館利用者 262/24
図書室 223/25
閉じルーフ 171/36
都市連絡電動列車 197
都心 268
土星 4/49
渡船 15/60
渡船夫 216/17
渡船夫の住居 216/45
塗装 129/1
塗装工 129/2
塗装工 129/
どた靴 101/39
戸棚 44/19 教室の 260/43 子

供の 47/21 陳列窓〜 271/13 刃物類の 266/41 引き戸つきの 248/38
戸棚ユニット 42/7
ト短調 320/64
トチカガミ 378/29
トチノキ 371/58
トチノキの堅果 371/60
土地被覆 200/64
ト長調 320/56
凸凹レンズ 111/42
特許キー 187/50
特許証 246/26
ドッキング・ハッチ 6/45
ドッキング標的凹部 6/47
ドック 226 浮き〜 222/34-43; 225/16 乾〜 222/31-33; 225/17 魚〜 225/56 陸揚げ浮き〜 225/63
ドック入り 222/41-43
ドッグカート 186/18
ドック区域 222/1
ドック・クレーン 222/34
ドック・ゲート 222/32
ドック構造物 222/37-38
ドックの作業 222/36-43
ドッグ・ビスケットの包み 99/37
ドッグ・フッド 99/36
「ドックへ戻れ」のサイン 286/55
ドック床 222/31
とっくり〈食肉の〉 95/1; 95/14, 38
凸子(とっし) 166/57
凸子軸 166/56
突出バルコニー 218/57
凸状アーチ 336/34
凸彫 340/3
取っ手: アイロンの 50/9 鞍馬の 296/6 カバンの 260/8 かまの 66/17 かんなの 132/18 携帯用寝台の 28/50 じょうろの 55/27 水上スキーの 286/48 掃除機の 50/63 ドアの 41/28 のみの 132/10 はさみの 106/37 万力の 140/5 ブラウの 65/2 無影灯の 26/12 ワープの 305/80
突堤 216/19; 217/15 地図記号 15/48
突堤頭 216/20
取っ手のガード 83/20
トッパ・ホイール 64/85
凸版 178/38
凸版印刷 181/
凸版印刷機 340/29
凸版印刷法 340/1-13
凸版製版 178/
凸版台 178/41
ドッファー 163/42
トップ・ストローク 277/3
トップスル・スクーナ 220/11-13
トップマスト 223/39
トップマスト・ステー 219/11
凸面鏡 313/8
土手 216/49 地図記号 15/104
土手堤 289/8
トナー・ローラー 249/41
トナカイ 353/16
トナカイのそり 353/15
トネリコ 371/38
度の目盛り 313/24
賭博場 275/1
賭博台 275/1
賭博台取締人 275/4
トビ 362/11
飛び石 37/45
飛び板 282/9, 10

とびぐち(鳶口)　270/15
飛越し鞍(くら)　289/10
飛込み　282/40-45
飛込み施設　282/5-10
飛込み選手　282/5
跳込み前傾　297/20
飛込み台　282/5-10, 6
飛込み用プール　282/11
飛び道具　352/39
トビネズミ　366/15
飛伸び型　282/45
跳び箱　296/15
とびはね花火　306/52
飛梁(とびはり)　337/28
扉: 自動〜271/50 自動車の
　191/4 電車の197/14 取り外し
　〜118/46 馬車の186/11 ホテ
　ルの 2 重〜267/27 本の185/
　45
扉ハンドル　186/12
飛べない鳥　359/1-3
トボガン　303/1, 2
トボガン帽　35/39
トボシガラ　69/24
とぼそ(枢)軸受け　91/10
徒歩通行人　268/18
土間コンクリート　123/13
塗抹(とまつ)標本　23/15
トマト　55/44; 57/12; 99/82
止り側　149/61
とまり木　86/49; 317/3; 318/16
止りゲージ部分　149/58
富くじ場　308/44
ドミノ　276/33
ドミノ仮装衣　306/15
ドミノ仮面　306/13
ドミノ牌(はい)　276/34
ドミノ盤　203/66
ドム・カバー　38/48
留め　124/4
止め板　85/40; 157/18
止め金具　122/23
留め金: 腕輪の36/16 靴の100/
　62 ファイルの247/42 ベッドの
　31/12
留め金ナット用レバー　149/19
止め鎖　71/20
止めぐつわ　71/13
留め継ぎ　124/4
止め継ぎ箱　132/43
留め継ぎ用曲げ案内　133/19
留め継ぎ横木の打抜きボール盤
　124/7
止めナット　143/30; 187/54
止めねじ　143/48
留めピン　328/27
止め弁　141/7
艫(とも)　221/42
共柄(ともえ)やすり　108/22
度目(どもく)調整用目盛　167/42
艫(とも)座　3/45
ともさんかく〔部〈食肉の〉　95/36
ともばら〈食肉の〉　95/4
トラ　307/56; 368/5
トラーナ　337/24
トライアチック・ステー　223/11
トライアル　290/24-28
トライアングル　323/49
トライアングル・カット〈宝石の〉
　36/50-61
トライスル　220/1
ドライバー: ゴルフの293/91 ねじ
　回し128/29
ドライビング・プーリ　163/50
ドライブ・イン式アイス・ハーケン
　300/41

ドライブ・モーター　139/25
ドライヤー　105/25
ドライヤーの回転アーム　105/26
トライリーム　218/9-12
トラクター運転手　62/39
トラクター直装型プラウ　65/62
ドラクマ　252/1, 39
ドラグ・リフト　214/15
ドラグ級　284/57
トラサー　130/12
トラジェン泳法　282/37
トラス・アーチ橋　215/23
トラス構造アーチ　215/25
トラス接合(部)　215/37
トラス塔　155/43
トラス要素　215/24
トラッカー・アクション　326/6-16
トラッキング調節　243/10
トラック　152/41; 194; 206/15;
　226/4; 255/87 レースの289/
　23; 298/6 リフトの301/60
トラック・インジケーター　65/81
トラック競技　298
トラック指示器　65/81
トラック・スーツ　33/27, 28, 29
トラック・スーツのパンツ　33/29
トラック・タイヤ　273/19
トラック・ツー・トラック処理　226/
　7
トラック・ツー・トラック操作　225/
　41
トラック・ツー・トラック方式　225/
　41
トラッシュ・コンベヤ　64/80
トラップ　126/26; 166/22; 290/22
トラップされた水たまり　13/16
トラフ　202/34
トラフズク　362/14
トラフ谷　13/55
トラペーズ　307/6
トラペーツの足場　307/5
トラベラー: 紡績機の164/55 ヨッ
　トの284/27
トラベリング・ブロック　145/8
トラベル・センター　204/28
ドラマー　318/11
ドラム: 楽器の318/10 活字の母
　型〜176/27 乾燥機の50/29
　気圧計の10/5 気温計の10/20
　教会の335/44 現像〜116/48
　コーヒーひき器の98/71 湿度計
　の10/16 洗濯機の50/24 樽の
　130/13 ブレーキ〜138/11 放
　射性廃棄物収容〜154/77
ドラムスティック　99/59
ドラム・セット　324/47-54
ドラム奏者　318/11
ドラム溝　165/11
トランク　191/24; 193/23
トランクス　280/43
トランクのふた　191/7
トランク・ホーズ　355/31, 34
トランサム　119/5; 284/35; 285/
　49; 286/26
トランサム船尾　285/48
トランジショナル書体　342/5
トランスバーサル　301/68
トランスミッション・オイル用熱交換
　器　209/15
トランプ　276/36
トランプ〔カード〕　276/37
トランペッター　318/7
トランペット　318/6; 323/43

トランペット奏者　318/7
トランポリン　297/10, 14, 17, 18
鳥　360; 361; 362; 363 海〜359/
　11-14 飛べない〜359/1-3 長い
　翼の359/11-14 水かきのある〜
　359/5-10
鳥居　337/11
鳥居型デリック支柱　223/35
ドリーネ　13/71
トリカブト　379/1
取り木　54/11, 12, 18, 35
取り木による繁殖　54/10
トリグリフ　334/15
トリコット裏つけ　101/17
ドリス式円柱　334/8
ドリス式神殿　334/1
取出し口　139/2
取付け金具　132/36
取付け部品　126/38-52
取付けモーター・ドライブ　115/78
砦(とりで)　15/74
トリック・ボタン　117/84
トリック・ライディング　286/56
取付け扉　118/46
取り外し扉　118/46
トリフォリウム　335/33
ドリブル　291/52
とりべ(取瓶): 可動ドラム型〜
　148/6 鉱滓〜147/10 粘性試
　験用〜130/32
とりべの注ぎ口　147/43
トリマー　128/43
トリミング・テーブル　132/64
トリム　46/5
トリム・タブ　288/25, 30
鳥屋撃ち　86/47-52
トリュフル　98/86
塗料入れ　129/8
塗料缶　129/6, 7-8
塗料缶缶　129/9
塗料はけ　129/3
トリル　321/17
ドリル: 140/59 歯科診療用器具
　24/6 電気〜120/21; 134/16
　電気ハンマー〜134/43 筋播き
　機65/74
ドリル工　158/9
ドリル・コールタ　65/76
ドリル支柱　150/23
ドリル・スタンド　134/54
トリル・ドア　319/11
ドリル・パイプ　145/6, 19
トリルビー　35/22
ドリル・ビット　145/21
ドリル用引出し　24/17
ドル($)　252/33
ドループ・ノーズ　231/16
ドループ・フラップ　229/54
トルク・コンバータ操作レバー　65/
　34
トルク・レンチ　195/45
トルコ菓子　98/84
トルコ・コンバーター軸受け　211/
　54
トルコ蜂蜜(はちみつ)　308/18
トルソー　339/7
トルテ　97/22-24
ドルニエ・ダソウルト・ベルジェット・ア
　ルファ・ジェット 仏独ジェット練
　習機　257/1-41
ドルニエDO 28 D-2 スカイサーバ
　ント輸送・通信機　256/24
ドルフィン　225/12
ドルフィン泳法　282/35

ドルフェル・シート　300/30
ドルメン　328/16
奴隷　218/48
トレイ: 器具用〜24/5 切符売場
　の204/37 給仕用の265/14;
　266/19 現像用の116/25 消毒
　機の83/17 釣銭用の308/52
　孵卵用の74/32 分留塔の145/
　37
トレイ温度計　116/13
奴隷監督　218/47
奴隷船　218/44-50
ドレイン・プラグ　284/36
トレー・カウンター　266/64
トレーサー　129/42; 153/45
トレーシング・ヘッド　141/37
トレーサリー式窓　335/39-41
トレーニング・アーム　192/66
トレーラー　63/38; 138/10; 194/
　22; 206/3, 35; 278/52; 307/34
トレーラー・キャブ　85/43
トレーラー・スタンド　67/22
トレーラーつきトラック　213/34
トレーラー・フェリー　221/54
トレーラー枠　138/28
トレーリング・アーム　191/27
ドレーン・チューブ　26/47
ドレス: 上っ張り風の31/17 デコ
　ルタージュの306/24 農民風の
　30/27 ビーダーマイヤー風の
　306/22 冬用の30/12 ボタン留
　めの30/10
ドレス・ガード　104/14
ドレスとジャケットの組合せ服
　31/6
ドレスメーカー　103/, 1
ドレスメーカーの仕事部屋　103/1
　-27
ドレッシング・フロアー　92/8
トレッスル　128/52
トレンチ・ローブ　33/57
トロイカ　186/45
泥落し　123/25
ドロー・イン　120/79
トロール漁業　90/11-23
トロール漁船　90/11
トロール船　221/86
トロール船用〔アーチ型の〕滑車架
　台　221/87
トロール引網　90/12
ドロー・ワークス　145/12
ドローン　322/11
泥だめ　210/28
トロッコ　158/14
トロット　289/28
ドロップ　98/76
ドロップ・イヤリング　36/11
ドロップ・コンパス　151/59
ドロップ・ピン　165/37
ドロップ・ピン・ローラー　165/39
ドロップ・ワイヤ　166/34
泥よけ　186/6
トロリー　194/42
トロリー式電車　197
トロリー・シュー　194/42
トロリー・シュー　197/24
トロリー線　197/41
トロリー線轍叉点(てっさてん)　197/
　40
トロリー・バス　194/40
トロリー・バス・トレーラー　194/44
トロンボーン　323/46
戸枠　41/26
鈍角　346/11
鈍角三角形　346/30

とんがり靴 355/42
トング 340/50
どんぐり 371/4
鈍鉤(どんこう) 26/50
豚舎 62/8; 75/35
豚頭 95/43
トンネル 15/70; 214/6
トンネル掘削機 144/32
トンネル式かま 161/5
とんぼ 340/58
トンボ 358/3
トンボラ 306/11
トンボラ特賞 306/11

ナ

内果 19/60
内外照明灯 197/32
内角 346/26
内径 143/86
内径カリパス 135/23
内頸静脈 18/2
内圏円 288/57
内耳 17/62-64
内陣 335/4
内陣の敷物 330/3
内陣の装飾 330/48
内陣への階段 330/5, 31
内接円 346/31
内線 237/26
内線つき交換台 237/22-26
内線電話 246/11
内線電話用交換台 237/17
内線電話一覧表 245/17
内線電話交換 245/13
内線用接地ボタン 237/21
内線呼出し用押しボタン 237/19
内線連結用押しボタン・キーボード
　245/14
内臓 20/1-57
内蔵拡声器 249/70
内蔵タイマー・スイッチ 243/3, 18
内蔵マイク(ロフォン) 241/5
ナイチンゲール 361/14
ナイト〈チェスの〉 276/11
ナイト・ガウン 32/16
ナイトクラブ 318/, 1-33
ナイト・クリーム 99/27
ナイト・スポット 318/1-33
ナイトによるチェック王手 276/15
内燃機関 190
内燃機船 223
ナイフ: 食器の 45/7, 8, 50, 69-70
　経師屋の 128/38 スキンダイ
　バーの 279/8 製靴工の 100/
　50 鉛の 124/12 肉切り用の
　大型〜 96/35 配線工用の 127
　/63 はがし〜 134/37 パレット〜
　338/14
内部板張り 285/57
内部ウイング・サスペンション 257/
　34
内部エルロン 229/43
ナイフ置き 45/11
ナイフ折り方式の折り機 185/8
ナイフ架 45/11
内部機材 239/6
ナイフ曲投げ師 307/37
内部靴底 291/31
ナイフ・コルタ 65/10
内部磁気スクリーン 240/20
内部スポイラー 229/42
内部通話装置 22/34
ナイフの柄(つか) 96/34

ナイフの刃 96/32
ナイフ箱 94/12
内部船底板 222/54
内部ブローカー 251/4
内部補助翼 229/43
内壁 329/19
内陸海 14/26
内竜骨 222/53; 283/50
ナイルワニ 356/13
ナイロン 101/4
ナイロン糸巻 133/4
ナイロン・カバーつき頭ささえクッ
　ション 207/68
ナイロン靴底 291/30
ナイロン弦 324/14
ナイロン6 170/1-62
ナイロン6ファイバー製造 170/1
　-62
ナイロン製ストッキング 99/26
苗 54/6
苗木 83/15; 84/9
苗木園 55/3 地図記号 15/
　111
苗差し 54/7; 56/1
苗床(なえどこ) 54/2
苗箱 55/51
長い柄のついたブラシ 50/46
長いす 42/24
長い翼 359/11-14
長い鼻 366/21
ながえ(轅) 71/20, 21; 186/19, 30
ながえのチェーン 65/17
中折れ帽 35/14
仲買人 251/4, 5
長かんな 132/39
中甲板 146/36
長靴 101/7, 13
長靴用木型 100/34
長靴用拍車 71/51
長靴壺(ながぐつぼ) 328/12
中ぐり機 138/22
中ぐり機支柱 150/31
中ぐりバイト 135/17
中子(なかご) 45/52; 148/36
中子受け幅木 148/37
長材木 120/2
長さ調整 100/20
長さ調整装置 157/68
流し 39/35; 97/68; 261/34
流し網漁業 90/1-10
長四角のカボション・テーブル型〈宝
　石の〉 36/77
流し込みコンクリート壁 119/7
流し台 39/33-36; 261/6;
　278/6
長下着 32/29
長袖(ながそで) 30/15
長手(ながて)層 118/63
長積み 118/59
なか肉 95/34
中庭 62/31; 329/2
ナガフクロウ 362/17
中方立(なかほうだて) 335/41
中巻き葉 107/6
長物車用(ながものしゃ) 206/21, 24;
　213/5, 11, 40
長物車用互換式車体 213/40
長屋建て 37/58-63
中指〈手の〉 19/66
流し 216/9; 272/45
流し管 38/74
流し口 216/36
流し止め 301/3
流し止め弁 126/4
長枠時計 109/32

鳴き袋 364/25
投げ 299/17
投げ合い番組 307/43
投げ板 353/8
投げ短剣 354/15
投げ縄 319/40; 352/5
投げ棒〈ブッシュマンの〉 354/33
投げ槍(やり) 319/17, 22; 328/2;
　352/40
投げ槍を手にした投げ手 352/40
投げロープ 352/5
ナシ形メルメロ 58/50
ナシ状果 370/102
ナズナ 61/9
なたがま 85/11
ナタネ 383/1
なだれ(雪崩) 304/1
なだれくさび 304/2
なだれ山林 304/7
なだれの防壁 304/2
なだれよけの通路 304/3
なっ染用テーブル 168/63
ナット 119/75; 143/24; 187/53
夏の季節風 9/52
夏服 31/9
ナップザック 86/3
ナツメグ 382/30, 35
ナツメヤシ 384/1
夏用スラックス 31/52
なで上げ排気筒 188/15; 189/15
ナデシコ 60/7
ナトリウム・イオン 1/11
ナトリウム原子 1/8
ナナカマド 371/42
76mm多目的砲 258/70
斜め編み 136/3
斜め後方の風 285/13
斜め材 120/27
斜め束 121/58, 69, 82
斜め平張り 285/56
七連符 321/23
ナプキン 45/9; 266/47; 267/48
ナプキン・リング 45/10
名札 54/4
なべ 39/29
なべつかみ 39/18
なべつかみ掛け 39/19
ナベット・カット 36/55
なべパン 97/10
なべ類 40/12-16
生皮 352/18
ナマコ 369/18
なまこ鉄 147/40
ナマズ 364/12
生肉売り台 99/51
生粘土 159/2
生水(なまみず)用原水用集合井戸
　269/4
生ミルク・タンク 76/15
鉛ガラス窓 154/75
鉛座金 122/103
鉛桟 124/13, 14
鉛遮蔽(しゃへい) 259/70
鉛製の保護壁 2/46
鉛玉 89/89
鉛付き浮標浮き 89/48
鉛のつち 124/11
鉛のナイフ 124/12
鉛の兵隊 309/52
生れんが 159/16
並歩(なみあし) 71/2
並み足 72/39
波板 122/98
波形靴底 300/43
波形石綿スレート葺(ぶ)き 122/
　90-103

波形石綿スレート屋根 122/97
波形中帯 254/6
波形やすり 172/2
波乗り 279/1-6, 4; 280/13;
　284/1
波乗り板 279/2
波乗りをする人 284/1
波よけ 258/7, 76
波よけ板 283/43
納屋 62/14
ナラ 82/34
ナライガフシバチ 82/33
ならし 123/39
ならし板 128/11
ならしつち(槌) 137/35
ならしビーム 201/3
ならしビームの案内ローラー 201/
　4
ならしブレード 200/18
ナラタケ 381/28
並び線〈活字の〉 175/4
鳴りごま 309/71
鳴子 306/47
縄 297/23
縄締め 118/30
縄跳び 273/15; 297/42
縄跳びの縄 273/16
縄抜け奇術師 308/28
縄ばしご 221/91; 307/8
南極 14/3, 18
南極海 14/22
南極大陸 14/18
ナンキンかんな 132/27
ナンキン錠 38/21
軟口蓋(なんこうがい) 19/21
軟青(なんこう)チューブ 22/47
ナンセン型のそり 303/18
軟体動物 357/27-36
南点 4/17
南天の星座 3/36-48
南東貿易風 9/49
軟鉄 95/13
ナンバー 301/37
ナンバー入り選挙人カード 263/
　19
ナンバー・キー 271/3
ナンバー・ディスク 189/18
ナンバープレート: オートバイの
　189/8; 290/28 ゴー・カートの
　305/84
難破船 227/2; 228/10
南方の果物 384/
ナンヨウスギ 53/16
軟粒種 68/31

ニ

ニー取付け 113/21
ニードル 143/76
ニードルころ軸受け 143/75-76
ニードルポイント・レース 102/30
ニードル保持器 143/75
荷受け 226/33
ニオイヒバ 372/39
荷送り人 206/28
荷おろし戸 213/25
荷おろし部 62/42
荷おろしフラップ 213/25
2階 37/3; 118/14
2階客室 194/38
2階正面桟敷 315/18
2階席 330/2
2階つきバス 194/36
2回転平台印刷機 181/1

2 階梯〈はり〉 120/38
2 家族住宅 37/64-68
苦味の少ないビール 93/26
苦味ビール 93/26
ニガヨモギ 378/6; 380/4
にかわ入れ 236/5
にかわ槽 184/9; 185/32
にかわなべ 132/13
にかわポット 183/15
にかわ用湯煎〈ゆせん〉なべ 132/12
にかわローラー 185/33
二眼レフ・カメラ 114/22
2 脚架 255/42
2 脚架マスト 221/24
二級道路〈地図記号〉 15/36
握り: かまの 66/17 自転車の
187/3 ハンマー・ドリルの 134/44
ハンマー投げの 298/45 ペンチの
絶縁〜 127/54 平行棒の 296/
40-46 槍投げの 298/51,52 六
分儀の 224/9
握りお 328/1
握りつき缶 129/7
肉 96/1-4; 99/53
肉芽 54/27, 29
肉鉤〈かぎ〉 96/55
肉切り台 96/57
肉切りのこ 94/20
肉切り包丁 94/15; 96/31-37, 37
肉切り用ナイフ 45/69
肉切り用フォーク 45/70
肉片〈にく〉 96/59
肉検査員の検印 94/24
肉混合ばち 96/40
肉食獣舎 356/10
肉食動物 367/11-22; 368/1-11
肉垂〈にくすい〉 73/23, 24
肉穂状花序 370/71
ニクズク 382/30
肉の缶詰 98/20
肉ひき器 40/39
肉ひき器取付け刃 40/40
肉筆で書かれた献辞 185/50
肉屋 96/1-24
肉屋〔の主人〕 96/38
荷鞍〈にぐら〉 73/4
荷車 120/6
ニグロ 354/13
ニグロの小屋 354/21
ニグロの女性 354/22
逃げ積み 118/61
2 行程エンジンの公開実験モデル
242/55
煮込み用のとり 99/60
煮込み用丸味部分 95/52
2 サイクル・エンジン: 空冷式〜
188/7 動力芝刈機の 56/30
2 座席のリフト・チェア 214/17
二酸化炭素 27/39
二酸化炭素吸収器 27/39
二酸化炭素消費量計測器 27/
49
虹〈にじ〉 7/4
西オーストラリア海流 14/45
西風海流 14/44
荷敷〈にじき〉 222/61-63
2 次曲線 347/14
2 次気流 232/50
2 軸ボギー客車 208/3
2 次サウンド・ターンテーブル 117/
101
2 次水回路用高圧スチーム・パイプ
259/63
2 枝水平コルドン 52/17
2 次スクリーン 172/58

2 次選別機 172/58
2 支柱平削り盤 150/8
西ドイツ国有鉄道の機関車 209/
1
西ドイツ大統領旗 253/14
2 次ナトリウム・ポンプ 154/8
2 次巻線 153/16
2 重渦巻形留めピン 328/30
2 重折りたたみ式ドア 197/14
2 重折り戸 208/7
2 重回路ブレーキ装置用の警告灯
191/72
2 重ケーブル・レリース 115/102
2 重コイル・フィラメント 127/58
2 重溝ファウラー・フラップ 229/
40
25 トン多目的車 255/96
二十四面体 351/12
2 重水栓 126/35
2 重隙間フラップ 229/48
2 重迫〈せり〉 316/34
2 重底 222/60
2 重机 260/2
2 重つなぎ 121/50
2 重取っ手 148/15
2 重扉 267/27
2 重梁〈はり〉 121/70
2 重梁小屋組み 121/34
2 重反転尾部プロペラ 232/28
2 重引張りタック編み 171/48
2 重尾翼装置 229/34
2 重尾翼装置 229/34
2 重フィルム・テープ再生装置
117/75
2 重フィルム・テープ・システム
117/7
2 重フィルム・テープの録音 117/
70
2 重ふち取りのこぎり 157/57
2 重プッシュ・チェーン 190/49
2 重根太木〈まくらぎ〉 202/14, 38
二十面体 351/11
2 重翼桁〈よくこう〉 235/1
2 4 日の月 4/7
2 重連結プラグ 89/70
2 重ローラー・チェーン 190/10
2 乗 345/1
2 焦点レンズ 111/15
2 次ループ 154/7, 45
ニシン 364/14
ニシン流し網 90/2-10
ニシン船 90/1
二全音符 320/12
二全休符 320/20
二尖弁〈にせんべん〉 20/47
二槽洗面台 267/32
荷台 191/3
ニダム・ボート 218/1-6
2 段圧延機 148/53
2 段ギヤ転換装置 188/12
2 段組みのページ 185/64
二短調 320/63
2 段換気貨車 213/35
2 段引き引き金 87/11
2 段ベッド 47/1
日曜大工 134
日曜大工仕事の道具棚 134/1-
34
日曜大工マニア 134/61
二長調 320/57
日刊新聞 342/37-70
ニッケイ(肉桂) 382/22
ニッケル貨 252/1-28
日光浴室: 病院の 228/21 プール
の 281/10

日光浴場 281/11, 15; 282/4
日光浴ベッド 281/5
日光浴用の芝生 37/46
日光浴療法 274/12
日光浴をする人 281/12
日章旗 253/20
日照時間 9/44
日食 4/29-35
ニッチ 331/60
ニッチのふた 331/61
ニット 101/43
ニットウェア裏つけ 101/17
ニット・デザイン 30/37
ニットの上着 31/65
ニットの上っ張り 30/4
ニットの襟 33/31
ニットのシャツ 33/36
ニットの袖口〈そでぐち〉 29/65
ニットのチョッキ 33/53
ニットのツー・ピース 30/33
ニットのへりかがり 31/70
ニッパー 140/67; 163/65, 66
ニップル・キー 126/63
荷積み用ドア 207/23
2 点音 321/47
2.5トン建設車 255/75
2.2 m反射望遠鏡 113/1
二等客室 207/10
二等客室の区画 208/22
二等客車 209/7
二等座席配置 211/58
2 頭立て4輪馬車 186/36
二等分線 346/28, 30
二辺三等三角形 346/27
2 番オーガー 64/21
2 番排出口 64/22
2 番フェルト 173/18
2 番プレス・ロール 173/20
二分音符 320/14
二分休符 320/22
荷札 204/7; 205/8
2 分の1磁気テープ 243/5
2 分の1ひねり〈飛込みの〉
282/44
2 分の3 拍子 320/38
2 分の4 拍子 320/33
2 分の2 拍子 320/33
2 方向パイプ・システム 126/22
タップ 350/49
日本海流 14/31
日本の美術 337/7-11
2 本マスト帆船 220/11-17
日本文字 341/6
2 枚貝 357/36
2 枚刃 173/18
2 枚づめチャック 135/10
2 枚翅(はね)の昆虫 358/16-20
'ニミッツ ICVN68'〈原子力航
空母艦〉 259/1
2 面腐食機 178/30
荷物 73/5
荷物を運ぶ動物 354/3
荷物入れ 193/23
荷物係 267/17
荷物係員 205/30; 206/29
荷物室 193/17; 194/13
荷物ターミナル 233/5, 6
荷物台 187/44
荷物棚 208/28
荷物送却場 233/38
荷物保管室 194/18
ニュース・アナウンサー 238/21
ニュース映画カメラ 313/26
ニュースキャスター 238/21
ニュートラル・コーナー 299/38
ニュートロン 1/30
ニューファンドランド・ドッグ 70/

34
ニューブリテン島原住民 352/34
ニューマ・ボックス 164/44
入園者心得 272/29
乳加工施設 76/1-48
乳加工設備 76/1-48
乳牛舎 75/14
乳児服 101/56
乳児服 29/1-12
乳児保育 28/
入射光線測定用の散光器 114/
60
入射中性子 1/42
乳児(用衣)服 29/1-12
乳状液塗料 129/4
乳児用靴下つきズボン 28/24;
29/45
乳児用毛糸靴 28/45; 29/5
入場券 315/11
乳児用高いす 28/33
乳児用コップ 28/27
乳児用ゴムパンツ 28/22
乳児用ジャケット 28/25; 29/9
乳児用ソックス 29/30
乳児用高いす 28/33
乳児用品箱 28/18
乳製品ゴンドラ 99/43
乳製品のチャート 76/8
乳濁管 192/10
乳頭: 人間の16/28 乳牛の 75/
19
乳白ガラス 124/5
乳鉢 349/9
乳房 75/18
乳棒 349/10
乳量ゲージ 76/6
入力キーボード 238/13
入力出力装置 237/59
入力選択器 241/44
入力装置 176/30
乳輪 16/29
ニュルンベルクの女性〔の服装〕
355/38
尿管 20/32
尿沈渣〈にょうちんさ〉図表 23/58
尿道 20/68
尿道海綿体 20/67
尿道球腺 20/75
尿道鏡 23/20
二葉尾部装置 229/32
2 葉を束生した短枝 372/23
2 翼桁〈よくこう〉 235/1
女人の胴体 327/59
ニラネギ 57/21
二硫化炭素 169/8
2 輪クレードル 214/69
2 輪手車 205/32
2 輪ミキサー 159/10
二塁 292/43
二塁手 292/44
ニレ 371/49
二連符 321/23
庭 51/16
庭石塀 37/37
庭いす 37/49
にわか雨 8/19
庭垣 52/10
庭園 55/20
ニワカナヘビ 364/27
庭師 55/20
ニワシュリ 60/12
庭テーブル 37/50
ニワトコ 374/35
ニワトリ 73/19-26
鶏半身を使った料理 266/56
庭の害虫 80
庭の花 60

庭ばしご **52**/8
人気馬 **289**/52
人魚 **327**/23
人形 **309**/11
人形の手押車 **47**/10
人間 **16**; **17**; **18**; **19**; **20**
人間の頭 **327**/21
認識番号 **85**/33
ニンジン **57**/17
人中(にんちゅう) **16**/12
ニンフ擬餌(ぎじ) **89**/66

ヌ

縫合せ機械装置 **133**/5
ぬいぐるみのイヌ **47**/7
ぬいぐるみのクマ **273**/26; **309**/12
ぬいぐるみのゾウ **47**/6
縫込み差しポケット **29**/63
縫針つき針胴 **185**/21
縫い目 **31**/5
ヌーディスト **281**/15, 16
ヌーディストの日光浴場 **281**/15
ヌード・モデル **338**/32
ヌードル **98**/34
ヌードルの包み **99**/65
ヌガー **98**/81
抜取り検査 **79**/20
布 **168**/39, 51
布柄図 **171**/21
布基礎 **123**/3
布地 **271**/59
布地縮充ローラー **166**/47
布地ロール **271**/59
布製の宮廷靴 **101**/54
布につやを出すためのロータリー・プレス **168**/38
布張りシート **208**/25
布張りのいす **265**/10
布張りポール **338**/24
布張り用織地 **134**/60
布張りリクライニング・シート **207**/44
布ブラシ **104**/31
布丸太 **118**/26
布用伸子(しんし) **166**/13
布枠 **119**/48
沼地 **13**/14-24; **15**/20
沼の植物 **377**
沼の水たまり **13**/23
ヌマハンノキの泥炭 **13**/18
ヌメリイグチ **381**/21

ネ

根 **370**/16-18 挿穂の **54**/21 ピーナッツの **383**/43 萌芽期の **68**/17
ネアンデルタール人の頭蓋骨(ずがいこつ) **261**/19
ネウマ **320**/1
ネービー・カット **107**/25
ネール・エナメル **99**/32
ネーレーデス **327**/23
ネオプレン・ウェットスーツ **279**/9
ネオン・サイン **268**/16
ネガ・キャリアー **116**/30
根切り工事 **118**/69-82
根切り土 **118**/78
ネキリムシ **80**/44
ネクタイ **32**/41, 47; **33**/11
ネクタイの結び目 **32**/42
ネクタイピン **36**/22
ネグリジェ **355**/66
ネコ **73**/17
ネコ科 **368**/2-8
ネコヤナギ **371**/24
ねじ **134**/39; **140**/4; **143**/13-50, 16, 47, 68; **149**/32 照準器調節～**87**/30
ねじ頭 **187**/75
ねじ入りびょう **291**/28
ねじ切り機 **125**/27; **126**/86
ねじ釘(くぎ) **202**/7
ねじ込みふた **115**/11
ねじこみベース **127**/59
ねじ式の柄(え) **50**/50
ねじ締め装置 **208**/18
ねじ締めレバー **208**/18
ねじダイス **140**/61
ねじタップ **140**/60
ねじ立て盤 **108**/15
ねじつき太鼓 **323**/57
ねじ継ぎ手 **126**/42
ねじ部 **67**/38
ねじぶた **83**/40
ねじ回し **126**/69; **127**/46; **134**/4; **140**/62
ねじ回し一式 **109**/6
ねじ溝 **143**/38
ねじりグリップ **188**/31
ねじりグリップ・スロットル制御器 **188**/30; **189**/29
ねじり締め具 **287**/39
ねじれ桁(けた) **123**/49
ねじれ手すり **123**/52
ねじれドリル **134**/49
ねじレンチ **126**/67
ネズミサシ **372**/47
ネズミサシの果実 **372**/52
ネズミ取り **83**/36
熱移転流体 **155**/31
熱可塑性(ねつかそせい)接合具 **127**/29
熱可塑性プラスチック **130**/15
熱可塑性防湿ケーブル **127**/42
ネッカチーフ **31**/57
熱管空間 **259**/93
ネッキ **175**/47
熱気球 **288**/79
熱気送管 **155**/25
ネック: ヴァイオリンの **323**/2 空気充填器の **196**/21 シャフトの **143**/64 フラスコの **350**/37 リュートの **324**/7, 18
熱空間 **259**/93
熱空気ガン **130**/25
ネックバンド **36**/16
ネック・ブラシ **106**/27
ネックレス **36**/2, 12, 28, 32, 34; **328**/25
熱交換器: 原力炉の **154**/6, 44 製紙工場の **172**/19 セメント工場の **160**/6 戦艦の **259**/66 暖房装置の **192**/61 鉄道車両の **207**/6; **209**/15; **212**/36, 43, 55
熱交換器による脱ベンゼン **156**/27
熱交換器排出用集塵器(しゅうじんき) **160**/7
熱シールド **188**/16
熱遮蔽(しゃへい) **234**/5, 20; **235**/8, 40
熱上昇気流 **287**/21
熱上昇気流による滑空 **287**/20
熱接着剤使用接着製本 **249**/61
熱帯 **9**/53
熱帯医学研究所 **225**/28
熱帯産 **384**
熱帯産植物 **382**
熱帯森林地方のインディアン **352**/25
熱帯性偏東風 **9**/48, 49
熱帯性暴風 **8**/17
熱帯多雨帯 **9**/53
熱抽出 **1**/55
熱抽出器 **182**/5
熱貯蔵器 **155**/20
ネッティング **102**/22
ネット **293**/13
ネット・アンパイヤ **293**/23
ネット・ウイング **90**/16
熱導出 **1**/55
熱湯処理ソーセージ **96**/8
熱湯処理水こし **96**/45
熱湯タンク **172**/18
熱湯と蒸気の噴出 **11**/22
ネット・ストラップ **293**/14
ネット・ソナー **90**/17
ネット・ソナーのケーブル **90**/14
ネット・ポスト **293**/15
熱風管 **147**/19
熱風ダクト **139**/52
熱風炉 **147**/15
熱保護シールド **234**/5, 20; **235**/40
熱ポンプ **155**/22
熱ポンプ系統 **155**/1
熱密封機 **76**/27
熱密封された袋 **76**/29
熱密閉機 **226**/12
熱輸送管 **55**/8
寝床保温器 **309**/88
根のいろいろ **370**/78-82
寝袋 **28**/17; **278**/30
値札 **96**/6
ネベ **12**/48
根掘り用くわ **55**/21
寝巻 **32**/37
根回り **120**/28
眠り人形 **47**/11
根元切り振りのこ **157**/24, 64
ねり木 **65**/9
練り機 **97**/55
練り粉器 **97**/59
練り歯磨き **99**/31
寝技 **299**/8
寝わら袋〈ネコの〉 **99**/38
年金証書 **251**/11-19
年金窓口 **236**/25
撚糸(ねんし)管〔糸〕 **164**/60
撚糸機 **164**/57
年周軌道 **3**/2
燃焼器台 **288**/80
燃焼室 **152**/6; **232**/37
年少者用トボガン **303**/3
年少者用リュージュ **303**/3
粘性駆動用ファン・クラッチ **190**/8
粘性試験用とりべ(取瓶) **130**/32
粘着気動車 **214**/1
粘土(ねんど) **48**/12; **160**/1; **339**/31
粘土坑〈地図記号〉 **15**/88
粘土製の仮面 **260**/75
粘土製の幾何学的模型 **260**/79
粘土製の水差し **260**/78
粘土像 **339**/7
粘土採り場 **159**/1
粘土練り棒 **339**/8
粘土の塊 **161**/10
粘土箱 **339**/30
粘土柱 **159**/14; **161**/8
粘土模型 **48**/13; **260**/67
年平均気温 **9**/41
燃料圧力計 **230**/19
燃料油タンク **212**/75
燃料入口 **192**/13
燃料ガス **145**/52
燃料管 **286**/25
燃料管ダクト **234**/40
燃料計: 航空機の **230**/16 自動車 **191**/38, 65
燃料残量感知器 **234**/27
燃料タンカー **258**/97
燃料タンク: 宇宙船の **6**/7, 29, 37; **234**/58 オートバイの **188**/10, 28; **189**/2 ガスタービンの **212**/56; **209**/17 空軍機の中央部門～**257**/30 ジェット機の **146**/18 鉄道車両の **209**/20; **212**/4 トラクターの **65**/42 飛行機の **230**/48 船の **221**/71 予備～**212**/60
燃料調整用加速ロケット **234**/22, 48
燃料貯蔵器 **154**/28
燃料積込みボート **225**/13
燃料テンダー **210**/67
燃料電池 **234**/62
燃料取扱いホイスト **154**/27
燃料パイプ **190**/31
燃料ハンド・ポンプ **190**/64
燃料噴射器 **190**/32
燃料噴射パイプ **190**/52
燃料棒 **154**/4
燃料油 **38**/50
燃料油タンク **223**/80
燃料リーク・パイプ **190**/53
年輪 **84**/24

ノ

ノアール〈ルーレットの〉 **275**/21
農家 **62**/1, 31 地図記号 **15**/101
農業 **63**
農業機械 **64**; **65**
農業施設 **62**
農業用運搬技術 **138**
農具 **66**
納骨所 **331**/30
野ウサギ **86**/35; **88**/59
野ウサギ笛 **87**/44
農作業 **63**/1-41
農作業者 **63**/5
農作物 **68**/1-47
農産物 **68**/1-47
農場施設 **62**
農道 **63**/18
農夫 **62**/4, 6
農婦 **62**/4
膿盆(のうぼん) **23**/45
農民風のドレス **30**/27
濃霧警笛 **223**/3
濃霧警報用制御ボタン **224**/32
脳梁(のうりょう) **17**/44
ノーズ・コーン **235**/20
ノート **47**/24; **185**/62
ノートン式回転ギヤ **149**/8
野ガモ **272**/51
野ガモの渡り **86**/41
軒 **121**/4; **122**/36
のぎ(芒) **68**/12
軒がわら **122**/5, 49
軒桁(のきけた) **121**/44; **122**/40
軒先 **121**/3
軒先がわら **122**/5, 49
軒蛇腹 **37**/9; **38**/11; **120**/34;

335/48
ノギス 140/52; 149/67
軒スレート 122/76
軒継ぎ目 122/76
軒どい 37/11; 38/9; 122/28, 83
のこ: 自動丸太〜 157/54 動力〜 84/22; 138/25 ひき回し〜 126/70; 132/3 2人用〜 120/68 ほぞびき〜 132/44
ノコギリソウ 380/9
のこぎり台 124/30
のこぎりでひいた板 273/57
のこぎりとぎ器 157/42
のこぎりの歯 96/33; 150/16
のこぎりのフレーム 150/17
のこぎり歯かんな 132/17
ノコギリヒラタムシ属の一種 81/27
のこぎり屋根 121/20
のこぎりわく 138/25; 157/8
のこ取っ手 132/4
のこ歯 120/16
のこ刃 120/62; 157/3
のこ運び台 132/71; 133/38
のこびき小屋 120/3
のこ用石目やすり 134/6
野地板(のじいた) 122/17, 42
野地板張り 122/61
ノシメマダラメイガ 81/28
ノスリ 362/9
ノズル: 宇宙船の 234/35; 235/37 ガソリン・スタンドの 196/3 航空エンジンの 232/39, 45, 49, 55 スプリンクラーヤーの 67/33 スプレーヤーの 83/4, 46 燃料噴射〜 190/32 ピストン式〜 83/28 紡糸〜 170/42 ロケット・エンジンの 6/3
ノズル燃料タンク 235/45
のぞき穴 148/4
のぞき窓: ボイラーの 38/62 放射線探知器の 2/16
ノゲシャ 57/38
ノックアウトされた敗者〈ボクシングの〉 299/40
ノッチ 13/30; 117/36
ノット 9/12, 13, 14, 15, 16, 17, 18, 19
喉(のど): ウマの 72/16 オルガンの 326/18 人間の 16/19; 19/24
喉当て 329/42
のどのあき〈本の〉 185/55
野の植物 377
野の花 376
伸ばしアーム 132/63
伸ばし腕つき引張りローラー 133/13
伸ばしレバー 151/57
ノバラ 373/26
ノハラガラシ 61/18
ノハラツメクサ 69/12
ノブ 110/23
野縁(のぶち) 121/54
登り桟橋 119/41
ノボロギク 61/12
のみ〈道具の〉 120/71; 132/7-11; 137/38
ノミ 81/42
蚤(のみ)の市 309
のみ刃 65/58
ノミハムシ 80/39
のり 128/23, 24, 26, 28
のり(法) 118/72
乗合馬車 186/37
乗入れ口〈ガレージへの〉 37/52

のり肩当て板 118/73
乗り子 349/33
乗り子目盛り桿(かん) 349/31
のり下当て板 118/74
のりしろ 260/50
のりづけ板 128/31
のりづけ機 128/25, 26
のりづけ機械 185/31
のりづけ機構 184/4
のりづけしたたて糸ビーム 165/56
のり引き 128/46
のりブラシ 128/27
ノロジカ 88/28-39
ノロジカ笛 87/43
ノロの雄 86/17
ノロの子 88/39
ノロの雌 88/34
ノンマイマイガ 82/17
ノンパレル 175/20, 23
ノンブル 185/63

ハ

歯 19/16-18, 28-37 かぎの 140/35 活字版の 249/31 フォークの 45/60
刃: 糸のこの 135/13; 260/54 かまの 66/13 かみそりの 106/40 かんなの 132/20 製本機械の 185/29 ナイフの 45/57 はさみの 106/35 丸のこの 132/59
葉: オウトウの 59/17 オオバナ 378/18 オオバコ 378/45 散形花の 378/18 スイレンの 378/15 スグリの 58/3 スモモの 374/28 タケの 383/61 茶の 382/9 ナツメヤシの 384/3 プラタナスの 371/68 モクレンの 373/16 ユキノシタの 375/2 ユッカの 373/25 リンゴの 58/53 レンギョウの 373/3
バー: 印刷機の 180/56; 340/34 歯科治療具 24/37 事務所の 246/29 体操の 296/3, 8; 297/4 高跳びの 298/14, 34 ディスコの 317/1, 9 ナイトクラブの 318/13, 15 ホテルの 267/54 レストランの 266/1-11
バーカ 20/66
パーキング・メーター 268/1
パーク 220/21-23
パーク・スクーナ 220/20
パークのリギング綱具(つなぐ)装置 219/1-72
把握法〈ラウテク式〉 21/18
パーゴラ 37/80; 51/1; 272/17
バージ 216/22, 25
バージ・サッカーつき浚渫船(しゅんせつせん) 216/59
パース 275/19
バーセット 246/30
バーゼルの女性〔の服装〕 355/35
パーセント・キー 247/23
パーセント焦点合せ用チャート 177/7
パーティー 267/40-43; 300/22-27
パーティー用のスカート 30/56
パーティー用のブラウス 30/55
ハーディ・ガーディー 322/25
バーテン(ダー) 266/8; 267/62
ハート 276/40, 44
ハード・トップ 193/26, 27

パートナー 267/42, 43; 299/27
ハードル 298/8
ハードル競走 298/7-8
ハードル姿勢 295/12
バーナー: ガス〜 139/3, 48 ガラス製造の 162/6 テクル〜 350/1 点火用補助〜 38/60 はんだづけ用の吹込み〜 108/16 ブンゼン〜 173/5; 350/1
バーナー台 288/80
バーナー通風管 92/17
パーニヤ 140/55; 224/5
バーニング・オーブン 179/32
ハーネス 288/43
ハーネス・レース 289/23-40
ハーネス・レースの競走路 289/23
バーのウエイトレス 267/63
バーの客 267/55
バーの腰掛け 267/53
バーのとまり木 317/3
バーのトリオ 267/44
ハープ 323/60
ハーフ・ウェイ・ライン 291/3
ハープシコード 322/45
ハープシコードの構造 322/48
ハーフ・タイトル 185/43, 44
ハーフ・バック 291/14
ハーフミラー 243/55
ハーフリッグド・マスト 220/15
バーベキュー 278/47
パーペル 299/3
ハーモニカ 324/35
羽アリ 358/21
パール 175/22
パールテーア 272/39
ハーレキン 306/35
パーレン 342/24
パーロン 1/1-62
バーンクリーナー 75/21
バーを越える 298/31
肺 18/13; 20/6-7
椎(はい) 84/16
胚(はい) 370/86 カカオの 382/21 ザクロの 384/22
牌 276/34
バイ 97/22-24
ハイウェイ 15/16
灰受け 210/6
灰受け落し底 210/7
排波管 26/47
ハイエナ 368/1
バイエルン・カーリング 302/38-40
バイオプシー 23/17
バイオプシー用のピンセット 23/17
バイオリニスト 267/45
バイオリン 323/1
バイオリン記号 320/8
バイカ 175/19, 20, 28
バイカウツギ 373/9
バイカ・システム 175/18
肺活量計 23/31
肺活量測定 27/36-50
ハイ・ボレー 355/74
配管衛生設備 126/26-37
配管工 126/1
パイ・キー 247/24
排気管: 機関車の 209/12, 22 自動車の 191/51 写真製版機の 182/25 船の 221/76 まぐさ刈り機の 64/38
排気口のキャップ 38/52
排気ケーシング 212/69
排気口 168/29
排気修理 195/52
排気消音器 212/42, 48
排気浄化用排気マニホルド 190/

73
排気装置: 自動車の 195/51 水族館の 356/17 発電機〜 146/2, 5
排気組織 370/82
排気出口 259/92
排気筒 155/15; 189/15, 51
肺機能検査 27/36
排気排出管 258/79
排気ファン 199/32
廃棄物箱 172/59
排気弁 190/46; 242/53
排気マニホルド 190/36
排球 293/56-71
ハイキング・ストラップ 284/30
ハイキング船 218/13-17
ハイキング・ブーツ 101/18
バイク 364/16
背景画室 315/35
背景画室 315/28-42
背景幕 315/33; 316/10
廃坑 15/35
配合槽 173/1
灰皿 42/29; 104/5; 208/29; 246/33
パイ皿 97/25
灰皿つき肘(ひじ)掛け 207/69
陪審者(ばいしんしゃ) 332/27
胚軸(はいじく) 370/89
排紙された紙の山 180/44
排紙装置 180/45, 55; 181/14; 182/29
排紙テーブル 181/31
排紙胴 180/42, 65
排紙パイル 181/9
配糸ビーム 167/25
排紙ブロワー 181/33
背斜軸 12/17
背斜褶曲(しゅうきょく)
排砂門(はいしゃもん) 269/34
胚珠(はいしゅ) 58/39; 59/14; 370/63
排気ガス煙突 154/37
排気管: 戦艦の 258/44 熱ポンプの 155/11 船の 226/34
排気気泡 279/26
排気口: エンジンの 242/58 荷下ろし機の 64/26
排気装置 236/49
排出テーブル 184/14, 19
排出胴 64/13
排出部〈製本機械の〉 184/5; 185/23, 35
売春婦 306/37
排障器 210/34
肺静脈 18/12; 20/56
排塵機(はいじんき) 108/43
排水管: 下水道の 198/26 ごみ捨て場の 199/26 トイレ洗浄水槽の 126/17 浴室の 49/45
排水渠(きょ) 216/37; 268/8
廃水渠 269/22
排水口〈ソーラーハウスの 155/23; 養殖池の 89/8
排水溝: アスファルト道路の 200/63 堤防の 216/33
排水したドック 222/43
排水栓 178/34; 284/36
排水層 199/25
排水地域 12/24
廃水出口 217/62
廃水排出 156/38
排水パイプ 116/17
排水弁: 給水装置の 269/31 セントラル・ヒーティング炉の 38/65
配本水管 269/22

廃水ポンプ 172/63
排水レバー 126/19
排水路 144/46
排泄胞 357/5
配線工 127/1
配線工用ナイフ 127/63
肺臓 20/6-7
焙燥(ばいそう)炉 92/29
バイソン 367/9
刃佐 65/7, 65
ハイタカ 362/12
排唾管(はいだかん) 24/11
灰出し 38/42
配達人 236/53
灰だめ 152/8
排他律 1/7
配置 260/1; 310/30
ハイデルベルグ 平圧式凸版印刷機 181/29
配電器械 190/27
配電盤 157/67
配電盤室 152/19, 28
バイト 136/34; 149/48, 51, 52, 53
配当証書 251/18
肺動脈 18/11; 20/55
肺動脈弁 20/50
ハイ・トス 297/35
ハイ・ドラフト方式 164/14
灰取出し口 38/39
ハイドロフォーマー 145/47
パイナップル 99/85; 384/61
パイナップル状虫癭(ちゅうえい) 82/40
廃熱交換器 155/9
胚嚢(はいのう) 370/64
売買 251/1-10
ハイ・ハウス 305/75
バイパス・エンジン 232/46
バイパス気流 232/50
バイパス・スイッチ 211/25
ハイ・バック・ボロしきサドル 188/13
胚盤 74/65
背板 358/31
ハイビーム警告灯 191/69
ハイヒール 101/28
ハイヒール・シューズ 101/33
パイピング 30/13; 31/7
背部(自動車の) 193/35
パイプ 42/12
ハイファイ・コンポーネント 241/13-48
パイプ足場 119/46
パイプ掛け 146/4
パイプ・カッター 126/84
背部基準調節装置 114/55
パイプ・クリーナー 107/46, 48
パイプクリップ 126/56
パイプ支持物 126/53-57
パイプ・スクレーパー 107/45
パイプ・スチル 145/36
パイプ切断機 126/10
廃物 199/17
パイプつきキャットウォーク 221/3
廃物処理 199
パイプ手入れ台座 126/11
パイプの柄(え) 107/38
パイプ曲げ機 125/28; 126/82
パイプ用万力 126/81
パイプライン 145/35
パイプ・フック 42/11
パイプ・レンチ 126/61; 127/47; 134/11
ハイフン 342/28
ハイマツ 372/21

背面腕支持 296/29
背面支持倒立 295/29
背面宙返り 288/50
背面跳び 298/9
ハイヤー乗り場 233/33
俳優 316/37
排油栓 190/24
胚葉(はいよう) 74/65
培養菌 261/29
ハイラックス科 366/24
背梁(はいりょう) 72/29
配力鉄筋 119/69
パイル 291/44
パイル給紙機 180/73
パイル地のジャケット 29/44
パイレイト級 284/52
牌楼 337/3
パイロット旗 253/23
パイロット・トーン 117/7
パイロット・ライト 50/10
パウ 283/12
ハウジング: 機械の 153/60　機雷の 259/36　砲台の 257/17　ミサイル発射装置の 258/71
パウダー入れ 49/35
バウムクーヘン 97/46
バウライン 218/23
パウリの原理 1/7
パウリの排他原理 1/7
バウンシング・ボール 273/20
バウンド 284/14
バウンド 297/36
蛾(はえ) 84/16
ハエ 358/18
ハエジゴク 377/14
ハエたたき 83/32
はえなわ漁業 90/28-29
はえなわ専用 222/14
はおり着 30/25
ハ音記号 320/10
墓 331/23, 27, 29, 34
歯飾り 334/14
葉飾り 334/40
はがしナイフ 134/37
歯形軌条 214/9
歯形けらば板 122/26
鋼 143
鋼大引き 217/3
鋼杭(はがねぐい) 217/4
鋼グリット 148/38
鋼かき取りべら 339/11
鋼砥(はがねと) 94/16
鋼針 341/21
墓の盛土 331/24
はか棒 122/18
墓掘り 331/22
はかり 47/33; 170/29
はかり皿 349/36
はかり台 22/67
バギー 193/12
ハキダメゴケ 61/21
吐出し位置 147/58
吐出し口 217/56
吐出し構造 217/44
はぎナイフ 128/15
はげ頭 34/22
馬脚状の鉄かぎ 94/21
端切れ 103/16
馬蘭菌 23, 37, 24
馬具 71/7-25, 16; 329/83-88
パク 366/26
バク 70/9
褥(は)く置きクッション 129/50
箔置きナイフ 129/51
箔置きモップ 129/54
箔押し 183/1, 26

箔押し・浮出し用プレス 183/26
バカガ 81/29
麦芽かす(粕) 92/50
麦芽汁 92/44; 93/10
麦芽汁煮沸がま 92/44
麦芽汁槽 92/43
麦芽汁冷却器 93/5
麦芽汁濾過槽(ろか) 92/50
麦芽製造 92/1-41
麦芽製造塔 92/1
麦芽ビール 93/26
羽茎(はぐき浮き) 89/45
箔下地塗料 129/44
拍車 71/50-51
拍車筋肉 72/28
伯爵の冠 254/45
麦汁冷却 93/1-5
白色船尾灯 286/14
白色トップ・ライト 286/10
白色ビール 93/26
白色卵黄 74/67
ハクセキレイ 360/9
白線 268/72
羽口 147/20
爆竹 306/50, 53
白鳥座 3/23
バグ・ドッグ 70/9
白熱色 343/16
白熱電球 127/56
白斑 88/36
瀑布(ばくふ) 11/45
白泡沫ポンプ 172/63
白墨(はくぼく) 260/32
薄膜 2/10
薄膜ドジメーター 2/8
薄膜リング・ドジメーター 2/11
薄明域の境界 4/21
白羊宮の原点 3/6
爆雷発射装置 258/34
歯グラインダーの深度調整器 157/45
白榴石(かりゅうせき) 351/12
麦粒の分離 92/38
歯車 143/82-96; 148/63
歯車伝動装置 214/4-5
歯車装置: コンクリート突き固め機の 201/11　農業機械の 64/50　ポンプの 217/48
歯車箱 65/79
刷毛 340/11
はげ頭 34/20
はげかかった頭 34/20
はげた部分 34/21
バケツ 50/54
バケツ・エレベーター・チェーン 216/57
バゲット 97/12
バケット・アーム 200/4
バケット・エレベーター 200/49; 201/21
バケット・シート 193/11; 305/90
バケット浚渫機(しゅんせつき) 226/41
バケット・チェーン 226/42
バケット歯 200/6
バケットはしご 226/43
バケットはしご式浚渫機 216/56
バケットはしご式浚渫船 216/56
箱送り装置 159/7
刃コーティング機 173/29-35
箱形 122/83
箱形風車 91/31
箱形翼桁(よくこう) 287/30
箱錠 140/36-43

パゴダ 337/1, 21
箱ひだ 30/51; 31/25
運び台 167/39
運び台エプロン 149/16
箱ひだスカート 30/51
ハコヤナギの葉 371/21
ハゴロモカンラン 57/34
箱枠基礎杭(くい) 217/6
破砕機〈硫酸パルプ工場の〉 172/5
破砕防止ガラス 124/5
刃先: おのの 85/2　かまの 66/14
歯先〈編機の〉 167/52
狭間(はざま) 329/18
狭間飾り 335/39-40
狭間のある胸壁 329/20
はさみ 100/43; 260/49　ガラス製造工の 162/44　サソリの 358/41　洋服屋の 104/11
はさみ口 26/46
はさみ尺 85/10; 149/59
はさみつなぎ 121/50
はさみ跳び 295/39; 298/17, 22, 40
はさみの刃 106/35
はさみ梁(はり) 121/59
ハサミムシ 81/11
橋 215/1; 272/47
ハジキトウモロコシ 68/31
はけ 216/22, 25; 221/92, 94; 225/8; 226/35
はけ船頭 216/26
はけの列 216/22
はけ引き船アセンブリー 221/92
はしご 6/35; 21/32; 38/15; 47/5; 118/42; 211/43; 217/8; 235/28; 270/1-46　アーチ型～ 5/20　アルミ製～ 50/35　かぎつき～ 27　鋼鉄製～・機械～ 270/10　自動回転～ 270/9　船腹の 221/91　建地～ 118/86　段～ 50/35　縄～ 221/91　バケット～ 226/43　ヤコブの～ 221/91
はしご足場 118/86-89
はしごオペレーター 270/13
はしご掛け 122/15, 69
はしご型のクロス・カット 36/58
はしご型のステップ・カット 36/57
はしご用ギヤ 270/11
橋支え 222/12
端(はし)支柱 150/40
橋の半旋回 215/66
ハシバミ 59/44-51
ハシバミの果実 59/49
ハシバミの葉 59/51
バシフェア 369/12
橋方杖(ほうづえ) 215/30
馬車 186/1-54
パジャマ 32/17, 18, 19, 36
パジャマの上着 32/18
パジャマのズボン 32/19
播種(はしゅ)作業 63/10-12
播種作業者 63/10
播種準備作業 63/31-41
馬術 71/1-6; 289
播種袋 63/11
波状〈葉縁の形〉 370/48
波状滑空 287/60
馬上試合の装備 329/76
馬上試合標的 329/79
馬上試合用よろい 329/77
馬上試合用の鞍(くら) 329/87
馬上試合用の槍(やり) 329/81
馬上武術試合 329/71
馬上槍試合の旗 254/33

馬上槍試合用兜 254/4
波食台 13/31
波食ノッチ 13/30
柱 139/10
柱〈本の〉 185/60
柱 222/61; 335/20
柱ガイド 139/42
柱材 120/25
柱スタンド 112/32
柱時計 309/87
柱の型枠 11/9, 11, 73
刃尻 66/15
バジリカ会堂 334/61
バジリスク 327/34; 364/30
走り高跳び 298/9-27
走り高跳びの選手 298/10
走り高跳び用具 298/32
走る姿勢 295/2
バス 194
バス 291/47, 49
バスーン 323/28
ハスキー 70/22
バス記号 320/9
はす口 55/28
バス・クラリネット 323/34
バスケット 204/3; 292/32
バスケット・アーチ 336/28
バスケット織り織方図 171/11
バスケット・ストレーナー 67/12
バスケット・プレーヤー 292/35
バスケットボール 292/28, 29
バスケット・ポスト 292/31
バスケット・リング 292/33
バス弦 324/25
バス・スポンジ 49/6
バス・ソルト 49/5; 99/34
バス・タオル 281/14
バスツール牛乳 99/44
バスつきダブル 267/27-33
バス・チューバ 323/44
バステル・クレヨン 338/19
バス・トランペット 323/43
バス・トロンボーン 323/46
バス乗り場 233/35
はすば大歯車 192/34, 36, 39, 43, 44
はすばかさ歯車 143/92-93
はすば平歯車 143/89
バス・ヴィオル 322/23
バスポート 267/13
バス・マット 49/48
はずみ車 166/15; 190/20
バズル 355/69
パズル 48/9, 10
はずれ針 171/44, 47
バス・ロープ 29/24
バセリ 57/19
場銭 275/11
バソライト 11/29
馬そり 304/25
旗 253/7-11; 268/44 音符の 320/5
バター 98/22; 99/47
バター 293/93
バター入れ 45/36
バター供給パイプ 76/34
バタークリーム・ケーキ 97/24
バター成形機 76/35
バター成形包装装置 76/32
バター・チャン 76/33
バター・ナイフ 45/73
バターミルク用タンク 76/18
パターン 175/55
パターン・テーブル 175/56
裸火 267/25
肌着 309/85

畑 63/4
畑作業 63/1-41
畑の害虫 80/37-55
旗竿（はざお）223/53; 253/1, 7; 258/4, 25; 259/87; 273/61; 280/10
旗印 253/12
旗布 253/3, 11
ハタネズミ 83/37
葉タバコ 83/13
バタフライ泳法 282/34
ハタキアリ 358/22
バタリー 74/19
バタリー飼育 74/18
バタン 355/43
バタン・カード 167/19
ハ短調 320/65
ばち 323/54, 56; 354/19
鉢植え 42/36
鉢植え植物 39/37; 44/25; 55/25
8気筒ディーゼル機関 212/73
8気筒V形燃料噴射火花点火エンジン 190/1
8気筒リムジン 193/1
ハチクイ 360/2
8桁（けた）蛍光表示装置 247/15
8チャンネル記録器 27/28
鉢づめ用テーブル 55/12
ハチドリ 363/4
ばちの頭 324/64
ハチの巣 77/26-30; 108/18; 137/17; 140/14
蜂（はち）の巣塗りの組織図 171/29
蜂の巣れんが 159/28
八分音符 320/16
八分休符 320/24
八分儀器 3/43
8分の9拍子 320/39
8分の3拍子 320/36
8分の4拍子 320/31
8分の2拍子 320/28
8分の6拍子 320/34
8砲身対空ロケット発射装置 259/5, 20
蜂蜜（はちみつ）びん 77/63
蜂蜜容器 77/62
八面体 351/6, 14, 16
八面体で変形された立方体 351/16
爬虫類（はちゅうるい）364/27-41
爬虫類動物の囲い 356/12
ハ長調 320/55, 62
ハ長調の幹音 320/45
発音するはね（翅）81/8
ハッカ 380/3
八角形 351/17
八角形カボション型〈宝石の〉36/81
八角形クロス・カット〈宝石の〉36/53
八角形ステップ・カット〈宝石の〉36/52
八角形のすりガラス栓 349/4
発芽中の大麦 92/23
刃つき固定シェル 172/76
白金環 23/15
ハッキング・ナイフ 128/37
バッキング・ペーパー 128/5
パッキン箱 145/26; 210/33; 223/64

バック 296/17
パック 76/25 アイス・ホッケーの 302/35 落下傘の 288/44 猟犬の 86/33
バック・アップ・ボール 305/20
バックル機構 185/8
バックギャモン 276/1
バックギャモン用の遊技盤 276/22
バック牛乳製造装置 76/20
バック・クッション 42/25
バック・ゲージ 183/17; 185/4
バック・ゲージ片手調整器 185/7
バック・スコアリング弁 216/61
バックステー 219/19
バック・ステッチ 102/1
バック・ストップ 325/2
バック・チェック 325/27
ハックニー貸馬車 186/26
バッグパイプ 322/8
バックハンド・ストローク 293/39
バック・ベルト婦人靴 101/53
バックボード 292/30
バックミラー 188/35; 189/30
バック・ミラー 191/39
バック容器 76/22
バックル折りのための停止装置 185/11
バックリスト 166/37
白鍵（はっけん）325/4
撥弦（はつげん）楽器 322/21
発券銀行 250/30
撥弦式ツィター 324/21
発光雲 7/22
発酵温度計 93/9
発酵室 93/7; 97/72
発酵槽 93/8
発光ダイオード読み出し 110/2
発行地 342/40
発行日 342/42
伐採（ばっさい）用くさび 85/4
バッジ：警察の 264/27 自転車の 191/12 道化師の 306/60
パッシェン系列 1/22
抜歯鉗子（かんし）24/47
発射 305/52
発射角 87/76
発射コンテナ 258/32
発車時間標識 205/23
発射時緊急脱出塔 234/66
発射斜面 255/60
発射装置 255/29
発射レバー 94/6
発情期の狩猟 86/9-12
発情した雄ジカ 86/12
発色現像液 116/10
パッセージ 71/3
発想記号 321/27-41
撥奏用（はっそう）のつめ 322/19
バッタ 358/8
バッター 292/51, 52, 63
バッターの位置 292/51
バッタ擬餌（ばじ）89/68
ハッチ：船の 221/11; 222/64-65 屋根の 38/14 郵便局の 236/30
バッチ 162/2
ハッチ縁材 222/64
ハッチ・カバー 222/65
ハッチ供給装置 162/13
ハッチ・コーミング 222/64
ハッチ・プラットフォーム 6/34
バッチ・ポケット 29/68
発着表 204/21
バッティング 293/86
バッティング・オーダー 292/58
バッテリー 65/53; 114/66; 191/50

バッテリー式赤外線音声ヘッド・フォン 242/30
バッテリー・スイッチ 115/13
バッテリー装置 115/75
バッテリー動車 211/55
バッテリー箱 188/22
バッテリー・ボックス 207/5, 25; 211/56
バッテン 284/44
発電機（器）：154/47, 53 オートバイの 187/8 原子炉の 154/15 原子炉のタービン～ 154/33, 34 交流～ 152/23 スチーム・タービン～ 259/58 ディーゼル～ 259/94 ディーゼル電気駆動装置の 223/74 鉄道車両の2つき 211/46 動力調整用可変ピッチつき～ 155/46 内燃機関の 190/76 風力～ 55/34; 155/42 列車暖房用～ 212/39
発電機駆動用タービン 153/23-30
発電機排気装置 146/2
発電機用補助エンジン 231/33
発電所 144/13; 146/1; 152/1-28; 153/; 217/64
バッテン通し 284/43
ハット 280/20
バット：クリケットの 292/75 製紙工場の 172/25; 173/47 野球の 292/62
バット：製靴工の 100/16 馬具 71/17, 31 ホッケーのすね当て 292/9
バットウィング・スリーブ 31/16
バッドのついたヘッドバンド 261/41
撥土板（はつどばん）65/4, 64
バッド・ブリッジ 111/12
バットマン 292/74
発熱体 172/32
発破導火線 158/28
発破の薬包 158/27
バッファ記憶装置 242/33
バッフル板 259/15, 27; 309/17
伐木（ばつぼく）84/15-37
バテ 96/15; 124/17
馬丁（ばてい）186/27
蜂蹄形（ばていがた）アーチ 336/30
馬蹄形握り 298/53
馬蹄形の机の配置 260/1
馬蹄状マウント 113/26
バテ釘（くぎ）124/24
バテナ 330/9; 332/51
バテ・ナイフ 124/27; 129/24
ハト 73/33; 359/23
歯とぎ器具 157/43
バドク 319/15
鳩時計 109/31
パ・ド・トロワ 314/27-28
波止場 15/59; 225/64
波止場階段 283/22
波止場クレーン 225/24
波止場鉄道 225/21
波止場道路 225/38
バドミントン 293/43-44
バドミントン・ゲーム 273/6
バドミントンのラケット 293/43
鳩胸胴甲（はとむねどうこう）329/46
はと目 100/53, 63
はと目金 124/23
パドル 353/14
パドル・ボート 280/12
パトローネ入りフィルム 114/7
パトローネ・スリット 114/10
バトンガール 306/67
はな〈母屋（もや）の〉122/40

鼻: イノシシの 88/53 ウマの 70/4; 72/6 人間の 16/10
花: 330/48; 370/23, 51 アサの 383/12 アネモネの 375/6 イチゴツナギの 375/40 イチジクの 384/13 イトシャジンの 375/16 イブキトラノオの 376/11 イボタの 373/7 ウキクサの 378/37 ウマノスズクサの 376/23 ウスユキソウの 378/10 エーデルワイスの 378/10 オウトの 59/9 オオオニバスの 378/20 オリーブの 383/31 カエデの 371/55 カカオの 382/18 カキドオシの 375/20 カナダモの 378/57 カンボクの 373/11 キツケイの 373/5 キョウチクトウの 373/14 グッタペルカの 383/39 コデマリの 373/24 コーヒーの 382/4 ゴマの 383/47 ゴムの 383/36 コンフリの 69/14; 375/46 ザクロの 384/18 サジオモダカの 378/47 サトウキビの 382/55 ジャガイモの 68/42 ジュートの 383/27 スイレンの 378/16 スグリの 58/4 セイヨウサンシュユの 373/31 タバコの 382/42 チョウジの 382/29 トチノキの 371/62 トリネコの 371/40 ナズナの 61/10 ナタネの 383/3 ニレの 371/52 ニワトコの 374/36 ノハラガラシの 61/19 パイナップルの 384/64, 65 ハキダイコンの 61/22 バナナの 384/34 ヒソップの 374/6, 7 ヒナギクの 376/2 ブナノキの 371/35 ブラジルナットの 384/56,57 ポプラの 371/17 マーガレットの 376/8 ミズガラシの 378/32 ユキノシタの 375/3 ルリトラリオの 375/23 ワスレナグサの 378/28 綿の 383/17
パナール・ロッド 192/70
ハナイ 378/39
花売り娘 266/28
花かご 266/29
花飾り 35/21
花形円板 65/85
鼻革 71/7
花ぎれ 183/35; 185/42
花園 51/1-35
花台 37/20
花束 332/18
花緒(はなお) 306/5; 335/54
ハナツメクサ 60/14
バナナ 99/90; 384/28, 33
花苗床 55/37
バナナ・サル 188/59
花のつぼみ 374/15
花の芽 60/16; 61/3
花びら形状装飾の袖 355/46
花火類 306/49-54
パナマ帽 35/16
花婿 332/16
端部屋(はなもや) 121/44
花模様のブレード 30/28
花屋 204/48
ハナヤサイ 57/31
花嫁 332/15
花嫁の花冠 332/19
花嫁の付添人 332/24
花嫁のベール 332/20
パニエ・スカート 355/83
パニッシャー 340/17

バニラ 382/46, 48
バニラの果実 382/48
羽根: 水車の 91/38 バドミントンの 273/7 腐食機の 178/25, 33
ばね 140/46; 186/15
跳ね板: 曲芸師の 307/36 ブドウ破砕機の 78/19
跳ね板曲芸師 307/35
跳ね返りガード 157/59
羽根飾り 352/12
羽根飾りつきクロシュ 35/12
ばね緩衝器 214/50
ばねかんぬき 140/37
羽根車: 軸流ポンプの 217/52 製粉機の 91/1
羽根車キャップ 91/30
ばね座金 143/34; 202/8
ばね支え 167/38
ばね歯かん 64/42
ばね式マガジン 247/6
羽軸 322/53
ばね装置 11/42
ハネデュー薄片 266/50
はねなわ導車 222/28
ばね鋼製釣竿(つりざお) 89/51
ばね歯かん 64/4, 42, 54; 65/57
跳ね橋 329/25
羽根ぶとん 43/8
ばねリング 300/46
ばねリング穴 300/35
パネル計器 234/53
翅(はね)をたたむ時の折れ目 358/35
葉のある枝 371/27
葉の形のいろいろ 370/31-38
刃のカバー 66/18
刃の長い槍(やり) 354/12
パノラマ式風防 191/21
パノラマ写真用X線装置 24/21
馬場 5/1
母親 28/6
幅木(はばき) 123/21, 63
ハハコグサ 377/3
母ジカ 88/1
幅寸法目盛 157/58
幅出し機 165/54; 168/21
幅出し機の耳送り装置 168/24
幅調整 100/19
幅調節木型 100/55
幅跳び 298/37-41
幅止め 119/67
ハバナ 107/2
母ノ口 88/34
母ヒツジ 75/10
幅広縁 355/56
幅広のみ 137/34
母ブタ 75/41
ハビ 254/35
パピルス 383/64
パピルス柱 333/15
パピロニア式フリーズ 333/19
バビロニアの美術 333/19-20
破風(はふ) 37/8
バフ研磨機 108/46
バフ・スリーブ 355/49, 60
バフ袖 31/27
ハブ中心 187/59
ハブ胴 187/69
バフ・ペースト 97/18
破風窓 335/49
破片: 核分裂の 1/37-38, 44, 47, 51 ガラスの 124/10 磁器・陶器の 161/21

馬房 75/2
ハマアザガ科 61/24
葉巻き入れ 107/8
ハマキガ 80/9; 82/43
葉巻きタバコ 107/1, 3, 4
葉巻きタバコ売り 267/49
葉巻きタバコの箱 107/1
葉巻きひげ 57/4
浜辺の草地 15/7
歯磨き用コップ 49/28
はみ鎖(ぐさり) 71/12
バミューダ・ショーツ 31/44
ハム 95/51; 96/1
ハムスター 366/16
羽目板 123/56; 281/19
はめ込みがわら 122/59
はめ込み平がわら 122/60
はめ込みブリキ片 124/24
はめ継ぎ 121/87
はめ歯 143/83
はめ輪 45/53; 149/64
刃物置き 135/5
刃物送り台 149/22
刃物台 149/21
刃物類 267/85; 309/47
刃物類戸棚 266/41
刃物類容器 266/48
波紋刺子 171/1
早送り・巻き戻し・停止ボタン 249/73
端役 316/39
林の中の空地 15/2
ハヤブサ 362/2
ハヤブサ類 362/1-4
早読出し用スイッチ 195/12
バヨネット式差込み 127/65
バヨネット式電球 127/69
腹 16/35-37
バラ 51/25
バラ色クローバー 69/4
腹帯 71/18, 36; 289/11
バラ形装飾 306/34
はらご 89/12
バラゴン 175/31
パラシュート 10/57; 288/37
ハラジロカツオブシムシ 81/22
バラス 269/10
バラスター 38/29
バラスト 212/66; 223/78; 285/33; 288/65
バラスト・キール 285/32
バラスト・タンク 223/78
ハラタケ 381/1
腹つぎ 54/36
ばら積み荷物浮きエレベーター 226/31
ばら積み貨物運搬 226/29
ばら積み貨物運搬船 225/67; 226/30
ばら積み貨物船 221/9
ばら積み貨物用積み荷昇降口 221/11
ばら積み荷物運送はしけ 226/35
ばらとかたはら部 95/27
バラの木 52/21
バラのつぼみ 60/16
バラの実 370/100
腹盤木(はらばんぎ) 222/40
腹びれ 364/8
パラフィン 145/60
パラフィン・ランプ 278/29
ばら窓 335/23
はらみ索 218/35
バラライカ 324/28
バランス曲芸 307/44

バランス曲芸師 307/48
バランス・ポール 307/42
針〈コンパスの〉 151/56
針編み 102/30
針編みレース 102/30
梁(はり)受け桟 119/61
梁受け縦材 285/55
ハリエンジュ 371/70
梁の型枠 119/12
針金 78/8
針金加工機 125/25
針金櫛(さく) 78/1, 9
針金製かご 55/50
針金とじ機 184/15
ハリガネムシ 80/38
針カム 167/14
張り皮 323/58
バリケード 264/17
はり込んだ糸 171/43
梁材 120/19, 24
針竿(はりさお) 167/28
針先アタッチメント 151/54
針差し 104/20
鉤素(はりす) 89/78
バリソン 162/47
バリソン型から吹込み型への移動 162/26
張りたが 324/56
ハリタケ 381/24
張出し 284/13; 352/36
張出しスラスト 229/38
張出し棚 126/6
張出しきカヌー 352/35
張出しラフラップ 229/51
針つき磁気カートリッジ 241/26
張付けポケット 29/68; 30/22; 33/38
張り綱 278/23
張り綱バング 284/21
針床 167/55
バリトン・オーボエ 323/38
ハリネズミ 366/5
パリのお針子 306/21
梁(はり)の側枠(かわわく) 119/55
梁の下枠 119/56
針の列 167/27
梁端(はりは) 121/33
張間 215/14
張間梁 119/5
針溝 167/15
張り物 315/31
ハリヤード 223/10
バルーシュ型馬車 186/35
バルコニー 37/18, 69; 329/12
ハルシュタット期 328/21-40
パルス・ケーブル 117/72
パルス波形 23/37
パルス発生カメラ 117/71
パルス発生器受け口 117/7
パルセーター 75/32
バルダ 331/49
パルテノン 334/1
バルバー 172/89
バルハン 13/40
バルプュイア 327/55
バルブ 38/73 サッカー・ボールの 291/18 トランペットの 324/66 ボンベの 279/22
バルブ乾燥機 172/61
バルブ水ポンプ 172/55, 63
バルブ濃縮器 172/24, 42, 44, 48, 62
ハルマ 276/26-28
ハルマー系列 1/21
ハルマの駒(こま) 276/28
ハルマ盤 276/26

パルメット 334/41
ハルモニウム 325/43
バルラ 355/10
晴 9/21
バレエ 314
バレエ・シューズ 314/30
ハレーション防止用遮光板 310/51
バレエ・スカート 314/31
バレエ・ダンサー 314/26
バレーボール 293/56-71
バレーボール用のボール 293/58
バレエ・ポジション 314/1-6
バレオブネウステス 369/19
晴着用シャツ 32/43
パレット: オルガンの 326/10 画家の 338/28 積荷の 206/32; 225/43; 226/7, 10
パレット・ナイフ 338/14
バレリーナ 314/26
ハレル 252/27
ばれん 340/13
馬勒(ばろく) 71/7-13; 289/12
ハロゲン・ランプ 177/31
ハロセイン 26/26
ハロセインの容器 26/26
バロック式宮殿 272/7
バロック式教会 336/1
バロック美術 336/1-8
パワー・ズーム調節装置 117/19
ハワイの娘 306/16
盤 311/4
パン 194
半円甲板部 223/28
半影 4/34
半円 346/46
半円アーチ 336/27
半円アーチのフリーズ 335/9
半円形やすり 140/29
半円蓋(えんがい) 334/73
半音階 320/49
ハンガー 215/41
バンカー 293/81
ハンガー・コラム 168/16
パンかご 45/20
半仮面 306/13
バンガロー 278/7
半旗 253/6
版木(はんぎ) 340/32
版木刀 340/10
半球形エンド・リブ 235/48
反響 224/63
反響受信機 224/64
反響板 330/21
反曲 334/11
反曲線翼 229/22
半切妻屋根 121/16
パン片 45/22
バンク 237/43
ハング・グライダー 287/44
ハング・グライダー操縦者 287/45
ハング・グライディング 287/43
半靴 352/18
番組モニター 238/61
バングル 36/17
ハングル 341/27
半径 346/22, 47
半月 4/4; 19/81
半月状ネックレス 328/25
番犬 62/32; 70/25
番号: 競馬の 289/33, 36 丸太の 85/33
番号板 290/22
番号表示器箱 267/5

番号札 278/42
半固定型農具 65/82
ハンザ・コグ 218/18-26
ハンザ船 218/18-26
ハンサム馬車 186/29
半仕上げ製品 148/66
半仕上げ製品の加工 148/66-68
パンジー 60/2
半自動円形びん詰め機 79/9
半自動コルク栓機 79/10
半自動サーモスタット調節現像皿 116/56
版締め具 178/27; 179/8
半翅目(はんしもく) 358/4
反射鏡: カメラの 115/33 経緯儀の 14/59 自動車の 187/45
反射鏡組立て 176/21
反射鏡式アーク灯 312/39
反射鏡システム 115/31
反射鏡つきペダル 187/78
反射鏡方式 176/24
反射光顕微鏡 112/23
反射材 1/65
反射測角器 351/22
反射ファインダー 117/44
反射望遠鏡 113/1
バンジョー 324/29
半人半獣 327/52
半錐体(はんすいたい) 351/24
反趾(はんすう)動物 73/1; 366/28-30; 367/1-10
盤滑り 11/46
半ズボン 29/32; 33/25, 40; 300/7
半正後退角つき後退翼 229/20
パン製造所 97/55-74
帆船 219; 220; 273/29; 278/12; 284/10-48
番線締め 118/30
半潜水掘削船 221/64
帆船の発達 220/35-37
帆走 285/11
伴奏弦 324/25
絆創膏(ばんそうこう) 21/7; 22/55
半装着型スプレーヤー 83/38
帆走方位と風向 285/1-13
伴奏用ボタン 324/43
反則 291/50
反則パンチ 299/34
半袖アンダーシャツ 32/28
半袖(はんそで)シャツ 33/33
半袖セーター 33/32
半袖のプルオーバー 33/32
はんだ 126/76
版台 178/35, 41; 340/64
ヴァンダイクひげ 34/13
はんだ石 125/6
バンタイルがわら 122/54
バンタイル屋根 122/53
はんだ液 125/7
パンタグラフ 211/2
パンタグラフの弓形集電器 205/36
はんだごて 126/73; 134/19, 57
はんだづけガン 134/56
はんだづけ用具 125/5-7
版棚 178/35
はんだフラックス 125/7
はんだ棒 108/38
バンタム種 74/56
はんだ用ガン 108/14
はんだ用硼砂(ほうしゃ) 108/39

はんだ用溶剤 108/36
パンタレオン 325/1
パンタレッツ 32/10
パンタロン 306/42
パンタロン・スーツ 30/57
パンチ: 活字鋳造機の 175/32 事務用品の 247/3 穿孔機の 100/45
パンチ・カード読取り装置 244/12
パンチ彫刻師 175/32
パンチ・テープ 237/62
パンチ・バッグ 299/21
パンチ彫刻師 175/32
パンチ・ボール 299/24
半直線 346/20
パンツ: 32/27 サッカー用ショート～ 291/57 水泳～ 280/43 トラック・スーツの 33/29
半襲びさし 121/17
版面(はんづら) 340/59
パンティ 32/8, 10
パンティ・ガードル 32/2
パンティ・コーセレット 32/3
パンティ・ホーズ 32/12
バンデリリェロ 319/4, 21
バンデリリャ 319/22
バンデリリェロ 319/21
反転数字板式デジタル表示装置 110/20
反転リング 115/83
バンド: 楽団 318/3 サッカー・シューズの 291/25 手首～ 296/64
パント 283/1
ハンド・アイロン台 104/30
半島 13/5
版胴 180/25, 38, 53, 62; 181/51, 60
バンドウイルカ 367/23
版筒インキつけレバー 249/50
反動輪 67/33
反動腕ばね 67/35
半島堤 225/65
パンドラ 322/21
ハンド・ガード 94/10
パントグラフ 14/65; 175/58; 197/23
パントグラフ移動台 175/53
ハンド・クリーム 99/27
ハンドグリップ 114/37; 117/61
パント竿(さお) 216/16
ハンド・スタンプ 236/45
ハンド・スプレー: シャンプーの 105/30; 106/13 塗料の 129/35
パント〔船〕 216/15
ハンド・ダイス 126/85
ハンド・ドリル 140/13
バンドネオン 324/36
バンドの楽士 306/3
ハンドバッグ掛けかぎ(鉤) 188/54
ハンドピース 24/6
ハンド・プレーキ 187/5; 191/72
ハンド・ブレーキ輪 212/64, 80
ハンド・ブレーキ・レバー 188/33; 191/93
ハンド・ヘア・ドライヤー 105/33; 106/22
ハンドボール 292/1
ハンドボールの選手 292/2
ハンドボックス 307/9
ハンド・ミキサー 39/22
パント・ライン 218/36; 219/71
ハンドル: 編機の 167/22, 33 汽笛の 210/51 競走用自転車の 290/18 クランク～ 64/57 軽オートバイの 188/45 計算器の

309/81 携帯用寝台の 28/50 ゴー・カートの 305/89 ごみ入れの 50/63 自転車の 187/2; 188/31; 191/37 締め機の 183/23 手動印刷機の 340/23 石版印刷機の 340/62 打綿機の 163/17, 18 電気ハンマー・ドリルの深度ゲージつき～ 134/47 銅版印刷機の 340/39 万力の～ 132/31 プラグの 65/2 紡績機の 166/8 巻戻し～ 117/93 マニピュレーターの 2/39 ミニサイクルの 188/17 無影灯の 26/12 モーターつき自転車の半垂直～ 188/11
ハンドル軸 187/10
ハンドル軸管 191/57; 192/56
ハンドル車 201/9
ハンドル・スポーク 191/58
ハンドル取付け部品 188/30-35
ハンドル握り 187/3
ハンド・レバー 132/55; 183/31
ハンド・レバープレス 183/26
番人 63/13
万能カッター 134/28
万能掘削機 158/13
万能軽ヘリコプター 232/11
万能研削機 150/1
万能製版用複写カメラ 177/24
万能切断機 141/36
万能戦闘機 256/8
万能測量機 112/67
万能棚 248/28
万能テスター 127/41
万能電気掃除機 50/80
万能ノズル 50/67
万能床削り盤 150/32
万能フィルム・カセット 242/44
万能ランプ 109/12
万能リング 89/58
万能レンチ 134/14
パンの皮 97/4, 5
ハンノキ 371/30
パンの材料と穀類 99/62
パンの種類 97/6-12
パンの中味 97/3
パンの笛 322/2
バンパー 197/12
バンパー・カー 308/63
バンパー・スチール 166/44
バンパー・スチール停止棒 166/45
販売係 309/29
販売店 111/1-19
販売のためのつば軸受け 148/73
パンパスソウ 51/8
版藁 180/78; 181/17
半反射鏡 243/55
ハンプ 206/46
反復記号 321/26
パンプス 101/23
パンフレット 250/7
繁分数 344/17
パン棒 240/29; 313/11
ハンマー 126/77, 78; 134/7 圧縮空気動力式～ 139/24, 26 てンツェルダルシマーの 322/35 かまとぎ用～ 66/9 杭打ち～ 226/38 工作機械工～ 126/40; 140/23 診療器具 22/73 ストレート～ 122/73 製本工の 100/37 短ストローク・ドロップ～ 139/11 彫刻～ 108/41 ハンマー投げの 298/42 ピアノの 325/3, 15 ピアノ調律用～ 325/20 縁曲げ～ 125/15 面取り～ 125/14 れんが工用～ 118/53

ハンマー打ち 293/78
ハンマーおの 300/37
ハンマー・ガイド 139/29
ハンマー・クラッシャー 160/2
ハンマー砕石機 160/2
ハンマー・ジャック 325/30
ハンマー・シャンク 325/25
ハンマー・シリンダー 139/30
ハンマー装置 325/3
ハンマー・ドリル 158/11
ハンマー投げ 298/42-47
ハンマーの頭 298/43
ハンマーの柄(え) 298/44
ハンマーの打面 139/26
ハンマーの部品 137/26
ハンマー・ヘッド 288/4; 325/24
ハンマー・レール 158/20
版面 185/59
半面像 351/24
ハンモック 278/4
斑紋(はんもん) 88/55; 71, 74
パン屋 97/1-54
パン焼き用の原料 98/8-11
パン用穀物 68/1-37
汎用(はんよう)シリンジ 24/10
汎用トラクター 65/20
汎用トレーラー 62/40
汎用犂体(れいたい) 65/64-67
汎用バイト 149/52
氾濫原(はんらんげん) 13/62
凡例(はんれい) 14/27-29
反ローリング制御装置 224/26
版をかける棒 178/6

ヒ

ひ(杼) 166/26
脾(ひ)20/12, 27
ピア 233/12
干上がった谷 13/75
被圧地下水 12/21
ピアッフェ 71/1
ピアニーノ 325/1
ピアニッシモ 321/36
ピアニッシシモ・ピアノ 321/37
ピアノ 321/35; 325/1
ピアノ・アコーディオン 324/36
ピアノの機構 325/2-18
ピアホール 308/23
P〈文字旗の〉253/26
PIP装置 242/15
PVC靴底 101/2
PS版製版機 179/31
ビーカー 350/20
ビーカー族の土器 328/14
B甲板 28/30
ビーコック 73/30
ビーコン 15/10, 49
ビーザビー 186/51
ビース 377/19
ビーズ・ピン 128/30
ビーター 172/32
ビーター駆動シャフト 163/24
ビーダーマイヤー期の紳士 355/73
ビーダーマイヤー式ソファー 336/17
ビーダーマイヤー風のドレス 306/22
ひいた木材 157/33
ビーチウェア 280/19-23
ビーチ・ガウン 280/25
ビーチ・クロス・スーツ 33/24
ビーチ・ジャケット 280/21

ビーチ・シューズ 280/23
ビーチ・スーツ 280/19
ビーチ・ズボン 280/22
ビーチ・チェア 280/36
ビーチ・テント 280/45
ビーチ・パイ 97/22
ビーチ・バッグ 280/24
ビーチ・ハット 280/20
ビーチ・ボール 280/18
ビーチ・マットレス 280/17
P.T.O.駆動ポンプ 67/15
P.T.O.駆動ポンプの台車 67/14
P.T.O.クラッチ 65/40
P.T.O.軸 63/21; 64/49
P.T.O.操作レバー 65/23
P.T.O.変速装置 65/38
P.T.O.変速レバー 65/40
ビート・エレベーター用ベルト 64/94
ビート・クリーナー 64/89
ビートの梱(こり) 206/10
ビート・ハーベスター 64/85-96
ビート・ホッパー 64/96
ピーナッツ 45/41; 383/41
ビーバー 35/33; 366/14
ビーバー毛皮の縁なし帽 35/33
ビーフ 95/14-37
ビーム 355/9
ビーム入口 1/64
ビーム・コンパス 124/22; 125/11
ビーム・セッター 195/24
ビーム・フランジ 165/30; 167/26
ビーム巻返し機 165/55
ヒイラギ 374/9
ヒール 101/55
ビール 92; 93/26
ビール加温器 266/7
ビール缶 93/25
ビール・グラス 45/91; 93/30; 317/6
ビール工場 92/42-53
ビール醸造 93
ビール醸造所 93/1-31
ビール製造工 92/49
ビール製造工程 92/42-53
ビール栓 317/8
ビール樽(だる) 93/17
ビール詰めユーロびん 93/26
ビールの泡 266/4
ビールの缶 99/73
ビールのジョッキ 266/6
ビール 93/26; 205/50
ビール・ポンプ 266/1, 68
ビール・マグ 309/53
ビール・マット 266/26
ビール輸送 93
ビール濾過器(ろかき) 93/15
P1ピストル 255/1
飛羽(ひう) 88/76
火打ち石銃 353/28
被裏書人 250/26
ピエロ 306/12, 19
ヒエログリフ 341/1
ヒエロソウ 60/13
微温のシャワー 281/29
鼻音符 342/35
被開方数 345/2
火かき 38/41; 137/4
皮革面 131/13, 18
ヒカゲノカズラ 377/12
日がさ 37/48
東オーストラリア海流 14/38
被加数 344/23
非直線部 178/43

皮下注射器 24/53
皮下注射針 24/54
ピカドール 319/16
ピカドールの丸帽子 319/20
光読出し 195/9
日替り料理 266/27
ひき石 354/24
ひきうす 91/16, 19, 20, 21
ひきうす筒 91/20
挽馬(ひきうま) 186/28, 47
ヒキガエル 364/23
引かぎ 65/19
光ダイオード 243/56
ひき角 120/87
引き金 87/11, 12; 94/6; 255/5, 20
引き金式弁 270/62
引き金装置 255/20
ひき皮 71/22, 24, 35
引きくわ 66/1
引込みゲート 217/18
引込み式センターボード 284/8; 285/41
引込み式ラダー 285/37
引裂き索 288/76
引裂きパネル 288/75, 83
引き算 344/24
引締めねじ 130/4
引き裾(ネモ) 355/80
引出し 41/9; 43/18; 46/11 鏡っきキャビネットの49/34
引出しの区分け 271/6
引き球 277/4
引き綱 71/22 90/12; 216/24; 221/106
引き索 287/4
引き綱つり手 133/39
引き戸 30/87; 213/15, 22
引き戸式屋根 193/24; 194/10
引き戸式屋根つき有蓋(ゆうがい)貨車 213/22
引き戸つき戸棚 248/38
引留め索 259/16
引き索(なわ) 217/23
引き縄 286/47
ビキニ 280/26
ひき肉機 96/53
ビキニ・トップ 280/28
ビキニのブリーフ 32/15
ビキニ・ボトム 280/27
引抜き台 108/2
引伸し機 116/26
引延し機〈ガラスの〉162/7
引伸し機ヘッド 116/41
引伸し計器 116/53
引伸し光度計 116/53
引伸しベローズ 115/85
引延しローラー 162/11
引きひも 70/30
引き船 216/23; 221/92, 93; 222/42; 225/15; 227/5, 16; 258/96
引き幕 315/1, 2; 316/23
引き窓 207/7
ひき回しのこ 126/70; 132/3
眉弓(びきゅう) 16/5
非球面凹面鏡 312/39
鼻鏡 70/3
びく 89/25
火食い術師 308/25
ヒクイドリ 359/1
杼口(ひぐち)〈自動織機の〉166/40
ビグ・トラップ 146/31
ピクニック・ショルダー 95/42
ヒグマ 368/10
ピグミー族 354/41

ピグミー・プードル 70/36
ひげ 34/, 8; 252/4; 364/13; 367/21
ひげ根 370/18
被減数 344/24
ひご 136/23
火孔 312/44
鼻腔 17/53
鼻孔 72/7; 364/2
飛行いす 308/4
飛行甲板 259/2, 12
飛行機曳航(えいこう) 287/1
飛行機滑走路 287/15
飛行器具 288/68
飛行大隊のマーク 256/2
被甲弾 87/55
飛行中の模型飛行機 273/37
飛行艇(てい) 232/1
鼻口部 88/45
ヒゴタイ 53/14
鼻骨 17/41
腓骨(ひこつ) 17/24
尾骨(びこつ) 17/5; 20/60
膝(ひざ) 16/50
膝当て 292/9; 303/17; 329/53; 332/25
ひさし 10/41; 37/67; 47/12; 48/26; 278/37
膝下丈(ひざしたけ)の靴下 32/32
膝当てのある帽子 301/18
膝立て姿勢 295/9
膝つき姿勢 295/7
膝肉 96/17
膝のストラップ 33/41
膝まづき台 332/25
火皿 107/36
ビザンチンの女帝 355/15
ビザンチン美術 334/72-75
肘(ひじ): ウマの72/20 人間の16/45
肘当て 303/16
肘置き 289/31
肘掛け 42/22; 46/28; 106/18; 109/3; 207/45; 208/26
肘掛けいす 42/21; 134/59; 267/26
肘掛け灰皿 207/46
菱形(ひしがた) 346/35
肘形煙突 309/6
菱形ステップ・カット〈宝石の〉36/59
肘金 329/48
被支払人 250/19
肘曲げ懸垂 296/35, 39
ピジャマ 32/17
美術 333; 334; 335; 336; 337
美術監督 310/43
美術製作所 310/6
秘書 245/1-33
尾状花序 59/45; 371/26
尾状花序をつけた枝 371/10
非常口: 映画館の312/7 サーカス場の307/33 スーパーマーケットの99/79
非常口灯 312/6
非常拘束装置 259/17
鼻小骨 287/36
非常索 214/47
非常索引張り装置 214/48
非常自動点滅装置スイッチ 191/68
非常自動点滅装置用の警告灯 191/76
非上場証券 251/5
被乗数 344/25
非常出口 233/41

非常電話 **237**/4
非常引裂き索 **288**/73
非常引裂きパネル **288**/72
非常フレア・スタック **146**/11
非常ブレーキ **214**/3, 71
非常ブレーキ弁 **210**/57
非常用酸素装置 **6**/18
秘書室 **245**/1-33
被除数 **344**/26
ビショップ〈チェスの〉 **276**/10
皮針形〈葉の形〉 **370**/32
鼻唇溝 **16**/11
ビスコース液槽 **169**/15
ビスコース **169**/13-27
ビスコース法 **169**/1-34
ビスコース紡糸液 **169**/28-34
ビスコース・レーヨン **169**/1-12, 18
ビスコース・レーヨン糸 **169**/13
-27, 27
ビスコース・レーヨンの梱(こり)
169/34
ピスタショ **382**/49
ピスト **294**/2
ピストル型の握り **134**/44
ピストル・グリップ **87**/6; **255**/6,
38; **264**/23
ピストル式ノズル **83**/28
ピストン: オルガンの **326**/46, 48 ピ
ストン式トランペット **324**/66
火花点火エンジンの油かきリング
つき～ **190**/37 ポンプ・コンパスの
151/60 油圧～ **139**/41 4行程
エンジンの **242**/46
ピストン式トランペット **324**/65
ピストン・ピン **192**/26
ピストン棒: オット・サイクル・エン
ジンの **190**/21 蒸気機関車の
210/33 マックファーソン型懸架
装置 **192**/75
ピストン・リング **190**/37
ひずめ **327**/42
飛跡 **1**/58
微積分学 **345**/13-14
被積分関数 **345**/14
飛節 **72**/37
皮層 **370**/9
脾臓(ひぞう) **20**/12, 27
ヒソップ **374**/5
ひだ **381**/4, 6
額 **72**/3
額革(ひたいがわ) **71**/9
非対称型デザインの飾り輪 **36**/
26
非対称型デザインの指輪 **36**/27
非対称褶曲 **12**/13
ひだ襟 **306**/20; **355**/52
ひだ飾り **32**/44
ひだ飾り襟 **31**/46
ひだ飾りつき肩つりひも **29**/14
浸し液用コンデンサー **92**/6
浸しがけ **136**/13
浸しタンク **92**/8
浸しフロア **92**/8, 28
ひだつき濾紙(ろし) **350**/41
ひだ取り **168**/30
左側映写機 **312**/13
左航空灯 **230**/50
左サイド・ミラー **191**/40
左隅ピン〈九柱戯の〉 **305**/6
左前面2番ピン〈九柱戯の〉 **305**/
2
左タンク燃料計 **230**/16
左チャンネル録音レベル・メーター
241/35
分岐線 **203**/48
左ペダル **325**/9

左マージン・ストップ **249**/13
微段丘 **13**/64
ビチューメン **145**/64
微調整焦点表示器 **224**/36
微調整装置 **224**/36
微調整用指示器〈コンパスの〉 **151**/62
微調整用指示器〈圧延工場の〉
148/65
微調節装置〈単帯やすり盤の〉
133/36
柩(ひつぎ) **331**/35
筆記具 **341**/21-26
筆記帳 **260**/18
ピッキング・ステッキ **166**/17
火突き棒 **137**/5
ピッキング・カム **166**/66
ピッキング・ステッキ駆動用ストラッ
プ **166**/22
ピッキング・ステッキ・バッファー
166/65
ピッキング・ステッキ戻し用ばね
166/68
ピッキング・ナイフ **136**/38
ピッキング・ボール **166**/67
棺を運ぶ台 **331**/41
ピック **300**/23
ピックアップ・サッカー **184**/8
ピックアップ装置 **62**/41
ピックアップ・リール **64**/4
ピックアップ・ワゴン **63**/27
ピック・カウンター **166**/2
びっくり箱 **306**/56
日付 **110**/4; **247**/33
日付消印 **236**/57
日付表示器装置 **237**/39
ピックル **300**/16, 31
ピッコロ **323**/30
ヒツジ **73**/13
羊小屋 **75**/9
ヒッチ **64**/60; **65**/61
ヒッチ・ピン **325**/14
ヒッチ・フレーム **65**/26
ピッチャー〈野球の〉 **292**/50, 68
ピッチャー・マウンド **292**/49, 69
ピッチング **230**/67
ビット **284**/25
ビット: 単位の **243**/60 ブレーキ試
験装置の **138**/17
筆頭監査役のサイン **251**/16
引張ったタック編 **171**/45
引張りケーブル **301**/63
引張り分銅 **214**/40, 41, 42
引張り分銅立坑 **214**/40
引張り棒 **143**/101
跳ね板: 曲芸師の **307**/36 ブドウ
破砕機の **78**/19
引張りローラー: エッジ・サンダーの
133/13 拡布式精練機の **168**/
12 始紡機の **164**/21, 22, 29
引張りローラーから出て来る粗紡
糸 **164**/29
引張りローラーへのスライバーの給
送 **164**/21
ヒッブカムボス **327**/44
蹄(ひづめ) **72**/26; **88**/24
ヒュッテ **300**/1
ビデ **72**/22
ビデオ・カセット **242**/18
ビデオ・カセット・レコーダー **243**/5
-36, 7, 19, 28
ビデオ・カセット・レコーダー・システム
243/5-36
ビデオ・カセット・レコーダー・テープ・
フォーマット **243**/28
ビデオ・カセット・レコーダー・ヘッド・
ドラム **243**/19
ビデオ・コーディング部署 **236**/39

ビデオ信号 **243**/58
ビデオ・ディスク **243**/38, 44
ビデオ・ディスク・システム **243**/46
-60
ビデオ・ディスク・ジャケット **243**/
45
ビデオ・ディスク表面のビデオ信号
243/58
ビデオ・ディスク・プレーヤー **243**/
37, 46
ビデオ・データ・ターミナル **238**/2,
11
ビデオ電話 **242**/21
ビデオ電話スクリーン **242**/26
ビデオ・トラック **243**/31
ビデオ・ヘッド **243**/26, 36
ビデオ・ヘッド回転方向 **243**/30
ビデオ・ロング・プレー **243**/46-60
ビデオ・ロング・プレー・ビデオ・ディス
ク・システム **243**/46-60
微動ねじ **14**/56
単(ひとえ)つなぎ **121**/49
ヒトー静圧管 **256**/11; **257**/1
人喰(くい)ざめ **364**/1
日時計 **110**/30
火床(ひどこ) **199**/34
火床用の低圧ファン **199**/33
人差し指 **19**/65
人差し指での釣糸の投込み調節
89/64
ヒトジラミ **81**/40, 41
ヒトデ **357**/38; **369**/17
ヒトノミ **81**/42
1部屋形式のアパート **37**/74
ひと巻き **89**/21
ヒドラルマニア **369**/9
ヒトリガ **365**/7
1人乗りカヤック **283**/54
1人乗り座席 **189**/19
1人乗りチェア **214**/16
1人乗りの小舟 **353**/12
1人用座席 **197**/17
1人用船室 **223**/46
ヒドロキシルアミン挿入 **170**/21
ヒドロ虫類 **369**/9
ビトン **300**/38
ひな **74**/2
ヒナギク **51**/24; **376**/1
ヒナゲシ **61**/2
日向(ひなた)甲板 **223**/22
ひな段式ケージ **74**/20
ひなどり用鶏舎 **74**/1
ビナフォア **29**/41
ビナフォア・ドレス **29**/13; **30**/8;
31/8
避難用 **223**/17
ビニール袋密封器 **40**/47
ビニオン: はすばかさ歯車の **143**/92
ラック・ピニオン鉄道の **214**/8
肥肉魚場 **89**/6
肥肉とり **98**/6
肥肉メンドリ **98**/7
ひねり **277**/5
火の粉止め **210**/24
美の女王 **306**/64
非爆発性吸入麻酔剤 **26**/26
非爆発性吸入麻酔剤の容器
26/26
樋嘴(ひはし) **335**/30
火花ギャップ **153**/62
火花点火エンジン **190**/2
ヒバリ科 **361**/18-19
ヒヒ **368**/13
備品: 事務所の **248**/394 めがねの
111/1-4
尾部〈航空機の〉 **229**/23, 32, 35,

36
尾部回転翼 **232**/14; **256**/20
被覆 **141**/16; **200**/64
腓腹筋(ひふくきん) **18**/62
被服の変遷 **355**
被覆ペーパー **122**/62
皮膚消毒用噴霧器 **22**/60
ビブ・スカート **29**/41
尾部そり **256**/23
尾部積荷ゲート **232**/25
尾部のはさみ〈ハサミムシの〉 **81**/
12
尾部ブレース・ワイヤ **232**/4
ヴィブラフォーン **324**/75
尾部ローター **232**/14; **264**/4
微分 **345**/13, 14
微分記号 **345**/13
微分係数 **345**/13
ピベット **22**/72
ヒポグリフ **327**/26
ピボット **215**/69; **302**/6
ピボット橋脚 **215**/65
ピボット軸受け **91**/10
ピボット・ピン **65**/48
ピボット・フィンガーによる集卵
74/36
尾本(びほん) **72**/34
ヒマティオン **355**/6
日鐘 **278**/41
ヒマワリ **51**/35; **52**/7; **69**/20
ひまわり油 **98**/24
梭(ひみち) **166**/40
秘密結社 **352**/34
ヒメイエバエ **81**/1
ヒメウ **359**/10
ヒメカモグサキ **61**/30
ヒメシジミ類 **365**/6
ヒメムラサキ **377**/7
ヒメレンリソウ **69**/19
ひも: 網目の **102**/24 天幕の **221**/
119
ひも掛け **206**/12
ひも靴 **101**/31
ヒモゲイトウ **60**/21
ひも締め **101**/21
ひも通しつきのフード **29**/64
ひも通しのウエスト **31**/66
ひも結び **29**/37
百位 **344**/3
155 mM 109 G自動推進砲
255/57
135フィルム・カセット **114**/7
110カートリッジ **114**/7
175 SFM S F M 107大砲 **255**/
49
127 mm多目的砲 **258**/48
127 mm砲 **259**/52
120 mmAM 50迫撃砲(はくげきほう)
255/40
120ロールフィルム **114**/19
126カートリッジ **114**/15
ヒャクニチソウ **60**/22
百分率 **345**/7
百分率キー **247**/23
100 mm砲塔 **258**/29
100 m試合用標的 **305**/32
百葉箱 **10**/49
ビヤ・グラス **266**/3, 6
冷しおけ **266**/42
百科事典 **42**/18; **262**/17
百貨店 **268**/41; **271**/
ヒューズ **127**/19, 36
ヒューズ・キャリア **127**/68
ヒューズ線 **127**/68
ヒューズ・ボックス **41**/19; **166**/23
ヒューズ・ホルダー **127**/35

ビューティー・サロン　105/1-39
ビューファインダー　313/6
ビュッフェ　207/78-79
ビュッフェ車　207/73
ビュヒナーろうと　349/11
ビュラン　340/5, 15, 20
ビュレット　350/21
ビュレット・スタンド　350/22
ビュレットばさみ　350/23
ビュロン　333/9
雹（ひょう）　9/36
鋲（びょう）　121/94
びょう　291/28
ヒョウ　368/6
美容いす　105/17
美容師　105/1-39
病院　25; 26; 27
病院設備一式　228/21
氷河　12/48-56, 51, 52; 300/22
氷河卓　12/56
氷河テーブル　12/56
秤桿（ひょうかん）　349/30
鋲釘（びょうてい）　121/94
錨鎖盤（びょうこうばん）　258/5
錨鎖　222/75
錨鎖管　222/76; 258/54
錨鎖孔　227/11
表紙　185/40
拍子　320/28-42
美容師　105/35
標識：駅の　205/22, 23, 24　海水
　浴場の警告　280/6　航海～
　224/68, 83, 84-102; 225/35信
　号機の　203/19, 25-52　スキーの
　コース～301/15　地図記号の航
　路～15/10, 49　転換器～202/
　19, 33　道路～268/7, 26, 39,
　65, 66　馬術コース～289/19
　モーターボートの286/8　ヨットの
　285/17, 18
表示器計　242/76
秒指示装置　110/21
表紙シリンダー　184/10
表紙製造機　184/6
表示装置：住所～236/41　心電
　図・脈博・呼吸数の23/27　道路
　の進路～203/21
表示灯：アイロンの50/10　磁気
　テープ口述録音機の294/30
　フェンシングの電気審判器の
　249/71
表示盤　238/43
標尺　14/47
標準アンカー　222/79
標準アンティック・カット〈宝石の〉
　36/49
標準円形カット〈宝石の〉　36/42
　-43
標準ガソリン　145/54
標準型映画撮影カメラ　313/1
標準型小口径ライフル　305/43
標準car十本　14/5
標準多針プラグ　241/70
標準長物車（ながものしゃ）　213/5
標準無蓋車（むがい）貨車　213/8
標準レンズ　115/3-8, 46; 117/49
苗条（びょうじょう）　370/19-25
表情筋　19/6
氷上事故　21/28-33
氷上遭難者　21/28
氷上ヨット　302/27-28, 28, 44
氷上ヨット遊び　302/44-46
氷上ヨットの滑り木　302/45
氷上レース　290/24-28
表示ランプ　157/62

永雪気候　9/58
氷雪斜面　300/14
氷雪登攀（とうはん）技術　300/14-
　21
氷雪登攀者　300/15
表層なだれ　304/1
氷堆石（ひょうたいせき）のフィルター層
　199/24
秒タイマー　129/39
ヒョウタンの容器　354/27
氷釘（ひょう）40, 41
標的　305/30-33, 66
標的矩形（くけい）　292/34
標的の小球　305/23
標的の進路　305/77
標的部分　294/51-53
表土　144/48; 158/2
美容道具　105/1-16
表土掘削機　159/3
漂白　169/21
漂白硬膜（こうまく）剤　116/10
漂白剤　105/1
漂白剤入れボール　105/1
表皮　323/52
苗圃（びょうほ）　84/6
標本挿入エア・ロック　113/33
標本台調整操縦装置　113/34
標本ビーム通路　115/36
表面境界層　7/2
表面仕上げ顕微鏡　112/37
表面準備　128/1-17
表面波　11/36
表面復水器　152/24
秤量（ひょうりょう）びん　349/24
比翼　33/48, 62
尾翼　229/24
尾翼の形　229/23-36
尾翼面　229/26; 230/62
日よけ　25/9; 37/71; 268/61;
　272/58; 274/14; 278/28
日よけ帽　29/16; 35/37
ひよこ　74/2
ヒヨコマメ　69/19
ヒヨス　379/6
平頭ねじ　143/54
避雷針　38/30
平板びき　132/68
平泳ぎ泳法　282/33
平織り　171/1
平織りの耳　171/24
平織り用織り方図　171/4
平飼（かい）　74/11
平形のみ刃　65/58
ひらがな音　321/44
平がわら　122/6, 46
平がわら2枚重ね葺（ぶ）き　122/2
平がわら葺き屋根　122/50
平甲板船の船体　258/2; 259/22
平キー　140/48
開き出し　119/62
開きフラップ　229/49-50
開きループ　171/30
平削り盤　150/25
平削り盤台　150/11, 33
平先ペンチ　126/62
平皿　39/42; 44/7; 45/4
平条（ひらすじ）　334/57
平スレート　122/78
平旋回機　215/67
平底フラスコ　350/36
平台オフセット印刷機　180/75
平たがね　140/26; 339/14
平刀（ひらとう）　340/7
平土間　315/19
平荷台トラック　194/6
平のみ　339/14, 19

ビラ配布人　263/9
平ばさみ　137/24
平橋（ひらばし）　215/52
平張り　283/9; 285/53
平判（梳綿機（そめんき）の）　163/45
平葺（ぶき）屋根　122/45
平筆　338/6
平ブラシ　129/17
平ベルト駆動用モーター　163/49
平ペンチ　140/66
平棒　143/10
平水受け板　91/40
ピラミッド　5/19; 307/28; 333/1,
　22; 352/20
ピラミッド状刈込みの木　272/19
ピラミッドの遺跡　333/6
平やすり　108/49; 140/27
ビリオド　342/16
ビリヤード　277/1-19
ビリヤード場　277/7-19
鼻梁（びりょう）　72/6
肥料散布機　63/39
尾輪　256/27
ビルエット　314/24
ビルジ外板　222/46
ビルジ・キール　222/47
ビルジ・ボート　286/32-34
ヒル類　357/20
ひれ　279/18; 280/41
ヒレ（食肉の）　95/13, 24
比例コンパス　339/2
比例算　345/8-10
比例式　345/9
ビレ　300/9, 10
ヒレ肉　95/44
ヒレハリソウ　69/13
ビロー・レース　102/18
広小舞（ひろこまい）　121/31
広刃（ひろばのは）　137/32
広幅シャー　125/26
広間　41/1-29
ヒワ　360/1
琵琶湖（びわもも）　72/35
ビン：九柱戯の305/1-11, 2, 4, 6,
　7, 8, 9, 10, 11, 12, 13, 14-20 シ
　リンダー錠の140/47　チェロの
　323/22　ボルトの143/31　メッ
　シュ～102/25
びん入り牛乳　266/60
びん入りミネラル・ウォーター　266/
　61
びん入りレモネード　265/15
びん置き棚　39/6
びんかご　79/13
びん形かま（窯）　161/3
ピンク　343/4
びん栓（せん）　79/11
びん状糸巻き　167/4
びん製造機　162/21
ピンセット：手術用器具22/52;
　23/17　植字用の174/18　時計
　師の109/14
便箋（びんせん）の在庫品　245/12
ビルゼン・ビール　93/26
ピンチ・ローラー　243/25
ピンつき回し板　135/9
びん詰め　93/22
びん詰ブドウ酒　98/60-64
びん詰フルーツ・ジュース　99/74
びん詰め用ゴム輪　40/26
ビンディング：スキーの301/2　槍投
　げの298/54
ビンディングの部品　301/54-56
ピント・ガラス　177/2
ピント・フード　114/23
ビンの並べ方　305/1-11

ピン板　325/18
ピン・ホールダー　109/16
ピン万力　109/16
ピン溝　143/49
便覧　262/17
ビンロウ　380/19

フ

ファースト・カメラマン　310/41
ファイバー・グラス製車体　193/14
ファイヤリング・シーケンス差込み
　195/13
ファイリング・キャビネット　245/4
ファイリング事務員　248/6
ファイル　22/6; 176/33; 245/6;
　247/37; 248/5; 260/15
ファイルすべきメモ　248/8
ファイル棚　248/10
ファイルつり装置つきファイル引出
　し　248/2
ファイル引出し　248/2, 23
ファイル見出し用ラベル　248/4
ファインダー接眼部　114/2; 115/
　22, 42
ファインダー・フード　114/23; 115/
　68
ファインダー・レンズ　114/25
ファウストボール　293/72-78
ファウストボール用のボール　293/
　74
ファウラー・フラップ　229/52
ファウル　291/50
ファウル・ライン　292/48
ファクシミリ装置　245/1
ファゴット　323/28
ファスナー張付けポケット　31/56
ファセット　36/86
ファッション（紳士服の）　34/1-67
ファッション・カタログ　104/6
ファッション〔雑〕誌　104/4; 271/
　36
ファッション人形　47/9; 48/32
ファロビウス管　20/81
ファン　155/14; 165/23; 179/22;
　190/7; 199/46; 232/34, 43　送
　風～191/48; 192/62
ファンクション・キー　247/17
ファン・クラッチ　190/8
ファンシー・ヤール　36/68-71
ファン・ジェット　232/42
ファン・ジェット・タービン　232/38
ブイ　90/2; 224/71; 285/14, 17,
　18　右舷側～224/96　円柱～
　224/79　カン～224/77, 94　救
　命～221/124　コニカル～224/
　76　左舷側～224/95　頭標～
　224/80　二叉～228/13　フェ
　リーの216/12　ベル～224/74
フィーダー　64/72
フィーディング　64/7
フィード・オーガ　64/6
フィート・カウンター　117/52
フィード・スルー碍子（がいし）　153/
　12, 35
フィード・スルー端子　153/12, 35
フィートプリント　126/59
フィード・モーター　177/43
フィーラー　166/14
フィーラー調節用支持輪　64/88
フィーラー・ホイール　64/86

フィーラー用細孔 166/32
フィールド競技 298/
フィールド・プレーヤー 292/2
フィカリア 375/36
フィギュア・スキー 286/56
ふいご 278/49
フィシュボン・ステッチ 102/7
フィドル・バック 163/48
フィラメント電灯 127/56
フィラメント・トウ 169/28, 30
フィルター: 化学実験器具 349/12
合成・人造繊維工場の 170/32
ドジメーターの 2/9, 12
フィルター・ケーキ 161/13
フィルター・スクリーン 116/22
フィルター層 199/23, 24
フィルター調節装置 116/43
フィルターつきシガレット 107/12
フィルターつきのふた 2/14
フィルター・ピックアップ 112/57
フィルター・フラスコ 350/40
フィルター・プレス 161/12; 169/
12
フィルター・レンズ 142/40
フィルド・ロール 266/54
フィルム 312/33 写真植字の
176/25 放射線探知機の 2/10,
13 未露出~ 117/41 露出~
177/42
フィルム穴あけ 117/95
フィルム送りスプール 117/79
フィルム送り装置 311/26
フィルム押え 312/31
フィルム・カセット 112/35, 65;
114/7 万能~ 242/44
フィルム・カメラ 27/20
フィルム間欠送り装置 312/38
フィルム給送スプロケット 115/26
フィルム・クリップ 116/14
フィルム・ゲート: カートリッジの
117/30 冷却送風器つき~
312/34
フィルム・ゲートの開口部 117/40
フィルム現像所 311/30
フィルム鑽孔機(さんこうき) 242/10
フィルム処理機 177/72
フィルム・スピード選択器 117/12
フィルム・スピード調節部 117/18
フィルム・スプール 114/8
フィルム接合器 117/89
フィルム接着剤 312/22
フィルム・セメント 312/22
フィルム・ターン・テーブル 117/99;
311/44
フィルム・ドジメーター 2/8
フィルム・トレイ 116/23
フィルム破断検出装置 312/30
フィルム・ハンドル 116/7
フィルム・ビューアー 117/91; 242/
8
フィルム・プロジェクター 311/22
フィルム編集 311/42-46
フィルム編集室 310/3
フィルム編集者 311/43
フィルム母型ケース 176/17
フィルム巻上げ 114/32
フィルム巻上げレバー 115/16
フィルム巻取り台 312/21
フィルム窓 114/18; 115/28, 34
フィルム・ライブラリー 310/5
フィルム・リール 311/24; 312/32
フィルン・フィールド 12/48
フィレット 123/57 食肉の 95/
44
フィレ・レース 102/22

フィン: サーフボードの 279/3 水上
滑走艇の 286/43
フィンガー・フック 324/67
フィンガリング 324/74
フィン級 284/51
フィンチ類 361/6-8
風函(ふうかん) 326/12-14
風函下部 326/12
風乾列 63/23, 36
風系 9/46-52
風景式公園 272/41-72
風向 9/9; 285/1-13, 6
風向記号 9/9-19
風向計 10/32; 55/36
風向表示器 10/31
風向を示す方法 9/9-19
風車 55/35 地図記号 15/31,
73
風車式製粉機 91/1-34
風車翼帆 91/1
ブースト計器 230/7
風船 308/13
風速 9/10
風速計 10/28
風速表示器 10/29
風鳥草 98/42
ブーツ: オルガンの 326/17 シームレ
スPVC防水ウェリントン~
101/14 紳士用の 101/5 婦人
用の 101/12
ブーティ 29/5
フード: 換気~ 46/31 ティーンエー
ジャー用の 29/64 登山服の
300/19 乳児用の 29/2 婦人用
の 30/69; 35/2
風道 326/24
ブードゥア・ピアノ 325/40
フート・バルブ 38/49
ブードル 70/36
杯 10/30
フープ 292/78; 305/79
フープ状のもの 55/38
夫婦の紋章 254/10-13
風防: サイドカーの 189/58 パノラ
マ式~ 191/21
風防ガラス: 落し窓式の 255/97
自動車の 191/21 水冷式 5/31
風防ガラス・ワイパー 197/32
風防板 188/50
ブーム: クレーンの 119/36; 226/49
ケーブル~ 195/15 サーフボード
の 284/7 デリック起重機~
221/25, 26 ヨットの 284/39
ブーム・スプレーヤー 83/2
ブーム操作絵 310/22
ブーム・フォースル 220/12
ブーム・マイク 311/40
ブーメラン 352/39
風紋 13/41
プーリー 118/91; 180/66
風力計 10/28
風力発電機 55/34; 155/42
プール 223/23; 277/7
プール遊び 305/21
プール遊びをする人 305/22
プール監督員 282/15
プールの端 281/3
風路 326/13, 14
フウロソウ 53/1; 376/24
笛: 笛吹きやかんの 40/11 ヘビ遣
いの 353/47
フェアリーダー 284/29
フェアリング 189/43, 44
フェース・ガード 292/11, 25
フェーダー 311/18
フェートン型オープンカー 86/18

フェートン型馬車 186/38
フェザー 143/73
フェス 300/2
フェストーンの照明 318/25
フェストーン・ランプ 318/26
フェニキア文字 341/14
フェノール 170/14
フェノール・タンク 156/40
フェノールの抽出 156/39; 170/3
フェリー 15/12, 60
フェリー・ケーブル 216/2
フェリー上陸用桟橋 216/7
フェリー・ボート 216/11, 15
フェリー・ロープ 216/2
フェルト 168/1; 173/51; 340/42
フェルト・カバー 353/20
フェルト製のソフト帽 35/22
フェルトの長靴 353/30
フェルト・ペン 47/26; 48/18; 247/
11; 260/19
フェルト帽: つば広の 355/55 房飾
りのある 35/24 柔かい 35/15
フェルマータ 321/25
フェンシング 294/1-33
フェンシング着 294/16
フェンシング靴 294/17
フェンシングのグローブ 294/12
フェンシングの3単位 294/10
フェンシングのライン 294/9
フェンシング用の剣 294/34-45
フェンス: サイジング・エッジング機
の 132/65 ジェット機の翼の
231/8
フェンス調整ハンドル 132/66
フェンダー: 船首~ 227/17 船尾
~ 227/29 体型~ 193/33 木製
~ 218/26
フォアシート 284/23
フォアステー 284/15
フォア・トゲルン・スル 218/52
フォアトップ 219/50
フォア・トップマスト・クロスツリー
219/51
フォアハンド・ストローク 293/40
フォアハンド・ボレー 293/41
フォアマスト 218/42; 219/2-4;
220/21; 221/2
フォアヤード 219/32
フォア・ロイヤル 219/60
フォア・ロイヤル・ヤード 219/37
フォーカシング・スクリーン 115/51
フォーク 45/7, 58, 69-70 工具の
158/33 魚~ 45/8 サラダ取
分け用~ 45/24 自動車の入れ
子式の~ 188/8 自動車の前輪~
187/10-12
フォーク型マウント 113/12, 24
フォーク状の杭(くい) 54/13
フォーク状のスパナ・セット 134/2
フォーク状レンチ 134/2
フォークの先 45/60
フォーク・ブレード 187/12
フォークリフト 226/8
フォークリフト・トラック 93/23;
206/16; 225/44; 226/8
フォースル 218/41; 219/55
4 ソケット・アダプター 127/8
4 チャンネル・バランス調整 241/
42
4 チャンネル復調器 241/45
4 ドア・セダン 193/4
4 トラック磁気サウンド・ヘッド
312/50
4 トラック磁気ヘッド 312/51

4 トラック・テープ・レコーダー
242/13
フォーマー 181/53
フォーミュラ・ツー 290/36
フォーミュラ・ワン 290/34
フォーム・ラバー 291/20, 24
フォックス 218/10, 19; 221/13
フォッグ・ランプ警告灯 191/63
フォッグ・ランプ・スイッチ 191/64
フォトダイオード 114/70
フォルテ 321/38
フォルティッシモ 321/39
フォルテ・ピアノ 321/41
フォルテ・フォルティッシモ 321/40
フォルベイア 322/5
フォルマートの長さ 181/40
フォロー・スルー 293/84
フォロワー 175/57
フォンタンジュ 355/65
孵化器(ふか) 74/28
深穴 100/57
深さゲージ 140/54; 279/15
深皿 44/8
負荷時タップ切換え器 153/13
不可視線 151/24
孵化装置 89/18
不活性ガス供給管 142/34
不活性ガス溶接設備 138/29
不活性ガス溶接用ガス・トーチ
142/33
付加の耳枠 171/20
武器: 重~ 255/40-95 手で扱う
255/1-39
吹上げパイプ 62/12; 64/37
吹き口 141/33
吹込み 162/28, 36
吹込み成形工程 162/22-37
吹込みバーナー 108/16
吹きさらし 13/43
武器システム・レーダー 258/35
不規則四角形 346/39
吹出し口 50/67; 165/5
吹出し送風機 152/14
フキタンポポ 380/8
吹付け器 83/18
吹付け用空気ポンプ 181/35
吹抜け 123/42-44; 271/11
吹抜け階段 123/42-44
吹き矢の筒 352/26
複倚音(いおん) 321/16
複糸 58/28
伏臥(ふくが)姿勢 295/45
複繡車 221/27
複眼: カゲロウの 358/7 ミツバチの
77/20-24
復元スプリング 237/49
復元装置ボタン 117/86
複合型舵(かじ)取り歯車 192/56
-59
副睾丸(こうがん) 20/73
復号器 110/18
複合現像タンク 116/3
複合照準刻線 87/31
複合ターニング・ヘッド 149/41
複合断層 12/8-11
複繡(ふこう)つき吹口管 323/29
複合フレーム・ファインダー
114/41
複合メーター 127/41
複索架空ロープウェイ 214/30
複索ロープウェイ 214/25
複座席の列 207/63
複三角柱 351/22
副産物 170/13
副子(ふくし) 21/12

服地 **104**/3; **271**/59
フクシア **53**/3
複式クレードル **214**/68
複式プライヤー **134**/12
服地棚 **271**/58
伏射(ふくしゃ) **305**/29
輻射計(ふくしゃけい) **10**/71
複写台 **115**/90, 92
複写台のアーム **115**/93
服地ロール **271**/59
複針 **89**/83
副審 **293**/68
副腎(ふくじん) **20**/29
復水器 **154**/17, 35; **155**/8
復水器つき機関車 **210**/69
復水テンダー機関車 **210**/69
副操縦士用操縦桿(かん) **230**/25
副操縦士用方向舵(だ)ペダル **230**/28
副操縦席 **230**/37
腹足 **357**/28
複素数 **344**/14
副題 **185**/47
腹大動脈 **18**/16
腹直筋 **18**/44
副蹄(ふくてい) **88**/23, 57
複背斜 **12**/20
福引き **306**/11
腹部: コフキコガネの **82**/9 豚肉の **95**/41
複分数 **344**/17
副木 **21**/12
腹膜(ふくまく) **20**/58
複葉機 **229**/10
複葉のいろいろ **370**/39-42
ふくらはぎ **16**/53
ふくらませて使うボート **258**/82
ふくらんだ帆 **285**/4
副犂(ふくれい) **65**/11
複列歯形軌条 **214**/11
フクロウ **252**/2
フクロウ類 **362**/14-19
袋かつら **34**/4
袋状のさや **61**/11
袋詰め用排出口 **83**/55
袋フィルター **83**/54
袋をもった下嘴(かし) **359**/8
父型〈活字の〉 **175**/32, 36
父型材料 **175**/35
父型彫刻師 **175**/32
符鉤(ふこう) **320**/5
腐骨鉗子(ふこつかんし) **26**/45
房 **73**/7
ブザー **127**/15
房飾り **355**/23 シャーマン教道士の **353**/25 帽子の **35**/24
ふさぎ砂バケツ **158**/29
房状の鰓(えら) **364**/19
フサスグリ **58**/10, 12, 14
浮子(ふし) **217**/34
節穴カッター **132**/53
節穴充塡機(じゅうてんき) **132**/52
不死鳥 **327**/9
節のある竹幹 **383**/63
浮砂 **227**/3
不純粘土 **159**/2
負傷者 **21**/18-23, 20
不消毒のパッドの容器 **26**/23
腐食液 **178**/24
腐食液入りの腐食槽 **182**/16
腐食機 **178**/23; **182**/15
腐食された亜鉛版 **178**/40
腐食されたグラビア・シリンダー **182**/22
腐食した植物質の層 **13**/15
腐食槽 **178**/24, 31; **182**/16
腐食止め **182**/12, 14
腐食部分 **178**/43
腐食用バット **340**/51
婦人科用検査器具 **23**/3-21
婦人靴 **101**/53
婦人警官 **264**/37
不浸透層 **269**/36
婦人の居間 **329**/10
婦人の私室 **329**/10
婦人服 **30**; **31**
婦人服売場 **271**/28
婦人帽 **35**/1-21
婦人帽製造 **35**/1
婦人用サンダル **101**/49
婦人用下着 **32**/1-15
婦人用トイレット **233**/48
婦人用のショーツ **31**/39
婦人用パジャマ **32**/17
婦人用膝下丈(ひざしたたけ)のストッキング **32**/9
婦人用ブーツ **101**/12
婦人用フルファッション・ストッキング用コットン式編機 **167**/18
婦人用夜着 **32**/16-21
婦人用ワンピース・スキー・スーツ **301**/9
負数 **344**/8
付蟬(ふぜん) **72**/27
付属品売場〈自動車の〉 **196**/24
ふた: 王台の **77**/39 オルガンのフルー管の **326**/35 オルガンのフルーストップの **326**/31 乾燥機の **50**/31 香炉の **332**/40 脱水機の **168**/18 チューブの **260**/52 デシケーターの管つきの **350**/52 トランクの **191**/7 なべの **40**/13 ニッチの **331**/61 パイプのボールの **107**/37 ハーディ・ガーディーのロールの **332**/27 フィルターつきの **2**/14 腐食槽の **178**/37 便器の **49**/14 ホワラーの滑動式の **179**/2
ブタ **62**/10; **73**/9; **75**/39
舞台 **312**/8; **315**/14-27; **318**/22
舞台衣装 **315**/51
舞台係 **315**/28
舞台額縁 **315**/15
舞台監督 **316**/30
舞台監督用デスク **316**/29
舞台稽古(げいこ) **315**/21-27
舞台照明 **318**/23
舞台設備 **316**/1-60
舞台前方 **316**/1-60
舞台前方の空間 **315**/19
舞台装置 **316**/36
舞台天井 **316**/1-60
舞台天井梁(はり)構え **316**/4
舞台美術家 **315**/37
舞台模型 **315**/41
舞台模型セット **315**/42
ふたクリップ **50**/83
双子(ふたご)座 **3**/28; **4**/55
フタコブラクダ **366**/29
ふたつきガラス溶解つぼ **162**/46
ふたつきケーブル・マンホール **198**/17
ふたつきの深皿 **44**/8
フタツユビナマケモノ **366**/11
豚肉ソーセージ **96**/11
豚の枝肉 **95**/38-54
豚の脂肪層 **95**/45
豚の背ロース **95**/40
豚の側面 **94**/23
豚の膝(ひざ)関節部上下肉 **95**/49
豚の膝肉 **96**/17
豚のヒレ肉 **95**/44
豚のわき腹肉のベーコン **96**/2
二叉に分れた舌 **327**/6
二叉(ふたまた)ブイ **228**/13
2人乗り **193**/26
2人乗り折りたたみ式カヤック **283**/61
2人乗りカヌー **283**/5
2人乗り座席 **188**/42
2人乗りチェア **214**/18
2人乗り飛行機 **288**/18
2人乗りリフト・チェア **214**/17
2人乗りリフト **301**/57
2人用座席 **197**/19
2人用船室 **223**/29
2人用ソファ **43**/4-13; **246**/36
2人用のこ **120**/68
2人用ブランコ **273**/39
2人用ボブスレー **303**/19
ブタン・ガス **278**/33, 34
フダンソウ **57**/28
縁〈かごの〉 **136**/17
縁編み〈かごの〉 **136**/1
縁石 **198**/6, 7; **272**/25
縁飾り刺繡(ししゅう) **102**/31
縁飾り縫い **102**/3
縁テープつきブリーフ **32**/23
縁テープつきランニング・シャツ **32**/22
縁どり〈コントラバスの〉 **323**/26
縁どり花壇 **52**/18
縁どり装飾 **336**/11
縁なし帽 **35**/8, 25, 29, 33, 34, 40
縁布 **31**/43
縁曲げ〈針金の〉 **125**/25
縁曲げ金具 **125**/8
縁曲げハンマー **125**/15
付着器官 **378**/50
部長 **271**/60
普通塩 **1**/9
普通塩の結晶 **1**/9
普通の駆歩 **72**/42
復活祭 **330**/44, 45
復帰信号盤 **153**/7
仏教聖殿 **337**/21
フック: ケーブルの **145**/9 コート掛けの **41**/2 干し物用ロープの **38**/22 屋根の **38**/6
フック越しの歯先 **167**/52
フック・ボール **305**/18
フック・ボルト **202**/10
プッシュ・プル式トラック用 **312**/45
ブッシュマン **354**/29, 34
物神 **354**/43
ブッシング **152**/43, 44; **162**/50
ブッシング端 **162**/51
仏聖 **337**/10
仏殿 **337**/7
フット〈帆の〉 **284**/40
仏塔 **337**/1
沸騰水系統 **154**/49
フット・フォールト審判 **293**/24
フットベッド **101**/50
フットボール **292**/19
フットボール・プレーヤー **292**/23
フットライト **316**/26
フット・レバー: 整経機の **165**/35 土壌消毒器, **83**/34
フット・ロープ **90**/18
フットロープ **219**/46
ブッポウソウ **359**/39; **360**/6
不定根 **370**/78
不定四角形 **346**/39
筆立て **22**/31
付点 **320**/7
符頭 **320**/3
不等 **345**/18
埠頭(ふとう) **225**/66
ブドウ **78**/2-9, 5, 6; **80**/21; **83**/51; **99**/89
ブドウアブラムシ **80**/26
ブドウ運搬車 **78**/16
ブドウ園 **78**/1-21
ブドウ園主 **78**/13
ブドウ園トラクター **78**/21
ブドウ園用トラクター **83**/48
不透過性岩層 **12**/23
不透過層 **12**/28
不等記号 **345**/18
浮動杭(くい)打ち船 **226**/36
ブドウ根寄生虫 **83**/33
ブドウ栽培師 **78**/13
ブドウ栽培 **78**/
浮動軸 **189**/34
ブドウ酒入れ **332**/46
ブドウ収穫用おけ **78**/10
ブドウ酒大おけ **79**/3
ブドウ酒貯蔵室 **79**/, 1-22
ブドウ酒貯蔵樽(だる) **79**/2
ブドウ酒の試飲 **79**/16
ブドウ酒びん **79**/14; **99**/76
ブドウ酒用ジャグ **79**/15
浮動浚渫(しゅんせつ)機 **216**/56
浮動浚渫船 **216**/56
舞踏場 **306**/1; **317**/16
ブドウシンクイガ **80**/22, 23, 24
浮動心棒 **65**/33
不透水岩 **13**/78
不透水岩層 **12**/23
不透水層 **12**/28
ブドウ剪定用(せんていよう)のはさみ **78**/12
不凍層 **198**/1; **200**/60
舞踏装身具をつけたズールー族の男性 **354**/36
舞踏太鼓 **354**/14
ブドウ摘み〔をする人〕 **78**/11
ブドウのツル状の棒腕 **299**/10
ブドウの葉 **78**/4
ブドウの病害虫 **80**/20-27
ブドウの房 **99**/89
ブドウの誘引 **78**/1
ブドウの若木種子 **83**/15
ブドウ破砕機 **78**/17
ブドウ畑〈地図記号〉 **15**/65
舞踏棒 **354**/37
ブドウ巻きひげへのつぎ穂 **54**/22
浮動レバー **65**/43
ブナ **82**/37
槽形(ふながた)ヴォールト **336**/47
船竿(ふなざお) **216**/16
船底外板 **222**/48
船だまり **222**/36
船着き場 **216**/14
ブナノキ **371**/33
舟橋〈地図記号〉 **15**/46
船引き道 **216**/30
船べり **283**/30
不妊ノロ **88**/34
ふね(槽): ヴォールトの **336**/48 モルタルの **118**/20
船〈パント〉 **283**/1
舟形おの **328**/19
舟形留めピン **328**/28
船のアドレス・システム用マイクロフォン **224**/30
船の形式 **218**
船の構造部材 **222**/44-61
船のプロペラ **221**/44
負の方向 **347**/7
符尾 **320**/4
浮標 **90**/2; **224**/68-108; **285**/

14
譜表 320/43-44
浮標索 90/3
部品チャート 195/32
吹雪 304/4
部分かうら 355/8
部分整経ビーム 167/25
扶壁(ふへき) 329/26; 335/27-28
ふまず芯(しん) 100/68
フマリアソウ 45/6
踏み石 37/45
踏み板 103/11
踏切 202/39-50; 205/15; 398/
37
踏切警手 202/42
踏切警標 202/41
踏切遮断機 202/40
踏切り板 296/12; 297/8; 298/38
踏切番小屋 202/43
踏切り板トランポリン 297/14
踏み子: 織機の 166/63 動力式ハ
ンマーの 139/27 はしごの 38/17
ミシンの 104/13
踏み子制御 168/48
踏込み 123/23
踏み子レバー 166/58
踏みスイッチ: アイロンの 50/2 根
元切り振りのこ 157/66
踏みすき 56/2, 12
踏み台 186/13
踏み段 41/24; 50/36
踏みづら: 階段の 123/32, 47 はし
ごの 50/38
踏みペダルつき締め具 183/18
譜面台 326/36
フユシャク 80/16
冬の田園 304
冬服 30
冬用コート 30/61
冬用スラックス 30/19
冬用ドレス 30/12
フライ〈料理の〉 95/12
フライ・ギャラリー 316/5
フライ・シート 278/22
フライト・デッキ 235/16; 259/2
ブライドル・テープ 325/36
ブライドル・ワイヤ 325/35
フライ・パン 40/4
プライマ〈活字の〉 175/31
プライマー 128/6
フライ・マン 316/7
フライヤー 164/25
プライヤー 373/26
プライヤー: ガス～ 126/58 ガラス
切り～ 124/19 製靴工の 100/
38 複式～ 134/12
プライヤー・パイプ 107/39
プライヤー木目 107/41
フライング・ケネル 288/91
フライング・ジブ 219/23
フライング・ダッチマン級 284/49
ブラインド 25/9
ブラウス: 折返し襟つきの 30/9 少
女用の 29/58 パーティー用の
30/55
ブラウ前部 65/14-19
ブラウ・ビーム 65/71
ブラウ・フレーム 65/70
ブラウン管 240/3; 242/40
ブラウン・トラウト 364/15
ブラウン・ロール 97/13
ブラカード 263/12
プラグ: かぎの 140/45 三相の～
127/14 3足～ 127/67 接地～
127/13 釣りの 89/69, 70, 71
点火～ 190/35 パイプ支持部品

126/55 油抜き～ 190/24
プラグ・イン・ユニット 27/32
プラグ・ゲージ 149/56
プラグ・ソケット 50/78
プラクテアート 252/4
プラグなどの保管箱 134/39
プラグ・ポイント 127/5
プラグ・ポイント箱 127/25
ブラケット: アイス・スケートの 302/
17 掛図用の 260/30 句読記号
の 342/25 蛍光灯管用～ 127/
62 自由輪ハブの 187/77 スペー
シング～ 126/54 リュージュの
303/7
ブラケット 339/38
ブラケット箱 1/23
ブラシ 260/59 犬の手入れ～ 70/
28 馬の手入れ～ 71/55 おもり
つき～ 38/32 乾いた～ 128/49
靴の 5042 レッド～ 108/33 調髪～
105/2 デッキ～ 50/46 のり～
128/27
ブラシ・ヘッド 50/79
ブラジャー 32/1, 4; 318/29
ブラジル 107/2
ブラジル海流 14/35
ブラジルナット 384/59, 60
ブラジルナットの木 384/53
ブラジルパク 380/26
フラ・スカート 306/23
フラスコ 350/27, 28, 36, 38, 39,
40, 47, 50, 55
プラスター・カップ 134/18
プラスチック 143/; 277/1
プラスチック浮き 89/44
プラスチック・シート 76/28
プラスチック製のこて 128/44
プラスチック製ミルク・バッグ 99/
45
プラスチック・ソール 101/2
プラスチック・トンネル 55/40
プラスチック容器 46/12; 83/25
プラスねじ回し 134/5
プラタナス 371/67
フラッグ 293/88
フラックス 141/18
ブラックパック 367/5
ブラックベリー 58/29
ブラック・ホーリスト・ガトー 97/24
ブラッシー 293/91
フラッシュ 114/67
フラッシュガン 114/68; 309/38
フラッシュ・キューブ 114/74
フラッシュ・キューブ接点 114/13
フラッシュ水栓 126/37
フラッシュ・スイッチ 114/33
フラッシュ接点 114/30
フラッシュ・バー 114/75
フラッシュ・ヘッド 309/40
フラッシュライト 279/25
フラッシュ・ランプ 177/37; 242/
1
フラット 46/
フラット〈梳綿機(そめんき)の〉 163/
45
フラット支えプーリ 163/46
フラット・ソーセージ 99/56
フラット・テーブル型〈宝石の〉 36/
72, 73, 74
フラット・テーブル・カット〈宝石の〉
36/46
フラットの幅 143/21
プラットフォーマー 145/47
プラットフォーム: 宇宙船の 6/34
海水浴場の 280/9 計器～ 235/

69 ケーブルカーの 214/51 作業
～ 145/5 掘削～ 146/1-37 リフ
ト用～ 173/40; 232/19
プラットフォーム・ソール〈靴の〉
101/8
プラットフォームとハッチへのはしご
6/35
プラットホーム〈駅の〉 205/1, 14
プラットホームの番号 205/4
プラットホームの屋根 205/5
プラットホームの連絡階段 205/2
プラットホームの連絡橋 205/3
フラップ: 246/55; 287/38;
288/29 アクセス～ 6/25 温度
調節～ 10/65 外部～ 259/78
換気用～ 213/30 空気層制御
～ 257/13 散布～ 200/42 ずぼ
んの 29/35 着陸～ 229/42 ファ
ウラー～ 229/40 ブレーキ～
229/44
フラップ・システム 229/37
フラップ・バルブ 192/63
プラテン 181/15
プラテン印刷機 181/13
プラネタリウム投影器 5/23
プラマンジェ器 98/50
フラミンゴ 272/53
プラルトリラー 321/19
フラン: お菓子の 97/22-24 貨幣
の 252/15, 16, 17, 18
孵卵器(ふらんき) 74/28, 30
フランクフルト・ソーセージ 96/8
フランクフルト花輪ケーキ 97/42
フラン・ケース 97/47
フランケット 168/56
フランケット・シリンダー 180/24
フランケット胴 180/37, 54, 63
フランケン〈食肉の〉 95/2, 15-16
フランケン部〈食肉の〉 95/2
ブランコ 273/8, 18, 39, 40; 307/6
ブランコ席 273/40
ブランコ・ボート 308/41, 42
フランジ: 形鋼の 143/2, 5 線画凸
版の 178/44 ローラーの 130/28
ローリング・ダムの 217/67
フランジ型コックの栓 130/21
フランジの山 130/20
ブランジャー: ガラス吹込み成形の
162/32 自動車気化器の 192/7
石油掘削装置の 145/23
ブランジャー式背負いスプレーヤー
83/43
孵卵場 89/11-19
フランスギク 51/24
フランス国有鉄道の実験機関車
209/23
フランス式剣 294/37
フランス式バロック公園 272/1
-40
フランス・チャコ 104/24
フランスの貴婦人 355/51
フランス窓 37/21
ブランデー 98/59
ブランデー・グラス 45/90
ブランドステル卵計算盤 89/19
フランネル布 128/48
孵卵用トレイ 74/32
孵卵用土台木 74/31
振り〈新体操の〉 297/39
振上げ 298/30
振上げ足 298/25, 27
フリー・キック 291/43
フリー・コンビネーション・ノブ 326/
40
フリーズ 333/19; 334/16; 335/9
フリーズ装飾 334/16

フリースタイル・レスリング 299/
10-12
フリー・スロー・ライン 292/38
ブリーチ 13/34 美容院の 105/1
ブリーチ入れボール 105/1
ブリーチ・チューブ 105/3
プリーツ 30/54
プリーツ・スカート 30/32
フリードリヒ大帝 252/6
ブリーフ 32/15, 23, 26
ブリーフケース 41/17
フリー・ライフル 305/44
振落し受け台 168/37
振落し装置 168/35
プリオバー 9/2
ブリオレット型〈宝石の〉 36/86
ブリガンチン 220/14
ブリキエのソケット 125/20
ブリキ缶 108/23; 125/1
振り管 172/10
振子: コバルト遠隔装置の 2/35
時計の 110/27; 309/58
振子式スプレー 83/27
振子式脱水機 168/14
振子装置 2/35
振子の自由振動周期調整ねじ
11/41
振子を支えるばね装置 11/42
プリザーブ 98/51
プリスケ 95/23
振出地 250/13
振出日 250/14
ブリッグ 220/17
ブリッジ: 器械体操の後方～ 297/
23 義歯の 24/26 徒手体操の
295/19, 20 舞台製作用～ 315/
29 舞台の可動照明～ 316/19
船の 221/12; 222/26 めがねの
111/11 レスリングの 299/9
ブリッジ義歯 24/26
フリット供給装置 162/13
振り跳び 296/12
振りのこ 157/24, 64
プリマッシャー 92/42
プリマ・バレリーナ 314/27
ブリュッセル・レース 102/18
浮力チューブ 286/27
ブリリアント 175/21
ブリリアント・カット 36/44
フリル 31/34; 32/44
フリルつきのエプロン 31/33
プリンター 245/32 自転車の
195/6
プリンツィパル 326/31-33
プリントされた布 168/57
プリントス 334/303
フルアット 128/7
ふるい: 左官の 118/85 振動～
64/17, 19; 158/21 目の粗い～
55/13 目の細かい～ 260/66
ふるい分け機 91/26
フルー管 326/23-30, 34
フルー・ストップ 326/31-33
ブルーダーホーゼ 355/34
フルーツ缶詰 98/16
フルーツ・ジュース 266/58
フルーツ・ジュースの缶 99/75
フルーツ・ジュースのびん 99/74
フルーツ・ナイフ 45/71
フルーツ・パイ 97/22; 99/20
フルーツ・プリザーバー 40/23
フルート 322/57
フルー・パイプ 322/57
ブルーの旗 253/26
ブルーム型馬車 186/3
ブルーム取っ手 50/49

フルーレ 294/1-18
プルオーバー 33/32, 51, 52
プルオーバー 33/52
プルグントの男性 355/40
フルコール式ガラス引延し機 162/8
フルコール式ガラス炉 162/1
ブルジョア 175/26
プル・スイッチ 127/16
フル・タイトル 185/46
ブルテリア 70/16
ブルドーザー 199/16, 18; 200/28, 29
ブルドーザー・ブレード 200/29
ブルドッグ 70/1
ブルヌス 354/7
フルバック 291/12, 13
フルボトンド 34/2
古本 309/55
フルマ・カモメ 359/12
フル・リッグド船 220/24-27
ブルワーク 222/67
プレアデス星団 3/26
プレイ・ペン 28/39
プレイ・ペンの床 28/40
ブレーキ: 212/64; 214/3, 71 安全～85/15 オートバイの足踏み～188/52 オートバイの後輪ドラム～189/13 オートバイの前輪ディスク～189/32 オートバイの前輪ドラム～189/11 機関士～210/53 自転車のハンド～187/5, 63 自動～181/47 製粉材の 91/8 ディスク～190/74 電車の 186/16
ブレーキ・アーム 187/66
ブレーキ・アーム・コーン 187/67
ブレーキ圧力計 210/50
ブレーキ液溜め 191/49
ブレーキ円錐(えんすい) 187/71
ブレーキ帯 143/105
ブレーキ滑車 143/98
ブレーキへの出口 192/53
ブレーキ・ケーシング 187/70
ブレーキ索 188/37; 189/12
ブレーキ軸 143/99
ブレーキ試験設備 138/16
ブレーキ磁石 143/102
ブレーキ・シュー: 吸収動力計の 143/100 ディスク・ブレーキの 192/51 トレーラーの 138/12
ブレーキ・シリンダー圧力計 212/7
ブレーキ・スイッチ 211/33
ブレーキつき方向舵(だ)ペダル 257/10
ブレーキ・ディスク 191/17
ブレーキ・ディスク 192/48
ブレーキ・ドラム 138/11
ブレーキ・ドラム用精密旋盤 138/20
ブレーキ・フラップ 229/44; 256/12
ブレーキ・ブロック 143/100
ブレーキ分留 143/103
ブレーキ・ペダル: 草刈り機の 56/40 自動車の 191/45, 95 ホワラーの 179/12, 30
ブレーキ・ライニング: 吸収動力計の 143/106 ディスク・ブレーキの 192/52 トレーラーの 138/13
ブレーキ・ロッド 56/38
ブレーキング・ローラー 138/18
ブレージング・スター 51/31
ブレース 219/67
ブレース・ワイヤ 229/12
プレート・ガーダー橋 215/52

ブレード・コーティング機 173/29-35
プレート式電熱器 39/15
ブレード旋回装置 200/22
ブレード・ダイアフラム 2/33
プレーニング・ボート 286/38-44
プレヌ 355/42
プレーミング・テーブル 132/62
フレーム 230/55; 297/12; 305/14 カルチベーターの 214/80 作業用の 214/80 自転車の 187/14-20 除草ハローの 65/90 製粉材の 91/3 ドロップ・ハンマー 139/16 船の 222/58 マイクロメーターの 149/65 ラッセルたて編材の 167/33 列車の 207/3; 208/5 ロール・スタンドの 148/57
フレーム・カウンター 115/17
フレーム・クランピング機 133/42
フレーム・コーディング装置 242/8-10
フレーム・サンディング・パッド 133/34
フレーム船台 222/19-21
フレーム・スタンド 133/43
フレーム調節 312/29
フレーム・テント 278/36
フレーム・ナット 64/51
フレーム番号 187/51
フレール式 342/15
フレキャスト 215/58
フレキャストの架設一式 215/58
フレキャストの構造物 215/57
プレクトラム 322/19, 53; 324/20, 27
プレザー〔・コート〕 33/54
プレス 103/27; 133/51
プレス・カメラ 114/36
フレスコ 338/40
ブレスト 321/28
プレストビーム 166/46
プレスト・ビーム・ボード 166/16
プレスト・ボックス 173/11
プレス盤 100/78
プレス付属品 100/15
プレス・ボール 168/41
プレス用当て布 104/32
ブレスレット 36/3
プレス・ローラー 64/64
プレス・ロール用水圧装置 173/37
不裂花 370/97-102
プレッツェル 97/44; 99/16
フレット: 楽器の 322/36; 324/9
　ルーレットの 275/30
フレットのついた弦 324/24
フレットのない弦 324/25
フレネル・レンズ 115/64
プレパラション 314/23
プレビア 175/25, 30
プレビュー・モニター 238/60
フレンチ・クォーテーション 342/27
フレンチ・ノット 102/13
フレンチ・パン 97/12
フレンチフライ用ジャガイモ切り器 40/43
フレンチ・ホルン 323/41
ふろ 49/3
フロア・シフト・レバー 191/91
フロア・ブラシ 129/27
プロイラー鶏 74/12
プロイラー養鶏 74/11-17
ブロー・アンド・ブロー工程 162/22
ブロー・タンク 172/11
ブローチ 36/7, 19 穴ぐり器リーマーの 109/8
フロー・チャート表示 76/9

フロート: 気化器の 192/15 水上滑走機の 286/44 水上機の 232/6 トイレ水槽の 126/15 船の 216/12; 217/34
フロート式板ガラス製造工程 162/12
フロート室 192/14
フロート・シャフト 217/35
フロートつき水上機 232/5
ブロードテール 131/21
プローブ: 空中給油～256/7 計測用～234/42 引伸し計器の 116/55
プローブ探針 114/63
プローブ導線 116/38
ブロー弁 172/12
プロキオン星 3/15
プログラマ 248/15
プログラム 315/13
プログラム・カード台 195/10
プログラム・カードの投入口 195/5
プログラム・セレクター 243/39
プログラム選択スイッチ 25/50
プログラム入力 177/71
プログラム表示スケール 243/40
プログラム・レコーダー 261/42
プロジェクター 316/17 オーバーヘッド～261/8 サウンド～117/81 スライド～309/42 フィルム～311/22
プロジェクター上部 261/9
プロジェクター・スイッチ 195/20
プロスケニオン 334/46
プロセス・カメラ 177/1, 4
プロセニアム 315/15; 316/22
ブロッカー 293/60
ブロック: アイス・スティック・シューティングの 302/40 オルガンの 326/20 ガイド～174/48; 176/18 軽量コンクリート～119/24 救命索の 221/105 スターティング～298/1 スラスト～259/60 れんが板～118/40
ブロック壁 118/15
フロック・コート 355/76
フロックス 60/14
ブロック・ブレーキ 143/97
フロッグ・ランマー 200/26
フロッピー・ディスク読取り装置 244/8
プロテクター 296/47
プロテスタント教会 330/1-30
プロトン 1/2, 16, 27, 31
プロパン・ガス 278/33, 34
プロパン・ガスまたはブタン・ガスびん 278/34
プロパンはんだごて 125/5
プロパンはんだづけ用具 125/5-7
プロビュリオン 334/7
プロペラ: 航空機の 230/32; 288/36 シュッテル～227/20 船首の～228/33 2重反転尾部～232/28 麦芽汁煮沸がまの 92/46 風力発電機の 155/45 船の 221/44; 222/72; 228/26 ホバークラフトの 286/64
プロペラ・ガード 258/40
プロペラ・ガード軸孔 258/63
プロペラ・ガード・モールディング 258/74
プロペラ機 231/1-6
プロペラ式高速ミキサー 79/5
プロペラ軸 223/65; 259/59
プロペラ支柱 223/61
プロペラ・シャフト 232/60

プロペラ・ピッチ表示器 224/20
プロペラ・ポスト 222/71
プロペラ・ポンプ 217/47-52
プロペラ・ミキサー 79/6
プロ・ボクサー 299/25
プロミネンス 4/40
プロムナード 274/10
フロリン 252/19
フロントガラス 189/58; 191/21
フロント・スポイラー 193/36
フロント・ドア 193/5
フロント・バンパー 191/13
フロント・ピッチ部 65/50
フロント・フェンダー 191/3
プロンプター 316/28
プロンプター・ボックス 316/27
分液ろうと 349/3
分円アーチ 336/28
分音符 342/34
分音符号 320/17; 342/30-35
噴火 7/21
分塊圧延機 148/50
分塊圧延工程 148/70
分塊シャー 148/52
分壊層 11/47
分解プリズム 240/35
噴火口 11/16
分割機 64/1
分割器 97/56
分割標識 224/89
分岐 203/51
噴気孔 367/26
分岐線 203/474
分岐継ぎ手 270/32
文芸面 342/67
文芸欄 342/67
文言 250/17
ブンゲンス・トウヒ 51/10
分光カメラ 5/6, 33
分光プリズム 112/13
粉砕〈セルロース・シートの〉 169/6
粉砕シリンダー 161/1
分子: 数学の 344/15 物理学の 242/61-67
分枝〈放物線の〉 347/15
分子構造 1/9-14
分子のモデル 242/61-67
噴射時期調整装置 190/58
噴射式ポンプ 216/62
噴射ノズル 190/32, 54
噴射復水器 172/16
噴射ポンプ 190/65; 211/48
噴射ポンプ駆動用の中間歯車軸 190/57
噴出〈熱湯と蒸気の〉 11/22
噴出水道栓 23/49
噴出装置 281/34
文書 330/57
文書棚 330/56
文書ファイル 245/6
分針 110/12
噴水 272/8, 21, 62
噴水器 281/40
噴水池 272/24
噴水柱 272/22
分数 344/19
分数記号 344/15
分数部分 344/10
分析器 23/53
分析用化学天秤(てんびん) 349/25
噴泉 334/68
ブンゼン・バーナー 173/5; 350/1
ブンター落差 154/61
分点 3/6-7
分銅(ふんどう): 体重計の 22/68 時計の 110/28, 29

分度器 260/38
プント系列 1/24
糞尿溝(ふんにょうこう) 75/20, 44
糞尿処理 75/21
糞尿槽 62/13
糞尿タンク 221/72
フンネル・ビーカー文化 328/12
ブンパーニッケル 97/49
分配管 126/8
分配槽 236/38
分配断層 12/8
分娩鉗子(ぶんべんかんし) 26/53
分娩棚(さく) 75/43
分娩豚房 75/40
分母 344/15
分封(ぶんぽう)集団 77/53
分封捕獲網 77/54
粉末石くず 158/22
粉末分離スクリーン 83/56
噴霧器 83/22, 46
噴霧器〈皮膚消毒用～〉 22/60
噴霧機〈動力～〉 83/38
噴霧ざお 56/25
噴霧装置 83/58
噴霧チューブ管 83/29
噴霧調節用グリップ 83/19
噴門 20/41
分離果 370/94
分離器: 渦巻き～93/2 ガス～
　145/28 空気～152/16 試験～
　146/10 石油とガス～146/9 ミ
　ッ バチ～77/61 水と塩水～
　145/32
分離器つきスピンドル 164/43
分離器用制御盤 146/28
分離焼却物用のコンベヤ 199/36
分離層 7/10
分離板 275/30
分流 13/2
分留塔 145/37, 49
分離用設備 199/31
分離ローラー 163/71
分裂可能元素の原子核 1/49
分裂前の原子核 1/43

へ

ヘア・アイロン 105/5
ヘア・カーラー 106/31
ヘア・クリップ 105/11
ヘア・スケーター 302/4
ヘアスタイル 106/3
ヘア・スプレー 105/24
ヘア・トニック 106/10
ヘア・ドライヤー 105/33; 106/22
ヘア・ドライヤーなどのソケット
　106/15
ヘアピン 301/69
ヘアピン・ワーク 102/28
ヘアブラシ 28/7; 105/10
ベアリング・ブロック 177/61
塀 331/18
ベイ: コークス積込み～156/12 飛
　行機の後部～257/18 ロケット
　の補助パラシュート～235/59
平凹レンズ 111/39, 40
平角 346/12
閉脚伸腕屈身倒立 296/52
閉脚抱込み跳び 295/36
平均海面 146/39
平均気温 9/40
平均自転軸 4/27
平均台 297/2, 21
平均低潮面 15/9

平行 345/21
平行あご万力 140/2
平行運動つき製図機 151/2
平衡おもり 139/34
平行折り丁用のベルト排出 185/
　13
平行記号 345/21
平衡キャビン式架空ロープウェイ
　214/25
平衡索 214/46
平衡索スリーブ 214/74
平行四辺形 346/33-36, 36
平衡錘(すい) 113/19; 217/76;
　226/50; 241/22; 255/78
平行線 346/4
平行短冊 320/55-68
平衡聴覚器 17/56-65
平行に配置された針 167/53
平行棒 296/2, 49, 57
平行棒の懸垂振り出し 296/58
平衡輪 110/39
平行六面体 347/36
兵士の墓 331/32
平四発(へいしはつ)機関 230/34
閉塞 9/25
閉塞器 203/59
閉塞区間盤 203/60
閉塞前線 9/25
平底船 226/57
平版印刷法 340/25-26
平板キール 222/49
ヘイ・フォーク 66/3
ヘイベーラ 63/35
平方根 345/3
平方幾何学 346/1-58
平面交差 15/26
平面図 151/19 列車の 207/10
　-21
平面図形 346/24-58
平面太陽集熱装置 155/28, 32
平野 13/1
ヘイ・ラック 63/28, 30; 75/12
ベイル・アーム 89/62
ヘイレーキ 66/23
並列ケーブル方式 215/51
ベイロード・ベイ入口 235/26
ベイロード・ベイ遮蔽(しゃへい) 235/
　13
ベイロード・ベイ・ドア 235/4, 14
ベイロード・マニピュレーターのアーム
　235/29
ベーカリー 97
ベーコン 96/2
ページ 185/53
ページづけ 185/63
ページの見出し 342/52
ページ・プリンター 237/66
ベース 254/22-23
ペーストリー渦巻き 97/38
ベース・プレート 292/67
ベースボール 292/40-69
ペースメーカー 25/31
ペースメーカー・インパルス 25/44
ペースメーカー制御装置 25/40
ペースメーカー装置 25/30
ペースメーカーの植込み 25/36
ペースメーカーの電池 25/51
ベース・ライン 292/48; 293/3, 72
ベース・ライン審判 293/26
β(ベータ) 1/32
ベータ線 1/32
ベータ粒子 1/32
ペーパー・スタンド 151/13
ペーパー・タオル 40/1; 106/5
ペーパー・タオル・ディスペンサー
　196/10

ペーパー・タワー 174/33, 43
ペーパー・リボン 174/34
ペーパー・リレース・レバー 249/20
ペーパー・ローラー 128/47
ベール 331/39; 332/20
ベール〈ルーレットの〉 275/20
ベール・ローダー 63/37
ヘ音記号 320/9
ペガサス座 3/10
ペガソス 327/26
べき(冪) 345/1
壁画 338/40
壁冠 254/46
壁泉 272/15
壁体 217/2
ベキニーズ 70/19
壁面鏡 309/3
壁面くぼみ 217/70
壁面の造りつけ 46/1
壁面用の棚 104/8
北京原人の頭蓋冠(ずがいかん)
　261/18
ペグ 278/24
ヘクサゴン・カット 36/62
ベゴニア 53/10
ヘシアンバエ 80/40
ベスト 29/6, 7; 32/7; 33/4
ベストとショーツのセット 32/21
ペセタ 252/22
臍(へそ) 16/34
ベタソス 355/4
ペダル: 運搬ローラーの 132/72 オ
　ルガンの 増音～326/50 ゴー
　カートの 305/85 自転車の 187/
　40, 78 スターティング・ブロックの
　298/2 ドラムの 324/54 ハープ
　323/62 ピアノの 325/8-9, 9, 41,
　46
ペダル腕木 325/42
ペダル音管 326/3
ペダル音管用塔 326/4
ペダル・カー 273/55
ペダル駆動 188/25
ペダル・クランク 188/25
ペダル・ハープ 323/60
ペダル・フレーム 187/83
ペダル・レバー 163/28
ペダル・ローラー 163/27
ペダル・ローラー用 制 御レバー
　163/28
ヘ短調 320/66
ペチコート 355/37
ペチュニア 53/6
ヘ長調 320/63
ペッグ 292/77
ヘッケルフォン 323/38
べっ甲縁 111/8
ヘッジ・トリマー 134/55
ベッセマー転炉 147/55-69
別荘 37/84-86
ヘッド VCR の 243/34 顕微鏡
　の 112/12 びんの 93/31
　豚の頭 95/43
ベッド 25/10; 46/16 急速ベニア
　圧着機の 133/50 締め機の
　183/25 小児用～・2段～47/1
　振子式脱出機の 168/15 ダブル
　～267/38 日光浴～281/5
ヘッドガード 299/30
ヘッドギヤ 302/34
ヘッド・クルビエ 275/6
ヘッド支持アセンブリー 311/25
ヘッドセット 249/63; 261/38
ヘッドセット・ソケット 249/68
ヘッド棚 46/19
ヘッド・ドラム 243/19

ベッドの上掛け 43/7
ベッドの頭板 43/6
ベッド引出し 46/18
ヘッドフォン 241/66;
　249/63; 261/38; 309/24
ヘッドフォン・ケーブル 241/71
ヘッドフォン・ケーブル・プラグ 241/
　70
ヘッドフォン・コード 241/71
ヘッドフォン・ソケット 117/10;
　249/68
ヘッドプレート 202/5
ヘッドボード 284/47
ペット用飼料 99/36-37
ヘッドライト 189/10; 191/20, 62
ヘッドランプ 187/7
ベッド枠 43/5
ペッパー入れ 266/77
ペディメント 13/65; 334/3; 335/
　36
ヘディング 291/46
ペデスタル・クレーン 146/3
ペデスタル研摩機 138/7
ベテルギウス星 3/13
ベドウィン族 354/6
ヘドバン 183/35
ペト病 80/20
ペトリ皿 173/7; 261/25
ベドリントン・テリア 70/18
ヘドバン 183/35
ペナルティ・エリア 291/4
ペナルティ・キック 291/40
ペナルティ・スポット 291/6
ペナルティ・ライン 292/5
ペナント 278/9; 280/11
ベニシタバ 365/8
ベニヅル 272/53
ベニテングタケ 379/10
ベニヅル 272/53
ベニバナインゲン 52/28; 57/8
ベニバナルリコベ 61/27
ベニヒ 252/7
ベニヤ板 133/2
ベニヤ・スプライシング機 133/3
ベニヤ旋盤 133/1
ベニヤむけつけ機 133/26
ベネディクト会の修道士 331/54
ベビー・サークル 28/39
ベビーサイド・ケナリー層 7/27
ベイ書体 175/2
ベビー・パウダー 28/14
ベビー・バス 28/3
ベビー服 29/3
ヘビ科 364/38
ヘビ形留めピン 328/28
蛇座 3/20
ヘビ状の足 327/39
ヘビ遣い 353/45
ヘビの尾 327/31
ヘビの胴体 327/2
ヘブライ文字 341/1
ベプロス 355/2
ペペル・ギヤ 91/25
ヘム・シュー 206/49
ヘム・スチッチ 102/14
ヘム・マーカー 271/40
部屋着 32/35; 355/66
ヘヤピン 102/29
へら 46/20; 338/15
ヘラオオバコ 380/11
ヘラクレス座 3/21
ヘラジカ 367/1
ベラトリックス星 3/13
ベラドンナ 379/7
ぺら針 167/12, 61
ぺら針用維持板 167/54
へり〈菜園の〉 55/38

ベリー 95/41
ベリーの下部 95/39
ベリーロール 298/23
ヘリウム 1/5
ヘリウム圧縮容器 234/43
ヘリウム原子核 1/30-31
ヘリウム原子の模型 1/5
ヘリウム・ネオン・レーザー 243/57
ヘリオスタット 5/29
へりかがり 31/70
へり囲いエア・クッション 286/66
へり飾り 355/14
ペリカン 359/5
ペリカン・イール 369/2
ヘリコプター 232/11-25
ヘリコプター格納庫 259/38
ヘリコプター甲板 221/19
ヘリコプター着陸甲板 228/15
ヘリコプター着陸場 259/39, 53
ヘリコプターつり手 221/52
ヘリコプター発着場 146/7
ヘリコン 323/44
ヘリポート 146/7
ヘリング・ステッチ 102/9
ヘリングボーン歯車 143/87
ベル: 機関車の 212/49 自転車の 187/4 選挙の 263/4 ブザー 127/15 船の 224/75
ペルー海流 14/42
ベル・エンド 278/27
ヘルクレス座 3/21
ペルシア猫 73/17
ペルシアの美術 333/21-28
ペルシア羊 30/60
ヘルド 166/27
ベルト: 安全～ 221/124 コートの 33/59 ゴム～ 64/79 コンベヤー 172/79 伸縮～ 31/63 紳士用 ～ 32/39 婦人用～ 30/11,46; 31/10 ミシンの 103/10
ベルト運搬 144/40
ベルト・ガード 133/31
ベルト車カバー 133/32
ベルト交換フラップ 255/34
ベルト・コンベヤ 156/2
ヘルド・シャフト 166/3, 4
ヘルド・シャフト案内車 166/36
ベルトの留め金 31/12
ベルト引張りレバー 133/16
ヘルド・フレーム 166/3, 4
ベルト・ローラー 133/18
ベル・ブイ 224/74
ヘルメス柱像 334/35
ヘルメット 264/35; 289/18; 292/24; 301/13; 303/14 安全～ 84/23
ヘルメット灯 300/54
ベルモット 98/62
ベルUH-IDイロコイ軽輸送・救助ヘリコプター 256/18
ベルリン型馬車 186/1
ベレー 35/27
ベレー帽 35/27
ペレニアル・ライグラス 69/26
ヘレロ族の女性 354/25
ベろ 101/32
辺〈へん〉〈数学の〉 346/7, 26, 32
弁 187/31; 288/77 オルガンの 326/10 気球の 323/40
ペン 245/21, 22; 260/12, 14, 24

変圧器(機) 152/39; 153/9-18 機関車の 211/10 電子腕時計の 110/8
変圧器置場 92/21
変圧器結線 153/19
変圧器ステーション 217/46
変圧器タンク 152/40
変イ長調 320/66
弁外被 217/54
変化短調 320/50-54
返還機構歯 174/30
変換セクション 23/56
返還できないびん 93/29
変換フィルター受け口 117/38
便器 28/47; 49/13
ペンキくぎ削り 129/22
変記号 320/52
便器のふた 49/14
ペンキ・バケツ 129/10
変曲点 347/12
ペンキ・ローラー 129/11
ペンギン 359/5
ペン・クリップ 2/18
ベンケイソウ 377/9
扁形〈へんけい〉動物 81/35
ベンゲラ海流 14/43
偏向システムのためのセンタリング・マグネット 240/23
変光星 3/11
偏向反射鏡 113/11
偏光フィルター 112/19
偏向防壁 304/2
辺材 120/85; 370/12
弁索 288/78
偏差軸 113/5, 17
偏差軸受け 113/6
偏差伝動装置 113/4
便座板 49/15
ペン皿 260/24
弁室 217/42, 63
編集テーブル 311/42
便所 49/12 キャンプ場の 278/5-6 建築現場の 118/49 航空機の 231/31 公衆～ 268/62 列車の 207/16,42,72; 211/59 列車の乗務員用～ 207/82
便所施設 278/5-6
ペンシル・シルエット 31/14
変数 345/14
弁制御室 217/42, 63
編成動作を示す針床 167/51
編成部 167/21
偏西風帯 9/50
片積雪 8/11
弁尖〈べんせん〉 20/48
ベンゼン環 242/66
ベンゼン・スクラッパー 156/24
ベンゼン・タンク 156/42
ベンゼンの塩基化 170/8
ベンゼンの抽出と送液 170/6
片層雲 8/11
変速ギヤー 188/12,31 無段～ 163/29 4段周期かみ合い式～ 192/28-47 流(液)体 190/70; 212/52 流体～ 212/27
変速機油用補助熱交換器 212/43
変速機油温計 212/20
変速機用熱交換器 212/36
変速機レバー 189/28
変速装置 189/6; 211/50 自記湿度計の 10/14 P.T.O.～ 65/36, 38
変速装置ハンドル 132/56
変速てこ棒 149/5
変速レバー: 工作機械の 149/5

農業機械の 65/35
ペンタクリヌス 369/3
ペンタプリズム 115/41,70
ペンダント 36/14
ペンダント・イヤリング 36/11
ペンダント・ランプ 44/12
ベンチ 273/58; 296/14
ベンチ: 組合せ～ 126/60; 127/53 切断～ 127/51 平先～ 126/62 円先～ 126/61 平やっとこ 127/50
ベンチュリ管 190/15; 192/8
ベンチレーター 49/20; 207/9
弁つき調律孔 326/33
弁つきホルン 323/41
ペンデローク 36/54
変電所 152/29-35
ペンデンティヴ 334/74
ベンド 126/46
変ト長調 320/64
ベント・パイプ 38/51
変ニ長調 320/67
弁髪 319/26
弁髪かつら 34/5
弁髪の毛 34/6
ヘンプ靴 122/75
偏平雲 8/1
偏平ブラシ 163/44
偏平卵形 68/38
ペンペングサ 61/9
変ホ短調 320/68
変ホ長調 320/65
弁密封キャップ 187/32
ペン・メーター 2/15
ペンライト・ポケット 6/24
変流器 153/58
変流器ピストン 242/56
偏菱〈へんりょう〉形二十四面体 351/12
編陸〈へんろく〉屋根 215/18
変ロ短調 320/67
変ロ長調 320/64

ホ

穂: オートムギの 68/27 槍の 328/21 ライムギの 68/2
帆 219/1-72; 220/1-5 カヤックの 283/62 ヨットの 284/2
ホイール・リム 192/77
ボイス伝動装置 209/14 逆転装置つき～ 212/74
ホイスト 145/11; 206/56 傾斜～ 158/16; 159/5 工事用～ 118/31 充填材～ 200/56 スキップ～ 147/3 燃料取扱い～ 154/27 補助クレーン～ 147/50
ホイッスル 224/70
ホイップ・アンテナ 258/60
ボイラー 155/13; 210/16 製菓器具の 97/69
ボイラー圧力計 210/47
ボイラー安全弁 210/3
ボイラー給水ポンプ 152/18
ボイラー工場 222/9
ボイラー室 38/38-43; 55/7; 152/1-21
ボイラー・スーツ 30/21
ボイラー胴 210/16
ホイル包装 225/12
ポインター 70/43
ポイント: アセンブリ～ 233/29 エペの 294/27 活字の 175/19,21, 24,25,26,27,28,29,46 転轍器の 202/16,27
ポイント・ガード 300/50

ポイント・サイズ 175/46
ポイント・ロック 202/28
ほう(苞) 59/28
砲 218/50
棒 296/8; 297/41; 320/4
方位基線 224/48
方位盤 224/53
棒腕 299/10
望遠鏡 42/15; 224/8 観測～ 351/31 経緯儀の 14/60 子午線～ 113/29 焦点～ 115/74 ジンバルつきの 235/68 双眼～ 221/128 測量～ 14/48 単眼式～ 111/18 反射～ 113/1
望遠鏡拡大レンズ 113/38
望遠鏡つき釣竿(つりざお) 89/53
望遠鏡のマウント 113/16-25
方鉛鉱 351/14
望遠照尺 255/28; 305/49
望遠照準器 87/29
方円柱頭 335/21
望遠レンズ 115/48; 117/47
防音カバー 310/48; 313/16-18, 27
防音カバーの下部 313/17
防音カバーの上部 313/16
防音カバーの側面部 313/18
防音装置つき撮影カメラ 313/15
防音装置つき同時録音用カメラ 310/47
砲架 255/43
防火 270/46
妨害 291/51
方解石 351/22
放下大箱 172/81
萌芽期(ほうがき)の植物 68/14
防火服 270/46
防火壁 121/9
防火幕 316/24
防火用スプリンクラー設備 316/6
宝冠 254/12, 37-46
砲丸投げ 298/48
砲丸 298/49
防寒用下着 32/29
ほう 62/5; 199/6; 268/21; 272/67
ほうきの柄の 38/37
ほうきブラシ 50/53
防御者 294/6
防御の構え 294/33
防御フォーク 307/54
方形旗 253/28
方形スーパー・カット 36/50
方形塔の屋根 335/7
方形の船尾 285/43
方形ファインダー 114/14
方形算法 320/1
方形屋根 121/22
防結霜(ほうけつそう)れんが積み 122/39
奉献 330/60
防舷杭(ほうげんくい) 217/9; 222/35
冒険ごっこ 273/21
防舷材 217/9; 225/12
防眩(ぼうげん)スイッチ 191/59
防護網 118/90
防護衣 84/26
砲口 255/58
膀胱(ぼうこう) 20/33, 78
縫合機 100/21
縫工筋 18/45
縫合材料 22/56; 26/21
方向指示器 189/37, 45; 191/59, 76
方向指示灯 189/37, 45

方向指示板 197/20
縫合糸の容れ物 22/61
膀胱(ぼうこう)洗浄用シリンジ 22/54
方向舵(だ) 229/24-25, 25; 230/27, 28, 60; 257/10, 23; 288/22
方向舵装置 257/23
方向舵ペダル 230/27, 28; 257/10
方向転換台 133/17
防護ガラス壁 109/29
防護柵(さく) 84/8; 118/80
防護装置 255/81, 90
防護ハー 188/18
防護物 138/9 ごみ捨て場の 199/11
防護壁 122/35
防護用ハット 290/3
放散虫 357/8
帽子 35 駅職員の 205/43 毛糸の 29/57女性の 41/11
帽子入れ 205/11
帽子掛け 266/12
帽子型かぶと 254/7
奉持者 331/43
放飼場 356/1
帽子状包帯 21/3
防湿層 123/4
帽子店 268/38
胞子囊穂(のうすい) 376/19
帽子の型台 35/3
紡糸ノズル 170/42
放射エネルギー 10/23
放射型ボイラー 152/5
放射計 10/71
放射状れんが 159/25
放射性廃棄物収容ドラム 154/77
放射性廃棄物処理 154/57-68
放射性廃棄物の岩塩坑内貯蔵 154/56
放射性物質の自然崩壊 1/28
放射線監視装置 2/1
放射線技師 27/11
放射線計測器 2/1-23
放射線遮断壁 154/74
放射線遮蔽(しゃへい) 2/31
放射線遮蔽壁 2/46
放射線照射装置 74/47
放射線照射テーブル 74/48
放射線探知器 2/1-23
放射組織 370/11
砲車のスペード 255/55
防臭弁 49/27
防錆加工 168/26
放出 156/16
放出・圧縮用のブルドーザー 199/18
放出コンベヤ 64/83
放出中性子 1/39, 45, 52
放出通路 157/56
放出(筒先)担当の消防員 270/34
放出弁 210/58
放出ローラー 164/59
房状高積雲 8/16
棒状材料バッグ 283/64
棒上縦向き片脚掛け 296/32
棒上横向き座位 296/31
防食亜鉛カップ 122/102
防塵(ぼうじん)キャップ 187/57, 82
砲身締め具 255/62
砲身復座機 255/61
砲身揺架 255/60
放水ガン 316/18
防水コート 29/31

防水敷布 278/26
防水敷布のリング 278/26
防水スプレー 50/40
防水層 123/5
防水時計 109/26; 279/16
防水時計の試験装置 109/26
防水帆布 221/107
放水モニター 316/18
宝石 36; 110/33
紡績糸束コンテーナ 165/16
紡績糸パッケージ 165/15
宝石入れ 36/31
宝石腕輪 36/25
宝石売場 271/62
紡績機 166/1
紡績機速度制御ギア 164/38
紡績射出 169/14
紡積機 169/15
紡績突器 358/46
宝石(の飾り) 355/17
紡績のためのトウの仕上げ 170/57
宝石箱 36/31
宝石ペンダント 36/14
精紡木管の上部 164/52
宝石指輪 36/15
宝石類 36
防雪車 304/6
放送 238; 239; 240
包装機 76/36
放送局選択ボタン 241/4, 38; 309/20
包装材料 98/46-49
包装紙 98/46
包装したパン 97/48-50
放送センター 238/16-26
包装台 271/14
放送中継車 239/1-15
包装紙 107/11, 25
包帯 21/1, 3; 289/15
砲台 259/83
包帯材料 26/34
砲台ハウジング 257/17
棒高跳び 298/28-36
棒高跳び選手 298/29
防弾ガラス 250/3
傍注 185/68
膨張ライン 1/61
方杖(ほうづえ) 119/63; 121/41, 57
棒巻き 277/2
方程式 345/4
砲塔 258/67; 259/31, 71 後方～ 259/44 前方～ 259/43 100 mm ～ 258/29
報道カメラマン 299/49
報道写真 342/58
砲塔上の 127 mm砲 259/52
暴動鎮圧業務 264/15
暴動鎮圧用の盾 264/20
砲塔つき 76 mm多目的砲 258/70
砲塔にあるレーダー制御 127 mm多目的砲 258/47
蜂毒用(ほうどくよう)軟膏(なんこう) 77/68
放熱器: 機関車の 212/54 自動車の 191/9 トラクターの 65/51 ボイラーの 38/76
放熱器グリル 191/11
放熱ユニット 6/25
防波堤 13/37; 15/48; 217/16; 225/65
防波堤の先端 13/38
包皮 20/70
包被(トウモロコシの) 68/33
ほうび 86/43

砲尾環 255/54
暴風雨前線 287/24
暴風雨前線気流による滑空 287/23
防風雨帽 35/30; 228/5
暴風信号 280/4
暴風標識 225/35
法服 332/4
放物線 347/14
放物線形アーチ 336/29
放物線の軸 347/17
放物線の頂点 347/16
放物線の分枝 347/15
蜂房形(ほうぼうけい)の小屋 354/28
放牧牛 62/45
棒マスト 258/42
泡沫(ほうまつ)噴射器 270/64
砲門 218/59, 60
砲門シャッター 218/60
抱擁 205/53
蜂腰(ほうよう) 355/53
包葉 371/7
防雷具 258/87
包鱗(ほうりん): イチイの 372/62 カバノキの 371/12 カラマツの 372/34 モミの 372/5
ボウリング・ボール 305/15
ホウレンソウ 57/29
望楼 329/4, 35
頬(ほお) 16/9
ホー 66/1
ボーア・ゾンマーフェルト模型 1/26
頬当て 255/30
頬当て部(銃の) 87/4
ボーイ(ホテルの) 204/17; 267/18
ボーイ・スカウト 278/11
頬帯(ほおおび) 355/22
頬革 71/8
ポーク 95/38-54
ポーク・ソーセージ 99/55
ポーク・ボンネット 306/23
ホース: ガソリンの 196/2 洗車～ 196/23 庭園用の 56/27 船の 222/75
ホーズ 355/47
ホース器具運搬車 270/53
ホース・スタンド 67/25
ホース継ぎ手 270/29
ホース・パイプ 222/76; 258/54
ホース巻き枠 270/28
ホース・リール 56/26
ホース連結部 56/45; 83/30
ポーター 205/31; 267/17
ボーダー・ライト 316/13
ポータ・ビール 93/26
ポータブル心電計 23/46
ポータル・スポットライト 316/21
ボーデン索 188/37; 189/12
ボート: E～ 258/69 折りたたみ式～ 283/54-66 救命～ 258/45 燃料積込み～ 225/13 ふくらませて使う～ 228/18; 258/82; 278/14
ボート運搬車 283/66
ボート・カヌー 283/
ボート甲板 223/19-21
ボート・トレーラー 278/20
ボートによる船客の上陸 221/97
ボート・ネック 30/34
ボート・ライナー 190/73
ボート・リフト 217/29-38
ほおひげ 34/12
ホーム〈駅の〉 204
ホーム監督 205/41
ホーム照明灯 205/48

ホーム・ドレス 31/36
ホームの公衆電話 205/57
ホームの時計 205/46
ホームの縁 205/19
ホームのポスト 205/56
ホーム売店 205/49
ホーム・プレート 292/53
ホーム・ベース 292/53
ホーム・ベンチ 205/54
ホーム用拡声器 205/27
ホーム用電気トラック 205/29
ホーム連絡階段 204/25
ホーム連絡地下道 204/23
ボーリング・クリーズ 292/71
ホール 13/34 ゴルフの 293/87
ボール 28/16 アメリカン・フットボールの 292/27 食器の 45/25, 28 パイプの 107/36 バスケットボールの 292/29
ボール: 曲芸用の 307/46 棒高跳びの 298/28
ボール紙 338/22
ボール紙給紙部 184/7
ボール紙切断機 183/16
ホールター・ネックの上着 31/64
ボールつき旋回計 230/12
ボールド 175/2
ボールド・コンデンス体 175/10
ボールド書体 175/2
ボールド体 175/2
ボールド・フェイス 175/2
ボールのセット〈食器の〉 40/6
ボールの投げ方〈テンピン・ボーリングの〉 305/17-20
ボールのふた 107/37
ボール・ピペット 350/25
ボール・ベアリング 143/69
ボールペン 47/26
ボール・ボーイ 293/22
ボールホード 4/28
ボール・ミル 161/1
ボーン〈チェスの〉 276/13
保温エア・カーテン 271/43
保温用の足覆い 304/27
補角 346/14
捕獲肢(し) 358/5
捕獲棒 77/55
捕獲猟様式 86/19-27
ぼかし網 340/24
保管室: 飲食物～ 207/83 手荷物～ 208/15 プラネタリウムの 5/17
保管箱: 子供部屋の 47/2 小部品～ 134/34, 39
保管ユニット 24/8
保管室: 飲食物～ 207/83 手荷物～ 208/15 プラネタリウムの 5/17
ボギー: 機関車の 212/2; 213/13 輸送～ 154/4 列車の 207/4
ボギー客車 208/3, 4
ボギー貨車 213/26
ボギー式標準長物車 213/11
ボギー車 119/32
補給船 258/97
補給用オイル・タンク 65/46
補強研磨外板の条列 258/81
補強材 215/53
補強たが 130/16
補強リブ 200/9; 217/78
ボクサー: 犬の 70/10 拳闘の 299/25
牧師 330/22; 332/3, 22
牧師館 331/20
ボクシング 299/20-50

ボクシング・リング **299**/35
牧草 **63**/23
牧草地 **15**/18
牧草の収穫作業 **63**/19-30
北天 **3**/1-35
北点 **4**/16
北天の恒星図 **3**/1-35
北東貿易風 **9**/48
ボケ **373**/17
母型〈活字の〉 **174**/31, 47
母型ケース **174**/42, 46; **176**/17
母型固定具 **175**/8
母型字面部 **174**/31
母型フォント **175**/59
母型彫刻機 **175**/49
母型ドラム **176**/27
母型返還機構 **174**/20
母型返還用エレベーター・キャリアー **174**/22
帆桁(ほげた)に引上げた横帆 **218**/21
ポケット **6**/27 上着の張付け〜 **33**/12 コートの **33**/61 差込み〜 **31**/4 ズボンの **33**/47 張付け〜 **30**/22 ファスナー張付け〜 **31**/56 前の **30**/23; **33**/46 胸〜 **33**/9 物差し入れの **33**/49
ポケット・カメラ **114**/16
ポケット計算器 **246**/12
ポケットチーフ **33**/10
ポケット電子計算器 **247**/14
ポケットの雨ぶた **33**/18
ポケット箱 **2**/15
ポケット・メーター **2**/15
保険会社事務所 **268**/40
歩行区域 **268**/58
歩行者用信号灯 **268**/55
母指標識 **2**/32
保護覆いつき自動止め金 **157**/65
保護隔壁 **305**/91
保護そで **142**/6
保護不活性ガス内の浮槽 **162**/16
保護壁 **154**/74
保護ヘルメット **264**/21; **302**/34
保護めがね **140**/21; **142**/4
保護容器 **10**/39
保護用遮敝物 **2**/46
ホリタケ **381**/20
ほこり抽出器 **92**/40
ほこり排出路 **163**/22
ほこりよけ **2**/48
ほこりよけカバー **241**/32
保護レール **202**/23
帆座 **3**/45
ポザウネ・ストップ **326**/17-22
菩薩像(ぼさつぞう) **337**/10
母指(ほし): 足の **19**/52 手の **19**/64
ポシェット **322**/20
母指外転筋 **18**/49
星形ヴォールト **336**/44
星形車 **149**/43
星形結線 **153**/20
ホシガラス **361**/1
母指球〈手の〉 **18**/41; **19**/58, 75
干草 **75**/12
干草作り **63**/19-30
干草積み台 **63**/28
干草用3叉(き)フォーク **66**/3
保持装置 **24**/33
墓室 **333**/2, 3
ポジティヴ・オルガン **322**/56
干しブドウ **98**/8, 9
干しブドウ薄切り **97**/43
ホシムクドリ **361**/4

干し物用ロープ **38**/23
捕手 **292**/54, 64, 73
補集合 **348**/7, 8
補修専門技術者 **237**/28
墓所 **331**/30; **337**/16
補助アーム **203**/8
補助位置 **297**/16
補償ジェット **192**/4
補助腕木 **203**/8
保証人 **332**/23
補助運搬車 **157**/11
補助艦艇(かんてい) **258**/92-97
補助旗 **253**/30-32
補助器具 **296**/12-21; **297**/7-14
補助機関 **223**/71
補助機関室 **223**/70; **259**/56
補助鏡 **115**/38
補助空気だめ **212**/61
補助クレーン・ホイスト **147**/61
補助系統用の可視表示装置 **211**/34
補助航路 **224**/93
補助索 **211**/34
補助索引張り装置 **214**/48
補助シーブ **64**/18
補助焦点調節装置 **5**/11
補助信号 **203**/25-44
補助水回路 **259**/63
補助接点 **153**/57
補助台 **137**/14; **150**/28
補助ディーゼル・エンジン **209**/19
補助電動機用コンデンサー **211**/12
補助灯つき・標識なし第2遠方信号機 **203**/17
補助熱交換器 **212**/43
補助白色灯 **203**/15
補助腹帯 **71**/23
補助パラシュート・ベイ **235**/59
補助反射鏡 **5**/2; **113**/11
補助ブレーキ **212**/10
補助ブレーキ弁 **211**/23
補助翼 **230**/24, 52; **287**/41; **288**/28
補助翼作動装置 **257**/39
補助落下傘 **288**/39
母神像 **328**/8
ボス **335**/32
ポスター **98**/2; **204**/10; **268**/71
ホステア **328**/28
ホステス **317**/2; **318**/14, 33
ポスト **204**/11
ポスト式風車 **91**/31
ポスト・プロダクション・スタジオ **238**/27-53
補正版 **113**/11
補正振子 **109**/33
補正レンズつきファインダー接眼部 **115**/22
補正ローラー **181**/45
墓石 **331**/26
母線 **322**/29
保線作業員 **202**/44
ほぞ(柄)穴機 **120**/17
ほぞ穴を造るのみ **132**/8
舗装 **198**/8
舗装基層 **200**/59
舗装されたよい道 **15**/30
舗装路レース **290**/24-28
舗装れんが **159**/27
細木裁断機 **100**/48
細幣抜き **100**/38
細刻み **107**/25
細刻み長かんな機 **133**/37
保続音管 **322**/11

細先三角スクレーパー **140**/63
ほぞ差し **121**/84
ほぞ付き筋交い **120**/54
ほぞのみ **120**/72
ほぞびきのこ **132**/44
細目やすり **140**/8
母体 **54**/15
ボダイジュ **371**/46
蛍石 **351**/16
ボタン: イタリア式刀の **294**/45 オルガンの **326**/46 コートの **33**/64 コントロール〜 **261**/45 シカの角の **29**/33 時と分の **110**/3 ジャケットの **33**/55 シャツの **33**/34 操作〜 **197**/32 停止〜 **110**/22 ベースメーカー装置の制御〜 **25**/30 ロータリープレスの制御〜 **168**/40
ボタン入れ **103**/15
ホ短調 **320**/56
ボタン留めのドレス **30**/10
ボタンホール・ステッチ **102**/6
墓地 **331**/21-41 地図記号 **15**/106
ホ長調 **320**/59
北海 **14**/26
ポッキア **305**/21
勃起性(ぼっきせい)組織 **20**/67
北極 **14**/3
北極海 **14**/11
ホッキョクグマ **368**/11
北極犬 **353**/2
北極星 **3**/1, 34
ホック **100**/53
ボックス: サーカスの **307**/16 走り高跳びの **298**/35
ボックス・カメラ **309**/30
ボックス席 **319**/7
ホックつき床尾板(しょうびばん) **305**/46
ボック・ビール **93**/26
ホッケー **292**/6
ホッケー・スティック **292**/13
ホッケー・プレーヤー **292**/15
ホッケー・ボール **292**/14
ホッチキス **22**/25; **247**/4
ポット **40**/12
深なべ **40**/12
ホット・シュー接点 **114**/72
ホット・シュー・フラッシュ接点 **115**/21
ホット・ドッグ **308**/34
ホット・ドッグ・スタンド **308**/32
ホットプレートのついた電気オーブン **207**/32
ホッパー: コンクリート〜 **201**/24 ジャガイモ収穫機の **64**/84 風車式製粉機の **91**/13 ブドウ破砕機の **78**/18
ホッパー給綿機 **163**/31
ホッパー・コンベヤ **64**/83
ホッパー用開閉レバー **163**/31
ポップコーン **68**/31
ホップ栽培 **83**/27
ホップ・サック織り **171**/11
ホップ畑 **15**/114
ボディス **31**/30
ボディライン〈活字の〉 **175**/43
ポテト・スプーン **45**/75
ポテト・ハーベスター **64**/59-84
ポテト・フォーク **66**/5
ホテル **267**
ホテルの客室 **267**/27-38
ホテルの支配人 **267**/19
ホテルのステッカー **205**/9
ホテルの請求書 **267**/11

ホテルのバー **267**/51
ホテルのボーイ **204**/17
ホテルのレストラン **267**/20
ホテルのロビー **267**/18-26
歩道 **37**/60; **198**/9 地図記号 **15**/43
舗道 **198**/9
歩道橋 **268**/48 地図記号 **15**/78
ほどく場所 **173**/39
ボトル棚 **266**/10; **267**/64; **317**/4
ポニー **75**/4
ポニーテール **34**/27
哺乳(ほにゅう)動物 **366**; **367**; **368**
哺乳びん **28**/19
哺乳びん保温器 **28**/21
骨: 犬用の **70**/33 人間の **17**/1-29
骨切りのこ **94**/19; **96**/56
骨組: 家屋の **118**/1-49 風車翼帆の **91**/3
骨製投げ槍(やり)の先 **328**/2
骨製もり先 **328**/3
骨付きハム **96**/1; **99**/52
骨付きロース **95**/18
骨抜きナイフ **96**/36
骨のみ **24**/49
炎調節器 **107**/31
帆の形状 **220**/1-5
ホバークラフト **286**/63
帆柱 **284**/4, 11
ボビン・クリール **164**/28
ボビン・レース **102**/18
ボビン・レール **164**/30
ボブかつら **34**/2
匍匐茎(ほふくけい) **54**/16; **58**/20
匍匐枝による繁殖 **54**/14
ボブステー **219**/15
ボブスレー **303**/19-21
ポプラ **371**/15
ポプリン地のコート **33**/60
ポプリン・ジャケット **31**/37
保母 **48**
ホホジロ科 **361**/6-7
ポム **2**/28
ポメラニアン **70**/20
ホモ牛乳 **99**/44
ホモジナイザー **76**/12
歩様(ほよう)〈調教中の馬の〉 **289**/7
保養地 **274**
ポラ **352**/31
ほら貝のらっぱ **327**/41
ボラ・クレーン **154**/38
ポラリス **3**/1
堀 **356**/3
ポリアミド **170**/1-62, 41
ポリアミド・コーン **170**/51
ポリアミド糸に強度と伸度を与えるための延伸 **170**/46
ポリアミド・ステープル **170**/61
ポリアミド・ステープルの梱包(こんぼう) **170**/62
ポリアミドの凝固 **170**/35
ポリアミドの冷却 **170**/34
ポリアミド・ファイバー製造 **170**/1-62
ポリアミド・フィラメントの凝固 **170**/43
ポリアミド分離 **170**/37
ポリアンサスズイセン **60**/4
ポリエ **13**/72
ポリエステル樹脂 **130**/17
ポリエステル・ホース **67**/26
ポリエチレン製の温室 **55**/40
ポリケラス **369**/15
掘越し刃 **64**/67

掘込みチェーン **132/50**
ポリスチレン浮き **89/46**
ホリゾント・ライト **316/15**
ポリツァー嚢(のう) **22/37**
ポリッシュ・ロッド **145/27**
掘取り刃 **64/67**
掘取り用フォーク **66/22**
掘抜き泉 **12/26**
掘抜き井戸 **12/25**
掘抜き地下水 **12/21**
ポリプ **357/19**
掘割り **15/84**
ホルスター **264/24**
ホルスト **12/10**
ホルダー: ガラス～ **124/9** 台所用多目的～ **40/1** フィルム・スプール～ **238/6** マガジン～ **255/7**
ポルタント **321/29**
ポルックス星 **3/28**
ポルティコ **334/50**
ボルト **121/98;143/31** 植込み～ **143/22** さら～ **143/28** つばつき～ **143/32** T～ **143/41** 屠殺用の **94/4** 六角～ **143/13**
ボルト締め梁(はり)受け桟 **119/74**
ボルト・ピストル **94/3**
ボル・ド・ブラ・テュ **314/7**
ボル・ド・ブラ・アン・オ **314/10**
ボル・ド・ブラ・アン・ナバン **314/9**
ボル・ド・ブラ・アン・バ **314/8**
ポルノ映画映写機 **318/20**
ホルムアルデヒド **242/64**
ホルムアルデヒド原子 **242/64**
ボレー **293/41**
ほろ **186/42**
ポロ表底 **101/24**
ポロしきサドル **188/13**
ほろつき乳母車 **28/30**
ポロ・ジャンパー **30/20**
ポロ・ネックのジャンパー **30/7**
ホロプター **111/44**
ホロホロドリ **73/27**
ホワイエ **315/12-13**
ホワイト・ゴールドの留め金 **36/10**
ホワイト・ワイン・グラス **45/82**
ホワラー **179/1**
本 **46/8;185/36**
盆(ぼん) **40/24;42/30;266/45,63**
本位記号 **320/54**
本影 **4/35**
本館 (駅の) **205/13**
ポンゴ **324/58**
本初子午線 **14/5**
本船通関済み **253/36**
本線路 **203/45**
本体 **46/3**
本棚 **42/3;43/14;46/7**
ポンチ **108/19,31;339/15** 心立て～ **134/31** 中空～ **125/13**
ポンチ箱 **108/30**
ポンチョ **352/24**
ポンチョ型コート **30/68**
ポンツーン **226/57**
本堤 **216/32**
ポンド・スタリング(£) **252/37**
本扉 **185/46**
ポンネット: 貴婦人の **355/71** 車体の **191/8;195/36** つや出し羊毛～ **134/21** 道路清掃車の冷却器の **304/11** 帆船の **218/34**
ポーク～ **134/21**
ポンネット支柱 **195/37**
本のカバー **185/37**
本の背 **185/41**

本の列 **42/4**
ボンバー・ジャケット **31/42**
本排出 **184/5**
ボンバルド **322/14**
ポンピング・ステーション **146/22**
ポンピング・ロッド **145/25**
ポンプ: 1次ナトリウム～ **154/5** 遠心～ **79/7** 活字鋳造機の **174/41** 乾ドックの **222/73** 原乳～ **76/3** 原油採油の **145/22** 高圧液体酸素～ **235/42** 高圧液体水素～ **235/41** サイクロトロンの真空系排気用～ **2/52** 自転車の **187/48** 循環～ **154/43** バルブ水～ **172/55** ビール～ **266/1,68** ポリアミド・ファイバー製造の **170/31** モーターつきメイン～ **269/15**
ポンプからひいた塩水パイプ **274/4**
ポンプ・コンパス **151/59**
ポンプ室: 乾ドックの **222/33** 麦芽製造塔の **92/11** 揚水式発電所の **217/43**
ポンプ操作レバー **83/45**
ポンプ立坑 **199/19**
ポンプ用回転筒先 **270/66**
帆を震わせること **285/8**
ポンプ連結部 **67/8**
ポンプ濾過器(ろかき) **269/6**
ボンベ **279/21**
ボンベ装着用ベルト **279/12**
ボンベ・トロリー **141/23**
ボンボン **98/75**
ボンボン **29/4**
ボンボン・ダリア **60/23**
ボンメル **322/14**
本屋 **205/13**

マ

マーカー **83/9**
マーカー用泡容器 **83/6**
マーガリン **98/21;99/48**
マーガレット **51/24;376/4**
マーキー型 **36/55**
マージン・ストップ **249/13,14**
マージン取消しキー **249/6**
マージン目盛り **249/12**
マージン・レリース・キー **249/6**
マーチネット **218/36**
マーモット **366/18**
マール **11/25**
マイク: 映画撮影機の **117/8** 機関車の **209/31** 気動車の運転室の **197/26** サウンド・トラック・システムの **117/24** 2重フィルム・テープの **117/74** バーの **317/20** 旅客機の操縦室の **230/29**
マイク・ケーブル: スタジオ用録音マイクの **310/32** ブーム・マイクの **311/41** 放送中継車の **239/14**
マイク・コネクター盤 **238/36**
マイク配置 **310/30**
マイク・ブーム **117/23;310/25**
マイク連結コード **117/25**
マイク連結導線 **117/25**
マイクロカセット録音機 **246/32**
マイクロフィルム装置 **242/31**
マイクロフィルム・ファイル **237/37**
マイクロフィルム読取り装置 **237/36**
マイクロフォン **263/7** カセット・デッキの **241/49** 電話器の **237/**
9 ヘッド・フォンの **261/39** ラジオフォンの **22/15**
マイクロフォン受け台 **249/65**
マイクロフォン・スクリーン **241/50**
マイクロフォン・スタンド **241/51**
マイクロフォン・ソケット **249/69**
マイクロフォン台 **241/51**
マイクロ付属装置〈顕微鏡写真撮影装置〉 **115/89**
マイクロプリズム環 **115/54**
マイクロプリズム・スポット **115/58,62**
マイクロプリズム・スポットつき全面マット・スクリーン **115/54**
マイクロメーター **149/62;173/10** すみ肉ゲージの **142/37**
マイクロメーターの接眼レンズ **14/53**
マイクロメーターのヘッド **14/52**
枚数カウンター **115/17**
埋葬式 **331/33-41**
埋葬用器 **328/34**
マイター・ゲート **217/19**
マイタケ **381/25**
マイナス・グリーン・フィルター調節装置 **116/43**
マイナス・ブルー・フィルター調節装置 **116/44**
マイナス・レッド・フィルター調節装置 **116/45**
マイマイガ **80/1**
枚葉紙 **180/17**
枚葉紙カウンターつき速度計 **181/54**
枚葉紙給紙機 **185/25**
枚葉紙給紙機 **180/31**
マイルカ **367/24**
マイレンダー校正機 **180/75**
マウス・トゥ・ノウズ救急蘇生法 **21/26**
マウス・トゥ・マウス救急蘇生法 **21/26**
マウス・バンド **322/5**
マウスピース **27/38;107/40**
マウント: 下部推進～ **235/6** 上部推進～ **235/5** 蹄鉄型～ **5/9** ドイツ式～ **113/16-25** 馬蹄状～ **113/25** フィルターの **115/6** フォーク型～ **113/12,24**
マウント・アダプター **112/64**
前足〈ブルドックの〉 **70/6**
前足バインディング **286/57**
前合せベスト **29/8**
前板: スキットの **85/35** ミツバチの巣箱の **77/49**
前送り・後送り・静写映写スイッチ **117/88**
前髪: ウマ **72/2** 人間の **34/36**
前髪かつら **355/8**
前ジッパー **29/18**
前立て **1,111-36**
前付け **185/43-47**
前飛び 1回ひねり **282/43**
前飛びえび型 **282/40**
前飛びえび型 2分の1ひねり **282/44**
前飛び伸ばし型(まえとびのびがた) **282/41**
前扉 **185/44**
前止め輪 **187/11**
前泥よけ **191/3**
前庭 **37/58**
前のポケット **30/23**
前刃 **85/23**
前橋(まえばし) **71/38**
前膝(まえひざ) **72/22**

前舞台 **316/25**
前ポケット **260/10**
前撚(はり) **170/45**
前リブ・ロース **95/19**
マガジン: 16ミリ・カメラの **117/45**
弾倉の **255/15**
マガジン・ケース **313/9**
マガジン・ホルダー **255/7**
マカダム・スプレッダー **200/31**
曲がったコルネット **322/12**
曲げ **126/46**
曲り桁(けた) **123/49**
曲り蝶番(ちょうつがい) **140/50**
曲り手すり **123/52**
曲りばさみ **125/2**
マカロニ **98/33**
巻上げインセット **144/26**
巻上げエンジン・ハウス **144/2**
巻上げ機 **85/38,46;206/56** 階段ロックの **217/74**
巻上げ式ドア **245/5**
巻上げスピンドル **217/36**
巻上げ装置橋 **217/73**
巻上げ装置室 **217/71**
巻上げ扉 **139/51**
巻上げねじ **217/36**
巻上げハンドル **117/50**
巻上げホース **270/54**
巻上げ櫓(ろ) **144/1**
まき入れかご **309/10**
巻き尾 **73/12**
巻貝 **357/29**
巻返し **170/50**
巻きギヤ **217/74**
巻き毛 **34/3,33**
巻き毛頭 **34/18**
巻込み回転 **298/24**
巻軸装飾 **336/8**
巻軸包帯 **21/9**
巻尺(メジャー) **103/2**
巻きスカート **31/12**
巻タバコ **107/12**
巻タバコ **107/10**
巻タバコ用紙のつづり **107/17**
巻タバコ用パイプ **107/16**
巻きつけ服 **30/25**
巻き角 **107/16**
巻ったガラス糸 **162/57**
巻取り編地 **167/29**
巻取り機 **170/29**
巻取り紙 **151/14;173/30,45;181/46,58;309/75** 印刷されていない～ **180/2**
巻取り式自動複写機 **249/32**
巻取り軸 **312/37**
巻取り紙 **180/3,19**
巻取り紙の通路 **180/26**
巻取り紙の幅を分割切断するスリッター **181/42**
巻取り紙用マガジン **249/33**
巻取りスプール **117/32,80**
巻取りスプロケット **312/27**
巻取り用チェンジ・ギヤ **166/19**
巻取りリール **117/80**
巻取り枠 **173/28**
巻肉 **266/2**
巻乗り曲馬師 **307/32**
巻き絆創膏(ばんそうこう) **26/54**
巻きひげ **58/30**
巻戻しカム **115/29**
巻戻し紙 **173/41**
巻戻しクランク **114/6;115/12**
巻戻し台 **238/59**
巻戻しハンドル〈カメラの〉 **114/6;115/12;117/93**

巻戻しボタン 115/27
幕 316/23
膜(まく)〈ヘッドフォンの〉 241/68
幕形アーチ 336/35
膜函(かん) 326/12-14
まぐさ: 干草 57/13 窓の 37/25; 118/9
まぐさ刈取り機 64/34-39
膜翅目(まくしもく) 358/21-23
膜状の後翅(こうし) 82/11
幕操作の型式 315/1-4
枕(まくら) 21/13; 27/27; 43/12-13; 47/4
枕カバー 43/12
枕木 205/60 コンクリート〜 202/37 鉄〜 202/36 2重〜 202/14 ボギー車の 119/39 連結〜 202/38
枕地 43/13
マクラメ・レース 102/21
マクロステージ 115/95
マクロファリンクス 369/2
まげ 34/29
曲げバイト 136/34
マサイ族の戦士 354/8
まさかり 120/70 ; 352/16
摩擦パッド 192/49
摩擦棒 354/34
摩擦部 107/24
柾目板(まさめいた) 120/95
マシーン・ドラム 323/57
間仕切り家具 42/19
マジック・アイ 309/13
マジックハンド 2/47
マシュロ 97/36
魔女 327/58 仮装舞踏会での 306/6
交わり〈数学の〉 348/4
マシニング・センター 150/41
マス 364/15
マス池 89/6
マスキング・テープ 128/16
マスク: 映画撮影カメラの 313/4 肺活量測定の 27/48 フェンシングの 294/13 面 339/37
マスク・スキャニング・ヘッド 177/47
マスク・ドラム 177/48
マスク・フレーム 116/35
マスク・ボックス 313/3
マスクラット 35/33
マスクラット毛皮の縁なし帽 35/33
マスター音量調節器 261/44
マスター・コンパス 224/51
マスター・スイッチ 153/2
マスター・セクター 195/8
マスタード 98/22
マスタング 352/4
マスト: ウインドサーフィンの 284/4 バーク・帆船の 219/1-9 ヨットの 284/11 列車航送船の 221/77
マスト上部の横木 284/13
マスト・ステップ 284/20
マスの幼魚 89/16
マスの養殖 89/14
細網 283/52
又(また)〈干草用3叉(さ)フォークの〉 66/4
叉皮 71/29

マタドール 319/25, 31
マダニ 358/44
マダラサンショウウオ 364/22
まち(福) 30/52
待合室: 駅の 204/14 空港の 233/18, 28 診療室の 22/1
待受け場 86/14
待受け場 86/14-17
街角 198/12
待屋〈猟の〉 86/14-17
マツ 372/20, 55
マツアナアキゾウムシ 82/41
マツエダシャク 82/28
マツキリガ 82/14
マックファーソン型懸架装置 192/72-84
マツクロスズメガ 82/27
まつ毛 19/41
マッコウクジラ 367/25
マッサージ浴 281/33
マッシーフ 12/39
マッシュルーム 381/1
末端橋脚 215/27, 29, 45
マッチ軸(木) 107/22
マッチ軸頭 107/23
マッチ立て 266/24
マッチ箱 107/21
マッチング 128/21
マッチングしない紙端 128/22
マット: 着地〜 296/13; 297/7; 298/36 机の 260/25 ビール〜 266/26 レスリング用〜 299/12
マット織り 171/11
マット・スクリーン 115/61, 66
マットの帆 353/33
マッド・ポンプ 145/16
マットレス 43/10; 47/3; 296/18
マッフル炉 140/11
マツムシソウ 375/29
松脂(まつやに) 323/11
マツユキソウ 60/1
マツヨイグサ 53/3
マディラ・グラス 45/84
魔笛 354/42
マテチャの木 382/11
窓: 乳母車の 28/36 階段室の 123/65 開閉〜 5/13 教会の 330/14 クーペ型馬車の 186/10 携帯用寝台の 28/49 鐘楼の 331/8 前部観測〜 235/25 月着陸船の 6/40 トレーサリー式〜 335/39-41 病院の制御室の 25/8 店の 268/10, 14 ミツバチの巣箱の 77/50 ユーティリティルームの 118/5 ヨットの主帆の 284/38
窓足回し 120/56
窓開口部 120/30
窓飾り 260/68
窓ガラス 124/5
窓口 236/16
窓台 37/24; 118/12; 120/33
窓台に置く植木箱 268/15
窓の装飾 268/12
窓のまぐさ 37/25
窓敷しご 296/21
窓まぐさ 120/57
マトリクス模擬盤 153/8
マトリクス・ホルダー 24/55
窓枠 37/26; 118/10; 133/44
マドンナ・リリー 60/12
マトンのしゃくし 95/22
マナティー 366/23
マニピュレーター 2/38, 47 鍛造ハンマーに送り出す〜 139/32 ペイロード〜 235/29

マニュア・スプレダー 63/39
マネージャー: ボクシングの 299/45 ホテルの支配人 267/19
マネキン 103/6; 271/34
マノメーター 67/10; 83/42; 196/20; 349/19
間柱(まばしら) 120/25, 53; 121/40 トレーサリー式窓の 335/41
まびさしつきの縁なし帽 35/29
まびさしと耳覆いつき安全ヘルメット 84/23
まびさしのあるミンク帽 35/17
マヒワ 361/8
マフラー 191/29
魔法びん 40/5
マメ科植物のさや 57/6
マメ科植物 57/6
マヤ〔族〕のピラミッド 352/20
まゆ(繭) 82/21; 358/51
眉毛(まゆげ) 19/38
魔よけの魔笛 354/42
マライ人の短剣 353/44
マラカス 324/59
マラコステウス 369/10
マラリアカ 81/44
マリンバ 324/61
丸頭〈リベットの〉 143/57
丸編機 167/1
丸いカボション型〈宝石の〉 36/78
丸いプラグ 89/71
丸い木材 157/30
丸鉛版 178/13
丸鉛版鋳込み機 178/13
マルカート 321/27
丸型ひげ 34/15
丸木舟 218/7; 354/20
丸切り 124/22
丸釘(まるくぎ) 121/95; 143/51
丸穴車(まるあなしゃ) 110/41
丸鋼鉄筋 119/80
丸先 143/20, 50
円先はさみ 128/34
円先ペンチ 126/64; 127/50
丸太 84/31; 120/35; 157/30
丸太置場 85/32
丸太おろし場 157/31
丸太杭(くい) 84/23
丸太最大値はかり 157/10
円盾(まるたて) 329/57
丸太ばしご 273/22
丸太はね返し腕木 157/19
丸太ひき用水平帯のこ 157/48
マルチパン 98/32
円鍔(まるつば) 329/82
丸天井 79/1
丸ナット 143/35
丸のこ 84/33; 119/19; 125/24; 134/50
丸のこアタッチメント 134/52
丸のこの刃 132/59
丸のみ 132/9; 339/17; 340/6
丸ばさみ 137/25
マルハナバチ 358/23
丸版 178/21
丸パン 97/6; 99/14
丸筆 338/8
丸棒 143/8
丸彫り 340/8
丸盆(ぼん) 44/24
丸曲がり 339/18
円窓(まるまど) 335/12; 336/2
円窓ガラス 124/6
丸身 120/89

丸み出し 108/26
丸付け板 120/94
丸みのある山頂 12/35
マルメロ 58/46, 47, 49, 50
丸物 315/32
丸やすり 108/47; 140/29
丸屋根の住居 353/4
回し金 139/33
回し板 149/55
回し挽きのこ 120/63
回し継ぎ手 50/69; 89/77
回り舞台 316/31
満管系 163/2
満管指示器 165/7
マンク〈ルーレットの〉 275/22
満月 4/5
マンザード屋根窓 121/19
満潮時間 280/7
マンテマ 376/20
マント 355/26 闘牛の赤い〜 319/27 深紅の 355/18
マントの留紐(とめひも) 355/24
マンドリン 324/16
マントル 11/3
マントルピース 267/24
マンネングサ 51/7
万年筆 260/14
万年雪 12/48
マンハイム型気動車 197/13
マンホール: 給水の 269/51 重油暖房装置の 38/45 貯蔵コンテナの 130/18 導水の 269/26 燃料タンクの 235/52 ロケットの 234/30
マンホール・カバー 38/56
万力 109/28; 120/66; 138/24; 260/47 足つき〜 140/10 鋼鉄脚〜 126/80 後部〜 132/37 小型〜 134/10 前部〜 132/30 彫版〜 108/34 パイプ用〜 126/81 平行あご〜 140/2
万力にかけられた木片 260/56
万力のねじ 132/32
万力のハンドル 132/31
万力棒 260/48

ミ

ミート・サラダ 96/13
ミイラ 352/21
ミオバー 9/3
未開花柱頭 333/14
見返し飾り 30/47
見返しの遊び紙 185/49
みがかれた銅シリンダー 182/7
磨き器 109/17
磨きブラシ 100/11
見かけの軌道 4/10-21, 18, 19, 20
未加工貨幣 252/43
未加工グラス 124/6
未加工石炭容器 144/41
未加工の木材 135/21
三日月 4/3, 7
三日月旗 253/19
三日月湖 15/75
三日月成型窓 97/64
三日月翼 229/18
ミカン 384/23
幹 370/2, 7
ミキサー 40/46 音声技師 238/19, 26 製パン器具の 97/58 バイパス・エンジンの 232/48 ポリアミドファイバー製造の 170/53

ミキサー運転手 118/32
ミキサー卓 311/35
右サイド・ミラー 191/56
ミキシング・コンソール 117/26; 238/20; 310/56
ミキシング・スプーン 40/3
ミキシング卓 317/26
ミキシング・ドラム 118/34
右隅ピン〈九柱戯の〉 305/8
右精巣 20/72
右前面2番ピン〈九柱戯の〉 305/4
右タンク燃料計 230/17
右チャンネル録音レベル・メーター 241/36
右フック 299/33
分岐線 203/46
右ペダル 325/8
右マージン・ストップ 249/14
見切り縁 123/57
ミサイル巡洋艦 259/41
ミサイル装置：MM38対空ロケット発射装置の 258/32 艦対空ロケット発射装置の 259/50 水中ロケット発射装置の 259/51 双[発]対空ロケット発射装置の 259/25, 33 8砲身対空ロケット発射装置の 259/5, 20
ミサイル発射装置ハウジング 258/71
水棹（みさお） 89/30
ミサ典礼書 330/38
ミザル星 3/29
短い袖（そで）のジャンパー 31/67
短いダブリット 355/41
短い詰め物上着 355/45
短いマント 355/29
未就学児教育 48/1-20
未就学児童 48/33
未熟果 374/22; 378/31
未処理布 168/33
ミシン 103/8 毛皮～131/9 電動・足踏み併用の 104/12 踏み子で動く 309/1
ミシン台 104/17
ミシン引出し 104/18
ミシン目 236/62
ミシン綿糸 103/12
水遊び場 273/28
水遊び用の池 37/44
水糸交点 118/70
水入れ 332/45
水入れ口 50/12
水入れグラス 48/8
水受け〈板〉 91/36
湖 13/3, 44
水おけ 281/26
水かき オールの 283/38, 39 舵の 221/43; 223/63 水泳・スキンダイビングの 279/19; 280/41
水かきのある鳥 359/5-10
水かきのついた足 73/36; 359/6
水がめ 272/35
水瓶（みずがめ）座 4/63
水着 280/42
水ぎせる 107/42
水切り 272/46
水切りかご 39/33
ミズケの層 13/20, 22
水濾（にし） 269/14, 62
水コップ 24/13
水先案内船 221/95
水差し 39/30; 309/66 粘土製の 260/78 ワイン・カラフの 266/32
三条竪箭絵様（みずじたてすじえよう） 334/15

水しぶきよけ 283/56
ミズタガラシ 378/30
水たまり 13/16
水タンカー 233/22
水タンク：埋立てごみ処理場の 199/27 菜園の 55/29 タンク機関車の 210/66 溶接作業台の 141/17
水注入口 126/18
水鳥 272/51-54
水貫（みずぬき） 118/69
水の吸収剤 27/39
水の精 327/23 ～の石像 272/2
水の分子 242/67
水飲み器 205/33
水の容器 103/22
水パイプ 107/42
ミズハタネズミ 366/17
水ばらし用バラスト・タンク 223/78
水ポンプ 190/61
ミズムシ 358/2
水容器 83/57
水よけ〈橋脚の〉 215/56
水よけ環 283/40
水予熱器 152/10
ミズン 219/30
ミズン・ステースル 219/27
ミズン・トゲルン・ステースル 219/29
ミズン・トゲルン・スル 218/54
ミズン・トップスル 219/54
ミズン・トップマスト 219/9
ミズン・トップマスト・ステースル 219/28
ミズン・マスト 218/29, 31; 219/8-9; 220/23, 24, 30, 34
ミズン・マスト帆船 220/9-10
未製本の本 183/32
店の前面 268/42
店の棚 47/36
店の窓 268/12
見世物小屋 308/6
見世物師 308/10
溝：街路の 198/10 サッカー・シューズの 291/29 ジャンプ用スキーの 301/39
溝形鋼 143/7
溝切り 135/24
ミゾサザイ 361/12
溝つき給綿ローラー 163/52
溝つきシリンダー 165/10
溝つきスチール・ローラー 164/10
溝つきナイフ 143/24, 71
溝つきの寄木細工の床 123/57
溝つきのローラー 130/30
溝つきピン 143/40
溝のついたボール 305/24
溝彫り 157/6; 334/27
見出し 185/67; 342/44, 46, 52
短い記事 342/50
満ち欠け〈月の〉 4/2-7
未知数 345/4
未知数xをもつ式 345/8
満ちてゆく月 4/3
三つ編み 34/30
3日競技 289/16-19
三つ口びん 350/57
三つ口フラスコ 350/55
蜜腺（みつせん） 59/18
蜜巣 77/31-43, 45
三つ爪〈づめ〉固定チャック 149/37
三つ爪チャック 149/37
蜜嚢（みつのう） 77/18
ミツバチ 77/1-25
ミツバチ小屋 77/51, 56

ミツバチの〔社会的〕階級 77/1
ミツバチの巣箱 77/45-50
ミツバチの分封（ぶんぽう）集団 77/53
ミツバチ分離器 77/61
密閉鋳型 148/18
蜜房 77/31-43
三又（みつまた）センター 135/11
三つ指溶接手袋 142/8
密猟者 86/29
蜜蠟（みつろう） 77/67
蜜蠟灯 77/65
蜜蠟ろうそく 77/66
ミディ・バス 194/34
緑 343/8 紋章の色 254/29
緑のラシャ 277/15
ミドリキャベツ 57/32
ミドル・マスト 220/33
港 226/
港トンネル 225/55
南アメリカ 14/13
南十字星座 3/44
南赤道海流 14/34
南の三角座 3/40
見習い 265/6
見習い闘牛士 319/2
見習いバンデリリェロ 319/4
ミナレット 337/13
ミニオン 175/24
ミニオンネット 175/23
ミニゴルフのコース 272/68
ミニゴルフのプレイヤー 272/69
ミニゴルフのホール 272/70
ミニサイクル 188/56
ミニ電流遮断器 127/19, 33
ミニトランポリン 297/14
ミニバス 194/9; 195/47
峰（みね） 45/56
見張人 329/9
ミヒラブ 337/14
未亡人のベール 331/39
見本帳 25/7
見本薬品 22/41
みみ：生機（きばた）の 166/11 凸版の 178/44
耳：アカシカの 88/16 ウマの 72/1 オルガンのフル・ストップ 326/32 キツネの 88/44 人間の 16/18 野ウサギの 88/61 ノロジカの 88/32 ブルドッグの 70/2 木材の 120/89
耳糸の通し方図 171/20
耳糸枠の結び方 171/22
耳覆い 304/28
耳覆いのついたカップ 261/40
耳覆いつきのキツネの毛皮帽 35/31
耳送り装置 168/24
耳隠し 34/37
耳釘（みみくぎ） 354/30
耳状羽冠 362/16
耳状の羽角 362/16
ミミズ 89/67
ミミズ擬餌（ぎじ） 89/67
耳洗浄用シリンジ 22/54
耳たぶ 73/23
耳の羽毛 88/78
耳用枠〈編物の〉 171/20
脈動装置 75/32
脈搏（みゃくはく） 23/27
脈波計 26/32
ミヤコドリ 359/11
ミヤマウラボシ 377/16
ミヤマガラス 361/2
ミューズの馬 327/26
ミュート 323/10; 324/68

ミュール 101/25
ミュール糸巻き 165/15
ミューレ 276/18, 23-25, 24
ミューレ盤 276/23
ミュゼット 322/8
ミュチュール 334/13
ミュンヘン・ビール 93/26
ミラ 3/11
ミラー〈写真製版機の〉 177/28
ミラー・マノメーター 349/20
ミラー・レンズ 115/50
ミラベル 59/25
ミリバール 9/4
ミリバール目盛り 10/3
ミリメーター目盛り 10/3
ミルク差し 44/31
ミルク・パイプ 75/27
ミルク・ヒーター 76/13
ミルク・ポット 40/15
ミル・スピンドル 91/12
ミルテ 53/11
未露出フィルム 117/41
ミンク 30/60
ミンク皮 131/11
ミンク・コート 131/24
ミンク・ジャケット 30/1
ミンク帽 35/17, 18, 20
民族学 352; 353; 354
民族の文字 341/1-20
ミンバール 337/15

ム

6日間レース 290/2-7
6日間レースの選手 290/2
無影灯 26/10
無煙火薬 87/53
無蓋車（むがいしゃ） 213/8, 33
無蓋自動荷おろしボギー貨車 213/24
無角シカ 88/1
むかご 54/27, 29
むかごをつけている葉腋（ようえき） 375/38
無火室機関車 210/68
昔の船の形式 218/
ムギクサ 61/28
無気スプレー・ガン 129/37
無気スプレー装置 129/36
ムゲセンノウ 61/6
麦畑 63/32
無記名株式 251/11
麦もり 136/30
麦わら製巣箱 77/52
麦わらの刈倒し列 63/36
無菌ガーゼ 22/58
無菌ガーゼ包帯 21/6
無荊錨（むけいびょう） 286/17
無限 345/15
無限軌道式スクレーパー 200/16
無限軌道式トラクター 200/3
無簧管（むこうかん） 322/57
無簧管の風道 326/24
むころまちのみ 132/11
虫〈家の〉 81/1-14
ムシェルカルク層 154/58, 59, 60
無翅（むし）型 358/14
虫食い跡 58/63
虫ゴムつき空気弁 187/31
ムシトリスミレ 377/13
虫の穴 58/65
虫めがね 177/23
むし焼きなべ 40/14
むしろ綿 163/47
無人踏切 202/49

結びベルト 30/46
結び目 31/47; 102/23
結んでいない浮き糸 171/41
無脊椎(むせきつい)動物 357
無線 230/22
無線航法装置 230/22
無線室 223/12
無線操縦 288/85
無線装置 288/17
無線通信機 212/50
無線電信柱 15/33
無線電話器 22/14; 212/23
無線とじ 249/61
無線とじ機 184/1
無線飛行装置 288/13
無線標識アンテナ 257/26
無線方位探知機 230/15
無線方向探知機 224/106
無線方向探知機フレーム 258/17
無装飾球型〈宝石の〉 36/82
無装飾西洋ナシ型〈宝石の〉 36/83
無装飾ドロップ〈宝石の〉 36/85
無装飾ドロップ型〈宝石の〉 36/85
無段変速機 163/29
むち 289/22; 307/53
むちを持った奴隷監督 218/47
無頭釘(くぎ) 124/29
無頭釘を取る針金 124/28
棟がわら 122/3, 52
棟木 121/48
胸先 72/19
胸 122/88
棟 121/2; 122/93
棟上げ祝いの棟飾り木 120/8
胸当て 30/24
胸当てより 140/58
胸当てつきピナフォア 29/41
胸当てとズボンつりつきの作業服 33/44
胸掛け水車 91/37
棟飾り木 120/8
棟冠(かぶせ) 122/99
棟側かわら 122/4, 47
棟スレート 122/79
棟継ぎかわら 122/4, 47
棟継ぎ目 122/79
胸肉 95/4, 23
胸びれ: カガミゴイの 364/7 マッコウクジラの 367/28
胸ポケット 33/9
棟またぎ金物 122/65
棟母屋(むねや) 121/43
無尾両生類 364/23-26
無風 9/11
無風帯 9/46-47
無負荷調整用のテーパー針 190/51
ムフロン 367/6
無名数 344/3
紫 343/9
ムラサキウマゴヤシ 69/9; 136/26
ムラサキ科 69/13
ムラサキキャベツ 57/32
ムラサキマダラ 69/1
ムラサキナズナ 51/7
ムレタ 319/33

メ

目: アカシカの 88/15 ウマの 72/4 カタツムリの 357/30 キツネの 88/43 さいころの 276/32 釣針

の 89/82 人間の 16/7; 19/38-51 野ウサギの 88/60 ノロジカの 88/33
芽 59/22 つぎ穂した～ 54/23, 26
メアンダー 334/43
冥王星 4/52
鳴禽類(めいきんるい) 360/1; 361/1-20
名数 344/4
メイポール・ブランコ 273/8
明滅灯 270/6
明瞭度投光器 111/47
メイン・タイトル 185/46
命令キー 247/21
迷路: 生垣な 272/5 聴覚器官の 17/62
メインシート 284/28
メインスル 218/33; 219/61; 284/46; 285/2
メイン・トゲルン・ステースル 219/25
メイン・トゲルン・スル 218/53
メイン・トゲルン・マスト 219/7
メイントップ 219/52
メイン・トップスル 218/38
メイン・トップスル・ヤード 218/39
メイントップマスト 219/6
メイン・トップマスト・クロスツリー 219/53
メイントップマスト・ステースル 219/24
メイン・ホール 236/1-30
メイン・ボタン 195/11
メイン・ポンプ 269/15
メインマスト 218/40; 219/5-7
メイン・ヤード 218/37
メインヤード 219/38
メイン・リング 235/10; 287/35
メイン・レール 325/22
メイン・ロイヤル・ステースル 219/26
メイン・ロイヤル・スル 219/66
メイン・ロイヤル・ヤード 219/43
雌魚 89/13
雌ウサギ 73/18
雌ウシ 73/1
目打ち 102/12
目打ち器 128/12
目打ちひげ 34/13
雌花の枝 372/2
メーカーの修理工場 195/1-55
メーカーの修理代理店 195/1-55
メーク係 310/36
メース 382/34
メーター 138/19
メーター指針〈カメラの〉 115/57
メートル(巻き)尺 103/2
メーン・スイッチ 249/37
メンスル 220/11
メーンマスト 220/22
目隠し 86/44
目隠し布 71/26
めがね 111/9 水中～ 280/38
めがね商 111/1
めがね商の仕事場 111/20-47
めがね状フレーム 223/61
めがねのサンプル 111/5
めがねの品 111/10-14
めがねのレンズ 111/15
めがね縁の台 111/5
メガフォン 283/21
雌がわら 122/57
雌ねじ器 88/42
メキシコ湾流 14/30
メキャベツ 57/30
めくらアーチ列 335/10
めくら立坑 144/27
メサ 13/59

目覚し時計 43/16; 110/19
雌ジカ 86/13
雌しべ 370/54-56
目地(めじ)ほぞ差し 121/84
メジャー 271/38
雌〈寄生虫の〉 81/32
メス 26/43
雌イヌ 73/16
雌イノシシ 88/51
雌ウマ 73/2
メス・シリンダー 350/26
雌のが 82/30
雌の羽アリ 358/21
雌ブタ 73/9; 75/41
メスルーム 228/25
メゾティント 340/14-24
メダイヨン 339/36
メタゾーア 357/13-39
メタリック紙 153/44
メタリック・ペーパー 128/18
メタル・バー 324/77
メタル・マスト 324/76
芽つぎ 54/30
芽つぎナイフ 54/31
滅菌牛乳 99/44
滅菌室 26/34-54
滅菌済み 26/31
滅菌装置 76/12
メッシュ・ピン 102/25
メッセンジャー 236/17
めど 166/28, 29
メトープ 334/16
メド・フェスキュ 69/24
メトロノーム 325/19
メニュー 266/21
雌ねじのエルボ継ぎ手 126/45
雌ねじの縮小ソケット 126/41
雌ねじのT継ぎ手 126/47
目の粗いふるい 55/13
目の細かいふるい 260/66
雌花: イチジクの 384/14 イナゴマメの 384/43 オークの 371/6 カバノキの 371/13 ガマの 378/25 クルミの 59/38 ココヤシの 383/50 ツゲの 373/20 トウモロコシの 68/32 ナツメグの 382/32 ナツメヤシの 384/7
雌花の枝 372/2
雌花の包鱗(ほうりん) 372/34
雌花部 378/24
雌ヒツジ 73/13; 75/10
メモ 248/8
メモ用紙 247/34
目盛 260/39
目盛り環 113/27
目盛リシンプル 149/64
目盛り調節装置 116/34
目盛りつき円弧(えんこ)アーム 224/2
目盛つき円板 351/32
目盛りつき計量タンク 130/22
目盛りつきピペット 350/24
目盛り板 349/35
目盛盤つき台ばかり 204/5
目盛りをつけた圧力調整器 185/5
メラノセテス 369/6
メリー・ゴー・ラウンド 308/2
メリヤス編み 101/43
メリヤス地編物 167/
メリヤス製品類の台 99/25
メリヤス製品 271/56
メルカトル図法 14/9
メレンゲ菓子 97/26; 265/5
メロン 57/23

綿 185/20
面: 底～347/39 フェンシングの 294/15 立方体の 347/31
綿ロール・ホルダー 185/19
面会所 233/29
メンガタスズメ 365/9
綿花の供給 163/1-13
免許板 189/8
綿糸糸巻き 100/29
面状羽毛 362/18
免税店 233/52
面戸(めんど)しっくい塗り 122/55
面戸塗り 122/55
面取り 143/62
メンドリ 62/36; 73/19; 74/9
面取りハンマー 125/14
面のある西洋ナシ型〈宝石の〉 36/36
面のあるブリオレット型〈宝石の〉 36/86
メンヒル 328/11
メンヒル・グループ 328/11
面布 77/58
綿紡績 163/; 164/
綿棒ディスペンサー 22/36
面類(めんぼう) 329/40
麺類(めんるい) 98/32-34

モ

モイスチュア・クリーム 99/27
毛縁 370/49
猛禽類(もうきんるい) 362
毛翅目(もうしもく) 358/12
猛獣 307/56
猛獣遣い 307/52
猛獣のおり 307/49
猛獣のおりの格子 307/50
モウズイカ 376/9
モウセンゴケ 377/14
盲腸 20/17
盲点 19/50
盲導犬 70/25
毛髪 16/3
毛髪部〈湿度計の〉 10/9
毛筆 341/24
網膜(もうまく) 19/49
モーター: 鋳込み機の 178/14 運搬車～ 157/15 オイルバーナーの 38/59 駆動～ 163/12, 23; 175/61; 179/11; 217/47 クレーン～ 157/28 三相～ 164/35 自家給水の 269/45 整経機の 165/34 船外～ 278/15 電気～ 138/2; 166/18 万能電気掃除機の 50/82 ミシンの 103/9
モーター安全装置 269/46
モーター・ウインチ 287/6
モーター覆い 165/12
モーター駆動ギヤ 167/31
モーター・クルーザー 286/4
モーター・スクーター 188/47
モーター・スポーツ 290/, 24-38
モーター先導競走 290/11-15
モーター台板 164/36
モーターつき自転車 188/6
モーターつき真空ポンプ 269/8
モーターつき吸上げポンプ 269/7
モーターつき粉末分離ファン 83/53
モーターつきメイン・ポンプ 269/15
「モーター止め」のサイン〈水上スキーの〉 286/54
モーター・ドライブ操作グリップ

115/76
モーター・ドライブの水準器 112/69
モーター・フェリー 216/6
モーター・ボート 283/2; 286/1-5
モーターボート競走 286/21-44
モーターボート上陸用桟橋 216/7
モーター・ポンプ 270/8
モード誌 271/36
モールス信号灯 223/7
モカシン 101/30; 352/18
模擬闘牛 319/1
木材 339/27
木材運搬道路 84/3
木材紙 128/18
木材チップ紙 128/18
木材の束 216/53
木材の貯蔵 157/32
木材の道路運搬 85/42
木材パイプ紙 128/18
木材やすり 132/2
木材用ねじ切り 135/14
木材用やすり 134/8
木柵(もくさく) 37/53
木星 4/48
木製玩具 260/80
木製汽車セット 273/27
木製三脚 313/13
木製シャベル 91/24
木製スプーン・セット 40/2
木製断熱ケース 10/26
木製手車 309/86
木製のおけ 91/27
木製の汽車セット 47/37
木製の羽目板 266/37
木製の面 354/16
木製の立体構成 260/72
木製歯車 91/9
木製ばち 324/62
木製フェンダー 218/26
木製べら 339/10
木製ホッパー放出ローラー 163/32
木製レーキ 66/23
木栓 322/50
木造継ぎ手 121
木造継ぎ手と仕口 121/84-98
木造の家 37/84-86
木炭 278/48
木炭の塊 108/37
木炭薪 338/16
木彫家 339/28
木彫物 260/77
木彫用のみ 339/19
木ねじ 122/101; 132/41; 143/45
木ねじのねじ 143/47
木版印刷 340/1-13
木版画用インク 260/83
木片 260/56 ～の飛び道具 352/39
木片の飛び道具 352/39
モグラ 366/4
モクレン 373/15
目録カード 262/22
目録カード箱 262/23
模型：原子～1/1-8,5,26 操縦ライン～288/89 粘土～48/13; 260/67 粘土型の幾何学的～260/79 舞台～315/41,42
模型製作者 339/6
模型製作用粘土(ねんど) 48/12
模型の建物 48/28
模型飛行機 273/38; 288/85-91 飛行中の 273/37
モザイク 338/37
モザイクによる人物像 338/38

文字 341; 342 活字の 174/7
文字入れ 129/53
文字旗 253/22-28
文字ディスク 176/20
文字と数字〈チェス盤の〉276/6
文字盤：時計の 110/25 文字ディスク 176/20 文字母型 176/16
文字保管 242/37
文字母型 176/16
模写電送装置 245/1
モジュール：宇宙飛行～237/70 カラー・デコーダー～240/5 サービス～6/2 水平同期～240/7
モジュール式の電子サーキット 242/68-72
モジュールの連結 242/70
モスク 337/12
モスリン・ロール・ホルダー 185/19
模造オートバイ・フォーク 188/58
モチーフ 338/27
持ち道具 315/50
縫合針保管器 22/59
喪中のベール 331/39
木管楽器 323/28-38
木冠つき旗竿(はたざお) 253/1
木管に差取られた糸 164/56
木琴 324/61
木工作業場 120/4
木工旋盤 134/51; 135/1
木工用石目やすり 132/1
木工用接着剤` 134/36
「もっと早く」のサイン〈水上スキーの信号〉286/49
モデル像 339/4, 26
モデル台 338/30
モデル人形 338/31
元〈かま(鎌)の〉66/15
モト・クロス 290/24-28
戻しばね：手動平台編機の 167/37 ディスク・ブレーキの 192/55
モニター：映像変換器の・モニターテレビの 26/16 家庭用テレビ受像機の 243/6 手術室の 26/33 ラジオ放送局の 238/1,7 6ターンテーブル 映像音響編集機の 117/97
モニター・スピーカー：映画の 311/13 中継車の 239/9 ラジオ・スイッチング・センター調整室の 238/15 録音の 311/13
モニター装置：映画の 311/15 作業測定の 23/27 録音の 311/15
モニター・テレビ：映像変換器～26/15 X線透視撮影 27/23
ものあげ 118/91
物置 52/3
モノグラム 36/41
モノクロベンゼン 170/9
モノコック車体 191/1
物差し 247/35 ガラス切り用～124/21
物差し入れポケット 33/49
モノス板 286/56
モノタイプ 174/32-45
モノタイプ型キールボード 284/62
モノタイプ・キャスター 174/32-45
モノタイプ単字鋳造組版機 174/32-45
モノタイプ鋳植機 174/32-45
モノタイプ標準型植字機 174/32
物干し台 50/32,34
モノ・ポスト 290/34
モノ用ミキサー卓 311/23
モビール細工 260/70
モヘアの帽子 35/11
モヘア帽 35/6

モペット 188/20, 24
モペットのヘッドランプ 188/29
もみ 68/30
モミ 372/1
もみ上げ 34/24
もみ米 68/30
木綿糸 31/32
木綿のレース 31/32
腿(もも) 88/37
もも〈豚の〉95/38
モモ(桃) 59/26-32
もも肉 95/34
母屋(もや) 121/39,51,76 軒桁～122/40
もやし汁 92/44
もやし汁煮沸がま 92/44
もやし汁槽 92/43
模様編み 30/39
模様型紙 168/62
銛 353/9,10
モリオン 329/60
森の植物 377
モリヒバリ 361/18
モルタデラ 96/7
モルタル下地 123/27
モルタル塗り 122/38; 123/6
モルタルのふね(槽) 118/39,84
モルデント 321/20
モルト・エレベーター 92/35
モルト・サイロ 92/37
モルト収集ホッパー 92/20
モルモット 366/12
漏れ蒸気道 153/28
モレロ・チェリー 59/5
門 331/19 神殿入口の 334/7
門形支持装置 214/24
モンク 89/9
文字旗 253/22-28
紋章 254/1-6, 10-13, 11-13, 14, 46 貨幣の図案の 252/12
紋章学 254/1-36
紋章記述 254/17-23
紋章構成色 254/24-29
紋章盾を支える動物 254/15-16
門静脈 20/39
モンシロチョウの幼虫 80/48
モンシロチョウ 80/28
門壁装飾 333/35
門壁彫像 333/36
門脈 20/39
文様つきガラス 124/5
門楼 329/22

ヤ

矢：アーチェリーの 305/60 インディアンの 352/28
ヤーン・ガイド 167/3, 54, 64
矢板 119/17
矢板 217/5, 6
矢板隔壁 217/5
矢板壁 217/5
刃(やいば)〈フェンシング用の剣の〉294/44
野営地 278/1-59
八重咲きの花 60/17
矢の頭 328/4
ヤガ 365/8
野外音楽堂 274/19
野外喫茶店 272/57
野外劇場 272/6
野外セット 310/7
夜会服 30/53
野外用イーゼル 338/26

夜会用サンダル 101/27
館(やかた) 15/96
矢柄(やがら) 305/64
やかん 39/16
夜間走行用の照明標識 203/38
夜着：紳士用 32/35-37 婦人用 32/16-21
ヤギ 73/14 野生の 367/2
焼きアーモンド 98/85
焼き網 308/33
焼きぐし 40/33
山羊(やぎ)座 3/36; 4/62
焼き石膏 128/2
焼き石膏袋 260/85
焼肉 45/27
焼肉皿 45/26
ヤギの頭 327/18
ヤギの上半身 254/32
ヤギのひげ 73/15
やぎひげ 34/10
焼き豚肉 96/9
ヤギ目 369/8
焼戻しがま 162/18
野球 292/40-69
野牛
野球グローブ 292/59-60
野球場 292/40-58
野球ボール 292/61
夜着用シャツ 32/37
やく 58/45; 59/10
薬(やく) 372/35, 45, 50
薬液タンク 83/5, 39, 50 往復ポンプつき～83/8
薬剤噴霧器 56/24
薬室 87/15, 20
薬品棚 22/35; 49/49
薬品箱 24/7
約分 344/18
薬包 87/54 空気銃の 158/27 発破の 305/34
薬味台 266/22
薬用植物 380
やぐら 121/14
やぐら登り 273/17
矢ぐり 352/29
ヤグルマギク 61/1; 376/12
ヤグルマテンニンギク 60/19
夜光雲 7/22
夜行性のガ 82/14
夜行性の猛禽(もうきん) 362/14-19
ヤコブのはしご 221/91
野菜 57
野菜入れ 39/4
野菜かご：菜園の 55/43 スーパーの 99/81
野菜缶詰 98/17
野菜木枠 55/43
ヤサイゾウムシ 80/49
野菜畑 96/51
野菜盛合せ 45/33
野菜容器 45/74
野菜用スプーン 45/74
野菜用地 55/39
野菜用ボール 45/25
矢先 305/61
ヤシの林 354/5
やし油 98/23
野手 292/59
野手のグローブ 292/59
やじり 328/4; 334/38
やじり形〈葉の形〉370/37
矢印 151/26
やじる人 263/15
やす 280/40
休み小屋 119/45

やすり 260/55 粗目〜140/8, 16
仕上げ〜140/8, 16 のこ用石目
〜134/6 細目〜140/8, 16 木
用石目〜132/1
やすりの柄に 108/50
やすり盤 140/15
やすり目 140/28
野生オウトウ 59/5
野生セイヨウナシ 58/31
野生のヤギ 367/7
野生馬 352/4
野生リンゴ 58/51
ヤナギヤナギ 373/33
ヤツガシラ 359/25
薬莢底部 87/58
薬局 233/45
薬局方 22/23
矢筒 352/27
やっとこ 119/85; 136/37; 340/50
宿帳 267/8
やな 89/28
ヤナギ細工 136/4, 16
柳製の手押車 28/30
屋根 38/1; 121; 122 教会の
331/11 切妻〜37/5
屋根足台 122/66
屋根裏 38/12, 18
屋根裏部屋 37/4; 38/1-29
屋根開口部 213/23
屋根かぎ 38/6
屋根型テント 278/21; 280/45
屋根鎖 278/51
屋根ケーブル 211/5
屋根桁(けた)組み 121/78
屋根瓦 121/15; 122/11, 82
屋根通気口 278/56
屋根つきシャラバン 186/33
屋根つきチェイズ 186/54
屋根の形式と部分 121/1-26
屋根の十字架 331/10
屋根の通気孔 55/11
屋根登り 273/60
屋根ばしご 38/4; 122/63
屋根葺(ふき)釘(くぎ) 143/55
屋根船 353/31
屋根 37/56; 38/7; 121/6, 23;
329/11; 336/4 ハッチ 38/14
野の花 375/
矢筈(やはず) 305/63
矢羽根 305/62
やぶ 272/4
破れ口 13/34
ヤマアラシ 366/13
ヤマイグチ 381/22
山形鋼 143/1
山形照星 87/72
山側停車場 214/57
ヤマキチョウ 365/4
山くずれ 11/46
山小屋 300/1
ヤマスギ 88/83
山高帽 35/28
ヤマドリタケ 381/16
山の鞍部(あんぶ) 12/42
山の肩 12/41
山の斜面 12/37
山の背 12/36; 13/60
山の頂上 12/40
山登り 300/1-57
やまば平歯車 143/87
ヤマブキ 373/28
ヤマブキショウマ 377/5
ヤマホウレンソウ 61/16
ヤモリ 364/36
槍(やり) 353/9
遣形貫(やりかたぬき) 118/69

やりだし 218/20 第 2 斜檣つき〜
219/1
槍投げ 298/51-53
槍の鐺(こじり)受け 329/80
槍の穂 328/21

ユ

湯上りタオル 49/9
油圧アーム 85/21
油圧型取り機 178/7
油圧駆動装置 139/9, 15
油圧駆動装置の歯車 64/65
油圧駆動のベル・ローダー 63/
37
油圧計: たてのこの 157/7 旅客機
の操縦室の 230/17
油圧警告灯 191/73
油圧式カメラ台 310/17
油圧式くさび 84/25
油圧ジャッキ 85/45
油圧シリンダー 194/26
油圧制限弁 190/67
油圧操作主着陸装置 235/31
油圧操作前輪 235/30
油圧装置 255/53
油圧装置用貯蔵器 257/16
油圧鍛造プレス 139/35
油圧調整器 190/17
油圧ピストン 139/41 動力揚げ
装置の 65/24
油圧ブレーキ 212/44
油圧プレス 139/35
油圧ポンプ 64/29, 91
油圧リフト 195/25
油圧リフト台 195/7
油圧リフトの可調整アーム 195/
26
UHFアンテナ 257/25
U型レール 214/22
結髪(ゆいがみ)かつら 355/77
ユークリッド幾何学 346/1-58
U字管 349/2
U字形圧力計 349/19
U字形谷 13/55
U字谷 13/55
ユーティリティ・ルームのドア 118/
6
ユーティリティ・ルームの窓 118/5
ユーラシア 14/15-16
有蓋(ゆうがい)貨車 206/6; 213/14
引き戸式屋根つき〜213/22
有蓋橋 215/32
融解槽 162/3, 14
有蓋蜜室(みつしつ) 77/33
有蓋郵便車 236/52
有蓋蛹巣室(ようそうしつ) 77/32
優角 346/10
雄花序: アサの 383/13 イタリアカ
ラマツの 372/56 オークの 371/8
オモダカの 378/53 スギの 372/
68 トウヒの 372/17 ネズミサシ
の 372/49 ハイマツの 372/24 マ
ツの 372/56
有価証券 251/11-19
有価証券・債券の売買 251/1-10
雄花穂 383/55; 384/4
有関節動物 358
遊撃手 292/42
有限小数 344/20
有鈎(ゆうこう)条虫 81/35
有孔デカタイジング・シリンダー
168/50
有翅型(ゆうしがた) 82/39; 358/15

有翅型(ゆうしがた)のアブラムシ 82/
39
有視制御用の接眼レンズ 311/9
有刺投げ槍 319/22
有人気球 7/16
雄穂(ゆうすい) 68/35
雄ずい 370/57, 60 オウトウの
59/10 セイヨウナシの 58/45 ト
ウヒの 372/18 モミの 372/7 ユ
リノキの 374/3 レンギョウの
373/2
遊星歯車装置 143/94
雄性穂 59/45
郵送記録簿 236/18
雄大積雲 8/2
有袋類(ゆうたいるい) 366/2-3
遊底 87/9
有蹄類(ゆうているい) 366/25-31;
367/1-10
誘導受け口 117/36
遊動環 224/50
誘導コイル 11/44
勲(ゆう)銅鉱 351/1
誘導素 288/69
誘導ノッチ 117/36
誘導輪 214/61
誘導レール 214/56
誘導列車制御装置 211/7; 212/
14
誘導列車制御装置用磁石 212/
38
誘導列車制御装置用の制御器
211/38
誘導路 233/2
有毒キノコ類 379/10-13
有毒植物 379/
有毒なジャガイモの果実 68/43
有尾両生類 364/20-22
郵便カバン 236/54
郵便給送 236/31
郵便局 236; 237; 268/68
郵便区分け装置 236/31-44
郵便集配 236/50-55
郵便貯金窓口 236/25
郵便はかり 236/24
郵便箱 236/50
郵便馬車 186/39, 53
郵便番号 236/
郵便袋 236/51
郵便物 233/9
郵便物容器 236/32
郵便料金計器: 為替と預金伝票用
〜236/7, 47 小包書留カード用
〜236/7
郵便料金細目 236/55
郵便料金秤量器(ひょうりょうき)
22/24
有浮種 68/31
遊歩甲板 223/22-27, 27
遊歩者 272/26
幽門(ゆうもん) 20/42
有用植物 383/
有翼陽門 333/12
遊覧気船 225/29
遊覧船 221/101-128; 283/1
遊猟 289/41-49
油温感知器 195/16
油温計 191/38
床 120 器械体操の 296/11;
297/6
床板 123/36 電気ドライアイロン
の 50/7 船の 222/59
床下ソケット 127/22, 24
床清掃用品 50/53-86
床ぞうきん 50/55
床ソケット 127/23

床タンク 222/38
床暖房 356/18
床ならし 119/9
床の伸ろ前方宙返り 297/25
床ノズル 50/71
床面積〈器械体操の〉 296/11;
297/6
床れんが 159/24
雪 9/34
雪合戦 304/14
雪ゲートル 300/55
行先告知板 205/21, 38
行先標識 205/22
雪棚 300/4
雪だるま 304/13
雪つぶて 304/15
雪に覆われた屋根 304/20
雪解け道 304/30
行止り支流 216/18
雪止め金物 122/16
雪止め格子 38/8
ユキノシタ 375/1
ユキノシタ科スグリ属 58/1-15
雪の堆積(たいせき) 304/24
雪の玉 304/15
雪の吹きだまり 304/5
雪ブロック 353/5
湯口 178/17
湯汲(くみ) 148/14
油伏 192/21, 22
油彩習作 338/36
油井(ゆせい) 145/17
油井やぐら 12/33
湯煎(ゆせん)なべ 132/12
油槽岩となる多孔質層 12/29
油槽式エア・クリーナー 65/54
油槽式空気清浄器 212/79
輸送車 62/18
油槽船 221/35; 225/73
輸送・通信機 256/24
輸送転向台車 197/10
輸送ヘリコプター 232/21
輸送ボギー 152/41
輸送用タンクローリー 145/35
輸送ラグ 152/48
湯出し口溝 147/54
湯出しとい(樋) 148/3
湯出し棒 148/9
ユッカ 373/24
ゆったりした室内着 355/66
湯止め棒 148/10
ユニオン・ジャック旗 253/15
ユニット化されたカラー・テレビ受像
機 240/1
ユニバーサル・イコライザ 238/48
ユニバーサル・シャフト: 散水灌漑
装置の 67/6 ジャイロ形ヘイテッ
ダレーキの 64/48 ロータリー集
草機の 64/40
ユニバーサル・ジョイント 64/63
湯の華(はな)段丘 11/23
指穴: 書類ファイルの 247/39
ボーリングの 305/16
指札: オカリーナの 324/34 フルー
トの 323/32
指絵の描かれた窓 260/26
指掛け: ジャズ・トランペットの 324/
67 バステューバの 323/45
指先 19/79
指先吸引調節装置 50/74
指先の吸盤 364/26
指つばつき鎖状鋸歯(さじょうきょし)
の安全ブレーキ 85/15
指止め 237/12
指人形 260/74
指の爪 19/57, 80

指板: 電話器の 237/11 チェロの 323/21 リュートの 324/8
指ロール 97/15
指輪 36/4 印章～36/40 真珠つきダイヤモンドの 36/23 男性用の 36/20 非対称型デザインの 36/27
指輪用宝石 36/72-77
油布コート 228/7
油布ジャケット 228/6
油布製衣服 228/4
ユマニスト体 342/4
弓: ヴァイオリンの 323/12 ヴィオルの 322/24 プッシュマンの 354/32
弓形〈かぎの〉 140/34
弓形集電器 205/36
弓形留めピン 328/28
弓形ピン 328/27
湯溝 148/21
湯道 147/35;148/21
弓のこ 134/3,17;136/40;138/23;140/9;150/14
弓のこフレーム 126/71
弓矢を持った人間の半身 327/53
油面計 153/11
油面ゲージ 190/47
ユリ 377/4 ニワシロ～,トキワ～ 60/12
揺りいす 309/61
ユリ科 53/13
揺りかご 28/2
ユリカモメ 359/14
揺り子 47/16
ユリカ科 374/1
ユリの花 254/13
油量計 38/54
油量警告灯 191/71
油量計パイプ 38/53
ユルト 353/19
緩め地点 89/34
油冷式安全フィルム巻取り器 312/25
揺れ幅 190/33
揺れ腕台 190/34
揺れ止め 192/71
湯沸かし器 126/12-13

ヨ

葉腋〈ようえき〉 370/25 むかごをつけている～375/38
溶液ポンプ 172/33
溶液予熱器 172/8
葉縁のいろいろ 370/43-50
揚音アクセント〔記号〕 342/30
揚音符 342/30
葉芽 59/47
幼芽 68/16;370/90
溶解ガラスたね取入れ 162/23,31
溶解ガラスの入っているブッシング 162/50
溶解工 148/7
溶解作業 148/1-12
溶解したすず〈錫〉 162/17
溶解耐鉄〈せんてつ〉 148/11
溶解タンク 172/37
腰角〈ようかく〉 72/32
溶岩台地 11/14
溶岩流 11/18
容器 10/18;26/26
容疑者 264/32
養魚 89/1-19

陽極カーボン 312/40
陽極銅 178/5
陽極棒 178/5
ヨーク 153/14 肩～33/19 着物～31/18 調理用～65/14 前面の33/19
ヨーグルト製造器 40/44
養鶏 74/1-27
葉型 378/52
養鶏場 74/1
溶鉱炉 147/1
溶鉱炉のシャフト 147/7
溶鉱炉プラント 147/1-20
幼虫 370/88
要塞 15/74
溶剤ガスの排気管 182/25
洋裁師 103/1
葉菜類 57/28-34
揚索〈ようさく〉 253/2
陽子 1/2,16,31
ようじ入れ 266/23
用紙受け台 249/54
用紙寸法選択盤 249/34
用紙そろえ用のジョガー 249/56
用紙送出し 249/54
ヨウシュコナスビ 375/26
葉鞘〈ようしょう〉 68/9,21;370/83 バナナの 384/30
養生器 37/14
葉状体 378/49
養生フロアー 92/18,30
幼児用便器 28/47
養蚕真珠の腕輪 36/9
養蚕真珠のネックレス 36/12
葉身 68/20;370/28,85
用心鉄 87/10
揚水式発電所 217/39-46
洋才 33/19
用制御ボタン 224/32
容積測定フラスコ 173/3;350/28
溶接圧力調節ペダル 142/31
溶接機の溶接棒 142/30
溶接ゲージ 142/36
溶接作業台 141/13;142/21
溶接台 142/13
溶接台の上面 142/14
溶接導線 142/19
溶接トーチ 141/11,19,28
溶接トランス 125/29
溶接ペスト 141/18
溶接変圧器 142/27
溶接棒 141/12;142/10,24
溶接棒ケース 142/7
溶接棒用変圧器 142/31
溶接用保護めがね 141/24
溶銑炉〈ようせんろ〉 148/1
要素集合の 348/2
要素〈集合の〉 348/2
幼稚園 48/
幼虫 77/29;80/6,8,19,36,38,41,44,46;81/20;82/25,31,44,47 ガの 58/64;365/10 クロバエの 358/19 コフキコガネの 82/12 若齢～77/28;80/54 スグリシロエダシャクの 58/5 バッタの 358/9 モンシロチョウの 80/48 老熟～80/53
幼虫室 77/46
幼虫のいる巣室 77/31
腰椎〈ようつい〉 17/4
羊皮 324/31
羊皮帽 353/23
揚錨機〈ようびょうき〉 223/49
羊皮ローラー 130/31

腰部〈ようぶ〉: ウマの 72/30 人間の 16/24 ノロジカの 88/37
洋服入れ 267/30
洋服掛け 41/3;207/50
洋服掛け台 271/31
洋服カバー 271/30
洋服ブラシ 50/44
洋服屋 104
洋服屋の仕事部屋 104/1-32
洋服屋の仕事部屋 268/17
腰部〈ようぶ〉縦通材 235/9
葉柄〈ようへい〉 370/27
葉柄の基部 371/73
傭兵〈ようへい〉の太鼓 306/70
擁壁〈ようへき〉 356/4
養蜂 77
葉房 54/17
養蜂者 77/57
葉脈 370/29
羊毛裏つけ 101/3
羊毛状の積雲 8/1
溶融缶 170/30
溶融紡糸装置 170/41
ヨール 220/10
ヨーロッパ 14/25
ヨーロッパアカタテハ 365/1
ヨーロッパ横断急行列車 205/34;209/1-22
ヨーロッパ旗 253/4
ヨーロッパクサリヘビ 364/40
ヨーロッパ原産の鳥類 360
ヨーロッパ地中海 14/25
ヨーロッパの普通のトビ 362/11
ヨーロッパハイマツ 372/29
ヨーロッパヒキガエル 364/23
ヨーロッパ・ヒメウ 359/10
ヨーロッパマンネングサ 61/17
ヨーロッパヤマウズラ 88/70
ヨーロッパヤマカガシ 364/38
用枠〈加圧鋳の〉 183/21
余角 346/15
余興小屋 308/24
預金: 銀行の 250/4 郵便局の 236/25
翼〈航空機の〉 230/43;288/27
浴衣〈よくい〉 29/24
抑音アクセント〔記号〕 342/31
抑音符 342/31
翼果 372/9 カエデの 371/57
翼型 290/35
翼型浮き袋 271/8;282/18
翼下タンク 256/4
翼形 229/15-22
翼形前縁フラップ 229/54
翼弦 230/56
翼桁〈よくこう〉 230/45
翼軸 91/2
浴室 49 キャンプの 278/5-6
浴室スリッパ 49/46
浴室はかり 49/47
翼支板 91/2
翼手類動物 366/9
翼状2重水栓 126/35
抑止リング 71/27
翼スパン 229/2
浴槽 49/1 温水渦巻き風呂の 281/36
浴槽階段 281/32
翼端 287/42
翼端タンク 256/4
翼端タンク 231/9;256/30
翼背板 91/2
翼帆板 91/2
翼帆主柱 91/2

翼帆頂 91/6
翼幅〈よくふく〉 229/2
抑揚アクセント〔記号〕 342/32
抑揚音符 342/32
浴用海綿 357/12
翼レール 202/25
翼縮 335/3
余弦 346/32
横 171/32
横穴〈響板〉15/85
横板 322/33;323/4,25
よこ糸 171/3,15,16
よこ糸補充 166/14
よこ糸補充用回転バッテリ 166/5
よこ糸木管 166/7,30
よこ糸と木管保持用スプリング・クリップ 166/33
横送り台 149/23,39;150/12
横送り台ガイド 174/48
横泳ぎ 282/36
横〈: アルキメデス・ドリルの 108/5 ガードレールの 84/8 腰掛けの 278/17 檣頭～223/37 段違い平行棒の 297/4 留め継ぎ～124/7 乳牛舎の の繋留装置の 75/16 はしごの 38/16 走り高跳びの 298/14,34 平行棒の 296/3 マスト上部の 284/13 リュージュの 303/5
横木つき錨〈いかり〉286/15
横木のない錨 222/78;258/5
横材: かご細工の 136/5 ケーブル・クレーン船台の 222/15 自転車の 187/16
横座標 347/9
横桟 136/8
横桟固定孔〈あな〉136/9
横軸: x軸 347/2 航空機の運動性の 230/68
横支柱 284/13
横外向き 296/23
横倒し褶曲〈しゅうきょく〉12/15
横突き錨〈けり〉299/19
横継ぎ目カッター 201/16
横つなぎ材スプロケット 121/30
横跳び 297/31
横中向き 296/22
横握り 134/45
横梁〈はこはり〉38/26
横張り 122/91
横笛 323/31
横幕 263/12
横揺れ 230/71
よごれもの 50/22
よごれもの入れ 50/21
横分け 34/14
余弦 348/7,8
余水路 217/60
寄木細工の床 123/74
寄せスパナ 126/68
余接 346/32
寄棟〈よせむね〉かぶせ 122/9
寄棟小屋組み 121/60
寄棟屋根 37/64;121/10
寄棟屋根窓 121/13
よだれ掛け 28/43
四つ球〈イギリス式撞球の〉277/7
四つ爪〈つめ〉単独チャック 149/35
四つ爪チャック 149/35
ヨット 278/12;284/10-48;,285
ヨットの船級 284/49-65
ヨットの船尾 285/42
ヨットの船尾の型 285/42-49

ヨットの胴体の型 **285**/29-41
四つ葉のクローバー **69**/5
ヨツモンマメゾウ **81**/19
四つ割り紋 **254**/18-23
ヨナキツグミ **361**/17
4 人漕ぎボート **283**/26-33
予熱器 **212**/41
予熱装置 **185**/30
予熱調節器 **190**/50
予熱プラグ **190**/55
余白: 新聞の **342**/70 本の **185**/55-58
ヨハネ黙示録 **327**/50
呼売り商人 **308**/12, 51
予備車輪 **194**/33
予備成型 **139**/28
予備タイヤ: 軽トラックの **194**/4 ロード・レース用自転車の **290**/23
呼出しボタン **246**/15
呼出しライト **267**/6
呼びどい **37**/12; **122**/30
予備燃料タンク **212**/60
予備の材木 **260**/82
予備表面加工用の粗磨きホイール **111**/36
呼び笛 **87**/43-47
予備部品用のワゴン **109**/22
呼びボタンつき屋内電話 **127**/3
呼び鈴 **267**/28
よみがえりの炎または灰 **327**/10
読取り石 **63**/9
読取り計器 **2**/6
読取り顕微鏡 **113**/28
読取り調節装置 **10**/10
予約患者 **22**/3
予約室 **271**/26
予約簿 **22**/11
より小 **345**/20
より進んだ演算 **345**/1-10
より大 **345**/19
よりタバコ **107**/18
より網編み **30**/39
ヨルダン精砕機 **172**/60
夜の略礼服 **33**/7
鎧(よろい)〈詰め物をした日本の〉 **353**/38
よろい戸 **37**/30
よろい張り **283**/18; **285**/50-52
鎧鞅(よろいむながい) **329**/85
4 家族住宅 **37**/69-71
4 気筒オートバイ **189**/49
4 気筒ディーゼル・エンジン **65**/44
4 けたの数 **344**/3
4 行程エンジンの公開実験モデル **242**/45
4 叉(さ)フォーク **66**/7
4 枝コルドン **52**/1
40 mm高射砲 **258**/73
40 mm双高射砲 **258**/31
44 mm対戦車ロケット発射筒 **255**/25
4 色オフセット輪転印刷機 **180**/1, 18
4 色枚葉オフセット印刷機 **180**/30
4 速周期かみ合い式変速機 **192**/28-47
4 短距離ロケット用発射装置ハウジング **259**/26
4 点音 **321**/49
4 パイプ・メガホン排気筒 **189**/51
4 砲身対潜水艦ロケット発射装置 **258**/30
4 本マスト・スクーナ **220**/28
4 本マスト船 **220**/28-31
4 本マストのテント **307**/1
4 本マスト・バーク **220**/29
4 本マスト・フル・リッグド船 **220**/31
4 輪大型馬車 **186**/1-3
4 輪駆動 **194**/1
4 輪駆動軽トラック **194**/1
四連符 **321**/23
4 連プラウ **63**/40

ラ

ラード **96**/5
雷雨 **9**/38
雷雲 **7**/2
ライオン **307**/56; **368**/2
ライオンの頭 **327**/17
ライオンの胴体 **327**/14, 22
雷管 **87**/59
来客用いす **246**/21
来客予定表 **246**/8
雷光 **9**/39
ライザー: アーチェリーの **305**/55 落下傘の **288**/42
ライター: 自動車の **191**/88 はしけ **216**/25
ライダー **349**/33
ライター発火石 **107**/28
ライダー・ホルダー **349**/32
ライチョウ笛 **87**/47
ライト **224**/69, 74
ライトと笛浮標 **224**/68
ライト・フェース体 **175**/8
ライト・ボックス **179**/25
ライネ岩塩 **154**/64
ライノタイプ行鋳植機 **174**/19
ライノタイプ母型 **174**/29
ライヒスターレル **252**/6
ライフル・グリップ **115**/100
ライフル射撃 **305**/26
ライマン系列 **1**/20
ライムギ **68**/1
ライ麦粉 **97**/52
ライムギの穂 **68**/2
ライ麦パン・ロール **97**/16
雷文 **334**/43
ライン〈活字の〉 **175**/4
ライン・ガラス **124**/6
ラインズマン **291**/59; **293**/69
ラインズマンの旗 **291**/60
ラウチ・ハット **35**/21
ラウテク式把握法 **21**/18
ラウンジ: 居間 **42**; 貨客船の **223**/26 空港の **233**/18, 28 ホテルの **267**/44-46
ラウンダー **97**/63
ラウンドコーナー・セクション **42**/26
ラガー **90**/1
ラガー・ビール **93**/26
ラガー・ビール貯蔵室 **93**/12
ラギング **38**/72
ラグーン **13**/33
落水装置 **91**/43
ラグスル **220**/4
らくだ毛画筆 **338**/7
ラクダの隊商 **354**/1
ラクタム・オイル **170**/37
ラグビー **292**/19
ラグビー・ボール **292**/21
落葉樹 **371**
落葉樹のいろいろ **371**/1-73
ラケット: 卓球の **273**/4; **293**/45 テニスの **41**/13; **293**/29 バドミントンの **293**/43
ラケットの柄(え) **293**/46
ラケット・プレス **293**/32
ラコリス **11**/30
ラジアル・ボール盤 **150**/18
ラジエーター: ジアテルミー・ユニットの **23**/23 トラクターの **65**/51 放熱器 **38**/76; **126**/20; **155**/15; **191**/9
ラジエーター・コーティング用上塗り機 **129**/34
ラジエーター暖房 **155**/27
ラジエーター・ブラシ **129**/21
ラジエーター・リブ **38**/77; **126**/21
ラジオ **6**/26; **309**/16
ラジオ・アンテナ **197**/34
ラジオ・カセット録音機 **241**/1
ラジオ・コンパス **230**/5
ラジオ・スイッチング・センター調整室 **238**/7-15
ラジオ装備 **197**/28
ラジオゾンデ **10**/55, 59
ラジオ通信装置 **197**/28
ラジオフォン **22**/14
ラジオ方向測定アンテナ **223**/5
ラジオ放送 **238**; **239**
ラジオ放送局 **238**/1-6
ラジオメーター **10**/71
ラシャ[地]のコート: 紳士用の **33**/66 婦人用の **30**/61
羅針儀 **223**/6
羅針盤甲板 **223**/4-11
羅針盤座 **3**/45
ラス **123**/70
ラス切りおの **122**/21
ラスク **97**/54
ラス・シート **123**/58
ラズベリー **58**/25
ラズベリーの花 **58**/26
ラス・ボード **123**/58
らせん階段 **123**/77
らせん降下 **288**/51
ラダー **284**/9; **285**/34; **286**/65
ラダー・ストック **222**/68
ラダーヘッド **284**/33
裸体主義者 **281**/16
ラチス囲い壁のある煙突 **221**/84
ラチス旋回橋 **215**/63
ラチス・マスト **258**/18, 41
ラチョット歯止め **203**/57
落下網 **89**/29
落角 **87**/78
落下傘降下 **288**/37-62
落花生油 **98**/24
ラック **214**/9, 11
ラック鉄道 **214**/7-11
ラック鉄道客車 **214**/5
ラック鉄道電気機関車 **214**/4
ラック登山鉄道 **214**/4-5
ラック・トラック **217**/69
ラック・ピニオン **112**/39
ラック・ピニオン鉄道 **214**/4-5, 7-11
ラック・ヘッド **163**/16, 18
手動ハンドル **163**/18
ラッコ **367**/17
ラッシング **218**/32
ラッセル編地 **167**/29
ラッセルたて編機 **167**/23
らっぱ **309**/54 象牙の戦開～ **354**/39 蓄音機の **309**/34 ほら貝の **327**/41
ラッパズイセン **60**/3
ラップ **163**/47, 64
ラップ受け台 **163**/15
ラップ仕上げ板 **125**/4
ラップ・スコアラー **290**/6
ラップ・ターナー **163**/19
ラ・テーヌ期 **328**/21-40
ラテン型十字架 **332**/55
ラテン・スクリプト **342**/12
ラテン・セイル **220**/3
ラニヤード **284**/19
ラバ **73**/8
ラバー **293**/47
ラバー・ソール **101**/38
ラバー・ライン **224**/48
ラフ: ゴルフの **293**/80 ひだ襟の **355**/52 ヨットの **284**/42; **285**/9
ラフィア **136**/29
ラフィング **285**/9
ラフ・スケッチ **338**/4
ラブラドル海流 **14**/40
ラベル: 住所～ **236**/4 名札の **54**/4 ファイル見出し用～ **248**/4
ラペル **31**/23; **33**/5 絹～ 33/8
ラベンダー **380**/7
羅盆(らぼん) **224**/49
ラマ **366**/28
ラム: 打ち金の **139**/12 酒の **98**/57 ハンマーの打面の **137**/10 舞台設備の **316**/60
ラム・アイアン **166**/54
ラム・ガイド **139**/8
ラム・ピストン **65**/24
卵黄 **74**/68
卵黄膜(まく) **74**/64
卵塊 **80**/2, 30
卵殻 **74**/59
卵核胞 **74**/66
卵殻膜(まく) **74**/60
卵管 **20**/81
欄干(らんかん): 階段の **123**/50 橋の **215**/70
卵管采(さい) **20**/82
卵形〈葉の形〉 **370**/36
卵形おもり **89**/88
卵形カボション型〈宝石の〉 **36**/80
卵形気泡浮き **89**/47
卵形の黒皮のスモモ **59**/20
卵形フラット・テーブル型〈宝石の〉 **36**/72
卵形六角形クロス・カット〈宝石の〉 **36**/63
卵子 **20**/84
欄楯(らんじゅん) **337**/23
ランスクネ **355**/32
卵生哺乳(ほにゅう)動物 **366**/1
卵巣 **20**/83
乱層雲 **8**/10
卵鏃(らんぞく)模様 **334**/42
卵帯 **74**/63
ランタン: ガレー船の **218**/44 舷灯塔の **224**/105 頂塔の **335**/45 灯船の **221**/48 パラフィン・ランプの **278**/29
ランチ **221**/100; **225**/25
ランチョン・マット **44**/4
ランデブー用レーダー・アンテナ **6**/42
乱闘服 **264**/18
ランドー型馬車 **186**/36
ランドセル **260**/9
ランナー: 競争競技の **298**/5 匍匐枝の **58**/20 野球の **292**/45, 66
ランニング・シャツ **32**/22
ランニング・ステップ **295**/41
ランニング 3 **305**/3, 5
ランニング・タイトル **185**/66

ランバー・ジャケット 30/38
卵白 74/62
ランプ: 貨物積みおろしのための 206/1 船首斜面～258/90 船尾斜面～91 肉の 95/35 バーの 317/11 馬車の 186/9 無影灯の 26/11
ランプ受け 177/16
ランプ掛け 187/6
ランプ仕切り 177/41
ランプハウス: 映写機の 312/39 -44 顕微鏡の 112/28 写真引伸し機の 116/26 スライド・プロジェクターの 309/44
ランプホルダー 127/60
卵母 20/84
欄間 37/35
ランマー 200/26

リ

リア・ドア 193/6
リーキ 57/21
リーダー: 読本260/16 登山パーティーの 300/25
リーダーつきフィルム 114/9
リーチ 284/45
リード 326/19
リード・オルガン 325/43
リード管 326/17-22
リード・キール 285/36
リード線 39/25; 50/77
リード・ペン 341/22
リード・レール 202/26
リーバーキューン反射鏡 115/97
リーフ 219/72
リーフ・ファット 95/45
リーボード 220/7; 283/63
リーマー 109/8; 140/31
リール: 絹の縫糸の小～ 104/10 釣りの 89/59-64 ピック・アップ ～64/4 フィルム～ 311/24 木綿糸の 104/9
リール・アーム 117/92
リール・オープン 97/71
リール駆動装置 64/5
リール・ドラム 312/16
リールに巻かれたフィルム 312/33
リール巻軸 312/36
利益 345/22
リキュール 98/58; 317/7
リキュール入りチョコレート 98/83
リキュール・グラス 45/89
リキュールびん 45/48
リギング 219/1-72
陸揚げ浮きドック 225/63
陸揚げ場 225/63
陸軍 255
陸軍の武器 255/1-98
陸上競技 298
陸上遊泳練習 282/20
陸生動物飼育場 356/14
陸生トン 376/28
陸棚 11/8
リクライニング・シート: 客車の 207/64 自動車運転席の 191/34 布張りの 207/64
リクライニング・バックレスト 191/34
リゲル星 3/13
利札つづり 251/17
リス 366/19
リストバンド 300/32
リセット・ボタン 127/20

利息 345/7
リターン・パイプ 38/56, 79, 80
犁体(れいたい)転向装置 65/73
陸橋 215/59
立射 305/27
リッジ・ロープ 221/118
立像 272/10; 334/5
立像台座 272/11
立体 347/30-46
立体飼育 74/18
立体橋 215/19
立体根 351/2
立体平面画機 14/66
立方 189/1
立方晶系 351/1-17
立方体 347/30; 351/2 八面体で変形された～351/16
立方体木型ゲーム 48/21
立方体で変形された八面体 351/14
里程標 15/109
犂刀(りとう) 65/10
リトーデス 369/16
リトグラフ 340/25-26
リトグラファー 340/45
リ・クレヨン 340/26
リハーサル 315/21-27
理髪師 106/1
理髪師の仕事着 106/2
理髪店 106/1-42 空港の 233/53
理髪店用いす 106/16
リピート・ボタン 243/42
リブ: ヴァオリンの 323/4 踊り場の 123/36 交差ヴォールトの 335/31 コントラバスの 323/25 船の 222/58 旅客機の 230/46
リフト 219/47
リフト・チェア 214/16
リフトバッグ車 193/29
リフト用降着装置 232/18
リフト用プラットフォーム: カレンダーの 173/40 ヘリコプターの 232/19
リフト・ロッド 65/29
リフト・ロッド調節 65/25
リブ・ヴォールト 336/43
リブ・ロース 95/18
リベット 143/57-60
リベット頭 143/57
リベット打ち機 138/27
リベット先 143/59
リベット軸 143/58
リベット締め 143/56
リベットのピッチ 143/60
リボン 355/78 飾り～253/9 変り織り～35/14 蝶型～34/7 ペーパー～174/34 本の185/70
リボン飾り 35/13
リボン・カセット 249/16
リボン選択ボタン 249/11
リミッター動作表示器 238/44
リム 187/28; 189/25; 191/16; 192/77
リメリック針 89/84
リモート・コントロールによる自由飛行 288/86
リヤ・ウインドウ 191/32
リヤ・ウインドウ加熱警告灯 191/80
リヤ・ウインドウ加熱装置スイッチ 191/82
リヤ・エンジン: 自転車の 195/49 ジェット機の 231/10
略書名 185/44
略礼服 271/8
リヤ・シート 191/31

リヤ・スポイラー 193/34
リヤ・ドア 193/3, 20
リヤ・フォーク 188/14; 189/7
リヤ・ライト 187/46
リヤ・ランプ 187/46
竜 327/1
留(りゅう)〈十字架の〉 330/54; 350/42
硫安(りゅうあん) 156/36
硫化ゴム製平円板 302/35
硫化水素スクラッパー 156/22
隆起海岸台地 11/54
リュウキュウシュンギク 61/7
竜骨 222/22; 235/7; 283/32; 285/32
竜骨座 3/45, 46
竜骨状アーチ 336/36
竜座 3/32
硫酸アンモニアの生産 156/35
硫酸アンモニウム 156/36
硫酸アンモニウム溶液 170/26
硫酸供給 156/33
硫酸中和用アンモニア 170/24
硫酸添加 170/23
硫酸銅 351/26
硫酸の生産 156/34
硫酸パルプ工場 172/1-52
溜室(りゅうしつ) 269/24
リュージュ 303/1, 2, 13
リュージュ滑走者 303/12
流出口 269/57
流出コンデンサー 92/4
流出粘度計 129/38
流出パイプ 269/21
流出余水路 217/60
りゅうず 110/42
流星 7/25
流線型競走用オートバイ 290/31
流速計 216/43
流体継ぎ手 65/37
流体変速機 190/70; 212/27
留鳥 360/4
リュート 324/1
流入管 155/10
流入口 269/54
竜の形をした船首 218/16
竜の胴体 327/19, 36
流木落し 283/60
流量計 76/4 笑気～26/3
流量表示器 196/5
リュックサック 86/3 船体の 283/65
リュックポジティブ 326/5, 42
両足旋回 296/54
両替 233/51
両替機 197/33; 204/22; 236/28
両切り葉巻きタバコ 107/4
料金消印 236/9
料金箱つき電話 236/9
料金表 266/65
猟犬 86/7 イノシシ狩り用の 86/33 グレー・ハウンド 70/24 シカ狩り用の 289/47 臭跡～70/42, 43
猟犬指揮係 289/43
猟犬隊 289/46
猟師 86/1; 306/8
量子転移 1/20-25
量子飛躍 1/20-25
量子飛躍可能エネルギー準位 1/15
利用者〈図書館の〉 262/24
猟銃 86/4; 87/1-40
領収書 271/8
領収書(証) 98/44; 271/7
領収スタンプ 236/29

瘤状(りゅうじょう)突起 359/17
両性花 374/10; 382/14
両生類 364/20-26
両袖(りょうそで)机 248/37
領地 15/94
猟鳥獣類 88
猟笛 289/44
猟の指導者 289/45
両刃の狩猟用刀 87/41
両開き窓 37/22
稜堡(りょうほ) 329/16
猟帽 86/5
両面印刷装置 181/49
両面印刷ユニット: 黄印刷用の 180/6-7 黒印刷用の 180/12-13 シアン印刷用の 180/8-9 マゼンタ印刷用の 180/10-11
両面仕立ての黒板 260/35
菱面体(りょうめんたい)をもつ六方柱 351/22
両面たてトリコ織りの糸交錯図 171/45
両面たてトリコ織りの織方図 171/27
療養客用ホテル 274/8
両用バイトホルダー 149/41
料理用の加熱器具 96/47
稜肋(りょうろく) 335/31
両腕後水平挙げ 295/51
両腕上方挙げ 295/49
両腕体側 295/47
両腕体側水平挙げ 295/48
両腕前水平挙げ 295/50
旅客〔航空〕機 230/1-31, 32-66; 231/1, 2, 3, 7
旅客席 230/38
旅館案内所 204/28
旅客フェリー 216/1
緑液 172/41
貯蔵タンク 172/41
緑液予熱器 172/43
緑色右舷(うげん)側灯 286/11
緑藻(りょくそう) 378/43
緑麦芽 92/23
旅券 267/13
旅券点検 233/42
旅行案内所 271/24
旅行案内センター 204/28
旅行者相談室 204/45
旅行荷物 205/7-12
旅行用カバン 205/10
旅行用読物 205/18
リヨン・ソーセージ 96/10
リラ: イタリアの貨幣 252/20 楽器の 322/15
離陸 288/84
利率 345/7
りん灰石 351/20
輪郭描き 129/46
林業 84/; 85/
林業作業員 84/18
リング: 携帯用革ひも～115/9 刻印～252/42 サーカス場の 307/21 差込み～349/17 実験室器具の 350/15 手動絞り調節用の操作～117/4 ストックの 301/8 釣竿の 89/56 バスケット～292/33 ばね～300/46 防水敷布の 278/26 紡績の 164/51 ボクシング～299/35 抑止～71/27
リング入口 307/11
リング管 165/15
リング・ケーキ 97/33; 99/22
リング・ゲージ 108/25, 27
リング状のリヨン・ソーセージ 96/

10
リング精紡機 164/34
リングとトラベラー 164/51
リングの囲い 307/22
リング・レール 昇降 レバーとシャフト 164/42
リング・レールにはまったリング 164/54
リンゴ 58/56; 99/86
臨港病院 225/26
リンゴ形マルメロ 58/49
リンゴスガ 80/5
リンゴの枝 58/52
リンゴの木 58/51
リンゴハナゾウムシ 80/10
リンゴワタムシ 80/32
リンゴワタムシの群れ 80/34
燐酸(りんさん)肥料 63/14
臨時記号 320/50-54
輪軸 212/3; 213/3
鱗翅目(りんしもく) 365
臨床医学 22; 25
臨床検査器具 23/57
臨床検査技師 23/1
臨床検査室 23/41-59
鱗状文(りんじょうもん) 335/15
鱗翅類(りんしるい) 358/48-56
隣席者 267/41
隣接角 346/14
輪転印刷機のインキ装置 181/57
輪転印刷機 178/21
輪転凸版印刷機 181/41
輪転版 178/13
輪転版鋳込み機 178/13
林道 84/3 地図記号 15/102; 112
輪頭十字架 332/63
リンドウの一種 378/13
集材車 85/27
リンネル・シーツ 43/9
リンネル製品: 下着類 47/22 テーブル掛け・敷布 271/57
リンネル製品入れ 44/22
リンネル製品類引出し 44/22
リンネルの衣服 355/5
リンネルの幅広襟 355/56
リンネルの緑なし帽 35/8
リンパ節 19/10
林班(りんぱん) 84/2
鱗片(りんぺん) 371/12
林野局 15/3

ル

ルイ金貨 252/5
涙骨 17/40
ルイ十四世の肖像入りのルイ金貨 252/5
ルイ十六世様式のテーブル 336/14
累乗(るいじょう) 345/1
累乗の値 345/1
類人猿 368/14-16
涙嚢(るいのう) 88/14
ルーク〈チェスの〉 276/12
ルーサン 69/9
ルージュ〈ルーレットの〉 275/24
ルーズ・リーフ式ファイル 260/15
ルード 47/19
ルーバー式シャッター 212/84
ループ: アイス・スケートの 302/15 頭で交織している〜171/39 曲枝飛行の 288/1 高速増殖炉の

1次〜154/2 高速増殖炉の 2次〜154/7, 45 閉じ〜171/36
輪奈 167/62, 66; 171/30
ルーフィング・フェルト 122/62
ルーフィング・ペーパー 122/62
ループ形成 167/65
ループ留め 30/41
ルーフ・ラック 278/50
ルーム・ウエイター 267/33
ルーム・サーモスタット 38/78
ルール 322/1
ルーレット 275/1-33 銅版彫刻の 340/18
ルーレット装置 275/10, 28
ルーレット台 275/8
ルーレット盤 275/29
ルーレット・ホイール 275/10, 28
ルーレット・ボール 275/33
ルーレット・レイアウト 275/9, 17
ルーレットをしている人 275/15
ルーン文字 341/19
ルスティカ仕上げ 335/51
るつぼ 350/31
るつぼばさみ 108/11; 350/32
るつぼ炉 108/9
ルネッサンス期の館邸 335/47
ルネッサンス期の教会 335/42
ルネッサンス美術 335/42-54
ルネッタ 332/36
ルビ 175/22
ルピナス 51/23
ルリコンゴウインコ 363/2
ルリトラノオ 375/22

レ

零〈ルーレットの〉 275/18
レイ 306/17
励起状態 1/19
冷却: 河川水による〜154/55 麦汁〜93/1-5 ポリアミドの170/34
冷却液 149/44
冷却液供給管 138/26; 149/25
冷却液収集装置 92/7
冷却液ポンプ 190/61
冷却器 145/44; 350/48
冷却器による脱ベンゼン 156/27
冷却器のシャッター 304/12
冷却器のボンネット 304/11
冷却系統 154/48
冷却穴 242/54
冷却口 288/82
冷却コンプレッサー 92/22
冷却剤供給管 235/38
冷却材流動路 154/29
冷却材系統 154/55
冷却シリンダー 170/27
冷却水 154/18; 212/65
冷却水温度計 212/21
冷却水管 111/31; 152/27
冷却水穴 242/54
冷却水サーモスタット 190/62
冷却水熱交換装置 155/3
冷却水パイプ 191/10
冷却水用ヘッダー・タンク 212/78
冷却水流動回路 154/10
冷却装置: 発酵室の 93/11 ディーゼル機関の209/21; 212/26, 49
冷却送風器つきフィルム・ゲート 312/34
冷却棚 96/12
冷却タンク 162/15

冷却陳列棚 98/3
冷却テーブル 97/67
冷却塔: 乾式〜154/39 炭鉱の144/15 ポリアミド・フィラメントの170/43
冷却ファン 65/52
冷却フィン 190/80
冷却ミート 96/14
冷却リブ: エンジンの242/60 オートバイの 189/20
冷却ローラー 180/20
冷却ロール 173/25
冷光源 23/8
犁床(れいしょう) 65/6, 66
冷水シャワー・ルーム 281/28
冷水栓 126/29
冷水タンク 92/9
冷蔵ケース 266/49
冷蔵庫 39/2; 46/33; 98/74; 317/10 貨物船の223/56 屠殺場の94/21-24 港の225/50
冷蔵庫の棚 39/3
犁体(れいたい) 65/4-8, 64-67
霊長類 368/12-16
零点 347/12
冷凍機(器) 96/21; 97/65; 99/57
冷凍外科用冷凍器 22/63
冷凍室 39/5
冷凍食品 99/58-61
冷凍野菜 99/61
0℃等温線 9/41
霊媒 308/9
礼拝出席者 330/29
礼拝堂 15/61; 329/29; 330/1; 331/12, 28
礼拝堂の内陣 330/1
霊廟(れいびょう) 337/16
レイヨウ 367/5
冷浴 281/30
レイン・ケイプ 196/26
レインコート 41/4
レヴァーデ 71/4
レーキ: 56/4 芝生用の51/3 ジャガイモ用〜66/20 オクレトン用の303/24 火かき用137/4
レーザー 242/81
レーザー光線 243/53
レーシング・カー 290/34-38
レーシング・カー型2人乗り座席 189/14
レーシング・フラッグ 284/48
レース 102/30
レース飾りのあるゆったりしたガウン 355/66
レース・コース 282/31
レースのフォンタンジュ 355/65
レースの縁飾り 31/32
レース・ボード 166/42
レーズン 98/8
レーダー・アンテナ: 宇宙船の6/42 貨物船の223/8 軽戦艦の258/36 舷灯地の224/104 戦艦の259/8, 29, 48, 91
レーダー・アンテナの覆い 256/10
レーダー影像 224/13
レーダー・スキャナー 259/8
レーダー走査板 223/8
レーダー装置 224/10-13
レーダー柱脚 224/10
レーダー・ドーム 231/18; 258/52, 77; 259/49
レーダー突出部 256/10
レーダー反射板 10/58
レーダー表示装置 224/12
レーダー・マスト 221/7

レードーム 231/18; 256/10; 258/52, 77; 259/49
レール: 202/1; 205/59; 214/10 クラウド・コードの322/39 コバルト遠隔照射装置の2/37 スライディング・シートの283/45 細刻み込み機の133/41
レール・ウェブ 202/3
レール・クリップ 202/9
レール継ぎ目 202/11
レール底部 202/4
レール頭部 202/2
レール腹部 202/2
レオタード 297/51
レオパルド1A3タンク 255/80
レオンバーグ犬 73/16
レガート 321/23
レガッタ・コース 285/16
瀝青(れきせい) 145/64
瀝青加熱器 200/46
瀝青質の補助基層 198/2
瀝青質の路面 198/5
レギュラ 334/17
れき(礫)輪 65/16
レギンス 28/24; 29/45
レコーダー 322/7
レコーダーつきAVカメラ 243/1-4
レコード 46/15; 317/24
レコードのターンテーブル 238/24
レコード・プレーヤー 241/18; 317/19
レコード・プレーヤー・ケース 241/19
レコード保管場所 241/48
レコード・ラック 309/36
レジ〔スター〕 47/34; 207/86
レシーバー: 卓球の293/50 テープ・レコーダーの318/18
レシーブ〈サッカーの〉 291/48
レジスタ装置 322/51
レジャーウエア 32/21
レジャー・センター 281
レストラン 266/1-29 空港の標識 233/50
レスラー 299/7
レスリング 299/6-12
レスリング選手 299/7
レスリング用マット 299/12
レター・スペース 175/13
レタス 57/36
レタスの葉 57/37
レタリング 129/40
レタリング・ステンシル 151/69
レタリング用ブラシ 129/41
レチクル座 3/48
レチクルつきピントグラス・スクリーン 115/61
裂果 370/91-96
裂開(した)果 370/91-96; 375/27
レット出産曲線表 204/20
列車航送船 221/74
列車暖房装置変圧機のケーシング 212/40
列車暖房用発電機 212/39
列車到着時刻表 204/19
列車乗り場 233/34
列車発着掲示板 204/18
列柱廊 334/2
レット・アウト毛皮用切断機 131/5
レット・アウトされた切片 131/7
レット・アウトしたオオヤマネコ皮 131/16
レット・アウトしたミンク皮 131/19

レット・アウト前のオオヤマネコ皮 131/15
レット・アウト用ブロワー 131/10
レッド・カード 291/63
レッド・ワイン・グラス 45/83
レティセラ・レース 102/30
レトルト 349/13
レバー 340/61
レバー機構 203/54
レバーシング・ハンドル 210/56
レバーをしている馬 307/30
レフェリー 291/62; 293/67; 299/41
レプタ 252/39
レベル 14/48, 61; 118/55
レベル調整 241/42
レベル調節フェーダー 311/18
レポート用電話機 238/23
レモネード 265/15
レモネード・グラス 265/16
レモン 384/23
レモン皮砂糖漬 98/10
レモンしぼり器 40/9
レリース 309/51
レルナのヒュドラ 327/32
れんが 118/58
れんが壁 118/8; 260/45
れんが工 118/18
れんが工場 159
れんが工用具 118/50-57
れんが工用ハンマー 118/53
れんが敷き 123/7
れんが下地 123/15
れんが状ブロック 118/40
れんが製造所 15/89
れんがプレス機 159/11
れんが床 123/7
れんが炉 159/19
連桿(れんかん) 130/3
連牛 63/16
レンギョウ 373/1
レンゲ 376/17
連結金物 122/64
連結管 350/5, 56
連結器 208/16, 19
連結器つき炭水車落し板 210/2
連結軸 148/58
連結車 194/28
連結シャフト 63/20
連結装置: キャラバンの 6/28 月着陸船の降下用装置の 278/55
連結ねじ 208/17
連結パイプ 50/70
連結吐出し弁 213/21
連結部: カルチベーターの 65/61 事務所備品の 248/48
連結部取付け 287/31
連結棒 63/20; 65/47
連結棒軸受け 192/25
連結ホース 208/16
連結枕木(まくらぎ) 202/14, 38
連結リンク 208/17
連結輪軸 210/36
連鉤(れんこう) 320/6
連鎖反応 1/41
連字符 342/28
連写カメラ 115/77
練習相手 299/27
練習艦 258/95
練習生席 257/6
練習帳 260/4, 18
練習用具 299/20-24
練条機 164/1
練条機カバー 164/7
レンズ 115/3-8, 32; 243/2, 52; 351/33 映写~ 261/10 カメラ

の 114/5 写真植字機の 176/23 対物~ 313/2 引伸し機の 116/32 目の 19/48 めがねの 111/15
レンズ移送台 177/27
レンズ・エッジング機用の型 111/25
レンズ基準 114/52
レンズ雲 287/19
レンズ・ケース 115/104
レンズ装置 242/83
レンズ・ターレット 117/46; 313/32
レンズ筒 115/3
レンズ・パネル 112/18
レンズ・フード 313/3, 5
レンズ・フード支持棒 313/10
レンズ・フード蛇腹 313/39
レンズ袋 115/105
レンズ・ヘッド 117/46-49
連接管 210/64
連接線 237/26
連接棒: エンジンの 190/21 機関車の 210/11
連窓 37/86
連続圧延工場 148/66-75
連続渦巻 334/39
連続ケーブル 214/21
連続再熱炉 148/69
連続チェーン粉砕機 172/53
連続鋳造法 148/24-29
連続的送り火床 199/34
連続的カーボン複写用シート 248/47
連続的フィラメント製造 162/48
連続フィラメント 169/1-34
連続粉砕機 172/53, 66
連続焼きなまし炉 139/1
連続ロープウェイ 214/15-24
レンネット槽 76/48
連発銃 87/2
連絡階段 (駅の) 205/2
連絡地下道 204/23
連絡通路 208/11
連絡引き戸 207/19
連絡用電話 239/13
連量 (紙の) 173/9
連量測定はかり 173/9

ロ
炉 137/1; 138/34
ロイヤルの支柱 219/13
ロイン 95/7, 40
廊下 37/73
廊下タイプ共同住宅 37/72-76
漏計(ろうけい) 110/31
老熟幼虫 80/53
ろう製模型陳列館 308/68
ろう接した焼結炭化物チップ 149/50
ろうそく: 祭壇の 330/34 聖卓の 330/7 鋳造~ 260/76 復活祭用の 330/44 蜜蝋~ 77/66
漏斗(ろうと) 116/12; 350/16
ろう版 308/69
ろうのモデル像 339/26
ロウ・ハウス 305/76
蠟片(ろうへん) 77/25
ロー・ギヤ用のはすば大歯車 192/36
ロック・ガーデン 37/40
ロース 95/3, 46
ローズ・イヤー 70/2
ローズ・カット 36/29, 45

ロースかぶり肉 95/30, 32
ロースティング・ドラム 98/71
ロースト 45/27
ロースともも肉 95/11
ロー・セカンド・ギヤ用滑りスリーブ 192/35
ロー・セカンド・ギヤ用選択セレクト・フォーク 192/42
ローゼット 306/23
ローター: 気流の 287/18 内燃機関の 190/68 見世物の 308/46
ロータス柱 333/13
ロータリー・エンジン 190/5
ロータリー集草機 63/26; 64/40-45
ロータリー除雪車 213/17
ロータリー・テーブル 145/15
ロータリー・ホース 145/13
ローディング・ブリッジ 233/14; 225/20
ローデン・コート 29/31; 30/64
ローデン・スカート 30/67
ローデン帽 35/23
ロート 276/44
ロードスター 193/26
ロード・レース 290/8-10, 24-28
ロード・レース選手 290/8
ロード・レース用自転車 290/16
ロード・ローラー 200/36
ロープ 229/30
ロープ: 救助の 21/30 登山の 300/12, 22-27 ボウリング・リングの 299/36
ロープ・スリング 300/11
ロープ登り 273/48
ロープの結び目 122/68
ロープ橋 215/15
ロープはしご 273/49
ロー・ブロー 299/34
ロープを用いた懸垂下降 300/28-30
ローマ・カトリック教会 330/31-62
ローマカミルレ 61/8
ローマ字の大文字 341/16
ローマ数字 344/1
ローマの金属ペン 341/25
ローマの軍艦 218/9-12
ローマの美術 334/53-60
ローム 159/2
ローラー: 圧延工場の 148/54-55 インキ~ 181/27 運搬索~ 214/60 カレンダー~ 163/20 皮~ 340/23 合成樹脂製の 130/26 上部縮絨~ 168/3 針金と金属板用の 108/1 先導オートバイの 290/11 オルガンの増音~ 326/49 タイプライター の 249/18 のりづけ機の 165/57 ハーディー・ガーディーの 322/26 引き戸の 206/39 引延し~ 162/11 引張り~ 168/12 美容道具の 105/12 溝口の 130/30 木版印刷の 340/12 ロード・ローラーの 200/37
ローラー堰の 217/65,66
ローラー回転ノブ 249/22
ローラー架台 157/26
ローラー・カバー: アイロンの 50/3 ハーディー・ガーディーの 322/27
ローラー消印 236/60
ローラー・スタンプ 236/46
ローラー堰(せき) 217/65-72
ローラー・チェーン 190/10, 25
ローラー調整装置 249/25
ローラーつきかんな盤 132/45
ローラー・テーブル 157/23
ローラーの上部 217/66

ローラー・ベアリング 164/47
ローラー・レール 206/38
ローラー式接着テープ・ディスペンサー 247/28
ローリー・ホイール 138/21
ローリング 230/71
ローリング・ダム 217/65-72
ローリング・プラント 159/9
ローリング・ロード 138/16
ロール: 圧延工場の 148/54-55 紙の 151/14 銅版印刷機の 340/40 布地~ 271/59
ロール・オン・ロール・オフ 221/54
ロール・オン・ロール・オフ・トレーラー・フェリー 221/54
ロール・オン・ロール・オフ・システム 225/39
ロール・オン・ロール・オフ船 226/17
ロール・カッター 173/42
ロール・パン受け 148/56-60
ロール・スタンド 148/56-60
ロール・バー: バギーの 193/13 汎用トラクターの 65/21 モーターつき自転車の 188/18
ロール・パン 45/21; 99/12
ロールパン装置 97/61
ロール・パン焼き台 40/31
ロールフィルム・スプール 114/20
ロー 221/54
ロー・ロー貨物置場 226/20
ロー・ロー船 226/17
ロー・ロー・トレーラー・フェリー 221/54
ロー・ロー方式 225/39
ローン・アレベーター 56/15
ローン・スプリンクラー 37/43
ロカイユ 336/13
濾過器(ろか器): 薄膜ろジメーターの 2/9 回転~ 172/23 珪藻土~ 93/4 黒液~ 172/28 水源の 269/32 ステンレス・スチール沈澱物~ 79/8 ソーセージ製造の 96/45 ディーゼル燃料用注入口の 146/26 ビュヒナー ろうとの 349/11 ビールの 93/15 ポリアミド製造の 170/32 ポンプ~ 269/6 硫酸パルプ工場の 172/2
濾過砂利 269/10
濾過水流出パイプ 269/12
濾過蜂蜜(はちみつ) 77/62-63
濾過板 349/12
濾過びん 350/40
露菌病 80/20
録音 311/1-46
録音アンプ 311/11
録音感度選択器 117/16
録音器: クオーツ制御の携帯型同時~ 310/24; 311/1 光学~ 310/58 口述~ 209/30 磁気~ 310/58
録音技師 310/23, 55
録音車 238/4
録音・再生装置 311/23 磁気テープ~ 238/55
録音・再生デッキ 238/58
録音室: 映画の 310/54 ラジオ放送局の 238/16
録音状態レベル・メーター 242/14
録音助手 117/68; 310/57
録音装置 117/7
録音音テープ 241/58
録音ヘッド 311/25 映画の 117/33 オープン・リール式録音機の 241/59
録音用ミキサー卓 238/25

録音レベル計器 241/61
録音レベル制御部 117/16
録音レベル調節 243/11
録音レベル表示器: VCR の 243/12 映画の 311/14
録音レベル・メーター: ステレオ・カセット・デッキの 241/35-36 右チャンネル〜 241/36
録音連結コード 117/9
六角形 351/15
6 気筒ディーゼル・エンジン 64/28
6 気筒床下ディーゼル・エンジン 209/23
ログ・グリップ 85/29
肋材(ろくざい) 283/49; 285/51
6 軸連結型気動車 197/13
六十四分音符 320/21
六十四分休符 320/27
録像・録音レベル表示器 243/12
録像・録音レベル表示切換えスイッチ 243/15
6 ターンテーブル映像音響編集機 117/96
6 チャンネル監視装置 27/31
肋軟骨(ろくなんこつ) 17/11
六八(ろくはち)面体 351/13
六分儀 224/1
肋木(ろくぼく) 296/20
6 メートルR船級 284/59
六面体 351/2
ろく(陸)屋根 37/77
陸繩(ろくじょう) 121/29, 53, 66
六連符 321/23
ろくろ 161/11
ろくろ仕上げ 135/19
ロケット 255/26
ロケット・ガン 228/1
ロケット巡洋艦 259/21, 41
ロケット装置 228/1
ロケット・チューブ 255/71
ロケット発射筒 255/25
ロケット花火 306/54
ロケット・ライン 228/3
露光計制御受け口 117/37
露光時間計 179/13
露光時間調整ノブ 116/39
露光装置 249/42
露光タイマー 116/24
ロココ式装飾 336/13
ロココ式壁面 336/9
ロココ美術 336/9-13
ロココ風の髪型 355/81
ロザリオ 332/30
ロシア型十字架 332/57
ロシア式 3 頭立て馬車 186/45
ロシア・ステッチ 102/9
ロシアダバコ 107/14
ロシア文字 341/20
露出型接地ソケット 127/13
露出計 114/56
露出計の針 115/57
露出制御装置 176/9
露出ソケット・アウトレット箱 127/25
露出範囲選択(器)スイッチ 114/59
露出フィルム 117/42
露出ランプ 182/3
濾床(ろしょう) 269/11
路線〈照明軌道盤操作 レイアウトの〉 203/68
炉前飾り時計 42/16
路線指示板 197/21
路線番号 197/20
路線レバー 203/58
路層 198/1-5

炉台 38/66
炉棚 267/24
ロ短調 320/57
ロ長調 320/60
ロッカー: アイス・スケートの 302/19 銅版彫刻の 340/19
ロッカー・アーム 190/33
ロッカー・スイッチ 127/4
六角受け口頭ねじ 143/27
六角ナット 143/18
六角ボルト 143/13
ロック 15/58
ロック・ガーデン 51/6
ロック・ゲート 217/18, 32
ロック室 217/20
ロック・レバー: 折りたたみ式自転車の 188/2 鉄道の操作式信号操作室の 203/55
肋骨穹窿(ろっこつきゅうりゅう) 336/43
六方晶系 351/20-22
六方錐(ろく) 351/20
六方柱 351/21
ロデオ 319/34
ロデオの乗り手 319/39
露天作業 158/1
炉床 147/24
ロドラ 354/18
炉内温度計 38/64
ロバ 73/3
ロビー: 劇場の 315/12-13 玄関の 267/1-26
ロビン 361/15
ロブスター・フォーク 45/79
路傍の花 375; 376
ロホカリクス 369/7
ロボット 273/36
ロマネスク式ヴォールト架構 335/17
ロマネスク式教会 335/1-13
ロマネスク式文様 335/14-16
ロマネスク美術 335/1-21
路面 217/1
路面仕上げ機 200/43
路面電車 268/46
路面電車軌道 268/23
ロレーヌ型十字架 332/62
ロワー・ケース入りの小文字 175/12
ロワー・フォア・トグルン・スル 219/58
ロワー・フォア・トゲルン・ヤード 219/35
ロワー・フォア・トップスル 219/56
ロワー・フォア・トップスル・ヤード 219/33
ロワー・ミズン・マスト 219/8
ロワー・メイン・トグルン・スル 219/64
ロワー・メイン・トゲルン・ヤード 219/41
ロワー・メイン・トップスル 219/62
ロワー・メイン・トップスル・ヤード 219/39
ロワー・メインマスト 219/5
ロワー・ラム 139/7
ロワー・レベル〈階段 ロックの〉 217/17
ロング・スカート 30/45
ロング・ドリンク 317/32
ロング・パイプ 107/35
ロング・パンツ 32/11
ロング・プライマ 175/27
論説 342/48
ロンバー・スーツ 29/21

ロンパス・ステップ・カット 36/59
論理分子 242/68
論理モジュール 242/68

ワ

輪: 気球の 288/67 鎖の 36/39
和〈数学の〉 344/23
ワーク・フォルダー 261/27
Y形十字架 332/61
Y結線 153/20
Y字管 350/56
Y軸 347/3
矮性(わいせい)果樹 52/1
ワイド・スクリーン・カメラ 310/47
ワイパー: 自動車の 191/41 選択器の交信アーム 237/44
ワイパー/ウォッシャー・スイッチと警笛 191/60
ワイヤ: 抄紙機の 173/14 電線引込み用鋼製〜 127/30 フェンシングの 294/31
ワイヤ引綱 90/15
ワイヤ入りガラス 124/6
ワイヤ・カッパー 134/15
ワイヤ・ストリッパー 127/64
ワイヤ・スプール 294/29
ワイヤ綜絖(そうこう) 166/27
ワイヤ・バスケット 188/23
ワイヤ・ブラシ 141/26; 142/18; 324/53
ワイヤヘアド・フォックス・テリア 70/15
ワイヤ・ロープ 307/41
ワイヤ・ロープ・スパン 221/102
ワイヤ・ローラー 168/34
ワイン 266/43; 317/7
ワイン・カラフ 266/32
ワイングラス 44/9; 45/12; 79/19 266/33
ワインの冷しおけ 266/42
ワイン・バー 266/30-44
ワイン・リスト 266/31
ワイン・レストラン 266/30-44
和音 321/1-5
若い男女 272/72
若木 319/35
若枝 370/19-25
若木 84/10
輪形結線 153/21
若鶏 98/7
若葉 59/29
別れのキス 205/52
わき毛 16/27
わき敷物 43/22
わき戸棚 43/17
わき扉口 335/13
わきのスリット 30/49
わき柱 120/51
わき腹 16/32; 88/26
わき腹当て 329/86
わき腹肉 95/2, 15-16
わき水 12/26
わき役 310/29
枠 136/22
枠革 100/60
枠組 136/25
枠材 121/71
枠締付け機 133/42
枠据付け装置 133/48
惑星 4/42-52
惑星の記号 4/42-52

枠展示台 111/5
枠取付け 111/10
枠の結び方 171/9
枠縁 124/3
枠縁のサンプル 124/2
ワゴン: 可傾式〜 119/28 食堂の 45/32 ショッピング〜 99/1 ステーション〜 193/15 予備部品用の 109/22 ピック・アップ〜 63/27
ワサビダイコン 57/20
輪軸送り台 150/3
鷲(わし)座 3/9
ワシタカ類 362/1-13
ワシの頭 327/12
ワシミミズク 86/48; 362/15
輪尺 84/21
和集合 348/5-6
ワシ類 362/5-9
和声的短音階 320/47
綿 43/8; 383/16
ワタスゲ 377/18
わだち 301/60
渡り鳥 360/7
ワックス: スキー〜 301/21-24
ワックス落し 301/24
ワックス・コルク 301/23
ワックス・スクレーパー 301/24
ワックス分離 145/50
ワックス用アイロン 301/22
輪跳び 297/45
輪留め 30/41
輪止め 119/40
わな 87/48
輪奈(わな) 167/62; 171/30
輪奈織(わなおり) 29/44
輪奈織地のジャケット 29/44
輪投げ 280/31; 308/47
わな箱 86/20
わなをかける猟師 306/8
ワニス 338/12
ワニス・カンブリック・テープ 153/46
ワニス塗り 129/14
ワニトカゲギス 369/10, 13
ワビチ 367/2
輪ぶち竿(さお) 216/16
和平の笛 352/6
わら圧搾機 63/35
ワラジムシ 81/6
わらの梱(こり) 206/23
わらマット 55/6
割り算 344/26
割付けテーブル 179/23
割ピン 143/19, 78
割込み穴 143/25
湾曲切妻 336/5
湾曲水受け板 91/38
港工 225/
腕章 263/11; 270/22 蛍光〜 199/7
湾水用タービン入口 155/41
弯剪刀(わんせんとう) 26/42
腕帯 23/34; 25/16
ワン・ツー・パス 291/49
ワンピース 355/25